五律·潘文国先生八十寿诞感作

浮生过眼云，

恩义旧陶熏。

反训能为诂，

浅知尝做文。

吾师诚爱我，

心授幸逢君。

四十年前语，

余香尚可闻。

林在勇教授

上海师范大学党委书记

2022 年 7 月 29 日

潘文国,华东师范大学终身教授、博士生导师,中国英汉语比较研究会名誉会长,国内外著名语言学家,中英双语专家,资深翻译家,第二届许国璋外国语言研究奖和首届英华学术/翻译奖特等奖获得者。在汉英对比研究、汉语字本位理论、汉语等韵理论、汉语构词法史、中外命名艺术、西方翻译理论、翻译理论与实践、哲学语言学、对外汉语学、中国文化对外传播等方面均具重要影响。出版

《韵图考》、《汉语的构词法研究》、《汉英语对比纲要》、《字本位与汉语研究》、《对比语言学:历史与哲学思考》、《危机下的中文》、《中外命名艺术》、《潘文国学术研究文集》、《潘文国汉语论集》、《潘文国语言论集》、"汉语字本位研究丛书"、《中文读写教程》、《朱熹的自然哲学》、《赫兹列散文精选》、《中籍英译通论》、《语译哲思:潘文国学术论文自选集》,以及 *Contrastive Linguistics: History, Philosophy, and Methodology*, *Philosophical Maxims of 2000 Years Ago*, *Translation and Contrastive Studies*, *Illustrated Encyclopedia of Shanghai Intangible Cultural Heritage*, *Complete Works of Zhu Xi and Its Inheritance* 等专著17部、译著9部、编著40余部,发表论文340余篇。

学苑散步文集

尚　新　刘法公　丰国欣　魏在江　苏章海　主编

第一辑

上

浙江工商大学出版社·杭州

图书在版编目(CIP)数据

学苑散步文集. 第一辑:上、下 / 尚新等主编. ——
杭州:浙江工商大学出版社,2023.6
ISBN 978-7-5178-5468-5

Ⅰ.①学… Ⅱ.①尚… Ⅲ.①语言学—文集 Ⅳ.
①H0-53

中国国家版本馆 CIP 数据核字(2023)第 096261 号

学苑散步文集(第一辑)
XUEYUAN SANBU WENJI (DI-YI JI)

尚　新　刘法公　丰国欣　魏在江　苏章海　主编

责任编辑	张莉娅
责任校对	夏湘娣　李远东
封面设计	观止堂_未氓
责任印制	包建辉
出版发行	浙江工商大学出版社
	(杭州市教工路198号　邮政编码310012)
	(E-mail:zjgsupress@163.com)
	(网址:http://www.zjgsupress.com)
	电话:0571-88904980,88831806(传真)
排　版	杭州朝曦图文设计有限公司
印　刷	杭州宏雅印刷有限公司
开　本	710mm×1000mm　1/16
印　张	53.25
字　数	985千
版 印 次	2023年6月第1版　2023年6月第1次印刷
书　号	ISBN 978-7-5178-5468-5
定　价	198.00元(全2册)

序　言

罗选民

　　潘文国先生是华东师范大学终身教授、博士生导师,中国英汉语比较研究会名誉会长,国内外著名语言学家,中英双语专家,资深翻译家,第二届许国璋外国语言研究奖二等奖和首届英华学术/翻译奖特等奖获得者。其在汉英对比研究、汉语字本位理论、汉语等韵理论、汉语构词法史、中外命名艺术、中西方翻译史、翻译理论与实践、哲学语言学、国际中文教育、中国文化对外传播等领域均具重要影响。

一、学术视野广阔志愿宏伟,通今博古兼赅中外

　　文国先生的学术研究以博古通今和兼赅中外为特色,在学界独树一帜。他将语言、文化、哲学、翻译、语言教育融会贯通,了然于心,涉猎范围之广,为当今学界所罕见。从古代汉语到现代汉语到英语再到汉外对比,从音韵学到语法学到文字学,从语言哲学到对比语言学到翻译学再到翻译实践等领域,都有他辛勤治学的足迹。他在《我的"古今中外"之路》(2013)一文中写道:"从我走上语言研究的第一天起,我就为自己提出了一个目标,后来也作为我的第一个学术主张,这就是,一定要做到'三个打通':古今打通、中外打通、语言与文化打通。"文国先生已成功实现了这一宏伟目标,举其要者:于"古"有《韵图考》(1997a)以及与汪寿明先生合著的《汉语音韵学引论》(1992),于"今"有《汉语的构词法研究》(2004,与叶步青、韩洋合著)在海内外发行,并有《字本位与汉语研究》(2002a)为学界瞩目;于"外"有《对比语言学:历史与哲学思考》(2006,与谭慧敏合著)一书及其英文版在国内外发行;于"中"则有《危机下的中文》(2008a)一部忧世之作。至于交织古今中外的,则体现为对比语言学研究和翻译学研究,包括已重印十余次的《汉英语对比纲要》(1997b)、《中外命名艺术》(2007a)、《中籍英译通论》(2021)等著作。据不完全统计,文国先生已出版专著17部、译著9部、编著40余部,发表论文340余篇。

　　文国先生每发一论,往往都会在学界产生强烈反响,不管是赞同者还是反对者,都受益于他敏锐的观察眼光和精准的探索深度。学术研究上的硕果累

累，也让潘文国先生广受学界关注和赞誉，2013年他获得中国译协颁发的"中国资深翻译家"荣誉称号，2017年获得第二届许国璋外国语言研究奖二等奖，2018年获首届英华学术/翻译奖特等奖。

二、注重吸收本土学术营养，建构中国特色学术话语体系

面对中国现代语言研究与传统的分离和渐行渐远，文国先生深感忧虑和不安。在《汉语研究：世纪之交的思考》（2000）一文中，他写道："汉语的研究已经有了一个世纪，站在世纪之交回顾，我们在为一百年来取得的成就骄傲的同时，也为汉语研究中存在的问题深感焦虑和不安。最大的问题是，迄今我们还没有自己的本体语言学，还没有自己的语言理论。"这种"中国问题意识"和"本土情怀"也是从马建忠到赵元任、从王力到吕叔湘等中国近当代著名语言学家一脉相承的优秀学术传统。

在语言研究和探索中，文国先生始终注意探索发展中国自身语言研究的"中国路子"，他对传统"文章之学"的发掘，正是其中重要的一种，而语言观和方法论上的根本转变是他追寻"终极目标"过程中的两大法宝。其对比语言学理论体系正是在文章学的基础上实现完备的。以《汉英语对比纲要》（1997b）为代表的、颇有"语言哲学"色彩的早期论述，虽已初露端倪，但2007年发表的《英汉语篇对比与中国的文章之学》（2007b）以及2012年发表的《寻找自己家里的"竹夫人"——论中西语言学接轨的另一条路径兼谈文章学》表明，文国先生"致力于寻找、发掘自身的学术资源和传统"（潘文国，2012a），并最终把宏观对比研究的理论话语系引回了"中国传统"。这是他对中国语言学乃至世界语言学研究的一大贡献。

正是基于探索发展中国自身语言研究的"中国路子"，文国先生和徐通锵先生一道，倡导汉语研究的"字本位"学说。作为"字本位"理论的主要代表人物之一，其代表作《字本位与汉语研究》（2002a）在学界引起了强烈反响。在这部著作中，他指出唯有以字为本位，才能避免古今汉语语法的断裂格局，也只有以字为本位，才可真正实现中西语言的共性研究，矫正中西语言研究的错误对接局面。"字本位"理论在建构过程中，着力解决了语言观、语法观、汉语观、结构本位观、句子观、语篇论等一系列重大问题。徐通锵先生评价道："文国同志确定了汉字的'第二语言'的地位，而且还从符号学的角度对汉字的性质做出像似性（iconic）定位，并就此展开字义体系的研究，提出了一些很有特点的论断。这不仅和汉语的传统研究接上了轨，而且还为与国际接轨开辟了新的途径。"（徐通锵，2002）沈家煊先生在《汉语"大语法"包含韵律》（2017）中断言："以字为本位确实优于以词为本位。"

　　文国先生治学的"中国路子",还体现在建构中国气派的翻译学科理论体系。明确的"中国问题意识"是潘先生翻译理论研究的灵魂,他致力于寻找"自家的'竹夫人'",这就是对中国传统"文章学"的发现和发掘。他深信,从文章学的角度重新梳理中国传统,并跟外国译论做比较,就有可能构建中国特色译学理论(潘文国,2012a),专门指导汉译外的实践和研究。他把文章之学的内容归纳为六个方面:句读之学、章句之学(又可分为章句、科判、义疏)、语助之学、文体之学(包括体裁和风格)、文式之学、文法之学(作文之法,比现在所谓"语法"的内容要丰富得多)(潘文国,2012a),从中提取了"义""体""气"三个最主要的方面作为统一具体问题的纲领。他从文章学的角度重新阐释了严复的"信达雅"三原则,在他看来,"信达雅"是译者条件,"义体气"既是翻译原则,又是翻译标准(潘文国,2014)。在此基础上,他提出的"文章学翻译学"理论体系(潘文国,2011,2012a,2012b,2014),秉承了严复乃至中国古代译学的文章学传统,并对"信达雅"进行理论提升,使之回归到文章学"德学才"的根本要求上,成为指导全局的翻译之"道";同时又深度结合历代文章学理论研究的优秀成果和自己的翻译实践和研究心得,提出了更具操作性和实用性的"译文三合:义体气"说,用以指导翻译过程和翻译批评,从而完成了"道器并重"的"文章学翻译学"理论体系构建。

　　多年来,文国先生发表了《严复及其翻译理论》(2004a)等数十篇有关翻译理论和实践研究的论文,特别是《当代西方的翻译学研究:兼谈"翻译学"的学科性问题》(2002b)一文,2021年出版两卷本《中籍英译通论》,在译学界都产生了巨大影响。他呼吁中国学界结合中国翻译的历史和现状,加强翻译学学科的理论建设和学科建设,迎头赶上世界潮流,理直气壮地建立起中国气派的译学理论和译学学科体系,为国际翻译学科的发展做出我们的贡献(潘文国,2002c)。

　　文国先生在翻译领域里耕耘,不仅致力于建构具有中国气派的翻译理论体系,而且躬身于翻译实践,以检验其所提出的学说价值。*Philosophical Maxims of 2000 Years Ago*(1998)、《赫兹列散文精选》(1999a)、《朱熹的自然哲学》(2003a)等译著以及近几年来从事的典籍翻译工作,更是从实践层面印证了其文章翻译学的理论指导价值。

三、心系中华文化传承与传播,彰显博大人文情怀

　　文国先生在治学中真正做到了继承中华优秀学术传统,做学问首先凭借其坚实的"义理、考据、辞章"基础,在学术研究中"尽精微而致广大"。在语言学理论和翻译理论的探索中,除了在横向上希望建立与世界普通语言学新的对话机制,让中国语言学以其独特的身姿,进入普通语言学的殿堂,他还致力于在纵向

上续接中国语言研究的悠久传统,以一种理论来纵贯自古至今的汉语研究,让世界三大语言研究传统之一的汉语传统放出现代化的光彩,其《字本位与汉语研究》(2002a)和《中籍英译通论》(2021)集中体现了他的这一学术思想。

文国先生的治学人文情怀,首先体现在他对语言本质的看法上。"语言的本质在于其人文性,语言学是一门人文科学"(潘文国,2005),"语言学应该是一种人学,语言研究应该体现人文关怀"(潘文国,2006a)。基于这一理念,他指出"语法研究的目的不在贴标签,而在于弄清语言究竟是如何构造以表达思想的",是保留"汉语的精神"的必由之路,这充分体现了他对语言研究的人文主义情怀。(潘文国,1997a)

文国先生的人文主义情怀绝不是狭隘的民族主义,而是寻求世界"和而不同""各美其美、美美与共"的博大胸怀。在《对比语言学:历史与哲学思考》中,他写道:"对比语言学的最终任务就是要在所对比的具有或大或小的差异背后的、作为人类语言的共同性,以此来作为不同民族、不同文化的人们共同友好相处并进行互相交际的基础。我们一再强调对比研究重在求'异',我们也一再强调,对比研究的最终追求目标不是'异',而是'同'。我们不能为'异'而'异',找'异'的目的不是制造不同民族、不同文化、不同语言之间的人的对立甚至敌对,而是为了在承认'异'、了解'异'的基础上实现互补,更好地促进整个人类的共同健康发展。对比研究,乃至整个跨文化语言研究,追求的应该是语言与语言、文化与文化、民族与民族、人民与人民之间的高度和谐和共同发展。从这个意义上说,我们追求的与其说是'同',不如说是'和'。"(潘文国,谭慧敏,2006:316)

四、强烈的社会责任感,心系中华民族的复兴

潘先生强烈的社会责任感,与人文主义情怀一样,也始终贯穿于他的学术研究和观点表述中。"我总觉得,中国历代知识分子最宝贵的品质之一,就是对国家、对民族、对历史的强烈的责任感。只要他们认为是对国家、民族有利的事,再大的困难也在所不计。"(潘文国,2008b:序言)正是抱着满腔的社会责任感,在别人还没有看到问题的时候,他一气呵成了脍炙人口、忧时警世的代表作《危机下的中文》(2008a)。该书以"沉重"开篇,文中多次使用"沉重""担忧"等词汇,表达了潘先生对当时中文使用状态不堪的"忧世"之情,并直面中文生存与发展、语文教学以及汉语研究的危机,从历史学、社会学、政治学、文化学、翻译学、语言学以及语言哲学的不同角度,深刻剖析了危机产生的根源,他进而抨击了语文庸俗化、重语轻文、厚今薄古、"科学主义"、"普世"语法观、语法中心以及"跟着转"等一系列中文自卑论调和心态,目的是"理清我们自己的家底,看清

我们自己存在的问题,看清我们面临的危机,找到解决问题、克服危机的办法和措施,让中文在中华民族复兴和走向世界的过程中发挥更大的作用。"(潘文国,2008b)为此,他从"匹夫有责""政府作为""建设中国特色语言学"以及"继承传统,回归语文"等方面,提出了化解中文危机的一系列关键性对策。

文国先生是构建中国特色语言学理论的振臂高呼者,也是对一百年来语言研究状况的批判者,更是自觉从汉语本体视角出发来研究语言、语法、汉外对比以至于翻译理论的践行者。在《哲学语言学——振兴中国语言学的首要之务》(2006b)一文中,他以乐观的精神道出了对当代和后辈学人的期望:(1)面对传统,我们承担着发掘、继承、弘扬中国传统语言学的使命;(2)面对未来,我们承担着继往开来,建设中国语言学的使命;(3)面对世界,我们承担着与世界学者一起,共同建设比现在的普通语言学更具有"普遍性"的普通语言学,为人类语言研究做出较大贡献的历史使命。在《中国语言学的未来在哪里?》(2008b)一文里,他写道:"进入 21 世纪,中国面临着一个前所未有的大好局面,经济蒸蒸日上,人民生活不断奔向小康,中华民族的重新崛起已经是一个可以看得到的前景。在这一形势下,各行各业乃至每个有责任心的中国人都会对自己提出一个问题:我能为这个伟大事业干什么? 语言学也不例外,每个语言学工作者都有责任为这一事业添砖加瓦,使中国语言学的发展无愧于这个伟大时代。"同样,他在《中国学者从事外国语言学研究的正道》(2012c)一文里写道:"进入新世纪以来,特别是在中国经济高速发展、中国人的民族自信心不断增强的今天,建设、发展中国特色语言学的问题已提上了议事日程。"

文国先生的强烈社会责任感,还体现在他积极投身于社会服务工作上。他先后任中国英汉语比较研究会副会长和会长、上海语文学会副会长、上海市语言文字工作者协会理事、上海翻译家协会理事、上海欧美同学会留英分会副会长、英汉语篇分析研究会名誉会长、*The Interpreter and Translator Trainer*(英国)杂志顾问、*Journal of Oriental Studies*(香港大学)外审专家,以及中文核心期刊和外文核心期刊(北京大学图书馆)评审专家等。特别是作为中国英汉语比较研究会(国家一级学会)的两届会长,以其文化自觉、语言自觉的主体意识引领学会的蓬勃发展,在他的领导下,中国英汉语比较研究会日益壮大,学术活动达到了空前的高涨局面,为中国的学术繁荣做出了重要贡献。

五、披荆斩棘创始对外汉语教育,呕心沥血育才桃李满天下

1994 年,潘先生受命担任华东师范大学对外汉语系首任系主任,是我国对外汉语系最早的创始人和领导人之一,后任对外汉语学院常务副院长,为语文教育教学呕心沥血,励精图治,主要贡献体现在专业定位、学科建设、教学理念

以及人才培养等方面。

专业定位上,他在全国最早提出了"双语双文化"的培养目标,现这一目标已成为全国对外汉语专业的共识。他还把对比研究和翻译研究引入对外汉语专业课程设置,成为华东师范大学的专业特色。从1987年起他就发表了一系列关于专业建设、人才培养、学科建设的文章,如《对外汉语教师的知识结构与对外汉语专业的建设》(潘文国,1992)《建设对外汉语专业,走可持续发展之路》(潘文国,1999b)以及《论"对外汉语"的学科性》(2004b)等。学科建设方面,1997年和1998年,潘先生先后领衔申报汉语言文字学、语言学及应用语言学博士点,均获得成功,为华东师范大学中文学科实现语言、文学"两翼齐飞"创造了条件。2004年他又领衔申报我国第一个对外汉语教学专业博士点(华东师范大学自主设立、教育部备案)并获得成功。

在汉语教学理念上,他特别强调"汉语主体意识"在中文教学中的重要意义。在《对比研究与对外汉语教学:兼论对比研究的三个时期、三个目标和三个层面》(2003b)一文中,他特别提到了"汉语主体意识的觉醒"问题。潘先生将语言教学深深扎根于语言研究、语言对比研究,提出"不存在适用于一切语言的语言教学方法,语言教学必须结合所教语言的特点来进行;而语言特点又是深层次语言对比研究的结果"(潘文国,2006c)。他的《字本位与汉语研究》(2002a)也体现了在这个新的方向上的尝试。除了强调从语言特点出发进行汉语教学外,潘先生还注重发掘传统文章学"以读为基础、以写为训练核心"的语文教育方法。他发现,"中国传统语文教育主要做两件事:识字、做文章"(潘文国,2007c)。基于此,他创造性地阐发了"读文写白"的语文教学理论,他为翻译专业量身定制了《中文读写教程》,该套教材遵循地地道道的文章学办法,走出了一条语文教育的"中国路子"。

在学生培养上,潘先生1992年起担任现代汉语专业硕士生导师,2000年开始横跨四个学科(语言学及应用语言学、外国语言学及应用语言学、哲学、翻译学等)担任博士生导师,并在上海交通大学外国语言学及应用语言学博士点兼任博士生导师,学生来自中国、韩国、蒙古、越南、加拿大、美国等多个国家,不仅为华东师范大学也为上海交通大学的博士生培养做出了积极贡献。源于潘先生的广阔研究领域和视野,他所培养的学生中从事古今中外相关研究的全部都有,领域涵盖哲学语言学、语言理论、汉外语言对比、中西文化对比、翻译理论、典籍翻译等。1992年以来,他先后指导了23名硕士生(含6名外籍学生)、59名博士生(其中10名外籍学生)及4名博士后研究人员。如今,他的这些门生在不同的工作单位和工作岗位上都成为中坚和骨干力量,获得国家级社科项目19项、省部级社科项目38项、省部级奖项17项。这充分展现了潘先生教育思想和教学方法的成功卓越。潘先生教育思想的卓越体现在以理念引导学生,并以身作则地践行,2013年他被评为华东师范大学优秀博士生导师。

六、结语

　　《学苑散步文集(第一辑)》是文国先生的弟子们献给他八秩寿辰的贺礼,我与文国先生相识相知多年,在他做中国英汉语比较研究会会长期间一起合作共事,建立了深厚的友谊。受邀为这个集子作序,我感到非常高兴。借此机会向文国先生致以生日的祝贺和衷心的祝福。祝愿文国先生:福如东海长流水,寿比南山不老松。

参考文献

潘文国,1992.对外汉语教师的知识结构与对外汉语专业的建设[M].上海:复旦大学出版社.

潘文国,1997a.韵图考[M].上海:华东师范大学出版社.

潘文国,1997b.汉英语对比纲要[M].北京:北京语言文化大学出版社.

潘文国,1998.Philosophical maxims of 2000 years ago[M].上海:上海古籍出版社.

潘文国,1999a.赫兹列散文精选[M].北京:人民日报出版社.

潘文国,1999b.建设对外汉语专业,走可持续发展之路[M].北京:华语教学出版社.

潘文国,2000.汉语研究:世纪之交的思考[J].语言研究(1):1-27.

潘文国,2002a.字本位与汉语研究[M].上海:华东师范大学出版社.

潘文国,2002b.当代西方的翻译学研究:兼谈"翻译学"的学科性问题[J].中国翻译,23(3):30-33.

潘文国,2003a.朱熹的自然哲学[M].上海:华东师范大学出版社.

潘文国,2003b.对比研究与对外汉语教学:兼论对比研究的三个时期、三个目标和三个层面[J].暨南大学华文学院学报(1):5-8.

潘文国,2004a.严复及其翻译理论[M].上海:上海外语教育出版社.

潘文国,2004b.论"对外汉语"的学科性[J].世界汉语教学(1):11-19.

潘文国,2005.谈语法研究的几个问题[J].中国外语(1):29-36.

潘文国,2006a.语言学是人学[J].白城师范学院学报(1):1-4.

潘文国,2006b.哲学语言学:振兴中国语言学的首要之务[J].华东师范大学学报(哲学社会科学版)(6):111-117.

潘文国,2006c.语言对比·语言特点·语言教学[J].云南师范大学学报(1):1-5.

潘文国,2007a.中外命名艺术[M].北京:新世界出版社.

潘文国,2007b.英汉语篇对比与中国的文章之学[J].外语教学(5):1-5.

潘文国,2007c.100年来,我们用教外语的方式教母语[N].南方周末,2007-05-24(27).

潘文国,2008a.危机下的中文[M].沈阳:辽宁人民出版社.

潘文国,2008b.中国语言学的未来在哪里?[J].华东师范大学学报(1):96-102.

潘文国,2010.中文读写教程(1—4)[M].上海:上海外语教育出版社.

潘文国,2011.文章学翻译学刍议[M].北京:外语教学与研究出版社.

潘文国,2012a.寻找自己家里的"竹夫人":论中西语言学接轨的另一条路径兼谈文章学[J].杭州师范大学学报(社会科学版)(3):93-99.

潘文国,2012b.中国译论与中国话语[J].外语教学理论与实践(1):1-7.

潘文国,2012c.中国学者从事外国语言学研究的正道[M].当代外语研究(1):8-10.

潘文国,2013.我的"古今中外"之路[J].当代外语研究(2):1-5.

潘文国,2014.译文三合义体气:文章学视角下的翻译研究[M].吉林师范大学学报(5):1-7.

潘文国,2021.中籍英译通论[M].上海:华东师范大学出版社.

潘文国,谭慧敏,2006.对比语言学:历史与哲学思考[M].上海:上海教育出版社.

潘文国,汪寿明,1992.汉语音韵学引论[M].上海:华东师范大学出版社.

潘文国,叶步青,韩洋,2004.汉语的构词法研究[M].上海:华东师范大学出版社.

沈家煊,2017.汉语"大语法"包含韵律[J].世界汉语教学(1):3-19.

徐通锵,2002.《字本位与汉语研究》序[M]//潘文国.字本位与汉语研究.上海:华东师范大学出版社.

前　言

　　本卷主要汇集了学界专家围绕潘文国先生的学术思想所做的学术评论、学术领悟和学术畅想，共分为"学思篇""贺记篇""感悟篇""语言探微篇"和"译论探索篇"5个板块的内容。

　　"学思篇"中鲁国尧先生以"尼采"为题针砭时弊，深入剖析批驳了学界研究一味追求快产、多产、高产，一味追求发表于外刊、名刊的乱象，倡导"进德修业""轻徭薄赋"和"风清气正"的学术环境。

　　"贺记篇"选文3篇，宏观概括了潘文国先生的治学成就、治学精神和人文情怀。

　　王寅先生以《学贯中西的楷模，融汇古今的表率——贺潘文国先生八秩华诞》为题，阐述了潘文国先生在英汉对比研究上倡导从微观到宏观的突破，消解共时与历时的分野，摆脱语言与文化的隔阂，并在对比研究中悟出"汉语字本位"的道理，在翻译研究中提出了"文章学翻译学"，在开设对外汉语专业的过程中最早开设对比研究课程，首倡"对外汉语学"的学术追求和取得的令人叹为观止的学术成就。

　　戴汝潜先生以《蓦然回首过耄耋——潘文国先生八十寿辰贺记》为题，记述了其与潘文国先生相识相知的历程，并就《字本位与汉语研究》一著中所贯穿的现代科学精神、科学态度和科学方法进行了评价研究，认为构建独具特质的汉语汉字汉文理论体系，必将是几代学者需要付出极高代价的事业，在中华民族伟大复兴的新时代，这是必须要做好的，而它的起点就是"字本位"，就是以"字本位"为基点的话语体系。

　　赵文静先生以《知识之泉，源远流长，滋养后学——写在潘文国教授八十寿诞之际》为题记述了她在曼彻斯特大学师从莫娜·贝克（Mona Baker）期间与潘文国先生交往学习的一段经历，从潘先生的中西双修、博古通今、国际学术地位和知名度等方面谈了自己的认知和切身感受，使读者感受到潘文国先生在国外生活和学术活动中的另一面。

　　"感悟篇"选文11篇，主要围绕潘文国先生的某一学术思想、观点和学术研究方法来阐发其对语言研究的影响和启迪。

　　沈家煊先生以《"字本位"说的好处一例》为题，阐述了英汉两种语言由于基本单位不同而造成的节奏单位的参差对应,发现在英语复合词和汉语短语二者之间碰巧形成轻重格式的大致重合。一是因为作为出发点的基本单位不同,二是因为松紧规律对两种语言都起作用,差异在于英语是轻重控制松紧,轻重为本,汉语是松紧导致轻重,松紧为本,而汉语松紧为本的原因是"字本位",音节(字)等价等重。沈先生指出,这就是汉语节奏以松紧为本对构建节奏理论的普遍价值所在。

何刚强先生以《语言和翻译研究的宝典,"精微"与"广大"学问的楷模——潘文国先生文著纵览后"四悟"》为题,探寻潘先生杰出学术成就背后的几个主要成因及其对中国相关研究界、教育界所带来的影响。第一,潘先生作为文科(包括语言与翻译研究)大学问家,明显是继承了中华优秀学术传统,做学问首先凭借其坚实的"义理、考据、辞章"基础,在学术研究中"致广大而尽精微",又兼备全局性视野与战略性思维。第二,潘先生的学术成功还与他"采铜于山"的探索精神和努力鼎新研究范式密不可分,"采铜于山"的研究成果是"属于中国学术发展之河的深流",而以"废铜铸钱"堆成的海量文字只是一时"飞溅的浪花与泡沫"。何先生劝勉后学,厚积薄发,触类旁通,最终有所成就,方为学问正道,并在新文科视野下发出了振聋发聩的"三通"人才培养的强烈呼声。

申小龙先生以《普通语言学的索绪尔视角及其当代意义——读潘文国〈索绪尔研究的哲学语言学视角〉》为题,探析了潘文国先生的《索绪尔研究的哲学语言学视角》一文,呼应了潘文国先生所提出的基本观点,即索绪尔在本质上是语言学中的思想家而不是一般的语言学家,只有从哲学语言学的角度才能看清索绪尔的真正历史定位以及他对后世语言研究的意义,才能看清20世纪"现代语言学"的来龙去脉。而中国语言学者,更应该立足汉语、汉字的文化特征,提出新的普通语言学理论来,丰富人类对语言的认知。

黄国文先生以《关于语言学与应用语言学的几个问题——读潘文国先生的〈对比语言学的应用〉有感》,呼应潘先生所提出的语言学和应用语言学是一个学科还是两个学科的问题,指出语言学与应用语言学学科属性问题涉及各种因素,而且在特定的历史、文化、社会、政治、经济等背景下有不同的认知和认同方式,认为无论是从事理论语言学研究,还是从事应用语言学研究,都有理论构建的任务,无论是理论语言学还是应用语言学,通常都是问题导向的(problem-oriented)。这为我们重新认识理论语言学和应用语言学打开了另一扇亮窗。

左飚先生的《外语习得与母语能力——从潘文国〈母语能力是外语学习的天花板〉一文说起》一文,是在阅读潘文国的《母语能力是外语学习的天花板》一文后引发的共鸣,强调了母语能力既是外语习得的基础,也制约着外语能力的提高,指出我国非理性"外语热"与"母语冷"问题同时存在并互相联系,应引起高度重视,外语教育的时间与范围应注意适度,母语教育的"失位"现象必须予以纠正。我们欣喜地看到,近几年里中国学校教育中语文教育不断得到加强,"母语冷"问题正在逐步得到解决。

　　牛保义先生的《构式本位刍议——学习潘文国教授"字本位"的感悟》一文,成文于学习潘文国先生"字本位"理论时的感悟,提出了"构式本位"说,阐述了构式作为本位的资格和条件,论述了"构式本位"的基本特征,包括以使用、形义一体为本位,立足汉语、以社会认知为基础,以及注重形义象征关系等。这一提议丰富了语言探究中的"本位"学说。

　　鲁国尧先生的《中国音韵学的切韵图与西洋音系学(Phonology)的"最小析异对"(Minimal Pair)》一文对 minimal pair 的汉译过程做了一番细致的考据,提出了将其译为"最小析异对"的适切性与合理性,并在此基础上,结合深入发掘宋人卢宗迈的精辟言论,指出切韵图及后世的音节表都植根于汉语的特点,千年以前的中国学者已深谙"最小析异对"原理,创造出神奇的切韵图,并呼吁我国语言学界多多挖掘中国语言学的宝藏,向世界贡献中国智慧。

　　王菊泉先生的《从对应/对等概念的深化看语言对比与翻译研究的相互关系和发展趋势》一文,深入探讨了传统语言对比与翻译研究中的一个核心概念"对应/对等(equivalence)",指出语言对比研究中并不存在严格意义上的"对应",翻译研究中也不存在目标语文本和原语文本在严格意义上的"对等",更适合作为对比研究和翻译研究共同核心概念的其实是"相似性"。王先生认为,"相似性"是研究的出发点,而"最大限度的对等/对应"则是研究追求的目标,这一特征正在成为对比研究和翻译研究的一种发展大势。

　　黄忠廉、傅艾的《观翻译与翻译观——读潘文国〈"看山看水"的启迪〉》一文,基于"看山看水"的禅宗故事和潘文国先生的文章,探讨了如何认识翻译的问题,认为译者会历经"见译是译—见译似译—见译只是译"三重境界,这是逐级获得翻译观的认知阶梯,也是人类认识翻译本质的必由之路。这一观点为学界从宏观上认知翻译提供了一个很好的视角和支点。

　　孙艳、张旭的《文章论透外国语,翻译映显中国心——从潘文国译〈《朱子全书》及其传承〉看典籍外译的"道"与"器"》一文,从潘文国先生译《〈朱子全书〉及其传承》来探讨典籍外译的"道"与"器"的问题,认为潘文国先生在中国传统文章学视野下,针对典籍外译适时提出了文章翻译学指导理念,将严复提出的"信达雅"还原为讨论"译事"的宏观语境,并赋予其更为深刻的中国特色阐释,是从中华传统文化脉络对"信达雅"原意的一次系统复位。文章认为,潘先生在典籍外译领域倡导的文章翻译学,其核心可理解为"外国语、中国心",对译者的要求更是上升到对翻译事业的道德境界,译者只有在深谙中华文化根基、通识中外语言精髓的基础上才能将中华典籍外译工作做大、做好、做强。

　　"语言探微篇"选文10篇,主要围绕当前语言研究以及语言教学研究中的一些热点问题开辟新的视角,提出新的观点,走出新的路径。

史有为先生的《字母词的再分析与新应对》一文,深刻分析了当前西方字母词对现代汉语的冲击和挑战,让我们切实感受到了纯洁汉语的必要性和紧迫性,并提出了必须从加强规范、完善《汉语拼音方案》以及超前研究等三方面去应对当前的挑战。

李葆嘉先生等的《走路式和回忆式:过去和未来的时间定义模式》一文,通过非常缜密细致的分析和例示,论证了世界语言里存在两种不同的时间认定模式,即以物理空间为参照的走路式和以心理空间为参照的回忆式,分析发现英语属走路式,艾马拉语属回忆式,汉语属于回忆-走路兼有式。由此可见,在人类认知问题上不能预先假定一个统一模型,然后用该模型去考量其他语言事实,正确的方法是基于语言事实本身归纳其个性和共性。

孟华先生的《文字符号的向心和离心》一文,主要通过对汉字的分析,讨论了两种超符号关系方式——以语言符号为中心的"向心"方式和以非语言符号为中心的"离心"方式,实现了对西方语言学传统里对"表意文字"和"表音文字"二分的超越,深化了我们对语言和文字关系的认知。

王文斌、杨静的《从指元状语的句法位置分布看汉英的时空性特质差异》一文,从汉英语言中指元状语的句法分布考察入手,发现汉语指元状语不论语义是指向主语、谓语还是宾语,其句法分布总在动词之前一个句法位置,英语指元状语则有两个句法位置,谓语动词之前的句法位置留给了语义指向主语和宾语论元的状语,而谓语动词之后的句法位置留给了语义指向谓语和宾语的状语,以前者居多。由此可以推断:汉语指元状语采用整体扫描的方式识解事件,强调事件各要素之间的关联,而非事件发生的先后顺序,表现出强空间性特质;而英语指元状语采用顺序扫描的方式识解事件,彰显事件的时间性。文章观察细致缜密,论证鞭辟入里,对我们加深汉英语言的比较研究颇具示范意义。

陆丙甫先生的《汉、英主要"事件名词"语义特征》一文,在离散性与完整性、简单性与复杂性的语义关系中探讨了动词与事件名词概念之间的象似性问题,并进行了汉英语言之间的比价分析,指出表示复杂社会事件的事件名词,在两种语言中基本相似,它们构成了事件名词的核心成员。而非核心的其他类型的事件名词,在两种语言中有很大的区别。作者的一些独到见解,如语言中存在"声音象征"现象,即整体性强的节律结构倾向于表达整体性强的名词,整体性弱的节律结构倾向于表达整体性弱的动词,对语言认知的象似性研究可谓是新发现和新见解。

李娟教授的《语言符号语义功能二重性的历史解读》一文,从语言学史的角度探讨了不同时期语言学思想中隐含的对语言符号语义功能二重性的思考和相关思想的重要性,并在此基础上讨论了汉语"字"的语法性质,文章认为,无论是单个字还是由字构成的字组,义象和义类都是反映汉语符号二重性、彰显字的语义分类体系的重要方式,由此可以发现一些重要的语义特征,这是解读字组及之上的更大组合中语法语义结构关系的重要途径。这一论断对基于字本位的汉语语法研究具有重要推动意义。

周庆生先生的《"多元分立":民国语言政策格局》一文,以民国时期的基本时局特点为观察点,考察了当时语言政策的基本格局,即"多元分立",对读者了解民国时期的语言文字政策特别是汉语拼音的早期方案具有重要参考价值。

文秋芳教授的《"产出导向法"与对外汉语教学》一文,介绍了创建"产出导向法"(POA)的背景,特别指出这一教学理论路径是为了解决外语教学与习得中的输入与输出分离问题,阐述了POA理论发展的五个阶段和重要特征,并指出了该理论应用于对外汉语教学需要注意的相关问题。该文是首次将国内外语教学创新理论应用到对外汉语教学中的建设性尝试,对推动对外汉语教学具有重要参考价值。

如果说文秋芳教授的论文侧重对外汉语教学理论创新和方法建构,那么吴勇毅、张丽萍的《汉字练习的设计:形式与理念》则侧重介绍了对外汉语教学中向来被认为"难学"的汉字的对外教学形式和理念,以《汉语入门》的几十种汉字练习为例,分析其中五类练习的形式及其设计理念,以有效的方法和策略切实帮助学习者认读和书写汉字,提高汉字习得的速率。

杨晓军、杨文博的《评价及评价性语言的多视角分析》一文,阐明了对评价性语言研究的重要性,回顾了语言研究的历史,厘清了评价的定义,分析了评价的特征、评价的分类和评价的功能,探讨了评价性语言研究的多视角性,提出了结合认知语言学中的主要理论开展评价性语言研究的思路与方法。

"译论探索篇"选文7篇,围绕翻译方向、中国传统文章学与翻译、中国文化外译以及智能技术与翻译等话题进行探讨,既呈现了学界对中国学术传统的继承发扬,也体现了对最为前沿的智能技术与翻译问题的关注和思考。

张西平先生的《"外译中"和"中译外"差异论研究》基于潘文国先生所撰《中籍外译,此其时也:关于中译外问题的宏观思考》一文,史论结合,论证了"外译中"与"中译外"在翻译目的、翻译主体、语言转换、译本底本以及文化立场等方面的不同,在"翻译中国"的当下给读者以相关启迪。

胡明亮先生的《印尼语衔接方式和翻译》考察了谷歌翻译引擎在印尼语和汉语翻译过程中对语法衔接的处理能力,发现智能技术在对超越句子的语篇衔接的翻译上存在较大问题,并预测智能技术对这些语篇衔接的翻译能力依赖于人类对语篇的识解和处理能力,这对未来智能技术翻译的努力方向提供了较好的相关参照。

周领顺先生的《社会学路径的翻译研究:一个批评性视角》一文,以批评性视角,讨论了社会学路径的翻译研究,包括社会路径/社会学路径翻译研究与"翻译社会学"或"社会翻译学"的关系,社会学路径翻译研究的认识基础与语言学研究路径的相似性,"社会翻译学"/"翻译社会学"横向、纵向研究路径以及与中国翻译研究结合等话题。作者从各个方向和层面反复推敲"社会翻译学"与"翻译社会学"的内涵、路径以及边界等问题,并采取了颇为审慎的做法,始终将"社会翻译学"和"翻译社会学"并列表述,虽然如此,读者也能"嗅出"作者的基本观点倾向。另外,文章里有不少令人耳目一新的表述,如:"翻译(文本)"和"翻译活动"是不同的,前者在语言内部,后者在语言外部;译者对原文施变的行为严格说来是"处置行为"而非"翻译行为",是翻译外的社会行为;当每一个视角的理论体系建设走向成熟时,就会革新研究的范式;中国本土翻译理论的"三个指向"(滋养源-本土文化、提出者-本土学者、问题域-本土文化现象);等等。

陈大亮先生的《刘勰的"三文"与译诗的"三味"》一文,借助刘勰有关声文、形文与情文的"三文"理论来探讨诗歌翻译的"三味",即声味、形味与情味,从一个崭新的维度来探讨诗歌翻译里的韵律、形式和情感问题,以此来丰富译味的审美内涵,为诗歌翻译的创作与批评增添了一种新的理论视角。

卢卫中、许家绍的《人工智能时代背景下的我国翻译学科建设探索——基于行业技术发展的思考》一文,在梳理翻译学科现状的基础上,探讨了人工智能时代翻译学科的应有之义和未来发展趋势,指出翻译事业发展变化的总趋势是从早期单人、手工文学翻译为主导,到当下以团队合作、机辅应用翻译、译后编辑翻译为主导,再到将来以机器翻译、AI翻译为主导。认清这一发展趋势,对翻译人才培养和翻译研究理念、范式、路径和方法的变革和调整都意义重大。

何绍斌先生的《论译出行为——译介学视域的中国文化外译》一文,从译介学的视角出发,认为决定译出能否成功的首要因素是接受文化的需求状况,而且一般情况下翻译方向(或文化流动的方向)是从影响力强的文化指向影响力(相对)弱的一方。文章还指出,中国当代各种外译项目或相关评价及研究中,最大的误区是从"译入"角度来处理"译出"问题,在目前西方对中国外译作品需求疲软的总体状况下,需进行文化产品供给侧创新,激发真需求,创造新需求,改变传播策略,这样局面才有可能改变。

谭慧敏、底欣然的《"像一条小鱼一样":以创译为中心的翻译教学实证探索》一文,从智能技术翻译与人工翻译的竞争和前景分析出发,指出创译的背后是机器翻译无法企及的多样性,凝结着人类认知的附加价值,从这个角度来看,可以说创译是人工翻译避免被机器翻译取代的唯一优势,因此作者认为,"创译转向"或许不甚科学,然而创译是人工翻译的未来。他们还为不同文本类型设定了"创译梯度",即广告>文学作品>新闻外宣>学术论文>法律合同,这为创译研究和教学提供了很好的指引。作者还指出,以创译为中心的翻译教学虽然近几年在国外院校陆续开展了有益的尝试(如伦敦大学学院的短期课程,罗汉普顿大学的硕士生课程),但在国内还未成气候,相关的教学研究更是寥寥无几。这对国内的翻译研究和教学以及翻译人才培养做了及时的提醒。

　　总的来看,本卷32篇研究成果涵盖了对潘文国先生学术思想、研究方法论、具体研究问题的感悟和引申以及进一步学术阐发甚或探微等诸多方面,从中折射出潘文国先生学术思想的多维性、前沿性、开放性和人文性,同时也体现了各位学者在学术之道、哲学与语言、语言与教育、语言与翻译等诸多方面所取得的最新的、深刻的研究进展。

编　者

2023 年 2 月 18 日

目　录
CONTENTS

四、语言探微篇

五、译论探索篇

一、学思篇

尼采篇

鲁国尧

我国上古时期的典籍通例之一是以首二字作篇名,兹仿效之,本文以首二字"尼采"为篇名。亦循其例,篇下分章。

1. 尼采说母鸡及鸡蛋

尼采(1844—1900),德国大哲学家,著作甚丰,百余年来,影响巨大,遍及寰宇。

2021年12月上旬,社会学家成伯清教授的一篇短文《时间、思想与深度》中引用了尼采的一段话,我拜读后,击节叹赏,频呼"大合吾心",于是设法跟成教授联系,请他将出处示我,蒙他热情赐助,于是我得以窥全豹。"奇文共欣赏",现移录尼采的嘉言于下,以飨诸位同好:

> 对于那些毫不疲怠在口里喊着现代的会战口号与牺牲口号"分工啊!排成行列啊!"的人,将要清楚而断然地说:你们如果愿意尽量迅速地促进学术,你们也就将要尽量迅速地毁灭学术;正如你们人工地强迫母鸡,过于迅速地生蛋,这母鸡也就会死亡一样。好的,学术在最近几十年惊人迅速地被促进了。但是你们也要看一看这些学者,这些精疲力竭的母鸡,这真不是"和谐的"生物了;它们只能比昔日多叫几声,因为它们生蛋更多,自然这些鸡蛋也越来越小。虽然书是越来越厚。①

成伯清教授的大文在引录尼采的名言之后,接着的是他自己的阐释与引申。他的话前半段我十分赞同,对其后半段我则冒昧略述己见,现在抄录成伯清教授的高见于下:

---

① 尼采,《历史对于人生的利弊》,姚可崑译,商务印书馆1998年版,第48—49页。

我们的问题是，尼采在一个多世纪以前所说的话，为什么如此贴切地适用于我们目前的学界？是所谓的现代性状况在从中作祟？市场对于思想的需求以及时尚的多变，迫使学者快速地生产，而快速之下只能拿出单薄的东西？①

成教授说："我们的问题是，尼采在一个多世纪以前所说的话，为什么如此贴切地适用于我们目前的学界？"这讲得太对了，讲得太好了！毕竟是社会学家，多么了解社会！我对当下中国人文社会科学学坛的认识，跟他完全一致。尼采揭出问题，比喻生动，得出结论，堪称卓见，到底是哲学家，到底是大哲学家！在今日中国，人文社会科学学界的生态堪忧。"比昔日多叫几声"的母鸡越来越多，几乎塞满了学坛，可是都是些"精疲力竭的母鸡"。它们生蛋确实更多，但是，可怜"这些鸡蛋也越来越小"，不揣谫陋，我在尼采的这句话之后加一句："也许不少是瘪蛋、坏蛋吧。"尼采从比喻跳回现实，"虽然书是越来越厚"。试看我国当今书市，成几十册，甚或上百册的丛书，极度装潢，还戴着顶"荣获××奖"的桂冠，陈列在迎门的书架上，显示着编者及出版社业绩的辉煌。可是这些"越来越厚"的大书中不乏"金玉其外败絮其中"者，为了避免压库，有不少很快就被出版社营销部经理判处极刑充作纸浆了。那么厚那么多的书需要砍伐多少棵树木充作纸浆？需要投放多少吨化工药品去加工处理？唉，这是短视了，偏视了。

成教授认为"市场对于思想的需求以及时尚的多变，迫使学者快快地生产，而快速之下只能拿出单薄的东西"，对此，我想讲得更清楚些。为什么当今学者会成为下了大量小蛋、瘪蛋、坏蛋的"精疲力竭的母鸡"？学者本人当然有责任，现在我活剥龚自珍的著名诗句如下："前席喜闻申报表，著书都为稻粱谋。"尝读顾炎武《日知录》，至理之言甚多，现将其卷十九的前三条移录于下。"文须有益于天下"条："文之不可绝于天地间者，曰明道也，纪政事也，察民隐也，乐道人之善也。若此者，有益于天下有益于将来，多一篇多一篇之益矣；若夫怪力乱神之事，无稽之言，剿袭之说，谀佞之文，若此者有损于己，无益于人，多一篇多一篇之损矣。"又，"文不贵多"条："乃今人著作则以多为富。夫多则必不能工，即工亦必不皆有用于世，其不传宜矣。"又，"著书之难"条："宋人书如司马温公《资治通鉴》，马贵与《文献通考》皆以一生精力成之，遂为后世不可无之书，而其中小有舛漏，尚亦不免。若后人之书，愈多而愈舛漏，愈速而愈不传，所以然者，其视成书太易而急于求名故也。"顾炎武这位数百年前的伟大学者的责备之词是"如此贴切地适用于我们目前的学界"！

但是我认为责任的一半以上却在于养鸡场主。有篇文章，我印象特别深

---

① 鲁国尧，《时间思想与深度》，《中国社会科学报》2016年12月7日第6版。

刻,是 G 君的文章,他说,其所在高校年产 3000 篇论文、300 本书。这是在炫耀政绩!时间又过了数年,当下的上千所大学的养鸡场主变本加厉,展开了非理性的"数字竞赛",为提升在排行榜上的名次而拼搏,其效果,自然有益于场主"保官""升官"。养鸡场主特别重视的是数量,那就必须想方设法逼母鸡生蛋,至于瘪蛋、坏蛋,非所计也。于是如成教授所云,"迫使学者快快地生产,而快速之下只能拿出单薄的东西"。

呜呼,人们不能"清楚而断然地说",只能腹诽:"你们如果愿意尽量迅速地促进学术,你们也就将要尽量迅速地毁灭学术。"

2. 童子鸡下蛋

让童子鸡下蛋更是养鸡场主的迫切需要。养鸡场主需要数量,迫使教授、副教授们快快地生产,但是这些母鸡毕竟只是一小撮,于是再出高招,逼迫面广量大的研究生快快地生产。现时学术硕士必须发表论文,至于博士生,更必须发表论文,有的大学要求 3 篇,有些场主"慈悲为怀",只要 2 篇。不可动摇的要求是,其中必须有 C 刊。何谓 C 刊? 即 CSSCI 之谓也。有了这一大群童子鸡上阵,该校的论文数量可以大幅度增加,至于这些童子鸡生出来的是好蛋,还是坏蛋,非所计也。

童子鸡应该不应该被逼生蛋? 最近读到北京外国语大学的《外国文学》2016 年第 6 期上的一篇文章《我的导师王佐良》,是高继海教授纪念他的恩师王佐良先生的。王佐良先生(1916—1995),中国 20 世纪著名的英美文学研究专家、翻译家、诗人、教育家,其生平著述:自著 26 本,主编 12 本,共 38 本。北京外国语大学为纪念王先生诞生一百周年,由外语教学与研究出版社于 2016 年出版了《王佐良全集》,12 厚本。请看他的学生高继海教授的记述:"王公严于律己,一心向学,对待学生,他也是这样要求的。……入学之后,王公告诫我,要潜下心来,耐心读书,不要被不良风气左右,急于发表论文。"王佐良先生是一位了不起的学者,也是一位有真知灼见的教育家。回忆我在 1960—1964 年做研究生的时候,十几位老师和年轻教师没有一个人向我提起发表论文的事,他们都是苦口婆心地教导我认真读书,打好基本功,那时的风气多正!

现在的大多数博士生,入学时根底就不是很牢实或很不牢实,在校学习时间仅仅三年,课程又多。而导师带的博士生、硕士生往往达到十几名,甚至有超过二十之数的。记得多年前有张报纸,登了一幅漫画:茶盘里有一把茶壶,周围有十几个茶杯。请问注入这些杯子的茶水能有几许?研究生的培养就是要造就"品""学"兼优的一代青年。而"学"主要是认真读书,既要广博,又要精深,这是有识者的共识,逼迫研究生发表论文,还必须在 C 刊,这符合培养人才的规律吗？在大学里，很多很多的研究生在拿钱买发表！若干不良刊物按字数收钱，不论你的论文是什么货色，只要你交钱就给你发，少则几千元，多则上万元。"可怜天下穷书生"啊！这不仅仅是经济问题，更可怕的是，腐蚀了一代甚或几代人的心灵，败坏了风气，谁说大学是绿洲？

我在这里再"揭"一件学界众所周知的事：如今研究生的毕业论文答辩，不少学校一个上午能答辩八九个，甚至十个硕士生。这种答辩，形同虚设，儿戏也。校长们、院长们知道不知道？知道是纵容，不知道是渎职。（按：这些院长和校长无一不是博导、硕导，他们自己竟如此！）

童子鸡本不该生蛋，却逼迫它们生蛋，能生出好蛋？不仅生不出好蛋，更是摧残了这些童子鸡。救救孩子！乞求校长院长们"轻徭薄赋"，让学生安下心来，好好读书。这不仅是增长知识的问题，更重要的是有个纯洁的环境，培养他们高尚的精神。《周易》中的"进德修业"四字，是我们的目标，我们应该为之奋斗的就这两件事，进德与修业。教育家、学问家应该以这两个标准培养学生，使他们日后成为国家的栋梁。

再讲几句画蛇添足的话。遗憾的是，当今大部分学校爱搞"校训"，绝大多数是四词八字，雷同得令人产生"审美疲劳"。如果我当某校的校长，我拟的校训只有四字——"进德修业"。当然，我做校长是白日做梦。

3. 丧失自信，又一时弊

丧失自信，又一时弊。当今在许多高校中怪现象很多。怪中之怪：若干学校规定人文学科的教师和研究生在境外、国外的SSCI上发表一篇论文抵国内的CSSCI三篇。我们不禁要责问制造这种规定的养鸡场主，为什么在中国杂志上发表的人文科学的文章与在外国杂志上发表的文章"价码"竟差得如此之大？为什么要把国外、境外的杂志捧上天？众所周知，世界上以中国问题、中国现象、中国思想、中国历史等作为研究对象并卓有成就的主要是中国的人文学科的学者，这是毋庸置疑的。

这，外国学者也是承认的。举个例子，高本汉（1889—1978），瑞典人，二十世纪西方的第一流汉学家，著作甚丰：《左传真伪考及其他》《诗经译注》《书经注释》《汉文典》。他的代表作《中国音韵学研究》对中国音韵学研究影响巨大。高本汉在中国赢得了很高的声誉，请看《鲁迅全集》之《中国人与中国文》："高本汉先生是个瑞典人，他的真姓是珂罗倔伦（Karlgren），他为什么'贵姓'高呢？那无疑地是因为中国化了，他的确对于中国语文学有很大的贡献。"该文称高本汉是"西洋第一等的学者"。高本汉于1936年为其《中国音韵学研究》的中译本写了篇"著者赠序"，他是这么写的："中国民族史上的研究工作何等的大，一个西洋人再要想在这上面担任多大一部分工作,现在其实已经不是时候了。中国新兴的一班学者,他们的才力学识既比得上清代的大师如顾炎武段玉裁王念孙俞樾孙诒让吴大澂(笔者按:原译文在众多人名后不加顿号),同时又能充分运用近代文史语言学的新工具;我也不必在这里把人名都列出来,只须举一些刊物,例如《历史语言研究所集刊》《国学季刊》《燕京学报》《金陵学报》《文哲季刊》《北平图书馆馆刊》,此外还有许多第一流的杂志及各种目录。一个西洋人怎么能妄想跟他们竞争呐?这一班新学者既能充分地理解古书,身边又有中国图书的全部,他们当然可以研究到中国文化的一切方面;而一个西洋人就只能在这个大范围里选择一小部分,做深彻的研究,求适度的贡献而已。这样,他对于他所敬爱的一个国家,一种民族,一系文化,或者还可以效些许的劳力。无论如何,我自己恳切的志愿是如此的。"(赵元任译文)①这"一个西洋人"何等诚挚!他列举了若干中国的"第一流的杂志"的名称,他赞誉"中国新兴的一班学者",他说他自己"一个西洋人怎么能妄想跟他们竞争呐"。不想有一日,中国杂志上的人文学科的论文掉价掉得如此之惨?惨不忍睹!

我一贯主张"不崇洋,不排外"。崇洋,泯灭自己的创新心智;排外,堵塞自己的提升窗户。我们要有自主创造辉煌业绩的勇气,要有屹立于世界学术之林的信心。我们绝不排外,境外、国外的学者中也有高明者,他们的成就必有值得我们学习与借鉴之处。

我主张,对待境外、国外的学术,中国学者应该坚守"三视"原则:我们坚拒"仰视",我们提倡"平视",我们绝不"俯视"。著名表演艺术家冯巩同志有句名言:"自己选择45°仰视别人,就休怪他人135°俯视着你。"睿智之言,至理之言!

在境外、国外的SSCI上发表一篇论文顶国内的CSSCI三篇,这种规定,如此缺乏"自信"!在风雨如磐的时代,我们中国还不乏"民族的脊梁",他们为国家、为民族而竭力奋争;时至今日,值此中华民族伟大复兴之际,还规定SSCI一篇论文顶CSSCI三篇?岂有此理!岂有此理!!岂有此理!!!

作者通信地址:211102 南京大学文学系;luguoyao928@126.com

---

① 高本汉,《中国音韵学研究》,赵元任、罗常培、李方桂译,清华大学出版社2007年版,第5—6页。

二、贺记篇

学贯中西的楷模，融汇古今的表率

——贺潘文国先生八秩华诞

王　寅

摘　要：潘文国先生为华东师范大学终身教授、博士生导师，中国英汉语比较研究会前任会长。先生上下探索孜砣求，中外古今一身修；著作等身足千秋，蜚声宇内誉满球。他是凤麟中之佼佼者，为语言学、翻译学、对外汉语学等做出了重要贡献。本文仅从潘子学海中觅得一粟，主要从上述三个方向略述笔者的学习体会，以能一睹他出类之首、拔萃之魁的学术真容，并以此祝贺他耄耋之寿。

关键词：潘文国；古今中外；语言学；翻译学；对外汉语学

1. 概述：古今中外胸中装

在学术界谈到潘文国先生，都冠以"学贯中西古今的楷模"，他博学广识，懂古知今，通达多科，全面发展，大家依据古代用法，以"子"指称有学问的人，送了他一个亲切的雅号"潘子"。先生涉足语言学、翻译学、哲学、历史学、文章学、音韵学、构词学、对比研究、对外汉语教学等多个领域，勤奋刻苦，用心尽力，耕耘不止，成果斐然，创造出学界的奇迹，受到国内外学界的高度赞扬，为人所敬仰。

我们知道，长期以来在我国语言学界有一怪圈：中文界与外语界，中国与西方，古代与现代，一直存在学科隔阂。若能一界而立，便为学人所称颂；若能两界串行，就可名扬天下；若能三界贯通，便能荣当凤毛麟角。而他能在六界间行走，架设立交桥梁，聚合四方才气，放远眼思路宽，极穷目学海深，当之无愧这凤麟中的佼佼者。他语通中外，学贯中西，兼修古今，其融汇之度确为学界所罕，堪称出类之首，誉冠拔萃之魁。一提起当代这位潘子，众人无不以此来称赞先生，传颂其才。

要说"语通中外"，国人只要学了外语，都能做到至少"语通二文"，只是在"通"的程度上有别，"达"的情况不同而已。要说"文涉中西"，我们生在中国，长在中国，年轻时都受历过中、外国历史的教育，自然会对东方世界和西方寰宇有所了解,这两者的信息可谓人人皆备。要说"兼修古今",我们都学过古汉语,通过它可直通先辈所创造的文明,为追寻文化的足迹打下点基础。但称得上"融会贯通者"则少之又少,既能"融"多路学问于一炉,又能"汇"人间知识于一身,说来容易做来难;既能"贯",也能"通",达到"全部透彻地了解"绝非易事,这需要时间和精力,还要智慧和坚持,非一般人所能为之。

在我国外语界,深谙古代汉语和现代汉语,且深入了解其研究现状者为数不多。在汉语界,能负笈留学去西方取经,且能将英语用得娴熟得体者,也屈指可数。而能打通中外,古今并蓄,在自如的层次上运用语言,在精通的层次上研讨学术,在六界的层次上兼达融汇,实在是少之又寡。潘子之所以会当凌绝顶,只因长期的汗滴禾下土,只有经历过"汗津千斗当先流"和"破雾穿云攀绝峰"的耕耘和磨炼,才能赢得"绝峰顶处尝珍稀"和"人间学识装一胸"的境界和成就①,也才能谱写出声名远播、誉满学界的辉煌篇章。

2. 语言学:蜚声文坛美名芳

2.1 汉英对比研究

我认识潘先生还是在20世纪90年代,那时我在一所高校教授英语词汇学,对构词方面的文章较为关心,那时我就读到了他早年(1990)出版的《汉英构词法对比研究》,且将其运用到英语教学之中。后来在中国英汉语比较研究会认识了先生,购得他于1997年出版的《汉英语对比纲要》,该书可谓"十年铸一剑",凝聚了先生1987年至1997年十载心血,尽显其深厚的中英文功底和文化修养,书中既有继承,也有发展,更有创新,批判吸收了数年来汉英对比研究的最新成果,且结合汉、英两语言教学中的常见问题,进行深刻分析,并提出如下独特见解。

(1)以汉语为本体的对比。长期以来学界说惯了"英汉对比","英"在前,"汉"在后,这显然是一种以英语为参照本体的思维定式,而先生致力于创我学派,以图摆脱西方理论的藩篱,从其书名中的"汉英"二字的顺序可见他力主"以汉语为本体"的立场,意在摆脱"印欧语的眼光",纠正用西方葛郎玛来套解汉语之弊端,从而实现了"语言观"和"方法论"上的一次根本性转变,开辟了我国汉外对比研究的新趋势。

(2)对比研究三向论。潘先生指出在进行汉英对比研究的过程中,可有三个方向或三个角度:从英语到汉语;从汉语到英语;汉英双向对比。《汉英语对比

---

① 引号中的四句诗摘自潘先生的诗集。

纲要》采取的是第三种的双向法,既有从英语到汉语的方向,也有从汉语到英语的方向,真可谓"兼向则明"。这就有效地观察了第(1)条中提到的"以汉语为本体"的立场。更为难能可贵的是,他在双向对比中还贯彻了"一切从汉语出发"和"侧重汉语"的策略。

(3)宏观对比尤为重要。他特别强调对比研究中的宏观视野,既要见树,也要见林,以能在更高层次上通观全局,把握本质。先生认为宏观研究比中观和微观的对比更为重要。他进而指出,要先进行整体性对比,取立体和综合的立场,从大局观念出发,首先解决语言观、语法观等基本问题,然后以其为基础来指导中观、微观的对比。他的这一"宏观为上,多观结合"的研究思路在学界具有战略性指导意义。

(4)通过对比获得新结论。他认为不能为对比而对比,应以获取新见解为首要目的。他通过对比发现:汉语是"语义型[①]"和"音足型"语言,偏重"悟性",这决定了汉语语法呈隐性和柔性;英语为"形态型"和"形足型"语言,偏重"理性",这决定了英语语法呈显性和刚性[②]。这比王力先生所说的"英语重形合"和"汉语重意合"更为深刻,也更具指导意义,可使我们清楚地认识到这两大语言间的本质性差异。

(5)率先批判语言工具论。"语言工具论"自古希腊哲学家苏格拉底提出之后,在全世界流传了2000多年。潘先生接受了德国哲学家洪堡特的观点,认为语言是一种文化,一种民族精神,一种世界观,据此在国内率先批判语言工具论和索绪尔的语言自治论。他指出,只有从哲学理论和思维方法这两个更高层次上来认识语言,才能更好地进行对比研究,此观点为更好地开展语言对比研究提供了强大的动力。

(6)首次提出音义互动律。汉语中元、辅音界限不清,音节是清晰单位,具有离散力,孤立性较强,体现音节单位的"字"就有了本体性地位(字本位),使得

---

① 如汉语中的主谓关系、词性等要通过语义分析才能确定,而英语中的主谓取决于形态上的一致关系,词性可通过尾缀形态来确定。潘先生还将"语义型"称作"逻辑律",认为其在语序上一般遵循:时间上的先后律,空间上的大小律,心理上的轻重律,事理上的因果律。但汉语的语序具有较大的灵活性,因为汉语表达还要考虑到"音韵"和"节奏"的特点,不一定严格遵循这四条逻辑律。而影响英语组词顺序的主要是形态律和临近律,英语的逻辑性是通过形态来实现的。

② 由于英语越来越从综合型向分析型过渡,此时就借助虚词来表示语法关系,因此英语中虚词的使用也呈现刚性。而汉语是语义型语言,虚词是语义虚化的产物,同时也是填补语义空缺的语音手段,使用时也呈现柔性。另外,英语中的主格和宾格在古英语中是由形态来决定的(德语、俄语等综合性较强的语言依旧如此),随着综合型特征的减弱和分析型特征的增强,这两个格消失,名词是作主语还是宾语,就与汉语相同,由其在句中的位置来决定。

汉语具有了孤立性特征;而英语中元、辅音清楚,音节有明显的拼合过程,具有凝聚力,这种音韵动力决定了英语成为屈折语。这才是对比研究的突破口,它影响着不同语言各自的构词法和句法。据此他将音义互动律视为语法手段,撼动了语法对比的传统地位。

上述仅列述了笔者学习《汉英语对比纲要》的一点体会,从这些新视角、新观点可见潘先生锐意进取、立意创新的精神,这就决定了该书必然会成为一部极具学术价值的理论专著,其与众不同的立场,独具慧眼的见解,原创开拓的思路,在我国对比研究领域是一重大突破(龚海燕,1998),也使得该书成为汉英对比界的力作(潘正华,2016),堪称汉英对比史上里程碑式的佳作,具有划时代的意义(冯智强,2003)。

2.2　语言学是人学

索绪尔和乔姆斯基这两位世界级语言学大师所创立的结构主义理论和转换生成语法,深受科学主义的影响,无视人本精神,将语言视为自治体,特别是后者主张用自然科学中的形式化方法来分析语言,此风刮到国内,迷倒不少追随者。他们毫不留情地将现实生活中的"人"剔除出语言学的研究视野,遭到当代很多学者的诟病。潘先生于2006年在题为《语言学是人学》的论文中斩钉截铁地指出:语言学须定位于人文学科,研究中应体现人文关怀。现下流行的认知语言学家认为要依据常人认识世界的方式来分析语言成因,但始终未能上升到后现代哲学中"人本主义"这一高度来认识语言。体认语言学(王寅,2014,2019)则重点强调了语言的人本性,必须从常人的体验和认知这两个角度来重新理解语言,这与潘先生所言的"语言是人的语言"完全吻合,也充分说明他的论点具有指引性和前瞻性。

2.3　中西合璧,平行发展

20世纪下半叶我国外语系的课程,都围绕外国语言和西方相关成果来设置,对我国的文字学、音韵学、训诂学、文章学等方面的研究暂付阙如,错误地认为它们不是外语界的事情,应是中文系的功课,因而大多学人都忽视了中国古今学者在语言文字学方面的研究成果。本来"语言学"就应是一个大家庭,却被无情地分为汉语语言学和国外语言学,两界多年来老死不相往来,使得那个年代所培养的人多用一条腿走路。

此时潘先生大声疾呼:不能把眼光仅盯着国外,不管是翻译学,还是语言学,还是其他人文学科,不要脱离自己的传统,放弃本土的特色。他掷地有声地宣布:应取以我为本的立场,外国理论只能作为参照。这为媚外者敲响了警钟。笔者曾受到他的启发于21世纪初尝试对比分析中国学者与西方学者在语义理论方面的研究成果,于2007年出版了《中西语义理论对比研究初探——基于体验哲学和认知语言学的思考》一书,尝试让外语界学人们知晓我国古代和现代的学者就语义理论方面所做出的重要贡献。

潘先生早年在英国就曾与著名翻译家蒙娜·贝克就"中西兼修"的议题交换过看法,两位大学者都认为:中国学者完全没必要受西方或其他地域理论的约束,要以对本国语境有实际意义为前提来提出独特的翻译理论或对接其他观点,不必囿于英国、美国或其他什么地方的学者,一味追随不可取。我们认为,这一观点不仅适用于翻译学界,也适用于语言学界,而且也适用于一切文科研究。

2.4 简析西学引进史

我国学界曾有过一段迷恋"斯基"和"卡娃"的历史,改革开放后又经历了一段过于崇拜西洋学者的年代,而将"洋为中用,中西合璧"置之度外。潘先生指出,近几十年来有部分学者过于崇洋,只要是国外的理论就能代表"国际前沿",有些单位领导将在国外期刊上发表的论文(即使是书评)奉为"顶级论文",奖励也要远远超出国内核刊的。我们不禁要质问,如此行事妥当吗?潘先生对之深恶痛绝,且简析了这一现象在不同历史时期的不同表现形式:

(1)"五四运动"前后,陈独秀、钱玄同、胡适、傅斯年等新文化运动的先锋们,不管如何崇尚西洋文化,鼓吹全盘西化,但自幼接受我国的传统教育,老祖宗的教诲一直流淌在他们的血液中,总会自觉或不自觉地进行中西对比,有所取舍也是自然之事。

(2)20世纪50—60年代,对西方的理论和观点总存戒备之心,对欧美国家的学说是"批"字当头。

(3)只是近年来,不少人总觉得西方的月亮比中国的圆,年轻一代常漠视传统,曾被打倒的"崇洋媚外"又死灰复燃,出现了"童生骛远,唯晓崇洋;不知有汉,谁信诗书属大唐?"[①]的局面。用潘老师的话来说,"大规模、大范围、大批量,义无反顾地全面拥抱,照搬硬套西方的理论和学说",形成了一股"视国外为国际水平,奉西方为学术前沿"的思潮,拿来主义成为很多人的思维定式,国人难免要丧失话语权。西方翻译学被认为就是翻译学,西方语言学就是语言学,这些人缺少民族情怀,对我国学者的成就持虚无主义态度。

潘先生不时地提醒国人要建构我国自己的话语体系,致力发展我国学术理论,着手医治中国的"失语症"。他据此提出了一句带有纲领性的为学之道:"从实践到理论,从传统到现当代,从国产到西洋,立足中国学术。"我们认为,这才

---

① 此为潘子2007年7月17日所作《沁园春》中的诗句。

是外语界学人的治学根基,吾当牢记在胸!

"以外律中"不可取,"方枘圆凿"必出错。在潘先生及其同事的领导下,中国英汉语比较研究会一直强调:在语言上要中西相比较,对比其差异;在文化上要两者有机集合,取长补短;在理论上要有全球眼光,不可偏食。因此,外语界必须补上汉语语言学的知识,加强汉外语言本体和理论研究的对比,才能达至"以外国理论作为参照点"的境界,两条腿走路总比单脚跳要好,要快,要稳,才可走出这个历史留下的遗憾,获得"一览众山小"的感觉。

3. 翻译学:硕果累累播四方

3.1 廓清迷雾,指明方向

当翻译界还在彷徨之际,不少人士为一些基本观点争论不休,如:翻译需要理论吗?中国本土的译者能否担当起中国文化对外翻译的责任?中国文学的对外译介和中国译论是否要做到守土有责?翻译理论中所倡导的"中国学派"是不是民族主义者?

学界曾有人认为翻译教学只要教会技巧就行,不需要什么理论,他与杨自俭先生义正词严地指出:此观点患了近视眼的毛病,殊不知共产党人一直强调"没有理论的实践是盲目的实践"这一基本立场。先生还进一步指出:我们不仅要学习外国的翻译理论,而且还要创建中国的翻译理论,这真是掷地有声,及时为学界指明了方向。

他还出于对国家科研发展战略的考虑,提出"立足当前实践,继承中国传统,借鉴外国新知,发展中国学术"的方针,认为中国的学者完全担当得起中国文化对外翻译的责任,也回应了"中国翻译学是一种民族主义的反映"之论调。

3.2 文章学翻译学

潘先生还亲力亲为,建构了"文章学翻译学"这一新译论。文章学是中国本土的理论,它以"文章"为对象,研究其性质、生成、发展、功能、构造、分类、要素、写作、阅读、分析、鉴赏、文风等,比起当代国外所创建的"语篇学(或篇章学)"不仅时间更久远,而且内容更丰富,且强调了理论与实践相统一。我们应继承和发展我国古代文章学的遗产,基于历史的角度审视相关问题,以便能有效地指导阅读、写作和教学。潘先生先声夺人,率先将文章学与翻译研究相结合,在译界创建了这一新兴学科,意在将翻译理论植根于中国的学术传统,贯彻道器互通的辩证观,据此便可有效执行3.1中的方针。

潘先生还在文章学翻译学的理论框架中,运用历史唯物观和辩证法的基本原理,重新审视严复那流传甚广的"信达雅"翻译观,以能消解学界多年的误会,重现严氏翻译理论之真面目。他认为,严氏之所以要选择那些英国命脉之所在的名作译为汉语,其意正在于要纠正当下国内时弊,推动民族进步,让中国尽快吸取国外的先进文明。他的"信"实际上体现了中国文章学的核心思想"诚",指对事业的忠诚和全身心的投入,以完成"了国民之天职"的政治心愿。此处的"信"在精神上是一种态度,在实践上是一种责任,据此潘先生认为严氏的翻译观具有"社会政治学派"的性质,翻译是为了满足社会发展之急需,而不是学界所误读的"仅是语言层次上的忠实",这与国外翻译家所提出的"文本等值"有天壤之别。

"达"也是文章学中的概念,意为"辞达",即"意要称物,文要逮义",这里的"物"可理解为"原文","意"是对原文的理解,"文"指译文的表达。因此,译文应能确切表达原文想要表达的思想,让读者能充分理解所要表达的思想。"雅"也是文章学的基本要求,语言要符合时代的语言规范(赵国月,周领顺,潘文国,2017)。这样的解释就彻底颠覆了译界对"信达雅"流传了多年的传统解释。可见,昔日的误解大有"以小人之心度君子之腹"的嫌疑。

因此,严氏的翻译观反映了我国文人在进行社会科学研究的进程中,实现了从古代向现代的演变,从随笔型向科学型的进步。科学研究就要奉行像潘先生那样的态度,一定要多思慎言,我思则我言,切切不可率尔操觚,人云亦云,以讹传讹。当然了,能建构文章学翻译学,且据此重新解读严氏的翻译观,必须以深谙我国古代语言学理论为前提,难怪我国学界一直未能出现这一合理的宏观解读,只因学界尚未出现像潘子这样"通晓古今、融会贯通"之大才。

3.3　道器合一的原则

西方不少学者常将"理论"与"实践"视为两门学科,如语言学界分出"理论语言学"与"应用语言学",翻译学界分出"理论翻译学"与"应用翻译学",等等。这种分类带来了严重弊端,无形之中就将理论与实践割裂开来。如当前国内外所倡导的"应用语言学",不少人过分强调"应用"而忽视理论层面的研修,曾一度将其等同于各种具体的语言教学法。其实,学科前冠以"应用"二字,实际上就蕴含了相关"理论"的存在,若不以其为基础来研究教学法,何以修得正果,写出传世的文章?这种过分强调"应用性"的学科,与我国所一贯主张的"理论与实践相结合"的教育方针明显不合。

过细的学科分类是西方现代教育的出发点,过分强调"钻"和"尖",而忽略另一面的"宽"和"广",后者是前者的基础,前者也离不开后者。想一想我国昔时的文人骚客都兼跨多科,既是文学家,又是思想家、哲学家,还兼史学家等,知识全面,潘子就是这一类通才。而西方现代教育中的分科过细不利于培养综合性人才,弄不好会引导人们钻进牛角尖,以致他们进入社会后也不一定就能适应岗位的需求。潘先生主张学科发展应贯彻"道器合一"的原则(王宇弘,潘文国,2018),这大大有益于克服西方学科分类过细的后遗症,与我国当前所强调的"宽基础,大口径"的教育思路相吻合。

3.4　典籍英译现状分析

随着改革开放的深入,中国吸收了世界上许多先进的现代化文明,但这种交流常具有不对等性,引进的多,输出的少。因此20世纪末21世纪初,在国门开放的同时,国人认识到应纠正这种不对等性,对外宣传和译介中华文明提上了议事日程,这一重任自然就落在广大译者的肩上。以汪榕培等先生为代表的一批中国译界学者担起了这一大任,一批我国古代典籍被译为英语,受到全世界学者的广泛关注和支持,有些中国学者(如苏州大学外国语学院王宏教授)的译作还在外国出版社正式出版。潘先生对典籍英译事业也有自己独特的见解,他高度赞扬了成绩,给予了大力支持,也亲自加入这一行列。他指出,我们应站在国家发展战略的高度,立足汉语和中国文化本位,关注那些非文学且少有人译的更涉及中国文化核心内容和核心价值观的作品。他还总结出典籍英译中的四个核心问题,即译什么,给谁看,谁来译,怎么译(王宇弘,潘文国,2018),切中了当前典籍英译之要害。

潘先生也指出了当前典籍英译的不足之处,提醒人们要防止"两头热,中间冷"的倾向。他认为人们对于中华文明史两端的古代经典关注较多,因为人们一提起"典籍",自然会想到那些古代经典,如"四书五经"等。另一端就是明清民国这个时期的作品,如我国的四大名著等,而对处于"中段"的宋朝古籍关注不够。他认为,宋代是中国近世的开端,是中国文化继往开来的伟大时代,"中国传统"在绝大多数情况下是宋代以后开创的,许多经典是宋代人阐释的。因此不研究宋代,不研究宋代的文化成就,就无法真正了解中国,知晓传统。他据此认为必须加强对"中段"时期作品的英译工作,以使这项事业能处于相对平衡的状态。他还亲自选出几部宋代大书加以翻译和介绍,如《朱子全书》《传习录》《资治通鉴》《文苑英华》《太平广记》《大藏经》等,还准备续编这一系列丛书,填补了对外英译的空白,进一步推动了中国文化走出去,繁荣了中华文明远播全球的事业。

潘先生曾借用国人十分熟悉的成语"深入浅出"来解读典籍英译的过程,"深入"是指对原文的理解要深刻,"浅出"是指在弄懂后要用浅显易懂的语言,读者容易接受的方式来表达,目的语译文既要地道,也要适度异化。用这个成语来解读典籍英译的过程,可谓一语中的,鞭辟入里。

他还接受了后现代哲学中有关"多元化"的观点,认为在翻译中要否定一尊,倡导多元。针对不同的读者群,可采用不同的翻译策略,且一件原本可有多个译本;即使针对相同的读者群,也应允许一本多译,可让读者有较多的选择和对比,这对于翻译质量的提高有百利而无一害。

4. 对外汉语学:开疆拓土启新窗

4.1 对外汉语教学的兴起与创建

自我国改革开放以来,沉睡的东方之狮逐渐苏醒,四个现代化建设取得了历史性成就,中国经济亦已崛起,与世界各国的友好往来也日趋频繁,离"屹立世界民族之林"的目标越来越近。国家的兴旺,事业的发达,繁荣的景象,民族的振兴吸引了各国人民的目光,我们的语言也受到高度重视,为越来越多的国外学者和青年所青睐,他们纷纷涌入中国,视学习和研究汉语为一种时尚,海外掀起一波又一波的"中国热""汉语热"。为适应形势发展的需要,我国教育部领导于1984年正式宣布对外汉语教学已发展成为一门独立的学科,随后成立了推广汉语的专门机构"国家汉办",于1985年设立对外汉语教学基地,推出了国家级考试HSK,实行对外汉语教师资格证书制度,使得这一事业得以如火如荼地迅猛发展。在这个历史节点上,潘先生受命在华东师范大学创建了"对外汉语系",后又受命组建了"对外汉语学院"。随着这一新兴学科的发展,他又领衔在华东师范大学申请到我国最早的"对外汉语教学博士点",为这个专业培养高端人才铺平了道路,奠定了基础。

潘先生一直辛勤地奋斗在这一领域,培养了一大批教授外国人学习汉语的教师(包括中国人和外国人),其中既有人在我国高校从事留学生教学,也有人活跃在国外汉语教学队伍中,他们为重塑我国形象,振兴中华民族,远播东方文明,构筑人类命运共同体做出了贡献,这背后就有潘先生几十年所洒下的汗水。

4.2 对外汉语学

潘先生于1992年就撰文论述了对外汉语教学专业的学科建设和课程设置问题,他认为该专业不是中文系与外语系的简单相加,而应以"知识面广"和"语言功底深"为目标,视外语为拐棍、汉语为主攻,加强语言培养,兼通中国文化。

他于2004年以《论"对外汉语"的学科性》为题从学术意义和学科体系的角度详细地论证了"对外汉语教学已发展成为一门学科"的命题。他依据社会语言学中"语言有不同变体"的观点,令人信服地解释了语言确有"对内"和"对外"

之别①,据此阐述了"对外汉语"这一名称的合理性和本体性,并对其学科内涵进行了深入的分析。

他在文中不仅为该专业作为一门独立学科正了名,立了户,还为其发展树了标,指了路。他对"对外汉语学"做出如下定义:一种以对比为基础,以教学为目的,以外国人为对象的汉语本体研究。潘先生在论文中还对这三个特点从五个方面进行了条分缕析的详解,进一步明确了教学中所应包含的五项内容:对比、教学、二语习得、跨文化交际、中译外。他接着论述了对外汉语学与其他相关学科之间的关系和区别,这为该学科的健康发展夯实了基础。

4.3　语言教学四思路

潘先生指出,在教授国内或国外学生学语言的过程中,不可眉毛胡子一把抓,应当区分如下四种思路:

①以教母语的方法教母语,以学母语的方法学母语;

②以教外语的方法教母语,以学外语的方法学母语;

③以教母语的方法教外语,以学母语的方法学外语;

④以教外语的方法学外语,以学外语的方法学外语。

当前不少对外汉语老师自觉或不自觉地用自己少时学习母语的方法(即第①种)来教外国人学汉语(即第③种)。还有部分学者接触到国外的语言理论和教学技巧之后,以求抢占先机,急不可耐地"率先引进",不假思索地生搬硬套,想当然地认为它也适用于我国的汉语教学,企图将其纳入外国理论,这就是上文所述的第②种情况,犯了"削足适履"的错误,使得我国的语言教育总是费力费时、不尽如人意。

潘先生一针见血地指出,学习母语和学习外语是两回事,应很好地区别上述四种思路,分别对待,对症下药,不可混为一谈。他们之所以存在不同程度的糊涂认识,是因为没能发现对外汉语教学中的特殊性和规律性,不能自觉地运用上述第④种思路来组织教学,犯了"本本主义"的错误,以致教学效果不佳。

正如上文所言,汉语和英语分属两大不同的语言类型,前者还具有"字本

---

① 潘先生(2004)认为,"对内"的汉语本体研究中绝大部分内容对于对外汉语教学来说,根本不需要。例如过于专门的音韵、文字、训诂之学,过于生僻的方言之学,还有汉语内部的各种学术史,就不属于"对外汉语"本体研究的范围。不仅是古代汉语、汉语史、汉语语言学史中的这些内容,即使是在对外汉语界视为当然依托的现代汉语这个分支学科里,那种越来越烦琐的语法分析,那些不可开交的语法体系之争,那些为追逐时髦而贴上的西方语言学理论和术语标签,在"对外汉语"教学中也基本无用。

位"性质[1],后者具有"词本位"特征,这就决定了教授和学习这两门语言时的指导原则和具体方法应有所不同,决不可随意取代,乱点鸳鸯,不分青红皂白地胡乱套用。他的论述字斟句酌,层层深入,概括全面,这对于广大对外汉语教师来说,既廓清了误区,也指明了方向,具有深远的航标性意义。

5. 结语:著作等身传世长

潘先生在回忆自己一生时,说了两句十分普通的话:"我尽力了。"(赵国月,周领顺,潘文国,2017a)"没有虚度年华。"(2017b)这两句朴素得不能再朴素的话,却记载着他半个多世纪的努力,饱含了他几十年的奋斗。正如前文所述,他治学的特点是:语通中外,学贯中西,兼修古今。他能横跨六界综观理解,借史为鉴立我之言,堪称"学贯中西的楷模,融汇古今的表率"。到目前为止,他已出版各类著作、译著和教材60多部,发表论文(包括为他人论著作序)300多篇,这还不包括他创作的几百首诗,书写的大量书法作品,真可谓文如泉涌,下笔有神,著作等身,千秋传世。正如杨自俭(1997)所言,潘先生"多年来兢兢业业,从事教学和科研,同时笔耕不辍,几乎年年有学术著作问世,真是令人敬佩"。

潘先生在学术研究中总爱另辟蹊径,笔行奇锋,走与别人不完全相同的路,不全嚼别人已嚼过的馒。在英汉对比研究中倡导从微观到宏观的突破,消解共时与历时的分野,摆脱语言与文化的隔离,且在对比研究中悟出"汉语字本位"的道理;在翻译研究中提出了"文章学翻译学";在开设对外汉语专业的过程中最早开设对比研究课程,首倡"对外汉语学"。这些都体现了他不拘一格,意在创新,建我学派的治学风格,为我国学界树立了光辉榜样,对于新时代的语言创新研究具有重要的指导意义。

本文仅取潘子学海之一瓢,远不足以概述全貌,难免挂一漏万,不足之处,可参阅他人所做介绍。最后笔者以两首小诗,聊表对潘先生的敬意:

---

[1] 潘先生认为,拼音文字遵循了一条间接的道路,从概念先到语音再到文字,因此对于英语来说,语音是首位的,文字居第二位,文字只能是"符号的符号"。而汉语是以象形和表意为主要方法形成的文字系统,依据"形"来表意,从概念直接到文字,字就是语言的符号,它就是语言学的主要对象,这就决定了汉语具有"字本位"特征。他在对待汉语的基本特征上,继承和发展了赵元任、王力、徐通锵等先生所倡导的"字本位"理论,且娴熟地将其运用到汉语研究和对外汉语教学的实践之中,为我们树立了将理论研究和教学实践密切结合的榜样。

七律二首
潘子杖朝颂
(一)

莽薮书山兴味长,汗津万斗焕华章。
不服耄耋攀金顶,且许婵娟照晚妆。

禹甸文林腾虎步,神州韵海跃龙骧。
云天揽秀联英汉,风物妖娆接九阳。

(二)

潘子翩跹生沪上,侠儒四海美名扬。
文韬慧典车船量,武略深谋衿袖藏。

桃李芳菲结正果,功行炜煜勒高堂。
满头一任梨花雪,晓烛兰膏志未央。

参考文献

冯智强,2003.汉英对比研究的又一座高峰:华东师范大学潘文国教授汉英对比思想研究[J].白城师范学院学报(3):52-57.

龚海燕,1998.英汉对比研究理论上的重大突破[J].汉语学习(3):63-64.

罗选民,王敏,2015.易为古今,译为中外:谈潘文国先生的翻译研究[J].外语教学(3):80-84.

潘文国,1990.汉英构词法对比研究[M]//华东师范大学中文系.汉语论丛.上海:华东师范大学出版社,98-117.

潘文国,1992.对外汉语教师的知识结构与对外汉语专业的建设[C]//中国对外汉语教学学会华东地区协作组.面向世界的汉语教学.上海:复旦大学出版社.

潘文国,2004.论"对外汉语"的学科性[J].世界汉语教学(1):11-19.

潘文国,1997.汉英语对比纲要[M].北京:北京语言大学出版社.

潘文国,2006.语言学是人学[J].白城师范学院学报(1):1-4.

潘正华,2016.《汉英语对比纲要》述评[J].科技世界(15):230-231.

杨自俭,1997.为潘文国教授《汉英语对比纲要》作序[M]//潘文国.汉英语对比纲要.北京:北京语言文化大学出版社.

王寅,2014.后现代哲学视野下的体认语言学[J].外国语文(6):61-67.

王寅,2019.体认语言学发凡[J].中国外语(6):18-25.

王宇弘,潘文国,2018.典籍翻译的道与器[J].中国外语(5):93-101.

赵国月,周领顺,潘文国,2017a.翻译研究中的"中国学派":现状、理据与践行:潘文国教授访谈录[J].翻译论坛(2):9-12.

赵国月,周领顺,潘文国,2017b.认清现状,梳理中国本位的对外译介观[J].Translation forum(3):4-8.

作者通信地址:400031 四川外国语大学语言哲学研究中心;angloamerican@163.com

蓦然回首过耄耋

——潘文国先生八十寿辰贺记

戴汝潜

时光荏苒,孰料昨日风华横溢、讲坛翩然的潘先生,瞬忽之间,竟过耄耋,不胜感慨——念人生苦短,唯情深绵长!尽管史上盖世者寥寥,但先生凭数十年勤学笔耕,理性见解独到,研究入木三分,著述丰厚多样;其大半生的学术成就,在语言文字学界亦入凤毛麟角之列,这是毋庸置疑的。值此八十华诞,后学借机汇报自己的学习心得,应该是为师者最愉悦的得幸之礼。

熟人皆知我是外行后学,是语言学界和语文教育界诸先生的后学。而作为徐通锵、吕必松、杨自俭和潘文国等先生的后学则缘起于2004年,那是在青岛,在中国海洋大学召开的首届汉语"字本位"理论研讨会上。我应邀赴会,吕必松先生希望我从基础教育语文教育课程教学的角度谈谈"汉字教育问题",于是,我根据会议的主题,拟定了主讲题目是《汉字决定论》。其核心内容有三:

(1)汉字决定了汉语的"书同文",也决定了"字词、成语、文句"的组构;

(2)汉字是孕育中华文化的摇篮,涉及人文、科技等方方面面;

(3)中国通用语文教育的水平,在很大程度上取决于人们对汉字的掌握水平。

作为中央教育科学研究所从事基础教育课程与教学研究的研究员,对于语言文字学研究,我确实是外行,但是,这并不妨碍我从基础教育的语文教育课程教学的实际出发,来认识汉字教育在中国通用语文教育中的地位和作用。《汉字决定论》的三个角度,直指汉字在中国通用语言文字中的定位,以及在汉字文化领域中的定位。因此,我从语言文字实践应用的角度概括为"汉字决定论"——而这个论断恰恰就是语言文字学界的创新理论"字本位"观,一个从理论,一个由实践,殊途同归。我的汇报反响热烈,不仅得到台上徐通锵、吕必松、杨自俭、潘文国等权威席学者的赞许,并且得到几位先生赠送的专著,其中,给我留下最深刻印象的,就是潘文国先生在我结束发言的时候,伸出右手向我走过来,口中连连说"讲得好,讲得好",他还送给我他的新作《字本位与汉语研究》。之后,我认真研读了他的著述。昨日,在匆忙中赶撰此文时,我重新翻开潘先生送我的这本书,书中的第47、93、121、159、165、173、192、206、223、240、265页上,记载着18年前我读这本书时所产生的共鸣,深化、提升了我"经验性"的"汉字决定论"！从此,我便成为先生的"后学",并开始了与先生的学术交往。再后又不止一次地聆听过他的学术报告,他还为我撰写的专著《字本位与语文课程教学》进行了审读,要知道那可是30多万字的篇幅哟！——当下,能够如此严肃地面对一个仅有一面之交的后学,这可是需要一点精神的！然而,他却不吝时间、精力,陆续提出诚恳的修订意见和建议,既没有因为我是外行而歧视,更没有因为我年长过他而有所保留,完全是平等的、严谨的、真诚的学术交流,不苟学风规范。在这物欲横流、学术商业化浪潮冲击之下,能够不为功利所左右,其品质是为难得。

十多年后,我建立"潜智大成"网络平台,经我要求,先生又毫不迟疑地提供转发论文之便:《评几种"似是而非"的语言文字理论》。此文是他专门为我主持召开的"第三届汉字教育科学化国际研讨会"所做的专题报告(该文收录在会议论文集《中国陶行知研究》特刊中)。在这个报告里面,他以一贯的不温不火的口吻,儒雅而犀利地揭示并批驳了"文字是符号的符号论""重语轻文论""世界文字发展规律论"等糊涂的"理论",从根基上拆穿了某些语言学家试图为汉语和西方语言学"接轨"而捏造的"文字的生成、地位和发展"的"理论"根据。须知2018年正值《汉语拼音方案》发布60周年,有人试图借机挟"与拼音、与字母接轨"卷土重来,这无疑是给这些糊涂人警醒的一檄！足可见先生学术上追求真理的勇气、智慧和坚定的精神,不同凡响。

当然,作为后学,必有学习心得汇报一二。我在研习《字本位与汉语研究》的过程中,受益良多。首先表现在,先生始终力求贯穿现代的科学精神、科学态度和科学方法。一切从汉语、汉字、汉文的实际出发,无论是言语还是书面的文字、词语或句式都是如此;无实例不说理,无引文不审辨。他完全抛开了从概念出发,空乏地演绎、推证,且种种概念又无不是基于西方语言学的舶来品,这些舶来品于汉语则云山雾罩或误导左右,令人不得要领,也无法解决实际问题。先生开门见山,明确指出中国语言学界现实的失误——所谓"普世语法观""语法中心观""重语轻文和重音轻字情结"和"科学主义"迷信等。比如,对于"普世语法观"问题,在后文中,我将运用哲学的"共性和个性"的辩证关系,简明地做出正确的剖析。而"语法中心观"则违背了语言的现实存在决定语法的事实,对于汉语而言,语言学界接二连三地明确指出,从西方套搬的语法是"水土不服"的,基本上是无用或难用的东西;虽然,对于人类而言,必定存在着由共通的思维逻辑所决定的"通法"。但是,独具特色的汉语、汉字、汉文,必然具有不同寻常的规律性特质,而这才是中国语言学家所应当关注和解决的问题。这就自然涉及在中国通用语中的"语和文"的关系与西语中的"语和文"的关系的本质区别,而"不同质的问题,只能用不同的方法"来解决。也就是说,至今中国语言学界依然没有认识到这个基本问题带来的弊病的严重性——依然踯躅在"重语轻文"的迷途之上,不知自拔。尊重自身的规律性才是真正的科学之路,而不是观念的、概念推演的"科学"。20年过去了,面对先生的洪钟大吕之声,中国语言学界似乎仍然执迷不悟,并没有根本性的改善作为。比如,60年不完善的《汉语拼音方案》、"从来没有统一过的汉字"、"泛滥成灾的别字"、"拉丁字母、译音词、俚语词滥造"……几乎见不到语言文字学家正面引导。为什么?因为"重语轻文"之风不散,某些语言文字学家坚持认为:文字应当跟着"言语"走,热衷于年年发布"新词语"——从来没有回头看看30年来,究竟留下了什么?积淀了什么?我们给后代传承了什么?! 当我们今天重温潘先生的论述,谁人不会感受到心灵的震撼?! 就这点而言,中国语言学界缺乏以中国通用语为生命的尊重之情和敬畏之心,是愧对人民的养育、无颜面对列祖列宗的。

潘先生在谈这些问题的时候,回避了使用文学的、描述性的词语,没有追求书面上的形象生动,而是尽其可能地采用相对比较准确的科学用语,在全书论述的过程中,尽其所能地恪守理性的界定和阐述。比如,根据系统论的思想,指出汉语范畴内的字、词、短语(特别是成语),并不是西语的"词"所能够概括的,因此,从文化传承的角度提出用"辞"统率以汉字为基本结构单位组合构建的汉语应用"单元"。当然,他还有一个建议:汉字作为"基本结构单位",在英语里并没有对应的单词,既不是"word"也不是"Chinese character",抑或尝试"sinigram"都不够准确。他说,或许基于文化自信应当创造一个英语单词"hanzi",犹如中文里面的译音词一样,成为汉字的专用名词。此外,潘先生还提出了汉语字意学的四个层次(2-4-11……)十余个子系统,全面、系统、明晰。最后他还提出"音义互动律",用以沟通、协调汉语(俗称口头语言)和汉字汉文(俗称书面语言),揭示了西方语言学所表达的"第一语言"和"第二语言"尽管彼此的结构不同,但是在"以形示意"的汉字面前,二者"同宗"于语意——而且指出在音韵方面有着内在的关联。为此,潘先生特别指出:"语文教学改革,以重新认识汉字的特性入手,从识字教育入手。"——我油然而生一种"英雄所见略同"之感,备受鼓舞。语言文字学的研究归根结底是为着自身的成长发展,要使得成长发展更健康,必须解决好教育传承问题。潘先生归结为"教育传承"的观点,是众多语言学者远没有充分认识的问题。中国语言文字学者,应当立足中国通用语自身特质进行研究。常言道:民族的才是世界的。道理很简单:共性寓于个性之中。不以"我"为主的汉语汉字汉文研究,是"穿洋靴子走路",终究不会畅快遂行的。中国语文教育百年至今没有建立起自己的教育课程体系,其根本原因就在于此。潘先生在自己的著述中,自始至终试图建立中国通用语言文字学自身的科学话语体系,这是难能可贵的探索。当然,他拒绝使用诸如什么"族化、向心离心、黏着、柔性"之类的描述性词语,应当说,这是借"字本位"之契机,做出的极好的尝试,其意义深远之至。当然,汉语的"字本位"说刚刚兴起,相较于体系相对成熟的西方语言学来说,肯定是很不完善、很不精到的。毕竟"初出茅庐",何况接受了近百年的西方语言学的"洗脑",以及理论框架给出的"规范",突破、自立绝非易事。汉语汉字历经几千年,古今文白规律的区别与联系本身就是极其复杂的文化大工程,因此,建构独具特质的汉语汉字汉文理论体系,必将是几代学者需要付出极高代价的事业,在中华民族伟大复兴的新时代,这是必须做好的,而它的起点就是"字本位",就是以"字本位"为基点的话语体系。构建这个体系的重担,历史性地落在了这一代中国通用语言文字学研究者的肩上,他们有先后故去的徐通锵、吕必松、杨自俭等开山学者,还有在世的一众志士,如鲁川、张朋朋、孟华、李娟等等,当然,撑旗担纲的非潘文国先生莫属,我以为《字本位与汉语研究》就是未来中国通用语言文字学的奠基之作。

最后,我也就此机会,向潘文国先生汇报,我对建立中国通用语言文字学研究的四点思考。

(1)汉语汉字研究必须与思维科学研究结合起来,才有自己的出路。当然,字本位理论也不例外。这是由汉字的独特性决定的,其与西方拼音文字有本质的区别——汉字是"以形示意"的文字,而拼音文字则是"以形示音"的文字;这就决定了西语只能做"思维的外壳",而汉字从诞生之日起,就是人脑思维活动的呈现,因而汉字是"思维内核"的写照。今人可以通过绝大部分的汉字形构,洞察出先人大脑"造字"的思维过程与活动状态。比如,"人、目、母、牛、羊"等等,不正是呈现着"从实物观察,而抽象成字"的思维过程吗?正因为如此,直到几千年后的今天,我们依然能够传承不辍。可见,解决了汉字与思维活动的内在统一性,就确立了"字本位"的不可撼动性。其实,潘先生在书中已经在引用索绪尔的论述中,涉及这一点,只是没有引起注意,或是没有来得及阐述,即所谓"对汉人来说,表意字和口说的词都是观念的符号"。何谓"观念的符号"?这不就是在说,汉字不是记录汉语的符号,而是"观念"即思维成果吗?!当然,我这里并不是在印证我要讲的观点,因为,对汉字本质的认识来源于汉字自身的规律性。字本位研究必须立足联想性思维的研究,即汉字的思维内核的写照研究。

(2)正是汉字"以形示意"的特质,决定了汉字的文化属性。这是任何西方拼音文字不可与之同日而语的,因此,任何脱离汉字文化的中国通用语文字的研究都不会修成正果。为此,非在文化范畴内研究字本位不可。比如,能不能在新时代解决"汉字从来没有实现过真正统一"的问题,其唯一的标准即立足中华文化的传承。除此之外,岂有他哉?!

(3)汉字是人类社会唯一能够实现"书同文"的文字,简言之,就是仅有的可以"多音一形"的文字,此其一;其二,汉字的声调规律生发了韵律性极强的"诗词歌赋"文化,因此,才有潘先生在书中专辟的"音韵学"一章。因此,深入研究汉语汉字的音韵规律性,是字本位研究不可或缺的重要方面。事实上,随着汉语的日趋成熟,汉语语言的发展受到了汉字音韵规律性的左右。比如,成语"捷足先登"而不说"捷脚先登";说"欢声笑语",不会说"欢音笑语"。

(4)与西方语言学研究不同的,不仅仅是西文的"形音关系",也不是通常所说的汉字"形音义三者的统一",汉字字本位理论还必须深化潘先生在该书最后一章提到的"音义互动"问题,这个问题实际上包含了汉字的两个方面的内容,一方面自然是指汉字是如何发挥核心的主导性枢纽作用,将汉语和汉文统一起来,另一方面则是汉语的语境学研究。汉字并不像西方语言那样,按照语法的需求发挥作用,汉字往往取决于特定的语境的需求,在特定的语境条件下发挥特定的作用。它并不如西语那样,完全遵循语法行事,同样的字组成同样的词语,在不同的语境下可能表达完全不同的语义,传达不同的信息与情感。比如简简单单的"知道啦(。/? /!)",或许还有断句、节奏、声调的变化。这是字本位研究不能不关注的"字用"的现实。

综上所述,字本位理论的研究,只有摆脱西方语法学的羁绊,从汉语、汉字、汉文的实际出发,着力解决汉字的"形、音、义、用"四个方面的问题,才可能使字本位理论完备得无懈可击。潘先生在《字本位与汉语研究》一书中,已经迈出了开篇的一步,弥足珍贵。

参考文献

戴汝潜.字本位与语文课程教学[M].济南:山东教育出版社,2010.
潘文国.字本位与汉语研究[M].上海:华东师范大学出版社,2002.

作者通信地址:100088 中国中央教育科学研究所;drq6080@163.com

知识之泉，源远流长，滋养后学

——写在潘文国教授八十寿诞之际

赵文静

　　值潘文国教授八秩华诞之际，衷心祝愿他老人家健康长寿、硕果累累！最近几年虽说与潘老师见面次数少了，但不断读到他新的著述，蹭他的线上讲座，故交流、学习一直没有中断。本文标题定于一年前，但我列出提纲之后却迟迟不敢下笔，因为在我看来，潘老师可写之处颇多，无论怎样都难免挂一漏万。所以最初我将内容主要聚焦于英国和曼彻斯特大学这个时空。翻开当年的日记，回忆与潘老师在曼大那段令人难忘的幸福时光，浮想联翩……潘老师的弟子与其他同人或许比我更了解先生，但对于在英国、在曼大的这段时光，我比他们知道得会多一点，从这个意义上，希望这段文字能够提供这一时段的潘老师的精神风貌，尽管我无法写出先生全部的风采。

　　2001—2005 年间，我在英国曼彻斯特大学师从蒙娜·贝克教授读博士，同时兼任曼大翻译与跨文化研究中心的教学科研助理，协助导师做一些教学科研事务。在此期间，有幸结识了一批来自国内的优秀访问学者，其中就包括潘文国教授。虽然已经过去 20 年，但初识潘老师的情景依然历历在目。

　　2001 年寒假临近圣诞节时，我收到导师的邮件，得知有位中国知名学者要来中心访学，这正是潘老师。我按照蒙娜·贝克教授邮件中的地址与老师取得联系，接着便是帮他找合适的住处。我在交流过程中对潘老师有了更多的了解，甚是感慨：当时年近花甲的潘老师已是华东师范大学的博士生导师（又是上海交通大学的兼职博导），国内著名学者，著作甚丰，可谓功成名就。但他仍不辞年高、不远万里访学于英国，实在可敬！就是在这种心境下，我认识了潘老师并目睹了他半年的访学生活，对他留下了极其深刻的印象。

　　在外语界，现代汉语功底深厚的学者为数不多，而同时古汉语又好的就更是凤毛麟角。潘老师就属于外语界非常少有的中西双修、通古博今者。这与他特别的教育背景有关：潘老师本科专业是英文，研究生读的却是古汉语；有了这个知识结构，加上本科和研究生分别就读于复旦大学和华东师范大学，师从知名学者。毫不夸张地说，潘老师的研究领域涵盖"古、今、中、外"。

　　潘老师享有极高的学术地位。曼大翻译与跨文化研究中心当时的主任、国际著名翻译理论家蒙娜·贝克教授对潘老师敬重有加,或许是感觉将其安排在访学办公室(和其他访问学者共用)不太合适,遂欣然破例将自己的办公室给潘老师使用。这一用就是半年。而蒙娜·贝克教授自己则在离学校数十公里之外的家里办公、指导博士生,只在每周一开车到校参加研讨会,处理中心的事务。这是来访者绝无仅有的待遇,说明潘老师在蒙娜·贝克教授心中的分量。

令我吃惊的是潘老师在英国的知名度。最初"访问学者"被译成"visiting scholar"(来访的学者),后来被母语为英语者称为"academic visitor"(学术访问者)。然而,潘老师却是当之无愧的"visiting scholar"。在曼大期间,潘老师多次应邀到英国一些高校讲学。其中多数人是读过潘老师写的书,又获悉著书者来到英国,就纷纷邀请他亲临现场去讲学。曼大当然也知道充分利用这个机会,他们也几次邀请潘老师做讲座,我有幸聆听了这些讲座,实在受益匪浅。而且,作为来自中国的留学生,看到本国学者受到如此礼遇,我的自豪感油然而生。可以说,潘老师是迄今为止我见过的在英语世界最具影响力的中国翻译学者。

此外,潘老师高效利用时间也给我留下了深刻的印象。他每天很早就到学校,很晚才离开,可以说,我导师的办公室在潘老师访学期间使用频率最高。为了节省时间,先生有时就只是买些快餐对付一顿。在曼大图书馆里也经常看到潘老师的身影……学习和研究的同时,他还在忙着筹备回国后举办的翻译国际研讨会。经历过的都知道,办会的事儿有多烦琐,潘老师至少需要决定国内外需要邀请哪些人,安排会议程序和内容,还要撰写发言稿……他一件件都做得井井有条。后来会议的成功举办印证了这一点。趁着来英国的机会,潘老师还专程去牛津大学采访了著名汉学家、中国古典名著《红楼梦》的译者大卫·霍克斯(David Hawkes),为研究霍克斯及其翻译拿到了第一手宝贵资料。

耳濡目染,我从潘老师身上学到了很多。此后,就更加关注、跟踪他的著述。至此,我禁不住想多说几句。学成回国后,我们曾多次邀请潘老师到我校开讲座。无论多忙他都欣然应允,而且每次讲座都会与我们分享新的观点和想法。尤其值得一提的是,2013年9月,我校首次举办翻译学国际高端论坛,邀请了蒙娜·贝克、西奥·赫曼斯(Theo Hermans)、安德拉·贝尔曼(Andra Bermann)和朱莉安·豪斯(Juliane House)四位国际著名翻译理论家,因为国际会议也是向世界展示中国学者的观点和风采的好机会,会议还邀请了六位中国学者。潘老师自然是我们邀请的国内重量级嘉宾。先生德高望重,开幕式上,他是唯一在主席台就座的中国主题发言者。研讨会从社会学视角审视翻译研究的现状与未来。用另一位应邀嘉宾查明建教授的话来说,这次会议邀请的国际学者和研讨的内容都是"国内翻译界史无前例的"。那次会议没有设分会场,只有大会主题发言,全程用英语作为工作语言。潘老师的发言题目是:"Translation Theory with a Chinese Brand, Is It Necessary or Possible?(构建中国学派翻译理论:是否必要？有无可能？）"先生的演讲和提问引发了热烈的讨论。主题发言之外，会议还专门安排了海报展示、听众与专家面对面问与答、嘉宾之间的相互点评等环节，潘老师在各个环节都是积极参与者，给国内外与会者乃至翻译界留下了深刻的印象。

如今，潘老师虽年届八旬，仍笔耕不辍且硕果累累。从他的著作标题就可以看出他源源不断的创造力。《汉英语对比纲要》一经发表便吸引了国内外读者。《对比语言学：历史与哲学思考》和《汉英语言对比概论》也是基于对两种语言的对比研究而成。要对比而且是从历史和哲学的视角去对比，需要特别扎实的双语功底，这也是他多次收到英国高校邀请的缘由之一。而《字本位与汉语研究》《汉语的构词法研究》和《韵图考》则显现出先生独到的汉语功力。这些原创著作独具匠心，专业性很强，外语学者不是轻易能看懂的。

著书立说之外，潘老师还致力于翻译，将中华文字和文化的魅力传扬四海五洲，向世人展示中国古典文学与现代文化的魅力。其翻译的著作有：《二千年前的哲言》《朱熹的自然哲学》《汉语篇章语法》和《赫兹列散文精选》《〈朱子全书〉及其传承》等。他不断将中国的哲学思想及语法篇章译介给外面的世界。对于弘扬中国文化，这是何等的功绩！

潘老师涉猎的领域众多，针对高校外语专业的学生对自己母语知之甚少的现象，先生又领衔编写了四册《中文读写教程》。我深知先生的想法与动机，相信该教程恰好能弥补英语学生的不足。因此教材刚一出版，我们便订购并率先开设了相关课程。实践证明，对于学外语的大学生来说，效果的确很好。

先生就像一眼泉，总是不断地冒出甘甜的泉水，滋润着无数学子。祝潘老师健康长寿！

作者通信地址：453007　河南师范大学外国语学院；wjzhao2002@aliyun.com

三、感悟篇

"字本位"说的好处一例

沈家煊

摘　要：汉语的组织和运行以"字"为基本单位，潘文国先生是最早系统论述汉语"字本位"说的学者之一。就汉语的韵律语法而言，我们有两个理论模型可供选择：一个是以词为基本单位，用轻重控制松紧，一个是以字为基本单位，用松紧主导轻重。我们应该面向真实语言，用"严谨"和"简单"两条标准来比较和评判两个理论模型的长处和短处，看哪一个更方便讲语法，而不是一律用一个模型做参照系。举出更多的例证来说明汉语语法"字本位"说的好处在哪里，能够说服那些至今还不接受"字本位"说的人。

关键词：汉语；"字本位"；潘文国

汉语的组织和运行以"字"为基本单位，潘文国先生是最早系统论述汉语"字本位"说的学者之一，可惜相当一段时间内没有得到现代汉语语法学界的足够重视，有人干脆不接受，他们反诘：以"字"为基本单位比以"词"为基本单位究竟好在哪里？我在《汉语"大语法"包含韵律》（2017）一文里举了一个实例（属于"韵律语法"的研究范围），通过具体分析，说明以字为本位确实优于以词为本位。文章发表后得到北京大学王洪君先生的肯定，原先不接受"字本位"人也有跟我说"写得好"的，这就鼓励我在这里把这个例证重述一下。

"字本位"说不仅认为"字"是汉语的基本单位，而且认为每个字在中国人的心目中都是"等价"的：都是单音节，边界清晰，都承载意义，都带完整的声调，响度和长度大致相等。正因为字等价（在语音上是"等重"），所以汉语的节奏主要依靠字与字组合的"松紧"变化，而不是像英语那种以词为本位的语言，节奏主要依靠音节"轻重"的变化。

字组合的松紧对于汉语节奏和结构的重要性，赵元任在《汉语多种词概念的节奏与结构》一文中举的两个例子很有说服力，但先要说一说赵先生对汉语有没有轻重音的看法。赵先生的看法可以概括为：汉语有轻声，但是没有重音，每个字大致等重（响度和长度）。有人会问，既然有轻声，那就有了轻重对立，怎么又说没有重音呢？不然。汉语的轻声字只占词汇中很小一部分，而且范围极不确定,北京话里稍多一些,不像英语轻重对立覆盖整个词汇,是成系统的。排除掉少许轻声字之后,可以说汉语的"词"内部不分轻重,也就是没有区别意义的轻重音"音位"。这里在"词"上加引号,因为在赵元任看来,汉语没有相当于英语word的语言单位,只有许许多多"像词"的单位或词概念,汉语里跟英语word地位相当的单位是"字"。顺便一说,赵先生那篇论文是用英文撰写的,题目是"Rhythm and structure in Chinese word conceptions","词概念"用的是复数,这一点很重要,译成汉语要把这个意思翻译出来为好。当然,说汉语的"词"内部不分轻重音,这不等于说音节没有轻重差异,只是这种差异是相对而言的。赵先生说,重轻格的"甜.瓜"和"好.人"一定是结构词,准轻重格(即次重—重格,二字大致等重)常常是结构词,如"假′如""煎′饼"。其实重轻格也不全是结构词,赵先生就举过例子"救.他",准轻重格只是"常常是"结构词,还有大量不是结构词的,也是赵先生举的例子"俩′壶",还有"煎′饼"之类,赵先生说过也可以是一个短语。

在做了这些说明之后,现在来分析赵先生举的那两个例子:

[1]甜′瓜 就是 ′甜瓜。

[2]好′人 不是 ′好人。

上一句是赵元任直接举的例子,表达的意思是"甜瓜就是甜的瓜",前一个"甜瓜"(一种瓜的名称)像词,后一个"甜瓜"像短语;后一句是我根据赵元任叙述的例子编写的,表达的意思是"老好人不是好人",前一个"好人"像词,后一个"好人"像短语词(好的人)。这是从轻重出发观察得到的结果,"甜′瓜"和"好′人"是"次重—重"式,"′甜瓜"和"′好人"是"重—次重"式。音理上"重—次重"式比"次重—重"式紧,柯航的《现代汉语单双音节搭配研究》已有论证,概念上词紧短语松,这是大家公认的,所以理应是前偏重的"′甜瓜"和"′好人"比后偏重的"甜′瓜"和"好′人"更像一个结构词,但是实际情形却相反,后偏重的"甜′瓜"和"好′人"比前偏重的"′甜瓜"和"′好人"更像词。这不能不说对以词为本位、从轻重出发的一个较为严重的挑战,因为与成词的轻重规律相矛盾。

看似违背了轻重规律,其实不尽然。赵元任敏锐地指出,前偏重的"′甜瓜"和"′好人"其实是一种前字放慢拉长(同时音域展宽)了的格式(用"X—"表示放慢拉长):

[3]甜′瓜 就是 ′甜—瓜。

[4]好′人 不是 ′好—人。

赵先生实际是把这个放慢拉长的"甜""好"处理为强于正常重音的"对比重音",即"甜′瓜"和"好′人",说两个音节"合起来所占的时间明显地长于一般的"重—轻"式和"次重—重"式。赵先生的这一观察和处理就是坚持汉语音节基本等重,"次重"和"重"是大致等重,反对在汉语里设置重音和次重音音位。

这样上面的矛盾就解决了，"甜瓜""好人"从结构词变为短语，"甜""好"二字放慢拉长是关键，而放慢拉长就是使音节组合由紧变松。因此，上述现象不是违背轻重规律，而是轻重规律在这儿不起主导作用，起主导作用的是松紧规律。有人也许会想方设法仍然用轻重来解决这个问题（比如将轻重分出不同的层次来，或说轻重也包括长短），但是我敢肯定解决的方式一定是过分复杂而又难以自洽的。总之，英语和汉语的节奏都跟音节组合的松紧（疏密徐疾）相关，两种语言的差异在于：英语是轻重控制松紧，轻重为本；汉语是松紧导致轻重，松紧为本，松紧为本的原因是"字本位"，音节（字）等价等重。

"甜瓜""好人"两个例子都属于定中组合，动宾结构的情形有所不同，赵元任指出，双音节组合若是"V+O"型并且用作动词的，则实际上总是大致等重的"次重—重"式，例如"﹐吃′饭﹐睡′觉﹐﹐说′话"之类。我再举一对例子：

[5]我要活，要吃饭。

[6]我不吃面，要吃饭。

两个"吃饭"一个像结构词，一个是短语，可是语音的轻重上可以没有差别，要区别也是靠松紧，后一句的"吃饭"放慢拉长说成"吃—饭"（"饭"还加对比重音）。动宾组合之所以总是大致等重的"次重—重"式，可以这样来解释：结构上定中结构比动宾结构紧，定中结构因此更加有放松的余地。这进一步证明汉语是松紧为本的。

在谈到"甜瓜""好人"的词/语之别时，赵元任还说，英语中典型的成词（指复合名词）节奏，如′door﹐knob或′pan﹐cake，"恰好等于汉语的短语节奏而不是词的节奏"，二者都是前偏重型。为什么会这样呢？归根结底还是因为英语是词本位，汉语是字本位。

轻重格式重合处

↓

英语词本位　　　词 — 复合词 — 短语

汉语字本位　　　字 — 复合字 — 短语

英语是"词本位"，双音词的重音位置确定，或前重或后重，复合词变成重—次重（′green﹐house），短语则是次重—重（﹐green ′house）。可见英语节奏虽然以轻重为本，但也不违背松紧规律（前重比后重紧）。汉语是"字本位"，每个字大致等重，双音复合字静态的时候是大致等重（次重—重），在动态语流中都可以"打包传递"变为收紧的前偏重，短语则可以是放慢拉长的重—次重。可见汉语节奏以松紧为本，松紧控制全过程，可以不顾及（不是违背）轻重规律。总之，英汉两种语言由基本单位不同造成的节奏单位的参差对应，在英语复合词和汉语短语上碰巧轻重格式大致重合，一是因为作为出发点的基本单位不同，二是因为松紧规律对两种语言都起作用，这就是汉语节奏以松紧为本对构建节奏理论的普遍价值所在。

　　我的那篇文章最后总结说,就汉语的韵律语法而言,我们有两个理论模型可供选择:一个是以词为基本单位,用轻重控制松紧,一个是以字为基本单位,用松紧主导轻重。我们应该面向真实语言,用"严谨"和"简单"两条标准来比较和评判两个理论模型的长处和短处,看哪一个更方便讲语法,而不是一律用一个模型做参照系。

　　摆事实,讲道理,一定还可以举出更多的例证来说明汉语语法"字本位"说的好处在哪里,从而说服那些至今还不接受"字本位"说的人。

参考文献

柯航,2012.中国语言学文库(第三辑)[M].北京:商务印书馆.

沈家煊,2017.汉语"大语法"包含韵律[J].世界汉语教学(1):3-19.

王洪君,2002.汉语词的概念及其结构和节奏[C]//赵元任.赵元任语言学论文集.北京:商务印书馆.

作者通信地址:102445　中国社会科学院;jiaxuanshen@sina.com

语言和翻译研究的宝典，
"精微"与"广大"学问的楷模
——潘文国先生文著纵览后"四悟"

何刚强

摘　要：潘文国先生著作等身，在语言与翻译研究领域几十个春秋耕耘不辍，为我国的人文研究做出了独特贡献。本文试图探寻潘先生杰出学术成就背后的几个主要成因及其对中国相关研究界、教育界所带来的影响。第一，潘先生明显是继承了中华优秀学术传统，做学问首先凭借其坚实的"义理、考据、辞章"基础；第二，他的学术成功还与他"采铜于山"的探索精神和努力鼎新研究范式密不可分。在国家提出建设"新文科"之时，潘文国先生的学术思想与实践无疑对新时代新文科建设具有重要且直接的参考价值。就相关人才培养而言，打通文史哲的人为隔离已是当务之急。潘先生的学术成就是这种打通的物化，为我国新一代学人的成长树立起了一个硬核典范。

关键词：语言与翻译研究；义理；考据；辞章；"采铜于山"；研究范式鼎新；文史哲打通

1. 引言

潘文国先生是国内语言和翻译研究界、教育界的巨擘，受到学人普遍尊崇。潘先生也是复旦大学外文系出身，长我六岁，我一直视他为不可多得的良师益友。在与他多年的交往中，有幸承教于他，可谓得益匪浅。我在各种场合，包括学术会议、论坛交流、研讨咨询及参加相互间的博士生论文审阅与答辩中，都能从他的讲话、发言、批语之中获得做人做学问的深刻启示。他的许多判断、见解与批评，或鞭辟入里，或振聋发聩，或深中肯綮，每每让人如醍醐灌顶。

在我的心目中，潘先生真的称得上著作等身。对照他长长的出版目录，我只认出其中很小一部分文著是我读过的。这次应潘文国先生八秩文集出版筹备组之特邀，让我写一篇文章以表敬祝，我深感荣幸。借着这个机会，我把自己书橱里存放的所有潘先生的著作等都整理出来浏览了一遍。因时间与精力有限,仅对其中一小部分稍作细读,大部分只能粗粗浏览。即便如此,短期内我也得到了莫大收获。潘公的文著,随便翻翻,"零金碎玉"可谓俯拾皆是,而一旦深入某一章某一节,常被其独到的见解、犀利的批评、宽广的视野、洗练的文(译)笔所深深吸引,甚至会拍案叫绝!

中国人做学问历来提倡"致广大而尽精微",我认为,潘先生的文章著作彰显的正是他对"致广大而尽精微"的身体力行。这里我仅举一个例子。早在2009年,潘文国先生在《社会科学报》上发表一篇题为《对症下药医汉字》的文章,给我留下深刻印象,至今读来依然觉得对于我国文字如何走正确的传承之路有重要的启示意义。潘先生的这篇文章,首先建立在他对中国文字产生、发展、变化有一个非常细致、系统了解的基础之上,动笔之前,已"尽精微"。文中,他对中国现代以来文字改造所走过的十分令人遗憾、叹息的历程进行了精当的回顾,对某些大家巨擘曾经有过的不正确、非理性的言论进行了毫不留情的批评。同时,潘先生在把握住中国文字宏观特性的前提下,开出了"医治汉字病症"的药方。潘先生的这篇文章虽然并不长,但就中国文字的多方面的关键认知给出了独到的见解,从精微渐至广大,且都凿凿其中。例如他认为:

(1)一种语言只应有一套文字,而一套文字指的是一套"字种",而非一套字体;

(2)历史上的简体字与20世纪的简化运动完全是两回事,前者主要是笔画减省,是作为"字体"存在的,后者则是以消灭汉字为目标;

(3)繁简字的名称无论从历史还是从现实角度审视,都不准确。
(详见2009年12月3日的《社会科学报》)

我认为,总体而言,潘文国先生的文著,体现的是他治学的宏大中国气派,而造就这种气派的是他能汇通古今而使研究博大精深,能融合中西而使著作思广文懋。在纵览他文著的过程中,我不时有所参悟,也偶有顿悟,现归纳为"四悟"与同人分享。这"四悟"不仅是我对潘文国先生能取得杰出学术成就的主要缘由分析,或许也可对当代中国语言和翻译研究界同人的学术精进,对人才培养的未来作为,提供某种思路参考。

2. 义理、考据、辞章乃做成一流研究之资本

潘文国先生治学成就之所以气势宏大,贡献独到,我以为主要是他努力继承了中国学术的优良传统并将其发扬光大。怎么理解中国的学术传统,它的精髓含义是什么?我觉得下面这段引文或可作为一种精练的注脚:

古人论学，标举才学识三目，又以义理、考据、辞章分解之。义理可知识见深浅，考据可明积学厚薄，辞章可观才性高下。学者为学，三者能得其二，士林即可称雅，兼具则难矣。盖天生烝民，鲜得其全，偏一者多，博通者寡。三者之中，识最难，亦更可贵。无识则学不能成其大，才亦无所指归①。

潘文国先生做学问，显然达到了义理、考据、辞章三者兼具之臻境，它们是支撑潘先生宏大学问大厦的三根顶梁巨柱。这样的说法不仅仅是一种比喻，更是潘先生所有文章著作中无处不在的文字图景。潘先生文著中每一论述的展开，每一论点的剖析，都首先建立在对相关理论的客观、详细与精深理解之上。换言之，潘先生确实是首先下功夫读中外相关原著，借此彻底弄明白每一理论学派产生的背景及其流变，特别是对其中的重要义理或论断进行了准确辨析。潘先生文著中所附的参考书目绝不是摆设，而是他认真研读原著的真实记录。

要真正读懂理解一种理论，是要精读的，只有精读方能辨别清楚其中的义理。而在相关研究中，为充分说明问题，又少不了必要的考据工作。这种考据必须是周详而又经得起检验的。潘先生许多文章中的考据之细致与详尽给我留下深刻的印象。在我以前的记忆中，做学问，考据工作做得极为精细的是钱锺书先生。例如，他的翻译研究传世之作《林纾的翻译》，原文大约一万六七千字，但后附的注释竟有七千字上下，考据的扎实使其文章无懈可击。

潘先生文著中的考据工作同样出色，体现的不仅仅是他的积学之厚，还有他做学问的踏实本色。这也充分体现在他的宏著《中籍英译通论》上下两卷之中。例如在书中第三章"西方翻译理论简史"部分，他对西方翻译理论的源起、流变给出了精当扼要的介绍，特别是对将近四十位各时期的翻译理论大家做评价时，对他们各自的理义精髓进行认真细致的梳理与辨析，而这种梳理与辨析又是在精详考据的基础上端出来的。这一章中，几乎每一页下面都附有可靠的引述或佐证。这大量精详的考据背后正是写作者花时间与精力深入研读消化原著的过程。

一般学者若能在义理与考据两方面能耐了得，已经难能可贵。而潘文国先生还在辞章上呈现其独特的才华，真可谓"敷文华以纬学术"，使他的学术研究文著文采丰赡，令读者为其深厚的文学底蕴与文字功夫而叹服。辞章出彩往往是功夫在纯学术之外。潘先生作为知名学者，胸藏文墨，笔走龙蛇，不仅多有古

---

① 这段文字引自：刘梦溪，"学兼四部的国学大师——张舜徽先生百年诞辰述感"，https://www.douban.com/group/topic/20671145.

体诗词创作(《中籍英译通论》等书中不时有呈现),而且时常临砚挥毫,其书法铁画银钩,行草兼具,细观还真有颜真卿之笔意,他自行印刷出品的《俄京杂咏》,更是集摄影、诗作与书法于一册,集中展现了他的诗情、才情与艺术修养。一个才子型学者如潘公,若著书立说,当然会使其文字充满挡不住的灵动与美感,给读者以无穷回味。而且潘先生在其文著中,每有引文(包括诗句)时,还会手痒即时翻译一通,不经意之中,给人带来其译之魅力。读他的学术著作,不仅能得到语言、翻译的理论与实践滋养,还会得到艺术性的享受。特别要提一下的是,潘文国先生的译文走笔是左右开弓的,即其外译汉与汉译外同样精彩耐读,这在国内学术界也是不多见的。《中籍英译通论》中的众多即兴翻译读来别有兴味,就从学习与体会翻译真谛而言,《中籍英译通论》足可作为上乘翻译教材参考。我读了他的多段翻译后就产生这样的体会:翻译不仅仅是一种技术,更是一门艺术,而这种艺术之灵感多源自译外之功,它可令译笔挥洒纵横而不逾矩,平添意蕴而非矫饰。

3. "采铜于山"是学问由研究而至要妙之前提

搞学问做研究贵在有新意,即不仅要懂得或掌握前人已有的成果或贡献,更要提出自己的新发现、新见解,而这种新发现、新见解又必须建立在充足的理由或理据之上。这就是我们常说的理论创新之含义所在。其实,中国传统的学问之道历来对此是非常重视与强调的,而且对真做学问、做真学问的认识似乎还有更深一层的理解,我认为这可以集中体现在"采铜于山"①这句格言上。具体来说就是,做学问有如铸造一件铜器,先要上山采矿。采矿不仅要开掘岩土,还要不断去掉杂料碎石,采回来的合格铜矿经炉火冶炼后再铸造成铜器。当然铸造铜器也不必非要上山采矿,也可将废铜收集起来重新回炉后再铸新器。后者当然是走捷径,用二手材料做成器件,虽然轻松许多,但毕竟基本依赖他人的现成(废)材料。把做学问比喻成首先要亲自上山采矿,就是强调获取第一手材料,然后去伪存真,经严格提炼后将其融入自己的文章著作,形成有价值的学术成果。这样得来的成果,具有独创性,经得起检验,也会得到学术界的真正承认,甚至能传世。

我以为,"采铜于山"的学术研究取向,其实质就是要求研究者不要"再去嚼别人吃过的馍",而是要在自己的研究中,努力做到:发现别人之所未见,论及别

---

① "采铜于山"一语引自清代顾炎武的著述:"尝谓今人纂辑之书,正如今人之铸钱。古人采铜于山,今人则买旧钱,名之曰废铜,以充铸而已。所铸之钱,既已粗恶,而又将古人传世之宝,春锉碎散,不存于后,岂不两失之乎?"

人之所未论,以至于凛凛乎成一家之言。从潘文国先生的众多文章著作中,我们都可以发现不少"采铜于山"的先例,给我们提供了非常有益的启示。

一百多年来,围绕严复提出的"信达雅"翻译三原则,各种争论不断,大多围绕信、达、雅三者进行的技术性讨论、争辩,似乎可以无休止地进行下去。同时,在这个问题上,主流的观点还倾向于将"信达雅"与英国学者泰特勒的"翻译三原则"挂钩,甚至等量齐观,而这方面的文章专著虽成海量,然而真正有揭示性的论述十分鲜见。潘文国先生从独特的视角对这个问题进行了研究,他跳出传统的技术性争论圈子,在熟稔中西译论(文论)不同传统的基础上,深井汲水,发现别人之所未见,即"总体看来,作为现代中国最早的译论,严复的理论从一开始就体现出了与西方译论的不同,除了强烈的'家国情怀',更为读者有着太多的考虑",可以说是一种强势的'读者中心论'。他在这方面走得相当远,以至不得不牺牲原文的许多东西。只有理解了这一点,我们才能对他的"信达雅"原则有更全面、更正确的了解。

泰特勒的三原则与严复的三原则似乎正好一一对应,然而两人的侧重点完全不同。泰特勒的原则,不论是意思、风格还是自然,其重点都在原文,建立在原文的基础上,因此泰特勒的理论可以称为"原文中心论";而严复的三原则都是建立在译文可接受的基础上的,因而可以称为"译文中心论"(潘文国,2021:224-225)。

下面是围绕中西翻译理论中有关"忠实"这一概念,潘先生又一次"采铜于山",论及别人之所未论,十分精彩:

> ……而那些受了西方译论影响的人,一看到严复提出的"信",马上会义无反顾地比附于西方的"忠实";甚至有人还会为译论建立起一条根本就不存在的以"忠实"为核心的"我国自成体系的翻译理论"。实际上,佛经翻译从来没有要求过语言层面的绝对"忠实",严复也从没主张过绝对的"忠实",那些拿着严复的译文来批评他自己也做不到"信达雅"的人实际是在跟风车作战。严复的"信"另有含义,指的是中国文章学传统的"诚",即对著述和翻译事业的"忠诚"。他的"雅"也不是"汉以前字法句法"那么简单,批评他的人都从后来白话文的眼光去看他,认为他"复古""守旧",殊不知在严复那个时代,白话文远未成熟,《水浒传》《红楼梦》、元曲的文字并不适宜用来翻译思想家的深刻论文,而梁启超式犀利的报刊文字尽管影响大,也不宜用来翻译学术文字。严复是经过了比较权衡之后才选中了古文这一当时最合适的样式。后世白话文学家对他的批评既不公正,也歪曲了他的译论的原意。而严复的"信达雅"本义,只有从中国两千年的文章学传统去看,

才能看得清楚。(潘文国,2021:336-337)

据我观察,出于种种原因,现在国内相关学术界,真正"采铜于山"的学者总属少数,大量的所谓学术成果恐怕相当数量属"废铜回炉(甚至再回炉)"而成。因为学术"废铜"的存量巨大且还在不断增加,"废铜回炉"式的学术写作甚至已经衍生出一种"废铜铸钱"的学术景观。"废铜铸钱"的这个"钱"在古代是钱币之意,而在当今,这个"钱"显然已有意义延伸,除指获得真金白银的奖励外,似乎还包括各种好处。"废铜铸钱"式的文著写作,投入少而产出多,甚至能使"为文千言立就"成为小技,也可让"著作等身"者增多。但是无论如何,历史已经并将继续证明,只有"采铜于山"的研究成果才是"属于中国学术发展之河的深流",而以"废铜铸钱"堆成的海量文字只是一时"飞溅的浪花与泡沫"[1]。

4. 研究范式鼎新给学术原创以推力

稍微细读一下潘文国先生的主要文章与著作,我们不难发现,他学术强劲的爆发力与生命力,不仅源自他自身的通博赅洽与横溢之才华,还有他对学术研究的革命性思维,而正是这种革命性思维使他在研究范式上不落窠臼而勇于探索新路。从某种意义上讲,正是他敢于对当今的语言(包括翻译)研究范式在中国的流行发出尖锐的批评,并在此基础上对中国相关学术研究的范式提出比较系统的鼎新思路与具体实践样式,才使我们更深刻地认识乃至警悟到,中国语言与翻译的研究范式鼎新已经是一件刻不容缓的事。

当今我国的语言与翻译研究表面上十分繁荣,文章与出版物量大且层出不穷,名目繁多的各种研讨论坛、项目、讲座、培训等活动风起云涌。其中虽然不乏一些中听中看、益思启智的内容,但是一个比较普遍的现象不容忽视,即我们接触到的相关文著、讲演及材料大多基于西方语言或翻译研究的范式。说得通俗一点,就是至今我们所做的一切,在理论层面基本还停留在"言必称希腊"的大框架中。虽然越来越多的研究对象是中国的、本土的,但坐标依然是西方的。这只要看看相关文著、材料中的大量引论及文后所附参考文献,就一目了然。在这种情势下,不仅中国学者的文化自信、理论自信云云成为一句空话,而且也已很难适应新时代国家对人文社科发展、对人才培养提出的新要求。这种现实情况是十分令人担忧的。

---

[1] 此处套用李申的文章《任继愈:担承重荷的大师走了》最后部分的一段话:"他属于中国学术发展之河的深流,不属于表面飞溅的浪花和光怪陆离的泡沫。中国学术的独立和发展,中华民族的自强和振兴,需要这样的人,需要这样的学者。"

潘文国先生对这种现实情况的批评非常尖锐且到位,并认为在我国的相关研究真正有建树之前,要"先排除掉某些表面上看来很热闹,却没有太多学术价值的东西。根本原因在于,自从实现从'四部'向'七科'转向以后,中国的学术体系几乎完全是按西方模式建立起来的。这样造成的后果是,不仅学科的理论基础、学科框架、基本概念、主要命题等等均来自西方,连学术争论的问题和焦点也来自西方。对于中国以前不甚重视的自然科学各领域,这种全面引进不啻是个重大的推动,而对于人文社会科学诸学科的冲击就非常严重。语言学如此,翻译研究亦如此"(潘文国,2021:249)。同时,他还指出,由于国内的语言与翻译研究基本是跟着西方风向转的,所讨论或争论的问题并非由本土产生,而是从外界移植而来,结果无一例外成了"伪问题"。凡"伪问题"都有如下几个特征:

一是似是而非,貌似很重要,实际上其前提根本就不存在。

二是讨论时轰轰烈烈,讨论过后一看,什么收获都没有。

三是讨论过程中焦点往往会改变,从是非之争变为术语之争,甚至命题本身之争。

四是因为问题永远不会有结论,因此过一段时间又会被拿出来炒一下,当然必然也是无果而终。(潘文国,2021:250)

很明显,如果我们的研究范式不改变,我们的相关研究恐怕真的会难以为继。针对这种情势,潘文国先生提出不妨尝试走另一条路,即在中国传统译论的基础上,尝试发展出中国自己的翻译理论。而且,这个理论的"特点"和"优势"主要体现在中国语言文字和中国文化传统上(潘文国,2021:313)。我理解,这样做就同时意味着,我们的研究范式也将是不同于西方的。依据潘文国先生的相关思考,我们的研究范式改变似应具体体现出如下三个原则:

一是针对性原则。首先必须针对中国当前现实的需要,优先解决当代中国面临的问题。

二是本土性原则。充分利用本土的文化和学术资源,与中国传统相关理论和实践接轨。

三是会通性原则。"会"指空间,"通"指时间。打通古今,吸收传统资源为今天服务这是"通";充分学习,借鉴外来资源,与本土资源相结合,这是"会"。(潘文国,2021:337-338)

潘文国先生自己的研究文著,就是他践行这三条原则的典范,他为我们做出了研究范式鼎新的一个样板,我们完全可以学习、借鉴,并在他提出的相关认知框架的基础上,依据不同的研究内容,进一步丰富发展他的原创思想,特别是更多地从中国广义的传统文论(包括译论、艺术论等)中汲取智慧与养分,共同探索出中国语言与翻译研究的一种崭新思路,创造出一种新的学问格局。

5. 人才培养应从文史哲打通起步

潘文国先生学问宏深,能蔚然成一家之言,绝非偶然。其最初的几个探步可以追溯到他的中学时代。据他回忆,在中学时代,英语与古典文学就已成为他难以割舍的两大爱好,埋下了"学贯中西、博古通今"的种子。而直接原因是遇到才华横溢又循循善诱的一位中文教师与一位英文教师。就如同已故复旦大学校长杨福家所形容的那样,这两位老师显然"点亮"了少年潘文国头脑中的火花[①]。进入复旦大学外文系读书后,他又受教于学识渊博的一批名师,而且特别得益于复旦大学老外文系重视对学生中文基础的培养。正是伴随着这样的人文教育与人文熏陶,潘文国先生逐渐走入语言与翻译的研究园地,长年深耕不辍。他曾这样说道:

> 从我走上语言研究的第一天起,我就为自己提出了一个目标,后来也作为我的一个学术主张,这就是,一定要做到"三个打通":古今打通、中外打通、语言与文化打通。现在看来,我基本上做到了。
>
> 做任何研究,即使是搞语言学,也要兼通文史哲。(潘文国,2017)

潘文国先生早年求学时期,中国的整体学术研究格局早已告别"四部"治学的传统,全国教育系统与学术研究机构无不以"七科"模式运行。因此从总体上说,培养出来的人才可能更多接受的是西学思维。这对于理工科学生而言也属正常。但是我以为,从哲学社会科学(特别是人文学科)人才培养的角度来看,照搬西方标准,将文、史、哲各自竖起高墙,细化窠密群科,恐怕是造成今天国学大师断层的一个主要原因。这是我的观点,不一定正确。

尽管如此,中国传统学术的力量也不是很快消失的,因为大批旧学人才虽然都进入了"七科"格局,但他们及他们学子的治学思维与学术惯习仍能在相当长时期里发光发热。这就是为什么新中国成立后,虽然许多著名高校都整齐划一地建立了外文(语)系,但仍然有一批学术大师在其中起到特殊的柱石作用。北京大学、复旦大学、南京大学、华东师范大学等的外文专业学术辉煌的大半原

---

① 杨福家等,《博雅教育》,复旦大学出版社2014年版,第75页。

因可能也在于此。如果这些院校的外文巨擘能培养出一二传承人甚至再传弟子，那么中国学术文史哲不分家的传统还会有某种程度的延续。二十世纪八十年代第一春我考入复旦大学老外文系读研究生时，仍能感觉到并受益于这样的氛围。

长期以来，专业的细分门类造成了无数的"专（门）家"，他们之中有的人甚至一辈子就只研究某一个语言学派，或者长年把自己限制在一个固定的狭窄研究题目中。当然，这些研究也不是没有成果，但毕竟多为"各照隅隙，鲜观衢路"。我们应当意识到，当代中国的人文社科领域要真正做出有中国特色的研究成果来，缺少的正是像潘文国先生这样，既能在学术研究中"致广大而尽精微"，又兼备全局性视野与战略性思维的文科（包括语言与翻译研究）大学问家。事实证明，只有学识丰赡如已故陆谷孙者，才能主持、编纂出真正能传世的英汉或汉英大辞典来，也只有腹有诗书如当今潘文国者，才能真正确立起中国语言与翻译研究的高标与高峰来。由于"七科"思维的主导，中国目前相关学术界"偏一者"过多，"博通者"寥若晨星，这种情况无论如何都是不利于人文社科领域的长远、可持续发展的。

发人深省的"钱学森之问"对今天的人文社科领域有更紧迫的现实意义。国家现在提倡"新文科"与"跨学科"建设，从某种意义上讲，似乎为回归文史哲不分家的学术传统开辟了新的蓝图。潘文国先生的宏文厚著，可以视为这种回归的典范。在他的全部著述中，文史哲是完全打通的，而他本人的博通学养又完全可以让他同时在史学、哲学、文学（当然包括外国文学）领域游刃有余地做跨界研究、授课、培养博士生。今天我们要回答"钱学森之问"，恐怕首先要排除"刻意培养"的观念，因为实践证明，人文学科的杰出人才，不是完全靠"培养"的（如理工科人才），而主要是"熏陶"出来的，即在合适的环境与氛围里熏陶出来的。当然，其中受熏陶者本人的天赋与潜质也相当重要。正因为如此，导师的慧眼识才就显得十分关键。中国的人文学界（包括传统中医）的师承传统有其优点，如能在新形势下合理运用，加以制度保证与新科技元素的助力，相信是可以"熏陶"出新一代潘文国式的优秀学者来的。但是无论如何，先打通高校文史哲的人为隔离都是当务之急。

在目前我国高校的外语院系格局之下，根本不可熏陶出理想的语言、文学与翻译的杰出人才。一个人，仅靠一点有限的外语基础或知识（加之其可能汉语功底尚薄，文学浸润不多，大文科的视野狭窄），就去从事所谓的语言与翻译研究，怎么可能会有像样的成果呢？更遑论熏陶出学问大家来。真正要打通文史哲，现在正是一个大有作为的好机遇，即我们可以以新文科建设为发轫，以汇通的理念重新构建一种崭新的学科架构，包括师资的重新打造与遴选，招生（包括博士生的招考）提出新举措等。当然，此事一旦付诸实践，对我国高校的人文社科格局就会带来颠覆性的影响，且牵一发而动全身，会涉及多方面因素与利益得失。因此，有关部门有必要在调查研究的基础上，先做好顶层设计，然后可选择几个院校（系）进行试点，估计起码要有十年的时间，才能看出效果。但是无论如何，我认为我国高校的外文系科真正要在新时代有大的作为，真正与时俱进，目前的人才培养体制与格局必须改变，而这种改变又必须如潘文国先生所言，真正达到人才培养的"三通"。

当然，"新文科"的建设除需要有关部门的顶层设计，也需要现有大学相关学院的前瞻性思考。由上而下与由下而上这两个积极性能结合，定能加速新文科建设的进度。有远见、有雄心的外语（外文）院系的领导完全可以以改革姿态先筹划起来，并提出一些尝试性方案，慢慢在实践中探索现有外文院系的转型之路。我相信，这种转型迟早是要到来的，问题在于我们是主动适应还是被动适应。学科的打通与融合终究是不可阻挡的大趋势，人才培养的目标与新时代对人文社科人才的需求必须挂起钩来，顺之并占领先机当是明智之举。但无论怎样尝试向新文科建设的转型，有两点看来还是要坚持的。

一是，中国传统学术所标举的做学问的资本，即"义理、考据、辞章"，学人必须努力具备。这就要求从事语言、翻译研究的人首先要读书，而且要沉下心来细细读书，真正读懂弄通书中之要义。所谓考据，也一定是建立在这个基础之上的，此事天经地义。但现在有些学人实际已把读书变成了查书，根本就不读书了。纯技术性的考据可以借助科技手段来进行，但是真做考据，其性质是思辨性的，不是仅提供一个出处而已。回顾这几十年来文科人才的培养，还可发现对于"辞章"几乎是漠视的，以至于毕业的文科学生（包括不少的硕、博学子）语言文字的表达能力并不达标，甚至写（译）出的东西文字褴褛，不堪卒读，且中英文皆然。这种状况一定要首先改善，做学问不具备"义理、考据、辞章"等必要资本，绝对是行之不远的。

二是，师资队伍本身首先要实现文史哲打通。考虑到要求登上讲坛的教师个个都兼通文史哲在目前恐怕还做不到，我们可以从这三个学科教师的密切合作开始，将相互间的课程边界逐渐打通，联合培养硕、博士生，并在实践中慢慢摆脱培养学生的单科模式。这个过程本身也是文史哲教师之间的自然打通过程。一旦成为常态，其后的教学与人才培养模式中或能出现一种景观也未尝可知。其中，特别要鼓励年轻一代具有不同学术背景的教师相互之间交往、合作乃至融合。改革与转型的希望最终是要靠他们来实现的。

6. 尾语

一种语言决定一种思维模式，一种文字的背后体现的是一种文化。翻译，即语言之间的转换,牵涉思维模式的变化与文化之间的适应性问题。因而对语言与翻译的研究绝非一般懂点外文者即可下手。尽管当代科技的发展为语言与翻译的研究提供了增速增效的条件,但是语言的人文属性、翻译的艺术属性依然不可能改变。正因为如此,进入这一研究领域的学人必须具备人文学科的基础识见与必要的艺术修养和灵感,而这又须靠长期的积累与熏陶方有可能。厚积薄发,触类旁通,最终有所成就,乃学问正道。在这一点上,潘文国先生是我们的楷模。"珠玉在侧,自惭形秽"其实是件好事,可让我们看到自己学问之大不足,继而见贤思齐而踔厉奋发。

参考文献

潘文国,2017.潘文国学术研究文集[C].上海:上海外语教育出版社.

潘文国,2021.中籍英译通论[M].上海:华东师范大学出版社.

钱锺书,1985.七缀集(修订本)[M].上海:上海古籍出版社.

作者通信地址:200433 复旦大学外国语言文学院;gqhe8@fudan.edu.cn

普通语言学的索绪尔视角及其当代意义

——读潘文国《索绪尔研究的哲学语言学视角》

申小龙

摘　要:索绪尔的普通语言学理论为我们提供了一条通向语言事实的可能的途径,而理论相对于研究对象的真实性不在于理论的完满和绝对,而在于理论的缺陷和多元性,即通向语言事实的多种可能性。潘文国先生在索绪尔逝世100周年之际,在华东师范大学做了一个学术报告《索绪尔研究的哲学语言学视角》,对中国的索绪尔研究提出了一系列反思。他认为,索绪尔在本质上是语言学中的思想家而不是一般的语言学家,只有从哲学语言学的角度才能看清索绪尔的真正历史定位以及他对今天语言研究的意义,看清20世纪"现代语言学"的来龙去脉和发展走向。而中国语言学者,更应该立足汉语、汉字的文化特征,提出新的普通语言学理论来,丰富人类对语言的认识。

关键词:索绪尔;普通语言学;潘文国;哲学语言学

0. 引言

潘文国先生在索绪尔逝世100周年之际,在华东师大做了一个学术报告《索绪尔研究的哲学语言学视角》,并邀我到现场做嘉宾点评。

潘文国的报告对中国的索绪尔研究提出了一系列反思。他认为,索绪尔在本质上是语言学中的思想家而不是一般的语言学家。从哲学语言学的角度看,索绪尔的最大贡献是提出了"抽象"和"系统"两个方法论原则,作为建立"科学"的语言学的基础。只有从哲学语言学的角度才能看清索绪尔的真正历史定位以及他对今天语言研究的意义,也才能真正看清20世纪"现代语言学"的来龙去脉和发展走向。

潘文国在报告中对中国现代语言学有独到的反思。他认为,很多人搞不清自己研究的"语言学",是属于索绪尔讲的"语言的语言学",还是"言语的语言学"。明明在研究"言语活动",却又信誓旦旦地说自己搞的是索绪尔开创的"现代语言学",谁能保证自己没有这样?

潘文国还认为,中国现代语言学在理论上几乎没有经过索绪尔的思想的洗礼,不管借用了多少现代语言学的术语,其实质只是在"现代"名义下进行的欧洲式传统语言学研究。

这些都使我们意识到有必要理清中国现代语言学的理论传统。

潘文国对结构主义语言学也有独到的反思。他认为索绪尔之后的三个结构主义语言学流派,多多少少都离开了索绪尔。

潘文国对索绪尔思想的价值有十分冷静的判断。他认为索绪尔为"现代语言学"提出了一系列的特征,我们可以不同意这些主张,但在提出新的主张以前,必须驳倒这些主张,证明它们的谬误之处。这就是索绪尔研究的现实意义。也就是说,索绪尔是一个绕不过去的存在。否则,我们就不能说我们在研究"现代"语言学。

这些都给当代中国的索绪尔研究很深的启发。

索绪尔的学生梅耶在他的《历史语言学和普通语言学》中指出:"每个世纪都有它的哲学的语法。中世纪曾试图在逻辑的基础上建立语法,直到十八世纪,普通语法只是逻辑的延长。十九世纪把自文艺复兴以来在物理科学和自然科学里所用的观察事实的方法扩展到心理事实和社会事实,以致把每种语言的语法表现为事实的总和。可是直到现在,这些事实差不多还没有整理。索绪尔的《普通语言学教程》的笔记曾向我们指出了怎样去着手整理。但是要用语言本身的观点去整理语言事实还剩下一个很大的工程。"这深刻表明,在普通语言学的道路上,人类还任重而道远。索绪尔的普通语言学理论为我们提供了一条通向语言事实的可能的途径,而理论相对于研究对象的真实性不在于理论的完满和绝对,而在于理论的缺陷和多元性,即通向语言事实的多种可能性。

陈望道是我国最早吸收索绪尔语言理论进行汉语研究的学者之一。他对索绪尔语言理论的借鉴是将它与中国语文传统融通,提出了著名的功能学说。陈望道认为:"一般语言学的理论到目前为止还没有能或者说很少能充分地、正确地概括世界上使用人口最多、历史极其悠久、既丰富又发达的汉语事实和规律。"联想到索绪尔在他生命的最后阶段,在与病魔顽强斗争中,开始学习汉语;联想到索绪尔在《普通语言学教程》中认为"对中国人来说,表意的文字和口说的词语同样都是概念的符号;在他看来,文字是第二语言",而"我们的研究仅限于表音体系,尤其是今天仍在使用的且是以希腊字母为原始型的体系",我们中国的语言学者,更应该立足汉语、汉字的文化特征,提出新的普通语言学理论来,极大地丰富人类对语言的认识。这就是研究索绪尔的意义。

下面就潘文国的报告中有关索绪尔研究的几个理论问题,谈谈我的看法。

1. 索绪尔的语言和言语之分

1.1　语言和言语的关系

在索绪尔眼里语言和言语的关系是这样的:

1.1.1　社会和个人的关系

索绪尔的"社会"指社会心理,而非社会生活。所以美国社会语言学家拉波夫(William Labov)说索绪尔有一个"二律背反",即言语活动的社会部分存在于个人身上,言语活动的个人部分存在于社会之中,显然,如果不区分社会心理和社会生活,这一表述的确是矛盾的。

索绪尔把语言看作一种"社会事实",即语言只凭借社会成员之间的契约而存在。当我们分析语言时,我们分析的是"社会事实"。这里所说的"社会",不是指语言的社会文化内涵,而是指"社会集体意识(collective mind)"。这种集体意识超越了社会中的个体成员,在每一个成员的意识中只有不完整的反映。

而这种"社会事实",又是一个经过人的提炼和整理的理性建构的事实,即一个"符号化"的事实。这一事实的特质就在于它的可分析性。因为它是人的理性"明确规定的事物",所以"langue(语言)和 parole(言语)不同,语言是可以分出来加以研究的"(许国璋,1983)。

由此可见,索绪尔的"社会"范畴是一个抽象的社会心理范畴,而一般理解的"社会"是一个具体的社会行为、社会事象范畴。用后者来理解前者,就会产生美国社会语言学家拉波夫的疑问:有非社会的语言学吗?

无论语言还是文化,都不是匀质的范畴,有关语言和文化的知识都会反映社会分野。语言反映人格(personhood)、社会性别(gender)、社会地位乃至霸权。

布尔迪厄认为在索绪尔等人那里只有语言和言语、语言能力和语言运用的区别,没有反映在语言上的各种社会不平等,这只能是一种"语言共产主义幻觉"(the illusion of linguistic communism)。他努力把语言和整个社会结构尤其是权力、资本联系起来,解析反映社会不平等的"语言惯习"(linguistic habitus)。

1.1.2　同质和异质的关系

语言的同质性具有相当的独立性。索绪尔(2001:77-78)认为对语言可以"独立地加以研究,为了研究这种语言,并非绝对要考虑言语行为的其他成分"。

语言的同质性具有从内核向外延的等级差异。内核在索绪尔看来是词和词法,一旦进入句法领域,语言的同质性就渐渐模糊起来,即"什么是语言中所给定的,什么是赋予个人创新的"没有清晰的界限。(索绪尔,2001:80)

1.1.3 有形和无形的关系

语言的心理现实在索绪尔看来是有形的,可以把握的,言语的物理现实在索绪尔看来是无形的,难以把握的。这个语言现实而有形,言语非现实而无形的观点,具有浓厚的时代气息。

比索绪尔小一岁的法国社会学家、现代社会学创始人涂尔干,提出社会生活在其一切表现上都是意识-心理的生活,社会现象本质上是一种集体的表象。

比索绪尔大一岁的奥地利现代心理学创始人弗洛伊德,把任何行为都看成受一个规范系统即"下意识"所制约,这个下意识就是"集体心理"。

1.2 索绪尔时代的语言社会性反思

在索绪尔成长的时代,新语法学家的语言观中的个人主义是一种社会思潮。当时流行的唯心主义哲学和经验实证主义哲学,都把社会仅仅看作个人行为和情感的派生物。面对社会,研究者看到的只是一个一个具体的人。离开了个人,社会只是一个空壳,没有任何实在的东西。

索绪尔和同时代的涂尔干和弗洛伊德一样(他们三人分别生于1857、1858、1856年),都认为这种个人主义思潮颠倒了社会和个人的关系。在他们看来,社会是由个体所组成的"合体",这个"合体"有自身的特质,它不是未经组合的个体的相加。"合体"一旦组成,它就自外于个体,并且强加于个体。换句话说,每一种客观事物、每一种个人行为,在社会中都具有了社会意义,都必须遵从社会规范。社会规范是个人行事的条件。离开了社会规范,我们无法理解任何个人的经验。因此,社会是第一性的。

这种社会规范,涂尔干认为是一种集体心理表象,弗洛伊德认为是一种下意识,索绪尔认为是一种社会心理系统。索绪尔由此被称为语言学的法国社会学派,或曰社会心理学派的代表。

值得注意的是,索绪尔在认定语言是个社会惯例系统之后,立即转向了对这个系统本身的抽象关系的研究,他对语言的社会学方面无暇顾及;而法国社会学派的其他人则对索绪尔在后期开设普通语言学课程中专注的语言抽象系统研究几无所知。法国1923年出版的词典中对索绪尔的介绍是"一部重要著作《论印欧系语言元音的原始系统》的作者"。梅耶在1930年的一封信中提到格拉蒙时曾说:"他跟我一样,也是索绪尔的学生。他也只知道索绪尔是一位比较学家。只是通过后来出版的《普通语言学教程》,才知道索绪尔是普通语言学家。"(徐志民,1990:159)

1.3 索绪尔的语言现实性中的分析理性

索绪尔承认他对语言"现实"与"非现实"的认定与人们的常识悖反,"极难得到认同",但他所理解的语言的"现实性"很大程度上可以替换为一种"分析理性"。这只有在"去掉了不属于它(指语言——引者)的一切"即个人的生理、物理、心理运动之后才有可能。此时,语言已经成为抽象的自我组织的符号系统,"归入了人文事实一类"(索绪尔,2001:78)。而言语体系"形式多样,规则无定。它同时横跨物理学、生理学和心理学等若干领域。它既属于个人的范畴,又属于社会的范畴"。对于这样的无定之物,人们"不知道如何概括出它的统一性,便无从将它归入任何一个人文事实的范畴"(索绪尔,2002:11)。由此我们才可能深刻理解索绪尔反复强调的"语言科学不仅可以不考虑言语体系的其他要素,而且也只有当其他要素不予介入时,这门科学才有可能存在"(索绪尔,2002:16)。

莱布尼茨曾经指出,有两种真理:一种是"形式的或逻辑的真理",这种真理就像布龙达尔说的"结构"或索绪尔说的"语言"一样,是"永恒的、不变的、同一的";另一种是"经验的或事实的真理",这种真理是变化的,存在于任何时间和空间的事象之中。在"事实的真理"那里,没有现象之间必然的或纯粹的关系,也不要试图去建立这种关系。这种关系只存在于"理性的真理"之中。"理性的真理"描述的是一个理想的世界。胡塞尔进一步指出,我们永远不可能通过对经验的归纳和概括到达单纯的思想形式,因为后者是"形式的真理",而非"物质的真理"。也就是说,理性形式的构建不取决于特殊的经验。

索绪尔无法在"言语"的事实和"语言"的事实间自由往来,无法协调"逻辑"和"经验"的巨大落差,无法在对语言的"生动的""民族学的""拥有某些源泉的""特殊环境的""特殊事实"的和使他"有兴致""保持着一种兴趣"和"热情洋溢"的那一面进行的研究中,看到语言事实的"逻辑分类",即"单纯的思想形式"。他最终用语言研究的"第一个分岔"将矛盾的两端彻底分开,从此"形同陌路",咫尺天涯。索绪尔用他艰难痛苦的选择,告诫后人语言研究首先要在"语言"和"言语"间做出抉择。他"要向语言学家揭示出他做的是什么"的,就是每一项语言研究在接触语言材料时必须面对的第一个先决性的"分岔"——你关注"理性的真理",还是"事实的真理"? 索绪尔在这里延续的是人类一个古老而永恒的精神困惑——人类理性面对丰富多样的生活世界时深深的困惑。

那么我们也要问今天的研究者:我们怎样在理性的真理和事实的真理间做出选择?

2. 索绪尔的语言系统性

2.1　索绪尔语言系统的符号属性

说语言的系统性,索绪尔的意思正如潘文国所说,是"自足性",即一个单位的价值或者说意义,来自系统本身,而非系统之外。所以索绪尔的语言系统是建立在符号的任意性基础上的。这个问题抽象地谈,似乎言之成理,但如果我们打一个比方,立刻可以看出它的匪夷所思:我们生活在一个集体中,张三之所以是张三,难道是因为他不是李四吗? 当然不是,张三之所以是张三,那是他的家庭和成长史决定的。回到语言学,也就是由符号和事物的关系、符号的历史决定的。

我们也许真的无法了解语言符号产生时的音义结合的理据,但这并不意味着我们就可以说语言符号音义结合是任意性的,这是两码事。一方面我们从词的语音象征看到了理据性的原始痕迹,一方面我们从词源学看到了词的音义孳乳的理据性,此外我们从汉字的形式看到了文明建构时期对语言符号理据的当时代的解释。因此,任意性的说法只是一种为语言符号系统抽象化而设立的强势假设,它是理论假设,而非语言事实。

首先,符号的意义来自它和事物的关系,没有这种关系符号根本不可能产生;其次,符号的意义受到和其他符号的关系的制约。正是这纵横外内的两种关系决定了符号的意义。

从功能上说,首先,符号的功能来自它的语境。语境决定了这个符号在交际中的作用。汉语中每一个字都是多义多功能的,只有语境才能限定它的作为。其次,符号的功能来自它的组合关系,但语言结构本质上不是一个线性结构,诸如"晒太阳""抢红灯"这样的结构的音义关系是无法靠组合关系来理解的。

2.2　索绪尔语言系统的几何学简洁

索绪尔的"普通语言学",潘文国认为"范围大大缩小了"。我以为,相对于洪堡特的普通语言学,索绪尔追求的目标是语言变化中不变的东西,是"几何学的简洁"。

索绪尔21岁时完成了一篇论文《论印欧系语言元音的原始系统》,这篇论文被认为是历史比较语言学史上的金字塔,是索绪尔最令人瞩目的学术成就之一,是他一生的代表作。这篇论文把历史比较语言学的方法论建立在一个高度概括的基础上。在这篇论文的序言中,索绪尔说:"要从头学起,因为这里所涉及的不是超验范围的思辨,而是对基本材料的研究。而没有这些基本材料,一切都漂浮不定,一切都是任意的与不确定的。"后一句话几乎是他身后一个世纪被引用最频繁的一句话。索绪尔从学术研究一开始就极端重视对"基本材料"的研究。这一明显带有自然科学特征、具有"几何学的简洁"的思维形式,无疑是承继了他的家族的自然科学传统。在这个意义上,索绪尔实际上是将他的家族的科学传统延续到人文科学的研究中。

但几何学的简洁清除的是不利于精确计算的因素,语言学的简洁清除的却是对语言具有本质性意义的要素。

2.3　索绪尔的二项对立的等级性

索绪尔的二项对立,其实和洪堡特的二项对立不一样。索绪尔的二项对立的背后,是逻各斯中心主义。

二项对立是索绪尔语言学思想的提出方式,在索绪尔运用的一系列成对的术语中,二项之间都存在明显的等级性。所指对于能指、语言对于言语、共时对于历时、口语对于文字都具有明显的优先指向性。前项是首位的、本质的、中心的、本源的,而后项则是次要的、非本质的、边缘的、衍生的,后项都围绕着前项而获取意义。

二项对立的这种等级性和中心指向性实际上体现的是一种典型的逻各斯中心主义。

3. 索绪尔的语言决定论

索绪尔的语言决定论,和洪堡特的语言世界观、沃尔夫的语言决定论不同。

3.1　索绪尔是语言决定言语,洪堡特是精神决定语言,语言又反作用于精神

索绪尔的"语言决定言语"指的是:(1)语言规则也就是语法决定语言的使用;(2)更重要的是,实际上是语言自足地决定言语,即语言自成系统,和言语毫无关系。

洪堡特没有语言和言语之分,只有民族精神和个体之分,而这两者又是密切关联的。

洪堡特的观点是:一方面语言的创造性活动只有通过个体才能进行,另一方面创造语言的个体只有在他人的理解中才能进行创造。不论人们怎样关注语言中的个性表现,语言始终是富有民族共性的精神表现。洪堡特认为要真正认识语言的本质,必须从纷繁多样的个性要素上升到民族性的高度。不了解一

种语言的民族性,也就无法认识各种个性化语言要素的真实特质。在这个意义上,才能说"面对语言的威力,个人的力量实在微不足道"(潘文国语)。

因此,洪堡特不是"语言决定论",而是民族语言即民族精神,语言的特性是通过民族精神获得的。精神力量是生动的、自主的,语言则是依附性的。洪堡特说:"语言的特性是民族精神特性对语言不断施与影响的自然结果。"(洪堡特,1997:201)"人类语言的结构之所以会有种种差异,是因为各个民族的精神特性本身有所不同。"(洪堡特,1997:201)语言把这些特征固定下来,又对该民族产生反作用。所以,精神决定语言,语言又反作用于精神。

3.2 索绪尔语言决定论的立足点不是单一的民族语言,而是普遍语法

洪堡特语言世界观的立足点既是民族语言,又是人类语言。沃尔夫认为语言决定了人的认知范畴和思维方式,因此欧洲语言的思维方式只是人类多样化思维方式中的一种。这种差异性、多样性的观念与索绪尔的思想是完全对立的。

3.3 索绪尔的语言决定论,其语言是自足的;沃尔夫的语言决定论,其语言有深厚的社会文化基础

索绪尔认为语言单位的价值与它的内容无关,与它的历史无关,纯粹是由单位之间的平面关系决定的。萨丕尔、沃尔夫认为,语言的"内面"即认知模式、思维方式乃至文化类型。尤其是当两种差异很大的语言进行对话和比较时,语言的差异实质上就是两个民族世界观的深刻对立。

例如沃尔夫说欧洲的哲学、艺术和历史观是语言的二项式(将事物表述为形式加物质)决定的,欧洲人认知的单一性(肯定事物的常规性、稳定性、不变性,将自己罩在一种虚假的安全感中)也是由语言的二项式决定的。

4. 索绪尔对历史比较语言学的超越

索绪尔对新语法学派的批判,在理论上有两个鲜明的特色:(1)语言作为一个社会事实;(2)语言作为一个抽象的关系系统。

如果说把语言看作一个"社会心理事实"还是一种社会思潮,并对新语法学派尚有所扬弃的话,那么把语言看作一个差别系统,则是索绪尔与他以前热心从事的历史比较语言学的最彻底的决裂。这一思想为人类和人类行为的研究提供了一个划时代的历史平台——结构主义。

从索绪尔对新语法学派的批判,我们可以明显地感觉到,索绪尔的语言学

观点正在发生着重大的转变,即他从一个优秀的历史比较语言学者,经过同时代涂尔干、惠特尼等学者的思想启示,对语言研究的认识产生了质的飞跃——开始从语言的本质等更抽象的理论层面思考语言问题,开始从全新的角度建构普通语言学理论体系。

索绪尔非常认同惠特尼的观点:"不要忽视隐藏在工作背后并赋予其重要意义的宏伟真理和原则,而且对这些真理和原则的认识应该支配工作的全过程。"(Jakobson,顾明华,1985)在索绪尔的眼里,不从抽象的普通语言学层面思考语言问题的学者,不是真正的语言学者。

作为历史比较语言学的一位精深的研究者和学术大家,索绪尔以其对印欧系语言和历史比较法的丰富知识和学术声望,断言历史比较语言学"没有照亮整个语言学的问题",它的客观性的背后是强烈的主观作为,即"把不同时代的〔语言〕构造〔形式〕投射到一个平面上考虑"。因此,"历史分析不过是另一种形式的主观分析"。索绪尔号召语言学家革故鼎新——"我们必须做出反应,抵制老学派的邪道,而这种反应的恰当的口号是:观察今天的语言和日常的语言活动中所发生的情况"。

索绪尔对新语法学派的批判,并不因此消解历史比较语言学的意义。

首先,正是新语法学派在理论和实践上的建树,推动了19世纪末20世纪初的语言学反思和变革。

其次,即使就历史比较语言学自身的成就来说,他们的理论框架和工作模式至今仍是研究人类各种语言的历史的基本范式,尽管会有许多修改。

从这个意义上说,历史比较语言学的时代,是人类语言研究史上一个辉煌的时代。今天人们在以结构主义为代表的各种研究范式下努力工作的时候,不会忘记19世纪比较语法学的智慧和才干,并对以德国各个大学的语言学家为代表的19世纪学者,怀着深深的敬意。

5. 结语

谨以此文祝贺潘文国先生八十华诞,并向这位我深引为同道的学者,在中西语言文字对话中层出迭现的真知灼见,表达深切的敬意!

参考文献

洪堡特,1997.论人类语言结构的差异及其对人类精神发展的影响[M].北京:商务印书馆.

JAKOBSON R,顾明华,1985.二十世纪欧美语言学:趋向和沿革[J].国外语言学

（3）:1-7.

索绪尔,2001.普通语言学教程［M］.长沙:湖南教育出版社.

索绪尔,2002.普通语言学教程［M］.南京:江苏教育出版社.

徐志民,1990.欧美语言学简史［M］.上海:学林出版社.

许国璋,1983.关于索绪尔的两本书［J］.国外语言学(1):1-18.

作者通信地址:200433 复旦大学;shenxl@163.com

关于语言学与应用语言学的几个问题
——读潘文国先生的《对比语言学的应用》有感
黄国文

摘　要:就应用语言学的学科属性和学科特点而言,应用理论的目的是解决问题。因此,要从事应用语言学的研究,必须有问题意识。在中国的语境下,生态语言学也属于广义的应用语言学,因为它与其他广义的应用语言学一样,都把解决问题(problem-solving)作为研究的动力。

关键词:应用语言学;问题意识;生态语言学

0. 引言

过去的 20 多年,我先后专门撰文为六位知名学者庆贺寿辰。他们都是我尊敬和爱戴的师长:韩礼德(Huang,1996)、王宗炎(黄国文,1997)、桂诗春(黄国文,2001)、胡壮麟(黄国文,2012a,2012b)、何自然(黄国文,2016)、罗宾·福塞特(Robin Fawcett)(Huang,2020)。第一位是系统功能语言学创始人,最后一位是我在英国加的夫大学攻读第二个博士学位时的导师,也是"加的夫语法"(the Cardiff Grammar)的创始人。前些日子尚新教授告诉我,潘文国先生将于 2023年迎来八秩寿辰,为向潘先生表达敬意,他们决定征集学术论文稿件并编辑出版。我很感谢尚新教授他们给我机会向潘先生表达敬意。

说到我与潘文国先生的相识和了解,还得从一段往事讲起。那是 2006 年11 月初,中国英汉语比较研究会第七次全国学术研讨会在烟台(鲁东大学)召开,那次会议刚好是理事会换届,老会长杨自俭教授准备卸任,新会长潘文国教授准备接任,也就是在那次会议期间,我提出成立"中国英汉语比较研究会英汉语篇分析专业委员会"的建议并获批准。开会前那天晚上,杨自俭先生在宾馆的房间里跟我谈话,说了很多事情,叮嘱我要在中国的语篇分析界引领大家从事英汉语篇对比研究;杨先生还说到,接任的会长是潘文国教授,"他名叫'文国',你叫'国文',你们是有缘分的"。后来,我也曾听到潘先生讲到"文国"与"国文"的缘分。借此机会回忆这段往事,也表达我对杨自俭先生的深深怀念。

为向潘文国先生表达敬意，我想我要写的文章应该与潘先生所发表的论文有关联，这样我就得先说说高等教育出版社主办的《中国外语》（CSSCI来源期刊）。该刊创办于2004年，潘文国先生从一开始就为杂志撰稿，他的第一篇论文是《谈语法研究的几个问题》，发表在《中国外语》2005年第1期上。我从2010年起，应邀到《中国外语》担任主编，在过去的十多年里，潘先生又多次把自己的论文赐给我们期刊，以实际行动支持这个历史不算很长的学刊。我担任主编以来，《中国外语》先后刊登了潘先生撰写的六篇文章，最新的一篇是发表在《中国外语》2020年第1期的《对比语言学的应用》。本文便是我阅读和编辑潘文国先生这篇《对比语言学的应用》之后的感想，写出来与大家一起探讨关于语言学与应用语言学的几个问题。

1. 语言学理论的构建步骤

对于语言学与应用语言学的问题，我一直有思考。2007年我在《外语学刊》（黄国文，2007）发表了题为《个别语言学研究与研究创新》的文章。该文指出：从研究的对象（语料）角度可以区分出普通语言学（general linguistics）和个别语言学（particular linguistics）；从语言的性质和功能角度，可以区分出理论语言学（theoretical linguistics）和应用语言学（applied linguistics）；从研究所涉及的时间角度可以区分出历时语言学（diachronic linguistics）与共时语言学（synchronic linguistics）；从研究的范围看，可以区分出微观语言学（microlinguistics）和宏观语言学（macrolinguistics）。

这里所讲的各类语言学，都是以人类的语言为研究对象的。普通语言学是在对各种不同的具体语言研究的基础上建立起来的理论模型、分析框架、语言体系。普通语言学注重的是语言的核心内容（如语音、音系、形态、句法、语法、语义），其研究内容涉及语言的性质、语言的结构、语言的体系、语言的起源、语言的演变与发展、研究语言的方法等等。普通语言学的研究必须基于对各种具体语言的研究成果，通过对语言的研究不断修正和完善其理论模型、分析框架和分析方法。与普通语言学相对的是个别语言学，它为普通语言学研究提供具体的语言材料和语言事实；个别语言学以普通语言学所抽象出来的理论和原则作为指导，把普通语言学理论应用于具体的语言研究中，验证普通语言学理论，同时也为普通语言学的理论假设提供语料和佐证。

普通语言学研究的终极目标是描述和解释全人类的语言，而个别语言学（如英语语言学、汉语语言学）则是聚焦一种语言的研究。它们既有共同的宏大目标，也有自己的终极目标。从研究路径看，个别语言学首先是对个别语言的个别特点开展研究，然后慢慢拓展到个别语言的各个层次（语音、音系、形态、句

法、语法、语义),这样才能为普通语言学研究提供实例和基础。因此,其语言研究的路径大致是这样的:

(1)对个别语言的成分和语言使用进行描述→(2)对个别语言体系进行描述→(3)对不同的个别语言的描述进行归类→(4)对语言进行普遍描述

这里研究的第(1)步是对个别语言的成分和语言使用进行描述,指的是两个方面的内容:一是对语言系统的各个成分的描述(本体研究),二是对语言使用的描述(语篇分析)。从目前的研究状况看,语言研究者主要在进行第(1)步的研究。

第(2)步是对个别语言体系的描述,对使用人数较多的语言(如英语、汉语)体系的研究成果比较多,对使用人数较少的语言(lesser-known language)系统则描述不多。对于语言体系的描述,有精密度的区分:对有些语言(如英语、汉语)的描述比较细致,对一些较少人使用的语言,描述就没有那么细致。

第(3)步是对不同的个别语言的描述进行归类,这是语言类型学所聚焦的语言研究活动。

第(4)步是对语言进行普遍描述,目标是建构普通语言学理论。

有一点必须特别指出,语言研究者的“语言观”(view of language)在整个研究过程中起着主导作用,持有不同的语言观的人对同一语言现象的研究会得出不同的结果,最终所构建的普通语言学模式也是完全不一样的。

本节讨论的是个别语言学与普通语言学的关系,可以为下面关于语言学与应用语言学的讨论提供一点背景。

2. 语言学与应用语言学

潘先生在《对比语言学的应用》(潘文国,2020)一文的开头谈到语言学与应用语言学的关系,并提出“语言学及应用语言学”“是一个学科还是两个学科”这个问题。他接着说,“applied linguistics的字面意思是linguistics-applied‘应用的语言学’,那‘应用语言学’就是从属于语言学的,是一个学科的两个方面。但这个理解带来的后果就是理论和应用的割裂”。产生理论和应用的割裂的原因,潘先生是这样解释的:“搞‘语言学’的认为我搞的就是纯‘理论’语言学,可以不管应用,把‘应用’让给‘应用语言学’去做。而搞‘应用语言学’的人却觉得不服,我搞的研究明明也有自己的理论,是‘语言学’理论不管或者根本不讲的,凭什么说我只是在‘应用’人家的理论呢?”从这段话可以看出,语言学与应用语言学的关系问题,是潘先生一直关心的问题。

2.1 学科的设立和认同

潘先生所提出的语言学和应用语言学是一个学科还是两个学科这个问题,

值得我们深思;在进行学科建设过程中,对学科的划分、设立和认同关系到学科的发展和学科之间的交叉与融合。当然,一个学科的建立和设立涉及很多因素,除了哲学根源、学科基础、理论根基、方法论、研究目标等因素外,还有历史、政治、经济、社会等诸多因素。就"应用语言学"而言,英国爱丁堡大学是世界上最早建立该学科的两所学校之一(另一所是美国的乔治敦大学)。20世纪中期和末期,应用语言学(尤其是外语教学)的发展如火如荼,所以爱丁堡大学就设立了一个独立的应用语言学系(Department of Applied Linguistics),我就是1992年在该系获得应用语言学博士学位的;1999年该系与理论语言学系合并,名字就成了"理论与应用语言学系"(Department of Theoretical & Applied Linguistics);2005年,该系与另外两个学科合并,成为"哲学、心理学和语言科学学院"(School of Philosophy, Psychology and Language Sciences)的一个部分。其实,行政部门(如大学里的系、学院)的设置与学科既有关系又不一定是直接的关系,但学系和学院的设置或改名总是有一定原因的。到了21世纪初,应用语言学所讨论和涉及的问题越来越多,所包括的范围越来越广,只要是关于语言学的应用,就被看作是应用语言学。因此,也许可以这样猜测,爱丁堡大学21世纪初开始把应用语言学系与理论语言学系合并,接着又把应用语言学和理论语言学与哲学和心理学合并在一个学院,应该与学科交叉和融合有关。从学科的发展史看,学科的划分、设立和合并总是在变动和调整过程中,而大学院系的设置和合并就是这种活动的具体表现。

再看一个例子。关于语言与生态(环境)问题(包括语言与环境、语言与情景、语言演变、语言使用者等问题)的研究,已经有很长的历史,已故的多位著名语言学家(包括威廉·冯·洪堡特(Wilhelm von Humboldt)、爱德华·萨丕尔(Edward Sapir)、布罗尼斯拉夫·卡斯珀·马林诺夫斯基(Bronislaw Kasper Malinowski)、约翰·鲁伯特·弗斯(John Rupert Firth)、约翰·约瑟夫·甘柏兹(John Joseph Gumperz)、约书亚·亚伦·费希曼(Joshua Aaron Fishman)、戴尔·海瑟薇·海姆斯(Dell Hathaway Hymes)都有相关论述。但是,语言与生态的关系研究作为一个学科领域,并真正引起学界重视是从20世纪70年代才开始的,其中的主要原因是:世界经济和科学技术快速发展的同时也带来了诸如人与自然、人和其他生命体、人口、环境、资源等全球性问题,因此必须用生态学的眼光看待世界和研究世界,审视人类过去和现在的想法和行为,并预测人类对未来的期待,在这样的大背景下,很多学科就出现了生态学化(李继宗,袁闯,1988)。

2009年6月,国际生态语言学的一些知名研究者在丹麦欧登塞参加了题为"生态语言学:科学的生态"(Ecolinguistics:The Ecology of Science)的学术研讨会,会议的部分论文由阿尔温·菲尔(Alwin Fill)和苏内·沃克·斯特芬森(Sune Vork Steffensen)编辑,刊登在 *Language Sciences*(2014/41)专号上。这两位特邀主编

(Fill & Steffensen,2014:1)谈到了语言生态研究的学科属性问题。他们首先说，生态语言学既是自然科学学科，也是人文学科。接着，他们说，该次研讨会有一个共识，那就是大家都想打破原来把生态语言学看作语言学一个分支的固有认知，认为这个学科自己就是一个独立研究领域(科学)，而不是语言学的一个分支。他们的原话是这样的："Common to all papers is the attempt to do away with limits and borders and, instead, see Ecolinguistics as a study (or science) in its own right, not, say, as a new branch of linguistics, as was done until about ten years ago."

这种看法被一些国际知名的生态语言学研究者牢牢记住了，以至于现在对生态语言学的学科属性存在三种不同的观点：第一种认为生态语言学是交叉学科(interdisciplinary)，也就是生态和语言的交叉；第二种认为生态语言学是应用学科(applied disciplinary)，主要是应用不同学科并将其糅合到生态语言学中以解决实际问题；第三种观点是超学科(transdisciplinary)，是超越生态学、语言学、哲学、生物学、认知科学、社会学、政治学、文化学等的学科(黄国文，赵蕊华，2019:23)。国际上持第三种观点的人还认为，如果要说学科属性，应该是语言学属于生态语言学，而不是说生态语言学属于语言学。

关于语言学与应用语言学等的学科属性问题，涉及了各种各样的因素，而且在特定的历史、文化、社会、政治、经济等背景下有不同的认知和认同方式。潘先生(潘文国，2020)所提出的语言学和应用语言学的学科属性问题，促使我们进行多方面的思考，并从历史发展的角度去对一些决策进行评估。但是，无论如何，学者都应该多关心研究本身的问题，少去担心其他人对该学科领域的看法。

2.2　理论语言学和应用语言学都有理论

关于语言学理论构建与应用的问题，一直是大家所关心的。潘先生(潘文国，2020)担心搞语言学理论的人不管(关心)应用，从事理论应用的人会被"矮化"，不够"高大上"。在很多情况下，这是事实。但是，我们认为，语言研究者会以自己的世界观、语言观、教育背景、学术训练、生活经历等，来选择自己的研究目标和方法以及对研究结果进行解释。有些人热衷于理论探索，对理论的应用不感兴趣，甚至在构建理论时根本不考虑理论的实际应用问题，著名的语言学家诺姆·乔姆斯基应该就是这类人的代表。有些人喜欢做理论的"消费者"，用别人的(现有的)、可接受的、他们认为有用的理论来帮助自己解决问题，学校里大多数基础课的教师应该就属于这一类人。还有一种人既构建理论，也关心理论的应用，最典型的是韩礼德。他所构建的系统功能语言学既是"普通语言学"，也是"适用语言学"(appliable linguistics)；简单地说，这里的"普通语言学"就是理论语言学，是语言学理论，"适用语言学"就是理论的应用(应用语言学)。

不论是从事理论构建还是理论的应用，都是研究者的个人选择或职业驱动,没有高低之分。潘先生(潘文国,2020)所担心的"搞纯'理论'语言学的人不管应用"和"搞'应用语言学'的人不服气",可能有些过虑了。从事理论构建还是理论的应用,很大程度上是个人的价值取向或受目的驱动,是社会的不同分工,是个人价值的不同体现。所以,这里没有高低和贵贱之分。

有一点要特别指出,从事与语言研究有关工作的人大致可以分为三类:一是只关心理论构建的,二是只喜欢运用现有的理论解决自己的问题的,三是既构建理论,也把理论用于实践的。

关于理论的应用,又有三种情况:一是用现有的、别人的理论来解决自己的问题,这类人就是理论的消费者(如从事基础外语教学的教师);二是自己构建理论,自己把理论用于实践(如系统功能语言学研究者和实践者);三是在采用别人(现有)的理论的同时,在实践中根据所处的环境和所遇到的问题修正、改建或改进别人的理论以便更好地用理论来解决实际问题(如很多在中国大学工作的语言研究者)。

无论是从事理论语言学研究,还是从事应用语言学研究,都有理论构建的任务。语言学和应用语言学的关系不是简单的前者构建理论和后者应用理论的关系。对于单纯的理论消费者,他们只管消费;对于单纯的理论构建者,他们只管理论建设;但对于大多数人,他们既应用现有的理论(可能是别人的理论,也可能是自己的理论),也自己提出理论观点。这第三类人包括从事应用语言学研究的人。

韩礼德和威多森(Henry H. Widdowson)都是国际非常知名的应用语言学家,他们在20世纪的80年代、90年代和21世纪初都非常活跃且非常有影响力。他们都是既构建理论也应用理论的,但他们在方法论上有很大的区别。威多森(1980)认为,应用语言学的研究是先有实践再有理论,他认为应用语言学理论来自实践,所遵循的路径是"实践→理论→再实践→再理论……";而韩礼德则认为,应该从理论开始,把理论用于实践,他提倡的路径是"理论→实践→再理论→再实践……"。韩礼德(Halliday,2008:14)明确指出:"If you want to apply something, you have to have a theory to apply; there has to be a coherent body of knowledge behind the applications."(如果你想应用一些东西,你必须有一个理论来应用;应用背后必须有一个连贯的知识体系。)其实,无论是从实践开始,还是从理论开始,有一点是非常明确的,那就是:应用语言学有理论;应用语言学研究者自己有理论思考,他们不是已有理论的简单消费者,他们也是理论的构建者。

2.3　应用语言学的目标是解决问题

无论是理论语言学还是应用语言学,通常都是问题导向的。理论的构建也好,理论的应用也好,都是问题驱动的。以我熟悉的系统功能语言学为例,韩礼德在早期的学术探索中,一开始是想构建一个句法理论(称为"阶和范畴语法"),经过将近半个世纪的研究,形成了现在的系统功能语言学。韩礼德在接受帕里特(Parret,1974:119-120)采访时就说到,对人类语言的研究,有两个根本性问题:一个是关于语言本身的问题,是内在的问题;另一个是关于语言的社会属性问题,是外在的问题。内在的问题是关于语言的本体和自身发掘的问题,所涉及的内容包括:"人类的语言为什么是现在这个样子?""为什么人类逐步形成了包含语言在内的现有的意义系统?"这些问题其实是作为普通语言学的系统功能语言学要研究的问题。外在问题是关于语言的社会属性问题,包括语言与社会、语言与文化、语言与语境、语言与语域等问题,包括:"为什么语言在日常使用中可以如此有效地一代代传递知识体系,传承文化模式、价值体系,延续社会结构等?""意义是怎样表达的?""特定的语篇是怎样表达特定的意义的?""为什么某一语篇就其使用目的而言是有效的和成功的或不成功的甚至是失败的?"这些问题是作为适用语言学的系统功能语言学要研究的问题。从这里可以看出,在理论构建初期,韩礼德就已经采用了问题导向的方法。

应用语言学有广义和狭义之分,狭义的应用语言学主要是指语言教学或外语、二语教学,广义的应用语言学是指"语言学应用",即诸如"社会语言学""话语分析""心理语言学"这些学科分支。威多森(1980)提出用"applied linguistics"来指前者,用"linguistics applied"来指后者。威多森的这个区分可以为我国的"外国语言学及应用语言学"的英文翻译提供启示。在我国的博士论文和硕士论文的封面,有"外国语言学及应用语言学"的学科描写,很多人的英语表述是"Foreign Linguistics and Applied Linguistics"。我们认为,更为合适的英语表达应该是"Linguistics Abroad and Linguistics Applied"。

基于对应用语言学性质的认识,我们(黄国文,李文蓓,2021)曾明确指出,在中国的语境下,生态语言学也属于广义的应用语言学,因为它与其他广义的应用语言学一样,都把解决问题(problem-solving)作为研究的动力。

就应用语言学的学科属性和学科特点而言,应用理论的目的是解决问题。因此,要从事应用语言学的研究,必须有问题意识。问题意识是一种思维的问题性心理品质(范国睿,2011:6)。姚本先(1995:40)认为,"思维的问题性表现为人们在认识活动中,经常意识到一些难以解决的、疑惑的实际问题或理论问题,并产生一种怀疑、困惑、焦虑、探究的心理状态,这种心理又驱使个体积极思维,不断提出问题和解决问题"。他认为,思维的这种问题性心理品质就是问题意识。

虽然理论语言学和应用语言学都是问题导向、理论驱动的,但后者所聚焦的问题比前者要具体、实际,更适合用于解决生活中的问题。

3. 结语

我很赞同潘先生(潘文国,2020:12)在文章中所说的"'语言学'及'应用语言学'演变到现在,已经不是'理论'与'应用'的关系了",也很赞同他关于"理论"与"实践"关系的判断:"'理论'与'实践'的关系,这是一种双向性的辩证关系:理论来源于实践、理论指导实践,反过来又受实践的检验,在实践过程中得到修正。"这句话简明扼要地道出了理论与实践的关系。

理论构建是问题导向的,理论的应用也是问题导向的,它们共同的目标和任务是解决问题。因此,理论与实践同等重要,不能厚此薄彼;用韩礼德(2009:61)的话说,就是要"淡化"(neutralize)语言学(理论)与应用语言学(实践)之间的界限,因为在很大程度上讲,两者是密不可分的。

潘文国先生是国内外著名语言学家、资深翻译家,他著作等身,桃李满天下,他的学术研究涉及理论语言学、对比语言学、汉语语言学、翻译理论与实践、汉语国际教育等。他1944年出生,长我12岁;我们都是猴年出生的,他是甲申猴,我是丙申猴。他是我的学长,也是我学习的榜样。记得多年前我在给学术朋友郑庆君教授的《手机短信中的语言学》(2007)一书写序言时说:"从郑庆君的学术观点、学术视角、研究方法,我想起了吕叔湘、赵世开、沈家煊、潘文国等著名学者,仿佛看到了他们从英语语言学走向汉语语言学和普通语言学所经历过的学术道路,而郑博士也正沿着这条道路在向前迈进。"从这段话可以看出,潘文国先生在我心中的学术分量有多重、学术地位有多高。

参考文献

范国睿,2011.走进人文社会科学研究[M]//劳伦斯·马奇,大写布伦达·麦克伊沃.怎样做文献综述(中译本).上海:上海教育出版社.

黄国文,1997.从方式原则看广告中的语码转换[C]//黄国文,张文浩.语文研究群言集:祝贺王宗炎先生从教55年.广州:中山大学出版社.

黄国文,2001.英语比较结构的功能句法分析[C]//董燕萍,王初明.中国的语言学研究与应用:庆祝桂诗春教授七十华诞.上海:上海外语教育出版社.

黄国文,2007.个别语言学研究与研究创新[J].外语学刊(1):35–39.

黄国文,2012a.从澳洲到中国,从中国到世界:为庆祝胡壮麟先生80华诞而作[J].当代外语研究(3):5.

黄国文,2012b.系统功能语言学的发展阶段与特点[C]//钱军.语言研究与外语教学:胡壮麟教授80诞辰学术论文集.北京:高等教育出版社.

黄国文,2016.语言使用研究的深度与广度:向何自然老师学习[C]//黄国文,陈新仁,冉永平,等.语用人生:何自然教授八十华诞庆贺文集.北京:高等教育出版社.

黄国文,李文蓓,2021.作为应用语言学的生态语言学[J].现代外语(5):592-601.

黄国文,赵蕊华,2019.什么是生态语言学[M].上海:上海外语教育出版社.

李继宗,袁闿,1988.论当代科学的生态学化[J].学术月刊(7):45-51.

潘文国,2020.对比语言学的应用[J].中国外语(1):1,12-18.

姚本先,1995.论学生问题意识的培养[J].教育研究(10):40-43.

郑庆君,2007.手机短信中的语言学[M].长沙:湖南大学出版社.

FILL A, STEFFENSEN S V, 2014. Editorial: the ecology of language and the ecology of science[J]. Language sciences, 41: 1-5.

HALLIDAY M A K, 2008. Working with meaning: towards an appliable linguistics [M]//WEBSTER J. Meaning in context: implementing intelligent applications of language studies. London: Continuum.

HALLIDAY M A K, 2009. Methods-techniques-problems[C]// HALLIDAY M A K, WEBSTER J. Continuum companion to systemic functional linguistics. London: Continuum.

HUANG G W, 1996. Experiential enhanced theme in English [C]//BERRY M, BUTLER C, FAWCETT R P, et al. Meaning and form: systemic functional interpretations:studies for Michael Halliday. Norwood,NJ:Ablex.

HUANG G W, 2020. From form to meaning in the Cardiff model of language and its use: a functional-syntactic analysis of 'He has been talking about going to the Grand Canyon with Margaret for many years'[C]// TUCKER G, HUANG G W, FONTAINE L, et al. Approaches to systemic functional grammar:convergence and divergence. Sheffield:Equinox.

PARRET H,1974. Discussing language[M]. The Hague:Mouton.

WIDDOWSON H G, 1980. On the limitation of linguistics applied [J]. Applied linguistics, 21(1): 3-25.

作者通信地址:510640 华南农业大学;flshgw@scau.edu.cn

外语习得与母语能力

——从潘文国《母语能力是外语学习的天花板》一文说起

左 飚

摘　要:母语能力既是外语习得的基础,也制约着外语能力的提高。在通常情况下,要学好外语,首先要把母语学好,"起跑线"并非学好外语的关键。我国非理性"外语热"与"母语冷"问题同时存在,互相联系,应引起高度重视。外语教育的时间与范围应注意适度,母语教育的"失位"现象必须予以纠正。

关键词:外语习得;母语能力;天花板;起跑线;外语热;母语冷

"天花板"这一比喻十分生动、形象。学外语的人如果要客观地鉴定自己的外语水平,不妨抬头看一下:"哇,天花板!我的外语水平给封顶了。"而这个"顶",恰恰是自己的母语能力。有的人凭着能说一口流利的外语,就妄言自己的外语水平已超过自己的母语水平,对此,潘文国先生予以彻底否定,我也抱怀疑态度。本文拟从潘文国《母语能力是外语学习的天花板》(以下简称《天花板》)(潘文国,2013)一文说起,分析外语习得与母语能力的关系,兼论我国非理性"外语热"所隐含的社会问题,并阐述母语学习的重要性。

"天花板"的比喻出自英语的 glass ceiling,暗喻影响一些人职场升迁的无形障碍。在论文题目中运用比喻,是擅长形象思维的中国学者的常用手法,善于逻辑思维的西方学者是极少让比喻入题的。潘文国先生毕业于复旦大学英语语言文学专业,从事英汉双语研究几十年,是享誉海内外的著名学者,但学习、研究英语达50年之久的他,却依然没有跳出母语思维的模式,这事实本身证明了他文中的观点,即"在各种世界观中,母语世界观是最基本的,是一个人立身之本"。所谓"世界观",就是人看待世界的方式,主要指人的思维方式。洪堡特说:"The character and structure of a language expresses the inner life and knowledge of its speakers, and languages must differ from one another in the same way and to the same degree as those who use them. Sounds do not become words until a meaning has been put into them, and this meaning embodies the thought of a community." (Humboldt, 1997:52-67) 一个人的母语,在很大程度上制约并决定了这个人的思维方式,也就在很大程度上制约并决定了这个人的观念和行为,同样也就制约了这个人外语学习的行为和结果,母语学习的重要性由此可见一斑。

1. 从《天花板》一文到我国非理性"外语热"

《天花板》一文的立意新颖,首先表现为作者善于从现实生活中发现新问题,尤其是热点问题。我国非理性的"外语热"早就让世人震惊,初中升高中考英语,高中升大学考英语,进大学后英语考试不过关拿不到学位,毕业后谋职要看英语考试成绩,职称晋升要考外语……世界上还没有哪个国家像我国这样用层层考试的人为手段引导国人学外语。学外语已成为人们盲目追求的时尚,几乎成了国人的集体无意识,人们对其结果如何考虑甚少,到了几近麻木的程度。亿万人狂热地学外语,而真正能运用自如的人却少之又少,其间耗费国家多少人力、物力和财力,耗费个人多少时间和精力。潘文的新意在于凸显了"外语热"问题中更令人担忧的问题,即外语教育的低龄化、"超低龄化"问题,文章让人们注意到,"外语热"已到了连三岁娃娃都不放过的地步。

《天花板》一文的立意新颖,其次在于其思想起点高,想他人所未想,言他人所未言,提出了"一个人外语水平的上限就是他母语水平下限"的观点,增强了文章立意的深度。当然,"上限"与"下限"很难划得很清楚,但一个人的外语水平不可能超过他的母语水平的结论应该站得住脚,换句话说,一个人母语思维的发展水平会制约他外语能力的提高。我们似乎也可以反话正说:母语能力是外语习得的基础。这一观点的有效论证,既可解决外语学习过热的问题,也可解决母语学习过冷的问题。你不是想要学好外语吗?有办法:你得赶紧先把母语学好!

《天花板》一文的立意新颖,再次在于其局外人的独特视角。青少年汉语学习的重要性,本该由主管汉语教育的政府部门,从事汉语教育研究的学术机构和从事语文、汉语或中国文学教学的教师来讲,而本文的作者却是外语系出身的双语研究专家,局外人的视角决定了文章观点的客观性和可信度,也说明了文章所揭示的问题的严重性与解决问题的紧迫性。

2. "起跑线"是谎言,应当为儿童松绑

《天花板》一文分析中肯,切中时弊,揭穿有关"起跑线"的谎言,如果能迅速为广大民众所了解并接受,将为千家万户的儿童松绑。

　　"不要输在起跑线上",本是幼儿培训的广告语,本身带有浓重的商业气味和强烈的煽动性质。由于其玩弄似是而非的文字把戏,极具诱惑性,这些年来竟然被千家万户的幼儿家长奉为至理名言,而心甘情愿地把低龄、超低龄的孩子送入名目繁多的培训班,钢琴、奥数、舞蹈、武术、画画、书法、珠算、电脑、棋类、足球、动漫等等不一而足,外语自然排在前面,而众多培训中唯一被忽略的就是汉语。选择班级类型,完全出于家长的兴趣或功利目的,幼儿并无判断能力和选择余地。孩子面对自己学校的大量作业本已穷于应付,还要在周末、节假日辗转于父母安排的各种培训班之间,疲于奔命。"从娃娃抓起"的良好愿望产生了潘文国所描述的荒唐景象:"中国的小孩成了天底下最痛苦的儿童,所有的时间全部排满,周末、假期尤其不放过。没有自己的兴趣,没有自己的时间。"(潘文国,2013)家长什么都抓,却没有精力和时间再抓娃娃的兴趣培养和潜力发掘,其结果必然使孩子的快乐被剥夺,孩子的天性和创造力被扼杀。如果这一社会现象不改变,久而久之,中华民族将沦为一个没有创造力的民族。

　　"不要输在起跑线上"这一口号的巨大危害性,还在于其造成了"一旦有人起跑,必有人紧紧跟上"的循环反复的既成模式而使得大家都欲罢不能。家长中确有不少有识之士明白这一口号的荒谬性,但他们无奈地说:"也知道这样做不对,但别人家孩子已经起跑,我们按兵不动,岂不使自己的孩子落伍?"于是,大家跟风从众,愈演愈烈。教育行政管理部门虽也多次下达有关幼儿培训的禁令,却屡禁不止。潘文的重大意义在于令人信服地从道理上彻底推翻这一伪命题,并大声疾呼"这句口号太荒唐了,太作孽了,太害人了! 现在是把这条口号彻底抛弃的时候了"。潘文国教授的呼吁是时候引起世人的关注了。

3. 从外语习得与母语能力的关系谈解决"外语热"与"母语冷"的问题

　　《天花板》一文中关于第二语言学习者"学好母语是学习外语的基础"的立论,把"学外语"与"学母语"自然而然地绑到了一起:母语没学好就不可能学好外语;要学好外语就必须学好母语。这就可以一箭双雕地解决"外语热"与"母语冷"两大社会问题。当然,潘文国先生并非单纯为了解决社会问题而立论,他的立论自有其理论根据和事实依据。话不妨反过来说,如果潘先生的论点成立(条件),则可顺理成章地解决上述两大社会问题(结果)。

　　那么,潘文国先生的论点成立吗? 我们也许可以从思维与语言的关系中找到答案。在正常的情况下,人是借助语言来进行思维活动的。有一些学者如萨丕尔和沃尔夫等人,更强调语言对思维的决定性作用。萨丕尔说:"Language is a guide to social reality. It powerfully conditions all our thinking about social problems and processes."(Sapir,1929:207-214)他指出了语言对社会现实的指导功能和对思维的制约作用。沃尔夫认为"The structure of a language affects the perceptions of reality of its speakers and thus influences their thought patterns and worldviews"(Carroll,1956),也就是说,语言的结构决定思维的过程和内容,影响人们对现实的感知,也就影响他们的思维方式及世界观。儿童通过学习母语,使其思维活动变得更为清晰有效,并能逐渐增强思维能力,逐渐形成比较稳定的思维方式及世界观。儿童只有当其思维能力通过母语学习发展到一定阶段,形成比较稳定的思维方式时,才能在体现另一种思维方式和世界观的第二语言(或外语)输入时有效接收并处理,也才能真正地学好第二语言(或外语),否则,学习第二语言(或外语)的效果是有限的。潘教授的论点与此相符,而且大量的事实及个人经验也证实了他的论述:"外语不是母语,没有与生俱来的基因,又未必有学习母语那样的环境,因而要付出更大的努力,而未必能达到母语一样的效果。"外语习得受制于母语水平。曾经听到某高校学生讥讽有的外语老师:"连中文都讲不清楚,还来给我们讲英语!"虽然话说得有点刻薄,但很能说明母语能力对于外语学习的重要性。

潘文把语言教育学中的"学习(learning)"与"习得(acquisition)"这两个概念用来分析儿童学外语的最佳时间,也很有创意。这两个概念出自20世纪70年代美国语言学家克拉申的"习得/学习假说(acquisition/learning hypothesis)"(Krashen,1976:157-168)。acquisition指以获取信息或以信息交流为目的的语言学习过程,学习者所关注的是"意义"而非语言形式,这是潜意识的、非正式的、自然的学习;learning是有意识地对语言规则的学习,学习者所关注的是语言形式和语法规则,这是正式的、系统的、非自然的学习。潘文国先生将这一假说借用来解释儿童(而非成人)"学母语"和"学外语"的两个不同过程,显得很有说服力。他认为,对母语来说,说话是在自然而然的状态下"习得"的。小孩在母语环境中大约一岁半开始就会说话,并不需要刻意地去教他,也不需要编什么"循序而进"的所谓"科学化"的教材,到了那个年龄,正常的孩子都能说话,因此没有必要强调什么年龄段开始"习得"。而"外国话"却没法像母语那样"习得",必须通过有意组织的"学习"才能学会。婴幼儿时期是"习得"母语的最好时期,不能偷换概念,把它说成"学习"外语的最好时期。儿童只有当其思维能力通过母语学习发展到一定阶段时,才能有效地学习外语。由此可见,母语的口语可以"习得",而外语的口语必须"学习"。潘文从儿童的学习环境以及儿童心智的发展水平两方面来区分这两种过程,显得合理可信。这一区分既驳斥了关于孩子学外语越早越好的"起跑线"宣传,也阐明了母语能力对于外语学习的重要作用。

当然,语言学界对于克拉申的假说中有关成人学外语的"习得"和"学习"两种过程互相独立、不能转换的观点,争论颇多,褒贬不一。埃利斯认为,"Such a distinction is problematic, not least because of the difficulty of demonstrating whether the knowledge learners possess is of the 'acquired' or ('acquired'or) 'learnt' kind ... The terms 'acquisition' and 'learning' can be used interchangeably"(Ellis,1994)。我们赞同埃利斯的观点,对于成人学习第二语言(或外语),不必严格区分"习得"和"学习"两种过程,它们往往是边界模糊、互相渗透的。本文题目中的"习得"二字实际上也包含了"学习"的意义。

4. 为语文课准确定位,改变我国语文教育"失位"的现状

《天花板》一文主要不是在技术层面上,或者说在课程体系、课时安排、教学方法和技巧等方面探讨我国语文教育所存在的问题,而是在更高的层面上,即在人们(包括主管领导、教师、学生、家长等)对语文课性质的理解和把握上,指出我国语文教育"失位"的现状。文章认为,语文课应该成为影响世界观形成的基础课,最基本的素质教育课、工具课和提高人的审美鉴赏能力的精神修养课。这一定位十分到位,因为它揭示了语文课的本质特点:工具性与人文性的统一,语言文字学习与素质培养和情操陶冶的结合。语文教育应该使学生在感受祖国语言文字的无限魅力的同时,认同祖国博大精深的文化,语文教育的过程应该是欣赏文辞、展示风采、提炼生活、体验人生、发展生命的过程。

语文教育的"失位",其负面的社会影响极大。由于忽视潜移默化的素质教育和世界观的树立,语文水平低下的学生将缺乏对中华文化的认同感,将成为潘教授所说的"没有家园的人",而一个没有母语认同的国家,将是"一个没有凝聚力和向心力的国家"。语文水平低下的学生也可能成为缺乏基本道德观念和责任感的人。目前,我国道德滑坡的社会现象与语文教育的长期"失位"和德育教育的形式化和说教化不无关系。语文水平低下的学生还可能成为缺乏审美能力的人,而缺乏审美能力的社会将是一个庸俗的、没有高雅情趣的社会。语文教育的工具性"失位",还将使语文水平低下的学生隐藏其理解能力差的内在缺陷,直接影响其对其他学科(包括数学、物理、经济、外语等)的学习。长此以往,社会上将充斥着具有这种内在缺陷的人,从而在无形中影响我国的经济建设和科技发展。

5. 笔者的切身体会

20世纪90年代初,我第一次访问英国。在与牛津大学一位法学教授的谈话过程中,他突然说:"Your English is so wonderful. You must have lived in

England for more than 20 years."其实,在那次访问之前,我在英国一天都没待过,也没到过其他英语国家,这位教授对此大为惊讶。我是在一所农村中学读初一(1953年)时开始学英语的,当时课时很少,每周仅2节,点缀而已,而且只学了一年就停了。尽管我"起跑"较晚,但依然能学到让英国知识阶层认可的程度。当然,这位教授的赞语或许有夸张或奉承的成分,自己切不可因此洋洋自得。

那么,我的英语是否超过母语的水平呢? 否。在演讲、朗诵、写作、翻译等涉及语言文字的运用方面,我的英语水平始终在汉语水平之下。当然,对两种语言水平的具体鉴定很难,但自我感觉却是非常明显的。我用英语演讲总要充分准备,而用汉语演讲却敢"信口开河";用英语写作构思谨慎,成篇缓慢,而用汉语写作却相对通畅,成篇较快。我用英语发表的论文总数仅是用汉语发表的论文总数的十分之一。做起翻译来,汉译英总是疑虑重重,反复推敲,而英译汉却相对果断,落笔大胆。

我的英语习得如何受制于自己的母语能力,是隐性的、不知不觉的,然而,我的英语学习得益于自己的母语能力,却是显性的、有意识的。记得当年学英语语法时,自己往往对英语结构与汉语结构进行比较,自发地学会了对比学习法。我在用英语朗诵或演讲时,都按照自己掌握的关于汉语的节奏、重音、停顿、语调等技巧进行处理,结果屡屡获得英美听众的赞赏;在用英语写文章时,也往往用母语思维进行布局谋篇。我的英语语音、语调技巧的提高也得益于自己早年学习普通话的经验。

我深深地感到,要学好外语,确实要先学好母语,而"起跑"时间并不是决定性因素。我的切身体会也许从一个侧面证明了《天花板》一文观点的正确性。当然,语言习得是一个十分复杂的问题,涉及的因素很多,个人差异也很大,"疑义相与析",潘教授的文章可引发更深入的思考和探析。

参考文献

潘文国,2013. 母语能力是外语学习的天花板[M]//潘文国,陈勤建. 中文研究与国际传播(第2辑). 上海:华东师范大学出版社.

CARROLL J B, 1956. Language, thought and reality:selected writings of Benjamin Lee Whorf [M]. Cambridge: The MIT Press.

ELLIS R, 1994. The study of second language acquisition [M]. Oxford: Oxford University Press.

HUMBOLDT W V, 1997. On the national character of language[C]// HARDEN T, FARRELLY D. Essay on language. Frankfurt am Main: Lang.

KRASHEN S，1976. Formal and informal linguistic environments in language acquisition and language learning ［J］. TESOL，10(2)：157-168.

SAPIR E，1929. The status of linguistics as a science［J］. Language，5(4)：207-214.

作者通信地址：200135 上海海事大学；zuobiao212@163.com

构式本位刍议

——学习潘文国教授"字本位"的感悟

牛保义

摘　要："构式本位"源于笔者学习潘文国教授"字本位"理论的感悟。本文主要回答两个问题:构式何以为本位? 什么是构式本位? 我们初步认为,从构式本体来说构式有资格充当语法研究的本位,符合学界所说的"本位"的条件;构式本位是以使用、形义一体为本位,是立足汉语、以社会认知为基础、注重形义象征关系的本位。

关键词:字本位;构式本位;汉语语法

0. 引言

近日再次拜读潘文国教授的《字本位与汉语研究》,感悟颇多,择其要者,以贺潘先生八十华诞! 一是令人震撼的庞大气场,包括强盛的锐气和厚实的底气。"锐气"是指,巨著折射出潘先生犀利的学术眼光、具有大家风范的学术霸气、敢违"常识"创"禁区"的学术勇气。"底气"是指,巨著旁征博引,足见先生通古今晓中外之学术功底;巨著寻"源头"找"活水",取精用宏,足见先生务实求真之治学风格;巨著言之凿凿,气势磅礴,足见先生立足汉语本土之学术自信。二是令人折服的自主创新精神。"字本位"理论的提出,充分体现了潘先生摆脱印欧语束缚,努力挖掘汉语语言研究优秀遗产,弘扬汉语语法研究优质传统和精华,融通古今、互鉴中外的科学创新精神。

感悟潘先生提出的"字本位"理论,我们联想到汉语语法研究历史中马建忠《马氏文通》体现的词类本位、黎锦熙《新著国语文法》首倡的句本位、朱德熙《语法答问》提出的词组本位、邢福义《汉语语法学》建立的"小句中枢说",还有马庆株(1998)提出的"复本位",等等。这些本位理论和中枢说"对汉语语法特点这一问题,确实进行了比较深入的理论思考"(周国光,2003:32),"是要给语法研究寻找到一个稳固的立足点和视野广阔、对语法现象看得真切细致的观察站"(李宇明,1997:20)。我们的体会是:

（1）这些本位理论是不同历史时期不同的语言学理论（拉丁语语法理论、J. C. 纳斯菲尔德的英语语法和结构主义理论等）与汉语语法研究实际相结合的产物；

（2）这些本位理论从一个侧面反映我国的汉语语法研究，经历了一个从"模仿"到"摆脱"再到"互鉴—继承—创新"的不断探索、不断克服不足、不断进取的辉煌历程；

（3）这些本位理论旨在走出一条坚持汉语立场，注重汉语特质，从汉语语法基本单位出发构建具有普适性的系统完整的汉语语法体系的创新路径；

（4）这些本位理论的创建对于当下落实国家"打造中国特色的汉语语言学学科体系、学术体系、话语体系"的号召，既是绚丽多姿的理论宝藏，又是价值连城的精神财富。

感悟潘先生提出的"字本位"理论，我们还注意到：除了不同的本位理论之间的相互质疑外，学界对种种本位理论也有不同的声音。比如，邵敬敏（1998）认为每种本位说虽然都有一定的道理，但往往过分夸大该语言单位或语言层面的作用，割裂了同其他语言单位或语言层面的联系，削弱了对别的语言单位或语言层面的研究，因此主张"无本位"论。金立鑫、白水振（2003）认为，《新著国语文法》没有将对句子成分分析的方法用到短语、词等其他单位上去，没有将句本位理论方法贯穿到语法的各个平面，等等。胡裕树（1994）认为，汉语词组和句子不在一个层面上，把句法分析等同于句子的分析，这在理论上、逻辑上都是有问题的。陆俭明、郭锐（1998：16）指出，"字本位"理论没有对该理论的核心概念"字"做出严格而明确的定义，缺乏操作性。可见，就像不同的本位理论之间的相互质疑催生了新的本位理论一样，学界指出，种种本位理论的不足是促进汉语语法研究健康发展、不断创新的标志和动力。

基于以上认识和思考，不揣冒昧，我们尝试将认知语言学的构式语法理论与汉语语法研究相结合，提出"构式本位"的一些想法。囿于篇幅，本文主要谈两个问题：构式何以为本位？什么是构式本位？

1. 构式何以为本位

"本位"源自金融学术语"金本位"，指货币制度的基础或货币价值的计算标准。语法学界借用"本位"这一术语，主要是想说明一种语法学理论、一种语法体系是以什么为基点建立起来的。（周国光，2003：32）"本位"是指最重要、最根本的语法单位，语法研究的"基本粒子"（潘文国，2002：56），可以作为语法研究的出发点、基点、操作平台、参照物、观察角度的基本单位。（徐通锵，1997；周国光，2003；李宇明，1997；萧国政，1995）

再来看"构式"(construction),古德伯格(Goldberg,1995,2006)、菲尔莫尔等人(Fillmore et al.,1988)和莱考夫(Lakoff,1987)主张将其定义为"形式和意义或功能的配对(form-meaning/function pairing)"。这一主张提出之后被国际语言学界(尤其是认知语言学领域)普遍接受。构式为什么可以作为本位呢? 我们的回答是:"构式"这一概念具有比较坚实的语言学理论基础;构式有资格作为语法研究的基本单位;构式满足"本位"的基本条件;构式作为本位有助于深化对汉语和汉语语法个性和共性的认识,有助于汉语语法理论体系的构建。

1.1 "构式"是认知语言学研究取得的比较成熟的理论成果

从菲尔莫尔、凯和奥康纳(Fillmore,Kay & O'Connor,1988)对英语习语 let alone 的个案研究首次将语法构式(grammatical construction)引入认知语言学,到古德伯格(1995,2006)的构式语法将构式明确定义为形式–意义/功能配对,兰格克(Langacker)的认知语法、莱考夫的概念隐喻理论、塔尔米(Talmy)的认知语义学和福康涅(Fauconnier)的概念整合理论等主要认知语言学视角都使用了"构式"或"语法构式"这一概念,而且还出现了激进构式语法、体验构式语法、流变构式语法、应用构式语法等十多种构式语法理论,牛保义、李香玲和申少帅(2020)的研究充分说明"构式"不仅被构式语法理论所推崇,而且得到了认知语言学领域的普遍认可。在国内,构式语法理论引入汉语语法研究之后,受到了汉语语法学者们的普遍关注,苏丹洁、陆俭明(2010)提出了"构式–语块分析法",施春宏(2016)提出了构建"互动构式语法"的理论框架,说明"构式"既适用于英语,也可以用于汉语语法研究,具有跨语言的解释力。因此,构式语法理论广为接受、日渐成熟,为选择"构式"作为语言研究的本位奠定了坚实的语言学理论基础。还有一点需要说明的是:我们选择"构式本位"借鉴了汉语训诂学提出的音形义互求的思想和观点(见2.2)。

1.2 "构式"有资格被选择为本位

"构式"有什么资格可以作为语法研究的本位呢?

(1)构式是形式和意义的配对。构式的形式包括音位结构、语法形式,以及手势等;意义包括语义功能、语用功能等。构式是一个格式塔(完型),其形式和意义之间为象征关系(symbolic relation)。不管使用何种语言,语言交际活动中所使用的所有表达形式都应该是形义格式塔,不可能只有形没有义,也不可能只有义没有形。因此,"构式"是最重要、最根本的交际单位(unit)。

(2)构式包括简单构式和复杂构式。语言交际活动中使用的字、词是比较简单的构式,短语、句子是比较复杂的构式。复杂构式是由简单构式组装起来的。

因此,以这样的构式为基点或出发点的语言研究可以关照不同层面的语言表达形式;在这样的操作平台上可以整体透视语言交际活动中使用的各种表达形式。

（3）构式包括规则构式和习语构式。规则构式是指日常语言交际活动中频繁使用的、合语法的表达单位,如吃饭、刷墙,等等。习语构式是指语言交际活动中使用的、规约性的、超语法的、语义上"似乎说不太通的"表达单位,如吃低保、刷存在感,等等。以这样的构式为出发点或观察站,不仅可以发现语言交际活动中使用的表达单位的合语法性（well-formedness）并非"铁板一块",还可以比较全面系统地了解言语交际活动涉及的交际者、交际语境、社会文化背景等外部因素。

（4）构式是本族人语言交际活动中惯常使用的（不是字典、辞书里列出的）规约性的表达单位,可以是词构式（去!）、短语构式（可想而知）,也可以是句子构式（他昨天去了北京。）。因此,以构式为本位能够对语素、词、短语、句子等各级语法单位做出充分的、合理的分析和解释。

以上四个构式自身的本体特征说明其完全有资格作为语言分析和研究的基本单位。

1.3　构式满足作为"本位"的条件

根据李宇明（1997:20-21）对语法本位所开列的条件和金立鑫、白水振（2003:20）对"本位"特点的刻画,作为语言研究基本单位的"本位"应当具备以下条件:

A. 结构稳定,容易识别。

B. 语法因素齐全,能够涵盖语音、词法、句法、语义、语用、语气等因素。

C. 能够连接起各级语法单位,是各级语法单位的联络中心或交会点。

D. 具有控他性,对其他语法单位有控制和约束力。

E. 通过对这种语法单位的研究能够发现其他单位上不易发现或不能发现的问题,其内部结构规则能够映射在该语言的各个平面上。

对照以上五个条件,我们在交际活动中使用的构式不仅都有高度固化的（entrenched）形式和意义,而且都是我们头脑里储存的语言知识的一部分,所以都是比较容易识别的。比如,"他昨天去了北京"可以毫不费力地识别为由5个词构式（他、昨天、去、了、北京）组成的句子构式。因此,构式符合本位条件A。

从以上我们对构式作为本位的资格的分析不难看出,像上面提到的最简单的词构式"去!"既包含语音、词汇、语义因素,还包含"言者让听者实施某一动作"这样的语用和语气因素。因此,构式涵盖全部的语法因素,符合本位条件B。

至于本位条件C,不管是语素、字、词汇、短语还是句子都可以汇集到"形义配对"这一基本点上;反过来,以"形义配对"为观察站,可以观察到语素、字、词汇、短语或句子,能够连接起各个层级的语法单位。

此外,构式符合本位条件D"控他性":一方面,因为不同层级的实例构式(instantiation construction)都是以图式性构式(schematic construction)为模板(template)创生出来的,如句子构式"他去北京"是以SVO为模板创生的,所以后者对前者有管控作用;另一方面,复杂构式是由简单构式组织起来的,如"他去了北京"可以看作是由四个词构式他、去、了、北京组装起来的句子构式,这一句子构式将词构式"他"限制为名词性的、能够施行"去"动作的实体,所以不能说"桌子去了北京",尽管"桌子"也是名词性构式。

最后,构式是形义配对体,以构式为本位可以观察到单从形式(或语法)层面或单从语义、语用层面观察不到或不能解释的问题。比如,一锅饭吃了十个人。单从形式或意义上,很难发现"一锅饭"和"十个人"是被容纳量和容纳量的关系,也无法解释"一锅饭"和"吃"是如何搭配的。陆俭明先生(2004)将其看作表示"容纳性的数量结构对应句式(即构式,本文作者注)",其构式义为"被容纳量—容纳方式—容纳量"。

总之,"构式"作为语言研究的基本单位,完全满足"本位"的五个条件。

1.4 吻合汉语和汉语语法的特点

陆俭明(1993:2)指出,纵观90多年的语法学史,每一位语法学家的成就,每一个语法论著的价值,都跟他们对汉语语法特点的探索相联系,每一次有关汉语语法问题的大的争论也都与人们对汉语语法特点的不同认识相关,而每一种有关汉语语法特点的新观点、新理论也都是为解决与汉语语法特点有关的问题而提出来的,因此要使我们的现代汉语语法研究有新的理论突破并不断引向深入,不能不探讨汉语语法特点。就我们所知,语法学家们对汉语和汉语语法特点的认识主要有:

(1)英语是黏着语;汉语是孤立语。汉语是重意合的语言。(王力,1957)

(2)英语是表音文字;汉语是表意文字。汉语是以语义为主的语言。(潘文国,2002:24)

(3)汉语缺少严格意义上的形态。(吕叔湘,1979)同印欧语相比,汉语没有形态。

(4)汉语词类不存在跟句法成分之间简单的一一对应的关系;汉语词组的构造原则跟句子的构造原则基本上是一致的。(朱德熙,1985:4)

(5)现代汉语单纯词之间的界限十分清楚,合成词之间的界限不十分清楚;短语的界限比较清楚,句子之间的界限不清楚。(金立鑫,白水振,2003:16)

(6)与大多数SVO型语言相比,现代汉语的关系从句在名词中心语之前,介词短语大多数情况下在动词前面,前置词和后置词同时使用,前置词可以省略,

连词通常成对使用,前连词可以省略,比较基准处在谓语前面。(金立鑫,白水振,2003:16)

综观汉语本位理论研究的历史,以上学者们发现的这些汉语和汉语语法特点,对汉语本位理论中"本位"的选择具有重大的参考价值,有力地推动着汉语本位理论研究的创新发展。参照以上发现,汉语句子与短语的界限不够清楚,单纯词和合成词的界限也不十分清晰;甚至英语语法学者也认为句子是一个不确定的单位,无法确定一个句子从哪里开始到哪里结束,特别是在口语中。(Quirk,Greenbaum,Leech,et al.,1985:47)这些"不清楚""不确定"似乎是悖论,一方面会给单独选择词汇或句子作为本位造成极大的困难,另一方面却给我们选择"构式"作为本位提供了支撑,因为语素、词、短语、句子等不同层面的单位都可以看作形义配对体即构式。

此外,学者们对汉语语法特点的发掘主要是为了突出汉语与其他语言的差异,而对汉语与其他语言的共性则说得不多。如果采用比较中性的说法,我们尝试将汉语和汉语语法的特点表述为:汉语重意合,但也存在形合;汉语缺乏印欧语形态,但也有自己的形态;汉语的句子既有固定的一面,又有灵活的一面;(吕叔湘,1986:1)汉语介词短语多在动词前,但也可在动词后。简言之,汉语既有鲜明的个性,也有和英语等其他语言的共性,这样选择基于英语的构式语法理论提出的"构式"作为汉语语法研究的基本单位就可以说是言之成理了。

2. 什么是构式本位

上节谈了构式何以为本位,本节谈何为构式本位。"本位研究"是以语法中的某一单位作为研究的基础或出发点,通过对本位单位的研究来解释其他各级语法单位。其他各级语法单位的解释都建立在对本位单位研究的理论基础上。那么,什么是构式本位研究呢? 我们初步认为,构式本位是以"使用"为本位的:以形义一体为本位;以"认知"为基础的本位;注重语言知识可视化研究的本位;立足汉语,面向国家社会发展和经济建设需求的本位。

2.1 构式本位是以"使用"为本位的

构式本位的"使用"是指本族人语言交际活动中口中所说、笔下所写的自然鲜活的形义配对单位。以使用为本位就是说,我们的语言学研究要建立在对本族人规约性使用的表达形式上,而不是像"你回家以前,现在她正在休息"这样的为了说明某个问题而生编硬造出来的例子。现在大数据时代大型、超大型语料库令使用本位的构式研究成为可能。有学者说得好:现在比以往任何时候都能更容易地获得丰富的语言资源。借助集群计算机强大的计算能力并选择适

当的统计模型,就有可能从海量语言数据中挖掘出更符合语言真实使用情况的规律知识。(詹卫东,2013)

以使用为本位的语言分析涉及词、句子等语言的各个层面,所以构式本位包括语素构式本位、词构式本位、短语构式本位和句子构式本位这些次本位。从构式本位到语素构式次本位、词构式次本位等构成一个立体的构式本位系统。构式本位的研究能够对这些次本位做出统一的解释,为次本位研究提供系统的理论支持。

需要说明的是,以使用为本位"不但要考虑语言结构本身,还要将语言结构、信息结构和交际场景、认知基础结合起来进行考察"(施春宏,2017)。

2.2 构式本位是"形义一体"本位

"形义一体"是构式本位研究的一种格式塔(完型)视角,即将语言研究的基本单位看作本族人在日常交际活动中经常使用的一个个形义结合的整体。构式本位的"形"包括构式的语音形式、书写形式(form)、句法结构(structure)形式等。构式本位的"义"包括构式的语义特征和语用功能。这个"义"不同于传统语法研究基于真值条件的语义,而是与交际者感知、识解客观世界的认知方式和语言的信息结构等相关的"义"。构式本位的"格式塔视角"是把本族人使用的简单或复杂的构式统统看作不可分离的形义结合体。形义一体是构式本位的核心思想之一。(牛保义,2015)

形义一体本位的研究坚持"形义象征关系原则",即一定的语言表达形式象征着一定的意义;形式上的不同对应的是意义上的差别。(Langacker,1987)比如,"他跳在马背上"和"他在马背上跳","慢点走"和"走慢点","向北京飞"和"飞向北京",等等。

形义一体本位的研究坚持"生成整体论[①]"思想和分形理论[②],将构式与组成部分的关系、构式与构式之间的关系分析为大整体与小整体关系。换句话说,在构式本位里,只有整体,没有部分,因为构式和组成成分、大构式和小构式、具体构式和抽象构式、原型构式和边缘构式,都是形义配对整体。以汉语把字构

[①] 生成整体论认为,整体是动态的和有生命的,整体与部分不是组成关系,不存在整体是部分或各相关元素集合的关系。整体从生之时就是整体,生成的整个过程是整体行为,部分是整体生成的,整体通过信息反馈、复制与转换生长出部分,因而部分是整体的分形。(李曙华,2006)

[②] 数学家芒德布罗(Benoît B. Mandelbrot)在其创立的分形几何学(fractal geometry)里提出了"分形"(fractal)概念和分形理论。一个部分以某种形式同其整体象似的那个部分叫作"分形"。(Falconer,2003)通俗地说,一个"部分"以某种形式,如其形态、状况、行为、特征、功能和(或)所携带的信息等同其"整体"相似的那个部分即"分形"。 比如,一个句子的组成部分在"形义配对"方面与句子象似,"形义配对"这一特征可以视为一种"分形"。

式"她把衣服洗干净了"为例。整句话是一个形义配对整体;其组成部分"她""把""衣服""洗干净"和"了"都是形义配对整体。"她""把""衣服""洗干净"和"了"依次分析为把字构式的施事NP、把字构式介引受事的介词、把字构式的受事NP、把字构式的VP和把字构式表完成的助词。整句话可以看作"NP$_{施事}$+把+NP$_{受事}$+VP+了"图式构式的一个实例。

此外,构式本位的形义一体视角是对汉语语法研究优秀传统的继承和发展。清人段玉裁在《王怀祖广雅注序》中就曾指出:"小学,有形、有音、有义。三者互相求,举一可得其二。有古形、有今形、有古音、有今音,有古义、有今义。六者互相求,举一可得其五。……圣人之制字,有义而后有音,有音而后有形。学者之考字,因形以得其音,因音以得其义。"这里提出的"古今音形义互相可求"的思想、"义–音–形"的语言创造规律和"形–音–义"的语言研究路径是值得构式本位的形义一体视角借鉴的。但是,小学由"音、形"求得的"义"是指客观世界的人、物、事,构式本位的"形式"象征的"意义"是指对客观世界感知、识解(construe)所得到的人、物、事。

2.3 构式本位以"认知"为基础

构式本位以"认知"为基础,不同于说"认知"是语法的基础,语法+认知=生成语法研究,也不同于说"认知"是语义的基础,语义+认知=认知语义研究,而是说"认知"是形义象征关系的基础,因为 $\dfrac{语法/语义}{认知}$ = 构式本位研究。

比如,汉语介词大多是由动词演化而来的。在以认知为基础的构式本位研究看来,一是动词经常出现在句中次要动词的位置,二是这些动词的语义常常表示工具、地点、处所、目的、原因等,三是时间的一维性。(石毓智,2015)这三方面,前两个讲的是语法和语义,出现在"次要动词位置"象征着表示"原因、方式"等义(如上例中斜杠所示),"时间一维性"是这一象征关系得以实现和建立的认知基础。

以认知为基础的构式本位研究:(1)将构式表达的意义看作语言使用者对相关事态认知体验的结果,是语言使用者运用头脑里的语言知识对相关事态的认知识解(construal)或概念化(conceptualization)。比如,汉语"爱管不管""爱给不给"表达的语义是言者运用头脑里的语言知识"爱什么不什么"对相关事态的概念化。(牛保义,2021)(2)构式语法组织和语义概念化不仅是一般的认知能力,而且还是一般的社会认知能力。比如,汉语"有书、有奖、有毒"和"有学问、有能力、有水平"相比,同为"有+名词"组成的动宾结构,表示"拥有、存在"义,与"拥有者居前,拥有物居后"的一般认知规律吻合。(Langacker,1993)但是,"有学问"等不仅表示"拥有、存在",还含有"高于社会平均值"之义(石毓智,2015),表示"学问高于社会平均值"或"学问大"。可见,这一意义的识解是一般认知能力+普通社会认知能力使然。(3)构式的形义象征关系的实现与中国文化"天人合一"的思维模式有关。申小龙的《中国句型文化》指出,中国人"天人合一"的思维模式"必然地使中国人对世界的认识和把握带有综合性、宽泛性、灵活性、不确定性等特点,反映在语言和语言分析上就是注重言和意的统一,以神统形"。(1988:483)比如,"汉语句子的生动之源就在于流块顿进之中显节律,于循序流行之中显事理。流块的顿进将音乐性与顺序性有机地结合起来,由'音句'进入'义句',随事态变化的自然过程,'流'出千姿百态的句子来。……可见音句与义句相辅相成,互为条件,才能达到交际的目的"(1988:478)。

2.4　构式本位注重语言知识的可视化研究

"语言知识"是指储存在人们大脑里的有关语言使用的心智经验(mental experience)和规约性的形义配对清单(inventory)。这些知识的心智性、主体性导致现行的构式语法研究成果受到语料库语言学、神经语言学和认知心理学的一些质疑和挑战。面对质疑和挑战,为了克服"过于依赖内省""心理现实性缺乏实验支撑"等方面的不足,构式本位研究主张采用专业计量图谱工具VOSviewer 和语料库语言学的构式搭配分析法(collostructional analysis)等,对我们大脑里的语言知识进行可视化研究,将抽象的语言知识显现在清晰可见的图谱中,用科学的统计数据为内省思辨提供有力的支撑,使我们通过图谱和数据"目睹"语言使用者大脑里的语言知识,从海量语言数据中挖掘出更符合构式真实使用情况的规律知识。比如,运用构式搭配分析法,我们发现偏好出现在英语 try to V 和 try V-ing 构式里 V 槽的动词大都是表示日常行为活动的动词,如偏好出现在 try to V 构式 V 槽的 get、find、stop、see 和 do 等,偏好出现在 try V-ing 构式 V 槽的 use、ask、tell、go 和 call 等。这一统计数据为我们假设"V 槽动词与 try to V 和 try V-ing 构式的搭配是语言使用者凭借语言知识所做出的预判和推断"提供了有力的数据支撑。

2.5　构式本位研究坚持立足汉语,服务国家社会发展和经济建设需求

构式本位研究旨在用朴素的眼光看待汉语,构建具有汉语特色的新的构式语法理论体系。一方面,汉语是汉族人民根据一套约定俗成的象征意象所采用的交际系统。(陈平,2006)构式本位研究要立足汉语,尊重汉语语言事实;继承和发扬传统汉语语法研究的优秀成果,据"汉"释"汉",用中国文化、中国人的思维模式挖掘汉语的流水句、对言格式等富有汉语特色的语言现象背后蕴藏的个性和共性。另一方面,构式本位研究力争突破现行构式语法研究的局限(邓云

华,石毓智,2007),重点关注哪些现行的构式语法理论不能解决或解决得不够好的语言现象。我们主张"语义既是认知的,又是社会的",尝试将构式的语义概念化视为大脑认知加工处理和相关社会因素的融合、互动,聚焦社会因素给构式语义概念化植入的社会力、文化力、语用力和情境力等,发现构式语义概念化的基本规律和特征,搭建基于社会认知视角的构式语法理论体系。再者,构式本位研究采用多学科知识融合视角为国家的数字经济建设、信息化发展和网络化建设提供服务。

3. 结语

关于语法研究的最终目的,吕叔湘在《汉语语法分析问题》中指出,怎样用有限的格式去说明繁简多方、变化无尽的语句,这应该是语法分析的最终目的,也应该是对于学习的人更为有用的工作。朱德熙在《语法答问》中认为:"语法研究的最终目的就是弄清楚语法形式和语法意义之间的对应关系。……讲形式的时候能够得到语义方面的验证,讲意义的时候能够得到形式方面的验证。"张斌、胡裕树在《句子分析漫谈》中主张,句子分析的终点是确定句型,但确定句型并不等于完成了析句的全部任务。句子里复杂的语义关系须通过进一步的句法分析加以阐明。本文所说的构式本位的语法研究的目标不仅涉及句法、语义、语用三个平面,而且还考虑第四个平面的存在,即"认知平面"。从这个意义上讲,汉语语法研究的最终目标应该是揭示"语义的决定性、句法的强制性、语用的适切性以及认知的解释性"。我们期待未来的构式本位研究能够为实现这一目标做出一些努力。

参考文献

陈平,2006.引进·结合·创新:关于国外语言学与中国语言学研究关系的几点思考[J].当代语言学(2):165-173,190.

邓云华,石毓智,2007.论构式语法理论的进步与局限[J].外语教学与研究(5):323-330,400.

胡裕树,1994.汉语语法研究的回顾与展望[J].复旦学报(3):57-65.

金立鑫,白水振,2003.现代汉语语法特点和汉语语法研究的本位观[J].汉语学习(5):15-21.

李曙华,2006.当地科学的规范转换:从还原论到生成整体论[J].哲学研究(11):89-94.

李宇明,1997.汉语语法"本位"论评[J].世界汉语教学(1):16-23.

陆俭明,1993.八十年代中国语法研究[M].北京:商务印书馆.

陆俭明,2004."句式语法"理论与汉语研究[J].中国语文(5):412-416,479.

陆俭明,郭锐,1998.汉语语法研究所面临的挑战[J].世界汉语教学(4):3-21.

吕叔湘,1979.汉语语法分析问题[M].北京:商务印书馆.

吕叔湘,1986.汉语句法的灵活性[J].中国语文(1):1-9.

马庆株,1998.结构、语义、表达研究琐议[J].中国语文(3):173-180.

牛保义,2015.坚持形义一体,不能重义轻形[J].中国外语(1):35-41.

牛保义,2021."爱 V 不 V"构式的紧缩与语义概念化研究[J].外语教学(1):
59-65.

牛保义,李香玲,申少帅,2020.构式语法研究[M].北京:外语教学与研究出
版社.

潘文国,2002.字本位与汉语研究[M].上海:华东师范大学出版社.

邵敬敏,1998.八十到九十年代的现代汉语语法研究[J].世界汉语教学(4):
22-27.

申小龙,1988.中国句型文化[M].长春:东北师范大学出版社.

施春宏,2016.互动构式语法的基本理念及其研究路径[J].当代修辞学(2):
12-29.

施春宏,2017.构式语法的理论路径和应用空间[J].汉语学报(1):2-13,95.

石毓智,2015.汉语语法演化史[M].南昌:江西教育出版社.

苏丹洁,陆俭明,2010."构式-语块"句法分析法和教学法[J].世界汉语教学(4):
557-567.

王力,1957.汉语语法纲要[M].上海:上海新知识出版社.

萧国政,1995."句本位""词组本位"和"小句中枢"[J].世界汉语教学(4):5-13.

徐通锵,1997.语言论[M].长春:东北师范大学出版社.

詹卫东,2013.大数据时代的汉语语言学研究[J].汉语学习(5):70-77.

张斌,胡裕树,1983.句子分析漫谈[J].中国语文(3):161-167.

周国光,2003.汉语语法本位学说论析[J].暨南大学华文学院学报(1):32-44.

朱德熙,1985.语法答问[M].北京:商务印书馆.

FALCONER K, 2003. Fractal geometry[M]. West Sussex: John Wiley and Sons
Ltd.

FILLMORE C, KAY P, O'CONNOR M, 1988. Regularity and idiomaticity in
grammatical constructions: the case of let alone[J]. Language, 64: 501-538.

GOLDBERG A, 1995. A construction grammar approach to argument structure
[M]. Chicago: The University of Chicago Press.

GOLDBERG A, 2006. Constructions at work: the nature of generalization in language[M]. Oxford：Oxford University Press.

LAKOFF G，1987. Women，fire and dangerous things：what categories reveal about the mind[M]. Chicago：Chicago University Press.

LANGACKER R W，1987. Foundations of cognitive grammar，theoretical prerequisites[M]. Stanford：Stanford University Press.

LANGACKER R W，1993. Reference-point constructions[J]. Cognitive linguistics，4：1-38.

QUIRK R，GREENBAUM S，LEECH G，et al.，1985. A comprehensive grammar of the English language[M]. London：Longman.

作者通信地址：475001 河南大学外语学院；niubaoyi@126.com

中国音韵学的切韵图与西洋音系学
(Phonology)的"最小析异对"(Minimal Pair)

鲁国尧

摘　要:中学与西学两者结合,古学与今学两者结合,是建设具有中国特色的创新型语言学的一条途径。笔者以唐宋元的切韵图和西洋音系学的"最小析异对"原理为研究对象,发掘出宋人卢宗迈的一段精辟言论,指出切韵图及后世的音节表都植根于汉语的特点,千年以前的中国学者很懂得"最小析异对"原理,并据以创造出神奇之物——切韵图,彰显先贤的这种原创精神是我侪分内之责。本文最后向中外语言学家、音系学家进一言。

关键词:中国音韵学;切韵图;卢宗迈;音系学;最小析异对

0. 述唐宋元切韵图

在中国古代,语言学叫作小学,这在语言学界是尽人皆知的事;章太炎在1906年发表《论语言文字之学》一文提议改称其为"语言文字之学",这一名称沿用至今日。在中国古代的目录书内,从《汉书·艺文志》起,语言文字学类的书就归入"小学"类,但汉志所列寥寥。至《隋书·经籍志》,其"小学"类所著录的语言文字学的书籍大增,这就需要做下位分类了。可以肯定地说,《隋书·经籍志》作者将"音韵"作为"小学"的一个下位类,请读《隋书·经籍志》:"后魏初定中原,军容号令皆以夷语,后染华俗,多不能通。故录其本言,相传教习,谓之'国语',今取以附'音韵'之末。"这"音韵"就是下位的类目,即音韵类书的意思。往后至《旧唐书·经籍志》,则有"小学,以纪字体、声韵","小学一百五部:尔雅、广雅十八家,偏旁、音韵、杂字八十六家"。清代的《四库全书》中"小学"类的下位分类很是明晰,计三类,即"训诂""字书""韵书",这相当于今人口头常道的三门学科,即"训诂""文字""音韵"。《四库全书总目提要》卷四十二"小学类三"的结语云:"韵书为小学之一类,而一类之中又自分三类:曰今韵,曰古韵,曰等韵也。"《四库全书》的分类,就是当今音韵学家通常所说的音韵学下的三个分支学科:今音学、古音学、等韵学。到了二十世纪,若干中外音韵学者管"今音学"的"今音"叫"中古音","古音学"的"古音"叫"上古音"。① 在二十世纪九十年代,由于在日本国会图书馆发现了宇内孤本南宋孝宗年间卢宗迈所辑集的《卢宗迈切韵法》,鲁国尧联系宋人沈括《梦溪笔谈》、杨中修《切韵类例》、晁公武《郡斋读书志》,金人韩道昭《五音集韵》,元无名氏《居家必用事类全集》等大量文献资料做了深入的研究后,得出结论:"唐宋夏金元只有'切韵'一名,'等韵'一名始于明代,'必也正名乎':宋元切韵学,明清等韵学。"(何兆武,2002:340)总而言之,"小学"或"语言文字学"的下位学科之一是"音韵学",而"音韵学"的下位学科之一是"等韵学",以时间先后分,则应为唐宋元切韵学(唐五代辽宋夏金元切韵学的简称)和明清等韵学。

诸多典籍证明,在唐宋夏金元时期,存在着"切韵""切韵之学""切韵法""切韵图""切韵家"这一系列专名。可以界定如下:中国唐宋元时代的研究汉语语音及其结构的学问,叫"切韵学","切韵学实际上是当时的音系学"。(何兆武,2002:344)显示汉语语音结构的图表则名之曰"切韵图"。

"切韵图"三字最早见于古代日本学者藤原佐世在日本宇多天皇宽平年间(889—898,相当于中国晚唐昭宗年间)所辑的《日本国见在书目录》,其中著录有《切韵图》一卷,当是日本遣唐使或学问僧从中国带到日本去的音韵书,其时间必早于889年。

切韵图是古代中国音韵学者智慧的结晶,创造精神的体现。切韵图的表现形式是"矩形网状语音结构图",兹举卢宗迈所辑录的《全浊字母下上声去声同呼字图》为例。

图表1:全浊字母下上声去声同呼字图

沈朕鴆瀁○	儔紂冑○	晁趙召○	廚柱住○	長丈仗著○	澄	陶道導○	團斷段奪○	壇但憚達○	屯笔鈍撗○	徒杜度○	唐蕩宕鐸○	同動洞獨○	定	琴噤犾及○	求臼舊○	權圈倦豫○	彊強弶嚝○	羣
腅濴邅○	邪地謝○	詞似寺○	邪	情靜淨籍○	矬坐座○	曹皂漕○	罪啐○	裁在在○	從	凡范梵乏○	汾憤分佛○	逢奉俸幞○	奉	盤伴畔跋○	便楩便敝○	蒲簿步○	皮被髮○	並
侯厚候○	逗下暇○	何荷賀○	豪皓號○	玄泫縣穴	匣	桓緩換曷	寒旱翰曷○	魂混圂榾	鐫受授○	韶紹邵○	鑱善繕舌	純盾順術	常上尚杓	禪	巉崭鑱磧	潺巉棧	鉏鶵助○	床

至于大型切韵图,如《韵镜》《七音略》《切韵指掌图》《四声等子》《经史正音切韵指南》等,可谓之"连续性矩形网状语音结构图"(或"连环矩形网状语音结

① 20世纪初又添了一个"北音学",不少专家建议改称为"近代音"。

构图")。这五种切韵图,尤其是《韵镜》《七音略》,坊间易得,此处不再举例。

至此我们要提出一个问题,这可是个核心问题:中国音韵学的切韵图,是根据什么原理编制的? 亦即其"立图之本"为何?

1. 说"最小析异对"

西洋语言学里有一个分支学科,叫 Phonology,它是研究语音结构的学科。关于这门学科的发生、发展的历史,我以为 R.L.特拉斯克编的《语音学和音系学词典》的叙述最为简明扼要。

Phonology"中译"的变迁曲折地反映了这一"西学"东渐到中国的过程,在中国大陆,起初借用传统的固有术语把它翻译成"音韵学",后来改译成"音位学",近年"音系学"的译法比较流行,本文从众、从新,采用"音系学"。(在我国台湾,一直使用"音韵学"这一译法,在大陆学者看来,这个用来翻译西洋术语 Phonology 的"音韵学"跟中国自魏李登《声类》以来沿用千余年的专名"音韵学"雷同,易滋混淆。我国台湾学者管我国固有的"音韵学"叫"声韵学"。)

北京大学徐通锵教授的《基础语言学教程》云:"音位研究中最重要的手续是寻找最小对立的'对儿'(pair)。"(霍凯特,1986:73)这"对儿"是西洋音系学里非常重要的术语,原文是 minimal pair,它由两个英语词组成,minimal 是最小的意思,pair 之义是对儿。作为音系学的一个术语,minimal pair 的意义是什么?下面引用西洋语言学通论教科书的话。美国学者维多利亚·弗罗姆金(Victoria Fromkin)、罗伯特·罗德曼(Robert Rodman)、尼娜·海姆斯(Nina Hyams)三人合著的 *An Introduction to Language*(《语言导论》),大概是在中国最为流行的舶来的教科书,其第四版由沈家煊等翻译成中文。[1]其第七版由北京大学出版社以"原版引进"的方式在中国大陆印行。弗罗姆金等的《语言导论》第七版中关于 minimal pair 的一段话,兹译为:"minimal pair 是除了在语言链的某同一位置上有一个音段不同外,其余音段全同,而意义迥异的两个词。例如 cab/khæb/与 cad/khæd/是只在最后音段上有歧异的 minimal pair,在上述资料中尚有 cap/cab,bag/back,bag/badge 亦然。"(鲁国尧,2003:277)该书后附的"专业术语表简释"(glossary)列的是"minimal pair(or set)"。(鲁国尧,2003:588)笔者还查了一些英文的专书和词典,它们对 minimal pair 的表述文字虽有差异,但其内涵完全相同,故不再抄录。

西洋音系学的 minimal pair 传入中国后,如何翻译成中文? 如果加以分析研讨,不无益处。

---

① 第四版的作者仅二人,即维多利亚·弗罗姆金和罗伯特·罗德曼。

在我搜集到的资料中,minimal pair有下列译法(出处紧附其后):

(1)"最小音差的一对词(音段)"——刘涌泉、赵世开《英汉语言学词汇》(中国社会科学出版社,1979年)(按:书中词条作minimal pairs)、刘涌泉主编《多语对照语言学词汇[英、法、德、俄、汉]》(北京语言学院出版社,1988年)。

(2)"最小区别的一对"——劳允栋《英汉语言学词典》(商务印书馆,2004年)。

(3)"最小对""最小区别对"——沈家煊等译《语言导论》(北京语言学院出版社,1994年)。

(4)"最小配对"——钟荣富《当代语言学概论》(台北五南图书出版股份有限公司,2006 年)。

(5)"最小对立体"——黄长著等译《语言与语言学词典》(上海辞书出版社,1981年)、王宗炎《英汉应用语言学词典》(湖南教育出版社,1988年)、陈慰主编《英汉语言学词汇》(商务印书馆,1998年)、《语音学和音系学词典》编译组译《语音学和音系学词典》(语文出版社,2000年)、管燕红译《朗文语言教学及应用语言学词典》(英英·英汉双解)(外语教学与研究出版社,2000年)、胡壮麟《语言学教程》(修订版中译本)(北京大学出版社,2002年)、赵忠德《音系学》(上海外语教育出版社,2006年)。

(6)"最小辨异对"——陈慰主编《英汉语言学词汇》。

(7)"最小对比对"——沈家煊译《现代语言学词典》(商务印书馆,2000年)。

(8)"最小对立偶"——劳允栋《英汉语言学词典》。

(9)"最小对立组"——陈慰主编《英汉语言学词汇》、《语音学和音系学词典》编译组译《语音学和音系学词典》。

三四十年前流行"解剖麻雀"的说法,如今我也来解剖一只麻雀,那就是minimal pair的汉译史。minimal pair 系何人所造,我不知道,这要请教精通西学的专家,估计其历史不会太悠久。而这一术语的汉译史则更为浅短,三十年左右吧。

minimal pair是个西洋术语,翻译成汉语自然应该像汉语术语的模样,这是起码的要求。刘涌泉、赵世开以含"的"之"最小音差的一对词(音段)"翻译,这大概是minimal pair的首次中译,不为贤者讳,比起汉语专业术语的面貌来它确实有点异样,任何一个中国人都会感觉到的。但这不足为怪,陌生事物初来乍到嘛。刘、赵二先生即于1978年4月编成了《英汉语言学词汇》,功不可没。次年正式出版,首印十万一千册(于今,这应视作天文数字)!当时语言学人的饥渴于此可见一斑,这本无法再朴素的64开小本该是文物吧。

第二阶段是对译,"最小对",自无不可。但是未惬人意。

我倾向于(5)至(8)的汉译,因为pair仅仅直译为"对",尚不足尽其意蕴,加上意译的附加词,更符合汉人重意的传统与习惯。

若要评骘这4个汉译,首先,我以为"体"不能对 pair,在英语里,pair 的意思是"对儿",不是"体"(而且,还有个"最小对立组"存在,"对"和"组"这两个词方属一类,"体"不能跟"组"配,详下)。其次,以"偶"译 pair,差可,然不若"对"。那剩下的两个汉译里,何以选择? 鄙意"最小对比对"逊于"最小辨异对",因为汉语自古以来十分讲究修辞美,有时需要重复,有时却需要避复,母语是汉语的人其语感会觉得"对比对"有点拗口吧。

不揣谫陋,我提出个新的译名,即"最小析异对"。语言是客观自在之物,那些成对的词散存于人们的话语中,作为语言学家的人去寻觅它、分析它,于是才有林林总总的语言学说出现,音系学是其一。请看霍凯特的《现代语言学教程》的第二章,搜集、考察、分析成对的词儿,何等的艰辛啊! 是人——语言学人——去"析"其"异"(这"异"既包括音之"异",也包括义之"异")的,故谓之"最小析异对"为宜。

最后再讨论一下"最小对立组",《英汉语言学词汇》和《语音学和音系学词典》二书都是将这五字列在 minimal pair 词条下,将其作为对应的汉译,其实"最小对立组"对应的不应该是 minimal pair。V.弗罗姆金等的《语言导论》第七版后附的"专业术语表简释",词条列的是"minimal pair(or set)"(鲁国尧2003:588),其解释现译如下:"除了在各词的某同一位置上的一个音位不同外,其余均同的两个词或多个词,例如 pain/pen/、bane/ben/、main/men/。"因此可以断言,minimal set 方可译为"最小对立组"(按,依我的新译,则为"最小析异组")。

专家们为什么如此重视"最小析异对(组)"? 与其由笔者缕叙,不如引用两位名家的话。霍凯特《现代语言学教程》:"在音位学的研究中,必须始终记住:语音和语音之间的区别在语言里只有一种功能,把话语区分开来。……最有效的方法是考察成对的话语,找出它们在语音上如何不同。"(汪榕培,卢晓娟,1997:15)徐通锵在《基础语言学教程》中认为:"音位研究中最重要的手续是寻找最小对立的'对儿'(pair)。"(霍凯特,1986:73)专家们对"最小析异对"的意义和作用的赞誉,竟至如此之高! 作为中国语言学者,我们不禁要提出一个问题,当然这是个非常重要的问题:是不是只有晚近的西洋语言学专家才认识到"最小析异对"原理?

2. 切韵图的"幽""微"何在

让我们来发掘一项语言学史上的珍贵遗产,那就是卢宗迈于宋孝宗淳熙丙午年(1186)为其辑集的《卢宗迈切韵法》一书所写的跋,卢宗迈说道:"世传切韵四十四图,用三十六母与《集韵》中字,随母所属,次第均布于图间。"他论及此切韵图云："每字左右上下各有一字,声声皆别,如中央之视四方,各有定位;若周天之列宿,各有分野。四十四图字字皆然。"他惊叹道:"其非通幽悟微之人,焉能造是?"这段精彩的议论犹如深藏地层下的一颗光彩夺目的钻石。

好一个"每字左右上下各有一字,声声皆别"!

中国的晚唐五代辽宋夏金元时期(约9世纪—14世纪)的切韵图很多,但是大多被湮没在历史的长河里了。就传世的文献资料可以考得,在宋代依傍韵书的切韵图至少有以下两个系列:一是《广韵》系切韵图,即基本上依据《广韵》的字列图的;另一是《集韵》系切韵图,即基本上依据《集韵》而列图的。传世的《韵镜》《七音略》属前者,《卢宗迈切韵法》所辑集的若干切韵法,依据的是后者(见上引卢宗迈跋)。

卢宗迈所依据的《集韵》系的切韵图四十四图佚失,而《广韵》系切韵图《韵镜》(四十三图)跟它原理完全相同,兹以《韵镜》为例对卢宗迈的论点加以阐释。现截取《韵镜》第三十一转的平声齿音的13个字,此13字互相对立,只要相邻,无论左右上下,就构成"最小析异对"。

图表Ⅱ:《韵镜》的最小析异对"切片"(读法:自右向左、自上而下)

○	霜	床	瘡	莊
常	商	○	昌	章
詳	相	牆	鏘	將

在这张图上,13个字,即13个音节,它们的韵母(阳韵)、声调(平声)都是相同的。它们的差异只在一点,即声母位置上的单辅音音段有异:第一横行,依次是照二/ʧ/、穿二/ʧh/、床二/ʤ/、审二/ʃ/计四母;第二横行依次为照三/tɕ/、穿三/tɕh/、床三/dʑ/、审三/ɕ/、禅/ʑ/共五母;第三横行则为精/ts/、清/tsh/、从/dz/、心/s/、邪/z/五母(○表示此位无字)。[①]在这张图上的13字,仅仅因为声母不同,所以无论向哪个方向,每两个字都构成最小析异对,即"每字左右上下各有一字,声声皆别"。《韵镜》这样的"连续性矩形网状语音结构图"(或"连环矩形网状语音结构图")就是《广韵》音系的音节表。

为了更好地理解切韵图所体现的"最小析异对"原理,我们再来观照一下现代汉语的音节表,当然也只能展示一个"切片"于下。

图表Ⅲ:现代汉语的最小析异对"切片"(读法:自左向右)

巴	拔	把	爸
趴	爬	○	怕
妈	麻	马	骂
发	罚	法	砝

---

① "照二""照三""精"等是切韵图里的"声"的具体名称,ʧ、tɕ、ts 等本是拟音,现权置于"/ /"号内。

第一行的声母是/p/,第二行是/ph/,第三行是/m/,第四行是/f/;纵列的声调依次是阴平、阳平、上声、去声。所列15个字,每行的字都跟上下行的字,有一个音段不同,即声母不同;每列的字跟左右的字在超音段上对立,即声调不同(当然每对之间彼此的意义也不同)。

上列以最小析异对原理为基石的纵横交会图只是个切片,而不论现代的音节表还是古代的切韵图都是一个大面积的,能将语言里所有音节都纳进去的矩形网状图,该是个奇迹吧!可以说,汉语是能将"最小析异对"原理体现得尽善尽美的语言,汉语是能将"最小析异对"原理发挥得淋漓尽致的语言!

令中国语言学人感到自豪的是,从晚唐五代起的中国语言学家即已经深切了解、掌握"最小析异对"原理,并运用于实践创造中,制作出神奇之物——唐宋元的切韵图、明清的等韵图和现代的通语音节表及诸方言音节表。

作为音韵学人,我经常在思索:在古代汉语里有切韵图,在现代汉语里有音节表(或声韵配合表),其体制精密,规模庞大,咄嗟之间即可制成,即可展示,那么别的语言里有类似中国音韵学的这种"图""表"吗?以中国人最熟悉的现代英语为例,打开那么多的《英语语言学》《英语语音学》《英语音系学》之类的书,竟没有发现!2004年我读弗罗姆金主编的《语言导论》第七版,读到第554页,忽有会意。弗罗姆金列了个英语音节结构表,现复制于下,以叙述我的悟解过程:

图表Ⅳ: 现代英语音节类型表

I	/aj/	V
key	/ki/	CV
ski	/ski/	CCV
spree	/spri/	CCCV
an	/æn/	VC
seek	/sik/	CVC
speak	/spik/	CCVC
scram	/scræm/	CCCVC
ant	/ænt/	VCC
pant	/pænt/	CVCC
stump	/stʌmp/	CCVCC
striped	/strajped/	CCCVCC
ants	/ænts/	VCCC
pants	/pænts/	CVCCC
sports	/spɔrts/	CCVCCC
splints	/splints/	CCCVCCC

《语言导论》第七版又说:"此表并非穷尽式的。有些音节的音节尾音(coda)可以含有四个辅音,例如 strengths/strɛnkθs/和 triumphs/strajəmpfs/。英语的辅音超过三十个,元音多于十二个,因此可能有的互异音节数是非常之多的。"(鲁国尧,2003:554)在音节结构类型如此丰富复杂的语言里,"最小析异对"自然很少。无怪乎霍凯特在他的《现代语言学教程》里,寻觅、组构"最小析异对"时,显得很是吃力;而在汉语中,却如拾草芥。模仿弗罗姆金等的模式,我们也可以列一个现代汉语的音节结构表。英语的音节没有超音段的声调,因此在列现代汉语的音节结构表时,为了好比较,就不考虑声调。因为弗罗姆金的英语音节结构表二元对立,非此即彼(非元音 V 即辅音 C),那么我们在下表里必然做如下的安排:汉语韵母里的介音一般认为其性质是半元音,但本文为与弗罗姆金类比,只得认作 V。

图表Ⅴ: 现代汉语音节结构类型表之一

啊	/a/	V
瓦袄	/ua/ /au/	VV
咬	/iau/	VVV
马	/ma/	CV
嗲歹	/tia/ /tai/	CVV
表	/biau/	CVVV
肮	/aŋ/	VC
央	/iaŋ/	VVC
邦	/paŋ/	CVC
荒	/huaŋ/	CVVC

共十个类型。而弗罗姆金等制作的表,其元音成分只有一个(英语有好几个二合元音,他们只列了一个,只算一个 V),为与之对比,我们对汉语的音节结构做如下处理,即使它有两个或三个元音,也只算作一个"元音单元",这样一来,汉语的音节结构类型仅有四个。

图表Ⅵ: 现代汉语音节结构类型表之二

啊瓦袄咬	/a/ /ua/ /au/ /iau/	**V**
马嗲歹表	/ma/ /tia/ /tai/ /biau/	C**V**
肮央	/aŋ/ /iaŋ/	**V**C
邦荒	/paŋ/ /huaŋ/	C**V**C

揣其深层原因,当为在汉语音节里,"元音单元"之前或之后的辅音音段只能是单辅音(按:塞擦音算一个辅音),而不像英语那样,可以是两个辅音或更多辅音构成的辅音丛。现代汉语的音节结构是如此简单,所以能够轻易地组成许

许多多的"最小析异对(组)",《广韵》音系的音节结构也是很简单的,自然也能组成巨量的"最小析异对(组)",诚如先贤卢宗迈所云,"每字左右上下各有一字,声声皆别","四十四图字字皆然"。唐宋元的切韵图,现代的音节表,都是连续性的大规模的矩形网状图,这可是中国古代和现代语言学家的创造啊!

之所以如此,除了汉语音节结构异常简单这一原因外,还有一个重要因素必须考虑。即汉语的词汇本是以单音节词为主,这些单音节词以一个个汉字表示。后来复音词(大多是双音词)虽然大量增加,但是它们中的绝大多数是以单音节的词素构成的合成词,其中单音节的词素仍然以一个汉字表示。纵使有"窈窕""犹豫""医巫闾""沙发""哈尔滨""歇斯底里""布尔什维克"这样的复音单纯词,但它们的每一个音节仍然用一个汉字表示,其结构类型仍然逃不出上述四种类型。而英语词汇单音节词少,"由一个自由词根组成的词就叫作'简单词'(simple word)……简单词在英语全部词汇中占少数。据统计,在名词中简单词占18%,在形容词中简单词占12%"(徐通锵,2001:15)。而双音词、多音词中由派生法、转化法、缩略法、逆生法产生的词比合成词多,再加上各种词的丰富的曲折形式,在这么多的复音词内又怎么好寻找"最小析异对"? 当今形形色色的西洋语言学通论书、音系学通论书,都论到 minimal pair,都举例,举的是英语例,但是例子却很少,技穷若此! 可是汉语呢,力有余裕。

我国魏晋时代的著名哲学家王弼云:"物无妄然,必由其理。"信哉斯言!

要说明的是,西洋专家根据自己语言的特点在分析音节时采取的是辅音、元音分析法。而中国古代和现代的语言学者依据汉语的特点则采取"声""韵""调"分析法。只要在"声""韵""调"三者之中有一差异,就构成最小析异对(组)。现代汉语如此,《广韵》音系亦如此,由于汉语音节结构的这一特色,故"最小析异对"车载斗量,随手拈来,而且还可以把这些"最小析异对"编织成庞大、明晰的网状切韵图或现代汉语音节表。它们都是充分运用了这一重大特点而制成的,如此严密,如此简洁,这是可贵的原创精神!"非通幽悟微之人,焉能造是?"

3. 解题

本文题目内有"西洋音系学"五字,此后文中总是使用"西洋"一词,达十余次之多,而不肯用当今流行的"西方",为什么? 原因是我服膺何兆武先生之说:"'西方'这个词,在过去,从19世纪一直到1949年,到我这一代做学生的时候,那时都叫作'西洋',叫'西洋史''西洋哲学',而不叫'西方哲学'。'洋'和'方'的意思似乎有一点不同。你要说'方'字,那是个地理的概念,你在西方我在东方,这是地理的概念。如果是说'西洋'的话,那是对'东洋'而言,'东洋的精神''西洋的精神',这里文化的含义更多一点,不但是个地理的概念,而且是个文化的概念。但是1949年以后一般都用'西方',不用'西洋'了。大家知道,你要说东方、西方,这两个词是eastern、western,如果带有文化内涵的话,那么东方是Oriental,西方是Occidental。"(薛凤生,1999:3)正因为Phonology不是中国语言学家所创造出来的语言学术语,而语言学归属于文化的范畴,所以笔者师何兆武先生之意,使用"西洋音系学"。拙文所论不只是在语言学的层面,而且涉及文化,另一个研究对象又是与"西洋音系学"相对的,自然宜于采用"中国音韵学"(如用"汉语音韵学",则与之相对的应是"×语音系学")。犹有进者,"中国音韵学"一词原本通用,如王力先生在1936年出版的书《中国音韵学》,只是到了1956年,改名《汉语音韵学》,罗常培先生1949年的《中国音韵学导论》至1956年改为《汉语音韵学导论》,其实《中国哲学史》《中国文学史》一类的书多着呢,几百本,它们又何尝改名? 职是之故,本文以"中国音韵学"与"西洋音系学"相对。

笔者的学术追求在将"中学""西学"二者结合,2004年读弗罗姆金等的《语言导论》第七版时,心"有会意,便欣然"命笔,写札记一则,虽杂事纷扰,然时时在念中,"学""思"未尝忘此也,复得诸友赐教,终于写成此文。早在我之前,薛凤生教授在20世纪八九十年代就发表了一系列文章,出版了几本专著,都论及西方音位学与汉语等韵学的关联问题,见识卓宏,兹抄录片段如下。其《汉语音韵史十讲》说:"像《切韵》(或《广韵》)及《中原音韵》等韵书,都采用了分调、分韵及分隔小韵等分类法,所根据的原则,也只能是音位性的对比(phonemic contrast)。"(赵忠德,2006:13)"中国古代的声韵学家,比西方学者早好几个世纪就应用音位观念了。"(赵忠德,2006:13)"等韵学是中国的理论音韵学,这是极有见地的看法。"(赵忠德,2006:24)"到了等韵时代,……其基本精神与西方晚期的音韵理论是不谋而合的。我们也可以说,西方新起的音韵理论其实在中国古代早已广泛应用了。""可惜等韵学的妙法,不为西儒所知,否则近代音韵学的发展也许会更快一些。"(赵忠德,2006:26)薛先生的高见,我完全赞成,拙文是就英语和汉语的实际,对"最小析异对"的原理与切韵图、音节表的精神实质做了深入的阐述。

有地域之分,就有地域文化之别。中国古代很重视地域文化,自4世纪初永嘉之乱后中国南北分裂近三百年,自然造成了南北文化的巨大差异,这一问题历来受到重视,兹举两则评论为例。《世说新语·文学》:"褚季野语孙安国云:'北人学问,渊综广博。'孙答曰:'南人学问,清通简要。'"《隋书·经籍志》:"大抵南人约简,得其英华;北学深芜,穷其枝叶。"近几百年来,西学东渐,也就随之产生了对西学与中学的评估问题。我以为,12世纪的卢宗迈将切韵图的体制简括为"每字左右上下各有一字,声声皆别,如中央之视四方,各有定位;若周天之列宿,各有分野",可谓要言不烦,今人薛凤生教授议论尽得精髓。而拙文胪陈英语、汉语的音节结构类型不厌其烦,敷衍铺陈似为穷其枝叶,深则敬谢不敏,芜则当仁不让。本文的形式顶有"提要"之冕、末有"参考文献"之履,这该也是西学东渐深重的结果吧。

4. 进一言

20世纪和21世纪的西方学者如布龙菲尔德、弗罗姆金等的语言学通论书中引用的语言例子多是西方语言,他们虽也引用汉语的例子,但为数甚少,至于引用中国古代和现代学者的研究成果,几乎没有。而中国学者的论著恰恰相反,反差是何等的明显!时至今日,我们应该充分发掘中国语言学的"国宝",以贡献于全人类。

笔者拟向编写《语言学概论》《音系学通论》一类书的欧美学者进言:"当你们写到'最小辨异对'的时候,建议除了举英语例子外,也以汉语为例,尤其应该以中国唐宋元时期的切韵图为例,汉语是能将'最小析异对'原理体现得尽善尽美的语言,汉语是能将'最小析异对'原理发挥得淋漓尽致的语言!千年前的中国学者早就'通幽悟微',造出了充分显示'最小析异对'的矩形网状语音结构图来。"

笔者也对编撰《语言学概论》《音系学通论》这类书的中国专家,诚恳地提出请求:"请你们自觉而热情地表彰本土的'国宝',让我们先人的、今人的辉煌成就走向国际,这是'跟国际接轨'啊。"(又如"语言接触"成了当今国内外语言学人的热门话题,其实我们的先贤早就提出了这个问题,例如6世纪的颜之推在其《颜氏家训·音辞篇》中就说过:"南染吴越,北杂夷虏。"前一句指的是他那个时代汉语的南方通语与吴方言的接触,后一句主要指的是汉语的北方通语与阿尔泰语诸语言的接触问题,语言学家,尤其是中国语言学家,讲"语言接触",就应该大力彰显先贤颜之推敏锐的观察和精辟的陈述。)

笔者的坚定信念是:中学与西学两者结合,古学与今学两者结合,是建设具有中国特色的创新型语言学的一条途径。

参考文献

何兆武,2002.西方哲学精神[M].北京:清华大学出版社.

霍凯特,1986.现代语言学教程[M].北京:北京大学出版社.

鲁国尧,2003.鲁国尧语言学论文集[C].南京:江苏教育出版社.

徐通锵,2001.基础语言学教程[M].北京:北京大学出版社.

汪榕培,卢晓娟,1997.英语词汇学教程[M].上海:上海外语教育出版社.

薛凤生,1999.汉语音韵史十讲[M].北京:华语教学出版社.

赵忠德,2006.音系学[M].上海:上海外语教育出版社.

FROMKIN V A,RODMAN R,HYAMS N,2004. An introduction to language[M]. 7th ed. Beijing:Peking University Press.

作者通信地址:211102 南京大学文学系;luguoyao928@126.com

从对应/对等概念的深化看语言对比与翻译
研究的相互关系和发展趋势

王菊泉

摘　要:对应/对等是传统语言对比与翻译研究中的一个核心概念。但是,研究表明,既不存在严格意义上的对应可以作为对比研究的出发点,翻译研究中也不存在目标语文本和原语文本的严格意义的"对等"。比较而言,相似性更适合作为对比研究和翻译研究共同的核心概念。把相似性作为研究的出发点,而把最大限度的对等/对应作为研究追求的目标,正在成为对比研究和翻译研究的一种发展大势。

关键词:对应/对等;相似性;翻译对等;对比词语学

0. 引言

对应/对等是语言对比与翻译研究中的一个核心概念。本文主要基于切斯特曼(1998)的观点,并联系西方语言对比和翻译研究的实际,探讨这一概念如何随着语言对比和翻译研究的深入而逐步深化,而概念的深化又如何反映出两门学科的密切关系和发展趋势。

1. 传统语言对比与翻译研究中的对应/对等概念

1.1　传统对比研究中的对应

对应是传统对比研究中的一个核心概念。对应理论认为,只有对应的项目才是可比的;根据对应的概念,可以建立起各种对比基础(tertia comparationis,TC)并确定其性质,对应和对比基础是同一枚硬币的两面。(Krzeszowski,1990:21)但自早期的对比研究开始直至今日,在对待对应问题上,又大致可以分为把翻译对应作为TC和把多种对应作为TC两种观点。

1.1.1　翻译对应作为对比基础

在早期的对比研究中,翻译对应(translational equivalence)常常用作一种可比性的标准(Krzeszowski,1990:147),也就是用作对比基础。以英汉对比为例,这一概念的通俗表达就是,"一句中国话,翻成英语怎么说;一句英语,中国话里如何表达,这又是一种比较"(吕叔湘,1982:上卷初版例言)。在过去的外语教学中,常用的翻译法在本质上也就是把翻译对应作为对比基础的。

翻译对应的预设是译文和原文最起码在一定程度上是语义对应的。但是,翻译的句子由于语法、风格和语用等多方面的原因,彼此之间往往很难在语义上做到对应。(Krzeszowski,1990:6,17)而且,撇开译者因素不谈,翻译涉及的因素很多很复杂,一句话翻译成另外一种语言往往可以有多种译法。所以,如果笼统地把翻译对应作为一种对比基础来进行两种语言的系统的对比研究,其作用就十分有限,处理不好还会产生误导作用。

1.1.2　多种对应作为对比基础

鉴于上述情况,后来的语言对比反对笼统地把翻译对应作为TC来进行两种语言的系统的对比研究,而倾向于把翻译对应进行分类。但由于翻译对应的复杂性,在如何把翻译对应进行分类,或者是否把翻译对应作为TC的一种基本类别的问题上,研究者的观点又不尽一致。下面略举几位论者的观点,以见一斑。

詹姆斯(James,2005:175)提出,在一定的上下文中,两个句子的"命题意义"(propositional meaning)或"概念意义"(ideational meaning)可能相同,但它们的"人际意义"(interpersonal meaning)和"语篇意义"(textual meaning)不一定相同。为此,他主张把语义和语用同时对应的语言单位视为翻译对应,不管它们在表面形式上差别有多大。他认为,这种翻译对应"是对比分析最好的对比基础"。

克里斯托夫斯基(Krzeszowski)主张把翻译对应作为TC的基础类型之一。他的总体设想是要把对比分析、语料和TC的分类联系起来,而其中把各种对比分析与各类TC联系起来的便是对应的概念。他具体提出,每一类对比分析都有它自己的TC类别。在每一类TC之中,还可能区分出更多具体的、独特的子类。每一类TC都决定着某一类不同类别的对应,也即所比项目之间的关系。在他构建的TC体系中,他把对比分析分为基于语料的语篇受限对比(text-bound CAs)和语言系统对比(systematic/projective CAs)两大类,而又进一步区分了使用频率统计量对应(TC1)、翻译对应(TC2)、系统对应(TC3)、语义-句法对应(TC4)、规则对应(TC5)、语用(功能)对应(TC6)和物质实体对应(substantial equivalence)(TC7)等七类对应。(Krzeszowski,1984:306-307)显然,作者关于对比分析的分类是以区分各种对应关系为基础的。不过,他也认为有必要对语义性的 TC 加以限制,控制把翻译对应用作主要语料的范围。他的控制办法就是"语义-句法对应"。所谓语义-句法对应的句子是指语法上具有最大可接受度的逐词翻译及其同义阐释。(Krzeszowski,1990:19-20)这里所隐含的"翻译对应"就大致相当于我们平时所说的"直译+意译"。

杰斯泽佐尔特(Jaszczolt,2003)认为,讨论翻译对应有必要区分句法、语义和语用对应。她具体提出,命题是独立于语言的意义单位,是一种普遍的语义范畴,可以用作语言对比的 TC。命题在具体的语言中实现为句子。句子本身有逻辑式,可以根据需要扩展(如补充语用成分)成为完整的命题式。这种命题式是确定语义对应的意义单位,也就可以用作语义和语用对比的 TC。但在实际语境中,语义对应和语用对应不一定兼容,研究者还得根据具体情况做出选择。

许余龙(2010:33-34)倾向于把翻译对应分为形式对应、语义对应和语用对应三种类型,并且认为,这三种对应是分别建立在不同的 TC 类别之上的,往往很难一致。正因为如此,他并没有把翻译对应作为一种基本类别纳入他的 TC 体系。

1.2 传统翻译研究中的对等

对等(equivalence①)同样是传统翻译研究的一个核心概念。如卡特福德(Catford,1965:20-21)认为,"'对等'是一个关键术语。翻译实践的核心问题是找到目标语的对等表达。翻译理论的一项中心任务就在于界定翻译对等的性质和条件"。事实上,语言对比中的翻译对应与翻译研究中的翻译对等(translation equivalence)可谓是"两块牌子,一套班子"的关系。只是由于对比研究注重的是所比语言项目的对应性,有些研究者宁可用"翻译对应"来表示这一概念,以区别于翻译研究中的"翻译对等"。

在传统的翻译研究中,所谓"对等",是不少作者用来描述原语和目标语的篇章或者较小单位之间关系的性质和程度的一个术语。这一用法的对等在一定意义上指的是在单一语言中同义的语际相对物(counterpart)。(Shuttleworth & Cowie,2004:50)据此,所谓"翻译对等"可以理解为一种语言的文本或较小单位(如词、句法结构等)译入另一种语言而意义不丢失的程度。(Richards,Platt J.,Platt H.,et al.,1992:389)由此可见,翻译对等本质上是一种语义对等。

在根本上认同原语和目标语文本之间应该是语义对等的前提下,按照如何理解对等的概念,翻译对等观又可分为等同观(the equative view)和分类观

---

① 也还有译作"等值""等效"的。比较而言,"对等"比较中性,没有附加含义,能体现各种对等理论的共性。(杨晓荣,2005:127)

(the taxonomic view)两种观点(Chesterman,1998),分别概述如下:

1.2.1 等同观

等同观认为,语言是表达意义的符号,不同的语言虽然采用不同形式的表义符号,但表达的意义是等同的。这是最古老的对等观。等同观可以追溯到《圣经》的翻译。基督教徒认为,《圣经》作为"圣言"和"上帝之道",一方面应该广为传播,另一方面上帝的旨意又不应在传播中受到任何亵渎。于是就有了基于形式和意义分离的等同观翻译理论,即在从一种语言译成另一种语言的过程中,形式必然要发生变化,但意义必须是假定为永恒不变的。

1.2.2 分类观

与等同观有所不同,分类观认为,对等并非一个单一的概念,而是由不同的类型构成的复合概念。例如,奈达(2004)提出,对等可以区分为形式对等和动态对等(dynamic equivalence)。形式对等"主要关注信息的形式和内容本身",主张译语尽可能机械地再现原语的形式,而动态对等则指"译语接受者和译语信息之间的关系,应该与原语接受者和原语信息之间的关系大体上相同"(Nida,2004:159)。后来,瓦德(de Warrd)和奈达用功能对等(functional equivalence)替代了动态对等,认为功能对等的名称"突出了翻译的交际功能",引起误解的程度较低。(转引自 Shuttleworth & Cowie,2004:64)又如,卡特福德(1965)认为,翻译对等有形式对应(formal correspondence)和文本对等(textual equivalence)。其所谓"文本对等"指的是原语和目标语在所涉及的情景中可以相互转换。切斯特曼(1998:22)用对等的术语阐释了卡特福德(1965)的对等分类观,认为按照他的意思,可以有三种潜在的对等,即形式对等、语义对等和情境对等。除了以上多种对等,切斯特曼(Chesterman,1998:16-27)还列举了其他各种对等,如所指义对等(denotative equivalence)、内涵义对等(connotative equivalence)、文本规范对等(text-normative equivalence)、语用对等等。

2. 对应/对等概念的深化

2.1 相似性概念

如上所述,对应/对等同时是对比研究和翻译研究的核心概念。但是,无论是对比研究的对应,还是翻译研究的对等,都是充满争议的一个概念。这是因为,无论是对比研究的对应,还是翻译研究的对等,都离不开如何看待以及判定事物之间的相似性。

切斯特曼(1998)认为,语言中的相似性问题涉及逻辑、物质实体、社会性、认知(主客观)、人感知客体的视角等许多方面,有必要区分作为(客观)触发物的相似性(similarity-as-trigger)和作为(主观赋予的)属性的相似性(similarity-as-attribution)。前者是一种由实体到心智的认知过程的产物(如不同的三角形的相似性是都有三条边),后者是主观感觉到的、可同时赋予两个实体的某种属性,是一种由心智到实体的认知加工过程(经过主观认知加工,认为二者相似,如两个词都有某一个音开头)。相似性的这两个方面总是相依共存的。对相似性的评估有两个认知心理学的评估模式,一是心理距离模式,二是特征(或对比)模式。后者是为了克服前者的某些不足而提出的。在特征模式中,所谓"特征"是指实体所具有的"可以从我们的一般世界知识中演绎出来的任何一种特性"。两个实体的相似性按照特征匹配(feature matching)的程度来判定,二者共同特征越多,相似性也越大。但是,一个实体是否具有某一特征是相对的。世间万物总以某种方式联系在一起,一件事物总会和任何其他事物在某一方面存在相似性。切斯特曼(1998:5)援引了著名童话故事《爱丽丝漫游奇境记》中的一则谜语来说明这一点。这则谜语是"为什么说乌鸦像写字台"。切斯特曼在书中引述了好几个人对这个谜语给出的答案。众多的解答中,有的说两个词都是以 r 音开头,有的说乌鸦和写字台都能给诗歌写作带来灵感,具有相似的功能,有的说它们都能产生 notes(音符;便条),有的说两样东西都用脚站立,等等。切斯特曼把众多的解答以"相似性"为参照归纳为纯形式的(发音)、同音或同形而异义的(一语双关)、语义的、功能的等四组。单此一例即可看出,相似性问题涉及方方面面,非常复杂,难以捉摸。他提出,可以按照维特根斯坦的家属相似性的做法对相似性加以限制。办法之一就是使用原型理论(prototype theory),即衡量两个实体是否相似不是绝对地看它们是否在一定程度上具有某个特征,而是看它们与某个原型的相对接近程度,看它们共有特征的显著性(prominence)和相关性。也就是说,比起其他可能的评判维度来,被衡量的实体与原型之间的关系占有优先地位。这样,原型也就起着"对比基础"的作用。例如,鸽子与老鹰的相似程度,要比与企鹅的相似程度高,因为三者虽然同属鸟类,但是前两者更接近于"鸟"的原型,因为它们都有"能飞"这一鸟类原型的显著特征。由此可见,显著性本身对于相似性的评估起着限制作用。

切斯特曼(1998)指出,相似性的判定完全是受语境制约的,依赖于参照框架、评估的目的、评估者的意图等,而且还受制于理论。同样两件实物,在不同的语境下,根据不同的参照框架,同一个人可以认为它们是相似的或不同的。一件实物的特征显著并不是显著本身,而是相对于某个人,从某个视点而言是显著的。同样,所谓相关,也是相对于某个目的,或者某一个观点而言的。总之,这些概念本身都是相对的,是主观赋予的。从符号学的角度看,说到底,"相似性"是一种赋予一组实体的符号,由某人赋予,也由某人做出解释。此外,显著也有个程度问题,与人的认知能力有关。为了说明这一点,切斯特曼(1998:

12)转述了梅丁和戈德斯通(Medin & Goldstone)关于比较者对相似性的判断的观点,即对相似性的判断在比较者的头脑里是个创造性和建设性的过程,要受到方向性(A与B相似而不是B与A相似)、关联性、特征性、背景性、目的性等的影响。从逻辑上来说,相似性涉及的不只是双方(A与B相似)或三方(A与B在C方面相似),而是多方:说A与B相似,实际上是说,"A与B在C的方面,根据D程序的比较,参照E标准的判断,根据F功能,为了G目的,两者是相似的"(转引自潘文国,谭慧敏,2006:245)。由此可见,我们可以看出相似性是相对而言的。例如,A与B相似和B与A相似的方向正好相反;又如,A与B相似可以相对于某个方面而言,还可以相对于某个标准而言,或者相对于某项表达功能而言;等等。不仅如此,我们还可以看出隐含的相对性,即相似与不相似的相对性,因为所谓相似,就隐含着不相似。这段话中所列举的每一个可能的相似都隐含着可能存在的不相似,例如,A与B在C的方面相似,但在功能方面就不一定相似,于是就会出现"同中有异"的情况。在跨语言的对比研究中,由于语言异同现象的相对性,以及对比涉及不同的语言系统和对应系统中的对立现象,就会在异同问题上出现如上面这段话中所描述的各种错综复杂的现象。归结起来,就是"或大同而小异,或小同而大异,或同中有异,或异中有同"(黎锦熙,1986:13)。

2.2　对比研究中对应概念的深化

把对应作为对比的出发点,也就是TC,这是直至今日对比语言学界一般都认可的观点。切斯特曼(1998:57-58)认为,传统对比研究的对应观存在着一个循环论证的问题,即一方面把某种对应作为对比的出发点(比较的理由),另一方面又通过对比论证二者是对应的(比较的结果)。为此,他根据对相似性概念的研究,提出把语言研究者、翻译工作者或二语学习者所觉察到的两种语言在表达形式或者意义上的某种相似性作为一项对比功能分析的出发点。他认为,正是这种相似性,而不是某种假定的对应,为对比研究提供了最初的可比性标准,或者说提供了两个项目值得比较的理由。(1998:52-55)并且,他以相似性概念为突破口,进一步提出了对比功能分析(Contrastive Functional Analysis, CFA)理论。"'对比功能分析'是一种研究方法。它从可以觉察到的两种或多种语言所表达的相似意义出发,致力于确定这些相似或共同意义在不同语言中的各种表达方式。它代表了对比分析的一种一般性方法。这种方法定名为'功能的',是因为它以语义为基础,按照符号表意的过程(semiosis)来研究意义的表达方式。其视角是从意义到形式。按此方法进行的研究,还致力于明确说明不同表达方式的句法、语义、语用等使用条件是什么,并最终说明在什么条件下会优先使用哪种形式。广义来讲,这一研究方法主要分析语言中的聚合关系,即像韩礼德的模式那样,聚焦说话人表达意义时所掌握的各种选择。"(1998:1)按照 CFA 理论,在语料分析的基础上,研究者根据判定语言现象相似性的标准,便可把觉察到的语言 A 中的某一现象 X 与语言 B 中的某一现象 Y 之间的某种相似性作为对比的标准和出发点。在具体做法上,研究者在感觉到 X 与 Y 具有某种相似性之后,就可以根据证伪主义科学观,先提出一个 X 等同于 Y 的初始假设,然后再对假设不断进行验证,即从双语语料中寻找证据来支持或推翻这一假设,说明在什么情况下可以维持初始假设,或者为什么初始假设不成立;在初始假设不成立的情况下,则对其做出合乎语言事实的修正。而修正后的假设仍然是可以证伪的,可以接受进一步的验证。如此这般,对比功能分析便得以不断深入。切斯特曼(1998:57-58)认为,所谓 TC,只是我们经过一番严格的分析之后旨在达到的目标;它使 X 和 Y 之间不管是什么样的(某种程度上的)共性得以具体化。它是最初的可比性标准的一种明确说明,但二者并不等同。因此,也就不存在循环论证的问题;概言之,"这样得到的 TC 是最初的可比性概念的增值版,因为,对比分析使得初始概念更为明晰、更为精确,或许还能形式化;它还有可能提供原概念所没有的新信息、新见解、新概念"。归结起来,在切斯特曼看来,最初的可比性概念才是对比分析的出发点,而 TC 只是对比分析旨在达到的目标。

值得提出的是,在对待对比基础与语言可比性和对应性的关系问题上,许余龙(2010:27)认为,语言之间各个层面上的对应性是构成语言可比性的原则基础。后来,朱磊、杨春雷、许余龙(2019:8-18)又进一步明确了可比性与对比基础二者的关系:前者关注比较的对象,关涉对比研究的理论基础;后者关注比较的出发点,关涉对比研究的一般方法。正是基于这样的观点,许余龙(2010)和朱磊、杨春雷、许余龙(2019)都把可比性与 TC 问题分开进行讨论。我们认为,许余龙等把可比性与 TC 分开处理,同时把可比性与对应性紧密联系在一起,固然最终还是回避不了对比研究在 TC 问题上的循环论证弊病,但比起克里斯托夫斯基的体系把 TC 与对应性紧密挂钩的做法来,却更有利于可比性问题的深入探讨,对于一般读者来说,也就更容易把握。

2.3　翻译研究中对等概念的深化

前面概述了传统翻译研究中的两种对等观,即等同观和分类观。应该说,比起古老的等同观来,分类观对于对等概念的理解是深化了。但是,二者的区别仅在于等同观的对等是单一概念,只有一种,而分类观的对等可以分成不同种类罢了,本质上还是强调目标语文本与原语文本的等同。在这方面,卡特福德(1965)的观点比较有代表性。他认为,翻译是"用一种对等的语言(译语)的文本材料去替换另一种语言(原语)的文本材料"。如果原语和译语这两种语言在所涉及的情景中可以相互转换,那么这两种语言便构成翻译的对等关系。因此,翻译的本质"在于确立原语和译语之间的对等关系"。他的观点后来被概括为"把对等视为某种在本质上可以量化的东西,把翻译简单地看成用目标语的最合适的对等表达来替代每个原语项目,而这个对等表达可以从目标语的一组所有潜在的对等表达中找出"(Shuttleworth & Cowie,2004:50)。而这样的观点是"那个年代的语言研究局限性的一种象征"(转引自 Shuttleworth & Cowie,2004:50)

随着翻译研究的深入,在对等问题上,不少学者基于相似性的理念,彻底摈弃了传统的等同假设(identity assumption)以及在此基础上发展起来的分类观,提出了翻译对等的相对观(the relativist view)。(Chesterman,1998:16-27)相比之下,相对观彻底摈弃了传统的等同假设(identity assumption)以及在此基础上发展起来的分类观。相对观主张用相似(similarity)、匹配(matching)、维特根斯坦的家族相似性(family resemblance)等相对性概念来替代原来的"等同"(sameness)标准。等同只有一种,而相似可以有多种。按照等同的理念,译者的合理性(rationality)是规定性的(prescriptive),只有目标语的一种变体才是真正"对等的";而按照相似性理念,译者的合理性是描写性的,翻译问题的解决可以有不止一种可能,译者的任务在于找出其中之一。相对观还认为,从认知角度看,没有两个人能够用绝对相同的方式来翻译同一个话语,所以,要想取得完全对等的效果,那只是一种纯粹的错觉。受比较文学研究和文学翻译的影响,相对观还主张,翻译理论应该从目标语文化出发,而不是从原语文化出发,因为翻译文本说到底是在目标语文化中被作为译本而不是其他东西来接受的。相应地,翻译研究应该从已有的译本出发,研究这些译本与原语文本之间所存在的各种类型的相似性,而不是从原语文本出发,事先规定其译本应该实现某种对等。切斯特曼认为,当今大多数翻译理论研究者已经不再接受以等同假设为基础的各种形式的对等概念(形式的、语义的、语用的、情境的,等等)。原文与译文之间的相关相似性并非事先给定的,而是译者在受一系列因素制约的情况下在头脑中形成的,其中最重要的制约因素是译文的目的和翻译行为本身。

3. 基于语料库的词语对比研究

上面我们分别概述了对比研究和翻译研究中对应概念的深化情况。从中可以看出,对比研究和翻译研究都已经不满足于把对应/对等看成一个绝对的概念,都倾向于把意义的相似性作为核心概念,都把选择特定意义的最合适的表达形式作为追求。下面我们再以基于语料库的词语对比研究为例,来进一步论证对比研究和翻译研究的密切关系和发展趋势。

大家知道,20世纪90年代以来,对比研究由于使用了语料库方法而得到了很大的发展。在这一方面,基于语料库的词语对比研究尤其值得注意。事实上,由于词汇比语法和语义更容易接受基于形式的计算机的处理,基于语料库的词语对比已经成为对比语言学关注的焦点和重要的研究方向。(Altenberg & Granger,2002)其中,以对比词语学(Contrastive Lexis)更为引人注目。对比词语学认为,语言的基本单位不是词,而是词语(phrase)的观点,因为"词与它周围的其他词建立起多种意义关系"(Sinclair,1996:25);它通盘考虑词语的选择和语境因素之间相互依存关系所涉及的语法、语义和语用等各方面的信息,专注于跨语言/语内比较单词或多词语的形式和意义之间的稳定的匹配情况(Gómez-González & Doval-Suárez,2005:23),目的在于发现和描述跨语言词语对应单位,聚焦于双语词语的组合行为异同,尤其关注所比词语在形式、意义和功能等层面的特征异同。(卫乃兴,2011a)

辛克莱(Sinclair,2004)构建的扩展意义单位(Extended Units of Meaning/EUM)模式为对比词语学提供了理论支撑。EUM通过词汇、句法、语义和语用的关系而结为一体,其内部结构具有如下四个参数。(1)搭配,指"节点词"(the node),也即不可或缺的核心词语与搭配词(collocates)的搭配关系。(2)类连接(colligation),指节点词与抽象语法范畴(如词类、形态变化等)的共现关系。(3)语义趋向(semantic preference),指节点词与具有某类语义特征的词语频繁共现的习惯性搭配行为。(Stubbs,2001;Partington,2004)(4)语义韵(semantic prosody),这是表示态度的(attitudinal),在语义/语用的连续体上位于语用的一端,它在词项和周围语境融合的过程中起着最重要的作用(Sinclair,2004:34;另参见Louw,1993,2000);它表达的是"整个扩展单位的功能,是对意义单位交际目的的概括,即选择的理由,由此而与语用的'言外之力'(illocutionary force)概念有关"(Stubbs,2009:125)。所以,语义韵可以界定为"某一词项的态度意义,一般是语用意义"(Cheng,2013)。概括说来,在EUM所描述的四种关系中,(1)、(2)研究语言符号如何横向组合在一起,提供的是一种从外部看的客观视角,(3)、(4)分别研究语言符号如何在语义上与语篇的主题以及在语用上与语言使用者联系起来,提供的是从内部看的主观视角。(Stubbs,2009:125)不难看出,这种性质的词语研究,词的使用不是孤立的,而是同语境发生着千丝万缕的联系,因而词义也必须严格按照一个词与其所处语境的相互关系来解释。扩展意义单位模式为基于语料库的词语对比提供了理论支撑,而语料库语言学也为按此理论来进行词语对比提供了可能。以曼卡(Manca,2011)为例。此研究采用语料库语言学方法和跨文化研究方法,把意大利语单词vacanza选作节点词,并把英语单词holiday作为其初似(prima-facie)翻译对等词,借以具体分析意大利语和英语旅游语言的不同特点。研究发现,vacanza和holiday虽然从语言学视角看可以视为对等词,但在出现频率、搭配词的搭配方式、搭配词构成的语义场等各个方面都存在着明显差异。这一案例说明,一个词的周围存在着一个意义关系网络,它与其他词和格式、具体的语境以及更广泛的文化语境牵连在一起,不可分离。

值得指出的是,基于语料库方法的词语对比研究无形中大大密切了对比研究和翻译研究的关系,同时也加强了二者在理论和方法上的互补性。这是因为,比起可比语料库来,翻译语料库有其明显优势,有利于探索翻译对等在对比研究中的方法论作用。研究表明,量化的翻译对等可以成为衡量不同语言中项目或范畴之间一致程度的一种有价值的判断。(Altenberg & Granger,2002)卫乃兴(2011a)认为,翻译语料库显示的翻译对等是对比研究切实可行的出发点,而复现翻译对等(recurrent translation equivalent)①体现了翻译界的双语知识、交际策略和共识,揭示了双语词语一个侧面的对应关系,因此是最重要的对比依据。(另参见 Teubert,2004:123)与此同时,研究也发现,以往对比研究所聚焦的 TC、等值等理论构想,已更多地蜕变为具体词语使用对比企求的最终目标,而不再是出发点(卫乃兴,2011b;另参见 Altenberg & Granger,2002);所谓"翻译对等"不再指词汇间机械式的一一对应,而是在形式、语义、语用方面力图最大限度向原语贴近和趋同,从而实现程度最高的对应(李晓红,卫乃兴,2012)。这也说明,对比研究也好,翻译研究也好,严格意义上的翻译对等实际上是不存在的,研究者只能以某种相似性为出发点,不断地追求所涉两种语言某一特定意义的最合适的表达形式。对比词语学所反映的两个不同阶段的翻译对等也正好与切斯特曼(1998)提出的最初的可比性标准和 TC 概念相对应:某种相似性是对比研究的出发点,而 TC 则是对比分析旨在达到的目标。

4. 结束语

从历史上来看,对应/对等是对比研究和翻译研究共同的核心概念,区别在于前者的着眼点在于比较的两个项目是否"对应",着眼于对比的出发点,后者的着眼点则在目标语文本与原语文本在语义表达上是否"对等"。但是,研究实践表明,对比研究的对应也好,翻译研究的对等也罢,二者都是一个相对的概念;既不存在严格意义上的对应可以作为对比研究的出发点,也不存在目标语

---

① 简单来说,复现翻译对等就是语言 A 中的词语 X 重复被译为语言 B 中的词语 Y(或者相反)的一种翻译对等。例如,汉语的"重视"重复被译为 attach (great,vital) importance to,pay (great,close...) attention to 或 value 等,或者英语的 attach (great,vital) importance to,pay (great,close...) attention to 或 value 等重复被译作汉语的"重视",都属于复现翻译对等。复现翻译对等是判断词语对应关系的重要信息。一般来说,词语间高度复现的翻译对等反应了彼此之间的高度对应关系。(卫乃兴,2011a)

文本和原语文本在语义表达上的绝对"对等"。无论从实践层面考虑,还是从心理现实考虑,相似性概念都比较适合作为对比研究和翻译研究共同的核心概念。这样,我们便可把相似性概念统一用来分析对比研究中的对应和翻译研究中的对等(Chesterman,1998:6)。"让相似性,而不是对等/对应成为核心概念,就把人们的注意中心由严格意义的对等/对应(即等同)转移到了现象之间的较为松散的关系上面。"(Chesterman,1998:69)而从基于语料库的词语对比的实践来看,对比过程中所反映的两个不同阶段的翻译对等也正好分别对应于对比研究的出发点和旨在达到的目标。这似乎也在提示我们,把相似性作为研究的出发点,而把严格意义或者最大限度的对等/对应作为研究追求的目标,正在成为对比研究和翻译研究的一种发展大势。

"虽然翻译理论和对比分析是两门相邻学科,但是彼此都会关注对方理论上的发展,也会从对方的观点中获益。"(Chesterman,1998:6)语料库语言学的发展通过翻译对等的中介大大密切了对比研究和翻译研究的相互关系,同时也加强了二者在理论和方法上的互补性。在论及翻译研究与对比研究的关系时,潘文国(2006)指出,翻译研究发展至今,其最重要的成果是,原文的权威被消解了,"唯一"的译本不再存在,翻译过程变成了一个开放、选择的过程,翻译成了多元文化建设的重要手段。这一切对于对比研究的冲击其实一点也不亚于对翻译界自身的冲击;任何对比得以进行的基础,不管是叫 equivalence,还是叫 tertium comparationis 或者 starting point,本质上都是一种潜在的翻译。如果说,以前翻译对于对比的影响在于其基础是对一种完全对等的翻译的相信,那么现在否定了有完全对等的翻译,在此基础上的对比语言学理论也必然会发生重大变化。他的这一观点与切斯特曼的观点是基本一致的,也反映了中国学者对语言对比与翻译研究的密切关系和发展趋势的深刻认识。

参考文献

黎锦熙,1986.比较文法[M].北京:中华书局.

李晓红,卫乃兴,2012.汉英对应词语单位的语义趋向及语义韵对比研究[J].外语教学与研究(1):20-33.

吕叔湘,1982.中国文法要略[M].北京:商务印书馆.

潘文国,2006.翻译与对比语言学[J].上海大学学报(社会科学版)(1):114-117.

潘文国,谭慧敏,2006.对比语言学:历史与哲学思考[M].上海:上海教育出版社.

王菊泉,2019.语言对比[C].上海:上海外语教育出版社.

卫乃兴,2011a.基于语料库的对比短语学研究[J].外国语(4):32-42.

卫乃兴,2011b.词语学要义[M].上海:上海外语教育出版社.

许余龙,2010.对比语言学[M].上海:上海外语教育出版社.

朱磊,杨春雷,许余龙,2019.对比语言学十讲[M].上海:上海外语教育出版社.

ALTENBERG B，GRANGER S, 2002. Recent trends in cross-linguistic lexical studies[C]//ALTENBERG B，GRANGER S. Lexis in contrast: corpus-based approaches. Amsterdam and Philadelphia: John Benjamins.

CATFORD J C, 1965. A linguistic theory of translation[M]. London: Oxford University Press.

CHENG W，2013. Semantic prosody[C]//CHAPELLE C A.The encyclopedia of applied linguistics. Liphook Hampshire: Blackwell Publishing Ltd.

CHESTERMAN A, 1998. Functional contrastive analysis[M]. Amsterdam: John Benjamins Publishing Company.

GÓMEZ-GONZÁLEZ M L Á,DOVAL-SUÁREZ S M, 2005. On contrastive linguistics: trends, challenges and problems[C]//BUTLER C S, GÓMEZ-GONZÁLEZ M L Á, DOVAL-SUÁREZ S M. The dynamics of language use. Amsterdam/ Philadelphia: John Benjamins Publishing Company.

JAMES C, 2005. Contrastive analysis[M]. Qingdao: Qingdao Publishing House.

JASZCZOLT K M, 2003. On translating "what is said": tertium comparationis in contrastive semantics and pragmatics [EB/OL]. (2003-03-10) [2022-10-11]. http://www.cus.cam.ac.uk/~kmj21/.

KRZESZOWSKI T P, 1984. Tertium comparationis[C]//FISIAK J. Contrastive linguistics: prospects and problems. Berlin: Mouton de Gruyter.

KRZESZOWSKI T P, 1990. Contrasting languages: the scope of contrastive linguistics[M]. Berlin and New York: Mouton de Gruyter.

LOUW B, 1993. Irony in the text or insincerity in the writer? The diagnostic potential of semantic prosodies [C]// BAKER M, FRANCIS G, TOGNINI-BONELLI E. Text and technology: in honor of John Sinclair. Amsterdam: John Benjamins.

LOUW B, 2000. Contextual prosodic theory: bringing semantic prosodies to life [C]// HEFFER C, SAUNTSON H, FOX G. Words in context: a tribute to John Sinclair on his retirement. Birmingham: University of Birmingham Press.

MANCA E, 2011. The analysis of meaning between language and culture in the tourism domain[J]. Languages in contrast (11): 2, 172-192, 396-416.

NIDA E A, 2004. Toward a science of translating[M]. Shanghai: Shanghai Foreign Language Education Press.

PARTINGTON A, 2004. Utterly content in each other's company: some thoughts on semantic prosody and semantic preference[J]. International journal of corpus linguistics (9): 131-156.

RICHARDS J C, PLATT J, PLATT H, 1992. Longman dictionary of language teaching and applied linguistics[M]. London: Longman.

SHUTTLEWORTH M, COWIE M, 2004. Dictionary of translation studies [M]. Shanghai: Shanghai Foreign Language Education Press.

SINCLAIR J M, 1996. The search for units of meaning[C]//CARTER R. Trust the text: language, corpus and discourse. London New York: Routledge.

STUBBS M, 2001. Words and phrases[M]. London: Blackwell.

STUBBS M, 2009. The search for units of meaning: Sinclair on empirical semantics[J]. Applied linguistics (30/1): 115-137.

TEUBERT W, 2004. Directions in corpus linguistics[C]//HALLIDAY M A K, TEUBERT W, YALOP C, et al. Lexicology and corpus linguistics. London & New York: Continuum.

作者通信地址:200135 上海海事大学;jqwang@shmtu.edu.cn/wangjuquan@sina.com

观翻译与翻译观[①]

——读潘文国《"看山看水"的启迪》

黄忠廉　傅　艾

0. 引言

观,含一动一名两大义项。一指"看",即"观察并加以判断",属于视觉行为;二指"对事物的看法"。通过观翻译,可得翻译观。泛泛而论,对翻译人人都有认识和看法,或全面,或聚焦于某一角度、方面,都可形成翻译观。最典型、最专业的翻译观即字字确凿的翻译定义。仅以 CNKI 为例,至 2022 年 9 月 3 日,查得关键词含"翻译观"者共 1168 条(期刊 1158 条,博士论文 10 条),核心期刊 257 条,以"人物+翻译观(对比)"为主体结构者,共约 70 条,如《鲁迅早期翻译观溯源》(徐朝友,2003)《本雅明与德里达翻译观之辨》(高乾,2014)等,"文化学派翻译观"之类可归入其中,因为学派由学人构成,也主谈代表性人物。另有"学理+翻译观"约 30 条,即借某学科或理论看待翻译及所得的结果,如《认知语言学的翻译观》(王寅,2005)《普遍语用学的翻译观》(吕俊,2003)等,"解构主义视域下的翻译观"之类可归入其中。其他类别还有"性质+翻译观",如《走出误区:对于工具性翻译观的反思》(葛林,尹铁超,2010)等;"时期/+群体+翻译活动、翻译观与翻译策略会议",如《明清之际耶稣会士翻译活动、翻译观与翻译策略刍议》(王银泉,2010)等。国内外专书专文或书文中顺涉翻译定义者不多,提出新解者更少,可见卡特福特(1965:20)、奈达(1969:12)、王克非(1997:47)、许钧(2009:41)等人。本文主要受潘文国《"看山看水"的启迪》一文启发,接着讲,以求推进,全文并非为翻译直接下定义,而是论及观翻译以及通向翻译观的宏观致思方法。

---

① 本文为国家社会科学基金重大项目"中国翻译理论发展史研究"(编号:20&ZD312)的成果之一。

1. 翻译初观:见译是译

宋代禅师青原行思,提出了省悟的三重境界。境界一:"未参禅时,见山是山,见水是水。"将其"挪用"至翻译,可得"初观翻译时,见译是译"。此为观翻译的第一境界,产生于翻译之初,人们以最朴素、真实的方式观译,基于主观经验,通过直接感受、观察形成对翻译的认识和看法,以印象式散论为主,未予以理论化阐发。这一阶段,译者初识翻译世界,只是看见,不能看出,翻译就是翻译,是一个混沌的整体。

1.1 直观翻译

"直",通常指"直接",与"间接"相对,意即"不经过中间事物发生关系";"直观"一般指"用感官直接接受、直接观察"。直观翻译是翻译初观生成的主要路径。因政治、经济交往需要,翻译活动自古有之,直至20世纪80年代中期,中国的翻译实践异常丰富,但产生的翻译认识却相对较少。观察翻译活动的主体多为从译者,他们或基于自身翻译实践总结经验与体会,或探讨翻译实践、翻译活动中的现象与问题,或对他人译作进行批评,由此汇成了早期的翻译观。这一时期的翻译观聚焦操作层面,大多围绕"如何译"展开,如重译、重九译、九译、直译、转译、音译、意译等翻译方法,名从主人、五失本、三不易、允执厥中、五不翻、六例、三化等翻译策略,以及"案本—求信—神似—化境"等翻译标准(罗新璋,2009)。这是因为翻译学独立成学科之前,客观上暂无全面认识翻译本质的需求,解决具体问题才是翻译探讨的指归。

以"看山"为喻,翻译若是山上一片林,此时此刻的从译者便是囫囵吞枣地远观、粗看,只见整片林子朦胧的轮廓,或少数几棵特点鲜明的木,因未入林,对翻译的认识停留在整体、混沌、粗浅的状态。以《中国传统译论文献汇编(六卷本)》(朱志瑜,张旭,黄立波,2020)为例,其以"(再)论翻译"为题的文献共计12篇,"翻译谈/谈翻译"9篇,这些篇目大多略论翻译,零散涉及多个子话题,或是顺及翻译问题。

1.2 翻译印象存而不论

直观翻译形成翻译初观,翻译初观注重操作层面的同时,以随感式和印象式散论为主要形式,实际上是一种翻译赏析,属于典型的语文学传统。事实上,早期的从译者一般都兼任文论家、作家或诗人,受古典文论和传统美学,特别是绘画批评影响,他们尤其关注主体因素,强调悟性、灵感和直觉,神秘色彩浓厚,对翻译的认识停留于对翻译现象的印象层,未经归纳、演绎等形成系统的理论。

严复的"信、达、雅"即是典型的印象式术语。何为"信、达、雅"？三字的内涵判定具有很强的主观性，且三字间的联系不清，界限模糊，导致后世对其考证与解释各异（黄忠廉，孙秋花，2014）。与之类似的还有傅雷"神似""形似"说以及钱锺书"化境"说。由翻译观之出处亦可推知传统译论以主观印象式直觉判断为主，21世纪前后才见系统论述。与西方类似，中国传统的译论主要散见于翻译作品的序、跋、例言、后记，报刊上的翻译批评、关于翻译的通论或特定话题的专论中（朱志瑜，张旭，黄立波，2019:63），挖掘现存史料，未见专著系统讨论翻译问题。

这一阶段主客对别，译者眼中之"译"呈现本原状态，但也存在固执己见的风险，实践者易基于习性将所见之"译"当成常态，形成常识，并不予以考究。处于认识初期，境界一持续的时间不会太长（潘文国，2015:4），但由于翻译之作用与社会功用长期受到忽视，翻译初观在中西方均存续了数千年之久。尽管观翻译现已稳步踏入第二境界，翻译初观持续存在仍将是必然，且十分必要的，毕竟翻译学以经验性著称，个性化的直觉判断仍可为翻译研究提供源源不断的灵感。此外，习译者与研究起步者也必经这一阶段，舍此无根，也行之不远。

2. 翻译面面观：见译似译

禅宗故事接着讲："及至后来，亲见知识，有个入处。见山不是山，见水不是水。"稍事改动，可类比为："及至后来，亲见知识，有个入处，见译似译。""似"与"是"不同，指"相像"，介于"是"与"不是"之间，含有不确定之意。20世纪80年代起，中国翻译研究追随西方，受结构主义与解构主义思潮引领频繁转向，走出了一条由经验到科学、从语言到文化的翻译研究之路。基于不同的理论视角，翻译研究者从各个侧面观察、分析、描写翻译，可谓"面面观"，是观翻译的第二境界。这一过程主客合一，好比盲人摸象，不同视角的细致研察极大深化了对翻译的认识，也导致认识碎片化：见译似译，但又不是真正全面的译。从第一眼看译到纷繁中看译，境况已大变。

2.1 微观翻译

"微观"与"宏观"相对，前者意指"小范围的、部分的"或者"深入分子、原子和粒子等内部结构或机制的"。由此观之，微观翻译既指"由局部观察翻译"，也指"对翻译局部进行细致研察"。翻译学发展至今，已形成众多理论、学派，新的理论和转向层出不穷，20世纪80年代中期的语言学转向与20世纪90年代中后期的文化转向便是代表。21世纪以来，国内外转向热潮再起，如翻译研究的权力转向（Tymoczko & Gentzler，2002）、现实转向（黄德先，杜小军，2008）、认知转向(刘军平,2008)和语用学转向(曾文雄,2007)等。译学各派纷争,异见杂陈,对翻译莫衷一是。各种理论视角分地割据,好似盲人摸象,各看一方。盲人摸象,常被指摘囿于片面视阈,阻碍整体认识的形成。这一论断无误,但若辩证看待,就应理解任何学者既不可能样样精通,又受先在知识影响,由局部出发认识整体符合人类的认知发展规律,局部摸索是构建整体的前提,欲求放之四海而皆准的译论更是不切实际。更为重要的是,局部的亦可能是微观而深入的,潘文国(2015:2)亦提到,参禅三境界虽与黑格尔所讲"正—反—合"相似,但第二境界对第一境界不一定是否定,也可是认识的深化,因此有必要为盲人摸象正名,做出辩证思考。

翻译学人都是"盲人",仅能摸到大象的腿、鼻子、耳朵和身体,揭示翻译活动的某一个侧面。盲人虽丧失视觉,但在补偿机制作用下,其触觉变得极其敏锐,相对于常人消极等待触觉刺激的情况,盲人会主动运用触觉认识外界事物,调动各种身体机能感知事物的温度、硬度、质地等。因此,盲人摸象虽然片面,但均从实际出发,且足够深入和细致。译论家由局部入手,或深入文本与语言内部,或将文本外的历史、政治、文学、读者等要素或相互关系作为研究重点,得出不同的结论,实为解剖式探索翻译。局部的认识并不阻碍理性观点的生成,片面的认识或许是真理。相比于观翻译的境界一,这已是一种进步,是开始入道的表现。

2.2 结构式解析翻译

观翻译的境界一若是强调灵感和悟性,结构主义语言学的发展则逐渐改变了这一局面。20世纪30年代,索绪尔提出结构主义语言学理论,受其影响,奈达、纽马克、巴尔胡达罗夫、威尔斯等语言学家将结构主义语言学关于语言的规律性、整体性和深层结构的理论应用于翻译研究,以期客观描述结构,揭示翻译的客观规律,如"奈达对语言深层语义格和核心句的归纳、巴尔胡达罗夫对翻译单位的研究、纽马克把语义成分分析运用于翻译"(侯向群,2003:79)之类的尝试。到20世纪80年代中期,结构主义语言学译学范式引入中国,一跃成为主流,正式开启了国内翻译研究的语言学转向。结构主义语言学派以高度公式化为特征,认为翻译就是语码转换,规定译本在多大程度上忠实于原文,"对等""层级""转换"成为这一阶段的关键词。奈达的"对等"理论对国内译学界的影响极其广泛而深远,引发了当时"翻译到底是科学还是艺术"之争。自此,科学主义的翻译观开始形成,翻译研究得以从持续近两千年的经验主义窠臼中解放出来。

依然以禅宗的"看山"为喻,结构主义语言学派对翻译的语言层进行微观剖析,就好比从远观树林到入林见木,其所见由混沌一片的林变成了一棵棵的木,论者以客观与科学为纲,层层剥开树皮进行结构式分析与判断。然而,入乎其中,所见便是局部,至多偶尔考察树与树之间的关系,矛盾更是不可避免,如对与"对等"高度相关的"忠实"观的消解。在严复的"信、达、雅"标准中,首先便是"信",多位学者(如:王宏志,1999;罗新璋,2009)认为"信"就是"忠实",但通过微观考究严译,可以发现其译作并未全信于原作,且只有不得不信处才信,后世对其实践与理论相悖的情况亦多有争论。一方面,"信、达、雅"是文章学的要求(潘文国,2012:5),属于单语活动的规律,将单语活动规律盲目挪至双语转换活动,这本身就存在偏误,必然会导致"水土不服"。另一方面,汉语属于汉藏语系,与印欧语差异巨大,与印欧语系内部的语言转换相比,汉语与印欧语系间的翻译客观上难以兼顾语言的形与义的忠实。因此,虽然结构主义语言学派对翻译进行了科学、微观的解析,但它过分关注文本客体,其分析停留于字、词、句层面,脱离于翻译活动所处的交际和语用语境,观译的结果只能是似译而非译。

2.3 解构式否定翻译

随着西方文论的发展,解构主义思潮席卷翻译学界,有力推动了当代翻译研究的文化转向。霍尔姆斯、巴斯奈特、列弗维尔、韦努蒂等翻译理论家,借助多种当代文化理论对翻译事实进行描写和解释,形成了多元系统、文学解释学、接受美学、女性主义、后殖民主义、食人主义等翻译理论或学派。西方理论"爆炸式"增长,涌入中国,20世纪90年代中期,中国的翻译研究也出现了文化转向,研究重点从关注文内语言层转向关注文外社会文化语境,涉及文化、社会、政治、权力、意识形态、译者、赞助人、伦理等要素,翻译研究意味着"与翻译有任何关系的任何东西"(Bassnett,2001:12)。这一时期,译学界对翻译外围各个侧面的了解逐渐加深,对于翻译的认识趋向全面。

文化转向寻求学科交叉,并非凭空而起,反映了译论发展的阶段性特征。文化无所不包,文化理论适用面宽、解释力强。彼时翻译学尚未获得独立学科地位,文化学派已在学界获得话语权,译学界需要依托文化学派建立话语权(许钧,2012:9),恰逢译学界走出语言藩篱,忙于试建各种译论。但最早引领文化转向的西方译论家多具备文化学和比较文学背景,受知识结构影响,他们所提出的理论多着眼于文学翻译,重点是翻译在译语社会的作用,如韦努蒂解构主义翻译策略提倡异化,实际上是将翻译作为文化干预、解构英语文化霸权的工具(王宁,2009),巴西"吃人"翻译论亦是巴西知识分子为寻找民族文化价值和文化身份认同而做的努力与尝试(蒋骁华,2003:66)。加之部分中国学者的认知局限、理论思辨欠发达,面对各种转向和层出不穷的新理论,他们难以理性兼顾多重视角,盲目跟风,并将其应用于非文学翻译,译学界一片喧哗。

随着"文本"内涵遭遇"解构",原文意义被认为具有相对性和不稳定性,"忠实""准确""原文至上"受到质疑,翻译进而被视为改写、操控、背叛、征服(吕俊,2002:50),但亲见并非即真,人人都将自己所观之译当成特殊状态,坚信自己走在求真的路上,质疑对前期境界一的翻译"常识",形成专家之识,实质上是对翻译的否定,毕竟翻译终究关乎语言使用的过程,研究翻译问题"起码要从某个层面上的语言分析入手"(莫娜·贝克尔,2005:56)。夸大外围因素,虽是对语言学传统的反拨,其研究成果却多半为文化学添翼,未落实到翻译研究上,未结译学之果。文化转向之后横空出世的各种转向更是比单纯嫁接语言学理论更为严重的"大水漫灌"。在此境界,翻译似译而非译,通往第三境界,宜走"结构—解构—建构"的道路(吕俊,2001),正应了老子的"反者,道之动"、孔子的"过犹不及"以及《易经》中"否极泰来"的道理。

3. 翻译通观:见译只是译

禅宗故事最后讲:"而今得个休歇处,依前见山只是山,见水只是水。"完全可以类比:"而今得个休歇处,依前见译只是译。""只",意为"仅仅""唯一",甚至是"纯粹",强调限于某一对象,与英语的 only、merely 相当。历经前面"见译是译""见译似译而非译"两个境界,继续向前该如何认识翻译?缘何认为"见译只是译"?此乃对翻译的通观,即总体、全面、辩证地看翻译。时至今日,学界有理由、有责任、更有条件通观翻译,清理译论家底,以期合理有效地回答翻译自身的问题,还其真面目,增强翻译观的理论性、现实感与说服力。

3.1 透视翻译:本质揭示

坊间还将境界三说成"见山还/仍是山,见水还/仍是水",这表明未理解禅宗故事中"只"的内涵。"还""仍"意为"仍然""依旧",等同于境界一。而境界三实际上已今非昔比,看似同,实则大异于境界一,超越了往日。换言之,"见山是山"落脚于现象,"见山只是山"则落脚于本质。同理,起初"翻译"密不可透,将其视作整体加以认识;经过境界二,借助各种学理从不同视角切入观察;到了境界三,欲将它看穿、看透,透视各种翻译现象,最终看清、看出其本质。

境界二"见译似译"阶段,各种视角虽是观译的必用工具,但均是双刃剑,每位学人不可能同时从众多视角切入,至多从多个点切入,更不可能从所有点切入。因此,任何人选择一视角,就顾不上其他,对翻译的认识均为片面的一孔之见;选择一点,就放大了对翻译的认知空间,之后再换新视角。因此,多一个视角,就多一次透视翻译的机会。每次从不同角度观察翻译,所见之"译"都不是真正的翻译,而是带有研究者主观认识的翻译,如同主观的"意"与客观的"象"融合为"意象",二者不是物理切片式组合,而是化学相融式化合。有如所认识的山水,已非自然山水,而是带识见的山水,是见仁见智的山水。到了境界三"见译只是译",译已是主客间性的统一,是对翻译认识主观与客观的融合。此时对境界二观译所得洗尽铅华,撇开一切枝节,直至翻译的本质属性。去繁甚至是去"烦",从务实到务虚再次回到更高层级的务实,正如万木逢春,放任其由简争荣;又如一位园丁,减其繁而至简,恰似郑板桥题书斋联"删繁就简三秋树,领异标新二月花",以最简笔墨表现最丰的内容,以少许胜多多,这样才能以创造性思维自辟新路。

见译只是译,已行至看出翻译本相的境地,即从自以为是、纷繁复杂的翻译万象中脱出,"回到事物本身",寻其意义。根据现象学原理,一切翻译均具意义,既受制于外部环境,又循其自身固有的内因,观译应尽可能全面、科学地阐明翻译的实际,回答译论界众说纷纭的现实问题。纵观译论发展历程,无论国别或民族,无论哪个学派或时代,其研究侧重点或有不同,表述或迥然有异,呈现出纷繁复杂的特征。只要以翻译为研究对象,所得结论必有一定的共性,也就能众观归一,共显本质。能透视翻译、得益于"休歇处"的发现与确立。于登山,它可能是小山头,登至山顶时,已穿越丛林,山就在脚下,既是好的休歇处,也是一览众山小的最佳观景点,既能总览整座山,也能环视完整的山;于观翻译也是如此,到了思考翻译的终点,或是中途观测点,登上思维的高处,再鸟瞰整个翻译,才得出对翻译的认识,而与此前所有的认识却又不同,基于而超越此前的认识。

见译如观山。登山观山,先见林,再见木,及至山巅,终见一片森林。见译"只"是译,如同剔除了繁华,只剩朴素。透过了现象,见着了本质。全观之后,透视之后,只剩整体,如同众盲摸象,合为全象。正如后人从苏轼《与侄书》总结出的"绚烂之极归于平淡",译论研究众声喧哗之后静思必得大道至简式的认识。只有将自己不同时期所观之译、众人同观之译整合起来,所得的才是整体的翻译。充分而全面地观译才是认识客观之译更高的一步。观翻译告一段落,如同观罢群山,始见全山。观罢林林总总的翻译,深究翻译现象后,都在捕捉片面的真理,时机一旦成熟,再对纷繁的翻译认识,披沙拣金、取舍凝练后才可获得翻译的本质,才知何为译。

3.2 俯视翻译:辩证逻辑螺旋式深入

行至观译境界三"见译只是译",已在高端全角透视,一览众山小,能俯视翻译,深入洞察,得出更为科学的翻译观。

观译的三重境界实为"收—放—收"的过程。境界一"见译是译"是译之初,如同单纯的初恋。很快进入境界二"见译似译",这是漫长的从译或究译之道。一个人需经历各种翻译现象,且一生还历经不尽;或是翻译范围不断扩大,或是翻译类型不断丰富,或是翻译研究不断深入拓展,一生译之不尽,究之不尽,仿佛一生都在摸翻译这头大象,却终难摸到全象,绝大多数人永远都只在从译或究译的路上。只有从译多多,究之长久,某一天,得一"入处",才会幡然醒悟,对翻译悟出一分,进步一点,向境界三"见译只是译"靠近一步。若是一个团队,或将全人类从译者或究译者视作共同体,如同一帮盲人分散摸象后再聚议,或许更有助于达至境界三。一人历经重重译难(nán)与译难(nàn),众人拾柴燃起更高的火焰,这都是"放"的过程。

而境界三"见译只是译"实为再"收"的过程。翻译观,一人可收,难度较大,耗时较长,要求单体智商高,阅历广,提炼功夫强,而众人齐收,相对容易,但对译学思想领袖或组织者要求较高,需海纳百川采众家之长,得是大智者或多面手,具有较大格局者,更需学术情商。多面观察,广泛联系众人一时观察之所得,吃透百家认识,悟透各家所见,最终可得一世或至少是较长时段的认识,定期为翻译小结,为译论做结。所以潘文国(2015:4)说:"最重要的是怎样让更多人实现从第二境界到第三境界的转变。"他认为"实践—理论—实践"的认识论规律比黑格尔"正—反—合"的辩证思维更近于观山的三重境界;而黑格尔强调"反"是对"正"的否定、"合"则是对"否"之否定,这一过程绝对化了;相对而言,"实践—理论—再实践—再理论"是无穷的过程,更符合观译的辩证逻辑。"见译似译"只是对"是"的深化与细化,是观译所得理论上的具体化研究与抽象化提炼,未必是否定。"见山只是山"强调"只是"阶段的"实践"是在更高一级实践,而非"是"的简单重复。

这一辩证逻辑推理过程颇似习字过程。以当前流行的描写研究为例,实可精微地区分为"描"与"写"。描,取其形;写,取其髓。当下重前者,轻后者。译学界引进描写研究方法之后,从一个极端走向另一极端。描,酷似书法的"描红",于观译,描写研究重描,好比练字的最初阶段,有什么描什么,遇什么、强于什么就研究什么;而"从描红到临碑和帖",才是"要向前跨越的第一步","在一般人的理解里,学书法是临帖而成,而不是描红而成,原因在于,描红还只是习字阶段所做的事,还不被看成是有意识的书法学习者所做的事。临帖的发展,从对临至背临,从临一家到临多家,直到最后自成一家。在临帖时思考所临的书法的精妙之处,到遍读各家碑帖时以手比画,体会其精神之所在,到自创书法新体"。(孙康宜,孟华,2007:177)真要练会字,书法教育常言"字要写,不要描"。译论研究也是如此,要得出对译的最佳认识,则是"写",道出自己的独到见解,要从描红到临帖、读帖的过程,越来越脱手"写"字,概括地说,从应于手、入乎眼,最终得于心,写出自己的感受和独创。

翻译研究,从描至写,有一距"离"、临空过程:全局俯观,心领神会,逐渐小看心中的译,作整体观,聚焦为一点。描,入乎译中;写,出乎译外。按字的间架结构一笔一笔地描,这是"入",如丶、ㄔ、刂、王、丄;而写,先看清字的结构,全然在胸,对字有感性认识,将字"我"化,再下笔写出,最后活脱脱地成为另一个字,成为我的"译"字,而非帖中或字典里的字,如"译"。翻译研究,如同打开"译"的逻辑结构,各取所需或各据所能,扬长避短,结果是见仁见智,彼此相异。

在"见译似译"阶段,人们更多以演绎为主,归纳为辅,只将"译"作为对象,对译并未全解。因为"从禅宗来看,造成这些窒碍的'入处'既是进步,又是束缚,只有把它们彻底'放下',才可以进入第三个境界"(潘文国,2015:1)。换言之,因从译者或究译者有各种差异,优劣势不一,对译的认知也会因福藏祸,一"优"障目,不见"译"山,在境界二这是谁也逃不掉的"厄运",人有所短,只能认"命",所得真理只能是片面的,做出仅有的贡献。只有登堂入室至境界三"见译只是译",这个译(学)攀登者才可集采众长,汇众人贡献,吸其福,避其祸,真正做到祸福相依,完成译事矛盾的转化。

众人和译(学)界更多处于境界二,永远在思考是人类观译的常态。心中常为观译所得作结,笔下为其界定也只是偶尔所为。与境界一"见译是译"相比,境界三"见译只是译"是最新的抽象层面具体的译,是更全面更高层级的译。其遵循具体—抽象—具体的认识规律螺旋式上升。境界二中的各种小曲折,都是为了奔向终极目标——认清翻译,最终都是因"祸"得福,通过见译似译过程,最终靠近"译"之真谛。处于境界二的翻译观,多半是具体的,局部的,多样的;只有进入境界三的翻译观才更加纯粹,更加超验,更加全面。

3.3　建构翻译观:回归本体

境界一"见译是译"多半是混沌一片,将其整体当作一个结构。进入境界二"见译似译",多是探其结构或对其解构,一旦解构告一段落,有待于境界三"见译只是译",此时所遵循的是建构主义。21世纪以来,翻译研究进入更为理性的成熟期,建构主义思想越发受到重视。学界同人从不同学科、不同视角研究翻译之后,开始感到对翻译研究得越多越细,认识却越发模糊或糊涂,与"翻译"渐行渐远。以吕俊(2002)为主要代表,后来潘文国(2015)等相继认识到要回归译学本体,即翻译活动,因为本质上翻译终归主要是语际变化活动。

观译或究译要想登堂入室,需走过几个台阶,简称"过堂",这些"堂"包括潘文国(2015:4)所归纳的20世纪50—60年代强调原文和作者的语言学派、20世纪70—80年代强调读者和译语社会的文化学派、20世纪90年代以降强调译者的主体性研究、21世纪以来强调翻译的过程研究,这四个时段均突出研究的某一面,均为局部研究,难得全面观译,所见只是译的一面,自然"见译非译"了。更重要的是,理论得以强调后,译学界与翻译渐行渐远,译论上天,甚至越飞越高,翻译水平不升反降,成为社会批评的对象,其中就有译论研究导向的责任。

若想走出境界二,译论研究需返回翻译自身,一改译论依附或泛化的现状,解决其产生和发展过程中出现的种种问题。

人类智慧探索逐渐全面,各位盲人摸完了大象,发散思考后再聚焦,等待时机,整合为全象,寻找顿悟的那一刻正当其时。跃升至境界三的入口正是"休歇处",它多半是暂时性的,或是译学攀登途中的一座小亭,或在高山之腰,或是小山之巅,最终登泰山而小天下,群山之巅或许是个体人生乃至人类最终的目标。

这个入口就是译与论合一的接口;翻译学是实践学科,实践能力将有助于译学能力的提升,是其发展的充要条件,对翻译实践的关注是更深层的关注与根本性的重视。因为译论毕竟来源、服务、受检于翻译。具有很强的翻译实践能力,即便做演绎研究,也会更加容易找到契合点,而不容易滑向两张皮的境地。译学界曾产生译学研究回归本体的呼声。"见译只是译"就是回归的目标。认识翻译,常识是回归,论译绝对离不开"译",即便离开也不能游离过远。当下究译所遇问题的症结是"在'理论研究'的幌子下,反而忽视了丰富的翻译实践。云遮雾罩的'理论'掩盖了缺少翻译实践的苍白",对此顽症,潘文国(2015:4)下了药:"回到翻译实践,让翻译'只是翻译'。"这就是禅宗故事所说的"休歇处",即翻译思考的观察站或落脚点。回到实践,所指应该有二:一是自己要实践,译学研究者必具上等翻译水平,学者可兼事翻译,虽非职业译者,但要有一定量的翻译实践和较强的能力;二是研究别人的实践,这是研究实践的主要来源。

实践至上,感悟翻译(可简称为"感译")是境界三"见译只是译"的第一回归,"回到'见翻译只是翻译'的第三境界,就是重新强调实践的至高无上性"(2015:5)。译者或学人对翻译的感受,首先是扎根于译,自己译,观人译。因为翻译研究所得主要是译术、译思、译论、译学、译史等。离开了"译",何来术、思、论、学、史?以翻译证明其他学科的内容,但做无妨,属于跨学科研究,更可以跨入其他学界,却非译学界的主流,也不应是研究的主体,因为是在为人而跨,而非为己而跨,长期如此,或者广泛如此,种了他人田,荒了自家地,译学就成了其他学科的附庸,这也是境界二伴生的主要弊端之一。

语际变通与转化实践是翻译的根本性实践,其相应的全译与变译能力是两类根本翻译能力。即便现在强调符际翻译,但语际翻译现在是、将来也仍是主要的,即便研究文化交流与文明互鉴,研究语言对比与比较文学,也离不开或少不了两种语文变化——语言文字之间的变通与转化。互译能力齐备自然好,但至少有一强项,或译入能力,或译出能力,或口译,或笔译,均是亲近或回归本体的立足点。

回归本体,进入境界三"见译只是译",还应补充另一个"休歇处"——选择制高点,只有立于高端,才可对译"玄览"。只有观"译",才会有翻译观。只有翻译实践或活动,才是译论研究的本体,境界二"见译似译"过于舍本求末,才有了观译似译却似是而非之感。那么,观译何以"至道"? 走近翻译观? 求助于"玄览"! 首先是远眺、远观、综观,其次是同于览冥,即居玄以览物(李健,2007:122)。前者如观山;后者是入思方式,经由各种"见译似译"之后保持虚静心境,对翻译体验和审美体验实现超越,于静默之中将译(学)家的精神与翻译相接,如同天人合一、人与译合一,进入大彻大悟之境,最终达到"大明"。

行至境界三,跃出主客合一,实现还原事实而深信无疑的醒悟。"见译只是译",所见之译已非初悟之译,而是破迷解惑之后的大悟,对翻译多解之后释怀,已达至认知的最高境界。回归本体时,"玄览"翻译可以登高,扎根实践可以培元;认知与反省之后明了取舍,洞察译事后返璞归真,大道终于至简。选择特定视角对翻译加以综合考察,坚持开放的视野,采用分析、综合、创新的思维方式,或能得出符合翻译实际的科学结论。

4. 结语

基于"看山看水"的禅宗故事和潘文国先生文章进一步探讨可知:如何认识翻译,会历经"见译是译—见译似译—见译只是译"三重境界,这是逐级获得翻译观的认知阶梯,也是人类认识翻译本质的必由之路。从观翻译到翻译观,从译与究译过程历经了"动觉—视觉—听觉—领悟"的认知环节,完成了整体—局部—整体式解剖与综合。由"是译"到"似译"是由一而多,虽说有诸多不足,却是可喜的开放;由"似译"至"只是译",则是由多返一,终点回到起点,完成了翻译认知的一轮闭环,同时启动了下一轮认知。个人与业界、译者与论者、国内与全球都必经如此三重境界,甚至是反复践行,这才是观译究译趋向成熟翻译观的必由之路。当下译学研究已迎来追问境界三"见译只是译"的黄金期,只有"玄览"翻译与扎根实践才是观译而得翻译观的不二法门。

参考文献

高乾,2014.本雅明与德里达翻译观之辨[J].中国翻译(3):25-29,128.

葛林,尹铁超,2010.走出误区:对于工具性翻译观的反思[J].外语学刊(6):81-84.

侯向群,2003.翻译学的学科定位与逻辑起点:几种不同翻译观的比较研究[J].解放军外国语学院学报(2):77-81.

黄德先,杜小军,2008.翻译研究的现实转向[J].上海翻译(3):18-21.

黄忠廉,孙秋花,2014."信、达、雅"辨难与辩难综观:严复变译思想考之一[J].燕山大学学报(哲学社会科学版)(1):36-43.

蒋骁华,2003.巴西的翻译:"吃人"翻译理论与实践及其文化内涵[J].外国语(上海外国语大学学报)(1):63-67.

李健,2007.魏晋南北朝的感物美学[M].北京:中国社会科学出版社.

刘军平,2008.重构翻译研究的认知图景,开创翻译研究的"认知转向"[J].湖北民族学院学报(哲学社会科学版)(4):88-93.

罗新璋,2009.翻译论集[M].北京:商务印书馆.

吕俊,2001.结构·解构·建构:我国翻译研究的回顾与展望[J].中国翻译(6):8-11.

吕俊,2002.翻译学应从解构主义那里学些什么:对九十年代中期以来我国译学研究的反思[J].外国语(上海外国语大学学报)(5):48-54.

吕俊,2003.普遍语用学的翻译观:一种交往理论的翻译观[J].外语与外语教学(7):42-46.

吕俊,侯向群,2006.翻译学:一个建构主义的视角[M].上海:上海外语教育出版社.

莫娜·贝克尔,2005.翻译研究中的语言学模式与方法[J].李尚杰,译.外语研究(3):52-56.

潘文国,2012.中国译论与中国话语[J].外语教学理论与实践(1):1-7.

潘文国,2015."看山看水"的启迪[J].上海翻译(2):1-5.

孙康宜,孟华,2007.比较视野中的传统与现代[C].北京:北京大学出版社.

王宏志,1999.重释"信、达、雅":二十世纪中国翻译研究[M].上海:东方出版中心.

王克非,1997.关于翻译本质的认识[J].外语与外语教学(4):47-50.

王宁,2009.解构、后殖民和文化翻译:韦努蒂的翻译理论研究[J].外语与外语教学(4):51-56.

王寅,2005.认知语言学的翻译观[J].中国翻译(5):15-20.

王银泉,2010.明清之际耶稣会士翻译活动、翻译观与翻译策略刍议[J].南京农业大学学报(社会科学版)(3):109-115.

徐朝友,2003.鲁迅早期翻译观溯源[J].解放军外国语学院学报(5):51-54.

许钧,2009.翻译概论[M].北京:外语教学与研究出版社.

许钧,2012.翻译研究之用及其可能的出路[J].中国翻译(1):5-12,122.

曾文雄,2007.语用学翻译研究[M].武汉:武汉大学出版社.

朱志瑜,张旭,黄立波,2019.中国传统译论文献:主题与分类考察[J].外国语(2):62-74.

朱志瑜,张旭,黄立波,2020.中国传统译论文献汇编(六卷本)[G].北京:商务印书馆.

BASSNETT S，2001. Cultural construction［M］. Shanghai：Shanghai Foreign Language Education Press.

CATFORD J C，1965. A lingustic theory of translation［M］. Oxford：Oxford University Press.

NIDA E A，1969. The theory and practice of translation［M］. Leiden：E. J. Brill.

TYMOCZKO M，GENTZLER E，2002. Translation and power［M］. Amherst：University of Massachusetts Press.

作者通信地址：510420 广东外语外贸大学；zlhuang1604@163.com
         510420 广东外语外贸大学；fudaai@163.com

潘文国先生与中国特色翻译学科体系建设

陈　琳　王　涵

摘　要：中国学术需要立足时代需要,继承中国传统,借鉴外来新知,走"三位一体"的道路,以发展中国学术,这是构建任何中国学派理论的必由之路。潘文国先生对翻译学理论体系的积极探索与深入研究是以建设中国特色哲学社会科学的三大体系为驱动、以中国学术传统为导向、以中国文化对外翻译传播为使命,建构了具有鲜明中国学术特色的文章翻译学,为构建中国特色翻译学学科体系、学术体系与话语体系做出了实际的重要贡献。本文基于潘先生文章翻译学的内涵与外延,以文学与学术翻译为例,提出了"文学译写"与"学术译写"的概念。我们认为,这是民族文学与学术话语进行国际传播的有效媒介方式。

关键词：翻译学；文章翻译学；文学译写；学术译写

0. 导言

近年来,国家大力推进中国特色哲学社会科学的学科体系、学术体系与话语体系的构建工作。2016年,习总书记在《在哲学社会科学工作座谈会上的讲话》中明确要求:"要按照立足中国、借鉴国外,挖掘历史、把握当代,关怀人类、面向未来的思路,着力构建中国特色哲学社会科学,在指导思想、学科体系、学术体系、话语体系等方面充分体现中国特色、中国风格、中国气派。"潘文国先生正是这样一位毕生致力于创建中国特色学术体系与话语体系的先行者与践行者。他的学术实践活动与学术思想发展,与中国特色的语言学、汉英对比语言学、翻译学的发展同步,不仅体现了其矢志不渝、坚定笃行的"古今打通、中外打通、语言与文化打通"的学术主张与目标,也反映了他对开创中国学派理论的高度文化自觉与学术自信,展现了中国学者气派。

我在师从张春柏先生于华东师范大学读博期间,有幸修读了潘先生的英汉语比较等课程,也常常参与他主持的学术活动与论文答辩。先生学贯中西古今、学识渊博、造诣深厚,因而讲课精要生动,发言点评犀利、切中要害,我们学生不仅受益匪浅,更是每每被他的学术热情所感染。先生一直对中国文化对外翻译传播的研究与实践怀有浓厚兴趣,笔耕不辍。《中籍英译通论》(潘文国,2021)是先生多年来在该方向上所做的精深研究与实践的集大成之作。开卷读来,仿佛回到了当年课堂,但更多的是深刻领会到他对构建中国特色翻译学所做的不懈努力与创新推动,尤其是其创立的"文章翻译学",理论体系基础完备,中国特色鲜明。我们深入研读,深受启发。

1. 三位一体:中国特色翻译学科的构建原则

中国特色哲学社会科学体系,是以马克思主义传入我国为起点,在马克思主义指导下,以当代中国社会实践为基础,融通马克思主义资源、中华优秀传统文化资源、国外哲学社会科学资源而形成和发展起来的。当前,我国哲学社会科学学科体系已基本确立,但仍有亟待解决的问题。例如,一些学科设置与体系同社会发展联系不够紧密,新兴学科、交叉学科建设比较薄弱。翻译学作为2009年设立的新学科,其学科体系一直处于努力建设与发展中,尤其是对中国文化与话语对外翻译传播的理论体系的建构,不仅是翻译学近些年的前沿课题,也是国家提升国际传播能力的战略发展需要。

潘先生对中国特色翻译学科构建的设想,植根于他对中国学术发展的反思与进一步发展的构想。他曾深刻系统地剖析中国学术"全盘西化"的路子及其后果与影响。后果之一是中国传统的学术系统被彻底摧毁,之二是中国的人文学术研究将沦为西方学术的附庸。这些后果将会对中国语言研究的学术生态造成深重的负面影响:一是民族虚无主义根深蒂固,中国人找不到回家的路;二是中国语文教育面临前所未有的危机;三是我们在无计可施之时不断被潮水般涌进的西方理论所淹没。在这种情况下,就需要以平等态度对待中国和西方,致力于寻找、发掘自身久被忽略的学术资源和传统。(潘文国,2012a)面对中国学术身份"西化"、自身传统缺失等问题,潘先生呼吁中国学术需要回归中国学术本源与身份,构建中国学派。他认为,建立"中国特色翻译学"的方法论原则,需要彻底摒弃"以西律中"的陈见,真正立足中国本土,发掘本土资源,寻找中国话语,在平等的基础上与世界对话。(潘文国,2013)"特色"的内涵是"特点+优势",所谓"特点"是其所特有的,所谓"优势"是其优于他人之处。这意味着理论应该是既强调中国特点,又强调发挥中国优势,从而有利于提升中国翻译学的国际学术话语权。(潘文国,2021:313)

基于这一文化立场与学术态度,他明确提出,"中国学术需要走'三位一体'的道路:立足时代需要,继承中国传统,借鉴外来新知。就是要在这三个前提的基础上发展中国学术,这是构建任何中国学派理论的必由之路"(潘文国,2021:

337)。而且,这一思路需要把握针对性、本土性、会通性三原则,即:针对时代的需要,为当前中国翻译实践服务;充分利用本土的文化、历史和学术资源;会通古今中外,借鉴外来资源,与本土资源相结合。(潘文国,2021:337-338)这一主张与原则不仅明确了"中国特色"是翻译学科的发展目标、方向与路径,也能够为中国特色翻译实践提供原则与方法,充分践行了习总书记对建构中国特色学术话语的总体要求。

2. 文章翻译学:中国特色翻译学科的学术体系与话语体系的统一

成体系的学科理论构成学术体系,成体系的概念构成话语体系。要构建成体系的学科理论和概念,就是要构建学术体系与话语体系相统一的学科。学术体系是揭示本学科对象的本质和规律的成体系的理论和知识;话语体系是理论和知识的语词表达,是学术体系的表现形式和语言载体。一个学科的学术体系只有借助自己的话语体系才能作为一种对象性的存在表达出来,为人们所知晓和理解。一个学科的话语体系只有准确、充分地表达了本学科的学术体系才是成熟的话语体系。一个学科只有以一系列具有专业性、系统性的概念、范畴、命题揭示客观对象的本质和规律,构成学术体系和话语体系的统一体,才能称为一个成熟的、健全的学科。即由成体系的概念构成的理论,才是学术体系与话语体系的统一。中国特色哲学社会科学各学科的构建,既是构建学术体系,也是构建话语体系,同时包含了这两方面的工作。(田心铭,2020)潘先生创立的"文章翻译学"是一个由成体系概念构成的中国特色翻译理论,无论从整体上还是从翻译本体论、认识论、方法论等各个组成部分,都揭示了翻译的本质与规律。

"文章翻译学"的构想始见于潘先生的《从"文章正轨"看中西译论的不同传统》(2008),两年后,潘先生在《文章学翻译学刍议》(2011)中正式将其命名为"文章学翻译学",在随后的一系列著述中(2012a,2012b,2013,2014,2017a,2017b,2019,2020,2021)不断对其进行阐发以进一步完善框架,并运用以指导自己的实践。这是在中国文章学的学术传统基础上发展创立的中国特色翻译理论,是对中国传统翻译理论与文章学的挖掘、继承与阐发。他认为,传统译论的四个关键词"文质""正名""信达雅""化境",也都是文章学的概念。所以,文章学不仅是中国译论过去的主线,也是未来发展的方向。(潘文国,2021:340-341)他还指出,贯穿中国近两千年的传统译论有三大特色:立高标、正译名、重文采(潘文国,2019,2020,2021)。其内涵分别是翻译的国家使命感、术语名从其实以及译文的辞章文采。三者分别源自传统文章学的"文章,经国之大业"

"名不正则言不顺,言不顺则事不成"以及"言之无文,行而不远"。

同时,文章翻译学的学术体系根植于中国传统的文章学及其"道器论"。他认为:"离了文章学去谈中国译学传统,只能是隔靴搔痒;抛弃文章学去建立'中国特色'翻译理论,也只能是无源之水。"(潘文国,2019)潘先生将严复的"译事三难信达雅"作为文章翻译学之道,即翻译哲学层面,并提出"译文三合义体气"作为文章翻译学之器,进而在此基础上分出了文章翻译学从元理论到基本理论,到应用理论,再到翻译实践的四个层次,且第一层是道,后三层是器。(潘文国,2021:346)他就此提出"翻译就是做文章"的命题,并以"翻译道器论""正名论""文采论""义体气论"等新见解与新术语构成的一系列专业性、系统性的概念与范畴,揭示了翻译的本质与规律,并构成了文章翻译学的话语体系,表达了翻译文章论的基本原理,从而呈现出学术体系和话语体系相统一的学科体系,实现了他所说的理论由体系构成,体系由术语组成,术语、体系、理论组成"话语"。(潘文国,2012a)文章翻译学的学术体系与话语体系的相统一,表明其是一个成体系的学科理论概念。

潘先生对文章翻译学的学术体系与话语体系的建构不仅是基于学界对创建中国特色翻译学的基本认知背景,而且也是基于中国对外翻译理论的建构诉求,以及文化对外翻译传播的国家战略需要与提升对外译介效果的现实需求。其目的是本着中国文化立场,立足汉语和中国文化的本位特征,从学理上厘清中国文化"走出去"的翻译机制问题,并且应用于对外翻译传播实践。

3. 译写:民族文化进行国际传播的媒介方式

文章翻译学揭示了翻译是忠实性与创作性的有机统一体。忠实性是指"译文三合义体气",即翻译需要在意义、文体、气势与气韵等三方面与原文契合。尤其需要通过"正名",使译名与原名保持名实相符,忠实再现原文话语内涵与文化特色,甚至兼顾形式,而不是用"格义"的方式进行文化比附与文化对等翻译。创作性则强调翻译是用目标语进行写作、做文章,要达到文从字顺,符合目标语行文要求。也就是说,文学文本的翻译需要有文学即文采,其他文类则要体现相应的文体特征。受此启发,我们认为,翻译的实质是译写,是以流畅文笔忠实再现原文本的内容与意义,且关乎文化立场与态度问题。文学与学术是民族文化的重要表征形式,也是国家话语进行国际传播的重要内容与有效方式。我们以文学译写与学术译写为例,来具体分析译写的名与实。

文学译写中的"文学"既指文本的文学话语属性,也指翻译的文学性,"译"指译文切近原文的文学主题、文学手法与文学话语,"写"指用目标语进行文学艺术创造或曰富于文采的书写。比较文学学者达姆罗什(David Damrosch,

2003)所提出的定义"世界文学是通过翻译实现的书写"不仅揭示了翻译对民族文学成为世界文学的建构作用,而且彰显了其写作性实质。美国的中国典籍翻译家欣顿(David Hinton)声称其翻译是"重新作诗"(Leath Tonino,2015),强调以诗译诗的创作性翻译策略。杨士焯(2008,2012)提出了"翻译写作学"。这些与潘先生的"翻译就是做文章"论断异曲同工,均强调翻译的写作性或创作性。"文学译写"不仅是权威世界文学选集的翻译特征,而且也见于产生世界文学影响力的翻译行为,包括欣顿对中国山水诗的文化翻译、葛浩文对莫言小说的增删改、罗鹏对阎连科乡土语言的字面直译、刘宇昆对刘慈欣作品"乐手般的调校与歌唱"等,虽形式丰富,但共同点都是用目标语进行文学书写。因此,文学译写是民族文学成为世界文学的翻译机制,这是民族文学进行跨文化与跨语言交流使然。在中国文学跻身世界文学之林的过程中,文学译写无疑发挥了重要的媒介作用。不仅译写的古典文学英译文一直不断被收录于海外权威世界学选集,现当代文学译写的英译文也开始步入其中。此外,莫言与高行健都是以汉语作为母语创作的作家,其获诺贝尔文学奖也得益于翻译家对其作品的优秀译写。尽管有学者呼吁世界文学需要"去欧洲中心主义",主张世界文学的多语性与多民族性(乔国强,2022),然而汉语使用的世界区域毕竟有限,中国文学的国际传播及其世界文学地位提升还需要依赖文学译写。事实上,反观我国的翻译文学,同样也是极具文学性的优美汉语的文学书写。例如,朱生豪笔下的莎士比亚、傅雷笔下的巴尔扎克等等,都是文学性很强的译笔。

学术译写指文本的学术话语属性,也指翻译的学术性。学术译写的"译",强调学术翻译需要忠实再现原著的主要内容,尤其是原文具有创新性或特色性的学术概念、观点、方法、思想、体系框架等。这里尤其要运用到潘先生所倡导的"正名"。例如,我们在英译学术著作《唐诗流变论要》时,遇到不少中国诗学特色术语,如干谒、文儒等。在原文中,干谒是指唐代文人为了谋求禄位,获得权贵欣赏与青睐,以诗文含蓄、曲折地表露自己的求仕心迹,类似于现代的自荐信。文儒是指盛唐活跃于政坛和文坛上的一批文辞雅丽、通晓儒学的文人,我们将其分别译为Favor-seeking(gan-ye)Scheme和Confucian Literati(wen-ru),同时在译文中也解释了其意义。虽然这些词已经有了音译或者对等翻译,如career application、literary literati等,但这些译文没有表达出语词的语境与历史意义,因此我们根据语词的本意进行了重译。

学术译写的"写"强调用目标语进行学术话语"重写",实现对外学术话语生产与重构。它包括两个层面意义。其一是对原著的改写。依据目标受众的阅读习惯与阅读期待,对原著进行增删改,使改写本详略得当、内容精要、篇幅适中。需要突出中国学者的学术创新与发展,淡化目标受众的已知信息,尤其要避免对国外学术成果的重复转述。其二是用外语进行学术写作。参照目标语区域的学术话语特点、专业术语、学术写作规范与体例等要求,对改写文本进行学术外语重写,包括重新谋篇布局、段落重组、删繁去冗、增补知识缺省、衔接语连贯的重构等,使译文逻辑连贯,语言通顺,话语表述专业,图表规范,具有学术话语表征与体例规范。我们称之为"编码—释码—写码的传播媒介过程","编码即译者与作者共同商议改写原则与方法,对原著进行改写;释码即译者深入理解、阐释内容与意义;写码即译者以专业性话语对改写本进行外语学术重写"。(陈琳,2022)显然,学术译写是将对外学术话语工作置于国际传播框架与背景下、以国际传播效果为导向的翻译策略。我国对外学术话语首先是建立在中国语言基础上的话语,但这并不意味着话语上的民族主义和孤立主义。正是基于中国学术话语的特质,中国学术才有可能与外部世界形成真正的对话与交流的基础,并通过学术译写,突破语言藩篱与话语壁垒。学术翻译意味着促使中外学术话语的融通,着重解决作为低势位的中国学术文化如何与异质知识系统进行互动与对话的问题,包括术语及术语系统作为话语工具、学术写作规范以及知识载体与文化身份等复杂性问题。

4. 结语

潘先生对翻译学理论体系的积极探索与深入研究,是以建设中国特色哲学社会科学的三大体系为驱动、以中国学术传统为导向、以中国文化对外翻译传播为使命,建构了具有鲜明中国学术特色的文章翻译学。这一学术框架是从中国语言与文化体系中汲取营养,立足文章学的学术传统,追根溯源,并对传统概念进行创造性转化与创新性发展,形成了由基础理论与应用理论构成的学术体系,产生了一系列具有重要学术价值、鲜明中国学术话语特色的概念与命题,为构建中国特色翻译学学科体系、学术体系与话语体系做出了实际的重要贡献,有力回击了翻译学领域存在的民族虚无主义与历史虚无主义。同时,文章翻译学所提出的"翻译就是做文章"的论断具有重要应用价值,它凸显了翻译的书写性与创作性,强调了译文的文采性与文体性,进一步否定了亦步亦趋复制原文的死译与硬译。这一翻译策略有利于提高中国文化对外翻译与国际传播效能,因而具有重要的现实意义与应用价值。

参考文献

陈琳,胡燕,2022.学术话语对外翻译传播的逻辑、问题与策略[J].上海翻译(5):58-64.

潘文国,2008.从"文章正轨"看中西译论的不同传统[C]//张柏然,刘华文,张思洁.中国译学:传承与创新:2008中国翻译理论研究高层论坛文集.上海:上海外语教育出版社.

潘文国,2011.文章学翻译学刍议[C]//汪榕培,李正栓.典籍英译研究(第五辑).北京:外语教学与研究出版社.

潘文国,2012a.中国译论与中国话语[J].外语教学理论与实践(1):1-7.

潘文国,2012b.寻找自己家里的"竹夫人":论中西语言学接轨的另一条路径兼谈文章学[J].杭州师范大学学报(社会科学版)(3):93-99.

潘文国,2013.构建中国学派翻译理论:是否必要? 有无可能?[J].燕山大学学报(哲学社会科学版)(4):20-24.

潘文国,2014.译文三合:义、体、气:文章学视角下的翻译研究[J].吉林师范大学学报(人文社会科学版)(6):93-101.

潘文国,2019.文章翻译学的名与实[J].上海翻译(1):1-5,24,94.

潘文国,2020.翻译研究的中国特色与中国特色的翻译研究[J].国际汉学(增刊):5-37.

潘文国,2021.中籍英译通论[M].上海:华东师范大学出版社.

乔国强,2022."世界文学"中的中国文学问题[J].中国文学研究(3):189-197,205.

田心铭,2020. 学科体系、学术体系、话语体系的科学内涵与相互关系[N].光明日报,2020-05-15(011).

杨士焯,2008.简论翻译写作学的建构[J].写作(5):19-20.

杨士焯,2012.英汉翻译写作学[M].北京:中国对外翻译出版公司.

赵国月,周领顺,潘文国,2017a.翻译研究的"中国学派":现状、理据与践行:潘文国教授访谈录[J].翻译论坛(2):9-15.

赵国月,周领顺,潘文国,2017b.认清现状,树立中国本位的对外译介观:潘文国教授访谈录[J].翻译论坛(3):4-8.

DAMROSCH D, 2003. What is world literature? [M]. Princeton: Princeton University Press.

TONINO L, 2015. The egret lifting from the river:David Hinton on the wisdom of ancient Chinese poets[J]. The sun, 469: 4-13.

作者通信地址:200092 同济大学;chenlinxt7@tongji.edu.cn
　　　　　　　200092 同济大学;iriswanghan@126.com

文章论透外国语，翻译映显中国心

——从潘文国译《〈朱子全书〉及其传承》
看典籍外译的"道"与"器"

孙 艳 张 旭

1. 引言

潘文国先生为学徜徉于"中外古今"之间。这四个维度充分诠释了其学术谱系构成："中古"意指音韵学研究，"中今"意指对外汉语教学研究，"外古"意指英语语言哲学研究，"外今"意指对外传译研究。虽携具融通中外古今之学问，但近年来潘文国（2017a）在外语学习走进新时代的大背景下多次呼吁重拾并重释"中国人学外语，学外语为中国"的外语学习观，并寄语外语界和翻译界青年学者"学了外语一定要为中国服务"（王宇弘，潘文国，2018：101）。在其百余篇学术文献中，无论是早期对英汉语言系统的对比分析，还是近期对中华典籍外译的理论建构，都践行了他一贯倡导的语言学习理念。其在论透外国语言的同时，映显了学术致力的中国心。

2. 文章翻译学和《〈朱子全书〉及其传承》

文章翻译学[①]就是潘文国学理研究拳拳中国心的凝集所附。在 2012 年，他就将文章翻译学大道至简地概括为"用写文章的态度来对待翻译"（潘文国，2012a：5），之所以要提出文章翻译学，也源于他拟将针对诗歌、散文的"美文需美译"主张里"文"字范围扩展至所有中国典籍之初衷（潘文国，2017b：7）。文章翻译学之源，可溯至中华先贤与训诂、儒学并奉的文章之学；文章翻译学之流，可遍及典籍外译、美文中译及一切需要"文"化的翻译文本（2017b：5）。随着文

[①] 文章翻译学起初名为"文章学翻译学"，后考虑到汉语节律、字义误读等因素，潘文国教授（2019b：2）在《文章翻译学的名与实》一文中正式确立了"文章翻译学"这一术语，故本文沿用这一命名。

章翻译学系统框架的逐步构建,先后有冯智强/庞秀成、操萍、阳林靖/曾文雄、李志强/方祺祎、张德让、王宇弘、徐剑等多位学者在其理论指导下对《狱中杂记》《迷谷》《原富》《尔雅》等文本翻译进行了多角度的探讨,《上海翻译》2019年第1期开设了"文章翻译学研究"专栏,使更多学人能够在不同翻译视角启发下思考中国特色传统译学的未来走向。"文章翻译学充分吸收中国典籍养分,化用中国人'做文章'的美学传统,视角从'人'开始转向,将其发展成一套充满民族特色的实践原则"(陈可欣,辛红娟,2021:129),同时其背靠的丰厚中华传统文化资源也让文章翻译学具有无限拓展的空间。诚如潘文国(2019b:5)所言,"文章翻译学植根于中国传统的文章学,其是否适宜于用,当然首先应在中国'文章'的翻译中得到检验"。

2017年,潘文国策划主编的"汉英对照近世经典与传统文化系列"丛书由上海外语教育出版社出版,该丛书立意新颖,并未简单选取中华典籍原本进行翻译,而是诚邀相关专家对《朱子全书》《传习录》《资治通鉴》《文苑英华》《太平广记》《大藏经》以"大家写小书"的汉语简要专著汉英对照形式出版(傅惠生,2017:III)。丛书一经出版,引起了强烈的社会反响。《中国语言政策研究报告(2019)》论及文化外译选材问题时肯定了其填补中国文化译介空白的重要意义(国家语言文字工作委员会,2019:116),该丛书还作为"2018年中华优秀文化走出去外译的突出案例"被收录于《中国语言服务发展报告(2020)》中,报告中指出丛书"著者和译者都是享誉国内外学界的名家,他们的研究和译作进一步满足海外读者了解中国优秀传统文化的需求"(屈哨兵,2020:330-331)。

《〈朱子全书〉及其传承》(以下简称"《传承》")便是这套丛书之一,中文作者傅惠生,英文译者潘文国。该书突破了中华典籍外译常用的原典译介体例,创新性地以典籍叙述性介绍文本作为原本,以汉英对照的方式呈现给中外读者。全书分《朱子全书》简介""朱熹的主要性格特点""朱熹哲学思想的主体特征""宋代理学的集大成者""《朱子全书》的传承"五部分,书后附"朱熹研究书目及英译"和"朱熹研究术语及英译"。朱熹著作是中华典籍外译系统中相对薄弱的部分,目前英译版本仅有《近思录》《朱子家训》《御纂朱子全书》《朱子语类》《周易本义》等可考,其中又以节译、选译为主,鲜见全译本。这些译本多角度地向英语世界介绍了朱熹理学蕴含的中华传统文化思想,但尚未形成系统的译介脉络。《传承》在内容上不但着重朱熹原典的阐释,也向世界传达了中国学人对朱熹思想的理解和沿用,立体多维地展现了中华传统内质浑厚的哲学思想和当今学者深入细致的历史梳理。作为译者的潘文国,在2003年就将韩国金永植所著《朱熹的自然哲学》一书译成中文。从原本内容看,《朱熹的自然哲学》侧重自然科学,而《传承》侧重理学哲思;从语言方向看,前者为英译中的译入,后者为中译英的译出;从翻译目的看,前者将域外学者的观点引介给国人,后者则将中国学说的理念传译至海外。他这两次对朱熹相关文本的翻译活动,称得上中外思想交流循环的完美范例。下文将以潘文国译《传承》为例,呈现文章翻译学在中华典籍外译实操过程中的指导意义。

3.《传承》中典籍外译的"非常道"

潘文国倡导的文章翻译学将译学理论的关切点清晰地划分为两个层次,一是译事之"道"即"形上",二是译事之"器"即"形下"。作为中国传统译论继承的文章翻译学之"道"可谓"非常道":他将严复所提"信、达、雅"作为翻译之道,并从其文章学溯源中着重强调翻译活动中"人"的作用。在他的阐释中,译事三难"信、达、雅"实则意指"三者兼备的译才之难"(潘文国,2021:131)。

3.1 "非常道"之"信"

潘文国(2018:17)将文章翻译学元理论中的"信"上升到"理想的道德境界",认为译者要具备高尚的品德,并极度忠诚于翻译事业。只有这样的文人,才能写出好文章;只有这样的译者,才能译出好文章。考察《传承》翻译过程中译者"人"的因素会发现,潘文国初入译坛就与中国传统文化结下了不解之缘。1995年,英国 Household World 出版公司推出了 *Selected Masterpieces of Contemporary Chinese Calligraphers*(《中国当代书家法书选》),这是潘文国出版的首部译作。他不但作为译者出现,而且还负责作家作品的选摘,该书融入个人爱好、学术背景及专业素养。时隔3年,他又主译了上海古籍出版社出版的 *Philosophical Maxims of 2000 Years Ago*(《二千年前的哲言》)。据潘文国(2017c:568)回忆,该书是作为向国外弘扬中国优秀传统文化的教材而出版的,所以当时对翻译有较高要求,针对读者群体提出的"明白、通畅、简洁"三个标准,翻译时尽量搜集已有典籍的英译版本,在反复对比后才下笔,力求能超越前人,可见他对待典籍翻译的认真态度。他不仅在传译中国传统文化文本时着意遣词用句,在将外国优秀作品转化为中文时也对作者、体裁、文字有着独到的、具有中国特色的翻译用笔。1999年,潘文国在其译作《赫兹列散文精选》前言中专门指出,由于原作者有时"好用典,好用对偶排比,特别爱用警句体",类似中国读者读《论语》的感觉,受益于严复提到的"古文笔法",他尝试用文言来翻译部分篇目,即便是在白话体译文中也注意保持原作者"爱用排比、气势磅礴"(赫兹列,1999:15-17)的特点。此种以中寓西、以古喻古的翻译手法,对学贯中西、谙熟古今的潘文国来说,自然得心应手。在《朱熹的自然哲学》翻译过程中,他面对大量典籍回译文本并未以汉语专家自居,而是"一度几乎成天泡在古书堆里,苦苦寻觅一些引文的原文",因为潘文国认为"要是回译出差错,那是中国读者很难原谅的"(金永植,2003:译者序)。该书出版后立即引起国内朱熹研究界的高度重视,成为朱熹研究的重要国外书目,而将海外中华文化观点引渡回国的潘文国则起到了不可或缺的桥梁作用。经过以上翻译实践的锤炼,作为译者的潘文国在翻译《传承》时已具备了其在文章翻译学中强调的译者"对翻译事业的高度责任感"(潘文国,2021:137)。

典籍外译不同于一般的翻译实践,是"将中国古代重要文献翻译成外国语言的行为"(罗选民,李婕,2020:84),中华典籍分类从《七略》中的六艺、诸子、诗赋、兵书、术数、方技到《四库全书总目》里的经、史、子、集,都体现了中国历史长河中诸多先贤志士及广大人民的知识与智慧结晶。从事典籍外译时,面对的不仅是原本中呈现的逐行文字,更是"中国典籍背后的中国文化体系"(潘文国,2022:62)。因此,典籍翻译者要对原文本常怀敬畏之心,终有取信之义。在此方面,潘文国以其三十余载典籍外译勤谨耕耰,为译者做出了"信"的表率。

3.2 "非常道"之"达"

文章翻译学中的"达"是"理想的意义境界",要做到"达"就需要尽量使原文意思得到完全转达(潘文国,2021:131)。潘文国早年论及古籍英译标准时曾借用林语堂"翻译标准的三个方面"中对译者责任的论述,即"第一是译者对原著者的责任,第二是译者对中国读者的责任,第三是译者对艺术的责任"(林语堂,1933:327),他还提出将第二条扩展到译者对译入语读者的责任,以使此条标准具有普遍意义(潘文国,2017c:569)。如果将林氏"译者对译入语读者的责任"与文章翻译学中"达"的境界相结合,那么典籍外译中从"人"的角度看,"隐含了对两种语言文化知识的高要求"(潘文国,2021:137),需要译者群体将中华典籍系统的文化意义对域外读者做出恰当的传达。这样的"达"不仅仅停留在还原文本意义的层面,更需上升到中华优秀传统文化资源外译体系的高度。典籍外译的译者有责任将整个中华文脉的精华视作一个"元文本库"进行整理发掘,并负责任地将其译介给译入语读者。典籍外译单个译者的翻译活动,都是这个大翻译实践的有机组成部分,因此在"达"的要求下要具有更为高远的视野和更为全面的考虑。

很显然,《传承》体现了丛书策划者对典籍外译体系的高站位、全方位理解,为这一系统中薄弱环节的翻译加固探索了道路。中国在宋代处于相对稳定的发展时期,其社会生产及经济文化发展水平都达到了一个历史高峰。从以四大发明为代表的科学技术开发应用,到以宋朝词画为代表的文学艺术盛兴,再到以朱熹理学为代表的哲学体系突破,宋代的历史文化地位在中国传统文化脉络传承中是不可忽视的。尤其是朱熹在儒学基础上吸纳佛、道、诸子百家精义而形成的朱子理学,正是中国传承与创新的文化精神体现。其"国以民为本,社稷亦为民而立"的主张,亦是对中国古代民本思想的阐释和发扬。2021年3月22日,习近平总书记在朱熹园考察时强调:"要推动中华优秀传统文化创造性转化、创新性发展,以时代精神激活中华优秀传统文化的生命力。"(光明日报调研组,2022)秉承着这样的时代使命,当今译者在典籍外译过程中更要着重推介朱熹著作这样具有承上启下意义的伟大作品,力求向世界全面展示中华文明的文化脉络。潘文国更是敏锐地发现,"中国文化的对外译介中,几乎把重点都放在先秦……而宋代及其后的著作,除词曲小说外,真正有影响的文化巨著,却乏人译介"(傅惠生,2017:I)。故此,"汉英对照近世经典与传统文化系列"丛书才得以问世,并担负起译者对译入语读者复现源语文化脉络的"达"的责任。《传承》在内容策划时就对如何完整展现中国文化基因理念体系做了考量,全书将典籍文本穿插进对朱熹本人生平、朱熹哲学思想和后世文化传承的讲述中。对译入语社区读者而言,能够充分感受到朱熹及其思想在整个中华文化脉络中的意义所在,进而趋近文章翻译学提倡的"达"的"理想的意义境界"。从宏观的角度看,《传承》的出版也填补了中国文化译介的空白,一定程度上缓解了中华典籍外译"两头热,中间冷"的尴尬局面。

3.3 "非常道"之"雅"

传统文章学对作文和作文之人的要求可总结为人品、意义、文字三个层面,潘文国(2021:131)借此将文章翻译学中的典籍外译之道"雅"定义为"理想的语言境界",译文中要使用"雅"的语言,才能达到好的效果。"雅"的境界还存在两种分层:从"尔雅"延伸的语言规范性和从"典雅"衍生的语言美化性。他还指出"'雅'的取舍标准并非译出者的爱好,而是译入者的需要",并且"要考虑接受者不懂原文,也不会回到原文去的阅读心理"。(潘文国,2020:34)简而言之,典籍外译的"雅"要求译者在明确译文阅读目标人群的前提下,使用其所在语言社区中的规范性语言,并尽可能地将中文典籍中的美文用具有相同接受效果的目标语言译出。以上阐释又会引发相应问题,如中华典籍外译的目标读者人群是谁? 又如何将中国美文以"雅"的方式进行美译? 这些叩问看似简单,但在典籍外译实践中仍长期不受译者重视,甚至被忽视,从而影响了我国典籍外译的总体质量。

而作为《传承》英译者的潘文国,在几十年的典籍翻译实践中已对"雅"有了较深入的认知。对于典籍外译的目标读者,他曾指出现实中很多典籍外译者自觉或不自觉地将国内英文学习者当成了潜意识中的读者人群,在译本注释、附记、索引等方面都未充分考虑外国读者的知识背景和阅读习惯,一个负责任的翻译者会真正考虑到海外读者的需要进而用学者型翻译进行典籍外译(潘文国,2012a:16)。这也是造成某些典籍外译文本传播效果不理想的重要原因。

即便对于海外读者,在外译时也要做好群体预判,普通型读者和专家型读者对于译本的需求可以说是大相径庭。只有做到了这些才能揣度典籍外译时读者心中"雅"的语言概貌,从而达到良好的传播效果。此外,早在我国大规模典籍外译实践伊始,潘文国与同人就明确指出"雅"在典籍外译应用场景中要有针对具体翻译对象即中华典籍而产生的新的解释。他们认为中国古籍虽风格不同,但都具有言简意丰的特点,因此"古籍之'雅'要在'简洁'"(张洁华,黄蕾,徐来,等,1999:77)。所以,在纪念"信、达、雅"提出一百周年时,他发文再论典籍外译的翻译标准,即"明白、通畅、简洁"(潘文国,2017c)。反观《传承》一书,潘文国把主要目标读者定义为"对中国文化有兴趣但知之不多的外国读者"(王宇弘,潘文国,2018:98),所以他从中文内容的撰写开始就充分考虑了这部分读者的需要。同时,译者对英文译文的要求以"便于读者接受为第一要义",文内附必要注释,并特意添加了"朱熹研究书目及英译"和"朱熹研究术语及英译"附录,可以说从不同维度、层面满足了目标读者的需求。

潘文国在中国传统文章学视野下,针对典籍外译适时提出了文章翻译学指导理念,将严复提出的"信、达、雅"还原回讨论"译事"的宏观语境,并赋予其更为深刻的中国特色阐释,是从中华传统文化脉络对"信、达、雅"原意的一次系统复位。《传承》筹划出版过程亦以"信、达、雅"三方面的理想境界为追求目标,凸显译者对中华典籍的敬畏之心,也担负起典籍译者应有的文化传播尽信、尽达之责任。

4.《传承》中典籍外译的"扶正器"

正如前文所言,作为典籍外译"非常道"的"信、达、雅"是对译人、译事全局的、系统的要求,而在"译文"层面文章翻译学也提供了相应具有指导性和实操性的"扶正器"——"译文三合:义、体、气",作为典籍外译的翻译实践和翻译批评标准。此处将"义、体、气"喻作"扶正器"有以下两层含义:一是"道"层面的"信、达、雅"源自中国古代文章学正统,"器"层面的"义、体、气"作为"信、达、雅"的继承和深化,亦是文章学应用于翻译领域的"正器";二是面对当今典籍外译出现的部分翻译质量不理想、传播效果欠佳等问题,借用中国传统医学里"扶助正气(器)"以提升人体抵抗力应对环境变化的理念,拟通过"义、体、气"标准把脉典籍外译,解决实际翻译活动中的具体问题。善于运用具有中国传统文章学特色的义合、体合、气合标准,有利于以传播中国优秀文化为理念的中华典籍外译工作健康持续发展。

4.1 "扶正器"之"义"

文章翻译学中的"义"是中文典籍原文里"字本位"观照下中国传统文化语境中的客观意义存在,那么这就对"义"的理解提出了多方位要求。潘文国(2014:96)曾将"义"划分为"字辞义""组织义""系统义",虽然从翻译界的泰勒三原则到严复的"信、达、雅"再到"忠实、通顺"都以传达原文意义为第一要义,但典籍外译中的"义"却难有定"义"。在当今典籍翻译过程中,部分译者依据的并不是原典,而是今人对典籍的今译,这就难以避免出现意义的偏差,从而导致翻译从源头上就偏离了真"义"。潘文国(2019a:19)强调,"读经典一定要读'原典'……不能以读后人注释代替读原典,更不能把今人的白话翻译当作原典读",进而译者必须略懂文字、音韵、训诂等中国传统学术基础。这其实也内涵了作为"非常道"层次的"信"对译者专业素养的高要求。从《传承》英译本中可以看到,译文从多个层面呈现了对"义"标准的行为解释,下文将选取较具代表性的译例来阐释译者的翻译用心。

古代人名字号翻译求用"义"合。古人的字、号是颇具中国传统特色的姓名文化,为了与"名"相为表里,作为解释和补充的"字"大都与"名"有着意义上的联系,而用于别人称呼的"号",其形成过程更加多元。除字号外,古人依身份地位不同,还会有谥号、庙号、尊号等。这些是中国传统文化的重要组成部分,同时从客观上看也给典籍外译造成了一定的传播困扰。以朱熹为例,朱熹字元晦、仲晦,号晦庵、晦翁,别名朱子、文公、紫阳先生、考亭先生、沧州病叟、云谷老人。在典籍外译中如何处理这些"一人多称谓"的现象,会直接影响到读者的阅读接受。《传承》中涉及的朱熹常用称谓有:朱熹(747处)、朱子(378处)、朱文公(30处)、晦庵(23处)、紫阳(12处)、考亭(8处)、元晦(5处)。前文已提到,《传承》的目标读者定义为对中国文化有兴趣但知之不多的外国读者,为了在原典和目标语读者两端找到一个较为"合"的点,译者在《传承》英译中将所有涉及朱熹的名号称谓都译成"Zhu Xi",这样既传达了原典中的基本人名所指,又使对中国文化"知之不多"的外国目标读者不至于陷入"乱名渐欲迷人眼"的境地,保证了在最基础层面上以一种"求同"的"义合"方式进行翻译。此外,值得注意的是,译者在处理"孔子"这类英语中已有较为固定用法的人名时特意区分了人物语境和学说语境,人物指称明显时用"Kong Zi",学说指称明显时用"Confucius"。拉丁词汇"Confucius"自进入英语语境后随着文化交融的深入及社会历史的发展,词义从最初的人物指称逐渐演变为与宗教哲学关联较强的学说指称。而美国当代英语语料库(COCA)数据显示,近年来"Confucius"又常与"Institutions"作为词对出现在各大媒介,其语意关联也日显黏着。如在典籍外译过程中将人物与学说的界限划定,使得人物和学说具备了词形标签,就有利于外国初级读者进行较为顺畅的语义判断,做到了灵活的"义合"。

核心术语概念翻译求本"义"合。从1981年中国文学出版社推出"熊猫丛书"至今,中华传统文化外译的大规模实践活动已开展40余载,其离岸效果一直都是中国翻译界关注的热点,虽然国内对该领域的研究颇多,但中文典籍外译后究竟有没有抵岸,抵达后是否在当地语言社区形成了文化传播链条,都是值得当代翻译学者深思的问题。潘文国(2017d:141)曾形象地比喻,20世纪90年代开始的中华文化外译活动从目标读者和实际效果看,还不能称为真正的中华文化传译,只能是积累经验和锻炼人才的"第一次出发"。但如果想做好"大变局"时代的"第二次出发",那么"正名"则需要被放在典籍外译工作的首位,核心术语是理解和表达中华文化整体与局部形象的重要手段,能够反映"中华文化及其体系的真实面貌","译名的处理是否得当就是话语权","对中华文化走向世界具有至关重要的意义"。(2017d:142)《传承》中论及的朱熹思想体系核心莫过于"理"这个术语,潘译本将"理"译为"principle",但过往中外学者对"理"字英译有着多版本的解读方式。目前可考证的"理"的英译有"principle""pattern""coherence"等,不同译者在这些译名中都融入了自己对朱熹理学的见解。譬如,2019年美国新儒家宗教思想专家约瑟夫·A. 艾德勒(Joseph A. Adler)英译了朱熹《周易本义》,译者根据自己的理解还提出了"order/ordering"这一不同过往的新译,原因在于其颇似太极概念中隐喻的世界秩序(Adler, 2019:29-30)。正如前文所述,"义、体、气"应被视为典籍外译的扶正之"器",扶正固本皆需回看中国传统经典中核心术语概念的本原何在。在典籍外译过程中,中华典籍是整个翻译活动的出发点,一旦脱离了这个原点,那么方向会不可避免地出现偏离。中国传统哲学中,虽然对朱熹之"理"的理解各有侧重,但也绝非没有共识。通常认为,朱熹的"理"是具有层级体系特性的术语,不仅涉及万物本原,也论及人生准则,更体现道德约束。如果将此共识与"理"的英译对比,则发现只有语意丰富的"principle"最符合"理"的定义。在《牛津词典》中,"principle"的词汇解释包括以下几个方面:

a fundamental truth or proposition that serves as the foundation for a system of belief or behavior or for a chain of reasoning

—a rule or belief governing one's personal behavior

—morally correct behavior and attitudes

a fundamental source or basis of something

—a fundamental quality or attribute determining the nature of something

—an active or characteristic constituent of a substance, obtained by simple analysis or separation

纵观这些"principle"的释义,与朱熹的天理论、心性论、致知论中的理学思想十分贴切。因此潘文国译《传承》中传承了中华传统哲学思想的本义,在典籍外译中传达了真正的文化核心术语概念,有助于中华文化传译"第二次出发"的顺利开展。

4.2 "扶正器"之"体"

文章翻译学根据中国古代文章学对写作的要求,在"义合"的基础上提出了进一步的翻译标准,即"体合"。20世纪末期,我国外语学界对文体的理解受到了西方文体学较大影响,但文章翻译学中"体"的认知与其既有相通之处,亦有细辨之别,汉语的"体"讲究"韵、对、言、声"等层面。在典籍外译中作为"扶正器"的"体"强调语言的形式转换,虽然汉英语言有较大形式上的差别,但绝非不可为之。潘文国(2022:141)认为"从翻译的角度看,如果只有内容的翻译,没有形式的转写,就不是完整的翻译"。结合中文原文的书写特点,在《传承》英译中最明显的就是"韵"与"对"两个特征。因此,对《传承》英译本的考察也将以此为标尺,丈量出典籍外译的传播尺度。

以"韵"观,中国传统韵文常见形式包括诗、词、曲、赋、颂、赞、箴、铭、诔等。《传承》主要阐述朱熹哲学思想及其影响,对他的诗词作品涉及较少。诗句并不是全书重点呈现的形式和内容,中文原本论述中也仅有五六句对中国古代诗句的引用,但英译本在"韵"的细节处理上仍然尽量体现出汉语原诗有"韵"的特点。譬如,在讲述两宋时期不少宰相或大学者皆出身平民时,中文引用了宋代汪洙"朝为田舍郎,暮登天子堂"一句。译者对这句引用诗文在英语翻译"A muddy-footed farmer in the morning, an official in the emperor's court in the evening"中运用了较为明显的尾韵策略,而句中的"farmer"和"emperor"也在一定程度上贴合了英语诗歌内韵的特点,使得语言韵律较为整齐。若说在中诗英译专著专论里这样的技巧必定是标配,那在以现代汉语阐述中国古代文化思想的《传承》中译者能时刻保持典籍外译对"韵"的要求就既体现了译者"信"的"理想道德境界",又反映了"达"的"理想意义境界"。

以"对"观,潘文国(2022:143)认为如果"把骈文译得跟散文一样",那么在"体合"上就是失败的。《传承》引用的典籍中不乏对仗工整、行云流水般的中文表达,译文都对英文的句子结构做了较好处理以体现原文中的对仗之美。例如,文中《易传》一句"阳也,刚也,仁也,物之始也;阴也,柔也,义也,物之终也",英译为"Yang, firmness and Humanity referred to the beginning of things whereas Yin, yieldingness and Righteousness referred to the end of things."(傅惠生,2017:238–239)。其中译者在英文译文中将汉语原文中词性词义相对译出的同时,还用英语语法还原了汉语中的紧凑结构,复现了汉语的形式美和节奏美。再如,书中引用《中庸》中的名句"博学之,审问之,慎思之,明辨之,笃行之",译者将其处理为"He must study broadly, inquire carefully, meditate cautiously, discriminate clearly and practice earnestly."(2017:279)。相较某些外国译者的版本,如理雅各(2014:284)译文"To this attainment there are requisite the extensive study of what is good, accurate inquiry about it, careful reflection on it, the clear discrimination of it, and the earnest practice of it.",潘译本在传义的基础上更能使外国读者体悟汉语简洁结构的张力和魅力。这也正是潘文国多年来都在学界号召中华典籍外译工作不能放手由外籍译者全权承担的原因之一。面对"义合"层级更高的"体合"标准,没有经过多年系统汉语语言和文化学习的外籍译者是很难具有这样的翻译能力,甚至这样的翻译意识的。

4.3 "扶正器"之"气"

如果将典籍外译的"扶正器"再提高一个层次,那么这里"气"的标准就是"义"与"体"的调和与贯通,是一加一大于二的推动器和加速器。潘文国(2022:145-148)将过往学界难以言表的"气"具化为"音节的调配与句子长短的安排",其本质是"音义互动",包括"长短句的安排、散句偶句的运用,以及声调、停顿的操控等"。可以说气是中国传统"文章学的灵魂",也是"中国典籍外译的最高要求"。(2022:146)《传承》原文与传统意义上的典籍外译原本不同,书中阐释部分皆由现代汉语呈现,引用部分都来自汉语古代典籍,从语言上为读者呈现了古今交错的阅读冲击,这种冲击更多的是由外译中"气"这一高标准要求实现的。

《传承》中朱熹论述"三纲八目"部分引用了《朱子全书》中收的《大学》第一章,其中"知止而后有定,定而后能静,静而后能安,安而后能虑,虑而后能得"(朱熹,2002:16-17),英译为"Knowing where to stop, one will have determination. Determination leads to calmness. Calmness leads to tranquility. Tranquility leads to deliberation. Deliberation leads to attainment."(傅惠生,2017:269)。在此译文句群中,译者严格按照汉语原文的"义""体"特征,在不漏译、冗译的基础上用英文还原了汉语的节奏形式美韵。汉语首句为六言,后四句为五言,英译中并未使用"N. leads to N."的形式将首句与后四句处理成排比句式,而是使用由"one"代指人的句子,以强调后句的论述均涉及"人"的范畴。后四句既有"leads to"构建的英语排比,也有由前句末词和后句首词"determination""calmness""tranquility""deliberation"形成的联珠法(Anadiplosis)修辞对应汉语原文的顶真效果。英文行文错落有致,富于变化,又不离其原文之宗,意境浑成。相比之下,理雅各首句译为"The point where to rest being known, the object of pursuit is then determined",后四句译为"and, that being determined, a calm unperturbedness may be attained to. To that calmness there will succeed a tranquil repose. In that repose there may be careful deliberation, and that deliberation will be followed by the attainment of the desired end." (理雅各,2014:224–225),译本虽意义呈现清晰,但译者并未为目标语社区读者还原汉语典籍特有的"音义互动",故而在"气"的标准参照下略逊一筹。

典籍外译活动以"文化"作为主要传播对象,而中国的传统文化是立体的、多元的,体现在汉语语言上的文化要素尤为丰富。潘文国(2004:43)也曾主张,在古籍英译的过程中,要达到高质量的翻译,中国学者的参与几乎不可避免。对于母语者也往往"只能意会,不可言传"的风格上微妙的感觉,外国译者是很难体会的。如果说清末民初传统的汉语诗歌形式无法盛纳形式多样、自由奔放的西洋诗风(张旭,2022:87),那么在文化交融程度愈深的今天,同样也可通过汉语典籍英译对"气"的传达为英语语言文化带来不一样的异域观感。因此,典籍外译时涉及语言形式要素只一味取"义"而不重"体"的做法,是很难将汉语真"气"展现给世界的。

5. 结语

过去几十年间,一大批中外学者投入中华典籍外译工作,翻译成果初具规模,也产生了一定国际影响。但新时代背景对中国外译工作提出了新要求,做好外译工作的第一步应该是"内学",在译成英文文章前要熟悉中国文章的传统做法,译者要了解中国文化才能向世界传译中国文化。潘文国先生五十余载中外语言研究耕耘,三十春秋传统典籍外译探索,献一片拳拳中国心于外语和外译事业,开一代中国特色外译理论之先,做人、做事、做学问亦是吾辈学习之楷模。他在典籍外译领域倡导的文章翻译学,其核心可理解为"外国语、中国心",对译者的要求更是上升到对翻译事业的道德境界,译者只有在深谙中华文化根基、通识中外语言精髓的基础上才能将中华典籍外译工作做大、做好、做强。

参考文献

陈可欣,辛红娟,2021.中国本土译学理论的古典美学特质探究[J].外国语言与文化(2):124–135.

傅惠生,2017.《朱子全书》及其传承[M].潘文国,译.上海:上海外语教育出版社.

光明日报调研组,2022.以时代精神激活优秀传统文化生命力:福建南平打造"朱子文化生态保护区"的实践与启示[N].光明日报,2022-03-25(5).

国家语言文字工作委员会,2019.中国语言政策研究报告2019[M].北京:商务印书馆.

赫兹列,1999.赫兹列散文精选[M].潘文国,译.北京:人民日报出版社.

金永植,2003.朱熹的自然哲学[M].潘文国,译.上海:华东师范大学出版社.

林语堂,1933.语言学论丛[M].上海:开明书店.

理雅各,2014.论语 大学 中庸[M].上海:上海三联书店.

罗选民,李婕,2020.典籍翻译的内涵研究[J].外语教学(6):83-88.

潘文国,2004.译入与译出:谈中国译者从事汉籍英译的意义[J].中国翻译(2):
    40-43.

潘文国,2012a.中国译论与中国话语[J].外语教学理论与实践(1):1-8.

潘文国,2012b.典籍英译心里要有读者:序吴国珍《论语》最新英文全译全注本
    [J].吉林师范大学学报(人文社会科学版)(1):16-19.

潘文国,2014.译文三合:义、体、气:文章学视角下的翻译研究[J].吉林师范大学
    学报(人文社会科学版)(6):93-101.

潘文国,2017a.走进外语学习的新时代:重释"中国人学外语,学外语为中国"
    [J].疯狂英语(理论版)(1):5-10,206.

潘文国,2017b.许老,译之时者也[J].山西大同大学学报(社会科学版)(2):3-7.

潘文国,2017c.古籍英译当求明白、通畅、简洁[C]//潘文国.潘文国学术研究文
    集.上海:上海外语教育出版社.

潘文国,2017d.从"格义"到"正名":翻译传播中华文化的必要一环[J].华东师范
    大学学报(社会科学版)(5):141-147,177.

潘文国,2018.文章学翻译学的可操作性研究:译文三合下的译例分析[C]//王宏
    印.典籍翻译研究(第八辑).北京:外语教学与研究出版社.

潘文国,2019a.从"三原"着手传承中华文化[J].沈阳师范大学学报(社会科学
    版)(2):19.

潘文国,2019b.文章翻译学的名与实[J].上海翻译(1):1-5,24,94.

潘文国,2020.翻译研究的中国特色与中国特色的翻译研究[J].国际汉学(S1):
    5-37.

潘文国,2021.文章学翻译学刍议[C]//潘文国.语译哲思:潘文国学术论文自选
    集.北京:高等教育出版社.

潘文国,2022.典籍翻译:从理论到实践[J].上海翻译(3):62-67.

屈哨兵,2020.中国语言服务发展报告[M].北京:商务印书馆.

王宇弘,潘文国,2018.典籍翻译的道与器:潘文国教授访谈录[J].中国外语(5):
    93-101.

张洁华,黄蕾,徐来,等,1999.古籍英译的起始性原则:纪念"信、达、雅"提出一
    百周年[J].华东师范大学学报(哲学社会科学版)(3):74-79.

张旭,2022.翻译规范的破与立:马君武译诗研究[J].外语教学(2):81-87.

朱熹,2002.朱子全书(第6册)[M].上海:古籍出版社;合肥:安徽教育出版社.

ADLER J A, 2019. The original meaning of the Yijing: commentary on the scripture of change[M]. New York: Columbia University Press.

作者通信地址:050024 河北师范大学外国语学院;sunyansellena@163.com

530006 广西民族大学外国语学院;zhangxuhk@163.com

四、语言探微篇

字母词的再分析与新应对

史有为

摘　要：字母词存在名称方面的问题。含字母的语词可以从字符形式、与原词的对应、所表达的语言、语义类型、专业性、读音、应用、规范与稳定、独立表示语词等9个方面探讨其复杂性。字母缩略词的特点可以从对应率、透明度、同质度、简易度、脱略称化、国际性等6个方面去认识。字母词对今天的语言生活是一项挑战。我们必须从加强规范、完善《汉语拼音方案》以及超前研究等3个方面去应对当前的挑战。

关键词：字母词；缩略词；汉语简称；字母词的挑战与应对

0. 字母词的现实与名称

今天，含有字母的语词已经形形色色地登上了汉语舞台，可以说花样百出，尽其所能。而中国公众所议论的"字母词"，其实早已不够准确，不能涵盖所有的样式。照理说，字母词是指全部由拉丁字母构成的词，以区别于汉字词。然而许多人使用并指称的对象，并非如此，更宽了许多。因此《现代汉语词典》才取其主要，附了"西文字母开头的词语"。然而其中有以《汉语拼音方案》拼写并缩略的词，如 RMB（人民币），HSK（汉语水平考试），算什么？拉丁字母不是已经成为汉语法定字母了吗，还算西文字母吗？当然，"字母"一语是中国自创的，古代早已出现。唐末已经有守温和尚三十字母，之后又有三十六字母之说，指的是声母。为区别而冠以"西文"也可理解。但在当下语境里，字母肯定是西来的，"字母"二字足矣。

再说，这些字母组合大都是简缩形式，已经成为囫囵个儿的词。按照当代的观念，一串音符或字符用来专门指称某个事物，具有了专属性或专指义，那该音符/字符组合即为词汇层面的词，可以不用称呼为"词语"。而且，所有的短语在被简缩以后就都"被迫"词化了。词化不仅存在于历时语义或用法演变中，也存在于瞬时的简缩中。有些新词或新造的短语，一诞生就给出简缩形式，比如当手机技术进入第二代（2G）时，产生了 time division multiple access（时分多址技术),并同时简缩为 TDMA,免去了更长的演化过程。

有鉴于此,《新华外来词词典》就将字母开头的词集合在一起,称为"字母起首词"。但仅仅以起首作为标准显然缺乏合理性,也不能涵盖所有的含有字母的相关语词,例如"卡拉 OK"和"5G"这类形式。因此,可以将部分甚至全部由字母参与构成的词合称为"字母参构词"。与此相对,由汉字构成并不含字母的语词称为"汉字词",这样就在逻辑上更为严密了。汉字词是中文原有的形式,相对于此的"字母参构词"则不免多多少少在外形上"非我族类"。但是为了称说方便,还是可以再利用"字母词"这个术语:全字母构成的为"狭义"字母词;在特定的无误解的场合下,也可以指"字母参构词",成为"广义"字母词。

1. 字母参构词内部的复杂性

"广义"字母词的内部非常复杂。我们拟从 9 个不同角度来盘点在此范围内的各种类型,以利今后的应对。

1.1　从字符形式上看,有两种情况

A. 全字母的构成。如 OK(同意;完成)、GDP(国民生产总值)、WTO(世界贸易组织),为了周严,可以称为"全字母词"。

B. 夹有字母的构成。如阿 Q、T 恤、卡拉 OK、5G。其中的字母可以处于各个位置,与汉字或数字混合组成。还有些表面为数字,实际却是英语词,如 C2C(客户对客户;2=to,对),可以合称为"含字母词"。

1.2　从字母参构词与原词对应来看,也有两种情况

A. 字母缩略词。简称缩略词。如 AI(人工智能)、CT(计算机层析成像)、MBA(工商管理硕士)、U 盘/USB(通用串行总线)。

B. 非缩略词。有两种情况:一种是截取字母表的形式,但极少,如 ABC(入门常识);另一种则是通常的词汇形式,如 no(不)、case(案项)、out(过时)。它们在使用过程中,有些会逐渐被汉化,如 high(兴奋)被汉字"嗨"所替代,hold(掌握)也从英语读音/həuld/逐渐汉化成汉语音"hōu",那个-ld 尾巴终于甩掉了,只要找到容易读写的汉字,预计 hold 也会被汉字所替代。

1.3　从来源语言看,也有两种情况

A. 源自西语。如:pH 值(氢离子浓度指数)、LED(发光二极管)、APEC(亚太经济合作组织)。它们都是来自西语原文的外源字母词,没有被汉化。汉语母语者一直将它们当作西语形式,并未完全将其视为汉语的词汇。因此,其性

质是最邻接西语的"准外来词"①。

B. 源自汉语。如:RMB(人民币)、HSK(汉语水平考试)、CCTV(中国中央电视台)、YY(意淫)。它们基本上是汉语词按拼音首字母缩略而成的形式,数量较少,而且大都是对外的,是"外转内销"。也有的只是用于技术标准或产品的编号,如GB([中国]国家标准),并非真正的单词。但也有个别的是在1949年前构成的形式,"阿Q"就是典型的一例,Q在鲁迅时代用的是西方习惯对应汉语的音,无所谓送气与否。鲁迅对应的是"贵/桂"的声母,而非现在汉语拼音"器"的声母。

1.4　从语义表达或指向看,也有两种情况

A. 表示通名。如IQ(智商)、CEO(首席行政高管)、X光(伦琴射线)。这一类包括日常语词与科技术语的简缩,具有通用性指称的特点。

B. 表示专名。如WHO(世界卫生组织)、USA(美国)、OPEC(石油输出国组织)。这一类包括地名、国名和机构团体名的简缩,具有指称唯一性的特点。

1.5　从词语的专业性看,也有两种情况

A. 专业词。如DOS(磁盘操作系统)、CDMA(码分多址,用于数字通信技术)、PSA(前列腺癌抗原标记物)、K线(证券价格走势线)。这一类基本限于专业人员使用。专业词中有小部分会随着专业性事物的普及而转化成非专业词,如CT(计算机断层扫描分析)、B超(B型超声波诊断仪),已经成为人们的日常用词。

B. 非专业词。如:VIP(贵宾)、KTV(卡拉OK包厢)、AA制(平均分摊或各算各的账)。这一类是普通百姓在日常生活中都可能使用的。

1.6　从实际读音来看,也有两种情况

A. 西语习惯读音。绝大多数按英语字母名称音去读,如WTO读为/dʌbliu:-ti:-əu/;少数按西文语词的拼读法去读,如APEC读为/æpek/。当然,所读的英语音是否标准则另当别论。这也为字母词的身份之争埋下了伏笔。按理说,如果是汉语的用词,为什么还用英语字母读音,《汉语拼音方案》不是有规定的名称音吗?

---

① "准外来词"是一种打破传统二分的类别。有两种准外来词:一种是靠近西语的,即上述字母词;另一种是靠近汉语的"准外来词",即来自日语的汉字词。这样就可以表现外来词系列的实际的连续统形态,避免为归属而生的无谓争论,把有限的研究精力放到更有实际意义的地方。

B. 汉语原词读音。大部分都读成汉语原词,如有些网文里非规范性的 YY 和 TM,会读成"意淫"和"他妈(的)"。这些字母形式中有些比较低俗,偶尔也会故意回避不读,只用于书面表示。

1.7 从规范性与稳定性来看,也有两种情况

A. 官方或权威者发布,具有规范性与稳定性。如 APC(复方阿司匹林)、PPT(一种电脑演示文稿图形软件)、MP3(第 3 代数字音频压缩格式的装置)。它们大都来自西语文化产品或媒体。西方官方对此大都没有明文规范,但已约定俗成,形成事实规范,因此也具有稳定性。

B. 民间自发产生,带有随意性和不稳定性。如 YY(意淫)、TM(他妈)、MM(妹妹)、瑟瑟发抖(SSFD)。它们都是非规范的,大都是年轻人受到西语字母词的影响对汉语书写的一种反应,是一种自发的文字玩弄,绝大多数是随意的。其在深层次上反映了年轻人不甘于现状,是对汉语文规范的一次挑战。例如 MM 何尝不能认为是表示"妈妈"? YYDS 说是"永远的神"的缩略,但别人可能会以为表示"一衣带水"。

1.8 从应用来看,也有两种情况

A. 可以用于正式场合或传统媒体。如 USA(美国)、RMB(人民币)、PDF(受到保护、不可变更的电子文件格式)。它们的使用范围广,在正式与非正式场合都可以使用。

B. 限用于非正式场合、自媒体或某些新媒体。如 TM(他妈[的])、SSFD(瑟瑟发抖)、MDZZ(妈的智障)、WJYP(违禁药品)。这些形式里有许多是不登大雅的,只能在某些自媒体或某些新媒体里偷着"亮相"。

1.9 从可否独立表示语词的方面看,也有两种情况

A. 可单独表示确定的语词。现在纸媒上出现的字母参构词基本上是这类情况,无须配合该词的录音或原词。它们即独立语词的本身。如 IQ(智商)、DIY(自己动手)、RMB(人民币)。

B. 必须依靠语音才能表示确定的语词。这些形式大都源自汉语,只是需配合视频的说明文字(字幕),或者必须有超出传统的语境依赖,否则无法正确理解。如 M 国(美国)、J 卫(警卫)、T 治(统治)、医 W 人员(医务人员)、JB(剧本)。如果没有有声解说,根本就让人丈二和尚摸不着头脑。它们具有极强的附属性和不正常性,也有显著的临时性和不稳定性,随用随弃。例如,看见"B 权""省 B 级",还以为相对于 A 权和省 A 级的次一等级,其实是表示"霸权"和"省部级"。又如,将美国写成"M 国",而同一文本的另一处,或另一个文件里就写

成"美G"或"MG"。这些也都反映了当代年轻一代对语言文字的戏谑态度与处世价值观。

字母参构词的复杂性主要就表现在这9个方面。认识它们的复杂性，才能认清当前汉语面临的乱象，才能清醒地看到挑战。

2. 字母缩略词的特点

在汉语中，字母参构词或全字母词的最大部分就是字母缩略词(简称缩略词)。缩略词的特点是相对于全称以及汉语简称这两个维度而言的。可以从对应率、透明度、同质度、简易度、脱略称化、国际性等6个方面去认识其特点。

2.1 对应率

缩略词(或简称，二者可统称为"略称")与全称的对应或比率即为"略称-全称对应率"(简称"对应率")。对应率涉及对语境依赖的程度，也涉及认知效度与交际效度两个相关方面。

对应率有两个不同对应范围。一个是每个可分离字符与所对应全称词之比所得到的"部件对应率"。例如CP，其中的C和P分别对应的可能英语词，其各自都可能会对应上百个，或与几十、上百个词相联系。但更重要的是另一个对应范围，即略称词整体与所对应的全称词之间的"整体对应率"。我们讨论的就是后一种对应率。

整体对应率的最大数值是1。略称形式所对应的原词越少，意味着越容易确定全称词，其对应率越接近于1。对应率为1是最理想的目标，意味着一个略称词只对应一个全称词，百分百的确定，没有歧义的可能。

字母缩略词与全称大都是一对多，很少会一对一。这是因为拉丁字母只有26个，以此书写成的缩略词，也随着组合字母的多少而与全称的对应呈反比例。单字母对应的全称几乎成百上千，而双字母组合的对应则急剧下降。以CP为例，已经降到对应90余个全称词。例如：

CP＜Cadmium pollutio(镉污染)；

CP＜Canadian Pacific Railway Limited(加拿大太平洋铁路公司)；

CP＜cerebral palsy(脑性瘫痪)；

CP＜character pairing(动漫里的人物配对)；

CP＜Circuit Probing(晶圆测试)；

CP＜Cloud point(浊点)；

CP＜Code page(代码页)；

CP＜Command Post(指挥所)；

CP＜Command Processor(命令处理器);

CP＜Commercial Paper(商业票据);

CP＜Commercial Press(商务印书馆);

CP＜Communist Party(共产党,中国1921年至1940年前后使用);

CP＜Conference Paper(会议文件);

CP＜Conservative Party(保守党);

CP＜couple(情侣)/coupling(情侣配对);

CP＜coterie partner(影视里的同人配对);

CP＜Crude Protein(粗蛋白)……

这样算来,CP的对应率至多是1:90≈0.0111,很低很低。

双字母形成的缩略词,缺点很明显,对应的全称会很多,对应率太低,不容易确定究竟对应哪一个全称,必须极大地依赖语境(如行业圈)。或者说,离开某个专业圈,就可能有几十个可能对应词。如果没有具体语境,其对认知效度与交际效度的影响可想而知,甚至会造成交际混乱与无效。

三字母缩略词的对应率则比双字母缩略词高出一个等级。例如TPP,仅5个对应词:

TPP＜Trans-Pacific Partnership Agreement(跨太平洋伙伴关系协议);

TPP＜Target Product Profile(目标产品概述);

TPP＜The Phoenix Partnership (Leeds) Ltd (英国的一家全球化的智慧医疗科技公司);

TPP＜The Potential Project(安卓软件);

TPP＜Triphenyl phosphate(阻燃剂磷酸三苯酯)。

这样,TPP的全称词对应率就是1:5=0.2,因此也就比较容易在语境支持下表达所需词。

如果再加两个字母C和P,成为CPTPP,对应降至一个全称词,对应率为1:1=1。完全可以脱离语境单独表示下面的全称:Comprehensive and Progressive Agreement for Trans-Pacific Partnership(全面且先进的跨太平洋伙伴关系协定)。

如此看来,四或五字母词似乎才有完美的对应率。然而,字母越多就越不容易记忆,并与字符的经济性发生矛盾。这无疑是个左右为难的问题。如果翻看一下字母词词典,就会发现最大量的恰恰是三字母词。这就是说,人们自然选择了三字母为主要形式。因为字母词大都有明确的使用专业或场合。在一个话语领域里,三字母词完全足够,不会引起误解。

另一方面,字母越少,越容易相互混淆。双字母缩略词最容易与类似缩略词相混,比如CP,假使记不清楚的话,往往就会误认成PC,会造成交际混乱。而且PC也有多个对应词语,会造成加倍的混乱。例如:

PC＜personal computer（个人计算机）；

PC＜polycarbonate（聚碳酸酯，一种工程塑料，可以制成 PC 板，即 polycarbonate board，也称卡普隆板）。

但是，出于某些场合（例如奥运会、E-mail 国家/地区域名或航空公司的代号）的要求，有些略称必须以双字母出现，因此也常常会造成认知的困扰。

对比一下汉语：从对应率上看，字母缩略词与汉语简称相比，其实并没有多大优势。汉语大多是二字简称，甚至也可以一字简称。二字简称中的每个字各自的对应率都很高，很容易联想，组合在一起的对应率大都可以达到 1，只有少数可能对应 2 个全称词。也就是说，汉语简称对语境的依赖程度大大低于字母词。例如：

京＜北京；津＜天津；甘＜甘肃；藏＜西藏。

北大＜北京大学；邮编＜邮政编码；地铁＜地下铁道。

爱委会/爱卫会＜爱国卫生运动委员会。

新冠①＜新冠病毒（＜新型冠状病毒）；②＜新冠肺炎（＜新型冠状病毒肺炎）。

人大①＜人民大学；②＜人民代表大会。

密接＜（与新冠患者或核检阳性者的）密切接触者。（vs.非密接＜非密切接触者）。

进入可能多个对应时，汉语一般会自动规避。例如：

南京大学→南大；南开大学→南开；南昌大学→昌大。

进入专业领域后，有时还不得不借助西语缩略词的音译来创造汉语的简略名称。例如：

猫＜MODEM＜modulayion demodulation machine（调制解调器）；

优盘＜USB＜universal serial bus（通用串行总线）；

艾滋病＜AIDS＜acquired immune deficiency syndrome（获得性免疫缺陷综合征）。

显然，汉语简称在认知效度与交际效度上高于字母缩略词。

2.2 透明度

透明度即语义透明。每个字符以及整个缩略形式直接显示的语义的可能与程度称为透明度。透明度涉及语词的认知难易度，也涉及记忆难易度。

每个单独的字母基本不具有意义，不对应语素。除了 A 可以表示一些意思外，其他字母都没有词的功能，顶多作为缩略形式成为某些词的替代品，如在语言学中 V 代表动词（verb），N 代表名词（noun）。某些字母也可以作为科技方面的一些特别设定，如 X 表示未知数，Y 表示另一个未知数。即使多字母缩略词，它们在表面上也无法与全称固定对应,它们之间的对应是建立在硬性规定上的,而不是表面能否一眼见到语义。因此,字母词的透明度几乎为"零"。这是字母词的缺点之一。

与透明度相联系的是"易于记忆"的程度。有字面意义的支持,透明度就高,也就容易理解、容易记忆。反之,没有字面意义的支持,透明度就低,也就难以理解、不易记忆,而且常常会弄混。像TPP,不容易记清楚,容易记成TTP,反而是谐音调侃的"踢屁屁"让人印象深刻,容易记住。对于不怎么懂英语的人来说,要记住TPP,只能死记硬背,囫囵吞枣。这对于普通老百姓来说,无疑是不受欢迎的。如果碰巧遇到下面的情况:

OECD < Organization for Economic Cooperation and Development

OCDE < Organisation de coopération et de développement économiques

同一个"经济合作与发展组织",却有两个字母词,对于中国民众来说,确实不受欢迎。

对比一下汉语:汉字是一种语素-音节文字,表意是它最大的特点。基本上每个汉字都是有意义的语素,简称的几个汉字放在一起也很容易形成意义组合的印象。例如:

军演 < 军事演习;

爱卫会 < 爱国卫生运动委员会;

经合组织 < 经济合作与发展组织。

因此,汉语简称的透明度比较高,有一望而知的效果,非常容易联想、容易记忆。

显然,汉语简称在认知难度上大大优于字母缩略词。

2.3 同质度

所论字符与所处语言的主体字符相同的程度就是同质度。同质度涉及字符突显度,而后者又涉及读者或听者是否容易捕捉到该字符发出的信息。

字母词虽然与汉语拼音同样是拉丁字母,但在以汉字为主体的文章中,其依然非常特殊,明显是"非我族类"的异质,与汉字不具有同质性。因此通行会受到困难。这种"异质"又恰恰是它的优点,可以突出它的存在,起到区别鲜明的作用,不容易被忽视。

对比一下汉语:汉语简称是与汉文最"同质"的,因此也就很容易在全民中通行。而简称所用汉字更提高了同质度。字母与汉字的异质性是明显的,但要说明何以异质却并不简单。确定某字符与汉字(指现代汉字楷书)是否同质有以下5个学理辨别标准:

(1)是否符合汉字楷书的8种笔画(横、竖、撇、点、捺、折、提、钩),其中前6

种尤具根本性;

(2)是否具有表语音或表语义的分工构件;

(3)是否具有汉字的组合架构与方块外形;

(4)是否基本上承担某种实或虚的语义;

(5)是否表示以音节为计算单位的语音。

其中第(1)条最具普遍性与根本性。如果不具有第(1)条,就无须再讨论以下4条。这样就很容易区别出字母、假名、谚文与汉字的区别,还可以区别开包括"0/〇"①在内的阿拉伯数字。

由上所述,字母缩略词显然比汉语简称更容易被关注、被捕捉。

2.4 简易度

语词是否简短并易于表达即为"简易度"。简易度高,就容易流行。简易度涉及的是交际效度。

易于表达有口头与书面两个方面。字母词,显然在书面上容易书写,但是在口头上却相反,并不如想象的容易:不但不容易读,还不容易读对。例如APEC(亚太经合组织),并非习惯的分字母读,而是整体拼读(即按英语全称词那样的拼读),读成/æpek/。又如RCEP(区域全面经济伙伴关系),存在两种读法:一种是分字母读法,用英文名称音读成/ɑ:-si:-yi:-pi:/;另一种又是混合型读法,字母名称+拼读,读成/ɑ:-sep/。这些读法都没有刻在RCEP上,很难推测。

至于来自汉语的HSK也是让人尴尬,明明是汉语拼音的缩略,却要用英语字母的名称音去读。

进入专业领域,很多术语往往都很长。用汉语来简缩,很难简缩成二三个字,有些甚至无法简缩,显示了汉语在汉字支持下的短板。请对比:

世界卫生组织→世卫组织 vs. World Health Organization→WHO;

计算机辅助设计→?? vs. computer-aided design→CAD;

磁盘操作系统→?? vs. disk operating system→DOS。

字母词与汉语简称都简短,仔细分析却并不同。汉语简称,长短不一,书写比较麻烦,但读音却相对简单,没有字母词的困扰。例如:

北大(<北京大学)vs. PKU(<Peking University);

亚太经合组织(<亚洲太平洋经济合作组织)vs. APEC(Asia-Pacific Economic

---

① 汉文数字中以"〇"代"零",但并非小写。"〇"只是阿拉伯数字为适应汉字阵列的方块化,不具备汉字的基本笔形,因此并非汉字。参见史有为《"〇"之辩:回看与思考》(《语文建设通讯》第123期,2021),史有为《"〇"是汉字吗?》(公众号"西去东来中传站",2020-8-16)。

Cooperation,缩写 APEC)。

汉语简称有时也有其长处,有些简称反而比字母缩略词有更大的简易可能。例如:

阿塔<阿富汗塔利班 vs."?"<Taliban in Afghan/Afghan Taliban;

巴塔<巴基斯坦塔利班 vs."?"<Taliban in Pakistan/Pakistan Taliban。

以此来看,字母词与汉字简称似乎打了个平手,都比较简易,但又各有短长。

2.5 脱略称化

脱离原来与全称/原词的联系,而以一个非简称/非缩略的普通词汇单位身份出现,这就是脱略称化。脱略称化也涉及字符的交际效度。

缩略词与简称都是相对于全称或原词而言的。但字母缩略词基本上永远处于缩略词的地位,因为它的形式永远是无词汇意义的字母,无法从中看到有什么词汇的构造,而且基本上也是以字母名称音去发音。尽管有个别词可以读成拼读音(如 APEC、RCEP),但仍然无法窥知其丁点儿词义。因此很难脱离略称地位而成为具有通用构词形式的普通词汇单位。

而汉语简称则不同,有一类通名简称就是以提取语义代表性特征而构成的,往往用着用着就慢慢脱离了全称词语,切断了与全称的联系,磨掉了简称的印记,很容易发展成独立指称的"词"。这是其与字母缩略词不同的一面。许多汉语词就是经过如此渠道加入进来的,有些词到现在连是否曾是简称都难以确认。下面这些都已成为普通语词,没有人再会关心它们来自哪个全称。它们可以按照汉语构词法去分析,在结构上与原称并无二致:

沧桑(<沧海桑田);

特务(<特别任务);

关爱(<关心、爱护);

文工团(<文化工作团);

武工队(<武装工作队)。

因此,在这个方面,许多汉语简称可以直接理解,不必经过回到全称这一过程,显然在交际效度上优于字母缩略词。

2.6 国际性

字符形式在国际交往上是否得到普遍认可与广泛使用即"国际性"。国际性是通行度在更高维度上的表现,也即世界范围内的通用度。

进入汉语的字母缩略词基本上是以英语为背景形成的。英语目前是最具国际通用性的一种语言,许多科技理论或发现发明都以英语为沟通与发布语言。英语世界也实际主导着世界话语权。因此,字母缩略词也带有更高的权威性、国际通用性与国际认可度。英语来源的字母词不但稳定性强,而且可以通行世界。如外国人进入中国,一见 CBD(中央商务区)、CEO(首席执行官)、ETC(电子收费系统)、CPU(中央处理器),无须翻译或解释就能理解;而中国人在外一旦有事,发出 SOS(紧急呼救),也会得到及时响应。

汉语目前仅仅是地区性语言,距离英语所达到的国际性程度还很远。因此,在考虑字母词应用时必须以此为背景。

由此看来,字母缩略词在国际范围内的交际效度大大优于汉语简称。

同一般词汇一样,字母词与汉语简称还有时间性、行业通行度以及稳定度的问题。这些并非它们的特点,而且也没有突出的表现。因此,这里就不再多费笔墨。

以上 6 项,其中最重要的是第 6 项"国际性"与第 1 项"对应率"和第 2 项"透明度"。这 3 项实际上是矛盾的,有冲突的。这是两个不同方向的拉力。而语言发展恰恰需要在此不同拉力之间保持一个适当平衡,采用"张力"处理才符合本语言群体的最大利益。我们应当放弃传统的一面倒、一刀切、一点论的思维模式与方法。

3. 字母词的挑战

3.1 19世纪末至20世纪70年代末的微波荡漾

语言交流大多伴随着文字交流,语言接触也大多伴随着文字接触。语言接触时,双方实际上是一种政治、经济、军事、科技、学术等的文化比较,有时甚至是文化较量,弱的一方或缺少的一方必然会自动或被迫地引进对方的某些语言或文字成分。有时则是对某个场景中的强势语所做的无奈或自愿的接纳。语言是一种很现实的工具,除非有强力的干预迫使它改变走向。中西交流就是这样。拼音字母如同异域风俗乐舞,当然也会吸引中国,会逐渐被吸纳入中国。但由于中西语言文字的差异,这些字母缺乏与汉字共存共处的社会条件,因此,直到19世纪末有了现代科技的依托,少量西文字母与半字母词才开始出现于中国。这主要是化学元素符号与科学术语的半意译形式。张铁文(2013:35-43,94)介绍了清末该时期的情况。

(1)化学领域:1868年《格物入门》一书系统介绍了元素符号表示法,书后的对译表中有"铜 Au、养气 O、淡气 H、白银 Ag、炭精 C"等。

(2)物理领域:1897年《西学大成》出现了"D 线"(夫琅禾费线的钠吸收谱线)。1898年《光学揭要》出现了"X 线"。1899年《知新报》出现了"X 光"。1903

年《新尔雅》收录了"X光线"。1906年《近世物理学教科书》中出现N极、S极、CGS法(CGS是当时的三个主单位厘米、克、秒的英文首字母缩写)等字母词。

新文化运动极大地促进了西方科学文化与各类商品进入中国,带来了大批西源借词或意译词,同时也输入了一些字母词。由于这个阶段引进的主要着眼点在通常意义上的语词,而英语又尚未成为世界都认可的国际通用语,又由于中国文字传承规范是汉字,拉丁字母尚未为中国民众所认可,因此字母词虽然有进入,但始终是附带的,不起眼的。

1958年,中国立法通过了《汉语拼音方案》,但要全民接受、熟悉还要一个过程。加之20世纪70年代末年之前西方对中国进行封锁,因此在字母词引进的形势上并未形成质的改变,仍可与此前连成一个阶段看待。

3.2 改革开放引起的云水激扬

1978年改革开放后,中国开始出现语言文化交流的质的变化,其中主要有如下四项。

(1)在改革的支持下,中国逐步地全方位对世界开放,国际交流得到加速并加强,中国已经逐渐成为各种国际会议的重要参与者。

(2)国内工业、科技与基础学科逐渐得到长足的发展,电脑等信息技术逐步普及,媒体数量与品种逐步增加,各种新媒体异军突起,并有亿量级的新媒体使用者。这一切都促进了国际交流。

(3)海内外文化交流加速,留学与归国并进,带来了各个方面新的语言使用习惯与使用风格。

(4)《汉语拼音方案》得到实质性的普及并应用;外语教育得到恢复并加强,年轻一代的外语水平以及与国外交流的水平逐年提高。

这四者使得中国社会的现代化与国际化得到飞速的提升,今非昔比。在这种形势下,字母应用与字母构词便出现了全新的态势。《新华外来词词典》(史有为主编)附编的"字母起首词",已经收录了超过2000条该类字母词。这对传统的汉字生活构成了挑战。

3.3 当今面临的挑战

约从21世纪开始,一股字母应用新潮在不知不觉间兴起。以下6项挑战,都是实实在在的。

挑战之一:西源规范性字母词数量剧增,使用过度扩展,往往在没有首见注释的情况下就全文使用,常常让人不明所指,影响交际。有些字母词甚至是"中国制造",例如 intellectual property(知识产权),被中国缩写成 IP[①],又如 nobody cares(没人在乎)被当今的粉丝圈缩写成 nbcs,成为饭圈文化的标记之一。

挑战之二:英语原词形式(包括歌曲和人名)逐渐进入汉语。这是个严重的信号,不可忽视。原因有二:

其一是境外语言习惯的影响。有受港台和日本娱乐界的影响,歌词中夹杂英语词甚至英语句的现象,以显示时髦与前卫。有受当今办公室用语的影响,将英语原词用英文形式借入日常用语,成为时尚。例如 high、hold、call,就是如此。

受香港、新加坡等地的影响,企业、公司里的白领竞相给自己起西人洋名,以示时髦。

其二是中国的教育出现疏漏,许多年轻人因分辨能力不足而导致对民族文化缺乏信心,并借着国际化之名,行破坏中文规范之实。

挑战之三:源自汉语的西语式的字母缩略词逐渐被一些年轻人所模仿,将汉语词也如此打扮,窜入部分新媒体,影响中文的纯洁性。例如:TM(他妈[的])、BD(病毒)、YYDS(永远的神)、AWSL(啊我死了)、hhhh(哈哈哈哈)。它们大都是网络流行语,起初往往带有年轻人小众流行文化的标签,也有标榜个性、界定自己的群体归属的作用,甚至有类似"暗语"的用处。这些字母形式多在普通文字里夹用,有的可猜测,有的则难以推测,近似于小圈子的"暗语"。大概只有部分年轻人才能完全看懂它们。这些形式大都只是短时之用,有较强的"临时性",但对汉语原有的简称与文字形式发出了明确而严重的挑战。

挑战之四:汉字(汉语语素)被任意用字母替代,字母的用与弃随心所欲,到处乱窜。例如:Y 苗(疫苗)、L 金(捞金)、封 S(封杀)、M 国(美国)、血 L 淋(血淋淋)、FD 分子(贩毒分子)。它们主要出现于视频的字幕中,必须与有声解说配合才能知道缩略自哪一个语素,虽然这还限于辅助性的字幕,但已形成风气,如此挑战不容忽视。

挑战之五:汉语拼音字母的名称音已经事实上被英语字母名称音所取代。《汉语拼音方案》有多处已经事实上失效或无效[②],相关的拼音正词法也有许多规定由于没有反映汉语的特点而面临挑战。

挑战之六:从深层次角度看,字母词的扩张,实质上就是对汉语汉字的地位甚至生存的一种挑战,也是对单语生活的一种挑战。我们必须从战略高度认识这一现象。

---

① 西方不说 IP,只用全称 intellectual property。IP 似乎专对应(Internet protocol,因特网协议),用于网络的 IP 地址、IP 电话和 IP 卡(网络电话充值卡)上。

② 《现代汉语词典》(第 5/6/7 版)在给"西文字母开头的词语"注解时说"在汉语中西文字母一般是按西文的音读的"。游汝杰(2021)也指出"用英文字母读音替代《汉语拼音方案》的字母读音"的现象。

4. 对字母词挑战的应对

1840年以来,中国遇到了三场文化大挑战。当中国遇见早一个世纪工业化的西方,有人因醉心于西方的拼音文字,而对汉字丧失信心,梦想"文字革命"把汉文改为拼音。当中国遇见早几十年就西化就实现现代化的日本,借着汉字的方便,中国大规模地引进了日译汉字词。而当中国决定放弃西里尔字母,转而采取拉丁字母作为拼音方案时,当我们越来越大力推行英语教育时,当我们努力投入全球化时,我们就应该预见今天会大量引进英语的字母词[1]。然而,我们的预想与应对都太过滞后。

随着中国的开放与世界的接触,以及英语教育的普及,汉语发展了,也改变了。单语生活的中国正在走向多语生活。为保持汉语的纯洁性和字母词所显示的国际性,适应外来语言成分长期引进的趋势,我们必须在语言应对上有当代观和全球观[2],只有这样我们才能具有合理的未来观。

面对以上种种,我们可以考虑采取下列应对措施。

4.1 加强语文规范工作

必须建立柔性规范观念,并实行有效的语文规范制度。柔性规范包含稳定而又与时俱进、弹性而有宽容度、非一刀切以及分层规范多项内涵。由于汉字与字母词有本质上的不同,矛盾不可能根本性解决,也不可能一蹴而就。规范将呈现探索性、长期性的特点。因此,唯有柔性规范才能应对复杂的语言生活。具体而言,有下列建议:

(1)大多数字母词都是专业性或专门性很强的。科技部门、科技人员在本领域内使用此类字母词具有必要性与便利性。因此应尽量不干预专业层面字母词的使用。

(2)所有的国内报刊、正式文件,所有的公众场合,都尽量使用汉字简称。如果需要使用字母词,可以在首见时采取"加注式",即在字母词后面以括号形式加注汉字称呼,如VIP(贵宾)、ATM(自动柜员机)、Wi-Fi(无线传输)。需要时也可以在汉字词后以括号标注西语词或字母缩略词,如优盘(USB)、重症监护病房(ICU)。

---

[1] 顺便一提,当我们正式使用《汉语拼音方案》时,当时就有一位西方学者(笔者记得好像是澳大利亚人)预言,未来汉语将充斥字母词。果然,即将如此。然而,毕竟还没到那个地步!

[2] 游汝杰(2021:86-96)以《汉语研究的当代观和全球观》为题撰文。谨以本节响应。

（3）日常需要的场合，尽量设法寻找字母参构词的汉语替代形式。在找到更合适又简便的词形之前，必须认可并接受它们。如P图（P＜PS＜Photoshop，一种修图软件，图像处理），可以改称"修图"或部分音译为"批图"。又如LED灯，至今没有对应的汉字名称，但可以设法主动命名。是否可以改变过去习惯的被动应对的策略？

（4）为纯洁汉语，抑制不良风气，可以制订下列必须实行的禁令。

其一，为中国人所创作的歌词或诗歌里，非特殊必要，禁止出现字母词、西语原词以及西语句。

其二，非特殊必要，禁止中国公民在国内所有公共场合使用给中国人起的西语名字（以及日本名字）。

其三，禁止所有媒体（包括公开传播的自媒体）对汉语的规范写法做出任意的变动，包括任意用字母或字母缩略替换规范汉字（以及用日本假名与日制汉字替换规范汉字）。

（5）必须坚持反映今天中国的国际胸怀与传统情怀两个相对方面。为此，应允许出版字母词辞书或语文辞书附编字母词。词典收录字母词，反映字母词在汉语中的必要存在，属于辞书的正常功能，并非表示允许字母词泛滥。对特殊读音的字母词应该注音。应该在字母词的释义部分尽量提供汉语简称。

（6）国家的语言文字管理或研究机构、网络管理机构应该主动积极，有所作为。对所有不利汉语纯洁性的行为，应该在公开场合及时表态，并在谨慎周到的基础上及时采取必要的措施，以发挥规范职能，维护通用语言文字。所有国家机关都应负起纯洁汉语的责任。针对任何机关与工作人员对此的失职，都应追究责任。

4.2 完善拼音方案

《汉语拼音方案》已经推行几十年了，应该在适当时间组织专家围绕《汉语拼音方案》展开一次专业性讨论，检讨一下实践带来的结果与困扰，研究方案及其延伸文件的修订。如果能从学理到实用达成一系列符合汉语的决定，与时俱进，那么汉语将会暂时纾解目前面临的困扰。具体如下：

一是重新确定名称音。建议尽量靠近英语名称音，让英语名称音部分汉语化，取一个折中的方案。建议采取柔性的改读规则，具体如下：

（1）与汉拼一致或近似的不予改动，如：A/a /ei/、F/f /ef/、K/k /kʰei/、M/m /em/、O/o /əu/、S/s /es/。

（2）消除英语读长音的硬性规定，允许读成汉语音节的长度，如：B/b /bi（ː）/、C/c /si（ː）/、D/d /di（ː）/、E/e /yi（ː）/、P/p/pʰi（ː）/、T/t /tʰi（ː）/、U/u /ju（ː）/。

（3）基本保持英语原读，如：C/c /si（ː）/或/çi/、I/i /ai/、N/n /en/、Q/q /kʰju（ː）/、

W/w /dʌblju(:)/、X/x /ekʰs/、Y/y/wai/。

（4）英语的浊辅音读法可以保留，但也允许某些塞音/塞擦音读成清辅音，如：B/b读/bi(:)/或/pi/，D/d读/di(:)/或/ti/，G/g读/dʒi(:)/或/tɕi/，V/v读/vi(:)/，Z/z读 /zi(:)/。

（5）为了适合中国的情况，有些必须适当变读，如：H/h的/eitʃ/是否可改读为/eitɕʰy/，J/j的/dʒei/改读为/dʑie/或/tɕie/，允许L/l后带一个元音/el(ə)/或/el(u)/，R/a:/则读成带儿的/aɚ/。

实践与学理都证明，某语言里在借词范围内可以允许存在另一语言的音位或音位组合，但又必须适当变异或折中以适应借入语言的环境。英语、日语早已证明这是可接纳的。英语接受法语词，日语接受英语词，无不是语音有所妥协[①]。"阿Q"与Wi-Fi已经证明这是个不容否认的可能性。拉丁字母是借来的西语形式，当然可以允许它有不同于汉语音系的一些名称音[②]。这样的一种折中型名称音也将有利于中国人及早接触英语的语音系统，有利于培养多语人。

二是调整字母形式。中国人现在对拉丁字母与英语已经不再陌生，当初的一些想法经过实践，应该与时俱进，做出适当调整。

如ü，电脑上无键位表示。中国已是电脑的最大生产国，而至今电脑键位不能表现ü。我们的电脑工厂也许根本就没想到要研制输入汉语拼音的软件。这真是个讽刺。它迫使外交部"公然违反"拼音方案，在护照上以yu代替ü。而有关语言机构对此只能默认这样的修正。既然护照上可以如此调整，那么何不完全取消这个令人困扰的字母。再如，汉拼方案上等同双字母的另一些形式ng作ŋ，ch作ĉ，sh作ŝ，等等，至今无一例实行，已经证明为虚设，应当正式予以删除。

三是修订正词法。2012年国家技术监督局批准、发布，并于同年10月1日实施了《汉语拼音正词法基本规则》[③]。该规则2.1.1规定："汉语人名中的姓和名分写，姓在前，名在后。复姓连写。双姓中间加连接号。姓和名的首字母分别大写，双姓两个字首字母都大写。"规定中对双名没有特别说明，但举例中确认是双名连写。例如梅兰芳为 Méi Lánfāng，诸葛孔明为 Zhūgě Kǒngmíng，张王淑芳为 Zhāng-Wáng Shūfāng。这些规定显示"规则"并未参透汉语的特点，却显

[①] 英语里有许多法语读音。日语为了接受外来语的外来读音，1990年还专门制订了"外来語の表記"，共两个表，在规范角度宣布这些外来读音或音位组合的合法性。

[②] 游汝杰（2021）也认为"新生的语音现象改变汉语的音系，例如新增[v]声母和来自英文的浊声母[b]"。但他认为北京人在发"新闻、为了、微笑"时已变成[v-]，则不尽然。北京人在发"闻、为、微"时，w确有唇齿化的现象，但这只是半元音[ʋ]，并非英语的[v]，在音位或音系上仍属于[w]，是[w]的异体，二者不可混淆。

[③] 该规则于1982年开始草拟，在原中国文字改革委员会批准发表的《汉语拼音正词法基本规则（试用稿）》的基础上，经过多次修订而成，成为国家标准（GB/T 16159-2012）。

示基于西语 word 基础上的理解,依然以西语的姓名书写习惯来套汉语。中国人的姓+双名,实际上是三个单独成分的组合。双名应该相当于两个分写词,往往一个是辈分的排名,一个才是个人的区别名。例如李泽远与李泽民排名,"泽"是一个独立单位,"远"或"民"是另一个独立单位,二字都应有特殊独立的地位,完全不同于西语中的"名"。语言学大师赵元任、李方桂,他们就正确地把握住了自己"名"的拼写:赵元任拼为 Yuen Ren Chao,李方桂则写为 Fang-kuei Li。他们为了适应在美国的生活,把姓后置了。但"名"却维持住了汉语的特点,保住了中国的文化。

我们高兴地注意到,中国女排在最近几年的队服上一改以往的拼写,把双名中的两个字的首字母都表现了出来,例如 GONG X.Y.(龚翔宇)、LIU Y.H.(刘晏含)。按照国际的对应习惯,就是 GONG Xiang Yu 和 LIU Yan Han。但为了尽可能表达姓与名的分别以及双名中二字的相对独立意义,可以采用李方桂式的表"名"法,用短横连接名字里的两个字,如 GONG Xiang-Yu(龚翔宇)和 LIU Yan-Han(刘晏含)。另外我们要点赞女排的做法,对外时"姓"大写,仍然置于首位。姓名的位序是一个民族的文化,所有的专名在对外时,必须得到他国的尊重和保护,不应该迎合西人而倒置。这如同我们尊重西方那样,将进入中国书刊媒体的西方人依然维持"名·姓"序称之。如富兰克林·德拉诺·罗斯福、亨利·艾尔弗雷德·基辛格、诺姆·乔姆斯基,而未改为适合中国人的"姓·名"序。希望我们的国人也有此自觉,中国人的姓名不必迎合西方而改动位序。西方也应该尊重并适应其他民族的文化表达。

这仅仅是其中突出的一例。我们应该全面审视一下"正词法",以便反映汉语很多地方基于"字"的语言特质。

4.3 超前研究

目前字母参构词的挑战具有深刻的语言理论与语言实践价值。我们处于英语对各种语言的挑战,以及主权国家顽强维护民族语言生存并发展二者之间的世界。我们应该研究在这二者之间的张力战略。

我们必须对汉语汉字的走向,对汉语与英语、汉字与字母之间的互动关系,以及世界通用语言的前景,做超前研究,要突破传统思维,准备多种预案。

我们提倡多语生活,那又如何应对外来语言的影响?我们还要不要完全坚持汉语的全部特性?我们的汉语可以容受多大的冲击而仍维持汉语的特点?

我们有无可能与必要设计多种便于国际教学的汉语汉字的发展方案,以利于未来交流?

在走向多语生活的同时,希望记取向俄语一面倒的教训,让外语学习有更多的选择。

　　我们是否应该有一种类似世界语(Esperanto)那样有包容性而更为规则易学、对每个族群与语言都更为公平的人工语言,让人们选择学习?一个像希伯来语那样的死语言居然能复活,一个人工Esperanto在英语的压力下居然至今还活在一群爱好者嘴里,这太值得我们思考了。像中国这样一个14亿体量级的语言群体完全有责任并有能力去推动一项语言工程。世界也需要一个对各民族更平衡更中立的世界通用语,让世界多一个选择。

　　我们需要在维护民族语言文化与提高国际化二者之间研究多种可能的最佳平衡方案。世界需要语言公平。

参考文献

顾晓微.《现代汉语词典》字母词收录与修订情况分析[J].中国科技术语,2016
　　(5):35-41.

刘青.关于科技名词中字母词问题的探讨[J].中国科技术语,2014(2):10-14.

游汝杰.汉语研究的当代观和全球观[J].语言战略研究,2021(3):86-96.

张铁文.字母词使用是语言接触的正常现象[J].北华大学学报(社会科学版),
　　2013(2):19-22.

张铁文.汉语词典收录字母词的进程[J].辞书研究,2017(5):35-43,94.

周庆生.主流媒体应慎用字母词[J].科技术语研究,2004(2):14-15.

作者通信地址:330031 南昌大学;shiyw2008@126.com

走路式和回忆式：过去和未来的时间定义模式

李葆嘉　孙道功　孙晓霞

提　要：努纳兹和斯威策（2006）认为南美艾马拉人把"背后"视为"未来"，把"面前"视为"过去"，并且试图用手势资料证明艾马拉语中有一种与迄今世界各地语言中已发现的基本时间隐喻完全不同的隐喻映射。本研究认为：（1）汉语也常用"以前/之前"表示已发生的时间，用"以后/之后"表示未发生的时间。（2）将这种现象称为"时间模式颠倒"，是以欧洲语时间认定模式为普遍标准而对其他模式的扭曲。（3）人类语言认知中存在的前后时间认定模式，可与物理空间平行，也可与心理空间交织。英语是与物理空间平行的走路式，艾马拉语是与心理空间交织的回忆式，而汉语是回忆-走路兼有式。

关键词：时间认定模式；走路式；回忆式；认知差异

0. 引言

2006年的《认知科学》（*Cognitive Science*）杂志上，刊登了一篇研究报告《未来在他们的后面：时间的空间识解的跨语言比较，来自艾马拉语及其手势的会聚性证据》（"With the Future Behind Them: Convergent Evidence From Aymara Language and Gesture in the Crosslinguistic Comparison of Spatial Construals of Time"），作者是加利福尼亚大学圣地亚哥分校认知科学系的努纳兹（R. E. Núñez）与伯克利分校语言学系的斯威策（E. Sweetser）。

该报告在摘要中指出：

Cognitive research on metaphoric concepts of time has focused on differences between moving ego and moving time models, but even more basic is the contrast between ego- and temporal-reference-point models. Dynamic models appear to be quasi-universal cross-culturally, as does the generalization that in ego-reference-point models, FUTURE IS IN FRONT OF EGO and PAST IS IN BACK OF EGO. The Aymara language instead has a major static model of time wherein FUTURE IS BEHIND EGO and PAST IS IN FRONT OF EGO; linguistic and gestural data give strong confirmation of this unusual culture-specific cognitive pattern. (Núñez & Sweetser, 2006: 1)

关于时间的隐喻概念的认知研究,集中在移动的自我和移动的时间模型之间的差异上,但更基本的是自我和时间参考点模型之间的对比。动态模型呈现出在跨文化上的泛拟性,正如在自我参考点模型中的泛化一样,未来在自我之前,而过去在自我之后。与此相反,艾马拉语拥有更为重要的时间的静态模型,其中未来在自我之后,而过去在自我之前。语言和手势资料有力证实了这种不寻常的特定文化认知模式。接着,作者在引论中断言:

Using complementary linguistic and gestural methodologies, we eventually argue that Aymara has basic time metaphors that represent a radically different metaphoric mapping from the ones commonly found in the languages around the world studied so far. Aymara thus appears to be the first well-documented case presenting a genuine fundamental difference in the organization of time construals. (Núñez & Sweetser, 2006: 3)

通过使用语言和手势互补方法论,我们最终认为,艾马拉人具有的基本时间隐喻,反映了与迄今世界各地语言研究中通常发现的基本时间隐喻完全不同的一种隐喻映射。从而艾马拉语似乎是在实际基本原理上与通常时间识解组织结构完全不同的第一个证据充分的案例。

杨孝文、任秋凌在《揭开南美土著艾马拉人时间颠倒之谜》(2006)中对南美土著艾马拉人的语言和手势的研究结果(Núñez,Sweetser,2006)显示,与世界上所有已被研究过的语言相比——无论是欧洲语言、波利尼西亚语言,还是日语、班图语等,艾马拉人的时间观念正好相反。他们视"背后"(今按:应是"之后"或"以后")为"未来",视"面前"(今按:应是"之前"或"以前")为"过去"。在大多数人的印象中,好像地球人对于时间的感知都一样,其"标准模式"通常是基于身体的方向和移动,将"未来"置于我们身前,将"过去"置于我们身后。可是艾马拉人感知时间的方式并非如此,他们反其道而行之:用"过去"表达"未来",用"未来"表达"过去"(今按:应是用"之后/以后"表述"未来",用"之前/以前"表述"过去")。其成为第一个证据充分的将时间概念颠倒的民族。基于以上误解,该文做出这样的描述:人们经常挂在嘴上的一句话"面向未来"(艾马拉语的表述是"面向以后发生的"），可是，对一名艾马拉老人而言，只能"面向过去"。如果对他说"面向未来"，他可能会茫然地看你一眼——因为他已经"面向未来"了。

努纳兹和斯威策的文章引发我们思考：(1)用"之后/以后"表述"未来"，用"之前/以前"表述"过去"，属于时间概念颠倒(reversed)吗？(2)迄今研究过的世界各地语言中，仅仅艾马拉语有这样的表述吗？(3)基于身体的方向和移动，将"未来"置于前方，将"过去"置于后方，是地球人的"标准模式"吗？(4)艾马拉人的基本时间隐喻，映射的是什么，或者用空间映射时间是人类的唯一方式吗？(5)根据我们了解的现有资料，可以归纳出多少种前后时间的认定模式？

1. 艾马拉人的时间模型

作为南美洲印第安人的一支，艾马拉人生活在玻利维亚、秘鲁和智利的安第斯高原，现有人口150万～200万，主要从事农业和畜牧业。艾马拉语属印第安语系艾马拉语族，其在表达时间概念上的这种独特性，早在16～18世纪西班牙人征服这里时就已有西方人注意。

20世纪80年代初，努纳兹还是一名大学生时，在安第斯地区旅行，注意到艾马拉人在思考问题方面的不同之处。10多年以后，努纳兹故地重游，采集了智利北部地区30名艾马拉成年人近20小时的对话音频和视频材料。其根据这些资料，提出艾马拉语的时间表达属于"过去在自我前方，而未来在自我后方"的静态模型。

从表面上看，努纳兹和斯威策研究中的证据一目了然：艾马拉语用nayra(eye/front/sight)表示"过去"（今按：汉语的表述是之前/以前），用qhipa(back/behind)表示"未来"（今按：汉语的表述是之后/以后）。例如，艾马拉语的nayra mara(之前的一年)，说英语者基于英语时间表达法，却认为这是"明年"（前面的一年）的意思。由此，努纳兹和斯威策提出，艾马拉人具有独特的时间概念和时间识解模型。而根据我们的观点，这完全是出于欧洲语眼光对艾马拉语的误解。

1.1　艾马拉语中的时间观念表达

努纳兹和斯威策提出：

In Aymara, the basic word for FRONT（nayra, "eye/front/sight"）is also a basic expression meaning PAST, and the basic word for BACK（qhipa, "back/behind"）is a basic expression for FUTURE meaning.（Núñez & Sweetser, 2006: 2）

在艾马拉语中,表达"前面"义的基本词nayra(注视/前面的/在望)也是表达"过去"(PAST)的基本词,而表达"后面"义的基本词qhipa(后面的/在后面)也是表达"未来"的基本词。

艾马拉语中与时间相关的语言表达,最典型的是nayra的名词用法,以及qhipa的形容词和副词用法。

1.1.1   nayra(之前/以前)的时间用法

以下例子皆引自努纳兹和斯威策(2006)的报告,例句下对应的汉语为我们所添加。

[1]艾马拉语:　　　 nayra　　　 mara

　 英语对译:eye/sight/front　　 year

　 汉语对译:　　 之前的　　　　 年　 (意译:前一年、上一年、去年)

艾马拉语的nayra mara(前一年),所对应的英语是last year(汉语直译"最后的年";意译"前一年、去年"),但努纳兹和斯威策却基于字面义"前面的一年",按照英语时间表达法理解为"明年"。

[2]艾马拉语:ancha　　　 　 nayra　　　　 　　 pacha

　 英语对译:a lot　　 eye/sight/front　　　　　 time

　 汉语对译:许多　　 之前的　　　　　 时间　 (意译:很久以前)

艾马拉语的ancha nayra pacha(很久之前的时间),所对应的英语是a long time ago(汉语直译"以往的很长时间",意译"很久以前"),但努纳兹和斯威策却基于字面义"较长的前面的时间",按照英语的时间表达法理解为"较长的未来时间"。

需要指出的是,作为多义词,nayra可以对应英语的多个词,但在nayra mara中,nayra对应的只能是英语的front(前面),而不可能是eye或sight。艾马拉语nayra的本义eye,引申为sight,再引申为front,其在英语中是不同的词。而努纳兹和斯威策在分析nayra mara时,却用eye/sight/front三个词来对应nayra,显然缺乏词汇语义学常识。再看英语的front,其义项有:①v. 面对,朝向;②adj. 前面的,正面的;③adv. 在前面,向前;④n. 前面,正面。front<face(脸)<拉丁语faciem(脸)<希腊语prósopo(脸)。

关于艾马拉语"前方"和"过去"意义之间的联系,米勒克尔和亚皮特(Miracle & Yapita,1981)给出的解释是,因为艾马拉语的"过去"在"前方"(今按:之前/以前),在说话者前方的区域是可以被看到的信息,所以艾马拉语中存在"看不见的未来"和"可见的现在—过去"之间的对比。实际上,这种论断是基于隐喻"知道即看见"(KNOWLEDGE IS VISION),即映射已知的时间或事件到一个视觉可及的物理区域。而努纳兹和斯威策则认为,更准确的说法应该是艾马拉语中存在"现实是在前方（REALIS IS IN FRONT），非现实是在后方（IRREALIS IS IN BACK）"，即通过隐喻方式，将"现在"置于说话者身体的前方，将"过去"放于说话者身体的较远前方，将"未来"置于说话者身体的后方。在此，需要提醒的是，艾马拉语 nayra mara 中的 nayra，其准确含义并非"前面"（front），而是已经抽象化的表时间的"之前/以前/此前"。如果认识不到这一点，其分析势必失之毫厘、差之千里。

1.1.2　qhipa（之后/以后）的时间用法

艾马拉语的 qhipa 用来指代未来或相对于未来的时间，对应的英语词是 back/behind。例如：

　　［3］艾马拉语：　qhipa　　　　uru

　　　　英语对译：back/behind　　　day

　　　　汉语对译：　之后的　　　　天　　（意译：后一天、下一天、明天）

　　［4］艾马拉语：　qhipa　　　　mara　　-na

　　　　英语对译：back/behind　　year　　in/on/at

　　　　汉语对译：　之后的　　　　年　　　在　（意译：在后一年、在下一年、在明年）

例［3］中艾马拉语的 qhipa uru 对应的英语是 a future day（未来的一天）。例［4］中的 qhipa marana 对应的英语为 in the next（immediately future）year（在明年）。上述两例，努纳兹和斯威策仍然基于艾马拉语的字面义，按照英语时间表达法理解，与对应的英语语义正好相反。需要指出的是，艾马拉语和汉语的时间表达具有相似性，汉语中"后/之后"与"天/年"等时间词组合，也用来表示未来时间。努纳兹和斯威策不懂汉语，缺乏研究此类现象可比照的语言知识。值得思考的是，为什么欧美人在学习汉语时，接触到"前一年"（由该年向前推一年，表过去的时间）和"后一年"（由该年向后推一年，表未来的时间），或者"前年"（由去年再向前推一年，表过去的时间）与"后年"（由明年再向后推一年，表未来的时间），却没有提出中国人时间概念颠倒的说法？

　　显而易见，艾马拉人在时间表达和识解方面，与英语的时间模型不同。莱考夫和约翰逊（Lakoff & Johnson,1999）曾讨论过"对时间的空间识解"的经验基础，认为这些假设的基础存在于共享的空间身体体验和与时间体验的相关性之中。从而进一步提出"时光流逝即运动（TIME PASSING IS MOTION）"这一隐喻，其中包括两种类型：时间运动（moving-time）和自我运动（moving-ego）或观察者运动。前者有一个固定的观察者，时间被视为对观察者而言的移动实体。对观察者而言，时间是从前方（未来时间）向后方（过去时间）进行运动的空间物体。后者则视时间为固定实体，观察者对时间而言是移动的实体。

　　显而易见，莱考夫和约翰逊讨论过时间的空间识解的经验基础失之于狭隘，或欧洲语言中心论。实际上，不同地区、不同文化群体的时间认定模式可能

或必然存在差异,因此,要避免以欧洲人的时间模式作为人类时间概念的普遍性。例如,莱考夫和约翰逊这样写道:

Take the metaphorical idea of the flow of time, which arises from the substance version of the Moving Time metaphor. In that metaphor, as we saw, time is a fluid substance, like a river, that flows by us. In this metaphor, the **present** is the part of the river that is passing us, the **future** is the part of the river flowing toward us, and the **past** is the part of the river that has already flowed past where we are. (Lakoff & Johnson, 1999: 69)

以"时光流逝"的隐喻概念为例,它来自"运动的时间"隐喻的物质版本。在该隐喻中,就像我们所见,时间是流动的物质,就像一条河流,从我们身旁流逝。在该隐喻中,"现在"是正在我们身旁流逝的那部分河水,"未来"是正流向我们的那部分河水,而"过去"是已从我们身旁流走的那部分河水。

以上这些诗情画意的解释,与时间概念的词源无据。英语的 present(abiding in a specified place, time now passing)、future(time to come)、past(pass,gone by)这些时间词,反映的并非"时光如流水",而是"时间如走路",即空间位置的移动。(李葆嘉,2017:43)

历史上的苏美尔人,对时间的理解并非"像河水从身旁流逝",而是贯通大海的河水在周期性涨落(七日一次潮涨潮落)。由此形成的时间概念,即周期性重现,而非一去不复返。公元前 6000—公元前 4000 年,苏美尔人观察到月亮盈亏由上弦→望→下弦→朔→上弦,其间隔是七天,而河水涨落,从河水中线→涨潮最高线→退回中线→潮水最低线→涨回中线,其间隔也是七天。依据月相和潮汐的七天自然周期,苏美尔制定了七天制以及一月制。在苏美尔人的认知中,时间概念的本质并非流逝性,而是周期性。(李葆嘉,2017:34)在此类民族的语言认知中,没有莱考夫和约翰逊设想的那种"时间是定向的且不可逆转的"的概念。

然而,努纳兹和斯威策却坚持用欧人时间模式评判艾马拉人的时间概念,由此势必认为:在艾马拉语 nayra mara(之前的年;去年)或 qhipa mara(之后的年;明年)的表达中,自我观察者和现在是隐性的。以至于宣称——艾马拉语中有一个与世界上其他语言不同的罕见模式,而且力图用手势资料为之提供证据。

1.2 艾马拉人讲到时间的伴随手势

努纳兹和斯威策研究报告中的言语和手势语料,来自对艾马拉人的录像访谈。被试 30 名,其中男性 20 名(66.7%)、女性 10 名(33.3%)。被试的语言水平分为 6 类:(1)艾马拉语单语者,仅 1 人,占 3.3%;(2)说流利的艾马拉语、有限的西班牙语和非常强的安第斯西班牙语,3人,占10%;(3)说流利的艾马拉语,西班牙语较好但不流利,经常使用安第斯西班牙语,9人,占30%;(4)艾马拉语和西班牙语双语者,没有或很少有安第斯西班牙语知识,9人,占30%;(5)西班牙语单语者,懂一点但并不说艾马拉语,3人,占10%;(6)西班牙语单语者,5人,占16.7%。

访谈一般持续20~50分钟,在一名艾马拉语双语者和两名安第斯-西班牙语者之间进行。访谈过程包括两个部分:第一部分,预先设计好与时间表达相关的内容。被试被要求谈论、比较和解释一系列已经发生或期待将要发生的事件。第二部分中,被试被要求谈论在艾马拉语中涉及时间传统的谚语或奇闻逸事。被试者被要求对短语进行西班牙语和艾马拉语互译并且进行解释。

从实验的被试选取和设计环节来看,存在3个问题:(1)被试中艾马拉语单语者仅1人,双语者却占有绝对优势,在表达上受到西班牙语的干扰。(2)访谈过程预先设定与时间相关的讨论话题,而没有采用自然会话获取法。(3)艾马拉人在时间表达上手势的运用,是在访谈之前提前告知被试需要使用,还是在表达时间时自然伴随出现的,文中皆无交代。这种预先设计的谈话主题,或预先告知被试时间表达时需要辅助手势去体现,不可避免带有人为的设计性和诱导性。

通过手势数据分析,努纳兹和斯威策认为,艾马拉语人使用了"自我参照点(ego-reference-point)"和"时间参照点(time-reference-point)"两种手势模型。自我为参照模型的特点是有一个固定的观察者,时间被视为对观察者而言的移动实体。说话者的正前面是现在,后方空间是未来,前方空间是过去。时间参照模型的特点是时间被视为固定物体,观察者作为一个整体与之进行水平运动,以运动的尽头为方向。努纳兹和斯威策提出:

> The speaker's front surface is essentially now, as in English speakers' gestures. The space behind the speaker is the future, and the space in front of the speaker is the past. Locations in front and closer to the speaker are more recent past times, whereas locations in front and farther from the speaker are less recent times: Speakers contrast "last year" with "this year" by pointing downward first at a more distant point and then at a nearer one. The farther in the past the reference event is, the farther upward is the angle of forward temporal pointing gestures; this seems to represent added distance in space of the point's goal, as the trajectory of a thrown object has to be higher to throwfarther.
> (Núñez & Sweetser, 2006:37-38)

　　说话者的正前面实质上就是现在,就像英语说话者的手势一样。说话者后方的空间表示未来,而说话者前方的空间表示过去。说话者前面且靠近的位置是较近的过去时间,而说话者前面且远离的位置是较远的过去时间——说话者通过先向下指较远处,后向下指较近处来区别"去年"和"今年"。过去的参照事件越远,向前短暂直指的手势角度越向上。这似乎表示该点目标空间的距离增大,就像所抛物体的轨迹必须更高才能抛远。

　　努纳兹和斯威策认为,艾马拉语独特的自我参照模式是手势产生的基础,甚至当双语者说西班牙语时,这种模式依然体现出来,使用手势时同样遵循"颠倒"原则。

　　努纳兹和斯威策认为,从认知视角来看,人类大都有相似的经验基础,即过去是已知的,未来是未知的,但艾马拉人似乎认同"已知的在自我的前方,未知的在自我的后方"(今按:艾马拉人认同的是"已经发生的在以前,未来发生的在以后")。努纳兹和斯威策最终提出,基于路径的空间式时间隐喻,比基于静态视野的空间式时间隐喻(今按:艾马拉人基于的是心理空间式时间隐喻)更为普及的原因,是后者是静态的(今按:心理空间式时间隐喻并非静态的,而是意识流的)。未来的时间将会成为现在,过去的时间曾经是现在。(今按:这是欧洲人的想法)

　　与英语说话者一样,艾马拉语表示"现在"都是在说话者的正前面。然而,为什么在艾马拉语中"未来在路径的前方,过去在路径的后方"这样的映射(今按:如果观察者面对时间,那么已经过去的时间会一直走在前面,以至于走向身后;而未来的时间就会迎面走过来,但是一直落在已经过去的时间的后面),却被静态模式"所知的在观察者的前方,未知的在观察者的后方"(今按:已经发生的在观察者意识到的以前,未来发生的在观察者意识到的以后)所驳回。努纳兹和斯威策认为,这缘于艾马拉人强调视觉感知是知识的来源。艾马拉语重视说话者是否亲身见过(或经历过)所讲述的事件。在这种文化中,重视信息来源是必然要求,将已知的"过去"置于自己之前,将未知的"未来"置于身后才显得有意义。

　　米勒克尔和亚皮特(Miracle & Yapita,1981)指出,时间可以分为"未来"和"其他时间(包括现在和过去)"。"未来"是不可见的,"现在"是可见的,"过去"是曾经见过的。(今按:过去的事件是已然,现在的时间是实时;未来的时间是虚拟)这种时间概念划分的特殊性,也为艾马拉人谈话的倾向性提供了本元的解释。与谈论"未来"相比,艾马拉人更倾向于讲述"过去"。努纳兹和斯威策多次提道:

The peculiarity of this conception of time would also provide an initial explanation for the general and descriptive observation that Aymara speakers tend to speak more often and in more detail about the past than about the future. Indeed, often elderly Aymara speakers simply refused to talk about the future on the grounds that little or nothing sensible could be said about it. (Núñez & Sweetser, 2006:40)

这种时间概念的独特性也为一般性观察和描述性观察提供了初步解释,艾马拉说话者往往更经常和更详细地谈论过去,而不是谈论未来。实际上,通常情况是,年长的艾马拉人根本拒绝谈论未来,理由是简直没有可感觉到的东西可说。

据此事实,艾马拉人强调视觉感知,认可亲身感知的时间,而拒绝无感觉的虚拟时间。可以推定:(1)年长的艾马拉人或未接触欧洲文明的艾马拉人,本来就没有(或几乎没有)"未来"的概念,而只有相当于非洲人的"过去"和"现在"的概念,也就谈不上谈论"未来";(2)既然拒绝讨论"未来",也就不可能有表现"未来"的手势与姿势;(3)努纳兹等采集的手势资料,可能大多来自掌握了西班牙语的双语者,实验中仅有1名艾马拉语单语者;(4)手势实验带有诱导性,并非艾马拉人的自然表达。

1.3 对研究结论的质疑

努纳兹和斯威策(2006:40)最终提出,艾马拉语具有的基本时间隐喻模型,代表了与迄今世界各地语言研究中通常发现完全不同的一种隐喻映射,艾马拉人时间颠倒的表达模式,是由于过分强调视觉感知是知识来源造成的(We believe that part of the answer comes from the overemphasis Aymara puts on visual perception as a source of knowledge.)。对此,至少有四点值得质疑。

第一,努纳兹和斯威策认定艾马拉人将"过去"置于面前,"未来"置于身后(今按:正确的理解是,艾马拉人把"过去"视为以前或之前,把"未来"视为以后或之后)。实际上,这是基于欧洲语言或英语时间模式评判艾马拉语的结果。把艾马拉语时间模式视为"颠倒",这是基于所谓"普遍标准"的后果。第二,努纳兹和斯威策提出,艾马拉语是在真实基本原理上与通常的时间识解组构完全不同而证据充分的第一个案例。难道欧洲时间模式就是真实基本原理?作者已经考察过世界上的多少语言?尽管艾马拉语的时间模型有别于英语,但是不代表其在其他世界语言中就不存在。与艾马拉语时间模式的类似表达,在汉语中十分常见。第三,所谓"时间颠倒"问题,到底是时间表达的差异,还是时间认定模式的差异?作者只是从时间隐喻模型的角度进行分析。而只有立足时间认定模式的不同立场,才能够解释这些现象的根由。与其执着于作者所熟悉的欧洲语言,不如考察更多不同类型的语言。第四,手势可以提供了解语言认知过程中的潜意识通道,但是艾马拉语表达"过去"和"未来"等的手势资料,并不是在自然话语状态下获取的,而是在调查者预先设计的话题中,或要求被试在交谈中伴随出现的。年长的艾马拉人拒绝谈论未来,可以推定这种伴随手势是后起的,或者是用欧洲语言时间认定模式诱导出现的。如果确实有这些伴随手势,也就务必基于艾马拉儿童的语料,考察这种伴随手势是如何形成的。

2. 英语中的特殊时间表述

实际上,英语中也存在所谓"时间颠倒"的特殊表达。

2.1 圣诞节的到来

英语表示圣诞节比感恩节时间上要晚些,常用以下两种表达式:

[5]Christmas　follows　　Thanksgiving

　　圣诞节　　跟随　　　感恩节

[6]Christmas　comes　　after　　Thanksgiving

　　圣诞节　　到来　　在之后　　感恩节

如果根据英语的通常时间模式理解,即圣诞节未到,属于未来,也就在前方。但是,例[5][6]这样的表述,却是"未来的圣诞节在先到的感恩节之后",也就是"未来在先到之后"。

同样,英语中也存在"过去在之前"的表达,如:

[7]twenty minutes　ahead of　one o'clock

　　20分钟　　　在之前　　1点

其中的 ahead of,意为"在之前/早于",通常表示过去的时间在某一未到时间之前。例[7]字面义是"20分钟在1点之前",即"12点40分"。要先经过这20分钟才到达1点。如果根据英语的通常时间模式理解,这20分钟属于过去,要到达的1点才属于未来。20分钟应在1点之后(过去)。这句话在汉语中的表达是"1点欠(差)20分钟",用的是减法。

摩尔(Moore,2000)给出的解释:在语言研究中的许多关于"过去在前方"或"未来在后方"的说法,实际上,例[7]所体现的是在两个时间之间,哪个在之前的关系,其中任何一个都并不是说话人所说的"现在"。英语中也不能用 ahead of us(在我们之前)表示"早于现在"。这似乎都是基于前一后关系参照点不同的混淆。因为确定未来事件(futurity)时,参考时间比现在晚,而确定后来事件(posteriority)时,需要参考一个在系列事件中比另一个晚的时间。但不是每一个"晚于"关系的例子都是"晚于现在"(later than now)。同样,也存在混淆过去(past)(参考时间比现在早)和先前(anteriority)(参考一个在系列事件中比另一个早的时间)的问题,关键是为了计算出相对于未来的一个时间,你不得不知道"自我"的位置。

2.2 上星期三的会议向前移两天

再如,努纳兹和斯威策(Núñez & Sweetser,2006:7)用于测试的例句:

[8]Last Wednesday's meeting　got moved　forward　2 days.
　　　上星期三的会议　　　　　移动　　　向前　　　两天。

上星期三向前移两天,会议是在星期五还是星期一召开?有半数参与调查的说英语者会选择星期五(认为星期五在星期三之前),另一半会选择星期一(认为星期一在星期三之前)。选择前者是因为forward通常是指"一个较前时间"(an earlier time)。实际上,如果相对于观察者已经识解的空间关系,被试会把过去的一星期识解为在他们后面,而不是在前面。forward相对于观察者的框架可能意味着"靠近现在的一个晚些时间"(closer to now)。是星期一而不是星期五的选择,强烈支持在识解中forward意为"提前",而不是"推后"。这样的隐喻短语中没有涉及"观察者为参照点",在这种情况下,事件被识解为相对于一个时间路径或界标的"运动"。而这句话真正的含义是什么,要取决于说话人或发布通知者是否与当前时间联系起来。"Last Wednesday's meeting got moved forward 2 days.",这种表达方式在英语里被普遍接受,而且也是合乎语法的。但在汉语中,"上星期三的会议提前两天召开",其含义只能是"会议提前到星期一召开","前"默认为先发生的时间。如果要表达"会议挪到星期五召开",汉语通常说"会议推迟到星期五","推迟"意味着后发生的时间(未来)。

与艾马拉语相比,英语中似乎也存在偶尔的"时间颠倒"表达,但英语中通常不会出现以"人"作为参照对象来表达早于或晚于"现在"的用例,也就是不会出现 Christmas is behind us 或 Christmas is following us 的类似表达。英语和艾马拉语中时间的颠倒表达的差异,关键是对参照点的选择,即在"什么"的后方或前方。换而言之,英语和艾马拉语时间表达颠倒的差异,是因为两种语言时间认定模式的不同。

3. 两种时间认定模式

鲍尔曼(Bowerman,1996)、博洛迪斯基和拉姆斯卡(Boroditsky & Ramscar,2002)、斯洛宾(Slobin,2003)等学者,提出时间属于被概念化的空间,每种语言中都有部分时间词来自空间词。尤其是一些从空间域到时间域的基本隐喻映射,在各种语言中不断地重现:(1)时间体验者作为空间的运动者;(2)时间作为运动的实体。这两种模式的共同之处是,未来事件被视为在体验者的前方,过去事件被视为在体验者的后方。这些说法过于笼统。

3.1　走路式时间认定模式

实际上,用behind或"之后"(后面/以后)指过去的时间,用in front或"之前"(前面/以前)指未来的时间,是一种"走路式"的时间认定模式。走路的人面对前面的道路,即体验者正面对着事件流,已经走过的路(历程)成为后面的、过去的,而没有走过的路(前途)正是前面的、未来的。如图1所示。

后面的、过去的 ◄┄┄┄┄┄┄┄┄┄┄┄┄┄┄► 前面的、未来的

图1　走路式时间认定模式

"走路式"时间认定模式是许多语言中常见的类型。英语的例子如下:

[9]Earlier events are behind later events.(较早的事在稍后的事之后。)

[10]Things behind ego are visually inaccessible.(自我后面/背后的事物在视觉上看不到。)

[11]The week ahead looks promising.(前面/未来的一周看上去有希望。)

[12]Vacation is just ahead.(假期就在前方/眼前。)

汉语的例子如下:

[13]过去我们所走的路,都很艰难。

[14]过去的路都是一步一个脚印地走过来的。

[15]前面的路还很艰难,但无论如何我们都要去面对。

[16]我在前面的路上等待未来的你。

"走路式"时间认定模式,其特点是以物理空间为参照,与事件发生的顺序具有平行性,其时间划分顺序与物理空间变化一致。例[9][10]中的behind、例[13][14]中的"过去",是已经"走过的"或"已经发生过的",属于身体背对的方向;而例[11][12]中的ahead、例[15][16]中的"前面",是"尚未走过的"或"尚未发生的",属于身体面对的方向。这种时间认定模式与走路的过程是平行一致的,在世界诸多语言中都存在,具有一定的普遍性。

3.2 回忆式时间认定模式

与"走路式"模式不同,艾马拉语是一种"回忆式"时间认定模式。其特点表现为:回忆人陈述发生的事件,已经发生的事件是前面的、过去的,尚未发生的事件是后面的、未来的。如图2所示。

前面的、过去的 ◄-------------- -------------►后面的、未来的

图2 回忆式时间认定模式

艾马拉语的例子(引自 Núñez & Sweetser, 2006:29, 36, 36)如下:

[17]*Ese es todavía más allá antes.* (That is even further away before.)(那甚至比之前(过去)更远。)

[18]*En estos momentos estamos avanzando pál futuro.* (Now we are moving ahead toward the future.)(现在我们正在向以后(未来)前进。)

[19]*Lo que nosotros queremos es proyectarnos mejor hacia el futuro, sin olvidar lo que fuimos nosotros en el pasado, en nuestra historia milenaria.* (What we want is to better project ourselves toward the future, without forgetting what we were in the past, in our millennia-old history.)(我们所需要的是面向以后(未来)更好地表现我们自己,不要忘记我们之前(过去)的几千年古老历史。)

汉语的例子如下:

[20]只听得小女孩嗓门高,回答道:"您别问了,那都是<u>以前</u>的事了。"

[21]自己最近总是想<u>以前</u>的事情。

[22]邓秋琼称:"原谅他们是<u>以后</u>的事,现在还没有想那么多。"

[23]别逃避,好好规划一下我们<u>以后</u>要做的事情吧!

回忆式的时间认定模式,以心理空间为参照,以回忆人的陈述时间或事件为参照点。"前面/以前/过去的"属于已经发生过的事,"后面/以后/未来的"是尚未发生,或将要发生的事。在回忆式时间模式中,已经发生的时间会用"以前/之前"等来表达,尚未发生的时间会用"以后/之后"等来表达。

这两种模式在汉语中都存在,关键在于说话人表达的时间参照点。走路式以时间运动为参照,说话人被看作一个固定的观察者,时间被看作对观察者而言移动的实体。相对于观察者,时间被看作从前方(未来时间)到后方(过去时间)的空间物体的运动。而回忆式以自我运动为参照,时间被看作一个固定的物体,观察者对时间而言是移动的。如同回忆人陈述某一事件一样,"前面的"属于已经历过的,"后面的"才是尚未经历过的。

实际上,走路式和回忆式时间认定模式在语义表达上存在交叉,有时可以表达相同的语义。如:

[24]<u>前面的路</u>还很长。(走路式)

[25]<u>后面的路</u>还很长。(回忆式)

上述两例画线部分都是指"未来的路",都表示尚未发生或尚未经历过的时间。在语言交际中对所使用的时间认定模式的识解,有时需要借助于语言表达的上下文语境。

不过,与走路式相同,在回忆式中,"以前/以后"都可以表示"过去"。例如:

[26]这是很久<u>以前</u>的事了。(参照点:讲述人所说的现在之前)

[27]这是很久<u>以后</u>的事了。(参照点:讲述人所说的某事之后)

虽然使用的是"以前"和"以后"两个不同的词,但是在回忆式时间模式中,上述两例都表示以前或已经发生过的事件,只是说话人的时间参照点不同。其中,例[26]中以前的事情,是在说话人所说的参照点(现在)之前。例[27]同样指以前的事情,但是时间参照点并不是说话人的现在,而是以前发生事件的时间辖域中所发生的某个事件以后。换而言之,在回忆式时间模式中,"以前"的时间参照点是现在,而"以后"的时间参照点是过去的某一时点。

综上,作为两种不同的时间认定模式,走路式以物理空间为参照,回忆式以心理空间为参照。英语属走路式,艾马拉语属回忆式,汉语属于回忆-走路兼有式。努纳兹和斯威策熟悉的是欧洲语言的走路式,当看到与之不同的回忆式时,便认为这是一种"时间颠倒"。实际上,这是两种不同的时间认定模式在各自语言时间表达上的映射。

4. 关于提及时间时的伴随手势

麦克尼尔(McNeill,2000)和戈尔丁-麦德(Goldin-Meadow,2003)认为,手势语提供了进入语言认知过程的一些潜在意识的独特通道。言语和手势是同一认知语言的两个方面,都具有文化特异性。当说话者指代任何事物时,手势(或手势语)必然涉及物理空间及其所代表的空间结构之间的映射。

然而,时间概念并非实物概念,而是属于心理上的虚拟概念。因此,从根本上来说,时间概念不具有实物指示性。言语中的手势或姿态,至少包括指示性及模拟性,并非只有指示性。莱考夫和约翰逊(Lakoff & Johnson,1999:63)混淆了手势或姿态的模拟性与指示性。如果用手指向实物苹果,那么指示的是"这/那是苹果""苹果在这/那里"。至于人们谈论到"未来",用手指向前方(伴随身体前倾、头部昂起、目光前视),模拟的"未来就像前方的空间"(需要我们走过去),而非指示的"未来就在前方的空间中"(前方的空间仍然处于现在)。至少汉语说话者,在自然语言状态中说到"过去"和"未来"的时候,一般不会用手势去指示后方或前方。

回忆式,因为参照心理空间中的时间前后,更不可能在说话时自然出现伴随手势。我们当然不能断言,努纳兹和斯威策通过人为设计把莱考夫的时空平行论强加于艾马拉人。但我们的观察发现,在自然语言状态下,汉语说话者用"之前/以前"表达"过去",用"之后/以后"表达"未来"时,并不伴随出现与表达"过去/未来"相关的手势。而且我们的被调查者也认为,汉语中的时间表达并不需要习惯性的手势做辅助。汉语说话者说"前面的路还很长",用手势还好前指。但是,如果说"后面的路还很长",难道手势向背后指吗?

走路式,因为参照物理空间,说话者面向听话者,因此有可能说"未来"时用手势前指。但是,如果说"过去"时用手势向后指,只会令人莫名其妙。在英语中的自然会话,说"过去"时用手势后指,也许就是想当然。至于莱考夫和约翰逊(Lakoff & Johnson,1999:63)设计用手势指示时间方位的实验,要求英语被试用手势指示时间的方位,这一实验就是人为的,毫无价值。

5. 余论

时间的"过去—现在—未来"认定模式是与认知、文化等密切相关的。根据我们掌握的资料,可以归纳出四种时间认定模式。

第一种,轮回式。没有明确的"过去—现在—未来"的时间概念,时间一直处于周期性轮回之中。信奉古老印度教的巴厘人采用轮回历"乌库"(Wuku),日常活动的可重复性可以再现时间的轮回。(Geertz,1973:392-393)这就是信奉印度教的巴厘人模式。可以参照的是苏美尔人对日期的计算,其基于对毗邻大海的河水周期性涨落(七日一次潮涨潮落)观察,形成了周期性时间概念。

第二种,二分法回忆式。有"过去(以往的漫长时间)—现在(最近的短暂时间)"的时间概念,而没有"未来"(虚拟的未知)。用心理空间的已经历表示"过去"(不等于欧洲人的"过去"。相当漫长,从远古到现在的之前,也可称"历史时间"),用心理空间的实时表示"现在"(不等于欧洲人的"现在"。相当短暂,包括最近几个月,也可称"近期时间")。(张宏明,2004)这就是非洲人的时间模式。可以参照的是闪米特语表达时间只有过去式和现在式。公元前3500年,阿卡德、巴比伦人、亚述人、迦勒底人先后占据两河流域;公元前2500年后,阿摩尔人和迦南人(腓尼基人、希伯来人)居住于叙利亚和黎凡特一带;公元前 1500 年前后,阿拉马人定居于叙利亚。19世纪中叶释读了楔形文字,并通过比较研究证明这些语言同源。这些闪米特语的动词主干都是三辅音结构,表达时间只有两种屈折形式:一是过去式,一是现在式。

第三种,三分法回忆式。有"过去(相当于先前)—现在(实时)—不确定的未来(相当于后来)"的时间概念。用心理空间中的以前事件表过去,用心理空间的以后事件表未来。自我与时间对面交错,也可称之为"迎接时间式"。 这就是艾马拉人模式,包括汉语中的某些时间表达式。

第四种,三分法走路式。有"过去—现在—未来"的时间概念。用物理空间的在后表示过去,用物理空间的在前表示未来。自我与时间顺向并行,也可以称之为"追赶时间式"。这就是现在通行的欧洲人模式。原始欧洲人并非如此,在英语中仍然残留其他模式的痕迹。也许,古希腊哲学家开始关注物理世界,才形成这种物理空间的时间认定模式。赫拉克利特(Heraclitus)曾经提出:"万物皆流,无物停滞。你无法两次涉足同一河水,因为其后的与再后的河水,从你的足上流淌而过。"

努纳兹和斯威策的研究给我们的启发是:在人类认知问题上不能预先假定一个统一模型,然后用该模型去考量其他语言事实。正确的方法是基于语言事实的本身归纳其个性和共性。

参考文献

李葆嘉,2017,译序 永恒的灵肉:亲身离身集于一身[M]//李葆嘉,孙晓霞,司联合,等,译.肉身哲学:亲身心智及其向西方思想的挑战[M].北京:世界图书出版公司.

杨孝文,任秋凌,2006.揭开南美土著艾马拉人时间颠倒之谜[EB/OL].(2006-06-20)[2021-03-15].https://news.sina.com.cn/c/edu/2006-06-20/110792510 99s.shtml.

张宏明,2004.非洲传统的时间观念[J].西亚非洲(6):39-44.

BORODITSKY L, RAMSCAR M, 2002. The roles of body and mind in abstract thought [J]. Psychological science, 13: 185-189.

BOWERMAN M, 1996. The origins of children's spatial semantic categories: cognitive versus linguistic determinants [C]//GUMPERZ J, LEVINSON S. Rethinking linguistic relativity. Cambridge: Cambridge University Press.

GEERTZ C, 1973. The interpretation of cultures[M]. New York: Basic Books.

GOLDIN-MEADOW S, 2003. Hearing gesture: how our hands help us think[M].

Cambridge, MA: Belknap.

GREBE M E, 1990. Concepción del tiempo en la cultura Aymara: representaciones icónicas, cognición y simbolismo[J]. Revista chilena de antropología, 9: 63-81.

LAKOFF G, JOHNSON M, 1999. Philosophy in the flesh, the emboied mind and its challenge to western thought[M]. New York: Basic Books.

MCNEILL D, 2000. Language and gesture[M]. Cambridge: Cambridge University Press.

MIRACLE A, YAPITA J D, 1981. Time and space in Aymara[M]//HARDMAN M J. The Aymara language in its social and cultural context. Gainesville: University Presses of Florida.

MOORE K E, 2000. Spatial experience and temporal metaphors in Wolof: point of view, conceptual mapping, and linguistic practice[D]. Berkeley: University of California.

NÚÑEZ R, SWEETSER E, 2006. With the future behind them: convergent evidence from Aymara language and gesture in the crosslinguistic comparison of spatial construals of time[J]. Cognitive science, 30: 1-49.

SLOBIN D I, 2003. Language and thought online: cognitive consequences of linguistic relativity [M]//GENTNER D, GOLDIN-MEADOW S. Language in mind: advances in the investigation of language and thought. Cambridge, MA: MIT Press.

作者通信地址:210097 南京师范大学文学院;nsdlbj@126.com
　　　　　　　210097 南京师范大学文学院;nsdsdg@126.com
　　　　　　　210097 南京师范大学外国语学院;sunlightxiaoxia@hotmail.com

文字符号的向心和离心

孟 华

摘 要：汉字符号学主要研究文字的超符号性质。超符号指超越自身而内部隐含、外部关联了其他异质符号的符号。超符号关系主要是语言符号与非语言符号的关系，集中表现为语言与文字和语言与图像(包括实物符号)的关系。本文主要通过对汉字的分析，讨论了两种超符号关系方式：以语言符号为中心的"向心"方式和以非语言符号为中心的"离心"方式。

关键词：向心；离心；超符号；汉字符号学

0. 关于文字的向心和离心

百余年来，东方农耕文明的奇葩——表意汉字急着要流向世界文字拉丁化的海洋，西方海洋文明激进的思想浪潮却开始批判语音中心主义的拼音文化，思考着用汉字之"药"疗治字母之"病"。这是对"以谁为中心"的文化秩序的反思：汉字走向拉丁化，意味着对海洋文明的"向心"而对农耕文明的"离心"；拼音文化的自我批判则象征着自身的离心倾向而重估汉字文化的价值。当然西方后现代主义的自我离心倾向并不意味着要重建一个东方中心，准确地说是"移心"：消解东方和西方两个中心之间此消彼长的对立。

"中心"这个词在结构主义符号学中有两个含义(肖锦龙，2004：7)：一是"中心主义"，如"逻各斯中心主义""语音中心主义""弥赛亚主义""官僚主义"等等，它是一种主观性的文化思想体系或理论立场；二是"中心性"，它是事物得以构成的自然因素，是一种客观现实，是组织和统辖某种结构的核心要素，雅各布森称其为"主导"①。如：在电视 MTV 中主导的符号是音乐，而不是画面；古汉语义言文的中心要素是汉字而非口语的词；官本位体制下的中心要素是官员；等等。

---

① 罗曼·雅各布森："对主导可以这样下定义：一件艺术品的核心成分，它支配、决定和变更其余成分。正是主导保证了结构的完整性。"(引自赵毅衡(2004：8))

任何进入书写阶段的语言都有一个言文关系(语言和文字关系的简称)中以谁为中心的问题,这个"中心"便是一个现实存在的"中心性"的概念,这个中心是某种客观存在的文字制度形成的终极目的和原因。如:汉字是以无声的视觉方式迂回地表达有声语言,在言文关系中以"文"或"字"为中心;拉丁字母则尽力隐藏文字的视象性以唤出声音的直接出场,在言文关系中以"语"或"音"为中心。这两个中心范式其实是两种符号化方式——东西方文化使用不同文字符号来表达语言、描述世界的集体智能,也可以分别称之为"字本位"和"语本位"①(或称"文本位"和"言本位")方式。

作为文化思想概念的"中心主义",则是一种"以谁为中心"的哲学文化思潮或理论主张:主观上区分出中心和边缘两个要素,建立一种人为的等级制格局。德国学者白瑞斯将语音中心主义文字观表述为:

> 文字系统的一个普遍性特征,就是要利用相互区别的符号来表示包含在整体流动的语言之下的这些较小的单位。因此,文字和语言之间首要的且是最为重要的连接点,便是语言的声音要素……音素,才是与文字系统发生关联的主要成分。(黄亚平,白瑞斯,王霄冰,2009:4)

上述引文蕴含着一个以表音素为中心的文字学思想,由此产生一个"向心"的等级制:向心程度是以表音素的程度为标准,即以文字是否与音素这一级语言单位关联为标准。只有最接近记录音素的文字,才是最好的向心文字。在西方语言学中,语言被描述为一个双层的分节装置。第二分节单位是音素层,第一分节是符号层,又具体包括语素、词、词组和句子。从音素到句子这五级单位中,越是接近音素的文字越是向心而文明的,与音素中心的距离越远便越是离心的、野蛮的或原始的(卢梭,2003:27)。显然,以拉丁字母为代表的拼音字母记录的是语言的音素单位,因此是"向心"文字的最高符号范式,而汉字记录的是汉语的语素和词这一级单位,相对而言是离心的。"向心"性文字以表音性为指归,所以也可表述为"口治性"文字;"离心"的汉字则可表述为目治性或表意性文字。

就汉字自身而言,百余年来在某种程度上也经历了一个以拼音文字为认同坐标的"向心"化过程,这是西方文化中心主义或语音中心主义对古老的农耕文

---

① 中国字本位语言理论的代表人物是徐通锵、潘文国。参见孟华(2008:17,28)。

明冲击的结果。20世纪的汉字拉丁化运动[1],就是对汉字"离心"性符号化范式的自我批判和走向拼音文化的"向心"化思潮。不可否认的是,就全世界的文字符号等级谱系而言,其"中心"毫无疑问是以拉丁字母为代表的拼音文字体系。拼音字母是通过任意性原则记录最为抽象和形式化的音素单位,追求形音一致的"向心"性。符号学的任意性也叫作无理据性,即字母的形体结构中不包含任何人的主观动机和外部世界的客观信息。由于切断了文字与文化意义世界的理据联系,字母文字成为跨民族、跨语言传播的"普世"符号,拉丁字母成为世界交流的文化公器。据统计,大约有100种主要的语言,120个国家以及将近20亿人口使用拉丁字母(大卫·萨克斯,2008:9)。

本文主要是在"语音中心主义"这个概念框架下讨论文字"离心"和"向心"的。就文字系统背离或趋就音素中心的状况而言,这种文字观认为:背离表音素倾向的文字是离心的,如汉字;趋就表音素倾向的文字是向心的,如拉丁字母。

1. 言文关系和语象关系的向心和离心

文字的向心和离心,在语言文字学那里涉及的是言文关系范畴;而在符号学看来,它们同时也是一对语象(语图)关系范畴。汉字符号学就是希望通过汉字的言文关系分析而获得一种关于语象关系的符号学范式。

在今天的杂语化时代,"所有的符号系统都与语言纠缠不清"(罗兰·巴尔特,1999:3)。符号学的热点由指示关系(语言与概念或现实的关系)、言文关系(书写与语言的关系)逐渐转向语言与图像、语言与非语言符号的关系。当语言遭遇非语言符号时,就会产生向心和离心两种关系的博弈。

1.1 言文关系和语象关系的向心化

首先看言文关系的向心化或表音化趋势。如汉字的拉丁化和汉语的白话文运动,如跟着读书语气走的传统句读改为跟着语言语法结构走的现代标点符号,如繁体汉字的记号化或汉语中的音译外来词,如传统小学转变为语言文字学、汉语学由文法研究走向语法研究……这些都反映了表意的汉字逐步向语言

---

[1] 明正嘉以后,西方基督教传教士即对汉字进行注音,形成了最早的汉字拉丁化。清朝末年,开始发动创制拼音文字的运动——切音字运动。到了"五四运动"时期,又形成新的高潮,先驱者于门不满足于有一套汉字笔画式的注音字母,明确提出"汉字革命",甚至主张"废除汉字"、全盘西化。1918年,第一套法定的37个民族字母形式的注音字母方案公布。1928年,第一套法定的拉丁化拼音方案–国语罗马字(简称国罗)公布。1958年,中华人民共和国公布的第二套法定的拉丁化拼音方案,使用了26个拉丁字母,用符号表示声调。直到20世纪80年代,汉字拉丁化运动才逐渐消息。

靠拢、走向表音的趋势。

语象关系的向心化则表现为图像符号向语言靠拢的趋势。艺术家徐冰的"地书"用❤三个连缀的具象图符表示一个句子"他爱她",这就是图像的"向心"化:图像符号转换为表词单位或象形文字。网络上盛行的图像性表情包几乎成为语言的第二书写系统,这也是目治性图符走向口治性字符的表现。图像的向心化即图像的语言化、概念化,自古有之,不仅中国传统写意画以及欧洲中世纪的宗教画充满了诗性和言说性,贡布里希甚至称古埃及绘画艺术是"概念艺术","他们在图画中再现已知而非所见的一切的方法"(米歇尔,2006:34)——古埃及艺术家是根据既有的语言概念而不是凭视觉经验去进行绘画创作的。图像的概念化、语言化也是现代艺术创作的重要特征之一:绘画的原型直接来自语言符号负载的语词概念、思想主题或程式化观念而非实际存在物。譬如毕加索的《格尔尼卡》,是根据新闻报道而作,而非来自他目睹的事件。另一位西班牙现代主义大师米罗的画作《女人·鸟》中,女人和鸟已经结合为一个巨大的黑色形体,隐喻着二者的相似性。"在米罗看来,女人就是鸟,鸟就是女人,因为女人与鸟有着共同的特征:她(它)们都有诱人的色彩、柔和的外表,都使人迷恋……"(鲍诗度,1993:320)显然,在这幅作品中视觉形象是为语言概念服务的,是大写的象形字。

1.2 言文关系和语象关系的离心化

(包括文字在内的)任何符号强调自己异质于语言、独立于语言的符号性质则是离心关系。

(1)就言文关系而言,汉字是离心性较强的文字符号系统

索绪尔就认为汉字没有字母文字那样的"令人烦恼的后果"。因为汉字与语音无关:"对汉人来说,表意字和口说的词都是观念的符号;在他们看来,文字就是第二语言。"(索绪尔,1980:51)当汉字成为独立于语言的符号时,它就破坏了言文之间的向心关系而强调了文字自身视觉符号的离心性质。所以德里达说:"中文模式反而明显地打破了逻各斯中心主义(按:表音中心主义)。"(德里达,1999:115)言文关系的向心化和离心化之间的张力运动,是贯穿中国现代性文化建设的一大主题。新文化运动提倡汉字拉丁化和白话文运动,可以称为"去汉字化"或"向心化"运动,此后至20世纪80年代一直是中国学术和文化界的主流意识形态。20世纪80年代起,去汉字化或向心化所造成的传统断层越来越受到关注和批评。不断有学者强调表意汉字与写音的字母之间的文化差异,认为汉字是独立于汉语的符号系统,要求对汉字的视觉性文化特性重新评估,提出艺术、文学创作的会意性"字思维"(石虎)或汉字书写原则的"春秋笔法"(曹顺庆),认为中西哲学的差异在于"写"和"说"(杨乃乔),汉语语法的本质

是文法而不是语法(申小龙),中西语言基础单位的差异在于"字"和"词"(徐通锵),汉字不是附属品,它具有与汉语同样的地位(潘文国),汉字与汉语之间不是脚与靴子的关系而是瓜皮和瓜瓤的关系(苏新春),汉字是看待汉语的意指方式而非语言的简单记录工具(孟华)……这种"再汉字化"的思潮就是言文关系的离心化(孟华,2014:1)。

(2)就语象关系而言,离心性突出地表现为两个符号领域:一是图像的去语言(文字)化,二是文字的图像化

语象之间的离心化首先表现为图像的去语言(文字)化。这是一种极性思维:在图像与语言文字的对立、分治中确立前者的视觉符号特性,在目治和口治之间划出一道非此即彼的边界。德国文艺批评家莱辛就以绘画和诗歌为例强调了图像与语言之间的对立、分治关系:"时间上的先后承续属于诗人的领域,而空间则属于画家的领域。"(莱辛,2006:107)这里显然涉及语象两种对立性的编码原则:语言的线性、时间特征和图像的非线性空间特征。这种离心化是一种等级制格局:图像的性质是建立在它不是语言或者对图像自身的语言因素予以抑制、排斥的基础上的。这种极性思维认为,图像性的可见和语言性的可读、可说是互相排斥的,如福柯所谓"在视觉中被封口,在阅读中被隐形"(福柯,2012:22-23)。去语言化的离心图像观表现在文字起源研究领域,就是在图像和文字之间划一道非此即彼的边界,图像的归图像,文字的归文字。认为史前的图像符号如抽象记号、图案、图画不属于文字,因为它们不记录固定的语言单位,只有到了表词的象形字阶段才是人类文字文明的开始,前者叫作史前文明,后者才是有史文明。当然,从史前的图像到象形字,中间存在一个亦文亦图的过渡阶段,叫作图画文字(伊斯特林,1987:27)、文字画或初期意符(沈兼士,1986:207)。但即使这些过渡性文字符号,也要划清它与图像的界限:图画是与语言无关的具体艺术形象,而图画文字是"图示性的约定图像",后者已经在一定程度上记录固定的言语单位,比如印第安人在一幅画中画了野牛、海獭、绵羊、猎枪等符号,"这几种动物的图像不是供艺术欣赏,而是用来表示、规定事先在言语中表达的交换条件"(伊斯特林,1987:21)——显然这幅画中的动物图符代表某些言语单位,构成了一个由图画文字记录的贸易文本,阅读取代了观看。

然而,到了德里达的中性语象观那里,史前图像和图画文字、象形字之间泾渭分明的边界被消解,都被认为是广义的"文字"或书写[1]。

---

[1] 现在我们往往用"文字"来表示这些东西:不仅表示书写铭文、象形文字或表意文字的物质形态,而且表示使它成为可能的东西的总体;并且,它超越了能指方面而表示所指方面本身。因此,我们用"文字"来表示所有产生一般铭文的东西,不管它是否是书面的东西,即使它在空间上的分布外在于言语顺序,也是如此:它不仅包括电影、舞蹈,而且包括绘画、音乐、雕塑等"文字"。(德里达,1999:11)

　　语图之间离心化的另一种表现是文字的图像化,即发掘、呈现文字符号中所隐含的被遮蔽和压制的视觉图像特性,揭示隐藏在文字中的离心化元素,恢复文字符号所具有的语象双重编码的复合性质。德里达生造了一个différance来表达"异延"这个概念,以揭示文字所具有的语象双重编码特性:空间的差异(图像)和时间的延宕(语言)的中介化。Différance(异延)是由différence(差异)改造而来的,只是将原词中的一个字符e更换为a。这个改动使得a摆脱了拼音的束缚,仅仅作为一个视觉标识符起到空间性分辨作用(德里达,2000:68),就像汉字助词"的、地、得",在汉语口语中它们同音而且近义,但汉字用三个不同形体区分了它们语法意义的微妙差异,或者说,汉字通过字形的视觉标识性介入了口语中de这个助词的分类。标识符是图像符号中的一种,如物体上的标签、公共指示符号、方位识别符号等等。标识符有两个特点:一是单符性,它只与在场物或特定概念相连,而与线性叙事链条无关;二是指物性,它不代表某个形式化、结构化的音素,而标识自身之外的某个实体——在场物、现实物或观念物。如国际音标(外文词典中每个单词后面的注音符号)就是标识符:其一是单符性,它只孤立地用于分辨特定音素,而不具有连缀性;其二是指物性,国际音标指示的音素是实物——物理形态的语音。形式化的字母文字则相反,它记录的音素是形式而非实体,即进入某个语音系统中的结构单位,每个字母表达的音值不来自它的物理性质而来自系统的分配关系,所以字母的表音单位更准确的叫法是音位。相对而言,国际音标符号是实体性的标识符,具有离心的图符性质;字母文字符号是形式化的结构性记号,具有向心的语符性质。

　　因此,真正的标识符附着于物体之上,随着人们的指指点点引导着现代游牧者的各种现场辨识活动。随着德里达在différence(差异)这个词中强行抹去记音符e,而插入一个标识符a,人们不得不中断对différance(异延)的线性阅读而滞留于对a的空间性凝视中,或者说,单符性、非线性的标识符一旦进入记音符结构,便对线性语音串具有解构力量,引出一种非线性的视觉解读。这是一种口治和目治的双重经验,当一个标识符进入记音符的组合(如I♥you中的♥),或者一个记音符兼有了标识符的功能(如上述différance中的a),这时标识符就失去了它单纯标识的功能,而具有语象双重编码性:既是一个显示视觉差异的离心化的图像标识符号,又是一个跟着语音线性序列走的表音符号。由此,德里达揭露了拼音文字离心性的另一面,即它与空间性图像符号相关的特性。从而说明拼音文字并不忠实于语音,它在表音或言说的同时,又把视觉性的空间力量强加给语言。索绪尔举了法语单词oiseau(鸟)的例子,实际上该词应读作/wazo/,字母读音与该词的实际读音完全不通。据此他指出:"文字遮掩了语言的面貌,文字不是一件衣服,而是一种假装。"(索绪尔,1980:56)人们常常把书写形式误作读音规则,结果产生了文字对语言的歪曲。

但是,德里达并不满足于仅在字母串中发现图像性标识元素,或者在西方文本的线性阅读中发现空间凝视,他更感兴趣的是汉字以及各种象形字的图像性或离心性,他斥责了那些贬低汉字或象形字的"偏见"(德里达,1999:117),并认为这些文字才符合他理想的书写或文字形态,并在此基础上建构了一种全新的符号学体系,即语图融汇的书写学。

笔者认为,人类文字体系中的图像性符号元素主要包括三类:

①标识符。拉丁字母兼具记音符和标识符双重性质。纯粹的标识符是贴在物体上的标签,是不具有连缀性的单符,而标识功能的字母一旦出现于线性字符串中,便切断了字母串的语音连续性而成为无声的图形辨识单位。如英语中的 often(常常)和 soften(使柔和),通常它们的/t/是不发音的,只起到形体视觉辨识的作用。字母标识符是拼音文字内部的图像或离心要素,它引发了人们对字母的语象双重关系意识。

②相似符。指文字形体主要通过具有相似性、类比性的形象理据来标识所指物。包括(a)单符性相似符。如:汉字独体象形字 ,画一个羊头,转喻"羊"这个概念; 画一个成人身体,隐喻"大"这个概念。它们共同的表达机制是修辞的、类比的,就是一个单纯的符号"含蓄意指"[1]着某个概念。我们统称其为单符性相似符。(b)组合性相似符。主要指汉字中多个义符构成的会意字。如:伐,从人持戈;炙,从肉在火上;囚,从人在口中。这些会意字通过对两个字符概念的联想而产生的画面感,来表达背后的词义。组合性相似符也是一种含蓄意指,区别在于,这种充满蒙太奇画面感的含蓄意指效果产生于字符之间的组合。(c)混合相似符。即声符和义符的混合体,以汉字形声字为代表。如:"啤",其声符"卑"指涉"啤"的具体意义和读音,具有表音、向心的特点;而形旁则从"口"的转喻角度提供一个关于啤酒的联想形象,是义符,具有相似理据、离心的特点。所以,在符号学看来,形声字的混合性就是指一个组合性语象结构:义符以转喻形象参与了对声符的补充、说明,声符作为语言符号又参与了形声字的组合并对义符进行限定和解释[2]。关于混合相似符我们在下文中还有讨论。

③像似符。建立在视觉性像似基础上的符号就是像似符,典型的如绘画、

---

[1] "含蓄意指"或称"内涵意指"的概念借自罗兰·巴尔特(1999:83),意为符号的能指或表达面本身就是携带某种理据性的符号,它成了所指内容面的表达层。含蓄意指是一种符号的双重意指显象,如汉字的字形和字义、字面义和词义,就是含蓄意指。

[2] 徐通锵将汉字的形声结构区分为义类和义象:"'形'表义类,'声'表义象。为什么?因为义类属于'辨类属'的范畴,是对某一类现实现象的概括反映,而义象是从不同的义类中抽象出来的,是深一层的概括。"(徐通锵,2015:108),但是笔者认为,徐通锵是站在"向心"的立场上,即站在文字的语义或语言分析的角度来观察形声结构的。本文则是站在"离心"或语象融汇的立场上对形声字重新分析。当然并不否认"向心"立场的理论价值。

照片等等。文字中的像似符主要指象形字,如 ⛰(山)、𡆥(人),所见即所得。唐兰(2001:75-80)将甲骨文象形字分为"象形"和"象意"两类,前者就是独体的像似符,后者则是独体的相似符(如前述的象形字"羊"和"大")。撇开象形字"向心"的一面即表语言的功能不谈,象形字或初文还具有"离心"的一极,即像似符的性质。下面分析象形字即像似符和独体相似符的两个主要特征——单符性和指物性。

先说单符性。"独体为文,合体为字",在汉字发展初期以单符或独体的象形字即以"文"为主。象形字单符性的第一层意思是说它的外部非连缀性,一般只作为一个孤立的符号与指物对象相结合。如古埃及早期的标签性象形字,以及被认为是象形字直接来源的某些史前孤立的陶符、印章符号等等(陈永生,2013:26)。单符性的第二层含义是,进入成熟期的象形字在外部可以进行线性连缀,如 𤉨,是一个偏正性词组结构(大鹿)而不是两个画面的非连缀并置(人和鹿)①。但是,即使在外部可以进行语法性连缀的象形字,一般在内部也仍具有结构上的整体性或不可分析性。如甲骨文 𢊍(鹿)一般不认为是由两个字符组合而成的,其内部结构是单一的、独体的符号,𤉨也是如此。外部的非连缀性和内部的整体不可分解性,是单符性图像符号的主要区别性特征。但是成熟的象形字已非纯粹的单符,虽然组合能力有限但它已可以连缀,许多被认为是独体的象形字实际上已经具备有限的二合能力或结构的二元性。如 𢊍(鹿)、𤉨(兔)、𤝗(犬)、𧰨(象)这四个象形字一般认为都是独体字,但它们其实共用了同一个模件 𦔮——程式化的、简约为两条腿的躯干。这四个字就是在同一模件基础上加不同动物的头部组合而成的。也就是说,这些被认为是独体的象形字,其内部结构仍保留某种有限的二分性。再如 𣏟(果),由一个字符 𣏟 和描摹果的图符 ▦ 合成。由此可见,象形字的单符性是相对而言的。有限的连缀性和有限的二合性又使得象形字区别于图画,后者的单符性更纯粹,图画一般有个画框,使其保持了自己的边界和单符性。单符性是一个"差异关系"的概念,即德里达所谓"痕迹"(trace)②——自身与他者的差异关系运动,即一个要素的性质取决于另一要素的差异关系,借助与他者的差异关系来显示或隐藏自身(或他者)。比如:我们说今天的方块汉字外部连缀性、内部合体性更强时,是为了显示象形字这个"他者"的单符性和离心性,并隐藏了象形字的向心(记录语言)属性;当

---

① 裘锡圭区分了这两个象形符号作为图画的非连缀性和作为象形字的连缀性。(裘锡圭,1988:3)

② "不想保留指称结构内的差别,我们就不能设想人为的痕迹,正是在指称结构中,差别才如此显示出来,并使各项之间的自由变动成为可能。……痕迹的运动必然是隐秘的,它将自身变成自我遮蔽。当它物如此显示自身时,它却在自我隐蔽中呈现出来。"(德里达,1999:64)

说象形字较之图画具有更多的连缀性和二合性的时候,是为了显示"他者——"图画的单符性和目治性并隐藏了图像的写意(言说)性。

再说指物性。即符号在近处显示或指示在场物的效能。图像性标识符的指物性最强,如胸牌、台签、名片,招牌、印章、物品标签、货物名单、交通符号、公共场所符号……这些符号总是关联着一个在场物。符号指物性可从表达面和内容面两个方面分析(一个现实中可以吃的苹果和一个画面中只能看的苹果,后者是符号的表达面,前者是符号的内容面)。从符号表达面看,指物性意谓以物象的方式或有理据的方式显示所指内容的能力。如用🌹表示爱意,以玫瑰花的物象含蓄意指涉着一个抽象精神情感。另如"仙人掌"这个词,它的所指对象是一种植物,但它的字面义却是一个隐喻"像仙人的手掌",抽象的概念获得一种物质性、具象性呈现方式。相对而言,🌹的指物性高于"仙人掌",因为前者诉诸视知觉经验,后者则要靠对词语的形象联想。从符号内容面看,指物性意谓在近处标出、关联一个在场物的能力。如 ✔ 这个标识符可以唤起我们对某款耐克鞋的形象联想,尽管鞋子并不在现场出现。当然,显示可见对象最强的指物方式还是贴在实际产品上的 ✔:标识符与标识对象共同在场。可见,内容面的指物性是符号关联物的能力,关联性最强的是在场物和图像,其次是在心理联想中产生的关于物的形象。

象形字的指物性远远高于表意的方块汉字。第一,在表达面"以物象的方式显示所指内容的能力"方面,象形字是以图像的方式,而方块表意字则是图像性或象形理据逐渐减弱的过程,如"马"字的演变。

第二,在内容面"标出、关联一个在场物的能力"方面,象形字时代还没有完全脱离它与在场物的关联。如古埃及的标签性象形字,每个标签上都有一个小穿孔,以方便将标签系在所标识的物品上,形成在场性关联。当然更多情况下,这种关联在场物的能力指的是一种"索引词"(陈嘉映,2013:25)的功能,即一个像似符的意义主要不来自其他符号的组合关系,而来自它与特定时间、空间、表达者和表达对象等在场现象的关联。如甲骨文的意义更多的不是来自文本的线性叙事,而是来自甲骨卜辞与在场性占卜情景相关的整个仪式事件;甲骨文的破译更多依赖的不是训诂学或语言文字学而是考古学,更多的不是阅读而是观看。

综上所述,人类文字不同体系中的图像性主要包括三类:标识符(以拉丁字母为代表)、相似符(以方块汉字为代表)、像似符(以象形字为代表)。其共同特征是指物性、单符性,这体现了文字符号系统内部隐藏的"离心性"、目治性的一面。长期以来语音中心主义文字观将"向心"看作文字的本质特征,而忽略或隐藏了其"离心"即图像的属性。汉字符号学的主要任务之一,就是通过汉字分析来揭示文字中被隐藏了的"离心性",还原文字所存在的语象双重编码性质。此外,这三类文字之间也存在着"向心"和"离心"的"差异关系"("痕迹"——自身与他者的差异关系运动):象形字一方面在与纯粹图像的差异关系中获得了自己的"向心性"(表语言),另一方面又在与方块表意字的差异关系中获得了自己的"离心性"(图像性);表意汉字一方面在与象形字的差异关系中获得了自己的"向心性"或口治性,另一方面又在与字母文字的差异关系中获得了自己的"离心性"或目治性。

2. 汉字形声字中的向心和离心

2.1 超符号

根据"差异关系"(自身与他者的差异关系运动)符号观,所有符号都是不自主的:口语符号需要文字的锚固,文字符号产生于语言的无能,图像符号需要语言灵魂附体,语言符号需要图像"立象尽意"……符号的这种不自主性决定了其他符号对自身补充的需要,决定了任何符号都具有异质性的双重或多重编码性质,都是超越自身而内部隐含、外部关联了一个异己的他者,并在这种异质关联中实现自己的价值。这种差异符号观我们也称为超符号观。超符号(transsign)也即超越自身而内部隐含、外部关联了其他异质符号的符号。其最主要的表现为符号的语象融汇性,如图像符号自身包含了趋就语言的"向心"要素或者语言、文字符号自身包含了趋就图像的"离心"要素。巴尔特对这种超符号的语象关系综合体总结道:

> 物品、图像、动作可以表达意义,并且它们实际在大量表达着意义,但是,这种表达从来不是以自主的方式进行的,所有的符号系统都与语言纠缠不清。(罗兰·巴尔特,1999:2)

汉字是典型的超符号,"汉字是在与汉语、汉民族的视觉符号的关联中定义自身的"(孟华,2014:15)。画家徐冰就是从汉字的语象交织的超符号性中获得启发,创作了他的《天书》和《地书》作品(马修·伯利塞维兹,2014:23,27)。《天书》中徐冰自创了一些没有任何表意或记言功能、谁也看不懂的"假汉字",而把观众的视线由对汉字的向心性阅读转向离心性观看,引向一个语言尚未抵达之处:对方块汉字图像美学的纯粹注视,进而将汉字的离心化推向极致。《地书》则把一些图像性公共标识符号改造成能够记言和连缀叙事的"象形字",人们凭借这些图像、图标和商标就可以写成一篇故事:图像被向心化、语符化、文字化了。徐冰向我们展示了两种语图融汇的超符号:《地书》是向心化超符号,《天书》是离心化超符号。

2.2　汉字形声字的向心和离心

超符号向心和离心的"差异关系运动"也深深地隐藏于汉字形声字中。传统文字观将形声字的义符和声符看作表意和表音的两类语符(或字符),而汉字符号学将它们转换为异质的语象关系:义符以相似性视觉理据行使离心的图符功能,声符以任意性编码行使向心的语符功能。

下面是以形为纲和以声为纲的两类形声字字族的例子[1]。先看以形(义符)为纲的离心性形声字族(例字引自许慎《说文解字》):

> 狗:孔子曰:"狗,叩也。叩气吠以守。"从犬句声。
>
> 狡:少狗也。从犬交声。
>
> 猝:犬暂逐人也。从犬卒声。
>
> 默:犬暂逐人也。从犬黑声。读若墨。
>
> 犯:侵也。从犬巳声。
>
> 狠:犬鬬声。从犬艮声。
>
> 獲:猎所获也。从犬蒦声。
>
> 狼:似犬……。从犬良声。

上述字族中的不同声符围绕同一可视性、理据性义符"犬"(犭)的不同意义网络进行区分、注音、限定:当形旁或义符的意义负荷超载或可视理据模糊时,语言性声符服从于可视性义符的限定。因此这类形声字体现了离心、以言定象的方式。

再看以声为纲的向心性形声字族,典型的是宋代王圣美的"右文说"(义符表类、声符表义说)中的例字(沈兼士,1986:83):

> 浅:水之小者曰浅。
>
> 钱:金之小者曰钱。

---

[1] 徐通锵(2005:120)首先提出了形声字的向心和离心问题,尽管他不是从符号学的语象关系立场出发:"以声为基础而生成字族的方法是向心造字法,而以形为基础……则可以总结出离心造字法。""向心和离心,这是汉语字法结构的两种最重要的规则。"

残：歹之小者曰残。

贱：贝之小者曰贱。

从造字的角度分析,右文说中的声符同时也是义符:浅、钱、贱、残、栈等中的"戋"作声符的同时也有"小"义,具有义符和声符双重特征。此类结构在造字之初本质上也是一个会意结构,只不过其中一个义符同时兼声符或者说它不是纯任意性的声符。但是倘若未经专业训练,多数人无法理解声符中的意义理据,而仅仅把浅之"戋"、坑之"亢"、瞳之"童"、婢之"卑"、增之"曾"、拱之"共"等声符看作可以无意义的表音符号或任意性记号,而需要不同的视觉理据(义符)对其解释。以声为纲的形声字体现了以义符注声符、以象定言的向心化方式。

在汉字形声字的上述两种语象关系方式中,起主导作用的还是离心的"以象定言",它与周易符号"立象尽意"传统一脉相承。其价值远远超越文字学本身而成为具有普遍意义的视觉文化语法。美国意象派诗人庞德编选的美国汉学家费诺罗萨的论文,将汉字中这种"以象定言"的方式叫作"意符诗法"(徐平,2006):"思维并不处理苍白的概念,而是察看在显微镜下事物的运动。"(费诺罗萨,1994)所谓概念在"显微镜下事物的运动",就是指汉字"以象定言"——视觉优先于语言概念的指物性传统:在可视性物象中显示抽象的语言概念。美国学者徐平分析了这种意符诗法在诗学文本中的表现。

唐代孟棨在《本事诗》中写道:"白尚书姬人樊素,善歌,妓人小蛮,善舞,尝为诗曰:'樱桃樊素口,杨柳小蛮腰。'"此处,诗人在形容樊素的口(或者更准确地说,她的唇)非常红艳,而小蛮之腰十分纤细时,并没有使用"红"和"细"这类字眼,而是用"樱"比喻"樊素口",以"杨柳"比喻"小蛮腰"(徐平,2006)。

显然,"樱桃""杨柳"这些意象性的符号代替了直白的概念"红""细",相当于形声字的义符,而"樊素口""小蛮腰"则是直接表达有声语言的概念单位,相当于"声符"。它们"以象定言"的结构式为:

樱桃(义符,象)+樊素口(声符,言);杨柳(义符,象)+小蛮腰(声符,言)。

汉语中的"<u>雪</u>白、<u>碧</u>绿、<u>天</u>大、<u>海</u>量、<u>樱</u>口、<u>鼠</u>窜、<u>蛙</u>跳、<u>猫</u>步、<u>菜</u>色、<u>仙</u>逝、<u>奶</u>白、<u>油</u>滑、(一)<u>捧</u>水、(一)<u>把</u>米、(一)<u>包</u>书、<u>鬼哭狼</u>嚎、<u>枪林弹雨</u>"等词语,也属"义符+声符"的意符诗法结构:画线的语素相当于义符(视觉意象),其余的则相当于声符(听觉的语言概念单位)。

可见,意符诗法既是造字法,也是"以象定言"的超符号文化语法,即在向心和离心的双重运动中,坚持以可视性、有理据、离心的为主导的方式去表达汉语、表达世界。

3. 结语

我们用向心和离心取代文字的表意和表音,体现了由文字学向符号学的转变。文字外部关联和内部隐含了一个语象间差异关系的运动:从文字的外部看,文字是向心的、图像是离心的;就文字内部而言,象形字是离心的、表意字是向心的;汉字是离心的,拉丁字母是向心的。同时,汉字又是典型的向心和离心异质结合的中性化符号系统,它一手抓着图像一手抓着语言,隐藏着今天读图时代深层的超符号语法:语言与非语言符号之间向心和离心的双重运动法则。

"读图时代"这个说法容易产生"进入图像符号时代"的错觉,应准确地将之描述为对文字的观看性阅读和对图像的阅读性观看二者之间的游移,或者说,图像具有阅读性(向心),文字具有可视性(离心)。所以,读图时代应该被称为"超符号"时代——语象并重、语言符号与非语言符号融汇的时代。

汉字符号学的核心是超符号问题,超符号主要研究语言符号和非语言符号(如文字、图像、实物、音乐、建筑、服装、踪迹等)的关系问题。这种关系包括两种基本范畴:向心(以语言为中心)和离心(非语言符号为中心),最集中地表现在语象关系和言文关系中。语象关系还包括词与物的关系:如"实指"——手指一个熊猫用口语指称它;"标指"——不用口语而用图像或文字性标签指称和说明在场的熊猫。"实指"过程中人们重感知物而忽略口语的存在,是"先物后名"的离心方式;"标指"过程中人们首先以标签(词、名)为认知在场物的前理解,是"先名后物"(孟华,2014:353)的向心方式。当然,向心和离心这对范畴也可用来分析其他超符号,比如标题音乐就是一种向心模式,其文字和标题阐述了作品的内容或情节,音乐向文学(语言)靠拢,语言标题规定了作品内容理解的方向。而无标题音乐则是离心的,它没有向语言靠拢的意图,它着重于音乐本身的音响美、形式美或抽象的情感意味,尽管不同听众可能会给无标题作品以不同的私语性阐释,但这种语言阐释后于纯音乐感知而发生,语言理解服从于纯音乐感知,而不是相反。

参考文献

鲍诗度,1993.西方现代派美术[M].北京:中国青年出版社.

陈嘉映,2013.简明语言哲学[M].北京:中国人民大学出版社.

陈永生,2013.汉字与圣书字表词方式比较研究[M].北京:人民出版社.

大卫·萨克斯,2008.伟大的字母[M].康慨,译.广州:花城出版社.

厄内斯特·费诺罗萨,1994.作为诗歌手段的中国文字[J].赵毅衡,译.诗探索

（3）：151-172.

费尔迪南·索绪尔,1980.普通语言学教程[M].高名凯,译.北京:商务印书馆.

福柯,2012.这不是一只烟斗[M].邢克超,译.桂林:漓江出版社.

黄亚平,白瑞斯,王霄冰,2009.广义文字研究[M].济南:齐鲁书社.

莱辛,2006.拉奥孔[M].朱光潜,译.合肥:安徽教育出版社.

罗兰·巴尔特,1999.符号学原理[M].王东亮,等,译.北京:生活·读书·新知三联
　书店.

马修·伯利塞维兹,2014.徐冰的《地书》之书[M].桂林:广西师范大学出版社.

孟华,2008.文字论[M].济南:山东教育出版社.

孟华,2014.汉字主导的文化符号谱系[M].济南:山东教育出版社.

裘锡圭,1988.文字学概要[M].北京:商务印书馆.

让·雅克·卢梭,2003.论语言的起源[M].洪涛,译.上海:上海人民出版社.

沈兼士,1986.沈兼士学术论文集[M].北京:中华书局.

唐兰,2001.中国文字学[M].上海:上海古籍出版社.

W.J.T.米歇尔,2006.图像理论[M].陈永国,胡文征,译.北京:北京大学出版社.

肖锦龙,2004.德里达的解构理论思想性质论[M].北京:中国社会科学出版社.

徐平,涂险峰,2006.“物”与“意符诗法”[J].长江学术(2):50-60.

徐通锵,2015.汉语结构的基本原理[M].青岛:中国海洋大学出版社.

雅克·德里达,1999.论文字学[M].汪堂家,译.上海:上海译文出版社.

雅克·德里达,2000.后现代性的哲学话语:从福柯到赛义德[M].汪民安,陈永
　安,马海良.杭州:浙江人民出版社.

伊斯特林,1987.文字的产生和发展[M].左少兴,译.北京:北京大学出版社.

赵毅衡,2004.符号学文学论文集[M].天津:百花文艺出版社.

作者通信地址:266100 中国海洋大学;menghua.54@163.com

从指元状语的句法位置分布看汉英的
时空性特质差异

王文斌　杨　静

摘　要:本文发现,汉语指元状语只能分布在谓语动词前,其论元属性和行为属性彼此混合,且论元属性更突显,动词的动性被挤压。再者,汉语指元状语常能与谓语动词构成"果因关系",这表明汉语指元状语采用整体扫描的方式识解事件,强调事件各要素之间的关联,而非事件发生的先后顺序,表现出强空间性特质。而英语指元状语可分布于谓语动词前后两个位置,分别表达论元属性和行为属性,且英语指元状语更倾向于分布在谓语动词后,在突显行为属性的同时还更易于保留动词的动性。此外,英语指元状语可分布于谓语动词前后两个位置,更便于呈现事件发生的先后顺序,说明英语采用顺序扫描,彰显事件的时间性。本文的结论是:汉语指元状语侧重以物化的眼光看待事件,表现出强空间性,而英语指元状语则倾向于突显事件中的行为,表现出强时间性。

关键词:汉英指元状语;位置分布;整体扫描;顺序扫描;时空性特质差异

1. 研究背景

指元状语是状语的语义指向论元的形义扭曲现象。论元是施事、受事、工具等语义角色,在句子构建中常作主语和宾语,因此指元状语包括指主状语(陶媛,2009)和指宾状语(李劲荣,2007),如:

[1]他<u>伤心地</u>失去了同族人的同情。("伤心"指向主语论元"他")(CCL中文学术语料库)

[2]寿星老汉用农神送给他的这块黑铁<u>明晃晃地</u>打造了一把大扇镰。("明晃晃"指向宾语论元"大扇镰")(郑贵友,2000:87)

[3]She(<u>calmly</u>)$_1$ had left the room (<u>calmly</u>)$_2$. (calmly不论处于哪个位置,均指向主语论元She)(Ernst,2002:63)

[4]They decorated the room <u>beautifully</u>. (beautifully指向宾语论元the room)(Geuder,2000:69)

　　不难看出,汉英均存在指元状语,其语义均可指向主语和宾语,但这并不意味着两者具有等同的结构。例[1]和例[2]表明,汉语指元状语只能分布在谓语动词前,而英语指主状语则既能分布于谓语动词前,也能分布于其后,如例[3],但英语指宾状语只能位于谓语动词后,如例[4]。为行文方便,下文将谓语动词前和后的位置分别简称为动前和动后。

　　已有研究多从语义指向视角分析汉语指元状语。语义指向这一概念为沈开木(1983)提出,旨在描述和解释汉语形式和意义的不对应性(陆俭明,1993:61),后被运用于汉语状语研究,探究状语指向对象、指向规律及语用效果等(张力军,1990;张国宪,2005)。但是,目前却鲜有专门对比汉英指元状语句法位置的研究,多数研究仅较笼统地对比汉英修饰语的位置。如袁毓林(1994)认为,汉语修饰语前置,英语修饰语可前可后,是任意性原则的结果。更多学者认为,汉英修饰语的位置分布有理可据,功能研究提出汉语状语的分布受"可别度"和"焦点后置"原则的制约(陆丙甫,2005;郭中,2013),而英语状语的位置分布则受制于信息结构、状语类型、语义、句法功能(Quirk,Greenbaum,Geofrey,et al.,1985:491)、状语长度(Biber,Johansson,Leech,et al.,1999)、语境(Austin,Engelberg,Rauh,et al.,2004:6)、句子加工和语篇功能(Hasselgard,2010:62)等。认知研究认为,汉语状语前置受象似性支配,有距离象似性(郭中,2013)和时序律(the Principle of Temporal Sequence,下文简称PTS)两种说法(卢建,2003;张敏,2019)。然而,很多学者对PTS的解释提出挑战(如刘振平,赵旭,2014),质疑该原则对汉语语序的普适性(姚振武,2007)。还有学者采用"图形-背景"理论解释汉语状语的位置,但观点并不一致,如何洪峰(2010)提出汉语指宾状语是图形,动词是背景,而刘振平、赵旭(2014)则认为状语分布遵循从背景到图形的顺序。英语指元状语动前动后两可,则是说话人分别采用内部和外部视角的结果(Broccias,2011)。

　　学界前辈和时贤的研究深化了人们对汉英指元状语位置的认识,但尚存值得进一步探究的问题:(1)已有研究大多只是宽泛地对比英汉状语的位置,但跨语言指元状语句法位置的对比研究尚未开启(Himmelmann,Schultze-Berndt,2005:56);(2)不同观点解释相互矛盾,如张敏(2019)认为指元状语的动因为PTS,郭中(2013)认为汉语状语分布遵循距离象似性;(3)鲜有从民族思维差异的视角阐释汉英指元状语句法位置分布的差异。

　　根据兰格克(Langacker,2008a:578,2008b:81)的研究,不同语序蕴含不同意义,反映大脑提取场景要素的不同路径。的确,句法位置在很大程度上体现了语言单位呈现的先后语序,以及这种语序所体现的概念主体对客观场景的不同概念化顺序。再者,洪堡特(Humboldt,1999:81-87)的"内蕴语言形式观"(inner linguistic form)表明,语言与语言之间的差异源自不同母语者世界观的差异。本文赞同以上两位学者的观点,认为语言与民族思维是表与里的关系,对比汉英句法成分的位置分布,就是对比汉英语序差异和汉英加工客观场景的概念化模式差异所反映的母语者思维差异。有鉴于此,本文以汉英指元状语的句法位置为研究对象,拟着重回答三个问题:(1)汉语指元状语为何只能分布于动前一个位置?(2)英语指元状语为何动前动后均可,且以动后为主?(3)汉英指元状语句法位置分布的差异体现了何种认识差异①?

需明了的是,语言与语言之间具有相似性,这是人类语言的本质,语言与语言之间具有差异性,这也是人类语言的本质(王文斌,2019:1-2)。但是,若要透视语言的个性,我们更应关注语言之间差异性的研究。吕叔湘(1982)指出:“要明白一种语文的文法,只有应用比较的方法。一句中国话,翻译成英语怎么说;一句英语,中国话里如何表达,这又是一种比较。只有比较才能看出各种语文表现法的共同之点和特殊之点。”的确,单从汉语看汉语是看不清的(沈家煊,2016:239),而是应在世界语言中认识汉语。然而,指明事物的异同并不难,但追究其何以有此异同却并非易事,而这恰恰是语言对比研究的最终目的(吕叔湘,引自王菊泉,郑立信,2004:1)。语言是思维的外壳,是思维的载体,两者的关系属于形式与内容的关系,形式需要内容的支撑。研究语言的形式(即结构),难以游离于思维这一内容之外,这是因为每一种语言都包含着一种独特的世界观(Humboldt,1999:81-87;Wierzbicka,1979:313)。换言之,一个民族的语言面貌昭显民族的思维特质。徐通锵(2005:220)就指出:处理语法与语义的关系,需要从语法结构与思维方式彼此联系的角度去探索两种语法形成的异同;语言的表达方式在很大程度上受人的思维方式影响,更受制于文化因素;不同的语言具有不同的表达方式,所形成的概念也会受到某种程度的影响;语言是现实的编码体系,也是一个民族思维方式的外化。季羡林(2009:2-4)对此更加明确,他强调西方印欧语系与汉语是不同的,而之所以不同,其根本原因在于思维模式的不同,因此,需从东西方思维模式的差异来把握汉语的特点。本文基于前人的这些观点以及我们自己的观察,对汉英指元状语句法位置分布的差异展开对比,并以此为基础探讨汉英语言差异所反映的思维差异。本文认为,不同的语序意味着概念主体对客观场景的概念化顺序,汉英指元状语句法位置分布的差异根源于汉语母语者和英语母语者对同一场景不同的概念化方式,其语言结构内部所呈现出的排序差异,反映了不同母语者的时空观差异。

在此需具体交代的是,本文之所以对比汉英指元状语的句法位置分布,主要出于三点考虑:(1)指元状语属于词汇,而非短语或句子,借此能排除状语的

---

① 本文主要考察指元状语与谓语动词的相对位置关系以及两者的互动,暂不关注各类指元状语内部的位置关系,如指主和指宾状语的位置分布等问题,将另文讨论。

长度、语法类型等因素的干扰;(2)英语单词类修饰语通常位于中心语之前,如 red flower,而且指元状语在修饰形容词性成分时也是前置的,如 carefully rationed food,唯有在修饰动词时可前可后,且多数情况下位于动后,其隐藏于背后的表义需求值得深究;(3)在语义上,指元状语表示论元属性,其空间性较强,但在句法上却用来修饰时间性较强的动词,给我们提供了一个观察语言时空性的窗口[①],这也是我们从时空性视角审视汉英指元状语句法位置的主要原因。因此,我们认为需从隐匿于背后的不同母语者的认识差异来审视汉英指元状语句法位置分布的差异。

2. 汉语指元状语的位置分布

如上文所言,汉语无论是指主状语抑或指宾状语,都只能分布于动前,而英语指主状语则可分布于动前和动后,指宾状语主要分布在动后,试对比前文的例[1]和例[3],例[2]和例[4],汉英指元状语的分布可概括为表1。

表1　汉英指元状语的位置分布

语言类别	状语类型	
	指主状语	指宾状语
汉语	动前	动前
英语	动前 / 后	动后

更多汉语例子如下:

[5]拿到城市户口这天,姐姐<u>高兴地</u>哭了。("高兴地"指向主论元"姐姐")(CCL中文学术语料库)

[6]雅悯子孙<u>傲慢地</u>拒绝了使者的要求。("傲慢地"指向主论元"雅悯子孙")(CCL中文学术语料库)

[7]只用了不大一会的工夫,欣欣、亮亮这几个不怕冷的小朋友就<u>高高地</u>堆起了一个雪人。("高高地"指向宾论元"雪人")(郑贵友,2000:83)

[8]他<u>脆脆地</u>炸了一盘花生米。("脆脆地"指向宾论元"花生米")(陆俭明,1993:54)

---

① 名词和动词分别位于空间和时间连续体的两极,形容词和副词则位于连续体之间,其中形容词的空间性更强,而副词的时间性更强(Langacker,2008b:104;陈平,1988;张伯江,1994),因为形容词多修饰名词,表示论元属性,而副词多修饰动词,表示行为属性。

这些例子进一步表明,汉语无论是指主还是指宾状语都分布在动前,指元状语能表达的意义由此呈现出不确定性(indeterminacy)[1],既表示论元属性也表示行为属性,同时还强调论元属性对行为属性的影响。郑贵友(2000:3)提出的"系"的看法就是强调指元状语同时系联着句子的论元和谓语,如例[5]中,"高兴"既表示主语的情绪,还强调"高兴"在一定程度上影响"哭"这一行为,即表示"哭"的方式,"高兴地哭"不同于"悲伤地哭"。

汉语指元状语只能处于动前位置,使得它很难像英语那样关切事件发生的顺序,造成指元状语与谓语不可避免地形成逆时序的表达。在此以情绪类指元状语为例说明指元状语是否完全遵循PTS。情绪处于因果链条上,既可引发于外在刺激,也可引发某个行为,还可能伴随行为的发生(赵春利,石定栩,2011)。换言之,在时间上,情绪既可先于行为,也可后于行为,还可与行为共时,如:

[9]a. 他<u>羞愧地</u>涨红了脸。(CCL中文学术语料库)

b. 他<u>惊讶地</u>发现自己躺在了地板上。(CCL中文学术语料库)

c. 我<u>焦急地</u>等待他的到来。(CCL中文学术语料库)

[9]a表示他因羞愧而涨红脸,状语和谓语之间属因果关系;[9]b则表示他因发现自己躺在地板上而惊讶,状语和谓语之间是果因关系[2];[9]c的"焦急"伴随着"等"。可见,无论是先于、后于还是同时,情绪类指元状语均只能位于动前。上文三例只有[9]a符合PTS,[9]b属逆时序,[9]c是伴随关系,无所谓正逆,但也只能分布在动前。

除指主状语外,汉语指宾状语也能与谓语构成逆时的果因关系。例如:

[10]张铁匠<u>长长地</u>打了一把刀。(郑贵友,2000:84)

例[10]中"长长地"是"打"的结果,语序上,状语和行为之间也属果因关系。卢建(2003)、张敏(2019)把例[10]的状语分析为施事在行为前设定的目标,使之遵循PTS,但例[11]却构成反例。

[11]李大爷在弥留之际,用颤抖的手在纸上<u>歪歪扭扭地</u>写下四个字。(CCL中文学术语料库)

张敏(2019)进一步提出,此时"歪歪扭扭"表示言者预期,也即说话人预计到弥留之际的"李大爷"写的字是"歪歪扭扭的",也因此符合PTS,但语料中还存在如下句子。例:

[12]要说修竹还真是条汉子,新屋子被烧成了一片白地,硬是没皱一下眉

---

[1] 语义的不确定性是指一个语言单位的两个或者两个以上的意义之间有一种衍推关系(entailment),如英语中的dog是个多义词,一种意思表示"狗",另一种意思是"公狗",通过"公狗"就可衍推"狗",因此dog这个词具有语义的不确定性,参看沈家煊(1991)。

[2] 更多果因关系的例子见赵春利、石定栩(2011)。

头,竟又在无人居住的荒岭上开地造田,还寻了块平地,<u>结结实实</u>地造出三间木屋来。(郑贵友,2000:78)

[13]最近,收到一位外地学者寄赠的一本厚厚的著作,扉页上竟然也<u>龙飞凤舞</u>地写着"赵丽宏女士雅正",让我不知说什么好。(CCL中文学术语料库)

例[12]中的"竟"表明"结结实实"在说话人的预期之外,例[13]中的"竟然"表明"龙飞凤舞"也在说话人的意料之外,可见言者预期并非指宾状语成立的必要条件。在此还值得一提的是,关于伴随关系,理论上伴随关系无所谓先后,指元状语理应动前动后均可,但汉语指元状语却依然只能位于动前,又如张敏(2019)文中的例子:

[14]a. 他<u>幽默</u>地回答。

b. *他回答<u>幽默</u>地。

"幽默"与"回答"属于伴随关系,但PTS却难以解释为何"幽默地"只能位于动前,而非动后,即[14]b为何不能成立。虽然该结构可以转换为补语结构"回答得很幽默",由此符合PTS,但补语结构和状语结构属两类不同的结构,彼此不宜混淆,况且"幽默"若转换成补语,句子的意义就会发生变化,用于表达结果,其原先的伴随关系不复存在。例[15]中给出更多表示伴随关系的例子,指元状语均位于动前:

[15]a. 设若他稍微能把心放松一些,他满可以<u>胖胖</u>地躺在床上。(老舍《且说屋里》)

b. 汪队长<u>高大</u>地坐在那里,<u>审视</u>地看着马胜利。(柯云路《芙蓉国》)

可见,汉语指元状语与谓语既能构成因果关系,也能构成逆时序的果因关系,还能构成伴随关系,但无论是何种关系,指元状语都只能位于动前,对此PTS难以全然解释。

3. 英语指元状语的位置分布

英语状语主要有四大类:述谓状语(predicational adverbials)、引入参与者的状语(participant adverbials)、领域状语(domain adverbials)和功能性状语(functional adverbials)(Ernst,2002:9)。不同类别的状语,其位置分布往往不同,因此,分类审视其位置分布实有必要。指元状语属于述谓状语(Ernst,2002:54)[①],主要表现为指主状语(subject-oriented adverbials),类似于上文例[4]的指

[①] 述谓状语源自开放词类,是在形容词词干的基础上添加词缀-ly形成,如angrily,通常与动词共享命题、事实或事件等论元,主要包括指主状语、指向言者的状语(speaker-oriented)、外部比较型状语(exocomparative)和事件内部性状语(event-internal)(参看Ernst,2002:9)。

宾状语其实并不多见。指主状语主要包括指施状语(agent-oriented adverbials,如 cleverly、rudely)和心理态度类状语(mental-attitude adverbials,如 calmly、sadly)。杰肯道夫(Jackendoff,1972:49)把状语可分布的位置大致分为句首、句中(主语和动词之间)和句末①,例[16]中分别用下标符号 1、2、3 表示。指元状语均能分布于三个位置,如:

[16](Clumsily,)₁ John (clumsily)₂ dropped his cup of coffee (clumsily)₃. (Jakendoff,1972:49)

下文的讨论暂不考虑句首(位置1)指元状语,仅聚焦于位置2和3的句内指元状语,因句首指元状语多受语用影响(Ernst,2004:124;García Núñez(2002:313),且历史上,其产生晚于句内指元状语(Swan,1997:183-184),句内指元状语具有基础性地位。

英语指元状语位置不同,其突显的意义也不同。句内指元状语可以动词为轴心区分为动前和动后指元状语,例[17]中分别表示为位置1和2。学界普遍认可动前指元状语突显论元属性,动后指元状语则突显行为属性,表示方式义。例如:

[17]a. Alice cleverly₁ answered stupidly₂ in order to keep her identity secret. (Ernst,2002:56)

b. Alice stupidly₁ answered cleverly₂ and gave her secrete identity away. (Ernst,2002:56)

[18]Claire (reluctantly)₁ went to school (reluctantly)₂. (Maienborn,Schäfer,2011:9)

[17]a中 cleverly 突显 Alice 的智力,可复述为 It was clever of Alice to answer the question stupidly,而 stupidly 是行为方式,表示 Alice 的行为展现出愚蠢的特点,可复述为 Alice's answering the question manifested the quality of stupidity,如回答得"磕磕巴巴、前后矛盾"等 (Ernst,2002:56),整句话可译为"为了保守她的秘密身份,聪明的爱丽丝愚蠢地回答",很难把两个状语都译为汉语状语"*为了保守她的秘密身份,爱丽丝聪明地、愚蠢地回答"。[17]b把

---

① 夸克(Quirk)等(1985:490)对状语位置的区分更细致,其中:动前位置被区分为前句中(initial medial)、句中(medial)、中句中(middle medial)和后句中(end medial);动后位置又被区分为前句末(initial end)和句末(end)。指元状语可以分布在上述所有位置,但总体而言,指元状语在动前位置主要表示论元属性义,在动后位置表示行为属性义。本文以主动词为界,关注指元状语在其前后的分布,原因主要有二:一是我们主要关注其分布是否符合PTS(PTS主要关注述谓结构之间的顺序),以及前后分布的差异对主动词动性的影响;二是目前文献中也主要以主动词为区分界限,一致认为英语动前指元状语以表达论元属性为主,动后指元状语则以表达行为属性为主。我们将另文论述英语不同位置指元状语语义的细致差别。

cleverly 和 stupidly 的顺序彼此调换,句子意思就完全相反。英语动前指元状语表示论元属性,这从其汉译多实现为定语也可看出。这说明英语指元状语的两个位置分工明确,即便是两个意义相反的词分别进入这两个位置,也不会产生语义矛盾。其中,动前指元状语与主论元的联系更紧密,而动后指元状语与行为联系更紧密,与主论元无必然联系:如[17]a 中表现得愚蠢不一定真愚蠢,该现象被称为动后指元状语的不透明性(opacity)(Geuder,2000:21;Ernst,2002:56)。例[18]的解读与此类同。

英语指元状语虽可位于动前或动后,但彼此的作用并不相同。歌德(Geuder,2004:143)、布洛奇尔斯(Broccias,2011:71)、基利(Killie,2014:14)和胡梅尔(Hummel,2018:426)等的研究发现:动后状语是英语指元状语的原型用法(prototype)。历史上,动前状语的产生晚于动后状语,是动后指元状语的衍生性用法(Swan,1997:184)。在使用频率上,动后指元状语也远高于动前。根据恩斯特(Ernst,2002:54)和歌德(2000)的研究,英语指元状语主要表示主论元的智力属性如例[17],情绪/态度属性如下文的例[19],以及少量宾语的评价属性如例[4]。我们在上述类型中各择取一个,分别是 stupidly、angrily 和 beautifully,输入 COCA 语料库中检索,每个单词随机筛选 1000 条语料,剔除句首状语和状语修饰形容词等情况,这 3 个单词在动前和动后的分布频率如表 2 所示。

表 2　英语指元状语位置分布频率

指元状语位置	angrily	stupidly	beautifully	总计
动前	324(35%)	281(39%)	74(16%)	679(32%)
动后	589(65%)	434(61%)	395(84%)	1418(68%)

由表 2 可见,英语指元状语分布于动后的频率远高于动前。总之,动后指元状语比动前指元状语更为基础。

除区分指元状语的意义外,动前和动后位置还使得英语句子的语序更符合 PTS。在此也以情绪类指元状语为例,如:

[19]a. John angrily left the meeting.

b. He read the review angrily.

c. I hungrily opened the fridge.

d. He sadly discovered that the solution was incorrect.

e. I kept shouting at him angrily.(Geuder,2000:193-200)

根据歌德(2000:204)、奥斯汀等(Austin,Engelberg,2004:21)、希默尔曼等(Himmelmann,Schultze-Berndt,2005:9)、布洛奇尔斯(2011:72,76)、松冈(Matsuoka,

2013:591)等的研究,英语情绪类状语遵循事件发生的先后顺序。[19]a表示他因愤怒而离开会议,[19]b则是他因读了评论感到生气,angrily在这两个句子中分别表示原因和结果,分布在动前和动后,都遵循了PTS。[19]c则表示动机关系(motive relation)(Geuder,2004:149),因饥饿而打开冰箱,其分布仍遵循PTS。如果动后成分过长,状语则可能分布在动词前,如[19]d(Austin,Engelberg,Rauh,et al.,2004:21;Geuder,2004:143)。然而,就总体而言,英语情绪状语的分布遵循事件发生的先后顺序。有意思的是,在不表示先后顺序的伴随关系中,情绪虽与行为共时,但状语多位于动后,表方式义,如[19]e,这再次说明英语指元状语以突显行为属性为主。除情绪属性外,布洛奇尔斯(2011)基于认知语法的分析发现,英语其他类型的动前指元状语的产生,源自说话人采取内部视角,多解读为引发行为的原因;而动后指元状语则是说话人采取外部视角,观察行为之后得出的结论,多解读为行为方式或结果。两者的分布均符合PTS。再者,英语指宾状语多表示行为的结果(Quirk,Greenbaum,Geofrey,et al.,1985:560;Geuder,2000:69-100;Broccias,2004:104),一般都位于动后,罕见位于动前,也可视为对PTS的遵守,如例[4]。总之,英语指元状语虽动前动后均可,但以动后为主,两个位置也使得指元状语的分布能更好地遵循PTS,这与兰格克(1995:206)提及的英语在默认情况下遵循PTS的观点一致。

综上,汉语指元状语只能分布在动前,状语意义具有不确定性,而英语指元状语可分布于动前或动后,分工明确,语义清晰。在此需进一步追问的是,为何汉语指元状语位置所对应的意义具有不确定性,而英语指元状语的位置与其表达的意义却往往是一一对应?显然,这与汉英指元状语可允准的句法分布位置的数量有关。因此,究问英语指元状语有两个位置而汉语的却只有一个位置的根由,是解答谜底的关键。

4. 汉英指元状语位置差异的阐释

本节拟基于认知语法,分析汉英指元状语句法位置分布差异的认知动因及其底伏(underlying)的汉英思维差异。这可分两个层面讨论:一是汉英指元状语位置分布数量的差异;二是汉英指元状语位置选择的偏好。本文认为这两个方面都表明汉语指元状语极力压缩动词的动性,而英语指元状语则是尽量保留动词的动性。

根据兰格克(2008a:574-576)的研究,动词在句中的动性强弱与三个因素相关,即心理模拟(mental simulation)、从属关系(subordination)和固化程度(entrenchment),其中前两者与本文直接相关。心理模拟是指脱离客观场景而还原事件的认知过程,可细分为两种方式:一是观影式的顺序扫描(sequential scanning),二是观图式的整体扫描(summary scanning)(Langacker,1995:175)。顺序扫描对行为的还原度较高,此时动词的动性最强,而整体扫描会挤压事件的时间(temporal compression),每个过程逐步累积(summation),直至事件整体同步出现,动词的动性较弱。从属关系是指一个单位是否从属于另一个更大的单位,这关系到其原型特征能否得到保留。下文的分析将显示,汉英指元状语的数量差异主要跟第一个因素相关,而两者位置选择的偏好主要跟第二个因素相关。

4.1 汉英指元状语分布位置的数量差异

汉语没有分裂出能分布于动前和动后两个位置的指元状语,动前位置既能表示论元属性,也能表示行为属性,这说明与英语不同,汉语没有精确区分论元属性义和行为属性义的表义需求。这恐怕是汉语研究界产生关于指元状语指向模糊性分歧的主要因由[①]。一部分学者认为指元状语只能表示论元属性(董金环,1991;张力军,1990),如陆俭明(1993:58)提出在"老伯爵客客气气地劝说着尼古拉"中,"客客气气"在语义上只指向主语"老伯爵"。而另一些学者提出,指元状语表达论元属性的同时,也表达行为属性(郑贵友,2000;田赞宗,2007),如沈家煊(2016:258)认为在"李大可怜巴巴地说"这句话中,到底是说的人可怜巴巴还是说的样子可怜巴巴,是说不清楚的。

前一种观点认为指元状语只能指向论元,多半是从词汇层面关注指元状语与论元的兼容性,却忽视了句法层面指元状语对动词的修饰作用。其实,句法关系也是一种语义关系(沈家煊,2016:378),只不过是更高层次的抽象的语义关系。因此,我们更赞同后一种观点,指元状语同时指向论元和行为,即同时表达论元属性和行为属性。这说明汉语母语者倾向于把论元属性和行为属性视为一体,不区分两者,更注重两者的整体关联。整体地观察世界是汉语母语者长期积淀成习的思维方式,其本质就是空间性思维(王文斌,2019:88,118),正如兰格克(2008b:104)所言,认知意义上的物(thing),其产生源于人们能看到两个事体之间的相似性,并将它视为整体,从而参与到更高层次的认知活动(higher-order conceptualization)中。值得注意的是,汉语母语者不论是对物本身还是对物与事之间的整体观照,都是空间性思维的体现。汉语指元状语的论元属性和行为属性的混合是空间性思维的产物。

前文已提及,汉语因指元状语只有一个位置,不仅混合了论元属性和行为属性,甚至还可表达逆时序的果因关系。这表明比起事件发生的先后顺序,汉

---

① 英语学界则未曾产生过类似争论,这说明不同语言的个性会极大地影响其研究关切的焦点。

语更强调论元属性和行为属性的关联,哪怕这种关联的表达有违 PTS。因此,汉语是以整体扫描的方式加工指元状语,因为只有在整体扫描中,说话人才能关注论元属性与行为属性的关联。在整体扫描模式下,事件各要素同时处于激活状态(Langacker,2008b:111)。此时,认知加工的视窗①较大,视窗的更迭频率降低(Langacker,2012:6),事件的动态性随之降低。据此,汉语指元状语加工的视窗图如下:

张三脆脆地炸了一盘花生米。
i

图 1　汉语指元状语加工的视窗图

图 1 中的方框代表视窗,该图表示汉语指宾状语的加工仅在一个视窗中完成,因为"脆脆地"所指对象的确定,必须要把整个句子加工完毕才能实现。虽然上图展示的是指宾状语的加工,但由于汉语的状语位置可表达多重关系(因果、果因、影响、伴随等),有的甚至可能同时指向主论元、宾论元和谓语动词,如郑贵友(2000:155)所说的主动宾三系状语:

[20]小张漂漂亮亮地穿了一套时新的西装。

因此,要计算出指元状语与论元和动词的关系,必须对句子实行整体加工。与此相应,听话人在听到指元状语后,并不急于将其归为主语或宾语的属性,而是完成整个句子的加工之后再确认其所指对象及两者的关系,这与沈家煊(2019:82)论述对言构式的加工"听话人要瞻前顾后,不能偏向哪一方,更不能上下割裂开来"具有异曲同工之妙,也与代词先行词的确认类似,都是采用整体加工模式(globally invoked;Langacker,2016:6),只是汉语指元状语指向对象的确认并无英语代词那样的显性手段可以倚仗。整体扫描把事件识解为具有完形的物体,表达事件的动词动态性降低,这是强空间性思维的体现。

虽然汉语指元状语既能表示论元属性又能表示行为属性,但论元属性义的突显度高于行为属性义。汉语语法研究曾就指元状语的句法属性产生过争论,即它是定语还是状语。潘晓东(1981)、张静(1986:380)、范开泰(1988)等把例[21]视为定语前置现象:

[21]薛林二人也吃完了饭,又酽酽地喝了几碗茶。(潘晓东,1981)

已有研究敏锐地捕捉到,汉语形容词作状语时其论元属性义仍十分显豁,

---

① 视窗(windows of attention)是一个隐喻性的表达,指认知者一次能加工内容的大小,随着认知者注意力的转变而转变。句子和语篇的推进可以被视为认知者视窗的转变(Langacker,2012:4)

并未因位置的变化产生太多意义的改变。或许是受印欧语分析框架的影响,囿于形式和意义的对应关系才提出"定语说"。

另外,汉语指元形容词充当状语时,句法上并不需要转化为副词。汉语的形容词具备作状语的功能(朱德熙,1985:5;沈家煊,2016:278),因此,指元状语所表示的论元属性义仍然十分彰显。杨静(2017)发现,除了少量具有量度意义的形容词被副词化(如"浅浅、大大、深深")外,多数形容词都未被副词化①。这与英语明显不同,英语作状语的述谓形容词都需要添加-ly转化为副词,而且还可能被次生语法化(secondary grammaticalization;Killie,2014)②为程度副词(intensifiers;Nevalainen,1997:148),如:

[22]a. I am seriously considering making a permanent move to this neighborhood. (COCA英文学术语料库)

b. Dental disease can make you seriously ill. (COCA英文学术语料库)

[23]a. 我认真地思考了几天,觉得有三个因素不宜这样做。(CCL中文学术语料库)

b. *他认真地病了。

[22]b的seriously不表示认真,而是表示程度,类似的例子还有bitterly、strongly、charmingly、beautifully等都会发生次生语法化,更多例证详见布林杰(Bolinger,1972:242)和芭芭拉(Barbara,1970:138);而汉语中的"认真"却不大可能会发生此类变化,所以[23]b不合格。论元属性的空间性强于行为属性,而行为属性的时间性强于论元属性。上述分析表明,汉语指元状语虽混合论元属性和行为属性,但以论元属性见强,这也是空间思维强势的表现。

英语采用两个状语位置分别突显论元属性和行为属性,说明英语母语者的思维倾向于将两者区分开来,即在英语母语者的概念系统中,论元属性是论元属性,行为属性是行为属性。从时空性的角度看,这昭显英语母语者概念系统中时间和空间的区分度大。其实,不论是此处所述的论元属性和行为属性的分立,以及上文述及的指元状语指向的分立,还是学界讨论较多的名词和动词分立、形容词和副词分立以及状语和定语分立(沈家煊,2016:2,280,281),本质上

---

① 汉语的"地"并不具有将形容词转化为副词的功能,王力(2000:456)指出,"的"和"地"的区别,只是人为的结果,汉语中并不存在类似于英语中sincere和sincerely的区别。吕叔湘(1979:35)也明确指出,"的"和"地"的区别与词类无关,"地"并不能派生副词,因此指元形容词无论添加"的"还是"地"均不能转化为副词。我们将另文对比汉语"地"和英语-ly之间的异同。

② 次生语法化是指一个已经语法化的单位被进一步语法化的现象(Killie,2014:199),如英语的while最初是名词,后来被语法化为时间连词,然后再被次生语法化为让步连词(Hopper,Traugott,2001:104)。下文所举的英语副词例子,其对应的汉语形容词是"痛苦地、强大地、迷人地、美丽地"等,它们都未曾副词化或虚化为程度副词。

都是英语时间和空间的分立。此外,无论是已有研究(Broccias,2011:84)还是上文所交代的语料调查,都表明英语指元状语更倾向于动后位置,表达行为属性,这为指元状语的次生语法化提供了语义和句法基础,也说明尽管形式上英语指元状语存在分工明确的两个位置,但在使用中它多半出现于动后,突显行为属性义,反映出其强时间性。总之,英语指元状语两个位置的分布体现了英语母语者的时空分立,且更偏向于时间性的思维倾向。

其实,英语存在两个指元状语的位置,不仅可使论元属性和行为属性分立,还能使整个句子的分布更符合PTS。布洛奇尔斯(Broccias,2011)从认知语法角度发现,英语指元状语位于动前时,说话人视之为引发行为的原因,符合PTS,位于动后则是说话人基于外部视角在行为完成后总结的特征,既可被解读为行为方式,也可被解读为行为结果,均符合PTS。这表明英语母语者是以顺序扫描的方式加工事件。顺序扫描是一种局部关联(local connections),强调指元状语引发动词,动词引发指元状语的时间先后顺序。根据兰格克(2012:5)的研究,关注局部的加工模式的视窗较小,视窗之间的转换频繁,语言的形式和意义也不会受到挤压,表达事件的动词动态性较强。据此,上文例[17]a的加工视窗可借用图2表示:

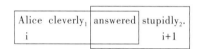

图2 英语指元状语加工的视窗图

图2中i代表第一个视窗,i+1代表i之后的第二个视窗。两个视窗表示英语指元状语与谓词关联的解读在局部语境内就能完成,无须完成对整个句子的扫描。

总之,汉语指元状语只能分布在动前,论元属性义和行为属性义混合,且论元属性义更显著,这说明比起事件发生的先后顺序,汉语母语者更注重论元属性和行为的关联,以整体扫描的方式加工事件,加工视窗较大,视窗转换频率低,事件的动性受到挤压。英语指元状语可分布在两个位置,分别表征论元属性和行为属性,且更偏重行为属性,在体现英语母语者时空概念分立的同时,也更便于展现事件发生的先后顺序,这说明英语母语者以顺序扫描的方式加工事件,加工视窗较小,视窗转换频繁,动词动性得到突显。然而,正如兰格克(2008b:111)所强调的,顺序和整体扫描并不是彼此截然区分,汉英指元状语的时空差异亦并非绝对,但显而易见的是,英语时间性更强,而汉语的空间性更强(Wang,Liu,2020:2)。上述解释只能说明英语有两个位置而汉语只有一个位置的缘由,却仍难以说明汉语指元状语位于动前的原因,即为何汉语不像英语那样选择动后位置。下文分析汉英指元状语位置选择偏好的动因。

4.2 汉英指元状语位置选择的偏好

如上文所述,影响动词动性的第二个要素是它是否从属于另一成分。根据兰格克(2008a:576),一个成分单独出现时最能展现其典型属性,如若从属于另一单位,其概念义会受到磨损和挤压(attenuated and compressed)。从属是指一个单位是否属于另一个复合单位的组成部分,如名词plate单独出现时,其离散性最强,若变成复数形式plates,其离散性降低。兰格克(2008a:576)提出,动词也会发生相类的效应:动词单独出现时,其动性最强,具有内在的时序性(inherent sequentiality);但若用不定式或动名词,则动性减弱。然而,兰格克对动词动性的关注仅局限于时体层面,尚未论及动词受状语修饰时,其动性是否减弱的问题,但本文认为情况同样如此。

早期认知语法[①](Langacker,2008b:202-205)对修饰语的解释如下:修饰语的概念结构中包含一个抽象的概念次生结构(substructure),需要被详释(elaboration),中心语填入该详释位,从而与修饰语整合形成整体修饰结构。这种处理有两个弊端:第一,未注意到中心语在与修饰语的互动中,也会产生概念结构的调整。张翼(2016)在解释汉语名词修饰动词时就提出,动词的相关概念结构也要调整,才能取得与名词语义的对应关系。动词的概念结构中包含工具、方式、处所和时间等概念次生结构,名词修饰动词时,激活了动词的上述意义维度。根据兰格克(2008a:576)的上述观点可推,汉语中受名词修饰的动词突显与名词相关的意义,其动性降低,随之带来其及物性降低,不带宾语就是表现,如张翼提供的例子:"电话联系、感情用事、好言相劝"等。第二,这一方案还忽略了前、后置修饰语的差异(Broccias,2011:72),英语指元状语虽可位于动前和动后,但位置不同,意义也不同。本文认为,张翼(2016)关于"汉语动词受名词状语修饰时,动词的相关概念维度做出调整"的分析之所以成立,是因为汉语的名词状语为前置修饰语,而在后置修饰语结构中,则应该是修饰语做出相应调整。换言之,前、后置修饰语对中心语的概念结构会产生不同的影响。

本文认为,前置修饰语比后置修饰语对动词概念结构的调整更直接,对动词的时间性挤压也更强。正如布林杰(1952:288)所言,前置状语会让后续成分带上状语的语义色彩(colors everything that follows)。兰格克(2016,2019)最新发展的基线和详释(baseline & elaboration)框架提出,在句法和语篇层面,相邻单位之间存在概念义的重合。前一个语言单位是基线,后一个语言单位是详释。前一单位激活后一单位的相关重合信息,因此前者是后者解读的基础。据

---

① 兰格克(2008b:viii)将2008年及其以前的研究都划为认知语法的早期阶段。

此,动前指元状语是基线,动词是详释,此时动词需做相应的概念调整,以取得和指元状语的语义对应,调整后动词突显论元属性,其动性降低。然而,若指元状语分布在动后,则动词是基线,指元状语是详释,此时指元状语调整概念结构,突显动作属性,获取与动词的语义对应,动词的动性得以保留,指元状语的空间性受到挤压。可见,两类加工模式给动词和指元状语带来不同的效应。英语指元状语虽动前和动后均可,但它更倾向于动后,这是挤压论元属性,也即挤压空间性,突显行为属性,也即突显时间性的模式。汉语指元状语只能分布在动前,则是去时间化,是突显论元属性的空间性思维的结果。下文例[24]和[25]均是对类似场景的描述,但汉语指元状语只能分布在动前,说明汉语试图通过这种方式削弱动词的动性,使之产生概念上的物化(conceptual reification)(Langacker,2008b:105),挤压动词动性,这是强空间性思维的结果。例[25]两个英语例子的对比最能说明问题,[25]a强调事件的变化,[25]b则把事件物化为整体。在此过程中,dangerous的词缀和位置都发生了变化:

[24]中国航空公司的飞行员在经过峡口时,大都这样危险地进行着低空观察飞行。(CCL中文学术语料库)

[25]a. I don't have to drive dangerously to make a living.(COCA英文学术语料库)

b. Thankfully no one was injured or killed by this dangerous driving.(COCA英文学术语料库)

[26]He presents a dangerously flawed understanding.(COCA英文学术语料库)

对于-ly是否改变指元形容词的意义,英语学界仍存争议(详见Geuder,2000:36-46),对此我们将另文讨论,本文仅关注修饰语的位置。在突显时间性的动词结构[25]a中,dangerously位于中心语之后;而在突显空间性的名词结构[25]b中,dangerous位于中心语之前。[26]中dangerously虽作状语,却位于中心语之前,不能说成*flawed dangerously understanding。这是因为分词不具时间性(atemporal;Langacker,2008b:124),此时状语便无后置的必要。这表明动后修饰语能更好地保留动词的动性,而当中心语是名词、形容词和分词时,则无此需求,因而就采用前置修饰语。中村(Nakamura,1997:267-269)也发现,英语动后指元状语的时间性强于动前指元状语,但他未曾解释英语状语后置的缘由。本文认为,这是英语突显动词动性的表现,是时间性思维的产物。可见,汉语选择动前位置是为了挤压时间性,突显空间性,而英语动前动后均可,而且还更倾向于动后,是为了突显时间性。

5. 结语

综合上文分析,在此对本文第一部分中提出的三个问题回答如下:

第一,汉语指元状语只能分布在动前一个位置,说明汉语将论元属性与行为属性混合为一体,且其论元属性更显著。此外,指元状语只有一个句法位置使得汉语不可避免地出现逆时的"果因关系",说明汉语母语者更关切论元属性和行为属性的关联,而非事件的先后顺序。关联思维是整体扫描模式的结果,该模式是一种去时间性的操作。再者,选择动前位置使得动词做出概念结构调整,突显论元属性义,挤压动词的动性。

第二,英语指元状语有两个位置,分工明确,且更倾向于分布在动后,表明英语时空分立,且更倾向于突显动词属性,即时间性。其次,两个位置便于表达事件发生的先后顺序,说明英语母语者惯于使用顺序扫描方式加工事件。最后,动后位置更易保存动词的动性。

第三,汉英指元状语的分布差异体现了汉语母语者和英语母语者对空间和时间的不同顾重(王文斌,2019:74),英语母语者在认知世界时具有时间取向,而汉语母语者在认知世界时则具有空间取向。

参考文献

陈平,1988.论现代汉语时间系统的三元结构[J].中国语文(6):401-422.

董金环,1991.形容词状语的语义指向[J].吉林大学社会科学学报(1):91-97.

范开泰,1988.语义分析说略[M]//中国语文杂志社.语法研究和探索(四).北京:北京大学出版社.

郭中,2013.OV/VO语序与状语位置关系的类型学考察[J].民族语文 (1):46-57.

何洪峰,2010.状态性指宾状语句的语义性质[J].语言研究,30(4):51-58.

季羡林,2009.20世纪现代汉语语法八大家[M].长春:东北师范大学出版社.

李劲荣,2007.指宾状语句的功能透视[J].中国语文(4):331-342.

刘振平,赵旭,2014.形动组合顺序的认知理据[J].语言教学与研究(5):52-60.

卢建,2003.可换位摹物状语的句位实现及功能分析[J].语言研究,23(1):99-106.

陆丙甫,2005.语序优势的认知解释(上):论可别度对语序的普遍影响[J].当代语言学,7(1):1-15.

陆俭明,1993.八十年代中国语法研究[M].北京:商务印书馆.

吕叔湘,1979.汉语语法分析问题[M].北京:商务印书馆.

吕叔湘,1982.中国文法要略[M].北京:商务印书馆.

潘晓东,1981.浅谈定语的易位现象[J].中国语文(4):277-278.

沈家煊,1991."语义的不确定性"和"无法分化的多义句"[J].中国语文(4):241-251.

沈家煊,2016.名词和动词[M].北京:商务印书馆.

沈家煊,2019.超越主谓结构[M].北京:商务印书馆.

沈开木,1983.表示"异中有同"的"也"字独用的探索[J].中国语文(1):173-186.

陶媛,2009.谓词性指元状语的句法制约条件[J].汉语学习 (5):50-58.

田赟宗,2007.试论与状位形容词相关的意义关系和句式变换[M]//北京大学汉语语言学研究中心《语言学论丛》编委会.语言学论丛(第三十五辑).北京:商务印书馆.

王菊泉,郑立信,2004.英汉语言文化对比研究[M].上海:上海外语教育出版社.

王力,2000.王力语言学论文集[C].北京:商务印书馆.

王文斌,2019.论英汉的时空差异性[M].北京:外语教学与研究出版社.

徐通锵,2005.汉语结构的基本原理[M].青岛:中国海洋大学出版社.

杨静,2017.句位压制与汉语形容词的副词化[J].汉语学报(1):82-87.

姚振武,2007."认知语言学"思考[J].语文研究 (2):13-24.

袁毓林,1994.关于认知语言学的理论思考[J].中国社会科学(1):183-198.

张伯江,1994.词类活用的功能解释[J].中国语文(5):339-346.

张国宪,2005.性状的语义指向规则及句法异位的语用动机[J].中国语文 (1):16-28.

张静,1986.新编现代汉语[M].上海:上海教育出版社.

张力军,1990.论"NP_1+A+VP+NP_2"格式中 A 的语义指向[J].烟台大学学报:哲学社会科学版(3):87-96.

张敏,2019.时间顺序原则与像似性的"所指困境"[J].世界汉语教学,33(2):166-18.

张翼,2016.汉语名词直接修饰动词的认知语法阐释[J].外语与外语教学 (5):12-19.

赵春利,石定栩,2011.状位情感形容词与述位动词结构同现的原则[J].汉语学习(1):12-21.

郑贵友,2000.现代汉语状位形容词的"系"研究[M].武汉:华中师范大学出版社.

朱德熙,1985.语法答问[M]. 北京:商务印书馆.

AUSTIN J R, ENGELBERG S, RAUH G, 2004. Adverbials: the interplay between meaning, context, and syntactic structure [M]. Amsterdam and Philadelpia: John Benjamins Publishing Company.

BARBARA S, 1970. A history of English [M]. London and New York: Routledge.

BIBER D, JOHANSSON S, LEECH G, et al., 1999. Longman grammar of spoken and written English [M], London: Longman.

BOLINGER D, 1952. Linear modification [J]. Publications of the modern language association of America, 67: 279–307.

BOLINGER D, 1972. Degree words[M]. The Hague: Mouton.

BROCCIA C, 2004. The cognitive basis of adjectival and adverbial resultative constructions [J]. Annual review of cognitive linguistics, 2: 103–126.

BROCCIA C, 2011. Motivating the flexibility of oriented -ly adverbs [C]// PANTHER K U, RADDEN G. Motivation in grammar and the lexicon Amsterdam and Philadelphia: John Benjamins Publishing Company.

ERNSTT, 2002. The syntax of adjuncts [M]. Cambridge: Cambridge University Press.

ERNST T, 2004. Domain adverbs and the syntax of adjuncts [C]//AUSTIN J R, ENGELBERG S, RAUH G. Adverbials: the interplay between meaning, context, and syntactic structure. Amsterdam and Philadelpia: John Benjamins Publishing Company.

GARCÍA N, MARIA J, 2002. Adverb orientation: Semantics and pragmatics [J]. Estudios de lingüística inglesa aplicada, 3: 299–315.

GEUDER W, 2000. Oriented adverbs: issues in the lexical semantics of event adverbs [D]. Tübingen: Universität Tübingen.

GEUDER W, 2004. Depictives and transparent adverbs [C]//AUSTIN J R, ENGELBERG S, RAUH G. Adverbials: the interplay between meaning, context, and syntactic structure. Amsterdam and Philadelphia: John Benjamins Publishing Company.

HASSELGARD H, 2010. Adjunct adverbial in English [M]. Cambridge: Cambridge University Press.

HIMMELMANN N P, SCHULTZE-BERNDT E F, 2005. condary predication and adverbial modfiication: the typology of depictives [M]. Oxford: Oxford University Press.

HOPPER P J, ELIZABETH C T, 2001. Grammaticalization [M]. Beijing: Foreign Language and Research Press.

HUMBOLDT W, 1999. On language [M]. Cambridge: Cambridge University Press.

HUMMEL M, 2018. Baseline elaboration and echo-sounding at the adjective adverb interface [J]. Cognitive linguistics, 29(3): 407–452.

JACKENDOF R, 1972. Semantic interpretation in generative grammar [M]. Cambridge, MA and London: The MIT Press.

KILLIE K, 2014. Second grammaticalization and the English adverbially suffix

[J]. Language sciences，47：199-214.

LANGACKER R W, 1995. Viewing in cognition and grammar [M]//DAVIS P. Alternative linguistics：descriptive and theoretical modes. Amsterdam：John Benjamins Publishing Company.

LANGACKER R W, 2008a. Sequential and summary scanning：a reply [J]. Cognitive linguistics, 19 (4)：571-584.

LANGACKER R W, 2008b. Cognitive grammar：a basic introduction [M]. Oxford：Oxford University Press.

LANGACKER, RONALD W, 2012. Access, activation, and overlap：focusing on the differential [J]. Journal of foreign languages, 35(1)：2-25.

LANGACKER, RONALD W, 2016. Baseline and elaboration [J]. Cognitive linguistics, 27：405-439.

LANGACKER, RONALD W, 2019. Levels of reality [J]. Languages, 22(4)：1-20.

MAIENBORN C, SCHÄFER M, 2011. Adverbs and adverbials [C]//MAIENBORN C, VON HEUSINGER K, PORTNER P. Semantics：an international handbook of natural language meaning. Berlin and New York：Mouton de Gruyter.

MATSUOKA M, 2013. On the notion of subject for subject-oriented adverbs [J]. Language, 89(3)：586-618.

NAKAMURA W, 1997. A cognitive approach to English adverbs[J]. Linguistics, 35：247-287.

NEVALAINEN, RISSANEN T M, 1997. The processes of adverb derivation in late middle and early modern English [C]//KYTÖ M, HEIKKONEN K. Grammaticalization at work：studies of longterm developments in English. Berlin and New York：Mouton de Gruyter.

QUIRK R, GREENBAUM S, GEOFREY L, et al., 1985. A comprehensive grammar of the English language [M]. London：Longman.

SWAN T, 1997. From manner to subject modification：adverbialization in English [J]. Nordic journal of linguistics, 20：179-195.

WANG W B, LIU X M, 2020. Spatiality and temporality：the fundamental difference bctween Chinese and English [J]. Lingua, 25：1-13.

WIERZBICKA A, 1979. Ethno-syntax and the philosophy of grammar [J]. Studies in language, 3(3)：313-383.

作者通信地址:100089 北京外国语大学中国外语与教育研究中心;wangbode88@163.com

汉、英主要"事件名词"语义特征

陆丙甫

摘　要:本文分析了汉、英两种语言中主要事件名词的异同,指出表示复杂社会事件的事件名词,其成员在两种语言中基本相似,它们构成了事件名词的核心成员。而非核心的其他类型的事件名词,在两种语言中有很大的区别。文章也分析了事件意义编码为名词的不同动因。

关键词:事件名词;动词性;名词性;兼类;整体性

0. 从 act、move 跟 action、movement 的对比看"复杂度象似性"

表示动作、行为、事件之"过程"的名词,可统称"事件名词"(event noun)。在词类分析中,问题最多的就是"事件名词"跟动词之间的纠缠。

并非所有动、名兼类词中的名词都是事件名词。英语 construction 表示"建设"的义项,如在 under construction(建设中)中,是事件名词,而表示"建筑术、结构体"等的义项就不是。也就是说,只有表示"事件过程"的才是严格意义的,或者说是典型的"事件名词"。问题是,这一点并不总是很明确,特别是事件的"状态"意义,跟"过程"意义很难区分,如"微笑"等,这一点我们会在第4节讨论。

先看一个简单的例子。英语的 act 兼有动词性和名词性。作名词表示"法令条例"时不是事件名词,而表示"动作、行为"时就是事件名词。同源的 action 却只能是个名词,而且是事件名词。

act 作为事件名词时,跟 action 的意义差别,一般语法文献都认为 act 指比较短暂、简单的行为,而 action 指过程较长的复杂行为或抽象行为。葛传椝(1960:21)对此有很具体的解释:"act 指一时而简单的动作,action 指继续而复杂的动作。如:你看见有人倒在地上,扶他起来,这是 act;要是不但扶他起来,而且替他叫车,送他到家等,那是 action。"例如,"In the act/*action of pulling up the old lady, he himself slipped and fell"。计划中的行动通常也用 action,因为计划好的行动通常比即兴偶发的行动更复杂。

当然,这个界限是主观的,如 act of God,指"天灾",天灾现象并不简单,为何其中用 act? 这就跟主观感知意义有关。如果把天灾看作上帝的作为,对于上帝来说,当然是极其简单的。

move 跟 movement 的区别也很相似。作为事件名词,move 是可数名词,表示具体的一次性动作,如棋子的一步移动等;而 movement 主要是具有集合名词性质的不可数名词,比较抽象,还作为可数名词,可以表示社会运动,如"废奴运动"是 the movement to abolish slavery。

专职事件名词通常在动词上添加名词词缀派生而来,形式上也比较复杂。上述例子表明,事件复杂性跟形式复杂性之间存在某种象似性关系。本文下面的分析表明,这种象似性具有极大的普遍性。

1. 从汉英对比看事件复杂性跟名词性的关系

大致上相当于 act 和 action 的汉语对应词是"动作/行动"和"行为"。"动作/行动"比"行为"简单,因此"动作/行动"兼有动词性(如"有所动作、行动起来")和名词性("小动作""政治行动"),而"行为"只有名词性("*有所行为/*行为起来"、"政治行为"),基本跟英语对应。可见,越是复杂的事件,越容易编码为具有名词性的兼类动词甚至专职的事件名词,或者说,表达越是复杂的事件的词,其名词性也越强。

换一个角度,如果把动词 act 和事件名词 act 看作同一个"词"的话,也可以说,act 比起 action,动词性比较强而名词性比较弱。这说明,复杂行为比起简单行为,其意义更容易编码落实为专门的名词形式。

如霍恩比(Hornby, 1970)表示,act 可理解为事件名词的第一个义项是 something done,例子是"To kick a cat is a cruel act.",第二个义项是 process of、instant of、doing,例子是"The thief was caught in the act of breaking into the house."。第一个义项的例子中的行为比第二个义项例子中的行为更短促、简单。第二个义项更强调"过程"(process),这才是典型的"事件名词"意义。而 action 可理解为事件名词的主要解释就是 process of doing things,movement,相当于 act 的第二义项,即典型事件名词的义项。act 的第二个义项,即次要义项,才是典型的事件名词,而 action 的第一个义项,即主要义项,已经是典型的事件名词,由此可见,action 比 act 更接近典型的事件名词。由此也可见,复杂事件更容易编码为事件名词。

下面几个意义相近而词性不同的词(吴为善在沙龙讨论中提供)也反映了这一点。

(1)a.打仗(动词)

b.战斗(动词、名词)

c.战役、战争(名词)

上面这组近义词中,根据历时长短和规模来说,是一个比一个复杂。一场战争可以包括许多战役,每个战役可以有若干场具体战斗,一次战斗又可以有几仗。因此有下面的说法,而倒过来的说法"这次战役有三场战争"等都会很别扭或不可接受。

(2)a.解放战争有三大战役

b.这次战役经历了三场战斗

c.这场战斗打了好几仗

更具体地说,"打仗"最具体,往往表达一次性行为,因此是十足的动词。而"战斗"可以是短期的,也可以是长期的,因此兼有动词性和名词性。"打仗"和"战斗"都有较大的"偶发性"("正式性"的反面),可表示遭遇战,而"战役"是有部署的战斗,比较复杂。"战争"是历史性武装冲突,因此两次"世界大战"都是"战争",而不是"战役、战斗"等等①。

英语中的情况也基本相似。对应词项以复杂度从低到高排列,是 fight、battle、campaign、war。其中最简单的是 fight,因为两个人之间也可以有 fight,而其他几个词所表示的冲突都是指群体之间进行的,行为最复杂的是 war。相应地,fight 的名词性最低,动词性最强,可以说基本上是动词,是带有名词性的动词。而 battle、campaign、war 主要是名词,偶尔用作动词。它们的兼类,与其说是动词名物化,还不如说是"名词活用为动词",是临时性的动词。并且 battle、campaign、war 这三个词,随着行为逐渐复杂,用作动词的概率也越低,war 用作动词是最罕见的。

相似的例子还有"告诉(动词)、讲述/描述(兼类)"及英语对应词 tell、narrate(narration)、describe(description);"做/制造(动词)、建设(兼类)"和 make、construct(construction)。

下面表格中,反映了动词从左到右随着行为的复杂性增加,名词性逐渐增加,即编码为名词的可能性逐渐增加。

(3)

例子	词性类别			
	单音节动词	一般双音节动词	兼类名动词	专职事件名词
	猜,想,打	打算,猜想,打仗	规划,假设,战斗	手术,仪式,战争

---

① 时间表达也有类似的现象,表长期的时间单位"世纪、年代、季度、月、小时"都有明显的名词性,表短暂的时间单位"刻、分、秒"都只能是量词(陆丙甫、屈正林,2005)。

当然,伴随着"复杂性"的,可能还有一些其他语义特征,如"正规性",即事件事先的"计划性",如"打算"是比较随意的"规划",而"规划"是周密的"打算",因此有"进行规划/*打算"的对立(陆丙甫,2009)。

"相信"和"信任"的句法表现很不同,沈家煊、王冬梅(2000)和高航(2010)从不同的角度进行了解释。两个词的基本差别表现在"相信"没有名词性而"信任"有名词性,而这种差别也可以通过复杂度来解释。"相信"可以是一时的心态,相应地,其宾语可以是临时的事件,即谓宾;而"信任"必须是长期的心态,其宾语不能是事件,必须是稳定的指称对象如人物等。长期的心态比临时的心态复杂,至少其形成过程比较复杂,需要更多时间。下例中memory是名词形式而forgetting具有更多动词性,也是因为"记忆"这一行为比起"遗忘"更复杂,可能需要努力,而"遗忘"是自然发生的。

(4)

The struggle of humanity against tyranny is the struggle of memory against forgetting.(人道反抗专制的斗争就是记忆反抗遗忘的斗争。)

——Milan Kundera(米兰·昆德拉)

大体上,英语中表示简单行为的事件名词,很少有专门名词形式的,几乎都是由动词直接兼任名词,即跟act一样。如英语中的kick、jump、leap、punch、strike,也都通常指形式单一的简单动作;除push、pull等少数几个外,所表示的动作通常也都是短暂的。据钟鸣(2011:34)的调查,《牛津高阶英汉双解词典》中,表示简单肢体动作的名词,全部用act of V-ing释义。反过来,意义复杂的行为,往往就有较复杂的专门名词形式,如construct-construction、translate-translatio、realize-realization、create-creation、theorize-theorization、commit-commitment、achieve-achievement、align-alignment、discuss-discussion等。

2. "整体性"跟事件名词的关系

从认知上说,作谓语的动词是"次第扫描"(sequential scanning)的结果,而名词是"综合扫描"(summary scanning)的结果(Langacker,1991:21)。也就是说,大脑意象中名词的整体性比动词强,即动词的离散性比名词强。这不难理解,典型名词的所指都是占有空间并且边缘清晰的实体。

可以根据这点推测,表达完整事件的词语更容易编码为事件名词。这一推测不难证明。我们来看看"开始"和"结束"带"事件"宾语的词性差别。

"结束"的事件宾语的名词性显然比"开始"的强:"开始"的事件宾语可以是动词性的,也可以是名词性的,而"结束"的事件宾语通常是名词性的,如(5)所示。"结束"偶尔也可勉强带动词性宾语,但受到很大的限制,如[6]b所示。

（5）a. 开始认真地/的讨论。

b. 结束认真的/*地讨论。

（6）a. 开始学术讨论;开始讨论学术问题;开始讨论一些学术问题。

b. 结束学术讨论;结束讨论学术问题;*结束讨论一些学术问题。

同样,英语中表"结束"的 finish 的动词性宾语只能用动名词(gerund)V-ing形式,而表示"开始"的 begin、start 的动词性宾语可以是 to do 和 V-ing,也跟这种区别有关。在英语中,同为限定形式的动名词比起 to 不定式,名词性要高一些,这从下面的例子中可以看出:

（7）a. To make a living, Tom had tried writing, painting, and various other things.

b. *To make a living, Tom had tried to write, paint, and various other things.

to 不定式不能跟名词短语构成并列项,即不宜当作事情(thing)去指称,而动名词可以。不仅"开始"和"结束"的事件宾语在名词性强弱上有差别,甚至"开始"跟"开始了"也有类似差别,因为"开始了"至少表示部分的结束。因此,"开始"的宾语可以是名词性的,也可以是动词性的,而"开始了"的宾语只能是名词性的:

（8）a. 开始认真的/地学习

b. 开始了认真的/*地学习

（9）a. 开始政治学习/学习政治

b. 开始了政治学习/*学习政治

（10）a. 开始战斗/打仗

b. 开始了战斗/*打仗

胡建华(2010)甚至认为表示"开始""结束"的词本身也是前者比后者更容易落实为名词:"不是所有的动词都可以被用作名词。一般来说,一个动词的物理形态越简单,即其拓扑构型越简单,其神经映像的结构也就越稳定,也就越容易被用作名词。比如,'开始'与'结束'这两个动词的拓扑形态最为简单,所以这两个动词作名词用应该比较容易。另外,'结束'和'开始'相比较,前者的拓扑形态还要简单,其映像结构因此更稳定,所以就更有理由作名词来用。"

这种差别也能用"整体性"解释。因为"结束"这一行为有起点有终点,整体性比较强。不过,这种差别尽管存在,可并不明显。如英语表示"开始"的 start和表示"结束"的动词 finish 都有名词性。另一对中表示"开始"的 begin 和表示"结束"的 end,后者直接有名词性,前者的对应名词是 beginning,形式稍微复杂些。这一对比显示出"结束"意义更容易编码为名词的微弱优势。

还有一对不那么常用的 commence 和 terminate,其对应名词都是专职事件名词,分别为 commencement 和 termination。可以看出,这对非高频动词所带的事件宾语,通常指复杂事件,不会指日常生活中的简单活动。复杂事件的"开始"和"结束"当然也比简单动作的"开始"和"结束"更复杂,因此这两个动词的意义也更容易编码为高度名词性的专职事件名词。

事件名词意义上的整体性,在语音上也有反映。英语中如果动、名因为重音位置而分化,那么重音在前是名词,重音在后是动词,如 REcord 对 reCORD,Import 对 imPORT,以及 project、construct、content 等。像 combat 这种情况,作动词有两种读法,名词只有重音在前这种读法,也体现了同样的对比,不过程度没有那么大,界限不那么分明而已。沈家煊(个人交流)认为这跟名词具有较大的整体性有关,因为"重—轻"结构比"轻—重"结构结合更紧密,整体性更强(柯航,2007)。

相对名词所指"实体"的"整体性",可说动词所指"过程"具有"离散性"。这一点最明显的表现就是英语"短语动词"(phrasal verb)采用松散的短语形式,而对应的名词意义就紧凑地作为一个词写在一起了,如 fall OUT(降落)→FALL-out(降落物)。或者颠倒一下构成名词,但仍然是重音在前:put THROUGH→THROUGHput(吞吐量、通过量、生产力)。

其实,类似的现象还有用清、浊擦音来区分名词、动词的例子,如 believe-belief、breathe-breath、bathe-bath、use-use、wreathe-wreath、clothe-cloth 这样的配对,因为浊擦音相对清擦音来说响度更大,这也可以说是"重—轻"模式的延伸。当然,这些词都是"重—轻"模式,但感觉上浊擦音收尾的动词形式,比起清擦音收尾的名词形式,偏离"重—轻"模式更大。

并且,英语还有用重轻对比来分化名词和形容词或形容词和动词的情况,如名词 ADept 和形容词 adEPT、形容词 loath 和动词 loathe 等。

此外,英语中复合名词跟定名短语的差别也可通过重音位置来区分,如 BLACKboard(黑板)对 black BOARD/BLACK BOARD。复合词的整体性显然比定名短语强。

汉语也有这类情况。"劈柴"这类"动+名"结构,如果理解为名词性的"定名"结构,重音在前,如果理解为动词性的"动宾"结构,重音在后。

周荐(2002)对《现代汉语词典》(1996)中的叠音词做了个统计,发现"1+2"节奏的 ABB 叠音词,71.15% 都是形容词,如"虎生生、黄灿灿、灰沉沉、活生生"等,名词性的只有 8.65%,如"姑奶奶、老太太"等。而"2+1"节奏的 AAB 叠音词,69.70% 都是名词,如"毛毛虫、泡泡纱、面面观、悄悄话、碰碰车"等,形容词只占 6.06%,如"飘飘然、呱呱叫"等。这也证明整体性较强的"2+1"节奏更适合表达整体性强的名词。

可以看出,如果以重读位置区分"名词—形容词—动词"三个范畴中的两个,则必然是靠前的那个范畴优先采用重读靠前的模式。这一用重读区分词类的模式表明,形容词的整体性介于动词和名词之间,这可以作为它是名词和动词之间一个范畴的证明之一。

整体性强的节律结构倾向于表达整体性强的名词,整体性弱的节律结构倾向于表达整体性弱的动词。这是一种比较抽象的"声音象征"现象。

"整体性"跟"复杂性"之间有无"标记组配"或"自然关联"的关系(沈家煊,1999:26,31),不妨看作"复杂性"的延伸。

此外,还有其他跟事件"复杂性"有自然关联的语义。如胡建华(2010)根据托姆(Thom,1983)的研究指出,名词性跟语义密度有关,认为名词的语义密度比动词高。沈家煊(2010)提出"虚实象似"原理,认为名词和动词的一个重要区别是名词意义较充实,而动词意义较虚灵,即"动虚名实"。语义密度和虚实程度都是相对的程度。以这些语义内容为参项去看词性,必然得出表示事件的名、动界限的相对性。

3. 汉、英语中的"非自主"事件名词

上述关于行为的长期性、复杂性跟名词性的相关性,会遇到"喷嚏、哈欠"这类反例(刘辉提供,个人交流),这些行为并不复杂,但它们跟 war 一样是专职的事件名词。可以加入这类的,也许还有表示无意识行为的"梦"。类似地,英语中对应的 sneeze、yawn、dream 虽然都是动词,但同时也都是名词。可见,这些意义的词容易落实为名词也绝非完全偶然。

这些词所表示的行为、事件都有"非自主性",即这些行为现象都是可控性和预见性极低的。这两点似乎都跟非动词性有关。典型动词是施事可以自主控制的动作、行为。这些词表达的行为因为缺乏自主性,因此不是典型的动词。换一个角度也可以说,它们落实为动词比较难,因此就导致它们容易采取名词形式。需要陈述这些现象时,汉语中通常是一个没有实在意义的虚义动词加上这些名词,如"打哈欠/喷嚏、做梦"中的"打"和"做"。在英语中,则通常采用动宾同形重复的格式:to yawn a yawn、to sneeze a sneeze、to dream a dream。两种形式的共性是,整个事件的意义主要由动宾双方中的一方载负,另一方的意义是空虚的或者冗余的。

有趣的是,跟英语中一样,古汉语中的"梦、喷嚏"也有动词性,如"喷嚏"在下列的用法:

(11)傅黄中为越州诸暨县令,有部人饮大醉,夜中山行,临崖而睡。忽有虎临其上而嗅之,虎须入醉人鼻中,遂喷嚏,声震虎,遂惊跃,便即落崖。腰胯不遂,为人所得。(唐《朝野金载》)

　　另一类容易编码为名词的事件名词是表示自然现象的,如"(下)雨、(下)雪、(起)风、(打)雷、(降)霜",以及表示灾害的,如"火灾、水灾、灾害"等。它们所表达的事件,也都具有"非自主性"。它们作谓语时,通常需要一个虚义动词,如"起风"中的"起";灾害类事件则可以加虚义动词"发生"。

　　不过,自然现象,虽然有非自主性,但不一定是简单的,如"灾难、水灾、饥荒"等。既然复杂性是事件名词的名词性的一个来源,那么,可以推论,比较复杂的自然现象,更容易落实为名词,而简单的自然现象,更容易落实为动词。这一点在英语中有所反映:事件性质较简单的 wind、rain、snow 等都有动词性,而事件性较复杂的 disaster 就没有动词性。

　　"灾难"由于有复杂性,所以跟"战争、仪式"一类事件名词接近。这类事件名词中很容易让人联想到事件的有关参与者(这里主要是承受者),而简单的"风、雨"等不是这样。这是复杂性除了事件过程复杂外的又一个表现。"灾难"类同时兼备了导致名词性的"复杂性"和"非自主性",因此名词性最强,这些事件无法编码为动词,汉英两种语言中都是如此。

　　最后,比较英语 rain 和汉语"雨",应该说 rain 更像事件名词而"雨"更像普通名词,因为 rain 可直接用作动词,而"雨"不能。也就是说,汉语由于有"下雨"这个格式的存在,"雨"的事件意义被"下"分去了部分。虽然"下"可看作虚义形式动词,但毕竟还带有一些实在的移动意义。

　　由此可见,"事件名词"的边缘成员及其隶属度,在不同语言中可以不同。

4. 事件名词在英语中的边缘成员:"动作名词"

　　我们不妨把复杂"事件名词"看作"事件名词"这个原型范畴的核心成员。事实上,复杂事件编码为名词具有极大的跨语言普遍性,如"革命、起义、政变、庆典"这类复杂社会事件,在各种语言中几乎都有名词形式。而事件名词的边缘成员,其语义在各种语言中差别就比较大。下面我们比较汉、英两种语言的边缘性事件名词。

　　英语中主要有下面三类边缘事件名词,它们在汉语中的对应词通常不是事件名词。

　　第一类就是前面说过的表示简单动作的,如 act、move、jump、kick。这一类的汉语对应表达,通常要加"一"构成"一 V"才能获得名词的解读,如"他这一动"。

　　第二类跟声音发生有关,包括与人类发声有关的词:shout、call、cry、cheer、scream、shriek、screech、bellow、yell、squeal、whisper、chatter、natter、babble、mumble、mutter;ridicule、scoff、jeer、sneer;groan、moan、howl、growl、stutter、 stammer、lisp、sniff；leer、laugh、guffaw、giggle、chuckle；gasp、pant、puff、snort、cough、sneeze、hiccup、burp、belch、whistle、wheeze、sigh、snore、snarl、fart 等。还有表示动物叫声的单词，如 bleat、neigh、whinny、snort、grunt、bark、meow、squeal、hoot、quack 等。最后还包括其他各种特别声音的单词，如 rattle、bang、bump、crash、roar、thud、thump、ring、peal、toll、pop 等。跟发声有关的兼类词，其名词意义类似"所 V"，即动作的结果或内容，在汉语中对应词要加上"声"构成"V—声"才是名词。但是"V—声"既然表示声音，而不表示发生动作，就没有必要再看作是事件名词。而英语的 rattle、bang、bump 这类词，只直接作动词用，即使理解为名词，既指声音，又可指相应的发生动作。至少指发声动作的义项，可看作事件名词。

第三类是主要与人类表情有关的单词，如 smile、grin、frown、scowl、grimace 等。这一类词，在汉语中通常可加上"容"构成"V—容"（如"笑容"）这样的对应名词。这种情况下，可以说是"状态"，也可算广义的"结果"，但算不上事件名词。英语中对应的这类词，却可指表情动作，可算是事件名词。像 slap 这个词，可以说兼有第一类"短暂动作"和第二类"发声动作"的特点。汉语对应词"耳光"也是只有名词性而无动词性。可以说，后两类英语的兼类词作名词时都是多义、歧义的：可以表示动作本身的过程，也可以表示动作结果或伴随的听觉和视觉的感受（声音和状态）。第二种解读已经不是严格意义上的事件名词。因此我们可以说，英语中这三类词作名词时，不是典型的"事件名词"，至多是"事件名词"的边缘成员。

上述英语中常见的简单事件名词，汉语中都比较少见。其实，根据它们都代表简单行为，不妨称为"动作名词"，以此跟表示复杂事件的典型"事件名词"区分开来。这三类动词其实都可以算简单动作，英语中它们容易编码为名词的原因可能是，因为动作太简单，"过程"不明显，而结果立竿见影，因此表事件的"过程"意义很容易跟"结果"意义混同起来。这类名词多数情况也是"过程"和"结果"两个释义都成立。

事件名词的意义中"过程"跟"结果"难以分清，是个认知上的事实。不仅简单动词如此，一些表示复杂事件的动词也是如此，如霍恩比（Hornby，1970）对 achievement 的解释是"achieving、something achieved"，后一半就是"结果"，但仍把两个意义作为同一个义项处理。跟"过程"难以区分的另一个意义是"内容"，如 discussion 的解释是"discussing or being discussed"，后一半是"内容"。

虽然表示短暂行为和复杂事件的词都存在过程和结果难分的情况，但前者在这方面尤其容易混淆。因此英语中表示短暂的简单动作的动词往往直接用作名词。比较而言，复杂事件的结果落实为名词，通常也是专门、专职的名词形式，如跟简单事件 guess 相对而言较复杂的 hypothesize，结果更容易落实为专职名词hypothesis。也就是说,简单事件因为过程跟结果很接近,编码形式也更一致,往往表现为同音。而复杂事件的过程和结果距离较大,因此编码形式也差别较大。这是语言象似性的又一个表现。

比较而言,复杂事件名词比简单动作名词,更像名词,具有更大的名词性,因此往往加名词词尾。汉语情况也相似,相对来说,事件名词表达的事件越复杂,名词性也越强,也就越容易编码为专职名词。第2节比较了"打算"和"规划"这方面的差别。虽然我们不能说"打算"完全没有名词性,但说其名词性没有"规划"的名词性那样强是有足够根据的。两者的名词性差别表现在这些例子——"进行规划/*打算""建设规划/*打算"中。"三个打算"中的"打算",该理解为结果性的"所打算的内容",如果要说是事件名词的话,也是"简单动作"一类的事件名词。当然,"规划"也有"内容"意义。应该把作为"过程"的"规划"(进行规划)和作为"结果内容"的"规划"(这个规划)作为两个义项处理,前者是典型的事件名词。而"规划中"则是歧义的,一个意义可扩展为"正在规划中",另一个可扩展为"这个规划中"。

5. 英、汉主要"事件名词"的比较小结

韩蕾(2010)考察了汉语中2900多个事件名词,把其中最典型的(同时通过她所设立的6个测试标准的)事件名词分成15类。本文通过汉英对比,根据它们在两种语言中编码为动词和名词的可能性和方式,把它们分成主要是社会现象的"复杂事件"和主要是自然现象的"非自主事件"两大类。前者包括了韩蕾的"战争类、会议类、比赛类、娱乐类、文体类、饮食类、礼仪类、考试类、课程类、时间类、活动类"这11类,后者包括了她的"自然现象类、灾害类、梦类、疾病类"这4类。我们所选择的两个语义参项"复杂性"和"非自主性",都跟编码形式直接相关。

汉英比较显示,事件意义的名词性编码方面,两种语言的共同点是,最容易落实为名词的都是复杂事件,表现之一是这类词往往容易落实为专职的名词。英语中这类词常常带有名词性的形态特征,如表示社会事件的ceremony(仪式)、operation(手术)、celebration(庆典)、discussion(讨论)等。表示自然事件的通常也都有专职的名词如disaster(灾害)、fire/conflagration(火灾)。

当然两种语言这方面还是有差异的:复杂事件在汉语中落实为专职名词的数量远少于英语,它们在汉语中主要落实为兼类词。汉英两种语言在处理非自主性现象时,表现出某种相似点:"哈欠、喷嚏、梦"和yawn、sneeze、dream这些简单的非自主性突发事件,在需要指称时,汉语中落实为专职名词,用作陈述时需要加虚义动词;而英语中则落实为动、名兼类词。用作陈述时,英语"可以"用同

源宾语格式,汉语"必须"带虚义形式动词。

两种语言在编码简单动作时,在英语中很容易直接落实为名词,如 kick、shout、smile,即这些词通常兼有名词性。而在汉语中,这类动词不那么容易直接用作名词,kick 类要带数词"一",shout 和 smile 类要添加名词性后缀"一声"或"一容"。

最后,顺带指出:介于简单动作和复杂事件之间的行为,如"驾驶、划船、攀登"等,汉语中很少有名词性;而英语中要用来指称时,既不会直接用动词形式 drive、boat、climb,又不会加名词后缀或有专门名词形式,而是采用介于两者之间的 V-ing 动名词,如 driving、boating、climbing。动名词复杂度介于两者之间,还可以从 a clap of hands 跟 a clapping of hands 的对比中看出:前者是"拍一下手",而后者是"拍一回/次手"。"一回/次"可以包括"好几下",因此 clapping 这个行为比 clap 这个动作更复杂,适合用复杂度较高的动名词。

复杂性导致的名词性是积极主动的,根据"跨范畴可别度"(陆丙甫,2005),名词可别度比动词高,而复杂、长期的行为可别度高,因此表达它们的词的名词性也强,容易编码落实为名词。非自主偶发性导致的名词性是消极被动的,因为"过程"和"结果"不那么容易区分。由此可见,表达事件的词落实为名词,除复杂(社会)事件外,其动因是各个不同的。

参考文献

高航,2010.参照点结构中名词化的认知语法解释[J].汉语学习(3):17-27.

葛传椝,1960.英语惯用法词典[Z].上海:时代出版社.

韩蕾,2010.事件名词的界定[G].第 16 届现代汉语语法学术讨论会论文.香港:香港城市大学.

胡建华,2010.实词的分解和合成[C].第 16 届现代汉语语法学术讨论会论文.香港:香港城市大学.

柯航,2007.现代汉语单双音节搭配研究[D].北京:中国社会科学院.

陆丙甫,2005.语序优势的认知解释:论可别度对语序的普遍影响[J].当代语言学(1):1-15.

陆丙甫,2009.基于宾语指称性强弱的及物动词分类[J].外国语(6):18-26.

陆丙甫,屈正林,2005.时间表达的语法差异及其认知解释:从"年、月、日"的同类性谈起[J].世界汉语教学(2):12-21.

沈家煊,1999.不对称和标记论[M].南昌:江西教育出版社.

沈家煊,2010.论"虚实象似":韵律和语法之间的联系[R].北京:中国社会科学院语言研究所.

沈家煊,王冬梅,2000.“N的V”和“参照体—目标”构式[J].世界汉语教学(4)：
　　25-32.

钟鸣,2011.英汉事件名词比较[D].南昌：南昌大学.

周荐,2002.现代汉语叠字词研究[J].南开语言学刊(1)：71-80.

HORNBY A S, 1970. The advanced learner's dictionary of current English[M].
　　Oxford：Oxford University Press.

LANGACKER R W, 1991. Foundations of cognitive grammar, volume II：
　　descriptive application[M]. California：Stanford University Press.

THOM R, 1983. Mathematical models of morphogenesis[M]. BROOKES W M,
　　CHICHESTER R D, trans. Chichester：Ellis Horwood.

作者通信地址：100083 北京语言大学；lubingfu@yahoo.com

语言符号语义功能二重性的历史解读

李 娟

提 要:本文从语言学史的角度探讨了不同时期语言学思想中隐含的对语言符号语义功能二重性的思考和相关思想的重要性,并在此基础上讨论了汉语"字"的语法性质。论文的主要结论是:(1)语言符号语义功能的二重性是语言的普遍共性,其本质内涵是语言符号作为结构单位在表义中既指向外部经验世界,也同时指向语言自身,二者相互依存,是语义语法结构关系存在的基础。(2)语言符号语义功能二重性在不同语言中的表现是语言结构类型差异的重要基础,汉语"字"的语法特点和在结构关联中的地位都与此相关。

关键词:语义功能二重性;语言学史;语言类型;字

0. 引言

徐通锵(2008)在探讨字组的生成和语汇中的语法规则时提出了"字"的"语义功能二重性"这一概念,用以说明汉语语义结构关系的构成。所谓字的语义功能的二重性,是指字义既是对经验世界的概括反映,表达概念意义,同时又显示它在不同上下位概念交叉体系中的地位,表现语义特征[1]。每个字都具有这两方面的语义性质。他认为,"字的语义特征的性质既与概念义相关,又和字与字的结构相联系,可名之以语汇–语法意义"(徐通锵,2008:147)。在徐的"字本位"理论体系中,字的语义功能二重性是探讨字的语义句法功能的基础,是不可忽视的重要概念。

从语言学史的角度看,语义功能二重性并非一个全新的概念,也不是汉语结构单位独有的属性。对语言符号单位语义功能二重性的关注和阐释一直贯穿着语言学的发展历史,虽然每一时期都以不同的面目出现,但始终在各自理论中居于重要地位。我们希望通过回顾历史,重新审视一下对语言符号这一重

---

[1] 这里的"语义特征"不同于"语义特征分析"中的语义特征,而是与"语法特征"相类比,指单位在结构中的关系地位。

要属性的认知过程,并从这一视角理解汉语字的结构性质。

1. 语义功能二重性的历史解读

1.1 古希腊哲人语言研究中概念分类的指向

语言学科中的许多术语和概念范畴起源于古希腊哲人的语言逻辑研究。柏拉图在《对话录·智者篇》(*Sophista*)中把语言中的逻各斯(logos)分成两个基本的构成成分 onoma 和 rhema,这是西方语言结构分析的第一步。

柏拉图在对话中提出,语言中表示"存在"的有两种符号,表示动作的叫作 rhema(ῥῆμα),表示动作者的叫作 onoma (ὄνομᾰ),一串 rhema 或 onoma 都不成逻各斯,不能指出动作与否或事物存在与否。Onoma 和 rhema 一配合就成为最简短的逻各斯。所以,逻各斯就是把 rhema 和 onoma 配合起来,对事物有所表达,对它下断语,宣布了现在、过去或未来发生的事情。《对话录》中的表述使 onoma 和 rhema 成为西方语言分析的两个重要的范畴。

一般译本直接将 rhema 译作动词,把 onoma 译作名词[①]。在对话的上下文中,这样的翻译可以理解,但显然这两个术语和语法学中的名词和动词不完全一样。从《对话录·智者篇》的行文可以看出,onoma 和 rhema 首先与词的概念意义相关,分别表示事物和行为动作,如对话中所举的狮子、鹿、马等属于 onoma,而走、跑、睡等则属于 rhema。但更重要的是,这样的类分是与其在话语中的表述功能相对应的,是对某个事物(用 onoma 表示)有所论(用 rhema 表示),它们是话语中的功能成分。这二者的类分源于语言表达的最基本的结构关系,正如《对话录·智者篇》中所言,没有二者的联结那语流就只是发音,有了这个联结才是在说话,才构成逻各斯。在柏拉图的对话中,语法和逻辑并未严格区分,作为一般概念提出的 onoma 和 rhema 既是概念语义的范畴,也是话语功能成分的范畴。语词同时具有概念表达和关系表达的功能。这可以说是古希腊哲人对语言符号语义二重性的最早揭示。

在亚里士多德的逻辑论述中同样揭示了概念范畴和命题功能的依存关系。《对话录·范畴篇》中的十大范畴是属于语义的,其中既有概念语义也有关系语义。《对话录·范畴篇》探讨了每一种概念范畴在命题中用于陈述实体时表现出的各种功能特征以及词义和命题意义间的关系。他在《对话录·论题篇》中把命

[①] 王晓朝译本(2003),王太庆译本(2005),詹文杰译本(2011)等都将这两个术语译作"名词"和"动词",早期严群的译本(1963)译作"名字"和"谓字"。英译本中 onoma 通常译为 name。

题分为四类,即偶性、种、特性和定义,明确指出:任何一件东西的"偶性""种""特性"和"定义"总要落在这十大范畴之一里面。命题就是表示这些范畴的谓词对实体的判断。从亚里士多德的逻辑研究中我们同样看到:概念范畴分类和命题分析统一在一起,范畴分类既是语义的,同时也与语言表述功能相关联,这正反映出语词的语义二重性。

斯多噶派哲学家的语言逻辑分析是西方传统语法的重要基础。很多真正具有语言学意义的范畴和术语都是这些学者首先使用的。这一学派的研究开始区分语言符号概念范畴和功能范畴,但也更清晰地呈现出二者之间的关联。

斯多噶派把语言中的意义分为不完全意义和完全意义,前者是概念意义,后者是命题意义。在这些学者的表述中,onoma 和 rhema 最早具有了与名词、动词最为接近的内涵。Onoma 可以有各种形式变化,但其本身不是就变化的词形而言的,同样,rhema 可以有时态等词形变化,但其本身是指动词的不定式形式,只具有词汇概念意义。完整的命题意义的表达不是"名词(onoma)+动词(rhema)",而是"格(case,ptôsis)+谓语(predicate,katêgorêma)"。在完整意义的表达中,onoma 实现为格,rhema 实现为谓语,各自增加了语法范畴的意义。因此,onoma 和 rhema 既具有概念意义上的不同内涵,也具有不同的变化潜质(变格和变位),格和位各自是 onoma 和 rhema 区分的重要条件(Blank,Atherton,2003)。斯多噶派的语法研究既揭示出概念义与命题构成成分的对应,也揭示出概念范畴与语法范畴间的对应,使概念类真正和词类统一起来,奠定了西方传统语法研究的基础。下图用以说明这两套术语的对应关系:

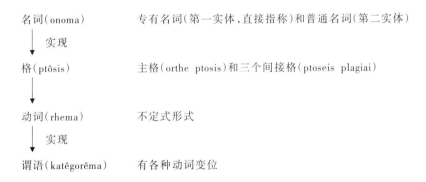

名词(onoma)　　　　　专有名词(第一实体,直接指称)和普通名词(第二实体)
　　│　实现
格(ptôsis)　　　　　　主格(orthe ptosis)和三个间接格(ptoseis plagiai)
　　│
动词(rhema)　　　　　不定式形式
　　│　实现
谓语(katêgorêma)　　　有各种动词变位

这两套术语体系的建立揭示出语言表达中语词符号指称功能的实现过程以及在这一过程中的语法形式体现,也表现出语词的语义功能二重性与语法形式范畴的统一性。

古希腊哲人的逻辑语义研究已经体现出对语言符号单位语义二重性的认识。语词的概念分类虽和概念义相关,但不仅仅是对经验世界的分类,它也指向语言自身,并与逻各斯的构建相关,即概念义是对外在世界的反映,概念类是属于符号体系自身的,并最终在语法体系中形式化。逻辑语义类分和语法类分的术语有相当大的一致性,并基于古希腊语的形式体现而成为语法分析的源头。

1.2 中世纪关于表意方式和词的结构意义研究

虽然古希腊哲学家最初对词的分类与命题分析息息相关,但早期语文学在句法研究上还是薄弱的,词的形态分类与句法功能的关系没有得到充分阐释。这种情形到中世纪后期思辨语法时期发生了改变。表意方式是欧洲中世纪思辨语法学家对语法性质的基本阐释。思辨语法基于经院哲学唯实论的理念,把语言看作外在世界的镜像,认为世界的存在方式、人对世界的理解方式和语言的表意方式是平行统一的。14世纪的思辨语法学家托马斯(Thomas of Erfurt)的《论表意方式或思辨语法》(*De modis significandi sive grammatica speculativa*)就是中世纪后期思辨语法的代表性著作,其中语法被看作有关事物的表意方式的原则,由此也可以看出思辨语法的哲学视角。撇开思辨语法中形而上的部分不论,单就表意方式而言,这一时期的语法思想更明确地揭示了语词表意的二重性,进而把词法和句法统一起来了。

在托马斯的阐述中,语词表意的二重性表现为,语法系统中的词既有自身的表意属性(significare),同时还有作为词类成员与其他词语协同表意的属性(consignificare)。词的表意属性使其可以指向外物,而词类的属性则使其成为结构性单位(constructibile),决定了词之间的关联以及组合成句的可能性(Harris,Taylor,1997:78)。也就是说,词类是基于协同表意的属性而具有的类分,正是这种表意属性使词具有了结构性。

中世纪的学者秉承古希腊哲人的命题研究思想,认为词最终是以句中成分完成全部的表意过程,所以离开命题词的意义表达仅从概念意义上看是不完整的。在某种程度上,可以说思辨语法学家已经更严格地区分了词的语法意义和概念意义,既看到了二者的相关性,也看到了二者在某些情形下的不平行。比如拉丁语中,currere(跑)是动词,而currens(跑)是分词,二者有相同的概念意义,却有不同的协同表意属性。这种区分的背后是当时学者对词类作为表意方式的类的理解,即作为动词的currere和作为分词的currens在命题中的表意方式是不同的。我们在17世纪安托尼·阿尔诺(Antoine Arnauld)和克洛德·朗斯洛(Claude Lancelot)的《普遍唯理语法》(2001)中仍可以看到把表意方式看作词类的根本属性的思想。与思辨语法一样,唯理语法也把词类差异看作表意方式的差异。在说明实体名词和形容名词的区分时,作者谈道:"人们更为关心的不是意义(signification)本身,而是表意方式(la maniere de signifier)。由于实体名词可以独立存在,人们便把所有无须依靠另一个名词就可以在话语里独立存在的词称作实体名词。反之,对那些由于自身的表意方式而在话语里必须与其他词相连接的词,尽管它们表示实体,人们也把它们称作形容名词。"(安托尼·阿尔诺,克洛德·朗斯洛,2001:27)例如 rouge(法语"红色的",形容词)从概念意义上是表偶性,只能依附于实体存在,在话语中也需要实体名词的搭配或暗示出来,而 rougeur(法语"红色",名词)从概念意义本身看仍然是表达偶性,不能独立存在,但在话语中却是可独立存在的词,是实体名词。反之,homme(人)从意义看是表实体的,同时也是可以独立存在的实体名词,但当转化为依附于其他实体名词的 humain(人的)时,就成为形容词了。可见,从表意方式理解词类属性,从根本上还是把词类看作语义分类,但是和完整的命题意义的表达统一在一起的意义。实际上,像 rougeur、humain 这样与最初概念意义不平行的情况是源于一种语法上的隐喻,即在语言表达中把并非表实体的概念意义看作独立的实体对象来陈述或以表实体的概念意义转指其具有的属性,而正是语言表意方式的作用实际上形成了已不同于 rouge 或 homme 的新的概念。

中世纪的表意方式思想是基于语言、认知与现实平行的唯实论,17世纪的唯理语法则是基于语言与思维活动平行的唯理思想,不管基础是什么,两个阶段的研究都把词语的概念表达、类的归属与句义的表述统一起来,从语词表达的二重性达到词法与句法的关联。

1.3 索绪尔的价值理论对符号表意性的重新解读

20世纪初,瑞士语言学家索绪尔的普通语言学理论使语言的符号表意性问题重又获得语言学研究者的关注,并成为语言学发展的一个新的转折点。索绪尔的价值理论是其语言系统理论的核心。从其对20世纪结构主义语言学的影响看,索绪尔的价值理论更多的是使人看到了语言的结构整体性和自组织性,进而带来语言研究方法上的突破,结构分析和描写成为把握语言现象的重要途径。不过,参考索绪尔《普通语言学教程》的不同编辑版本以及新发现整理的索绪尔的手稿,可以看出,价值理论从根本上看是索绪尔对于语言符号表意性的重要阐释,因为符号性是他对语言最本质的界定,也是他最为关心的中心主题,从这个角度看,语言的系统性与结构性是从属于语言符号性的重要性质。索绪尔的符号表意性理论对语言单位的语义功能二重性有全新的解读。

语言符号单位的价值包含两个维向的关系:一个是能指和所指的关系,一个是符号之间的关系,这正体现出符号语义的二重性质。与以往分别独立地看待符号表意的这两种性质不同,索绪尔认为二者之间是相互依存的,甚至可以说,二重性只是同一对象在两个观察视角下的不同体现,它们都指向语言单位的价值。能指和所指的关联取决于符号之间的区别关系。能指实际上是词的语音区别特征的总和,所指与能指一样,也是使这一符号语义与其他符号相区别的特征总和,这也使其理论成为现代语义特征理论的滥觞。换句话说,没有符号之间的关系也就没有单个符号的确立,单个符号的所指价值只能取决于它在整个关系体中的地位。索绪尔把语言符号的音义关联,即能指和所指的关系,与复杂的代数式相类比。符号的音与义都是基于区别和对立而存在,而非确定的实质,从而彻底消解了语词概念意义的实在性①。索绪尔的语言符号思想既区分了符号"所指"与外部经验世界的不同性质,也弱化了单个语言符号的独立性,这就把整体结构放在了首位。基于这样的观念,关系是第一位的,"任何语言事实都是由关系构成,除了关系,别无他物"(Saussure,2002:263)。

索绪尔最终把符号之间所有的关系概括为句段关系和联想关系,对后人影响深远。这样,建立在新的符号理念的基础上,索绪尔的价值理论把语言单位语义功能的二重性统一起来做出了解释。

值得注意的是,正是在索绪尔这样的理论体系中,"语法"成为对语言结构关系整体的完整把握,传统的形态学、句法学和词汇学都被纳入其中。"语法"概念在索绪尔的理论中具有了大语法的内涵。索绪尔用语言意义表达多样性的实例揭示出词汇语义和语法在本质上的相通之处(索绪尔,2001:186-189)。

索绪尔的理论并未否认语词对经验世界的指称功能,但概念指称功能的形成却受制于符号结构整体关系的平衡,这一新的结构主义的符号解读,彻底消解了以往传统语法中对于语言表意普遍性的本质论基础,从而使承认不同语言符号的表意差异性成为语言学研究的基本前提假设。

2. 语义功能二重性的类型差异与汉语字的语法属性

语言符号单位的语义功能二重性是语言普遍具有的共性,有更本质的内涵,即结构单位作为语言符号在表义中总是既指向外部世界,也同时指向语言自身。但结构单位语义功能的二重性在不同类型的语言中会有不同的表现,带来不同语言语法结构特征的差异。

早期的语言形态类型分类直接与语词的语义功能二重性相关。较早对此做出理论阐释的学者是19世纪德国语言学家洪堡特。在1836年出版的《论人类语言结构的差异及其对人类精神发展的影响》一书中有这样的陈述:"词的内在名称都包含着必须细致地加以区分的极不同的两个方面:一方面是对概念进行指称的行为,一方面还存在一种独特的精神劳动。它把概念转化为一定的思维范畴或言语范畴,而词的完整意义是由这两个方面共同决定的。"(洪堡特,

---

① 另一方面,索绪尔也消解了语音的物质实在性,为经典音位学提供了理论基础。

1997：117)这正是对语词的语义二重性的表述。

他认为,词的结构源于概念范畴化的需要,这种概念的范畴化使语言中的单位不再是孤立的,而是彼此联系起来。概念分类的倾向在不同语言中有不同程度的形式表现。不同的语言类型正体现了这一点。他指出,"我们在已经具备屈折特性的语言里可以发现一种真正的双重性——一方面是概念的名称,另一方面是从概念转变来的范畴的标记"(洪堡特,1997：127-128)。

洪堡特的语义二重性观念很大程度上延续了传统语法的某些理念,即将词的分类等同于思维范畴。但与普遍语法强调语法和逻辑的普遍性不同,他强调人类语言表意性上的差异以及语言差异背后隐含着的思维方式上的差异。他虽然承认概念指称的经验基础,但同时认为概念的形成和类分既与经验世界的平行类似,也有语言自身的独立性,存在不同语言间的差异,并在词的外在形态中体现出来。这也成为他的语言类型分类的重要基础。他认为有些语言的概念分类与经验世界更具相似性(如汉语),而有些语言概念分类则更具语言自身的独立性(如典型的屈折语)。

洪堡特在19世纪已有的形态类型学背景下,基于他的理论思考,指出概念分类在不同语言间的差异,很大程度上突破了西方久远的语义范畴普遍性的观念,相当深刻。但他关于概念及分类差异的探讨和相关的类型分类却过于倚重词的外在形态,并由此得出汉语只有与现实平行的概念类,缺乏指向语言自身的概念分类这样失之偏颇的结论,实在是过于简单化了。20世纪美国语言学家萨丕尔(Edward Sapir)基于概念表达做出的语言类型分类某种程度上纠正了这一偏颇。他并不是像传统形态类型分类那样完全建立在语词的直观形式上,而是把概念表达作为不同的语言分类的本质基础,直接把概念分为具体概念和关系概念两类,前者大致等同于指向经验世界的意义,后者是指向语言的结构关系意义。虽然在很多语言中结构关系意义会表现为外在的语法形式,但这并不意味着没有外在的语法形式体现就没有结构关系意义,事实上这两类概念是任何语言中都存在的,只是体现方式不同。结构关系意义既可以用具有外在语音形式的成分体现出来,也可以内在于词当中,没有某种概念是一定依托某种外在形式表达的。萨丕尔基于概念表达的语言类型学思想更深刻地反映出语言符号的语义功能二重性具有的普遍性和类型差异。

汉语的基本符号单位没有表达关系概念的外在形态,并不等于汉语没有指向语言自身的类范畴。从索绪尔等学者奠定的结构主义描写体系看,没有关系和类就没有单个符号概念的存在。要认识像汉语这样缺乏形式化的语法范畴体现的语言的符号类分和结构关系,更需要有索绪尔原初理论中阐释的大语法的观念,把语法和语义统一起来考虑,因为这两个层面在确定单位价值时是同时在起作用的。徐通锵(2008)在讨论汉语的语义句法时着意提出的"字"的语义功能二重性的概念,就是在大语法的视野下对汉语结构单位语法属性的审视。字的语义功能二重性中蕴含着字作为结构单位的语法属性,是字的语义语法功能的基础。

徐通锵(1997)在讨论汉语文字编码时已经表现出对符号单位语义二重性的关注。他试图从形声字的字形结构概括单字义的语义特征,揭示字义在系统中的语义关联:

声旁——义类

形旁——义象

1个字义=一个义类×一个义象

如"浅""笺""贱"等字中,"戋"为声旁,皆为小义,为义类,而形旁则分别标志了具有"小"这一性质的种种不同事物和现象,为义象。汉字的声旁与形旁为观察汉语字义关系的结构提供了一个最佳视角,某种程度上反映出字作为语言结构单位的语义二重性。义象和义类从两个不同角度抽取了字的语义特征,这些特征的综合构成了字的概念义,而无论义类还是义象都指向了系统的概念类别,如同语义网络中的经纬,反映出单字的概念义与整个符号体系的依存关系,使字具有了在系统中的结构功能。

徐关于义类与义象的观点在很大程度上借鉴了中国传统小学的思想。许慎的《说文解字》就关注字的系统性,把偏旁部首看作"同牵条属,共理相贯"的纲。基于系统关联的字义阐释是中国传统小学研究的核心,也可看作中国传统语言研究对语义二重性的独特认知。徐通锵(2008)进一步提出,义类和义象的语义关系同时也是字组深层的概念语义结构关系。单个字具有的语义二重性使其在字组组合中具有结构性,而构成的新的结构单位字组同样具有这两种语义属性。如:"白马"这个字组中,"白"为义象,马为义类,而"马车"这个字组中,"马"为义象,"车"为义类。这里的义象和义类与汉字形体结构相比具有一定平行性,但是通过字组结构直接体现出来的,构成了字组的语义特征,使字组作为结构单位同样具有语义功能的二重性,影响其在更大的组合当中的结构功能。无论是单个字还是由字构成的字组,义象和义类都是反映汉语符号二重性、彰显字的语义分类体系的重要方式,由此发现重要的语义特征,是解读字组及之上的更大组合中语法语义结构关系的重要途径。

义类、义象关联方式表现出语言符号语义功能二重性在汉语中具有的类型特点,反映出汉语符号单位概念义、概念类属与结构关系义之间的依存关系。这说明不同语言的符号单位不管以什么样的形式体现概念范畴类、语法化程度怎样,其符号单位的语义功能二重性是普遍具有的,符号单位的语义与语法功能在本质上是统一的。语言符号语义功能二重性直接反映出语言符号具有的结构系统性。

汉语中的字具有形音义一体性,是联系汉语语音、语法语义和文字三个层面的枢纽,是汉语基本的符号编码单位。字的结构关联属性决定了其基本符号单位的地位,而语义功能二重性决定了处于结构关联枢纽位置的字不是孤立的,不仅具有概念意义,而且具有类属关系意义和结构功能。反过来,一音节一义的结构关联方式也制约着字的语义功能二重性的体现方式。因此,对字的结构关联属性的揭示和汉语语义语法思想具有基于语言自身性质的内在联系。语言符号的根本在于表义,字在编码形式上的确定性与其作为基本结构单位的完整的表义功能相统一,对汉语句法、语篇表达方式的影响不可低估。

参考文献

安托尼·阿尔诺,克洛德·朗斯洛,2001.普遍唯理语法[M].张学斌,译.姚小平,校注.长沙:湖南教育出版社.

柏拉图,1963.泰阿泰德·智术之师[M].严群,译.北京:商务印书馆.

柏拉图,2003.柏拉图全集·第三卷·智者篇[M].王晓朝,译.北京:人民出版社.

柏拉图,2005.柏拉图对话集[M].王太庆,译.北京:商务印书馆.

柏拉图,2011.智者[M].詹文杰,译.北京:商务印书馆.

洪堡特,1997.论人类语言结构的差异及其对人类精神发展的影响[M].姚小平,译.北京:商务印书馆.

李娟,2008.两种不同的编码方式:汉语字与西语词的比较[C]//杨自俭.字本位理论与应用研究.济南:山东教育出版社.

索绪尔,1980.普通语言学教程[M].高名凯,译,岑麒祥,叶蜚声,校注.北京:商务印书馆.

索绪尔,2002.索绪尔第三次普通语言学教程[M].屠友祥,译,上海:上海人民出版社.

王洪君,2008.语言的层面与字本位的不同层面[C]//徐通锵.基于单字的现代汉语词法研究.北京:商务印书馆.

亚里士多德,1990a.亚里士多德全集·第一卷·范畴篇[M].秦典华,译.北京:中国人民大学出版社.

亚里士多德,1990b.亚里士多德全集·第一卷·论题篇[M].徐开来,译.北京:中国人民大学出版社.

徐通锵,1990.结构的不平衡性和语言演变的原因[M]//徐通锵.徐通锵文选.北京:北京大学出版社.

徐通锵,1991.语义句法刍议[M]//徐通锵.徐通锵文选.北京:北京大学出版社.

徐通锵,1997.语言论[M].长春:东北师范大学出版社.

徐通锵,1998.说"字"[M]//徐通锵.徐通锵文选.北京:北京大学出版社, 121-139.

徐通锵,2004.编码的理据性和汉语语义语法形态的历史演变[M]//徐通锵.徐通锵文选.北京:北京大学出版社.

徐通锵,2008.汉语字本位语法导论[M].济南:山东教育出版社.

BLANK D, ATHERTON C, 2003. The stoic contribution to traditional grammar [C]//INWOOD B. The Cambridge companion to the Stoics. Cambridge: Cambridge University Press.

HARRIS R, TAYLOR T J, 1997. Landmarks in linguistic thought I, the western tradition from Socrates to Saussure[M]. London: Routledge.

LAW V, 2003. The history of linguistics in Europe from Plato to 1600[M]. Cambridge: Cambridge University Press.

PLATO, 1984. The being of the beautiful[M]. BENARDETE S, trans. Chicago: The University of Chicago Press.

SANDY J E, 1903. A history of classic scholarship[M]. Cambridge: Cambridge University press.

SAPIR E, 2002. Language: an introduction to the study of speech[M]. Beijing: Foreign Language Teaching and Research Press.

SAUSSURE F D, 2001. Course in general linguistics[M]. HARRIS R, trans. Beijing: Foreign Language Teaching and Research Press.

SAUSSURE F D, 2002. Écrits de linguistique générale[M]. Paris: Éditions Gallimard.

THOMAS, 1972. Grammatica speculativa[M]. BURSILL-HALL G L, trans. London: Longman Group Limited.

作者通信地址:100871 北京大学中文系;ljyk@pku.edu.cn

"多元分立"：民国语言政策格局

周庆生

摘　要：民国时期中国国内文学革命、社会革命及语文运动不断兴起；日本占据东北地区，扶植傀儡伪政权；共产党在陕甘宁边区建立民主政权。这些都对我国的语言文字政策产生了重要影响，形成了"多元分立"的语言政策格局。具体表现为：第一，国语运动与国语统一政策；第二，国民党的语言同化及有限使用边疆语言政策；第三，伪满洲国的殖民奴化语言政策；第四，中国共产党在陕甘宁边区推行新文字政策和尊重少数民族语言政策。

关键词：多元分立；民国；语言政策

　　1840年清朝在鸦片战争中失败后，中国开始沦为半殖民地半封建社会。随着中国的旧民主主义革命和新民主主义革命的开展，中国的汉字改革进程始终跟社会历史进程紧密相随，各个时期的汉字改革运动始终跟当时的政治文化运动密切相关，从19世纪90年代到20世纪中叶，中国国内不断兴起的文学革命、社会革命及语文运动等，对政府的语言文字政策产生了重要影响。总体说来，民国时期中国语言政策的特点是"多元分立"，具体表现为：第一，国语运动与国语统一政策；第二，国民党的语言同化及有限使用边疆语言政策；第三，伪满洲国的殖民奴化语言政策；第四，陕甘宁边区推行新文字政策和尊重少数民族语言政策。

　　几千年来，分化和统一是汉语发展的基本进程。在秦朝统一之前的1500余年内，汉语一直沿着"文字异形，言语异声"（许慎《说文解字》序）的大分化过程发展；从秦始皇实行"书同文"政策统一汉字之后，到清朝末年的2000余年间，汉语的书面语（文言）实现了统一，但汉语的口语（白话）仍处于分化状态，而且文言（书面的）和白话（口语）长期分离。清朝末年以来，随着社会革命的展开，汉语口语的统一以及汉语口语与书面语的统一，已经成为汉语发展的主要趋向。

1. 国语运动与国语统一政策

国语即今天所说的普通话,明清时期主要由官吏使用,时称官话。清朝末年,国家意识抬头,吴汝纶和江谦分别提出用国语取代官话。1911年学部开会,通过了《统一国语办法案》。"国语"一词通行开来,成为民族共同语的代名词。

国语运动是一场把北京话作为汉民族共同语推行的语文运动,发生在清朝末年到1949年中华人民共和国成立这半个多世纪之内。"言文一致"和"国语统一"是国语运动提出的两大口号。其要旨就是书面语不用古代文言,改用现代白话,现代白话要以北京话为全国通用的国语。国语运动对于现代汉民族共同语的建立和推行,对于文体改革和文字拼音化,都有一定的贡献。

1.1 "国语统一"思想的提出

《国语》在上古是一部书的名称,意思是"列国的故事"。中古时期,国语特指少数民族政权中处于优势(或官方)地位的少数民族的语言,如辽的契丹语、金的女真语、西夏的西夏语、元的蒙古语、清的满语,当时都叫"国语"。清朝末年以来,"国语"一词则用来指称汉语的标准语。

1895年,中日甲午战争结束后,中国许多爱国人士反思清政府的腐败无能,认为日本能够迅速富强,是因为"无人不学,通国皆兵"。中国要做到"无人不学",普及教育,首先要实行"言文一致",同时还要实行"国语统一"。1892年,卢戆章在《中国第一快切音新字》的序言中,提出了语文统一的问题:

> 若以南京话为通行之正字,为各省之正音,则十九省语言既从一律,文话皆相通;中国虽大,犹如一家,非如向者之各守疆界,各操土音之对面无言也。(卢戆章,1982:2)

1895年康有为的《大同书》中,《公政府大纲》第十条提出了世界语文大同的理想:"全地语言文字皆当同,不得有异言异文。"(倪海曙,1959:31)1906年朱文熊提出,统一国语,可以加强团结,倘若"国语不一,团结总不能坚固"(倪海曙,1959:152)。

1.2 确定并调整"国语"语音标准

1913年在北京召开了"读音统一会",以投票的方式表决汉字的国音标准点,粤音以一票之差败给了京音。读音统一会确定的国音,以京音为主,兼顾南北,只规定了调类,没有规定调值,是一种南北混合的五方杂音。习惯上称为老国音。

1920年张士一发表《国语统一问题》,各界对此也有多种议论,主张以北京音为国音标准。1923年国语统一筹备会开会,决定采用北京语音标准,习惯上叫作新国音。1932年教育部正式公布并出版了《国音常用字汇》,完全以当代北京语音作为汉字的标准注音,成为国语标准读音的范本。

1.3 制定拼音方案

1.3.1 注音字母

汉字形式的"注音字母"方案于1913年通过,1918年教育部才正式公布。方案公布后,做过多次补充和修订。从1920年起正式列入小学语言教材。注音字母是我国历史上由政府公布推行的第一个汉语拼音方案,在1958年《汉语拼音方案》正式公布之前的近40年间,注音字母在统一汉字读音,推广传播"国语",帮助学生识字等方面发挥了很大的作用。

1.3.2 国语罗马字

"五四运动"前后,在"文学革命"的影响下,语言学界兴起一股文字改革的浪潮,提出采用罗马字(拉丁字母)拼音的问题。国语罗马字的全称是"国语罗马字拼音法式",这是中国第一套法定的拉丁字母拼音方案。1928年正式公布了《国语罗马字拼音法式》,作为注音字母的第二式使用。当时的政府并不热心推广国语罗马字,再加上该方案的拼调规则过于复杂,群众不易掌握,该方案作为注音字母的第二式,主要在字典以及出版数量有限的一些课本、教材、字表、读物中使用,没有在社会上推行开来。1934年以后,国语罗马字的推行进入低潮。

1.3.3 拉丁化新文字

拉丁化新文字是苏联拉丁化运动的产物,最初在苏联华侨工人中间推行,后传入国内。在苏联文字拉丁化运动中,中共党员瞿秋白在苏联汉学家郭质生的协助下,于1929年写成一本小册子《中国拉丁字母》。后来中苏两国专家在瞿秋白的"中国拉丁化新文字方案"的基础上,拟订了一份《中国汉字拉丁化的原则和规则》,提交1931年在苏联召开的"中国文字拉丁化第一次代表大会",获正式通过。

全国制订的方言拉丁化新文字有13种,这些方言是上海话(后改为"江南话")、苏州话、无锡话、宁波话、温州话、福州话、厦门话、客家话、广州话、潮州话、广西话、湖北话和四川话(倪海曙,尹斌庸,1982:246)。全国各地开办的学习班、师资训练班、讲习班和识字班前后有1000多个,参加学习的有10余万人。抗日战争初期,上海举办了很多难民新文字班,陕甘宁边区举办了一些冬学新文字班。新中国成立后,东北各铁路局举办了很多报务员新文字班。

1.4 小学的"国文"科改为"国语"科

晚清白话文运动,提倡"言文一致,国语统一",强调在语文教育中采用国语,普及义务教育。1920年,教育部通令初级小学"国文"科改为"国语"科。1921年教育部发布训令:"凡师范学校及高等师范均应酌减国文钟点,加授国语。"1923年,国语统一筹备会第三次大会提案议决函请教育部规定中等以上学校实行国语教育,教育部复函表示同意。同年实行学制改革,全国教育联合会组织了"新学制课程标准起草委员会"公布《中小学各科课程纲要》,规定小学、初中、高中的语文科一律定名为"国语"科,小学课本取材以儿童文学为主。

同时还创办了国语讲习所、国音字母讲习所、国语专科学校等,各省区教育厅也分别举办各种短期培训班,大力培训国语教员。于是,国语教科书开始收入"五四运动"前后涌现出来的许多白话文学作品、白话翻译作品及古代一些优秀的白话小说。把"白话文"作为语文教材,这是语文教育中的一个大变化。直到新中国成立前夕,小学开设"国语"课,中学开设"国文"课,新中国成立后,"国语""国文"合并改成"语文"。

2. 国民党的语言同化及有限使用边疆语言政策

国民党于1927年提出"以党治国",即以"三民主义"治国,实行"党化教育"的建国方针;逐渐形成一套所谓"三民主义的边疆政策";宣布要"重边政,弘教化,以固国族而成统一",强化了民族同化的意识和语言统一的思想。这主要体现在南京政府的边疆教育方针和边疆教育语言方针之中。

2.1 边疆教育方针和边疆教育语言方针

南京政府确定的推进边疆教育的总方针是:"边疆教育应以融合大中华民族各部分之文化,并促其发展,为一定之方针。"(《推进边疆教育方案》,1939:625)"彻底培养国族意识,以求全国文化之统一。"(《边地青年教育及人事行政实施纲领》,1941:625)在这一方针的指引下,国民政府的边疆教育语言政策循着"国语统一"的大原则,在有限的范围之内,允许使用两三种少数民族语言文字。

边疆教育语言方针最早是在1931年9月,国民党第3届中央执行委员会第157次常务会议通过的《三民主义教育实施原则》中提出来的:"遵循中山先生民族平等之原则,由教育力量,力图蒙藏人民语言意志之统一,以期五族共和的大民族主义国家之完成。"1941年教育部公布了边疆教育政策四大宣传要点,其中第三点是"边教应推行国语教育",第二点是"边教应努力融合各地民族"(宋恩常,章咸,1990:633)。

　　为了开展边疆民族语文教材的编译工作,教育部于1930年成立蒙藏教育司,1934年出版了汉蒙、汉藏、汉回合璧的小学国语课本各8册,常识课本各4册,民族学校用本各2册,短期小学课本各4册,供边疆地区蒙古族、藏族和维吾尔族学生使用。由于这些课本跟边疆居民的实际生活相距太远,教育部又指定国立边疆文化教育馆另行编译了蒙、藏、维吾尔的初小教科书,并于1947年出版了蒙古文课本9册,藏文课本8册,维吾尔文课本10册。

2.2　边疆宣传语言政策

　　为了达到良好的宣传效果,国民党曾对宣传党义使用的语言,做过一些具体的规定。1929年6月,国民党在南京召开的三届二中全会,通过了《关于蒙藏的决议案》,首次对边疆少数民族地区的党义宣传用语做出规定,要求"加紧对蒙藏之宣传,撰制各种浅显之宣传品,译成蒙藏文字"(荣孟源,1985),以达到说明本党训政之意义。1930年7月,国民党第3届中央执行委员会第99次常务会议通过的《内蒙党务派员工作大纲》提出,"宣传原则以宣扬三民主义指示蒙人进步为指南","翻译印发有关党政书籍,创办党报及通讯社,设立图书馆"。(李廷贵,范荣春,1990:155-156)

　　在南京国民政府期间,国民党创办的少数民族文字党报以及该党控制的少数民族文字报刊主要有:《藏民月刊》(1928年12月,藏文版)、《民众日报》(1929年7月,蒙汉双文版)、《阿旗简报》(蒙汉双文)、《新疆日报》(1936年4月,先后有汉语、维吾尔语、哈萨克语、俄罗斯语版)、《国民日报》(1941年10月,藏文版)、《新蒙》(1947年,蒙汉合璧)等。

3. 伪满洲国的殖民奴化语言政策

　　在日本关东军的策划和操纵下,1932年3月1日我国东北地区成立了所谓"满洲国",由清朝废帝溥仪"执政"。溥仪名义上是伪满洲国的"国家元首",实际上是日本的侵华工具和傀儡。该政权的封建性和殖民性,决定了其语言政策上的奴化性。

3.1　奴化语言政策的有关规定

　　1932年3月9日,溥仪发出通令,"满洲国"不得悬挂中国地图,不得使用"中华"字样,不得使用中国教材(武强,1989:681)。为了实行"新学制",伪满政府于1937年5月颁布了《学制要纲》,其中有关语言政策的规定是:"日本语依日满一德一心之精神,作为国语之一而重视之。"(武强,1989:452)在此之前,伪满文教部曾于1936年11月召开的关于补助小学校主事会议上提出,在"满洲国"普及日语的要求。

3.2 "国语""国文""满语"和"蒙古语"

在伪满洲国实行新学制之前,国语和国文课特指汉语和汉文课,不包括日语和蒙古语。

实行新学制以后,为了泯灭中国青少年的国家和民族意识,贯彻殖民奴化语言政策,日伪当局把居住在东北地区的汉人也称作满人,把"国文"(汉语)课改称为满语课,试图以此巩固伪满洲国的统治,另外把日语课改称为"国语"课,企图用日语来同化中国人。

因此,伪满学校教学计划中的"国语科",则包括"满语"(实际上是汉语)、蒙古语和日语3种语言(王野平,1989:119)。伪满洲国民生部在《关于国民高等学校国语教授之件》中规定,在高等学校的国语教学中,可用日语教学取代"满语"(即汉语)教学,也可用日语教学取代蒙古语教学。

3.3 奴化语言政策的实施

伪满洲国成立后的5个月中,日本关东军在东北焚烧中国历史、地理书籍,以及抗日书籍等进步书籍达650余万册。

在大力普及日语方面,伪满洲国教育当局规定,从高小第一学年开始,日语是必修课。至于初中高中和师范学校,各个年级都必须学习日语,教学时数不得少于汉语。其具体措施包括:日常用语日语化,从1941年起,伪满地区的学校、日常用语都用日语,如背诵"国民训""回銮训民诏书",操练口令,校园中的"问候语",学生跟教师的交谈等,全都不准说汉语。

"日语检定"制度化,从1936年开始实行日语检定制度,鼓励国民高等学校学生参加日语考试,考试合格者发给一定的"语学津贴",毕业后优先录用。教材课本日语化,为了强化日语学习,一些教材采用日文课本,教学采用日语授课,一些汉语教科书甚至使用汉字和日文相杂的"协和语",学生考试使用日文者,可以增加考试分数(王野平,1989:125)。

伪满洲国出版的书刊,也以日文占优势,中文出版物寥寥无几。另外从日本进口了大量的日文书刊,绝大多数都宣扬"王道"、"皇道"、侵略战争及日本的事务。据统计,1936—1941年,从日本进口的图书,由58万册猛增到340余万册。1941年7月出版书刊137种,日文占112种,中文只有28种(解学诗,1995:601)。

4. 中国共产党领导的陕甘宁边区推行新文字政策和尊重少数民族语言政策

4.1 推行新文字政策

抗日战争时期,中国共产党领导的陕甘宁边区民主政权建立后,边区的教育事业因受各种条件的制约,十分落后,99%的边区农民不识字,80%—90%的学龄儿童失学。由于拉丁化新文字易学易认,很受群众欢迎,边区政府准备采用拉丁化新文字扫除文盲,以提高广大边区人民的文化水平,使他们能够用更高的觉悟投入抗日战争。

1940年11月7日,陕甘宁边区新文字协会在延安成立。大会推举毛泽东、张一麐等组成名誉主席团,林伯渠、吴玉章等17人组成主席团。边区政府主席林伯渠宣布,边区政府已在法律上给予新文字以合法地位,用新文字跟用汉字在法律上有同等效力;并宣布今后边区政府的法令公告等重要文件,将一律一边印新文字,一边印汉字;又宣布边区政府已经下决心,要用新文字扫除边区文盲。

党校校长罗迈(李维汉)宣布:"中共中央宣传部已经详细讨论新文字问题,决议要边区教育厅在今年冬学中一律试教新文字。"(费锦昌,1997:87)

陕甘宁边区政府于1940年12月25日公布了《关于推行新文字的决定》,其主要内容如下:从1941年1月1日起,新文字跟汉字有同等的法律地位,凡是上下公文、买卖账目、文书单据等等,用新文字书写跟用汉字书写同样有效;从1941年1月1日起,政府的一切法令、布告,并用汉字和新文字;从1941年1月1日起,各县给边区政府的公文,用新文字书写的同样有效。(陶剑琴,1980:111-112)

1941年5月1日中国共产党边区中央局发布《陕甘宁边区施政纲颁》,其中第14条规定:"继续推行消灭文盲政策,推行新文字教育……"(费锦昌,1997:90)

为了有效开展新文字的推行工作,陕甘宁边区于1941年1月5日成立了一个新文字干部学校,专门培养中级新文字干部,吴玉章任校长。学习期限两年,设有文字学、语言学、语文等课程。1941年5月,《新文字报》改为铅印,毛泽东为该报的题词是"切实推行,愈广愈好",朱德的题词是"大家适用的新文字,努力推行到全国去"。

1943年春节过后,由于延安整风运动的发展和战争形势的急促变化,陕甘宁边区新文字扫盲教育停顿下来,新文字协会、新文字报社、新文字干部学校也都相继停止了活动。

4.2 尊重发展少数民族语言文字政策

坚持民族平等,发展少数民族语言文字,是中国共产党少数民族语言政策的总方针。1931年11月中华工农兵苏维埃第一次全国代表大会通过的《关于中国境内少数民族问题的决议方案》,首先提出了这一政策思想(周庆生,2000:271-272),1938年毛泽东在中共中央六届六中全会的报告中则系统论述了这一政策原则:"第一,允许蒙、回、藏、苗、瑶、夷、番各民族与汉族有平等权利,在共同对日原则之下,有自己管理自己事务之权,同时与汉族联合建立统一的国家。……第三,尊重各少数民族的文化、宗教、习惯,不但不应强迫他们学汉文汉语,而且应赞助他们发展用各族自己语言文字的文化教育。"

这一政策原则的法律化定型是在1949年9月新中国成立前夕,具有宪法效力的《中国人民政治协商会议共同纲领》中完成的。该纲领的第50条和第53条分别规定了坚持民族平等,发展各少数民族语言文字的总原则。

尊重少数民族语言文字。1936年5月,中国工农红军第四方面军在长征中,帮助藏族建立起"中华苏维埃中央波巴自治政府"。其施政纲领明确规定,禁止民族压迫和民族歧视,不准称藏族同胞为"蛮子",尊重藏语藏文,提倡汉族学习藏语,标语用藏汉两种文字书写,优待翻译。毛泽东1945年在中国共产党第七届全国代表大会的报告中强调:"他们(少数民族)的言语、文字、风俗、习惯和宗教信仰,应被尊重。"

使用和发展少数民族语言文字。1931年11月通过的《中华苏维埃共和国宪法大纲》规定:"苏维埃政权更要在这些民族中发展他们自己的民族文化和民族语言。"(中共中央统战部,1991:166)1935年6月,《中国共产党中央委员会告康藏西番民众书——进行西藏民族革命运动的斗争纲领》规定:"番人使用自己的语言文字提高文化,设立学校,人人皆有入校读书的权利。"

共产党创办的少数民族文字党报,主要分布在中国东北的朝鲜族地区和北部的蒙古族地区。从1928—1948年的20年间,我国东北部朝鲜族地区共产党创办的朝鲜文党报主要有:中共延边区委的《东满通讯》(1928年10月)、中共东满特委的《两条战线》(1947年以后)、中共吉林省委的《吉林日报》(1947年3月)和中共延边地委的《延边日报》(1948年4月)。

1936—1949年间,共产党创办的蒙古文及蒙汉双文党报主要有:中共三边(陕西省的安边、定边、靖边)地委的《蒙古报》(1931年)、中共哲盟地委的《前进报》(1946年12月,蒙汉双文)、中共内蒙古委员会的《内蒙古自治报》(1947年元旦)、中共西科中旗委员会的《草原之路》(1947年夏季)、中共内蒙古委员会的《内蒙古日报》(1948年元旦)、中共热北地委的《牧民报》(1948年秋季)、中共伊克昭盟委员会的《伊盟报》(1949年9月)等。

共产党创办的第一所民族学院于1941年9月在延安诞生,高岗任院长。首批学员300余名,分属蒙古、回、藏、彝、满、苗、东乡和汉族。文化课有汉语文、民族语文、历史、地理、数学和自然常识等。1948年该学院停办。

蒙古文化促进会于1940年3月在延安成立,毛泽东等任名誉理事。同年6月该会在延安建立起成吉思汗纪念堂,设有蒙古文化陈列室,毛泽东亲自为纪念堂题写了"成吉思汗纪念堂"几个大字。1944年10月,蒙、回文化促进会分别组织人员,把马列主义和毛泽东的部分著作翻译成蒙古文和阿拉伯文,在延安出版发行。这对发扬蒙古族和回族的优良文化传统,发展蒙、回民族的新文化,具有重要的政治意义和历史意义。

参考文献

费锦昌,1997.中国语文现代化百年记事(1892—1995)[M].北京:语文出版社.

李廷贵,范荣春,1990.民族问题学说史略[M].贵阳:贵州民族出版社.

卢戆章,1982.《中国第一快切音新字》原序[C]//清末文字改革文集.北京:文字改革出版社.

倪海曙,1959.清末汉语拼音运动编年史[M].上海:上海人民出版社.

倪海曙,尹斌庸,1982.拉丁化新文字[Z]//中国大百科全书·语言文字卷.北京:中国大百科全书出版社.

荣孟源,1985.中国国民党历次代表大会及中央全会资料[C].北京:光明日报出版社.

宋恩常,章咸,1990.中华民国教育法规选编(1912—1949)[G].南京:江苏教育出版社.

陶剑琴,1980.延安时代的新文字运动[C]//中国人民大学语言文字研究所.语言文字研究.北京:中国人民大学出版社.

王野平,1989.东北沦陷十四年教育史[M].吉林:吉林教育出版社.

武强,1989.东北沦陷十四年教育史料(第一辑)[M].吉林:吉林教育出版社.

解学诗,1995.伪满洲国史新编[M].北京:人民出版社.

中共中央统战部,1991.民族问题文献汇编(1921年7月至1949年9月)[G].北京:中共中央党校出版社.

周庆生,2000.语言与人类:中华民族社会语言透视[M].北京:中央民族大学出版社.

作者通信地址:100022 北京市朝阳区建外大街灵通观3-603号:zhqshb@163.com

"产出导向法"与对外汉语教学

文秋芳

摘　要:本文首先介绍创建"产出导向法"(POA)的背景,接着描述 POA 理论发展的 5 个阶段,其中重点阐释第 5 阶段再次修订的 POA 理论体系,最后指出在对外汉语教学中应用 POA 需要注意的问题。

关键词:产出导向法;对外汉语教学;外语教学

1. 问题的提出

"产出导向法"(production-oriented approach,下文简称 POA)由北京外国语大学中国外语与教育研究中心团队创建,旨在克服中国外语教学中"学用分离"的弊端。POA 继承了古代《学记》中优良的教育传统,借鉴了国外外语教学理论,体现了唯物辩证法基本理念,强调学中用,用中学,边学边用,边用边学,学用无缝对接。经过 10 余载努力,POA 理论与实践日臻完善,研究团队在国内外发表了系列论文(文秋芳,2008,2013,2014,2015,2016,2017a,2017b,2017c;Wen,2016,2017),POA 多次成为国内外学术研讨会上的主旨报告主题,根据 POA 理念编写的《新一代大学英语》(王守仁,文秋芳,2015)已在全国多所高校应用,现已取得了初步成效(参见:毕争,2017;常小玲,2017;张伶俐,2017;张文娟,2017a),在国外学界也产生了一定影响(参见:Cumming,2017;Ellis,2017;Matsuda,2017;Polio,2017)。

2017 年 5 月 POA 团队在北京召开"首届创新外语教育在中国"国际论坛。论坛上,加拿大多伦多大学阿利斯特·卡明(Alister Cumming)教授、美国密歇根州立大学沙琳·普利欧(Charlene Polio)教授等学者建议将 POA 应用到对外汉语教学中。在这一背景下,笔者从 2017 年 6 月开始,与北京外国语大学对外汉语青年教师团队进行多次集体研讨,改编现行教学材料,设计教学活动,讨论课堂教学实施和教学研究数据收集等问题。2017 年 9 月正式开展教学实验,其结果初步证明了 POA 在对外汉语教学中的可操作性和有效性(桂靖,季薇,2018;朱勇,白雪,2019)。笔者结合他们的教学实践和对 POA 英语教学实践结果的反思,对 POA 理论体系进行了完善,使之更适合对外汉语教学。

我国对外汉语教学与外语教学同属于第二语言教学。从逻辑上说,这两种教学应该有共享理论。遗憾的是,我国外语教师与对外汉语教师这两个群体之间无实质性沟通,更无共创理论的学术自觉。这两支队伍孤军奋战,显然不利于提高我国在国际学界的影响力。"产出导向法"在对外汉语教学中的应用,可以看作两支队伍联合作战的初步尝试。下文将简要说明创建 POA 的背景,接着介绍 POA 的发展历程,其中重点解释最新修订的 POA 理论体系,最后说明 POA 应用于对外汉语教学应注意的问题。

2. 创建 POA 的背景

外语人才的培养为我国的改革开放发挥了不可或缺的作用。然而,高校外语教育的质量还远不能满足社会的需求和学习者的期望,批评声不绝于耳。最常听到的批评是"费时低效""高投入、低产出""哑巴英语"等。(李岚清,1996;井升华,1999;戴炜栋,2001:1-2;蔡基刚,2012:19)笔者认为,尽管我国外语教学确实存在输入贫乏、交际需求不足的客观不利因素,但外语教育仍旧有许多值得改进的空间。根据 POA 团队的分析和梳理,我国外语教育存在的根本问题是"学用分离"。如果采用西方术语,就是"输入与输出分离"在语境中,"学"通常指"接受新知识",相当于英文中的"加工输入",以获得新知,"用"相当于英文中的"输出",将从输入中获得的新知运用到交际中。如果将"用"翻译成英文"use",就会产生歧义,因为在英文中,听、说、读、写、译的活动都是在运用语言。为了避免歧义,"学用分离"的英文是"separation between input and output"。

目前我国大学外语教学一般是每周 4 课时,其中综合课 3 课时,听说课 1 课时。综合课教学方式大致分为两类:"课文中心"和"任务中心"(Wen,2017)。总体上说,"课文中心"教学更为普遍,其历史长,影响广,可以进一步分为"自下而上"和"自上而下"两种。这两种课文教学虽路径有异,但有着相似的弊端,即重输入、轻输出。

"自下而上"的课文教学盛行于 20 世纪 50 年代到 90 年代中期,目前少数偏远地区仍在使用。所谓"自下而上",指的是教学从语言形式的小单位到大单位。一般情况下,教师把课文分成若干个小部分,每个小部分包括一个或若干个自然段,段落的数量取决于每个自然段的长短。教学流程大致是:首先让学生逐段朗读课文,然后攻克单词,再解释语法,最后解释难句的意思。根据每个单词的不同用法,教师会给出若干例句。为了让学生记住单词的用法,教师会让学生将中文句子翻译成外文。就语法难点而言,除了处理文中的意思,教师往往给出更多例句,进行拓展。讲解难句最常用的方法是要求学生用自己的语言解释文中原句的意思。用这样的流程处理完整篇课文后,再做课文后面的练习。也有教师将文后练习与段落处理结合在一起。课后学生复习,包括背单词、背课文、做课文后练习等。为了检查上次课堂教学效果,教师通常让学生默写单词、做短文听写、复述课文等。20世纪70年代,笔者当学生时接受的就是这样的训练。毕业后,笔者也采用这样的方法教授自己的学生。这种教学关注的重点是语言知识和记忆知识的能力,至于学生如何能将所学知识运用到真实交际活动中,似乎不是教师的职责。教师常说"Practice makes perfect"(熟能生巧),目的是要求学生课外多练习。

"自上而下"的课文教学始于20世纪90年代中期,当下使用极其广泛。所谓"自上而下",就是教学从整篇文章的意义出发,而不是从单词、句子的语言形式出发。笔者通过观察多届全国大学英语教学大赛发现,多数参赛教师的教学流程包括:(1)预热活动(warm-up),旨在激发学生对新课文的兴趣;(2)略读和扫读(skimming and scanning),旨在让学生了解文章的概要;(3)分析课文结构(structure analysis),旨在让学生掌握课文的总体框架;(4)理解课文内容,穿插讲解少量单词和难句,旨在让学生了解作者要表达的内容;(5)做课文后的练习。少数教师会要求学生做与课文结构有关的产出活动。例如,张丹丹(2012:94-99)参赛所教课文的名称是:To lie or not to lie:A doctor's dilemma(撒谎还是不撒谎——医生的两难)。课后要求学生进行创造性写作,具体要求是:从下列题目中任选一个:(1)To quit or to continue:A smoker's dilemma(戒还是不戒——吸烟者的两难);(2)To run or to stay:A thief's dilemma(跑还是留——小偷的两难)。或者根据句式"To____or to____:A____'s dilemma"自我命题。很显然,这类创造性写作与所学课文中出现的语言项目几乎无关。总体说来,"自上而下"课文教学关注课文内容,对语言形式未给予足够重视。教学中没有循序渐进的活动,学生不能将课文中学到的语言知识转化为表达能力。

"任务中心"教学也称"任务教学法"或"任务型教学"。20世纪末,该教学法从国外引介到国内(夏纪梅,孔宪辉,1998),但与"课文中心"教学相比,真正将这一方法全面应用到教学中的教师仍是少数。"任务中心"教学鼓励学生在完成具有交际价值任务的过程中提高自己的语言使用能力。例如:"假如你是北京市市长,你会采取哪些措施来打好蓝天保卫战? 就你的设想撰写一篇不少于150字的英文作文。"这项任务的教学流程大致是:课堂上,教师首先将学生分成小组,开展头脑风暴,然后大班分享小组讨论结果,教师给予点评,课后学生各自写作文,可查询网络资源,也可以查阅其他参考资料。这种教学能够为学生提供运用接受性知识的机会,但存在的问题是,学生只能调用已有知识,而不能有效拓展自己的知识和技能体系。虽然学生之间的讨论和课后搜寻资料能够提供学生互相学习或自学的机会,但这种学习的发生带有很大的偶然性,因为在完成整个任务的过程中,教师未提供专业性指导,例如带领学生加工与环保相关的输入,有针对性地弥补和拓展学生的语言形式、环保知识和写作的语篇知识。与"课文中心"教学相比,"任务教学"重视输出,有利于学生盘活已有的"死"知识,但缺少有效输入。有人可能说,这些教师未能正确使用"任务教学法"。这里讨论的是我国目前大学外语教学现状,而不是评价"任务教学法"理论本身。

综上所述,"自下而上"的课文教学重视输入的语言形式,"自上而下"的课文教学重视输入的意义,但两者都未给输出足够的关注,使得有输入、无有效输出,输入与输出脱节。"任务中心教学"重视输出,忽略有针对性的输入,仍旧是输入和输出脱节。笔者将这两类教学中存在的问题统称为"学用分离"。POA的提出就是要解决这一问题,以提高外语教育效率。

3. POA理论体系的发展历程

在理论—实践—诠释多轮循环互动的基础上,POA理论体系的发展大致经历了5个阶段:(1)预热期;(2)雏形期;(3)形成期;(4)修订期;(5)再修订期。表1列出了这5个阶段的时间周期、发展轨迹与主要论文。

表1 POA理论体系发展历程

阶段名称	时间周期/年	理论发展轨迹	文秋芳发表的主要论文
预热期	2007—2013	提出"输出驱动假设"	《外语界》2008年第2期;《外语界》2013年第6期
雏形期	2013—2014	提出"输出驱动—输入促成假设"	《中国外语教育》2014年第2期
形成期	2014—2016	首次构建POA理论体系	《外语教学与研究》2015年第4期;另有两篇英文论文见参考文献
修订期	2016—2017	修订POA理论体系	《现代外语》2017年第3期;《外语界》2017年第4期
再修订期	2017—2018	再次修订POA理论体系	《世界汉语教学》2018年第3期

3.1 POA理论预热期

2007年5月笔者应邀作为主旨发言人在上海外语教育出版社举办的"首届全国英语专业院系主任高级论坛"上发言,后来发表论文《输出驱动假设与英语专业技能课程改革》(文秋芳,2008)。该假设包含三点主张:第一,从心理语言学角度看,输出比输入对外语能力发展的驱动力更大;第二,从职场需要出发,培养学生的说、写、译产出技能比单纯培养听、读接受性技能更能体现社会功能;第三,从外语教学角度看,以输出为导向的综合技能训练比单项技能训练更富成效,更符合学生未来就业需要。

依据上述主张,该文提出了以"输出驱动"为教学理念的新课程体系,其中包括技能导学课、赏析课、口头表达课、笔头表达课、口译课、笔译课,并且听力和阅读不再单独设课,而是融合在口笔头表达课和口译、笔译课中。在这一课程体系中,以输出为终极形式的综合技能课的课时占80%。有部分教师将这一假设应用到教学实践中,取得了一定成效(例如:陈文凯,2010;方芳,夏蓓洁,2010;赵靖娜,2012)。

2013年4月笔者应邀作为主旨发言人在外语教学与研究出版社举办的全国大学英语教学改革大会上发言,后发表论文《输出驱动假设在大学英语教学中的应用》(文秋芳,2013)。该文讨论了"输出驱动假设"与克拉申(Krashen,1985)的输入假设、斯维因(Swain,1985)的输出假设、朗(Long,1983)的互动假设的异同,同时提出了依据"输出驱动假设"的大学英语课程体系,描述了课堂教学的基本流程。

同期,笔者在5所大学组织了POA教学实践研究。参加研究的每位教师依据"输出驱动"理念设计了4课时教学方案,其中有综合英语课、视听说课、学术英语课。为了便于研究,对每位教师的授课进行全程录像。教学结束后,参加POA实践研究的全体教师集体结合录像资料对教学结果进行分析和总结,发现实践中未解决的问题是:为输出提供的输入不够系统,教师的帮助缺乏针对性。

3.2 POA理论雏形期

随后,为解决上述实践中出现的问题,POA研究团队提出"输出驱动—输入促成假设",并邀请资深外语教育研究者就这一假设进行研讨,后撰文解释了新假设的内涵(文秋芳,2014),说明了实施新假设的具体步骤,回应了相应的质疑。该假设主张,在输出驱动的前提下,教师必须首先有计划、有步骤地为学生的输出提供有针对性的输入,以促成输出任务的完成,最后对产出进行有效评价(见图1)。文秋芳(2014)还以"中西饮食文化比较"这一主题源自北京航空航天大学曹巧珍老师在视听说课中实施的"输出驱动假设"实验为例,说明了如何在课堂教学中落实这一假设。(见图1)

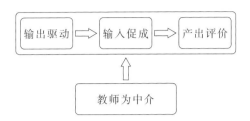

图1　输出驱动—输入促成假设

3.3　理论形成期

2014年下半年,POA团队与北外长江学者、加拿大多伦多大学教育学院卡明教授就"输出驱动—输入促成假设"如何凝练成抽象的概念体系进行了多次深入探讨。经过反复斟酌,从多个英文选项中选中了"production-oriented approach"(简称POA)这一名称,中文译为"产出导向法"。此后,POA这一名称未有改动。文秋芳(2015)发表了第一篇完整阐述POA教学理念、教学假设和教学流程的论文。POA的理论体系参见图2。

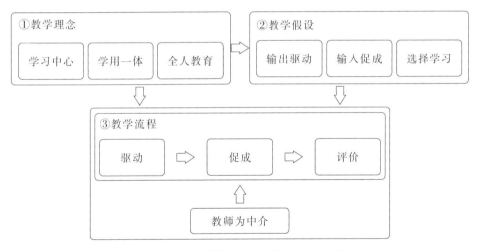

图2　POA理论体系(文秋芳,2015:548)

2015年6月笔者应邀出席了香港大学举办的国际研讨会并做主旨发言。基于大会主旨发言内容撰写的英文论文"The production-oriented approach to teaching university students English in China"(《教授中国大学生英语的产出导向法》)于2016年4月7日在剑桥大学出版的 *Language Teaching*(《语言教学》)上刊发。其后,另一篇英文论文"The production-oriented approach:a pedagogical in university English teaching in China"(《产出导向法:中国大学英语教学的创

新》)被收在劳特利奇出版社于 2017 年出版的 *Faces of English Education:Students,Teachers,and Pedagogy*(《英语教育面面观:学生、教师和教法》)一书中。这两篇英文论文的发表是 POA 跨出国门的初始成果。

在这一阶段,有多位学者在第八批"中国外语教育基金"的资助下,就 POA 理论体系在课堂教学实践中如何具体落实开展了教学研究。特别值得一提的是,2017 年 5 月张文娟(2017b)以《"产出导向法"应用于大学英语教学之行动研究》为题顺利完成了博士论文,为 POA 理论体系的修订提供了重要证据。

3.4 POA 理论修订期

2017 年 POA 团队举办了两次国际论坛,与国内外学者就 POA 的理论与实践进行对话交流。第一次于 5 月 15 日在北京外国语大学举办,第二次于 10 月 13—14 日在奥地利维也纳大学举办。出席第一次论坛的有 10 位专家,其中外国专家有罗德·埃利斯(Rod Ellis)、阿利斯特·卡明、保罗·松田(Paul Matsuda)、沙琳·普利欧、帕特里夏·迪夫(Patricia Duff),国内专家有王守仁、王海啸、王俊菊、王初明、韩宝成。出席第二次论坛的有 8 位专家,其中外国专家有亨利·威多森(Henry Widdowson)、芭芭拉·塞得豪弗(Barbara Seidlhofer)、科特·科恩(Kurt Kohn)、伊娃·埃勒斯(Eva Illés)、伊瑞斯·沙乐·施瓦娜(Iris Schaller Schwaner)、宝拉·韦托雷尔(Paola Vettorel),国内专家有韩宝成、徐浩。POA 团队从这两次对话中汲取了营养和智慧,对 POA 理论体系进行了第一次修订(见图 3),并在对比国外理论的基础上,分析了 POA 的中国特色,继而发表了两篇论文(文秋芳,2017a,2017c)。

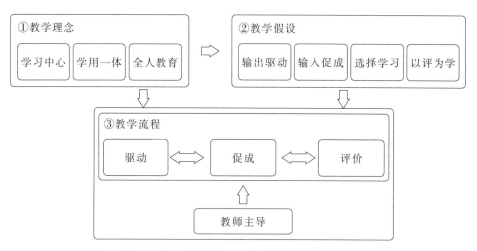

图3 修订后的POA理论体系(文秋芳,2017a:350)

　　与2015年的POA理论体系相比,2017年对该理论主要进行了两处调整:增加了"以评为(wéi)学"假设;将教学流程中的单向箭头改为双向箭头,以突出教学环节的互动性和循环性。此外,将"教师为中介"改为"教师主导",这样更符合中文表述习惯,便于一线教师理解。

3.5　POA理论再修订期

　　图4展现了最新修订的POA理论体系。就总体框架及其内部关系而言,新修订体系与第一次修订后的体系相同。POA体系仍由教学理念、教学假设、教学流程三部分组成。这三部分的关系是:教学理念起着指南针的作用,决定着教学假设、教学流程的方向和行动的目标;教学假设受到教学理念的制约,同时也是决定教学流程的理论依据,是教学流程检验的对象;教学流程一方面要充分体现教学理念和教学假设,另一方面作为实践为检验教学假设的有效性提供实证依据。

　　具体变化主要体现在理论体系三部分内部各自的内容和展现形式上。教学理念部分针对教学内容,增加了"文化交流说";针对培养目标,用"关键能力说"替换了"全人教育说",旨在使教育目标更具体化,更可教、可测、可量。教学流程部分将驱动—促成—评价三个环节分为内部的小循环和整体的大循环,同时在教学流程中对教师和学生的作用进行了更清晰的界定,强调教师主导下师生合作共建的教学过程。下文将对POA理论三个部分分别进行进一步的阐释。

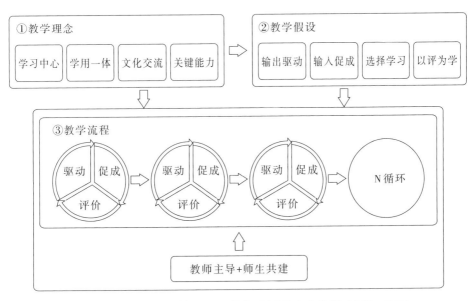

图4　第5阶段再修订的POA理论体系(改编自文秋芳,2017a:350)

3.5.1 教学理念

教学理念包含"学习中心说""学用一体说""文化交流说"和"关键能力说"。"学习中心说"挑战的是"学习者中心说"。应该承认"学习者中心说"相对于"教师中心说"是一大进步。如果教师眼中无学生,教学不考虑学生的水平和需求,教学就注定要失败。但如果一味强调以学习者为中心,也易产生误导作用。正如赵金铭(2008:96)所指出的:"对'学习者为中心'这一提法,我们认为应采取十分谨慎的态度。实际上,在交际活动实施过程中,教师在课堂上,仍在一定程度上控制着教学内容和教学方法。"我国倡导的教学原则是"教师主导、学生主体"(王策三,1983)。笔者认为"双主原则"更能准确反映教育的本质。在教的过程中,教师应起主导作用,如果将这一作用让渡给学生,就混淆了正规课堂教学与学生课外自学;在学的过程中,学生要发挥主体作用,教师不能代替学生学习。教师与学生是教与学中两个互相对立同时又相互联系的矛盾体,矛盾的主要方面不是固定不变的。在课堂教学中,从总体上说,矛盾的主要方面是教师,而不是学生。这就是说,教师是决定课堂教学质量和效率的关键因素。POA提出"学习中心说"回避了"双主原则"的复杂性,强调一切教学活动都是为了"学习"发生。只要学生学有所获,学有所成,至于谁是中心,这是表象,并不是教育的本质。

"学用一体说"与中国传统的"知行合一观"一脉相承,强调课堂教学中输入和输出一体化。换句话说,输入与输出之间不允许有很长的时间间隔,学一点,用一点,学用无缝对接。而目前的英语课堂教学"学用分离"问题比较严重。大多数重学轻用,少数重用轻学。这两种现象在对外汉语教学中也以不同的表现形式存在。例如,来华学习汉语的外国留学生学习初级日常生活汉语时,"学用分离"现象可能不突出,这主要因为一方面有汉语环境,另一方面也有使用汉语的实际需求,但在学习稍高层次的汉语课文时,所学与所用就可能出现"脱节"。POA将每个教学单元产出的总体目标细化为小目标,将每个小目标中的输入与输出紧密相连,这样就能有效缩短学用之间的间隔。

"文化交流说"的提出旨在正确处理目的语文化与学习者本土文化的关系。对外汉语的授课对象来自不同国家,有着不同的意识形态。语言与文化紧密相连,文化教育这一议题无法回避。有人认为对外汉语教学必须向学习者传播中国文化,通过语言的学习使学习者认同中国文化;也有人认为汉语教学要贴近学习者的思维、生活和习惯(许琳,2007:107),贴近他们的文化情境,让他们能用汉语叙述身边事、身边人,以增强他们的学习兴趣。上述两种态度中,一个强调中国文化的学习,一个提倡学习者本土文化的表达。与这两种态度不同,"文化交流说"主张不同文明之间相互对话、相互尊重、相互理解、相互学习。(李泉,2011:392)换句话说,对外汉语教学的目标不是要求学习者认同或者接受中国文化,而是期待他们能够通过汉语了解中国,认识中国,尊重中国文化,能够用汉语介绍他们自己的文化和传统,彼此之间可以互相借鉴。只有保持平等交流的态度,才不会让对方产生反感,甚至抵制。

需要强调的是,文化交流必须以语言为载体。从这个意义上说,在课堂教学中,语言教学始终是明线,文化学习融合在语言教学中,而不是两张皮。应该承认,多数人学习外语都以工具性目标为主,即学习外语或是为了完成学业,或是为了将来在就业市场上更具竞争力,有更好的职业发展空间。因此,POA建议对外汉语教学可根据这些学习者的具体情况,采用"明语言隐文化"或"以语言带文化"策略,使文化交流和谐顺畅、水到渠成。当然也有外国人对中国文化有着浓厚兴趣,我们可以采用"明文化隐语言"的策略,满足这些学习者的需求。

"关键能力说"是新增理念。笔者认为外语教学必须培养21世纪人人都需要的关键能力,这种能力本质上指的是"在一个不确定的复杂情境中解决复杂问题的能力"(褚宏启,2016:3)。哪些应定为关键能力?笔者认为对于不同的授课对象,关键能力应有所不同。例如,针对我国普通高中生的英语学习,教育部(2018:4)提出了四种核心素养(语言能力、文化品格、思维品质和学习能力),关键能力和核心素养均译为"key competency",这表明两者的内涵一致。笔者采用"关键能力",原因是它更为常用、更易理解。针对学习汉语的国际学生来说,这里的关键能力应该包括迁移能力、学习能力、合作能力。迁移能力主张课堂教学要能够使学生具有"举一反三"的能力,换句话说,学生在课堂上的所学、所做,要能够用于解决新问题、完成新任务。要贯彻这一理念,POA教学内容要精选,教学过程要细化,除了要求学生完成预先操练过的产出活动外,还要将能力迁移到新问题的解决之中。学习能力指的是学生独立学习新知识、新技能的能力,这是学生终身学习、持续发展的必备能力。这里有一点需要强调,POA虽然要求教师在课堂教学中为学生搭建脚手架,帮助学生克服学习困难,但脚手架需要逐步撤离,最终让学生具备独立完成任务的能力。这就要求学生在做中学,不仅学习新语言知识、完成新产出任务,而且要学习和培养"如何学习"的元认知技能,例如,如何选取和加工输入材料、如何输入新的产出任务。合作能力指的是相互尊重、求同存异、善于妥协、协同共进的团队协作精神。教师要将学习能力和合作能力的培养融入POA学习内容的选择和学习活动方式的设计,让学生在学习语言的过程中,潜移默化地发展这些能力。

3.5.2 教学假设

POA提出了四个教学假设:输出驱动、输入促成、选择学习和以评为学。"输出驱动假设"不同于"输出假设"(Swain,1985)。后者是二语习得假设,挑战的是克拉申(Krashen,1985)提出的输入假设,该假设认为,学习者只要能够接触到足量的可理解性输入,语言就能自然习得,输出只是学习的副产品,而不是必要条件。斯维因(1985)通过观察加拿大沉浸式英法双语学习者发现,尽管他们成天浸泡在丰富的高质量输入中,二语理解能力与本族语者无明显差异,但他们的二语产出能力与本族语者仍旧相差甚远。由此她得出结论,二语学习者单靠大量输入不能保证二语习得成功,输出必不可少。POA中的"输出驱动"是二语教学假设,逆转的是"先输入后输出"的传统教学顺序,即让学习者先尝试输出,使自己意识到产出的困难,然后教师针对产出目标和学生产出困难提供相关输入,帮助学生有效地吸收、消化和运用后续提供的相关输入。逆转输入—输出顺序的理据是,初始的输出就是为学生提供"知不足"和"知困"的机会(高学良,2006:65),有意创造"饥饿感",激发学生的学习欲望。

"输入促成假设"指输入要为明确的产出目标服务,它与克拉申(1985)的假设有着明显区别。第一,克拉申的假设属于二语习得理论范畴,不涉及课堂教学程序。第二,他强调接受大量可理解的自然输入是语言习得的关键。第三,他的假设中不但没有明确输出目标,而且认为输出是输入的自然产物,不需要刻意训练。POA的"输入促成假设"与"输出驱动假设"紧密相连。在课堂教学中,在输出驱动后,一定要有相应的输入与输出任务精准对接,有效促成输出的顺利完成。这里的输入具有针对性、可学性、促成性。

"选择学习假设"认为以目标为导向的重点学习比"全面精学"的效率高,反对将我国"课文中心"的精读方式应用到第二语言教学中。根据我国语文教学传统,每篇课文必须是名家名篇,必须是脍炙人口、素有定评的范文,学习时须从字到词、到句、到章,细嚼慢咽,熟读精思。(教育部,1963:6-7)这种传统方法对我国外语教学产生了深刻影响,但难以适应知识爆炸的信息化时代对人们学习的要求。同时,科学证明,人脑在同一时间加工、储存和调用信息的能力有限。与其将有限精力平均分散在多个新语言形式上,还不如抓主要矛盾和矛盾的主要方面,集中力量打歼灭战。鉴于上述理由,POA提出"选择学习假设",提倡根据产出目标的需要,从输入中选择学习所需要的语言、内容和话语结构,对产出不急需的输入材料可以降低要求,例如,只要求理解,不要求产出,有的甚至搁置不学(桂靖,季薇,2018)。

"以评为学假设"认为课堂教学中评学结合比评学分离能够取得更好的教学效果。该假设的提出有两个目的,一是提高教师对评价的全面认识,二是克服传统评价存在的弊端。一般情况下,教师花费大量时间准备新课,为设计有效的课堂教学方案绞尽脑汁。课堂上教师要耗费精力,想方设法让学生参与新材料的加工、练习和使用。有些人认为,与备课和授课相比,评价似乎不要花费太多力气,只要有东西填写学生的成绩单即可。然而,POA认为,评与学或者评与教应该有机结合,评价是学生学习强化和升华的关键节点,教师必须将此列为教学循环链中必不可少的环节。这就好比种植水稻,如果只花气力育秧、插秧,对后期工作管理不力,最终的丰收只能听天由命。同理,外语教学中,评价相当于后期管理,最接近学习成功的终点,需要教师付出更多努力。传统评价中不管评价的主体是教师、学生还是机器,评和学都出现明显断裂。其主要弊端为:教师与学生的评价分开进行,缺少互动;教师对学生有目的、有重点的专业指导不足,评价与学习难以有机融合。

3.5.3 教学流程

新修订的POA体系将驱动—促成—评价三阶段互动教学流程进行优化,改成了由驱动—促成—评价组成的若干循环链。改动的主要原因是,POA前期理论在驱动、促成和评价三个阶段中运用了双向箭头,以强调每两个阶段之间的互动性和循环性,但这样的表述不太直观明了,难以具化为实施方案。目前POA教学实践大多以单元为教学单位,通常采用平行推进式,即一个单元会设计一个大产出目标,然后将大产出目标分解为若干小产出目标,它们之间虽有前后逻辑关系,但各自相对独立,可由驱动—促成—评价一个完整循环完成,也可在内部进行微循环,以达成微产出目标。随着若干驱动—促成—评价循环的顺利完成,对应的小产出目标也相继实现,最终大产出目标的实现就水到渠成。

驱动环节的主要任务是通过产出使学生认识到自己的不足,从而调动他们的学习积极性,刺激学习欲望。根据学生参与方式的不同,驱动可分为直接和间接两种。前者在教师介绍交际场景和产出活动要求后,直接让学生尝试完成新产出任务;后者用微视频方式,展现水平相似的学生尝试完成同类任务时可能碰到的困难。根据驱动流程的完整性,驱动可以分为复杂和简单两种。前者从教师介绍交际场景到尝试完成产出任务,再到分析产出困难,流程完整;后者可能只覆盖了前者的部分环节,例如,整个流程中可能要求学生尝试新产出任务,但教师并没有花时间让学生仔细分析其中的困难。复杂驱动主要适用于不太了解学生水平、难以预测学生学习困难的教师;简单驱动常用于比较熟悉学生特点的教师。评估"驱动环节"质量的指标有三个:交际真实性、认知挑战性和产出目标恰当性。交际真实性指的是所设计的产出任务一定是现在或未来可能发生的交际活动。例如,朱勇、白雪(2019)要求学生用汉语在《世界青年说》中描述"马来西亚人眼中的中国人"。这项任务具有交际真实性,演讲者来自不同国家,听众是中国人。认知挑战性指的是所设计的产出任务一方面要能够增加学生的新知识,另一方面要能够拓展学生的思辨能力。产出目标恰当性指的是要求学生尝试产出的任务应符合学生的语言水平,不要让学生感到新任务难度太大,无法完成,否则驱动不仅无法激发学生的学习兴趣,反而起到副作用,即降低学生的动机强度(demotivating)。

促成环节的主要任务是要帮助学生"逢山开路、遇水架桥",有针对性地为学生完成产出任务提供脚手架(朱勇,白雪,2019)。需要指出的是,这里促成活动不再区分输入还是输出,既包括对输入的加工,也包括对输出活动的完成。至关重要的是,整个促成过程应体现"学用一体"理念。完成每项产出任务需要具备三个条件:内容、语言和话语结构。依据这三个条件,教师首先提供相应的输入材料,同时要设计系列活动让学生将这些输入材料从接受性知识转换为产出性知识。衡量这个环节的指标有三个:精准性、渐进性和多样性。(文秋芳,2017c)精准性指促成活动一要对准预先设立的产出目标,二要对准学生产出中的困难。渐进性指促成活动沿着语言和技能两个相互联系的维度循序渐进。就语言维度而言,促成活动根据学生水平,从词到句,从句到章,逐层推进;就语言技能发展维度而言,促成活动从接受性技能(听和读)到产出性技能(说和写),最终实现用汉语完成具有交际真实性的产出任务。这就是说,教学一定要有"过程性",教师要带领学生爬坡过坎,一步一个脚印,最终使学生能用汉语"做事"。多样性涵盖三方面:信息传递渠道、交际类型和活动组织方式。信息传递渠道包括输入活动(听、读、视)和输出活动(说、写、译);交际类型以听为例,有演讲、故事、新闻、对话、讨论、辩论、访谈等,以说为例,有个人独白、角色扮演、有备演讲、即席演讲、小组辩论等;活动组织形式有个人活动、对子活动、小组活动和大班讨论。多样性的促成活动能使课堂教学丰富多彩,让学生交替使用大脑的不同加工机制,以提高学习效率,不是为多样而多样。

"评价"是POA必不可少的教学环节。本次修订的新体系(见图4)中"评价"可以对促成活动进行即时评价,也可以对产出成果进行即时或延时评估。所谓即时评价,就是在教学过程中对学生产出随时做出评价;延时评价,指的是学生课下完成产出任务、提交口笔头产品后再进行评价。POA在比较教师评价、学生自评、学生互评和机器评价的利弊之后,提出"师生合作共评"作为其他评估方式的补充,强调学生评价必须有教师的专业指导,同时每次评估必须重点突出,抓主要矛盾,使评价成为复习、巩固、强化新学知识的机会,进而使学习发生质变和飞跃。由于篇幅所限,有关"师生合作共评"的详细操作流程,请参阅文秋芳(2016)和孙曙光(2017)。

4. 实施POA应注意的问题

对外汉语教学不同于我国英语教学,如果要将POA应用到对外汉语教学中,还有许多需要注意的问题。本节将聚焦以下三个问题:

第一,摆脱"方法已死"(the death of the method)的偏见。

如果教师坚持后方法时代的"方法已死"理念,就会对POA本能地产生抵触情绪。笔者认为只有摆脱这一偏见,才有可能对POA采取开放包容的态度,并尝试使用。

1991年,英国应用语言学家奥尔来特(Allright,1991)率先提出"方法已死",随后,美国应用语言学家布朗(Brown,2002)也多次使用类似比喻。库玛(Kumaravadivelu,2006)甚至断言,在可预见的未来不会再有新方法出现,并将这一走向称为"后方法时代"。笔者认为提出"后方法时代",虽能唤起人们对20世纪90年代以前的"方法热"进行反思性批判,但"只要教学原则,不要方法"的主张,"不符合人们社会实践的体验,也不符合教育理论的基本原理"(文秋芳,2017a:349)。毛泽东早就明确指出:"我们不但要提出任务,而且要解决完成任务的方法问题。我们的任务是过河,但是没有桥或没有船就不能过。不解决桥或船的问题,过河就是一句空话。不解决方法问题,任务也只是瞎说一顿。"(毛泽东,1991:140)毛泽东清楚地阐述了任务和方法之间的密切关系。很显然,脱离任务、单纯思考方法没有意义;但有任务无方法,任务肯定难以完成。从课程论角度,教学方法是任何教育成功的关键要素,正如传统课程论提出课堂教学包括四个基本成分:目标、内容、手段方法、评价。(Tyler,1949:51)

笔者认为,"教学有法、教无定法"更符合教育规律。作为中国学者,我们要立足解决我国外语教学或对外汉语教学中的现实问题,根据不同教学对象、不同教学内容,创新教学方法,在实践中不断完善。POA的发展目前还处在起步阶段,需要更多学者参与理论与实践的优化,使其成为二语教学的理论之一。

第二,区分外语和二语教学环境。

在我国无论教授英语、法语,还是印地语,语种虽不同,但都属于缺少真实交际环境的外语教学,学生学习外语的主要途径是课堂,因此提高课堂教学效率至关重要。但对外汉语教学情况比较多样,就学习环境而言,主要分为两种:一是在中国教授留学生汉语,这属于二语环境;二是在国外教授外国人汉语,这属于外语环境。

来华学习汉语的留学生课外有丰富、鲜活的汉语输入,同时也有用汉语进行日常交际的需要。教授这些来华留学生"生存口头汉语",学生动机强,课外交际机会多,"学用分离"问题一般不会出现。但对于中高级汉语水平的留学生来说,无论是学习口头汉语还是书面汉语,只要讨论议题(例如历史、社会、国际等)超出日常生活范围,就容易出现输入与输出脱节问题。目前"课文中心"教学把大部分课堂时间花费在学习新字、新词、新句型和课文理解上,而未提供足够时间让学生将所学的接受性知识转换为产出性技能,导致所学不能与所用有效对接。换句话说,学生学完课文后,并不能有效使用所学完成具有交际价值的口头或笔头产出任务。从这个意义上说,POA能够解决这一难题,帮助中高级水平的来华留学生提高口笔头表达能力。

关于外国"本土"汉语教学能否使用POA的问题,笔者认为,除了零起点的汉语学习者外,其他学习者均可尝试采用POA。他们学习汉语的环境与我国学习外语的环境相似,主要的不同是,汉语学习的绝对难度恐怕要大于英语学习,特别是汉字的认读和书写。

总体说来,POA适合教授来华留学生学习超出"日常交际话题"的汉语口语和书面语,也适合教授外语环境中初级水平以上的汉语学习者。需要强调的是,选择POA首先需要教师诊断教学中是否存在"输入与输出分离"问题。第二,即便存在这一问题,解决问题的方案也不止一种。这就好比治病,某种药适合治疗某种病,但治疗某种病的药可能有多种。至于选择哪种药则取决于多种因素。从这个意义上说,POA只是教学法的一种,它不是唯一的解决方案。

第三,恰当应对POA应用初期的困难。

从2017年6月开始,北京外国语大学朱勇老师带领的团队就POA在对外汉语教学中的应用开展系统研究。从研究实践来看,他们面临的最大困难有两个:缺乏现成的POA教学材料以及学生对POA不适应。(桂靖,季薇,2018;朱勇,白雪,2019)针对第一个困难,笔者建议在现有教材中选择合适主题或单元进行改编,再开展教学研究。一个研究周期可以是4课时或8课时。要熟练使用POA,不仅需要学习理论,更需要在实践中体验,不断反思,不断与理论对话,进行理论—实践—反思的多轮循环。一学期可以组织2—3次这样的小型研究。教材编写不要急于求成,可以在科研基础上逐步积累,这样编出的教材才可能具有科学性和可教性。

实施一种新教学法,学生不适应,教师也会有类似感觉。长期以来,师生习惯"课文中心"教学法,对生词的关注多于语言交际能力的培养。笔者建议在实施POA之前,一定要花时间"刷新"学生的学习理念,说明POA的优势。这种"刷新"活动一般难以一次成功。另外,POA可与传统方法交替使用,这样不仅可为学生提供逐步适应的机会,同时也使学生获得对比、体会POA与传统方法差别的机会,增加学生对POA的感性体验和理性认识。

根据国家汉办官网,截至2017年12月31日,我国在全球146个国家(地区)建立了525所孔子学院和1113个孔子课堂。同时,来华学习汉语的留学生人数还在逐年增加。目前POA体系相对成熟、完整。如果我国有部分对外汉语教师能够与外语教师同时就POA开展实践研究,并进行对话交流,将会促进我国语言教学理论的发展,这对于提高国际汉语教学的效率,推动中国文化走出去,也许有着积极的作用。

参考文献

毕争,2017.POA教学材料使用研究:评价产出目标的达成性[J].中国外语教育(2):40-46,96-97.

蔡基刚,2012.中国大学英语教学路在何方?[M].上海:上海交通大学出版社.

常小玲,2017."产出导向法"的教材编写研究[J].现代外语(3):359-368.

陈文凯,2010.基于"输出驱动假设"的英语专业写作教学改革研究[J].河南教育
    学院学报(哲学社会科学版)(3):120-122.

褚宏启,2016.核心素养的国际视野与中国立场[J].教育研究(11):3.

戴炜栋,2001.外语教学的"费时低效"现象、思考与对策[J].外语与外语教学
    (7):1-2.

方芳,夏蓓洁,2010.能力本位、输出驱动与英语专业课程群建设[J].山东外语
    教学(3):3-8.

高学良,2006.学记研究[M].北京:人民教育出版社.

桂靖,季薇,2018."产出导向法"在对外汉语教学中的应用:教学材料的改编[J].
    世界汉语教学(4):546-554.

井升华,1999.我国大学英语教学费时低效的原因[J].外语教学与研究(1):
    21-23.

李岚清,1996.改进外语教学方法,提高外语教学水平[J].人民教育(10):5-12.

李泉,2011.文化内容呈现方式与呈现心态[J].世界汉语教学(3):392.

孙曙光,2017."师生合作评价"课堂反思性实践研究[J].现代外语(3):397-406.

王策三,1983.论教师的主导作用和学生的主体地位[J].北京师范大学学报(社
    会科学版)(6):126-128.

王守仁,文秋芳,2015.新一代大学英语 (iEnglish)(第一、二册)[M].北京:外语
    教学与研究出版社.

文秋芳,2008.输出驱动假设与英语专业技能课程改革[J].外语界(2):2-9.

文秋芳,2013.输出驱动假设在大学英语教学中的应用:思考与建议[J].外语
    界(6):14-22.

文秋芳,2014."输出驱动—输入促成假设":构建大学外语课堂教学理论的尝试
    [J].中国外语教育(2):3-12,98.

文秋芳,2015.构建"产出导向法"理论体系[J].外语教学与研究(4):548.

文秋芳,2016."师生合作评价":"产出导向法"创设的新评价形式[J].外语界(5):
    37-43.

文秋芳,2017a."产出导向法"的中国特色[J].现代外语(3):349-350.

文秋芳,2017b."产出导向法"教学材料使用与评价理论框架[J].中国外语
    教育(2):17-23,95-96.

文秋芳,2017c.辩证研究法与二语教学研究[J].外语界(4):2-11.

夏纪梅,孔宪辉,1998."难题教学法"与"任务教学法"的理论依据及其模式比较
    [J].外语界(4):34-40.

许琳,2007.汉语国际推广的形势与任务[J].世界汉语教学(2):107.

张丹丹,2012.为大学英语教学注入人文关怀和智力挑战[M].上海:上海外语教育出版社.

张伶俐,2017."产出导向法"的教学有效性研究[J].现代外语(3):369-376,438.

张文娟,2017a."产出导向法"对大学英语写作影响的实验研究[J].现代外语(3):377-385,438-439.

张文娟,2017b."产出导向法"应用于大学英语教学之行动研究[D].北京:北京外国语大学.

赵金铭,2008.汉语作为第二语言教学:理念与模式[J].世界汉语教学(1):96.

赵靖娜,2012.基于输出驱动假设的英语口语教学新模式[J].外语研究(10):331-332,334.

中华人民共和国教育部,1963.全日制中学语文教学大纲(草案)[M].北京:人民教育出版社.

中华人民共和国教育部,2018.普通高中英语课程标准(2017版)[M].北京:人民教育出版社.

朱勇,白雪,2019."产出导向法"在对外汉语教学中的应用:产出目标达成性考察[J].世界汉语教学(1):95-103.

ALLRIGHT R, 1991. The death of the method[M]. England: the Exploratory Practice Center, Lancaster University.

BROWN D, 2002. English language teaching in the "post-method" era: towards better diagnosis, treatment, and assessment[C]//RICHARDS J, RENANDYA W. Methodology in language teaching. Cambridge: Cambridge University Press.

CUMMING A, 2017. Design and directions for research[J]. Chinese journal of applied linguistics (4): 459-463.

ELLIS R, 2017. The production-oriented approach: moving forward[J]. Chinese journal of applied linguistics (4): 454-458.

KRASHEN S, 1985. The input hypothesis: issues and implications[M]. London: Longman.

KUMARAVADIVELU B, 2006. Understanding language teaching: from method to post-method[M]. New York: Routledge.

LONG M, 1983. Native speaker/non-native speaker conversation and the negotiation of comprehensible input[J]. Applied linguistics (4): 126-141.

MATSUDA P, 2017. Some thoughts on the production-oriented approach[J]. Chinese journal of applied linguistics (4): 468-469.

POLIO C, 2017. Reflections on the production-oriented approach visà-vis preservice teachers[J]. Chinese journal of applied linguistics（4）: 464–467.

SWAIN M, 1985. Communicative competence: some roles of comprehensible input and comprehensive output in its development[C]//GASS S, MADDEN C. Input in second language acquisition. Rowley, MA: Newbury House.

TYLER R, 1949. Basic principles of curriculum and instruction[M]. Chicago: The University of Chicago Press.

WEN Q F, 2016. The production-oriented approach to teaching university students English in China[J]. Language teaching（4）: 1–15.

WEN Q F, 2017. The production-oriented approach: a pedagogical innovation in university English teaching in China[C]//WONG L, HYLAND K. Faces of English education: students, teachers, and pedagogy. London: Routledge.

作者通信地址:100089 北京外国语大学;wenqiufang@bfsu.edu.cn

汉字练习的设计:形式与理念

吴勇毅　　张丽萍

摘　要:汉字是记录汉语的文字(书写系统),是汉语除语音、词汇、语法以外的第四要素。汉字是汉语作为第二语言/外语教学不可或缺的一部分,但要克服所谓"汉字难学"的成见、偏见,则确实需要我们精心地设计与安排练习,以有效的方法和策略切实帮助学习者认读和书写汉字,提高汉字习得的速率。练习的设计是有理念的,基于不同的教学理念和教学目的,可以设计出不同形式的练习,形式与理念是匹配的。本文以《汉语入门》的几十种汉字练习为例,分析其中五类练习的形式及其设计的理念。

关键词:汉字练习;设计;形式与理念;汉字教学

1. 练习的设计是有理据的

汉语作为第二语言/外语教学的根本目的是让学习者习得汉语,掌握用汉语交际的能力,进而能在多元文化的社会环境里,进行有效的沟通(理解、表达和互动交流)、生活、学习和工作,以一种世界的眼光,理解、包容、分享各种不同的文化,关怀我们所处的自然和人类社会。汉语教学的评量,关乎速率(即速度与效度)和质量,比如单位时间内教学的有效性,学生进行口头和书面表达的语言质量(准确性、流利度、复杂度、得体性),等等,俗话说"多快好省"即是。同样,评判一本汉语教材的优劣,其练习的质和量是重要的标准之一。所谓质,关系到练习设计的形式和理念,所谓量,涉及练习的数量是否充足;判断汉语课的有效性(语言技能掌握的效率),自然也涉及练习的方式、操练的过程和期望的结果,其中练习设计的目的(也是一种理念)和方式至关重要。

练习有许多名称,诸如操练、训练、活动、作业等,其实名称的不同反映的是设计者(或教材编撰者或教学实施者)对"练习"的认识和观念的不同,比如语言结构的操练方式之一"substitution drill",就只能是"替换练习",而不能称为"活动",因为它不具语言交际的互动特点。练习(以下暂且把各种名称统称为"练习")的设计是有理据的,理据背后反映的是理念。练习又是与教学法或教学理论相关联的,有些练习是某些教学法或教学理论所鼓励倡导的,而另一些形式的练习则是其反对的,或不提倡的,比如对句子结构进行机械的"替换练习"就不是交际法所鼓励和提倡的。不同的教学法或教学理论背后所反映出的是对语言(形式、意义、功能等)、语言学习/习得和语言教学的不同认识和理念。举例来说,"多项选择"(multiple choice)常用来练习词汇、语法、听力、阅读(理解)等。作为一种练习和测试的手段,"多项选择""最早是与结构主义语言学相结合,结构主义语言学着重于对语言形式系统的客观、科学分析,因此,在结构主义测试中,语言能力就是对语言形式系统的掌握。每题只通过一种技能考一个语言成分,从而准确探察某一特定语言特征,排除其他特征的干扰(这背后又蕴涵着索绪尔关于语言的组合规则与聚合规则的思想,本文作者注)。所以多项选择也常被应用于以结构主义语言学为指导的教学法中,例如听说法"(马晓文,2007)。又如,"角色扮演"(role play)是交际法用来进行语言运用操练的主要形式之一,它"是一种模拟真实语言情景的练习,学生扮演某个语言场景中的不同人物角色,模仿各种现实语言进行交流活动。学生可以扮演他们在现实生活中时常充当的角色,如扮演去购物、预订车票和旅馆等,这时角色扮演也可叫作模拟活动。学生也可以扮演在现实生活中并不表演的角色"(马晓文,2007)。社会语言学认为,语言是人们交际的工具,人在社会中有着不同的社会角色,他们在运用语言进行交际时,要使用得体、合适的语言,要符合所处社会的规范,语言不仅有自身的组织规则,还有使用规则,我们要知道在什么场合运用什么样的语言对什么人说话并且理解别人使用的语言,因此,交际法认为语言教学是要培养学生的交际能力,而不仅仅是掌握语言的形式规则,要让学习者在尽可能真实的社会环境中和交际场合中通过使用语言而掌握得体的语言,于是"角色扮演"(模拟真实场景中的不同人物)就成为交际法的重要练习手段。

文字是记录语言的书写符号体系,汉字是记录汉语的文字。传说黄帝的史官仓颉"生而齐圣,有四目,观鸟迹虫文始制文字以代结绳之政,乃轩辕黄帝之史官也"(《明一统志·人物上古》),尽管"昔者苍颉作书,而天雨粟,鬼夜哭"(《淮南子·本经训》),但他造字是有理据的(象形即是)。后世学者把象形、指事、会意、形声、转注、假借定为"六书",前四种为造字之法,后两种为用字方式。孩子学字习字亦以此为据:东汉许慎说,"周礼八岁入小学,保氏教国子,先以六书"(《说文解字·叙》)。举例来说,会意字"朝"(zhāo),甲骨文作𣊭,从"日""月""艸"而会意,左边上下都是草,草丛中有日(太阳)隐现,右边是天上之月亮尚未全落,所谓日已出而残月未落的样子,即朝。先生讲解字的构成和意义,儿童们习得、书写,触类旁通。

光阴荏苒,几千年的更迭,甲骨文、金文、大篆,秦朝统一于小篆,隶、草、楷、行,汉字演变至今,虽一脉相承,但面目已非初始。对于汉语非母语、书写系统又不同的汉语学习者来说,要学习掌握几千个汉字(比如,新 HSK 六级要求掌握 2500 个左右的汉字)实非易事,因此对于汉字教学来说,我们不能一味地"蛮干",光叫学生"抄、抄、抄"(尽管抄写从认知的角度来说也有一定的理据),而是要从"形、音、义""分析、归纳、联想"等角度,设计出多种多样的富有理据的汉字练习,提高学习者的学习兴趣,帮助学习者"多快好省"地掌握汉字(识、写、打(字))。

2. 汉字教学存在的问题

汉字是记录汉语的文字(书写系统)。通常我们说语音、词汇、语法是构成语言的三要素,那是从语言的起源(语言起源于口头表达与交往)来说的,汉字是不是语言要素一直是有争议的,其中一个重要原因即语言被认为是第一性的,而文字是第二性的。但在笔者看来,尽管文字是第二性的,可它一经产生就成为语言不可或缺的要素,即第四要素,是语言运用的重要手段。语言中许多同音词要依靠汉字来区分,比如同音字词:"返工/反攻"和"树木/数目"。上海话"胡""吴"不分,"黄""王"不分,确切询问时要说"你是古月胡还是口天吴""你是草头黄还是三横王"。有的修辞方式要依靠汉字才能成立,比如成语的谐音"活用""一网情深"("一往情深"),广告语"衣衣不舍"(依依不舍)、"默默无蚊"(默默无闻)、"鸡不可失"(机不可失)、"一戴添娇"(一代天骄),等等。汉字是汉语不可分割的一部分,也是真正掌握汉语所必需的(文盲由于不识字,其汉语水平是不会很高的)。在汉语作为第二语言教学中,汉字一直是汉语教学的一个重要组成部分,实际上也一直是把汉字作为一个语言要素来处理的,即所谓语音、词汇、语法、汉字教学(按语言要素区分)。

但我们国内的对外汉语教学中,汉字教学一直存在不少问题。在"四多"(多听、多说、多读、多写)观念的影响下,教师在教给初学汉字的学生一些最基本的笔画、笔顺、部首或部件后,布置给学生最多的练习就是下课以后把今天学过的生词/字抄写几遍(作为回家作业),然后就基本不管了(尽管作业或考试中的错别字还是要改出来的),任学生"自主学习""自然习得",而且教材中几乎没有或很少有不同的多种多样的汉字练习,汉字练习持续的时间很短(除非有的学校设有专门的汉字课)。口头上的重视与行动中的"弱视"形成了明显的对比。在国外的汉语教学中,学习者,尤其是拼音文字系统背景的学习者,看见汉字,更容易望而生畏,望而生"弃"。"我只想学听说,不要学读写"是常见的。

仓颉造字是有理据的,学习汉字也是有方法和策略的。设计各种不同的汉字练习的目的是要让学生掌握汉字的字形(包括字和笔画的变形),了解汉字的结构(部件与部件组合的方式、字如何解构等),书写正确的笔画笔顺,懂得汉字的意义(包括依据某种线索猜测),使用汉字构字(字组字)、构词,认读或书写不同的形体(简化字、繁体字)等。汉字练习设计的形式与理念是相配的。

3.《汉语入门》的汉字练习分析

我们以笔者在法国编写出版的教材《汉语入门》(*Méthode de chinois premier niveau*)(2003第1版)为例,讨论其汉字练习的设计与理念,分析这些练习的形式、类型,以期为海内外汉字教学提供一些有益的帮助和借鉴。

《汉语入门》是一部真正意义上中法合作在国外(法国)编写的教材,是法国乃至欧洲、非洲(说法语的国家)许多大学中文系和教学机构初级汉语教学的主力教材,约500页,供中文系一年级学生学习一年。教材共16课(包括2课引论/Leçon d'Introduction+14课正课),外加4课阶段复习课。每一课的后面都有多种不同的汉字练习,共有50多种,汉字练习持续一学年。教材汉字练习编排遵循两个原则,一是同类练习由浅入深,二是练习跟着汉字教学内容走,新的汉字教学内容出现一定有新的练习形式配合,汉字教学也持续一学年。

这部教材有一个特点,就是在2个引论课里要学习56个最基本的汉字,这些汉字简单、常用,组合能力[组(合体)字、组词]强,但绝对不难。这56个基本汉字是:

一、二、三、六、八、十、工、王、上、下、

人、个、木、不、大、太、天、夫、午、牛、

羊、半、生、少、火(引论1课)

四、五、七、九、口、日、文、中、白、小、

心、手、子、水、刀、力、门、月、儿、几、

也、巴、山、马、女、车、老、是、国、我、很(引论2课)

从这些基本汉字入手(包括练习),为正课学习打下基础。这里我们仅举教材中的一部分不同类型的汉字练习的例子来进行分析。

3.1 形体相近的字/笔画的辨别和使用练习

[1]Observez attentivement la difference graphique qui distingue les groupes de caractères suivants, et recopiez-les.(请注意观察区分下列各组字的字形/笔画差异,然后抄写下来。)

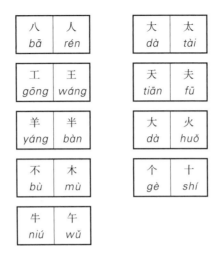

母语法语的学习者初学汉语对汉字很陌生,对汉字的形体辨认尤其困难,一个字多一画、少一画、横一笔、竖一笔,一笔出头不出头常常搞不清楚,把"上午"写成"上牛","下午"写成"下牛"是常事。于是我们从辨认最简单的形体相近的汉字出发,先辨别异同,尤其是差异,后书写。

[2]Complétez les expressions suivantes avec les caractères convenables.(请用合适的字填写下列词语。)

1. ____子　　　　A 力　　B 刀
2. ____个　　　　A 几　　B 儿
3. 四月六____　　A 口　　B 日　　　C 白
4. 大____　　　　A 夫　　B 天
5. 中____　　　　A 六　　B 文
6. 下____　　　　A 午　　B 牛
7. ____天　　　　A 半　　B 羊
8. ____少　　　　A 大　　B 太
9. ____是　　　　A 不　　B 下
10. ____是　　　　A 巴　　B 也

这个练习的目的也是形体的辨别,但比上一个练习难一点,需要辨认形体相近的字并组成词语(要懂字义并联想词语义)。

[3]Observez les caractères suivants et indiquez la difference des traits qui composent chaque groupe.(请观察下列字,指出每组字的不同笔画。)

千 干 于　　问 向　　折 析　　拘 狗　　没 设　　思 恩　　持 特

这个练习并不要求学生认识每一个字和它的意思,但要能看得出形体上的不同。事实上,上面大部分的字是学生没有学过的,但没有关系,我们是有意这样设计的。

〔4〕Distinguez ces couples de caractères graphiquement ressemblants, indiquez leur prononciation en pinyin et formez des mots ou de courtes phrases à partir de chacun d'eux.(请区别下列字组中字形相像的字,用拼音标出其发音,并用每个字组成词或短句。)

高 亮　　间 同　　国 园　　在 住
门 们　　有 友　　吗 妈　　那 哪

这个练习难度更高,不仅要辨别形体相近的字,还要知道发音并能用之组词或短句(形、音、义(组词/句)都要练习)。

〔5〕Complétez les phrases avec les caractères convenables.(请用适当的字完成句子。)

1. 昨天＿＿＿了一天的大风。　　（乱、刮）

2. 巴黎常常＿＿＿天下雨。　　（阴、阳）

3. 买电脑花了五＿＿＿块钱。　　（千、干）

4. 汽车怎么又＿＿＿了?　　（坏、杯）

5. 桌子上有一个＿＿＿瓶子。　　（容、空）

这是易混字或者说形体相近的字的练习,以提高学生的辨字能力和字/词义理解能力。

上面这类练习在其他教材中很少见。

3.2　部件(部首)的练习

〔1〕Indiquez le composant commun à chaque groupe de caractères.(请指出每字组中的相同部件。)

北 呢　　汉 友　　把 爸　　包 狗　　送 这　　学 李

这个练习是要培养学生形成这样的认识:汉字不是画,是有结构的,是由不同部件组成的,相同的部件可以组成不同的字,且在字中的位置可以不同,而部件和笔画是会变形的。

〔2〕Indiquez le composant commun de chaque groupe de caractères ainsi que sa variante graphique.(请指出每组字中共同的部件以及其变形的笔画/部分。)

1. 友 对　　3. 好 孩　　5. 沐 桥　　7. 秋 烧　　9. 美 达
2. 左 功　　4. 全 现　　6. 望 青　　8. 要 好

这个练习是专门为了让学生注意到笔画在部件中的变形和部件在字中的位置。比如:"友"和"对"中的"又",是捺(㇏)还是点(丶)不同,位置也不同;"好"和"孩"中的"子",是横(一)还是提(㇀);等等。以往我们很少告诉学生这种差别并让他们注意到这其实是同一个部件。

〔3〕Retrouvez, parmi les caractères appris, ceux qui comportent les composants-caractères suivants et comparez leur pronunciation.(请从学过的字中找到含有下列部件/字的字,并比较它们的发音。)

Exemple(例如):巴 *bā* → 爸

1. 可 *kě*　　3. 占 *zhàn*　　5. 化 *huà*

2. 及 *jí*　　4. 反 *fǎn*　　6. 乃 *nǎi*

(河、级、极、站、饭、花、奶⋯⋯)

1. 元 *yuán*　　2. 方 *fāng*　　3. 艮 *gèn*

4. 隹 *zhuī*　　5. 生 *shēng*

(园、完、放、房、很、狠、谁、难、姓、性⋯⋯)

在这部教材中,部件本身可以是字也可以是部首,或者两者都不是,只是笔画组合,但以字组字,是这部教材特别强调的。上面这个练习就是为了强化学生部件(字组字)意识,同时也让学生感受形声字声旁(作为部件)的发音。

〔4〕Décomposez les caractères suivants en composants élémentaires selon le modèle donné dans cette leçon. Pour vous aider, leur nombre est indiqué pour chacun d'eux.(请根据本课给出的示范,分解出下列字的部件。为了帮助你,每个字边上都标出了部件的数量。)

布(2)色(2)部(3)新(3)堡(4)源(4)量(3)座(4)嘉(5)

这是一个拆出字的部件的练习,所拆的不一定是学过的字(事实上上面的字按照当时的进度基本是没有学过的)。再往后,这类练习从给出部件数量逐渐过渡到不给部件数量,让学生自己拆(期中或期末考试中就有这类题目)。

〔5〕Retrouvez, parmi les caractères appris, tous ceux qui comportent les composants suivants.(请从学过的字中找出含有下列部件的字。)

1. 亻 homme　　3. 辶 marcher　　5. 囗 enclos　　7. 日 soleil

2. 女 femme　　4. 口 bouche　　6. 木 bois　　8. 讠 parole

1. 氵 eau　　3. 饣 nourriture　　5. 土 terre

2. 扌 main　　4. 纟 soie　　6. 月 lune ou chair

1. 灬 feu　　3. 钅 métal

2. 𧾷(距)pied　　4. 刂 couteau　　5. 衤 vêtement

这组练习跟第三组不同,法文给出了部件(部首)的意义,既让学生感知部件,也训练学生的形旁/义符意识。从部件(包括部首、汉字和笔画组合)练习过渡到部首练习。

〔6〕Devinez, d'après les composants signifiants des caractères, le sens des mots suivants.(请根据字的部件(意义)猜测下列词的意义。)

1. 肚子　dùzi　　　　　　　　　soupe aux raviolis

2. 丝绸　　sīchóu　　　　　　frapper avec la main

3. 呼吸　　hūxī　　　　　　　ventre

4. 馄饨　　húntún　　　　　　champignon

5. 蘑菇　　mógū　　　　　　　respire

6. 拍　　　pāi　　　　　　　　soie

这是一个汉语词与法语意义的连线练习,其中的词学生并不一定学过,但给出拼音可练习读,给出法文意义可以帮助学习者联想部件的意义进而进行猜测匹配。

3.3　部首练习

[1]Identifiez la clé des caractères suivants et indiquez la signification de celle-ci.(请辨认出下列字中的部首,并指出它们的意义。)

1. 半　　2. 靠　　3. 养　　4. 玛　　5. 禁　　6. 光

有了部件训练的基础,部首练习相对来说就不是那么陌生了,但关键是对字的形旁/义符的了解,做这类练习,字不一定是要学过的。

[2]Parmi les composants suivants, huit sont des clés, lesquels? Vérifiez dans un dictionnaire.(下列部件中,有八个是部首,请找出来并在词典中核实。)

1. 元　　　　4. 几　　　　7. 百　　　　10. 巴

2. 舟　　　　5. 井　　　　8. 业　　　　11. 弋(yì)

3. 鼻　　　　6. 乙　　　　9. 状　　　　12. 户

体验字、部件与部首的区分,有的部件是字也是部首,有的则不是。

[3]Cherchez les caractères suivants dans le dictionnaire et indiquez leur clé et leur prononciation en pinyin.(请在词典中查出下列字,并指出它们的部首,然后用拼音写出它们的发音。)

1. 推　　2. 嘴　　3. 佛　　4. 风　　5. 肺

1. 鸟　　2. 谈　　3. 追　　4. 纸　　5. 染

这首先是查词典的练习(编号相同是因为它们是不同课中的相同练习,下同),同时训练部首意识和拼音,学生之后可以用熟悉的方法(或按部首或按发音)查字或词。

3.4　翻译练习

[1]Traduisez les mots et groups de mots suivants en chinois.(请把下列词或词组翻译成中文。)

1. quatre-vingt-six　　　　　1. pas très blanc

2. trente-duex personnes　　2. Je suis Wang Dali.

3. dans le ciel　　　　　　　3. cinq Chinois

4. Madame Wang	4. vieux buffle
5. après-midi	5. le japonais
6. grand bœuf	6. fille aînée
7. trop peu	7. deuxième fils
8. ouvrier	8. tout de suite
9. docteur	9. le 14 juillet
10.（une）demi-journée	10. Madame Bai

翻译在汉语作为外语教学中是非常重要的一种练习手段。在汉语作为外语的环境下,学习者在社会上并没有多少机会能看到汉字和操练汉语,翻译练习能让他们自己"把玩"汉语,既能够操练句子结构,又能够练习汉字书写。下面这个练习是词和词组的法译中,用汉字书写出来。

［2］Thème:(法译中)

1. Mon nom de famille est Wang,je m'applle Wang Liwen.

2. C'est une bonne amie à moi. Elle est Chinoise.

3. Il habite Pékin.

4. Mon papa étudie le japonais.

5. Je parle français,（mais）pas chinois.

6. Nous sommes tous les trois lycéens,

7. —Il est docteur.　—Et sa femme?

8. —Où est-elle?　　—Elle n'est pas chez elle,elle est chez son ami.

9. Quelle est la nationalité de ton professeur?

10. Bai Yue est son ami,et aussi mon ami.

从词、词组到句子再到段落翻译,结构逐渐复杂,难度逐渐增加。作为汉字书写练习的一种方式,它比单纯的听写或默写汉字(生词)要有意思得多。

3.5　简繁体字练习

［1］Recopiez les phrases suivantes en caractères simplifiés, puis traduisez-les en français.(用简体字把下列句子写下来,然后翻译成法文。)

1. 他們都姓馬嗎？　　　　1.這是誰家的馬車？

2. 我是大學老師。　　　　2.你們有幾個漢語老師？

3. 你們誰會說漢語？　　　3.小張家的花園比較小。

4. 她認識我的中國朋友。

写简识繁是海外汉语教学中的一条基本原则。在《汉语入门》这部教材中,每一课都有识别繁体字,把繁体字转换成简体字的练习。耳濡目染,积少成多,慢慢地,学习者就习以为常了。

[2]念一念：

《你家住哪兒？》

老人問："你家住哪兒？"

男孩子說："我家住<u>小明</u>家樓上。"

老人又問："那<u>小明</u>家住哪兒？"

男孩子說："<u>小明</u>家住我家樓下。"

识繁也包括能相应地能认读繁体字,希望是逐渐培养学习者有限的简繁通读的能力。

4. 总结

以上我们讨论了五类近二十种不同的汉字练习,尽管书中设计的几十种不同汉字练习,不能一一道来(篇幅有限),但已经可以窥见我们的设计理念和目的了。汉字练习的设计既要考虑教学目标,也要顾及学习者的需求和心理,还应遵循汉字的教学规律。设计练习时,我们可以从"形""音""义"的不同角度考虑,也可以结合字与词的关系与关联,还要利用和培养学习者的认知能力(比如观察、分析、归纳、联想等),另外,练习如何搭配组合,有限的时间如何有效地利用等也是设计汉字练习要考虑的因素。

汉字是汉语作为第二语言/外语教学不可或缺的一部分,但要克服所谓"汉字难学"的成见、偏见,则确实需要我们精心地设计与安排练习,以有效的方法和策略切实帮助学习者认读和书写汉字,提高汉字习得的速率。

参考文献

马晓文,2007.汉语作为第二语言学习中练习的理据性探索:兼谈练习编写与教学法的关系[D].上海:华东师范大学.

潘之欣,1996.语言测试中的多项选择题型[J].外语界(4):67-74.

吴勇毅,2012.汉语作为外语环境下的教材编写:以《汉语入门》为例[C]//第十届国际汉语教学研讨会论文选编辑委员会.第十届国际汉语教学研讨会论文选.沈阳:北方联合出版传媒(集团)股份有限公司,万卷出版公司.

RABUT I, WU Y Y, LIU H, 2003. Méthode de chinois premier niveau [M]. Paris: Langues & Mondes-l'Asiathèque.

作者通信地址:200062 华东师范大学国际汉语文化学院/应用语言研究所；wuyongyi@hanyu.ecnu

评价及评价性语言的多视角分析

杨晓军　　杨文博

摘　要:评价及评价性语言已经成为功能语言学领域目前研究的热点,并广泛应用于语言描写和研究的各个层面。本文阐明评价及评价性语言研究的重要性,回顾评价及评价性语言研究的历史,厘清评价的定义,分析评价的特征、评价的分类和评价的功能,探讨如何从多视角对评价及评价性语言进行分析,展望如何结合认知语言学和语用学中的主要理论深化与拓展评价性语言研究,提出开展相关研究的七种思路和四种设想。

关键词:评价;评价性语言;多视角分析

0. 引言

人类的语言结构有两大特点:描述与评价。描述是人类通过符号对世界的认知和描写,评价则代表某种主观的价值判断(黄国文,2000)。杜波依斯(Du Bois,2007)认为,评价性语言(the evaluative language)是指表述评价行为或者采取立场行为的语言。霍斯顿(Hunston,1994:120)指出,评价性语言表达对人物、情景或者其他实体的态度,既是主观的,又存在于某一社会价值体系之中。语言评价的主要功能在交际中无处不在,因为沃洛希洛夫(Vološinov,1973:105)认为,"任何话语的组合都含有价值判断。每一句话语首先是价值取向。因此,生活中话语的每一个成分不仅有意义,而且包含价值判断"。

对评价性语言的关注可以追溯到20世纪70年代。当时,"evaluation"这个术语是作为叙述性语篇结构模型的组成部分,是指揭示叙述者对所叙述事件的态度和情感的那一部分(Labov,1972)。拉波大在对叙事结构提出的6个要素(点题、指向、进展、评价、结果或结局、回应)中,把评价作为叙事宏观结构的一个重要组成部分(Hunston,2000:5)。评价指叙事中用来表明为什么那些情景和事件值得叙述。当然,他的模式引起众多争议,逐渐取得的共识是,评价不是叙事流程的一个步骤,而是由于其韵律特征分布在整个语篇中,这与功能语法的认知不谋而合。

语篇评价研究已经形成了多视角、跨学科的研究局面,借鉴了心理学中的"情感科学(emotion science)"和计算语言学中的"情感分析 (sentimental analysis)",以及社会学、伦理学和美学等的研究成果,形成了"语言评价系统(appraisal systems)"(Martin & White,2005)、"语言评价参数理论(parameters of evaluation)"(Bednarek,2006)、"立场/态势三角理论(stance triangle)"(Du Bois,2007)等主要流派。霍斯顿(2011:19-24)详细阐述了研究评价的四种最密切相关的途径(approaches):评价理论(appraisal theory),地位/价值/意义(status/value/relevance),立场(stance),和无话语(meta-discourse)。

对评价及评价性语言研究已经成为功能语言学领域目前研究的热点,并广泛应用于语言描写和研究的各个层面。当前语言学界对语言评价的研究主要关注可以用来表达评价的语言资源,且重点放在显性评价资源上,主要停留在词汇语法层面及语义分类范畴上。这些研究大都属于在语言层面上静态的、微观的描述,极少从语用学和认知语言学等跨学科视角动态地、宏观地分析评价表达的交际功能、评价策略选择的心理动机和意图以及评价过程和结果的动态生成机制等。

本文主要探讨评价的定义与特征、评价的分类与功能,如何多视角理解和分析评价及评价性语言,如何结合认知语言学和语用学中的主要理论开展评价性语言研究。

1."评价"的多视角分析

语言不仅用来描述主客观世界的状态,还用于表达语言使用者在言语互动模式中对"人""物""事"等的评价。语言学界在40多年里使用了connotation、intensity、stance、evidentiality、modality、affect、attitude、meta-discourse 和 appraisal 等术语从不同视角和不同的侧重点来研究评价现象(参见:袁邦株,李雪,2013:41;徐玉臣,剡璇,苏蕊,2010:23-26)。因此,首先要厘清评价的定义和本质,然后分析评价的特征、分类和功能等。

1.1 "评价"的定义和本质

《新华词典》(韩作黎主编,商务印书馆2001年1月第3版)对"评价"的解释是:评论货物的价格,现泛指衡量人物、事物的作用或价值。其对应的英译词主要有三个:evaluation、assessment、appraisal。《现代汉语词典》(第6版)把"评价"释义为"评定价值高低"。其对应的英译词是 appraise 和 evaluate。appraise 与 evaluate、appraisal 与 evaluation 是同义关系,assessment 与 appraisal 和 evaluation 是近义关系,因为 assessment 除了表述对人和事的评价外,还表示对物品价值的评估。所以,在对语言评价进行研究时通常采用 appraisal 和 evaluation 这些术语。但是,与它们搭配的词又有所不同。比如,通常把"评价理论"翻译成"appraisal theory",把"评价系统"翻译成"appraisal systems",把"评价资源"翻译成"appraisal resource",而把"评价意义"翻译成"evaluative meaning",把"评价性语言"翻译成"evaluative language",把"评价策略"翻译成"evaluative strategy",把"评价行为"翻译成"evaluative act",把"评价范畴"翻译成"evaluative category",把"评价标准"翻译成"evaluative criterion",把"评价功能"翻译成"evaluative function",把"评价指向"翻译成"evaluative orientation",把"评价立场或态势"翻译成"evaluative stance",等等。通常来说,在表达语言评价现象时,evaluation 比 appraisal、stance 使用得更广、更早。

霍斯顿(2011:10—11)归纳了学者们研究语言评价时使用过的不同术语,最具有代表性的英语术语有 appraisal、stance、sentiment、evaluative、attitudinal、affective language、meta-discourse、evaluation 等;认为学者们之所以会使用不同术语主要是因为他们把"评价"看成了以下几种不同的现象。

(1)把"评价"看成一种行动(action):指某个人所做的某个行动。这个行动可以是完全私下的,既可以不用语言表述出来(在这种情形之下它不在语言研究的范围以内),也可以用语言表述出来。

(2)把"评价"或其近义词看成一组表达评价意义的词和词组:海兰德和谢(Hyland & Tse,2004:157)把"元话语"(meta-discourse)定义为"用于组构话语或者表达作者对其内容或读者的立场的语言资源"。而康拉德和比伯(Conrad & Biber,2000:57)把"立场"(stance)定义为表达个人情感和评价的一套术语(a cover term)。

(3)把"评价"看成用不同语言资源在特定语篇中可以表达一组意义:马丁和怀特(Martin & White,2005)把"评价"(appraisal)定义为"说话人/作者对于所要呈现的语言材料和所要交流的对象所持态度的主观呈现,是表达同意或不同意、喜欢或厌恶、赞成或批评,以及如何使听众/读者产生共鸣并获得类似态度的意义系统"(付瑶,2015:1)。

(4)把"评价"看成某一语篇或者语篇的某些部分所形式的某种功能:正如汤姆逊和霍斯顿(Thompson & Hunston,2000:6)认为评价具有三大功能那样(详见 1.2)。

1.2 评价的特征

评价的本质具有主观性、情感性、认知性和语用性。汤姆逊和霍斯顿(2000)认为,评价研究包括四个相关但又有区别的概念:(1)一组语言资源(通常指评价性语言);(2)一组通过语言实现的意义;(3)一个篇章部分的功能;(4)

言者或者作者通过语言实施的一个活动。同时,他们还指出评价具有多语用性的本质(poly-pragmatic nature)。

不少学者认为评价研究相当复杂。例如,袁邦株、李雪(2013)认为,评价的复杂性表现在以下几个方面:(1)评价本身是对事物的主观比较,包含着评价者的世界观、人生观和价值观,要么遵循常规,要么偏离常规。(2)评价对象,可以区分成对事件/实体的评价和对命题的评价。复杂的是,有时这二者并不能很好区分,需要借助一定的语境。(3)实现评价的手段呈现多层次、多种类的特点。(4)在术语使用和区分上,不同学者喜欢使用不同术语,这无疑增加了评价研究的复杂性。(5)评价内部的分类,存在不同方法,最为系统的要数马丁等人的评价系统(appraisal systems)分类,将评价区分为态度(attitude)、介入(engagement)和级差(graduation)3 种,每种类别又有次分类。目前,大量的研究主要集中在词汇评价上,而霍斯顿等人则使用参数标准对评价分类,如重要性评价和预期性评价等。

评价作为一种以把握世界意义或价值为目的的认知活动,是评价者在一定的评价情景下根据某种评价标准对评价对象做出的价值判断。评价是具有主体意识的认识活动,是人把握客观对人的意义、价值的一种观念活动。作为一种观念活动,评价主要表现为评价主体的态度、趣味、情绪、信仰、信念等带有主观倾向性的内容。作为一个人际意义系统,评价系统主要关注用于协调社会关系的语言资源和态度的表达(Martin,2000)。

对于语言学层面的评价的定义与属性,学者们有不同的理解。彭宣维(2004)认为,"评价是使用语言来做出评价、采取某种姿态、建构语篇人格面貌以及调节人际角色和关系所产生的态度意义。因此,这一范畴涉及说话人或写作者如何向别的说话者或写作者及其他们的话语、物质对象、发生的事件和事态传递自己做出的判断,从而与赞同者形成同盟,与非赞同者拉开距离"。李杰和李新(2007)认为,"评价是对事物进行主观的比较,包含着评价者的世界观、人生观和价值观,要么遵循常规,要么偏离常规。讲话者往往通过评价这一手段使自己参与到某一情景语境中,从而表达他的态度。因此,人们所做出的语言选择和言语行为在很大程度上与思想意识、社会语境有着很大的关系"。刘世铸(2007)指出,"评价是指评估语篇中所协商的各种态度,涉及态度的强度,以及叙述者或说话人以何种方式把相关价值内容引入语篇并与读者或听话人结盟"。他总结了评价的本质属性和特征,认为"评价是一个复杂的认知过程,是评价主体、客体、价值评判和评价标准等要素相互作用的有机体。评价是一个动态的过程,是评价主体与客体在主体间立场上意义的协商过程。因此,研究评价必须以评价的各要素为出发点,承认各要素是一个不可分割的统一体是一切评价研究的基础。从评价的本质属性可以看出评价行为具有情感性

（affectivity）、主观性（subjectivity）、价值负载性（value-laden-ness）、级差性（gradability）和主体性（inter-subjectivity）等特征。了解评价的特征对于更深刻地理解语篇，挖掘语篇中的评价资源和意识形态具有重要意义。……在评价理论中引入评价标准（即关于话语中意识形态和价值体系的范畴）为我们对评价的跨语言、跨文化差异研究提供了可靠的理论支持"。

1.3　评价的分类与功能

学界普遍认为评价有不同的分类和不同的功能。下文首先分析评价的分类。

1.3.1　评价的分类

根据不同的划分标准可以得出对评价分类的不同结果。从学科层面来划分，既有语言学层面的评价，也有哲学层面的评价论。评价论主要关注人类如何形成合乎规律性和合乎目的性的科学的评价，而语言学对评价意义的研究关注的则是评价结果的语言表达方式。评价既可以指作为观念性活动的评价过程，也可以指这一认知过程所产生的评价结果。评价结果以意义的形式存在，并通过多种形式包括语言方式表达出来。所以，评价意义和评价表达分别是评价结果的存在方式和表达形式。刘兴兵（2014:9）认为，"语言评价意义的研究不能脱离评价论的哲学渊源。马丁的评价理论在对评价的界定、所依据的价值哲学基础、对语言表态意义的范畴化等方面存有某些不足，而且评价理论的价值哲学研究基本处于空白。哲学评价论对语言评价意义的本质、界定、结构特点以及研究重点等方面都能提供重要的启示"。哲学评价论和语言评价理论紧密联系，虽然二者各有所重，但是它们研究的核心都是评价。张明芳（2012:63–68）分析了哲学评价论与语言评价系统之间的关联性，认为"哲学评价论对马丁和怀特的语言评价系统有着重要的启示：需要关注语言评价过程，特别是如何根据评价语境及交际意图使用和理解评价性语言；语言评价的功能不仅包括人际功能和表达功能，还包括导向功能。评价意义有些是语义的、显性的，有些是语境的、语用的、隐性的，评价具有语用特征。因此，从语用学角度研究语言评价有助于更全面地揭示评价语言的本质"。

就评价分类而言，霍斯顿和贝德纳雷克（Bednarek）认为可以用参数或维度方法将评价区分为重要性评价、相关性评价、确定性评价和预期性评价等。如汤姆逊和霍斯顿（2000:22）认为学术论文中的评价可分为重要性、确定性、预期性和相关性评价等，而贝德纳雷克（2006:22）则认为评价在新闻语篇中可以区分为6个核心评价参数（可理解性、情感性、预期性、重要性、可能性、可靠性评价）和3个边缘评价参数（实证性、心理状态和风格评价）。

拉波夫（1972）把评价分为外部评价（external evaluation）和内部评价（internal

evaluation)。根据评价的性质,评价可以大体分为模态(modality)和态度（参见徐玉臣,剡璇,苏蕊,2010:23-24)。

评价具有层度和强度的区别,也有正面/积极/肯定(positive)评价与负面/消极/否定(negative)评价、显性(explicit/inscribed)评价与隐性(implicit/invoked)评价"等。

刘世铸和韩金龙(2004:18)认为语篇评价系统包括语篇中的评价(即评价系统)和对语篇的评价两个方面。评价指向(evaluative orientation)可以分为主观评价指向和客观评价指向。

1.3.2 评价的功能

霍斯顿认为评价具有三大功能:识别被评价的认知对象的身份(status)、这个对象的某种价值(value)以及语篇各部分之间的关联性(relevance)。语篇作为一种话语实践必然体现说话人对现实世界的评价,体现说话人的观念形态。言语实践中,作者/说话者的观点和态度必然通过语篇中的各种词汇和语法手段体现出来。同一种语言中,语类不同,表达观点、态度的词汇语法手段及其分布也不一样(袁邦株,李雪,2013)。语篇评价是指语言使用者对所论及的实体和/或命题的观点和态度等。评价是语篇意义的核心部分,对语篇人际意义的分析是不可或缺的。评价呈韵律式地分布在整个语篇之中,具有三大主要功能(Thompson & Hunston,2000:6):

(1)表达说话者或作者的观点、立场、情感和态度,识解文化价值和语篇中的实体与文化价值之间的关系。

(2)构建并维系说话者或作者与听众或读者之间的关系。

(3)组构/谋划语篇。

霍斯顿(2011:3)认为,评价性语言之所以重要,主要是因为:

(1)表明对某事的态度正是劝说性和议论性文体中具有重要社会意义的言语行为的重要目的。

(2)表明对某事的立场(stance)并协商联盟或非联盟关系正是个体互动活动中的重要目的之一。

霍斯顿(2011:12-19)详细分析了研究语言使用的不同方法对评价现象所达成的六项共识(consensus):

(1)评价既是主观性的又是主体间性的。

(2)评价识解/建构了(construe)作者与读者(或者言者与听者)之间共享的意识形态。

(3)评价意义可以通过大量的词汇手段和其他指示词(a broad range of lexical and other indicators)来再现。

(4)评价既是受语境制约的又是意义累积或叠加的(cumulative)。

(5)评价涉及一个目标(target)或者对象(object)和来源(source)。

(6)研究者一旦把自己置于识别评价的任务之中,很难发现哪些不是评价的,因为可以说即便在最客观的话语里也充满了主观性和意识形态价值。

2. 评价性语言研究的多视角性

语言评价理论所关注的主要是通过词汇手段(当然评价手段还应该包括语音手段、语法手段和语篇手段等语言手段以及非语言手段)表达的评价意义,特别强调评价性词汇(evaluative lexis)的研究。

2.1 评价性词汇研究的多视角性

语言评价资源广泛存在于话语的语音、词汇、语法和语篇等各个层面,但评价性词汇则是最主要的评价手段。具有明显评价意义的词类主要有形容词、副词、名词和动词。评价性词汇既可以是单个的词(主要有形容词、副词、动词和名词),也可以是短语或者词汇搭配和语法搭配形式。但是,评价不只停留在语言的表层意义上,而是通过表层意义推导出深层的意义取向。评价应该是意义、形式和策略的统一体,在语义、句法和语用等三个维度上能够有机结合,应该采取多视角对其展开综合研究。

布林杰(Bolinger,1972)认为,词汇大体上可以划分为评价性词汇(evaluative words)和非评价性词汇(non-evaluative words)。我们这里所指的评价性词汇主要是英语的名词、动词、形容词和副词等实词。沃伦(Warren,2006:214)指出了词汇意义的下列10条明指特征(denotative features)和评价性特征(evaluative features):

(1)明指特征是从我们与生俱来的形成词类的能力发展起来的,而评价性特征是从情感反应引发的。

(2)从语言学角度来说,这一区别具有两类特征:一方面是识别词类的标准性特征决定(至少是限制)其所指,另一方面是非标准性的评价性特征使得词汇在使用原则上有一部分具有争议性。

(3)评价性特征必然是有归属性的(attributive),而明指特征却不必如此。

(4)评价性特征的本质是有递归性或者极性(polar),既可以表征肯定/积极/正面(positive)价值,又可以表征否定/消极/负面(negative)的价值,而明指特征是无法通过这种方式进行预测的。

(5)评价性特征可以用来增强词汇的交际价值,以精简的方式代表一种受规则约束的创造力(in an economical manner representing a kind of rule-governed creativity)。

（6）评价性特征的来源是说话者（和/或者语言社团）对所谈论的所指对象的感受和态度。

（7）概念/内涵意义词汇可以只具有明指特征，但是只具有评价性特征的词汇却相对较少。

（8）通过观察孩子们对词汇特征的使用，我们可以发现他们定义词汇的明指特征要么不够精准（too liberal），要么过于约束（too restrictive），但是他们定义词汇的评价性特征往往不会如此。

（9）概念意义上的词汇从客观上来说是可以验证的（objectively verifiable），代表每个人的真理，而评价性词汇所代表的只是个人的真理，因而是主观性的。

（10）每个人的真理与个人的真理的区别体现在对有些印象大家都有同感，而对其他印象却各不相同。

沃伦（2006:214）还分析了如何区分评价性词汇与非评价性词汇、同一个词的评价意义与非评价意义，指出有些词既具有肯定/积极/正面评价意义，又具有否定/消极/负面评价意义，并且在不同文体中的使用频率存在一定的差异性。

2.2 评价性语言研究的多视角性

陈令君（2008:40-60）分析了语言评价研究的三种视角，即语义视角（包括系统功能语言学途径的和基于参数途径的）、语法视角和语用视角。语义视角的评价研究主要包括马丁的"语言评价理论"和贝德纳雷克的"评价参数理论"。语法视角的评价研究主要是指从语法或者句法层面来揭示评价意义的体现方式，如霍斯顿、辛克莱、刘世铸等学者研究评价的视角。语用视角的评价研究旨在揭示评价者如何根据其交际目的和语境的互动特征来采取不同的语用策略以表示不同的评价意义。

袁邦株、李雪（2013:42-44）梳理了语篇评价研究中的4种视角，即功能语言学视角、语料库语言学视角、专门用途英语视角和综合视角。他们认为，"评价研究的4种视角各有侧重，功能语言学视角注重从语篇语义学角度系统阐述评价词汇、评价类型，却忽视评价主体、评价来源。语料库语言学视角注重研究具有评价意义的状语在不同语域中的分布。专门用途英语研究关注学术论文中读者与作者互动，据此研究评价。霍斯顿等人的综合视角尝试描绘语篇评价的完整图，涉及评价研究中的评价分类、评价主体和评价对象，关注评价在不同语类中的分布特征，进而建构评价语法。目前，各种视角大多借助语料库语言学方法展开评价研究，这是一个明显的发展趋势"。

宋（2010）把对态度意义的研究分为八类：语言系统研究、语义研究、句法研究、语篇分析研究、会话分析研究、语用学研究、认知语言学研究和系统功能语言学研究，（1）从语言系统角度出发的研究关注的是语言系统对情感态度的编码;(2)态度意义的语义研究关注的是态度意义的分类和维度;(3)态度意义的句法视角主要分析态度词汇的句法特征;(4)态度意义的语篇分析视角探讨评价的功能、评价在语篇结构中的位置、评价与语篇的层次、评价与语篇类型以及语篇中评价的间接表达等问题;(5)态度意义的会话分析关注态度意义在会话结构中的位置以及态度意义的非言语表达;(6)态度意义的语用学视角分析情感流露性交际(emotional communication)和情感表达性交际(emotive communication)的特征、情感表达性交际中的推理链(inferential chains)、情感表达性交际的不同方式及其在交际中的不同作用;(7)态度意义的认知语言学研究通过分析表达情感的语言归纳情感范畴化的方式以及如何设计一种元语言对不同文化背景下的情感进行描述和对比,认知语言学家认为人类的情感具有相同的一面,但由于语言和文化不同,情感在概念结构上也会有所差异(Wiezbicka,1999:31-34),他们往往通过对单个情感的详细描述对情感进行跨文化和跨语言的对比研究;(8)态度意义的系统功能语言学研究,本文的前面部分已经表述过了。

贝德纳雷克(2006)认为,评价具有多重维度和参数,评价中的情感资源可以进一步划分为好/坏、重要性/非重要性、理解性/非理解性、可能性/非可能性、真实/虚假、期待/非期待等六个参数。这就是语言评价研究的参数理论,国内不少学者也对此进行了探讨。

我们认为认知语言学中的不少理论都可以用来描述和解释评价意义的表征方式、评价策略的选择动因以及评价过程和结果的动态生成机制等。我们提供以下7种研究思路供参考。

(1)运用范畴化理论可以把评价性词汇划分为:①原型或者纯评价性词汇(prototype or pure evaluative lexis),即该词汇的所有义项都具有评价意义,如nice和lucky等;②非原型或者潜在性词汇(non-prototype or potential evaluative lexis),即该词汇的所有义项有部分具有评价意义,如new/old和long/short等。

(2)运用范畴化理论归纳情感范畴化的方式以及如何设计一种元语言对不同文化背景下的情感进行描述和对比。

(3)运用联结主义理论(connectionism)构建评价过程模式,创建"评价语义学"(evaluative semantics)(参见Malrieu,1999)。

(4)运用情感认知互动模式研究幽默语和称赞语等的评价功能。

(5)运用认知(词汇)语义学理论研究评价性词汇的语义特征、意义单位、词汇搭配模式、语义韵、语义偏好、语义联想、评价搭配等。

(6)运用认知句法学理论研究评价性词汇呈现的词汇-语法模式、评价性句型、评价局部语法等。

(7)运用认知语用学理论研究评价意义的表达意图、评价策略的选择动因以及评价过程和结果的动态生成机制等。

态度意义可以从语用学视角开展分析。语用学把评价作为一种言语行为进行分析,强调特定语境中评价话语的理解。刘兴兵(2014:9)指出,"从语用的角度考察评价的语用本质、选用策略、选用动机、交际功能、认知过程、评价与礼貌等也是值得继续深入的领域。从认知角度讨论评价性语言的产生和理解机制等,目前尚少有研究涉及"。以往的评价话语研究主要涉及会话分析、评价的功能、评价策略等三个方面:会话分析着重研究与评价话语相关的话轮转换,总结常见的话轮类型;评价的功能重点分析作者或说话人通过评价话语表达态度和观点、劝说读者或听者的过程;其策略研究与面子、礼貌等概念密切相关,旨在分析作者或说话人选择的评价策略。虽然从语用学角度考察语言评价现象的系统性研究不多,但不少语言界学者都肯定了评价的语用特性,因为评价的本质是情感、认知和语用的。在综合前人研究的基础之上,我们提供以下四种研究设想。

(1)研究模糊限制语(hedges)的评价功能:可以运用面子理论、礼貌原则和合作原则等从语用学角度集中探讨言语交际中模糊限制语的三大人际功能。

(2)研究语用标记语的评价功能:可以运用词汇语用学理论对比分析评价性语用标记语在不同语篇中的态度意义异同点。

(3)研究幽默语用的评价功能:幽默具有评价意义,是重要的评价手段。幽默可以用来表达不同的态度,明晰或模糊其来源,调整其强度,具有很强的评价功能。

(4)研究评价话语的功能:可以运用言语行为理论对负面评价话语进行语用研究。负面评价话语的功能主要包括表明负面态度、改变评价客体、与听话人拉近距离以及获取权力。这有助于分析特定语篇中负面评价的原则和策略,是言语行为研究的有益补充。其研究结果对人们恰当地理解和实施负面评价行为具有一定的指导意义。

3. 结语

本文阐明了评价性语言的研究重要性,回顾了语言研究的历史,厘清了评价的定义,分析了评价的特征、评价的分类和评价的功能,探讨了评价性语言研究的多视角性,提出了结合认知语言学中的主要理论开展评价性语言研究的思路与方法。我们(温雪梅,杨晓军,2011:103–106)主张将功能语言学、对比语言学、语料库语言学和翻译研究有机地结合起来构建评价性手段对比研究体系。我们还就如何通过语料库途径的研究方法将评价性语言理论与对比分析与翻译研究有机地整合起来以便加深和拓展评价性语言的相关研究的具体思路展开了探讨。

参考文献

陈令君,2008.英语学术书评中的评价:一项基于语料库的研究[D].济南:山东大学.

付瑶,2015.评价系统的理论与实践研究[M].厦门:厦门大学出版社.

黄国文,2000.《功能语法入门》导读[M].北京:外语教学与研究出版社.

李杰,李新,2007.作为评价资源的语法隐语[J].国际关系学院学报(3):56-61.

刘世铸,2007.评价的语言学特征[J].山东外语教学(3):11-16.

刘世铸,韩金龙,2004.新闻话语的评价系统[J].外语电化教学(4):17-21.

刘兴兵,2014.Martin评价理论的国内文献综述[J].英语研究(2):6-11.

彭宣维,2004.现代汉语词语的评价语义系统[J].语言学研究(3):101-109.

温雪梅,杨晓军,2011.国内语言评价理论研究的回顾与展望[J].湖南师范大学学报(6):103-106.

徐玉臣,剡璇,苏蕊,2010.科技语篇中语言评价系统研究[M].北京:外语教学与研究出版社.

袁邦株,李雪,2013.语篇评价研究的四种视角[J].外语学刊(5):41-55.

张明芳,2012.从哲学评价论视域看Martin & White 的语言评价系统[J].石家庄学院学报(2):63-68.

BEDNAREK M A, 2006. Evaluation in media discourse: analysis of a newspaper corpus[M]. London and New York: Continuum.

BOLINGER D, 1972. Degree words[M]. Berlin: Mouton de Gruyter.

CONRAD S, BIBER D, 2000. Adverbial marking of stance in speech and writing [C]//HUNSTON S, THOMPSON G. Evaluation in text: authorial stance and the construction of discourse. Oxford: Oxford University Press.

DU BOIS J, 2007. The stance triangle[C]//ENGLEBRETSON R. Stance-tanking in discourse. Amsterdam: John Benjamins.

HUNSTON S, 1994. Evaluation and organization in a sample of written academic discourse [C]//COULTHARD M. Advances in written text analysis. London: Routledge.

HUNSTON S, 2000. Evaluation and the planes of discourse: status and value in persuasive texts[C]//HUNSTON S, THOMPSON G. Evaluation in text: authorial stance and the construction of discourse. Oxford: Oxford University Press.

HUNSTON S, 2011. Corpus approaches to evaluation: phraseology and evaluative language[M]. New York: Routledge.

HYLAND K, TSE P, 2004. Metadiscourse in academic writing: a reappraisal[J]. Applied linguistics, 25（2）: 156-177.

LABOV W, 1972. The transformation of narrative syntax [C]//LABOV W. Language in the inner city: studies in black English vernacular. Philadelphia: University of Pennsylvania Press.

MARTIN, J R, 2000. Beyond exchange: appraisal systems in English [C]// HUNSTON S, THOMPSON G. Evaluation in text: authorial stance and the construction of discourse. Oxford: Oxford University Press.

MARTIN J R, ROSE D, 2003. Working with discourse: meaning beyond the discourse[M]. London: Continuum.

MARTIN J R, WHITE P, 2005. The language of evaluation: appraisal in English [M]. Hampshire and New York: Macmillan.

MALRIEU J R, 1999. Evaluative semantics: cognition, language and ideology [M]. London and New York: Routledge.

SONG C F, 2010. Exploring attitudinal meaning: an extended semiotic model [D]. Sydney: University of Sydney.

THOMPSON G, HUNSTON S, 2000. Evaluation: an introduction[C]//HUNSTON S, THOMPSON G. Evaluation in text: authorial stance and the construction of discourse. Oxford: Oxford University Press.

VOLOŠINOV V N, 1973. Marxism and the philosophy of language [M]. Cambridge, MA: Harvard University Press.

WARREN B, 2006. Prolegomena to a study of evaluative words [J]. English studies, 87(2): 210-229.

WIERZBICKA A, 1999. Emotion across languages and culture: diversity and universals[M]. Cambridge: Cambridge University Press.

作者通信地址:423000 湘南学院外国语学院;787150946@qq.com

五、译论探索篇

"外译中"和"中译外"差异论研究

张西平

摘　要：至今为止，西方的翻译理论基本上是在印欧系语言内翻译的实践的总结，这样一种翻译实践的总结和提升，其理论是建立西西互译的实践上的。将这套西西互译的翻译理论套用到中西互译的翻译实践中是会有问题的。 只有把西西互译与中西互译看作是两种不同性质的翻译，因而需要不同的理论，才能以更为主动的态度来致力于中国译论的创造。

关键词：翻译理论；西西互译；中西互译

潘文国先生是国内学术界对翻译研究屈指可数的大学者，他的翻译研究是建立在坚实的中英文两种语言深入研究与对比的基础上，尤其是建立在对中文的深入研究之上，他与徐通锵先生联合主编的"字本位丛书"是那些仅仅懂得外语而大谈翻译的人值得认真阅读的大作，他最早对仅靠西西互译理论来指导中译外的做法提出了批评。潘先生是中国当代翻译理论的开拓者、建构者。在潘先生八十大寿之际，谨以此文表示对他学问的敬重。

外译中和中译外是翻译的两种形态，它们各自的特点是何？ 有何不同？ 这是在翻译研究中必须注意的。 翻译的指向不同，造成了译入和译出的差别。这种差别可以从翻译策略的几个方面看出。 翻译策略主要讨论：翻译的目的，即为什么翻译，为谁而译；翻译选择，即翻译什么，为什么确定一定的文本；翻译方式，即如何翻译，为什么这样翻译。 翻译策略上的不同实际上涉及翻译理论中的文化与翻译的问题，尤金·奈达说："对于真正成功的翻译而言，熟悉两种文化甚至比掌握两种语言更重要，因为词语只有在其作用的文化背景中才有意义。"近年来西方翻译理论将福柯话语理论运用于翻译研究，这方面成果颇多。 对此，我们不在这里专门展开，而是紧紧围绕外译中和中译外在翻译上的不同展开研究。 在展开这种差别研究时，我们会批判性地使用意识形态与翻译关系理论这个分析方法。 这里我们展开外译中和中译外的差别研究的目的在于：揭示中国文化典籍外译的一般性规律，从而开拓译出理论的研究。

（1）翻译目的不同

翻译目的涉及为什么翻译和为谁而译的问题。

从外译中和中译外的历史来看,这两种翻译实践活动在翻译的目的和翻译后阅读的对象上是完全不同的。

外译中:译者翻译的内容是外国文化而不是中国文化,翻译的目的是扩展外国文化,而不是扩展中国的文化;翻译是因中国文化的内在需求,而不是外国文化的需要;翻译后阅读的对象是中国人而不是外国人。译者所从事的是文化输入,而不是文化输出。

中译外:译者翻译的内容是中国文化,而不是外国文化;翻译是为了传播和介绍中国文化,而不是为了介绍外国文化;翻译是外国的文化有内在需要;翻译后阅读的对象是外国人而不是中国人;译者所从事的是文化输出,而不是文化输入。

我们先通过考察外译中的历史来证明这一点。

魏晋南北朝时,佛教大兴,佛典翻译兴盛,根本原因在于当时社会文化的需要。汤用彤将魏晋南北朝时佛教的兴起归纳为四个原因:一是时局动乱,"乱世祸福,至五定轨,人民常存侥幸之心,占卜之术,易于动听。……佛教之传播民间,报应而外,必亦籍方术以推进,此大法之所以兴起于魏晋,原因一也"(汤用彤,1997:133-134)。二是魏晋时空谈之风盛行,"贵介子弟,依附风雅,常为能谈玄理之名俊,其赏誉僧人,亦固其所。此则佛法之兴得助于魏晋之清谈,原因二也"(汤用彤,1997:133-134)。三是民族杂居所致,"汉魏之后,西北戎狄杂居。习晋倾覆,胡人通知。外来勤益风行,原因三也"(汤用彤,1997:135)。四是道安翻译之功,"晋时佛教之兴盛,奠定基础,实由道安,原因四也"(汤用彤,1997:135)。佛教文献译入中国与印度没有关系,这是魏晋文化与历史变迁之需要,读中文佛教文献的是中国人,不是印度人。

晚明时最早引入西学的徐光启之所以对利玛窦所介绍的西学感兴趣,就是因为当时王学兴盛,空谈心性,他有所不满,而感到利氏所介绍的西学"实心、实行、实学,诚信于士大夫"。译入西方科学是为了挽救晚明之颓势,希望通过翻译西方科技书籍达到强国之目的。同时,徐光启作为晚明士大夫正式入了教,信仰上皈依了天主教,这就不能仅仅从实学的角度解释,而应从思想的角度说明当时西学对中国士大夫的吸引。徐光启说:"臣尝论古来帝王之赏罚,圣贤之是非,皆范人于善,禁人于恶,至详极备。然赏罚是非,能及人之外行,不能及人之中情。又如司马迁所云:颜回之夭,盗跖之寿,使人疑于善恶之无报,是以防范愈严,欺诈愈甚。一法立,百弊生,空有愿治之心,恨无必治之术,于是假释氏之说辅之。其言善恶之报在身后,则外行中情,颜回盗跖,似乎皆得其报。谓宜使人为善去恶,不旋踵矣。奈何佛教东来千八百年,而世道人心未能改易,则其言似是而非也。说禅宗者衍老庄之旨,幽邈而无当;行瑜伽者杂符箓之法,乖谬而无理,且欲抗佛而加主之上,则既与古帝王圣贤之旨悖矣,使人何所适从、何所依据乎? 必欲使人为善,则诸陪臣所传天之学,真可补益王化,左右儒术,教正佛法者也。"(徐光启,1963:432-433)徐光启这段话说得极为精彩,在这里翻译西学之书并不仅仅是一个技能的需要,而是中国本身思想的需要。对当时中国人的精神生活来说,徐光启感到仅仅靠道德不能解决全部的问题,而引进的佛教在学理上也有问题,对于中国这样以伦理而生的国度来说,徐光启认为很多问题说不清楚,这是自己内在思想的紧张和不完善的表现。这样引进西学就成为中国思想内在之需要。明清之际,西学兴起,一时洛阳纸贵,利玛窦的《坤舆万国全图》竟然被翻刻了十二次之多,读西学书的都是明清之际的士人学子。(徐海松,1999)

晚清时对西学的翻译成为当务之急,康梁变法失败后革新派更加认识到介绍西洋新思想的重要性,此时翻译西洋之书成为维新派实现自己政治主张的一个重要手段。如梁启超所说:"译书真今日之急图哉! 天下识时之士,日日论变法。然欲变士,而学堂功课之书,靡得而读焉;欲变农,而农政之书,靡得而读焉;欲变工,而工艺之书,靡得而读焉;欲变商,而商务之书,靡得而读焉;欲变官,而官制之书,靡得而读焉;欲变兵,而兵谋之书,靡得而读焉;欲变总纲,而宪法之书,靡得而读焉;欲变分目,而章程之书,靡得而读焉。"(梁启超,2001)梁启超把整个社会变革的希望都寄托于翻译西洋书籍上了,"今日之天下,则必以译书为强国第一义,昭昭然也",翻译背后的政治诉求之强烈,翻译之目的之明确充分体现了梁启超的政治理想。

从这里我们可以看到外译中的翻译,在译入的目的上是和中国本身的文化需求紧密相连的,译书是为了给中国人看的,不是给印度人看的,不是给罗马人看的,不是给英国人看的,是中国自己的需要。从翻译学来说,翻译的目的和对象都很清楚。

对外译中的翻译解释完全用后殖民主义来解释是有困难的,因为,中国翻译史说明,中古时期中国对佛教经典的翻译和晚明时期对西学经典的翻译,并不存在一个外部的强势文化对中国文化的压迫,而是中国文化内在发展的需要。这里需要特别强调的是晚明西学的引入,很多人将其和晚清等同,似乎当时中国文化出现危机,葡萄牙、西班牙东来强势进入中国。这是完全不知当时的历史。晚明时中国虽然内部问题不少,但其国力仍是东来的葡萄牙和西班牙的国力无法相比的,葡萄牙初来时也曾和明军交火,但在军事上根本无法取胜。晚清时则是另一种情况,此时用后殖民主义解释还沾些边,但用于魏晋佛教的传入和晚明西学的引进则完全不妥。

从翻译的目的论来看,尽管唐之译入佛经、明之译入西学、晚清之大规模译入西学都有着不同的背景,但站在中国文化本位立场来考察,翻译都是为了中国文化自身的变革,翻译接受的对象是中国本国文化的民众,进一步说,译入是为了自己的文化而翻译,翻译的受众也是自己文化的民众。翻译的效果也受到本国文化接受程度的影响,从翻译学上来说,就是目的语对作品的接受程度决定着翻译的实际效果。中国历史上的译入的共同点在于对外来文化来说,能否满足目的语国家的文化内在需要是外来文化译入一个国家成功与否的关键。而用后殖民主义、权力论等尚说不太清楚。(张南峰,2004:147-159)后殖民主义主要是从西方国家与后发展国家之间的文化关系来进入翻译的,但对于中国这样具有悠久文化历史的国家,对于它与外部世界的关系,必须从长时段来看,必须走出19世纪后西方的各种理论,从更大的历史视角来看待外译中的问题。

当然,外译中还有另一种形态:外国人直接将外文译成中文,在中国出版。明清之际的来华耶稣会士等天主教传教士最为典型,利玛窦翻译《几何原本》,高一志(Alphonse Vagnoni,1566—1640)将翻译和写作混为一体,用中文向明清士人们介绍了《修身西学》《齐家西学》《圣母行实》等一系列著作,而意大利传教士利类思(Luoics Baglio,1606—1682)则把托马斯·阿奎那的《神学大全》以《超性学要》为名,几乎全部翻译成中文。晚清的来华基督新教传教士也继承了天主教传教士的这个传统,开始用中文写作,将《圣经》翻译成中文。

这一类外译中与以中国学者为主的外译中相比,在翻译目的上是不同的,利玛窦从事外译中是为天主教在中国的传播,如他所说:"虽知天主之寡之益,尚胜于知他事之多。原观《实义》者,勿以文微而微天主之义也。若夫天主,天地莫载,小篇孰载之!"(朱维铮,2001:7)中国学者翻译西学则是为了自身文化,与传播天主教无太大干系。即便是入了教,在积极推进西学东渐,也是将"天学"和"儒学"合为一体来理解,如李之藻在《天主实义》重刻序中所说:"昔吾夫子语'修身'也,先'事亲'而推及乎'知天'。至孟氏'存养事天'之论,而义羲乃基备。盖即知即事,事天事亲同一事,而天,其事之大原也。"这就是说,在儒家思想中是有"天"的说法的,而且事天和事亲是一致的,只是过去讲天少了,忽视了天的含义。这里李之藻所理解的"天"也和利玛窦的有较大的区别。

但我们应看到外译中的两种译者中,尽管在翻译目的上有所不同,但共同点是十分明确的:翻译的主要目的是介绍外国文化,而不是介绍中国文化;翻译成中文后的作品的读者是中国士人,而不是西方读者。

我们再来研究中国经典的外译,中译外显然属于译出。我们来考察中译外的翻译活动。在中译外的翻译历史中,无论译者主体是外国人还是中国人,尽管他们之间有着很大的不同,但在翻译目的上达成了一致:翻译不是为了中国,不是中国文化的内在需求,而是外国;读者对象不是中国人,而是外国人。这点和外译中形成明显的差别。

首先,我们从译者主体是外国人这一角度来研究,以理雅各的中国古代经典翻译来看这个问题。理雅各是西方汉学史上最重要的中国古代经典文献的翻译者,他的翻译目的何在? 英国来华传教士艾约瑟(Joseph Edkins,1823—1905)对理雅各翻译中国经典的目的讲得很清楚,他说:

> 他的目标在于打开并阐明中国人的思想领域,揭示人民的道德、社会和政治生活的基础。这种工作百年当中只可能被人们极为罕见地做一次。在做这件事的过程当中,他感觉到自己是在为传教士们以及其他一些学习中国语言和文学的学生做一件真正的服务。他还认为,这也是为那些西方读者和思想者服务。从国土面积幅员之辽阔,人口比例之众多,以民族特性等来考虑,中国都可以说是世界上最重要的国家。获悉了儒家"圣经"所包含的内容,也就使我们处于一种有利的地位来判断其人民。从这里,欧洲的政治家们可以看到其人民道德标准之本质。他们所阅读的历史,他们风格之楷模,他们的保守主义之基础,都可由此而得到评估。

> 如今,甚至即便在理雅各已经离开了我们,不再与我们一起的时候,他殚精竭虑经年累月的付出,那些卷帙浩繁的译著,依然包含着丰富的事实,通过这些事实,欧洲和美国的观察者可以如此正确地判断中国人,因为这是他们生活的箴言,在他们的生活当中流行,这里所包含、所阐明的思想观点,规范着他们的学者和人民的思想。(殷怀清,2007:44)

为西方青年汉学家的汉语学习服务,为来华的传教士服务,为西方的读者服务。翻译的目的在于:对来华的传教士来说使他们了解中国,从而使他们更好地传播福音;对西方读者来说,要了解中国传统的悠久与伟大,以便"处于一种有利的地位来判断其人民"。这里的翻译目的是很清楚的,正如理雅各自己所说:"对于儒家经典,我已经具有足以胜任将其翻译成英文的中文学术水平,这是五到二十年辛勤钻研的结果。这样的努力是必须的,这样世界上的其他民族就可以认识这个伟大的帝园了,而且特别是我们传教士给这里的民众传教,也需要充分的智慧,这样才能够获得长久的结果。我认为,如果所有儒家经典都能够翻译出版并且还附有注解的话,这将有助于未来的传教士们的工作。"

我们认为简单地将理雅各的翻译和对中国经典的解释做一个后殖民主义的理解是说不清楚的(殷怀清,2007:36),他有着对中国古代文化的尊重,他有着从学理上对中国文化的浩大与广博的敬佩。尽管如此,他的翻译也不是为了中国,而是为了西方,他的读者是西方文化界而不是中国文人。这同样是很清楚的。

其次，我们再从译者的主体是中国人这一角度来研究，以辜鸿铭对中国经典的翻译为例来加以说明。辜鸿铭是中国近代文化史上十分特别、具有重要文化意义的学者，他对欧洲文化的了解在当时几乎无人可比，他对儒家文化的坚信使他成为晚清时期守成主义的代表人物。如他自己所说："我青年时代基本上在欧洲度过，因此我刚回国时对中国的了解反不如对欧洲的了解。但非常幸运的是，我回国后不久，就进入了当时中国的伟人、湖广总督张之洞的幕府。我在那儿待了多年。张之洞是一个很有名气的学者，同时也是一个目光远大的政治家。由于这种契机，使得我能够同中国最有修养的人在一起朝夕相处，从他们那儿，我才对中国文明以及东方文明的本质稍有解悟。"（辜鸿铭，1996：311-312）但辜鸿铭有一个贡献，学者以往重视不够，这就是他是中国近代以来最早将中国经典翻译成英文的人之一，甚至可以说，是中国历史上留有翻译文本可查的中国文化外译第一人（玄奘的《老子》译本只有记载，没有译本可查），因此，他在中译外上的实践和思想应成为重要的学术遗产。（李华川，2004）

辜鸿铭做《论语》《中庸》的翻译的一个直接的原因，就是他不满意当时汉学家们对中国经典的翻译，不满意汉学家们对中国文化的理解和解释。他对他们的批评相当刻薄，他说翟理斯"能够翻译中国的句文，却不能理解和阐释中国思想"，"在翟理斯博士的所有著作中，却没有一句能表现他曾把或试图把中国文学当作一个有机整体来理解的事实"（辜鸿铭，黄兴涛，1996：108）。他认为翟理斯对孔子部分思想的翻译完全不沾边，伟烈亚力（Alexander Wylie，1815—1887）所写的《中国文学杂记》一点中国文学的味道都没有，而英国汉学家巴尔福（Frederic Henry Balfour，1846—1909）所翻译的庄子的《南华经》"简直就是胡译"（辜鸿铭，黄兴涛，1996：123）。

对于当时在中国经典翻译上已经大名鼎鼎的理雅各，他也丝毫没有客气。他说："那些中国经典的翻译必然被做，也是时代的必然要求。理雅各博士完成了它，结果出了一打巨大的、规模骇人的东西。面对这些卷帙浩繁的译著，我们谈起来都有点感到咋舌。不过必须承认，这些译著并不都令我们满意。"（辜鸿铭，黄兴涛，1996：121）

正是基于此，他在英译《论语》的序中，开宗明义，毫不客气地指出了自己的翻译就是针对理雅各翻译的不足的，他说："自从理雅各博士开始发表关于'中国经典'翻译的最初那部分，迄今已40年了。现在，任何人，哪怕是对中国语言一窍不通的人，只要反复耐心地阅读理雅各博士的译文，都将禁不住感到它多么令人不满意。因为理雅各博士开始从事这项工作的时候，他的文学训练还是很不足，完全缺乏评判能力和文学感知力。他自始至终都表明他只不过是一个大汉学家，也就是说，只是一个对中国经书具有死知识的博学权威而已。我们遗憾地得知这位大汉学家最近刚刚去世,但是为了公正地纪念他,必须指出,尽管他的工作尽了力所能及的努力,是完全严谨的,但他没能克服极其僵硬和狭隘的头脑之限制,这是他的性情气质造成的结果。……对于绝大多数英国读者而言,我们不能不认为,理雅各博士在其译著中所展示的中国人之智识和道德的装备,正如同在普通英国人眼中中国人的穿着和外表一样,必定会使其产生稀奇古怪的感觉。"(辜鸿铭,黄兴涛,1996:345-346)

有了西方汉学家这个对手,有了对理雅各所翻译的中国经典文本的极端不满,辜鸿铭开启了近代以来中国人的第一次中国经典的英译。

但批评理雅各所代表的西方汉学家的中国经典译本,这只是辜鸿铭开始从事中国经典外译的一个外在目的。对于辜鸿铭来说,还有着更为深刻的思想文化根由。

辜鸿铭对中国典籍翻译的基本目的是由他的文化立场决定的。辜鸿铭对西方文化十分熟悉,对西方文化典籍和人物、历史如数家珍,辜鸿铭的时代正值欧洲第一次世界大战前夕,欧洲一片混乱,思想上也很混乱。辜鸿铭认为西方社会以个人为中心,以金钱为生活目的的基本结构是有问题的,他站在浪漫主义批判的立场,认为"商业主义精神笼罩世界各地,尤以英美为最,它构成了当今世界的大敌"(辜鸿铭,1996:16)。

正是从精神的层面,他高度评价了中国文化,认为"真正的中国人就是有赤子之心和成年人的智慧、过着心灵生活的这样一种人。简言之,真正的中国人有着童子之心和成年人的智慧。中国人的精神是一种永葆青春的精神,是不朽的民族魂"(辜鸿铭,1996:35)。一些人只将辜鸿铭看成一个守旧主义者,一个民粹主义者,这显然是不对的,多年的留学生活,使他对西方文化有着切身的理解和体会,知其长处,也知其短所在。所以,面对这样的批评,辜鸿铭明确阐述了自己的基本文化立场,他说:"因为常常批评西洋文明,所以有人说我是个攘夷论者,其实,我既不是攘夷论者,也不是那种排外思想家。我希望东西方的长处结合在一起,从而消除东西界限,并以此作为今后最大的奋斗目标。"(辜鸿铭,黄兴涛,1996:303)

辜鸿铭所持的文化立场是兼容中西的文化立场,但面对当时中国社会一切以西洋为重,一切以西为师的思潮,从当时的情况来说,辜鸿铭所做的这样的工作也和"甲午以后中国社会历史文化背景紧密相关。自甲午以后,中国士大夫阶层和思想界逐渐形成一种要求在政治制度和文化观念上追逐西方、改革中国的浪潮,而此时的辜鸿铭却对儒家文化的信念日益加强并最终完全转向了儒家传统"(黄兴涛,1995:75)。

他所阐述的主要方面是批评西方文化的弊端,阐述中国文化的主旨和大义。显然,这和当时的整体社会文化倾向有所不同,现在看来,他对中西文化的评判,他的基本文化立场基本是正确的、合理的。辜鸿铭和那些对西方文化一窍不通,一味死守传统的保守派是不同的,他对慈禧太后的评价应更多从国家文化立场来考虑,而不应仅仅从国内文化生态来考虑。在这个意义上,辜鸿铭对今天中国文化的重建有着重要的意义。他说:"通过对东西文明的比较研究,我很自然地得出了一个重大的结论,那就是,这养育滋润我们的东方文明,即便不优越于西方文明,至少也不比他们低劣。我敢说这个结论的得出,其意义是非常重大的,因为现代中国人,尤其是年轻人,有着贬低中国文明,而言过其实地夸大西方文明的倾向。"他的翻译目的十分清晰,就是希望自己的翻译使"受过教育的有头脑的英国人,在耐心地读完我们这本译本后,能引起对中国人现有成见的反思,不仅修正谬见,而且改变对于中国无论是个人,还是国际交往的态度"。这样的话在当时是石破天惊之语,就是对今天的中国思想文化界来说,也是极为重要的良言。

从翻译学的角度来看,辜鸿铭的翻译活动揭示出中译外和外译中在翻译目的上的不同。尽管辜鸿铭在中译外上有着多重目的,但作为一个中国学者,他的根本在于弘扬中国文化,在于说明母语的文化优势和特征。

这样我们看到同样是中译外,由于译者主体的不同,在翻译目的上是有所区别的:理雅各翻译中国经典为了更好地传教,辜鸿铭翻译中国经典是为了弘扬中国文化。这样两个角度一直延续到今天,特别是在当今中国,越来越多的中国学者参与到中译外的翻译实践活动中。这点我们在下面还会专门讨论,这里不做展开。尽管在中译外上由于译者主体的不同,翻译目的呈现出多维性和复杂性,但有一个共同点,就是所有中译外译者的目的是向中国以外介绍中国文化,他们面对的读者是外国人,不是中国人。这和外译中所表现出来的主要希望通过翻译来将外部文化引入母语文化,改造母语文化完全不同。当然,读者的不同是很明显的。外译中的读者是中国民众,中译外的读者是国外的民众。

同样,辜鸿铭的翻译实践也告诉我们,译入和译出的翻译目的是完全不同的。译入是译者主体为学习外来文化而翻译,译出是为了介绍本土文化。一个是为自己本土的民众的阅读而翻译的,译出则从阅读目的上是为了目的语国家的民众,这和译者主体的本土民众没有关系。这种翻译目的的不同,翻译后阅读对象的不同,使他们在翻译的语文文化内涵上有着重大的区别。辜鸿铭就说:"我们努力按照一个受过教育的英国人表达同样的思想方式,来翻译孔子和他的弟子的谈话。此外,为了尽可能消除英国读者的陌生和古怪感,只要可行,我们尽量去掉所有那些中国的专有名称。"(黄兴涛,1995:346)

(2)译本底本的不同

这是一个很简单的问题。从中国文化的立场来看,译入的译本选择是外国文化的经典,无论是佛经的翻译还是圣经的中译。而译出是中国文化的经典,无论是《论语》还是《诗经》。

(3)在语言的转换上的不同

在语言特点上译入和译出也有着重大区别,前者是将外文转换成中文,后者是将中文转换成外文。看起来这种区别是很明显的。这种语言不同方向的转换包含着语言学上的一些重大问题。潘文国教授根据他对汉英两种语言结构的研究,认为汉语和印欧语之间有两大区别,一是"英语(包括其他印欧系语言)是形态语言,而汉语是语义型语言;二是英语(包括其他印欧系语言)是形足型语言,而汉语是音足型语言。这两个特点在翻译实践上的表现是,第一条决定了外译中和中译外的过程完全不同,前者主要是'做减法'的过程,即把各种表示形态的挂件——减去,而后者主要是'做加法'的过程,即把本来没有的形态标志——添上。'做减法'是从有到无,比较简单;而'做加法'是从无到有,相当复杂。什么该加,什么不该加,该加多少,不该加的又该通过什么手段表现,的确需要动脑子。做减法的理论不能简单地用于做加法的实践上,因而中译外不能简单地运用外译中的理论,而需要建立自己的理论。……由此可见,中译外的'加法研究'和外译中的'减法研究'体现了两种翻译各自的特色"。

两种翻译的语言转换方向完全相反,自然对翻译的理解也是不同的,实际上潘文国由此提出完全将西方的翻译理论套用到中国的翻译实践上是有问题的,特别是套用到中译外的翻译实践上是有问题的。因为,迄今为止,西方的翻译理论基本上是在印欧系语言内翻译的实践的总结,这样一种翻译实践的总结和提升,其理论是建立在西西互译的实践上的。将这套西西互译的翻译理论套用到中西互译的翻译实践中是会有问题的,他认为在西西互译中基本上是在"均质印欧语"中发生的,而中西互译则是在遥远距离的语言之间的翻译,这样他认为"只有把西西互译与中西互译看作是两种不同性质的翻译,因而需要不同的理论,才能以更为主动的态度来致力于中国译论的创造"(黄兴涛,1995:346;潘文国,2007)。

这是一个极有创建的观点,从翻译学上是值得认真思考的。

(4)文化立场的不同

外译中是文化的输入,中译外是文化的输出。文化输入是外部文化在中国的传播,说明外部文化的价值;文化输出是中国文化在外部世界的传播,揭示中国文化的价值。文化立场的不同,形成不同的文化策略。

参考文献

辜鸿铭,黄兴涛,1996.辜鸿铭文集(下)[M].海口:海南出版社.

黄兴涛,1995.文化怪杰辜鸿铭[M].北京:中华书局.

李华川,2004.晚清一个外交官的文化历程[M].北京:北京大学出版社.

利玛窦,2001.《天主实义》序言[M]//朱维铮.利玛窦中文著译集.上海:复旦大学出版社.

梁启超,2001.新民说[M]//吴松,卢云昆,王文光,等.饮冰室文集点校:第一集.昆明:云南出版社.

潘文国,2007.中籍外译,此其时也:关于中译外问题的宏观思考[J].杭州师范学院学报(哲学社会科学版)(6):30-36.

汤用彤,1997.汉魏南北朝佛教史[M].北京:北京大学出版社.

徐光启,1963.辩学章疏[M]//王重民.徐光启集(下).北京:中华书局.

徐海松,1999.清初士人与西学.北京:东方出版社.

许钧,2003.翻译论[M].武汉:湖北教育出版社.

殷怀清,2007.传传教士与晚清口岸文人[M].广州:广东人民出版社.

张南峰,2004.中西译学批评[M].北京:清华大学出版社.

朱维铮,2001.利玛窦中文著译集[M].上海:复旦大学出版社.

NIDA E A, 2000. Language culture and translation[M]. Shanghai: Shanghai Foreign Language Education Press.

LEGGE O H E, LEGGE J, 1905. Missionary and scholar [M]. London: The Religious Tract Society.

作者通信地址:100081 北京外国语大学;13910383282@qq.com

印尼语衔接方式和翻译

胡明亮

摘　要:谷歌翻译印尼语的例子说明,机器翻译虽然可以处理大部分词汇和句法,但是在涉及超越单个句子的语篇时,难免发生较多失误。在可见的未来,对于机器翻译来说,语篇的理解和翻译仍然是一个挑战。

关键词:印尼语;语篇;翻译

0. 引言

　　语言以各种词汇和句法手段即语篇衔接方式,将语篇各部分连接到一起。本文讨论印尼语的衔接方式,包括指代词语、省略、重复、连接词语、词汇衔接和语序等六种(胡明亮,2007)。印尼语虽然拥有两亿多使用者,但是同英语、法语、汉语等比较起来,在国际上影响较小,所以汉印翻译仍然处于起步阶段。近年来,学者开始探讨汉印的机器翻译。蒋盛益、李珊珊、林楠铠(2020)和李霞、马骏腾、肖莉娴等(2020)均分析了机器汉印翻译面临的问题。宗成庆(2019:85)讲到,机器翻译会误解跨句子的指代词语所指,如将单独出现的"伊朗"译为Iran,但在下文却将"美伊"译为"美国和伊拉克",显然电脑并没有利用上文提到的信息"伊朗"。本文主要用谷歌翻译的实例来说明机器翻译在理解印尼语衔接与运用汉语表达方面存在的问题。未注明出处的汉语译文为笔者所译。

　　下面分节主要讨论印尼语中指代词语、省略、重复、连接词语、词汇衔接、语序等六种衔接方式的机器翻译案例。

1. 指代词语

　　印尼语的代词有表示"我"的 saya 和 gue,表示"你"的 kamu 和 anda,表示"他、她、它(们)"等的 dia 及其附着形式-nya。

　　[1]a. Angkasa berdiri di belakang Surya, mencengkeram erat tangan
　　　　昂卡萨　　站　在　后边　苏利亚　　抓　　　　紧　手

Surya yang teracung
苏利亚(连词)举

Tinggi di udara. Surya kesulitan melepaskan cengkeraman tangan <u>itu</u>.
高　　在 空中 苏利亚 难　　松开　　抓　　手 那
(Tjiunata,2013:100)

b. 昂卡萨(Angkasa)站在苏里亚(Surya)身后,紧紧抓住苏里亚(Surya)在空中高举的手。Surya难以松开手的握力。(google.translate)

c. 昂卡萨站在苏利亚身后,紧紧抓住他举起来的手。苏利亚无力挣脱。

例[1]a是原文,第一句以Angkasa为话题,第二句以Surya为话题。例[1]b汉语翻译"松开手的握力",所指不清楚。例[1]c的译文,用代词"他"代替苏利亚,最后的"无力挣脱"虽然省略了宾语(昂卡萨握住苏利亚的手),读者仍可以理解所指为何。

印尼语第三人称代词的附着形式-nya可能表示"他、她、它"和"他们、她们、它们"等。在实际机器翻译中,会造成困难,如[2]。

[2]a. Yuri　　Serebryakov　　(83),pensiunan lokal　itu,telah memiliki
尤里 谢列布里亚科夫　　(83岁)退休者　 当地　 那 已经　 拥有
ternak unta selama　　25 tahun di wilayah Astrakhan, di dekat
家畜　 骆驼在……期间25　 年　 在　 地区 阿斯特拉罕 在 接近
perbatasan dengan Kazakhstan. Dia membebaskan semua untanya
边界　　 与 哈萨克斯坦 他　　 放开　 全部　 骆驼–他
berkeliaran sesuka hati hewan-hewan itu setelah sadar <u>usianya yang</u>
漫游　　 随意　 心　 动物　　 那 在后　 意识 年龄(连词)
<u>sudah lanjut</u> tidak lagi bisa merawat mereka dengan baik.
已经　 老　 不 再 能　 养　 它们　 以　 好
(Kompas.com,2020-08-23)

b. 83岁的尤里·谢列布里亚科夫(Yuri Serebryakov)是当地的退休人员,在与哈萨克斯坦接壤的阿斯特拉罕地区拥有骆驼牛已有25年之久。在意识到<u>它们</u>的<u>高龄</u>不再能适当照顾<u>它们</u>之后,他放开了所有骆驼的漫游,以使<u>它们</u>感到满意。(google.translate)

c. 当地领取养老金的尤里·塞雷布雷亚科夫(Yuri Serebryakov,83岁)在哈萨克斯坦边境附近的阿斯特拉罕养羊已经25年了。当他意识到<u>自己年老</u>不能再好好照顾它们之后,他把所有的树枝都放在了动物的心脏上。(百度翻译)

d. 俄罗斯与哈萨克斯坦接壤的阿斯特拉罕地区,83岁的退休人员尤里·谢列布里亚科夫饲养骆驼已有25年之久。现在他感到<u>自己年事已</u>

高,不能很好地照顾<u>它们</u>之后,就释放了所有的骆驼,让它们在野外随意漫游。

例[2]a usianya 在该语境中指"他的年龄",即"主人公的年龄"。但是因为 nya 可以是单数,也可以是复数,所以译文[2]b 谷歌翻译理解为"它们的年龄",即"骆驼的年龄"。例[2]c,百度翻译虽然纠正了这个错误,但是一些词语明显错误,如"把所有的树枝都放在了动物的心脏上"。[2]d 则纠正了两者的错误。

2. 省略

一般说来,读者能根据上下文,知道省略了什么。机器翻译会图省事,保持省略,结果也可接受,如[3]b。

[3]a. Kakaknya juga murid aksel, dan orangtuanya mau Jane seperti
　　姐姐-她　也　学生　加速　而且　父母-她　想　简　像
　　kakaknya. Pinter dan sukses. (Tjiunata, 2013:93)
　　姐姐-她　聪明　和　成功

　b. 她的姐姐还是一名速成学生,她的父母希望简与姐姐一样。聪明而成功。(google.translate)

　c. 她姐姐也是快班的学生,父母希望简像姐姐一样:既聪明,又成功。

例[3]a 最后一句 Pinter dan sukses(聪明和成功)没有主语,但是我们知道主语是上文提到的 Jane。机器翻译[3]b 模仿原文用句号将该句隔开。人工翻译[3]c 用逗号,使该段落更紧凑。

但是,机器翻译也会误解和误译省略的部分,如[4]。

[4]a. Dalam hati　dia nggak suka situasi ini. Nggak suka cara　Surya
　　在……里 心　她 不　喜欢 情况 这　不　喜欢 方法 苏利亚
　　mencengkeram tangannya, nggak suka dengan posisi Surya　yang
　　抓　　　　　手-她　　不　喜欢 以　姿态　苏利亚(连词)
　　berjalan agak di depannya, nggak suka dengan cara Surya setengah
　　走　稍微 在 前-她　　不　喜欢 以　方法 苏利亚 半
　　menariknya agar berjalan lebih cepat. (Tjiunata, 2013:131)
　　拉-她　　以便　走　更　快

　b. 他内心不喜欢这种情况。<u>我</u>不喜欢 Surya 抓住她的手的方式,不喜欢 Surya 的姿势在她面前稍稍走动,不喜欢 Surya 将她拉到一半以使其走得更快的方式。(google.translate)

　c. 她在心里不喜欢现在的情形。不喜欢苏利亚抓住她的手,不喜欢苏利亚走在她的前边,不喜欢苏利亚拉着她催促她快点走。

例[4]a,各小句的主语均为dia(她),只在第一句出现,其余都省略。但是译文[4]b第二句在补出主语时,判断错误,误用了"我",结果弄巧成拙。[4]c译文没有补出主语,结果比较符合原文。可能是因为印尼无主句的逻辑主语常常是说话人"我",所以电脑根据频率,判断[4]a第二句的逻辑主语也应该是"我",故有此错误。显然,频率固然重要,但是上下文更重要,对省略如此,对指代词语也是如此。

3. 重复

重复指部分或者全部重复某些词语形式,以达到衔接的目的。印尼语和汉语比英语更常使用重复的衔接方式,而英语一般避免用重复。先看[5]的例子。

[5]a. Jane disambut pelukan hangat teman-temannya. Dia memang butuh

简　　被欢迎　拥抱　热烈　朋友-她　她　的确　需要

pelukan. Benar-benar butuh pelukan yang tulus. (Tjiunata,2013:155)

拥抱　真　真　需要　拥抱　(连词)真诚

b. 简受到朋友们的热烈欢迎。她确实需要一个拥抱。确实需要一个真诚的拥抱。(google.translate)

c. 简受到朋友们的拥抱欢迎。她的确需要拥抱,的确需要真诚的拥抱。

例[5]a三次用pelukan(拥抱),其中两次用butuh pelukan(需要拥抱)。译文[5]b只用了两次"拥抱"。译文[5]c第一句"拥抱欢迎",符合原文,后面"需要拥抱"和"需要真诚的拥抱"也重复了"需要……拥抱"的结构。

[6]a. Tampaknya Luna benar-benar kecewa dengan perlakuan pihak sekolah.

看来　　露娜　真的　失望　对于　行为　方面　学校

Perlakuan yang menurutnya nggak adil. (Tjiunata 2013:105)

行为(连词)　　认为-她　不　公平

b. 看起来Luna真的对学校的待遇感到失望。他认为不公平的治疗。(google.translate)

c. 看来露娜对学校的做法很失望。她认为那种做法不公平。

例[6]a原文重复perlakuan(行为),译文[6]b没有重复,而是先用"待遇",后用"治疗",衔接效果较差。另外,代词"他"应改为"她"。译文[6]c则重复"做法",符合原意,也符合汉语较多词汇重复的习惯。看来,电脑没有认识到汉语偏好重复的特点。

4. 连接词语

连接词语指"但是、然而"等词,也指"也、却"等副词。印尼语的连接词语往往置于小句之前,所以翻译的问题较少。例[7]a中的oleh karena itu(由于那个原因)就是连接词语,将语段的前后两部分连接到一起。

[7]a. Para pakar bersama tim Satgas Penanganan Covid-19 telah
们　专家　同　组　任务　处理　　Covid-19 已经
mempertimbangkan berbagai poin penting dari aspek kesehatan, dari
考虑　　　　　　几个　点　重要　从 方面　健康　从
aspek sosial, dan aspek ekonomi untuk membuka kembali bioskop.
方面　社会　和　方面　经济　以　　开放　再　电影院
<u>Oleh karena itu</u>, pengelola harus memastikan kesiapan fasil-itas,
因此　　　　　　经营者　必须　确保　　准备　设备
penyelenggaraan, dan masyarakat sebelum resmi membuka bioskop.
管理　　　　　　和　　社会　在……前 正式　开放　　电影院
(Kompas.com)

b. Covid-19处理工作组的专家从健康方面,社会方面和经济方面考虑了各个重要方面,以重新开放电影院。因此,经理必须在正式开放电影院之前确保设施,运营和社区的准备就绪。(google.translate)

c. Covid-19工作组的专家们为开放电影院,考虑了健康、社会和经济等方面的重要因素。因此,电影院经理必须在开放电影院之前,确保设施、管理和社会方面都准备就绪。

但是,印尼语的口语较少用连接词语,这时候,听者就需要根据句子意思、语境和逻辑关系等来推测说话者的意思。下面例[8]a没有用连接词语,各部分像汉语的流水句,通过语义和逻辑等连接到一起。

[8]a. Baru keluar rumah banget. Abis mandi bersih. Nggak logis aja
刚　出来　家　真的　完成 洗澡　干净　　不　逻辑　就
baru keluar banget, keluar rumah. Bukannya saya enggak mau
刚　出来　真的　出来　家　不是　我　不　想
ikutin peraturan.
遵守　规则

b. "就走了房子。洗完澡后。出来走出家门是不合逻辑的。不是我不想遵守规则。"(google.translate)

c. "我<u>刚</u>出家门,刚洗了个澡。<u>刚</u>出家门<u>就</u>被抓,不公平<u>嘛</u>。我<u>也</u>不是不想遵守规则。"

例[8]a是雅加达一个男子出门去上班没有戴口罩,被警察抓住罚款时的辩解。他几乎没有用什么连接词语,全凭词汇衔接和逻辑关系将这段话连到一起。电脑遇到这样的流水句,只能逐字翻译,如[8]b。读者看了,只见一连串小句,没有用连接词语,很难理解其逻辑关系,违反了方式准则。译文[8]c在第一句加了主语"我",在后面几句里又使用了"刚""就""也"等连接词语,甚至还用了表示显而易见的语气词"嘛",提高了语篇的衔接性和可读性。

5. 词汇衔接

词汇衔接,指通过语篇各部分词汇在语义上的相关性,达到衔接的目的,一般指反义、同义近义、上下位关系等。

[9]a. Dulu senyum itu bikin Luna jatuh cinta setengah mati pada Surya.
　　　以前　笑容　那　使　露娜　掉　爱情　半　　死　对　苏利亚
　　　Tapi sekarnag? Entah ke mana　rasa cinta itu pergi…
　　　但是　现在　　不知　到　哪儿　感情　爱　那　　去
　　　(Tjiunata,2013:129)

　　b. 在过去,这种微笑使 Luna 爱上 Surya。但现在? 我不知道爱去了哪里……(google.translate)

　　c. 过去,这种微笑让露娜爱上苏利亚,可是现在,爱情不知去了哪里。

例[9]a,前句的 dulu(以前)和后句的 sekarang(现在)形成一对反义词。例[9]b 代词"我"为错译,主语应该为"她"。

但是下面译文[10]b 最后一句"检查到位的健康协议"与上句的关系不太清楚。

[10]a. Tak hanya Indonesia, China, Amerika Serikat dan Inggris, telah
　　　 不　仅　印尼　　中国　美国　和　英国　　　　已经
　　　 lebih dulu membuka kembali bioskop. Simak protokol kesehatan
　　　 更　早　开放　又　　电影院　查看　规则　　健康
　　　 yang diterapkan. (Kompas.com)
　　　 (连词)执行

　　b. 不仅印度尼西亚,中国,美国和英国都重新开放了剧院。检查到位的健康协议。(google.translate)

　　c. 不仅印尼开放了电影院,其实中国、美国、英国等国家早就开放了。当然,要先检查防疫规定的执行情况。

当时的语境是各国经历疫情,都在寻求一边防疫,一边安全地恢复经济和文化生活。译文[10]b的"检查到位的健康协议"与上文关联不清楚。译文[10]c用连接词语"当然"和副词"先"等,使检查防疫与上文的"开放"形成关联。

6. 语序

语序在印尼语中具有标记话题、强调等作用。与汉语相比,印尼语的倒装句更多一些,如下面[11]所示。

[11]a. Angkasa mengangguk masih sibuk dengan nasi dan ayam bakarnya.
昂卡萨　　点头　　仍然　忙　于　米饭　和　鸡　烧-他
Lapar berat dia.（Tjiunata,2013:125）
饿　　很　他

b. 昂卡萨点了点头,仍然忙着米饭和烤鸡。他饿了。(google.translate)

c. 昂卡萨一边吃烧鸡,一边点头。他太饿了。

d. 昂卡萨一边吃烧鸡,一边点头。太饿了,他。

例[11]a的原文第二句把主语移到最后,以便强调饥饿。相应的汉语翻译[11]b—[11]c,均未采用倒装形式,仍将主语"他"放在"饿了"和"太饿了"之前。汉语很少用[11]d"太饿了,他"那样的倒装句。

7. 多种衔接手段的翻译

很多时候,语段的翻译涉及多种衔接手段。例[12]a印尼语原文通过语序、重复和连接词语,达到衔接的目的。

[12]a. Satu-satunya tempat yang terasa akrab adalah sekolah. Jadi, ke
唯一　　　　地方　（连词）感到　亲近　是　　学校　所以　到
sekolah—lah Luna pergi.（Tjiunata,2013:112）
学校——（强调)露娜　去

b. 唯一感到熟悉的地方是学校。因此,露娜上学了。(google.translate)

c. 唯一让她感到亲近的地方是学校。所以,露娜出发去学校。

例[12]a第一句 sekolah(学校)是表语,位于句尾。后一句则将状语 ke sekolah(到学校)从动词后移到句首,以便与上句衔接。译文[12]b和[12]c均未将"学"或"去学校"置于句首,符合汉语习惯,其中,由于[12]c重复了"学校",比[12]b的部分重复"学"的衔接效果更佳。

汉语和印尼语都倾向于将句话题放在句首。汉语"被"字句和印尼语 di-被动句将受事移到句首,都有保持或者改变话题的作用。

[13]a. Ini hanya <u>hadiah</u> untuk Bapak. <u>Hadiah</u> tentu tidak boleh ditolak,
　　　 这　仅　礼物　　为　先生　礼物　当然　不　可以　被拒绝
　　　 Pak. (Tjiunata,2013:153)
　　　 先生

　　b. 这只是给先生的礼物。先生,奖品当然不能拒绝。(google.translate)

　　c. 这只是送给爸爸的礼物。爸爸肯定不应该拒绝。

上面[13]a的原文第二句将 hadiah(礼物)移到句首,并用被动语序,既承接了上文的hadiah,也将其转换为话题。译文[13]b,用"奖品"翻译第二个hadiah,以避免重复,恰恰犯了类似[6]b变换词语的错误。人工翻译[13]c干脆省略了受事,更符合汉语习惯。

[14]a. Wis tidak　tahu betul apa　yang　terjadi, tetapi ia merasa sesuatu
　　　 威斯 不　知道 真的 什么(连词)发生　但是 他 感到　某事
　　　 telah terjadi. <u>Dicarinya</u> ayahnya　ke ruang kerja. Lelaki itu
　　　 已经 发生　　被找-他 父亲-他 去 房屋　工作　男人 那
　　　 tergopoh-gopoh menemui istrinya yang perutnya kempes. (Utami,49)
　　　 匆匆忙忙　　　　找到　妻子-他(连词) 肚子-她 扁

　　b. 威斯不知道到底发生了什么,但他觉得有些事情发生了。他寻找父亲去读书。<u>该名男子</u>赶去见他的肚子扁平的妻子。(google.translate)

　　c. 威斯不知道到底发生了什么,但是知道有事情发生了。他连忙去工作的地方找父亲。父亲匆忙找到了流产后肚子变小的妻子。

例[14]a第二句dicarinya被动形式意思是"被他找",用在该语篇中,只是为了将谓语动词cari放在句首加以强调,同时弱化旧信息即话题-nya(他)。[14]a原文第二句的lelaki itu(那个男子)指男孩的父亲。译文[14]b用"该名男子",让人以为是上文的男孩。译文[14]c的理解和翻译均更得当。

8. 小结

印尼语和汉语都有指代词语、省略、重复、连接词语、词汇衔接和语序等衔接方式。但是在使用数量和范围上有所不同,因而会给翻译造成困难。机器翻译虽然在词汇和句法层面比较成功,但是在语篇的理解和翻译方面问题较多。换言之,人类尚未把自己关于语篇的知识和能力教给电脑。所以,涉及超越句子的语篇时,机器翻译的成功率比人类译者要低。也许,是因为我们人类自己对语篇的理解还不够全面和准确。"以其昏昏,使人昭昭",我们自己尚且不懂,如何教电脑?难怪我们的"学生"——电脑会出错了。

有几个方面,值得机器翻译界思考。首先,指代词语、省略等的理解应该基于上文,而不应该仅仅根据使用频率来决定。其次,小句之间的逻辑关系,需要考虑连接词语,也需要考虑整个语段和语境。再次,译文应该考虑目的语的习惯。如汉语和印尼语都容忍或者偏好重复,所以不必像英语译文那样经常换用词语表示同一事物。最后,原文的隐形衔接有时需要在译文里显性化,如增加必要的指代和连接词语,使译文更符合目的语习惯,更加流畅。总之,一方面人类需要更多了解自己的语言,特别是语篇衔接的规律,另一方面要不断将自己的知识教给电脑,或者让电脑通过深度学习提高翻译的正确率。从目前机器翻译的效果看,语言学界和人工智能界任重道远,需要扎扎实实往前推进,不断接近语言的实质,接近翻译的完美。

参考文献

胡明亮,2007.语篇衔接与翻译[M].成都:巴蜀书社.

胡明亮,2017.汉语印尼语对比语法[M].广州:暨南大学出版社.

蒋盛益,李珊珊,林楠铠,2020.印尼语、马来语自然语言处理研究综述[J].模式识别与人工智能(6):530-541.

李霞,马骏腾,肖莉娴,等,2020.低资源场景下印尼语-汉语机器翻译模型对比分析研究[J].湖南工业大学学报(3):10-16.

宗成庆,2019.自然语言处理方法与应用[EB/OL].(2019-05-14)[2020-08-25].http://www.nlpr.ia.ac.cn/uploads/file/20190514/702bcb7536 b2b0897240581875 202633.pdf.

SNEDDON J N, 2010. Indonesian:a comprehensive grammar[M]. New York: Routledge.

TJIUNATA I, 2013. Langit untuk Luna[M]. Jakarta: Kompas Gramedia.

UTAMI A, 1998. Saman[M]. Jakarta: KPG.

作者通信地址:524048 岭南师范学院;minglianghu1@126.com

社会学路径的翻译研究：一个批评性视角

周领顺

摘　要：在我国，社会学路径的翻译研究成果越来越丰富，但以"社会翻译学"或"翻译社会学"为名的研究还存在一些问题，为使有关研究更加健康地发展，本文以批评性视角，讨论了社会学路径的翻译研究，包括社会路径/社会学路径翻译研究与"翻译社会学"或"社会翻译学"的关系，社会学路径翻译研究的认识基础与语言学研究路经的相似性，"社会翻译学"/"翻译社会学"横向、纵向研究路径以及与中国翻译研究结合等话题。

关键词：社会学路径翻译研究；"社会翻译学"/"翻译社会学"；批评性视角

1. 社会路径/社会学路径翻译研究与"翻译社会学"/"社会翻译学"的关系

社会学路径是常说的社会路径中的一种。社会路径未必借用理论，比如获得一个社会接受数据，设计社会调查问卷，展示调查过程、路径、方法、手段等。即使借用理论，也未必都是社会学理论，采用其他理论视角的并不鲜见。从社会路径看待翻译问题的如：从效益看翻译的经济价值，从定价的高低看翻译产品的市场流通价值，从人群接受看翻译的时代价值，从接受的人群性别看翻译的审美价值，从意识形态和形象建构看翻译的政治价值，从各时代的需求和社会活动看翻译的社会价值，从各种翻译技巧的使用看翻译者的内在意志与外围环境因素的互动关系，从译者的角色化活动看译者的身份变化与翻译的调和作用等，而传统上在讨论译文接受性和读者反应时，也少不了社会的视角。

明确为社会学路径时，必定是社会学视角的解释。讨论社会学路径的翻译研究，就要首先讨论宏观上社会路径的翻译研究。社会路径的翻译研究是从社会或者社会背景的角度审视翻译问题的，以往多称为"社会转向"（转引自王洪涛，2008：255）或"社会学转向"（覃江华，2015；陆志国，2020）研究，命名方式显然受到了"文化转向"一语结构的影响。陆志国（2020：51）对国外的相关研究做了分析。他写道：

20世纪90年代，一些西方学者尝试将社会学理论运用于翻译研究，尤其是对译者行为的研究。布迪厄(P. Bourdieu)的文化社会学、拉图尔(B. Latour)的行动者网络(ANT)、卢曼(N. Luhmann)的社会系统等理论相继进入研究者的视野。翻译的社会属性、译者的社会定位、行动者的关系网络等内容逐渐成为翻译研究的热点，并由此引发了翻译研究的"社会学转向"，形成了"社会学路径的翻译研究""社会翻译学"或"翻译社会学"的研究领域。

"社会学途径的翻译研究早已有之，于今为盛。"(覃江华，2015：89)"当前，社会学视域下的翻译研究已呈现出强劲的发展势头，理论成果层出不穷。社会学视角给翻译研究带来了全新的话语体系和阐释空间，为其提供了新的理论方法和分析工具。随着翻译的社会维度日益受到重视，各种社会学理论将进一步推进翻译社会学的基础理论建构。"(王东风，2021：196)而在我国，明确意识到社会路径或社会学路径对于解释翻译现象的重要性也不过10多年的时间。王洪涛(2008：255)记述的是许钧2005年在一次学术报告中论及当代翻译研究的发展趋势时认为翻译研究不仅要发生"文化转向"，今后还要进行"社会转向"。傅敬民(2014：106)对于社会学视角的翻译研究做了问题回顾和前瞻，表达了"社会学理论对翻译研究的指导意义"。

"翻译社会学"/"社会翻译学"(以下根据叙述侧重而选用)研究是从社会学路径的翻译研究演化而来的，尽管源于霍姆斯(Holmes，1972)的命名，却在我国形成了一支实力雄厚的研究队伍(胡牧，2011，2013；邢杰，庄慧慧，郭旋，2019；王洪涛，2008，2021；徐敏慧，2017，2021，2022；汪宝荣，2018，2019，2020)。这种学问应该有其独立的特征，以做到名副其实，比如周领顺(2015)将翻译批评研究划分为三个阶段，即第一个阶段翻译学视域的研究、第二个阶段社会学视域的研究以及第三个阶段翻译社会学视域的研究，说明其是与"翻译学"和"社会学"既有联系又有区别的独立存在，比如"专注于译者意志性、译者的身份和角色行为之于译文质量的影响，属于翻译内外相结合的、译者行为和译文质量评价相结合的、规定和描写相结合的翻译社会学研究"(周领顺，2014：49)等特征。在"翻译社会学"或"社会翻译学"还不具备独立的、可辨析的特征的时候，作为底层的翻译批评、译者研究、译者行为研究等，只要是社会学路径的，都可看作有可能形成其特征的"自下而上"的充实研究。我们既可以说"名不正则言不顺"(自上而下)，也可以是"言不顺而正名"(自下而上)，只是研究路径和视角上的差异。

"翻译社会学"/"社会翻译学"的称谓是一个绕不开的基础话题。霍姆斯

(1972)因为首先提出过"translation sociology"和"socio-translation studies"二语,所以在我国就有了"翻译社会学"和"社会翻译学"之争,至少我们没有演化出来一个总的称谓。根据武光军(2020:118)的统计,更多人使用的是"翻译社会学",建议"未来统一采纳'翻译社会学'这一名称,以更有利于推动该学科的系统性发展,更有利于翻译学的纵深发展"。但大家选用不同的名称是否都有学理性? 有没有习惯上的因素? 学理性最为根本。王宏印(2018:478-505)对有必要称为"翻译社会学"的原因和这门学问的建设做过深刻的论述。我在访谈中就自己的选用谈过一些理由:

> 不管是"翻译社会学"还是"社会翻译学",目前都没有自己完整的体系甚至具体的内容,对它们的建构是一个"水到渠成"的过程,两个名称之间继续争论下去是没有多少意义的。二者都指社会学路径的翻译研究,都是在借用社会学的一些概念做一些翻译上的研究罢了,这也就是谁也说服不了谁的根本所在。做的是翻译研究,但验证的是社会学的概念,缺乏自己的灵魂。对于具体的研究者,可以有自己的研究主张和偏向,但如果使之独立,就要名正言顺,而现阶段,名之所以难正,就是因为缺乏灵魂。我之所以称为"翻译社会学",是从"尾重"的语义焦点上看问题的。(马冬梅,周领顺,2020:65)

将语义焦点"社会学"置于尾部,说明它属于社会学等路径的翻译外部研究,不属于翻译学的核心阵地,但并不因此说它就属于"社会学"的范畴。它偏离了传统上从语码和意义角度讨论翻译的主阵地,而对于翻译现象的解释用的也不是翻译学术语,更不用说核心术语,而是来自翻译学之外的社会学。内部和外部有核心和边缘之分,有时是相对的,而以翻译学为核心看问题时,其他研究则被边缘化为外部。"翻译"可以是研究对象和切入的角度,但"翻译学"不是,而借用的"社会学"是解释翻译现象的理论视角和工具。我称呼为"翻译社会学"只说明我是有理据的,但并不因此说只有该称呼最正确,也不是在选边站。

在我国,以"社会翻译学"/"翻译社会学"为名的研究队伍比较整齐,成果丰硕,但也存在着一些问题。无论哪个说法,都总的来源于西方学者的翻译社会学理论,而且两者的研究范畴、方法基本一样,所以只提及中国学者的转述是没有足够说服力的。另外,英语世界在翻译社会学理论框架下的写作,并不存在这种不一致的现象,也未见西方有关二者辨析的著述,有关称谓的争论,也构成了我们的研究特色。但无论如何,这门学问都必须是有别于"翻译学"和"社会学"而享有区别性理论特征和学科特征的理论体系。

2. 社会学路径翻译研究的认识基础与语言学研究路径的相似性

明确从科学意义上的社会学路径看待翻译现象,是理论性、科学性的体现。傅敬民(2014:106)指出,"在我国,刘宓庆、方梦之、许钧等学者都关注过社会学理论对翻译研究的指导意义,并提出了许多建设性的观点;任东升、李洪满、黄德先、周领顺、胡牧、邢杰等学者也从不同的角度将社会学理论运用于各自的翻译研究领域,并取得了一定的研究成果"。

理论的最大作用在于解释力,避免的是主观,增强的是客观,所得结论才会科学。以原文意义解读为中心而做语言学路径的研究,虽然有其自身的学术意义,但涉及社会的问题时却不清晰或者得不到清晰的解释,研究者会有意或在潜意识中回避外围的问题,追求的是以原文为中心的"正统"("正法"——严复语)研究方法,检验译文正确与否的标准是对于原文的"忠实"程度。所以,更加科学意义上的"翻译社会学"/"社会翻译学"的诞生就有了充分的学理条件和社会条件。

对于翻译现象(翻译活动),为什么会不约而同地想到社会学路径的解读呢? 一是因为国外有了一些可用于解释翻译现象的社会学概念。在"文化转向"的新形势下,社会学概念恰得其所。二是因为基于把翻译作为一种社会活动且是充满复杂性的社会活动而认识的,所谓"译以致用"就是针对社会而言的,包括翻译过程的选材、过程和效果等,无不与社会有着紧密的关联。只是因为研究上的文本中心传统期过于久长,真正开始这种转向的意识也主要是20世纪70年代末功能主义兴起到80年代初的"文化转向"之后。三是因为社会学路径和视角翻译研究的诞生,是学术研究科学化的大趋势表现之一。四是因为社会学路径翻译研究是研究上对于传统期围绕文本而研究的范式所进行的突破,也因为翻译的社会之用在实践上不断冲击人们的认识,围绕文本而做封闭研究,已然跟不上时代的潮流。

翻译是一种涉及从选材到流通到社会接受等各个环节的社会活动。翻译活动本质上是语言活动(translating),但也是社会活动(translation as a social activity)。而且,既然翻译为社会服务而"译以致用",就要进入流通领域,也就不可能不涉及社会的问题,因此必须从社会的视角看问题,从外部(社会)进入,才能够把翻译活动的复杂性诠释得更加透彻。对于翻译现象的这种研究,准确地说是对于"翻译活动"的研究,不限于语码转换和意义的再现,尽管纯粹语言中心的翻译研究对于翻译本身具有科学的意义(如庄绎传《汉英翻译500例》,外语教学与研究出版社,1980)。要看清楚一种活动,不结合社会看问题能行吗？比如进行翻译批评、文化传播和影响效果研究。因此,关注社会学路径的翻译研究,就成了大势所趋。从社会学路径看翻译问题,就会认识到"谁是翻译谁不是,不是翻译也鼓励"(周领顺,2018:12)的翻译和社会现象,如 Coca cola 和"可口可乐"之间的关系,准确地说是翻译作为一种社会活动的现象(周领顺,2022)。社会学路径的翻译研究正是把翻译作为一种社会活动看待的,所以主要属于语境研究、外部研究,甚至是社会研究、社会学研究,它不是真正的翻译范畴的研究,此关乎命名的准确性问题。"翻译(文本)"和"翻译活动"是不同的(周领顺,2014:70),前者在语言内部,后者在语言外部,当然包括内外的互动和各种中间状态的存在(陈静,周领顺,2022)。

以原文文本为中心的研究,是把翻译作为语言研究的,因此要首先围绕语言本体做文章。把翻译作为一种语言现象进行研究,是科学,也有着科学的做法。以原文语言意义为主的研究,求证的是学术真性,体现的是学术评价和社会评价的不同、学者身份和非学者身份的不同等。与社会结合起来看问题,也是后来的事。我们简单看看整个语言学史上语言研究从语言本体到语言和社会相结合研究的发展历程,就能明白翻译研究的历史脉络和大概的趋势。

在语言研究的历史上围绕原文和语言进行研究,是以有意忽略社会因素为出发点的。比如索绪尔重视"语言"而不重视"言语",吕叔湘把语言分析单位最高限于句子而排斥过于复杂的语篇,索绪尔和乔姆斯基只重视实验室内的语言静态研究而不愿意触碰社会语境中的语言研究,语义学早于语用学、语言对比法要早于交际法,等等。翻译研究被作为语言学研究的一部分是老传统,其功用在于发现语言规律和思维差异等。后来在与社会相结合的研究过程中,语言学队伍中出现了广义的语用学、社会语言学、狭义的认知语言学和广义的认知语言学如框架语义学等,全都是本体研究和应用研究、内部研究和外部研究、静态研究和动态研究、语言研究和社会研究等等相互结合的研究。即使给词典搭配例句,也取自生活中的真实语言(公交车上的录音,少部分为语言学家的自省)事例。翻译研究目前的发展趋势颇为相像,即从语言研究转向社会研究。

翻译研究上的"文化转向"虽然不是理论,但功莫大焉,转变的是研究的态度和范式,而范式的革新是革命性的,有点类似早年的认知研究,为了让人们认识认知科学而不厌其烦地从区分"水果"和"蔬菜"、"杯子"和"碗"的典型性及其中间状态开始。可见,革新旧的观念(包括旧的研究范式),有多么不易。比如,严复采取的是不重视和故意回避的态度。他分出"正法翻译"和"非正法翻译",但他只重视围绕原文意义解读的前者,对于后者选择视而不见。如果从研究的角度审视,可以说他追求的是围绕原文意义而开展的学术真性探究,是把翻译作为语言研究而不是作为社会活动看待的。实际上,译学界在真正把翻译作为社会活动看待之前,确实是把翻译作为原文语言意义作用下的交际活动看待的,仍然是以原文为中心并凸显其作用的,这是把翻译认识为一场真正的社会活动的前奏。

翻译研究经过"文化转向"后,研究焦点从翻译内部转向了翻译外部。"文化转向"之后,有过一个响亮的论调叫"翻译不是在真空中进行的"(Lefevere,1992:14),正说明了翻译活动的复杂性。但"翻译不是在真空中进行的"是常识,即使在这句话之前也是人尽皆知的事实,可为什么要等到外国学者说出来之后我们才反复引用、似乎才有醍醐灌顶的感觉呢? 要么真是我们说不清,要么是我们忽略了,要么是我们不重视,要么是我们选择视而不见,要么是我们的研究范式太老套,要么是研究者的态度太顽固,等等。总之,不是翻译实践上不存在这样的事实,而是研究者选择性"顾左右而言他"。

3. "翻译社会学"/"社会翻译学"研究中现存的问题和未来的发展

根据武光军(2020)的统计,"翻译社会学"的使用占有较大的优势,但统计的数据虽然可靠,而使用者未必都是经过了严格的区分并有充分的理据才这样或那样使用的。在名称上,不管是目前的"翻译社会学"还是"社会翻译学",不是要选择站队,而是要有充分的学理支持,比如刘晓峰、马会娟(2016:60)写道:

> 笔者认为这门新的翻译学分支是借助社会学的有关概念、理论研究翻译问题,故宜称作社会翻译学。霍姆斯(1972:72)亦认为社会翻译学更精确。但我国学者大多盲目跟风西方术语,沿用翻译社会学,考虑到学科的本体问题,笔者认为不妥。

霍姆斯当初只是建议了两个名称,态度不可能如此肯定。而霍姆斯就是西方人,我国学者大多盲目跟了西方谁的风呢? 因感觉有问题,我特意核对了英语原文,翻译如下:

> 功能导向的描写翻译研究并不关注翻译本身的描写,它描写的是翻译在译入语社会文化语境中的功能,属于语境研究,实非文本研究。这一个研究领域探讨诸如哪类文本(重要!)何时何地被译介以及对结果产生了哪些影响之类的问题,与上面提到的研究领域相比,获得的关注度要低,尽管它常常被说成翻译史或文学史研究的某种分题或对题。如果给予特别的关注,有可能会发展出一个翻译社会学领域(这样说或许不够恰切,更准确地讲是社会翻译研究,因为它既是翻译研

究的合法领域,也是社会学的合法领域)。

刘晓峰、马会娟(2020:92)再次表达了"对于这种研究分支的名称,赫姆斯(霍姆斯——引用者)本人亦认为称作社会翻译学更精确"这样的观点。

"语言学通讯"公众号推送的劳特利奇出版社于2014年出版的 *Translation and Society:An Introduction* 一书,英语标题清楚无误,是《翻译与社会导论》,讨论的是"翻译"和"社会"的关系,不是宣传文字中介绍的"展现社会学与翻译学的重要理论与交叉界面"的两种学问之间的关系,更不是"社会翻译学"。覃江华(2015)将这本书归于"翻译社会学"。但王宏印(2018:484)甚至还专门说:"值得注意的是,作者将社会与翻译并列的提法,反映了他对于二者的双向互动的辩证关系,不断然采用单一方向或单一方面的决定论立场的达观思路,甚至标题中'导论'的审慎提法,并没有着意贴上'社会翻译学'或'翻译社会学'的固定标签,也值得我们借鉴。"再如宇文刚、高慧、郭静(2021:77)在摘要中就明确说道:"从布迪厄社会翻译学理论入手,分析熊式一的《天桥》汉自译本中译者行为痕迹……"可布迪厄并没有这样一个明白无误的"社会翻译学"理论,他有"社会学"理论,且不是为翻译学而生的。骆雯雁(2022)亦然,其题目中出现的"社会翻译学"不仅在摘要中没有出现,且明确说是"选取社会学中的行动者网络理论……深入分析这一理论为翻译研究带来的可能性与发展契机"。

徐赛颖(2022:93)在对谢尔盖·图勒涅夫(Sergey Tyulenev)访谈的文章里将他表述为"一直从事社会翻译学研究,运用社会学理论研究翻译现象"。"运用社会学理论研究翻译现象"是实质,但本该拥有独立学科意义的"社会翻译学"被译为 social translation,而访谈者与被访谈者讨论的"社会翻译学"是 sociology of translation,并不是霍姆斯(1972)所提的"translation sociology"和"socio-translation studies"两个术语中的一个。被访谈者本人倒是相当谨慎,他说,"任何特定学科的统一命名都需要时间,社会翻译学也是如此,我赞成沃夫的观点,这是一个大的方向,一个正在形成的研究领域。我更愿意将其称为'社会学路径的翻译研究'。我不是专业的社会学家,所以我会尽量避免称其为'社会翻译学'"(徐赛颖,2022:95)。傅敬民(2022:127)阐释性地称其为"社会学翻译研究",也应该是出于类似的考虑。

旗帜鲜明地称为"社会翻译学"是不是有趋热之意实不敢断言,但大家说的"社会翻译学"表面上是一回事,实际却可能千差万别。有的用作名称,所以在努力进行着名副其实的理论建设,而有的可能是"社会学视角(路径)翻译研究"的凝练说法,如宇文刚、高慧、郭静(2021)、骆雯雁(2022),所以会出现名为"社会翻译学"而实质用的是社会学的情况。"社会翻译学"或"翻译社会学"作为一个学科概念,本不应该等于阐释性表述的"社会学视角翻译研究"和"社会学路径翻译研究"，用短语阐释却非术语，既与霍姆斯的术语命名初衷不一致，也与目前作为一门学科建构的努力不一致，作为独立称谓的"社会翻译学"或"翻译社会学"，应该有其独立的特征和内涵。这也是目前称谓引发的纠结之处。

我从学科建构出发，有必要追根溯源，建构理论应有的独立特征，以期更加健康地发展，实非炒名称之争的冷饭，也不全是"在西方，社会翻译学已被认可为翻译学的一门子学科，而国内学者仍在讨论其学科名称该是'社会翻译学'还是'翻译社会学'，欠发达的现状由此可见一斑"（汪宝荣，2022：15-16），这是因为，汪著"社会翻译学已被认可为翻译学的一门子学科"来自张汩对沃尔夫的访谈，而访谈的原话是"翻译的社会学作为翻译学分支或者子学科的地位已经得到了认可，有许多论述支持这个观点"（张汩，沃尔夫，2017：48），其中并没有明确的"社会翻译学"一语，至少说明目前还没有那么成熟，仍然有讨论的必要。炒冷饭没必要，回避也不可取，甚至在多种声音并存和学术特征不够独立的状态下轻言"主权"也不妥，毕竟学术研究一向千回百转。总之，目前的专题研究还存在一些明显的问题，这些问题集中起来，主要有以下几点：

第一，称呼"社会翻译学"时，却要极力避开实际借用的"社会学"。解释翻译现象只用了社会学概念，傅敬民（2014）表述的"社会学理论对翻译研究的指导意义"是清楚无误的，究竟是什么使这样的表述变成了"社会翻译学"？其他如"翻译地理学""翻译心理学""翻译经济学""翻译认知心理学""翻译认知修辞学"等都不存在倒着说的争议，而"认知翻译学""批评翻译学"等之所以将"翻译学"置于尾部，只是因为"认知""批评"是研究的路径，翻译仍然是研究的对象。"翻译社会学"可以理解为一个短语"翻译的社会学"，即翻译的社会学研究，倒是符合现阶段的实际的。

当然，也有不避实际借用的"社会学"，不过并列陈述时，貌似会造成"社会学理论"和"社会翻译学理论"两个理论或多个理论，比如汪宝荣（2022：2）所陈述的"鉴于布迪厄（P. Bourdieu）和拉图尔（B. Latour）等人的社会学理论适用于分析译介与传播过程及结果，本书从社会翻译学理论视角，以鲁迅、莫言、余华小说英译为个案……"以及朱佳宁（2022）所陈述的"引入社会学视角研究翻译活动……将社会翻译学引入社会学翻译实践与学术批评，不仅有助于深化社会学领域的中外学术交流，也能在世界视野的观照下探寻中国社会学理论的本质特征和发展路径，进而实现传统学术的现代转型"。

第二，研究者经常说的"社会学理论"对于翻译研究的指导，默认的是"社会翻译学"吗？如傅敬民（2014）的《社会学视角的翻译研究：问题与前瞻》、陈秀（2016）的《翻译研究的社会学途径》、俞佳乐（2006）的《翻译的社会性研究》等。有什么理由肯定是或者不是呢？它的区别特征是什么？这牵涉"社会翻译学"的边界、核心内容和概念系统。

第三,是翻译学和社会学相加的研究吗?"社会学翻译研究并不等于社会学+翻译学"(傅敬民,2022:123),只是在翻译现象上验证了社会学的概念,或者说以社会学的概念指导了翻译研究。既然诞生了这样一个独立的名称,就不可能是单一的翻译学或者社会学,尽管研究者的意思是围绕翻译现象而研究并尽量拉入"翻译学"的势力范围。那么,对于翻译现象的验证和指导又何止于社会学?

第四,目前缺乏理论的"架子",布迪厄的"惯习""场域"和"资本"等概念以及拉图尔的行动者网络理论等,还要单项、定向验证多少次? 单项、定向验证有其适用性,是一定意义上的套用,贡献有余,创新不足,有限的创新主要表现在对于分析工具的改良(比如布迪厄的概念+拉图尔的理论)上,但尚不是质性推进,不是理论的体系化建构。这种状况有一点像译学界对于操纵论的三因素论(意识形态、赞助人、诗学)和应用语言学上对于SPSS工具的反复验证一样。

第五,将来怎样发展? 鉴于社会翻译学或翻译社会学现在还没有一个理论框架,可先做充实性的基础研究。做充实性的基础研究,是一条务实的研究路径,如同大河和支流的关系一样。或许不过于依附社会学目前的几个概念,才更便于独立,这是方向性的大问题,否则难免会成为附庸。理论要具有系统性、术语性和工具性等主要特征,还要着意凸显解决问题的意识,那么有什么样的翻译问题是目前的社会学概念不能解释的呢? 理论是一个研究领域的定海神针,是提高解释力和普适性的神器。

第六,如果确认属于翻译学,那么"社会学"只是一个进路,进路何其之多?从进路角度看,也就永远不会有独立的"社会翻译学"/"翻译社会学"等外部翻译学(并非归属社会学)了。能够独立,就必定要有其自己独特的研究范式,这是核心,是根本。

解释翻译活动复杂性的不仅仅有社会学,还有认知科学、心理学、地理学、文化学、译者行为批评、框架语义学等理论进路,所以要做到与"翻译学"和"社会学"区别开来。"社会学途径翻译研究的主要功能在于建构翻译的社会学,而不是建构基于社会学的翻译理论体系。"(穆雷,傅琳凌,2018:211)这是核心。"由于翻译自身的性质,翻译学本身具有多学科性质,是一个涉及语言学、文学、心理学、逻辑学,甚至自然科学的综合学科,从各个角度展开翻译研究都是合理的,也是必要的,但是否从每一个角度展开的研究都可以建构一门'××翻译学',这值得我们反思。"(马冬梅,2020:79)当然,划定了边界,确定了自己的核心概念系统,自然也就能够了断"社会翻译学"或者"翻译社会学"命名之争了,包括自拟更合理的称谓。

在传统上的两个常规研究范式中,text(文本)研究是围绕原文意义的,context(语境)研究主要是社会路径的翻译研究,甚至可以说是纯粹的社会路径的翻译研究,因为只要说到影响翻译活动的各种外围环境因素,就不可能不是社会上的,即使译者的内心活动及其目的性因素,也是超越原文意义的、环境因素的一部分,而环境因素本质上就是社会的。(周领顺,周怡珂,2020)简单地说,超越原文本意义的所有外围因素的解读,都是社会路径的翻译研究,这为社会学路径的翻译研究奠定了基础。

4. 中国学派意识及其与中国翻译研究的结合研究

要发展壮大,实现理论创新和突破,就要有中国学派意识,这是理论自信,也是道路自信。但不是说以中国文化为基础发展起来的理论才是中国学派的理论,"中国学者提出的独创性翻译理论"(冯全功,2021:164),就是中国学派翻译理论的一部分。关于中国学派翻译理论究竟是怎样的东西,首先需要做一些层次性的梳理。

在译学界,中国翻译理论常被称为"中国本土翻译理论",指向三个层次:一是滋养源(中国本土文化)指向;二是提出者(中国本土学者)指向;三是问题域(中国本土文化现象)指向。三者共同构成中国本土翻译理论的基石。以滋养源论,中国独特的本土文化是理论构建的营养,只要是基于独特中华文化所构建的翻译理论,都是中国本土翻译理论。以提出者论,中国本土学者提出的翻译理论无疑是中国本土翻译理论,但滋养源未必是中国本土文化,要解决的问题也未必是专门面对中国独特文化现象的。中国本土翻译理论不管是指向滋养源还是指向提出者,只是侧面的不同,但共同指向问题域。问题域也是理论工具性的体现。

"社会翻译学"/"翻译社会学"也有构建中国学派翻译理论的基础,虽然滋养源不在中国,名称提出者不在中国,但大的研究队伍在中国,理论体系也可能诞生在中国,问题域也已在转向中国,比如中国文化传播的翻译现象等研究,这是牢固的基石和好的开端,而与现有的中国翻译理论进行结合研究,有望开辟一片新的天地,比如与译者行为研究相结合的研究,与陆志国(2020:51)提及的国外学者集中于译者行为的研究用力一致。"在翻译学和社会学的结合并转型期,必须抓住一个研究的中心,所以就有了翻译学研究中出现的'译者主体性'研究和社会学研究中以译者为中心(译者行为)的研究,开始对人关注起来,就是开始改变思维并进而改变路径方法和研究范式的表现。"(陈静,周领顺,2022:5)译者行为研究并非只是"译者"身份相关的研究,还包括外部研究,可以分出广狭两类。广义上是以"翻译活动中以译者为中心涉及的作者、讲话者、读者、消费者甚至赞助人等任何意志体"的行为的研究(周领顺,2022:80),狭义上是译者身份下的行为研究,二者综合在一起考察,才能把问题分析得更透彻。

译者行为批评中有关翻译内外的划分、超务实、社会化、角色化、翻译活动、客观环境因素等内容,就说明了广义译者行为研究的存在,因为它们超出了译者的译者身份和行为。将广义研究和狭义研究相结合,是以翻译活动复杂性为前提的。

再比如与编译、综述有关研究相结合的研究。它们虽然表面上讨论的是翻译技巧方面的转换,实际背后隐藏着作为人的译者等意志体的行为问题。表面上的"译者"并非在译者身份下行使的译者角色行为。如果我们把翻译过程分为三段,即第一段的原文方(sender)、第二段的过程方(process)和第三段的接受方(receptor),而译者只是承担了第二段的技巧转换,因为要为读者等特定的需求方实现优质快捷的效果,就顾不上征求第一段原文方的同意,也未必真正在效果上满足第三段接受方之所需,这一切皆出自译者单方的"善意",译者对原文施变的行为严格说来是"处置行为"而非"翻译行为",是翻译外的社会行为。如果译者的译者身份经不起推敲,那么他行使的角色也就不是译者,未必是翻译范畴讨论的问题。所以,深化的研究是在上层(左端)指向身份和角色的研究,在下层(右端)指向效果考察,且要将翻译学和社会学结合起来,才能使研究走向深入,也才能说透学理上的问题。

翻译现象各色各样,虽然"存在即合理",但需要进一步明确合的什么理,偏于什么,在什么范畴内才更合理。在"译者"身份内不合理(比如不尊重原文),但对于社会的某一目标却是合理的(比如故意说成是外国人说的,靠谎话说服皇帝救国救民)。因此,译者行为才有译者身份下的译者行为研究和社会语境下的角色化研究等,而以社会为中心的评价体系建构将是下一步努力的目标,以期形成完整的"文本-行为-社会"评价体系。

5. "社会翻译学"/"翻译社会学"横向和纵向研究路径

从社会学路径看待翻译研究上的问题,除了要解释翻译活动复杂性包括译者造成的复杂性外,总体上是从外部看问题的,从翻译的外部瞄准翻译的事实内核,才更容易辨别内部发生的问题。这类外部研究,是社会翻译学/翻译社会学施展的舞台。

社会翻译学/翻译社会学的研究路径应有横向和纵向之分,横向研究路径第一是要做理论框架搭建研究,第二是要做基础的内容充实性研究,第三是与现有的中国翻译研究做相结合的研究,目前正在做的研究主要是内容充实性研究。充实性研究,也是为最终定名做的准备。在我国,"社会翻译学"和"翻译社会学"研究的内涵是一致的,名称可以随着研究的深入而取得共识,不互相排斥,才利于形成合力和持续发展。霍姆斯在1972年提出这样两个称呼,既没有理论框架,也没有概念系统,更没有预测到现在的发展,而我们只是在他提出的两个名称间选择其一,至少说明我们的创新意识还不够,我们为什么不能摒弃旧的而自拟新的?在"翻译学"或"社会学"间选择其一,恐难做出共用的概念系统和区别性特征。

纵向的研究路径主要是为做好具体的事实分析而用的,应该在翻译学(语言研究、翻译研究、文本研究、内部研究、静态研究)和社会学(超语言研究、社会研究、语境研究、外部研究、动态研究)相加后抽象出专属"社会翻译学"/"翻译社会学"的个性化分析方法。目前这种多维度相加的分析方法,已经不是翻译学或社会学所独有的了。虽然研究对象仍然是翻译现象,但适合从译者的角度切入,才能更好兼顾内部和外部,这是"20世纪90年代,一些西方学者尝试将社会学理论运用于翻译研究,尤其是对译者行为的研究"(陆志国,2020:51)的主要原因之一,也是我专注于译者行为研究并将其上位指向"译者研究""翻译批评""翻译社会学"的主要原因。

我们以传统上"翻译腔"(翻译症、翻译体)的讨论为例。传统上只是作为一种语言现象和语言能力对待的,但只是"翻译学"视域,在满足翻译批评全面性、客观性和科学性等目标时捉襟见肘,另需要在"社会学"的视域内加以审视,这种"混血儿"的研究特征使"社会翻译学"/"翻译社会学"被赋予了从翻译内和翻译外、语言上和社会上、文本上和译者等意志体上以及中间状态等多维看问题的方法个性。翻译腔毕竟是人(译者)在一定社会语境中有意、无意或潜意识中使用的,所以需要以译者行为为研究基点,以得出完整的印象和全面的结论。

翻译研究上的众说纷纭,归根结底源于"翻译学"主战场不够清晰,边界不够分明,所以才会出现各种"侵入",不仅"社会翻译学"/"翻译社会学"如此,研究者甚至会在遇到翻译学上说不清而又被翻译事实感动时命名为"忠实性再创造""忠实性叛逆""创造性叛逆""创造性变译""厚翻译""薄译""创译""二度创作"等各种相互抵牾的称谓。要么给现象命名,认为"名正则言顺";要么改变"翻译"的定义,扩大翻译的内涵和外延,尽可能把翻译学难以包容进去的东西合法化。这些做法,仍然是翻译学不够成熟的表现。也表明,"目前我国翻译学科内部存在不少难以调解的现实矛盾,当前的理论已难以解释新的翻译现象、解决新的翻译问题"(穆雷,傅琳凌,2018:9)。

6. 余说

目前社会或社会学路径的翻译研究成规模的主要是译者行为研究、认知翻译学和"社会翻译学"/"翻译社会学"的研究队伍。当每一个视角的理论体系建设走向成熟时,就会革新研究的范式。一支高素养的研究队伍,是将一个领域的研究发展成为一个学科的物质保障。在现阶段,虽然"社会翻译学"作为一个分支学会已经加入中国英汉语比较研究会的大家庭,而我作为中国英汉语比较研究会的常务理事也投了赞成票,但并不因此说明它已经相当成熟。申请入会的前几次学术活动就是以"社会学"(并非"社会翻译学")之名举办的,说明它的实质是社会学路径的翻译研究,而于2022年10月28—30日在南京师范大学召开的"首届全国社会翻译学研讨会"中的"首届"也表明了这一点。

归纳起来,目前几个主要现象是:

第一,表面上争论的是"社会翻译学"或"翻译社会学"之名,实际争论的是个性化的内涵建设,与霍姆斯当初的建议有关,二者没有实质的不同,在称谓上只是择其一而行之。

第二,以"社会翻译学"之名行"社会学"之实,实际是"社会学视角/路径翻译研究"的简缩表达,"社会翻译学"貌似一个称谓,却与霍姆斯的建议无关,并非择其一名而行。

第三,有学者努力建构的"社会翻译学"理论体系,表面上由霍姆斯的建议引发,但关联最紧密的却是布迪厄等人的社会学理论,并坚称自己做的就是独立的"社会翻译学"。

建构"社会翻译学"理论体系的前提必须是:第一,国外现有的社会学理论概念不能有效解释某些翻译现象(目前暂未发现它们在解释翻译现象时捉襟见肘);第二,要建成"翻译学"里的一个成熟理论体系是因为要能够更有效地解释翻译现象,这是理论的工具性使然。二者互为条件。从目前的状况看,主要是为了便于研究而建设的研究体系或内容体系,各研究板块独立,不是理论应有的,以体系化、个性化概念互相支撑的逻辑体系,这不是理论建设的理想做法。

本文浅尝的这些问题有的或许不是问题,而有的只是发展中的问题。正如王东风(2021:196)所指出的,"当前翻译社会学的发展也面临着不少问题。例如,翻译社会学的研究方法论目前还缺乏系统的阐述,使研究者仍然无法对翻译研究的一些社会问题开展深入细致的调查和科学理性的分析。不过,翻译学界关于建构翻译社会学的探讨仍将持续进行,这将有助于推动翻译社会学的理论建构,使之真正成为翻译学的一个子学科"。而王宏印(2018:504)所表达的"坚持不懈,让其成为重大的项目,等待有了重大的发现,再做结论,进行理论提升和总结,由此构思出宏观的整合性的社会翻译学的理论来"的意见于今仍然适用。

让我们从源头做起,既增强学理性,又使这门学科具有独立的学术特征,使有关研究真正达到中国特色翻译研究"立高标"(潘文国,2020)的目标。2022年开年读到了徐敏慧(2022)的有关理论讨论,深以为然,而连续聆听的几场"社会翻译学"主题讲座,又让我如坠雾中,故以学习者的姿态献疑并希冀更加理性地发展下去。怎样发展,确实值得深思,比如目前多人同时都在建构理论,虽然繁荣,但未必就是正确的发展方向,或者以一个学术共同体的名义建构理论体系更为适宜?"从事社会学翻译研究的人,大部分没有接受过系统的社会学学习"(傅敬民,2022:122),所以也有个补课的问题。

最后需要说明的是,我无意于挑战一个学术共同体,也非要否定目前的建设和发展,作为旁观者和半个外行,我的初衷仍不过是为其更加健康的发展而及时地"敲边鼓"罢了。

参考文献

陈静,周领顺,2022.译者行为研究新发展和新思维:周领顺教授访谈录[J].山东外语教学(1):1-11.

陈秀,2016.翻译研究的社会学途径[M].杭州:浙江大学出版社.

冯全功,2021.中国特色翻译理论:回顾与展望[J].浙江大学学报(1):163-173.

傅敬民,2014.社会学视角的翻译研究:问题与前瞻[J].上海大学学报(6):101-111.

傅敬民,2022.翻译的社会性与社会的翻译性[J].解放军外国语学院学报(1):120-127.

胡牧,2011.译本世界与现实世界的碰撞:翻译社会学视阈[M].上海:上海外语教育出版社.

胡牧,2013.翻译研究:转向社会:对转型期我国译论研究的思考[J].外国语(6):72-79.

刘晓峰,马会娟,2016.社会翻译学主要关键词及其关系诠释[J].上海翻译(5):55-61.

刘晓峰,马会娟,2020.社会翻译学视域下的译者能力及其结构探微[J].外语教学(4):92-96.

骆雯雁,2022.行动者网络理论的名与实及其对社会翻译学研究的意义[J].外语学刊(3):55-61.

陆志国,2020.布迪厄社会学理论视角下的翻译研究:回顾与反思[J].解放军外国语学院学报(2):51-58,84.

马冬梅,周领顺,2020.翻译理论的本土构建:周领顺教授访谈录[J].北京第二外国语学院学报(1):57-70.

马冬梅,2020.新时期我国本土翻译理论研究[M].昆明:云南出版社.

穆雷,傅琳凌,2018.翻译理论建构的原则与途径[J].中国翻译(3):9-18.

穆雷,2020.翻译学研究的方法与途径[M].上海:上海外语教育出版社.

潘文国,2020.翻译研究的中国特色与中国特色的翻译研究[J].国际汉学(增刊):5-37.

覃江华,2015.西方翻译社会学研究的最新进展:《翻译与社会导论》述介[J].上海翻译(1):89-94.

汪宝荣,2018.西方社会翻译学核心研究领域:述评及启示[J].解放军外国语学院学报(6):81-89.

汪宝荣,2019.国内社会翻译学研究现状述评[J].亚太跨学科翻译研究(1):68-78.

汪宝荣,2020.葛浩文译者惯习历时变化考察:以《红高粱家族》《酒国》为中心[J].燕山大学学报(1):17-25.

汪宝荣,2022.中国文学译介与传播模式研究[M].杭州:浙江大学出版社.

王东风,2021.国外翻译理论发展研究[M].北京:外语教学与研究出版社.

王宏印,2018.译苑以鸿,桃李荫翳:翻译学论著序言选集[C].天津:南开大学出版社.

王洪涛,2008.翻译学的学科建构与文化转向[M].上海:上海译文出版社.

王洪涛,2021.中国古典文论在西方英译与传播的理论思考:社会翻译学的观察、主张与方略[J].中国翻译(6):38-45.

武光军,2020."翻译社会学"与"社会翻译学":基于社会学的翻译研究之学科名称辨析[J].山东外语教学(5):113-119.

邢杰,庄慧慧,郭旋,2019.翻译社会学新探索:古安维克对布迪厄理论的阐释和运用[J].中国外语(6):94-100.

徐敏慧,2017.从翻译规范到译者惯习:描写翻译研究的新发展[J].中国翻译(6):11-17.

徐敏慧,2021.翻译文学的资本及其神圣化进程[J].翻译季刊(100):15-24.

徐敏慧,2022.翻译社会学的学科间性:主题、范式、话语[J].中国翻译(1):29-38.

徐赛颖,2022.建构社会翻译学:谢尔盖·图勒涅夫教授访谈录[J].外语教学(3):93-98.

俞佳乐,2006.翻译的社会性研究[M].上海:上海译文出版社.

宇文刚,高慧,郭静,2021.社会翻译学视阈卜英汉自译惯习研究:以熊式一《天桥》汉语自译本为例[J].外语研究(5):77-82.

张汨,沃尔夫,2017.翻译研究中的"社会学转向":米凯拉·沃尔夫教授访谈及启示[J].东方翻译(6):46-52.

周领顺,2014.译者行为批评:理论框架[M].北京:商务印书馆.

周领顺,2015.翻译批评第三季:兼及我的译者行为批评思想[J].解放军外国语学院学报(1):122-128,161.

周领顺,2018.翻译认识与提升[M].南京:南京大学出版社.

周领顺,周怡珂,2020.翻译批评需要怎样的标准?:译者行为批评模型构建尝试[J].外语与外语教学(5):1-12.

周领顺,2022.译者行为研究的人本性[J].外语研究(2):78-83.

朱佳宁,2022.社会翻译学拓展学术翻译社会性[N].中国社会科学报,2022-04-13(A5).

HOLMES J,1972. The name and nature of translation studies[C]. London:Routledge.

LEFEVERE A,1992. Translation,rewriting and manipulation of literary fame [M]. London & New York:Routledge.

作者通信地址:225127 扬州大学翻译行为研究中心;zhoulingshun@163.com

刘勰的"三文"与译诗的"三味"

陈大亮

摘　要:《文心雕龙》体大思精,为文学翻译提供了丰富的理论资源。文章认为刘勰的"三文"说与诗歌翻译的"译味"说有着内在的联系。作者借助刘勰有关声文、形文与情文的理论来探讨诗歌翻译的声味、形味与情味,以此来丰富译味的审美内涵,为诗歌翻译的创作与批评增添一种理论视角。

关键词:声文;形文;情文;声味;形味;情味

0. 引言

刘勰的《文心雕龙》体大思精,内容完备,涵盖了文学的本质论、文体论、创作论和批评论四个部分。书中阐述的文质、体性、风骨、养气、情采、神思、声律、意象、滋味、隐秀等内容为文学翻译提供了丰富的理论资源,成为翻译美学的重要研究领域。然而,这一文艺美学专著尚未引起翻译界的足够重视,其中蕴含的翻译美学思想还有待学者们开采挖掘。笔者在研读《情采》篇时,发现刘勰的"三文"说与诗歌翻译的"译味"说有着内在的联系,并借助声文、形文与情文的有关理论来探讨诗歌翻译的声味、形味与情味,以此来丰富译味的审美内涵,从而为诗歌翻译的创作与批评增添一种理论视角。

1. 刘勰的"三文"

自古以来,声乐舞是一体的,五官也是相通的,通过"五行"学说,"五味""五音"与"五色"等自然地联系在一起,形成一个理论系统。"三五"学说经过《老子》与《淮南子》的推进与发展,到《文心雕龙》时逐渐走向成熟,刘勰在《情采》篇中提出著名的"三文"之说:"故立文之道,其理有三:一曰形文,五色是也;二曰声文,五音是也;三曰情文,五性是也。五色杂而成黼黻,五音比而成韶夏,五性发而为辞章,神理之数也。"关于"声文""形文""情文"的具体所指,周振甫(1991:137)认为:"这里讲到的三种文,即形文、声文、情文,是就骈文而讲的。骈文要讲对偶辞藻,是形文;要讲音律,是声文;要表达情理,是情文。"张灯指出:"所谓'三文',实指写形之文、写声之文和写情之文,一律谓以文字为表述材料的文章文采而言的。换言之,'形文''声文'两项,实以绘画的造型特征和音乐的声律效果喻文字的两种不同的表达功能。"(张灯,1995:218)还有学者依据刘勰的"形文"论来讲解诗歌的图画美:"形文即诗的图画美。它不仅包括了诗的文字外观的美(即闻一多说的"建筑美"),更应该包括了诗歌通过绘形绘色所显示出的视觉性形象的美(即闻一多说的"绘画美")。"(覃召文,1990:138)钱锺书在《谈艺录》中也提到了刘勰的"三文"说,对其内涵做出如下阐释:"诗者,艺之取资于文字者也。文字有声,诗得之为调为律;文字有义,诗得之以俦色揣称者,为象为藻;以写心宣志者,为意为情。"(钱锺书,2007:110)按照笔者的理解,"为调为律"是声文的特点,"为象为藻"是形文的特点,"为意为情"是情文的特点。此外,钱先生还把刘勰的"三文"与庞德的诗文三类相比较,认为"Ezra Pound论诗文三类,曰 Phanopoeia,曰 Melopoeia,曰 Logopoeia,与此意全同"。(2007:110)钱锺书用比较文学"打通"的方法为我们研究刘勰的散文提供更为宽广的理论视角,但他没有就这一比较展开论述。笔者依据钱先生提供的引文线索,找到了庞德在 *How to Read* 中的相关叙述:Melopoeia,"words charged with some musical property, which directs the bearing or trend of that meaning"; Phanopoeia, "a casting of images upon the visual imagination"; Logopoeia, "the dance of the intellect among words"(Pound, 1954:25)。经过对比,我们发现庞德的 Phanopoeia 对应于刘勰的"形文",Melopoeia 对应于"声文",Logopoeia 对应于"情文"。

综合以上几位学者对"三文"的理解,本着趋同的原则,我们对其具体内涵做简要概括:"形文"对应于五色,"声文"对应于五音,"情文"对应于五性,分别代表了文学作品的形象性、音乐性与情感性三个方面。"声文"是借音乐的媒质为喻,指称文学创作中的音乐美,"形文"是借绘画的媒质为喻,指称文学中富于色彩描绘的形象美,"情文"则是指文学创作中的情感美。笔者认为,刘勰的"三文"之说非常简明扼要地概括了诗歌在译味层面的三大特征,即声味、形味与情味,简称为"三味"。

2. 译诗的"三味"

鉴于"五味""五音"与"五色"的相互联系,我们借鉴刘勰的"三文"说把译诗的"三味"划分为音乐美、图画美与情感美三个方面。本节重点从诗歌翻译的角度,选择有代表性的例子分析译诗三味的传达与再现的问题。在翻译实践方面,诗歌翻译的音乐美讲究声文中的音韵优美、节奏和谐、音步整齐、抑扬顿挫等方面,图画美体现在形文的意象鲜明、形象生动、结构优美、诗中有画等方面,情感美表现在情文的情感真实、为情造文、辞为情发、情采相成等方面。

2.1 声味

诗与乐具有统一性,二者是一体的。关于这一点,不少学者都强调了语言的音乐美在文学翻译中的重要性。吕俊与侯向群(1996:15)曾经指出,"诗是一种以音乐性为构成模式的具象性文字的有序组合。诗歌的音律是传达诗人情感的一种符号形式,是传达语言的表达意义的中介。因此,诗歌翻译不应该失去原文的音乐美"。刘士聪(2002:4)说:"凡文学作品,不论是小说、散文或诗词,写在纸上是文字,读出来就是声音。"张智中(2007:39)认为:"音韵美是诗歌的突出特点,也是区别于其他文体的一大标志。"如果原文的音乐美是其典型特征,译文也应功能对等地保留再现这种音美,以减少因音美的损失而影响意义的传达。但诗歌的音乐美又是不容易翻译出来的,这自不待言。下面我们选择英国浪漫派诗人柯尔律治创作的两行诗的翻译说明诗歌的音乐美是否可以在译文中再现:

[1]The fair breeze blew, the white foam flew, the furrow followed free.

这两行诗句很著名,出自柯尔律治的一首著名的叙事诗 *The Rime of the Ancient Mariner*(译为《老水手之歌》或《古舟子吟》)。关于柯尔律治创作这节诗的过程还有一段有趣的细节。据梁实秋在《老水手之歌》译后记中的记载,柯尔律治宁肯牺牲真理也不愿牺牲英语头韵的音乐美:"原文第一百零四行是很有名的一行,最初是 The furrow follow'd free,后来在一八一七年出版的 *Sibylline Leaves* 里又改为 The furrow stream'd off free,因为他后来根据自己在船上考察的经验,发现'船迹'(wake)不是跟着船跑而是离船而去,可是科律芝舍不得原句之充分的双声的美,宁可牺牲真理而不肯牺牲音乐,于一八二八年又改回原来的样子。"(梁实秋,2005:299)看样子,这一诗节的音乐美不仅读者喜欢,连作者也舍不得改。

译味层面的音乐美可能成为一种音乐象征,是为了传情达意服务的,具有审美功能,正如张南峰说的那样:"其中的/f,l,r/这几个辅音所传达的大海的音韵和动感,比词的语义内容要生动得多。这就是说,审美功能盛载了资讯功能。"(张南峰,2004:98)这个例子说明语言的审美功能、信息功能、表情功能等之间不是彼此分裂的,而是相辅相成的。诗的音乐美不仅在于语言本身的声律节奏,而且在于外在的语言与内在的心声的和谐统一。这种声音的抑扬顿挫所形成的高低起伏、错落有致的美感,正是作者内心情感节奏的脉动。正因为这样,文学语言的音乐美在翻译中不是可有可无的东西,译者要尽量在译文中再现。诗歌是具有音律的纯文学,译文失去了音韵与节奏的音乐美就很可能改变

诗歌的性质。下面我们看看周煦良的译文能否体现原文的音乐美:

[2]好风不断吹,浪花不绝飞,舟行到处留痕。(杨德豫,2007:148)

可以看出,周煦良的这个译文运用的是诗的语言,没有失去原文的音乐美。译文多用汉语的五言来译英语的四音步,而用六言来译三音步。在押韵方面,他没有译出英语的头韵,但有尾韵,也算是一种补偿,译文还是有很好的音乐效果的。

[3]清风徐徐吹,浪花翩翩飞,水花任意随船尾。(毛荣贵,2005:45)

这个译文比周译又有所超越,不仅保留了尾韵,而且还运用汉语的双声和叠韵,以求得与英语的头韵功能相似,读起来朗朗上口,铿锵有力,音韵和谐,大大增强了节奏感与韵律美,从而取得更好的艺术效果。这个例子典型地再现了刘勰的"和韵"理论在诗歌翻译中的应用。

诗歌的音乐美除声韵外,还有节奏感。诗歌的节奏是通过轻重音节构成的音步或汉语平仄交错构成的音组有规律的重复出现形成的。节奏是体现诗歌气势与骨力等的关键要素,也是使译文有味的途径之一。文学翻译忽略了节奏,就会导致行文松散、句式失衡、语气不连贯等问题。节奏能否跨越语言的障碍在译文中再现呢? 夏力力(1996:21)认为:"节奏是传达情绪的最有效而且最有力的媒介,受约于情感。每一种情绪都有它的特殊节奏。人类的基本情绪大致相同,它们所引起的生理变化与节奏也有一个共同模型。"从理论上讲,节奏是可以翻译的,因为人类的基本情绪大致相同,它们所引起的生理变化与节奏也有一个共同模型。在具体的翻译实践中,许多翻译家也都从切身的翻译经历中认为节奏是可以移植的。

由于英汉两种语言在声韵与节奏上的差异,原文中的音美效果只能在译文中找到功能对等的表现形式,而不可能与原文完全一样。王宝童曾比较过汉诗与英诗在节奏与韵两方面的特点,他认为,"从总的来看,在英诗中节奏是第一位的,韵是第二位的。韵式之丰富较之英诗有过之而无不及。在汉诗中韵是第一位的,节奏是第二位的"(王宝童,1993:33)。这样看来,无论是汉诗还是英诗,都重视声韵与节奏,靠押韵和格律产生音乐感和音响美,中国旧体诗最强调的是脚韵,英诗则更注重音步,但都同样特别关心节奏。下面我们以布莱克的 *The Tiger*(《老虎》)的汉译为例看看声韵与节奏是怎样在两种语言之间转换的。

布莱克的《老虎》全诗六节,每节四行,每行四音步,扬抑格与抑扬格并见,韵式采用aabbcc的随韵形式,再加上头韵和重复等格律形式,整首诗读起来具有很强的音乐性,产生打铁似的节奏美。诗人特别注重以其音韵渲染气氛,以节奏深化主题:

[4]The Tiger

Tiger! | Tiger! | Burning | bright
In the | forests | of the | night,
What im | mortal | hand or | eye
Could frame | thy fear | ful sym | metry?
……
What the | hammer | ? what the | chain?
In what | furnace | was thy | brain?
What the | anvil | ? What dread | grasp
Dare its | deadly | terrors | clasp? (Blake, 1977: 42)

这里节选的是诗的第一节与第四节,每行的四音步笔者都已经用竖线标出,头韵、尾韵、音步、重复等格律形式体现得非常明显,因而具有代表性。但有一点需要说明,一般的四音步都是八个音节构成,而布莱克的这首诗的最后一个音步只有一个重读音节(symmetry属于破格)。也就是说,每行由七个音节构成,最后一个音步缺一个轻音节,这在英语中叫作catalexis(音节缺失),下面请看具体的解释:

> Notice that the fourth foot in each line eliminates the conventional unstressed syllable (catalexis). However, this irregularity in the trochaic pattern does not harm the rhythm of the poem. In fact, it may actually enhance it, allowing each line to end with an accented syllable that seems to mimic the beat of the maker's hammer on the anvil.[①]

最后一个音步以重读音节结尾,与前三个音节形成强烈对比,给读者以强烈的冲击感和节奏感。破格并没有损害诗的节奏,相反,行末的重读音节恰好符合铁匠抡锤奋力敲打铁砧的音响效果,形成了有节奏的铁砧乐音。这种节奏一直回旋在诗中,与诗中铸造老虎的场面契合,完美地负载了锻造老虎这一内容。

关于这首诗的翻译,徐志摩、郭沫若和卞之琳三家译文比较有代表性,但在再现原作的音韵与节奏方面,卞译好于另外两种译文,江枫和杨德豫就是这么认为的。在比较了徐志摩、郭沫若和卞之琳三家译文之后,江枫认为,徐译和郭译尽管都注意到了韵脚,但在译文的音乐性方面比卞译终究略逊一筹:"译文以

---

① 见 http://www.cummingsstudyguides.net/Guides2/Tiger.html。

准确的韵脚安排再现了原作的韵式,而且,以两字顿或三字顿所构成的四音顿诗行复制了原作扬抑格和扬抑格四音步诗行跌宕有致、和谐流畅的节奏,从而出色地保留了原作的韵律美。"(江枫,1991:131)

根据前文的分析,原作中的音乐美构成了这首诗的一个突出特征,也就是说,声韵与节奏在这首诗歌中被"前景化"了。所以,能否保留与再现原作的音乐性就成为检验译文质量的一个关键标准。下面是卞之琳的译文:

> [5]老虎! | 老虎! | 火一样 | 辉煌,
> 烧穿了 | 黑夜的 | 森林 | 和草莽,
> 什么样 | 非凡的 | 手和 | 眼睛
> 能塑造 | 你一身 | 惊人的 | 匀称?
>
> 什么样 | 铁链? | 什么样 | 铁锤?
> 什么样 | 熔炉里 | 炼你的 | 脑髓?
> 什么样 | 铁砧? | 什么样 | 猛劲
> 一下子 | 掐住了 | 骇人的 | 雷霆?(杨德豫,2007:299-300)

杨德豫认为,卞之琳的译诗"不仅每行顿数与原诗音步数相等,而且韵式也与原诗完全一样"(杨德豫,2007:301)。我们在比较译文与原文之后发现,卞译采用"以顿代步"的译法,在实践中落实了他主张的以新诗格律体译外国格律诗的翻译理念,在译文中产生与原文类似的语音效果。译文以四顿翻译原文的四音步,每一行都是两到三个音节构成一顿,避免了其他译文音节参差不齐的散文式译法,读起来铿锵有力,节奏感很强。卞译本做到了形式与内容的有机统一,译诗借形以传神,用汉语的顿代替英语的音步,使译诗每行的顿数与原诗的音步相等。除节奏感之外,卞译本在押韵上也具有和衷共鸣、首尾衔接的语音效果。

在诗歌语言里,韵律、节奏、意义是一个不可分割的整体,语言的意蕴不仅仅在其符号体现的意义上,还在于符号本身的声音上。人的情感有其内在的节奏,语言如果运用得巧妙,就可以传达人内心情感的高低起伏,产生一种美的韵律和节奏。声韵和节奏作为语言符号的重要因素,具有表情达意的双重功能,属于有意味的语音形式与情感形式,在文学翻译中不可忽视。

2.2 形味

中国古典诗歌的形文具有绘画的视觉美与建筑的形式美,前者通过意象本身的直观性呈现,后者通过意象之间的排列与组合以及诗行的排列形式来表现。形文的绘画美与建筑美诉诸视觉,读者可以通过直觉感知到栩栩如生的视觉形象美,而这一特点却常常被翻译家们所忽略。在古诗英译这个问题上,如何保留诗歌的绘画美与建筑美是一个值得深入研究的实际问题。这里,我们选择庞德与叶维廉两人的汉诗英译,来研究译者是如何再现原诗的形味的。

很多人认为中国古诗不能翻译,而庞德的观点却恰恰相反。庞德在 *How to Read* 中说:"*Phanopoeia* can, on the other hand, be translated almost, or wholly, intact."(Pound,1954:25)这里的 *Phanopoeia* 相当于刘勰的"形文",是指那些直接诉诸视觉与想象的意象诗,而中国古诗就属于这一类。显然,庞德认为由视觉意象构成的形文诗几乎可以毫发无损地翻译到另一种语言中去。庞德在 *A Retrospect* 一文中再次表达了这一观点:"That part of your poetry which strikes upon the imaginative eye of the reader will lose nothing by translation into a foreign tongue."(Pound,1954:7) 庞德的这些观点不容忽视,因为他是一位天才的诗人,有着常人所不具备的诗歌鉴赏能力与语言天赋。他在翻译李白的《古风五十九首》之十四时,中间有两句描写浩瀚的大漠的诗句:登高望戎虏,荒城空大漠。其译文如下:

[6]I climb the towers and towers to watch out the barbarous land: Desolate castle, the sky, the wide desert.(Pound,1915:16)

这三行诗在结构安排与意象呈现方面比较独特,让当时的英美人感到惊奇!一般人在批评庞德的翻译时,只引用最后一句,这样容易断章取义,很难全面认识庞德的翻译观念。其实,庞德在汉诗英译时所采用的创译法是他诗学观的一部分,他是想通过翻译实现创造英美现代诗的目的。在形式上,译诗分三行排列,有意跨行,创造一种登高远望的视觉层次感与立体感,运用陌生化的形式传达深层的审美意义;在意象上,译诗运用意象并置的方式来直接呈现视觉形象,在实践中履行了他提出的意象派三原则。叶维廉认为,庞德之所以这样使用,是因为他"想将荒城(desolate castle)这样一个点投射在广袤的大漠(the wide desert)和一望无际的天空(the sky)这两个呈圆形并向四面不断伸展的面上,为北国大漠的荒凉寂寥增添立体的维度,同时与自然现实相互映照,达到深化荒凉与寂寥之艺术表达的目的"(祝朝伟,2005:182)。

庞德的翻译观与诗学观对叶维廉影响很大,后者研究过庞德,并从古诗的翻译中汲取灵感来创作现代诗。叶维廉对贾尔斯(Giles)、弗莱彻(Fletcher)、宾纳(Bynner)等人解说式的翻译不满意,他想通过翻译来纠正英美人对中国诗的误解。在翻译策略上,叶维廉反对把诗译成散文,主张采用意象直接呈现的电影蒙太奇手法,追求一种近乎水银灯的活动视觉性,达到意象演出的绘画性效果。下面我们看看他是怎样翻译孟浩然的《宿建德江》中的"野旷天低树"一句的:

[7]Open wilderness.

Wide sky.

A stretch of low trees.（Wai-lim Yip，1993:38）

这是一种不顾英语句法,而试图捕捉原诗的语言特色的译法,目的是"在一种互立并存的空间关系之下,形成一种气氛,一种环境,一种只唤起某种感受但并不将之说明的境界,任读者移入、出现,作一瞬间的停驻,然后溶入境中,并参与完成这强烈感受的一瞬之美感经验"（叶维廉,2002:88）。三个诉诸视觉的意象分三行排列构成近乎绘画性的空间张力,在未定关系中保持自由的观物感应活动。译文的观物顺序就像电影镜头那样,首先是一望无垠的旷野,接着是视野中的天空,然后移近低树。读者在观物感应中被唤起了羁旅之愁绪。

谈到诗歌的图画美,不能不谈唐朝山水画诗人王维,他不但精通音律,而且是绘画大师。"诗中有画,画中有诗"是苏东坡对王维诗画艺术特点与审美效果的形象概括,说明了王维的山水诗具有绘画的形象逼真的特点。下面我们选择王维的《使至塞上》中最著名的两句——"大漠孤烟直,长河落日圆"来分析原文的诗情画意是怎样在译文中再现的。

程抱一（2006:61）对这一对仗式的句法做出以下评价:"两句诗这样排列,从美学的观点看,提供了一种不容置疑的视觉美。"这两句诗以传神的笔墨刻画了诗人看到的塞外奇特壮丽的风光,画面开阔,意境雄浑,难怪王国维在《人间词话》中说"此等境界可谓千古壮语"。《红楼梦》第四十八回里曹雪芹借香菱之口也高度评价了王维这两句诗高超的艺术境界,为节省篇幅,这里不再引用原文。边疆沙漠,浩瀚无边,所以用了"大漠"的"大"字。沙漠上没有山峦树木,那横贯其间的黄河,就非用一个"长"字不能表达诗人的感觉。正因为"漠"之大,才见"河"之长;正由于"河"之长,方显"漠"之大。两者互为表里,相辅相成。边塞荒凉,没有什么奇观异景,烽火台燃起的那一股浓烟就显得格外醒目,因此称作"孤烟"。落日,用一个"圆"字,给人以亲切温暖而又苍茫的感觉。

关于这首诗的翻译,我们选择叶维廉的译文来分析译者是如何再现原诗的视觉图画美的:

[8]Vast desert: a lone smoke, straight.

Long river: the setting sun, round.(Tr. Wai-lim Yip, 1993: 112)

叶维廉在《中国诗学》中谈到中国古典诗歌的传释活动时举过这个例子,认为这两句是"视觉性极强烈的意象,而且近似电影镜头水银灯的活动。大漠（横阔开展的镜头）孤烟（集中在无垠中一点一线）直（雕塑意味）"（叶维廉,2006:22-23）。他还指出,如果在"大漠"和"孤烟"之间加一个"的"字,便把绘画性和水银灯的活动化为平平无奇单线的叙述与描写。魏家海（2010:37）在谈到汉诗英译风格的"隐"与"秀"时也引用了叶维廉翻译的这两句诗,他指出译者这么译是"为了突出意象的视觉效果而合理利用了英语语法的扭曲"。为了保留汉诗的这种绘画性的审美特性,译文在句法上打破了英语的形合特点,化线性的时间为立体的空间结构,采用意象直接呈现的蒙太奇手法,因而产生图画的视觉性效果。译文的画面布局有层次感,仿佛画家的眼睛观察景物所得的画面,带有浓郁的诗情画意,体现了诗中有画的特色。

除绘画美之外,形味的另一个特点就是它的建筑美。叶维廉运用结构对等的方式,将不相邻的语言成分通过选择原则结合起来,建立起语义对等关系。译诗语言,简洁而又巧妙,把诗画融为一体,二者相辅相成,相得益彰,达到诗中有画、画中有诗的艺术境界。其意境口里说不出,但可以想象体会到图画性语言的艺术魅力。

2.3 情味

情感是情文的内容,情味是译味的核心,没有情感的文学作品就淡而无味。刘勰在《神思》篇中提到的"观山则情满于山,观海则意溢于海"的观点同样适用于翻译。好的翻译需要译者审美移情,在感情上与作者产生共鸣,就像庄子观鱼能知鱼之乐,也像与可画竹时,见竹不见人。作者"为情造文","情动而辞发",译者"披文入情","沿波讨源"。只有这样,译文才能在审美移情中与作者融为一体,找到自己的精神知音,从而达到主客交融和物我两忘的审美境界。

一切好的文学作品都是发自肺腑之音,其情感无不自心坎而出,因而具有感人至深的艺术魅力。郭沫若说得好:"诗不是从心外来的,不是心坎中流露出的诗通不是真正的诗。"(张传彪,2007:10)张传彪引用郭沫若的话是想说明诗必须用"心"译。《庄子·渔父》中说:"真者,精诚之至也。不精不诚,不能动人。"在能写真景物、真感情的大家之中,南唐后主李煜可谓一个典型的代表。王国维对李煜词评价之所以很高,就是因为这种赞赏源于李词的"真"。在《人间词话》中,王国维用"赤子之心""阅世愈浅,则性情愈真""后主之词,真所谓以血书者也"等语句来评价李煜词。李后主亡国后所写的伤怀之词,发自肺腑,情真意切,是名副其实的情文,千百年来引起无数读者的共鸣。

李煜以白描手法,直抒胸臆,内心情感脱口而出,毫无矫揉造作的虚情假意,验证了王国维在《人间词话》中说的一句话:"大家之作,其言情也必沁人心脾,其写景也必豁人耳目。其辞脱口而出无一矫揉装束之态。以其所见者真,所知者深也。"(洪治纲,2003:92)李煜之词以其感情"真"与感悟"深"开拓了一代词风。在《望江南》中,李煜的一句"多少恨,昨夜梦魂中",勾起了亡国者撕心裂肺的痛苦回忆。该词以梦写醒,以乐写哀,在艺术手法上独具特色。韦利(Arthur Waley)翻译的《望江南》,译文相当精彩:

[9] 多少恨，昨夜梦魂中。

还似旧时游上苑，车如流水马如龙。

花月正春风。

Immeasurable pain!

My dreaming soul last night was king again.

As in past days

I wandered through the Palace of Delight,

And in my dream

Down grassy garden-ways

Glided my chariot, smoother than a summer stream;

There was moonlight,

The trees were blossoming,

And a faint wind softened the air of night,

For it was spring. (Minford, Lau, 2000: 1128)

韦利的这个译文可以说是审美移情的典型例子，译者设身处地站在原作者的立场上发挥想象，体验作者的内心世界，然后沿着作者的情感意识流组织译文语言。译文不仅反映了他深厚的语言功力，而且成功地再现了原诗的意味与神韵，受到很多译家的高度赞叹。韦利一贯主张以自由体翻译中国古典诗歌，为的是不因韵害意，从而保留再现原诗的意象与诗味。但这首词的译文不仅音律和谐优美，意象剔透玲珑，而且诗味与意境全出，是难得的诗歌翻译佳品。

除审美移情之外，翻译情文的关键还在于意象，因为意象是情感的载体与寄托。在李煜后期的词中，别愁离恨构成了他情感世界的主旋律。他运用"春草""流水""剪刀"等具体可感的意象生动地描绘了作者的情感意义。在《清平乐》中，词人以天涯芳草为喻，运用"离恨恰如春草，更行更远还生"一句，把难以言状的离恨描绘得具体而生动。下面我们欣赏孙康宜的译文：

[10] The sorrow of separation is just like the spring grass, The more you walk, the farther you go, the more it grows. (Sun, 1944: 90)

无边无垠，滋蔓丛生的春草，是比喻离恨之多；行程越远，春草越多，是比喻离恨无法摆脱。译文[10]中同样的比喻再现了原词的情感寄托。除了用"春草"的意象外，李煜在《乌夜啼》中还用"剪刀"的比喻来描绘他的离愁：剪不断，理还乱，是离愁。别是一番滋味在心头。下面是艾米·洛威尔（Amy Lowell）和弗洛伦斯·艾思柯（Florence Ayscough）的译文：

[11] Scissors cannot cut this thing;

Unraveled, it joins again and clings.

It is the sorrow of separation,

And none tastes to the heart like this. (Minford, Lau, 2000: 1131)

这剪不断的离愁,不是一般的忧愁,而是亡国之痛,其痛苦的滋味非同寻常,只有经历了由兴盛到衰亡的沧桑巨变的人才能体会到。

这是以水喻愁的名句,显示出愁思如春水汪洋恣肆、无穷无尽。这几个字以富有感染力和象征性的比喻,把感情在升腾流动中的深度和力度表达出来了,并赋予无形的愁以质感和具象,将愁思写得既形象化,又抽象化,充满悲恨激楚的感情色彩。

最能表现他亡国之痛、故国之思的当数《虞美人》一词。这首词是李煜的代表作,也是后主的绝命词。整首词通过今昔交错对比,表现了一个亡国之君无穷的哀怨。全词以明净、凝练、优美、清新的语言,运用比喻、象征、对比、设问等多种修辞手法,高度地概括和淋漓尽致地表达了词人的真情实感,难怪前人赞誉李煜的词是"血泪之歌"。

[12]How much grief can one bear?

About as much as a river full of the waters of spring flowing east. (Sun, 1944: 80)

这是孙康宜的 The Evolution of Chinese tz'u Poetry:From Late T'ang to Northern Sung 中节选的最后两句译文。原诗以问句开篇,译文也以问句提挈,借助激荡的音调,顿挫的旋律,把作者内心起伏的思绪、难平的悲愁和盘托出。最后两句直抒胸臆,以"一江春水向东流"的比喻煞尾,使这首词达到了如王国维《人间词话》所谓"以血书者"的化境。

3. 结束语

诗歌的音乐美、图画美与情感美是诗味的核心构成部分,具体表现为声味、形味与情味。声味的翻译重在音韵和节奏;形味的翻译重在意象与句法;情味的翻译重在审美移情与情采统一。在译诗的三味中,情味是核心,声味与形味最终是为了表达情感服务的。因此,译诗的三味彼此联系,三者相辅相成,相得益彰。语言描写的音乐性和形象性若能与情感性相融合,成为情感的生命载体,那么诗歌翻译就能实现声形情的有机统一。

参考文献

程抱一,2006.中国诗画语言研究[M].南京:江苏人民出版社.

洪治纲,2003.王国维经典文存[M].上海:上海大学出版社.

江枫,1991.浅谈卞之琳的译诗艺术[J].外国文学研究(2):124-133.

梁实秋,2005.雅舍谈书[M].济南:山东画报出版社.

刘士聪,2002.英汉汉英美文翻译与鉴赏[M].南京:译林出版社.

吕俊,侯向群,1996.音美,诗歌翻译中不应失去的[J].外语研究(2):13-18.

毛荣贵,2005.翻译美学[M].上海:上海交通大学出版社.

钱锺书,2007.谈艺录[M].北京:生活·读书·新知三联书店.

覃召文,1990.中国诗歌美学概论[M].广州:花城出版社.

王宝童,1993.试论英汉诗歌的节奏及其翻译[J].外国语(6):33-38.

魏家海,2010.汉诗英译风格的"隐"与"秀"[J].天津外国语学院学报(5):35-40.

夏力力,1996.文学翻译与节奏美学[J].中国翻译(6):19-22.

杨德豫,2007.用什么形式翻译英语格律诗[C]//海岸.中西诗歌翻译百年论集.
　　上海:上海外语教育出版社.

叶维廉,2002.语法与表现:中国古典诗与英美现代诗美学的汇通[M]//包云鸠.
　　叶维廉文集.合肥:安徽教育出版社.

叶维廉,2006.中国诗学[M].北京:人民文学出版社.

张传彪,2007.诗,必须用"心"译[J].天津外国语学院学报(4):6-11.

张灯,1995.文心雕龙辨疑[M].贵阳:贵州人民出版社.

张南峰,2004.中西译学批评[M].北京:清华大学出版社.

张智中,2007.诗歌形式与汉诗英译[J].天津外国语学院学报(5):33-42.

周煦良,2007.谈谈翻译诗的几个问题[C]//海岸.中西诗歌翻译百年论集.上海:
　　上海外语教育出版社.

周振甫,1991.文心雕龙选译[M].成都:巴蜀书社.

祝朝伟,2005.构建与反思[M].上海:上海译文出版社.

BLAKE W, 1977. Songs of innocence and of experience[M]. New York: Oxford
　　University Press.

MINFORD J, LAU J, 2000. Classical Chinese literature: an anthology of
　　translations. From antiquity to the Tang dynasty[C]. New York: Columbia
　　University Press.

POUND, 1915. E. Cathay[Z]. London: Elkin Mathews.

POUND E, 1954. How to read [C]//ELIOT T S. Literary essays of Ezra Pound.
　　London: Redwood Burn Ltd.

SUN C K I, 1944. The evolution of Chinese tz'u poetry: from late T'ang to
　　Northern Sung[M]. Princeton: University Press.

WORDSWORTH W, COLERIDGE S T, 2013. Lyrical ballads[M]. London:
　　Routledge.

YIP W-L, 1993. Diffusion of distances: dialogues between Chinese and western poetics[M]. California: University of California Press.

作者通信地址:215006 苏州大学外国语学院;darlingcdl@163.com

人工智能时代背景下的我国翻译学科建设探索
——基于行业技术发展的思考

卢卫中　许家绍

摘　要: 本文在梳理翻译学科现状的基础上,探讨人工智能时代我国翻译学科的应有之义和未来发展趋势。结果表明:(1)翻译发展的总趋势是从早期以单人、手工文学翻译为主,到当下以团队合作、机辅应用翻译为主,再到将来以人工辅助机器翻译、人工智能翻译为主。(2)翻译人才培养和翻译研究的理念、范式、路径也需做相应调整:一方面,翻译人才培养各环节需将翻译技术课程从附属课程改为核心、主导课程,以培养既懂专业知识又熟练掌握翻译技术和具备管理能力的专门翻译人才;另一方面,翻译研究各领域也需引入大数据、行业技术、语料库、本地化、管理等理论,以拓宽研究范围,更新研究方法,促进翻译学科转型与发展。

关键词: 行业技术;翻译技术;翻译学科;学科建设

0. 引言

人工智能(Artificial Intelligence,简称AI)时代,信息所具有的数量庞大、领域众多等特征对语言服务行业提出了新挑战。传统的仅靠个人单独进行的手工翻译,已无法满足当代社会对高质量、高效率语言服务的新要求。传统的翻译研究和翻译教学多关注对翻译理论的探讨以及对翻译技巧(尤其是文学翻译技巧)的传授,而忽视对信息技术的跟踪研究和运用,不能将信息技术知识纳入翻译课程体系建设,从而不利于培养技术主导型的专业化、职业化翻译人才。理想的翻译人才应该既懂双语、文化和专业知识,又懂翻译技术和项目管理。(卢卫中,陈慧,2014:62-67)。

鉴于此,本文拟在梳理翻译学科现状的基础上,探讨全球化、信息化和智能化背景下翻译学科建设、发展的应有之义。

1. 翻译学科建设、发展历程回顾

自20世纪90年代始,我国翻译界就开始了对翻译学及翻译学科建设的思考。杨自俭(1996:25-29)认为,20世纪最后20年,中国翻译科学的学科建设在各类文体翻译、翻译学理论和跨学科研究三个层次上都取得了可喜成绩,并从如下四方面讨论了对中国翻译学学科建设的想法:翻译科学定性定位问题、学科建设规划与管理问题、翻译人才培养机制问题以及方法论建设问题。

从学科设置上看,我国成立翻译院系势在必行。广东外语外贸大学先行一步,1997年在英语语言文化学院成立了我国第一个翻译系,把翻译作为专业来建设,专业设置目的明确,即培养具有扎实的英语语言基础和较强语言交际能力,又掌握多方面知识,尤其是翻译理论和技巧,胜任外事、外经贸、国际文化和科技交流部门的高层次翻译工作的专门人才。

许钧(1999:1-3)在回顾20世纪最后20年中国译界所走过的路程的基础上指出,无论在翻译理论研究,还是在翻译人才培养方面,中国译界都取得了相当大的成绩:首先是翻译理论研究向系统、科学方向迈了一大步,在翻译史、翻译基本理论、翻译批评、翻译教学理论研究等方面,都有一批代表性著作问世。然后是在翻译人才培养方面,我国外语教学界取得的成绩也是有目共睹的。

西方和我国香港高校早在20世纪70年代就着手培养翻译方向本科生、硕士生和博士生,而我国内地翻译教育专业化起步较晚。译界学者们从20世纪80年代起就呼吁并积极推动建立完整教学体系。20世纪80年代初,一些学校开始在外国语言文学下招收翻译方向硕士研究生;20世纪90年代中期始,南京大学等高校开始培养翻译方向博士生;2003年上海外国语大学高级翻译学院设立内地第一个翻译学学位点。这是内地高校在外国语言文学一级学科下自设的第一个二级学科学位点,招收翻译学硕士、博士研究生,标志着内地高校在翻译学学科体制建设方面进入了一个新阶段。从此,翻译学成为外国语言文学一级学科下的一个二级学科,翻译学科特征和专业化特点不断加强。2004年,"翻译学"学科成为与"英语语言文学"并列的二级学科,获得教育部认可,确立独立学科地位。10余年来,我国高校翻译教育迅速发展,形成了包含本、硕、博三个不同层次较为完备的翻译人才培养体系(马会娟,2017:104)。

经教育部批准,复旦大学、广东外语外贸大学和河北师范大学三所高校自2006年始招收翻译专业本科生,为"翻译学"学科发展奠定坚实基础。翻译作为一门专业,在我国教育部门首次被列入专业目录备案并批准招生,意义重大。专业建设在全国带有一定示范作用。

为适应社会主义市场经济对应用型高层次专门人才的需求,国务院学位委员会 2007 年批准设置翻译硕士专业学位(MTI)。"翻译学"是"外国语言文学"一级学科在发展过程中顺应中国经济建设与对外文化交流的需要而衍生出的一个新的二级学科。新中国成立以来,外语院校培养了大批优秀外语人才,其中一些也成为优秀翻译人才。但现行"文学硕士"外语人才培养模式在教育理念上偏重翻译的学术性,对翻译的专业性、应用性和职业性重视不够。随着我国经济的发展和改革开放的深入,政治、经济、科技、文化各领域国际交往越来越频繁,对高层次翻译人才的需求,从数量和质量上都提出了迫切要求。正是在这一大背景下,翻译硕士专业学位应运而生。

就高等教育人才培养而言,目前我国翻译学主要存在两种培养方式,即作为外国语言文学下设的翻译方向的学士、硕士和博士培养以及作为独立的翻译学专业的学士、硕士和博士培养。同时,作为对翻译学人才培养的补充,翻译和语言服务相关专业硕士学位人才培养也从无到有,不断壮大,而且博士层次的应用型专业学位(DTI)的设立也在积极推进之中(陶李春,黄友义,2021:12)。至此,完整的翻译人才培养体系即将全面形成。

2. 翻译、翻译学科的演变和阶段性

在全球化、人工智能的新时代,我国的翻译事业(主要包括翻译教育和语言服务产业)和翻译学科都在经历重大变革和发展。

2.1 翻译的演变和发展

在国内外,翻译都经历了从课程到专业再到学科的演变和发展。具体而言,翻译演变过程主要包括如下几种情形:(1)就翻译对象而言,从文学翻译到应用翻译,翻译呈现多元化发展趋势。(2)就翻译手段而言,从人工翻译到机译(机辅翻译和机器翻译)(Koehn,2010;Liu,Zhang,2014),从纯人工驱动到信息技术驱动,从个人独立翻译到团队合作大规模翻译,翻译形式发生了天翻地覆的变化,且翻译效率和质量快速提升。未来的翻译发展趋势是从机辅翻译(MAT/CAT)到人工辅助机器翻译(人助机译,HAMT)。(3)就翻译教学而言,从作为课程的翻译到作为专业的翻译再到作为职业的翻译,翻译的专业性和职业化不断增强。(4)就所属学科而言,从附属于应用语言学三级学科(翻译)到与应用语言学并列的二级学科(翻译学),翻译的学科地位、学科特征和专业化特点不断加强。

2.2 翻译学科的演变和发展

就我国的翻译学科发展现状而言,目前主要有三类研究:一是关注我国翻

译学科70年的发展历程,对整个历程进行系统的分阶段探究;二是聚集某一发展阶段;三是指出我国翻译学科发展中遇到的制约因素和应对策略。

首先,王克非(2019:819)将新中国翻译学科70年的发展过程分为三个阶段:翻译作为学科发展的条件尚不够充分的萌芽期,国外译论涌入、学科意识提升、学术机构创建、翻译教学系统化的成长期以及翻译学科获得国家层面认可、翻译研究迅速发展、接轨国际研究、形成中国特色的发展期。而仲伟合和赵田园(2020:79-86)则将新中国70年的翻译学科和翻译专业发展细化为五个阶段:翻译学科萌芽期(1949—1978)、翻译学科建设与翻译人才培养探索期(1979—1986)、翻译学科争鸣期(1987—1996)、翻译学科与翻译专业发展期(1997—2010)、翻译学科与翻译专业发展成熟期(2011—2019)。

其次,许钧(2001:222)认为,我国高校外语专业博士点建设有助于促进翻译学科迅速发展。傅勇林、胡云、许怡文(2022:5)认为,处于新发展阶段的翻译及翻译学科应该鲜明体现思想性、时代性、流变性和实践性,核心要务是积极推动翻译及翻译学科的战略理念和战术理念变革。

最后,王东风(2020:5)指出了制约中国翻译学科发展的三大瓶颈,即学科地位尴尬、创新动能不足和人才培养脱节,并指出了摆正学科地位、推动学术创新和重视人才培养这三个应对策略。对此,许钧也提出了三个主张:要将学科发展跟国家社会发展结合起来,要继续深入翻译理论研究,要加强翻译人才的培养(许钧,曹丹红,2014:7)。

基于以上学者的研究,笔者认为,就翻译教育和翻译研究的内容演变而言,翻译学科的演变、发展过程可以说主要经历了如下三个阶段:

第一阶段,占主导地位的翻译教学与翻译研究是以文学翻译为主的翻译教学观、课程设置和翻译教学实践以及相关领域的翻译研究。其中,翻译技术类课程没有或者比较少见。

第二阶段,占主导地位的翻译教学与翻译研究是文学翻译和应用翻译并存的翻译教学观、课程设置和翻译教学实践以及相关领域的翻译研究。其中,翻译技术类课程开始受到关注,并呈现逐渐增加的趋势。

第三阶段,占主导地位的翻译教学与翻译研究是以应用翻译为主的翻译教学观、课程设置和翻译教学实践以及相关领域的翻译研究。翻译技术类课程成为翻译专业(或方向)课程中的有机组成部分,乃至重要组成部分或主导课程,这是未来翻译教学的发展方向。为此,随着国际社会信息化和智能化的不断发展,翻译理论和翻译教学研究开始高度重视这种转向,并着手进行相关研究。这将成为未来国内外翻译研究的一个新的增长点。

从以上三个阶段的分析可以看出,在我国翻译学科演变和发展过程中,翻译技术类课程从无到有,从少到多,从附属到主导,其重要性不断得到强化,契合了信息化、智能化时代对翻译发展的新要求。由此可见,翻译技术在翻译学科建设与翻译教学中的地位将会越来越重要,将不断从边缘地位走向核心地位。

3. 翻译学科建设、发展的新阶段——行业技术导向的应用类翻译教育和研究

AI时代,翻译学科具有如下新特点:随着信息和数据的激增,海量翻译越来越需要团队合作和翻译技术支持。这种背景,自然要求翻译学学科跟踪时代发展的呼唤和要求,并进行相应转向和调整。

当下翻译的应有之义及其涉及的范围,主要包括传统的文学翻译和AI时代信息技术驱动的应用类翻译这两大类。从总量上看,以后者为主,以前者为辅。

3.1 翻译理论研究

在传统翻译理论研究的基础上,目前的翻译理论研究应重视对信息技术与翻译实践(Quah,2006)以及翻译技术与翻译人才培养之间关系的研究,以服务于新时期新型翻译学科发展的需要。

3.1.1 新时期翻译研究的重要平台和重点话题

许钧(2018:8)指出,《中国翻译》《上海翻译》《中国科技翻译》《东方翻译》《语言与翻译》《外语与翻译》《民族翻译》《翻译论坛》《翻译教学与研究》《翻译研究与教学》《译界》《翻译界》等翻译学术期刊和各种外语类专业期刊创设了各具特色的译学栏目,展示、积累、评价和传播研究成果,引领翻译研究方向,促进了学科人才培养,为学术交流搭建了重要的平台,为翻译学科的理论建设做出了积极贡献。

庄智象、戚亚军(2014:90)认为,翻译研究应积极关注三个转向,即翻译人才培养的实践转向、翻译理论研究的文化转向以及翻译教学实施的过程转向。笔者认为,AI时代信息技术对翻译学科建设和发展产生了积极推动作用,催生了如下若干重要研究领域:基于语料库的翻译研究——语料库翻译学(如:胡开宝,2011;王克非,2012)等;基于信息技术的翻译研究——计算机辅助人工翻译(如:俞敬松,王华树,2010;徐彬,2010;王华树,2012,2013)、人辅助计算机翻译(张霄军,2012;赵惠,2019)、机器翻译(高璐璐,赵雯,2020;王华树,陈涅奥,2021)、AI翻译(杨镇源,2021)等;基于大数据的翻译研究——云翻译等;翻译的跨学科研究——认知翻译学、体认翻译学等(如:卢卫中,王福祥,2013;谭业升,2021;卢植,2020;文旭,刘瑾,肖开容,2021;王寅,2021);等等。

3.1.2 行业技术导向的应用翻译研究话题

袁圆、廖晶（2019：111）指出，我国的翻译研究正朝着信息化、职业化、产业化和多元化的方向发展，这无疑对业界、学界和行业主管部门都提出了新的要求。

本文所谓行业技术主要指翻译技术，而翻译技术是指翻译行业所使用的信息技术和电子翻译工具，具体包括机器翻译（MT）、翻译记忆系统（TM）、术语管理系统、软件本地化工具以及在线词典、术语库和语料库等（袁亦宁，2005：51）。行业技术的快速发展对译者提出了越来越高的要求。假如译者不能适应这种变化，就会失去竞争力（Samuelsson-Brown，1996：280）。当今社会，只有熟练掌握翻译技术的译者才称得上高素质专业翻译人才或职业译者。因此，黄友义（2010：49-50）指出，目前中国的翻译市场正以前所未有的速度迅猛发展，翻译市场需要大批专业化、职业化和技能化的翻译人才。

随着翻译技术从翻译学科的边缘走向中心，技术导向的应用翻译研究成为翻译理论研究的重要组成部分。王华树、冷冰冰、崔启亮（2013：23-27）认为，应用翻译研究应该包含语言服务产业链、产业技术、翻译管理、行业角色和职业发展、语言服务标准等相关专题研究。笔者认为，此类研究还应该囊括如下话题：行业技术驱动的新型翻译教学研究、基于行业技术的翻译人才培养模式研究、翻译技术与软件开发研究、翻译技术教学理论研究、课程设置与教材开发研究、校企合作研究、跨校合作研究、学生见习和实习研究等。

王华树、刘世界（2021，2022）进一步指出，AI时代，人类社会生活呈现跨界交融、人机协同、群智开放、万物互联等新特征，推动着经济社会各领域走向智能化。同时，现代语言服务市场不断壮大，翻译技术发展方兴未艾，成为翻译研究重要的组成部分和翻译教学新范式（Chan，2015）。翻译技术转向的出现，引发系列翻译变革和群体性理论焦虑，同时也为学界带来全新研究课题。翻译技术的广泛应用不仅变革了传统翻译实践模式，满足了语言服务市场需求，更影响了翻译研究和翻译理论的发展（Munday，2016）。在技术驱动下，传统的翻译学逐渐打开新的研究视野，翻译对象、主体、模式、环境和教育等发生显著技术化转变，正在成为译学领域新的增长点。自2000年以来，国内外翻译界在翻译技术领域取得一定进展，研究主题愈加广泛。当然，随着AI技术的飞速发展，行业技术也带来了一定的人机关系问题，包括译者身份弱化问题、译者能力问题、译者心理问题、译者伦理问题等方面，也值得当代翻译理论进行探索。

3.1.3 行业技术导向的应用翻译研究方法

行业技术导向的应用翻译研究应综合采用多种研究方法，其中主要包括定性研究和实证研究，而后者则又可以进一步分为语料库、实验研究、访谈、民族志现场调查等方法。总之，所有这些研究方法都需要与行业技术的应用结合在一起使用,以便顺应技术导向的应用类翻译研究的独特性。

3.2 课程设置和教材建设研究

课程设置往往由课程板块或教学模块构成。技术导向类应用翻译课程除开设语言类课程之外,还需要精心设置并开设翻译技术类课程。俞敬松和王华树(2010:40)认为,除语言类课程之外,翻译技术类课程应包括三个方面:IT类课程(占20%),含计算机相关入门课程,Java、Peyth等编程基础、双语编辑、文字处理、文档转换等,桌面出版、网络与数字出版技术等;CAT类课程(占10%),含CAT原理与应用、翻译行业与管理、语言资产管理、本地化与国际化工程技术等;工作坊和个人实践(占25%),含CAT、MT、TMS等软件工作坊、翻译实践与同行评议、平行语料库建设、个人或小组调查研究、内容管理系统参与度等。

王华树(2012:57)把翻译技术课程体系分为初、中、高三个档次,分别是翻译技术实践Ⅰ、翻译技术实践Ⅱ和本地化与国际化工程。王华树(2013:27)借鉴国内外相关高校的经验,建议将MTI技术课程群分为十大模块:计算机基础、现代信息检索、现代语言技术与实践、术语管理、机器翻译原理与应用、技术文档写作、国际化与本地化技术、多媒体翻译、本地化桌面排版、翻译项目管理。

由现有研究可以看出,比较成熟的翻译技术课程群体系主要有两大类:一类将课程群分为三大模块,即翻译技术基础课程(IT类课程)、核心课程(CAT类课程)以及巩固课程(工作坊和个人实践等);另一类则将课程群分为初、中、高三个档次,即翻译技术实践Ⅰ、翻译技术实践Ⅱ和本地化与国际化工程三大模块。而对于翻译专业(或方向)本科生而言,鉴于四年总课程的压力,宜开设入门类基础性翻译技术课程,即主要开设此类初级课程。

在教材编写方面,应该以翻译技术导向的专业翻译人才培养目标和课程设置为依据,编写相应的配套教材。

3.3 翻译师资培养研究

师资培养对于翻译学科建设至关重要。目前,翻译技术和翻译管理课程群师资尤为匮乏,其原因之一是既有翻译实践和理论基本功同时又熟悉计算机操作的教师较少(徐彬,2010:45)。另外,通晓相关翻译软件的教师更少。目前,解决这一问题最好的办法,是与校外翻译机构和公司合作,对教师进行行业技术培训,或者把教师派往校外相关翻译机构、公司实地接受翻译技术和翻译管理培训,或者聘请业内专业人士进校对教师和学生进行专题培训。与此同时,教师本身也需要更新教学理念,并在教学与翻译实践中不断深化对翻译技术的应用。当然,近年来每年由中国翻译协会、翻译研究院、全国翻译专业学位研究生教指委联合举办的全国高校翻译专业师资培训对于缓解、改变应用型翻译师资短缺现状具有重要意义。

3.4 翻译教学内容和方法研究

行业技术导向的翻译教学的内容应该涵盖翻译理论、翻译技术、翻译项目管理、本地化翻译等诸方面,外加大量的翻译实践经历要求。翻译教育界应该形成这样的新理念,即翻译技术类知识、技能和能力是新时代翻译教学和人才培养必不可少的重要一环。如北京大学软件与微电子学院的计算机辅助翻译专业硕士培养体系,以培养面向AI时代语言服务的翻译人才为目标。根据该培养体系,现代语言服务意义上的人才能力结构包括综合技能、信息技术能力、翻译技能等(俞敬松,王华树,2010:39)。

徐彬和郭红梅(2017:96)指出:有组织的教育活动可以大大提高翻译技术的传播效率;翻译技术教学不应拘泥于软件应用的培训,而应培养借助软件解决翻译实际问题的意识,培养创新精神;翻译技术应用能力是翻译能力的有力补充,能够促使翻译学习者尽快适应现代语言服务产业的生产流程。

王华树(2021:88)更是大胆地指出:未来的翻译教育必须进行更深层次的改革与发展,不断汲取AI、大数据、物联网、脑机接口等跨学科前沿成果,充分释放数字化、泛在化教学模式的巨大潜能,促进翻译教育信息化转型升级;同时,通过跨科融合方法积极探究翻译教育技术的普适价值,开拓AI时代翻译研究的新方式,激发深层次翻译教育的理论思辨,开启智慧翻译教育的新时代。

4. 结语

本文在梳理翻译学科现状基础上,探讨了AI时代翻译学科的应有之义和未来发展趋势,指出翻译事业发展变化总趋势是从早期以单人、手工文学翻译为主导,到当下以团队合作、机辅应用翻译、译后编辑翻译为主导,再到将来以机器翻译、AI翻译为主导;翻译人才培养和翻译研究理念、范式、路径和方法都须做相应调整。一方面,在培养目标、课程设置、教材编写、师资培养和教学方法等翻译人才培养各环节,都需将翻译技术类课程从附属课程改为核心、主导课程;另一方面,翻译教学、理论、实践等各个研究领域,都需引入大数据、行业技术、语料库、本地化、项目管理等理论和概念,以拓宽研究范围和内容,更新研究方法,促进翻译学科转型与发展。

需要特别指出的是,在AI战略驱动之下,翻译技术正成为新兴发展领域,给当代译学注入了强劲生命力。同时,技术的爆发式增长也引发了一定的学科转向焦虑和人机伦理焦虑,应当关注人与技术之间互动、互补和互构的底层逻辑。在技术飞速发展的大变革时代,新技术和新问题不断涌现,翻译研究范式受到多方面的挑战。面对翻译技术研究转向的多维性、复杂性和多变性,传统研究方法难免捉襟见肘。应充分利用大数据技术、模式识别、算法模型等新兴技术和方法,更为全面、客观、动态地认识和研究复杂的翻译技术世界。翻译技术研究已经成为翻译研究不可或缺的组成部分,是现代译学新的增长点。翻译技术转向的深入研究,关乎多元技术的跨界融合、多学科理论的相互借用和多元方法论的移植渗透,未来必将促进翻译研究范式和思维方式迭代升级,从而推动翻译学科知识重构与本体世界重建(王华树,刘世界,2021:91)。

翻译学科建设与发展具有鲜明的时代特征,随着国际环境的变化和我国经济社会的发展而发展,可以预料,翻译学科今后会有更大发展,从而为我国经济社会发展做出更大贡献,而且,在翻译人才培养过程中,校企合作、产教融合广度和深度会得到进一步加强,并取得更为理想的合作效果,从而促进翻译学科建设与发展更上一层楼。正如仲伟合、赵田园(2020:86)所指出的,展望未来,我国的翻译学科和翻译专业建设在新时代中国语言服务业发展的伟大事业中,将立足中国经济社会发展实践、服务国家战略,进一步完善翻译学科体系、学术体系和话语体系建设,凸显翻译学科和翻译专业的中国特色、中国风格和中国气派。

参考文献

傅勇林,胡云,许怡文,2022.新发展阶段:翻译及翻译学科的理念变革[J].中国翻译,43(1):5-17,187.

高璐璐,赵雯,2020.机器翻译研究综述[J].中国外语(6):97-103.

胡开宝,2011.语料库翻译学概论[M].上海:上海交通大学出版社.

黄友义,2010.翻译硕士专业学位教育的发展趋势与要求[J].中国翻译(1):49-50.

蓝红军,2014.学术期刊、理论创新与学科发展:翻译学术期刊暨翻译国际研讨会综述[J].中国翻译(5):55-57.

卢卫中,王福祥,2013.翻译研究的新范式:认知翻译学研究综述[J].外语教学与研究(4):606-616.

卢卫中,陈慧,2014.翻译技术与专业翻译人才培养[J].外语电化教学(3):62-67.

卢植,2020.认知翻译学视阈中的隐喻翻译过程与翻译策略[J].英语研究(1):116-127.

马会娟,2017.论中国翻译教育与翻译学科的发展:以北京外国语大学为例[J].外国语(3):104-106.

谭业升,2021.认知翻译学对翻译研究的重新定位[J].中国外语(3):79-87.

陶李春,黄友义,2021.论新时代翻译学科建设与人才培养:黄友义先生访谈录[J].外语教学(1):10-14.

王东风,2020.发展中的中国翻译学科:问题与对策[J].中国翻译(3):5-14.

王克非,2012.语料库翻译学探索[M].上海:上海交通大学出版社.

王克非,2019.新中国翻译学科发展历程[J].外语教学与研究(6):819-824.

王华树,2012.信息化时代背景下的翻译技术教学实践[J].中国翻译(3):57-62.

王华树,冷冰冰,崔启亮,2013.信息化时代应用翻译研究体系的再研究[J].上海翻译(1):7-13.

王华树,2013.语言服务行业技术视域下的MTI技术课程体系构建[J].中国翻译(6):23-28.

王华树,2021.人工智能时代翻译教育技术研究:问题与对策[J].中国翻译(3):84-88.

王华树,陈涅奥,2021.中国语言服务企业机器翻译与译后编辑应用调查研究[J].北京第二外国语学院学报(5):23-37.

王华树,刘世界,2021.人工智能时代翻译技术转向研究[J].外语教学(5):87-92.

王华树,刘世界,2022.国内外翻译技术研究述评(2000—2021)[J].外语电化教学(1):81-88,92.

王寅,2021.体认翻译学的理论建构与实践应用[J].中国翻译(3):43-49.

文旭,刘瑾,肖开容,2021.认知翻译学新发展研究[M].北京:清华大学出版社.

徐彬,2010.计算机辅助翻译教学:设计与实施[J].上海翻译(4):45-49.

徐彬,郭红梅,2017.翻译技术教学新谈[J].当代外语研究(5):96-101.

许钧,1999.关于加强翻译学科建设的几点看法[J].上海科技翻译(4):1-3.

许钧,2001.高校外语专业博士点建设看翻译学科的发展[J].外语教学与研究(3):220-222.

许钧,曹丹红,2014.翻译的使命与翻译学科建设:许钧教授访谈[J].南京社会科学(2):1-7.

许钧,2018.改革开放以来中国翻译研究的发展之路[J].中国翻译(6):5-8.

杨镇源,2021.人本主义前提下人工智能翻译的价值论原则[J].中国科技翻译(1):35-37,25.

杨自俭,1996.谈谈翻译科学的学科建设问题[J].现代外语(3):25-29.

俞敬松,王华树,2010.计算机辅助翻译硕士专业教学探讨[J].中国翻译(3):38-42.

袁圆,廖晶,2019.时代对翻译使命的呼唤:《改革开放以来中国翻译研究概论

（1978—2018)》评介[J].外语教学(5):109–112.

袁亦宁,2005.翻译技术与我国技术翻译人才的培养[J].中国科技翻译(1):51–54.

赵惠,2019.人机交互的跨境电商产品文案英译[J].中国科技翻译(1):26–28.

张霄军,2012."机助人译"还是"人助机译"?[C]//潘卫民.立足国际视野,加强语言教学研究:第二届全国语言教育研讨会暨国际汉语教育专题研讨会论文集.上海:复旦大学出版社.

仲伟合,赵田园,2020.中国翻译学科与翻译专业发展研究(1949—2019)[J].中国翻译(1):79–86.

庄智象,戚亚军,2014.关注翻译研究三个"转向"推进翻译学科专业建设[J].外语教学,35(6):90–94.

CHAN S W, 2015. Routledge encyclopedia of translation technology[M]. London: Routledge.

KOEHN P, 2010. Statistical machine translation[M]. Cambridge: Cambridge University Press.

LIU Q, ZHANG X J, 2014. Computer translation[M]//CHAN S W. Routledge encyclopedia of translation technology. London: Routledge.

MUNDAY J, 2016. Introducing translation studies: theories and applications[M]. 4th ed. London: Routledge.

QUAH C K, 2006. Translation and technology[M]. Basingstoke: Palgrave Macmillan.

SAMUELSSON-BROWN G, 1996. New technology for translators[C]//OWENS R. The translator's handbook. 3rd ed. London: Aslib.

作者通信地址:310015 浙大城市学院外国语学院;aeszhuren@163.com

276826 曲阜师范大学翻译学院;xujiashao@126.com

论译出行为

——译介学视域的中国文化外译[①]

何绍斌

摘　要:中国文化外译效果不佳有多种原因,其中最重要的原因是混淆译出与译入两种行为。译介学认为译出行为完全不同于译入行为,决定翻译行为是否成功的主要因素是接受方的需求状况。译介学理论对翻译的社会复杂性的深刻认知和对中国问题的针对性使其便于解释中国文化语境特有的问题。在目前西方对中国外译作品需求疲软的总体状况下,需进行文化产品供给侧创新,激发真需求,创造新需求,改变传播策略,局面才有可能改变。

关键词:文化外译;译介学;翻译需求;供给侧创新

0. 引言

2006年9月《国家"十一五"时期文化发展规划纲要》的颁布,标志着中国文化"走出去"战略"正式上升为国家层面的重大战略"(杨利英,2017:1)。文化走出去的前提是文化产品在域外的推送与传播,其中首先就是出版物的翻译。2012年莫言获得诺贝尔文学奖,再度引发中国学界关于中国文化(尤其是文学)作品如何走出去的热烈讨论,至今未息。事实上,自20世纪50年代起我国政府就在不遗余力地推动中国文化著述的外译,包括领导人著作、政策文献、古今文学、哲学和历史典籍等的译介;译者中除了少量外国人,绝大部分为中国人;译作除了单行本,还有多语种的《中国文学》期刊译文和"熊猫丛书"等系列出版物(郑晔,2012;马士奎,倪秀华,2017;耿强,2019)。类似国家赞助的翻译出版工

---

① 本文为国家社科基金规划项目"翻译在近代英美汉学演进中的角色及其影响研究"(项目号:17BYY045)的阶段性成果。

程在世纪之交有增无减①,投入的人力物力可谓空前,甚至国家最高领导人也亲自关注并在外交场合亲自推介(许多,许钧,2015)。

这些持续时间长且规模庞大的从母语到外语的翻译出版工程,在世界翻译史上也是非常独特的,因为通常的翻译活动都是从外语译入母语的。其效果如何? 所谓效果,指目标文化读者对译介文化作品的阅读、评论、引用甚至内化为价值观的基本状况。尽管目前学界对中国文化外译的讨论很热烈,囿于各种主客观原因,关于我国文化作品在境外接受情况的研究还比较零散。有学者在谈到中华学术外译项目的总体效果时直言"这些著作在国际学术界的影响并不大",原因之一是"目前的中国文化典籍和学术著作的外译基本上是由国内的出版社出版的(即便是与国外出版社合作,也都是二流或三流的出版社),它们很难进入西方主流的发行渠道,自然也上不了书店和图书馆的书架,因此很难对西方主流学术界产生影响"(李雪涛,2014)。针对效果不佳问题,本文从译介学的"译出与译入"命题出发,结合当代文化学和社会学的翻译视角,提供另一种原因解释并尝试提出可能的解决途径。

1. 译介学的"译"与"介"

译介学是20世纪末中国学者构建的具有中国特色和原创意义的理论体系(查明建,2005)。其创建者谢天振(2020a:29)教授对译介学名称的最新解释是,"所谓译介学,既有对'译'即'翻译'的研究,更有对'介'即文学文化的跨语言、跨文化、跨国界的传播和接受等问题的研究"。

综观谢先生及其他学者对译介学的阐发,译介学的"译"首先是对翻译内涵的重新界定,即翻译(尤其是文学翻译)总是一种创造性叛逆,然后它还指翻译的结果,尤其是翻译文学的地位问题。创造性叛逆是借自法国文学社会学家埃斯卡皮(Robert Escarpit)的一个说法,意指文学翻译作品常常被读者赋予与原著不同的意义,译介学认为译者和读者均会有意无意地成为创造性叛逆的主体,从而凸显了翻译活动的复杂性,使其远超语言转换的技术性活动(何绍斌,

---

① 据不完全统计,自1994年来,中国政府各相关部门推动的对外翻译出版工程有:"大中华文库"系列(110种书目,1999年起陆续出版,原国家新闻出版总署和国务院新闻办公室联合发起);"中国图书对外推广计划"(原国家新闻出版总署和国务院新闻办公室,2004);"中国当代文学百部精品对外译介工程"(中国作家协会,2006);"中国文化著作翻译出版工程"和"经典中国出版工程"(原国家新闻出版总署和国务院新闻办公室联合发起,2009);"中国文学海外传播工程"(中国国家汉语国际推广领导办公室、北京师范大学、俄克拉荷马大学,2009);"中华学术外译项目"(全国哲学社会科学规划办公室,2010);等等。

2020)。最近几年,译介学讨论的重点也从文学翻译延伸到一切翻译现象,"随着翻译进入了职业化时代,文学翻译越来越边缘化,译介学研究也不再局限于单纯的文学翻译研究",因为"创造性叛逆并不为文学翻译所特有,它实际上是文学、文化跨语传播的一个基本规律"(谢天振,2020a:30,70)。

译介学的"介"含义更为丰富,尽管学界对此的认识有一个变化过程。译介学名称的早期使用者孙景尧(1988:245)教授曾经简要提及"翻译与评介也是一种媒介活动",也就是说"介"就是"评介",属于比较文学意义上的媒介活动。谢先生在《译介学》(1999)及其增订版(2013)里似乎并未对此加以详述,直到最近才对此有简要说明,即上文提及的"文学文化的跨语言、跨文化、跨国界的传播和接受"。但他把"介"引向传播和接受,超越了简单的"评介",是大有深意的。《译介学概论》(2020a)增加了"译介学与文化外译理论的探索"一章,同时还推出《译入与译出——谢天振学术论文暨序跋选》(2020b),可以看作他对"介"的具体阐发,也是他对早年探讨过的"译入与译出"问题的总结提炼。我们认为当代社会学视角的"翻译行为"(translational action)等概念可以和译介学相关概念和命题进行相互阐发,并可增强后者的学理逻辑和可操作性。

译介学一方面针对中国语境的问题进行了中国特色话语的理论建构,同时也与世界翻译研究范式的总体演进保持着同步性和可通约性。就目前国际翻译研究的趋势看,借用库恩(Kuhn,2012)研究科学史的概念"范式"(paradigm)[①]来概括翻译研究的模式及其变迁,不失为一个简明有效的办法。自20世纪中期以来,随着翻译研究进入较为严格的学术化状态,其大致历经了语文学-语言学范式(philological-linguistic paradigm)、文化-社会学范式(cultural-social paradigm)

---

① 翻译理论史的描述中,常见的概念如 perspective、approach、model 等往往语义交叉重叠,使用者又赋予个人的含义,使得读者无所适从。库恩的"范式"虽然是用来描述科学研究的发展及变化的,但对人文学科视角的变化也是适用的,研究范式转换(paradigm shift)意味着某个研究领域革命性的变化,而非小修小补的工具和方法的改进。比如有研究者把蒙娜·贝克(Mona Baker)等人倡导的语料库翻译研究法视为范式转换,这是不准确的,因为其基本假设来自基迪恩·图里(Gideon Toury)的描述翻译学,更新的只是具体研究手段。又如近年在西方和中国逐渐成为研究热点的社会翻译学也称不上范式转换,因为这是对(Hermans,1999)所谓的描写-系统研究模式(descriptive-systemic approaches)的深化和扩展。(Snell-horny,2006)用"转向"(turn)来描述翻译研究中不断变换的方法论,但不是每次转向都可以称为范式转换,前述语料库翻译学或社会翻译学约略可以视为一种方法转向。

和综合范式(integral paradigm)。①目前文化-社会学范式正被广泛研究和运用,综合范式方兴未艾,尚处于探索期,而译介学在一定程度上具有综合范式的特征或向综合范式发展的潜力。译介学虽没有直接使用翻译行为、社会行为等概念,但其经典论述和相关研究已经寓含了这些概念所表达的意蕴。翻译是一种"行为"不难理解,但语文学-语言学范式将这种行为简化为译者个体的文本操作行为,限定在译者语言和文学才能在文本转换过程里的展现。但从翻译史提供的大量翻译实例看,翻译不仅是个体对语言的运用,更是一个复杂的社会行为(social action),涉及众多参与者(agents)及其角色间的相互关系(agency)。语文学-语言学研究范式孜孜以求的翻译原则、策略、方法等一旦放入真实的社会文化语境或证之以翻译史实例,往往会显得格格不入,更无法对翻译之于社会文化规范的塑造或颠覆功能进行解释,甚至根本不会触及这些问题。目前,文化-社会学研究范式能较好解释翻译行为的复杂性。

其实,早在20世纪70年代初,霍姆斯(Holmes,2007)在其规划的翻译学谱系中就已经简要提及两种研究模式:聚焦文本(texts)的研究和聚焦语境(contexts)的研究。后者关心哪些文本被选中或舍弃翻译、翻译发生了什么作用等问题,讨论这些问题必然涉及社会学视角,甚而发展为翻译社会学(translation sociology)或社会翻译学(socio-translation studies)。此后各种所谓"目标导向"(target-oriented)的、描写-系统模式的研究,如多元系统论、翻译规范论、翻译改写论、翻译目的论及翻译行为论等轮番登场,大大拓展了翻译研究的对象和方法论,沟通了文本内外世界,也被松散地称为"翻译研究的文化转向"和"文化研究的翻译转向"(Bassnett, Lefevere, 1990)。新一代翻译学者一方面觉得文化转向的修饰语"cultural"与"social"在指涉翻译研究范式时并无本质区别,同时由于"文化"的多义性,作为术语无法全面支撑翻译行为所涉及的全过程和全要素,因此不如用"the social turn"来概括视角的转变,由此产生所谓

---

① 语文学-语言学范式,指所有以原文为依归(source-oriented),以文本对等为焦点的研究模式的集合。文化-社会学范式指那些以译文为依归(target-oriented),以翻译活动的社会、历史和政治运作机制为研究焦点的各种视角的集合。综合(整体)范式指贯通文本内语言语境和文本外社会语境,对二者的联系、互动、因果关系等进行整体研究的视角的集合。正如库恩所指出的,在范式稳定的阶段(常规科学),也并不意味着所有具体视角都是雷同的,甚至可能是冲突的,但基本假设(basic assumption)一致。一个翻译研究范式内,具体的方法和视角也经常有对立冲突的情况。比如,社会翻译学范式中,由于不同研究者采用的社会学理论不同,概念不仅繁多凌乱,有的还互相冲突,但在将翻译行为视为社会化实践并探究翻译如何与社会机制互动上,则基本一致。

社会翻译学(a sociology of translation (studies))。[①](Wolf,2007a:1-38)

　　文化学派开发的命题如系统、规范、意识形态和诗学等命题,社会翻译学所倚重的场域、惯习、资本和网络等概念,对翻译活动的发生发展等的确很有解释力,但是这些研究模式的不足也是明显的。[②]第一,概念多而杂,内涵的重复性却较大,且多倚重相邻学科而独创不足。第二,这些理论假说都与具体翻译项目联系不多,都是从宏观层面讨论抽象的翻译行为,与具体文本的结合就更少了,因此只具有框架性解释功能,在翻译研究中的可操作性不足。译介学似乎既可以与这些理论沟通,又具有相对明确的指向性与可操作性。译介学的"译"既是一种新的翻译观即创造性叛逆,也可以指各种翻译现象和翻译活动的产品;而"介"不仅描述语言文化跨界的事实,也暗涉跨界行为所无法避免的各种角色及其相互关系,是"介入、互介、引介"(involvement, intervention, interaction and innovation)的社会行为,必然触及各种"介"者(agents/actor)构成的权力结构及其相互关系,类似于社会翻译学所谓的"agency"。更重要的是,译介学深深植根于当代中国文化语境,针对中国翻译和文化所面临的问题,提出了一些国内外同行较少甚至尚未关注的翻译史现象,如翻译文学的归属、翻译文学史的编纂、翻译方向和翻译需求等问题。这些具有中国特色又具有国际视野的命题对理解和解释中国文化的外译是很有价值的。

2. 译介学的新命题

　　译介学本身是一个开放的理论系统,面对新问题还需要进一步细化与补充(何绍斌,2020),这也是本文的出发点之一。从译介学研究的相关论述中,可以提炼出一些新命题来讨论中国文化的外译问题。

2.1　翻译方向论:译入与译出

　　早在2008年,译介学理论的主要倡导者谢天振教授在接受《辽宁日报》专

---

① "a sociology of translation"按字面理解应该是翻译社会学,有学者觉得从中西方学界的研究实际看,绝大部分此类研究都是在翻译学名下进行的,应该遵从霍姆斯的第二个拟名即社会翻译学(socio-translation studies)才名副其实,但鉴于两种称谓都比较流行,有时也可权且称为"社会学路径的翻译研究"。(王洪涛,2017)

② 早已有学者对社会学路径的翻译研究的不足进行了探究,如武光军(2017)认为翻译社会学存在六大问题(离心式研究、相对主义认识论、人类学方法、概念的具象化、与描写翻译学的整合、社会学理论之间的整合),有一定启发意义。但有些看法是值得商榷的,如所谓离心式研究,就是说翻译社会学之类的模式是一种"非本体"研究,言下之意还有"本体"研究。此类看法有二元对立论思维之嫌,因为语言文本离开社会网络无所谓本还是末,研究模式的差异只是焦点的区别,并不意味着彼此排斥,如果需要,完全可以打通。

访时就谈到,历史上中国文化成功在域外译介和传播,基本上都是接受者主动发起的,效果也很好;建议慎用或不用"文化输出"或"文化战略"一类的表述,以免引起误解。这里实际上已经触及翻译界长期忽视但十分重要的一个因素即"翻译需求"问题(详后)(谢天振,2020b)。其后不久,他在谈到中国翻译学终于"梦圆"之时,强调翻译学还面临不少问题,其中一个问题是"翻译的'方向'问题。即是说,除了'译入'行为外还有'译出'行为,譬如中国文化如何走出去即是其中的一个问题"(谢天振,2012),但他没有仔细解释。随着莫言获奖引发的舆论热潮,谢先生撰写了系列专文或发表演讲,讨论中国文化走出去涉及的翻译问题,正式指出"译出活动的特殊性",认为这是"传统翻译研究和传统翻译理论的一个空白";具体而言,译入(in-coming translation)和译出(out-going translation)表面上看只是语言对(language pair)的顺序不同,在语言转换的层面上没有实质分别,但考虑到翻译本质上是跨文化交际行为,而文化交流是有内在规律的,因而二者是截然不同的行为;中国当代各种外译项目或相关评价及研究最大的误区是从"译入"角度来处理"译出"问题;讨论中国文化外译的效果,必须首先厘清诸如谁来翻译、作者对译者的态度、谁来出版、作品本身的可译性等问题,还要认识到语言层面"合格的译文"并不必然带来预期的传播效果,因为翻译和传播是两种既相关又有很大区别的行为(谢天振,2014)。

谢先生关于"译出"行为的阐释可谓切中肯綮,是他长期观察思考的智慧结晶,但关于对翻译方向的关注是否"空白"却有待商榷。其实自20世纪70年代末以来,中外学者对"翻译方向"均有零星研究,只不过其理论基点和旨归与谢先生的不同。潘文国(2004,2007)教授就曾数次专门讨论"译出"问题,他有感于国外一些汉学家声称中国文学不能由母语为中文的人翻译所寓含的双重标准乃至歧视,从英语作为"国际共同语"、翻译理论的发展和文化对翻译的干预,尤其是世界文化必须多元化因而离不开中国文化的译介等角度,论证了"译出"的必要性、合理性和方法论。王建国(2019:3-5)教授认为,"翻译方向"应该是翻译学研究的基本单位,因为具体语言对翻译实践所具有的共性需"根据同一翻译方向的译者来分类,才能将研究与实践的关系落到实处",为此"必须建构同一语言对的那个方向的翻译学"。

西方部分学者似乎更早注意到翻译方向问题,但与译介学的命意不同。英国学者蒙娜·贝克主编的《翻译研究百科全书》在国际翻译界影响很大,其中就含有"翻译方向(性)"(direction of translation(directionality))条目,且随着该书版次的变化,部分内容及撰写者都有较大变化①,这个词条始终得到保留,但如何称谓从母语译出行为却很乱。英国学者纽马克(Newmark,1988:52)在1988年的《翻译教程》中就用service translation来指称从惯用语到另一种语言的翻译现象。今天英语著述中对母语译出行为的称谓可谓五花八门,如inverse translation、indirect translation、prose translation、pedagogical translation、forward translation;讨论口译的还提出relay interpreting、bidirectional interpreting、third-language interpreting、detour interpreting等术语(Apfelthaler,2020)。近年来西方还出版了两本研究翻译方向问题的专著(Campell,1998;Pokorn,2005),讨论从第一语言(或母语)译入第二语言(或外语)的问题,说明至少英语世界对这个问题还是比较重视的。

翻译界对"翻译方向"重要性的漠视与长期以来中外流行的翻译观是有内在联系的。人们一提到翻译,就默认为是外语翻译成本族语,甚至联合国教科文组织还曾明确建议"译者应该尽量从事译入母语或与母语熟练程度相当的语言";历史上很多译论家甚至排斥从母语译出,如德国学者赫尔德(Johan G. Herder)就认为"从自己母语译出的行为不值得讨论,除非是为了说明这有多难",而我们熟悉的纽马克也坚持认为"译入母语是翻译得自然、准确和有效的唯一方式"。(Lonsdale,2004)这种轻视"译出"的观念与传统语言翻译观是互为表里的,因为在大多数人眼里,翻译就是语言转换的技术活,是个人语言能力和相关知识储备的表征,从母语译成外语无法保证质量。但翻译史研究表明,绝大多数翻译行为是一个复杂的社会性系统行为,涵盖从翻译项目(工程)的发起,到挑选译者、文本转换(翻译)、出版发行、调研市场反馈等诸多环节,远非个体行为所能覆盖。在翻译职业化日益发展的今天,随着翻译技术的大量使用,传统翻译理论中如作者、译者、读者、译本等核心概念的内涵与相互关系也在发生变化,甚至是颠覆性改变。

正是基于翻译史研究和翻译职业化的现实需求,译介学对翻译方向的关注并非源于语言对顺序变化带来的影响,而是着眼于翻译方向的社会文化意涵。一个不争的事实是,不同国家出版物中翻译作品所占比例是很不一样的,西方

---

① 《翻译研究百科全书》(*Routledge Encyclopedia of Translation Studies*)首次出版于1998年,后于2009年和2020年出版了修订版。除了主编一直是蒙娜·贝克,第二主编在第一版和第二、三版是不一样的。更重要的是,与第一、二版相比,第三版发生了很大变化,包括编排体例、撰写者和具体词条,因为他们认为"经过20年的发展,翻译学的研究领域已经大大扩展,形成了不少分支领域"(More than two decades later, translation studies has expanded to the point of "splintering" into what some might call subdisciplines, each focusing on a specific mode of translation)(Baker,Saldanha,2020:xxiv)。另外,第一版的"翻译方向"相关词条是direction of translation(directionality),第三版直接使用了directionality,内容也很不一样。

发达国家(尤其是英美)翻译作品所占比例极低(3%—5% 左右),而发展中国家如中国的出版物中翻译的比例要高得多(蓝诗玲,2019;许钧,2015)。中国当代文化外译的首要目的地恰恰是欧美,尽管我们主动外译了不少作品,但很遗憾,各种研究显示真正在欧美出版并被广泛阅读的译作非常有限,因此算不得译介学层面上成功的"译出"。流行的论调是翻译水平不高,但只要稍微对比下辜鸿铭、林语堂等人的英文译著在英美的流行情况,语言(翻译)水平论可以休矣。译介学认为,决定翻译是否成功的首要因素是接受文化的需求状况,而且一般情况下翻译方向(或文化流动的方向)是从影响力强的文化指向影响力(相对)弱的一方。近代以来,中国文化影响力与欧美相比,恰恰处于相对弱势地位,因此主动外译其实是一种"逆势"译介行为。这是否意味着我们的外译行为就注定无法成功呢? 其实还是可以有所作为的,前提是观念的更新。

2.2 翻译需求论:翻译兴衰的关键

与翻译方向紧密相连的另一个问题是翻译的需求问题,某种意义上需求的强弱是决定翻译传播活动是否成功的最关键因素。译介学的经典论述对译出、译入的区分也是着眼于需求对翻译行为的影响,因为"译入行为所处的语境对外来文学、文化译介具有一种强烈的内在需求",翻译活动发起者和译者就可以忽略很多外在因素,"只要交出了'合格的译文',他们的翻译活动及其翻译成果也就自然而然地能够赢得读者,赢得市场,甚至在译入语环境产生一定的影响"(谢天振,2014)。但译出行为可能面对需求的不确定甚至阙如,仅仅在语言文本层面合格的译本是常常达不到预期的效果的。因此有学者直言,"文化之所以能传播,关键的并不是传播者做了什么,而是接受者需要什么"(胡晓明,2013)。这些关于翻译需求的看法,说起来应该是常识。如果将包括翻译在内的文化交流传播也视为一种文化贸易行为,那么翻译需求的重要性也是题中应有之义,用古典经济学的说法就是需求决定供给与生产。

上述关于翻译需求的论述对"需求"的理解限定在接受者一端,但译出行为还涉及另一种翻译需求,即译出的需求。王友贵(2013)教授曾撰专文对这个问题进行阐述,他使用的概念是"翻译需要"(translation needs),即"翻译活动得以开始、延续、完成的一种内在决定力量;它的产生可以启动、推动翻译,它的改变可以改变翻译走向,它的消失可以终止翻译"。王教授还拟定了两种需求在输入国和输出国之间的三种表现,并以 1949—1977 年间中国翻译史为例来说明需求如何影响译入与译出活动之盛衰,令人耳目一新。

不得不说,中国学者关于翻译需求的看法有理有据,具有相当程度的中国话语特色和原创性。比较英语世界出版的各种翻译百科全书、翻译学词典、翻译手册、翻译论文集乃至翻译研究专著,似乎都没有论及这一问题,至少未发现专门词条或章节。当然中国目前的翻译学工具书也尚未论及,只是少数学者偶然论及。一个很重要的原因是,西方由母语译入外语的情况较少,即使前文提及的两本谈论母语译入第二语言的专著,他们要么专注译者的语言能力问题,要么从族群语言平等权的角度论证译出的合理性,对译出方更复杂的社会政治需求鲜有问津,对翻译需求之于翻译活动的意义未置一词。而中国自20世纪50年代以来,政府或民间赞助的大型外译活动历时70余年,广为人知。这对中国翻译学者来说,既是一个棘手的实践问题,更是一个重大的理论问题。所谓存在决定意识,理论建构又何尝不是如此? 换言之,中国学者讨论翻译方向和翻译需求问题恰好是中国文化和社会发展的内在逻辑。

2.3 译介传播论:翻译场域的机制

如上文所述,译介学非常重视外译作品的传播和接受问题,不过较少有理论上的建构,本文借用翻译场域的概念,以期丰富译介学的传播论。

翻译与传播的问题,可以说是翻译研究的老话题了。传统的语文学-语言学范式如奈达(Nida,1964)的理论模式中,就借用信息论和符号学来解释语言转换的过程,此路径的研究在中外学者中大有市场。但本文所说的传播是现代传播学和社会学意义上的跨文化交际机制。吕俊(1997)教授是从传播学定位翻译活动的先行者,他认为翻译学应该是传播学的一个分支。21世纪初以来,不少学者也意识到传播对于翻译接受的重要性,甚至提出建构翻译学的分支"翻译传播学",其原理和模式不尽相同,但也有一些共性,即认定翻译本质上就是传播,"将翻译作为研究的起点,运用传播学理论对翻译做出新的解释"(尹飞舟,余承法,2020)。目前学者们所构想的翻译传播学相对于传统的翻译研究有开阔视野的作用,但也有一些天生的缺陷。首先,传播学是一个笼统的能指,不同流派的具体概念和命题差异极大甚至互相抵牾,甚至"传播学本体研究尚不是一个被充分意识与共识化经营的既定研究领域"(陈蕾,2013:26),原因很多,比如"主体价值缺失或价值取向偏狭""对重大社会变革参与不足,限制了自己在社会建构上的价值实现"等(陈蕾,2013:38-43)。其次,也是更根本的问题,对中国文化外译缺乏针对性和可操作性。目前的翻译传播学所指涉的翻译,还是一些抽象的翻译概念,或者说预设的翻译是译入(外语译入母语)行为,忽视了翻译方向和翻译需求对中国外译活动的决定性作用。最后,对翻译行为中的角色定位与相互关系分析不够细致,且多呈现静态结构描述,对翻译与传播的动力机制语焉不详。

译介学认为翻译和传播是既有联系又有重要区别的行为,翻译完成并不等于顺利传播,传播了也不一定达到预期效果,其间的关系可以借用社会学的场域(field)来解释。法国社会学家布迪厄批判性地发展了索绪尔、乔姆斯基和奥斯丁(John L. Austin)等人的语言学理论以及斯特劳斯(Claude Leve-Strauss)和巴特(Roland Barthes)等人的社会学成果,建构了现象学的和阐释性的"普遍实践理论"(Thompson,1991)。布迪厄(1984,1991)特别关心社会各阶级之间的区隔(distinction),这些区隔可以体现在文化趣味、语言等方面,个体和社会系统之间的关系通过场域、惯习(habitus)、资本(capital)等空间和象征性载体来体现。布迪厄对语言学与社会学的重构为翻译研究提供了方便,21世纪初世界各地兴起了用社会学来重构翻译学的热潮(Wolf,2007b;St-Pierre,Kar,2007;Angelelli,2014;Tyulenev,2014;陈秀,2016;王洪涛,2017;Luo,2020)。各种社会翻译学中,主要的理论基础就是布迪厄的社会学理论,但从已有研究看,译者惯习和资本等概念运用得较多,场域概念不受重视,甚至认为场域概念不足以解释翻译行为的"协调空间"(mediation space),因而不能成为一个独立的范畴(Wolf,2007b)。

其实,布迪厄的场域和"市场"(market)、"博弈"(game)等概念是互换的,指的是个体行为的社会环境,是复数而非单数的,说明存在多个场域;更重要的是,不同形式或种类的资本或资源的分布决定了个体之间的位置与相互关系(Thompson,1991),资本成为社会文化场域形成的原动力。译介学认为,翻译行为,具体而言,中国文化译出行为构成了独特的翻译场域。一般翻译行为,即译入母语的翻译行为,其翻译场域一般只涉及接受端,但中国文化外译却涉及译出方和接受方两个场域。译出场域的主体包括发起人、原作的攸关利益方(作者、出版社等)、译者、审查者等多个行为者;接受端的行为者包括出版中间人(代理人)、出版社、学术机构或媒体、读者等。各个场域内部或场域之间的权力关系首先受制于行为者之间拥有的资本。比如莫言的小说《天堂蒜薹之歌》英译出版方和译者认为结尾不符合英语读者的期待,莫言就重写了结尾(葛浩文,2019),但捷克作家昆德拉(Milan Kundera)的小说《玩笑》译成英文时,原译者根据英语读者的习惯对原作进行了调整和压缩,昆德拉向出版社施压,结果出版社调换译者并按照作者的意思出版了一个忠实的全译本。(Kuhiwczak,1990)两位作家的世界声誉就是一种文化资本,也是象征性资本,资本的大小决定了翻译场域的等级关系的差异。另外,布迪厄用市场、博弈等概念来描述场域,也提醒我们翻译行为的研究还要考虑其经济学属性,比如翻译需求、供给等关系。需求是翻译的原动力,更是传播和接受的催化剂。

3. 从供需关系看文化外译①

文化外译,即文化产品②的外译,包括出版物、影视作品字幕配音及相关剧本、网络文学和游戏等。已有不少研究聚焦当代我国文化外译效果不佳的原因,比较有代表性的看法如西方读者的偏见、西方译者的傲慢立场、传播渠道不畅、推广机制不当等。(吴赟,顾忆青,2012)一些参与翻译的汉学家也曾谈及这个问题,如马悦然、葛瑞汉等认为是中国翻译者的外语水平问题(潘文国,2004);葛浩文(2019)认为中国文学不受待见是因为中国作品的技巧不够成熟,蓝诗玲(2019)认为中国文学遇冷是因为西方读者觉得中国当代文学是政治宣传说教材料,是冷战意识的牺牲品。

这些说法揭示的多是现象而非原因。借用经济学术语,真正的原因在于西方有关中国文化的消费市场缺乏有效需求,商业出版社自然不愿意推广,一般书店也无缘售卖。中国当代文化外译具有多重性质,既具有公益文化交流和文化输出战略手段性质,作为文化产业更具有文化产品贸易的经济属性。我们大部分时间将外译工程定位于前者而忽视后者,赔本赚吆喝,自然难以为继。进入新时代,可以从下列几方面重新思考这项工作的性质和策略。

3.1 外译需求调研与反馈机制

在对外译介问题上,不少人认为要传达"原汁原味"的中国文化,就要选择中国文化的代表性作品,而且要完整忠实地翻译。这些看法似乎有理,但忽略了接受端的状况:一则中西之间存在"时间差、语言差"(谢天振,2014),普通读者未必有耐心和能力欣赏烦琐的外国文化译作;再则翻译选材上基本以我们的主观想法为主,实际上是以外宣思路对待文化外译工程,对读者的需求不甚了然,似乎也不屑于了解。曾供职于外文出版社的英国汉学家杜博妮(2019)指出我国外译政策有问题,20世纪80年代她参与的外译项目里,制定翻译政策的人既不懂外语,更不懂译文读者。杜博妮的提醒是有道理的,也从侧面说明不重视对象分析的译介活动很难取得预期效果。

---

① 一个心照不宣的事实是,学界和媒体所谈的中国文化走出去,其对象主要是欧美地区,尤其是英语世界。这与英语的霸权地位相关,连法德的学者也感叹,他们的作品如果不在英语世界发表或翻译成英语出版,也很难获得世界性影响力。(顾彬,2017:20)

② 我国的文化产业包括六大类:文化内容生产、文化传播渠道、文化生产服务、文化装备制造、文化消费端制造、生产性文化服务。跟外译相关的是文化内容生产,又可划分为新闻服务、出版服务、影视制作、广播节目制作、演艺、工艺美术品制作和文化内容保存服务等具体类别。(宋朝丽,2016)

能够"原汁原味"地把中国文化精髓译介出去当然是最佳情况,但现实却很无奈。近代以来,随着中国在工业、科技方面的落后,文化影响力也一落千丈,加之西方统治精英出于意识形态需要刻意制造负面的中国形象,西方大众对中国文化的热情和需求日益降低。尽管西方对中国文化作品的需求并未完全消失,汉学家、外交人员、商业精英一直是该类产品的消费者,但这些人群数量少,分散在不同文化区,很难形成规模化的商业市场。如果我们想主动从文化上影响西方社会,首要的工作是对症下药,了解对方的需求。

需求是生产和供给的原动力,不了解目标文化市场需要什么,会造成供给的重复与低效。市场是细分的,也是随着外部条件的变化而不断变动的。就中国主动的译出行为而言,首先要做的是读者层次定位,这既关乎选材的问题,也关乎译介策略问题。根据不同读者选择不同作品进行译介,翻译方法上也可以采取全译、编译等灵活方式,甚至可以根据主题或故事类型改写古今作品,因为读者是分层的。其实,文化交流初期灵活译介外国文化是通行做法。以我国早期对欧美文学的汉译为例,如莎士比亚的作品最早传入中国时,林纾就是用散文化手法译介的,朱生豪也是如此,直到解放后才有翻译家改用戏剧体翻译沙剧,且是针对特定读者群的,市面上流行的还是散文形式的沙剧故事为多。

进入21世纪以来,中国的经济影响力越来越大,与西方大众生活的相关性也越来越高,西方普通读者对中国的关注度在上升。我们需要及时建立了解中国外译作品需求及消费情况的机制,比如驻外机构应安排专人搜集整理此类信息,在留学生、汉学家等与中国有关联的群体中招募志愿者收集相关信息,定期举办翻译比赛或论坛等交流机制。与之相适应,国内应该设立专门机构,整合国内原先分散的各种外译项目,同时对接境外收集的相关信息,定期发布相关简报供外译工作的组织者和研究者参考。目前,在西方对我国译出作品的总体需求尚不旺盛的情况下,需要保持耐心,欲速则不达,因为中华文化的价值迟早会受到包括西方受众在内的世界各地读者的欣赏。

3.2　外译产品的供给侧创新

了解西方受众的需求,是为"知彼",同时更要"知己"。西方对中国文化译品需求不旺,但并非束手无策。新供给经济学认为,消费需求是人类社会发展的动力源,对此我们长期来看更为主要的支撑因素是有效供给对需求的回应与引导,也就是说,"经济发展的停滞其实不是需求不足,而是供给(包括生产要素供给和制度供给)不足引起的"(贾康,苏京春,2016)。供给可以引导甚至创造新需求,我们也不妨从文化产品供给侧创新角度看待外译问题。

首先,内容创新,好比经济领域的要素创新。"中国文化"是一个高频词,似乎论者读者皆知,鲜有明确界定者。明清以来的中国译出史显示,西方译介的中国作品集中于古代哲学、历史和文学,对当代中国较为轻视,但后者恰恰是文化译出应该着力的重点。老实说,古代文献近两百年来的西方译本已经较多,当前的外译工程应该向现当代文本倾斜。为此,一方面要重新提炼和阐释古代中国文化真正值得当代借鉴的精神价值,而非只要一说古代文化似乎都是精髓,以致漫无边际而无法选择,另一方面要把现当代文化和古代文化进行贯通,和世界公认的优秀文化思想进行对接,创造具有国际认可度的文本。也就是说,外译工程不能仅仅满足于选择已经存在的古代和现当代文本,而是要为翻译和推广而重新创作一批作品,内容举凡文学、哲学、政治、经济和科技均可以囊括,重点是介绍当代中国文化的主要方面,凸显其对于中国古代文化的承续性、与当代世界文化的兼容性。对于既存的文本,可以适度改写,缩短篇幅;形式上既有学术性风格的文本,也有普及性文本;既有纯文字版,也有图说版或音像文字综合版。制作手法上,除了严格的翻译,还应鼓励编译、译写等多种形式。

其次,制度创新,这是供给侧创新的灵魂。前文所述需求情况调研和反馈机制就是一种主要的制度设计。第二个方面涉及外译工程的组织管理机制,目前有好几个机构都在开展类似工程,彼此间沟通不畅,选题、投入和营销渠道既有重复,又各自为政,不易形成合力。建议国家层面的工程由一个部门总负责,相关部门配合。除了国家队,更应该鼓励企业、高校和民间团体(NGO)成为外译工程的发起人,以自己的方式和渠道参与外译工程。国家相关负责部门对这些非国家队市场主体实行宏观管理,不干涉具体的选题和运作方式。第三个方面,为鼓励非政府市场主体参与,应该建立相应的激励机制,包括准入和退出机制。中国外译工程以前一直由政府部门直接站到第一线,西方评论者往往以此为借口,说我们的外译工程是政府的宣传,因此引入官方色彩较淡的行为主体参与外译工程有利于降低西方受众的抗拒心理。第四个方面,建立外译工程的竞争和评估机制。邀请国内外相关行业公司或研究机构联合组成第三方评估小组,每隔几年对参与主体的绩效进行评估,合格的继续追加投入,不合格的退出,对表现优异的进行奖励,如职称提升、项目申报、评优评奖等。

最后,渠道创新,增强传播效果。传统的出版社、书店、大学和智库当然还是重要的传播渠道,在新媒体革命的当下,开发多元化的网络平台进行传播势在必行。很多信息表明,中文网文和游戏的译介作品相当受欢迎,一些跟中国文化相关的网红在西方网络平台受到热捧。可以有意识研究这些现象,将严肃的文化作品巧妙地植入这类流行文本,说不定会有意外的效果。利用网络的便捷性和即时性,开拓译出团队和网友的互动,吸引他们进行评价,把每个参与者变成新的传播载体。在接受我国政府奖学金的外籍学生汉语考试中,把外译作品作为试题材料(比如翻译或写读后感)也不失为一种扩大影响的办法。

4. 余论

中国文化外译是一个复杂的系统工程,历经70载,还是获得了一些成果。对中国文化外译的评论中,有一种看法似乎较集中,即国家(政府)作为唯一赞助人是造成西方接受障碍的主要原因。应该说这种看法有一定道理,但也有学者认为,政府参与文化传播是世界各国的常规,只是程度和方式有别(许钧,2015)。从译介学的角度看,我们认为翻译需求不足才是译介效果差的主要缘由,而需求在短时间内是无法彻底扭转的;目前真正的问题在供给侧,观念滞后,内容老化,手段陈旧,对需求的响应迟钝,因此需要从文化产品供给,即译出行为端,进行创新、改革,响应真需求,激发新需求,这才是解决问题之道。与此相关的另一个问题是,某些译介作品暂时接受度较差,是否意味着译出行为就彻底失败了呢? 翻译需求并非一成不变,当中西文化交流的时间差和语言差缩小后,那些曾经接受度不高的作品也极有可能变得受欢迎,如《红楼梦》杨宪益译本,目前在英语世界的阅读和评论量的确较霍克斯(David Hawkes)译本差(江帆,2014),但假以时日,当中国文化的普及达到一定程度,想深入了解中国文化的人恐怕会更愿意看杨译本。

译介学对译入与译出的阐发,并非简单的翻译方向改变那么简单,而是一个紧扣中国社会文化问题的重大命题。译介学理论构建已有20余年,基本框架和概念已经确立并获得广泛关注和讨论。随着中外文化交流新情况不断涌现,译介学也需要针对新问题不断完善细化,以增强理论的解释力和针对性。在译介学视域里,中国文化外译,不仅要关注"译"的环节,更要研究"介"的环节,更新观念,优化策略,让这项事业不断向前推进。

参考文献

陈蕾,2013.传播学本体研究纲领初探[D].武汉:武汉大学.

陈秀,2016.翻译研究的社会学途径:以布迪厄社会学理论为指导[M].杭州:浙江大学出版社.

杜博妮,2019.论文学翻译的快乐原则[C]//马会娟,等.彼岸的声音:汉学家论中国文学翻译.天津:南开大学出版社.

葛浩文,2019.论当代中国小说在美国的接受[C]//马会娟,等.彼岸的声音:汉学家论中国文学翻译.天津:南开大学出版社.

耿强,2019.中国文学:新时期的译介与传播:"熊猫丛书"英译中国文学研究[M].天津:南开大学出版社.

顾彬,2017.野蛮人来临:汉学何去何从?[M].北京:北京出版社.

何绍斌,2020.译介学:争论·反思·展望[J].上海翻译(1):38-44.

胡晓明,2013.如何讲述中国故事?:"中国文化走出去"的若干理论与实践问题[J].华东师范大学学报(哲学社会科学版)(5):107-117.

贾康,苏京春,2016.论供给侧改革[J].管理世界(3):1-24.

江帆,2014.他乡的石头记:《红楼梦》百年英译史研究[M].天津:南开大学出版社.

蓝诗玲,2019.论中国现代文学在英语世界的接受[C]//马会娟,等.彼岸的声音:汉学家论中国文学翻译.天津:南开大学出版社.

李雪涛,2014.对国家社科基金"中华学术外译项目"的几点思考[J].云南师范大学学报(对外汉语教学与研究版)(1):1-4.

吕俊,1997.翻译学:传播学的一个特殊领域[J].外国语(2):39-44.

马士奎,倪秀华,2017.塑造自我文化形象:中国对外文学翻译研究[M].北京:中国人民大学出版社.

潘文国,2004.译入与译出:谈中国译者从事汉籍英译的意义[J].中国翻译(2):40-43.

潘文国,2007.中籍外译,此其时也:关于中译外问题的宏观思考[J].杭州师范学院学报(社会科学版)(6):30-36.

宋朝丽,2016.供给侧改革视角下文化产业发展内生动力机制探究[J].东岳论丛(10):22-29.

孙景尧,1988.简明比较文学[M].北京:中国青年出版社.

王洪涛,2017.绪论:"社会翻译学"研究:考辨与反思[C]//王洪涛.社会翻译学研究:理论、视角与方法.天津:南开大学出版社.

王建国,2019.汉英翻译学[M].北京:中译出版社.

王友贵,2013.从1949—1977年中国译史上的翻译需要审视"中华学术外译"[J].外文研究(1):72-76.

武光军,2017.社会翻译学研究的现状与问题[C]//王洪涛.社会翻译学研究:理论、视角与方法[C].天津:南开大学出版社.

吴赟,顾忆青,2012.困境与出路:中国当代文学译介探讨[J].中国外语(5):90-95.

谢天振,2012."梦圆"之后的忧思[J].中国翻译(4):10-11.

谢天振,2014.中国文学走出去:问题与实质[J].中国比较文学(1):1-10.

谢天振,2020a.译介学概论[M].北京:商务印书馆.

谢天振,2020b.译入与译出:谢天振学术论文暨序跋选[C].北京:商务印书馆.

许多,许钧,2015.中国文化典籍的对外译介与传播:关于《大中华文库》的评价与思考[J].外语教学理论与实践(3):13-17.

许钧,2015.译入与译出:困惑、问题与思考[J].中国图书评论(4):111-117.

杨利英,2017.中国文化"走出去"战略研究[M].郑州:郑州大学出版社.

尹飞舟,余承法,2020.翻译传播学论纲[J].湘潭大学学报(哲学社会科学版)(5):170-176.

查明建,2005.译介学:渊源、性质、内容与方法:兼评比较文学论著、教材中有关"译介学"的论述[J].中国比较文学(1):40-62.

郑晔,2012.国家机构赞助下中国文学的对外译介:以英文版《中国文学》(1951—2000)为个案[D].上海:上海外国语大学.

ANGELELLI C V, 2014. The sociological turn in translation and interpreting studies[C]. Amsterdam/Philadelphia: John Benjamins Publishing Company.

APFELTHALER M, 2020. Directionality [M]//BAKER M, SALDANHA G. Routledge encyclopedia of translation studies. 3rd ed. London & New York, Routledge.

BAKER M, 2004. Routledge encyclopedia of translation studies[M]. Shanghai: Shanghai Foreign Language Education Press.

BAKER M, SALDANHA G, 2020. Routledge encyclopedia of translation studies [M]. 3rd ed. London & New York: Routledge.

BASSNETT S, LEFEVERE A, 1990. Translation, history and culture [C]. London: Pinter.

BASSNETT S, 2001. The translation turn in cultural studies[C]//BASSNETT S, LEFEVERE A. Constructing cultures: essays on literary translation. Shanghai: Shanghai Foreign Language Education Press.

BOURDIEU P, 1984. Distinction: a social critique of the judgement of taste[M]. NICE R, trans. Cambridge, Massachusetts: Harvard University Press.

CAMPELL S, 1998. Translation into the second language [M]. London & New York: Longman.

HERMANS T, 1999. Translation in systems: descriptive and systemic approaches explained[M]. Manchester: St. Jerome Publishing.

HOLMES J, 2007. Translated! Papers on literary translation and translation studies [C]. Beijing: Beijing Foreign Language Teaching and Research Press.

KUHIWCZAK P, 1990. Translation as appropriation: the case of Milan Kundera's 'The Joke'[C]//BASSNETT S, LEFEVERE A. Translation, history and culture. London: Pinter.

KUHN T S, 2012. The structure of scientific revolutions[M]. 4th ed. Chicago &

London: The University of Chicago Press.

LONSDALE A B, 2004. Direction of translation(directionality)[Z]//BAKER M, SALDANHA G. Routledge encyclopedia of translation studies. London & New York: Routledge.

LUO W Y, 2020. Translation as actor-networking: actors, agencies, and networks in the making of Arthur Waley's English translation of the Chinese journey to the west[M]. New York & London: Routledge.

NEWMARK P, 1988. A textbook of translation [M]. New York & London: Prentice Hall.

NIDA E A, 1964. Toward a science of translating[M]. Leiden: E. J. Brill.

POKORN N K, 2005. Challenging the traditional axioms: translation into a non-mother tongue [M]. Amsterdam and Philadelphia: John Benjamins Publishing Company.

SNELL-HORNBY M, 2006. The turns of translation studies: new paradigms or shifting viewpoints? [M] Amsterdam/Philadelphia: John Benjamins Publishing Company.

ST-PIERRE P, PRAFULLA C K, 2007. In translation-reflections, refractions, transformations[C]. Amsterdam/Philadelphia: John Benjamins Publishing Company.

THOMPSON J B, 1991. Language and symbolic power [M]. RAYMOND G, ADAMSON M, trans. Cambridge, UK: Polity Press.

TYULENEV S, 2014. Translation and society: an introduction[M]. London & New York: Routledge.

WOLF M, 2007a. Introduction: the emergence of a sociology of translation[C]// WOLF M, FUKARI A. Constructing a sociology of translation. Amsterdam/Philadelphia: John Benjamins Publishing Company.

WOLF M, 2007b. The location of the "translation field". Negotiating borderlines between Pierre Bourdieu and Homi Bhabha [C]//WOLF M, FUKARI A. Constructing a sociology of translation. Amsterdam/Philadelphia: John Benjamins Publishing Company.

作者通信地址:201306 上海海事大学;sbhe@shmtu.edu.cn

"像一条小鱼一样"：以创译为中心的翻译教学实证探索

谭慧敏　底欣然

摘　要：在人工智能时代，国外多个市场调查显示，创译一跃成为翻译产业的主流趋势。本研究通过北京外国语大学高级翻译学院以创译为中心的汉英笔译课教学实例分析与对25名学生的小组访谈、作业文本分析等收集数据，考察以创译为中心的翻译教学效果。研究结果表明，经过一学期的课程，学生能够培养创译相关意识，在翻译观念上有所转变。部分学生通过模仿的方式实践内化创译理念，并形成译者身份上的转变，加深对于创译的认识。然而在将观念落实到实践的过程中，学生面临着市场、评价标准、文本类型、思维倾向、个人能力等诸多因素的限制，研究提出了相应的可能解决方式，以期为后续推广该模式打下教研基础。

关键词：创译；翻译教学；翻译能力；翻译评价标准；翻译实践

0. 引言

进入数字化新时代，有关机器翻译是否会取代人工翻译的争论不绝于耳。一项全国笔译员翻译技术现状调查问卷显示，"半数以上的译员在工作中应用机器翻译译后编辑的模式"（王华树，李智，2019：70）。目前学界普遍的共识是，未来机器翻译会承担更大比例的翻译任务，但不会完全取代人工翻译，两者之间的关系并非零和矛盾，而是互动互补（胡开宝，李翼，2016：14），最终走向"人机共舞"的时代。尽管机器的承担比例会加大，在智能机器席卷而来的大环境下，更应该积极思考译员的价值如何体现，体现于何处，如何在人机共舞中始终执牛耳。

其中，内容技术含量低、重复性高、交付水准要求不高的翻译工作则会交由机器处理（朱一凡，管新潮，2019：41），而人工翻译无法被取代的主要是跨文化沟通能力、创造力、判断力、文本阐释能力、直觉运用能力等（朱一凡，管新潮，

2019:40;Massey,Kiraly,2019:16)。在此背景下,创译(transcreation)的概念和术语愈发为人所知(TAUS,2019),也被视为2022年翻译产业五大趋势之一。创译的背后是机器翻译无法企及的多样性,凝结着人类认知的附加价值。甚至有学者发出警示:如果不努力成为创译者,那么未来译者将彻底被机器取代(Katan,2018:33)。卡坦(Katan,2015:13)甚至提出如果译者想要生存,就必须在翻译学界与业界进行“创译转向”(transcreational turn)。“彻底被取代”的说法虽然言过其实,却也唤醒我们思考机翻和人工翻译之间的阶梯;“创译转向”或许不甚科学,然而创译是人工翻译的未来,在讲求信息力度、传播效度和软实力的大环境下,却是不争的事实。TAUS(2019)提出,按目前的大势,译文的要求可以划分为信息和高价类,越需要发挥传播影响力的内容,越需要在翻译时进行创造和写作,如下图所示。

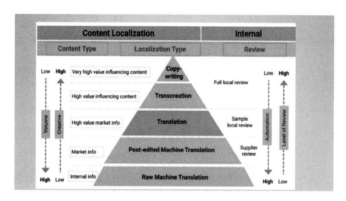

图1 译文内容的本地化分级(TAUS,2019:7)

1. 以创译为中心的翻译教学依据

爬梳三百多篇以创译为关键词的文献进行系统综述,创译的定义如下:创译是一种翻译,主要特征为语际语内顺应或信息的再阐释,特别关照目标读者的文化特征和沟通需要。在努力传达相应的信息、风格、语气、意象和情感的大前提下,这种再阐释可能包括对源语或多或少的偏移或表面背离,从而实现原文本的目的,传递深层信息,克服文化障碍。有些学者认为创译多出现在呼唤性文本和交际语境中(Mar Díaz-Millón,María Dolores Olvera-Lobo,2021:12),尤其集中在传媒、广告、市场营销行业(黄德先,殷艳,2013)。也有学者指出,创译“不只是翻译”,其拥有(传统)翻译所没有的“附加价值”,背后带有一个公司、国家或是文化的影子(Pedersen,2014:62)。其实,把创译单纯地和创意产业挂钩是狭义观点。任何文本都可能需要创译,因为新表达的涌现、语用的贴合、语篇的连贯、文化的距离、达意的效度、达出版物标准的要求等,不仅是译员可以发挥之处,更是达标门槛。比如科技翻译,其实很需要创译来重新包装艰涩的内容,充分释放信息。

尽管创译在理论上具有较高地位、前景广阔,但有调查显示仍有大量译者不愿从事创译相关工作,因为他们不认为自己有创意,而更注重忠实性(Katan,2009a),只有 30% 的译者会经常主动协调读者或者主动考虑文化差异(Katan,2015:6)。这说明创译的概念还需深入。为使译者具备相应能力从而适应市场变化,将创译作为翻译教学的中心显得十分有必要。

翻译教学的目的是提高学员的翻译能力(王军平,薄振杰,2019:70),而对翻译能力的探讨一直也是翻译教学研究中的重点和热点。其中,西班牙巴塞罗那自治大学的 PACTE 小组提出的翻译能力模型不仅系统可视化,而且结合面向职业译者的实证研究,得到了学术界的肯定(李瑞林,2011:47)。该模型包括五种子能力,"双语能力、语言外能力、翻译专业知识能力、工具能力和策略能力以及心理生理要素,为翻译教学及译者翻译能力培养提供了方向"(韩淑芹,2020:51)。在此基础上,有学者结合高阶思维能力模型提出了面向高阶思维能力的翻译能力模型(Tan,Cho,2021),进一步细化了位于原模型中心地位的策略能力。在新的模型中,策略能力被进一步分解为问题解决能力、批判性思维能力、创意思维能力与决策能力。我们建议加入写作能力,因为前面提到的种种,最终必须落实到笔头功夫上。故此,翻译教学必须以创译为中心才能够有效提高学生的翻译能力,并且是最为关键的策略能力。

然而,以创译为中心的翻译教学虽然近几年在国外院校陆续开展了有益的尝试(如伦敦大学学院的短期课程、罗汉普顿大学的硕士生课程),在国内还未成气候,相关的教学研究更是寥寥无几。因此,本研究旨在介绍一项以创译为中心的翻译教学实验,介绍课程设计思路,展示具体教学案例,同时通过对学生的深度访谈检验该模式的效果、反思该模式的问题,以期为后续推广该模式打下教研基础。

2. 设计与实施

本研究以北京外国语大学高级翻译学院研究生一年级的汉英笔译基础课为例,以展示以创译和译写为中心的翻译教学模式。这里并不讲究创译和译写的具体定义,旨在将写作思维和创意思维引进翻译之中,在不违反原文意旨的前提下,提高译文的表达水平和传播效度。

学生构成:一半为翻译学硕士(MA),一半为翻译专业硕士(MTI)。虽然学生基础水平不同,但都通过了全国统一硕士研究生考试或推荐优秀应届本科毕业生免试攻读研究生考试,其中包含对笔译的考察,可视为具有一定翻译水平或基础,唯过半以上本科为英语专业,本科为BTI者略少于四分之一。

课程设计思路。课程设计首先考虑到笔译课在北京外国语大学高级翻译学院属于"弱势"课程,课时占比小,学生练口译的时间占比更高。而且,除了复语和口笔译方向的同学,其他方向研一以后不再上笔译课,所以有必要一击即中。观察发现,学生最大的问题是:(1)习惯以口译、视译的方式处理笔译,提效意识薄弱;(2)翻译观狭隘,几个学期的课前调查显示,有一点理论意识并懂得运用的同学约莫只有三分之一,半数以上听过一两个理论但是不懂得践行。尽管翻译理论对翻译实践没有程序性的操作意义,但是如同图则对工程的指导作用,理论对译文的全局观、策略、问题解决方案、细节处理都起标志作用,能拓展译者的翻译思路。然而,笔译课是实践课,不是理论课,所以须要精选必须有的一揽子理论,融入实践。(3)教学中间调查显示,翻译的一大卡点在于能够理解却未能表达,所谓表达不出来是学生知道那纯粹是字面对应,不够地道,也表现不出语用内涵。按此,教学首先强调区别口译和笔译,亦即强调打磨和润饰,不停留于快速的直接反应。进而从语篇分析和信息重组改善流畅度,最后强化语用阐释和写作思维,提高译文的传播效度。整个过程穿插不同的文本来讨论各种翻译思维和细节处理。比如以下例子:

例一:标题(文章谈虚拟现实行业的未来发展):

虚拟现实: 星星之火已经燎原	学员1:Virtual reality evolving into a game-changer 学员2:Growing virtual reality:From seeds to full bloom
标题要求:吸睛、简练 翻译考虑:这属于报道性质的文章标题,不必字字对应,宜着眼于译入语读者的接受度和认知距离。虚拟世界用"virtual reality"是否贴切?考虑到VR已经有固定含义,建议学员再思考;后半部分,学员从语用考虑,基本否定"a single spark can start a prairie fire"的适用性,另提译法。	虚拟现实:广义,包含VR、AR、MR、XR、元宇宙等。"虚拟"为避免与VR产生混淆,带进创译思维。比如从其沉浸式属性来考虑,表达为immersive reality;从性质而言,表达为simulated reality;或者从突出这个产业在反转这个世界,表达为revolutionalized reality。 学员提出的game-changer、from seeds to full bloom很有巧思。唯evolving into a game-changer是已知事实;to full bloom着眼于现状,但是文章放眼未来,所以可以进一步打磨。

建议译法:

利用星火燎原带有"spark off"的意思,形成"Immersive realities of tomorrow spark off";或者考虑到文章内容提到的种种新构思和发展方向依然需要克服众多技术问题,形成"Revolutionary realities standing at the threshold"。

例二：政论文本

要强化道德对法治的支撑作用。坚持依法治国和以德治国相结合，就要重视发挥道德的教化作用，提高全社会文明程度，为全面依法治国创造良好人文环境。要在道德体系中体现法治要求，发挥道德对法治的滋养作用，努力使道德体系同社会主义法律规范相衔接、相协调、相促进。（《习近平谈治国理政》第二卷，2017，第134页）	原译：We should reinforce ethical support for the rule of law. To integrate the rule of law with the rule of virtue, we need to give play to the role of ethics and enhance the ethical standards of the whole of society, laying a sound foundation for promoting the rule of law in all respects. The rule of law should be reflected in our ethical framework so that ethics may provide more nourishment to the development of the law. We should make sure that they are connected and coordinated and reinforce each other.

　　根据语用合作原则中量和方式准则，原译有几处可以做得更好："ethical support for the rule of law"其实说的是"the role of ethics"，而不仅仅是给予法治道德支持；"社会文明"的内容远比"ethical standards"多；"良好的人文环境"只以"sound foundation"来诠释；"滋养作用"处理为"nourishment"未免脱离语境，其实是指"ethics is the source of the law's binding power"，可以深度翻译。此外，"integrate"属于字面对应，实则道德与法律相结合是相辅相成的意思，不是两者融为一体。

　　从语篇衔接的角度，本段以道德在法治中的作用为主，译文的视角未能紧扣道德，信息焦点不断转换，法治和道德的主次地位混乱。主要从语篇角度出发，一个中间修订版如下：

　　The moral case for upholding the law must be strengthened. In order to blend the rule of virtue with the rule of law, we must emphasize the importance of ethics and raise society's ethical bar, creating a solid humanistic foundation for the promotion of the rule of law in all respects. Our ethical framework should mirror the rule of law so that ethics can better support the evolution of the law. We must make sure that morality and law are aligned, coordinated, and reinforcing one another.

　　从写作的角度看，做好理解工作，把握好主题，设计好主语和逻辑关系，遣词造句可以活泼些。创译参考：

　　It is vital to increase ethics' contribution to the rule of law, i.e.

ethics must be given full play to raise the civility of the entire society beyond material advancement. The synergistic use of virtue as a means of binding everyone to abide by the law prepares an unspoiled humanistic environment leading to the uniform application of the rule of law across the country. Our code of ethics must also honor laws and norms in that ethical obligations entails the binding power of law. Socialism in China requires our moral and legal norms to be closely aligned, coordinated, and mutually reinforcing.

3. 反馈与反思

在对以创译译写为中心的翻译教学反馈实证研究中,因其探索性、过程性、互动性而采用质的研究方法。在发放《知情同意书》后,共有25名学生自愿参与研究,同意研究者使用其笔译作业作为文本分析资料,同时参与深度访谈。访谈内容主要围绕学生对该模式的认识及遇到的困难展开,旨在通过学生的视角对该模式进行评估,以期为更好推广该模式奠定基础。访谈形式为半结构型,研究者在开始访谈前根据研究问题设计了相应的访谈提纲,但"同时也允许受访者积极参与"(陈向明,2000:171),在访谈过程中会随着受访者的思路根据具体情况调整顺序、补充追问。

访谈结束后,研究者将转写的访谈录音导入Nvivo进行内容分析、编码、归类,得到质性编码体系如表1所示。

表1　访谈数据编码体系

	观念转变
对创译的认识	内化实践
	身份认同
	市场
	评价标准
影响创译的制约因素	文本类型
	思维倾向
	个人能力

3.1 学生对创译的认识

学生对创译的认识主要体现在观念转变、内化实践、身份认同三个维度(见表2示例)。学生首先经历观念转变,进而通过实践内化观念,最后形成身份转变。

表 2　学生对创译的认识示例

观念转变	"没有这个概念""从来没听说过""第一次听说""打开了新世界的大门""震惊""刷新世界观""打破思维局限""脱胎换骨""新思想"
内化实践	"发现其实灵活处理思考的过程挺有趣的""想办法让语篇更连贯不会太割裂""(歌词创译)让人很想挑战"
身份转变	"多一层observer的身份""不再像个parrot""从译者到作者"

在访谈的开始,研究者并没有直接提出创译的主题,而是以不具有引导性的方式提问:"汉英笔译课带给你最大的收获是什么?"所有受访者都不约而同提到了创译,表达了自己对创译这个新概念输入的新奇与震撼。无论本科是否是翻译专业,学生都认为创译这个概念解放了思想,使得他们能够发挥创造力而不被原文束缚。本科非翻译专业的学生认为,创译还是要在翻译院校,跟对老师才能学到,靠自己对照参考译文学习的方法只能把自己限制在条条框框之中。创译让学生觉得"像一条小鱼一样,游得特别灵活自在"。其实,即便本科是翻译专业的学生,在本科接受的也还是传统的翻译教学,接触到创译后也得到了思想的解放,产生了观念的转变。不少学生对比本科接受的翻译教育和研究生接触的创译教育,发现自己有了很大的改变:以前认为最高标准的忠实应该是形式内容双忠实,而现在对于形式上的标准有所放松;以前原文怎么写就怎么翻,而现在认为译者在不背离信息意旨(message intent)下,有责任把原文变得更好;以前对笔译的认识只是停留在翻译"文字"的层面,只关注所谓的忠实"原文"、是否翻译完整,而现在更意识到笔译也是一种沟通方式,更关注译文的目标读者、可读性和交流价值。

通过一个学期的学习,学生从最初接触到创译的新奇,到逐渐对创译形成了自己的认识:创译是灵活、自由、大胆的,而不是死板、一字不落、百分之百"准确"的。创译是"更高层次的翻译",对原文从整体上在逻辑、用词、架构等多方面做出改变,从而实现效果呈现的最大化。创译就像写作,是通过译文对原文做出修改,但同时也没有那么自由,是"创译但不随意"。同时,学生能够更加关注翻译目的、文本类型、目标读者的认知以及传播效度,普遍认为在广告、文学作品等非信息型文本上创译发挥的功能最大,自由度也最高。其实,如前面例子所示,提高传播效度是创译和译写的主要目标,任何文本都适用。

这些认识的形成并非一日之功,而是通过反复的教师展示与作业实践内化、吸收而产生的。创译的习得很大程度上还是依赖于教师的示范和重复,是一个动态的过程。部分学生在教师的鼓励下开始尝试在作业中实践创译:"见多了,老师讲得多了,我就知道(创译是)可以(的)。""老师都这样了,我也可以试试。""如果在课堂里都没办法(创译)的话,在其他地方就更不可能了。虽然有点冒险,不知道能不能拿到好分数,但还是逼迫自己放飞自我,尝试了一下创译。"在作业的尾注中往往可以看到学生努力尝试创译的痕迹,比如其中一份作业有这么一段话:"人的味觉是从甜开始发展的,而苦味往往必须走到生命的某个阶段,经历一些生命的苦之后才会欣赏。"(陈喜明《餐桌上的大小事》)其中一名学员译为:"We rarely graduate from the childhood love of sweets to bitter tastes until we ourselves, coming of age, become seasoned with the "bitterness"of life."脚注说明:"阅读的流畅感是重中之重,阅读时不要有扰人的中断,美感和诗意的保留是重点,而且语义网中注意上下文食物、烹饪隐喻的联系,中文词语隐含语义韵在英文中可以突出。"上下文都是在说烹饪与人生,译文用 seasoned等词来形成联想语义网,还有这里"苦味"和"人生的苦"似乎应该是有对应关系,因此选用了 ourselves 来凸显这层意义。

通过内化实践,学生对创译的认识也从观念转变深化成为对自我身份的觉察。通过反思翻译与创译的关系,学生认为创译能够让译者显身,不再"隐形",从而让人不再觉得自己像"传声筒",只是"鹦鹉学舌",获得极大的能动性。从某种程度上而言,"创译就像写作"这种观点也使得学生经历了从译者到作者的身份转变,在作业中除了考虑翻译方面的问题,学生也开始主动考虑"怎么用英语去写这种风格的文章",使得译文本身也能够在目标语社会文化环境中成为很好的文章。这种身份的转换使得学生多了一层"观察者"的身份,能够从更宏观、更批判的视角审视原文和译文,有助于翻译能力特别是高阶思维能力的培养。翻译观的转变不能只体现在一个课堂、几届学生上,而是要整个业界改变评估方式,包括我们通过翻译认证或翻译比赛给出的规范。业界应该关注的不仅仅是翻译观的问题,而是在讲求传播效度,提高中国文本输出的时代,由此折射出来的中国译者身份的转型,从文字传输上升到意涵的传输。

3.2　影响创译的制约因素

然而,不少同学仅仅停留在观念的转变上,具体将创译落实到实践还遇到诸多因素的阻碍,主要包括市场、评价标准、文本类型、思维倾向、个人能力这几方面(见表3)。

表3　影响创译的制约因素

市场	客户要求		
	工作量与时间限制		
	价值回报		
评价标准	市场		外界
	竞赛考试		
	自我评价		内在
文本类型	创译梯度:广告>文学作品>新闻外宣>学术论文>法律合同		
思维倾向	态度		—
	习惯		固有翻译理念
			风险规避倾向
个人能力	语言能力		
	写作水平		
	背景知识		

　　对创译最大的阻碍来自市场,主要分为客户要求、工作量与时间限制、价值回报这几方面。大部分受访者已经积累了一定的市场翻译经验,秉承着"客户要求至上"的原则进行翻译实践。而绝大部分受访者反映,目前没有在市场中接触过要求创译的客户,甚至对未来市场也持消极态度:"想象不到未来有什么场景客户要求发挥的创意越多越好,只要达到比较好的效果就行。"在课堂上认识到创译在文学领域可能更有价值,但一旦进入市场,之前所学很轻易就被推翻:"如果文学笔译客户要求贴原文,也会尽可能少一些灵活处理。"除客户要求之外,在市场中常常面临着工作量与时间的限制,使得学生更倾向于选择机器翻译加译后编辑这种"效率最高"的翻译方式。大部分学生认为,创译需要大量的时间与精力,在客户不需要或者完全没有要求的场合一般不会主动创译,最直接的原因还是价值回报偏低:"价格代表价值,能说明一切。"面对偏低的市场价格,学生一方面无奈承认"市场有市场的要求",一方面仍抱有自己的坚持,"就算接受这个价格,也不会按照创译的标准去做了"。这背后反映出来自市场的评价标准的制约。特别是在人工智能机器翻译成为大势的风向下,业界需要正视这个问题,正确区别机翻和译后编辑价格与人力翻译,给予人力翻译正确的评价和地位。

　　市场评价和竞赛考试同属于外界评价标准,与之并列的是自我评价标准。

学生指出,在翻译竞赛时会采用与众不同的创译方法,希望得到一定的价值回报,但在全国统一考试中,似乎又不得不"回到原来的方式"。在自我评价方面,学生担心如果为客户"好心好意创译了,对方却说'你翻译错了'"。甚至有学生将外界的评价标准内化、合理化,认为如果客户没有要求创译,而译者非要耗费这个精力,就好像"迫切想表现自己",甚至有"作秀"的嫌疑。而对于"很幸运遇到愿意让自己施展的雇主"的学生而言,几次创译经历使得学生自己对创译的理念和实践都非常认可,倾向于持更加积极的态度。但她也反思称,当时并没有接触过创译的概念,是因为客户明确提出"不希望字对字地死译,希望文字活泼灵动时尚些,所以严格来说不是传统的翻译",她才敢迈出第一步。在取得了很好的效果之后,她也尝试在面对其他客户、其他文本类型时采用创译的理念,可惜最后"吃力不讨好",对方返回的修改稿将创译的痕迹都改回了传统偏直译的风格。这种外界标准自身的不一致不统一,与学生内心正在建立的自我标准之间产生矛盾冲突,也让学生感到十分困惑。

在文本类型方面,访谈中显现出创译的可能性梯度从大到小为:广告、文学作品、新闻外宣、学术论文、法律合同。学生认为,诸如广告这样的呼吁型文本,其目的为增强传播效果,此时翻译质量就体现在传播效果维度上,因此创译的空间更大。而学术论文、法律合同"有明确的规范和要求",即便调整也是出于语言差异,而非创译理念下的主动为之。

就译者个人而言,较容易受到个人思维倾向的影响,从而制约创译的使用。"思维倾向"这个概念来自面向高阶思维能力的翻译能力模型(Tan,Cho,2021:201),在本研究中主要表现为译者的态度及习惯。在访谈中,部分学生对待笔译作业的态度并不端正,抱着"完成就好"的态度,因为作业并没有硬性要求一定要创译,因此产生了"发挥创译有必要吗"的困惑,认为作业"毕竟只是作业"。部分同学承认,完成作业时主要采用机器翻译加译后编辑的模式完成,还是偏直译而非创译。对于这部分学生而言,创译只是完成作业的一种方式而非必选项,因此在时间精力不足的情况下,他们会分配更多时间给其他科目,而留给笔译的只是一句"不喜欢"。当深究为什么不喜欢笔译时,学生说觉得自己的译文"平平无奇",不像老师一样有"工匠精神"。可以看出,学生将创译视为最高标准,但因为觉得自己平平无奇而不愿主动尝试,如此一来便形成了恶性循环。当然,这也是学生自己的选择,教师无从干涉,但可以尝试将作业设置为创译导向的文本类型,如提高广告、文学类文本的比重,给学生更大挑战,真正将创译理念付诸实践。翻译习惯方面,主要包括固有翻译理念及风险规避倾向。部分学生在本科接受了四年的翻译培训,在本科的基础上形成了自己的翻译理念,虽然接触了新的创译理念,但短时间内在实践中很难完全转变。如有学生明确指出:"本科老师的教诲后劲还是很大。"具体而言,本科阶段老师认为只有在语言功底不够的时候才不得不做大的调整,对学生的创译实践产生了很大的束缚。不过令人欣慰的是,学生认为到一学期结束时有了很大的改变,甚至开始偏向创译。这表明一定的创译实践可以改变甚至扭转学生固有的翻译习惯,但同时也启示教师:彻底的改变需要时间的积累,短短一学期的创译课堂更像是一种实验,未来可以考虑增加课时,进行为期一整年的创译教学,有助于新观念从理想走向实践。除了受到本科的影响,部分学生也表现出风险规避倾向(Katan,2015,2009b,2009c;Pym,2008)。他们理所应当地认为,不创译至少"没错","害怕违反原则","怕弄巧成拙"。但当进一步追问什么是原则、这种原则是如何形成的、由谁规定的,已经接受过创译"新思想"熏陶的他们又无法给出具体的答案。皮姆指出,这或许是因为社会不奖励风险(Pym,2008),因此译者会偏向于回避风险。在访谈中,学生表示创译是"富贵险中求",但如果险中求不到富贵呢?

最后,学生还受到个人能力的限制,无法将创译理念很好地应用于实践。个人能力包括语言能力、写作水平和背景知识,使得学生"有心无力",认为还需要更多积累和锻炼才能像老师一样创译。

总体而言,影响创译的制约因素之间呈现如图2所示的复杂动态交互关系,共同影响学生的创译实践,导致观念与实践之间的落差和错位。

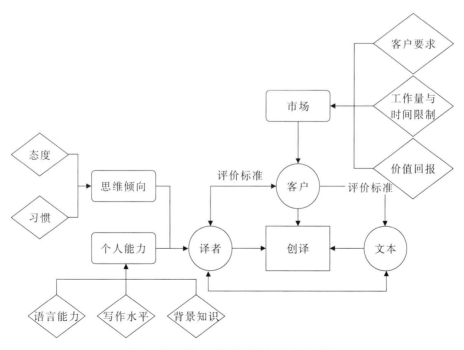

图2 影响学生创译的因素的动态关系图

译者、客户及文本通过评价标准共同影响学生的创译选择,在此过程中,如果译者不发挥主观能动性,如端正态度、以开放的心态面对新的翻译理念并主动通过翻译实践锻炼相关能力、坚守自己内心的标准,结果只能做出被市场决定的非自由选择,被市场选择而非主动选择市场。实际上,市场对创译的需求并不一定小,只是企业出于降低成本的考量,即使希望创译,也不会选择使用创译这个名称,从而可以继续按照字数而非小时数付费(Massey,Kiraly,2019:14)。然而对于翻译教育而言,区别于"培训"与"教育"的正是前瞻性。培训适应目前市场,而教育则是要面向未来(Massey,Kiraly,2019:21)。教师要让学生意识到,他们当然可以根据薪酬回报选择是否创译,但前提是需要在接受教育时培养各层次的能力,才有选择的可能。在最初创译习得阶段,不能因为投入产出不成正比就放弃培养,否则就会在未来的市场失去选择的权利和竞争力。与此同时,相关机构及翻译学界业界需要进一步普及客户教育,维护译者尤其是创译者群体的合理利益。具体而言,有学者提出问题的根源在于,从词源上看,翻译本身就隐含着"管道"的隐喻,让人们(特别是客户)认为信息是储存在容器中的,可以通过转换而不发生改变。因此,客户认为翻译的最高标准就是"不变",不忠实就等于犯错(Katan,2018)。脱离困境的方法之一就是重塑翻译在人们心中的固有形象,通过普及创译的理念使得翻译得到应有的尊重与回报(Massey,Kiraly,2019:29)。然而,无论市场如何变化,无论外界因素如何制约,从学生译者就开始播下"创译"的种子,都是翻译教学有义务也急需尝试的路。

翻译教学的研究一直都比较少,创译和译写更是较新的发展,希望借此文引起政教业研各方面的反应,进一步推动新时代中国的翻译事业。

参考文献

陈向明,2000.质的研究方法与社会科学研究[M].北京:教育科学出版社.

韩淑芹,2020.MTI翻译能力培养的"教学评"一体化体系:基于PACTE模型的探讨[J].上海翻译(2):51-56.

胡开宝,李翼,2016.机器翻译特征及其与人工翻译关系的研究[J].中国翻译(5):10-14.

李瑞林,2011.从翻译能力到译者素养:翻译教学的目标转向[J].中国翻译(1):46-51,93.

王华树,李智,2020.人工智能时代的翻译技术研究:内涵、分类与趋势[J].外国语言与文化(1):86-95.

王军平,薄振杰,2019.过程导向的笔译教学多元反馈模式:理念、设计与施教[J].上海翻译(1):70-76.

朱一凡,管新潮,2019.人工智能时代的翻译人才培养:挑战与机遇[J].上海交通大学学报(哲学社会科学版)(27):37-45.

DÍAZ-MILLÓN M, OLVERA-LOBO M D, 2021. Towards a definition of transcreation: a systematic literature review[J]. Perspectives: 1-18.

HURTADO A A, 2015. The acquisition of translation competence. Competences, tasks, and assessment in translator training[J]. Meta, 60(2): 256-280.

KATAN D, 2009a. Occupation or profession[J]. Translation studies, 4 (2): 187-209.

KATAN D, 2009b. Translator training and intercultural competence[C]//CAVAGNOLI S, GIOVANNI E D, MERLINI R. La ricerca nella comunicazione interlinguistica. Modelli teorici emetodologici. Milan: Franco Angeli.

KATAN D, 2009c. Translation as intercultural communication[C]//MUNDAY J. Routledge companion to translation studies. Oxford: Routledge.

KATAN D, 2015. Translation at the cross-roads: time for the transcreational turn? [J]. Perspectives: 1-16.

KATAN D, 2018. Translatere or transcreare. In theory and in practice and by whom?[C]//SPINZI C, RIZZO A, ZUMMO M L. Translation or transcreation? Discourses, texts and visuals. Newcastle: Cambridge Scholars Publishing.

MASSEY G, KIRALY D, 2019. The future of translator education: a dialogue [J]. Cultus: the journal of intercultural mediation and communication, 12: 15-34.

PEDERSEN D, 2014. Exploring the concept of transcreation: transcreation as "more than translation"?[J]. Cultus: the journal of intercultural mediation and communication, 7: 57-71.

PYM A, 2008. On Toury's laws of how translators translate[C]//PYM A, SHLESINGER M, SIMEONI D. Beyond descriptive translation studies: investigations in Homage to Gideon Toury. Amsterdam/Philadelphia, PA: John Benjamins.

TAN S, CHO Y W, 2021. Towards a higher order thinking skills-oriented translation competence model[J]. Translation, cognition & behavior, 4(2):187-211.

TAUS, 2019. TAUS transcreation best practices and guidelines[R]. Amsterdam: TAUS Signature Editions.

作者通信地址:100089 北京外国语大学高级翻译学院;17010027@bfsu.edu.cn

学苑散步文集

尚 新 刘法公 丰国欣 魏在江 苏章海 主编

第一辑

下

浙江工商大学出版社·杭州

图书在版编目(CIP)数据

学苑散步文集. 第一辑:上、下 / 尚新等主编. —
杭州:浙江工商大学出版社,2023.6
ISBN 978-7-5178-5468-5

Ⅰ. ①学… Ⅱ. ①尚… Ⅲ. ①语言学—文集 Ⅳ.
①H0-53

中国国家版本馆 CIP 数据核字(2023)第096261号

前　言

　　本卷主要收集潘文国先生的弟子的部分研究成果,涵盖对比语言学、字本位理论、语言哲学、语言教育教学以及翻译理论与实践等学科领域,主题上主要体现为"语言本位思想传承与研究""语言对比思想传承与研究""语言教育思想传承与研究""语言哲学思想传承与研究""翻译学思想传承与研究"五大学术板块。

　　"语言本位思想传承与研究"一栏选文 3 篇,既有对字本位理论创建的历史钩沉和宏观思考,又有汉英语言之间的对比分析,体现了宏观和微观结合、抽象与具体呼应。

　　尚新以《以字为本位的汉语研究——中国特色语言学》为题,从潘文国先生的字本位理念与论著《字本位与汉语研究》切入,反思了自《马氏文通》以来国内汉语研究的诸多问题。文中阐述了字的本质,认为以字为本位的研究扭转了古今汉语语法的断裂局面,主张以字为本位,构建以我为主、西学为用、中西结合的汉语言理论。作者提出,《字本位与汉语研究》的"思与构,破而立"是中国特色语言学,以字为本位进行汉语研究,才能真正从语言的共性着眼,这种研究不仅符合汉语、汉字的特性,为打通古今语法研究找到了出口,而且使汉语研究融入世界语言研究的框架体系,从而为世界普通语言学研究贡献中国方案。

　　苏章海以《对比研究视角下汉语研究的新成果——字本位汉语语言学理论论要》为题,论述了自《马氏文通》以来,字本位汉语理论与汉语语法体系所经历的探索、结合与发现之路,概括了在"古为今用、洋为中用、自成体系"的理念指导下,学界继承、借鉴与建构字本位汉语语言学理论体系的历程。作者认为,字本位汉语语法体系和字本位汉语语言学理论体系的创立,秉承了汉语研究的一贯传统,吸收了中国传统语言学的积极成果,将现代语言学理论与汉语的根本特点相结合,是对比研究视角下汉语语言学理论研究的重大理论成果。

　　程珊的《"字"对应 Word 的文化模型认知对比研究——以"头/HEAD"为个案研究》一文,根据认知语言学的哲学基础——体验哲学,选取体验认知原型对应的汉字"头"和英语 Word"HEAD",阐释二者的文化模型在语言表征、层级结构、概念形式等方面的内涵特征,并分析了二者文化模型的关系、文化模型的现代语料库,探索中华文化对外传播中汉"字"对应英语 Word 的文化认知概念化对比研究。

"语言对比思想传承与研究"一栏选文6篇,分别从话语策略、对比研究历程、英汉语言单位对应、语言组织法演化、语言对比研究的模式变化等维度,对潘文国先生对比语言学思想中的对比方向、对比语言学史、语言本位、对比语言学方法论等方面尝试进行深度挖掘和广度拓展。

尚新、李芳的《文化自信理念与语言对比研究中的话语策略——兼议潘文国先生的语言对比思想及其启示》一文,梳理了潘文国教授的语言对比研究思想,阐释了语言理论中的话语权及话语策略、西方语言理论的话语策略及其话语体系的形成,以及西学东渐与西方语言研究的话语体系中国化。作者在文化自信的理念下,反思与探索语言对比研究,主张突破西方语言学理论的"藩篱",从汉语出发,走"中国特色理论"之路,行"人文科学"之道,建构中国语言对比研究话语体系的话语策略。

冯智强、崔静敏以《中国英汉对比研究的世纪发展历程——从马建忠、吕叔湘到潘文国》为题,回顾了近一百年来中国英汉对比研究发展的历程,将其划分为肇始期、发展期、转折期、繁荣期和成熟期五个阶段,并系统分析了每个时期的阶段性特点,高度概括了近一百年来中国英汉对比研究学科意识从无到有、研究视野由小到大、研究内容由浅入深、主体意识由弱到强、知识结构由窄到宽、理论方法由一元到多元的发展规律和趋势。

李臻怡以《构词法研究:中英语言对比的钥匙》为题,概述了潘文国先生所著《汉语的构词法研究》一书,感叹于书中的汉语的构词法及其每个方面的研究史,内容之详尽、研究功夫之刻苦细腻、涵盖面之广,在构词法领域无出其右。作者针对汉语、汉文化与西方诸语、诸文化之差异导致的概念不对称问题,主张从汉英翻译和跨文化交流的角度,将词等同于英语的短语(phrase),并结合实例阐释这一做法不但可以解决很多翻译和跨文化交流上的困惑和难题,而且可解释当代英语和汉语在互联网时代分别呈现的构词新趋势。

刘晓林的《现代英语贴近律的历史发展考察》一文,在潘文国先生所论证的英语贴近律的基础上,认为古英语到现代英语历经了"从形态律到贴近律"的演变历程。文章从宏观句法结构(语用—句法—语义)和局部句法结构(动宾结构、副词位置的变化、形容词位置)两个角度,考察了英语贴近律的发展历程。通过研究结构内在成分相互之间的语序的历时变化,发现英语中相关的句法成分大都经历了从成分分离到成分毗邻的演化过程,表现为一般句法结构中赋格体和受格体从分离变成相邻,局部句法结构中形成了"形容词+名词"语序,以及副词(附加语)从看似缺乏理据的句法位置演化为进入语义相宜的句法位置。

张德让的《〈赫兹列散文精选〉文言笔法研究》一文,阐述了潘文国先生所著《赫兹列散文精选》一书在选词、结构、引用等方面采用的文言策略,认为书中的文言笔法从语篇到选词成功再现了赫兹列多样的散文风格,体现了潘文国先生深厚的文言传统积淀、明确的文学翻译创作追求和强烈的英汉语言文化会通意识。

王蕾的《对比研究新趋势下英-汉对比模式的转变》一文,概述了潘文国先生的汉英与英汉两种对比研究思路,论述了对比研究近些年来和语料库语言学、语言类型学相结合之后在对比方向与对比模式上的转变。文中指出,基于语料库语言学研究方法的英汉对比研究以翻译对应/相似性为对比出发点,利用英汉/汉英双向平行语料库及包含原创语的英汉可比语料库进行对比分析。从语言类型学出发的英汉对比研究是以某个具体的语言类型学理论,即在世界范围内,基于跨语言比较得出的具体语言规律为出发点,开展对英、汉两种语言的对比分析。前者有助于摆脱立足英语事实的语法理论框架,通过利用大量保持汉语原有特点的真实语料,避免"印欧语眼光"对对比研究的影响。后者的语言类型学涉及不同地区不同谱系的语言,将英、汉语置于语言类型学的视野下对比更有利于发现两种语言各自的特点。

"语言教育思想传承与研究"一栏选文7篇,分别涉及运用潘文国先生的语言教育教学思想来探讨对外汉语教学和国内外语教学的相关理论问题。

王洋以《字本位理论与新疆少数民族汉语教学》为题,针对新疆少数民族汉语教学中存在的问题,阐释了字本位理论应用于新疆少数民族汉语教学的可行性,论述了字本位理论在新疆少数民族语音教学、汉字教学、词汇教学、语法教学等方面的运用。文中指出,在新疆少数民族汉语教学中利用字本位这一凸显汉语特点的理论,能帮助少数民族学生认识、记忆、掌握汉语,为新疆的少数民族汉语教学开拓新思路、打开新的视角。

丰国欣的《外语对比教学法的若干问题——潘文国教授访谈录》一文,是以"外语对比教学法"为主题,对潘文国先生的访谈实录。访谈中,潘先生基于自己的语言教育教学思想,论述了外语对比教学法的语言观、基础和含义,认为外语对比教学法根植于中国传统教育思想,体现了语言自身的规律、学生的认知规律,符合中国大部分地区的外语教学实际。作者的另一篇同类主题文章《语言独特性理论与语言教学探究——兼论潘文国中国特色外语教学法》,基于潘文国先生提出的语言独特性理论,论述了语言独特性理论的基本原理及其对语言教学的启示,提出了构建具有中国特色的外语对比教学法的主张。在讨论"外语对比教学法"的基础上,作者又以《语言教育误区的分析——兼论潘文国教授的心理语言学观》一文,梳理了潘文国先生有关语言教育误区方面的论述,并结合语言学和心理语言学的有关原理对误区进行了分析,认为语言教育的误区表现在教学、学习、测试等方面,其根源在于混淆了母语、外语、双语等概念,只有正视母语、外语和双语等各自的性质和内涵,以及与之相适应的教法、学法和测法,才能使语言教育沿着合乎语言规律、合乎学生的认知风格、与环境相适应的路线进行,达到事半功倍的效果。

王骏的《外国人汉字习得的难度等级——一项基于数据库的研究》一文,构建"外国人汉字习得数据库",致力于考察全体汉字对于外国人的学习难度水平。通过分析研究数据,考察了上述要素对于汉字习得的影响,预测出全体汉字习得难度的计算公式。基于研究模型,计算与划分出全体常用汉字习得的难度等级,为汉语教学的大纲设计和教材编写等提供参考。作者的另一篇同类主题文章《外国人汉字习得的认知心理学解读》一文,梳理了汉字习得的现有研究,总结了包括"笔画数与习得结果呈显著负相关""部件数多的汉字更难掌握"在内的24条外国人汉字习得的一般规律。如果说前一篇聚焦于习得难度级数的"字"的问题,后一篇则是聚焦于习得汉字的"人"的研究,可谓相得益彰。

熊文的《不同母语的汉语二语学习者的语用能力考察》一文,通过对来自不同汉语水平背景的汉语第二语言学习者进行调查分析,发现来自不同第一语言的学习者具有不同的"适当性"和"替代性"语用模式。学习者的表现在其汉语水平初级与中级、初级与高级之间存在显著差异,但中级与高级之间出现"平台期",这种"平台期"从教学角度为如何将语用知识融入语言教学提供启发和指导。

"语言哲学思想传承与研究"一栏选文9篇,围绕语言与文字的关系、音义互动律、意合与形合、话语语用以及语义与哲理等维度加深了对中西方语言文化的理解和认识。

赵宏的《语言与文字:20世纪的文字思想》一文,阐述了20世纪文字思想分别历经了结构主义语言学的文字观、解构主义的文字观、整合语言学的文字观、字本位的语言思想4种理念的变迁,总体趋势是逐步脱离西方言文孤立、重言轻文的文字观念,逐步重视文字的自主性和能动性、表意文字的独特性以及语音和文字、口语和书语的互动与整合。

丰国欣的《汉语受施结构的成因分析》一文,从潘文国先生提出的音义互动规律角度,考察汉语"一锅饭吃十个人"的语用含义、语义限制和语法形式,探讨了汉语这类结构成立的原因和条件,认为汉语的音义互动原理是支配受施句倒置结构的深层机制,是汉语章句组织实现语义顺畅的必要条件。作者又以《也论"字"和"语素"之关系》一文,立足汉英语言事实,对比分析了"字"和"语素"的关系,认为西方语素概念进入汉语利弊共存。通过探讨如何摆脱弊端带来的困扰,一方面厘清了印欧语的"语素"和汉语的"字"的关系,另一方面也发现了汉语复合词中存在的既非"语素"又非"词素"的语言单位。

魏在江的《汉语意合之我见》一文,在国内外形合与意合有关论述的基础上,分析了汉语在语音层、词汇层、短语层、句法层、语篇层等层面的意合,归纳出意合语法的省略隐含、主观模糊、骈偶比对、整体识解等特征。作者又以《隐喻的主观性与主观化》一文，从隐喻表达说话人的情感、隐喻表达说话人的视角、隐喻表达说话人的认识等方面论述隐喻的主观性和主观化，认为隐喻的主观性体现在语音、词汇、语法、语篇等各个层面，提出了对隐喻进行探究的不同维度。

刘晓林的《主语-限定倒装与谓宾倒装》一文，提出了英语中的主语-限定倒装从主语-谓语倒装发展而来，汉语的谓宾倒装经历了宾语的话题化-句法化-倒装化链而来的观点，认为两种语言的不同发展道路是导致两类不同的倒装的主要原因。

郭富强的《古代汉英语言中的意合形合研究》一文，从古汉语的注疏、句读、语法等方面追寻汉语意合研究的传统，从古英语的词语、句法等组织方式的方面考察了古英语与形合特征的关系，认为意合与形合反映出汉英民族不同的思维方式、不同的语言世界观，相关探讨可以发现意合形合的内在原因及其背后的社会、文化、历史等因素，有助于更深刻地理解人类语言和人类思维的内在本质。

李臻怡的《论含蓄：从职场升迁交流方式的文化差异说起》一文，从"一个近""一个中""一个远"3项案例切入，从跨文化交流的视角，论述含蓄在不同文化背景里对职场升迁的影响。作者揭示了西方殖民中心主义思想对学术以及人事管理的侵害，认为不卑不亢地学习他人学说，自信自尊地深入认识自己的文化，才是为学之道。

杨晓波的《"知""道""知道"与"不知道"——从语义到哲理的探析》一文，从哲学视角，剖析了"知""道""知道"与"不知道"。"知"字从"口"、从"矢"，蕴含了中国古人对语言与思维之关系的理解，"道"兼及道路、行走（引申为实践）、言说、办事之门道与天地之大道等义项。通过对"知""道""知道"与"不知道"的分析，显豁中国哲学在处理此论题时，以"行"（实践与体验）贯通"言""器"与"道"三者的特色，进而揭示出中国哲学的特质，即"由词通道""道不离器"。

"翻译学思想传承与研究"一栏选文9篇，主要围绕潘文国先生在翻译学探索中提出的"文章翻译学"理论建构、理论来源、框架体系、核心概念术语、翻译实践指导价值进行阐述，论证其在建构中国特色翻译理论中的开创性和重要地位。

冯智强、王宇弘以《古今融会话翻译　东西贯通做文章——以〈中籍英译通论〉为中心的考察》为题，详细介绍了潘文国先生所著《中籍英译通论》一书中的翻译理念。作者认为，当前的典籍外译仍存在不少问题，潘著中的典籍英译、翻译实践和翻译研究探讨以及翻译教学理念对解决中籍英译中遇到的问题具有很高的指导价值，对系统研究中籍英译相关理论问题具有里程碑意义。该著系统回答了译什么、为何译、为谁译、谁来译、怎么译等翻译研究的元问题,建构了中国特色的翻译理论:确立了"三位一体"的新途径,提出了"三原一正"的新思路,主张创造性地运用"学科研究四层次",并通过重释"信达雅",创立了"译文三合义体气"的文章翻译学。通过提倡翻译能力的完善、翻译批评的介入、翻译教学的实施与翻译实践的落实,贯通了翻译理论与翻译技巧,在翻译本体论、认识论、方法论以及价值论上都具有不可替代的重要意义。

林元彪的《评潘文国先生的〈中籍英译通论〉》一文,认为在"翻译世界"转向"翻译中国"的主流趋势下,潘先生的《中籍英译通论》以瞄准时代的精准角度,聚焦中译英理论和实践问题,是中国文化外译领域的一部力作。作者认为,该著极具开创性见解与指导性意义:一是阐明了中国传统文化的框架体系,使得能够提纲挈领地讨论外译事业;二是以史立论构建了中籍外译的理论体系;三是建立了反映中华文化灵魂的译典标准;四是提出了专打靶心的翻译教学方法。作者另一篇《道器并重的"中国路子"——论潘文国"文章学翻译学"的理论与实践》一文,从梳理潘文国先生对传统"文章之学"的发掘入手,介绍与分析了其最新提出的"文章学翻译学"之理论源头、概貌、关键内核,而后通过案例分析,证明该理论在翻译研究和翻译实践上的价值。作者认为,潘先生的"文章学翻译学"理论深度结合了历代文章学研究传统,执"信、达、雅"之说为"道",以"义、体、气"之"三合"为翻译过程的操作手法和翻译批评的指导标准。潘先生的译作体现着"义明体正、允昭允文"的文章学规范,继续坚持这一"道器并重"的"文章学翻译学"理论将为中国译学研究和实践带来焕然一新的局面。

冯智强、庞秀成的《宇宙文章中西合璧 英文著译浑然天成——林语堂"创译一体"的文章学解读》一文,在中国文化"走出去"的大背景下,阐述了林语堂"创译一体"的文章学模式——题材多元归一、体裁多样如一、主旨博而能一,"创译一体"的文章学意识——宇宙意识、全息意识、有机意识、本体意识、个性意识、审美意识,"创译一体"的文章学翻译理念——全新释义的信、达、雅,译者的条件——德、才、识,翻译的原则与标准——义、体、气。文中指出,研究林语堂的"创译一体"模式是时代的呼唤,印证了"文章学翻译学"的正当性与合法性,为双语创作、比较文学、汉语研究、翻译实践和翻译研究拓展了广阔的视野。

蒙兴灿的《〈华夏集〉创意英译的经典化渠道与美学价值研究——以译诗〈长干行〉为例》一文,以美国意象主义诗人庞德译诗集《华夏集》中李白的《长干行》译诗为例,聚焦20世纪初及中后期美国现代诗歌运动中的文化移入现象,在深入分析中国古典诗歌的文化元素移入美国诗坛的社会文化背景的基础上,考察《华夏集》创意英译的经典化渠道与过程,探讨《华夏集》中《长干行》诗篇创意英译的美学价值。

徐剑的《场域、差异:晚清以来英美小说翻译规范的变迁》一文,描述了晚清、民国、新中国成立初期和新时期4个翻译历史实践场域下,英美小说翻译规范在过去一百多年间所历经的用夏变夷、西学为用、正本清源、百家争鸣4个变化特征。文中指出,总览历史进程中的英美小说翻译,场域特征尤为突出,每个译本或多或少都带有所处时代的印记。在更迭的翻译规范中,英美小说实现了以差异化的形式在中国历史实践场域的传播。

刘法公的《论中国特色法治术语的汉英译名统一问题与创新原则》一文,以"依法治国"与"三严三实"为例,指出了中国法治术语译名不统一问题所带来的负面影响,认为实现法律原文和译文的功能对等,前提是遵守法律翻译"一致性"原则。作者结合法律翻译"一致性"原则,通过反复研究后提出了中国法治术语汉英译名统一的思路与原则:(1)以国家最高权威部门或最高权威媒体发布或率先使用的译名为统一译名;(2)当国家多个最高权威部门或最高权威媒体发布或使用的英语译名有多个版本时,以时间上最新发布和使用的版本为统一译名。

王宇弘的《译写皆成文章气度,推敲尽在韵对言声——林语堂翻译修辞的"文章翻译学"阐释》一文,从潘文国先生"文章翻译学"的视角对林语堂典籍翻译作品进行了解读。研究发现,林语堂的典籍翻译作品与原文的修辞风格高度契合,具体体现为对中国文化典籍的核心修辞特点"韵、对、言、声"进行综合考量,并用地道的英语修辞手段进行整体重构,从而使译作形神兼备,气韵生动。林语堂的成功范例有力印证了"文章翻译学"对于典籍翻译实践的主张,即"译文三合义体气",其中"义合"是基础,"体合"是关键,"气合"则是译者的至高追求。

编　者

2023年2月18日

目　录
CONTENTS

四、语言哲学思想传承与研究

五、翻译学思想传承与研究

一、语言本位思想传承与研究

以字为本位的汉语研究

——中国特色语言学

尚　新

摘　要:《字本位与汉语研究》着眼于整个汉语研究,着力解决语言观、语法观、汉语观、结构本位观、句子观、语篇论等一系列重大问题,包括什么是语言,什么是语言学,语言与文字的关系,口语与书面语的关系,怎样认识语言的共性和个性等,既是一种全方位的反思,也是对深厚的中国语言研究传统进行创造性的继承和发展。本文认为,以字为本位进行汉语研究,才能真正从语言的共性着眼,这种研究不仅符合汉语、汉字的特性,为打通古今语法研究找到了出口,而且使汉语研究融入世界语言研究的框架体系,从而为世界普通语言学研究贡献中国方案。

关键词:字;本位;汉语研究;中国特色语言学

0. 引言:字本位——汉语研究反思的结论

　　21世纪以来,汉语语法学界对百年来的汉语研究进行了认真的、理性的总结,以明确我们今天所面临的任务和今后努力的方向。字本位理论无疑是这一反思思潮中最深刻的部分(徐通锵,1997,2001a,2001b,2001c;潘文国,1996,2000,2001,2002a;汪平,1997),而潘文国先生的《字本位与汉语研究》(以下简称《字本位》)则是其中最执着、最有力、最鲜明的论著。

　　潘文国先生早年毕业于复旦大学外文系,后师事著名语言学家史存直先生从事语言研究。扎实的中英语言功底,深厚的语言学理论修养,以及广阔的研究视野[《音韵学》(1997a);《汉语构词学》(1993);《对比语言学》(1997b,2002b);《理论语言学》(2002a);《翻译学》(2002c)],使他的反思起点高,看得远。在语言研究的探索中,他深感汉语研究不能再走"给西方的语法理论做注脚"的路,指出自《马氏文通》以来,现代汉语研究与传统的汉语研究出现了断裂的局面,其失误包括"普世"语法观、语法中心观、重语轻文和重音轻字情结以及"科学主义"的迷信。"普世"语法观使汉语研究"自动放弃了汉语研究的主体性"

(潘文国,2002a:16),在方法论上,演绎替代了归纳;至于说语法中心取代传统的文字中心,"当然不是说研究语法错了,或者说不需要研究语法,甚至也不是说语法研究不应该在汉语研究中占据重要的位置,而是想探讨一下语法在汉语研究中的地位的这种改变究竟带来了什么好处,或者说是否达到了主张者当日期望的目标"(潘文国,2002a:19)。事实是,语法研究没有达到预期的目标,例如,什么是"词",什么是"句子",什么是"名词""动词""形容词",什么是"主语""谓语""状语""宾语""补语"等问题,至今也没有得到令人满意的解决。因此,语法研究的"投入"与"产出"是不成比例的。"重语轻文"就是重口语轻书面语,"重音轻字"就是重语音轻文字,这是百年来汉语研究的基本事实,而这一切都源于索绪尔的"符号的符号"论和布龙菲尔德的"书写不是语言"论(David Crystal,2002)。潘文国先生通过深入的考察和分析指出,作为现代语言学之父的索绪尔,在谈到文字是"符号的符号"时,是就西方拼音文字而言的,可是对汉人来说,"汉字就是第二语言"。只是一个世纪以来,我们总把"文字是符号的符号"这顶帽子一厢情愿地戴在自己的头上,并奉为金科玉律而不能自拔。因此,要辩证地看待语言和文字、口语和书面语的问题,既要承认前者的决定作用,也要承认后者的反作用。面对"科学主义"的泛滥,我们应思考的问题是:语言本身究竟是怎样运作的? 语言又是如何被使用的? 由此,潘先生表达了对语言研究所应持有的研究取向,即语言研究离不开使用语言的人,"语言是人类认知世界及进行表述的方式和过程"(潘文国,2001,2002a),从认知角度对语言进行再认识,体现了语言的创造性、功能性、主体性及动态特征。因此,语言的本质属性是它的"人文性"。这是20世纪汉语研究带给我们的启示,而扭转汉语研究难堪局面的出路,就是以字为本位的汉语研究。

1. 字的本质以及以字为本位

从形式上来说,"字"是个"一体三相"的语言结构单位,即"一个音节·一个汉字·一个概念",其复杂性体现在,汉字不但存在"音·义"的连接,也存在"形·义"与"音·形·义"的复合连接。从本质上来说,"字",不管是口头的字还是书写的字,都是观念的符号,都是汉民族"认知世界及进行表述的方式和过程"。汉字的特殊性,表现在它的"自源性"和"理据性",对立于印欧系语言的"他源性"和"约定性",正因如此,纠正"文字是符号的符号"之说,解决语与文、音与字的问题,就成为《字本位》所阐述的理论的精髓所在。王力先生(1944)曾认为,"我们得承认话法与文法都是语法的一部分",他所说的"话法"和"文法"分别就是指"口语"和"书面语",但潘先生走得更远,不仅仅从书面语着眼,更从具有心理现实性的字出发。由于汉字和口语关系的特殊性,必须把文字研究纳入语言研究。又由于传统的中国音韵、文字、训诂学研究(如我国最早出现的四本语文学著作《尔雅》《方言》《说文解字》和《释名》)就是从不同的侧面研究"字"的结构,其核心是研究"字义"。因此,小学本质上也理当是普通语言学的一部分。这种研究不仅符合汉语、汉字的特性,为打通古今语法研究找到了出口,也符合世界当前的语言研究潮流(David Crystal,2002)。

自《马氏文通》以来,汉语研究先后出现了词类本位、句本位、词组本位、小句本位、语素本位,甚至原则本位,可以说是语言的各级单位轮了个遍。对这种情况,应该看成是汉语研究的不断探索和深化,但仔细一想,以上各种本位(除了虚无缥缈的原则本位外)都有词本位的影子在里头,因而,字本位与上述各种本位的对立,表现为字本位与词本位的根本对立,字本位所主张的"字",不仅是"语法结构的基本单位",而且是"语言结构的基本单位"。潘文国先生之所以做出如此论断,是因为汉语中根本不存在"词"这样现成的单位,汉语中真正与西方语言的"word"具有对应性的单位就是"字",表现在:二者都是语言结构的基本单位,都是天然的单位,都是语言各个平面研究的交汇点(一体三相特征),都在语法上处于承上启下的枢纽地位,都是相应民族认识世界的基本单位,等等。以字为本位进行汉语研究,才能真正从语言的共性着眼,使汉语研究融入世界语言研究的框架体系,从而为世界普通语言学研究提供中国方案。

2. 以字为本位的汉语研究——古今汉语语法断裂局面的扭转

《字本位》第一至第四章,考察以字为本位进行汉语研究在方法论、认识论与本体论上所具有的意义,指出唯有以字为本位,才是打通古今汉语语法的断裂格局的出路所在,也只有以字为本位才可以真正实现中西语言的共性研究,矫正中西语言研究的错误对接(错误对接,是指寻找汉语中并不存在的基本结构单位"词",并以"词"为基础构建汉语的各级结构单位,以达到和印欧系语言结构单位的对等)局面。第五至第十章则着力构筑一个字本位的汉语研究体系的框架。全书在打通古今与沟通中外的论述上是浑然一体的,这里分开来讲,只为行文方便。

要打通古今汉语研究的断裂局面,首先必须承认,现代汉语研究之所以陷入困境,与割断传统密切相关。徐通锵先生(1997)认为,现代汉语的音韵学、方言学是和西学结合成功的研究,而语法是不成功的,究其原因,就是现代汉语的音韵学和方言学没有割断传统,仍然坚持以字为本位的研究。而在语法方面,自《马氏文通》以来,字就被看作是书写的"形"和"符号的符号"而遭不公待遇,由此汉语的语法研究不但离传统越来越远,也一直难以成功地和国外新理论结合。《字本位》所阐述的理论就是要解决古今与中外这两种"结合"问题。在新的方法论和认识论观照下，《字本位》对古今汉语的字的认识得以升华，在"字"以下形成音韵、形位和字位，在"字"以上形成字、辞、读、句、篇等语言结构单位，与传统小学在字以下的音韵、文字、训诂，字以上的"字""句""章""篇"①珠联璧合，即解决了打通古今汉语研究的问题。《字本位》所阐述的理论不仅彰示了古今汉语研究所具有的共同的研究内容和形式，而且还结合现代普通语言学理论，使传统研究得以升华和现代化，从而实现了汉语研究同国际语言研究的全方位接轨。

这里需要指出，目前字本位学者对"字"以上的语言结构单位的划分不尽相同，如：徐通锵（1997）把语义句法的结构单位分为"字、辞、块、读、句"；汪平（1997）分为"字、辞、读、句子"；程雨民（2001）分为"字（语素）、字组、短语、句子"；潘文国（2002）则分为"字、辞、读、句、篇"。可以看出，潘文国先生突破了20世纪以来认为"语法"即"句法"的框框，而把它扩充到语篇的范围，不仅如此，由于"字"以下的"形位学"也是研究"语言的组织规则"，因此需要冲破"语法"这个概念而代之以"语形学"。作者以"字"为枢纽，建立了下位分析和上位分析、共时与历时、通语与方言研究的支框架，在研究的深度和广度方面都有重大突破。

3. 以字为本位，构建以我为主、西学为用、中西结合的汉语言理论

总的来说，"汉语语言学要发展，首先要确立自己的主体地位。有了以我为主的'本体'，别人的理论和方法才能为我所用"（潘文国，2000）。但沟通中外的前提是要承认，西方有的，我们未必一定要有，反之亦然。自《马氏文通》以来，汉语语法研究始终没有摆脱"印欧语的眼光"，没有摆脱印欧语的"词"本位的影子，从而造成了汉语研究难脱模仿的窠臼。徐通锵先生（1997）也持有此看法，"所谓'印欧语的眼光'，它的核心内容恐怕就在于此"。因此，潘文国先生指出，字本位理论，"其最大的特点在于转换了研究者的眼光或者说看问题的角度"（潘文国，2002a：69）。在字本位理论框架下，设立音韵学（第五章）、形位学（第六章）、章句学（第七、八章）、字义学（第九章）和音义互动（语用学）（第十章）。形位学的设立，一方面使传统的文字学成为普通语言学的一部分，另一方面使汉语的语形学（语法）研究第一次全方位地与国际接轨，从而避免了只有"句法"没有"词法"的窘状。在形位学的框架下，传统的造字理论与当代西方构词法理

---

① 《文心雕龙·章句篇》："夫人之立言，因字而生句，积句而成章，积章而成篇。"

论得以结合,并建立了向上合成、向下分析体系①,以及与西方语法体系相对应的汉语语形学体系。章句学以生成论和调节论为支框架,研究汉语中辞、句的生成与调节。以语义理论为基础,研究影响汉语构辞法的重要因素(逻辑律、凝固律、音韵律);从意合句法出发,研究汉语造句学的特色(句读律、骈偶律、虚实律);从意合和形合出发,研究语篇的组成性原则(衔接性、连贯性、意图性、可受性、信息性、互文性等)和调控原则(效率性、效果性、得体性)。字义学则是字本位的语义和语汇研究,在西方语素论的潮流中,汉语语法界也一度把语素作为语言、语义研究的基本单位。但潘先生指出,语素是弹性的、不确定的单位,特别是通过对联绵字如"蝴蝶"、音译所谓多音节语素如"英吉利"、小于音节的语素如"花儿"中的"儿"的精当分析,"语素——词——短语"这样一个单位层级体系不攻自破。徐通锵先生(1997)也认为,"如果说'汉语中没有词但有不同类型的词概念',那么汉语中不仅没有'语素'这种单位,而且连这种概念也没有"。潘文国先生认为,"研究语素义,远不如直截了当地研究字义"(潘文国,2002a:228),并从历时和共时、聚合关系和组合关系、象似性与连续性等方面阐述了汉语字义学研究的出发点和理论基础。由于古汉语的研究以训诂学为中心,以音韵学和文字学为两翼,其出发点和归宿就是字义的研究,中国传统训诂学就由此获得了普通语言学的地位。同时,用现代普通语言学理论和方法论进行字义研究,不但使现代汉语的语义研究在字本位的基础上与国际接轨,也使传统训诂学在得到新生的同时走向世界。

"求其同,也不失其所以异。"通过中西语言的比较研究,目前学界认为,印欧系语言是形态型的,而汉语是语义型的。潘文国先生则进一步指出,汉语虽然是语义型语言,但汉语的语义往往是不自由的、受约束的。因此,"汉语是一种语义型语言,汉语又是一种音足型语言"(潘文国,2002:268),即语义与音节产生互动,共同造就了汉语的语言个性。音义互动是指在语言的构辞造句过程中,音与义相互影响、相互制约的规律。这里的"音"是指广义的音,包括语音、音节性(syllabicity)、节奏、停顿等韵律现象,"义"即指语义。郭绍虞、赵元任、吕叔湘、林焘、冯胜利都曾提出语音可以影响构词和句法。但首次把这种现象归纳为音义互动律,并把其作为语法手段处理的,则是潘文国先生。还不仅如此,作者把音义互动律扩展到传统的小学和现代的语篇研究中,使音义互动律在语言各级单位中崭露头角,从而具有普遍意义。音义互动的基础是汉语的单音节性即字,汉语的节奏和停顿都以单音节性为依据,因此,也只有以字为本位,才

---

① 即语形学的"生成"与"调节"两种研究方向。《文心雕龙·章句篇》:"夫人之立言,因字而生句,积句而成章,积章而成篇。篇之彪炳,章无疵也;章之明靡,句无玷也;句之清英,字不妄也。"

能真正实现音义互动律的语法地位。"辞"以下层面的音义互动，主要体现在音节的数目上，并辅以信息论，由此解释汉语中的双音化现象；在"读"以上的章句层面，音义互动主要表现在语句的节奏和停顿上。需要指出的是，"音义互动"是作者在字本位研究中新发现的规律，目前研究才刚刚开始，有着广阔的研究空间。世界语法研究，自以拉丁语为代表的形态语法手段开始，到以英语为代表的词序和虚词为主要语法手段以来，"音义互动"的提出有可能成为第三次语法手段革命，并带动相关研究领域如文学、翻译、计算机科学的繁荣创新。

4.《字本位》的思与构——中国特色的语言学

《字本位》所阐释的理论在建立的过程中，着眼于整个汉语研究，而不仅仅是语法研究，对汉语语言哲学的问题认真加以思考，着力解决语言观、语法观、汉语观、结构本位观、句子观、语篇论等一系列重大问题，包括什么是语言，什么是语言学，语言与文字的关系，口语与书面语的关系，怎样认识语言的共性和个性，等等。这是一种全方位的反思，也是对深厚的中国语言研究传统进行创造性的继承和发展。由于文章标题所限，本文只能从简概括。总的来说，《字本位》在以下方面突破了现当代语言研究的框架，从而构建了中国特色语言学的理论体系：什么是语言？什么是语法？汉语语法框架应包含哪些成分？字以下与句以上单位的语法研究价值何在？语言单位的分析方向是单一的还是双向的？语与文、音与字的关系到底该如何处理？汉语语用学与汉语言本身的关系怎样？作者对这些问题的精辟分析和运筹帷幄，在深度和广度方面均超越前人，令人心服并坚信汉语研究有着自己的深厚的语言学根基，其博大精深的宝藏有待我们勘探发掘。

同其他理论相比，《字本位》所阐释的理论还有一个特色，即把百年来"现代语言学"所排斥、屏蔽或遮掩的文字学、音韵学、训诂学，也旗帜鲜明地纳入自己的体系之内，做到古今融会贯通，反对割裂传统与现代、反对割断古代汉语与现代汉语，主张一种古今中外的立体语言研究。从潘先生语言研究的部分历程（1993，1996，1997a，1997b，2000，2001，2002a，2002b，200c）来看，他是这么主张的，也是这么做的。

《字本位》的魅力还体现在"思与构，破而立"的风范和魄力，独具一格，非同凡响。它不仅仅突破了现当代语言研究的框架，力图构建中国特色语言学的理论体系，而且敢于提出和确立新的术语（如字位学、形位学、语形学、字义学、音义互动律等）。这些新术语不但是字本位理论体系创立的标志，更是其理论成熟的标志，因为任何严肃、审慎理论的确立和成熟，都离不开其术语体系的确立和成熟。但创造新术语，同样需要冲破禁忌的勇气。作者对张志公先生的评价也同样适用于作者本人,"我们可能不同意他的观点,但没法不钦佩他的反思精神。正是这种精神,才是推动中国语言学乃至各项事业不断发展的动力"(潘文国,2002a:94)。

5. 汉语研究的自主意识和理性沉思

毫无疑问,字本位的思想,与多年来流行的语言学派的旨趣大相径庭,也就没有引起学界的普遍重视和呼应,甚至认为对之应保持警惕。在这种情形下,《字本位》的出版更见作者非凡的勇气。其实,汉语语法学界内部正经历着激烈的自我冲撞,这种冲撞体现在学者们自身内部的冲突,是结构主义还是功能主义?是生成还是狭义的认知①?是引进还是自主?这一系列困惑和矛盾,自20世纪80年代以来,表现得越来越突出,越来越激烈。一方面,是国内的"全球化"潮流一浪热过一浪;另一方面,则是一些学者在冷静地沉思,自我创新的思想不断酝酿和发展,这就是字本位思想。这些语言学家中,徐通锵、潘文国、汪平、鲁川等,虽然从不同的角度出发,却得出了相同的结论。在全球化的热潮中,这些学者重返自身,重视本土经验,重视自身传统,汉语研究在经过百年来的"邯郸学步"后,最终开始落实到"中国问题"上来。他们的思想能力和理论路径,必将促使当代中国的语言学界进行反省和思索。他们的思想价值还在于,为中国当代汉语语言学树立了"汉语问题"。总的说来,字本位学者对20世纪以来的语言研究抱着审慎的、反省的态度。他们的深刻反省,与国外理论的引进和翻译热潮,形成了20世纪末和21世纪初国内语言学界最绚丽的风景。而《字本位》以其精辟独到、风骨飘逸、酣畅淋漓的论述所体现出的理论锋芒和精神力量,正是引进派学者所欠缺的。

国内语言学者的主流意识,是按照西方现代性的样式去改造中国语言学。我们很少觉得自己应该是知识和价值的创造者,因为这个角色早已属于西方的同行,我们的任务似乎就是传播。放眼目前的学术界,外国语言学著作的引进愈演愈烈,外国语言理论的翻译越来越走俏,难道不正说明了一百年来我们只有传播者的名分吗?当然引进和翻译本身并没有错,错的是我们在这种潮流中逐渐失去了自我,我们甚至已经忘记了自主性和创造性才是传播与启蒙的真义。"其能消化与否不问,能无召病与否更不问。"(梁启超语)以至于离开"西方

---

① 广义的认知语言学,包括形式学派和意义学派。形式学派是指以诺姆·乔姆斯基(Noam Chomsky)、史蒂芬·平克(Steven Pinker)、雷·肯道夫(Ray Jackendoff)为代表的理论。意义学派是指以R. W. 兰格克(R. W. Langacker)、乔治·莱可夫(George Lakoff)、L. 塔米(L. Talmy)为代表的语言理论。一般谈到的认知语言学,即狭义的认知语言学,都是指意义认知语言学派。参见林书武(1999)。

某某人如是说",便立刻陷入失语症而不能自拔。徐通锵先生、潘文国先生等正是在对此有着深刻认识和剖析的基础上,多年来一直围绕着一个中心问题在不断思索,如何使汉语在语言学研究中确立主体性地位?因为只有把汉语作为主体语言去研究,而不是作为验证西方语言理论的注脚,才可能使汉语真正走出困境,确立现代汉语研究的自信,并为世界普通语言学的研究和发展做出贡献。

与古代学者和西方学者比起来,当今中国学者所缺的,恐怕就是立法者的气魄和心态。由此我们想起陆法言著《〈切韵〉序》里的豪言壮语:"我辈数人定则定矣。"这种雄心和做法,一百年来,中国语言学者真的是久违了。知识分子所应具有的那种冲破一切禁忌的怀疑精神和批判精神,我们还有多少?由于不能独立运用自己的理性,不仅对西学不能批判,西方理论如潮汐一般,中国学者更是应接不暇了,以致连基本的分析和消化也难以做到。既然不能分析和消化,与时俱进的唯一办法便是追赶学术时尚了。可是,学术理性正是在这种对时尚的追赶中丧失殆尽,我们只能承认西方的学术就是普遍真理,剩下的就只有个别途径可以表现自己的自主性,但已经是非常有限了。在这种情形之下,《字本位》的出版,更显示出作者敢于冲破禁忌的气魄和批判精神了。

6. 余论

我们真正需要什么样的理论,同时又能保持批判的头脑?如果我们能从自主性和理性、内部批判与外部批判相结合的角度来审视这部《字本位》,那么它的意义便凸显了,它所独具的语言学史意义更是不言自明了。《字本位》既是一种全方位的反思,也是对深厚的中国语言研究传统进行创造性的继承和发展;唯有以字为本位进行汉语研究,才能真正从语言的共性着眼,这种研究不仅符合汉语、汉字的特性,为打通古今语法研究找到了出口,而且使汉语研究融入世界语言研究的框架体系,从而为世界普通语言学研究贡献中国方案。

参考文献

程雨民,2001,汉语以语素为基础造句(上)[J].华文教学与研究(1):35-48.

冯胜利,2000.汉语韵律句法学[M].上海:上海教育出版社.

林书武,1999.认知语言学:基本分野与工作假设[J].福建外语(2):2-7.

林焘,2001.现代汉语补语轻音现象反映的语法和语义问题[C]//林焘.林焘语言学论文集.北京:商务印书馆.

鲁川,2001.汉语语法的意合网络[M].北京:商务印书馆.

鲁川,2002.汉语的"语位"[J].语言教学与研究(4):7-16.

吕叔湘,1963.现代汉语单双音节问题初探[J].中国语文(1):10-21.

潘文国,等,1993.汉语的构词法研究:1898—1990[M].台北:台湾学生书局.

潘文国,1996.字本位与词本位:汉英语法基本结构单位的对比[C]//耿龙明,何寅.中国文化与世界(第4辑).上海:上海外语教育出版社.

潘文国,1997a.韵图考[M].上海:华东师范大学出版社.

潘文国,1997b.汉英语对比纲要[M].北京:北京语言大学出版社.

潘文国,2000.汉语研究:世纪之交的思考[J].语言研究(1):1-27.

潘文国,2001.语言的定义[J].华东师范大学学报(1):97-108,128.

潘文国,2002a.字本位与汉语研究[M].上海:华东师范大学出版社.

潘文国,2002b.汉英对比研究一百年[J].世界汉语教学(1):60-86,115-116.

潘文国,2002c.当代西方的翻译学研究:兼谈"翻译学"的学科性问题[J].中国翻译(1):30-33.

王洪君,2000.汉语语法的基本单位与研究策略[J].语言教学与研究(2):10-18.

王力,2000.中国现代语法[M].北京:商务印书馆.

汪平,1997.苏州方言语法引论[J].语言研究(1):60-72.

徐通锵,1997.语言论:语义型语言的结构原理和研究方法[M].长春:东北师范大学出版社.

徐通锵,1998.说"字":附论语言基本结构单位的鉴别标准、基本特征和它与语言理论建设的关系[J].语文研究(3):2-13.

徐通锵,2001a.基础语言学教程[M].北京:北京大学出版社.

徐通锵,2001b.字和汉语语义句法的基本结构原理[J].语言文字应用(1):3-13.

徐通锵,2001c.对比和汉语语法研究的方法论[J].语言研究(4):1-7.

赵元任,1992.汉语词的概念及其结构和节奏[C]//袁毓林.中国现代语言学的开拓和发展:赵元任语言学论文选.北京:清华大学出版社.

DAVID C, 2002. The Cambridge encyclopedia of language[M]. Beijing & Cambridge: Foreign Language Teaching and Research Press, Cambridge University Press.

作者通信地址:200444 上海大学外国语学院;shangxin@shu.edu.cn

对比研究视角下汉语研究的新成果

——字本位汉语语言学理论论要

苏章海

摘　要：自《马氏文通》以来，一代又一代的中国语言学家和语法学家在对比研究的视角下吸收国外先进的语法学和语言学理论，努力挖掘汉语自身的特点，为汉语语法体系和汉语语言学理论建设做出了艰苦卓绝的努力。现代汉语语法学和语言学从无到有，从零散到系统逐步发展起来。自20世纪90年代以来，"字本位"汉语语言学理论悄然兴起并取得了较大成果。尽管"字本位"汉语语言学理论目前仍颇受争议，但是这一理论并非无源之水、无本之木，而是有着深厚的研究基础。"字本位"汉语语法体系和"字本位"汉语语言学理论体系的创立，秉承了现代汉语研究的一贯传统，并吸收了中国传统语言学的积极成果，将现代语言学理论与汉语的根本特点相结合，是对比研究视角下汉语语言学理论研究的重大理论成果。

关键词："字本位"；对比研究；汉语；语言学理论

0. 引言

"钱冠连先生将正确引进国外语言学理论，通过'化入－创生'，建立有汉语特色、有学派意义的语言学成果，看作是'对比语言学者的一个历史任务'，是对对比语言学者的一个很高的学术期待。"（潘文国，杨自俭，2008:276）中国有悠久的语言研究历史，但是，中国传统的语言研究注重语言材料的整理与研究，并不注重理论的探讨与建构，尽管中国传统的语言研究给我们留下了以训诂学、音韵学和文字学为主的宝贵遗产，却没有留下系统的理论语言学论著。自《马氏文通》以来，为了建立中国自己的语法学和语言学理论，一代又一代中国语言学家付出了艰苦的努力，也取得了很大的成绩；但是，"中国的语言学基本上是用印欧语的理论、方法来分析汉语，探索'结合'的道路，虽然开创了语言研究的一个新时期，但是也给汉语的研究带来了'印欧语的眼光'，用印欧语的结构原理来观察汉语的结构"（徐通锵，1997:1）。故而直到20世纪90年代初，令人满意的汉语语法体系和汉语语言学理论体系还是没有建立起来,"'中国没有自己的语言学理论','所有的语言理论都是外来的'就成为汉语学术界的一种通论"(徐通锵,1997:1)。

然而,就在《马氏文通》出版100周年的前一年,1997年,徐通锵先生的《语言论——语义型语言的结构原理和研究方法》出版了。这本书不但奠定了汉语语义语言学的理论基础,还是徐先生本人在对比研究的视角下,积极探索汉语特点,尤其是寻求汉语语言结构基点——"字"作为汉语的基本结构单位的研究成果的汇总,标志着汉语"字本位"(Sinogram as Basic Unit,SBU)理论的正式诞生。尽管这一理论到现在还不能说是完全成熟,而且围绕着这一理论的争议和争鸣的声音还很大,但是,"字本位"理论的提出,是中国语言学者长期艰苦探索的结果,也是中国语言对比研究的一大理论成果。

1. 探索·结合·发现:"字本位"汉语理论与汉语语法体系

1.1 探索:字本位汉语理论的萌芽

自《马氏文通》以来,20世纪早期中国的对比语言学研究,除严复和林语堂的以教中国人学习英语的著作之外,无一不是以建立汉语语法学或挖掘汉语特点、建构汉语语法体系为初衷的。关注汉语特点,建立汉语特色的语言学,是从中国第一代对比研究学者以来就有的自觉意识。

在汉语特点的研究方面,也有西方学者进行过十分精辟的论述。例如洪堡特对汉语的研究中就有关于汉语文字的独到见解:

> 第一,文字应语言的内在需要而生,一经生成,又与语言结构、思维活动密切联系。由此看来,汉字就是汉语的内在组成部分,其功用不可能为任何外在(外来)的文字形式所取代。第二,象形—表意文字有可能成为"一种特别的语言"。汉字有象形、表意的成分。使用统一的汉字,人们的交际可以超越方言(汉语的有些方言在许多西方学者眼里是不同的语言)的界限,由此看来,汉字确实可以说是一种具有特殊作用的(书面)语言。(洪堡特,2011:146)

索绪尔也有对汉语表意文字的正确认识:

> 对汉人来说,表意字和口说的词都是观念的符号;在他们看来,文字就是第二语言。……汉语各种方言表示同一概念的词都可以用相

同的书写符号。(索绪尔,2005:51)

这里引用西方语言哲学家关于汉语、汉字的观点,并非要拿他们来压人,而是因为他们的观点比我们国内类似或相同的观点提出得要早,而且"旁观者清",有时候的确需要跳出汉语之外来看汉语。洪堡特和索绪尔对汉语、汉字的认识,就是通过跟"非汉语"的印欧语以及其他语言的比较而获得的。而且通过对比认识不同语言的特点,进行个别语言的语言理论建设,也是对比语言学研究的重要目标之一。

中国语言学家在探索挖掘汉语特点、建立汉语特色语言学的过程中,以语言对比研究的视角,逐渐形成了一种对汉语独特性的新的认识——对汉语中"字"的概念的正确认识,并且这种认识随着研究的加深逐渐变得清晰起来。下面几位中国语言学家的论述,说明了中国学者对汉语"字"的早期认识。

早在1963年,吕叔湘先生就从汉语与欧洲语言对比的角度谈到了汉语中"字"的现成性:

> "词"在欧洲语言里是现成的,语言学家的任务是从词分析语素。他们遇到的是reduce(缩减),deduce(推断),produce(生产)这些词里有两个语素还是只有一个语素的问题。汉语恰恰相反,现成的是"字",语言学家的课题是研究哪些字群是词,哪些是词组。汉语里的"词"之所以不容易归纳出一个令人满意的定义,就是因为本来就没有这样一种现成的东西。(吕叔湘,2002:426)

对这一问题的认识和表述更加清楚的是赵元任先生,他指出:

> 汉语中没有词但有不同类型的词概念。(赵元任,1992:246)
> 按照西方语言学家的眼光来分析汉语并确定像结构词这样的单位可能有用……但这不是汉人想问题的方式,汉语是不计词的,至少直到最近还是如此。在中国人的观念中,"字"是中心主题,"词"则在许多不同的意义上都是辅助性的副题,节奏给汉语裁定了这一样式。(赵元任,1992:248)

赵元任先生的以上观点,使他的《汉语词的概念及其结构和节奏》(1975)这篇论文成为汉语"字本位"理论的滥觞。其实赵先生在该文中并"未正面提到'字本位',但其精神确实为'字本位'的提出提供了精神支柱"(潘文国,杨自俭,2008:60)。后来,徐通锵先生(1994)最早引用此文,开启了汉语"字本位"理论研究的历程。

1.2　结合：新的"立脚点"

徐通锵先生自己对汉语研究的探索，准确地说是对外来语言学理论与汉语实际进行"结合"的探索，按照他自己的说法，也经历了三个阶段：

> 第一阶段（1978—1981）是和叶蜚声先生一起，从总结入手，考察"五四"以来汉语语法研究和音韵史研究的理论和方法，以便从中了解中西语言学的"结合"的成效和局限。……发现音韵研究的"结合"的成效远远强于语法研究，因为音韵研究没有离开自己的传统，而语法研究由于一切需要从头做起，受西方语言理论的束缚太大。
>
> 第二阶段（1982—1986）是联系汉语方言和音韵的研究，吸收西方历史语言学理论和方法进行历史语言学的研究……这一阶段我们对"结合"的研究有了一点深切的体会，就是在文白异读的研究中总结出一种新的叠置式音变的理论和方法，丰富了现行的历史语言学理论。这说明，以汉语的研究为基础是可以总结、提炼出相关的理论和方法的。
>
> 从1987年开始，我们进入了第三阶段的探索，前后经历十年，走了很大一段弯路，才写成现在这一本《语言论》。（徐通锵，1997：2-3）

通过艰苦的探索，徐通锵先生认为，以往汉语研究中的"印欧语眼光"，主要是缺乏一个正确的立脚点，而所谓"结合"基本上是以印欧语的语言理论、方法为基础，将汉语"结合"进去，而不是以汉语的研究为基础，去吸收西方语言学的立论精神，"因而难免出现用西方的语言学理论来观察汉语的结构这样的弊端"（徐通锵，1997：2）。因此，徐先生提出了转移"结合"的立脚点的主张：

> 以汉语研究为基础吸收西方语言学的立论精神，阐释汉语的结构规律和演变规律，为语言理论研究开拓一条新的途径。（徐通锵，1997：2）

1.3　发现：汉语语言结构的基点

基于以上认识，经过艰苦的探索，终于发现了赖以建立汉语研究理论框架的汉语结构的"音义关联"的基点，即汉语的基本结构单位——"字"。徐通锵先生指出，语言的体系，简而言之，"就是由结构单位及其相互关系组成的系统"

(徐通锵,2007:13),而从结构原理上讲,能够驾驭复杂的语言系统的"以简驭繁"的简单线索(或"纲")就是这个语言系统中的"基本结构单位"。要确定语言基本结构单位,应该着眼于语言的音义关联,因为"只有成为音义关联点的结构单位才有资格成为一种语言的基本结构单位"(徐通锵,2007:14)。而"音义关联点的确定,首先应该着眼于和思维中的概念相对应的语言结构单位。根据这一标准,音义结合的关联点,汉语是字,印欧语是词和句"(徐通锵,2007:14)。而作为语言基本结构单位,不管是印欧语的词,还是汉语中的字,虽然表现形式各不相同,但都隐含着共同的结构原理,具有一系列共同的特点,即:(1)都是各自语言中现成的、拿来就能用的结构单位;(2)都具有离散性和封闭性,界限分明,很容易与其他的结构单位区别开来;(3)在各自的语言社团中有很强的心理现实性,即使没有受过教育的人,也知道一句话里有几个这样的结构单位。汉语中的字无疑具有以上三个特点,因此是汉语语言中的基本结构单位。

正如上文中所言,对于汉语基本结构单位——"字"的发现,徐通锵先生是受到了赵元任先生"'字'是中国人观念中的中心主题"这一论断的启发和鼓舞的。因此,在其《"字"和汉语的句法结构》(1994)一文中,徐通锵先生认为,"本位,这是研究语言结构的理论核心,牵一发动全身。如果能正确地把握语言结构的本位,就有可能为深入地分析语言结构的规律,顺利地解决争论的有关问题开辟前进的道路",进而明确提出,"'字'是汉语语义句法的基本结构单位",并"接过赵先生的学术遗产,进行以'字'为结构本位的汉语研究,并以此为基础总结相应的理论和方法,开拓一些新的研究途径"。从此,"字本位"的观念正式确立。

1997年,徐通锵先生的《语言论》正式出版,成为中国语言学史上第一部以"字本位"为理论指导、以汉语研究为基础的理论语言学著作,同时也是中国学者进行语言对比研究和语言学理论对比研究的重要成果。2001年,徐先生的另一部著作《基础语言学教程》出版,该书虽以"教材"的面貌面世,但实际上是一本以汉语研究为基础的普通语言学著作。在该书中,在对汉语的"词"和"句"与印欧语的word和sentence进行详细的对比分析基础上,徐先生提出"汉语中没有和word相当的单位"的论断,并重申了"'字'是汉语的基本结构单位"的观点。全书从语音、语义、词汇、语法和文字等五个方面构建起一个普通语言学理论框架,并分章论述了语言的起源和它的社会功能、语言随着社会的发展而发展,以及语言系统的演变。除以"字本位"思想贯穿全书之外,徐先生还论述了语言与思维的关系,重申了"每一语言里都包含着一种独特的世界观"的语言世界观思想。可见,徐先生的字本位汉语语言学理论的建构,是在语言世界观思想的指导下进行的,是将对汉语特性的挖掘和研究与对人类语言的共性的研究辩证地统一起来的普通语言学研究。他的语言学思想还体现在他发表的学术论文之中,如,他于1999年在《语文研究》(第4期)发表的《汉语的特点和语言共性的研究》就很有代表性。

值得注意的是,在徐先生的认识中,对于文字与语言的关系,即"文字是不是'符号的符号'",观点是较为明确的——他还是比较赞同"文字是记录语言的符号"这一说法的。尽管他将世界上的文字从发生学上分为"自源文字"和"借源文字",可以说较为彻底地颠覆了原来在《语言学纲要》中对文字的"功能分类",并指出"在现在已知的文字体系中,所有的自源文字都是表意文字,而借源文字都是拼音文字"(徐通锵,2001:382),却没有将这两种文字各自与概念或思想表达之间的关系进一步说明白。这是一种缺憾,他的"自源文字"与"借源文字"之分也因此受到批评,尽管有些批评者本身可能更不清楚,只是借西方自亚里士多德以来的"语音中心主义",尤其是索绪尔"符号的符号"的观点进行批评而已。徐先生对文字分类的这一遗憾在潘文国先生的观点中得到了一定程度的弥补。潘先生也从发生学的角度将人类的文字大体分为"自源文字"和"他源文字"(注意,这里没用"借源")两类,并指出:

> 把文字的这两种分类综合起来考虑,我们会发现表意文字与自源文字、表音文字与他源文字,实际上是重合的。凡是自源文字都是表意的(不论是形意文字、意音文字、表词文字),凡是他源文字都是表音的。……在上述两种分类里,汉语既是表意体系文字在当今的唯一代表,又是自源文字在当今的唯一代表。(潘文国,2002:91-92)

文字的"功能分类"与发生学分类在汉语与世界上多数语言的对比中重合了。这一现象是值得我们从汉语文字的特殊性及其研究的普通语言学意义两个方面深思的。

1.4 徐通锵先生的"字本位"汉语语法体系

有意思的是,跟西方对比语言学史上非常相像,"大约每隔十年就要出一本有影响的著作"(潘文国,谭慧敏,2006:51),在其《语言论》出版11年之后,徐通锵先生的《汉语字本位语法导论》又于2008年出版。在这本著作中,徐通锵先生"从'字本位'的立场出发,采用'从外到内、从内到外'相结合的方法,重新构建了现代汉语语法"(徐通锵,2008:1),实际上是创建了一个字本位汉语语法体系。为了摆脱长期以来汉语语法研究中的"印欧语眼光"和汉语语言理论建设中"跟着转"的被动局面,徐通锵先生从汉语的语言事实和汉语研究中语言理论的矛盾切入,从汉语的特点着手,以"字"(既是口头的又是书面的,是形、音、义结合的汉语的基本结构单位)为核心,从方法论、结构论、表达论三个方面建构起了字本位汉语语法体系,很容易让人回想起吕叔湘先生在20世纪所著《中国文法要略》(1941—1944)的整体结构和研究方法。

就方法论而言,徐先生通过语言对比,尤其是对汉语和印欧语基本结构单位的对比,发现了汉语的"字本位"特点;从"语言是现实的编码体系""理据是语言规则的语义基础"出发,重新定义了"语法",认为"语法是理据载体组合为语言基本结构单位的规则"。(徐通锵,2008:42)最重要的是,徐先生区别了思维方式与思维能力,认为思维能力指的是不同民族共有的认识现实规律的能力,具有全人类性,而"思维方式是实现思维能力的一种方法,与特定的语言联系在一起,因而不同民族是不一样的"(徐通锵,2008:58)。因此,"语言研究必须考察不同语言结构与该语言社团的思维方式的关系,升华相应的理论和方法"(徐通锵,2008:58)。可以看出,徐先生对于语言和语言研究方法的认识,带有明显的语言世界观色彩,二者正是开展语言对比研究,从语言的个性出发探讨语言共性,建立普通语言学的根本原则和方法。

在其"结构论"中,徐先生首先提出"字组的意义是字义的组合"这一观点,并提出和论述了汉语语义语法的三个组成部分(语义结构、结构模式和句法语义关系),提出了"字"的"语法化"概念,并相继讨论了"字"的第一次语法化或"语法化初阶"(字的分类)和语法化次阶(字的进一步分类),讨论了并列关系(提出"标记"的概念)、限定关系和引导关系等句法结构特点。

在"表达论"中,徐先生首先提出了"表述结构"(名+动)的新概念,认为印欧语的句子既是结构的句,也是表达的句,而汉语的句只是表达的句,不是结构的句,因此:印欧语的研究偏重句子的结构规则,而汉语的研究则宜偏重句的表达;印欧语的句子是"主语-谓语"框架,是形态型语言;汉语的句子适合于"话题-说明"框架,属语义型语言。在此基础上,徐先生进一步提出了语法范畴与语义范畴这对概念,认为印欧语等形态型语言生成语法范畴,而汉语作为语义型语言生成语义范畴,并且汉语的语义范畴与字的第三次语法化,即"语法化"末阶语气字的生成和运用有关,因此,语义范畴的研究应以"由内到外"的途径为基础。在这种认识的基础上,徐先生进而对褒贬与爱憎、空间与时间、肯定与否定、有定与无定四对语义范畴的表达与结构关系进行了深入探讨。

显然,徐通锵先生所建构的字本位汉语语法体系与吕叔湘先生所建立的汉语语法系统是不同的,前者在很多方面都取得了明显的进步。

2. 继承·借鉴·建构:字本位汉语语言学理论体系

潘文国先生在评价胡以鲁的《国语学草创》时说过这样一段话:

通常人们都说胡以鲁的《国语学草创》是中国第一部"普通语言学著作"(邵敬敏,方经民,1991),但胡氏自命其书是"国语学",而不是他自己在日本帝国大学学习的"博言"学即普通语言学,可见他更强调的是汉语学的研究。将两者结合起来,我们可以说这部书是第一部"汉语本位的普通语言学著作",这正是今天我们所要致力的研究目标。(潘文国,谭慧敏,2006:109)

但是,20世纪上半叶以及20世纪70年代之后很长一段时间内,汉语研究以语法研究和汉语语法体系的建构为重点,从而使类似胡以鲁《国语学草创》这样的汉语本位的普通语言学理论研究长期受到忽视。

潘文国先生的对比研究一向注重汉语的主体性,为学界所共知。潘先生出版的《汉英语对比纲要》(1997)一书的特点之一就是作者的汉语主体性思想,同时作者的汉语字本位思想开始显现。但是,完整体现潘先生字本位思想、并体现其字本位汉语语言学理论构建成就的还是他于2002年出版的专著《字本位与汉语研究》。

在2001年,潘先生在《暨南大学华文学院学报》第3、4期发表了《"字"与Word的对应性》的学术论文,从语言对比的视角讨论了汉语的"字"作为汉语基本结构单位的普通语言学意义,成为其《字本位与汉语研究》的先声。而他于2002年出版的这本专著,则基于对《马氏文通》以来汉语语法研究的深刻反思,在继承传统小学,尤其是文章学传统和借鉴西方现代普通语言学理论的基础上,建构了一个完整的字本位汉语语言学理论体系。

2.1 继承:打通古今,古为今用

"汉语章句学"是该著作的重点章节,也是最能够体现潘先生对中国传统语言学基本元素的继承和对西方现代语言学合理元素的借鉴的精彩部分。

潘文国先生指出:"'字本位'的研究主张的不仅是共时研究,而且包括历时研究,因此必须考虑打通古今的汉语研究。"(潘文国,2002:121)潘先生字本位汉语语言学理论体系,充分体现了对中国传统语言学的合理继承,主要表现为对汉语研究小学传统和对文章学传统的继承两个方面。

一、对汉语研究小学传统的继承

由于汉字在中国语言文字学中的特殊地位,中国传统语言学的小学传统,是以汉字的义、形、音研究为核心,构成了训诂学、文字学和音韵学的"三角结构"。潘先生的字本位汉语语言学理论体系正是对这一传统的合理继承和延伸。潘先生指出:"汉语以'字'为本位的汉语研究体系的建立,同样有赖于实现'字'的'一体三相'的特点。"(2002:120)并画出示意图(图1),勾勒出了"字本位

汉语语言学"的基本框架:

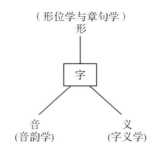

图1 "字本位"汉语语言学的基本框架(初步)
(引自潘文国,2002:120)

《字本位与汉语研究》一书的章节命名也充分体现了中国传统语言学的小学传统。这本书中没有常见的语法书中的"词法、句法"等术语,而是以"章句学、音韵学"等术语为章节命名。

二、对中国传统文章学的继承和运用

在建构字本位汉语语言学理论体系的过程中,作者对文章学传统的合理继承和运用主要表现在两个方面:第一,将《文心雕龙·章句篇》认定为"一篇汉语语法学的光辉论文",并在全文引述此文之后,对刘勰的语法思想进行了深入的挖掘。(潘文国,2002:189-199)刘勰的"因字而生句,积句而为章,积章而成篇。篇之彪炳,章无疵也;章之明靡,句无玷也;句之清英,字不妄也"成为潘文国先生构建汉语章句学"生成"和"调控"两个理论框架的理论思想来源。第二,将严复对语法的认识与马建忠的语法观做了简要对比"细读严氏《英文汉诂·叙》,可知其语言观、语法观与马氏截然相反"(潘文国,2002:25),并将其作为"文章正轨"和"译事楷模"所提出的"信、达、雅"的内涵与篇章语言学的三条调控性原则对应起来("信"就是效果性,"达"就是效率性,"雅"就是得体性)。

2.2 借鉴:择善而取,洋为中用

在字本位汉语语言学理论体系的建构中,潘文国先生主要借鉴了西方现代语言学中韩礼德系统功能语言学的语篇语言学分析以及波格朗和德莱斯勒篇章语言学中的"组成性原则"和"调控性原则"(潘文国,2002:215-218)等合理元素。

一、语篇语言学分析

潘先生在讲到"汉语篇章学"的时候,引述了韩礼德的语言学分析(Halliday,Hasan,1976),认为他"做得比较好"。(潘文国,2002:213-214)潘先生引述的重点是"上位分析",因为"上位"即语篇层面。但是我们只有结合下位分析和本位分析,才能够理清语篇生成的全过程。综合潘先生的引述,我们可以画出韩礼德篇章语言学分析的简图(图2,"基位分析"为笔者所加,目的在于对应英语等印欧语中word这一层面,而"基位分析"的对象就是"构词法")如下:

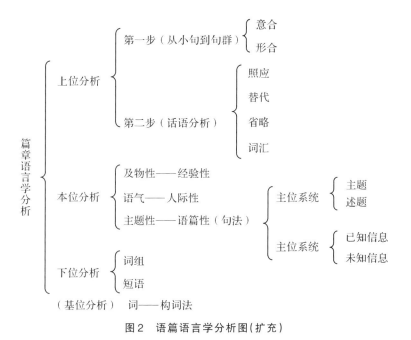

图2　语篇语言学分析图(扩充)

如图2所示,韩礼德实际上描述了现代语言学中从词法("基位分析")到短语和词组构成("下位分析"),再到句法("本为分析"),最后到语篇语言学("上位分析")的整体框架。这与中国传统语言学(刘勰《文心雕龙·章句篇》)中"因字而生句,积句而为章,积章而成篇"的生成过程是基本吻合的(如图3所示):

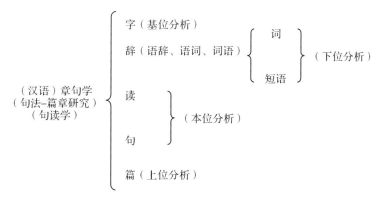

图3　汉语章句学层级体系图

这样就在字本位的汉语研究(图3)与韩礼德的语篇语言学分析(图2)之间建立起一种近乎完美的对应关系。难怪作者指出:"韩礼德的理论近年来在语言学界特别是英语界影响很大,特别是讲语篇语言学的,一般都以韩氏为指归。……韩礼德的理念可为汉语研究所用的不少。"(潘文国,2002:214)

二、"组成性原则"和"调控性原则"

潘先生构建汉语章句学的过程中主要吸取了波格朗和德莱斯勒的"组成性原则"和"调控性原则"(Beaugrande & Dressler,1981:11)。这两条原则在生成和调控两个相反的方向上相互作用,保证了篇章的语篇性。而这"一上一下"两项原则与刘勰《文心雕龙·章句篇》里的"因字而生句,积句而为章,积章而成篇"和"篇之彪炳,章无疵也;章之明靡,句无玷也;句之清英,字不妄也"的篇章生成与调控机制是完美对应的。

篇章的生成和调控形成了一个"由下而上、由上而下"两个方向上有机互动的机制,再加上严复作为"文章正轨"和"译事楷模"所提出的"信、达、雅",我们就可以画出一个全面的篇章生成-调控互动简图(图4)如下:

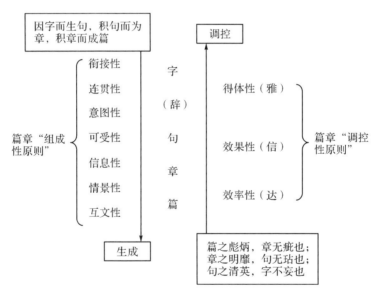

图4　篇章生成-调控互动简图

这样一来,就构成了一个"中西合璧、兼容并包"的汉语章句学生成-调控的互动机制。

2.3　建构:古今中西,自成体系

潘文国先生以"字"为本位,继承了中国古代语言学的基要元素,吸收了西方现代语言学的合理元素,建构了汉语语言学理论体系,包括语音(音韵学)、语形(形位学、章句学)、语义(字义学)、语用(音义互动)等现代汉语语言学分支(图5),既做到了在大框架下"与国际接轨",又尊重汉语的事实汉语语言,极具中国语言学特色,这的确是一种创举。

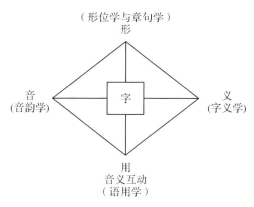

图5　汉语字本位的语言理论体系(图1扩展)

在其著作的第五至第六章,潘先生分别论述了字本位汉语音韵学、形位学、章句学、字义学、语用学的具体研究内容,实际上是搭建起了字本位汉语研究在语音、语形、语义、语用等四个层面不同侧面(语形研究包括形位学和章句学两个不同的分支)的整体理论框架。

(1)以字为枢纽,建立起一个包括共时的通语研究(包括声韵调系统——下位分析,汉语音韵学(即音质、超音质、节奏与韵律)——上位分析在内、历时的音类与历史音韵研究和历时与共时并重的方言研究三个分支的"字本位"音韵学研究的框架。

(2)以汉字符号的象似性与连续性、"组合关系与聚合关系"的区分为理论基础,建立起了汉语字义学的基本框架。这一框架语包括共时的字义学研究和历时的字义学研究两个不可偏废的分支。创造性地提出了汉字"谐音文化学"的概念。

(3)同样以"字"为枢纽,建立起包括形位学(包括字位学和形位学,形位学即字法研究)和章句学(包括构辞学、造句学和章句学,相当于中国传统语言学的句读学与篇章学,亦即西方语法中的句法学和篇章学)两个分支的汉语语形学,大致与印欧语的"语法"相对应。

(4)提出了汉语"语言活动"的动力系统——"音义互动律",明确了"音义互动是汉语语言组织的最根本规律",探讨建立字本位汉语语用学的基本思路:

这个规律从语用出发,实际上体现了汉语从音韵,到语形,到语义的所有规律,是所有这些方面规律的综合。这个理论,也是字本位汉语研究的核心理论。……这个规律,正是汉语之所以为汉语的根本特点所在,一切外来的理论、外来的方法,最终必须经过这一规律的检验,才能确定是否适用于汉语。这一语言的组织规律,甚至影响到了汉人的思维方式,成了汉人思想文化的重要组成部分。(潘文国,2002:246)

为了清楚起见,我们来看一下潘先生所建构的字本位汉语语言学与"现代语言学"各分支的对应情况(见表1):

表1　字本位汉语语言学理论体系总表(与现代语言学各分支学科的比照)

基本单位	研究层面	汉语语言学学科分支		与现代语言学的学科对应	备注
字 (辞) 句 章 篇	语音	音韵学		语音学(Phonetic)	—
				音位学(Phonology)	
				韵律学(Prosody)	
	语形	形位学	字位学		字法
			形位学	形态学(Morphology)	
		章句学	构辞学		句法
			造句学	句法学(Syntax)	
			篇章学	篇章语言学/语篇分析 (Text linguistics/Discourse analysis(Textology))	章法
	语义	字义学		语义学(Semantics)	—
	语用	音义互动律 汉语谐音文化学		语用学(Pragmatics)	—

2.4　《字本位与汉语研究》的理论建构特点

潘先生的字本位汉语语言学理论体系及其建构过程,可以用"追问、反思,对比、创新"八个字总结。

一、追问

《字本位与汉语研究》一书从问题入手、循问题展开[1]，探究汉语研究与西方现代语言学理论"接轨"、探究中国特色语言学建设的正道。

这些问题是作者在语言哲学层面对近百年来汉语研究的叩问，涉及字本位汉语语言学理论体系建构的认识论、本体论、方法论和价值论等语言哲学层面。提问的方式变化错落：有设问，或自问自答，或借他人之口，述己之见；有反问，道理不言自明，发人深省；有追问，环环相扣，发人深省。有的章节的标题本身就是一个问题。这些问题，犹如一个个灯标，"至于幽暗昏惑之处"，让人眼前一亮，或可发现通往目标的坦途，或可辨明努力的方向，去探求前行的路径。这些问题的提出和对这些问题的回答，像一根红线，贯穿了全书的始终。

二、反思

该书第一篇名为"汉语研究的世纪回眸"，通过哲学探究和批判性思辨，肯定了百年来汉语研究所取得的成绩，尤其是《马氏文通》对汉语研究和中国语言学发展的意义和贡献，更重要的是指出了20世纪汉语研究的失误（"普世"语法观、语法中心观、重语轻文和重音轻字情结、"科学主义"迷信），从哲学语言学的角度证明了"汉字研究应该属于语言学研究"和"以文字为中心的中国古代小学研究也是语言学研究"，为"建立汉语自己的本体语言学"，即"古今贯通、中西合璧"的字本位汉语语言学廓清了认识、明确了方向、奠定了基础。

就认识论而言，"字本位"理论表现出"不迷信'常识'""大胆怀疑的精神"，敢于"去闯那些人为设置的'禁区'"；正确地看待语言研究的"共性"与"个性"的关系，认为"这个问题已不是一个理论问题，而是一个实践问题"，建议"尝试真正从个性出发的研究"；认真对待汉语研究中的"两张皮"现象，"以平等的心态对待洋人，以积极的心态继承和发展传统"。（潘文国，2002：80）

就本体论而言，潘先生的"字本位"理论从汉语语言文字的根本特点出发，以对"语言"的新定义（"语言是人类认知世界及进行表述的方式和过程"）为理论依据，结合西方语言学的理论成果，论证了语言与文字的关系，指出了"表意文字与表音文字"简单分类的不足，提出了"自源文字"与"他源文字"的发生学分类，认定"汉字是典型的自源文字"（2002：90），进而论证了"自源文字"与"表意文字"、"他源文字"与"表音文字"的"重合性"及其与"象似性"与"任意性"的关系，指出从亚里士多德"以来直到20世纪形成的重音轻文的（语言研究）传统是片面的"（潘文国，2002：92），因而也是不科学的。这样就将汉字研究纳入了语言研究的视野（"以文字为中心的中国古代小学研究也是语言学研究"）。

---

[1] 根据我们的仔细爬梳，潘文国先生的《字本位与汉语研究》全书10章加"后记"共提出216个问题（第九章中论及"双音语素"的一连串共13个问题按1个计）。

就方法论而言,"字本位"理论的最大意义"在于转换了研究者的眼光或者说是看问题的角度,变从印欧语出发为从汉语出发……为汉语研究找出一条新路"(潘文国,2002:69)。

三、对比

一般人认为,"对比"只是一种方法。但是,当这种方法运用于形而上的理论建构,尤其是运用于哲学思考的时候,就会升华为一种思想。得益于其教育和学术背景,作者"对中、西语言学都有详尽的了解"(潘文国,2002:《序》),故而全书中处处能够发现中西、古今语言及语言学理论的相关论述,如关于《马氏文通》前后中国语言学研究传统的变化、关于"普世"语法观的历史变迁、关于语言符号象似性、共时性与任意性、连续性问题的讨论等,无不显示出作者对语言及语言学理论进行对比的深度。

第一,汉英语基本结构单位对比。书中最引人注目的是第四章关于"'字'与Word的对应性"对比研究(潘文国,2002:95-119)。以word是英语研究的本位(词是英语的天然单位;词是英语民族认识世界的基本单位;词是(英语)语言各个平面研究的交汇点;词在(英语)语法上处于承上启下的枢纽位置,是语法与句法的交接点)对照论证了"字"是汉语研究的本位("字"是汉语的天然单位;"字"是汉语民族认识世界的基本单位;"字"是汉语各个平面研究的交汇点;"字"在语法上处于承上启下的枢纽位置,是"字法"与"句法"的交接点)。其突显了汉语的根本特点,也奠定了全书建构"汉语自己的本体语言学"的认识论和本体论基础。

第二,中西语言学传统和语言理论对比。潘先生的字本位汉语语言学理论建构中对于中国传统语言学基要元素的继承和对于西方现代语言学理论合理元素的借鉴是基于充分的对比之上的,书中关于中西方语言学理论的对比几乎俯拾皆是。作者对赵元任、吕叔湘、高名凯、王力、张志公等前辈语言学家的理论和观点的赞同、对《马氏文通》的辩证的批评和反思,都是建立在认真对比的基础之上的。对于西方语言学理论,他所反对的无非是汉语研究中亦步亦趋的"跟着转",而提倡的却是真正本于汉语实际的"拿来主义"。

第三,与其他的"字本位"理论模式对比。这方面的对比,最典型的实例就是术语的采用(或独创)。例如在关于汉语"字法"的研究中,潘先生就通过与各家的对比,"统一"了术语,并给出了建议英文译名(见表2):

表2　字法研究建议术语与英文译名对照表

一般名称	整字	偏旁	部件	笔画
王宁1995	整字	偏旁/构件	形位(形素)	笔画
……	……	……	……	……
(1994)Yin & Rohsenow	Character	Side Component	Component Part	Stroke
本书建议	字		形位(形素)	笔画/字位（字素）
		偏旁		
英文译名	Sinigram		Morpheme	Stroke/Grapheme
		Bi-component		

来源:潘文国(2002:149-150)。

又如,在对汉语章句学的单位进行讨论时,潘先生也通过与现行用语和其他学者的用语进行比较,建立起一个"汉语章句学核心术语系统"(见表3):

表3　汉语语言单位不同界定对照表

现行用语	语素	词	短语	小句	句子	篇章
徐通锵	字	辞	块	（读）	句	—
汪　平	字	辞		读	句	—
程雨民	字	字组	短语	句子		—
本　书	字	辞		读	句	篇

来源:潘文国(2002:182)

这些极富深度的语言和语言理论对比,使作者站得更高,思考得更辩证,构建的理论体系也就更加客观。

四、创新

在哲学探讨、历史反思、理论对比和传统继承的基础上,潘文国先生提出的字本位汉语语言学理论体系多有创新:

第一,对"字"的概念重新界定,稳固了字本位理论的基石。潘先生对字本位中的"字"进行了重新界定,将汉字的形也纳入字本位理论的框架,并鲜明地提出了"汉字"是汉人的第二语言,突破了长期以来形成的"文字不是语言"的"常识"。将汉字纳入语言体系,是根据汉语表意文字的特点而做出的准确论述,是字本位理论的一个创新和突破。

第二,以"字"为起点,贯通至"篇"。突破了一百多年以来汉语研究以"句"为终点的局限性,构建起字本位汉语研究的整体理论体系,即以"字"为语言结构的基本单位,围绕"字"的形、音、义、用,构建起包括形位学、章句学、音韵学、字义学和语用学(音义互动)五个分支构成的汉语研究的整体理论体系。

第三,基于汉语历时的字义研究,提出了"谐音文化学"的概念。

第四,提出"音义互动"是汉语言的动力系统。潘先生提出:"音义互动是汉语组织的最根本的规律。……这一规律,正是汉语之所以为汉语的根本特点所在,一切外来的理论、外来的方法,最终必须经过这一规律的检验,才能确定是否真正适合于汉语。"(潘文国,2002:246)这一认识可说是对中国学者一个多世纪来追踪"汉语特色"的一个较新总结。

潘文国先生的《字本位与汉语研究》,以"字本位"为基础建构了汉语语言学理论体系,符合探讨汉语自身语言哲学和建设中国特色语言学的学术诉求,成为以中国古代语言学传统为基本内核、吸收西方现代语言学理论合理元素、符合汉语特点的现代汉语语言学理论,是21世纪初汉语研究和外汉对比研究的重大理论成果,也是对普通语言学的重要贡献。

汉语"字本位"理论的提出和发展往前承继了中国对比语言学肇始时期中国学者建设汉语语法学的初衷,尤其与"文法革新"挖掘汉语特点的努力相呼应,同时更是与胡以鲁建构汉语本位的普通语言学相一致,往后则与对比语言学研究中"为民族语言学理论建设服务"的目标相一致,是对比语言学理论成果的一部分,也是对比语言学发展的必然结果。

2008年,杨自俭先生辑成的《字本位理论与应用研究》出版,内容涵盖了字本位理论的创建、发展和价值,字本位基础理论研究和字本位理论的应用研究三个部分,吸收了字本位理论产生以来众多学者的研究成果,对汉字与汉语的关系、汉字的编码方式、汉语结构单位的组配规则等涉及字本位理论立论基础和方法论原则的重大问题进行了详细的探讨,特别对字本位理论在对外汉语教育、中国通用语文教育和中文信息处理等三个应用领域中的理论指导作用进行了论述。这本书实际上成为"汉语字本位研究丛书"的"导论"。

跟其他任何理论一样,"字本位"理论也会经过一个理论与实践长期互动的自然过程,在实践中进一步丰富和完善。

3. 继承·借鉴·建构:"字本位"汉语语言学理论体系

自从汉语"字本位"语言学理论问世以来,在其发展的道路上并非一帆风顺,来自不同方面的质疑甚至责难也一直陪伴着这一以汉语为"本位"的语言学理论。学界就"字本位"汉语研究所进行的争鸣、存在的分歧是极为正常的事情,同时也是一件好事。这让我们想起自《马氏文通》以来一直到"暂拟系统"这一段时期内中国语法界的"百家争鸣、百花齐放"的历史场面。不过与那时有所不同的是,目前的这种争鸣有了一个更加宽阔的国际平台,参与争鸣的不仅仅是国内的学者,还有来自世界其他国家的汉语学者,不仅仅是汉语界的学者,也有来自外语界的学者,而争鸣的话题也不仅仅是语法体系和语言学理论问题,还有包括语言教学、语际翻译、词典编纂和汉字的信息化处理等应用性问题。当然,尽管其主线是"字本位"与"词本位"①之间的分歧,这些争鸣却不仅仅是就"字本位"汉语语法或汉语语言学理论一家而论,而是涵盖了"句本位""语素本位"等"本位观",涉及语言哲学、普通语言学、语言类型学等各种理论问题。令人欣慰和鼓舞的是,由此而发的"汉语独特性理论与实践国际学术研讨会"已召开两届(2009,2013,上海外国语大学),为汉语研究中的不同观点和主张提供了一个很好的对话平台。第一届会议的研讨成果(34篇研究论文)已汇集成册,并以《世纪对话:汉语字本位与词本位的多角度研究》为名出版(周上之主编)。第二届会议包括大会主题发言和小组会议,共交流论文44篇,涉及汉语宏观和微观研究、理论与应用研究,以及关于汉语研究的普通语言学和哲学层面的思考等方方面面,在规模和档次上都有很大的提高。

　　总的来说,这种争鸣和对话是积极的、值得关注的,因为它确实能够促进汉语独特性理论与实践的研究,并能够在语言世界观的观照下为语言对比研究提供一个视角,形成了汉语语法学和汉语语言学理论研究"百花齐放"的局面,从而推动我国乃至世界对比语言学的发展,为建立中国的哲学语言学做出贡献,为普通语言学的建设做出贡献。

参考文献

费尔迪南·德·索绪尔,2005.普通语言学教程[M].北京:商务印书馆.

吕叔湘,1956.中国文法要略[M].上海:商务印书馆.

吕叔湘,2002.现代汉语单双音节问题初探[C]//吕叔湘.汉语语法论文集.北京:商务印书馆.

潘文国,2001a."字"与 Word 的对应性(上)[J].暨南大学华文学院学报(3):42-51,74.

---

① "字本位和词本位是指两种(汉语)研究几点的对立。这两个术语是潘文国先生1996年在上海外国语大学召开的中国文化与世界学术会议上首次提出的。他把词类本位、词组本位、小句本位、句本位等统称为词本位。词本位诸理论是从西方语言学中移植过来的,而字本位则是把字作为研究汉语基点的,是立足于汉语本身提出的自源概念。"见周上之:《世纪对话:汉语字本位与词本位的多角度研究》,北京大学出版社2013年版。

潘文国,2001b."字"与 Word 的对应性(下)[J].暨南大学华文学院学报(4):26-29,40.

潘文国,2002.字本位与汉语研究[M].上海:华东师范大学出版社.

潘文国,谭慧敏,2006.对比语言学:历史与哲学思考[M].上海:上海教育出版社.

潘文国,杨自俭,2008.共性·个性·视角:英汉对比的理论与方法研究[M].上海:上海外语教育出版社.

威廉·冯·洪堡特,2011.洪堡特语言哲学文集[M].姚小平,编译,北京:商务印书馆.

徐通锵,1994."字"和汉语的句法结构[J].世界汉语教学(2):1-9.

徐通锵,1997.语言论[M].长春:东北师范大学出版社.

徐通锵,1999.汉语的特点和语言共性的研究[J].语文研究(4):1-13.

徐通锵,2001.基础语言学教程[M].北京:北京大学出版社.

徐通锵,2005.汉语结构的基本原理:字本位和语言研究[M].青岛:中国海洋大学出版社.

徐通锵,2007.语言学是什么[M].北京:北京大学出版社.

徐通锵,2008.汉语字本位语法导论[M].济南:山东教育出版社.

杨自俭,2008,字本位理论与应用研究[M].济南:山东教育出版社.

赵元任,1992.汉语词的概念及其结构和节奏[C]//袁毓林.中国现代语言学的开拓和发展:赵元任语言学论文选.北京:清华大学出版社.

周上之,2013.世纪对话:汉语字本位与词本位的多角度研究[M].北京:北京大学出版社.

BEAUGRANDE R D, DRESSLER W, 1981, Introduction to text-linguistics [M]. London: Longman.

HALLIDAY M A K, HASAN R, 1976. Cohesion in English[M]. Harlow, Essex: Longman Group Ltd.

作者通信地址:215011 苏州科技大学外国语学院;sdsuzhanghai@163.com

"字"对应Word的文化模型认知对比研究

——以"头/HEAD"为个案研究

程　珊

摘　要：潘文国先生把语言定义为"语言是人类认知世界及进行表述的方式和过程"，并认为汉语"字"与英语Word具有对应性，都是语言的天然单位和本民族认识世界的基本单位，而且语言世界观决定了语言对比必须联系文化和心理背景。文化模型研究把文化的抽象概念具化到语言的知识层次，并从认知的角度来探讨体现在语言层次的文化知识以及反映文化知识的语言表征。本文根据认知语言学哲学基础——体验哲学，选取体验认知原型对应的汉字"头"和英语Word"HEAD"，对二者进行文化模型认知对比分析，以期探索中华文化对外传播中汉"字"对应英语Word的文化认知概念化对比研究。

关键词：文化模型；认知对比；头；HEAD

0. 研究背景

2001年，潘文国先生通过考察160年来中外学者关于语言的68种定义，将语言重新定义为"语言是人类认知世界及进行表述的方式和过程"（潘文国，2001a:106）。该定义强调了人类特有的认知和表述功能，以及语言的主体性方式和动态发展过程。（潘文国，2001a:107）该定义也很好地诠释了"语言是一种世界观"的思想。针对"语言是一种世界观"的含义，潘文国先生（1997:27-35；2017:8-11）总结出三大表现：(1)语言反映不同民族的概念和意义体系；(2)语言反映不同民族的价值体系；(3)语言反映不同民族的思维方式。"承认语言是一种世界观，对于不同语言的对比研究具有非常重要的意义，因为语言世界观是认知共性和个性的基础……语言世界观决定了语言对比必须联系文化和心理背景，以语言的'内蕴形式'为重点……"（潘文国，1997:35-44；2017:11-16）。在语言对比中，还要在基本单位和基本组织规律上寻找对应，如汉语"字"与英语word的对应等。（潘文国，2020a:17）关于"字本位"理论中的"字"与word的对应性，潘文国先生（2001b:300，301-316；2002:95-119）指出："字本位"所主张的

"字",不仅是个"语法结构基本单位",而且是个"语言结构基本单位";汉语"字"与英语Word具有对应性,并共有四大特点,即(1)都是语言的天然单位;(2)都是本民族认识世界的基本单位;(3)都是语言各平面的交汇点;(4)都在语言组织(语法)研究中起承上启下作用。此外,潘文国先生(2020b:7)还认为:"人类认识世界的起点,对表音文字语言来说是'词',对表意文字语言来说是'字',但两者有个共同点,就是'概念'。"因此,人类认识世界的起点,如汉英语对应基本单位的汉"字"和英语Word,其反映不同民族概念和意义体系所蕴含的丰富"概念"内容非常值得深入探索。本文拟在这对应基本单位汉"字"和英语Word层次,进行相关的概念认知对比研究。

认知语言学的哲学基础——"体验哲学",强调了人类语言的认知体验性。其核心观点"体验性"认为:范畴、概念、推理、心智和意义等并不是对外部现实客观的、镜像的反映,而是基于身体经验形成的;其最基本形式主要依赖于对身体部位、空间关系、力量运动的感知,特别是由人体各部位的功能和运动机制所形成的。(王寅,2002:82-88)中国古代早有与"体验哲学"相通的"我向性"认知方式。"我向性"认知方式注重从人体自身的经验出发辐射思考,把人体部位与自然物象联系起来,并由具体化上升到抽象化的认知方式。《周易》中《系辞下》曰:"古者包牺氏之王天下也,仰则观象于天,俯则观法于地。观鸟兽之文,与地之宜。近取诸身,远取诸物。于是始作八卦,以通神明之德,以类万物之情。"刘勰在《文心雕龙》中的《原道》也指出:"仰观吐曜,俯察含章,高卑定位,故两仪既生矣。惟人参之,性灵所钟,是谓三才。"这些都说明了中国古代就有人类通过自己的身体经验,在对自然物象的观察和互动中形成"八卦""两仪"的认知取向。在古希腊也早有普罗泰戈拉(Protagoras)的"万物皆以人为准"的"体验性"认知标准。18世纪的赫登尔(Herder)也在《论语言的起源》中有"语言并非先验之物,而是感性活动的产物"和"语言是理性的映像"等关于语言的认知体验性的论述。19世纪的辩证唯物主义观在强调物质与意识相互作用的同时,也指出语言是一种实践的认知体验产物。这些都反映出,针对了解和描述世界的"体验性"认知模式,中西方有着共通之处,说明了人的身体经验是人类对世界概念化而产生语言的基础,也说明了语言的认知体验性是语言共性的基础。因此,本文选取体验认知原型对应的汉字"头"和英语Word"HEAD",对二者进行认知对比分析。

潘文国先生(2021a:858)强调:"语言既是文化的载体,又是文化本身";"'语言世界观'主张语言就是文化的深层结构。语言与民族的思维方式紧紧相连,因而研究语言就是研究文化"。源于20世纪80年代的"文化模型"研究致力于从认知视角来研究语言文化性,并描述人类心理关于文化知识的概念体系,近年来也成为认知语言学、语义学、语用学、翻译学以及语言教学与习得等语言学领域的重要研究内容（参见：Wolf, Bobda, 2001；Yu, 2003a, 2003b；Ghassemzadeh, 2005；Kövecses, 2005；Burenhult, Levinson, 2008；Sharifian, 2008；Brdar-Szabó, Brdar, 2012 等）。潘文国先生认为"文化一定是由文字承载、由文献传承下来的"（2021b：21），而且"从大变局下文化自信的角度来看，今后应该加强以汉语汉字为主体的语言学理论研究、汉外对比研究和汉语哲学研究"（2016：9）。因此，本文在汉英语言的基本单位层次，以体验认知原型对应的汉字"头"和英语 Word "HEAD" 为个案研究，对二者进行文化模型认知对比分析，旨在探索汉"字"对应英语 Word 的文化认知概念化对比研究。

1. 文化模型的内涵特征

"文化模型"这一术语于 *Cultural Models in Language and Thought*（Quinn, Holland, 1987）一书出版后开始被广泛采纳和接受。奎恩和霍兰德（Quinn & Holland, 1987：4）在该书中首次给出了其定义："文化模型是关于世界的、预设的，且被视作常理的模型，它被一定社会成员所广泛共享，并在很大程度上影响着他们对世界的理解和行为方式。"随后从各种认知角度对其做出的概念阐释层出不穷，如"认知图式"（D'Andrade, 1987：112, 1989：809；Strauss, 1992：3；Burenhult, Levinson, 2008：145），"文化图式"（Gibbs, 1999：153），"共享图式"（Morillas, 1999：4），"认知模型"（Ungerer, Schmid, 1996：50），"文化概念化"（Sharifian, 2008：119），等等。一直以来，研究者们都在针对"文化模型"的概念进行拓展阐释，而且文化模型的相关研究重点也都集中在探索人类对文化知识的认知处理模式、过程、结果与功能上。因此，文化模型主要指的就是一种由文化建构的不断发展的动态认知概念集合，产生于并作用于一定社会群体的理解和推理等行为活动。本文尝试通过三种研究视角——语言表征、层级结构和概念形式，来着重探讨文化模型的内涵特征。

1.1 文化模型中的语言表征

文化模型实现于语言表征和非语言表征，而且其功能在于以不同表征系统阐明的方式来生成、指引、规划和调整人们的行为（Ghassemzadeh, 2005：289）。Shore（1996）首次详细论述了文化模型的语言表征——"语言模型"内容。根据 Shore（1996：56-60）的观点，从基本结构上分，文化模型可分为"语言模型"和"非语言模型"两大类，而对语言模型的穷尽描述几乎等于再现整个语言学的基本内容，因此相对于语音、词法和句法等细微模型，他集中讨论了几种更高层次的语言模型类型，包括"脚本""命题模型""声音符号模型""词汇模型""语法模型""惯用语模式"和"修辞模型"。

鉴于文化模型的多层次语言表征,本文尝试从汉英语言基本单位"字"和Word层次的文化模型出发,来讨论"头"和"HEAD"的文化模型认知对比。笔者借鉴Evans(2006)"词汇概念"和"意义"区别的观点,认为"字/Word"的文化模型与意义也有所不同,前者指的是某个"字/Word"在一定文化背景下所蕴含的种种可能的概念化结果,而意义指的是某个"字/Word"在一定话语场景下所产生的特定含义。笔者认为:"字/Word"的文化模型并非组成语言的使用规则,而是建构了"字/Word"概念化全部内容的基础,以及人们在使用语言时的行为概念及社会心理评估(Sweester,1987);文化模型不仅提供高级指令来控制"字/Word"概念预选和表述,而且充当概念媒介来传递语用评估信息,并在语义分析方面作为多义词的解码工具(Morillas,1999)。因此,本研究从集中体现"字/Word"文化模型概念化结果集合的大型词典中,提取到"头"和"HEAD"的文化模型及其语言表征,然后选择其中各自常见的20种模型并通过现代语料库所反映的实例数据进行对比分析。

1.2 文化模型的层级结构

安德拉德(D'Andrade,1989:809)指出文化模型的网络结构具有层阶性,某些文化模型可以充当其他文化模型的组成部分。沃尔夫和鲍伯达(Wolf & Bobda,2001:231)也把概括性的文化模型描述为一种实现于语言表征的开放性集合,其内部包含诸多相互关联的层级组合的复杂概念及其蕴涵。

由于文化模型也是一种文化规约的"心理模型",因此本文对文化模型层级结构的阐释借鉴了徐盛桓对心理模型主要特征的表述:"心理模型是认知主体知识结构的表现形式,或称心智中的知识的基本组织形式,这一抽象的知识结构由大大小小的类知识或抽象知识的'知识集'构成,是人们的知识、经验、信念经由大脑的长短期记忆储备起来并经抽象和整合,成为复杂的知识网络系统,体现为由历时、共时的各种规则规律汇集成的集合体,这些规则规律组成默认的层级和结合为各种范畴。"(徐盛桓,2007:4)笔者认为:文化模型也是一种由各类心理知识组成的具有层级结构的开放性动态认知集合,其内部包含以组合加聚合方式组成的多层级的次级文化模型;每一层级的一种文化模型又是一个小型的认知集合,上下层级的文化模型之间存在着可能的包含与被包含关系,即一种文化模型可能成为更高一级文化模型的组成部分,任何一种文化模型的组成部分也时常有它们自身更为复杂和深入的次组成部分。从文化模型的整体层级结构来看,文化模型常常依靠一些细节性的知识单元结构积累来组织一些概括性的认知信息,同时这些概括性的认知信息又成为形成上一级更大概括性认知信息的概括性知识组块单元,依次向上形成一个从细节性文化模型到概括性越来越强的文化模型的层级结构,而整个层级结构又以各种历时和共时规则形成一个大型的整体的开放性文化模型。

以本文的"字/Word"为例,汉字"头"的文化模型包含"头是人""头是端点""头是方位"等次级文化模型,而"头是端点"的文化模型本身又包含"头是顶端""头是前端""头是后端"等次级文化模型。同样,英语 Word"HEAD"的文化模型包含"HEAD 是人""HEAD 是度量""HEAD 是理解"等次级文化模型,而"HEAD 是度量"的文化模型本身又包含"HEAD 是长度""HEAD 是高度"等次级文化模型。

1.3 文化模型的概念形式

关于文化模型的概念形式,考弗赛斯(Kövecses,2005:193)指出文化模型存在于具体和抽象的概念形式,以及诸多介于具体和抽象两个极端形式之间不同抽象等级的概念形式。根据概念化过程的不同抽象程度,笔者尝试把文化模型分为具体、半抽象和抽象三种概念形式范畴。其中具体的文化模型指的是那些客观具体事物在人脑中直接形成的具体意象,并由此产生的对应具体概念形式。对于本文的"头"和"HEAD"来说,具体的文化模型就是指人们在心理上对"头"和"HEAD"作为具体身体部位形成的具体概念形式"头是身体部位"和"HEAD 是身体部位"。人类关于诸如动物、植物等客观具体实物的具体概念形式的文化模型并不需要隐喻理解,但抽象概念形式的文化模型却离不开隐喻等抽象思维,隐喻等高级认知模式在很大程度上建构了抽象概念形式文化模型的结构与内容(Kövecses,2005),而且多数文化模型都以习语和谚语等形式来进行表征(Ghassemzadeh,2005)。因此本文提到的半抽象的文化模型指的是人类通过隐喻、转喻等高级认知方式,参照某些客观具体事物来对其他客观事物形成的半抽象概念形式,如本文中的"头是头发""头是人""HEAD 是硬币头像面""HEAD 是泡沫"等文化模型。而抽象的文化模型指的是人类通过隐喻、转喻等高级认知方式,把具体的客观事物上升到抽象概念,并参照其他抽象概念对其形成的抽象概念形式,如本文中的"头是方位""头是途径""HEAD 是理解""HEAD 是思考"等。笔者认为,从历时的角度来看,文化模型概念形式的发展趋势类似于人类其他认知概念的发展趋势,都是由某一个或一些具体形式的概念发展成为一系列抽象形式的概念。在本文"头"和"HEAD"文化模型中,一个文化模型由一个或一个以上的概念化义项构成,单个概念化义项构成一个具体、抽象或半抽象的文化模型,两个或两个以上相近的概念化义项可构成一个抽象程度更高的文化模型。例如,两个抽象模型"头是第一"和"头是上等"可以构成一个更为抽象的文化模型"头是第一等级"。再如,两个半抽象模型"HEAD 是江河上游"和"HEAD 是队伍前部"可以构成一个"HEAD 是前端"的抽象模型。由于认知原型对等的"头"和"HEAD"在汉英文化中所形成的具体文化模型"头是身体部位"和"HEAD是身体部位"也对等相同,因此本文的汉英对比研究略去了此类具体模型,仅提取相关非具体的抽象或半抽象文化模型进行对比研究。

2. 文化模型的对比分析

由于大型词典最忠实地记载了语言历时发展的认知概念化结果,因此本文所探讨的"头"和"HEAD"的文化模型历时对比分析,主要基于汉英语中公认的两部历史性的电子版"百科全书式"大词典:《汉语大词典》(CD-ROM version 2.0,汉语大词典出版社,2002)和《牛津英语大词典》(*Oxford English Dictionary*,OED,second edition,CD-ROM version 3.00,Oxford University Press,2002)。

在认知语法研究中,兰格克(2009)把语法范畴归为三大主要认知类型:名词指义(Nominal Prediction,NP)、过程指义(Processual Predication,PP)和非时间关系(Atemporal Relation,AR)。其中名词指义对应名词范畴(Langacker,2009:34),过程指义对应动词范畴(Langacker,2009:9),非时间关系对应其他如形容词、副词、介词等语法范畴(Langacker,2009:9)。根据文化模型的概念层次,笔者认为这些语法范畴的认知类型都属于"字/Word"文化模型的较高层概念模型。因此在本研究中,笔者把"头"和"HEAD"在词典里列出的作为名词产生的文化模型归属于"名词指义"模型的次级模型,把作为动词产生的文化模型归属于"过程指义"模型的次级模型,把作为其他词类产生的文化模型归属于"非时间关系"模型的次级模型。

根据这两大词典中关于"头"的"名词指义"模型、"过程指义"模型和"非时间关系"模型概念化结果集合,以及"HEAD"的"名词指义"模型和"过程指义"模型概念化结果集合,本文选取了各自主要的20个文化模型及其语言表征的实例进行对比分析。

2.1 "头"和"HEAD"的文化模型关系比较分析

基于概念模型的集合特征(Pluempitiwiriyawej, Cercone,An,2009),笔者尝试设计了4种关系公式"A=B""A≈B""A⊃B"和"A丨B"来对比说明"头"和"HEAD"的文化模型之间的关系。在这4种关系公式中,A和B分别代表了"头"和"HEAD"的20种主要文化模型的其中一种模型,而且无论A还是B都代表一种可包含次级文化模型的模型集合。公式"A=B""A≈B""A⊃B"和"A丨B"分别表示A和B之间的关系是基本等同、大致约同、包含和无关。关于"头"和"HEAD"的20种主要文化模型之间的具体关系比较以及各种关系所出现的频数及其所占百分比,参见下表(表1)列出的相关模型和数据。

表1 "头"和"HEAD"的20种主要文化模型关系比较

关系公式	频数	%	"头"的文化模型	"HEAD"的文化模型
A＝B	4	20	顶端,首领,头发,牲畜计数单位	
A≈B	2	10	人,长度或高度	人,长度或高度
A É B	1	5	前端或后端	前端
A｜B	13	65	起点,剩余部分,对象,途径,抽金,突出,时刻,模糊化内容,方位,过去的,比重,第一等级的,接近	思考,理解,天赋,理智,硬币头像面,自由,极点,分项,泡沫,水压,顶击,引领,朝某方向移动

　　尽管体验认知原型对应的"头"和"HEAD"有着相同的具体文化模型即"头是身体部位"和"HEAD是身体部位",但根据表1中所列出的"头"和"HEAD"非具体文化模型关系比较结果,我们发现二者基本等同的文化模型只有"顶端""首领""头发"和"牲畜计数单位"4种,占到总体比例的20%。而其他占到80%比例的16种模型比较起来都多少有些不同,甚至彼此之间完全不同的不相关模型有多达13种,占到了总体比例的65%。下面就表1比较结果对"头"和"HEAD"的20种主要文化模型进行详细说明。

　　首先,在第一种"A＝B"的比较关系中,"头"和"HEAD"都有基本等同的文化模型"顶端""首领""头发"和"牲畜计数单位"。例如:文化模型"首领"在汉语中的语言表征"他是我们的头"等于英语的"He is our head";文化模型"顶端"的语言表征在汉语中有"山头",在英语中也有"the head of a mountain"。然而,由于文化模型属于一种文化建构的认知概念模式,因此汉英两种不同文化中也存在一些非绝对等同的文化模型。例如,文化模型"头发"在汉语中的语言表征多数出现于如"剃头"和"剪头"等非正式的口语表征,而英语中的"the curly head"等语言表征则没有正式或非正式语体的倾向性。此外,由于归属汉英两种语法体系中的不同词类范畴,文化模型"牲畜计数单位"语言表征中的"头"(如20头牛)和"head"(如20 head of cattle)则分别归属"非时间关系"模型和"名词指义"模型。

　　其次,在第二种"A≈B"的比较关系中,"头"和"HEAD"有着某种程度上约同的文化模型"人"和"长度或高度"。例如,两种模型"头是人"和"HEAD是人"看似同类,但前者在汉语语言表征"老头"和"老李头"中的"头"指的是一种对男性老人的非正式称呼概念。而后者在英语语言表征"50 dinners at $ 1.50 a head"以及"count heads"中的"head"指的是一种作为个体计数单位"人"的概念。再如,虽然"长度或高度"的具体层次模型在汉语中的"他的马领先一个头位获胜"和"他比我高一个头"分别等于英语中的语言表征"His horse won by a head"和"He is taller than me by a head",但其抽象层次模型"高度"在英语中的"be head and shoulders above somebody"则指的是一种在智慧或能力上对他人的超越,而这一种抽象层次模型在汉语"头"文化模型中则比较少见。

再次,在第三种"A⊃B"的比较关系中,汉语中的文化模型"头是前端或后端"包含了英语中的文化模型"HEAD是前端"。"头"在汉语中的模型可以表示"横向两端——前端或后端"的概念。例如,汉语中"桥头"和"街头"中的"头"指的是"桥"或"街"横向两端中任意一端的概念,其选择的认知倾向都要依赖于主体自身前进运动的空间方向而定。然而,这一模型在英语"HEAD"的模型集合里则没有。"HEAD是前端"的语言表征"the head of a bed""the head of a boat"和"the head of a lake"分别等于"头是前端"的语言表征"床头""船头"和"湖的源头"。

最后,在第四种"A | B"的比较关系中,"头"和"HEAD"有着彼此不相关的其他13种文化模型。"头"在汉语中有其特有的文化模型及其语言表征,如"头是起点"的"从头开始"、"头是剩余部分"的"烟头"、"头是对象"的"冤有头,债有主"、"头是途径"的"分头行动"、"头是抽金"的"抽头"、"头是突出"的"风头"、"头是时刻"的"紧要关头"、"头是第一等级的"的"头彩"等。同样,"HEAD"在英语中也有着独特的文化模型及其语言表征,如"HEAD是理解"的"above/over one's head"、"HEAD是硬币头像面"的"head or tail"、"HEAD是自由"的"give somebody his/her head"、"HEAD是极点"的"Discontent has come to a head"、"HEAD是分项"的"treat a question under five heads"、"HEAD是泡沫"的"the head on a glass of beer"、"HEAD是水压"的"They kept up a good head of steam"等。还有其他几种"头"和"HEAD"彼此不同的文化模型及其语言表征,笔者将在2.2小节结合汉英现代语料库的数据分布来进行分析。

2.2 "头"和"HEAD"文化模型的现代语料库分析

为了进一步进行现代汉语和现代英语中"头"和"HEAD"文化模型的共时实际分布对比分析,以及两种文化模型概念化过程中历时变化的对比分析,本研究选择了"北京大学汉语语言学研究中心语料库"(CCL)的子库"现代汉语语料库"和牛津大学的"British National Corpus(BNC)"语料库。两个语料库分别真实反映了现代汉语和现代英语的语言实例。本研究分别从两个语料库中随机抽取了2000例样本语料进行对比分析。由于着重针对"头"和"HEAD"非具体模型对比研究,本研究对"头是身体部位"和"HEAD是身体部位"的具体文化模型这部分的数据予以了省略。为了更好地显示两种语言中文化模型集合的对比结果,笔者选取了"头"和"HEAD"前10种最常见的文化模型进行对比。相关详细的频数和所占百分比参见表2的数据。

表2 现代语料库显示的前10种最常见的"头"和"HEAD"文化模型

CCL				BNC			
"头"的文化模型		频数	所占百分比/%	"HEAD"的文化模型		频数	所占百分比/%
NP	1. 前端或后端	319	15.95	NP	1. 首领	607	30.35
	2. 模糊化内容	287	14.35		2. 思考	213	10.65
	3. 首领	128	6.4		3. 顶端	201	10.05
	4. 人	123	6.15		4. 前端	198	9.9
AR	5. 第一等级的	104	5.2	PP	5. 引领	66	3.3
NP	6. 头发	92	4.6		6. 朝某方向移动	59	2.95
	7. 方位	91	4.55		7. 理解	57	2.85
	8. 起点	77	3.85	NP	8. 头发	51	2.55
	9. 剩余部分	49	2.45		9. 硬币头像面	28	1.4
	10. 顶端	47	2.45		10. 人	15	0.75

　　根据表2所示,在CCL中,前10种最常见的"头"文化模型按顺序排列依次是"前端或后端""模糊化内容""首领""人""第一等级的""头发""方位""起点""剩余部分""顶端"。而在BNC中,前10种最常见的"HEAD"文化模型按顺序排列依次是"首领""思考""顶端""前端""引领""朝某方向移动""理解""头发""硬币头像面"和"人"。在这两列前10种最常见的文化模型对比中,两列都有的类似模型有"首领""顶端""前端(或后端)""头发"和"人"5种,各自其余5种之间的对比都有着很大的差别。除此之外,"头"的前10种最常见模型包含"HEAD"模型所没有的一种"非时间关系"模型"第一等级的",而"HEAD"的前10种最常见模型中包含"头"模型没有的两种"过程指义"模型"引领"和"朝某方向移动"。

　　结合2.1小节的文化模型关系比较分析,相同或相似的文化模型在汉英两种现代语言中使用频率也有所不同。在前10种最常见文化模型当中,"A=B"关系中的"HEAD是首领"不仅在英语中使用频率最高,而且所占比例尤为突出,在2000个随机抽样结果中占到了30%以上,差不多是其对等模型在汉语中所占比例的5倍;"HEAD是顶端"在英语中使用频率位于第四,而其对等模型则位于汉语第十,而且前者所占比例也是后者所占比例的4倍多。此外,"A≈B"关系中,虽然"头是人"和"HEAD是人"都位于前10种最常见文化模型当中,但是汉语中模型"头是人"排在了第三位,而英语中模型"HEAD是人"却排在了第十位,而且前者的使用频率也是后者的8倍多。另外,"A⊃B"关系中,"头是前端或后端"和"HEAD是前端"在汉英两种语言中出现频率都相当之高,前者不仅是汉语中"头"的第一位最为常见的文化模型,而且其使用比例也占到了总体使用的15%有余。

结合表1和表2,笔者还发现在"A | B"关系中,"HEAD是思考"和"HEAD是理解"都列在"HEAD"前10种最常见的文化模型之内,说明这两种抽象模型所构成的更抽象模型"HEAD是思维活动"在英语中的出现频率较高。然而,这些抽象模型在"头"的20种主要模型中都没有出现,原因在于其他两个人体部位"脑"或"心"在汉语文化中才是思维活动的真正场所,其语言表征有"脑子里想"或"心想"而不是"头想",因此"HEAD是思考"的语言表征"You'd better put the idea of investment out of your head"则等于汉语中的"你(脑子里或心里)最好放弃投资的念想"。不仅如此,文化模型"HEAD是天赋"(如 a good head for business)和"HEAD是理智"(如 keep/lose one's head)也都传递了一种"HEAD是脑力活动"的概念信号,而这些都是"头"的文化模型集合里所缺乏的。再如,"HEAD是顶击"(如 head the ball),以及在"HEAD"前10种最为常见文化模型中分别列在第五位和第六位的"HEAD是引领"(如 head a procession)和"HEAD是朝某方向移动"(如 head south),说明了这些抽象模型所构成的更抽象模型"HEAD是(由身体动作延伸出的)行为活动"在英语中成为被广泛接受的概念。而汉语中"头"的文化模型集合里却没有一种指向身体动作的概念,文化模型"头是接近"表达的也仅是一种时间范畴里的动态概念,如非正式口语表征"头五点"。 相对于"HEAD"的文化模型而言,"头"的文化模型语言表征更频繁地出现在非正式口语语体。在"头"的前10种最常见文化模型里,"头是模糊化内容"列在了第二位,差不多也占到了总体模型使用比例的15%。这种模型就是多为非正式的口语表征,如"念头""尝甜头""有看头"等。此外,"头"的其他几个抽象模型如"头是方位"的语言表征"外头"和"里头"、"头是过去的"的语言表征"头一年"和"头天",以及"头是比重"的语言表征"拿大头"和"占大头"等也都说明了这一点。这些抽象模型在"HEAD"的20种主要模型中都没有出现。

综上所述,本研究一方面从历时角度对比分析了从古至今汉字"头"和英语Word"HEAD"文化模型概念化的认知结果和变化,另一方面又从共时的角度对比分析现代汉语和现代英语中两种文化模型具化的实际使用情况。研究结果发现,体验认知原型对应的汉字"头"和英语Word"HEAD",不仅二者文化模型集合所反映的概念化认知历时变化和结果有着明显的差异,而且二者文化模型集合的共时呈现和使用程度也存在明显差异。

3. 结语

2022年7月16日,由潘文国先生领衔国内外知名语言文字专家参加的"共建中华文字语言学"国际云论坛开幕。该国际论坛为探索构建中华文字语言学的理论体系研究带来蓬勃生机,进一步把中华文字研究推向新的理论高度,并进一步确立了汉字"字本位"理论原有的国际定位及其普通语言学意义。

"字本位"研究也不仅仅是汉语个性的问题。"字本位"研究要花大力气解决汉语自身的问题,但从长远来看,我们不能以此为满足,我们的最终目标,还要透过"字本位"所体现的汉语个性去观察人类语言的共性。字本位研究要有全局观、整体观,要跳出仅仅为汉语服务、仅仅"解释"汉语现象的范围,力求对整个人类的语言现象提出新的理解,从而丰富全人类的普通语言学的内容。要有这样的雄心:"字本位"理论不仅是属于中国的,也是属于世界的。汉语是人类语言的一部分,研究汉语的理论自然也应属于人类语言学理论的一部分。因此在字本位理论的研究过程中,我们既要立足汉语,又要胸怀世界,不仅要强调汉语汉字的特色,更要着重发掘这一特色的普通语言学意义。字本位理论的根本定位应该是:汉语特色的普通语言学研究,普通语言学背景下的汉语研究。这应该成为我们的宗旨和目标。(潘文国,2006:38)

本文从潘文国先生(2001b:299-323;2002:95-119)提出"字本位"理论中汉"字"对应英语Word的视角,在汉英语言的基本单位层次,尝试结合体验认知原型对应的汉字"头"和英语Word"HEAD"的个案实例,针对二者的文化模型进行了历时与共时的认知概念化对比研究。本研究结果发现在汉英两种语言文化中,有着体验认知原型对应具体模型的汉字"头"和英语Word"HEAD",竟然有着近乎80%相异的半抽象和抽象模型,体现了跨文化对应的语言文字表征背后极大的文化认知概念化差异。然而,"寻找差异的目标不是为了刻意夸大差异,否认不同国家和民族间交往和理解的可能性,而是为了在更高层次上,寻找对这种差异的解释,以促进不同文化、文明的交流和理解,促进全人类和谐相处"(潘文国,2019:6)。在谈到对比语言学的根本目标时,潘文国先生指出:"对比的目标是在高层次上达到'和'。对比语言学重在寻找不同语言之间的差异及其背后不同民族的思维方式,但根本目标是要在对比的基础上寻找不同语言在更高层次上的共性,达到互相理解,共同发展人类认知和表述世界的能力。"(潘文国,2020a:17)因此,在潘文国先生(2002:221-242)"字本位"理论中提出的"字义学"理论框架下,以语言文化根基和重点的汉"字"对应英语Word为研究对象,关注二者所反映出的各自民族思维方式和概念体系的个性与共性,以及其搭配结构的文化模型认知整合模式和概念化过程与机制的个性与共性,包括这些个性和共性的内涵和解释以及相关的共时与历时研究,都是值得笔者进一步开展语言文字认知对比研究的重点探索,以期从汉字研究出发丰富普通语言学的研究内容。

参考文献

潘文国,1995.语言对比的哲学基础:语言世界观问题的重新考察[C]//潘文国学术研究文集.上海:上海外语教育出版社.

潘文国,1997.汉英语对比纲要[M].北京:北京语言大学出版社.

潘文国,2001a.语言的定义[J].华东师范大学学报(1):97-128.

潘文国,2001b."字"与Word的对应性[C]//潘文国学术研究文集.上海:上海外语教育出版社.

潘文国,2002.字本位与汉语研究[M].上海:华东师范大学出版社.

潘文国,2006."字本位"理论的哲学思考[J].语言教学与研究(3):36-45.

潘文国,2016.大变局下的语言与翻译研究[J].外语界(1):6-11.

潘文国,2017.潘文国学术研究文集[M].上海:上海外语教育出版社.

潘文国,2019.英汉语对比研究的基本方法与创新[J].外语教学(1):1-6.

潘文国,2020a.对比语言学的应用[J].中国外语(1):12-18.

潘文国,2020b.翻译研究的中国特色与中国特色的翻译研究[J].国际汉学(增刊):5-37.

潘文国,2021a.外语教学与中国语言文化的学习[J].外语教学与研究(6):854-863.

潘文国,2021b.中国传统文化话语体系再认识[J].当代外语研究(1):16-28,37.

王寅,2002.认知语言学的哲学基础:体验哲学[J].外语教学与研究(2):82-89.

徐盛桓,2007.基于模型的语用推理[J].外国语(3):2-9.

HERDER J G,1999.论语言的起源[M].姚小平,译.北京:商务印书馆.

BRDAR-SZABÓR, BRDAR M, 2012. The problem of data in the cognitive linguistic research on metonymy: a cross-linguistic perspective[J]. Language sciences, 34(6):728-745.

BURENHULT N, LEVINSON S C, 2008. Language and landscape: a cross-linguistic perspective[J]. Language sciences, 30(2-3):135-150.

D'ANDRADE R G, 1987. A folk model of the mind[C]//HOLLAND D, QUINN N. Cultural models in language and thought. Cambridge: Cambridge University Press.

D'ANDRADE R G, 1989. Cultural cognition[C]//POSNER M I. Foundations of cognitive science. Cambridge, Mass: MIT Press.

EVANS V, 2006. Lexical concepts, cognitive models and meaning-construction [J]. Cognitive linguistics, 17(4): 491-534.

GHASSEMZADEH H, 2005. Vygotsky's mediational psychology: a new conceptualization of culture, signification and metaphor[J]. Language sciences, 27 (3):281-300.

GIBBS R W, Jr., 1999. Taking metaphor out of our heads and putting it into the cultural world [C]//GIBBS R W, Jr., STEEN G J. Metaphor in cognitive linguistics. Amsterdam, Philadelphia: John Benjamins.

HOLLAND D, QUINN N, 1987. Cultural models in language and thought[C]. Cambridge: Cambridge University Press.

KÖVECSES Z, 2005. Metaphor in culture: universality and variation [M]. Cambridge: Cambridge University Press.

LANGACKER R W, 2009. Investigations in cognitive grammar[M]. Berlin, New York: Mouton de Gruyter.

MORILLAS J M M, 1999. The concept of self: some cognitive-cultural considerations concerning its categorization and expression in Spanish and English[J]. Language design, 2:1-21.

PLUEMPITIWIRIYAWEJ C, CERCONE N, AN X, 2009. Lexical acquisition and clustering of word senses to conceptual lexicon construction[J]. Computers & mathematics with applications, 57(9): 1537-1546.

QUINN N, HOLLAND D, 1987. Culture and cognition[C]//HOLLAND D, QUINN N. Cultural models in language and thought. Cambridge: Cambridge University Press.

SHARIFIAN F, 2008. Distributed, emergent cultural cognition, conceptualisation, and language [C]//FRANK R M, et al. Body, language, and mind, vol. 2: sociocultural situatedness. Berlin, New York: Mouton de Gruyter.

SHORE B, 1996. Culture in mind: cognition, culture, and the problem of meaning[M]. New York: Oxford University Press.

STRAUSS C, 1992. Models and motives[C]//D'ANDRADE R G, STRAUSS C. Human motives and culture models. Cambridge: Cambridge University Press.

SWEESTER E, 1987. The definition of lie: an examination of the folk models [C]//HOLLAND D, QUINN N. Cultural models in language and thought. Cambridge:Cambridge University Press.

UNGERER F, SCHMID H J, 1996. An introduction to cognitive linguistics[M]. London: Longman.

WOLF H, BOBDA A S, 2001. The African cultural model of community in English language instruction in Cameroon: the need for more systematicity[C]// PÜTZ M, NIEMEIER S, DIRVEN R. Applied cognitive linguistics II: language pedagogy. New York: Mouton de Gruyter.

YU N, 2003a. Chinese metaphors of thinking[J]. Cognitive linguistics, 14(2/3): 141-165.

YU N, 2003b. Metaphor, body and culture: the Chinese understanding of gallbladder and courage[J]. Metaphor and symbol, 18(1):13-31.

作者通信地址:201620 上海对外经贸大学;Sanny1566@163.com

二、语言对比思想传承与研究

文化自信理念与语言对比研究中的话语策略①

——兼议潘文国先生的语言对比思想及其启示

尚　新　李　芳

摘　要:近代以降,西方语言理论在"普世价值"和"科学主义"的话语策略下,通过"西学东渐"路径,实现了西方语言研究话语体系在中国的本土化,造成了中国语言对比研究长期"跟着转"的被动局面。而要突破这一西方"藩篱",中国语言对比学界的首要任务在于,重塑中国文化自信理念。本文以梳理潘文国先生的语言对比研究思想为依托,阐述其在继承中国传统,展示中国形象,推动中国语言学、翻译学和文化身份建构的同时,也积极诠释和呈现了根植于其学术思想深处的中国文化自信理念。在此基础上,本文提出了新时代中国语言对比研究跳出西方语言话语体系的话语策略,即走"中国特色理论"之路,行"人文科学"之道,其中又包括六项具体方略,并指出该话语策略既有其针对性,也有其历史阶段性。

关键词:文化自信;语言对比;话语策略;话语体系

0. 引言

　　自马建忠发表《马氏文通》(1898)以来,20世纪初以降,中国语言研究的最为显著的特征,就是掀起一波又一波的西方语言理论引进浪潮。在持续引进的浪潮中,我们深陷于西方语言研究的话语体系而不能自拔。吕叔湘先生曾慨然道:"外国的理论在那儿翻新,咱们也就跟着转。"(吕叔湘,1987)潘文国先生的四万字长文《汉语研究:世纪之交的思考》一文,将这种局面总结为20世纪中国语言研究的四大失误:"'普世'语法观""语法中心论""重语轻文和重音轻字情

① 本文为上海市哲学社会科学规划基金项目"汉英事件报告句的句法–语义比较与翻译研究"(2013BYY006)的部分成果。本文曾在中国英汉语比较研究会第十三次全国学术研讨会暨2018英汉语比较与翻译国际学术研讨会(广州,2018)上做大会宣读,感谢李葆嘉、罗选民、严辰松、周领顺诸位先生的修改建议。

结"以及"'科学主义'迷信"(潘文国,2000)。这种被动局面的出现,"四大失误"的形成,与百年来的文化自轻、文化虚无密切关联。正是文化自轻思潮在中国的弥漫,使得中国语言学与国际接轨的努力,沦为持续不断地引进西方理论,并为证实西方语言学理论而做好汉语研究的注脚,甚至乐此不疲。

在这种被动的语言研究局面里,也有如徐通锵、潘文国诸公者,坚守对中国传统文化的自信理念,并在这种自信理念的感召下,奔走疾呼,践行合一,力图摆脱西方语言理论的话语权控制,提倡中国特色的语言学理论,坚信"只有民族的,才是世界的"①语言理论建构理念,成为20世纪末21世纪初中国语言研究的一抹亮丽风景。有鉴于此,本文以探析潘文国先生的语言对比研究思想为依托,阐述文化自信、话语策略以及语言对比研究三者的内在逻辑关系,论述发展中国语言对比研究理论所应备的话语策略及其建构途径。

1. 语言理论中的话语权及话语策略

术语、体系、理论,总起来可以叫作"话语"。(潘文国,2012a)提出一套话语,别人认可你这套话语,这个理论就建立起来了。如果话语发展到一定程度,以至别人讨论相关话题非得使用你的话语不可,你就有了"话语权"。(潘文国,2012a)"理论问题说到底就是话语权。"(潘文国,2012a)话语权形成于一套完整的话语体系,而话语体系的建构又来源于一套基于文化自信的话语策略。

"话语权"的极端形式,有时体现为一种倾向性特别明显的语言霸权主义,比如洪堡特等把以汉语为代表的孤立语看作处于原始阶段,而根据西方语言现阶段的曲折形态性质,自定为语言发展的高级阶段;又如,在现代语言学之父索绪尔的《普通语言学教程》里,根据西方语言与文字之间的表音关系,将文字定义为"符号的符号",从而排除了文字在语言研究中的合法地位,构建了一种语言研究体系,进而形成话语体系和话语权;而类如汉语作为表意文字的语言,在没有被充分考虑和研究的情况下,就被迫落入这套话语体系,从而使中国这个具有上下五千年的文字研究传统和优势的国度里,谈"字"色变,以至于深陷西方的话语霸权而不能自拔。倒是江枫先生(2009)敢于挑战西方话语霸权,不承认文字只是记录语言的符号,针对性地提出了文字和语言之间的关系是"结合"的关系(参见潘文国,2009a),而不是"符号的符号"的关系,从而为类如汉语的表意文字正名。

2. 西方语言理论的话语策略及其话语体系的形成

西方语言学理论的话语策略及话语体系,根植于两种对立的哲学思想,即

"语言工具论"和"语言世界观"。"语言工具论"来自经验理性传统的哲学思想，以霍布斯(Thomas Hobbes,1588—1679)、洛克(John Locke,1632—1704)、孔狄亚克(Etienne Bonnotde Condillac,1715—1780)以及他们的继承者为代表。他们断言,语言是人类开发出来用以编码和传达信息的工具。"语言世界观"则反映的是语言与其特定文化群体之间的影响关系,以洪堡特(Wilhelm von Humboldt,1767—1835)、萨丕尔(Edward Sapir,1884—1939)、沃尔夫(Benjamin Lee Whorf,1897—1941)以及加拿大哲学家泰勒(Charles Margrave Taylor, 1931—)等为代表。2016年,泰勒出版《语言动物》(*The Language Animal:The Full Shape of the Human Linguistic Capacity*)一书,对语言工具论进行了抨击。泰勒认为:语言绝不仅仅是在叙述,而是也在构成意义本身,并且从根本上塑造了人类的经验;语言由文化产生,也由文化塑造。(参见高曜,2016)这两种语言观虽然针锋相对,可视为西方内部争夺语言理论的话语权,但在形成西方语言理论话语策略、建构西方语言话语体系、对其他非西方世界行使话语权等方面,二者并无二致,即它们在人们的思想上产生了长期的、强大的影响力,并形成了西方的强势文化思维特征,成为"科学主义"和"普世价值"等西方文化价值观的思想动力源泉。

自近代以来,西方"科学主义"盛行,以压倒性的优势充斥着人文社会科学的研究,在"科学主义"的口号下,欧美语言研究一路高歌猛进,宣扬其语言研究以"科学性"而获得了所谓的"普世价值",可以放之四海而皆准。这样,以同质性的欧美语言为研究样本的概念、术语、结构体系在"科学主义""普世价值"的话语策略下逐渐形成了其话语体系。西方语言理论的强势话语权地位,典型体现在索绪尔的"语法中心"论(参见潘文国,2000)、洪堡特的"语言进化论"[2]以及乔姆斯基的"普遍语法论"[3]等(参见潘文国,2000),并在"西学东渐"的浪潮中成为中国学者的学习样板和理论源泉。即便是在提倡弘扬中国传统文化、中华文化自信的今天,还是不乏以验证西方语言理论、做好汉语注脚为宗旨的语言研究案例。

3. 西学东渐与西方语言研究的话语体系中国化

20世纪初以来,文化虚无主义在中华大地上弥漫,在"西学东渐"的潮流里,中国的"去传统化"学术体系逐步确立,包括语言学在内的各门现代学科,无不打上浓厚的西方色彩。先"引进"再"结合"、西方"翻新"我们就"跟着转",成为汉语研究、英汉语对比研究的基本套路。长期以来,我们深谙此道,甘愿置身于西方语言理论所标榜的"普遍性"话语权控制之下,自适于用汉语的语料去验证不断翻新的西方语言理论。

西方语言研究的话语体系中国化,主要体现在"学术视野唯西化""体系移植本土化"以及"研究局面被动化"三个方面。

(1)学术视野唯西化。体现在以西方语言学家为核心,以西方语言学理论为宗旨。每当欧美有新的语言学理论思潮,不论其科学性和理论价值,总有国内学者第一时间介绍引进,稍有推进者,则试图用汉语语料加以验证,助力其在汉语世界的推广。然而西方语言学家们所崇尚的,是根据以英语为主的西方语言做观察和研究,建构相关概念和术语以及形形色色的语言理论,如结构主义理论、生成语法理论、系统功能理论等,并以附之以普遍价值,从而形成了以西方语言学家们为核心的语言研究话语体系。世界上包括汉语在内的其他语言研究,就按照这个话语体系来进行,否则就作为异类而不被接受,不被认可。久而久之,就形成了我国学术界的唯西化视野,言必称"西方某某如是说"。

(2)体系移植本土化。体现在概念的引入、术语的套用、理论体系的移植等多个方面。自马建忠以《马氏文通》开启"盲目引进"之路以来,中国语言学界就一直致力于建成一个西方语言式的汉语语法体系,虽然也确立了"语素、词、短语、小句、句子"五级语言单位的汉语研究体系,但没有一个单位是能够得到准确定义和区分的。比如"词"的术语引入就是典型的一例。"词是《马氏文通》所开创的汉语语法研究从印欧语中移植进来的一种舶来品,在汉语中没有根基。"(徐通锵,1994a)再如,现在通行的"主语、谓语、形态、及物、不及物"等概念和术语,也都是从西方语法移植过来的,经过近一个世纪的本地化过程,这些在汉语研究中已然是不可或缺的分析元素,然而却总是方枘圆凿,与汉语扞格不入。西方语言理论体系移植的本土化具有相当的彻底性,以至于有些语言研究以"寻找汉语例证,做好西方理论注脚"为己任,一旦找不到汉语例证,就会以"零主语""零XX"等生搬硬套到汉语上,使得汉语成了学习和研究的累赘。

(3)研究局面被动化。西方语言研究的话语体系中国化,造成了我们长期依赖和应用西方语言学理论,使我们形成并习惯于一种"印欧语的眼光"(朱德熙,1985:6;徐通锵,1994a),而兴起的汉语拼音化运动、汉字简化运动(参见潘文国,2001a,2009a),归根结底,是对自身文化不自信进而对汉语言、文字的不自信,最终形成了"西方理论在哪儿翻新,我们就跟着转"(吕叔湘,1987)的被动局面。针对这一局面,朱德熙先生曾批为"把印欧语所有而汉语所无的东西强加给汉语"(朱德熙,1985:iii)。

4. 文化自信理念下对语言对比研究的反思与探索

4.1 文化自信

"文化自信"的概念最早是时任国家主席胡锦涛在2011年的"七一讲话"中提出来的。党的十八大以来,习近平总书记在多个场合论及中国传统文化。2015年5月4日习近平总书记与北京大学学子座谈,也多次提到核心价值观和文化自信。2016年,习近平在庆祝中国共产党成立95周年大会上明确提出了坚持"四个自信",即"中国特色社会主义道路自信、理论自信、制度自信、文化自信"。其中,"文化自信,是更基础、更广泛、更深厚的自信"(参见冯鹏志,2016)。2017年,习近平总书记在党的十九大报告中强调指出:"没有高度的文化自信,没有文化的繁荣兴盛,就没有中华民族伟大复兴。"从下定义的角度讲,"文化自信是主体对自身文化的认同、肯定和坚守"(张友谊,2017)。

在国内语言学界,最早对"文化自信"进行解读并与汉外语言对比学术研究融合的,非潘文国先生莫属。在2015年于上海举办的全国英汉对比与翻译研究学科建设高层论坛上,潘文国先生即以"文化自信与学术范式转型"为题,首先解读了习近平总书记提出的"文化自信"强国战略包含的四个内容:一是对本民族文化的自信;二是正确处理传统文化和现实文化的关系;三是正确对待不同国家和民族的文明;四是弘扬和传播中华文化。在此基础上,潘文国先生做出判断,"文化自信"信念的确立,必将带来学术研究范式的转型,从本质上看,就是改变学术研究的立足点,由一百多年来的"由西向中"变为"立中观西",从中国文化出发来观察世界文化,由此推动新的世界文明建立。他还框定了20世纪后半叶之后中国学术研究的3个文化阶段:文化回归期(20世纪80年代中期到90年代初,特点:重新感知到中西文化的异同,引起了比较的兴趣);文化自觉期[④](20世纪90年代中期到21世纪初10年,特点:重新感知到自身文化在世界文化中的独立地位和价值),并指出这是"字本位"理论产生的文化背景;文化自信期(21世纪初10年至今,特点:不仅感知到自身文化的独立性和价值,还看到它的优越性、强大性和辐射力)。潘文国先生在解读中指出:"'文化自信',就是这个时代的文化最强音,它必将对当代中国文化的建设和'中国梦'的实现带来巨大的影响,也将是从事各项人文社会科学的最宏大背景。"他预期在"文化自信"视阈下,学术研究也必然会出现巨大的甚至"逆转"性的变化。实际上,"20世纪80年代以来的文化语言学论争和21世纪初以来的字本位论争,却已带有了文化自觉和文化自信的色彩"(潘文国,2016,2017a:105)。

从近年来国家对文化自信理念的强调和对传统文化的回归来看,潘文国先生是先觉者,他超前一个时代就论述了国家和社会目前在践行的文化自信事业,特别是对中国传统语言研究的充分自信和客观评价,同时也指出了我们在语言研究、语言对比研究中应该努力的方向。具体体现在:

(1)对传承中国传统的态度。即"尊重传统、研究传统、继承传统、发扬传统、让传统融入现代、融入世界,是振兴中国语言学无可回避的第一重大使命"(潘文国,2006a)。在他看来,我们的"老祖宗有着丰厚的遗产",只是我们没有去努力加以发掘,以至于我们自己的传统长期受到忽视。中国的语言研究传统没有得到真正的发掘,而没有中国传统的参与,中国语言学对世界语言学做出贡献也就永远只是一句空话。

(2)对待中国语言研究现实的判断。他于2006年发表《哲学语言学——振兴中国语言学的首要之务》,指出:"中国正处在历史上最好的时候,中华民族的伟大复兴将在21世纪成为现实。中国语言学的发展也面临着历史上最好的机遇,这就是,汉语受到了世界各国前所未有的重视,汉语国际传播的步伐正在加快,在客观上和主观上都要求加强对汉语的理论和应用的研究。"(潘文国,2006a)。

(3)对语言对比研究方法论的变革主张。在其题为《英汉语篇对比与中国的文章之学》(潘文国,2007a)一文里,他主张从中国传统的概念、学说、观点以及理论出发,加强同西方相应语言理论进行比较研究。这是继《汉英语对比纲要》(1997)之后,他从汉语出发进行对比研究思想的进一步发展。他认为,在这一方法论之下,一方面"可以更好地进行平等的比较",另一方面能够看到中西方各有强项。例如,他论述道:"如果语言研究可以分为词(汉语是'字')以下、词与句之间、句以上三段的话,那么,西方传统语言学的强项是在中间,而中国传统语言学的强项是在两头(即'字'以下和句以上部分)。"(潘文国,2007a)因此,中国人完全不必因西方语法发达而"自惭形秽"。"字"以下,东汉时期的《说文》之学独步天下;句以上,南北朝时期的《文心雕龙》,其篇章学思想已非常成熟。

(4)对建立有中国特色的语言学理论的关切。"中国语言学者要有这方面的雄心壮志和气概,要有魄力和能力来完善、改写现在的那种并不'普通'的普通语言学","我们既要立足汉语,又要胸怀世界,不仅要强调汉语汉字的特色,更要着重发掘这一特色的普通语言学意义"(潘文国,2006b)这种自信也体现在潘文国先生不时发出的疾呼里:"让世界三大语言研究传统之一的汉语传统放出现代化的光彩。"(潘文国,2006b)

4.2　反思与探索

在批判中反思,于自信中求索,这是20世纪末21世纪初中国语言学界反思和批评的代表学者潘文国、徐通锵等先生的重要特征,而潘文国先生以反思的全面性、批判的深刻性著称,其代表性著述包括:《汉语研究:世纪之交的思考》(潘文国,2000)、《汉英对比研究一百年》(潘文国,2002a)等论文以及专著《字本位与汉语研究》(潘文国,2002b)等。他们在反思的同时,愈加对中国语言和文化传统充满了自信,对中国特色语言学的未来充满了信心。

潘文国先生的汉英对比研究起步于20世纪80年代中期,经历过微观、中观层面研究的尝试,最后他把自己的研究定位于宏观对比研究上,从更高的层面立意,来把握语言对比研究的全局。他的《汉英语对比纲要》(1997a)一书章节的编排就表明了他希望通过对比,解决语言观、语法观、汉语观、结构本位观、句子观、对比方法论、词序论、虚词论、语篇论、语言心理等一系列重大问题。该著被学界誉为"20世纪90年代以来英汉语言对比领域影响最为深广的一部专著"(余澄清,2000,转引自杨元刚,2007)。他在世纪之交的著述,大体上围绕上述层面和目标展开系列论述。本文择其要旨,分述如下。

(1)反思深刻,勇于批判。在潘文国先生看来,我国的语言研究向来有其优势方向,如传统上的小学和文章学,而西方的优势在语法学。20世纪初以来,我们抛弃了传统优势,一味跟着西方转,是没有出路的。通过对20世纪的中国语言研究的观察,他评论道:"20世纪初以来,在西方语言理论的冲击下……结果导致了整个汉语研究传统的没落"(潘文国,2001a);"20世纪以来的中国语言学取得了一定的成就,但是我们必须看到,这些成就的取得在相当程度上是以放弃传统、无视传统、贬低传统为代价的。因而,古今汉语、古今汉语语言学的研究始终处于断裂的状态。对于一个有悠久历史、有优秀文化遗产的国家和民族来说,这是不正常的"(潘文国,2006a)。他对汉英对比研究中的不自信现象进行了批判,"把英汉对比研究或者'英汉比较'的目标降格为'用汉语的事实来检验以英语为蓝本的当代西方语言理论',甘心充当别人的附庸,这比'老谈隔壁人家的事情'(吕叔湘语)的态度更不符合当代中国语言学发展的需要"(潘文国,2006c)。这一反思极具重要意义,反思让我们正视汉语研究的传统,反思使中华文化自信得以确立起来,同时,对中华文化的自信要与语言研究的本土意识、问题意识和理论意识贯通结合(潘文国,2007b)。

(2)换一种眼光,从汉语出发。"文化自信下的对比,是在了解了中国自身的文化传统之后,去观察西方的文化并加以比较。"(潘文国,2016,2017a:103)"文化自觉"使我们注意到必须重视汉语特色,"文化自信"更使我们看到,汉外对比研究必须改变思路,从中文和中国语言研究传统出发,以西方语言和西方语言学为参照,才能真正发现汉语的特色,建立汉语自身的语言学。(潘文国,2015,2017a:104)自20世纪90年代初开始,潘文国先生就开始探索以语言世界观为引领,建构和发展对比语言学理论及其学科体系,早在1996年发表的《关于对比语言学理论建设和学科体系的几点意见》的文章中,他就提出了语言世界观对语言对比研究的重要意义,"普通语言学的创始人洪堡特与对比语言学的创始人沃尔夫,都是把语言世界观作为其哲学基础的。语言世界观的基本思想就是强调语言的民族性,强调民族深层文化、民族思维方式对语言表达方式和语言表层结构的制约和影响。从某种角度看,语言对比就是不同民族的'世界观'的对比,这就注定,任何真正的语言对比,都必须有文化的参与,都必须渗透进文化的因素"(潘文国,1996),并在1997年出版的专著《汉英语对比纲要》中,率先提出了"建立自己的本体语言观"的主张,"没有建立自己的本体语言观,因此对于外来的东西,不是体系的套用就是只注意方法的引进;没有一个以我为主的坚实的基础,对外来理论就必然缺乏鉴别力和抵抗力,'洋为中用'就只能变为一次次的程度不同的'西化'"(潘文国,1997a:21),而建立"以我为主"的"本体语言观",其前提必然是对自身传统和文化的充分自信。也正是在这个意义上,潘文国先生一直坚持用"汉英对比"的表述方式,提出了从汉语出发进行汉英对比的思想,这与国内学界常用的"英汉对比"的表述方式有着鲜明的对比。这一思想在其《换一种眼光何如? ——关于汉英对比研究的宏观思考》(潘文国,1997b)一文中得到进一步明确:"汉英和英汉的孰先孰后,并不只是无谓之争或只是具体应用上的不同,实际上反映的是两种不同的语言观和不同的对比研究方法论。我们主张从英汉对比的观点和方法转到汉英对比的观点和方法,实质上是主张从根本上换一种观察问题的眼光和处理问题的手段。"因此,这一思想的提出,旨在提振汉语在语言对比研究和翻译研究中的地位,而汉语的这一地位,自汉语欧化以来便呈现江河日下的局面。为了使学界对这一尴尬的局面有清醒的认识,2002年,潘文国先生发表了《汉英对比研究一百年》一文,总结了一百年来中国语言对比研究的"八大趋势"[⑤],既肯定了这一学科发展在理论意识、主体意识、从微观到宏观的走向、理论与方法以及研究者知识结构等方面取得的成绩,也毫无保留地批评了百年来对比研究中的"跟着转"的被动局面。这些思想在2006年出版的《对比语言学:历史与哲学思考》(潘文国,谭慧敏,2006)一书中得到了进一步提炼和升华。

(3)提出了字本位研究思想。从汉语出发进行汉英对比研究,与汉语研究应以"字"为本位的思想具有统一性。20世纪70年代末,语言研究中的"本位"问题受到了前所未有的关注,先后出现了"句本位""词组本位""语素本位""字本位""小句本位""复本位"等,每一种"本位"观的出现,都深刻地影响着汉语语法研究的方法论,影响着汉语特点的认识和发掘。在潘文国先生看来,语言作为记录人类生存经验、传承民族历史文化、熔铸民族精神与灵魂的载体,其意义远远不只是 "交际工具"或"符号系统"(潘文国,杨自俭,2008)。在深入分析每一种"本位"观出现的历史背景、理论意义及其局限的基础上,潘文国先生指出了"字本位"与其他"本位"观的最大不同⑥,"在于转换了研究者的眼光或者说看问题的角度,变从印欧语出发为从汉语出发"(潘文国,2002c)。

什么是字本位?"字本位就是通过汉语一音节一汉字的特点认识到汉字的特点和它对汉语的作用,在此基础上从汉字出发的汉语研究。"(彭泽润、潘文国,2010)在潘文国先生看来,字是汉语中形、音、义三位一体的天然单位,传统小学的三个部门(文字学、音韵学、训诂学)以此为中心建立起来,抓住了汉语的特点。"从汉语出发,20世纪给我们的一个深刻教训是必须还汉字以应有的地位,必须尊重汉字作为汉语的'第二语言'的地位和特色。"(潘文国,2000)他提出"文字可以表意,实际上就是对'符号之符'号说的否定"(潘文国,2009b)。"从'字'出发,确实是企图从根本上摆脱印欧语的眼光的一种尝试。"(潘文国2002c)他指出,文字的产生,并不是为了记录语言,文字和语言是两个平行的系统。而要将汉语中的"字"引入中国特色的语言研究,首先要解决好语言的定义问题,于是潘文国先生在梳理了68种不同定义的基础上,结合汉语语言和文字的实际,提出了语言的新定义:"语言是人类认知世界及进行表述的方式和过程。"(潘文国,2001b)这一定义将汉字或者说文字纳入了语言定义的范围,给予了文字和口语同样的地位,使文字摆脱了"符号的符号"(索绪尔,1980:47-48)的尴尬境地,冲出了自索绪尔以来将文字排除在语言研究之外的藩篱。"字本位"理论正是这种新语言观下的汉语研究新范式。从方法论上看,其最大特点是转换了研究者的眼光或者说看问题的角度,变从印欧语出发为从汉语出发(潘文国,2002c)。"字本位"理论是自《马氏文通》引进西方语法学理论以来"第一个真正本土化的汉语语言学理论"(潘文国,2006b)。潘文国先生断言:"任何想回避汉字或汉语书面语来研究汉语的理论都是自欺欺人的理论。"(潘文国,2006b)

(4)根植于中国传统,提出文章学翻译学构想。语言对比与翻译是密切相关的两个临近学科。在潘文国先生看来,在语言世界观指导下,从汉语出发进行语言对比研究,可以建构中国特色的语言学理论。这种自信,也体现在他对构建中国特色翻译学的憧憬之中,"我们相信,从文章学的角度重新梳理中国传统,并跟外国译论做比较,就有可能构建中国特色的译学理论"(潘文国,2012a)。由于汉语的形成与发展与中国的文化和历史息息相关,汉语中有着深深的中国文化烙印,因而"中国特色翻译学"的第二个特色就是中国文化特色(潘文国,2012a)。因此,对中国文化的自信必然带来对中国语言研究传统的自信,继而必将带来语言对比研究中的话语策略的转变。这对构建"中国特色翻译理论"也有同样的功效。他在多家杂志上连续发表文章和接受访谈,为弘扬传播中华优秀语言文化寻找对策和方略。比如,他充分肯定在现实条件下"译出"的重要意义和价值,"汉籍英译不是外国人的专利,中国学者和翻译工作者应该理直气壮地勇于承担这一工作,只要我们刻苦磨炼,练好两种语言和文化的基本功,我们就有可能在21世纪弘扬中华文化的伟大事业中做出自己的一份贡献"(潘文国,2004,2017a)。谈到中译外时,他主张"要从文学翻译突破到文化翻译,文化翻译关键是术语,因为术语就是话语权"(潘文国,2017a)。他主张译者"树立文化自信,做无愧于时代的译事"(赵国月,周领顺,2017a)。在翻译学学科建设上,他主张国内学界基于中国翻译的历史与现状,加强与国际译坛对话,"理直气壮地建立起中国气派的译学理论和译学学科体系"(潘文国,2002d)。

5. 建构中国语言对比研究话语体系的话语策略

争取学术话语权,是中国学术研究的轴心之一。语言研究、语言对比研究以及翻译研究也不例外,因而应采取相应的话语策略。"一个成功的理论往往有其自身的体系,而这个体系往往有其自身专门的一套术语。"(潘文国,2012a)怎样实现语言对比研究的话语权?根据上文的讨论,我们认为,在现阶段局面下,我们应采取的总话语策略是走"中国特色理论"之路,行"人文科学"之道。可阐述为六项具体方略:

(1)立文化自信。只有具备了文化自信的素养和理念,不忘本来、吸收外来、着眼将来,才能做到不唯西方马首是瞻,才有可能对西方的学术研究、理论体系、学术观点等,采取批判性思维,才会主动构建和争取中国学术的话语权。

(2)从汉语出发。就是要从汉语的语言实际出发,不搞削足适履,"重新回归中国语境来思考问题"(潘文国,2012a),致力于"寻找自己家里的'竹夫人'"(潘文国,2012b),如文字学传统、文章学资源等,真正给汉语同英语平等的地位。

(3)发扬中国传统,让传统融入现代。"尊重传统、研究传统、继承传统、发扬传统,让传统融入现代、融入世界,是振兴中国语言学无可回避的第一重大使命。"(潘文国,2006a)"西方两千年的语言研究体现了语法学传统,而中国两千年的语言研究体现了修辞学传统。"(潘文国,2012b)

(4)优先求异,突显汉语特色。提倡语言对比研究的"中国特色"和"人文科学"性,应成为当前"普世价值""科学主义"学术环境下的中国话语策略。学界已经提出了不少突显汉语特色的理论概念、观点和理论体系,比如"汉语式话题"(陈平,2017:18)、"音义互动律"(潘文国,2002b:246-264)等,以及徐通锵(1994a,1994b)、潘文国(1997a,2002b)等提出的"字本位"理论。这些业已成为突显汉语特色研究的典范探索。笔者赞成戴浩一先生的求异观点,"我们要善于使用汉语独有的语法特征作为指引,来揭示汉语独有的观念原则","我们着重汉语和英语的异,并不意味着否认语言共性、否认探寻共性的研究有重要意义。相反,我们要通过系统地穷尽语言的特殊性,从容、谨慎地采取归纳的方法来达到语言的共性。"(戴浩一,1990)

(5)以中国文化元素构建术语体系。术语体系建构无疑是话语策略的重要组成部分。该话语策略走的是中国文化元素表征路线,运用中国文化中的术语、概念、哲学思想及表达法,形成中国特色的语言研究理论体系,也就是用中国特色的"名"的体系来构建自己的"道"的体系(潘文国,2010)。这一带有中国特色的语言对比话语体系将建立在"字""句""章""篇"等语言层级单位,以及"话题-说明""流水句""音义互动""量词""语气助词""音韵""四声(调)"等基本概念的基础之上,最终实现"建立汉语自己的本体语言学"。(潘文国,2000)

(6)以中国英语传播中国语言对比研究话语体系。关于"中国英语"(Sino-English)的译法和内涵及其与"中国式英语"(Chinglish)的区别,潘文国(2004)有较为详细的阐述,此处不赘述。目前以及将来一段历史时期,英语作为国际交流的主要媒介性质不会发生很大变化,因此,如何建构中国英语(就如同新加坡英语、印度英语等),使之涵盖中国独有的文化元素并为国际社会接受,并以之传播中国语言对比研究的话语体系,将是建构中国特色语言理论体系能否成功的关键之一,也将是话语策略的重要一环。

同时我们也应认识到,走"中国特色理论"之路,行"人文科学"之道,作为新时代的中国语言研究跳出西方语言话语体系的话语策略,既有其针对性,也有其历史阶段性。首要的是,中国语言对比研究要跟上文化自信理念,走继承传统(如"字本位"主张)、弘扬自我(如从汉语出发)、践行传播之路(如汉语教育国际化、典籍外译中国化),运用中国文化元素介入、建构新话语体系等综合性、立体化的基本方法论,开辟"中国英语"的传播渠道等。

6. 结语

自近代以来,在西方"科学主义"的口号下,欧美语言研究一路高歌猛进,宣扬其语言研究成果以"科学性"而具有所谓的"普世价值",以同质性的欧美语言为研究样本的概念、术语、结构体系在"学科主义""普世价值"的话语策略下成功建构了其话语体系,并在"西学东渐"的浪潮中,成为中国语言研究者从事语言对比研究的理论源泉。西方语言研究的话语体系中国化,主要体现在概念的引入、术语的套用、体系的移植等多个方面,从而造成了我国语言研究中长期依赖和应用西方语言学理论,使我们形成并习惯于"印欧语的眼光",并在西方语言理论"翻新"时我们"跟着转"的被动局面。

本文提出,要突破这一来自西方的"藩篱",应对新时代里"中外语言、中外文化的碰撞"(潘文国,2017b),积极响应"中国文化走出去"战略,中国对比语言学界的首要之务,必须跟上"文化自信"的理念。通过对潘文国先生著述的梳理,发现根植于其学术思想深处的,正是对中国文化的自信理念,其在继承中国传统,展示中国形象,推动中国语言学、翻译学和文化身份建构的同时,也积极诠释和呈现了中国的文化自信。坚持中华文化自信,不忘本来、吸收外来、着眼将来,是我国语言对比研究领域乃至其他学术研究领域走出"欧化",建构与西方平等语言研究和平等学术对话的前提。要建构中国对比语言学话语体系,本文提出的新时代语言对比研究话语策略是,走"中国特色理论"之路,行"人文科学"之道。具体包括,立足于中华文化自信理念,走继承传统、弘扬自我、传播特色之路,运用中国文化元素建构新话语体系,开辟"中国英语"的传播渠道,使得立足于汉语本体论的中国特色的学术话语体系融入现代,走向世界。

附注

①在《"字本位"理论的哲学思考》一文中,潘文国先生主张"'字本位'理论不仅是属于中国的,也是属于世界的"(潘文国,2006b)。

②德国语言学家洪堡特最早将语言按孤立语、黏着语、屈折语进行划分,并认为屈折语最高级,尤为推崇梵语,而把以汉语为代表的孤立语看作处于原始阶段。他认为所有语言都是从低级(孤立)逐渐向高级(屈折)阶段进化的。还有一位把达尔文学说引入语言学而创立语言谱系学说的施莱歇尔(August Schleicher)也是类似的观点,也认为语言是从孤立语到屈折语三段式发展的。

③乔姆斯基的普遍语法认为,了解语言共性的最好方法是对一种语言(实际上是英语)做详尽的研究。参见潘文国(2000)。

④"文化自觉"的概念是当代社会学家费孝通先生提出来的。他将"文化自觉"定义为"生活在一定文化中的人对其文化的'自知之明',明白它的来历,形成过程,所具的特色和它发展的趋向,不带任何'文化回归'的意思,不是要'复旧',同时也不主张'全盘西化'或'全盘他化'"。参见费孝通(1997:22,2000:44)。

⑤这"八大趋势"包括:(1)学科的自觉意识越来越强;(2)学科的理论自觉意识越来越高;(3)从微观走向宏观;(4)微观研究的深入化;(5)积极引进和运用国外的理论和研究方法;(6)理论与方法的多元化;(7)对研究者的知识结构的关注;(8)汉语主体意识的觉醒。

⑥根据潘文国(2002b)的研究,提出"字本位"主张的学者包括王艾录、徐通锵、王洪君、潘文国、汪平、鲁川等。潘文国先生则明确提出了"字本位"的汉语研究方法论。

参考文献

陈平,2017.汉语的形式、意义与功能[M].北京:商务印书馆.

戴浩一,1990.以认知为基础的汉语功能语法刍议(上)[J].国外语言学(4):21-27.

费孝通,1997.反思·对话·文化自觉[J].北京大学学报(哲学社会科学版)(3):15-22.

费孝通,2000.重建社会学与人类学的回顾与体会[J].中国社会科学(1):37-51.

冯鹏志,2016.从"三个自信"到"四个自信":论习近平总书记对中国特色社会主义的文化建构[EB/OL].(2016-07-07)[2021-08-10].http://theory.people.com.cn/n1/2016/0707/c49150-28532466.html.

高曜,2016.语言如何塑造世界[N].文汇报,2022-04-08(15).

江枫,2009.论文学翻译及汉语汉字[M].北京:华文出版社.

鲁川,2000.汉语语法的意合网络[M].北京:商务印书馆.

吕叔湘,1987.中国语法学史稿序[M]//龚千炎.中国语法学史稿[M].北京:语文出版社.

潘文国,1996.关于对比语言学理论建设和学科体系的几点意见[J].青岛海洋大学学报(3):87-90.

潘文国,1997a.汉英语对比纲要[M].北京:北京语言大学出版社.

潘文国,1997b.换一种眼光何如?:关于汉英对比研究的宏观思考[J].外语研究(1):1-11,15.

潘文国,2000.汉语研究:世纪之交的思考[J].语言研究(1):1-27.

潘文国,2001a."字"与"Word"的对应性[J].暨南大学华文学院学报(3):42-51,74.

潘文国,2001b.语言的定义[J].华东师范大学学报(社科版)(1):97-112.

潘文国,2002a.汉英对比研究一百年[J].世界汉语教学(1):60-86.

潘文国,2002b.字本位与汉语研究[M].上海:华东师范大学出版社.

潘文国,2002c."本位"研究的方法论意义[J].华东师范大学学报(哲学社会科学版)(6):58-64.

潘文国,2002d.当代西方的翻译学研究:兼谈"翻译学"的学科性问题[J].中国翻译(3):18-22.

潘文国,2004.译入与译出:谈中国译者从事汉籍英译的意义[J].中国翻译(2):42-45.

潘文国,2006a.哲学语言学:振兴中国语言学的首要之务[J].华东师范大学学报

(哲学社会科学版)(6):111-117.

潘文国,2006b."字本位"理论的哲学思考[J].语言教学与研究(3):36-45.

潘文国,2006c.对比语言学的目标和范围[J].外语与外语教学(1):25-31.

潘文国,2007a.英汉语篇对比与中国的文章之学[J].外语教学(5):1-5.

潘文国,2007b.关于外国语言学研究的几点思考[J].外语与外语教学(4):1-7.

潘文国,2009a.反思:振兴中国语言学的必由之路:从江枫先生的语言文字观谈起[J].汉字文化(6):87-91.

潘文国,2009b.汉字是汉语之魂:语言与文字关系的再思考[J].华东师范大学学报(哲学社会科学版)(2):75-80,93.

潘文国,2010."道可道,非常道"新解:关于治学方法论的思考[J].中国外语(2):80-84,92.

潘文国,2012a.中国译论与中国话语[J].外语教学理论与实践(1):1-7.

潘文国,2012b.寻找自己家里的"竹夫人":论中西语言学接轨的另一条路径兼谈文章学[J].杭州师范大学学报(3):93-99.

潘文国,2016.文化自信与学术范式转型[J].疯狂英语(理论版)(1):3-9.

潘文国,2017a.中译外与中华文化的对外传播[J].语言文字政策研究,8月22日版.

潘文国,2017b.外语教学的发展呼唤强化对比研究[J].外语与外语教学(5):1-8,19.

潘文国,谭慧敏,2006.对比语言学:历史与哲学思考[M].上海:上海外语教育出版社.

潘文国,杨自俭,2008.新时期汉英对比的历史检阅:理论与方法上的突破[J].外国语(6):86-91.

彭泽润,潘文国,2010."词本位"还是"字本位"有利于汉语语言学?[J].通化师范学院学报(9):6-11,23.

索绪尔,1980.普通语言学教程[M].北京:商务印书馆.

徐通锵,1994a."字"与汉语研究的方法论:兼评汉语研究中的印欧语的眼光[J].世界汉语教学(3):1-14.

徐通锵,1994b."字"和汉语的句法结构[J].世界汉语教学(2):1-9.

杨元刚,2007.描写与解释并重:中国英汉对比语言学的发展和追求[J].湖北大学学报(5):76-82.

张友谊,2017.从文化自觉到文化自信[N].光明日报,2022-11-29(11).

赵国月,周领顺,2017a.认清现状,树立中国本位的对外译介观:潘文国教授访谈录[J].翻译学研究(3):4-8.

赵国月,周领顺,2017b.翻译研究中的"中国学派":现状、理据与践行:潘文国教

　　授访谈录[J].翻译学研究(2):9-15.

朱德熙,1985.语法答问[M].北京:商务印书馆.

TAYLOR C,2016. The language animal：the full shape of the human linguistic
　　capacity[M]. Cambridge，MA：The Belknap Press.

作者通信地址:200444　上海大学;shangxin@shu.edu.cn

　　　　　　　　201306　上海海事大学;lifang@shmtu.edu.cn

中国英汉对比研究的世纪发展历程

——从马建忠、吕叔湘到潘文国

冯智强　　崔静敏

摘　要：本文回顾了近100年来中国英汉对比研究发展的历程，将其划分为肇始期、发展期、转折期、繁荣期和成熟期等五个重要阶段，并系统分析了每个时期的阶段性特点，高度概括了近100年来中国英汉对比研究学科意识从无到有、研究视野由小到大、研究内容由浅入深、主体意识由弱到强、知识结构由窄到宽、理论方法由一元到多元的发展规律和趋势。

关键词：英汉对比研究；阶段性特点；发展规律

0. 引言

比较是人类认识世界的重要方法，也是语言研究的基础方法之一，对于把握语言本质、促进语言及相关工作发展具有重要意义。本文对百年来英汉对比研究的发展历程进行了系统的分析和梳理，同时高度概括了百年来中国英汉对比研究的发展规律以及阶段性特点。

1. 肇始期

中国英汉对比研究的开端应从马建忠讲起，这一时期的研究并无明显的学科意识，而是以汉语的实际发展需要为驱动，涌现出严复、黎锦熙等一批先驱人物，为汉语研究的发展起到了开创性作用。

1.1　马建忠:《马氏文通》(1898)

马建忠可谓是汉外对比研究的开端人物，其代表作《马氏文通》不仅为汉语语法学的发展奠定了基础，也是最早使用比较方法研究语言的著作。马建忠的研究活动明显是在"普世"语法观的指导下进行的。由于当时中国还没有现成的语法体系，因此马建忠以建立汉语语法体系为目标，参照拉丁语法体系，致力

"于经籍中求其所同所不同者,曲证繁引以确知华文义例之所在",以比较的方法研究语言,最终创建起一套汉语的语法体系。作为中国英汉对比研究的鼻祖,马建忠的《马氏文通》虽因其"模仿"西洋语法而遭人诟病,但不可否认,该书是关于汉语语法的第一部系统性著作,为后续研究奠定了坚实基础,对英汉对比的发展具有开创性作用。马建忠在汉语研究历史上具有划时代的意义,他将西方语言理论运用到汉语理论的建构之中,把汉语研究引入了新的理论轨道,引发了汉语研究的一场革命,从根本上改变了汉语研究的格局,标志着汉语现代化研究的开端。

1.2　严复:《英文汉诂》(1904)

作为晚清较早全面引进西方语言学理论的学者,严复是英汉对比早期发展阶段不容忽视的重要存在。作为最早使用西方标点符号并采用横排版面的汉语著作,《英文汉诂》是近代较为系统的汉文版英语语法书。严复注重西方语法知识对汉语学习的促进作用,认为"示学者以中西之相合,试取诗古文中一二语为式,而驭以析辞之法,庶几可互相发明也"(严复,1904:9)。因此,严复在《英文汉诂》中注重对两种语言进行有意义的比较,并将语法问题上升到文化层面,借助中国语言文化的例证来阐释西方语言学理论,从文化层面出发来理解语法,以在深层次阐明语法的特点,这一做法对英汉对比研究具有借鉴意义。

1904年出版的《英文汉诂》是严复唯一的语言学著作,书中出现的汉英双语经典文献的引文构成了一种跨文化的"文本"对话,通过深受中国传统文化浸淫的读者的阅读,可以实现语言秩序和意义的重新整合,最终达到文化的重构。这是一个多元的、动态的建构过程,也是个尚未完成的过程。在今天的"全球化"语境中重新检讨严复的文化语言思想,可以为我们提供一个思考中国文化定位的富有启发性的起点。

1.3　黎锦熙:从《新著国语文法》(1924)到《比较文法》(1933)

黎锦熙的《新著国语文法》是继《马氏文通》之后的又一重要著作,"它既是现代汉语语法研究的奠基之作,又是第一部将现代汉语与英语做对比的著作"(潘文国,2002),是汉语语法"句本位"体系的代表。黎锦熙认同马建忠的"普世"语法观,认为"思想的规律,并不因为民族而区分,句子的分析,也不因语言而别易"(黎锦熙,1924:1),积极借用英语现有语法来解决汉语语法问题,但与《马氏文通》不同的是,《新著国文语法》以现代汉语为研究对象,强调凸显语言间的差异,因此是对《马氏文通》的继承与发展。在1993年出版的《比较文法》中,黎锦熙首次定义了"比较文法"的概念,并强调"所谓比较,重在异而不在同",虽然其观点在根本的语言观上和马建忠并无甚差别,但体现出对民族语言特性的重视。黎锦熙从汉语语法学习的实际需要出发,运用比较和变换的方法对语法、语义等因素进行对比分析,开创了比较文法研究的先河,是对马建忠观点的进一步补充和发展,体现出语言对比研究早期发展道路上学者们的探索和开创精神。

2. 发展期

20世纪初,西方语言学理论的革新发展以及建立汉语独立语言理论体系的需要,成为英汉对比研究发展的重要因素。这一时期的研究开始更多地关注民族语言特性,体现出汉语主体意识,同时英汉对比研究的宏观层面逐渐进入人们的视野。

2.1 林语堂:《开明英文文法》(1933)

林语堂在英汉对比方面提出许多精辟的见解,虽然由于种种原因其观点并未受到足够重视,但不可否认林语堂对英汉对比发展有着不可磨灭的贡献。林语堂曾获得莱比锡大学语言学哲学博士学位,具有扎实的英汉双语基础,从而为其进行英汉对比研究提供了坚实保障。林语堂主张用动态的眼光和比较的方法来研究汉语,其代表作《开明英文文法》不仅指出了英汉两种语言对待相同概念的表达差异,同时还指出了不同语言的人对概念的理解本身就不同。这在当时是难能可贵的,它表明林语堂已经超越了对比研究的第一层次(结构层次),到达第二层次(表达法层次),并开始对第三层次(语言心理层次)加以关注。林语堂打破了传统结构层次比较的限制,结合语言、文学以及文化等多重视角,将研究范围拓展到意念对比的范围,林语堂的一系列观点将当时的英汉对比研究向前推进了一大步,对于整个领域的发展具有重要推动作用。

2.2 王力:从《中国现代语法》(1943)到《中国语法理论》(1944)

作为英汉对比发展阶段的代表人物,王力反对《马氏文通》以来存在的由西洋文法支配汉语语法的行为,他在《中国文法学初探》一文中指出,"我们并不反对从比较文法学上悟出中国文法的系统来,我们只反对削足适履的文法……此后我们最重要的工作,在乎寻求中国文法的特点"(王力,1936),这一观点强调体现自身民族语言的特点,是对先前"普世"语言观的极大挑战,也是文法革新运动的重要宣言,标志着英汉对比研究新纪元的开端,为今后研究的发展指明了方向。同时,王力关注语言的自身规律及其系统性,反对欧化的语法,具有鲜明的民族语言观,他在《中国现代语法》中论述了分造句法、语法成分、替代法和称数法、特殊形式、欧化的语法等重要理论问题,深刻揭示了现代汉语语法的基本规律,这些观点对学界产生重要启发作用,并为此后语法界关于语法革新问题的大讨论做好了铺垫。而《中国语法理论》一书尤其是"中国语法学上唯一一部着眼于汉语自身特点的全面而系统的语法理论著作",其作用更是不可低估。

2.3 吕叔湘:从《中国文法要略》(1942)到《中国人学英语》(1947)

吕叔湘是 20 世纪中期以来英汉对比研究的提倡者、践行者和领导者,其对英汉对比研究的贡献体现在多个方面。第一,吕叔湘强调对比研究的双向性,即不仅要借助外语来看汉语,也要借助汉语来审视外语,这一观点是其语言主体意识和独立意识的典型体现。第二,吕叔湘开创性地把翻译作为比较研究的手段,颇具创新精神和指导意义。第三,吕叔湘还进一步界定了"比较"的涵义,将其与"比附"做出区分,指出"比较是要注意英语和汉语不同之处……而只见其同不见其异,那就是我们所说的比附了"(吕叔湘,1947:2),该观点对于纠正理论偏颇具有积极意义。同时吕叔湘还将对比内容拓展到文学和文化领域,再一次拓展了英汉对比研究的视野。吕叔湘的《中国文法要略》和《中国人学英语》,是 20 世纪上半叶不可多得的对比研究优秀著作,其一系列理论观点对于对比研究发展具有重要启示意义。前者以丰富的语言材料为基础,从汉语自身特色出发,对汉语理论体系建设具有重要意义;后者则从中国人学英语的角度出发,论述英语学习的规律和方法,对英汉对比研究具有重要参考价值。作为我国近代汉语研究的拓荒者和奠基人,吕叔湘为我国语言对比研究做出了突出贡献。

3. 转折期

1977 年以来,中国英汉对比研究迅猛发展,成果丰硕,并开始具有明显的学科意识,学科理论和发展史建设取得突破性进展,对比研究进入繁荣发展时期。

3.1 吕叔湘:《通过对比研究语法》(1977)

吕叔湘于 1977 年发表的《通过对比研究语法》一文,对于对比研究而言具有转折意义。他曾师从于中国现代语言学先驱赵元任。赵元任被誉为"中国现代语言学之父",其影响作用贯穿于整个对比研究发展过程。受赵元任影响,吕叔湘的研究重点也集中在汉语语法方面。吕叔湘高度重视比较在语言研究中的作用,他在《通过对比研究语法》中指出"要认识汉语的特点,就要跟非汉语比较;要认识现代汉语的特点,就要跟古代汉语比较;要认识普通话的特点,就要跟方言比较。无论语音、语 汇、语法,都可以通过对比来研究"(吕叔湘,1992),吕叔湘高度概括了对比研究的必要性,倡导进行对比研究,吹响了新时期对比研究的号角,此后各项研究开始如火如荼地开展起来,英汉对比研究进入繁荣发展阶段。

3.2 杨自俭:《英汉语对比研究论文集》(1990)

在英汉对比研究发展的过程中,杨自俭特别重视学科的理论建设,他和李瑞华合编的《英汉语对比研究论文集》简要概述了国内外对比研究发展史,揭示了对比研究的理论、方法及前进方向,在对比研究发展过程中具有里程碑意义。他对研究模式、研究内容以及知识结构等提出了很多建设性意见,并指出"不愿意也不善于对做过的具体研究从理论上进行规律性的总结和解释,所以也不可能有大的理论建树。英美人善于理论假设,我们喜欢寓虚于实。我们应在历史总结中将二者结合起来,这可能是从方法论上改进我们语言理论研究的一条出路"(杨自俭,1992),既道出了对比研究中所存在的缺陷,也为今后研究的发展指明了出路。同时,杨自俭也很重视学科发展史的研究,强调要对学科产生的原因、发展动力、规律以及趋势等多加关注,从而更好地推动学科建设向前发展。杨自俭为学科理论以及发展史建设做出了突出贡献,此后对比研究的理论氛围不断增强,学科建设朝着系统化、理论化方向不断发展。

3.3 刘重德:《英汉语比较与翻译》(1998)前言

在对比研究成熟发展阶段,刘重德的研究同样值得关注,其观点反映出对比研究不断向学科发展、并与多学科结合的趋势。刘重德则将汉英对比研究划分为语言表层结构、语言表达方法和语言哲学三个层次,并指出"要考究这种语言的表达法是怎样形成的,那就要寻求其心理、文化和哲学上的根据",从理论上拓宽了汉英对比的研究范围。刘重德还提出了更为系统的汉英对比研究体系,主张将对比语言学划分为理论研究与应用研究两部分,并向下做进一步细分,从而为对比研究发展绘制了更为宏伟的蓝图。

4. 繁荣期

经过前三个阶段的发展,这一时期英汉对比研究建立起更加成熟的框架,学科自觉意识进一步提高,汉语主体意识不断增强,宏观研究不断拓展,对比研究进入繁荣发展阶段。

4.1　刘宓庆:《汉英对比研究与翻译》(1992)

刘宓庆的《汉英对比研究与翻译》为汉英对比研究建立起第一个比较成熟的研究框架,同时刘宓庆还是汉英对比领域最早进行哲学思考的学者,他所强调的语言的"异质性"以及"由表及里"的研究层次,对后续研究影响很大。作为汉英对比语法研究和翻译研究的开拓性著作,《汉英对比研究与翻译》从英汉两种语言体系的对比出发,突破语言表层结构的限制,对两种语言的语法特征、表现方法以及思维等层面进行纵向剖析,针对很多翻译问题做出了创造性阐释,兼具理论性和实践性,是一部系统研究汉英对比与翻译关系的开创性著作。

4.2　许余龙:《对比语言学概论》(1992)

许余龙于1992年发表的《对比语言学概论》在英汉对比领域具有重要的划时代意义,该书是我国第一部对比语言学的概论性专著,标志着对比语言学作为一门学科在中国建立起来。许余龙高度重视学科理论建设,认为"理论对比语言学的任务首先是探讨对比研究的合理模式和理论框架,以及进行语言对比的一般原理和方法……另一个任务是运用语言对比的一般原理,对两种或两种以上的语言进行尽可能详尽深入的具体比较,探讨不同语言内在特征"(许余龙,1996)。他在《对比语言学概论》中介绍了对比语言学的一般理论与方法,并从语音、词汇、语法、篇章以及语调等维度进行英汉对比,同时针对应用对比语言学的基本理论与方法进行详细阐述,为对比研究发展勾勒了一个清晰细致的框架,奠定了后续发展的理论基础,为英汉对比学科建设做出了重要贡献。

4.3　连淑能:《英汉对比研究》(1993)

连淑能是继林语堂和吕叔湘之后,全面使用"从内到外"研究方法的第一人。其代表作《英汉对比研究》从"英汉语言文化"和"中西思维模式"两个部分出发,对英汉两种语言的语法特征、表现方法、修辞手段、思维习惯、语体风格、翻译技巧以及文化心理因素等进行系统对比,分别涉及"综合语与分析语""刚性与柔性""形合与意合""繁复与简短""物称与人称""被动与主动""静态与动态""抽象与具体""间接与直接""替换与重复"以及包括语言思维在内的20个部分,论述旁征博引,深入浅出,学术性与实用性并重,标志着汉英对比研究正在不断走向成熟。

5. 成熟期:从《汉英语对比纲要》(1997)到《对比语言学:历史与哲学的思考》(2006)

潘文国作为国内外著名语言学家、中英双语专家,是汉英对比研究领域的集大成者,在汉英对比研究、汉语字本位理论、哲学语言学以及对外汉语学等方面均具有重要影响。

5.1 广度:从宏观视角把握全局

潘文国经过一系列尝试,开始将注意力集中在宏观层面,希望从更高的层次把握汉英对比研究全局,从而借助对比研究解决语言观、语法观、词序论、语篇论以及语言心理等一系列重要问题。潘文国在《汉英语对比纲要》中结合哲学基础、汉英语简史、汉英语法研究史、语序、组织法以及心理等诸多层面进行对比阐释,并通过宏观对比将英汉两种句式总结为"树式结构"和"竹式结构"两种类型,试图从全局出发,打通语言内部的各个层面,对语言差异进行立体、综合的对比。潘文国的英汉对比研究并不局限于语言本身,而是从宏观把握语言性质,进一步扩展了对比研究的广度,对于英汉对比研究具有重要启发意义。

5.2 深度:从目的、内容到方法

潘文国对学科理论建设尤为重视,在其看来,汉英对比不仅是对外汉语教学和翻译教学的需要,更是汉语研究的重要途径,对于汉语发展具有重要意义。他在《汉英语对比纲要》中将对比研究的概念、哲学基础、发展简史以及汉英语法特征、基本结构单位等进行系统整理,建立起一套科学的、系统的汉英对比研究体系。同时潘文国对学科发展史问题也十分关注,他在《对比语言学:历史与哲学的思考》中第一次从思想发展史角度对中西对比语言学史进行了全面阐述,探讨了理论史的标准以及对比语言学史分期问题,为学科理论建设做出了突出贡献。针对英汉对比研究的方法,潘文国将其总结为"一个中心,两条途径、三种角度、四项条件",分别从研究重点、研究模式、研究思路以及研究条件四个方面对学科方法论进行界定,对于规范学科建设、促进学科发展具有积极作用。

5.3 高度:从哲学的高度看问题

潘文国高度重视哲学在语言研究中的基础和导向作用,他在《对比语言学:历史与哲学的思考》中指出"语言观问题是语言研究的最基本、最初始问题,决定了语言研究的方向"(潘文国,谭慧敏,2006:193),并建议以洪堡特的"语言世

界观"作为对比研究的哲学基础,认为只有先处理好语言观问题,才能为解决英汉对比的基本问题提供可能。潘文国还将汉英对比研究划分为语言表层、语言表达法以及语言心理三个层次,强调发掘语言背后的心理和文化因素,从而在心理和哲学层面对英汉差异进行更深刻的挖掘。潘文国一系列观点将对比研究上升到哲学和语言心理的高度,标志着英汉对比研究在理论层面的一大跨越。同时值得关注的是,潘文国在汉语主体意识觉醒方面也发挥了重要作用,他呼吁无论是英汉研究、汉英研究还是双向研究,都应从汉语主体出发,这是汉语主体意识和理论自觉意识的典型体现。这一观点得到众多学者的关注,并成为新世纪英汉对比研究的一个新趋势。

6. 中国英汉对比研究的发展规律与总的趋势

一百年来,英汉对比研究经历了由依赖西洋文法到形成独立理论体系、由以实践需要为导向到具有明显的学科意识的发展过程,英汉对比研究获得长足发展,并呈现如下发展趋势。

6.1 学科意识从无到有

近年来,对比研究的学科意识不断增强,并呈现出与多学科相结合的特点。学者们不断探索讨论,纷纷建立起独立的学科理论体系,理论建设和学科发展史建设呈现出繁荣景象。英汉对比学科自觉意识持续发展,学科理论建设和发展史建设不断增强,人才队伍和学科建设不断壮大,对比研究学科发展逐渐走向成熟。同时,英汉对比研究将继续和心理、历史、地理等多学科相结合,借助多学科知识更好地说明两种语言的差异表现及其根源,从而将其研究成果更好地运用于更多领域,最大限度发挥学科价值。

6.2 研究视野从小到大

早期英汉对比研究出于英语教学的需要,研究重点主要侧重于语音、词法以及语法等微观层面;而近年来对比研究则开始更多地关注语用、语篇、修辞以及文体等宏观领域,并与思维、文化等相结合,从而全面认识两种语言在宏观层面的对立特征,更好地把握语言本质。随着对比研究与各学科的联系不断加深,人们逐渐突破语言表层结构的限制,倾向于从更高的层次把握汉英对比研究全局,从而打通语言内部的各个层面,对语言差异进行立体、综合的对比,深入挖掘每种差异的具体表现及其根源,更好地发挥对比研究的交流沟通作用。

6.3　主体意识由弱到强

英汉对比研究不仅关乎语言层面的问题,更涉及自身文化主体性的问题。英汉对比的主要目的不仅是学好外语,而是要更好地了解母语,这是进行对比研究不可动摇的原则,不能出现本末倒置的现象。近些年的研究逐渐摆脱了以往西洋文法的制约和束缚,倡导建立汉语类型学的对比研究,即从地道的汉语出发,以汉语为主体研究英汉差异,尝试从汉语中挖掘语法理论,汉语主体意识呈现出不断增强的发展趋势。但需要说明的是,虽然取得了一定成绩,但目前汉语语法建设还不够完善,汉语主体意识有待进一步加强,汉语自觉意识建设仍任重而道远。

6.4　知识结构由窄到宽

随着学科理论建设的不断深入,对研究者知识结构的要求也在不断提高。20世纪是语言学飞速发展的时期,对比研究的宽度和深度不断增加,与多学科的结合不断加深,因此也对研究者的知识结构提出了更多要求。潘文国对此总结出了对比研究的四点要求,分别为现代英语知识、现代汉语知识、普通语言学的知识以及汉、英语历史和文化有关的知识,此后也有不少学者提出此类问题,呼吁研究者不断扩宽知识结构,加强人才队伍建设,更好地推动学科建设与发展。

6.5　理论方法由一元到多元

英汉对比研究发展早期理论相对单一,研究重点主要集中于微观研究层面,随着外国先进理论的引入以及国内学科建设的发展,对比研究理论方法呈现出多元发展的趋势。目前对比研究领域出现的理论方法已有很多,如比较语言学、类型语言学、人类语言学、心理语言学、字本位理论、语义分析法、比较文化学以及义素分析法等,整个领域呈现出欣欣向荣的发展面貌。同时最显著的特点是与哲学相结合,将对比研究上升到语言观的角度进行深入剖析,从而"为我们正确认识语言的共性与个性,确定语言对比研究的重点,以及正确认识语言影响、语言渗透、语言转换和语际翻译等问题提供了基础"(冯智强,2003),为对比研究向更高层次发展提供了可能。

6.6　研究内容由浅入深

学科的理论意识越来越强烈。英汉对比开展以来,也有一些学者开始认识思索一些理论问题,其中比较突出的有刘宓庆、钱冠连、潘文国、杨自俭等。

刘宓庆可说是在汉英对比领域最早进行哲学思考的学者,他发表于1991

年的《汉英对比研究的理论问题》(上、下)是汉英对比理论建设的重要文献。要点有二:一是强调语言的"异质性",也就是使一种语言有别于另一种语言的"各种内在机制",这是对比研究的重点所在;二是语言对比研究的层次,即对比应贯彻由表及里循序渐进的方法,由语言表层进入中介层或称表现法层面,再进入语言深层即思维形态层面。钱冠连则在1994年的《英汉语对比研究的理论目标》一文中指出,汉英对比研究可以有两个目标——理论目标和实践目标。但我国英汉语对比研究的实践目标受关注的程度大大高于理论目标受人注意的程度。而忘记一项研究的理论目标,"往往会导致重大损失"。他认为:"双语对比研究的理论目标是,各个民族的哲学、美学直接或间接促成了某个语言群体的语言心理倾向的形成。"(钱冠连,1994:27)。潘文国于1995年发表了《语言对比研究的哲学基础》一文,提出了要从哲学上思考对比研究的理论基础问题,并具体建议以洪堡特的"语言世界观"作为对比研究的哲学基础,认为只有解决语言观问题,才能正确处理对比研究中一些基本问题。而杨自俭一贯重视学科的理论建设,在一系列学术会议的报告和给不少学术著作写的序言中一再表示他对理论问题的忧虑和关心。他特别关注学科发展史的研究,说:"要想促进一个学科的发展,一定要研究学科发展史。学科发展史是研究学科发展过程和规律的一门历史科学。要重点研究学科产生的原因以及发展的动力、规律和趋势。要特别注意各个发展阶段中遇到的问题,掌握解决问题的理论与方法,前后联系起来探讨基本观念和理论与过去的发展变化过程,这样从早期追溯到现在,你就会站在学科前沿预见学科发展的大趋势,会找到学科发展的突破口。对比语言学从20世纪40年代至今已有半个世纪的历史,而中国英汉对比研究从《马氏文通》算起已有近100年的历史。我们应当尽快开始对西方对比语言学发展史和中国英汉对比语言学的历史的研究,这会对学科发展起到很大的推动作用。"(杨自俭,1998:7)2000年他又说,理论建设一靠认真研究英汉对比的发展史,二靠借鉴先进的理论与方法,三要关注中外哲学的发展。他对研究模式、研究的内容与重点、优化研究者的知识结构等问题也提出了很多明知灼见。

总体说来,汉英对比的发展不断地由从微观走向宏观、由静态研究走向动态研究、从语言转向言语研究。先是语言层面的提升,再是从结构走向思维,同时,微观研究也不断深化。

7. 结语

比较是人类认识世界的重要方法,也是语言研究的基础方法之一,对于把握语言本质、促进语言及相关工作发展具有重要意义。在近100年的发展历程中,英汉对比研究经历了由开端、发展、繁荣再到成熟的4个阶段,理论建设与学科建设取得长足发展。在接下来的发展阶段,英汉对比研究将呈现出学科自觉意识增强、汉语主体意识提高以及宏观研究增多的发展趋势。推动英汉对比研究持续发展,当代学者们仍然任重而道远。

参考文献

冯智强,2003.汉英对比研究的又一座高峰:华东师范大学潘文国教授汉英对比思想研究[J].白城师范学院学报(3):52-57.

冯智强,2005.从语言表层的对比到哲学层面的研究:九十年代以来汉英对比代表性专著研究[J].白城师范学院学报(1):78-83.

黎锦熙,1924.新著国语文法[M].北京:商务印书馆.

刘英凯,1998.英汉语音修辞[M].广州:广东高等教育出版社.

吕叔湘,1942.中国文法要略[M].北京:商务印书馆.

吕叔湘,1947.中国人学英语[M].北京:商务印书馆.

吕叔湘,1992.通过对比研究语法[J].语言教学与研究(2):4-18.

马建忠,1983.马氏文通[M].北京:商务印书馆.

潘文国,1997.汉英语对比纲要[M].北京:北京语言化大学出版社.

潘文国,2002.汉英对比研究一百年[J].世界汉语教学(1):60-86.

潘文国,谭慧敏,2006.对比语言学:历史与哲学思考[M].上海:上海教育出版社.

王力,1936.中国文法学初探[J].清华大学学报(自然科学版)(1):21-77.

许余龙,1996.对比语言学简介[J].英语自学(1):3-5.

严复,1904.英文汉诂[M].上海:商务印书馆.

杨自俭,1992.英汉对比研究管窥[J].外语研究(1):13-18.

作者通信地址:300204 天津外国语大学;fengzq6666@126.com
　　　　　　300387 天津工业大学;heatherwyh@163.com

构词法研究：中英语言对比的钥匙

李臻怡

摘　要：潘文国教授与叶步青博士、韩洋博士合著的《汉语的构词法研究》从12个方面论述了汉语的构词法及其每个方面的研究史，其内容之详尽、研究功夫之刻苦细腻、涵盖面之广，在此领域，恐怕无出其右者。构词法研究之于汉语语言学，着实关键，因为汉语、汉文化与西方诸语、诸文化之差异导致概念不对称之实例俯拾皆是。本文从汉英翻译和跨文化交流的角度，认为词等同于英语的短语 phrase，是介于 word 和 sentence 之间，具有语义和表达功能，可以伸缩扩展的语言元素。本文结合实例，认为通过构词法认识到"词为短语"，可以解决很多翻译和跨文化交流上的困惑和难题，也可以解释在当代英语和汉语在互联网时代分别呈现的构词新趋势。

关键词：语言对比；构词法；汉字；英汉翻译；文化交流

我从开始拥有、阅读到揣摩潘文国教授与叶步青博士、韩洋博士合著的《汉语的构词法研究》一书，已近20年。我把它当作语法书、语言学论著乃至历史书来读，每次都很有体会，因为此书从12个方面论述了汉语的构词法及其每个方面的研究史，其内容之详尽、研究功夫之刻苦细腻、涵盖面之广，在此领域，恐怕无出其右者。初览此著，即有撰写书评之念，怎奈学识浅薄，又因此书多有不辩自明之理，无须赘语，故几度搁笔。但是构词法研究之于汉语语言学，尤其是现代汉语和古代汉语、白话和文言、口语和书面语研究的对接方面，着实关键，故念念不忘，时常揣摩。今自不量力，妄设"词为短语"一说，抛砖引玉，求教于潘老师及其他方家。

汉语语言学家研究词，似乎不是"古已有之"。或者说古代的研究，无论音韵、训诂、修辞，几乎和"现代"的词、构词、构词法的研究，多有不同，少有传承。这一点，潘老师的著作中已经论述详尽，此处不必重复。然而，这种断层，颇值得注意，而且着实是揭开"词"的中西对比之关键。因为，汉语作为一种语言，其历史之悠久、使用之广泛、学问之探究、生命力之绵延强盛，恐怕世界上难有与之匹敌的：英语缺历史，梵语欠广泛，希伯来语是断代后复燃，拉丁语已奄奄一息。集齐上述久、广、深、盛四点者，汉语即使不是唯一，也是颇具代表意义的。

如此历史悠久之语言,却直到近百年才开始研究其中的"词",不是很奇怪吗?更令研究者不安的是,不管如何归类划分,不管用功能法、生成法、结构法,学英语的来研究,仿俄语的来论述,总有例外的"词"们"嘲笑"这些方法、视角的偏颇与不宜。而强调借鉴古代汉语传统的研究者,也困顿在找不到合适的"传统"来定义、研究"词",并且因为"白话文"和"口语"已经和他们举的"文言"和"书面语"的例子大相径庭,也造成了他们一派的学说和取"西"法的一样,遭遇例外的"词"们"嘲笑"这些方法、视角的偏颇与不宜。

这就让我开始考虑一个基要的问题:"词"的定义。从《汉语的构词法研究》的综述来看,较少有学者关心词的定义,仿佛在对水还没有摸透之前,大部分学者一下子就直接跳进水里开始游泳了,开始讨论构词、造词、词类等问题了,仿佛词是一个不言自明的事物,仿佛游泳的水是池水、江水或海水都无关紧要。

其实不然。英语的词,有个自然的形态,也就是词和词之间有空格分开,而词内部诸字母、诸音节则不可再分。比如"close"不可以分出"clo"和"se"来,因为"clo"和"se"都不是词;又如"budget"是一个词,不可以有空格,写成"bud get",因为"bud"是一个词,"get"又是一个词。所以用空格分词,自然显出了英语使用者对他们表意最小单位的认识。汉语也有自然形态,但不是靠空格,而是靠属不属于同一方块来辨认是否是一个"字"。字内部诸笔画、诸部件则不可再分,分则另辟成"字"或不成"字",比如"口""大"是区别于"因"的两个"字"。竖排时"夕""夕"不等于"多",横写时"因""火"不等于"烟"。古人有"因火成烟夕夕多"这样的文字游戏,就体现了方块是他们表意最小单位的认识。第二重自然的形态体现在参考书的编排上。英语"词"典里列的是一个一个"词",某些"词"下面再罗列由这个词衍生出来的"短语"。英语的"词"由一系列字母构成,是长短不一的音节组合。汉语"字"典里列的是一个一个"字",某些"字"下面再罗列由这个字衍生出来的"词"。汉语的"字"由一系列笔画构成,是单音节的。

从上面对比英语和汉语的自然形态可以看出,两种语言的使用者把最小的可划分单元设定得不一样:英语是一个到多个字母所组成的"词",前后左右靠空格和别的"词"分开;汉语是一笔到多笔的"字",前后左右靠"虚拟"的方块和别的"字"分开。这里,我要强调"语言的使用者",而不是"语言的研究者"。因为研究的人可以发明出"词素""意素""语素"之类抽象的概念来钩沉每种语言里相似或相同的东西,但语言的使用者不管这些抽象的理念,他们约定俗成地认为有一个看得见的空格在、有一个看不见的方框在,空格中不可再添空格,方框里也不要再添方框了。换句话说,语言的自然形态,不是研究者制定或规定的,而是使用者约定俗成。汉语最早落实到书面语的"约"是每个单音节用一个在看不见的边框里面的符号来表达,这个边框在汉字演化过程中渐渐成为等大的矩形,受篆书、隶书和楷书的影响,汉字篇章的排列也渐渐从甲骨文的凌乱演化成规整,随着雕版和活字印刷的滥觞,"方块字"及其版式约定俗成了。仅有手写的行草略略打破这个"约",字里行间可以连写,以求艺术韵味,即便如此,行草的帖子还是可以被分出单个的字来,而且字与字的连写之笔,大体上不如字之内部笔画粗壮或突出,以此显示单体字与单体字的分字,那个无形的边框还在。而英语靠字母连缀记录单个或多个音节组成的"词",靠空格分别"词"和"词",这个空格从不固定的长度到固定在一个字母的长度,从花样繁多的加点添缀规范成一个空格,因为雕版、活字乃至打字机的出现,这个空格及其规范就固定下来了,甚至刻在每个英语使用者的脑子里,没有空格分词的一长串字母都不知道该如何读了。所以从书面的自然形态上,汉语和英语的使用者经过成百上千年的约定俗成,认为看不见的矩形边框和没有东西的空格是区分各自语言最小单位的方法。科技发展到今天,汉语和英语使用者都用智能手机和虚拟键盘输入他们各自的语言了,键盘上的空格键,对英语使用者来说,还是分词的重要工具,对于汉语使用者来说,通常是选择拼音输入默认的第一个选项的选择键了。可见,空格对于英语分词多么必要,而空格不被汉语认为是分词的必要工具。

以上用空格或方块自然形态分别出来的是词还是字?回答这个问题,我们就要从另一个需要约定俗成的角度——语义,来判断,以至于我们可以最终定义什么是"词"。

打开汉语"字"典,除了个别化学元素字,大部分汉"字"都有多个意思,大部分汉"字"字条下都可以"组词",而且组出来的"词"意思不一定和"字"加"字"相等或相关。比如:"关"字,可以是"海关"的关,姓"关"的"关","开关"的"关","关心"的"关","开门"的反义词是"关门",然而"开心"的反义词不是"关心"。如此等等。在"海关""开关"和"关心"这几个双音节层面,语义清晰、所指落实。而单单调出一个"关"字,汉语的使用者不会觉得语义清晰、所指落实,直到看见语境,比如:电脑屏幕上出现的"关"和旌旗上出现的一个大字"关"是不一样的意思,也不能理解成"海关"中"关"字的意思了;庙门上写的"关帝"、城门上写的"山海关",也不能认为是"开关"或"关心"的意思了。单单拿出一个"关"字来,汉语使用者会禁不住问"什么关""关什么",意思就是请表达者再明确一点语义,再指明一点所指,再提供一点语境。单单拿出一个"关"字来,学习汉语的外国人也会禁不住问"什么关""关什么",意思就是单音节的方块"字"所指可以很多,常常需要和另外的字组合成双或多音节"词"才能使语义清晰、所指落实。

再来打开英语"词"典,我们看见的是大部分英语"词"都有多个意思甚至多个"词性",大部分英语"词"词条下面都可以"组成短语",而且组出来的"短语"意思不一定和"词"加"词"相等或相关。比如:"close"这个词,可以是动词,主要解释为"关闭",也可以是名词,指"结论",形容词,意为"亲近""邻近",副词,指

"紧密";组成的短语有"close about""close down""close in""close off""close out""close over""close up""close with""close by""close to""come to a close"。其中"close down"和"close up"不是反义短语,"close in"和"close out"不是反义短语。几乎所有的英语动介组合短语都不是简单的"词"加"词"的意义叠加,这几个双或多音节"短语",英语的使用者是把它们的意思约定俗成了,学习英语的外国人就只能死记硬背来记住它们的意思和用法。同时,多意和多词性的英语"词"也要等到进入短语、句子后才能把词性和意思确定了。

通过上述对比,可以看见汉语与英语在"分词连写"的自然形态上、语义明确的功能上,存在着可比的对应;而此对应,却在概念和命名上存在着不对称,而且容易引起混淆。简而言之,汉语的"字"等同于英语的"词",因为它们都是约定俗成的标记,诸如方框或空格,来同与之平级的单位分开;同时,单列时,它们的意思、词性都还不够确定,直到组成更复合的"词""短语"或"句子"时,它们的意思才更确定。在语言教学上,汉字和英语词,都是最小的教学单位,也是扩展语汇的基石。对外汉语的每一课,都有生"字"。英语教材的每一课,都列生"词"。汉字和英语词,都要求语言学习和使用者"分着记、合着用、推不广"。而往上升一级,汉语词和英语短语,却要"合着记,分着用"了。继续上面的例子,教汉语时,要先让学生分别学会"关"字、"心"字,这两个字可以出现在不同的课文里作为生字,这个叫"分着记"。但"关心"作为一个词,它的语义和功能不简单等同于"关"加"心",所以第一次出现时要当"生词"学,用起来也永远要"合着用",并且不能举一反三,以为仿佛学会了"关心"一词,就可以把"关"组成的词都靠语义衍生的逻辑"一网打尽"了,这就是所谓的"推不广"。英语的例子也一样,学英语时,要先让学生分别学会"close"词、"up"词,这两个词可以出现在不同的课文里作为生词,这个叫"分着记"。但"close up"作为一个短语,它的语义和功能不简单等同于"close"加"up",所以第一次出现时要当"生短语"学,用起来也永远要"合着用",并且不能举一反三,以为仿佛学会了"close up"一短语,就可以把"close"组成的短语都靠语义衍生的逻辑"一网打尽"了,这就是所谓的"推不广"。

再看汉语词和英语短语,上面说了,它们得"合着记,分着用"才"意明确";更进一步,它们比组成它们的低一级单位——汉字和英语词,语法性质和功能上也要明确和稳定。汉字很难说有词性,"关"是动词、名词或是诗经里"关关雎鸠"之类的象声词,单单一个"字",没法说。但到了汉语词层面,它就容易明确了,"海关"通常是名词,"关心"通常是动词,但在"谢谢你们的关心"里是名词。英语词有词性,但常常"一词多性","close"是动词、名词或是副词、形容词,单单一个"close",没法指定它到底是什么词性。但到了短语层面,就容易明确了,"close to"通常是介词短语,"close up"通常是动词短语。

再用翻译来举例子:译员听到一个"关"字,不知道该译为什么;译员看见PPT上只写一个"关"字,也不知道是译为"close"或"turn off"好呢,还是"gate"或"customs"好呢,抑或是关羽将军的旗号。原因是一样的,孤零零的汉字语义不容易明确。而当译员听到"关心"一"词"时,他/她就排除了此"关"与任何切断电源、关门闭户、关羽将军或古代的鸟鸣的联想,直接译为"care",语义上就八九不离十了,余下的是在英语语法、时态和句法上的相应调整了。落实到今天网络翻译和语音输入,情况是一样的。编程序的希望你至少输入一个"汉语词"或"英语短语",他们才能比较准确地提供一个相应的词语或翻译。我们在输入语音时,有时候可以看见电脑"听明白"上下文之后,会忙不迭地去修改前面的用词,就是"意明确"了,电脑才确信该用哪个字、词。可见在语料库中,"汉语词"和"英语短语"是相对应的。原因是它们的语意、语法功能都比组成它们的低一级单位——汉字和英语词,语法性质要明确和稳定。

通过对比,我们可以尝试定义"词"了。因为"词"在构词法研究的历史上,是从西方借来的概念,我们首先要回到西方的根源,然后再看汉语。"词"在英语里是"word",其自然形态是:对外通过空格与其他词分开,对内是一个到多个字母的组合,且不可再分,若再分即成其他"词"或不成"词"。学词用词是学习英语的基本功,要在句子中乃至篇章里学习应用,即"分着记、合着用、推不广"。和英语"词"对应的是汉"字",因为汉"字"的自然形态也是对外通过看不见的方框与其他字分开,对内是一笔到多笔的组合,且不可再分,若再分即成其他"字"或不成"字"。学字用字是学习汉语的基本功,在句子中乃至篇章里学习应用,即"分着记、合着用、推不广"。

那么"汉语词"又是什么呢?通过上边的对比,我们可以看见,"汉语词"和"英语短语"是相对应的。原因是它们的语意、语法功能都比组成它们的低一级单位——汉字和英语词,语法性质要明确和稳定。还有一点可以证明汉语"词"是"短语"的。"关门""关上门""关关门"以及"关门打狗"哪个是词、哪个是短语?用汉语拼音标记时如何"分词连写"?在我看来,这些"词"或"短语"语义都是明确的,语法性质都是稳定的,那么就肯定不是"字",不等同于英语的"word",就没有必要硬连在一块儿拼写。同时,它们明显是多个汉字,字和字之间有自然的分割,发音的人有自然依字停顿的倾向。三者,这种现象表明了汉语对"词"和"短语"分野的灵活,短的可以变长,长的可以变短,网络语言一度约定俗成的"不明觉厉"类的,你说它是词还是短语?搞清楚汉语"词"和英语"词"的不对应这一关系对汉语构词法研究至关重要,因为综观《汉语的构词法研究》,很多争论和例子,都是因为没有区别此"词"非彼"词"造成的误会。因篇幅限制,就不一一列举了。在此,我只想补充论述两点:

第一,汉语使用者一直没有"分词连写"的困惑,直到"白话文运动"和"汉语拼音化",才在"关门""关关门"到底是不是都是"词"上开始搞不清楚了。汉语拼音,无论是为方便外国人学习汉语,还是为"汉语现代化",皆事倍功半:外国人到头来还得学汉字才可以精进其汉语水平。不过,汉语拼音化,却突显出汉语的构词法与英语等西方语言的种种不同:对拼音语言的词进行划界是天生必要的,分词的任务业已完成;汉语分词如同句读一样,靠引进些洋字母和标点符号,完成个七八成已经了不起了,剩下的二三成"异类""例外"却搅得语言学家心神不宁。走西化道路的和走传统道路的,都没有办法说服对方。(潘文国,叶步青,等,2004:9)中西合璧,说起来容易,却非得靠古今中外融会贯通之士才能达成。潘文国教授与叶步青博士、韩洋博士合著的《汉语的构词法研究》是这方面努力不可或缺的第一步,也是语言学者在对比中西语言、引进对方概念时必须兼顾文化冲突和融合这一基本功的示范性论著。

第二,做对比研究,一定要兼顾"同""异",不可厚此薄彼。一味地强调汉语只有字和句,坚持字本位,避开谈论"词",不免有掩耳盗铃之愚。一味地用西方语言的"word"来套来框汉语之"词",也带来削足适履、方枘圆凿之痛。此两端,皆重异者所为,因其不见诸语言共同共通之处,故钻进牛角,寻不着出路。过分强调"天下大同"的,一方面忽略明摆着的差异,另一方面有违对比研究之初衷,不利于研究的深入发展。

研究构词,默认的前提是认同并肯定所对比的两种(或以上)语言都有"词",而且"词"都是"构"的。所以,《汉语的构词法研究》给我们的启发是:首先,认同汉语和其他很多语言一样是有"词"的、汉语的"词"是"构"的这一"同";其次,看构词法以及构词法研究这些"异";最后,看历代学者以及该书作者在研究这些"同"和"异"的历程中所持的观点以及造成这些观点的原因,并在自己进行对比研究时,用以借鉴。

泛言之,对比研究应该注重实用价值。纯粹抽象或理论的对比,一方面流于空泛,另一方面脱离实际,真不晓得对比为了什么,又源于什么。对比汉语和其他语言在析词、造词、分词、用词和借词上的异同,最直接的实用价值就在语言教学和翻译的便利和达意上。西方人常常不解的是:他们短短的一个词、短语或句子,译为汉语却成了一长串;有时候反过来,他们啰唆半天,翻译却以一词半语解决了。这种情形不提前解释的话,会让西方人狐疑翻译的水平或敬业精神。其实,这只是突显了汉语与西方语言的不对称这一事实。而厘清汉语"词"和英语"词"的差别,就是把这些事实归结到理论层面上的一个努力。而这些归结出来的理论,衍生出汉语"词"对应于英语"短语"一说,又可以指导翻译实践。权作对比研究注重实用之一例。

最后,需要指出的是,如果把《汉语的构词法研究》当历史书读,我们可以看见:一百多年来,大部分研究者没有把汉语和以英语或俄语为主的西方语言平等对待,要么妄自菲薄地照抄、硬塞,要么固步自封地强调汉语的独特性乃至拒绝对比。这种态度,明显受当时历史、社会和世界形势的影响。如今世事不同了,看得懂外语书的人、去过外国的人、中外平等交流的项目都比那一百年间的多多了。如果我们把语言作为每个民族的文化来看,做语言学对比学问时可不可以尝试以下三点?第一,对比研究,异同皆要注重,态度要不卑不亢、彼此尊重;第二,对比研究,不要不假思索地把别人的条条框框拿过来套自己的,先要把别人的理论、定义理解了,看看自己文化里对应的到底是什么,再做比较;第三,对比研究,忌抽象空泛,要从老百姓日常的观念和做法对比起来,又要把对比的目的回归到对两种文化里生活的老百姓有用的焦点上。所谓有用,就是让双方平等对话、彼此尊重、增进了解、便于合作,实际上是通过对比,让每一方都对自己的文化有更多的了解和热爱,对别人的文化有更多的兴趣和了解,而不是鼓励一方邯郸学步,失其故行。也许,这也是潘老师呕心沥血写成《汉语的构词法研究》,以史为鉴,教导我们晚辈的目的之一吧。

参考文献

[1]潘文国,叶步青,韩洋,2004.汉语的构词法研究[M].上海:华东师范大学出版社.

作者通信地址:V9B5Y2 Royal Roads University;zhenyi.li@royalroads.ca

现代英语贴近律的历史发展考察①

刘晓林

摘　要:作为现代英语语序的一个显著特征,贴近律在宏观句法结构(指"语用-句法-语义"这样的宏观层面)和局部句法结构(如定中、动宾(含介宾)、状动和主谓结构)中都有明显的体现。通过对这些结构内在成分相互之间的语序的历时变化的考察,发现英语中相关的句法成分大都经历了从成分分离到成分毗邻的演化过程,具体表现在一般句法结构中赋格体和受格体从分离变成相邻,局部句法结构中"形容词+名词"语序的形成,副词(附加语)从看似缺乏理据的句法位置演化为进入语义相宜的句法位置。考察发现,现代英语的贴近律是通过多种途径演变而形成的。

关键词:贴近律;结构赋格;句法层级;动宾结构

1. 现代英语的贴近律

潘文国(2016:277-292)详细论证了英语的贴近律(adjacency rule),指出该规律是一种语序规律,本质上是:

在语义上属于一起的,句法上也放置在一起。具体体现为:形容词与其修饰的成分、副词与其修饰的成分、动词及其宾语、介词及其宾语需要紧贴在一起。不同组合之间的贴近性又有一定程度的不同:

定中(含关先)——动宾(含介宾)——状动——主谓
紧 ——————————————————→ 松

主谓间的贴近性最低,最容易被其他成分隔断。这点不难理解,因为主谓间的关系是靠形态上的一致关系来控制的,隔得再远,也不难搞清楚。而其他几种成分间,英语的形态已经丢失了很多。正是在这个意义上,我们说贴近律是英语的形态率的重要补充,是控制英语的重要手段。

---

① 本文获得国家社科基金一般项目"英语句法类型的演化研究"(17BYY032)、重庆市社科规划项目(2015YBYY077)和重庆市教委人文社科规划项目(17SKJ158)的资助。

这些引文至少给我们如下启示：现代英语遵循贴近律，古英语遵循形态律[1]，英语历史上经历了一个"从形态律到贴近律"的发展历程。本文试图考察该发展历程，将从宏观句法结构（指"语用-句法-语义"这样宏观的层面）和局部句法结构（如动宾结构（含介宾结构）、副词位置的变化、形容词位置）两个角度，证明英语历史上的确发生了"从形态律到贴近律"这样的演化，同时本文还顺带归纳这些变化的内在推动力。

2. 英语贴近律的历史发展考察

本节将从一般句法结构和局部句法结构分别探研英语贴近律的演化历程。

2.1 从一般句法结构的发展看贴近律

潘著虽然深入论证了现代英语的贴近律，但基本只从局部句法结构（如主谓、动宾结构等）入手，没有从宏观句法结构（指"语用-句法-语义"这样宏观的层面）角度勾画贴近律，也没从历时发展的角度予以考察。观察下面的现代英语句子：

（1）As for this book, I have read it time and over again.

按生成语法学的观点（van Gelderen, 2013:65-68），as for this book 属于语用层，I have ... *ed* 属于语法层，read it time and over again 属于语义层。也就是说，现代英语的句法结构分为"语用-语法-语义"三个明显的层次。在一个理想的完整（full-flown）的英语句法结构中：语用层包含了语力（force）、话题（topic）、焦点（focus）和限定性特征（finiteness）；语法层包含了情态、否定、时、体；语义层包含了使役轻动词、论元和动词内在的情状特征。

语用层、语法层、语义层分别称为 CP 层、TP 层和 vP 层，这样的句法分层对英语附加语的位置产生了重大影响，详见 2.4 节的讨论。本小节关注的焦点是：这样的句法分区是怎样形成的？对英语语序上的贴近律产生了何种影响作用？

古英语没有如此规则有序的句法层级，它是经过漫长的历史发展才出现的。古英语的 CP 层较为发达，主语并非一定在句首，情态动词和主动词往往分离，宾语和动词（介词）不一定毗邻，副词与中心词之间还可被其他成分隔开。观察下面的系列例句（括号表示例句来源）：

---

[1] 学界公认的英语历史分期是（如 Toyota, 2008:5）：古英语，700—1100；中古英语，1100—1500；早期现代英语，1500—1700；晚期现代英语，1700 至今。其中，中古英语又分为早期中古英语（Early Middle English, 1100—1350）和晚期中古英语（Late Middle English, 1350—1500）。

(2)a. **ne** *sende se deofol* ða *fye of herofenum* ,...

　　Not sent the devil then fire from heavens

　　'the devil did not send fire from heaven then, ...'

（Hegarty，2005:79-80）

b. *Forr he ne ma33 nohht elless onn Ennglissh writtenn rihht te word...*[①]

　　For he Neg may not　else　on English　　written right the word

　　'For else he may not write the right word in English'

（CMORM，DED. L83.28）

c. *Ne se33 ice þe nohht*

　　Neg say I　you　not

　　'I will not say to you'

（CUORM，I，176.1449）

　　(2)a 中的句首成分是否定词 *ne*(not)，主语 *se deofol*(the evil)在谓语动词 *sende*(send)之后；(2)b 中情态动词 *ma33*(may)与主动词 *writtenn*(write)之间隔着三个附加语 *nohht*(not)、*elless*(else)和 *onn Ennglissh*(with English)，并且动词 *wirtten*(write)和宾语 *te word*(the word)之间隔着副词 *rihht*(right)；(2)c 的语序是"否定词+谓语+主语+宾语+否定词"，谓语和宾语并不贴近。

　　不难看出，古英语在很大程度上并不完全遵守贴近律。那么是什么原因导致了贴近律成为英语语序的一条重要规律呢？仔细梳理文献，本文认为有以下几个原因。

　　第一，诚如潘文国所言，英语曾经历一个"从形态律到贴近律"的过程。古英语的形态较为发达，主谓关系、修饰关系、动宾关系通过形态一致予以体现。约从古英语晚期开始，英语的形态经历了削弱、融合的过程，这种变化使得修饰关系和动宾关系变得模糊，主谓一致只在现在时态层面得以保留(如 He looks after his mother carefully)，在过去时和完成体等层面已经消失(he/they (had) looked after his/their mother(s) carefully)。这种语法一致关系的大幅削弱势必引起语言的自适应调整，语序必然成为标志语法关系的主要手段。从技术层面讲，英语语法逐渐从格允准(case-marking)变成位置允准(position licensing)，赋格关系从内在赋格(inherent case-marking)变成结构赋格(structural case-marking)(如：van Kemenade，1987；Pintzuk，1999)。后者要求赋格体(case-assigner)与受格体(case-assignee)之间位置紧邻。这是贴近律形成的格变化和赋格变化的基础。

------

① 注意在古英语中，有时两个否定表示一个否定的意思，这种情况称为否定强化(negation reinforcement)(Romero，2005:57-59)。否定的缩写式为 Neg。

第二,英语句法层面的赋格关系和论元选择关系更加明确。一般说来,处于语用层的成分不需要赋格,但是也有个别例外情况。如:

(3)a.(As for)the book,I have read it again and again.

b. *(For) him to go there, nobody will agree.

(3)a中的作为赋格体的as for是可有可无的,但是(3)b中的赋格体for却是不可缺少的。

与语用层不同,语法层的论元选择关系非常明确。如:

(4)

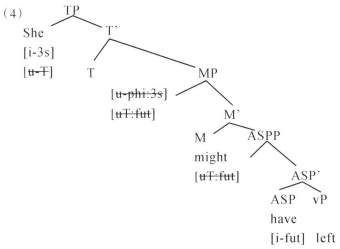

(4)显示,句子she might have left的主语she处于TP的指定语位置,被TP赋主格,T选择MP作为自己的功能论元①(MP即Modal phrase),语音形式might处于MP的指定语M位置,MP选择ASPP作为自己的功能论元,ASPP即aspect phrase(体短语),语音形式have处于ASP'的指定语位置。图中[i-3s]指主语的第三人称单数可解释性特征,[u-T]指不可解释性特征,通过核查被擦除,其他处于括号中并带横线的成分表示通过核查被擦除。

撇开生成语言学的诸多术语,简单说,TP选择MP为功能论元,MP选择ASSP为功能论元。换言之,TP层的语序(贴近律)变成了TP>MP>ASP,这种变化经历了一个漫长的时期(刘晓林,王文斌,2017),其结果是更深刻地体现了经过历史演化而来的存在一定规律的贴近律。

与语法层类似,语义层里的论元选择关系也很明确:

---

① 论元一般为名词性成分,如read books中的books为动词read的名词性论元。但近年来,随着生成语言学的发展(如Gelderen,2013)和功能核心观研究的深入,学界认为一些功能核心如时态、情态、体选择其后的成分为自己的论元,称为功能核心论元,简称功能论元。

(5)

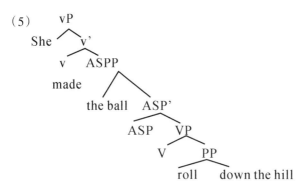

(5)是句子 she made the ball roll down the hill 的句法树形图,图中的主语 she 处于 vP 的指定语位置,v'之下的 v 表示使役(causative)轻动词,它选择 ASSP 作为论元,the ball 和 roll down the hill 共同构成 ASSP①。

总之,通过上面的分析,不难看出,除了语用层,英语句法层面(包含语法层和语义层)的贴近律是受制于赋格关系和论元选择关系的。反过来,后者体现了贴近律的本质特点。

第三,按最简方案(Chomsky,1995),英语中的功能算子包括 Deteminer phrase,即 DP,像冠词 the、a(an)是限定短语的核心,adjective phrase、adverb phrase 中的 ADJ 和 ADV 也分别是各自短语的核心,它们和上面讨论的 TP、MP 等一样,选择名词或者形容词(副词)为论元。论元选择关系导致了线性序列上的贴近律。这些也是历史发展的结果,在下面各节中将予以讨论。

2.2 从局部句法结构看贴近律

本文所言的局部句法结构包括:"完成体标记 have+主动词"结构、"情态动词+主动词"结构、"动(介)词+宾语"结构、"形容词+名词"结构、"副词+中心词"结构。在英语史上,这些结构内在的成分也经历了从分离到毗邻的过程,其内在推动力依然是形态削弱导致的句法关系模糊,进而通过位置毗邻来彰显语义和语法关系。由于相关问题非常复杂,下面只对这五种结构进行简略的论述。

2.2.1 完成体标记 have 与主动词从分离到毗邻

在早期阶段,have 还未语法化为完成体标记之前,它表示拥有义(possession),是物理空间的范畴。在语法化为完成体标记之后,属于时间义的范畴。have 语法化为完成体标记大致经历了如下五个阶段(Lçcki,2010:149)(略有删节):

---

① 注意这里的 ASSP 与语法层的 ASSP 表示的内涵不同,前者是指动词内在的体(情状)特征,后者是通过 have、-ing 体现的语法层面的体(情状)特征。

Stage I	*He*	*has*	*meat*	
	（possessor）	（poss.verb）	（possessee）	
Stage II	*He*	*has*	*meat*	*cooked*
	（possessor）	（poss.verb）	（possessee）	（modifier）
（reanalysis）				
Stage III	*He*	*has*	*meat*	*cooked*
	（agent）	（auxiliary）	（direct object）	（main verb）
Stage IV	*He*	*has*	*cooked*	*meat*
	（agent）	（auxiliary）	（main verb）	（direct object）
（analogy）				
Stage V	*he*	*has*	*cooked/died*	
	（agent）	（auxiliary）	（main verb）	

图 1　完成体 have 的语法化之路

第一阶段的 have 表"拥有";第二阶段中的 cooked 是名词 meat 的形容词修饰语,在古英语中两者之间有语法一致关系标记(Toyota,2008),该式中的 have 依然还表达物理空间的"拥有";第三阶段是第二阶段经过重新分析(reanalysis)而来,此时的 he 已变成施事,have(has)已成为助动词,cooked 已成为主动词,不过语序依然未变;第四阶段中的语序发生了变化,助动词 have 和主动词 cooked 变得位置相邻;第五阶段经过第四阶段类推(analogy)而来,主动词从及物动词扩展到不及物动词。搭配范围的扩大表示 have 语法化的加深。

尽管学术界对图 1 存在争议(如 Lęcki,2010:149—155),但其描述的 have 与分词从位置分离到位置毗邻的大趋势是符合历史事实的。但在一些论述 have 助动词化的文献中(如 Heine,1993),对这种语序变化并没有足够重视,对于引起变化的动因也缺乏有说服力的分析。

由于古英语中的动词过去分词具有形容词性(Toyota,2008),常与其修饰的名词中心词之间保持语法的一致。如:

（6）*ðonne hæbbe we begen fet　　gescode　suiðe untællice*
　　　Then　have　we　both　feet:_{ACC.PL}　shod._{ACC.PL}　very　blamelessly
　　　'Then let us have both our very feet well shod'（*CP* 5.45.10）

（6）中带前缀 *ge-* 的分词形式 *gescode* 实际上是名词 *fet*(feet)的后置修饰语,两者之间有与格一致关系(acc 即 accusative,与格)和数的一致关系(PL 即 plural,复数),整个句法结构比较类似于图 1 中的第二阶段。但在下例中却发生了较大的变化:

（7）*Fela Godes wundra we habbað gehyred　and eac gesewene*
　　　many god._{GEN}　wonders we have　heard.Ø　and also　seen._{ACC.PL}
　　　'We have heard and also seen many of God's wonders.'（ÆCHom I

38.578.24)

本例中发生了两点较大变化:第一,带前缀 ge- 的分词 *gehyred*(heard)和 *gesewene*(seen)不再与名词 *wundra*(wonders)保持语法上的一致,动词上的屈折变化开始脱落(如 heard 上的 Ø 所示),表明它们不再是严格意义上的名词的修饰语;第二,两个分词与助动词 have 位置变得相邻。整个句法结构比较类似于图1中的阶段四,唯一不同的是在中古英语中宾语可以自由的话题化(如(7)中的 *Fela Godes wundra*(many of God's wonders)通过话题化到句首位置)。

发生这些变化的原因也有两点:第一,从古英语至中古英语,分词的动性在不断增强,从原先的形容词性分词变成动词性分词;第二,动性增强的分词受到助动词 have 的吸引,两者变得位置邻近。吸引的原因是作为助动词的 have 选择动性较强的动词为功能论元,亦即作为赋格体的 have 与作为受格体的分词之间需要位置上的毗邻。为什么 have 选择动词为功能论元?诚如图1所示,当 have 从物理空间的"拥有"义发展为时间域的"完成"义之后,have 不能再带名词宾语,而必须带具有事件义的动词(组)作其功能论元。语义上也经历了从物理空间的"拥有事物"到时间域的"拥有事件"的历时演化(刘晓林,王文斌,2017)。

2.2.2　情态动词与主动词从分离到毗邻

观察下面的例句:

(8)a. Þonne mæg　heora wiðerwinnan　sceamian, þonne hi hi geseoð
　　　Then may(sg.) their enimes(acc.pl) shame　when them see up
　　　mid sigores　suldre　to　heofonum　astigan
　　　with victory's　glories　to　heaven　rise
　　　'then may their enemies shame, when they see them rise up to heaven with the glory of victory'

　　b. hine sceal on domes　dæg gesceamian　　beforan　gode
　　　him(acc)　shall at Doomsday　be-ashamed　before　God
　　　'he shall be ashamed before God at Doomsday'

(8)a 中的情态动词 *mæg*[may(sg)]与主动词 *sceamian*(shame)分隔;(8)b 中的情态动词 *sceal*(shall)与主动词 *gesceamian*(be-ashamed)分离。

这些分离的情形在现代英语中均消失了。至于消失的原因,文献中很少讨论。综合文献中的各种研究,本文认为,情态动词与主动词变得毗邻,至少经历了如下三个阶段:

第一,古英语的情态动词能带名词性宾语,具有过去-现在的时态变化,与实义动词别无二致(Lightfoot,1979)。

第二,从古英语晚期至中古英语时期,一些动词可以形成类似现代英语情态动词的省略结构(Tom will not tell me the news, Joseph *will not*, too.)。如

(Warner,1993:112-113):

(9)a. & *cwædon þæt hie þa burg werian wolden，gif þa wæpnedmen ne **dorsten**.*

and said that they would defend the city， if the men（did）not dare

b. *hi ... gearowe wæron ehtnysse to ðoligenne and deaðe sweltan gif hi **ðorfton***

They ... ready were persecution to undergo and death suffer if they needed.

在这两个例句中,处于句尾的 dorsten（dare）和 ðorfton（needed）均可省略后续的动词宾语,类似于现代英语情态动词的省略用法。

第三,上面讨论的具有省略用法的动词,其后接动词逐渐发展为光杆不定式（Warner,1993:144-148）,而带 to 的不定式（简称"to 型不定式"）不能成为后接宾语,从而完成了情态动词和主动词从分离到毗邻的历史进程。为什么会发生这样的历时演化？从历史上看,to 型不定式和光杆不定式均具有较强的名词性特征,都能作主、宾语（Miller,2002；Los,2005）。后来两者朝不同的方向发展:光杆不定式的动性越来越强,不能再作主、宾语;而 to 型不定式也发展了一定的动性,但远不及前者,仍然可作主、宾语。情态动词在发展中不能再带名词性论元,而必须选择动性较强的光杆不定式为其功能论元,符合赋格体和受格体位置必须相邻的句法要求。可见,两者位置毗邻的原因,是两者自身语义和句法特点发展的必然结果。

2.2.3 动词与宾语（介宾）从分离到毗邻

古英语中,诸多成分都可能放在动词和宾语之间,如（Trip，2002:235，237，240,241）:

(10)a. *...þæt he hyran sceolde æniggum laforde...*

That he listen-to should any lord

'That he should listen to any lord...'

b. *Fela spella him sædon þa Beormas...*

Many stories him told the Permians

'The Permians told many stories to him'

c. *...þæt him his frend were æfterfygende.*

that him his enemies were following

'...that his enemies were following him.'

d. *...þæt þa Deniscan him ne mehton þæs ripes forwiernan.*

that the Danes him NEG could harvest refuse

'...that the Danes could not refuse him the harvest.'

(10)a 的谓语 *hyran*（Listen to）与宾语 *laforde*（lord）之间隔着情态动词 *sceolde*（should）;(10)b 直接宾语 *fella spella*（many stories）和间接宾语 *him* 均在谓语 *sædon*（told）的前面。实际上,如果没有上下文,本句理解为 He told the

Permians many stories也未尝不可。可见,语序的多样化会导致歧义;(10)c的宾语 *him*(him)已经话题化到句首位置,远离谓语 *were æfterfygende*(were following);(10)d 间接宾语 *him*(him)在情态动词之前,直接宾语 *þæs ripes*(harvest)在谓语 *forwiernan*(refuse)之前。

下面再看介词及其宾语的语序情况。古英语的介词有三种语序(Lundskær-Nielsen,1993:38):

第一种,前置词,在名词、指代词、疑问代词、关联词 *se* 和 *sepe* 的前面;

第二种,后置词,在一些副词(如 *her*、*þær*)、疑问代词 *hwær* 和关联词 *se*、*se pe* 的后面;

第三种,当宾语为人称代词时,位置可前可后。

第三条可以具化为(1993:43):

A. ...him (...) to (...) com

B. ...com (...) him (...) to

C. ...him (...) com (...) to

三式中的 com 代表 *cuman*(come),括号中的省略号代表其他句法成分。换言之,现代英语中的 come to him 在古英语中可有 him to come、come him to 和 him come to 三种语序。

随着中古英语的形态削弱,语序变得越发重要,特别是一般语序从 OV 变成 VO 之后,在古英语中可以出现的一些句法结构,在中古英语和现代英语(1500年至今)中已经不合乎语法。观察下面相关的四个例子:

(11)a. John gave <u>his brother</u> a book and <u>me</u> a record.

　　*b. John gave a book <u>his brother</u> and a record <u>me</u>.

　　c. John gave a book <u>to his brother</u> and a record to me.

　　? d. John gave <u>to his brother</u> a book and <u>to me</u> a record.

撇开双宾语句的其他一些句法限制,(11)b 不合语法,说明间接宾语在直接宾语之后时,不能有效赋格,因而也证明在现代英语中,名词如果不能从动词和句法结构之处(主要是 TP)得到格,就必须从介词那里得到格。介词如要清晰地赋格,其宾语必须放在毗邻的位置①。

2.2.4　从形容词的变化看贴近律

古英语的形容词可在中心名词的前后,受制于以下一些语法和语用限制(见表1)(Pysz,2009:51):

———————————

① 当然,所谓的介词悬空(preposition stranding)则是一种特殊的情况,如"Which book will you give John *to*?""Whose help will you turn *to*?",这种情况多限于通过移位形成的疑问句。

表1　古英语前置形容词与后置形容词所受的语法限制

Prenominal adjectives(前置名词类形容词)	Postnominal adjectives(后置名词类形容词)
(a)weak adjectival inflection(弱式形容词屈折变化)	(a)strong adjectival inflection(强式形容词屈折变化)
(b)theme(主位)	(b)rheme （述位）
(c)definiteness(有定性)	(c)indefiniteness （无定性）
(d)nominalness(名词性)	(d)verbalness （动词性）

　　从表1可以看出,前置形容词受到四种限制:弱式形容词屈折形态、主位、有定和名词性。后置形容词也受到四种限制:强式形容词屈折形态、述位、无定和动词性。换言之,当形容词在中心名词前面时,形态上与中心名词保持弱式一致关系(weak concord),语用上类似主位和有定性,名词性较强;当形容词在中心名词后面时,形态上与中心名词保持强式一致关系(strong concord),语用上类似述位和无定性,动词性(述谓性)较强。

　　可见,形容词是前置于中心名词还是后置于中心名词,是有一定规律可循的。但是,当副词、数词、介词短语、限定词(包括前限定词、中限定词和后限定词)、从句都用来修饰中心名词时,以及当两个并列的形容词通过and连接共同修饰一个中心名词时,形容词与它们的相互语序变得非常之复杂。皮斯兹(Pysz,2009:64-95)列出的相关语序多达几百种。但是无论语序如何混乱,由于受到一致关系的左右,形容词与中心名词之间的语义和句法(修饰)关系还是清楚的。但这些复杂的语序在现代英语中大多消失了,如(Pysz,2009:236,237):

　　(12)a. *se leof-a cuma* 　　 & 　 *se lufiendlec-a*

　　　　　that dear stranger and that lovely

　　　 b. *seft-ne drenc* & 　 *swet-ne*

　　　　　soft 　　drink and sweet

两例分别抽象化为:

a. Dem+Adj+N+CONJ+Dem+Adj

b. Adj+N+CONJ+Adj

第一式(12)a中中心名词前后各有一个用副词se(that)修饰的形容词,连词在中心词之后和第二个形容词短语之前;第二式(12)b的形容词前面没有 *se* (that)类副词,连词也在中心词之后和第二个形容词之前。这种一前一后两个形容词共同修饰一个中心名词的形式已经不复存在。但古英语中的如下语序却保留了下来(Pysz,2009:245,255):

(13)a. *se arfæsta   and se mildheorta   God*

the merciful and the compassionate God

b. *þa anwaldan   and hergendlican þrynyse*

the mighty   and excellent   Trinity

与(12)不同,(13)中的两个形容词均放在了中心名词的左边。现代英语中也有将两个形容词均放在中心名词的右边的情况——the book new and valuable,一般不太可能如(13)那样一个在左一个在右的情况。这些变化也较好地体现了语序在朝着遵循贴近律变化的趋势。因为当两个形容词共同修饰一个中心名词时,如果一个在左一个在右,中间用 and 连接,那么后面的那个形容词离中心词就较远,违反了贴近律。

为什么会发生这样的历时演化? 由于缺乏相关的资料,我们只能根据句法历史演化的大趋势进行合理的逻辑推演[①]:

第一,观察表1,(12)那样的语序之所以消失,一方面是史上强式形容词屈折变化的率先消失,使得名词后置类形容词缺少了后置的形态基础,因为弱式屈折形容词一般是不会后置的(Pysz,2009)。

第二,英语句法史上不再通过"and+形容词"结构来形成述位结构,而是通过如下一些句法结构形成述位结构:

(14)a. This handsome boy is *clever*.

b. This boy is *handsome and clever*.

(14)a 显示古英语的"and +形容词"变成了现代英语的"be+形容词",(14)b 显示过去的"弱式形容词+名词+and+强式形容词"变成了"名词+be+形容词$_1$+形容词$_2$"。在述位性结构发生变化的同时,古英语强式形容词的动性也通过系动词"be"来实现。

总之,现代英语的句法变化,特别是系动词对名词和形容词组合的"侵入",导致了"and+名词后置类形容词"结构的消失,进而形成"形容词+名词"和"名词+形容词"类符合贴近律的结构式。

2.2.5 从副词的变化看贴近律

对现代英语副词语序的大量研究(如:Jackendoff,1977;Clique,1999;Ernst,2002;Haumann,2007)表明:不同类型的附加语与句法的层级的对应关系如同表2所示:

[①] 逻辑推演是历史语言学研究中通常使用的方法之一,特别适用于历史文献存在"盲区"的情况,意即无法找到相关文献支撑建立连续"证据链"的时候(Lightfoot,2010)。

表2 英语附加语准入句法的位置及其相互语序(>表示"先于")

句法层级	准入的副词及其相互语序
CP	言内行为(illocutionary)类>评价(evaluative)类>传信(evidential)类>场景设立类(sence-setting)>焦点(focal)类>主语指向(subject-oriented)类
TP	认识(epistemic)类>否定句子(sentence-negation)类>时间类>体(aspect)类>主语态度(subject-attitude)类
VP	空间类>时间类>纯范围(pure-domain)类>方式(manner)类>程度(degree of perfection)类>方式-范围(means-domain)类>频度(frequency)类>重复(repetition)类>完结(completitive)类>再次(restitutive)类

也就是说,只有当言内行为等类副词在CP层内、认识等类副词在TP层内、方式等类副词在VP层内时,英语在附加语这个层面才算实现了贴近律。然而,古英语并不完全遵守这种贴近律。如(Roberts,1993:327,330):

(15)a. *we sculon **swiðe smealice** ðissa ægðer underðencean*

　　　We must very narrowly these both consider

　　　'We must consider both of these very carefully'

　　b. *Ne worhte he **þeah** nane wundra **oepenlice***

　　　Not wrought he yet no wonders openly

　　　'He didn't perform any miracles openly'

(15)a中的*swiðe smealice*(very narrowly)属于表2中所列的方式类附加语,但它不在动词*underðencean*(consider)的前后;同样,(15)b中的*oepenlice*(openly)也属方式类,但不在谓语*worhte*(wrought)的前后。随着现代英语的CP-TP-VP句法分区的形成,附加语只能按自己的语义特点进入相应位置,受制于贴近律。如(Ernst, 2002:292, 310, 321):

(16)a. She *cleverly* has *often* been drinking juice.

　　b. *Calmly*, she deactivated the bomb.

　　c. She may *possibly* tell you the truth.

(16)a中的cleverly属于主语指向的副词,明确表明主语she"喝橘子汁"的习惯是"聪明的";(16)b中的calmly属于评价类副词,明确指明讲话人的态度;(16)c中的possibly属于认识类副词,是情态副词的一种,从语义上细化情态动词may所蕴含的可能义。

3. 结语

贴近律是一种较为笼统的说法。本文的研究表明,它的历时发展至少表现

为以下四种情况:

第一,赋格体与受格体的贴近,表现为动词与宾语贴近、介词与宾语贴近时TP选择情态短语(MP)为功能论元,情态短语选择体短语(ASSP)为功能论元,体短语选择vP为功能论元,vP选择VP为功能论元。

第二,"and+名词后置类形容词"消失,形容词与中心名词贴近。

第三,附加语只能在适合自己语义的位置进入句法的不同层次,其间曾经历从分离到毗邻的历史进程。

第四,随着现代英语功能核心的发展,不同句法成分按辖域大小进入不同位置。

第四点在文中没有充分展开阐述,限于篇幅,此处也不拟深入。但生成语言学倡导的核心功能观,如限定词、形容词、副词分别是限定短语、形容词短语和副词短语的核心的思想,对于我们研究贴近律的确具有较大的启示意义。简言之,两个或两个以上的贴近的成分必然受到核心的控制。因此,研究核心的形成过程及其对非核心成分的控制作用,对于贴近律的形成历史的发掘具有较大的帮助作用。

本文开头引用了潘文国的观点,不同组合之间的贴近性程度大小有别:定中最紧,其次为动宾(含介宾),然后是状动,最后是主谓。这种松紧度斜坡是怎么形成的? 从英语句法的历史发展着眼,现代英语定中之间的贴近律主要是由"and+后置名词类强式形容词"结构的消失造就的,史上动宾之间能够插入很多别的成分,但是随着英语从内在赋格到结构赋格的变化,赋格体和受格体之间需要形成紧邻的位序关系。

为何主谓之间的贴近性最低? 按照生成语言学的观点,主语属于外论元(external argument),与作为内论元(internal argument)的宾语相比较,主语与谓语的关系较为松散,其间可插入其他成分。如:

(17)a. He *bravely* fought the war.

b. He *of course* will go great lengths to help the needed.

c. He, *as a doctor*, regards his work as lofty.

能够插进主谓之间的除了副词,还有评论语 of course,甚至还能停顿后加入插入语。这些事实说明主谓之间的关系是较为松散的。

参考文献

刘晓林,王文斌,2017.英语句法结构"主观性语法成分+实义性成分"的历史来源考察[J].外国语(3):2-11.

潘文国,2016.汉英语对比纲要[M].北京:北京语言大学出版社.

CHOMSKY N, 1995. The minimalist program[M]. Cambridge, MA: MIT Press.

CLIQUE C, 1999. Adverbs and functional heads: a cross-linguistic perspective [M]. Oxford: Oxford University Press.

ERNST T, 2002. Syntax of adjuncts[M]. Cambridge: Cambridge University Press.

HAUMANN D, 2007. Adverb licensing and clause structure in English [M]. Amsterdam/Philadephia: John Benjamins Publishing Company.

HEGARTY M, 2005. A feature-based syntax of functional categories: the structure, acquisition and specific impairment of functional systems[M]. Berlin & New York: Mouton de Gruyter.

VAN KEMENADE A, 1987. Syntactic case and morphological case in the history of English[M]. Dordrecht-Holland/Providence RI-USA: Foris Pubilications.

LCCHI A M, 2010. Grammaticalization paths of have in English[M]. New York: Peter Lang.

LIGHTFOOT D W, 1979. Principles of diachronic syntax [M]. Beijing: World Publishing Corporation.

LOS B, 2005. The rise of to-infinitive[M]. Oxford: Oxford University Press.

LUNDSKÆR-NIELSEN T, 1993. Prepositions in old and middle English [M]. Odense: Odense University Press.

JACKENDOFF R, 1977. X'-Syntax: a study of phrase structure[M]. Cambridge, MA: The MIT Press.

MILLER D G, 2002. Nonfinite structure in theory and change [M]. Oxford: Oxford University Press.

PINTZUK A, 1999. Phrase structures in competition: variation and change in old english word order[M]. New York & London: Graland Publishing, Inc.

PYSZ A, 2009. The syntax of prenominal and postnominal adjectives in old English[M]. Cambridge: Cambridge Scholars Publishing.

ROBERTS I, 1993. Verbs and diachronic syntax: a comparative history of English and French[M]. Dordrecht/Boston/London: Kluwer Academic Publishers.

ROMERO C, 2005. The syntactic evolution of modal verbs in the history of English[D]. Paris: Universite Paris III-La Sorbonne Nouvelle U.F.R. D'Anglais.

TOYOTA J, 2008. Diachronic change in the English passive [M]. London: Palgrave Macmillan.

TRIP C, 2002. From OV to VO in early middle English [M]. Amrsterdam and Philadelphia: John Benjiamins Publishing Company.

VAN GELDEREN E, 2013. Clause structure[M]. Cambridge: Cambridge University

Press.

WARNER A R, 1993. English auxiliaries: structure and history[M]. Cambridge: Cambridge University Press.

作者通信地址:404100 重庆三峡学院;2234814234@qq.com

《赫兹列散文精选》文言笔法研究

张德让

摘　要：文言传统是外译中的丰富资源。潘文国以我国传统散文会通赫兹列散文，其文言笔法从语篇到选词成功地再现了赫兹列多样的散文风格，这对研究我国传统翻译"会通"思想，反思文言的功过，既有学术价值，又有助于促进当前美文翻译实践。

关键词：文言笔法；会通；散文翻译

0. 引言

文言是我国古代一种最基本的书面语形式，历经数千年已经稳定、成熟。正因如此，在文学翻译中文言笔法挥之不去。"五四运动"以来，外译中重走严复"汉以前字法句法"固然行不通，但欲借白话把文言斩草除根也不无痛惜。这正是钱锺书忧白话之"贫血症"（柯灵，1999：22），余光中"哀中文之式微"（2002：82），潘文国叹"天际那一抹晚霞"（2008：10）的因由。20世纪60年代以来，钱锺书、余光中等的文言译笔，堪称当今典范。在散文翻译上，王佐良、辜正坤、刘炳善、高健等的文言策略，也常有"神来之笔"，而潘文国（1999）所译的《赫兹列散文精选》（以下称《精选》）是文言笔法的又一次有益的尝试，成功地再现了赫兹列（Hazlitt）散文的多样风格和行文之美，在白话译文盛行的今天，值得深入探究。

《精选》共19篇，分为人生杂感、文学艺术和治学休闲三类，而每类首篇均为整篇的文言笔法，即使是其他白话篇目也频频融入了文言笔法，可见潘文国主张适当采用文言笔法的态度十分明确（潘文国，2008：13）。本文通过对《精选》所采用的文言策略进行描述性研究，并和现行的白话译文相对比，认为这一策略的成功运用，体现了潘文国具有深厚的文言传统积淀、明确的文学翻译创作追求和强烈的英汉语言文化会通意识，对提倡我国传统翻译"会通"观的研究，反思文言传统的功过，既有学术价值，又有助于促进当前美文翻译实践。

1. 赫兹列风格的会通与文言笔法的选择

赫兹列是 19 世纪初英国浪漫派散文名家,其随笔与兰姆双峰对峙,代表作有《闲话集》(*Table Talk*,1821)、《坦言集》(*The Plain Speaker*,1826)等。在潘文国看来,赫兹列在多个方面体现了双重性格和多样的写作风格[①]:一是"用画家的笔写哲学家的思想";二是为文追求平易,但擅用警句体,文笔奔放不羁,气势磅礴。赫兹列一生文章宏富,多达 21 卷,除随笔、文论外,还有画论、剧论、政论等,包罗万象,风格多样。即使是他的随笔,也很难归纳出一种单一的风格。这就决定了翻译赫兹列的作品也不能采用同一风格、同一语体,而要情理交融,刚柔相济,甚至文白兼顾。正因如此,《精选》中每个篇目都不同程度地运用了文言策略。

此外,按照潘文国的理解,赫氏"散文风格总的趋向是阳刚一路,以中国古代散文作比,像孟子,像韩非,像司马迁,像韩愈;但他也有不少具有阴柔美的篇目和章节,如《独游之乐》《作画之乐》等"。令他最感动的是《作画之乐》中,赫兹列为其父作画时的一段环境描写,"语淡情深,与号称明代压卷之作的归有光《项脊轩记》有异曲同工之妙"(潘文国,1999:序言)。这两段话中"作比""像""异曲同工"三个用语,让我们感受到中国古代文言散文传统在译者"前结构"中留下了深深的"历史记忆",进而孕育了丰富的相似性想象力(Chesterman,1998:12)。正因如此,潘文国对赫兹列随笔与中国古代散文风格才有诸多会通和认同,或语体类似,或意境无异,或美感交融,或言辞相合……这些都必然会在他的译文中打上烙印,而用白话再现赫兹列平易文风的同时,适当地运用文言笔法就是其中的一个典型。这一策略的运用大至语篇,小到炼词造句,都体现了译者具备深厚的文言散文积淀,明确了美文需美译的文学翻译创作观,以及会通赫氏风格的强烈意识。

目前国内赫兹列散文汉译除潘文国(1999)译本外,还有其他三个不同篇目的白话选译本:沙铭瑶(1992)的《哈兹里特散文选》、毛卓亮(2000)的英汉对照《哈兹里特》、严辉和胡琳(2001)的《燕谈录》。为了便于讨论,下文论述中将适当辅以不同的白话译文加以对比。

[①] 参见潘文国(1999)《赫兹列散文精选》序言《寂寞的斗士》、刘炳善(2000)《译事随笔》中《浪漫派随笔作家:赫兹利特与利·亨特》一文,以及乔恩·库克(Jon Cook,1991)《赫兹列传》的序言。

2.《精选》中文言笔法的篇章策略

钱锺书说:"艺事之体随时代而异,顾同时风气所扇,一人手笔所出,复因题因类而异,诗、文、书、画莫不然。"(1979:890)赫氏散文包罗的范围很广,风格多样,甚至"没有个性"。对此,潘文国也"因题因类而异",用文言笔法翻译了三个整篇:《人生众相录》《作画之乐》和《论平实之体》。《人生众相录》以语录体写成,尤富警句,译者认为读来有读《论语》的感觉,因此采用《论语》体翻译。(潘文国,1999:16)该书仿照法国17世纪政治家罗切福考尔所著的《格言与德行断想录》,内容多涉及善恶、为人、处世、言辞、气量、品格等,直抒己见,富于哲理,语言凝练,充分体现了赫兹列"用画家的笔写哲学家的思想"。潘文国选择了其中34条,用论语体译之,读来余味无穷,长短语录颇似《论语》,反映了译者既"曲晓文体",对风格相似性有诸多认同,又充分地调动了自己的文言资源,信手拈来,译笔流畅,犹如中文写作。短者如:

[1]Those who are the most distrustful of themselves, are the most envious of others; as the most weak and cowardly are the most revengeful.

自疑者必好妒人,自怯者必好犯人。(潘文国,1999:3)

原文结构清晰,the most distrustful 和 the most weak and cowardly 两种人对比鲜明,envious 及 revengeful 剖析一针见血。而译文一"疑"一"怯"、一"妒"一"犯",选词精练,对仗自然,句法简洁,哲理显豁,《论语》味十足,读来犹如在聆听孔夫子那温厚、朴实而又恳切的人生洞见。《人生众相录》中也有较长的剖析人生的"语录",如:

[2]Our approbation of others has a good deal of selfishness in it. We like those who give us pleasure, however little they may wish for or deserve our esteem in return. We prefer a person with vivacity and high spirits, though bordering upon insolence, to the timid and pusillanimous; we are fonder of wit joined to malice, than of dullness without it. We have no great objection to receive a man who is a villain as our friend, if he has plausible exterior qualities; nay, we often take a pride in our harmless familiarity with him, as we might in keeping a tame panther; but we soon grow weary of the society of a good-natured fool who puts our patience to the test, or of an awkward clown who puts our pride to the blush.

阅人者,盖有私心在焉。媚己者人恒喜之,而不论其贤不肖也。倨傲而昂扬者人之所爱,羞怯而柔仁者人之所耻。宁喜恶而有智,不乐仁而无能。无害于己也,心恶貌慈之徒可与为友,且有以之自傲者,一如豢猛兽然;而心善之人,

倘其智下,其行拙,则久处必令人生厌,其交固难久也。(潘文国,1999:4)

同前例一样,原文中 others,those,they,who 和 we 等代词自然套用文言"……者""……之"的结构,如"阅人者""媚己者""倨傲而昂扬者""羞怯而柔仁者""自傲者""心恶貌慈之徒""心善之人",简洁洗练。"倨傲而昂扬者人之所爱,羞怯而柔仁者人之所耻。宁喜恶而有智,不乐仁而无能。"对仗工整,节奏明快。整段译文读来既有《论语》谆谆教诲之情,又有《孟子》滔滔论辩之势。

钱锺书在论及林纾翻译时说到,林译不是斤斤于译文的字字句句,而是从文学的整体观念出发,观其通,窥其微,深得原著之"文心",进而"依义旨而传,而能如风格以出。"(奚永吉,2007:567)"文心"的理解需要译者"历史记忆"的参与,通过想象、移情、神思、感悟等多种心理活动的交融,撞击并激活已有的经历,产生新的感悟。潘文国解读《人生众相录》的文心犹如《论语》,而欣赏《作画之乐》时又情不自禁地追忆起了归有光的《项脊轩记》,正因为这种"历史记忆"和相似性的认知想象力,他选用文言笔法翻译了这篇随笔。其中赫兹列为他父亲作画的一段环境描写,更是语淡情深,激起了译者对归有光"绚烂之极,归于平淡"风格的强烈共鸣:

[3] Those winter days, with the gleams of sunshine coming through the chapel-windows, and cheered by the notes of the robin-redbreast in our garden (that "ever in the haunch of winter sings"), —as my afternoon's work drew to a close, —were among the happiest of my life.

冬日漫漫,时近傍午,斜阳透窗而入,庭园鸟鸣啾啾,昼淡人闲,而余之日课正趋尾声,——此数日,实余生平最快乐之时分也。(潘文国,1999:89)

这段引文情景交融、意境清新、韵味淡雅。而潘文国的浅近文言译笔成功地再现了这些特征,且行文流畅,节奏明快,不斤斤于字句表层:删去上下文无关紧要的 chapel,以一"鸟"代 the robin-redbreast;去除括号,调整结构,突出"昼淡人闲"。从室内阳光透窗而入,到室外花园鸟鸣不歇;从视觉到听觉,再到作者怡然自得之情,这些在潘文国的文言笔法下层次分明,又融为一体,译文如同创作。试比较其他三种白话译文:

那些冬天的日子,闪烁的阳光从教堂窗户里照进来,花园里(它"在冬天笼罩下始终歌唱个不停")知更鸟的歌声给人以欢乐——这时候我每日下午的绘画行将结束——那些日子真是我一生中最幸福的时刻之一。(沙铭瑶,1992:15)

在那些冬天的日子里,明亮的阳光从教堂的窗子照下来,花园里知更鸟的叫声(它"在整个冬季仍然在歌唱")令人愉快,——这正是我结束下午的作画的时候——那可真是我一生中最快乐的时光之一。(严辉,胡琳,2001:12)

那些冬天的日子,阳光透过教堂的窗户照了进来,又受到了花园中知更鸟——红胸鸟鸣叫声的鼓舞(它"永远在冬日的天空中歌唱")——当我下午的

工作临近结束——那是我生活中最为快乐的日子。(毛卓亮,2000:24-25)

这三个白话译文偏重结构忠实,句句对应,但用词平淡,缺乏意境、韵味和美感,都没有深入体验并恰当地再现出原文的"文心"。以"那些冬天的日子"对应"those winter days",远不如"冬日漫漫"从整体上烘托意境。"阳光"的修饰词"闪烁的"或"明亮的"既无必要,又不够顺畅。保留括号,对应连接词,"的的不休",行文迟滞。

赫兹列散文一向追求平实的文风,有趣的是潘文国反而把赫氏的专论《论平实之体》也译成了浅近的文言。译者对此并没有说明理由,但从论题和行文风格来看,至少有两个原因:一是用文言论述简洁明了,读来犹如中国古代文章之论;二是文中对仗频频,用文言更得心应手。该文中赫氏极力主张平实之体,反对花哨空洞之文,认为后者华而不实,如:

[4]All is far-fetched, dear bought, artificial, oriental in subject and allusion; all is mechanical, conventional, vapid, formal, pedantic in style and execution. They startle and confound the understanding of the reader by the remoteness and obscurity to their illustrations; they sooth the ear by the monotony of the same everlasting round of circuitous metaphors.

这段话对艳丽文体从多方面进行了严厉的批评,涉及题材、用典、风格、手法、举例、设喻,而行文从词到句,重复、对仗、尾韵等手段又增强了效果,如"all is... all is...","they... by... they... by"重复,"far-fetched, dear bought, artificial, oriental"对"mechanical, conventional, vapid, formal, pedantic","subject and allusion"对"style and execution"等。译者敏锐地捕捉到了这诸多特征,译文如行云流水,一气呵成:

题材也,典故也,无不取自遥远,代价高昂,而作伪之态堪厌;风格也,手法也,无不机械拘泥,陈陈相因,而装腔之势可恨。其例证也,不着边际,模棱两可,徒忧读者之思;其比喻也,迂回重复,单调乏味,空震读者之耳。(潘文国,1999:147)

译文中对浮华的具体内容,选词多用汉语四字格,恰如其分。句式按照中文话题,从题材、典故、风格、手法、例证到比喻,层层展开,有似《庄子·逍遥游》中"野马也,尘埃也,生物之气息相吹也"。每句中前后两部分平行对称,对仗工整,节奏鲜明,铿锵有力,充分地再现了赫氏批评浮华故作之文的凌厉气势,白话手法很难达到这样的效果。

综上所述,就语体而言,目前已经出版的几个赫兹列散文选译本中,唯有《精选》"因题因类而异",除以上三个整篇文言笔法外,其他篇目虽为白话翻译,但其中也不乏文言笔法,使译文常有"神来之笔"。

3.《精选》白话译文中的文言笔法

余光中自20世纪60年代开始写了一系列文章①,阐述纯洁现代中文、充分利用文言资源的紧迫性和重要性,呼吁国人勿忘文言之美。潘文国的著作《危机下的中文》对文言及文言笔法也多有专论。中国自古就是散文大国:先秦诸子、左传、国语、史记、唐宋各大家、明清小品等,都是散文的丰碑。在散文汉译中,这些作为传统资源,都有助于"妙手偶得"。《精选》中,这种"妙手偶得"的文言笔法在其他16篇白话译文中,也频频运用,主要策略有文言选词、文言简洁句式、文言格言警句、诗词书信引用的文言译笔等。

3.1 文言选词

余光中对文言情有独钟,他说"文章通不通,只要看清顺的作品便可,但是美不美,却须以千古的典范为准则"(转引自潘文国,2008:16)。潘文国散文翻译坚持美文需美译的理念,力求译文如同创作,非常注意适当借助文言语汇,或名词,如下文两例中的"妙人儿""丫鬟""酒保",分别用来翻译bonnes fortunes、chambermaids和tapsters:

[5]I am for none of these bonnes fortunes...

上面说的那些妙人儿我一点也不敢动心……(潘文国,1999:41)

[6] It would be sooner learnt of chambermaids and tapsters.

丫鬟和酒保干这个才在行呢。(潘文国,1999:165)

或如下两例中"一握细腰"译a taper waist,意象逼真,"一掬同情之泪"代the drops of pity that fell upon,情状历历:

[7]Perhaps, a fine head of hair, a taper waist, or some other circumstance strikes them...

也许是一头秀发、一握细腰,还有别的什么打动了他们……(潘文国,1999:45)

[8]Sweet were the showers in early youth that drenched my body, and sweet the drops of pity that fell upon the books I read!

青春年少的身体被大雨浇透,这是何等的惬意;为心爱的书一掬同情之泪,又是何等的甜美!(潘文国,1999:114)

---

① 余光中在《凤·鸦·鹑》《哀中文之式微》《论中文之西化》《从西而不化到西而化之》《论的的不休》等文章中,从辞藻的丰富、句法的精练、对仗的匀称、平仄的和谐等方面,阐述了文言之美、文白相辅在创作和翻译中的必要性、可行性和有效性。

或文言助词,如"兮、焉、也、其、之"等。前文说过赫兹列散文风格总的趋向是阳刚一路,但也不乏阴柔之美的佳作,其中《独游之乐》可能在中国最受青睐,在目前出版的四个赫兹列散文选译本中均赫然在目。该文七处引用了长短不一的诗句,《精选》中有四处选用了"兮"来增强抒情,试对比第一处所引诗句潘译的文言笔法和其他白话译本:

赫兹列自己在家喜欢与人交往,出门却反好独游,一旦独游,他说"I am then never less alone than when alone."紧接此句便是赫兹列引用的第一处诗句:

[9]The fields his study, nature was his book.

潘文国根据上下文把这两句译为"此时看起来孤独,其实并不,因为——

旷野兮我之书斋,山水兮我之书卷。"(潘文国,1999:225)

该译文根据上下文进行了适当的"改写",一是增加了连接词"因为",二是把"他"(his)变成了"我",再借助一"兮"字抒发出作者强烈的独游之乐,诗情画意溢于言表。以下两个直译的白话文则平淡如水,从"旷野、山水、书斋、书卷"到"田野、自然、书房、书籍、书本",浓浓的浪漫之情几乎荡然无存:

田野是他的书房,大自然是他的书籍。(沙铭瑶,1992:133)

田野是他的书房,自然是他的书本。(毛卓亮,2000:187)

此外,《精选》中文言标题,四字成语也多有运用,在此不一一列举。

3.2 文言结构,讲求骈偶排比

赫兹列擅长对仗、排比,文言笔法正好一显身手,发挥中文之长。文言这种优势在上文三个整篇中的部分文言译例里已经不言而喻,而其他16篇白话译文中,类似笔法也不乏其例。如《论独居》中一例:

[10]It is such a life as a pure spirit might be supposed to lead, such an interest as it might take in the affairs of men, calm, contemplative, passive, distant, touched with pity for their sorrows, smiling at their follies without bitterness, sharing their affections, but not trouble by their passions, not seeking their notice, nor once dreamt of by them. He who lives wisely to himself and to his won heart, looks at the busy world through the loop-holes of retreat, and does not want to mingle in the fray. "He hears the tumult, and is still." He is not able to mend it.

原文第一句结构较繁复,两个"such ... as..."结构平行复现,"touched, smiling, sharing"所引导的三个短语并行铺开,"not, not, nor"把如何退隐独居层层推进,这些正好可以充分发挥文言结构简洁、讲求骈偶排比的优势,《精选》译文如下:

这就好像是一个神仙过的日子,世事茫茫,你只需静观、熟思、消极而保持距离;人间苦难,你同情而感动之;凡人的蠢事,你一笑而冷置之。你毋须感受其痛苦,分享其幸福;也毋须为其情所动,为其人所知,甚或为其人所梦！善独居者独居于心,隐窥世事纷扰而无动于衷,"闻之也而不为其所动"。补之既非其所能,毁之亦非其所愿。(潘文国,1999:210-211)

除两个"such ... as..."结构外,以上译文尽量采用排比、对仗的结构:人对"sorrows"和"follies"的两种态度"touched"及"smiling",在"人间苦难,你同情而感动之;凡人的蠢事,你一笑而冷置之"中一目了然,行文对称。"...but not trouble by their passions, not seeking their notice, nor once dreamt of by them"中,"not"以"毋须"取代,三个"为其……所……"排比结构行文简洁。第二句结构也比较复杂,主语有一个定语从句修饰,再加上两个谓语分述"he"如何独居,潘译以文言"……者"结构对"He who...",简洁自然,由于选词精辟,英语连接词只保留一个"and",译文也因此干净利落,只有短短14个字:"独居者隐窥世事纷扰而无动于衷。"有趣的是最后一个短句"He is not able to mend it.",也根据上下文译成了一个工整的对偶结构:"补之既非其所能,毁之亦非其所愿。"

3.3　引用的文言笔法

赫兹列的散文频繁引用名家名句。在《精选》19篇文章中,这种"文中文"尤以诗句、警句为多,译者有很多地方根据上下文的风格、行文特点采用了文言笔法。就引用的诗句而言,译者多采用中国古体诗文格式,既增强了诗味,又突出了正文和"文中文"的语体差异。如《论过去与未来》中,赫兹列在谈到回忆过去之时,引用了柯勒律治的几句诗行:

[11]What though the radiance which was once so bright

Be now for ever vanish'd from my sight,

Though nothing can bring back the hour

Of glory in the grass, of splendour in the flow'r.

潘文国的文言译文是:

昔时光烨烨,今日复何有?

花落草枯尽,韶光不可留。(潘文国,1999:52)

对比一下沙铭瑶的白话译文:

当时曾一度照亮一切的光辉

如今已从我眼前永久消退;

繁茂的青草,艳丽的花朵,

昔日的时光一去不复回。(沙铭瑶,1992:20)

以上一文一白各具特色。前者稍做归化调整,将第二句改为问句,glory和splendour根据全诗意境,大胆反译为一"落"一"枯",不斤斤于字句,采用五言,独立成诗。行文简洁味足,对比鲜明:过去时光烨烨,花艳草盛,如今花落草枯,空留慨叹。后者自有白话的简朴清纯之味,但第一行"当时曾一度照亮一切的光辉"不够流畅,"繁茂的青草,艳丽的花朵"入诗也缺乏美感。

尤其是《独游之乐》中所引用的弗莱彻的剧本《忠诚的牧羊女》中一段诗句,更能体现出潘文国强烈的诗歌翻译创作意识。前几行如下:

[12]Here be woods as green

As any, air likewise as fresh and sweet

As then smooth Zephyrus plays on the fleet

Face of the curled streams, with flow'rs as many

As the young spring gives, and as choice as any;

Here be all new delights, cool streams and wells,

Arbours o'er grown with woodbine, caves and dells;

白话可能做到清顺流畅,但难以做到文言笔法之美,如:

但愿这里也有树林

如同他处一样葱茏,空气一样清新可爱,

像温柔的西风吹拂在蜿蜒溪流的水面,

还有花朵,像早春时节那么繁茂而鲜艳;

但愿这里还有新辟的快乐去处,有清凉的溪流和泉水,

有忍冬花覆盖的凉亭,还有洞穴和故地;(沙铭瑶,1992:138)

沙译理解无误,用词造句简朴清新,自有白话诗之情真意切,但诗行舍中文之简而就英语之繁,过于拘泥于原文。原文节奏明快,sweet、fleet、many、any、wells、dells等韵律在译文中丢失,美感不足。再看潘文国的文言笔法:

此地有绿树婆娑,空气芬芳,

春风兮轻拂,微波兮荡漾,

繁花兮似锦,缤纷兮怒放;

此地有新意盎然,山泉清冷,

亭台兮半露,林木兮掩妆,

岩洞兮深邃,溪流兮谷长。(潘文国,1999:229)

译文如同地道的汉语创作。用"兮"赋体,读来意境如画、情深意长,充分发挥了文言用字精练,句式简洁,易于对仗,讲求押韵等特点,以文言美译应原文之美。

综上所述,《精选》是文言笔法又一次成功的试验,为再现赫兹列散文随笔的多样风格,从篇章到具体行文细节的处理,都适当地发挥了文言传统的优势,体现了译者具有深厚的文言积淀、明确的文学翻译创作追求和强烈的英汉语言文化会通意识。

4. 结语

翻译在西方有相解并使人相解之说,而在中国则有"达其志,通其欲"之"通事","尤以'通'为职志"(钱锺书,2002:79),追求会通。中国自古就是散文大国,面对西方的散文中译,译者不能无视中国悠久的文言散文传统,更不能盲目异化,不求中西散文传统的会通。而欲求会通,文言经典、文言笔法便是一大资源。本来读者不同,口味各异,何必"白吾白以及人之白,文吾文以及人之文哉"(余光中,1999:16)? 文、白翻译各有所好,只要卓然成家。但"五四"运动以来,文言逐渐变为"天际那一抹晚霞",而翻译上的文言笔法更是从"五四"时期的文白会通者的利弊之争,变为当今"胸无点古"者的"望文兴叹"。正是在这种情况下,讨论《精选》中的文言笔法显得更有现实意义:外译中如果彻底抛弃文言,将丧失会通外来文化的一大资源。

参考文献

柯灵,1999.促膝闲话锺书君[M]//李明生,王培元.文化昆仑:钱锺书其人其文.北京:人民文学出版社.

刘炳善,2000.译事随笔[M].北京:中国电影出版社.

毛卓亮,2000.哈兹里特[M].长沙:湖南文艺出版社.

潘文国,1999.赫兹列散文精选[M].北京:人民日报出版社.

潘文国,2008.危机下的中文[M].沈阳:辽宁人民出版社.

钱锺书,1979.管锥编(卷3)[M].北京:中华书局.

钱锺书,2002.七缀集[M].北京:三联书店.

沙铭瑶,1992.哈兹里特散文选[M].北京:百花文艺出版社.

奚永吉,2007.莎士比亚翻译比较美学[M].上海:上海外语教育出版社.

严辉,胡琳,2001.燕谈录[C].上海:上海社会科学院出版社.

余光中,1999.语文及翻译论集[C].合肥:安徽教育出版社.

余光中,2002.余光中谈翻译[M].北京:中国对外翻译出版公司.

CHESTERMAN A, 1998. Contrastive functional analysis[M]. Amsterdam:John Benjamins Publishing Company.

COOK J, 1991. William Hazlitt: selected writings[M]. New York:Oxford University Press.

作者通信地址:241000 安徽师范大学;darrenzhang168@yahoo.com.cn

对比研究新趋势下英-汉对比模式的转变

王 蕾

摘 要:21世纪以来,对比研究与语料库语言学、当代语言类型学的结合越来越广泛,产生了一些新的对比模式,其中一些模式或具体方法践行了潘文国(1997)对汉英对比的倡议。本文将结合从汉英对比到英汉对比的转变,谈一谈在对比研究的新趋势下,研究模式的新变化,尤其是和对比出发点相关的对比方向上的变化。讨论重点关注了从翻译对等出发的基于语料库语言学的对比研究,以及从语言类型学具体理论出发的对比研究。

关键词:汉英对比;对比出发点;语料库语言学;语言类型学

0. 引言

潘文国(1997)曾根据对比方向把英语和汉语两种语言之间的对比研究分为两类:英汉对比和汉英对比。英汉对比本质上是从英语语法体系出发的对比研究,而汉英对比是从汉语本身的特点出发的对比研究。潘文国(1997:2)认为,"汉英和英汉的孰先孰后,并不只是无谓之争或只是具体应用上的不同,实际上反映的是两种不同的语言观和不同的对比研究方法论"。为了避免误解,本文用"英-汉对比研究"来表示不预设对比方向的任何比较英、汉两种语言的研究。文章将首先概述潘文国对两种对比研究的主要观点,然后重点分别论述对比研究近些年来和语料库语言学、语言类型学相结合后对比方向上的一些转变,最后将总结在新趋势下对比方向仍需注意的一些问题。

1. 汉英对比与英汉对比

吕叔湘(1977)发表的著名演讲《通过对比研究语法》标志着对比语言学在我国正式确立。在我国对比语言学诞生之后最初的十余年里,其"研究宗旨主要是为二语教学和汉外翻译服务"(王菊泉,2011:176)。直到20世纪90年代之后,我国对比语言学的学科意识开始觉醒,学科建设开始加强,研究宗旨也开始逐渐转向为普通语言学服务。在此过程中,一些学者意识到自《马氏文通》以来,汉语研究以及汉外对比研究一直受到"印欧语的眼光"束缚,汉外对比研究需要有所突破。潘文国(1997)发表的文章《换一种眼光何如? ——关于汉英对比研究的宏观思考》正是在这一背景下所作。

文中提到的"英汉对比"以英语语法体系为对比的出发点,其背后的语言观为以乔姆斯基为代表的语言共性观,这种论点受18世纪欧洲普遍唯理语法的影响,认为"人类的理性和思维规律是一致的,而语言结构是由理性决定的,因而所有语言的结构规律本质上应是相同的,它们在表面形式上的不同只是同一体系的变体而已"(1997:3)。在研究方法上,持此论点者大多主张从一种语言出发去研究共性。而潘文国所提倡的"汉英对比"是以洪堡特提出的"语言世界观"为对比研究的哲学基础(潘文国,1995)。语言世界观认为"每一语言里都包含着一种独特的世界观"(洪堡特,1988:34),"不同的民族语言在其内蕴形式中以不同的语义结构和语义选择来反映现实,不同民族语言以各自的区别性结构反映并形成讲这种民族语言的人们的思想和表达方式"(申小龙,1990:59),这和普遍唯理语法强调从逻辑角度理解思维,是截然不同的。语言世界观在研究方法上,强调研究"活生生的语言",认为"一切深入语言的生动本质的研究,都必须始终把连贯的言语理解为真实的和首要的对象。而把语言分解为词和规则,只不过是经科学剖析得到僵硬的劣作罢了"(洪堡特,1988:30-31);同时,强调通过对不同语言的比较研究来认识语言的共性(Humboldt,1997)。值得注意的是,这两方面分别和语料库语言学研究自然发生的语篇以及当代语言类型学通过广泛调查语言样本研究其变异程度从而寻求语言共性的做法相契合。潘文国(1997)在论述汉英对比研究方法论及具体做法时曾提到几点建议,包括:(1)变从形式出发为从语义和表达法出发;(2)变从英语出发为从汉语出发;(3)把翻译作为对比的切入角度,尤其应该从汉译英实用翻译[①]入手。其中前两点关涉宏观的方法论问题,而第三点是具体的做法。下面将结合语料库语言学和语言类型学的研究特点,谈谈新趋势下的英-汉对比研究怎样实现了上述方法论上的转变,并重点讨论在与语料库语言学结合后对比研究怎样把翻译对等作为对比的出发点,在语料的使用上有何新的选择。

2. 基于语料库语言学研究方法的英-汉对比研究

随着计算机技术的进步,大型语料库逐渐在语言研究中扮演越来越重要的角色,应用语料库的语言研究可分为两类:语料库驱动(corpus-driven)的研究和

---

① "实用翻译"和"教学翻译"不同,前面不强调结构上的对应,而尽量突出目的语本身的特点。

基于语料库(corpus-based)的研究。前者认为语料库语言学是一门独立的学科,以 J. R. 弗斯(J. R. Firth)的语境论作为理论源泉,以新弗斯学者(Neo-Firthian) J. 辛克莱(J. Sinclair)的思想和研究方法为理论基础,把词语研究作为核心内容,认为不应将词语和语法分割开来,注重对语言现象的描写而不基于其他语言学理论前提或假设;后者仅把语料库语言学视为一种研究方法,而非一门独立的学科,主要利用语料库来阐释、检验已有的语言学理论及对语言现象的描述,或仅利用语料库提供有关示例。本文所论及的语料库语言学研究方法属于语料库驱动的研究。

2.1 以翻译对应/相似性为对比出发点

对比的出发点,指对比对象间的可比性,也叫作对比基础。对比出发点,可以是"语言中普遍存在的(或至少是两种语言所共有的)某种属性或范畴"(许余龙,2010:27),一般称为"共同对比基础";也可以是语言学家、译者和二语学习者觉察到的两种语言之间在实际使用中的相似性(similarity)(Chesterman,1998:55)。潘文国、谭慧敏(2006:304)曾比较了几种共同对比基础,包括从体系出发、从规则出发、从范畴出发、从意义出发等,并认为后两种出发点较为可靠。前两种多和语法与形式相关,后两种多和功能与意义相关。需要注意的是,虽然"变从形式出发为从语义和表达法出发",能够在一定程度上避免将汉语比附于英语,但如果出发点是以具体理论为基础的抽象语义概念或功能范畴,则仍会存在被"印欧语的眼光"所束缚的风险。另外,切斯特曼(Chesterman,1998)等学者也提出从共同对比基础出发进行对比研究容易导致循环论证。卫乃兴(2011a:242)曾将这样的担心表述如下:"过去的对比研究多以一些抽象的概念为出发点,如语言系统、对比基础(tertium comparationis)、语言对应(linguistic correspondence)、对等(equivalence)等。在现今的语境下,较多研究者趋于将这些概念视为研究活动的终端追求,而不是出发点,因为它们本质上是一些理论构想而非可观察的实体。比如对比基础,意即两种被比语言中存在的有关范畴间的共同点或共同基础。就词语对比而言,对比基础即两个被比词项应表达的相同意义和功能。唯有此,被比者才具有可比性。然而,这个所谓的对比基础从何而来?我们如何确定两种语言的两个词语间存在对比基础?从抽象的语言系统出发?从假定的普遍概念或普遍特征出发?这些一直都是语言学理论长期争而未果的问题。而由这些抽象概念驱动研究并不可行,且易导致循环论证。"基于语料库语言学的对比研究以翻译对等为对比的出发点,采取了不同的研究模式,下面将以语料库驱动的词语对比研究为例介绍一种新的对比模式。在此之前,还需要简单回顾下两种传统的对比研究模式:双向对比和单向对比模式。上文所提到的从共同对比基础出发的对比研究模式,可用图1来表示:

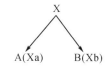

图1 双向对比模式

这种双向的对比模式从一个共同范畴X出发,分别调查在语言A中该范畴的表现形式Xa以及在语言B中该范畴的表现形式Xb,然后比较Xa和Xb,此模式也被称为"理论语言对比模式"(许余龙,2010:9)。和双向对比模式相对的,是单向对比模式,如图2所示:

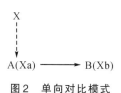

图2 单向对比模式

单向对比模式也被称为"应用语言对比模式",因为"具体应用对比分析所关心的,主要是某一语言现象X在语言A中的体现(Xa)在语言B中表现为什么"(许余龙,2010:10)。然而单向对比模式不仅仅应用于应用对比研究,有些理论对比研究也会使用单向对比模式。比如,陈平(2017)在讨论汉语的定指范畴和语法化问题时,就是通过英到汉单向对比模式进行英汉对比的。由于该文旨在揭示汉语是否具有表达有定/无定意义的语法范畴,换句话说,在研究之前还不能确定汉语是否和英语一样具有该语法范畴,在此情况下,研究的出发点不可能是所谓的定指范畴。"一个行之有效的方法是首先研究具有典型定指范畴的那些语言,观察那些语言中的专属语法手段有哪些形式特点,它们表现什么样的语法意义,如何对自然语义进行切割、划界和归类。然后以此为基础,剖析我们要研究的语言,考察其中有没有表现类似语法意义的专属语法手段,它们的语法意义是什么,同相关的自然语义现象是什么关系。"(陈平,2017:125)

早期语料库驱动的词语对比研究采取的是单向的对比模式。托尼尼·伯恩奈尔里(Tognini-Bonnelli,2001:134-135)在利用辛克莱(1996)提出的"扩展意义单位(Extended Units of Meaning,EUM)"模型来确定双语对应短语单位时,提出了如下研究路径:从双语可比语料库出发,先考察一种语言(L1)中某个词或表达在语境中的型式(pattern)①,再总结每种型式的具体意义/功能;第二步涉及

---

① "在词语学中,型式是由具体的词以及与其经常共现的其他词和结构、与之相联结的意义组成的词语实体。"(卫乃兴,2011a:309)

两种语言(L1和L2),旨在拟出和待比词语或表达意义/功能相当的初似翻译对等(*prima facie* translation equivalent),此过程可以利用翻译语料库,也可以利用词典、语法书等传统工具书,或仅凭研究者的经验;第三步回到双语可比语料库,关注L2中由初似翻译对等体现的功能,并分析此功能的表现形式(搭配与类联接型式)。卫乃兴(2011b:38)提出了类似的路径:"第一步,从平行语料库显示的翻译对等出发,将此作为初似对应单位(*prima facie* corresponding unit)。第二步,检索可比语料库或两个综合性单语语料库,检查初似对应单位的搭配、类联接、语义趋向和语义韵特征。如果初似对应单位在相关层面上都相似和一致,即可确定为事实上的对应单位(*de facto* corresponding unit)。第三步,探究可能的异质词语实例,整合之。"不同的是,后者在对比研究方法论上更成熟完善:第一,明确了对比的出发点为"翻译对等"①,也即对比对象作为翻译过程中的对应单位,在语义、功能上体现出的相似性,这种相似性构成了对比基础;第二,该路径处理对比结果的策略更加完善,既考虑到对应的情况,又考虑到不对应的情况,在研究步骤上与切尔斯曼(Chesterman,1998)提出的对比功能分析的一般步骤基本一致,如表1所示:

表1 对比功能分析与语料库驱动的双语短语对比研究的研究步骤比较

对比功能分析的一般步骤	语料库驱动的双语短语对比研究步骤
1)观察基本语料	利用平行语料库观察研究对象在双向翻译过程中的互译情况
2)提出可比标准(语言A中的某一语言现象X和语言B中的某一语言现象Y具有相似性)	提出平行语料库中复现的翻译对等是词语对应的重要信息(语言A中的词语X被重复译为语言B中的词语Y,则X与Y具有跨语言对应关系)
3)提出问题:这种相似性的本质是什么?	相似性的本质:X与Y为初似对应单位
4)初始假设:X与Y是等同的	初始假设:X与Y的形式、意义和功能特征相同
5)验证假设:为什么初始假设可以得到支持或被推翻?在什么条件下(如果有的话)可以维持初始假设?	验证假设:X与Y在什么情况下形式、意义和功能特征高度相似?如果初似对应单位在相关层面上都相似和一致,即可确定为事实上的对应单位

---

① 这里的"翻译对等"指的是平行语料库显示的翻译对应单位,和传统译论中的"翻译对等理论"无关。

续表

对比功能分析的一般步骤	语料库驱动的双语短语对比研究步骤
6)修正假设(在等同假设不成立的情况下):X 与Y的关系是这样的(具体表述);或X和Y的 使用取决于这样的条件(具体表述)	修正假设:探究可能的异质词语实例
7)验证修正的假设	整合之

备注:"对比功能分析的一般步骤"引自许余龙(2005),"语料库驱动的双语短语对比研究步骤"引自卫乃兴(2011b)。

简单来说,这种新的对比模式可以用图3表示:

X(A) ⬅====⮕ Y(B)
（翻译对应/相似性）

图3　新双向对比模式

这种以相似性为出发点的对比模式也是双向的,只是对比的出发点不再是抽象的范畴或概念,而是可以在平行语料库中可以观察到的翻译对应关系,这使得英－汉对比研究可以摆脱具体的语言学理论,而基于可以观察到的具体的语言现象进行对比分析,同时,双向的对比模式也避免了英到汉的单向对比,从而可以更好地摆脱"印欧语的眼光"的束缚。最后,值得注意的是,这种模式本质上实现了从语义和表达法出发进行对比研究的转变,因为翻译对应体现了意义和功能的对应。

2.2　双向平行语料库的使用

上面提到,潘文国(1997)也主张用翻译法来进行汉英对比研究,尤其要注重汉译英的语料,其中一个重要原因就在于从英语翻译过来的汉语例子会受到翻译的影响,无法反映汉语的本来特点,因此不可信任。然而,应该注意到如果仅仅使用汉译英的语料,则又可能无法真正反映英语的特点。基于语料库的跨语言研究在如何使用语料方面已经有了非常深入的探讨。

首先,需要指出的是在跨语言对比研究中常用的语料库有两种,一种是翻译语料库,另一种是由原创文本构成的多语可比语料库。虽然有学者认为可比语料库,因其语料都是原创的,不受翻译的影响,能充分反映不同语言的本来面目,因此是最适合做语言对比研究的语料库(McEnery,Xiao,2007;王克非,2004),但是由于可比语料库提供的语料在具体的语义层面上没有对应性,不能提供翻译对等作为对比的基础,因此翻译语料库在很多对比研究中还是必要的,尤其是平行语料库,即原语文本和翻译文本在词级、句级、段级等层级上实现具体单位对齐的翻译语料库,能够使研究者非常方便地检索到含有对比对象的有翻译对等关系的双语语料。平行语料库在对比研究中的不足也是显而易见的:翻译语料会受到原语的影响,带有翻译腔,不能代表目标语的真实面目。为了弥补这一不足,可以采取几种手段:一是可以收录多个翻译版本;二是使用双向的而不是单向的平行语料库;三是和可比语料库结合起来使用。(王菊泉、王蕾,2022)

第一种手段,收录多个译本虽然可以使语料免受某位译者翻译腔的影响,但是从根本上不能消除翻译文本固有的语言特征(Baker,1993:243-246;柯飞,2005:303-307)。另外,增加译本数量限制了语料的选择,同时增加了建设平行语料库的难度。第二种手段,采用双向的翻译材料,即既包括英译汉的语料也包括汉译英的语料,英汉两种语言都既作为原语出现在一部分语篇中,又都作为目标语出现在另一部分语篇中,这样可以在某种程度上减弱翻译腔对研究结果的影响。(Ebeling,1998;许余龙,2010:36)另外,可以结合使用平行语料库和可比语料库,这样既能有效地利用平行语料库,以"翻译对等"作为研究的起点,又可以继续在可比语料库中探究语言的本来特征。如上面提到卫乃兴(2011b)的双语短语对比研究就使用了两种语料库。

总之,随着语料库建设的不断发展,可以用于英-汉对比研究的语料种类也越来越丰富,尤其是双向平行语料库,即能够提供翻译对等语料,又能在一定程度上保留汉语的原汁原味。

3. 从语言类型学出发的英-汉对比研究

上面讨论了基于语料库语言学研究方法的英-汉对比研究如何从意义出发进行对比。潘文国(1997)所提倡的汉英对比在方法论上另一个重要转变是"变从英语出发为从汉语出发",其本质是要求关注汉语的特点。所谓特点,一定是与其他语言相比较的结果,而语言类型学的研究成果可为我们提供更加全面的参照系,借以观察汉语的特点。

当代语言类型学发端于20世纪60年代,开创者为J. H. 格林伯格(J. H. Greenberg),其研究方法和以洪堡特提出的语言世界观为哲学基础的对比语言学有相通之处:二者的终极研究目标都是探求语言的共性,都涉及跨语言的比较,都偏重共时层面的研究。这些共同点奠定了二者合作发展的基础。许余龙(2017)立足对比语言学,提出了两种语言类型学视野下的语言对比研究模式,即基于语言类型学理论假设的对比研究和以"普世"语法为目标的对比研究。

其中,第一种研究模式把语言类型学的理论假设作为对比研究的出发点,对比研究可以利用具体的语言类型学研究提取对比对象、设定对比研究目标、建立分析框架等。

例如,李金满(2010)就参照德赖尔(Dryer,1991,2007)关于语序的类型学研究,对比了汉、英语的语序问题。根据语言类型学的研究,世界上的语言基于句中主要成分动词(V)和宾语(O)的相对顺序可以分为两大类:VO语和OV语。句子的基本语序与句中其他各种成分之间的相对位置,有些有关联,有些则无关联。基于这样的理论假设,李金满(2010)提取了类型学研究中所涉及的20组语序作为对比对象,包括"形容词和名词""指示词和名词"等成分之间的语序;对比的目标即要观察同样属于VO语中的子类SVO语的汉、英两种语言在这20组语序上的具体表现如何,有何异同,是否和语言类型学发现的跨语言共性倾向相吻合;对比的分析框架也是基于语序类型学的研究成果,将20组语序分为三大类:(1)和"动词-宾语"语序无关联的语序,(2)SVO语中特性介于VO语和OV语之间的语序,(3)和"动词-宾语"语序有关联的语序。然后先概述根据语言类型学的调查各种语序在VO和OV语言中的分布倾向,再分别指出汉、英语是否和这些普遍倾向一致,有何不同。可以看到,从语言类型学出发进行英-汉对比,可以将英、汉两种语言置于世界上不同地区不同谱系的语言背景下进行比较,更容易发现汉语的特点,且在理论上可以将眼光放得更广更大而不至于受到"印欧语的眼光"的束缚。

4. 总结

以上,我们首先回顾了潘文国(1997)关于从英汉对比转为汉英对比的倡议,此倡议最根本的转变就是接受语言世界观,正视汉语的特点,从而在对比方法论上做出改变,摆脱从英语语法体系出发来进行英-汉对比。本文总结了在与语料库语言学和当代语言类型学结合之后,对比研究出现的一些新模式。基于语料库语言学的对比研究可以从翻译对等出发,即基于语义、功能对等的具体语言现象出发,利用英汉/汉英双向平行语料库及包含原创语的英汉可比语料库进行对比分析,这种对比模式一方面有助于摆脱基于英语事实的语法理论框架,另一方面可以利用大量保持汉语原有特点的真实语料作为研究材料,从而避免"印欧语的眼光"对对比研究的影响。从语言类型学出发的对比研究是以某个具体的语言类型学理论——在世界范围内基于跨语言比较得出的具体语言规律——为出发点,进而展开对英、汉两种语言的对比分析。理论上,由于语言类型学涉及不同地区不同谱系的语言,因而眼光不会囿于印欧语的限制,而将英、汉语置于语言类型学的视野下对比将更有利于发现两种语言各自的特点。尽管在这些新趋势下,英-汉对比研究迎来了很多新的契机,但是眼光受限的问题在一些层面依然存在,尤其是在对比对象的选择上,很大程度上还是从英语出发,即选择外文文献中所讨论的某个英语现象,然后在汉语中找出相应的现象做对比研究。这样做当然有其便利之处,但是长此以往,还是不利于全面发掘汉语的特点。另外,关于语言类型学,虽然类型学研究放眼世界语言,但总的来说"还是印欧语的类型色彩过重"(沈家煊,2019:486)。因此,如何在语言类型学的框架下融入汉语特有的语言现象,以问题为导向,充分发掘汉语的语言事实来检验或修正语言类型学理论,仍然任重道远。

参考文献

陈平,2017.汉语定指范畴和语法化问题[C]//陈平.汉语的形式、意义与功能.北京:商务印书馆.

洪堡特,1988.论人类语言结构的差异及其对人类精神发展的影响[M]//胡明扬.西方语言学名著选读(第二版).北京:中国人民大学出版社.

柯飞,2005.翻译中的隐和显[J].外语教学与研究(4):300-308.

李金满,2010.语言类型学视角下的汉英语序对比研究[J].当代外语研究(5):45-51.

吕叔湘,1977.通过对比研究语法[C]//吕叔湘.吕叔湘语文论集.北京:商务印书馆.

潘文国,1995,语言对比的哲学基础:语言世界观问题的重新考察[J].华东师范大学学报(哲学社会科学版)(5):81-88.

潘文国,1997.换一种眼光何如?:关于汉英对比研究的宏观思考[J].外语研究(1):1-11,15.

潘文国,谭慧敏,2006.对比语言学:历史与哲学思考[M].上海:上海教育出版社.

申小龙,1990.洪堡特"语言世界观"思想研究[J].河南师范大学学报(哲学社会科学版)(2):55-60.

沈家煊,2019.谈谈功能语言学各流派的融合[J].外语教学与研究(4):483-495.

王克非,2004.双语对应语料库研制与应用[M].北京:外语教学与研究出版社.

王菊泉,2011.什么是对比语言学[M].上海:上海外语教育出版社.

王菊泉,王蕾,2022.对比语言学与英汉对比[M].北京:商务印书馆.

卫乃兴,2011a.词语学要义[M].上海:上海外语教育出版社.

卫乃兴,2011b.基于语料库的对比短语学研究[J].外国语(4):32-42.

许余龙,2005.对比功能分析的研究方法及其应用[J].外语与外语教学(11):

12-15.

许余龙,2010.对比语言学[M].第2版.上海:上海外语教育出版社.

许余龙,2017.语言类型学视野下的对比研究[J].外语与外语教学(5):20-28.

BAKER，M，1993. Corpus linguistics and translation studies：implications and applications[C]//BAKER M，FRANCIS G，TOGNINI-BONELLI E. Text and technology：in honor of John Sinclair. Amsterdam/Philadelphia：John Benjamins Publishing Company.

CHESTERMAN A, 1998. Contrastive functional analysis[M]. Amsterdam/Philadelphia：John Benjamins Publishing Company.

DRYER M S, 1991. SVO languages and the OV：VO typology[J]. Journal of linguistics，27：443-482.

DRYER M S, 2007. Word order[C]//SHOPEN T. Clause structure, language typology and syntactic description. Cambridge：Cambridge University Press.

EBELING J, 1998. Contrastive linguistics，translation，and parallel corpora[J]. Meta，43(4)：602-615.

HUMBOLDT W, 1997. On the comparative study of language and its relation to the different periods of language development [C]//HARDEN T, FARRELLY D. Essays on language. Frankfurt am Main：Lang.

MCENERY T, XIAO R, 2007. Parallel and comparable corpora：what is happening? [C]//ANDERMAN G，ROGERS M. Incorporating corpora：the linguist and the translator. Clevedon：Multilingual Matters.

SINCLAIR J M, 1996. The search for units of meaning[C]//SINCLAIR J M, CARTER R. Trust the text：language，corpus and discourse. London and New York：Routledge.

TOGNINI-BONELLI E，2001. Corpus linguistics at work[M]. Amsterdam/Philadelphia：John Benjamins Publishing Company.

作者通信地址:201306 上海海事大学;leiwang@shmtu.edu.cn

三、语言教育思想传承与研究

字本位理论与新疆少数民族汉语教学

王　洋

摘　要：文章针对新疆少数民族汉语教学中存在的一些问题，立足字本位理论，在语音、汉字、词汇、语法等各个层次做了探讨，认为在新疆的少数民族汉语教学中利用"字本位"这一凸显汉语特点的理论，会方便少数民族学生认识、记忆、掌握汉语，更好地促进新疆的少数民族汉语教学。

关键词：字本位；新疆；少数民族；汉语教学

0. 引言

自《马氏文通》以来，中国语言学基本上是用印欧语的理论、方法来分析汉语，探索"结合"的道路，《马氏文通》虽开创了汉语语法研究的新时期，但也给汉语的研究带来了"印欧语的眼光"。如何摆脱这种"眼光"的束缚转向到真正的"汉语的眼光"，是继《马氏文通》以后贯穿于汉语语法研究的一条重要线索。在这不懈的探索过程中，寻找汉语语法的"本位"就是其中一个重要体现。在汉语语法史上，有马建忠的"词类本位"、黎锦熙的"句本位"、朱德熙的"词组本位"、邢福义的"小句本位"、马庆株的"词和词组双本位"等。20世纪90年代，徐通锵先生首倡以"字"作为汉语的基本结构单位，建立了突破传统汉语理论研究的"字本位"理论。这一理论立足汉语特点及其研究传统，是汉语研究和语言理论研究的一条全新思路。笔者试图将这一汉语语法理论的研究成果与新疆少数民族汉语教学相结合，以期能更好地促进新疆少数民族汉语教学。

1. 字本位理论概要

本位，即语言结构的基本单位。"字本位"，一言以蔽之，就是把"字"作为汉语的基本语法结构单位来进行研究。最早提到这个问题的是吕叔湘（1980：45-46），他认为汉语中现成的结构单位是字，不是词，"汉语里的'词'之所以不容易归纳出一个令人满意的定义，就是因为本来没有这样一种现成的东西"。说得最明确的是赵元任(1975:241):"按西方语言学家的眼光来分析汉语并确定像结构词这样的单位可能有用……但这不是汉人想问题的方式,汉语是不计词的,至少直到最近还是如此。在中国人的观念中,'字'是中心主题,'词'则在许多不同的意义上都是辅助性的副题,节奏给汉语裁定了这一样式。"关于字本位的观点,先是徐通锵先生在1991年的香港学术会议上提出,其后潘文国、鲁川、汪平、程雨民等先生通过著书和论文逐步发展完善这个理论。

徐通锵(1999:25)认为:根据现成性、离散性和语言社团中的心理现实性这三条标准,汉语的基本结构单位只能是字,它是汉语音义关联的基点,是现成的结构单位;一个字一个音节离散性或封闭性很强,形成"一个字、一个音节、一个概念(意义单位)"这样的结构格局。

字始终顽强地坚持它的表义性,以此为基础而形成的语法只能是语义句法,它的生成机制是以核心字为基础,通过向心、离心两种结构形式逐层扩展,形成各级字组。字组中最重要的语法性意义是施动和使动,是生成汉语语句的结构基础。(徐通锵,1999:23)因此,汉语是以"字"为基本结构单位、以临摹性原则为编码基础、可以用"话题—说明"进行结构框架的分析或表述的语义型语言。可以看出,字本位理论是立足于汉语社团的语言感知,以反印欧语的眼光来揭示汉语的特点。

2. 字本位理论应用于新疆少数民族汉语教学的可行性

新疆的少数民族汉语教学是在学生已经掌握了本族母语的前提下进行的第二语言教学,它是我国语言教学中最具特色的教学课程之一,但到目前为止,少数民族汉语教学仍需提高教学质量,教学中的理论指导有待提高。那么字本位理论是否能够有效地指导新疆少数民族汉语教学提高其教学质量? 我们认为字本位理论应用于新疆少数民族汉语教学的可行性有如下几点:

2.1 字本位理论对汉语社团的语言感知给予极大的关注,而这正是新疆少数民族汉语教学突出汉语自身特点进行教学的根基

字本位理论提出,字是汉语结构的枢纽,是语音、词义、语汇、语法的交汇点。(刘晓梅,2004:5)它具有"现成的""离散性""心理现实性"三个特点,是汉语社团具有共同的认知基础的语言单位、拿来就用的备用单位,它很容易和相邻的结构单位区别开来,没有受过专门训练的人也能辨别出一个句子中有几个字、几个单位。字本位理论这种以最容易辨认的语言单位"字"为基本结构单位,突出认知汉语的心理现实性,会为刚接触到与母语差别较大的汉语的少数

民族学生提供更为便利的认知基础。

2.2 字本位理论兼跨词汇、语法两个板块，提高少数民族词汇教学与学生学习效率

字本位理论提出以核心字为基础，通过向心、离心两种词汇意义特征不断扩展出一批批字组。通过向心与离心两种主要的语义结构方式，汉语词汇通过以核心字为基础不断繁衍，形成一个个向心、离心字族，能有效促进少数民族的词汇学习。以往我们在语法教学中关注汉语句子的构造原则跟词组的构造原则基本上是一致的，我们通过字本位理论发现复合词和词组的构成也有很大的相似性，这样以核心字为基础扩展可以层层进行，扩大到比二字组更大的结构单位，而不必拘泥于传统语法教学的离合词、复合词、短语、词组等概念的制约，将学生从混淆不清的概念中解放出来，提高学习的效率。

2.3 字本位理论凸显字强大的表义性和理据性，为新疆少数民族汉字教学提供有力的理论支持

新疆少数民族的母语文字特征与汉字差别很大，汉字教学一直是少数民族汉语教学的难点。字要实现语言功能的前提是具有强烈的表义性，体现在一个字、一个音节、一个概念的直接对应中；而强调汉字结构单位的理据性会使学生在认知、记忆、运用汉字中都显得有法可依，有迹可循。可以说表义性强调了汉字与表音文字体系的差异；理据性强调了字的形义、音义联系的可论证性。最早的汉语文字是纯粹象形或者会意的，是真正有理据的符号，虽然历经演变，如今的汉字多以形声字为主，但其中的义符却依然可以帮助我们找到文字和意义的联系。这为少数民族学习汉字提供方法依据，也为少数民族汉字教学提供有力的理论支持。

3. 字本位理论在新疆少数民族汉语教学中的运用

3.1 字本位理论在语音教学方面的运用

汉字字音采用声韵调结构而不是元辅音系统，这是字本位理论的体现。在对少数民族汉语语音教学中，必须首先对汉语和少数民族母语两种语言在音韵上的特点有所分析区别，才能让少数民族学生更好地掌握汉字字音学习。以新疆的主体少数民族维吾尔族为例，维吾尔语属于阿尔泰语系突厥语族，其语音属于元辅音系统，这与汉语的差别很大。在教学中应使学生明白"声韵调"正是对汉字字音进行分析的结果，是汉字"一形""一音""一义"分析的产物。潘文国

(2002:131)指出:"在构成音节的方式上,汉语以汉字为音节单位,每个音节(汉字)前声后韵,声调则附丽在整个音节上,所有的汉语音节可以用一个公式来描写,(C)+(v')+V+(v'')/(c),其中 v'=i,u,y;v''=i,u;c=n,ng,这样简约的音节构成公式是除日语外的世界各语言所少有的。"而新疆的少数民族语言通过元辅音拼合没有声调,因此学生往往在音调的掌握上出现困难。其次,汉语的音节清晰和拼合过程模糊,使其音节内部具有极强的凝聚乃至超浓缩力,而音节间具有明显的离散力,这种内紧外松的拼合方式使汉语音节的孤立性特别强。仍以维吾尔语为例,元辅音的拼合方式在发音时可以清晰地听到一个一个音在滑动,但音节间有"连读",而汉语字与字之间表现明显的离散力,不能将"皮袄"读成"漂"。从上可以看出,汉语的语音特点正是由"字"这一汉语的本质特性决定的,在少数民族汉语语音教学中,无论在构成音节的方法上还是在音节拼读的特点上,从字本位的声韵调体系出发,才能便于少数民族学生更好地掌握汉语语音。

3.2 字本位理论在汉字教学方面的运用

汉字教学一直是新疆少数民族汉语教学中一个较为薄弱的环节。曾有学者做过统计,以中国汉语水平考试试卷综合填空部分需填写的 16 个汉字为例,这 16 个汉字都是《汉语教学大纲》中的甲级汉字,但根据抽样调查,能将这 16 个汉字都写对的学生并不多。(王芙菱,2006:72)究其原因,从认知心理角度看,新疆少数民族学生,如维吾尔族、哈萨克族,其母语文字为拼音文字,汉字构形的特点难免让学生感到陌生。从语言心理学角度,人脑两半球对语言的知觉加工和记忆能力具有不对称的特点,研究材料已证明拼音文字在左脑处理,而汉字包涵丰富的语义信息,是左右脑并用的。从教学方法的角度,大量少数民族汉语教师即使注意到字形的讲解也多与以字母拼成单词一样,只讲一笔一画怎么书写,脱离整体的认知。可以看出,新疆少数民族汉字教学中最大的问题是没有认识到汉字的特点,从而增加了学生汉语学习的畏难情绪。

而字本位理论中强调重视和采用字形分析的方法,可以成为少数民族汉字教学的一个突破口。潘文国(2002:311)指出:"字本位的汉语形位学的理论基础就是许慎开创的'说文解字'传统:汉字可以分析为部件,部件可以分析为形位,而形位都是有意义的。可以通过对整字、部件、形位的逐层剖解,来帮助学生掌握汉字。"在教学中,教师可以在一个字的基础上加上不同的偏旁或部件组成新字,为学生的汉字学习提供合理方法,如"卑"分别加上"月、口、土、目"形成"脾、啤、埤、睥"。(郦青,王飞华,2004:371)1958 年,辽宁省黑山北关实验学校首创的归类识字中以基本字带字的识字方法,可以说集中体现了字本位理论强调和重视采用字形分析的方法。如:由基本字"青",带出"清、请、情、晴、箐、睛"

等,由基本字"方",带出"放、访、防、仿、坊、纺、妨"等。这里的基本字,是指在字形相近的一组字中共同含有的能够独立成字的构字部件,而带出的字,多为形声字。由于在一组字中形、音、义有一定联系,易学易记易掌握。这种汉字教学方法是完全可以运用在少数民族汉语教学中的。

徐通锵(1997:266)指出:"字的形、音、义三位一体的结构单位,义是核心,音与形是表现这一核心的物质形式,它们与义的关系都存在着理据。"可见字本位理论正是突显了字强大的表意性和理据性的特点。表义性强调汉字和其他文字体系的差异,一个汉字对应一个音节、一个概念,编成一个码,这种表意文字体系与新疆少数民族母语文字突出的表音特征是截然不同的。理据性强调字的形义联系、音义联系的可论证性,按照徐通锵(1997:266)所言,"形"是为弥补"音"的不足而产生的表义形式,形义关系必须适合音义关系的结构特点,使音义结合的原理也能通过"形"得到有效的表现。字不是独立存在的,集中反映字的理据性的便是因相似和相关关系而形成的一个个向心性和离心性字族。如以"类"为声符的向心字族"卷圈眷鳌鬈鼟"等,有一个共同的意义核心"卷曲";离心字族如"崧岑峤岧岌"等,用来称呼不同形貌特点的山,没有共同的意义核心,却有一定的相关性,都与山相关。在少数民族汉字教学中,教师如能重视以形系联,帮助学生更系统更自觉地掌握汉字组织规律,讲解部首,甚至引进"六书"理论,借助汉语古文字字形,来理解汉语造字规律,会为学习者日后对汉字的记忆和使用提供帮助。(徐通锵,1997:299)

据统计,现代汉语3500个常用字能组成现代汉语所使用的7万个词,平均每个汉字能构成合成词20个。(王芙菱,2006:72)在少数民族汉字教学阶段,采用字本位的原则,利用字形分析和构字规律来学汉字,会让学生的汉字学习事半功倍。

3.3　字本位理论在词汇教学方面的运用

新疆少数民族的汉语词汇教学往往沿袭传统的习惯,一个词一个词地学习,近几年在强调语境教学中,词汇教学也是在课文教学的基础上进行的。虽然这种教学,能使学生利用课文的小语境,联系上下文,学习词语,但词语的学习仍然比较孤立,没有形成体系性,从学习词语的数量来看也是收效甚微。字本位理论认为词汇教学是成体系的,以一个个字为中心,可以形成一个个字族,掌握了这个方法就可以以字带词,大大提高学习汉语词汇的速度。

如以"兵"为参照点,往前后系联,可以生成两个系列的字组:A标兵、炮兵、骑兵、刀兵、伏兵、号兵、号兵、步兵、裁兵、撤兵……;B兵船、兵家、兵变、兵力、兵权、兵书、兵车、兵种、兵法、兵器……我们发现核心字在后,与它相组合的前字大多是对它的意义进行限制,指称某一种现实现象,使它的语义具体化,因前字的语义作用大都向着后字这个表达意义的核心语义,徐通锵先生将其组字的方法称为"向心组字法",A类字组中的"标兵、骑兵"等词也就是徐先生所说的"向心字族";核心字处于字组前面的位置,它以一种统一的语义特征去限制后字的语义范围,其表达的意义重点是与核心字有关的其他现象,徐通锵先生将其组字的方法称为"离心组字法",B类字组中的"兵权、兵船"等词也就是徐先生所说的"离心字族"。徐通锵(2007:86)将之更精辟地总结为:"处于后字的位置的核心字表示概念意义,是对现实现象的抽象和概括;处于前字位置的核心字表示语义特征,是对隐含于不同概念意义中的某种共同要素的抽象和概括。"在对少数民族的汉语词汇教学中,如我们能以"字本位"突显出的汉语这一"以字带词"构词规律,进行总结,使学生通过熟字记生词,相信学生掌握的词汇量会远远超出目前以课为单位的分散词汇教学所涵盖的词汇量。《现代汉语词典》收录了56000多个词,而这些词仅仅是由4000个左右汉字组合而成。王力指出:"汉语基本上是以字为单位,不是以词为单位的。要了解一个合成词的意义,单就这个词的整体去理解它还不够,还必须把这个词的构成部分拆开来分别解释,然后合起来解释其整体,才算是真正彻底理解这个词的意义了。"

潘文国(2002:159)认为:目前中国的小学大量采用认字组词、扩词的散学方法,这是适合汉语特点的、行之有效的手段。如果我们对汉族人历来的语言文字游戏加以归纳整理,就可以发现,它全部是符合字本位原则的。既然新疆少数民族词汇教学,在教学理念与教学方法上贯穿着汉语特殊的构词规律,那我们从字本位的理论原则出发,以研究新疆少数民族的汉语词汇教学,定会从中获益多多。

3.4 字本位理论在语法教学方面的运用

以新疆主体少数民族语言维吾尔语为例,其语言表达的基本形式是主宾谓形式,少数民族学生在汉语学习中多会造出"我书读了"的句子。传统的教学方法纠正错误时往往要告诉学生汉语表达的基本形式是主谓宾,这里不能将宾语放在谓语前,应改为"我读书了"。这种教学方式仍然是借用西方语法术语,给汉语句型贴标签的方式。但现代汉语中有一种句式的功能恰恰是把受事移位到动词前边,这就是"把字句"。此句的修改可以从汉语把字句的句式特色出发,让学生只需在句中加一个"把"字,即改为"我把书读了",这样通过学生母语语言表达的基本形式与汉语特色句式的结合,会便于学生改正错误句式,同时也为学生"把字句"的学习提供了正迁移,降低了特殊句式学习的难度,可以看出汉语的语法是离不开字的。

从字本位的理论看来,影响汉语组织或者说语法的最重要规律是"音义互动律",这个规律贯穿在语言组织的各个层面中。语法教学中将"阿、老、初、子、儿、头"认为是附加式合成词的词头或词尾,少数民族学生对于这种附加合成词如阿哥、桌子等语言表达方式的理解会存在一定的困难,因为其母语中只一个词表达,没有附加成分。潘文国(2004:118)认为:"它们的作用与其说是语法上的不如说是语音上的,是汉语词汇双音化过程中的一个手段。"对汉语音节的作用,最好的描述就是两千年前荀子说的:"单足以喻则单,单不足以喻则兼。"潘文国(2002:249)的字本位理论中的"音义互动律"突显了汉语音节与语义的配合互动,由此我们可以根据单双音节的伸缩,理解单双音节的等义词,如上述提到的"阿哥=哥哥=哥",这种利用汉语语义与节律关系互动的讲解,更加符合汉语语言组织规律。而对于民族学生难以理解的汉语表达如:"吓个半死,喝个痛快,来个半斤"中"个"的理解,我们在语法教学中完全不必拘泥于一字一词,一定要说出其词性,可从音义互动的角度来理解汉语的组织规律。潘文国(2002:314)指出:"字本位的语法理论希望还汉语以灵性,反对种种僵死的程式,反对死扣一字一词,一定要给它贴上个标签。"

4. 结语

进入 21 世纪,少数民族学生熟练掌握汉语这一重要的语言交际工具就显得尤为重要和迫切。为适应 21 世纪发展的需要,提高少数民族的汉语教学质量,深化汉语教学改革已成为当务之急。语言教学的实践离不开理论的指导,语言理论的研究也归根到底要为语言的实践服务。潘文国(2002:308)指出,"字本位"理论在摆脱汉语研究的"印欧语的眼光"的同时,打通古今横贯中西,是汉语研究中的一种积极尝试,而这一理论的提出,本身从实践出发,"最终目的就是希望能为语言实践服务",我们坚信在新疆的少数民族汉语教学中利用"字本位"这一突显汉语特点的理论,会方便少数民族学生认识、记忆、掌握汉语,也会为新疆的少数民族汉语教学开拓新的思路、打开新的视角。

参考文献

郦青,王飞华,2004.字本位与对外汉语教学[J].西南民族大学学报(6):370-373.

刘晓梅,2004."字"本位理论与对外汉语词汇教学[J].广东外语外贸大学学报(10):5-8.

吕叔湘,1980.语文常谈[M].北京:生活·读书·新知三联书店.

潘文国,2002.字本位与语言研究[M].上海:华东师范大学出版社.

潘文国,2004.汉英语对比纲要[M].上海:华东师范大学出版社.

王芙菱,2006.新疆少数民族汉字教学现状与教学方法探究[J].语言与翻译(2):
  72-75.

徐通锵,1997.语言论:语义型语言的结构原理和研究方法[M].长春:东北师范
  大学出版社.

徐通锵,1999."字"和汉语语义句法的生成机制[J].语言文字应用(1):1-11.

徐通锵,2007.语言学是什么[M].北京:北京大学出版社.

赵元任,1975.汉语词的概念及其结构和节奏[C]//吴宗济,赵新那.赵元任语言
  学论文集.北京:商务印书馆.

周士琦,1986.实用解字组词词典[M].上海:上海辞书出版社.

作者通信地址:610106 成都大学中国东盟艺术学院国际部;wyaizb@126.com

外语对比教学法的若干问题

——潘文国教授访谈录

丰国欣

摘　要：语言学家潘文国教授的研究博古通今，兼赅中外，在汉英对比研究、汉语字本位理论、汉语等韵理论、汉语构词法史、西方翻译理论、对外语言文化传播、语言教学等领域著述丰硕。本文是对潘文国教授的访谈录。访谈中，潘教授基于自己的语言教学思想，提出外语对比教学法，论述了外语对比教学法的语言观、基础和含义以及相关的中国教育传统，把传统的语法翻译法和自觉对比法的主张整合在一起，是一种关注母语干扰、重视"学"的教学法；认为外语对比教学法根植于中国传统教育思想，体现了语言自身的规律、学生的认知规律，符合中国大部分地区的外语教学实际，是一种具有中国特色的外语教学法。

关键词：外语对比教学法；语言世界观；教学思想；教育传统

潘文国教授是著名语言学家、资深翻译家，中国英汉语比较研究会前会长，华东师范大学终身教授、博士生导师、对外汉语学科创始人和学术带头人，第二届许国璋外国语言研究奖获得者。潘先生的学术研究涉及理论语言学、对比语言学、汉语语言学、翻译理论与实践、汉语国际教育等，在汉英对比研究、汉语字本位理论、汉语等韵理论、汉语构词法史、西方翻译理论、对外语言文化传播、语言教学等领域著述丰硕。潘先生迄今已出版专著15部、译著8部、编著30余部，发表论文320余篇。潘先生治学理想高远，博古通今，兼赅中外，极具人文主义情怀；其学术思想倡导继承并发扬中国文化传统，让传统融入现代，融入世界，并积极推动中华文化向外传播。

正是因为在语言学和翻译学领域里有着深厚的功底，所以潘文国教授对语言教育、语言教学法，特别是外语教学法的研究有着真知灼见和卓越的贡献。可惜的是，关于潘先生的语言教学思想，仍然散在于一些文献之中，至今无人梳理，无人研究，属于空白领域。笔者拟将潘先生的语言教育论述分成不同的主题进行梳理、研究。本文以外语对比教学法为切入点来探讨潘教授的语言教育理论、思想和方法。

潘教授认为,对比教学法是一种具有中国特色的外语教学法,是值得提倡的。提倡一种教学法会牵涉到很多理论、实践问题,为此笔者近期专访了潘文国教授。以下是访谈实录。

丰国欣(以下简称"丰"):改革开放以来,我国外语教学经历了从最初引进外国"先进"的教学理论、崇尚外国实证研究,到为外国理论做一些定量分析,再到近些年来出现本土的教学理论或者教学方法。这种变化总体上来看是可取的,是一种进步,但也暴露出一些问题,例如,这些本土理论不一定进行了学理梳理,不一定顾及了我国外语教学研究范式,因而所证实的有效性不一定可靠;整体上看仍然是在西方话语体系下面所做的一些工作,不一定考虑到了我国大部分地区外语教学实际情况,也不一定考虑到了中国教学传统。潘老师,您是如何看待外语教学法这种"百花齐放"的研究局面的?

潘文国(以下简称"潘"):事实上,所有的教学理论和方法或多或少都有些作用和效果,但不要过分夸大其效果,更不能拿某一种理论和方法来质疑或怀疑另一种理论和方法,这种外部批判的思路势必导致"公说公有理,婆说婆有理"的辩论局面。不同的理论都有各自的预设前提,都是从某一个角度解决问题,而不能"包治百病";不同的理论也代表了不同的学术立场,不能强求必须按照同一立场开展研究。重要的是,内部批判才是学术争鸣的根本出路,即理论或方法的建立,一定要符合客观实际情况、体现学理关系、没有逻辑缺陷、抓住事物本质。

丰:按此思路,我们认为,一定的语言观决定采取什么样的教学观,而教学观又是扎根在一定的教育传统,这样才符合客观实际,与我国外语教学实际情况一致。这样的教学方法才会有效、才会长久。如果不建立这样的逻辑关系,孤立地提出一种教学方法,即使有一定的作用,那也是极其有限的,也不符合学理原则。在当前大力推行各种现代化教学手段的时候,更应该冷静地分析并梳理语言教学和研究的学理性,以便进一步认清内在的本质属性。我们知道,探讨语言教育、语言教学,首先要认识语言的本质,因为它决定了教学方法,反过来,一种教学法流派总归要体现一定的语言观,所以我想请潘老师谈谈这个问题。

潘:所有教学方法都具有一定的有效性,但不一定都具有科学性,因而有效性的程度是不一样的。什么样的教学方法是科学的?我们认为,能够反映语言本质、反映语言规律、符合学生的认知水平、符合实际教学环境的教学方法才是科学的。所以语言教学必须与语言的本质一致。语言的本质是客观存在的,但不同的人对语言的本质的认识是不同的,这就形成了不同的语言观。语言观是语言教学的首要问题,它决定人们怎样认识语言教学的本质,决定人们在语言教学中采用什么理论、目标、方法等。我们知道,相对于其他学科的核心概念,"语言"这个概念有其特殊性,它跟任何人都有直接的关系,所以差不多所有学科都会涉及它,兼有人文科学、社会科学和自然科学的属性,不同学科的研究者都立足于自身研究的需要,给语言下定义,探讨语言的本质,谁都说不清至今究竟有多少种语言的定义。这种现象对语言研究、语言教育和语言教学都产生了极大的影响。

为此,我曾在《语言的定义》(潘文国,2001)一文里搜集了从19世纪初至今,一些权威大师和权威文献讨论语言本质的代表性观点,一共68条关于语言的定义。我运用辩证唯物主义的哲学观对它们进行了对比分析,发现有的定义概括"语言的功能",有的定义列举"语言的范围",有的定义强调"语言的系统性",有的定义认为"语言的属性"具有非本能或本能特征,也有的定义分析了"语言的动态与静态"特征。这些定义所涉及的内容都是语言的种种属性、种种特征,但未必都是本质性特征。不过,所有的学者都"强调语言是人所特有的,是人区别于其他动物的最根本特征。由此可得出一条初步的结论:语言的基本属性只能从人文科学的角度去着手研究。凡从自然科学角度或社会科学角度着手得出的结论,即使反映了一定的事实,也必然不是语言的本质属性"(潘文国,2001)。抓住语言的这一本质属性,我们可以从人文科学角度将语言定义为:"人类认知世界及进行表述的方式和过程。"(潘文国,2001)

我在随后的一篇论文《语言再定义:人类认知世界及其进行表述的方式和过》系统论述了这一定义的内涵,并引导研究者抓住定义中的四个关键词"认知""表述""方式"和"过程"进行理解(潘文国,2002)。其实,这四点可以简化为两点,一个是把"表述"和"方式"概括为语言的编码规律,也就是语言的自身规律,另一个是把"认知"和"过程"概括为语言反映人的认知规律及其运作过程。这和洪堡特说的语言本质为"理性的智力本能"(Humboldt,2001:21)是一致的。人不同于动物的地方就在于此,人类不仅具有动物所拥有的自然本能,更具有理性的自然产物,这也许是洪堡特说的"语言的民族精神",我们应该抓住语言的这一本质。

丰:既然语言最本质的东西,一个是自身的编码规律,即语言自身的规律,另一个是认知属性,即"理性的智力本能",那么语言教学就应该基于这两点,离开这两点的其他教学办法,即使有作用,那也是极其有限的。具体地讲,什么教学法能够体现语言的这种本质,又能和实际教学环境保持一致? 它的基础和含义是什么?

潘:对比教学法能够达到这一目的,是最值得提倡的。我们结合教学法发展史,从以下四个方面来谈这个问题。

第一,外语教学中无法回避母语的干扰。

在西方外语教学史上曾出现过许多教学法或者教学流派,诸如语法翻译法、自觉对比法、听说法(句型教学法)、直接法、默示法、情景法、交际法、认知法、暗示法、全身反应法、沉浸法、自然教学法、任务型教学法等,举不胜举,一个新的教学法的诞生常常是以推翻旧的教学法为前提的,似乎永远在探索之中。所有这些教学法都被引进中国外语教学之中,都被证实有一定的效果,但都不令人十分满意,人们的态度也是从过高的期望转化成失望,以至近些年来,中国外语界一些学者尝试着提出自己的教学方法或者教学理论,例如,文秋芳(2015)提出的"产出导向教学法",王初明(2005)提出的"写长法",确实收到了一些效果,但广泛推行起来,困难还是很大的,因而中国的外语教学方法仍然在探索之中。我们不得不重新思考,究竟什么样的外语教学法才是适合中国外语教学的,这种教学法与我们的教育传统是否一致,甚至是否有必要提出一种新的教学方法。

我们认为,确定一种适合的教学法至少要考虑两点:一是尊重两种客观规律,既然是教语言,就必须按照语言自身的规律来教,既然是教学生,就必须遵循学生的认知规律来教;二是尊重实际情况,在中国,外语教学和学习过程总是伴随着我们的母语(即汉语)的干扰。考虑到这两点,我们思考问题的角度就自然产生了,即母语和目的语的关系成为我们确定外语教学方法的出发点。上文所提及的教学方法中,只有"语法翻译法"和"自觉对比法"考虑到母语了。

语法翻译法(the Grammar Translation Method)是用母语翻译教授外语书面语的一种传统外语教学法,即用语法讲解加翻译练习的方式来教学外语的方法。在欧洲的外语教学法中,盛行于15至17世纪的"语法模仿法",算是语法翻译法的雏形。到了18至19世纪,欧洲一些国家确定了语法翻译法的教学地位并沿用此法。语法翻译法以语法为纲,选用经典文学作品作为课文,课文里所出现的语法现象同语法教学一致,具体教学过程中使用母语和目的语互译的方法。自觉对比法(Conscious-comparative Method)是20世纪30至50年代在苏联兴起的一种外语教学法,也主张选用经典文学作品为课文,通过母语与目的语的翻译和结构对比,自觉掌握目的语。它客观上成了语法翻译法的继承和发展,两者结合在一起,浑然一体,同多于异,都依靠母语,都注重母语在外语教学和学习中的影响、母语和目的语的异同,都注重引导学生通过文学作品感悟目的语。这两种教学法,从具雏形到成熟,盛行500多年。然而,到了今天,很多"新"教学法层出不穷,各种技术手段大量运用,各种课型应有尽有,人们似乎早已冷落了这两种教学法,殊不知它们仍然充满着活力。在我国,外语教学中真的可以忽视母语吗?我们在采用近些年来兴起的"新"教学法过程中真的没有进行对比、翻译吗?真的淡化了语法教学吗?语法翻译法和自觉对比法真的被淘汰了吗?答案恐怕都是否定的。母语和目的语对比、母语和目的语互译、语法学习,这是外语教学和外语学习过程中最基本的途径和方法,无论社会怎么进步、高科技怎样影响人们的生活,这一点是不变的。正因为如此,语法翻译法和自觉对比法不仅在历史上具有顽强的生命力,而且在当今科学技术迅猛发展、信息交换十分便利的情况下仍然大有可为。只有在不轻视这些基本途径的前提下,做一些新的创新,尝试一些新的方法,引入一些新的技术辅助手段,才有意义,在学理上、逻辑上才讲得通。

简而言之,我们之所以如此推崇语法翻译法和自觉对比法的作用,是因为这两种教学法的主张和具体操作程序与我们主张的语言观、语言自身规律、学习者的认知规律、我国外语教学实际是一致的。从以上的简要分析来看,我们知道,自觉对比法其实是语法翻译法的延续,或者说是语法翻译法发展的结果,两种教学本质上可以看成是一体的,虽然各自侧重点不同,但是语法是对比的主要内容之一,翻译则是对比的方式之一,许多语言学家主张通过翻译进行对比(吕叔湘,1942:上卷初版例言)。人们要进行翻译,就必须对比母语和目的语的语言结构,认识两种语言规律,发现母语和目的语的语言逻辑。因此,我们吸取传统语法翻译法和自觉对比法的精髓,用"外语对比教学法"(Contrastive Approach to Foreign Language Teaching)作为核心概念,主张外语教学必须建立在引导学生通过对比分析来认识母语和目的语的形式、结构、逻辑、本质等内容,尽量增加正迁移,尽量减少负迁移,从而达到熟练掌握外语的目的。

第二,对比教学法注重把语言层面和语言心理层面融合在一起。

很多学者都很注重母语对外语教学和学习的影响,因而很重视对比教学法。拉多(Lado)指出:"教师对外语和学生的母语进行比较之后,能更清楚地知道什么才是真正的问题以及什么才应该用于教学。"(Lado,1957:25)通过对比,不仅能够发现真正的问题,而且还能够发现产生问题的原因,不仅能够发现已经产生的问题,而且还能预见问题的出现,不仅能够发现语言层面的问题,而且还能够发现语言心理层面的问题。一般来说,相同容易产生正迁移,差异容易产生负迁移,通过对比,发现母语和目的语异同,最大程度发挥正迁移的作用,最大程度避免负迁移的影响,这是许多学者的共识(如:Lee,1968:180;Ortega,2009:31;Wardhaugh,1970)。

那么,如何对比?这取决于对比的目的。我们所讨论的是对比作为一种教学法,这就自然同教学结合在一起。对此,罗德·埃利斯(Rod Ellis)认为不单纯对比语言层面,因为单纯对比语言层面不一定能够预见或者解释错误,而更应该对比语言心理层面,他说:"最理想的情况是,对比分析的心理层面应该关注干扰产生的条件,即应该说明第一和第二语言之间的语言差异导致了迁移错误和没有导致迁移错误的情况。"(Ellis,1985:24)

为什么要从语言心理层面分析解释是否出现迁移错误?这是因为,虽然对比分析是语言层面和语言心理层面的混合体,但是"语言学关注的是语言的形式特征,并没有关注语言学习,语言学习是个心理学问题。既然对比分析关心的是第二语言学习(至少早期是这样的),那么它就需要心理成分"(Ke Ping,1999:36)。这可以解释这一现象:为什么很多学习者很容易理解语言规则,但是具体使用语言规则或者参加考试总是出错。语言规则(语言层面)是一回事,能够熟练运用(语言心理层面)是另一回事。因此,外语对比教学法注重把两者结合起来,进行对比教学,才能使学生熟练掌握语言规则。

第三,对比教学法视角下的外语教学反思。

当前外语教学,甚至包括母语教学,大量使用"科学"手段、"技术"手段,过于追求"时髦",于是一些偏离语言自身规律、偏离人的认知规律的"新"的教学方法盛行,动辄来一堆脱离语言生存的历史文化传统、脱离学习者个性和认知风格的公式,这些做法看上去很"严谨",实则重"术"轻"道","术"的过分盛行导致"道"的缺失,而"道"恰恰是教育的真谛。

出现这种本末倒置的现象,原因很多,其中的一个恐怕与对"教学"这个概念的理解不准有关系。不少人把"教学"当成一般日常使用的"词"(word)看待,理所当然地把它理解为"教"和"学"的意思,即"老师教,学生学",并没有把它当作一个学科术语(term),更谈不上给出一个学科的定义。"'教学'的真正含义……是'老师教学生自己学',再好的'教'也必须通过'学'起作用;没有'学'一方的主观能动性,'教'很难产生实效。""教学"的本质在于"学",是教师指导的学习过程;"教"是外因,"学"是内因,外因只能通过内因才能起作用。这种教学观适用于母语教学、二语教学、外语教学。不过在具体实施过程中,教师根据实际情况还是要有所区别的,不应该因为"学"是内因就忽视"教"。

为此,我区分了三种第二语言教学方法:

一是"二语教学A"(以下简称"A法"),偏重"教"的一方,强调教学的目的语,最好的二语教师应该是目的语的族语者,无视母语的存在,教学中尽可能甚至全部使用目标语言,认为母语是学习外语的阻力。这种教学方法适用于将本族语作为目的语向外推广的教学,特别是在族语国内进行的教学,如在英语国家里开展的以英语作为外语或第二语言的教学、我国国内进行的对外汉语教学等,其特点是学生的母语构成复杂,而目的语和教师的母语刚好一致,因而自然而然地排斥使用母语。

二是"二语教学B"(以下简称"B法"),偏重"学"的主体需求,对二语或外语学习者来说,母语是与生俱来的,无法忽视或漠视,教学中应该充分调动学生的母语知识,认为母语能促进目标语学习。这种教学方法适用于主动学习外语或二语的场景,特别是在非目的语国家里学习目的语,如在我们国家学习各种外语、在英国等外国学习汉语等,这种情形下,绝大部分教师与学生的母语一致

（少数"外教"不足以说明问题），他们自然地在教学中利用学生母语知识帮助学生理解目的语。

三是"二语教学 C"（以下简称"C 法"），这种教学方法似乎介于"A 法"和"B 法"之间，教师和学生的母语不一致，而且构成复杂，但教师和学生共同懂得一门外语——常常是英语，所以在这种情形下，教师实际上是用第二语言来进行第三语言教学的。例如，来自不同国家的学生来我国留学，学习汉语，他们的母语多元，却多多少少懂得一些世界共同语——英语，所以教师只能用英语教留学生学习汉语。这时，教师和学生的母语都被排斥了，英语作为第二语言影响着第三语言的教学和学习。

我把外语、二语教学方法区分为以上三种，这样的教学观念体现了第二语言学习中的语言心理问题，关注母语对外语、二语产生的正负迁移，以及二语对三语产生的正负迁移。一般来说，人们都希望在外语、二语学习过程中出现正迁移，都希望回避负迁移，最大程度地有益于学习。如何能做到呢？结构主义语言学认为，两种语言之间的相同之处能够产生正迁移，促进外语、二语的掌握，反之，两种语言之间差异往往产生负迁移，阻碍外语、二语的掌握。语言之间的迁移恐怕是影响外语、二语学习最常见、最本质、最重要的因素。假如能够预见差异，则能够在教学中有意识引导学生回避负迁移。

对此，我提出了"对比是外语教学的基本方法"这一观点，并做了详尽的论述。我们认为，"对比"分为狭义和广义两种。从狭义上来讲，"对比"主要是针对教学而言，对比母语和外语的结构、文化等因素，旨在帮助学生认识两种语言的异同，充分利用母语的正迁移，尽量克服母语的负迁移。从广义上来讲，"对比"可以涉及外语教学的方方面面，诸如语言的对比、教学法与教学流派的对比、认知风格的对比等，以便能够整体地把握教学。

西方有建立不同教学法理论的传统，尤其是"二战"期间以及之后，各种教学法不断出现。各种教学法对中国外语教学影响很大，学界出现了盲目跟风、盲目引进的现象，甚至认为这是学术时尚。

对于这一现象，我们需要明白的是，一是西方之所以会兴起这么多的教学法跟当时历史背景有关，例如，听说法兴起时期，以美国为代表的西方国家，为了派遣士兵到相关国家参战，就组织外语专家快速培训外语人才，为了"速成"，就必须忽视士兵的母语，士兵的母语不尽一致，也无法关注，这就使得"教学法"以"教"为主，在"教"上下功夫，实质是"教法"，没法涉及"学法"的研究，这就是我说的"A 法"。二是由于士兵的母语不同，只好单纯研究"教法"，顾不上"学法"，效果总是不理想，教师不得不尝试不同的教学法，所以就出现了五花八门的教学方法。这种现象并不是教学法研究成果丰富的表现，而是教学法不成熟，教师不得不"更新"方法，"在有些人看来，不断翻新正体现了方法研究的发展和活力;但如果从另一个角度看,不断翻新也正说明了理论的脆弱,效率和生命的有限,只能靠不断的更新来维持。一个真正有效的方法需要不断翻新吗?答案恐怕是否定的"。

可见,"A法"是西方特定历史背景下的产物,是适合西方的教学环境,照搬到中国大体上是不适用的。中国的外语教学环境与西方迥然不同,绝大部分情况下教师和学生的母语是一致的,母语是汉语,极少数外籍教师不足以说明问题,除了港澳地区外,基本没有双语环境。这是典型的"B法"教学环境,适合推行外语对比教学法,无论是教外语,还是学外语,母语的参与和影响是客观存在的,不可回避,也不必回避。上述西方的各种教学法,只有语法翻译法和对比法考虑到了母语因素,值得我们重视,其余的全部都是排斥母语的,显然不适合中国的外语教学环境。

那么,母语在外语学习中究竟有什么样的影响? 我曾经提出过这样的命题:"母语能力是外语学习的天花板,也就是说,一个人的外语能力不可能超越他的母语能力。这是因为,母语决定了一个人的基本思维方式和美学眼光。"

这个命题至少反映了单语地区,特别是在中国广大地区的母语和外语关系的实际情况;当然,如果儿童出现移民等情况,语言环境发生变化,其母语使用受到极大的限制或者丧失母语使用环境,则另当别论。从中我们可以理解到两点:一是外语学得怎么样取决于母语能力和在母语习得过程中得到的语言感悟力,不可能存在母语差而外语反而好的情况;二是母语如何参与外语学习、如何影响外语学习,这是外语教师应该研究的问题。这两点启示为我国外语教学研究带来了广阔的前景,成为今后外语教学研究应该努力的方向。我们不针对这个问题展开讨论,但要指出一个总体原则,也就是,我们应该在"学法"上下功夫,不能不切实际地夸大"教"的作用,应该调动学生的主观能动性,积极主动地"学",切实做到让"老师教学生自己学",引导学生利用母语的积极作用,尽量促进正迁移,尽量避免负迁移。

因此,"B法"才适合我国绝大部分地区的外语教学,"A法"产生于西方外语、二语教学,基本不适合我国;"C法"适用于留学生教育,是另一个问题。

统一了认识,我们才能恰如其分地对待外国的一些教学方法和流派,适合我国外语教学的方法可以借鉴,不适合的则不要盲从,我们的主要精力应该放在研究适合中国特色外语教学方法上。那么这个特色是什么呢? 从以上的讨论中我们可以看出,中国外语教学发生在学生成熟掌握了母语汉语之后,至少绝大数情况下如此,始终会有意无意进行母语和外语之间的比较,这是"B法"本质,因此,对比才是中国外语教学的基本方法。对于"二语教学B"的模式,对比是天生俱来适用的方法。如果说"二语教学A"教学法的极致是直接法和沉浸式,则"二语教学B"教学法的极致就是对比法和翻译法,而翻译法实质上就是对比"。

在中国广大单语地区,大部分情况都是通过母语来学习外语的,因此,主张外语对比教学方法是势在必行的。其实,最先提出对比的应该是语言学家吕叔湘先生,他很早就提出"不但是不妨比较,有时候还不可不比较"(吕叔湘,1947:2),所以要"通过对比研究语法"。吕先生的主张在语言学理论研究中似乎产生了深远的影响,可是在外语教学中却被忽视了。我们再次强调对比研究和对比教学法,对克服是"盲从"和"重术轻道"的倾向有着现实意义。这也是我们提出"外语对比教学法"的依据。

第四,外语对比教学法的含义。

对比教学法的本质在于"学",立足于"学",以"学"为本。西方的外语教学环境诞生"A法",立足于"教",不用考虑学生的因素,因而教学效果总是不理想,于是人们不断探索更"先进"的外语教学法来改进效果。这样,西方的外语教学理论便层出不穷,但这不一定是好现象,恰恰说明立足于"教"的教学法具有局限性,达不到理想的效果,而在西方这是无可奈何的事。但我国外语教学环境宜采用关注"学"的"B法",走重"学"的路子,最好的方法就是对比法。

外语对比教学法重母语和外语之间的对比分析,教师引导学生认识两种语言之间的异同,最大程度地减少语误,输出合乎规范的外语。对比法的理论基础是行为主义心理学和结构主义语言学,这在一般二语习得书籍上都有介绍,我就不再赘述。但要指出的是,西方外语教学实践经历了对比分析法、偏误分析法和中介语理论等几个主要阶段,西方的研究传统常常是用新的理论推翻旧的理论,所以在外语教学领域里,人们总是试图用偏误分析和中介语理论取代对比分析法,认为这样可以提高外语教学效果,其本质是寄希望于教师,结果还是很难见真效。在我国外语教学中,如果有人也希望用这种思维改进外语教学,那更是徒劳。

要做好母语和外语之间的对比分析,提高对比效果,则要"呼吁母语的回归"。这是因为我们是通过母语来学习外语的,母语在我们外语学习过程中的作用是挥之不去的,伴随着整个学习过程,所以我们与其无视母语,还不如正视母语,让母语回归外语教学,进行汉语和外语之间的对比,这才是客观的、科学的做法,既具有理论意义,又符合实际情况。

人们习惯并且容易从语言层面、从文化层面理解外语,事实上,如同母语一样,外语也是一种世界观,习得一门外语意味着接受一种新的世界观。德国语言学家洪堡特极力主张这一点:"……人们总是把原有的世界观甚至语言观,多多少少地带进新的语言,新的立足点就难以纯净地且完全地得到体现。"(Humboldt,1836)

英国应用语言学家科特(Corder)继承了这一思想,认为语言与文化及世界观是分不开的,学习第二语言同时也要学习操这种语言的人所习惯的观察世界的方法、也要学习其文化(Corder,1983:61)。我以此为基础,挖掘了认知世界及表述世界的本质(潘文国,2001)。所以在我国进行外语教学试图采用排除母语的任何教学法,都是不符合客观实际的,在理论上也是行不通的,因而是不符合外语学习的客观规律的。

从长期的外语教学实践中,特别是从把像英语这样的印欧语作为外语的教学实践中,我们常常注意到这样的现象:英语等印欧语初学起来很容易入门,随着时间的推移,再想取得进步却很难。例如,曾经有人统计,中国有不少于四亿的人学过英语,但真正具有英语交际能力的最多不超过两千万(参见潘文国,2008:4)。这主要是两个原因造成的:一是英语词本位的性质,二是国内流行忽视母语的教学法。

外语对比教学法适应我国的外语教学环境。这意味着我们应该更多地关注"学",更多地研究母语对外语学习的影响,而不是想当然地认为可以摆脱母语的纠缠。具体来讲,在我国的外语教学环境里,母语汉语对外语至少有以下两种影响:一是对外语学习产生迁移性影响,遇到母语和目的语相同或者相近的语言形式,则产生正迁移,反之则产生负迁移;二是母语的水平决定外语水平,如果母语水平不够好,外语水平一定不会好,因为我们是通过母语汉语来学习外语的。

除香港、澳门以及一些边疆地区是双语或者多语环境以外,我国绝大部分地区的外语教学无法摆脱母语汉语的干扰,适合采用外语对比教学法,重视"学"。为了更好利用汉语的正迁移,我们必须通过对比来认识汉语和外语的异同,促进正迁移,认识差异,尽量避免负迁移。

丰:您界定得很清楚,我们把以此形成的教学方法正式称为"外语对比教学法"吧。它整合了传统的语法翻译法和自觉对比法的思想,并把两者有机地结合成一种教学方法,适合我国绝大部分地区的外语教学环境,值得提倡、值得研究,可以成为我国外语教学的基本方法,具有方法论意义。它和我们传统教育思想是否一致呢?它是否根植于中国传统文化?

潘:当前我国外语教学实际中存在很多有悖于中国传统教育思想的做法,如重教轻学,认为"教学"就是"教"与"学"的简单结合,以学生为中心只是停留在课堂组织形式上、并没有调动学生"学"的主动性。在教学研究领域里,普遍重视教法的研究而轻视学法的研究,而且教法一定要追求"创新",结果五花八门的、偏离语言规律的、偏离学生认知规律的"新教法"不断出现。其结果是,具有"创新"意义教学法却不能带来良好的教学效果。在这样的背景下,我们主张回归并发展传统教学法,是具有现实意义的。

外语对比教学法重视母语和外语之间的关系,重视语言自身的规律,重视学习者的认知规律,重视实事求是,与客观环境保持一致。这种观念和主张并不是无源之水,而是根植于中国教育传统,特别是孔子的教育思想。

之所以特别强调孔子的教育思想,是因为其贡献不仅仅影响了中国的教育,而且还影响了中华民族人格的塑造。孔子不仅仅是一位教育家,更是一位精神导师。在我国,乃至在世界,谈教育、教学,都离不开孔子。孔子的伟大,不仅仅在于其思想本身有多伟大,更"在于他奠定了一个教育传统,他的'教'、'学',尤其是'学'的思想,是开创并维系2000年文明的关键,也是中国最优秀的传统之一"。

孔子在《论语·述而》中指出:"不愤不启,不悱不发。"短短的八个字,言简意赅,讲明了"教"与"学"的关系以及如何"教"、如何"学"。宋代理学家朱熹的解释更是画龙点睛:"愤者,心求通而未得之状也;悱者,口欲言而未能之貌也。启,谓开其意;发,谓达其辞。"孔子在《论语·宪问》中说:"古之学者为己,今之学者为人。"可见,孔子重视"学",强调世间的事情都是学会的,"学"的最高境界是"悟","教"的最高水平是三言两语的点拨。积极主动的"学"在孔子的教育思想中占有重要的位置,而五花八门、眼花缭乱的"教"并不是孔子所提倡的。在孔子看来,"学"是主体,比"教"重要得多。

况且,今天我们说的"教",在孔子《论语》中并不是teaching的意思,表示这个意思的词是"诲"。我们考察了《论语》中"诲"和"教"的含义,两者的区别在于对象不同,"诲"的对象是学生,所以是teaching的意思,如"诲人不倦",而"教"的对象是百姓,有"教化"之含义,如"善人教民七年"。"教"源自"斅",意思是"使之学",即"督促学生学"。

从孔子的教育思想、《论语》中"教"与"学"的含义及两者关系、"教"的起源与本义等方面,我们找到并挖掘出了外语对比教学法的文化根源,正是在这样的教育、文化传统里,它才符合我国外语教学的实际情况。

我们认为,任何教学方法都会对教学产生一定效果,但是基于语言自身规律和学生认知规律的教学方法才是最根本的,是优于其他所有教学法的。这是不需要用"术"来证明的"道"。重"术"的教学,往往培养的是"教学秘书",把外语教学,乃至师范教育"工匠"化了,偏离了"学高为师,身正为范"的师训;只有重"道"的教学,才能塑造人格,才不会放弃人格修养这个根本宗旨。基于这样的理解,外语对比教学法重"学"、重母语汉语对外语学习的影响,特别强调母语和目的语的语言结构层面对比,发现异同,尽量减少负迁移,促进正迁移,这是典型注重语言规律的教学法;对比语言结构离不开语言心理、认知心理的对比,学习者的语言心理层面也是对比法关注的重点,这意味着外语对比教学法还是一种基于认知规律的教学方法。

丰:这次访谈让我们理解了语言观、教学法和教育传统三者之间的关系。

所倡导的外语对比教学法,不仅符合我国绝大部分地区的外语教学实际,符合语言规律和认知规律,也根植于中国传统教育思想,乃至中国传统文化之中,是具有中国特色的外语教学法。在实施过程中,要重新挖掘"教"和"学"之间的关系:中国教育传统,特别是孔子的教育思想,认为"教学"的真正含义是"老师教学生自己学",重在"学",体现了哲学上内因和外因之间的关系。这次访谈揭示了外语对比教学法的基本框架,今后的研究可以遵循这一思路,探究具体操作方式,夯实这一具有中国特色的外语教学法。最后,感谢潘老师对我们的指导!

参考文献

CORDER,1983.应用语言学导论[M].李瑞华,译.上海:上海译文出版社.

丰国欣,2004.人文主义思想观照下的英语书面输出:兼论潘文国教授的语言观[J].外语与外语教学(7):10-15.

洪堡特,2001.论与语言发展的不同时期有关的比较语言研究[C]//姚小平,译注.洪堡特语言哲学文集.长沙:湖南教育出版社.

吕叔湘,1942.中国文法要略(上卷)[M].上海:商务印书馆.

潘文国,2001.语言的定义[J].华东师范大学学报(1):97-108,208.

潘文国,2002.语言再定义:人类认知世界及其进行表述的方式和过程[J].语文建设通讯(2):35-38.

潘文国,2008.危机下的中文[M].沈阳:辽宁人民出版社.

王初明,2005.外语写长法[J].中国外语(1):45-49.

文秋芳,2015.构建"产出导向法"理论体系[J].外语教学与研究(4):547-558,640.

ELLIS R, 1985. Understanding second language[M]. Oxford: Oxford University Press.

HUMBODLT W, 1836. On language: the diversity of human language structure and its influence on the mental development of mankind[M]. HEALTH, trans. Cambridge & New York: Cambridge University Press.

KE P, 1999. Contrastive linguistics[M]. Nanjing: Nanjing Normal University Press.

LADO R, 1957. Linguistics across cultures: applied linguistics for language teachers[M]. Ann Arbor, Michigan: University of Michigan.

LADO R, 1964. Language teaching: a scientific approach[M]. New York: McGraw Hill.

LEE W, 1968. Thoughts on contrastive linguistics in the context of language teaching[C]//ALATIS J. Contrastive linguistics and its pedagogical implications. Washington, DC: Georgetown University.

ORTEGA L, 2009. Understanding second language acquisition [M]. London: Hodder Education.

WARDHAUGH R, 1970. The contrastive analysis hypothesis[J]. TESOL quarterly, 4:123-130.

作者通信地址:435002 湖北师范大学外国语学院；fenggx@hbnu.edu.cn/ fguox@foxmail.com

语言独特性理论与语言教学探究

——兼论潘文国中国特色外语教学法

丰国欣

摘　要:本文阐述了著名语言学家、语言教育家、资深翻译家潘文国教授的语言独特性理论,论述了语言独特性理论的基本原理及其对语言教学的启示,认为语言教学法,特别是外语教学法的确定,应该注重母语汉语干涉的外语教学环境因素,深刻认识母语汉语和所授外语的独特性语言规律,深刻认识单语地区不同年龄学生的独特认知规律。基于这种认识,本文提出了具有中国特色的外语对比教学法。

关键词:语言独特性理论;外语对比教学法;认知规律;语言教学环境

0. 引言

新中国成立以来,我国的外语教学法研究取得了长足的发展,一个明显的标志就是,从过去单纯引进、应用国外的外语教学法,到一些知名学者创立自己的教学法,或者改造国外的教学法,做了很多有益的尝试,也取得了一些效果(如文秋芳,2015,2017a,2017b)。"但目前外语教育领域存在'小才拥挤、大才难觅''照搬或模仿外国理论''外语教育理论与实践严重割裂'等诸多问题,长期为社会所诟病。"(王文斌,2021a;王文斌,柳鑫淼,2021)鉴于此,本文拟从另一个角度审视中国的语言教学法,特别是外语教学法,即从理论的独特性角度来考察语言(外语)教学法,以便"进一步探寻国外外语教育学与我国外语教育学的共性和殊性,寻求其本质和规律,破除外语教育学殖民化现象"(王文斌,2021b)。本文主张:语言教学法,包括外语教学法在内,不宜泛化,应该结合一个国家、一个地区的具体教学环境来确定,不存在适用于一切语言、一切环境的语言(外语)教学方法;语言(外语)教学必须结合所授语言的特点、学生的认知规律、教授语言(外语)的环境来进行。所以我国语言(外语)教学法应该反映自己的独特性,即中国特色。这至少有以下两个含义:第一,这个教学方法跟其他教学法比较具有独特性;第二,其使用范围具有独特性,只用于中国或者中国某些地区。

本文将依据语言独特性理论,论述语言(外语)教学法的中国特色。但由于中国幅员辽阔,民族众多,各地的语言实际情况不一样,所以本文将要探讨的教学法主要适用于以汉语为母语的广大单语地区,不太适用于少数民族的双语或者三语及以上的地区,也不太适用于港澳台地区。

在以汉语为母语的广大单语地区,汉语对学生的影响根深蒂固,无法摆脱,这不仅表现在语言表达方式上,而且还体现在语言观念、思维、认知等方面,因此语言(外语)对比教学法是值得提倡、推广的,也能反映其中国特色(丰国欣,2020)。本文拟在前期研究基础上,从语言独特性理论角度论述语言(外语)对比教学法的中国特色,以便为"构建中国特色外语教育理论"(王文斌,2016;李民,王文斌,2021)做一些探索性的工作。

1. 语言独特性理论的基本原理

1.1 根据语言特点进行语言教学

通过语言对比发现语言特点,根据语言特点进行语言教学,这是语言独特性理论确定的前提。著名语言学家、语言教育家潘文国先生(1997a,1997b,2002,2003a,2003b,2006,2010,2011,2013,2014)立足于汉语、英语规律及其影响,撰写了系列文章和专著,阐述了语言独特性理论的基本原理和语言教学主张,对语言(外语)教学法的研究具有重要启发和影响。

语言独特性理论首先包含的就是语言对比原理,掌握了这一原理就有可能发现语言特点、语言规律、语言本质。人们通常认为对比语言学始于查尔斯·弗瑞斯(Charles Fries,1945)和罗伯特·拉多(Robert Lado,1957),这两位学者特别强调对比语言学对于第二语言教学的意义,著名的对比分析学者卡尔·詹姆斯(Carl James,1980)十分赞同这一点。随着对比语言学深入的研究,其重心渐渐由针对第二语言教学转移到语言本体(Krzeszowski,1990;Chesterman,1998),尤其是我国一些知名学者重新思考对比语言学历史,发现其源头可以追溯到注重通过对比发现语言特点的沃尔夫(Whorf)、叶斯帕森(Jespersen)等人(潘文国,2006)。

洪堡特早在二百多年前就指出:"只有当人们看到语言这一观念有这么多种体现,并能对不同民族的语言特点从个别和一般方面进行比较和对比(compare and contrast)之后,才能够更清楚地理解一个民族的语言及其特点。"沃尔夫(1941:240)认为:"'对比语言学',它旨在研究不同语言在语法、逻辑和对经验的一般分析上的重大区别。"叶斯帕森(1951:346-347)则提出了不同于传统的"比较语法"概念,虽然措辞是"比较",却有"对比"的含义:"这种比较不必局限于属于同一语系、同一起源而通过不同道路发展起来的语言,对差异最大、起源迥然不同的语言也可以加以比较。……更深刻地理解人类语言和人类的思维的最内在的本质。"

三位语言学家的研究虽然各有不同,但至少有一点是一样的:语言的对比研究并不是一开始就考虑语言教学的,而是先认识语言及其特点,"不同的语言有不同的划分和组织方式"(祝丽丽,王文斌,2021),再根据语言特点进行语言教学。

我国许多语言学家和语言教育家都在呼吁建立汉语自身的语法系统,推出适合汉语特点的教学法,同时也使以上研究主张在中国广泛接受,这方面的研究成果斐然。潘文国(2006)认为,中国对比语言学研究具有以下原则:共性与个性并重,更加注重对比研究的哲学基础,对比分为语言结构(表层)、语言表达法(中层)和民族思维(深层)等三个层次;表层对比用于二语教学,中层对比用于翻译,深层对比服务于个别语言和语言本质的探讨。在这些对比原则指导下,我们发现"汉语语法是隐形的,英语语法是显性的;汉语语法是柔性的,英语语法是刚性的……汉语定性为语义型语言、音足型语言,英语定性为形态型语言、形足型语言"(潘文国,1997b:113-115)。

这不仅是对比语言学的成果,而且为语言教学研究、翻译学研究奠定了理论基础,带来了重要的启示:在大量引进外国教学法的时候,要注意并非每一种教学法都适用于任何语言、任何环境。这可从很多语言学家的研究中获得佐证:

著名语言学家、语文教育家张志公(1980:490-491)认为《马氏文通》以来的汉语语法研究"……没有能够抓住汉语的主要特点……所以始终没有建立起在具有我们自己的特点的基础上准备的描写语法,当然也不能在描写语法的基础上建立起教学语法"。张志公(1985:350-351)还认为"语文是个民族性很强的学科……需要对我们长期的传统语文教育进行认真的研究"。另一位语文教育家戴汝潜(2003:16)提出了"汉字决定论",认为"汉字是汉语之魂",所以"科学的语文教育基于识字教育科学化的实现"。法国汉语学家白乐桑(Joël Bellassen,1997:565)一直实践着字本位的汉语教学法,认为中国文字的特殊性以及中国文字和语言所特有的关系,是汉语的独特性。著名语言学家、语言教育家吕必松(2003:1-2)认为语言教学既要由教学内容来决定,又要和语言特点联系在一起,但"我们至今还没有找到一条符合汉语特点和汉语学习规律的教学路子"。

上述语言学家从不同的角度强调,并不是每一种教学法都通用于任何语言,教学法的确定是建立在具体语言特点、语言规律的基础上。语言特点和规律是相对而言的、是比较而言的,所以对比教学法是我们必须倡导的,适合我国语言(含外语、二语)教学环境,能够体现中国特色。

潘文国(2002:305-314;2003b)正是通过对比建立了汉语字本位理论,从语音教学、汉字教学、词汇教学、语法教学等方面阐述了它用于汉语教学的原则。例如,"词本位的词语教学是个别的、孤立的……而字本位的词语教学是成体系的,以一个个字为中心,可以形成一个个字族。掌握了这个方法,就可以以字带词,大大提高学习汉语词语的速度"(潘文国,2002:312)。所以,"……可借助语言的对比研究提升教学效能"(王文斌,2017;祝丽丽,王文斌,2021)。这说明:语言本体理论是通过对比发现的,可以用来指导语言实践,特别是指导语言教学;具体语言理论指导具体语言教学,学理更加明显、逻辑更加顺畅、效果更加理想。很难想象,能够用别的语言理论来设计汉语词语教学原则。

那么,汉语的特点和规律对汉语教学(含对外汉语教学)产生了哪些影响?对外语教学有哪些启示?

1.2　汉字是汉语教育的重中之重

汉语的独特性最大程度地表现在汉字上,汉字是汉语教育的重中之重。这是由汉语"语言类型的特殊性""文字类型的特殊性""语言与文字的关系"和"语言研究的传统"(潘文国,2014)决定的。由于"字是汉民族认知世界的基本单位"(潘文国,2002:106),所以字成为汉语编码机制的核心,作用于汉语的各个层面,使汉语拥有两套编码体系:字和语音。这与拼音文字只有语音编码形式大不相同。

汉字的独特性意味着汉语教学必须解决两个瓶颈问题,"一个是汉字教学,一个是汉语书面语教学"(潘文国,2014),这与中国传统语言研究以文字为中心,即文字学和文章学,是一致的。在张志公(1985:192)看来,语文教育"就抓两件事,一件是识字,一件是写文章"。根据《说文解字》,识字教育完全可以做得生动有趣,若"硬把字看作一个个无法分析的最小音义结合体'语素',甚至把汉字比作西方的'字母'让人死记硬背要有效得多"(潘文国,2014)。

关于写文章,刘勰在《文心雕龙》中说的一句话是灵魂:"因字而生句,积句而成章,积章而成篇。篇之彪炳,章无疵也;章之明靡,句无玷也;句之清英,字不妄也。"其意思是:"前一部分我叫它'生成论',即汉语文章的构成,是在'字'的基础上开始逐步形成句、章、篇的。……后一部分我叫它'调控论'……从'篇'的整体要求出发,对章、句、字进行调节。"(潘文国,2014)这是"字"在篇章中的作用机制。

"字"在语言组织结构中的编码机制和矫正机制,正是字本位教学原则的依据和体现(潘文国,2003b),具有深刻的理论意义和较强的实践意义。

在理论上,字本位教学原则使我们不得不思考语言研究和语言教学的关系:两者既紧密又疏远(潘文国,1997a)。"紧密性"就是理论联系实际,语言研究的理论成果即刻用于教学等实践;但"紧密性"并不总是成立的,很多情况下两者之间存在着"疏远性"。原因有二:一是语言研究和语言教学性质不同,前者具有超前性,后者具有滞后性;二是语言研究和语言教学目的不同,不可能总是统一起来。事实上,大部分语言理论不适用于语言教学,或者不是主要为了教学,"只有传统语法,从它两千年前在希腊诞生的那一天起,就是为了语言教学特别是外语教学,它的目的就是在于如何用最简单有效的方式、在最短的时间内将某种已知的语言教会给不懂它的人"(潘文国,1997a)。

其实,还存在第三种情况,即"启示性"。语言研究成果既不是即刻"用于"教学,也非"不用于"教学,而是启发教学建立自身的理论体系。当然,"紧密性""疏远性"和"启示性"并不总是相互独立的,有时会重叠,有关联,只是侧重点不同而已。语言独特性理论对教学实践的主要作用就在于"启示性",启发各种语言(外语)教学应该结合所授语言的规律、学生的认知规律和实际教学环境,建立有个性的、有特色的教学理论体系。"启发性"是相互的,不仅语言教学可以受到语言研究的启发,语言研究也可以受到语言教学的启发。

因此,我们主张,不必刻意在教学中运用大量的"新"理论,以体现自己的教学法"新",关键要看理论和教学之间的逻辑联系、学理关系是否站得住脚,只要站得住脚,尽可放心地把传统语法运用在教学之中,一味地求"新",其实是不得法的表现。从独特性理论角度,我们提倡积极从事为语言教学服务的语言研究,这样既能达到研究语言本体的目的,又能起到研究指导教学的作用。

独特性理论教学原则的启示是,语言理论研究不必急于用在教学中,《马氏文通》以来汉语研究过度受到西方语言的影响,人们从正反两面的经验教训中找到了探究汉语个性的路子:"一方面要容许理论工作者背离目前的路线做一些探索,不要因为其与教学现状相去颇远而大惊小怪;另一方面又要密切注意理论界的动向,分析它对语言教学具有的潜在的意义和影响。"(潘文国,1997a)

语言理论研究与语言教学既要保持一定的"疏远性",又要留心语言理论研究对语言教学的潜在影响,同时还要分析是否存在"启示性"。这是第一个总体实践原则。

还应注意,任何语言作为母语的教学和学习,都存在口语和书面语教学与学习的问题。学习者在生活中会渐渐习得了口语,去学校学的是书面语。如果是学习外语,则口语和书面语都主要在学校学习。"对本族学生来讲,现在的所谓语法体系完全可以不讲或者少讲,而把重点放在词汇和表达法上……而对非母语学生,则必须由语法导入,其使用的语法体系不要受学术界争论的干扰。"(潘文国,1997a)

在教学实践中,区分对待母语学生和非母语学生是非常有效的,千万不能混淆两者,不能一味追求"淡化语法"的"潮流"。这是第二个总体实践原则。

独特性理论教学原则的又一个启示是,语言学及语言教学研究是具有民族特色的,那么探寻汉语自身的独特性理论以及汉语与各种外语之间关系的独特性理论,以便建立"中国特色语言学""中国特色语言教学研究""中国特色的外国语言学"和"中国特色的外国语言教学研究"是十分必要的。

潘文国(2011,2013)首先讨论了研究汉语独特性理论的必要性,并就"科学无国界"等论调进行了逐条批驳,提出了建立"中国特色语言学"的理由;随即指出汉语独特性最主要的三个方面,即汉字、汉字与汉语联系,以及汉语语法;最后指出不同的语言需要不同的教学理论和方法,汉语的独特性决定了必须要研究独特的汉语教学理论和教学法。

洪堡特早在19世纪就指出:"在研究汉语时,人们通常注意到的是汉字的特点以及汉字与汉语的联系,对汉语本身的语法结构则不大关注。然而,汉语的语法结构是极为独特的,从所有语言的语法差异来看,汉语可以说自成一类,而不是某一具体语言的亚种。"

洪堡特在此谈到了汉语的三个独特性——汉字的特点、汉字与汉语的联系、汉语本身的语法结构,是十分精辟的。法国汉学家白乐桑(1997:565)也有类似的论述:"无论在语言学和教学理论方面,还是在教材的编写原则方面甚至在课程的设置方面,不承认中国文字的特殊性以及不正确地处理中国文字和语言所特有的关系,正是汉语教学危机的根源。"

所以,讲授任何一种语言都必须认识这门语言的独特规律,并将其用于该语言教学中,即用该语言的规律来教授该语言,承认了一门语言的独特性就必须承认这门语言教学的独特性,这是最有效的教学原则。这是第三个总体实践原则。

1.3 独特性理论是通过对比的手段获得的

对比是人们认识客观世界、从事科学研究的最普通、最常见、最有效的手段,通过对比人们能够发现事物之间的异同点、一种事物特有的特征。语言之间的相对性也决定必须通过对比研究才能发现一门语言的特征,才能建立这门语言的独特性理论。

如何进行对比?首先是国内学者普遍认可的对比三个层面:表层结构形式的对比(表层)、表达法的对比(中层)和语言心理及思维方式的对比(深层)(刘宓庆,1991;潘文国,2003a)。三个对比层面是相互联系的,头两个层面无法摆脱第三个层面而独立进行,因为无论是表层还是中层,最终必须从深层上得到解释。三个对比层面与对比目的一致:语言对比的目的是研究语言,达到认识语言独特性的目的,而认识语言独特性是为教学、翻译服务,是为了了解语言心理和语言思维。所以对比的目的可以确定为以下三个:"第一个层面仍然是语法和语音的表层。其目的是为初学者提供一根学习的拐杖。第二个层面是语言表达的层面,在国外更多地表现为语篇和语用的对比研究以及对'社交能力'的强调。第三个层面则是语言心理的对比。……目的是探索隐藏在语言的不同表达法后面的文化和心理背景,探索人类语言共同的本质和各民族语言特有的性质,更好地理解和使用语言。"(潘文国 2003a)

在初中级阶段,头两个对比目的更有利于教学、学习,也能为今后的研究打下基础,第三个目的主要有利于高级学习者、语言及其教学的研究者,以便探讨语言深层次本质。

我们在潘文国论述的基础上分别从语音、词法和句法等层面进行了考察,认为对比研究有独特之处是立足于一种语言观来考察另一种语言观,便于两种语言观相互撞击,产生新的思想火花,这是在单纯母语环境里所看不到的,因为母语的本能常常掩盖了语言事实;在操作层面,我们建议对比研究应该围绕发现问题、提出假设、论证假设和得出结论这几个环节进行(丰国欣,2012;2016:21-22);最终的目的就是剖析语言编码机制、语言逻辑的等深层次属性(丰国欣,2013;2016:6-14)。

当然,对比研究,挖掘语言的独特性,必须以良好的语言修养、较高的语言水平和能力为前提,必须结合具体教学与学习环境、结合具体语言的性质,形成具体的做法。一般来说,除了少数边疆地区、港澳地区外,我国大部分地区都是单语环境,很难有地道的外语口语交流机会,听说的资源是极其有限的,所以我们提倡养成阅读外文的习惯,这是输入地道外语的最重要途径;而且要尽量阅读一些经典文学名著、与自己专业有关的文献;阅读能力的提高,对写作能力有直接的作用,所谓"读书破万卷,下笔如有神",就是这个道理;不仅如此,较强的阅读能力还能促进听说能力的改善,因为各种语言技能是相通的,而不是孤立的。中文水平的提升,同样依赖阅读,母语口语能力一般是自己在汉语环境里掌握的,书面语得靠自己有意识地通过大量的阅读去学习、去感悟。对于具体怎样阅读,潘文国(2010)提倡"读文写白":学习中文,读写为主;读以文为主,写以白为主;读文写白,一以贯之。

2. 语言独特性理论对语言教学的启示

2.1 尊重客观规律、特色和个性

基于语言独特性理论的语言教学,特别尊重客观规律、特色和个性。无论是母语教学,还是外语教学,都是语言教学,都应该遵从所授语言的规律,重视

所授语言的环境,如果是外语教学,还要重视母语的干扰。这是语言独特性理论语言教学的基本观点,也是实施具体语言教学时应该考虑的原则。此外,要注意教学法和具体教学办法、方法之间的区别,语言教学法应该理解为一套教学原则的体系,而不是浅层意义的具体办法、方法之类,只要能够体现一种教学法的教学原则的办法都可以使用。

那么,在教学中应该具体选择或者采用哪个语言教学法?我们基于潘文国的语言独特性理论,提出确定语言教学法的三个标准。

第一,教学法必须符合实际语言教学环境。本文所讨论的语言教学情况只适合中国广大的单语地区,即以汉语为母语的广大地区,汉语的影响根深蒂固,外语教学法必须考虑母语的迁移作用,适合采用注重母语影响的外语教学法。在国内外一些有较大影响的外语教学法中,如语法翻译法、自觉对比法、听说教学法(也叫句型教学法)、直接法、默示法、情景法、交际法、认知法、暗示法、全身反应法、沉浸法、自然教学法、任务型教学法、产出导向法、写长法等,只有语法翻译法和自觉对比法高度注重母语在外语教学和学习中的作用。在一定的程度上,自觉对比法是从语法翻译法中演变而来的,基于这种实际教学环境,结合教学法演变规律,我们提出了适合我国广大单语地区的外语教学法——外语对比教学法(丰国欣,2020),主张在外语教学中利用师生双方母语一致的特点,注重外语和汉语之间的对比,发现外语和汉语之间的异同点,利用迁移规律,最大程度促进正迁移,外语教学中注重"学",遵守"老师教学生自己学"(潘文国,2017)的原则,充分遵循外语(目的语)本体规律和学生的认知规律,注重外语对比教学法同我国教育传统的一致性。

第二,教学法必须符合语言规律。其含义,一是所确定的语言(外语)教学法首先必须能够揭示语言规律,然后才能鉴别是否遵从语言规律,二是教学必须遵从所授语言(外语)的观念和规律。由于学习者形成了牢固的母语世界观、思维方式、语言观,在接受一门外语时势必带着母语的种种观念去理解外语,母语的影响无法回避,甚至可以说是用母语来学习外语的。因而,母语和外语的规则交织在一起,给外语学习带来较大的困难。教师必须通过恰当的外语教学法来引导学生发现外语规则,初学阶段需要有意识地教授语法,把语法规则当作"学行车",学生的外语水平达到了一定的程度,才能使语法规则内隐化,才能本能地运用外语。汉语是"字本位"语言,而包括英语在内的印欧语则是"词本位"语言(参见潘文国,2002;2003b)。"字"是汉语的基本单位,语言的各个平面都是以字为基础的,语法规则表现为语义的协调性,字汇量决定词汇量,这样的语言对外国学生来说,入门较难,入门以后随着学习的深入,进步则越来越大;而"词"则是印欧语言的基本单位,语言的各个平面都是以词为基础的,语法表现为形式的一致性,词汇量过于庞大,作为外语或者第二语言,往往入门容易,入门后学习进步则较难。像英语这样的拼音文字,其本质是语音和语言的关系,语音是语言最重要的属性;而汉语的本质是文字和语言的关系,汉字的独特性造就了汉语有两套表达系统:字和语音。如果说汉字是汉语最重要的要素,那么语音则是西方拼音语言最重要的要素。在外语教学中,采用外语对比教学法有利于注重区分母语和外语不同的规律。

第三,教学法必须符合学生的认知规律。不同年龄的学生,其认知能力、认知风格是不同的,教学内容、难易程度、学习量等必须做到循序渐进,而不能拔苗助长。外语对比教学法不仅注重对比母语和外语之间的异同,还对比不同年龄学习者的认知规律。

2.2 外语对比教学法

我们依据语言独特性理论,对传统的语法翻译法和自觉对比法进行了一些改造,并在其基础上提出外语对比教学法,是具有深厚教育传统的。西方自15世纪以来,语法翻译法就渐渐流行起来;我国改革开放以来,外语教学的语法翻译法是用母语翻译教授外语书面语的一种传统外语教学法,即用语法讲解加翻译练习的方式来教外语的方法。在欧洲的外语教学法中,盛行于15至17世纪的"语法模仿法",算是语法翻译法的雏形。到了18至19世纪,欧洲一些国家确定了语法翻译法的教学地位并沿用此法。语法翻译法以语法为纲,选用经典文学作品作为课文,课文里所出现的语法现象同语法教学一致,具体教学过程中使用母语和目的语互译的方法。自觉对比法是20世纪30至50年代在苏联兴起的一种外语教学法,也主张选用经典文学作品为课文,通过母语与目的语的翻译和结构对比,自觉掌握目的语。它客观上成了语法翻译法的继承和发展,两者结合在一起,浑然一体,同多于异,都依靠母语,都注重母语在外语教学和学习中的影响、母语和目的语的异同,都注重引导学生通过文学作品感悟目的语。这两种教学法,从具雏形到成熟,盛行500多年。然而,到了今天,很多"新"教学法层出不穷,各种技术手段大量运用,各种课型应有尽有,人们似乎早已冷落了这两种教学法,殊不知它们仍然充满着活力。在我国,尤其是在广大的单语地区,外语教学中真的可以忽视母语吗?其实不能!近些年来人们在运用"新"教学法过程中仍然自觉或不自觉地进行对比、翻译,仍然无法淡化语法教学,语法翻译法和自觉对比法其实没有被淘汰。母语和目的语对比、母语和目的语互译、语法学习,这是外语教学和外语学习过程中最基本的途径和方法,无论社会怎么进步、高科技怎样影响人们的生活,这一点是不变的。正因为如此,语法翻译法和自觉对比法不仅在历史上具有顽强的生命力,而且在当今科学技术迅猛发展、信息交换十分便利的情况下仍然大有作为。只有在不轻视这些基本途径的前提下,做一些创新,引入一些新的技术辅助手段,在学理上、逻辑上才讲得通。

总之,在语言独特性理论的框架下,我们所提出的外语对比教学法,是一种适应单语教学环境、遵从语言规律和学习者认知规律、具有深厚底蕴的语言(外语)教学理论。

3. 结论

我们知道,所有的教学法,哪怕只是一个具体办法,对教学都会起到不同程度的作用,都值得提倡,也都值得研究。但是,相比之下,我们认为适应具体语言教学环境,基于语言规律和认知规律的教学法才是最本质的、最值得提倡和研究的,其作用也是最大的。本文探讨了语言独特性理论和语言教学之间的关系,可以概括为语言教学是以语言独特性理论为基础所形成的教学法体系,其本身就是语言学理论的一部分。教学法所涉及的语言理论必须具有独特性,这样语言教学才有针对性。考虑到语言教学实际环境、具体语言规律和学生的认知规律,很难找到一种放之四海而皆准的语言教学法,因为语言理论具有独特性,所以语言教学法也具体独特性,这种认识才符合学理、符合逻辑,才是科学的,效果更胜一筹。

本文不赞成孤立考虑如何教外语,还要考虑到母语(汉语)影响外语的实际教学环境,倡导外语对比教学法,并赋予传统的语法翻译法和自觉对比法以新的含义,主张在我国外语教学中采用这个教学法。归纳起来讲,这种教学法有三点精髓:注重母语(汉语)干涉的外语教学环境(单语环境)、深刻认识母语(汉语)和外语的独特性语言规律、深刻认识单语地区不同年龄学生的独特认知规律。

在语言独特性理论框架下,本文所提出的外语对比教学法,跟其他教学法相比,具有独特性,其使用范围也具有独特性,即适用于中国广大单语地区,是一种具有中国特色的外语教学法。以此为基础,"构建具有中国特色的外国语言学和外语教育学理论体系,为世界语言学和外语教育学研究贡献中国智慧"(王文斌,2021b),以便真正"实施'中国的'外语教育,而不是外语教育'在中国'"(王文斌,柳鑫森,2021)。

参考文献

白乐桑,1997.语文教材中文、语领土之争:是合并,还是自主,抑或分离?[C]//《第五届国际汉语教学讨论会论文选》编辑委员会.第五届国际汉语教学讨论会论文选.北京:北京大学出版社.

戴汝潜,2003.大成全语文教育[M].北京:机械工业出版社.

丰国欣,2012.语言学中的对比研究[J].英语知识(3):1-5.

丰国欣,2013.作为语言逻辑剖析的对比研究[J].湖北师范学院学报(哲学社会科学版),33(2):21-25.

丰国欣,2016.汉英词汇对比研究[J].北京:清华大学出版社.

丰国欣,2020.外语对比教学法的若干问题:潘文国教授访谈录[J].外语教学理论与实践(4):1-8.

洪堡特,2001.论汉语的语法结构[C]//姚小平.洪堡特语言哲学文集.长沙:湖南教育出版社.

李民,王文斌,2021.我国高校外语教育问题研究:外语教育学视角[J].外语与外语研究(1):21-29,144-145.

刘宓庆,1991.汉英对比研究的理论问题(上)[J].外国语(上海外国语学院学报)(4):46-50.

吕必松,2003.汉语教学路子研究刍议[J].暨南大学华文学院学报(1):1-4.

马建忠,1983.马氏文通[M].北京:商务印书馆.

潘文国,1997a.语言研究与语言教学:兼论"汉语言文字学"专业设置的理论意义和实践意义[J].语言文字应用(增刊):58-64.

潘文国,1997b.汉英语对比纲要[M].北京:北京语言文化大学出版社.

潘文国,2002.字本位与汉语研究[M].上海:华东师范大学出版社.

潘文国,2003a.对比研究与对外汉语教学:兼论对比研究的三个时期、三个目标和三个层面[J].暨南大学华文学院学报(1):5-7,52.

潘文国,2003b.汉字在对外汉语教学中的意义[J].纽约人文通讯(创刊号):34-36.

潘文国,2006.语言对比·语言特点·语言教学[J].云南师范大学学报(对外汉语教学与研究版),4(1):1-5.

潘文国,2010."读文写白"是提高中文水平的根本途径[J].中国外语,7(4):1,34.

潘文国,2011.汉语独特性理论的研究与汉语教学[C]//张建民.国际汉语教学研究(第1辑).北京:高等教育出版社.

潘文国,2013.汉语独特性理论的研究与汉语教学[C]//周上之.世纪对话:汉语字本位与词本位的多角度研究.北京:北京大学出版社.

潘文国,2014.汉字:华文教育的重中之重[C]//叶新田.2014年世界华文教育论坛论文集.吉隆坡:马来西亚新世纪学院.

潘文国,2017.孔子是"教""育"家吗?:重读《论语》的启示[J].南大语言学(1):214-260.

王初明,2005.外语写长法[J].中国外语(1):45-49.

王初明,2017.从"以写促学"到"以续促学"[J].外语教学与研究,49(4):547-556.

王文斌,2016.提升学术理论自信,推进我国高校英语专业教学理论本土化[J].东北师大学报(哲学社会科学版)(3):112-114.

王文斌,2017.对比语言学:语言研究之要[J].外语与外语教学(5):29-44.

王文斌,2021a.对外语教学中国化的思考[J].中国外语,18(1):20-21.

王文斌,2021b.关于"十三五"期间的外国语言学及外语教育教学研究[J].外语学刊(2):1-15,31.

王文斌,柳鑫淼,2021.关于我国外语教育研究与实践的若干问题[J].外语与外语研究(1):1-12.

文秋芳,2015.构建"产出导向法"理论体系[J].外语教学与研究,47(4):547-558,640.

文秋芳,2017a."产出导向法"教学材料使用与评价理论框架[J].中国外语教育(2):17-23.

文秋芳,2017b."产出导向法"的中国特色[J].现代外语,40(3):348-358.

张志公,1980.张志公文集[M].广州:广东教育出版社.

张志公,1985.语文教学论集[C].2版.福州:福建教育出版社.

祝丽丽,王文斌,2021.论沃尔夫的语言相对性原则[J].外国语文,37(2):73-82.

CHESTERMAN A,1998. Contrastive functional analysis[M]. Amsterdam: John Benjamins.

FRIES C,1945. Teaching and learning English as a foreign language[M]. Ann Arbor: University of Michigan Press.

HUMBOLDT W V,1977a. On the grammatical structure of the Chinese language[C]//HARDEN T, FARRELLY D. Essays on language/Wilhelm von Humboldt. Frankfurt am Main: Lang.

HUMBOLDT W V,1977b. On the comparative study of language and its relation to the different periods of language development[C]//HARDEN T, FARRELLY D. Essays on language/Wilhelm von Humboldt. Frankfurt am Main: Lang.

JAMES C,1980. Contrastive analysis[M]. Harlow, Essex: Longman Group Ltd.

JESPERSEN O,1951. The philosophy of grammar[M]. London: George Allen and Unwin.

KRZESZOWSKI T P,1990. Contrasting languages: the scope of contrastive linguistics[M]. Berlin: De Gruyter Mouton.

LADO R,1957. Linguistics across cultures: applied linguistics for language teachers[M]. Ann Arbor: University of Michigan Press,1957.

WHORF B L, 1941. Language and logic[C]//CARRELL J B. Language, thought and reality: selected writings of Benjamin Lee Whorf[C]. Cambridge, MA: The MIT Press.

作者通信地址:435002 湖北师范大学外国语学院;fenggx@hbnu.edu.cn/ fguox@foxmail.com

语言教育误区的分析

——兼论潘文国教授的心理语言学观

丰国欣

摘　要：本文在梳理语言学家、语言教育家潘文国教授有关语言教育误区论述的基础上，结合语言学和心理语言学的有关原理对误区进行了分析，认为语言教育的误区表现在教学、学习、测试等方面，其根源在于混淆了母语、外语、双语等概念，只有正视母语、外语和双语等各自的性质和内涵，以及与之相适应的教法、学法和测法，才能使语言教育沿着合乎语言规律、合乎学生认知风格、与环境相适应的路线进行，才能收到事半功倍的效果。

关键词：母语；外语；双语；教育；误区

0. 引言

受各种因素的影响，语言教学和学习并不总是沿着本来应该走的路线进行，总会进入误区，造成效果不佳，资源浪费。我们知道，影响语言教学和学习的因素有很多，但最本质的是语言结构规律（语言自身的规律）和学习者认知心理因素，其他的因素当然或多或少也有一些影响，但其影响不一定有前两个那么直接、那么明显，只有学习者语言能力和语言心理成熟了，这些因素的影响才能起作用。

这种现象引起了很多专家学者的关注，著名语言学家、语言教育家、资深翻译家潘文国教授便是其中之一。潘先生在系列文章中分别指出并剖析了外语教学与学习、语文教学与学习、儿童与幼儿学习外语、语言测试等存在的误区，对我国语言教学和学习起到了警示作用，同时也指出了克服误区的理论认识，具有深刻的理论意义。

笔者将在潘先生的基础上，着重探讨并分析这些误区的语言学和心理语言学根源，挖掘潘先生的心理语言学观，试图为避免这些误区找到语言学和心理语言学依据。分析误区就是为了避开误区，使语言教学和学习沿着合乎学理、合乎语言规律及认知规律的方向进行，从而提高语言教学和学习的效率。

1. 语言教育的种种误区及其原因分析

语言教学和学习的误区表现在很多方面,造成了不同程度的负面影响,导致语言教学和学习的效果很不理想,原因是多方面的。本节将从语言学和心理语言学的角度分析外语、语文教学和学习的误区,同时也讨论儿童与幼儿学习外语,以及母语、外语测试的有关问题。

1.1 母语和外语关系及其对语言教学和学习的启示

母语和外语之间的关系,看似简单,实则不然,受很多因素影响,又同母语、外语是哪种具体语言有密切关系。不分青红皂白,简单处置,是导致语言教学和学习进入误区的主要原因。

母语通常指的是一个人出生以后所接受的和所学的第一语言,通常是从父母亲那里习得的,故而称之为"母语"(mother tongue 或 native language)。母语是隐喻性表达法,其本质就是第一语言(the First Language)。与母语相对的有两种情况:一是第二语言(the Second Language),指的是在双语或多语地区,儿童除习得母语以外,出于社会交际和生活的需要,还能在自然的环境里很快习得另一种语言,即第二语言,其性质和第一语言一样,但这不是本文所涉及的概念;本文所涉及的是另一种情况,即外语,指的是学习者一般是在课堂中作为一门课程学习的,带有明显的目的性,要么是一种专业或职业的要求,要么是升学或留学的要求。我国除少数边疆地区以外的大部分地区属于这种情况,母语和外语之间的关系大多数情况下指的是汉语和英语之间的关系。

从以上定义来看,作为母语的汉语和作为外语的英语,其含义也是不一样的。除此以外,两种语言的性质更是不同的。

第一,从宏观上看汉语和英语的性质。汉语是字本位语言,而英语是词本位语言,两者性质不同,各自的教学方法和学习方法也不同。词本位语言"说的(口语)和读的(书面语)基本上是一致的,从会说到会看、会念比较简单"(潘文国,2008:74),其词本位性质导致"西方语文教育以'词'为单位,各门课其实都承担着扩大学生的词汇量的职责,分工合作,分进合击,共同承担着提高学生语文水平特别是扩大词汇量的职责"(潘文国,2008:74),但汉语的情况则完全不同,"第一,听说和读写是分家的,听得懂跟看得懂、写得出完全是两码事;第二,我们的语文教育是以字为单位的,识了一定数量的字,各个学科都可以用。……字让语文老师来教是天经地义的"(潘文国,2008:74)。可见,词本位语言的教学和学习的切入点、突破口是"词",而字本位语言的教学和学习的切入点、突破口是"字"。

第二，我们从语法的角度看汉语和英语的组织规律。潘文国教授认为："汉语语法是隐性的，英语语法是显性的；汉语语法是柔性的，英语语法是刚性的……汉语定性为语义型语言、音足型语言，英语定性为形态型语言、形足型语言。"对语言教学和学习来说，语法是极其重要的内容，不可忽视，但不见得每种语言的教法和学法都是一样的。汉语和英语的语法差异如此之大，我们必须区分对待。即便是同一种语言，作为母语和作为外语，其教法和学法也不一样，这是因为教法和学法具有独特性。

第三，语言的不同性质决定了不同的"教"和"学"的方法。"词本位的词语教学是个别的、孤立的：'英语''汉语''法语'要一个个分别地学，就好像 English、Chinese、French 是不同的词一样。而字本位的词语教学是成体系的，以一个个字为中心，可以形成一个个字族。掌握了这个方法，就可以以字带词，大大提高学习汉语词语的速度。"这给我们的一个重要的启示是，在大量引进外国教学法的时候，我们不能只顾介绍、对其进行实证研究，最后推广，一定要注意这样一个事实，并非所有教学法都适用于任何语言、任何环境。

因此，我们在确定教授母语和外语、学习母语和外语的方法及切入点的时候，一定要思考其含义、性质、获得方式、学习环境等因素。如果不顾这些因素而盲目地采取一种学习方式、盲目确定切入点，就会违反语言规律、违反语言学习规律。这是母语和外语教学、学习的一般性原理，但是在实际教学中并不是每个人都能够做到的，甚至存在很多误区。著名语言学家、语言教育家、资深翻译家潘文国教授在其系列文章和相关专著里总结了当前母语、外语教育中存在的误区，并对误区进行了分析。本节在此基础上进一步剖析这些误区，并分析纠正误解的理据。

1.2　用教外语的方法教母语

根据汉语的性质，语文教学应该从识字开始，传统的语文教学就是这么做的，而且千百年来的教学实践证明这是有效的。这个结论要比做多少实验来验证都可靠得多，因为这种教学方法体现了四个重要原则："第一，学中文从识字开始；第二，集中识字；第三，大量识字；第四，读写分开……"（潘文国，2008：75）语文教育的一个目标就是母语教育，说话已经在自然状态里不知不觉中习得了，一般来说，儿童在5岁的时候基本具备了较为完善的口语能力，需要有意识地学习汉字。过了识字这一关，就意味着为学好中文打下了扎实的基础。首先，儿童记忆并积累了大量的汉字后，就潜移默化地感知并掌握了字的音形义乃至汉语的语言规则，为今后学习书面语奠定了基础，这是"语法"方面的作用；其次，汉语具有字汇量决定词汇量的特点，掌握了大量的汉字，很多词甚至不学自明，这是"词汇"方面的作用。当然，学中文从识字开始的最大好处就是遵循了汉语自身的客观规律。

然而,从一个时期开始,语文教学偏离了自身的规律,甚至把这种偏离传统的教法当作学术时尚,当作"先进"的教学法。例如,1982年黑龙江省在几所学校进行了"注音识字,提前读写"的实验,一改传统小学语文教学结构,变"先识字,后读书"为"先读书,后识字"或"边读书,边识字",试图解决学汉语同识汉字的矛盾(参见潘文国,2008:76)。从此,这个教学法风靡全国,影响全国,时至今日仍然盛行于各个学校。

那么,这个"矛盾"到底解决没有? 答案是:没有,也不可能! 这是因为汉语的规律和汉字的规律并不一致,汉语表达可以很简单而所用的汉字可以很难,反之,汉语表达可以很难而所用的汉字可以很简单,这是和拼音文字差异很大的地方。"边读书,边识字"在拼音文字里行得通,其语言规律和文字规律是一致的,所谓拼音文字,其实就是"写着的语音",跟口头发出的语音在本质上是一样的。所以,传统语文教学牢牢抓住识字不放,教学从"三、百、千"(《三字经》《百家姓》和《千字文》)开始,体现了语文教学"始于识字、集中识字、大量识字和读写分开"的四大原则。可见,上文提到的"注音识字,提前读写"的实验、其"边读书,边识字"的做法,显然是用教外语的方法教母语。

这样的实验,不仅没有解决问题,反而还引起了很多问题,具体表现在语言和语言心理两个层面:在语言层面为了追求读写同步,不断降低课文难度,以便减少汉字,结果教材内容深度和学生智力发展严重不匹配;在语言心理层面,由于读写同步在客观上误导学生认为汉字是可有可无的东西,甚至把拼音当成汉语的文字了,这样,汉字的作用、重要性在学生的心目中渐渐丧失,久而久之造成厌学、厌记情绪,形成恶性循环(参见潘文国,2008:76-77)。我们知道,不同于西方语言(只有一套编码系统,即语音),汉语有两套编码系统,即语音和文字,文字在汉语里不仅仅是"符号的符号",而是符号本身,也就是说,汉字是汉语的一部分,一个极其重要的组成部分。汉字的音、形、义形成了传统小学三大部门——音韵学、文字学和训诂学,汉语几乎所有的规则都根植于汉字。汉语的社会职责和功能也体现在汉字上,由于方言口头交流障碍很大,汉字就很好解决了这一问题。汉字除具有科学性、社会性功能以外,还具有艺术性,汉字以其变化丰富的线条美,形成了独树一帜的书法艺术。

总之,小学语文课读写同步的教学法,其实就是用外语的教学方法教母语,造成的结果是,并没有帮助学生认识汉语的规律,而是混淆,甚至破坏了汉语和汉字各自的规律,不能让学生认识到中文的真实面貌;同时这种教学法没有遵循学生的认知规律,没有遵循循序渐进的教学原则。难怪语文教学专家邵宗杰、游铭钧(2005)大声疾呼:"语文教学先学拼音再识字是个错误!"

1.3 用教外语的方法教母语的具体表现

潘文国教授先后在不同的场合论及这个问题,认为这种外语式读写同步的教学法:第一,没有处理好口语和书面语之间的关系,外语学习始于口语,而母语学习始于书面语,因为儿童在上学之前就已经习得了口语;第二,过分注重语法知识的讲解和语法分析,学外语一定要学语法,而学母语则不需要,如果非要学,那无非就是把学生已经懂了的内容再贴上语法标签而已;第三,过分强调"知识点",外语教学具有工具性目的,需要细分成一个个知识点,便于学生理解掌握(潘文国,2008:77-82),而学生的母语本能让他在潜移默化中接受母语知识点,所以教学重点在于引导学生鉴赏课文(作品),形成良好的中文修养。总之,潘文国教授认为"'五四'运动以来的语文教学采取的可以说基本上是与外语教学类似的方法,这是造成语文教育效果不高的重要原因"(潘文国,2008:78)。

以上说的是语文教育中教学方法没有遵循母语汉语规律和传统的种种表现,在教学内容上同样存在种种误区。潘文国教授在几次演讲时都谈到这个问题:在母语教育内容上主要存在两个问题,一是大量讲语法,二是误认为母语不用学。不管什么语言,作为母语,其语法儿童自己在母语环境里能够习得,无须学习;而作为外语,就必须专门讲授语法,学生在非外语环境中几乎没法感受到语法,必须有意识地学习才行,否则很难掌握外语。所谓母语不用学也能掌握,指的是口语、书面语、汉字、文化等,而文字、音韵和训诂,不学是不会的。

以上的讨论归根到底说明了这个道理:母语的规律与外语的规律、母语的教和学与外语的教和学,是两回事,它们之间存在一定的独立性,因而要区分对待。但这并不说明两者毫无联系,事实上母语和外语之间有密切的联系,至少在中国广大单语地区,我们是通过母语来学外语的,或者说,外语学习无法摆脱母语的干预、迁移。这是必须正视的事实,不承认就不符合客观实际。因此,在外语学习过程中要重视母语的学习,"母语能力是外语学习的天花板"。

这个观点在中国广大单语地区尤为重要,母语汉语在儿童成长过程中渐渐成为儿童认知世界、表达世界的方式,"对事物的认识和分类,包括对事物的价值判断,这就是词汇","组织思想、进行表述的方式,这就是语法"。母语也是今后学习其他学科、从事各项工作的基础,是形成民族归属感、形成并承载世界观的途径,因此我们可以说"母语是一个人的立身之本"(潘文国,2013),甚至起到了元认知的作用,难怪北京外国语大学校长杨丹教授在《光明日报》撰文疾呼外语院校要发展中文学科(杨丹,2020)!

正因为母语在人的成长过程中起着如此重要的作用,所以我们不能以削弱母语、损害母语为代价来学外语。所谓外语学习"不要输在起跑线上""幼儿是学习外语的最好时期"等误解在侵蚀着母语。这两个论调至少没有考虑到两个问题:一是儿童的认知能力还不足以让他在单语环境里过早学习外语,二是在单语地区不具备过早学习外语的环境因素,强行进行只能损害母语。单语地区学习外语的时间一再提前,甚至提前到婴儿时期,这是十分不科学的做法。迄今为止,没有任何机构或研究者"能够提供一个数据,证明从小学开始学外语的人,比从高中开始学的人,在成才时表现出更大的优势……从初中开始,我认为已经足够了"(潘文国,2013)。

问题讨论到此,其实又出现了另一个问题:从数量上看,母语和外语就是两种语言,两种语言等于"双语"吗?

1.4 单语地区的双语教学是否可行

在母语和外语的关系上,还有人认为母语加外语就是双语。这种认识充其量是数量概念,"双语"可不是简单的数量,而是一个学术概念,但很多人并没有认识到这一点。例如,随处可见的各种"双语学校""双语幼儿园""中英文学校"等,这些学校往往都是"重点"学校、"贵族"学校,即便学费十分昂贵,想读的人依然很多,原因是这样的校名很是吸引人,让人以为从双语学校或幼儿园出来的孩子一定就是双语者。其实稍加考察,这些学校或幼儿园和普通学校或幼儿园在本质上没有多大区别,很难想象,仅靠几名外语教师就可以创造出双语环境。看来,分析、认识双语的本质十分必要。

双语,简单地讲,就是能够流利地说两种或者两种以上的语言,同一个人能够交替使用两种或者两种以上的语言(Mackey,Siguan,1957:51)。所以双语里的"双"是一个概数,不一定是"两种"的意思,还涉及"三语""四语"等情况。魏因赖希(Weinreich,1953:5)把交替使用两种或两种以上语言的实践叫作双语现象,把从事这种实践的人叫作双语人。双语现象中最本质的问题就是双语之间的关系。对此,魏因赖希(1953)提出了三种假设性的关系:从认知心理学的角度看,知识(信息)以概念形式储存在大脑中,以语言表征形式提取。我们以"一种书写工具"为例加以说明:第一,双语者大脑中存在两种概念,分别对应英语的"pen"和汉语的"钢笔","pen"和"钢笔"并不直接产生联系,而是并存于大脑,这种关系就是"双语共存";第二,双语者大脑里只有一种概念("一种书写工具"),表现为两种语言表征,即英语的"pen"和汉语的"钢笔"相互联系,这种关系叫"双语复合";第三,把母语作为中介,第二语言表征或者外语语言表征才能跟概念联系在一起,即经过了"心译",英语的"pen"通过母语汉语的"钢笔"才能和概念"一种书写工具"联系起来,这种关系叫"双语依存"。所以双语现象不是简单的两种语言的问题,其本质体现了概念和语言表征之间的关系。

双语教学,不管在实践中存在多少误解,毕竟客观存在于单语地区,我们不得不给它下一个定义:"双语教学是指通过学校教育中其他学科的非母语教学来达到帮助学习者掌握两种语言的目的。也就是说，光给中国人开设外语课不算双语教学，一定要用英语来上学校规定的其他科目如数理化或史地等，才算是双语教学。"(潘文国,2008:87)这是因为英语，乃至所有印欧语，都是"词本位"语言，双语中概念的语言表征靠词汇实现，单靠外语课解决不了这么庞大的词汇系统，只有所有课程都用外语讲授，才能扩大外语的词汇量，才能培养外语思维能力，才能渐渐克服"双语依存"这种低程度的双语现象。

客观上，中国广大单语地区的双语教学存在着师资缺乏、无自然的双语环境、无配套教材等三大问题(潘文国,2008:87);同时不正确的认识在不同程度上产生负面影响，如"借双语教学名义，将外语凌驾于母语之上的种种主张和做法""凸显英语在教育中的地位，使它由第二语言(外语)提升到与第一语言(母语)并驾齐驱直至最后取代汉语成为第一语言"等(潘文国,2008:87-88)(注:此处两个括号里的内容是笔者所加)。其实，单靠教学很难产生真正的双语，双语教学必须在双语环境里进行才能起作用。

以上是立足于对母语和外语之间关系的误解展开讨论的，实际上测试在整个语言教育中反拨效应同样很明显，也引起了一些误解，使测试走向异化。

1.5 语言测试对语言教育的异化作用

语言测试对语言教育的异化作用，指的是测试在较大程度上偏离了测试的初衷，良好的出发点在实践中不断被误解，反复异化，使得测试对教学、教育的影响表现为负向反拨效应。潘文国(2003a,2003b,2008:82-86)在不同的场合谈到了语言测试对语言教学、教育的异化。总的情况是，测试作为"指挥棒"指挥得并不十分正确，把语言教学、教育引向到"为考而教、为考而学"，"标准化试题越来越刁钻……答案越来越僵硬"，试题"难度有余而高度不足"，"试题烦琐，脱离生活"，"考知识点而不考语言能力"，结果高分低能现象普遍。

从测试目的的角度，测试主要分为水平测试、成绩测试、编班测试、诊断性测试，常模参照性测试、尺度参照性测试等等;从题型角度来，测试主要分为主观测试和客观测试。不管哪一种测试，都包含信度、效度、区分度、实用性、反拨效应这五大属性，只不过不同类型的测试，在具备这五个基本属性的基础上，其侧重点不同。理想状态是，人们总希望信度高、效度高、区分度强、实用性强、总是出现正向反拨效应。但事实上，永远做不到，信度和效度之间始终存在不可调和的矛盾，信度高，效度就会受到影响，效度高，信度总会偏低一点，这是测试的本质(抽样检验)、测试的目的和测试的题型引起的，无法克服;再加上测试的功利色彩、测试条件限制，特别是人们对测试的误解，如高中的所有考试都按照高考的题型、题量进行，大学英语的所有考试都按照大学英语四、六级考试的题型、题量进行，根本不区分水平测试和成绩测试，这些都是无法克服测试在绝大部分情况下产生负向反拨效应。

从教育角度来看,语言测试的题型和内容要体现语言规律、人的认知规律,所考的内容和所学的内容一致。这样,测试和教学、学习之间才能相互促进,相得益彰,测试为教学提供可靠数据,达到检验教学效果、学习情况的目的。这是测试的初衷,但由于上述一些原因,它总是被异化了。这就把测试变成了一件无可奈何的事情,人们对它又爱又恨,因为除此以外,找不到任何别的方法能够帮助检验教学效果、高一级学校录取学生或者选拔人才等。如何克服测试异化带来的弊端? 最要紧的是,正确理解测试的本质和目的,严格根据测试目的采取不同的测试类型,不能不分青红皂白,所有考试都采取同一种测试形式。只有做到这一点,才有可能在较大程度上改善信度和效度之间的矛盾、尽量避免负向反拨效应。

2. 结论与启示

本文所探讨的问题,在宏观上属于语言和语言教学、语言测试之间的关系问题,属于母语和外语之间的关系问题。本文所揭示的误解,无论是对语言教育的误解,还是对母语和外语关系的误解,其根源在于把语言教学单纯当成一件孤立的事情,那当然可以早学晚学,区别不大,忽视了教学要遵循语言自身的规律,要遵循学生的认知规律,要考虑到大环境是单语地区还是双语地区;我们的母语是汉语,属于字本位语言,儿童学习母语汉语,或者给儿童教母语汉语,都应该从识字开始,应该重书面语,而不能用教外语的方法,即从口语开始,来教母语。另一方面,把母语和外语单纯地当成两门语言,进而歪曲了双语的含义,即便是同一种语言,作为母语和作为外语,也是不同的;理解母语、外语和双语这三个概念的性质时出现了偏差,同样忽视了环境因素和学习者的认知能力;从心理语言学的角度看,双语是一个有机整体,从特殊角度体现双语者的概念与表征之间的关系,双语之间存在共存、复合和依存三种关系,在广大单语地区很难形成双语共存和双语复合这两种关系,基本处于双语依存这种关系中,所以在单语地区推行双语教育,由于缺乏环境,很难达到目的,很难让学生在语言心理上、语言思维上形成双语共存、双语复合的语言表征形式,只能停留在程度极低的双语依存表征之中。

在具体实践中,语言教学要区分母语教学和外语教学,教学方法要适应语言规律、社会环境和学生认知风格,既不能用教外语的方法来教母语,也不能用教母语的方法来教外语,也就是说,字本位语言和词本位语言性质、规律不同,因而教学方法也应该不同。这就是说,在实践中应该考虑到语言规律的独特性,如汉语里的汉字规律,语言的独特性决定了教学方法的独特性,要考虑母语和外语环境,特别是广大单语地区,社会环境决定了学生在学母语和外语时所表现出的不同风格,也决定了教师应该采取什么教学方法,进而又决定了双语在单语地区的特殊含义。在单语地区推行双语教育,其探索精神值得肯定,但对效果的期望值不要过高,也就是说,可行性不高。

参考文献

丰国欣,1998. CET-4测试的信度与效度评析[J].湖北师范学院学报(4):79-82.

潘文国,2008.危机下的中文[M].沈阳:辽宁人民出版社.

潘文国,2013.汉语独特性理论的研究与汉语教学[C]//周上之.世纪对话:汉语字本位与词本位的多角度研究.北京:北京大学出版社.

邵宗杰,游铭钧,2005.语文教学:先识汉字还是先学拼音[N].中国教育报,2005-12-31.

杨丹,2020.外语院校,为什么要发展中文学科[N].光明日报,2020-12-22(14).

BLOOMFIELD L,1935. Language[M]. London:George Allen and Unwin Ltd.

MACKEY W,SIGUAN M,1957.双语教育概论[M].严正,柳秀峰,译.北京:光明日报出版社.

WEINREICH U,1953. Language in contact[M]. The Hague:Mouton.

作者通信地址:435002 湖北师范大学外国语学院;fenggx@hbnu.edu.cn/fguox@foxmail.com

外国人汉字习得的难度等级

——一项基于数据库的研究

王　骏

摘　要: 为确定全体汉字对于外国人的学习难度水平,本课题组收集了30名非汉字文圈学习者从零起点开始,在1年内学习某初级教材所要求掌握的全部汉字后的实际掌握情况,建立了"外国人汉字习得数据库"。以该教材中每个汉字的学习者得分情况为因变量,我们将其与字频(复现率)、笔画数、汉字结构类型、汉字造字方式等进行了回归分析。研究的结果不仅考察了上述要素对于汉字习得的影响,而且可以得出预测全体汉字习得难度的计算公式。以此模型为基础,本研究划分了全体常用汉字习得的难度等级,以供教学双方以及从事大纲设计、教材编写等工作的人员参考。

关键词: 汉字习得;难度;数据库;回归分析

1. 研究背景

外国人学习汉字的难度问题一直以来是对外汉语界讨论的热点。比如,吕必松先生曾说过:"汉语作为第二语言教学的效率难以提高,根本原因是汉字与汉语的矛盾造成了听说训练与读写训练的矛盾,使两者互相制约。"(吕必松,1993)赵金铭也曾指出:"对西方人来说,汉语才是真正的外语。其中最困难的是汉字。汉字教学是汉语作为外语教学与汉语作为母语教学的最大区别之一。汉字是西方人继续学习汉语的瓶颈。汉字教学是汉语作为第二语言教学不同于汉语作为母语教学或其他拼音文字语言教学的最大区别之一。"(赵金铭,2004)而一些学者却反其道而行之,提出"汉字并不难学"。比如,白乐桑(1996)就曾提出,并不存在所谓"易学"或"难学"的文字,只需要考虑是否采用了合适的教学法。但争论之余,我们必须要面对的一个问题是,汉字学习的难度到底有多高?或者说,既然常用汉字总量那么大,那么如何确定每个单独汉字的学习难度,从而编制出更合理的对外汉字教学字表、大纲以及教材?

学界有不少与之相关的研究。比如,陈仁凤、陈阿宝(1998)统计了1000个使用频率最高的汉字,并从字形、字音、字义几个角度进行了分析。易洪川、杨夷平、朱全红(1998)提出根据字度原则、代表字原则、自释原则和经济原则来确定字数在1300字左右的基本字表。邢红兵(2005)对《(汉语水平)汉字等级大纲》中的2905个汉字全部进行了拆分,建立了"等级汉字拆分数据库"和"等级汉字基础部件数据库",在此基础上进行了统计。邢红兵、舒华(2004)的研究则聚焦于形声字,从"表音度""表义度"等方面对其习得难度划分了等级。这些研究都隐含着对于不同汉字习得难度的界定。然而,这些界定基本都是依靠研究者主观认定的标准,完全从汉字本身特点(如字频、笔画数、结构方式等)出发推断的,缺少实际习得结果的支持,而现有的汉字习得实验研究,往往又依赖小规模的抽样数据(比如<100字),无法将其结论推广到全体常用汉字。而且,即使是这些可以确定的汉字自身属性,它们对于习得难度影响的各自权重是多少,也没有明确可靠的论断。学界在这一领域的空缺使得对外汉字教学实践缺少了一个重要的依靠:一份较为可靠的汉字难度分级表。

本课题组通过收集留学生实际的汉字习得数据,建立了"外国人汉字习得数据库"。以该数据库为基础,尝试提出对汉字习得难度进行量化以及分级的方案。

2. 数据库的建设

"外国人汉字习得数据库"(以下简称"数据库")是课题"留学生汉字习得实证研究"的核心内容。其建设的基本目标是调查收集30名非汉字文化圈的零起点学习者各自在1年时间内,完整学习同一初级精读教材后,对其所要求的全部汉字的实际掌握情况,建成以单个汉字为个案、以汉字的多项属性为变量的数据库。通常初级(1学年)教材要求掌握的汉字量接近常用汉字的半数,能保证将各项结论推及全体常用字时有较好的可信度;而30名学习者又能形成较大的样本容量,使得数据库中每个汉字的习得情况也具有较好的信度,那么综合这两个维度的设计,可以使得整个数据库全面、动态地反映绝大多数汉字(在正规课堂教学中)被习得的情况,并为各项后续的研究(如本研究)提供基础。

课题组所在教学机构开设汉语初级班(零起点),实际教学时间为32周约256课时/年,采用《博雅汉语 初级·起步篇》(以下简称《博雅》)第I册和第II册(北京大学出版社2005年)为教材。该教材发行量较大,国内外使用较为广泛,具有一定的代表性。《博雅》上下册共55课。我们手工统计了每一课的新出汉字,发现教材共要求掌握汉字1048字,因为任务设置合理性的原因剔除3字,实际统计的是其中的1045字的习得情况(《博雅》1045字列表见附件1[①])

---

① 本文所涉数据库原始文件及全部附件已上传至 ftp://public.sjtu.edu.cn(登录名:wjchs,密码:public1)(笔者注:欢迎批评指正,引用请注明出处。)

从教材的选字情况看,使用郭曙纶(2013:48-51)提出的方法,统计得出《博雅》1045字中,有1024字属于国家语言文字工作委员会1988年发布的2500常用字范围(见附件2),重合率为97.99%。而依据汉语水平中心编制的《汉语水平词汇与汉字等级大纲》的划分标准,则可以统计出《博雅》1045字中汉字等级分布情况如表1所示:

表1 《博雅》1045字的等级分布

汉字等级	甲级字	乙级字	丙级字	丁级字	超纲字
数量	725	242	57	16	5
百分比	69.4%	23.2%	5.5%	1.5%	0.5%

可见教材所要求掌握的汉字符合"初级"这一基本标准,尤其是全部800个甲级字在教材中出现了725个。以上两种统计数据保证本研究所调查的汉字习得情况具有较大的普遍意义。

数据收集方法及过程如下:

将1学年分为4个时间段,分别在第一和第二学期期中考试后、期末考试后这4个节点,采用纸笔测试的方式进行数据收集。每个时间节点的测试分前后2天进行,第一天请学习者当堂(署名)完成一套汉字认读卷(A卷),测试该阶段全部汉字的认读掌握情况,第二天请学习者完成一套汉字书写卷(B卷),测试上述汉字的书写掌握情况。每次测试限时2个小时。这个时间超出绝大部分学习者实际需要的时间。由于题量极大,如被试因为焦虑、抵触等情绪要求退出,可随时放弃,而将其数据作废。我们所收集的30份完整数据是历时3年,从超过100名初始被试中经过不断淘汰(即被试主动放弃)后得到的。

若一名被试完成整个测试过程(4个节点共8套试卷),则该份数据生效,登记为数据01—30中的一个编号。8套试卷的代号和对应的内容见表2所示:

表2 8套试卷的对应内容

代号	1A	1B	2A	2B	3A	3B	4A	4B
内容	1—15课汉字认读	1—15课汉字书写	16—30课汉字认读	16—30课汉字书写	31—43课汉字认读	31—43课汉字书写	44—55课汉字认读	44—55课汉字书写
字数/个	333		262		255		195	

试卷体例方面,认读卷(A卷)(如表3)采用呈现单个汉字,请被试写出拼音

并举一例(可以为生词、短语或句子)来说明其用法。

表3 A卷形式

character	pīn yīn	word/phrase/sentence
包	_____	_____

在计分时,由于考察的是识字能力,我们采用了适度从宽的标准,如声韵母正确而声调错误,举例意义正确但例词/句中存在错别字这样的情况,也记为得分。这样,以1A卷为例,被试得分在0—333分之间。同时,还记录该被试未能得分的汉字属于认读错误(如将"白"认读为"百")还是无法认读(留空白)。

而书写卷(B卷)则采用呈现一个生词的拼音和英译,请学生写出对应汉字的方式,如表4所示:

表4 B卷形式

pīn yīn	(translation)	Character(s)
lǎoshī	teacher	_____

由于面对的是初级阶段的学习者,他们的词素意识不强,所以书写卷的设计难以采用呈现单个汉字拼音+意译后请其写出该汉字的方式。在采用按词呈现的方式时,一方面依据全书汉字统计表尽量避免同一汉字在全部书写卷中的重复出现,另一方面在记分时通过手工统计剔除重复出现的汉字错误。最后,以该卷考察汉字总数减去未得分汉字数,得到该卷得分。以1B卷为例,受试得分也在0—333分之间。同时,对于未能得分的汉字,记录其究竟属于无法书写(留空白)、错字(写成不存在的字符)还是别字(如将"体"写成"休")。

(认读卷1A—4A见附件3,书写卷1B—4B见附件4)

课题组在手工批阅、校对后,将这30名受试的得分情况汇总输入SPSS软件,得到数据库的首批变量,包括:汉字(共1045字,即数据库包含1045项个案)、(该汉字)认读错误数、无法认读数、认读得分(=30-认读错误数-无法认读数)、空字数(无法书写)、错字数、别字数、书写得分(=30-空字数-错字数-别字数)、习得总分(=认读得分+书写得分,分值在0—60的区间)。此外,对于单个汉字,可以进行多项属性的标注,这些我们将在下文具体论述。

3. 相关数据分析

首先来看看汉字的整体得分情况。全体1045个汉字的平均认读/书写得分

及标准差情况如表5所示:

表5　全体1045汉字的平均得分/标准差

项目名称	平均分(满分30分)		
	认读平均分	书写平均分	总分平均分
	22.20	18.82	41.03
得分率	74.0%	62.7%	68.4%
标准差	5.59	6.07	10.88

　　对于作为个案的1045个汉字,我们可以标注多项相关属性。其中第一类是汉字的普遍属性,包括笔画数、自然(在自然环境中使用的)字频、是否左右对称、结构形式、造字方式。第二类是与被试直接参与的教学过程有关的属性,包括课号(作为连续变量,可用来度量该汉字在课本中出现的早晚)、全书(在课本中的)字频、生词表字频(可以代表该字在课本中的构词能力),以及该字所在课的新出汉字总数(用于检验单课要求掌握的生字多少是否影响习得效果)。

　　从方便统计的角度,我们将这些变量根据其数学特性重新分为2类。其一是连续变量,包括笔画数、自然字频(采用北京大学CCL语料库提供的数据)、全书(文本+练习题)字频(采用郭曙纶(2013)提供的方法统计)、生词表字频(统计方法同上,这基本上可以代表该汉字在所用教材中的构词能力)、汉字的课号(代表在教材中出现阶段的早晚)以及该汉字出现那一课的总新出汉字数(我们想考察是否在一课课文内要求掌握汉字过多会影响其习得)共6项。其二是分类变量,第一项为"是否左右对称"。艾伟(1948)曾提出,左右对称的汉字比左右不对称的汉字更容易学习,因此我们将这个变量纳入方差分析来检验其是否的确影响习得。第二项为汉字的结构方式。汉字的结构形式如何分类、分为几类至今并无定论,但苏培成(2001)在分析多种分类方式时,比较推崇张普(1984)的分类,即上下、左右、外内(包括半包围和全包围)、独体、框架5种,认为较为简明,在此我们也采取这一分类。但在实际统计中,发现"框架"结构的字数仅5字,为了统计方便我们将其归入"独体"结构。第三项为造字方式。传统的"六书"说在分析历经简化的现代汉字时,往往不适用,就此,钱乃荣(1990)提出了独体、义符+义符、义符+音符、音符+记号、义符+记号、记号+记号六大类的划分方式,较为科学实用,我们在这里采用他的体系。

　　我们首先将汉字的习得总分作为因变量,与上面提到的6项连续变量进行二变量相关分析,得到如表6所示的矩阵:

表6　汉字习得总分与多项变量的相关矩阵

	习得总分	课号	笔画数	生词表字频	全书字频	自然字频	汉字等级	所在课汉字数
习得总分	1	—	—	—	—	—	—	—
课号	−0.341**	1	—	—	—	—	—	—
笔画数	−0.403**	0.210**	1	—	—	—	—	—
生词表字频	0.304**	−0.453**	−0.262**	1	—	—	—	—
全书字频	0.378**	−0.403**	−0.230**	0.540**	1	—	—	—
自然字频	0.278**	−0.277**	−0.236**	0.470**	0.773**	1	—	—
所在课汉字数	0.003	−0.283**	−0.058	0.141**	0.136**	0.059	−0.047	1

**. 在0.01水平(双侧)上显著相关。

　　可以看到单个汉字的习得与该汉字笔画数、该汉字等级呈显著负相关,而与全书字频、自然字频以及生词表字频(教材中的构词能力)呈显著正相关,与所在课的新出汉字数的多少没有相关性。我们同样注意到被考察的自变量之间也存在很多显著相关性。

　　此外,我们还发现随着教学进程的推进,汉字的习得情况明显恶化,也就是说学习者更容易掌握在早期学习的汉字。这种情况的成因较为复杂,我们(王骏 待刊)已另文撰述,但作为与汉字掌握难易度密切相关的因素,有必要将课号这一变量纳入最后的计算公式。

　　对于认读得分、书写得分这2个分列的因变量,我们只需要列出它们与各项自变量的相关性即可,如表7所示:

表7　认读得分、书写得分与多项自变量的相关性

自变量	认读得分	书写得分
课号	−0.379**	−0.262**
笔画数	−0.346**	−0.404**
生词表字频	0.365**	0.209**
全书字频	0.372**	0.337**
自然字频	0.289**	0.231**

续表

自变量	认读得分	书写得分
所在课汉字数	0.019	−0.012

**. 在 0.01 水平(双侧)上显著相关。
**. 在 0.05 水平(双侧)上显著相关。

结果发现,认读、书写的整体情况与除所在课汉字数多少以外的所有变量均呈显著相关。

第二大类3种分类自变量都和汉字的字形有关,我们就先分别对其进行单因素方差分析,以观察其对汉字习得情况的影响。表8的分析显示左右对称的汉字,无论读写,习得情况明显好于不对称的汉字。

表8 字形是否左右对称对于习得情况影响的单因素方差分析

得分类型	F值	显著性(Sig.)	不对称均值	对称均值
认读得分	39.153	0.000	21.720	24.570
书写得分	38.380	0.000	18.310	21.370
习得总分	44.690	0.000	40.040	45.940

表9和10的分析显示不同结构方式对于汉字的习得影响很大,最容易习得的为独体字,错误率最高的则始终是左右结构的汉字。值得注意的是左右结构的汉字在全体汉字中的比重大约是50%。

表9 4种结构方式对于认读、书写以及习得总分的影响

结构	认读得分均值	书写得分均值	习得总分均值
上下	22.01	19.12	41.13
左右	20.84	17.36	38.20
外内	22.69	18.11	40.80
独体	25.74	22.77	48.51

表 10　汉字结构方式对于习得情况影响的单因素方差分析

得分类型	组间 F 值	显著性
认读得分	41.05	0.000
书写得分	43.08	0.000
习得总分	48.41	0.000

表 11 和 12 的数据显示不同的造字方式对汉字习得也有着很大影响,习得情况最好的是独体字,义符+义符和记号+记号的汉字习得情况也相对较佳。得分最低的是在现代汉字中占绝大多数的形声字。

表 11　6 种造字方式对认读、书写以及习得总分的影响

造字方式	认读得分均值	书写得分均值	习得总分均值
独体字	25.92	23.41	49.32
义符+义符	23.33	19.81	43.15
义符+音符	21.15	17.34	38.50
义符+记号	21.13	18.22	39.35
音符+记号	21.14	18.65	39.78
记号+记号	22.86	19.17	42.03

表 12　汉字造字方式对于习得情况影响的单因素方差分析

得分类型	组间 F 值	显著性
认读得分	20.031	0.000
书写得分	25.019	0.000
习得总分	25.886	0.000

既然是否对称、结构方式、造字方式都对汉字的习得产生影响,那么将这 3 个字形因素综合起来,哪个(些)因素会产生最显著的影响呢?现将 3 个要素进行正交设计,检验其对习得的影响,结果如表 13—表 15 所示:

表13　3种字形要素对于认读情况影响的主体间效应检验

源	F 值	显著性
模型	1866.67	0.000
结构方式	8.778	0.000
造字方式	1.967	0.081
是否对称	4.183	0.041

表14　3种字形要素对于书写情况影响的主体间效应检验

源	F 值	显著性
模型	1156.34	0.000
结构方式	4.918	0.002
造字方式	2.965	0.012
是否对称	2.164	0.142

表15　3种字形要素对于总体习得情况影响的主体间效应检验

源	F 值	显著性
模型	1720.88	0.000
结构方式	7.124	0.000
造字方式	2.410	0.035
是否对称	3.559	0.060

数据证明:在同时考虑这些因素的情况下,汉字的结构方式始终对习得情况起到最大的影响;是否左右对称在一定程度上影响汉字的认读,而较少影响其书写;造字方式不同对于汉字的书写成绩有一定影响,而对认读没有太大影响。

在检验了9种变量各自对汉字习得产生的影响之后,我们面临的下一个问题是:如何将6种连续变量和3种与字形相关的分类变量统一在一个体系中,来检验其共同作用后,对学习者的汉字习得产生的影响。

"是否左右对称"这个变量的处理较为简单。我们将不对称的汉字的相应值设为"0",对称的汉字设为"1"。

对于"结构方式"和"造字方式"这2项分类变量,我们则采用多元回归分析中常用的分类变量转变为哑变量的方式进行量化。对于结构方式,我们为每个汉字个案增加3项变量名称,分别为"上下结构""左右结构""外内结构",具体转换方法如表16所示：

表16 "结构方式"变量转换为数值的方式

汉字结构类型	上下结构	左右结构	外内结构
上下结构的汉字	1	0	0
左右结构的汉字	0	1	0
外内结构的汉字	0	0	1
独体汉字	0	0	0

比如，对于上下结构的汉字"务"，设置其值为"1，0，0"。为避免共线性的问题，没有增加"独体字"这一选项，而是用"0，0，0"来表示。同理，表17显示将"造字方式"变量转换为数值的方式。

表17 "造字方式"变量转换为数值的方式

汉字类型	义符加义符	义符加音符	义符加记号	音符加记号	记号加记号
义符加义符的汉字	1	0	0	0	0
义符加音符的汉字	0	1	0	0	0
义符加记号的汉字	0	0	1	0	0
音符加记号的汉字	0	0	0	1	0
记号加记号的汉字	0	0	0	0	1
独体汉字	0	0	0	0	0

如此，9种变量都以数值呈现，可以进行多元回归分析。

4. 汉字习得难度的计算与分级

以"习得总分"为因变量，对课号、所在课汉字数、笔画数、自然字频百分比（因数值过大，为便于观察，转变为百分比，即＝自然字频/CCL数据库总字数）、全书字频百分比（同上，＝《博雅》全书字频/《博雅》全书总字数）、生词表字频、是否左右对称、结构方式、造字方式9种变量进行多元回归分析（实际运算时，后2种变量按照表16和表17的方法，拆分为上下结构、左右结构、外内结构、义符加义符、义符加音符、义符加记号、音符加记号、记号加记号8种），在纳入变量时采用

"进入"法。初步运算的结果，发现全部与造字方式有关的变量Beta值都偏小（义符加义符=0.15，义符加音符=0.022，义符加记号=-0.046，音符加记号=0.006，记号加记号=-0.001），为简化模型，可以排除上述变量。重新运算的结果如表18所示：

表18　汉字习得总分的多元回归分析表

模型		非标准化系数		标准系数	t	显著性
		B	标准误差	Beta		
1	（常量）	59.136	1.803	—	32.798	0.000
	课号	-0.133	0.020	-0.196	-6.667	0.000
	笔画数	-0.860	0.109	-0.247	-7.877	0.000
	所在课汉字数	-0.281	0.066	-0.115	-4.278	0.000
	是否左右对称	1.344	0.853	0.046	1.575	0.116
	上下结构	-1.682	1.020	-0.063	-1.649	0.099
	左右结构	-4.176	0.954	-0.192	-4.376	0.000
	外内结构	-3.283	1.164	-0.092	-2.821	0.005
	全书字频百分比	1695.867	240.141	0.302	7.062	0.000
	自然字频百分比	-598.053	266.438	-0.092	-2.245	0.025
a. 因变量：习得总分						

　　根据Beta值，发现对汉字习得总分影响最大的因素是全书字频（正相关），其次是笔画数（负相关），最后是课号（负相关）及结构方式（左右结构会明显降低得分情况）。

　　对于单个汉字，如上述变量的值皆可查，则可以预测其习得难度的方程式（方程式1）为：

　　难度原始值1=59.136-0.133*课号-0.86*笔画数-0.281*所在课汉字数+1.344（若对称）-1.682（若为上下结构）-4.176（若为左右结构）-3.283（若为外内结构）+1695.867*全书字频百分比-598.053*ccl语料库字频百分比

　　根据研究设计，该难度原始值的区间为0—60，且数值越大表示难度越低。为便于观察和分级，可进一步转换为：

　　难度值1=100-（难度原始值1/60）*100

　　该难度值处于0—100的区间，且值越大表示难度越高。就此，我们也可以很方便地将汉字的习得难度根据该值划分为10级（当然也可以根据实际需要

采用不同标准划分,如表19所示:

表19　汉字难度等级的划分标准

难度值区间	[0,10)	[10,20)	[20,30)	[30,40)	[40,50)
难度等级	1	2	3	4	5

难度值区间	[50,60)	[60,70)	[70,80)	[80,90)	[90,100]
难度等级	6	7	8	9	10

在数据库的实际数据中,该值最高的汉字为"糟",难度值为81.67,可划为9级,最低的为"安"等16字,难度值为0,属于1级。理论上,也会存在难度为10级的汉字。当然,提出该方程式的意义在于可以推断《博雅》1045字及该范围以外的汉字在其他教材中出现时的学习难度。例如,对于1045字范围以外的汉字"洛",共9笔,左右结构,不对称,经查,CCL语料库字频百分比为0.00017,假设其在第15课出现,该课共要求掌握20个汉字,全书字频百分比为0.000426(假设其等于"落"字在《博雅》的字频),则根据方程式1,可以计算得出其难度原始值1=40.2,难度值1=32.96,难度等级为4级。如果认为该汉字的重要性很高(重要性的问题在结论部分略做讨论),希望降低其学习难度,则在可能的情况下,可以通过提高其在课本中的复现率、提早其在课本中的出现时间、减少该字第一次出现的课文所要求掌握的其他汉字的数量等方式(以上手段效用依次降低)来实现。

在实际的应用领域,我们也可能会面临只掌握汉字基本属性的情况(比如在教材编写之前希望能将汉字习得难度作为参考),这样我们能纳入计算的变量就只有笔画数、自然字频百分比、是否对称、结构方式这4项。如果用这些变量进行回归分析,可以得到如表20所示的结果:

表20　简化的汉字习得回归分析表

模型		非标准化系数		标准系数	t	显著性
		B	标准误差	试用版		
1	(常量)	51.112	1.046	—	48.862	0.000
	笔画数	−0.994	0.115	−0.285	−8.637	0.000
	上下结构	−1.595	1.081	−0.060	−1.476	0.140
	左右结构	−4.310	1.011	−0.198	−4.262	0.000
	外内结构	−3.238	1.233	−0.091	−2.625	0.009

续表

模型		非标准化系数		标准系数	t	显著性
		B	标准误差	试用版		
1	自然字频百分比	1163.561	183.298	0.179	6.348	0.000
	是否左右对称	1.407	0.903	0.048	1.557	0.120
a. 因变量:习得总分						

这样,理论上对于任意汉字,在不考虑课本等可变条件的情况下,可以通过方程式2来推测其习得难度:

难度原始值2=51.112-0.994*笔画数-1.595(若为上下结构)-4.31(若为左右结构)-3.238(若为外内结构)+1163.561*CCL语料库字频百分比+1.407(若对称)

难度值2=100-(难度原始值2/60)*100

以随意列举的汉字"确"为例,可以推测其难度值2=40.74,难度等级为5级。

然而,采用这一简化方程式的代价是拟合度下降。换个角度,也可以解释为,在实际的教学过程中,该汉字习得的难度会受到很多其他因素的显著影响,比如在课本中该汉字的复现率以及出现早晚,会严重影响到上述预测的准确性。

最后,表5的数据显示汉字的认读掌握情况和书写掌握情况呈现较大差异,前者明显优于后者。一些学者也曾多次提出"读写分开""认写分流"的教学方案(如江新,2007),采用上述的方法,可以单独计算汉字认读掌握和书写掌握的难度值。限于篇幅,具体过程略去。

计算认读难度的方程式3为:

认读难度原始值=30.678-0.089*课号-0.306*笔画数-0.134*所在课汉字数+0.752(若对称)-1.258(若为上下结构)-2.137(若为左右结构)-1.114(若为外内结构)+702.877*全书字频百分比-119.627*CCL语料库字频百分比

认读难度值=100-(认读难度原始值/30)*100

计算书写掌握难度的方程式4为:

书写难度原始值=28.458-0.045*课号-0.554*笔画数-0.147*所在课汉字数+0.592(若对称)-0.424(若为上下结构)-2.039(若为左右结构)-2.169(若为外内结构)+992.99*全书字频百分比-478.426*CCL语料库字频百分比

书写难度值=100-(认读难度原始值/30)*100

利用"外国人汉字习得数据库"的原始数据(即直接观察满分值=60的"习得总分"变量),并利用方程式1中"难度值=100-(难度原始值/60)*100"的计算方法,可以得出《博雅》1045字中每字的习得难度值,然后根据表19提出的10级标准进行划分,可以得出《博雅》1045的习得难度等级如表21所示(每级中的汉字按习得难度由低到高排列）：

表21 《博雅》1045字的习得难度等级表

1级字（132字）
安不多二叫两六吗你七去人三我一月在八吃大东飞非哥个好她看口辆了妈买呢日什书图五下雨总爱次从但第点而国红火留么米那能女朋上十四他头又中左爸本的父汉号咖可哭明母奶您千且让山少万小谢友早真吧北工很京晴来乐丽马毛每哪伞睡说网位烟右远字百饱茶刚高互还家老美门品谁宿喜行牙爷坐

2级字（174字）
当地对儿干跟共近九句课累冒们太听学雪印油怎之重必才场城处达饿啡哈海合几开离忙名拿年牛票奇前区如是岁疼吐为卫舞越张找半定动忽姐斤久酒渴零论码卖内男南气身生思同晚笑也医以英用有这白比笔尝常车电法反各馆过河进理楼没平切认识水天跳相星衣站只搬包步除导弟分怪关花级见接觉努汽外忘习要已银影运杂钟边猜菜出得尔锅喝鸡己饺今考路爬牌棚其肉舍适司完务西息现休业正周做

3级字（177字）
啊把餐长唱都丰风黑假介就期请石时食世双虽它堂午系想艺赢语圆证子自昨草炒答后汇坚交戒困篮练未试谈团闻像兴羊澡租座帮持楚村段公和坏候客农青任师室贴围文问姓眼亿员咱住桌足班磁冬服敢姑管化回会讲辣猫妹闹苹忍失受校者煮迟带店肚辅副富感广何或机康块蓝里厉凉临迷面目鸟评署死讨些心选样音园再猪杯背别差衬典耳费复歌画及计郊快聊麻碰起衫视态汤玩碗往无箱熊须应育寓遇云走最

4级字（186字）
查呆冻方放负狗果乎户话节静啦满难胖陪钱敲史士市响元汁转败毕产倒发给欢纪间净咳空筷况历流馒娘排普然送台套痛希先信阳阴约纸祝醉作冰穿调短夫逛贵厚候活继寄件蕉经冷礼力龙啤葡全热数未温香扬药愉竹注办抱变病成臭词幅该格够孩航湖极记济旧立亮旅跑片球晒社示舒所踢甜通写辛表超春等掉顿光教结裤连谅梦怕情仍柿丝算体蚊夏性需哲整止着彩操打单到队饭改概简将街栏列乱慢民旁巧色省手萄洗咸呀泳增

5级字（169字）
哎傲巴胞遍床钉房古挂汗灰较局霉免墨暖拼轻输束突味物验咬夜椅责丈种抽戴丢堵朵惯驾决蜡另念弄漂商式厅腿脱盐邮愿择政址志专罪般剥齿屠袋懂府顾划际既李联脸绿轮墙塞神捧酸条铁庭卧细险馅幸恤颜忆意迎织组播匙窗瓷担糕奖骄角惊巨剧克利密瓶破娶稍术题原暂知烛道读福害环急加借境卡炼碌棋秋拳散绍声胜圣糖危维醒易曾治仔按础错迪锻沟黄悔举刻劳耐恼偶浅深随踏握乌演

6级字（132字）
备擦层程翻功拐观龟贺绩挤精苦懒批飘趣缺扔射事趟挺伟讶严炸制助族苍蛋登烦粉寒狠激季橘均拉览烂浪骑劝群赛噘尾蝇钥匀挨便饼灿初购换究亲实收松素提偷犹于豫枝直指主保脆诞淡居励料凌虑摸清圈始熟似胎停宜咦肢拌部辞度积渐量慕捧戚晴容傻推嫌羡新阅扎照熬摆代基落婆烧速望鲜研游幼阵

7级字（63字）
晨淀端犯峰鼓惠迹戏销许续营脏掌抓棒馋搅紧镜效雄养译准补傅洁敬悄曲伸替喂享延宴硬壁封裹类启取捎首肃序质终壮隔烙拾特迅编朝聚授稀院

续表

8级字(11字)
标确顺展故劲铺悉解谦虚
9级字(1字)
糟

以此为基础,我们还可以进一步推测出全体常用汉字的习得难度等级。但首先我们需要考虑的是采用哪个字表作为“常用性”的代表。国家语言工作委员会1988年颁布的《现代汉语常用字表》包括2500个常用字和1000个次常用字,在社会上的知名度和影响力最大。但在对外汉语教学领域,由国家汉语国际推广领导小组办公室于1992年规划出版,并于2003年完成修订的《汉语水平词汇与汉字等级大纲》显然更有代表性。该大纲共收甲、乙、丙、丁4级汉字共2905个,历来是对外汉语教材编写、考试设计的主要参考对象。利用方程式2,并参考表19所提出的分级标准,我们计算出了该大纲中全体汉字(不包括丁级字附录部分的专名汉字如“沪”等,实际计算了其中2884字)的习得难度等级,如表22所示:

表22 《汉语水平词汇与汉字等级大纲》所收汉字的习得难度等级表

1级字(10字)
的一人了不中大在个上
2级字(137字)
为是工于出日十又小二儿几也我有业力三子下来八公年天之月发口丁山入干生会主与市士方乙本么内土元开千已去国见厂长川九凡万分叉巾七他文门义而王及心己民女刀乃夫卜刁马只平才火广六目由立云介父区木丰尔关成贝无丹乡井四水曰飞爪手书卫习久今这里亡自示亏丈少车尸夕寸西丸刃气弓勺办古且未半反
3级字(490字)
五击电太专产巴田正全末交甘册甲片共世丙凹禾以户头斗东毛止亚再升互两午当予它术瓦光牛尤牙乌斤氏百欠尺丑屯犬歹币兴米用合亢们必多史白台曲失石乐羊各夹伞号乞央另乎其母龙老并农兰永皮地先从玉安宁鸟瓜匆丘帅斥凸申圣风艾艺冬同灭旦兄丛面穴支务和可对坐重束事死者员果州乏豆允串仓负系凤血早衣美非直凶要朱冈克耳身臣单页虫名更杀吉走舟写齐求宇军尖华朵丢尘企舌吊令过占后卡典表化学雨完双严召丝李北足垂历行秉孕言甩导回良至角革色友免亿金弟首麦比争否戒丽辰众字灾时或巨队实贡宋亩司辛弄岗作谷厅呈受呆考赤吞旱尽壳兑罕加京杏秃到处匹认什勾外充计勿匀岁进定买变间杂异守寻问育家毕夺爷布亦英边劣旨具柬宅寺芒夸条芝空乒岂妄代网贞乓青因真承责品包肉采步些声切引动向那尼苦仅每究纠记志告高审肃着句隶好仍花乖尚界县奋幸还左她杰右希达宜舍奔奉昌苗奈宙闪苹劳矛枣前订坚辽厉扎兵苏仁孔忆余男议幻劝仇仆场讥努式灵打秀吴举忘机含团带宏经如弃君困穷忍委亲芳类肖查寿芬妥苍孝忌园芭芦龟芹芽汞灸岔皂觉看虽让香显次存你音此节养乔宣说叫春功命骨某设兆应参总鬼室荣草点贵罗印背帝咸亮讯易势压备汉庆危讨犯宫茶冒训迅庄建延汇任旧叶礼尝闭付官归亭胃

续表

4级字（696+835=1531字）
念垒刊灰竿迈迁荔甭仪巡闯论厌奶旬决党态范匠巧社叹货周运幼报仙仔奇扑奴仗扔汁饥叮夜扒叨叭轧叼近宝卖录件若体贫宗收没肯岸季局鱼利卷忽妻画忠享爸券价传观凭昆权炎丧许轰孟岩驾卓贤现昏盲茂昂贪齿茅把卑巷垄斧肾级茄茎叁江益法省连但固约容则思远创闹列协划师优医纪南资位红讲伊害乘防围润层吃访竞费份似刘阳欢刚基吗莫伤执序迎阶岛妇宽库吸常托冲复型疗妈客违扩桑启所床际改商怎孙扬晋林突伟戏黑阵忙晃宰返壶伙脊贸迟栗闲休宵尾食伍星灯污冰刑闷阴仿尿壮邦汗屁别轨囱伪扫汤扣伏伐竹吁仰朴池吐吓药技羽巩驰邪纤奖圾讼帆奸讶讽妆肌朽汛帮屿急扛甚讹府驮形穿毒制架染皇张冠勇贯贷罚质览荒营宪贺泉荡柔投奏骂盈怨明牵弯炭皆咨姜姿何盆荐窃畏茫快歪竖垫垦昼要怠茧住柒村识证极听却朋使况黄即房批阿图第护武度居底助性爱评票粗找低届初陈竟财量戚菜述物店堂均吧种纳抓沙政诉展状判盖起陆词材案热杨抗冷息汽知块饭乱崇佛补怀沉伯获笑私迪迪话离攻纸针盒兽吨紧坏纷虎拉爽笛附笨崩废译肩呀彻爬纯屈泛扶折励氛庙邮庞留伴抢杜坛鸡函饮伸劲厕沈估虏闸纽犹妙忧素疙屉阻拒沟组狂拿纵邻纺吹役牢沃驱诊扰监扭抚抑拟汪纲址杆抛劫肠肝扮抖冻肚扯抄纱妨坑吵纹盯吻钉坟灿坊驳冶吟佣卵烈吼放汰诈删歼鸣妒呕旷呐杠妖巫灶驴吩沛能刨伺沥伶韧扳汹治玖沏任抠索抡呗狈笔哥部规套恐恩取夏恶泰哲旁将宾兼哭桌选然罢荷恋拳衰畜盐柴莲等辱衷宴瓷唇爹服恭臭羞翁晕窄耸脂恳蚕该浆挚冤盏烫毙笆桨笋视转济往织始曾策圆富构阅普线供象环通善望河喜呢景注版送闻欧依终威最很股适油例限登活相诗差刻担童森试庭科追都细保退降征替屋怕坦泽赏寒呼蒂购绍董味赵番练厚迹招迷松驻矿得姐晶窝盾板败逃析轮率拍奠给拥战辜原枪姆赴窜粪结择凿疫壹统怪著沿抵顶信诚诫迫眉阁姓幽艰玩姑疯杯软逊抽抱屏泪坡佳径勉郑刺泥厘妹肥章净扁牧佩氢阀欣屎疤疮孤拓询拖贰饰彼阂拔码狗侧枝凯抬怖剂枚诞胁侨密鸣郎押畅旺拨叔详刷饱柜炉泳郁陕浅贩拆郊怜胀披弥侦岭歧泄肤泡乳卧泊炒肿抹侍呵肺饲衫拘钓帜咖弦顷沫咐拐刮垃衬陌拦斩炕枕拢沸狐帘玫贬陋刹泣沾售账哎肢氓帖拣枉咋侄沼侣拙绅咏怯驼泻拄秆坯拌肪侈拧呻咙殴泌拇炊诧哟您持指造雪院盛梦研城累盘毫神梁悉袭患符晨袋蛋婆寄项盗就渠宿悬悠寂笼萄菌婴剪崖娶窑雀萌奢寇萝梨兜崭烹菇犁聋堕菠标样理便施特病集意席语瑞速海兔响轻律段想浸洲须除置罪孩派故按雷座待独塞绝修险道装禁挥幕胜哈逐树促俄临哪赶既誉括胡被洋虑测透顺唐祖途落载封墓钟疾钢叠误映寞津残秋症炸洪挂疲奥珍逝疼挑侵逢栽俗扇洗逆氧拜洞剑匪祝恢咱洁贴翅络逛炮胞逗胆屑峡勃恰浓恨耐昨柱柳叙狱挺俩柏牲挤驶绘炼烂脉俊挖娃秒栏恒玻狠咬玲挣削袖侮挪盼姻浑钦拼珊答诱恼砖胖挡洒绑胎胎拾砍绒狭狮姨洽枯骄饼俘叛虹卸衍钞咳袍娇哑哄饶栋咽钩拱虾烁蚁眨浇垮哇俏钥昧鸦砂哗蚀诵俭柄矩诬拴钮挟籽砌趴蚂狡绞骆徊浊陡缸贱挠姥柠咦咦挎珑殃俐钙拽袄饺哆剃恤恤柿调鲁格智筑难掌尊窗流悲惠赛暂堡辈琴焦浙裂紫惑葬葛萄惩寓暑筒筋煮需惹葱羡葵筐惫筝梢葫嵌絮筛感谈情根准效消候积哀值较料钱称致请验站校读破继康铁预旅剧班配础谁倒健般教顾核航酒脑顿换照缺损烟啊虚秘敌寨麻娘借射翠桥膏圈颇熏暮徐涉珠课振弱逻庸朗诸浪债阐烧殊倾廊倍屠痕鹿辉峰徒逮匙租厢涨舰绕痒捕凰粉档祥烦陶涛陷捐陪胸悄浮耕涌谊桂领俱钻浩秩凉陵凌脏耗埋瓶倡颁涂唤悦桃娱轿牺悟胶饿铃捉框悔艳贿株眠谅颂哩狼峻剥脆挨顽哨贼哼倘耻鸭哦皱挽铅剖烛烤桐砸凄舱唉桩胳捞挫浴倦倚涝捣捡耽躬晒畔捆捏俯捅捎惋涕唠绢烙烙酌捍秤铀烘晌涤狸蚊桔秧袜赂捌唆桅诽钳简盟管做接据蒙督签楚署深筹零新鉴蓝愈塑禽蓄慈愁鼠雾愚舅蓬蒸罩煎窟蒜酱雹粱筷清眼越推职族续斯维断球提副怒随斑粥超属银编晚排检遇够域暴痛控略馆脸街假遗培期减停遍船措救勒探强惊脚裁移授算脱彩婚趋掉敢野综渐梅绩弹绿唱阔谓厦谋晓

续表

5级字（667字）
逼辆察葡唯距偏混雀隐隆厨猛敏啦雁趁惯偿淡屡跃欲毯描骑氮痪械偷翘粒惜绪偶铜猪堆捷液旋渔添梯惨啥祸掘猫掩猎惧辅斜甜聊猜桶绳惟衔铭掏谐睁捧绸堵绵蛇勘萍晤绣颈舶掀啡渗啤淫淋脖淘凑淀铝淹悼粘谜啸掠裙眶酝婶眯徘梧绞焊秽鸽掷惕梳袱啄捻掂捶馅淇衅掐涌舵惦程啃唾猖梗惭绷硅铲埠掺联诶酗舞聚嘉豪慕熊鼻舆蜜誓弊弊碧菊裹寡蓖裳凳蔽蔼蔗髦笋确港游销税款赞朝脾温短湖解散谢湾博跑塔雅幅释蕾握植廉喝敬援遥遣棉践硬喊缓储痴媒隔廓缘渡痰铺阄棋滑痹剩殖舒滋路腊锋锁雄揭循插骗帽湿愤割赔稍堪稀椅搜裕锡搭傅跌晴锐锅痞慨喷御愉艇喻慌欺渴赋棚赌筷裤滞傲翔鹅喘堤铸喂棒愧脾稞谦嫂晰揽溃搁摧敞喉焰缔谎蛮猴链骚搅靠棺喧喇愣谣硫畸傍棱溅缎蛛锈渺揪蛙棕揉椒馈琢渣褛颊溉隙辊蜓掰馋琼嗖惰揍锌谤椭锄猾隘搓搀篇数震黎墨慰慧蔬箭蕴霉劈憋蕉像满群源题愿兢跟整福微献楼错粮遭搞输鼓腐稚跳暗截障摄睛睡摆锦瘦辑勤触跨键辞遮龄毁器瘟瘩赖腿摸腾碰腰魂频碍暖搬滚碎漠煌摊滨聘殿嫌溪慎缝嫁滩躲碑腹碗辟酬搏谨携填溢矮颖歇韵傻溜媳塌塘蜂催缠嗯肆嗓辐瑰睦跪锤锣鄙谬稚睦滔溶缚碌稠滤腮眯猿腥锯槐嗅嗦榆嫉靴鹃蛾瑚跺熬餐薄壁霍篮燕薪藤精瞥薯隆篱境演模稳歌静愁疑摩鲜慢端遵履旗墙颗趟缩漫瘫瘤德貌摘酸漂嘛敲璃辖榜赚酷漏竭嫩磁锈滴谱增膀膜摔彰酿漆歉辣锻锹熬僚膊蜡嗽墟蝇撒熄嗷藏碟榴雌慷碱隧镁锹蜘踌镀榨馒酶骡蝉踊熔磋蜻榷繁赢翼臂霞影镇额避攀邀樯磨潮稿潜懂懊撤箱撒瘸鞋糊撞颜踏毅躺聪嫁飘稻醉艘撑豫蝶撕橡幢瞎嘲膝僵遣踢嘱噢僻嘿澄踩稼潭瞒樱醋磕磅蝴槽敷豌潦撵蝗覆递激融戴默嘴醒操癌衡辙镜辩穆燃凝缴雕糟赠憾膨辨擅颠糕懒澡蹄噪鲸腔橘蘑簸蠢鹰

6级以上字（49字）
徽警擦瞧瞪骤糟蹈瞩螺燥霜豁磷鞠穗辫糠蹋籍謦翻鞭瀑蹦瞻檬镰蹭露霸魔爆疆颤蹲蹬攒瓣蹭囊耀灌壤嚷躁嚼镶罐

我们发现其中4级汉字（30<难度值<40的汉字）的数量最多，共1531字，超过了大纲所收汉字的半数。这符合我们一般的教学经验，即大部分的汉字具有接近4成的习得偏误率。我们可以以难度值=35（表20中的疫/壹两字）为界，将4级字分为2段，姑且称为4级-低和4级-高。从数量上看，1—3级和4级-低的汉字数量和4级-高及以上的汉字数量基本相当，可以认为后一部分的汉字属于较为"难学"的汉字。在教学中，我们可以对这些"难学"的汉字加以额外的关照，尤其是对其中字频比较高的汉字，因为高字频意味着在实际使用中的常用性。

最后，有两个方面需要额外说明。其一，上述等级表中的难度级别划分是采用了方便观察的百分制/十级划分法。为了适应实际的教学和研究需要，完全可以改变表19所提出的标准。比如，由于6级以上的汉字很少，而1—5级的划分又不够细，完全可以将1—5级的汉字以难度值"5"为区间，重新划分为10个等级。这样也许更有利于在大纲设计、教材编写等工作中加以运用。我们在附件6中，按音序详细列出了《汉语水平词汇与汉字等级大纲》2884字的难度值，以方便读者检索。一些小规模（如<100字）的研究工作可借此完成。此外，

我们还将该表上传到了网络,以便利用计算机进行较为全面的检索处理。其二,如前文所述,采用方程式2得出的难度值(如表22)由于缺少实际教材字频数据的支持,真实度要远低于由方程式1得出的难度值(如表21)。因此,对于某一具体的教材或教学体系,预测其所教汉字最真实的学习难度数据的方法,显然是在统计教材中每个汉字字频和每字所在单元汉字总数的基础上,利用方程式1重新计算,以获得类似于表17的难度值/等级表。表22及附件6的数据仅在条件有限的情况下,提供一个大致的参考。

5. 结果和讨论

利用数据库,我们尽可能全面地分析了各个固定(汉字本身属性)和可变(由具体教学环境决定)的因素对于个体汉字习得的影响。虽然字形因素必须要转变为哑变量这一不利条件对于最后回归曲线的拟合度产生一定的影响,但从总体上,我们对于笔画数、各类字频、结构形式、造字方式(音符、义符等部件的作用)等过去公认的重要因素如何综合作用于外国人的汉字学习过程,以及这些因素的各自权重有了一定的了解。依靠方程式2,我们预测了全体汉字的习得难度等级。但正如我们在第四部分中所说,部分可变因素(如课本字频)极大地影响最终的习得结果,而这些因素的调整又是比较容易的,也就是说,汉字的习得难度是可以人为调整的。比如,在编写教材或安排练习时,我们可以有意识地提升某一部分汉字的字频和出现时间,以降低其学习难度(当然代价就是势必会增加另一部分汉字的学习难度)。那么,如何调整才能最有效地帮助汉字教学呢?我们认为可以提出"重要性"的概念。既然汉字对于母语使用者来说是一种书面交流的工具,那么在正常使用(而非学习过程)中出现频率高的汉字显然更为重要,其掌握也更具紧迫性。我们将《博雅》字频和CCL语料库字频进行相关分析,发现相关系数为0.773,虽为显著相关,但程度并未达到最高,也就是说,有相当部分在自然语境中高频的汉字,在汉语课本中的复现率并不高。这部分汉字是我们应该重点关照的对象。很显然,我们需要通过调整上面提到的各种变量,将更多的教学资源向其倾斜。这个过程可以是不打破教学整体设计的"补救式教学",也可以(更应该)是在教材编写之前就做好的前期工作。

参考文献

艾伟,1948.汉字问题[M].北京:中华书局.

白乐桑,1996.汉语教材中的文、语领土之争:是合并,还是自主,抑或分离?[J].

世界汉语教学(4):100-102.

陈仁凤,陈阿宝,1998.一千高频度汉字的解析及教学构想[J].语言文字应用
  (1):47-71.

郭曙纶,2013.汉语语料库应用教程[M].上海:上海交通大学出版社.

江新,2007."认写分流、多认少写"汉字教学方法的实验研究[J].世界汉语教学
  (2):91-97.

吕必松,1993.对外汉语教学研究[M].北京:北京语言学院出版社.

钱乃荣,1990.现代汉语[M].北京:高等教育出版社.

苏培成,2001.二十世纪的现代汉字学研究[M].太原:书海出版社.

王骏,2015.外国人汉字习得数据库的建设与汉字习得分析[J].语言教学与研究
  (3):21-33.

邢红兵,2005.《(汉语水平)汉字等级大纲》汉字部件统计分析[J].世界汉语教学
  (2):49-55,118.

邢红兵,舒华,2004.《汉语水平词汇与汉字等级大纲》中形声字声旁表音特点分
  析[C]//赵金铭.2002年国际汉语教学学术研讨会论文集.北京:北京大学出
  版社.

易洪川,杨夷平,朱全红,1998.从基本字表的研制看汉字学与汉字教学[J].语言
  文字应用(4):54.

张普,1984.汉字部件分析的方法和理论[J].语文研究(1):37-43.

赵金铭,2004.对外汉语教学概论[M].北京:商务印书馆.

作者通信地址:200030 上海交通大学;wjchs@hotmail.com

外国人汉字习得的认知心理学解读

王　骏

摘　要：本文在对汉字习得的既有研究进行梳理的基础上，总结了24条外国人汉字习得的一般规律。对于这些规律，本研究从汉字的知觉和注意、短时记忆、长时记忆、提取、遗忘等多个环节出发，研究了其潜在的认知心理学原理。

关键词：汉字习得；认知心理学；汉字认读；汉字书写

1. 研究缘起

国内应用语言学界对于外国人的汉字学习问题已经有了较为丰富的研究。例如：冯丽萍（2002）、江新（2006）分析了汉字自身的各类属性与汉字习得的关系；高立群和孟凌（2000）、吴门吉、高定国和肖晓云等（2006）研究了学习者因素与汉字习得的关系；哈丽娜和朱志平（1999）、郝美玲和舒华（2005）研究了教学法因素对习得的影响；江新和柳燕梅（2004）、李蕊（2005）研究了留学生汉字习得的发展过程；江新和赵果（2001）、柳燕梅（2009）探索了学习者的学习策略；而本课题组（王骏，2015）通过建立"外国人汉字习得数据库"用量化的、纵向的、连续的方法研究了汉字自身的属性与习得结果之间的多种关系，此外，还通过问卷（王骏，胡文婧，2015）以及质性研究的方法，探索了学习者对于汉字学习的主观感受。我们认为，学界对于外国人的汉字学习，从现象上已经有了较为全面的把握。然而，汉字学习作为一种"学习"的过程，有必要从心理学角度对其内部机制进行解读，这样才能对种种现象做出系统性的归纳，也才能在把握难度成因的基础上，为克服"汉字难学"这一关键性问题做好准备。

事实上，心理学界对于汉字的认知问题，已经有了丰富的研究。彭聃龄、张必隐（2004）曾将该领域关于汉字认知的研究归纳为四大方向，即（1）汉字的视知觉，（2）汉字（形声字）的读音及语音在阅读中的作用，（3）汉字的语义提取及语义在字词识别中的作用，（4）语境与字词识别，并介绍了大量有关文献。然而，心理学界进行此类研究的被试一般是汉语母语者，目的主要是通过对汉字认知的研究探索认知科学的一般规律，这与应用语言学界以非汉字圈汉语学习者为客体,希望能运用认知原理解释外国人学习汉字的一般规律的取向不太一致。

因此,本研究将基于本课题组以及其他学者的已有研究,全面系统地归纳汉字习得作为一个既是过程又是结果的考察对象,在汉字属性因素、学习者因素以及环境因素共同影响下的特性。而在第三节,我们将运用认知心理学在知觉、注意、记忆等方面的一般原理对上述现象进行解读,以深入地认识外国人学习汉字的全过程和难点成因,以供有关人员在改进汉字教学时作为参考。

2. 汉字习得的一般规律

如第一节所说,目前对于汉字习得的研究基本上可以分为汉字属性影响、环境因素(广义,包括教学法因素)影响、学习者因素影响等三个方面,而较深入的研究不仅将汉字习得作为一个结果来处理,同时也注意它的发展过程,因此可以将汉字习得的发展过程看作是该研究领域的第四个方面。

汉字自身属性对习得的影响的研究最为丰富。目前得到重复验证的结论有:

(1)字频(尤其是在教材中呈现的字频)与习得结果呈现显著正相关(王骏,2015;江新,2006)。

(2)笔画数与习得结果呈显著负相关(王骏,2015;冯丽萍,2002)。

(3)部件数多的汉字更难掌握(冯丽萍,2002)。

(4)汉字的结构方式对于习得效果有显著影响。在独体、左右、上下、包围(包括半包围)四种结构中,独体字最容易掌握,左右结构的汉字最难掌握,但左右对称的汉字则容易掌握(王骏,2015;尤浩杰,2003)。

(5)汉字的义符(或者说理据性)能帮助习得(王骏,2009;李俊红,李坤山,2005),从造字方式的角度解释,基本规律是表意性(包括义符组合的表意性)越显著的习得效果越好(王骏,2015)。

(6)形声字是最难习得的一类汉字(王骏,2015)。

(7)中级以上的学习者能够利用形声字的声旁来识别形声字,声旁表音度越高、本身能独立成字则帮助越大(冯丽萍,2002;陈慧,王魁京,2001)。

(8)汉字的构词能力与习得效果呈正相关(王骏,2015;江新,2006)。

关于环境因素对习得影响的研究结论有:

(9)若将汉字习得放在一个完整的汉语学习环境中观察,可以发现对汉字的掌握向上同整体的汉语听、说、读、写水平,向下同单个汉字的部件掌握精细程度都显著相关(王骏,2009;陈慧,王魁京,2001)。

(10)按传统看法,好的教学法一般指向上对于汉字音、形、义三方面信息及组词能力的全面利用,向下对于汉字构成(笔画、笔顺、部件)的详细分析,它能对汉字习得起到促进作用,但需要时间的保证(哈丽娜,朱志平,1999)。

(11)单位时间(如每课)要求掌握的汉字过多会影响学习效果(王骏,2015)。

关于汉字习得发展过程的研究结论有:

(12)学习者的汉字认读情况与书写情况显著相关,但前者始终明显优于后者(王骏,2015;江新,2007)。

(13)在汉字学习的较早阶段(大约6—9个月),学习者掌握汉字的总量增加,但在单位时间(或阶段)内能掌握的汉字数量(即增量)减少。后期则增量逐渐持平。(王骏,2015)

(14)在教学设计要求掌握的新汉字中,学习者无法认读和无法书写的比例先随时间推进逐渐增加,而后逐渐趋平(王骏,2015)。

(15)认读错误的比例随时间推进以平—升—降的趋势变化(王骏,2015)。

(16)写错字的比例随时间推进也以平—升—降的趋势变化(王骏,2015)。

(17)写别字的比例至少在第1年范围内是持续上升的(王骏,2015;江新,柳燕梅,2004)。

(18)别字的类型随时间变化,由形近别字逐渐转向音(同)近别字,最后出现的则是形、音都有关联的别字(王骏,2015)。这可能是学习者获得形声字的声旁意识后导致的(江新,2001)。

从汉字学习者自身出发的研究结论有:

(19)学习者普遍认为汉字很难,但都很重视汉字的学习,而且大都均衡地重视"认"和"写"两个方面。

(20)学习者对于学习汉字所需要的长时间普遍准备不足。只有坚持长时间不懈怠的学习者能够取得成功(王骏,胡文婧,2015)。有一部分学习者的汉字水平在经历大约6个月的学习后止步不前(王骏,2015)。

(21)学习者基本没有明确的汉字学习计划,也较少主动采用音、形、义的归纳等较高级的学习策略(江新,赵果,2001)。

(22)在学习过程中使用较高级的学习策略是有效的,而且也是能够通过训练获得的(柳燕梅,2009)。

(23)但似乎决定汉字习得成功的关键因素是长期坚持努力,最有效的手段是反复地抄、默写。回忆默写也许比重复抄写更为有效(柳燕梅,江新,2003)。

(24)学习者的认知风格导致不同的汉字学习方式。独立型的学习者较少依赖教师和教学法设计,而依存型的学习者则更容易受到教学法因素的正面影响,而且他们还倾向于在真实环境中学习汉字。两类学习者都可能获得成功。

上述24条能够基本涵盖目前我们所掌握的外国人汉字习得的规律。接下来,我们将把这24条规律放在认知心理学的整体框架中加以观察和解释。[为简洁起见,在行文时我们将用序号代表每条规律,如:"规律1)"]

3. 汉字习得规律的认知心理学解释

在将上述24条规律放在认知心理学的框架中逐条解读之前,我们首先要考虑的是,汉字习得作为一种"学习",它的整体心理学模式是怎样的。

如果把外国人学习的"字"作为一级语言单位,那么势必会涉及字音、字义、字形以及语素等语言学概念(比如,认为知道音节"jī"可以代表"chicken"但不会写"鸡"字也代表着掌握了该"字"的一部分),会使问题趋向复杂化。在这里,我们采用一种更直观、更朴素的标准来衡量汉字的"习得"与否,即:作为学习者,对于应该掌握的汉字,无论采用何种途径学习(或未特意学习),在或长或短的时间之后,能否具备认读(有上下文或无上下文)以及自主书写(非抄写)的能力。也就是简单地用能否认字、写字作为衡量习得成败的标准。这实际上也是过去的汉字习得以及认知研究采用的默认标准。

这样,我们就可以用认知心理学关于人类学习的一般框架来描写汉字学习的过程,比如,使用阿特金森和希弗林(Atkison & Shiffrin,1968)提出的信息加工流程图(见图1):

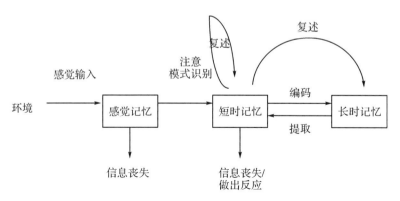

图1 人脑信息处理流程图

我们既可以用这一流程图解释汉字的学习(信息输入和存储)过程,也可以用其解释汉字认读和书写这两个信息提取(或者说检验学习结果)的过程,当然,这3个过程中牵涉的心理机制有所不同,我们需要相应地对此流程图进行局部的修改和说明。

3.1 汉字的学习

首先需要给此处所指的"学习"下一工作定义。在这里我们用它指代学汉字的过程,而与后面提到的强调学汉字的结果的"认读"和"书写"(心理学称为

"再认"与"回忆")加以区别。

3.1.1 汉字的知觉与注意

一个典型的汉字教学(也包括自学)过程一般从汉字字形的展示开始。对于学习者(尤其是初学者)而言,字形作为视觉形象,其承载的信息是十分丰富的。首先,若对汉字进行向下的分析,会发现其字形构成复杂:笔画数从1画至15画以上各不相同,笔画种类超过10种,笔画之间的关系有相接、相交、相离等多种;常用义符数以几十计,音符数以千计,且有很多"只此一家"的部件,部件数从1至5个以上不等,部件之间的结构关系用最粗略的分类法也有独体、上下、左右、包围4种,且大部分汉字左右不对称。其次,若进行向上的分析,汉字虽能整齐地与最小音义结合体"语素"一一对应,但作为非汉语母语者,对于该语素的掌握,往往并不能达到母语者所具有的完全自动化的地步;而汉字的字形又不像拼音文字那样直接(至少是较直接)记音,与字义的直接关联在初期又很难建立起来。总之汉字音、形、义之间的关系本身对于学习者就是一种全新的架构。这样,学习者可能会面临来自形近字、同音异形异义字以及共同构词语素(如可能将"习"认为"学")等多方面的干扰。这"向下"和"向上"两个方面的复杂性在初期会使汉字学习成为一个很复杂的信息处理过程,那么就有必要先分析"知觉"和"注意"这两个环节,也就是人脑如何感知上述纷繁复杂的汉字信息并关注其中的关键信息。

如图1所示,认知心理学认为全部来自环境的输入信息都能进入感觉(瞬时)记忆,而为了防止过多的有用信息从感觉记忆中丧失,人脑会利用内部的知识结构,如一般的知识经验、对事物的态度以及对活动的预先准备等主体因素来对外部的刺激进行分析和接纳(Dember,Warm,1976:6),使之进入短时记忆。无论是对于新汉字的知觉还是其他类型的知觉,"模式识别"(即利用直接或间接的知识经验进行识别)无疑是最重要的研究对象。

认知心理学把模式定义为由若干刺激元素组成的一个有结构的整体,把人类的模式识别前后分为感觉登记、知觉的分析与综合、语义分析与综合、决策与核证4个阶段(彭聃龄,张必隐,2004:51-57),这同样适合用来描写汉字的识别。对于新接触的汉字,学习者的视觉感知在不同学习阶段可能分别是从笔画、部件或者整字开始的。但无论是对于笔画、部件还是整字,学习者头脑中从"感觉登记"到"决策核证"的过程都能用几个经典的模式识别理论加以解释。比如,塞尔弗里奇(Selfridge,1959)提出小妖模型(Pandemonium Model),认为识别以特征分析为基础,他用图像妖(Image Demon)、特征妖(Feature Demon)、认知妖(Cognitive Demon)和决策妖(Decision Demon)来比喻模式识别的四个阶段,即:获得物体的图像、分析它的特征、在更高水平上产生对事物的认知、做出正确的决策。休伯尔和威塞尔(Hubel & Wiesel,1968:106-154)以及奈瑟(Neisser,

1964:94-102)的研究分别从生理学和心理学角度对该模型提供了支持。1)使用特征分析理论,我们可以解释汉字习得规律;2)"笔画数越多则习得难度越高",以及规律;3)"部件数多的汉字更难掌握",因为二者都需要分析更多的特征。

特雷斯曼、赛克斯和格拉德(Treisman,Sykes & Gelade,1977:336-361)提出注意的特征整合理论(Feature-integration Theory of Attention),把视觉加工分为两个阶段:第一阶段是特征登记阶段,视觉系统从光刺激中提取特征,其过程是一种平行的、自动化的加工过程。第二阶段是特征整合阶段,它要求集中性注意。注意依次处理每个位置的刺激,那些位于注意中心或注视点的特征便会联合起来。这是一种非自动化的、序列的处理。我们可以用这个理论来解释汉字习得规律4)"不同结构的汉字习得难度不同"。汉字采用从左向右的阅读方式,若汉字特征的整合是"序列"而非平行的,似乎就可以解释为何左右结构的汉字的习得最为困难,因为它需要更多的加工步骤。

麦克莱兰和鲁梅尔哈特(McClelland,Rumelhart,Hinton,1981:375-407)提出了相互作用激活模型(Interactive Activation Model)并由他们自己在1986年通过实验证实。该模型主要处理在语境作用下的字词知觉。它认为知觉加工发生在一个分层次的加工系统中,每个层次都形成具有不同抽象水平的输入表征,知觉本质上是一个相互作用的过程,即自上而下的加工与自下而上的加工同时起作用,通过复杂的限制作用共同决定我们的知觉,不同来源信息的相互作用通过类似于神经元的简单的兴奋激活与抑制激活来实现。比如我们可以用图2来表示汉字的知觉加工。

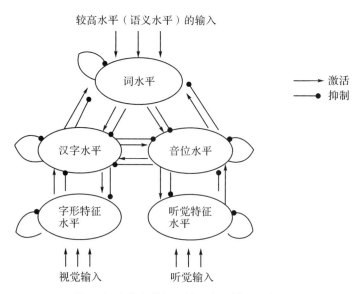

图2 汉字信息的相互作用激活模型示意图

如图 2 所示，在学习过程中，对于以视觉形式呈现的新汉字，学习者借助用来学习的却不只是直接观察到的字形特征信息。教师介绍的汉字读音、讲解的部件结构及含义、与已学汉字进行的对比分析、利用该汉字进行的组词练习，都可以视作一种对能够相互激活的信息群的构建，它允许学习者将来即使对该汉字的信息掌握中存在小部分的缺失（比如忘记读音），仍有可能通过接受其余部分的信息输入而激活汉字水平的信息，从而实现对该汉字的认读或者书写。

利用这个模型，我们可以解释汉字习得规律 5)"对义符的掌握能帮助汉字习得"，因为部件理据性提供了有效的激活信息。由于形声字的声旁意识建立相对较晚（中级水平的学习者才具备），这也可以解释规律 6)"形声字最难习得"，因为这一激活信息在初期并不具备（在图 2 中，初学者并不具备音位水平信息和字形特征水平信息之间的激活抑制联结）。它也能很好地解释规律 7)"声旁表音度越高、本身能独立成字则对习得帮助越大"和规律 8)"汉字的构词能力与习得效果呈正相关"，这两者的本质都是提供了更多字词识别的激活信息。

再从宏观的教学角度进行分析。相互作用激活模型可以解释规律 9)"汉字的掌握向上同整体的汉语听、说、读、写水平，向下同单个汉字的部件掌握精细程度都显著相关"以及规律 10)"教学界公认的好的汉字教学方法"。也就是说，汉字的识别符合心理学认为的人的模式识别受到知识表征（Representation of Knowledge）影响的观点，不仅存在自下而上的加工，也存在利用情境（Context）的自上而下的加工。

参考上述 3 个模型之后，我们需要注意的更重要的事实是：心理研究已证明，人们的模式识别能力是具有可学习性（或者说可训练）的，汉字学习者通过持续的学习不仅能掌握更多的汉字，也在无形中提高了汉字的识别能力。这又从另一角度说明了优秀的教学设计和教师引导对于汉字学习的重要性（汉字习得规律 10)、21)和 22)）。此外，模式识别还受到多种非认知因素的影响，如动机（参见 Wispe，Drambarean，1953：25–31）、价值与态度（参见 Bruner，Goodman，1947：33–44）、情绪（参见 McGinnies，1949：244–251）以及认知风格（如威特金（Witkin）等人 1954 年的研究，同时在我们列举的汉字学习规律 24)"不同认知风格学习者用不同方式学习汉字"中得到证实）。这些往往是教师或者学习环境能直接影响的和改变的要素，在大环境往往赋予学习者"汉字难学"这一潜在观念的背景下（见汉字学习规律 19)），汉字学习的困难从知觉阶段就开始体现，如何从情感方面积极地引导学习者去克服困难，如何针对不同风格的学习者设计不同的教学方式，是每个教师必须考虑的问题。

与知觉阶段汉字信息处理相关的另一个研究领域是"注意"。它指意识对客体活动的指向性与集中性。认知心理学认为人的认知系统受到通道容量的限制,人只能从各种感觉信息中选择少量的重要信息,进行知觉加工,然后再选择某些信息保存在记忆中。初学者接触的汉字信息,如前文所述,包括各个层级的字形特征信息、各个层级的音义信息、汉字对应语素的构词信息等,这些信息不仅总量大,而且类型各不相同。对于非汉字圈学习者来说,需要在学习过程中同时注意字形特征、字音特征和字义特征是一个全新的挑战(西方语言的文字体系由于字符数极少,对字形的识别很快就能进入"自动化"状态)。如果采用早期的注意模型,不管是布罗德本特(Broadbent,1958)提出的过滤器模型(Filter Model),特雷斯曼(Treisman,1960:242-248)提出的衰减作用模型(Attenuation Model),还是 J. A. 多伊奇和 D. 多伊奇(Deutsch & Deutsch,1963:80-90)提出的反应选择模型(Response Selection Model),这些量大而类型各异的信息势必会互相干扰,使得学习者"注意"的信息难以满足成功学习的需要,证明汉字学习规律 19)中"学习者觉得汉字很难"是有根据的客观认识。另外,既然知觉是可以进行训练的,那么注意的对象和广度应当也能在学习过程中逐步改进以适应汉字学习的需要。这使我们能对汉字习得规律 20)和 23)"汉字学习需要长期坚持才能成功"进行初步的解释。

那么,为何对于成功的汉字学习者以及全体汉语母语者来说,汉字在知觉和注意上的困难就不复存在了呢?这也可以从几个角度进行解释。首先,注意的容量本身并不是固定不变的。斯佩尔克(Spelke)等人(1976:215-230)的实验通过同时进行阅读和听写两种作业的训练,证明注意的容量是可以通过练习提升的。此外,奥尔波特(Allport)等人(1972:225-235)提出了多重资源理论,即在信息加工系统中存在着多重通道或机制,同类信号占用共同的资源,因此彼此的干扰较大,不同类信号的相互干扰则较小。按照这一理论,听觉意向对听觉信号检测的干扰,大于对视觉信号检测的干扰。这说明汉字的信息承载方式具有充分利用多重信道的合理性,在经过训练后是易于掌握的。最后,波斯纳和斯奈德(Posner & Snyder,1975)通过实验,提出了应区分有意识的注意与自动化加工。前者是以有限的容量为特征的,而自动化加工的容量较大,它的产生是由于过去的学习,其发生是不自觉的,不受到当前任何其他心理活动的干扰。施奈德和希弗林(Schneider & Shiffrin,1977:1-6)提出了类似的主张,只不过他们把有意识的注意称为"受控制的加工"。受控制的加工容量有限,属于序列搜索,但在环境改变时仍能为人们利用,而自动化加工没有容量的限制,属于平行处理,一旦被掌握后就难以再改进。这一对概念非常适宜于解释汉字识别对于初学者和高水平学习者/母语者的差别,它也说明了随着学习时间和汉字知识经验的积累,学习者提升的不仅是掌握的汉字数,也一定包括汉字的知觉能力。

3.1.2 汉字的记忆

无论汉字在知觉阶段的情况多么复杂,它最终必须要在大脑中得以存储

(记忆)才能被学习者真正习得。如图1所示,认知心理学把记忆分为瞬时记忆、短时记忆和长时记忆三种。短时记忆和长时记忆的独立存在为迪斯和考夫曼(Deese & Kaufman,1957:180-187)的对于"首因效应"和"近音效应"的研究所证明。从环境中输入的信息(如汉字信息)经过知觉阶段的处理,进入短时记忆。在阿特金森和希弗林(Atkison & Shiffrin,1968)的信息加工模型中,短时记忆有两种重要的功能:(1)它是一种信息加工器,能将来自感觉登记中的信息转换到长时记忆中去;(2)它还能从长时记忆中提取信息并用以处理当前的信息加工活动。因此汉字在短时记忆中的存储与处理也是一个不能回避的问题。

短时记忆又称工作记忆,被认为是一个工作系统。进入短时记忆的信息可以保存15—30秒,如要保持更长的时间,则需要进行"复述"。这可以解释为何在课堂上教师往往采用生词卡片等形式在短时间内反复呈现所教的汉字。短时记忆的容量是极为有限的。米列尔(Miller,1956:81-97)认为,短时记忆并不会受到刺激的物理单位的数目所限制,而是受到有意义组块(Chunk)的限制。短时记忆中所能保持的组块数平均为7±2。而组块的信息量含量则由人们对所记忆对象的熟悉程度决定。比如,汉语母语者能瞬时记住文本中的连续7±2个汉字,而对于初学者来说,也许只能是7±2个部件或者7±2个笔画

综合上述情况,可以发现即使对于高熟练度的学习者来说,短时记忆仍凸显出容量有限的特点。汉字的学习过程势必要求将对汉字信息的短时记忆转为长时记忆。克雷克和洛克哈特(Craik & Lockhart,1972:671-684)提出记忆的加工水平模型(Level of Processing Model)。他们认为,所存储的材料在保持时间方面的差异,并不是被分离的记忆结构的函数,而是由这个单一系统所进行的加工或操作的数量所决定。在这个系统中,有限的加工可能导致一种弱的代码形式,较多的加工可能会导致较强的代码形式。对于词表中的一个词来说,最初可能仅仅按照它的外形来译码(存在于瞬时记忆中),如果进一步加工,就有可能转变为语音码,而康拉德(Conrad,1964:75-84)的研究发现这是短时记忆中占支配地位的代码(视觉码也会转换成语音码);如果进一步加工,就有可能转变为语义码,而后者是长时记忆中主要的代码形式,曼德勒和里奇(Mandler & Ritchey,1977:386-396)的实验证明,视觉信息在长时记忆中也以语义的代码保存。

如阿特金森和希弗林(1968)所认为的,复述不仅是信息在短时记忆中的得以保持的手段,同时也是信息从短时记忆进入长时记忆的主要方式(在图1中分别以短弧和长弧表示)。但这两种复述的性质可能有所不同。克雷克和沃特金斯(Craik & Watkins,1973:599-607)认为存在维持性复述(Maintenance Rehearsal)和精致性复述(Elaborative Rehearsal)的区别。前者只能使记忆的对象维持在语音信息的层次,因此并不能长久保存,而后者因为对记忆的对象进

行了较深层次的分析,因而能抗拒遗忘,得以长久保存。

马丁代尔(Martindale,1991)则主张用神经网络模型来解释短时记忆与长时记忆的不同。他认为,短时记忆是分析器(Analyzer)中被激活的结点的持续;而长时记忆则是结点之间的联系强度。如果一些结点被激活的时间足够长,那么,这些结点之间的联系强度将会发生变化,这种变化是从短时记忆转变为长时记忆的机制。

无论是采用记忆的加工水平模型还是神经网络模型,学习者将汉字信息存入长时记忆的方式都是精细复述。这说明好的汉字教学设计(汉字习得规律10)和学习策略规律22))的确具有重要的意义,其实质是对所学汉字的信息进行全面而深入的分析,但同时,更重要的是持之以恒地使用反复抄、默写等传统方法(规律20)、23)),因为这才是"复述"这一行为的直接体现。我们认为这是影响汉字习得的关键因素。同时,这也说明为何在学习语境中的字频对汉字的习得有最显著的影响(规律1)),因为高字频意味着更多"被动型"复述的机会。

与短时记忆相关的最后一个问题是信息的遗忘。对此有两种对立的观点。一种观点(消退理论(Decay Theory))认为信息的遗忘是因为缺少足够的复述,而另一种(干扰理论(Interference Theory))认为遗忘是因为信息受到了其他材料的干扰。赖特曼(Reitman,1971:185-195)和希弗林(Shiffrin,1973:39-49)的实验都证明干扰理论是造成短时记忆中遗忘的主因,具体而言,就是旧经验干扰对于新经验的回忆(前摄抑制(Proactive Inhibition)),以及新的学习经验干扰对于旧经验的回忆(倒摄抑制(Retroactive Inhibition))。这就是为什么在单位时间要求学习者掌握过多的汉字会影响学习的效果(规律11)。显然在短时记忆中已被遗忘的汉字很难在长时记忆中建立起可供提取的表征。

汉字的学习过程以新学汉字在长时记忆中得到存储而告一段落。长时记忆的容量被认为是无限的,它的复杂性在于,无论是视觉还是听觉信息,它们在长时记忆中的代码形式很可能都是抽象的语义码(Mandler & Ritchey,1977:386-396)。金茨希和格拉斯(Kintsch & Glass,1974)提出,记忆信息在长时记忆中以"命题表征(Propositional Representation)"的形式存储,而与所记忆对象相关的全部信息,则组成一个紧凑而有层次的结构,命题所处的层次地位越高,它所表征的意义就越重要。如"老年男人骑着棕色的马"的图片,可以用以下命题结构来表示:(1)这个男人是老人;(2)老人骑着马;(3)马是棕色的。可以想象,由于汉字具有如图2所示的丰富信息,那么它在长时记忆中的表征也一定是复杂而丰富的。如"清"字,它的表征结构也许是:(1)该字是左右结构;(2)右边是"青"字;(3)右边部分代表"qing1"的读音;(4)右边部分的读音等于整字读音;(5)左边是"氵",代表"水"的意类;(6)用这个汉字来描写的"qing1"代表着"清洁""清楚""不浑浊"的语素;(7)这个语素可以和"楚""洁""白"等语素组合成词。这种复杂性既说明汉字存储的不易,也提供了一种可能性,即或许学习者并不需要全部的信息才能提取整个汉字,或者说是一种"容错率"。我们会在3.2部分中具体探讨长时记忆中信息提取的问题。

3.1.3 汉字学习的信息处理流程

至此,我们可以用下图来表示非汉字圈学习者学习汉字的心理过程:

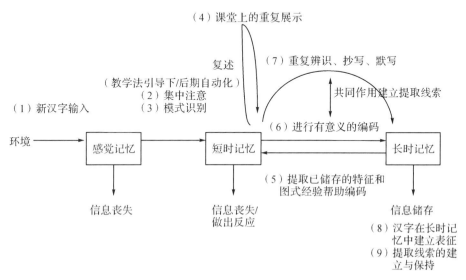

图3　外国人学习汉字时的信息处理流程图

图中步骤(1)—(9)尽量以时间顺序排列,其中的每一步的质量都影响着学习结果,但如前面所说,我们认为其中最关键的步骤是(6)和(7)的结合,即"精致的复述"。从学习结果出发进行考量的话,或许步骤(7)比(6)的重要性更高。步骤(8)和(9)并不是学习过程的结束,因为完整的汉字习得当然要通过信息的提取来进行检验,这是3.2部分将讨论的内容。

3.2　汉字的认读与书写

至此,我们已经解读了全部24条汉字习得规律中的17条,但是,汉字是否最终为学习者所掌握,通常要通过认读或者书写的方式来检验。虽然认读和书写的心理过程仍能用信息处理流程图来表示,但其内容与学习过程有所不同。而且,有些汉字习得的现象必须要放在这两个过程中才能解释清楚,比如汉字习得规律12)—18),尤其是12)"学习者的认读与书写水平显著相关,但认读情况显著好于书写"。这些现象都与信息在长时记忆中的存储与提取有关,所以下面首先对其进行分析。

3.2.1　对长时记忆的进一步分析

研究发现,信息在长时记忆中以语义码为主要的代码,以"命题表征"的形式组成层级结构得以保存。对这种层级结构有多种解释,如柯林斯和奎廉(Collins & Quillian, 1969: 240-248)提出的语义层次模型(Semantic Network Model)。在这个模型中,语义记忆的基本单元是概念,每个概念具有一定的特征。这些特征实际上也是概念,不过它们是说明另一些概念的。有关概念按逻辑的上下级关系组织起来,构成一个有层次的网络系统,如图4所示。图中原点为结点,代表一个概念,带箭头的连线表示概念之间的从属关系。例如,"鸟"这个概念的上级概念为"动物",其下级概念为"金丝雀"和"鸵鸟"。连线还表示概念与特征的关系,指明各级概念分别具有的特征,如"鸟"所具有的特征是"有翅膀""能飞""有羽毛"。连线把代表各级概念的结点联系起来,并将概念与特征联系起来,构成一个复杂的层次网络。连线在这个网络中实际上是具有一定意义的联想。

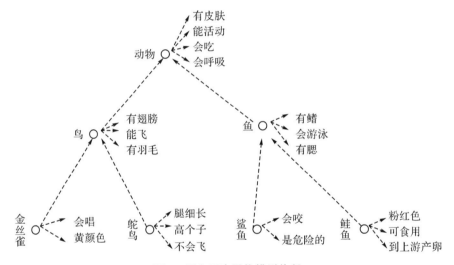

图4　语义层次网络模型片断

这个层次网络模型对概念的特征相应地实行分级贮存。在每一级概念的水平上,只贮存该级概念独有的特征,而同一级的各概念所具有的共同特征则贮存于上一级概念的水平上。由于上级概念的特征只出现一次,无须在其所有的下属概念中再贮存。这样的分级贮存对于节省贮存空间,体现出"认知经济"的原则。

我们当然可以尝试使用语义层次网络模型来描写汉字信息的存储模式,然而该模型的问题在于无法证明概念的层次性、等级性是必然的,也无法解释同样的属性存在于不同的概念之内的情况。为此,柯林斯和劳夫特斯(Collins &

Loftus, 1975:407-428)又提出了激活扩散模型(Spread of Activation Model)。它也是一个网络模型,但与层次网络模型不同,它放弃了概念的层次结构,而以语义联系或语义相似性将概念组织起来。图5是激活扩散模型的一个片段。图中方框为网络的结点,代表一个概念。概念之间的连线表示它们的联系,连线的长短表示联系的紧密程度,连线愈短,表明联系愈紧密,两个概念有愈多的共同特征;或者两个结点之间通过其共同特征有愈多的连线,则两个概念的联系愈紧密。

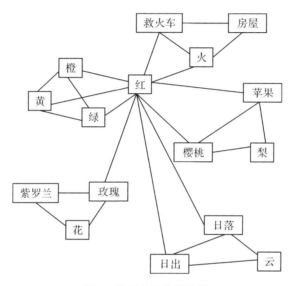

图5 激活扩散模型片段

实际上,激活扩散模型是层次网络模型的修正。它用语义联系取代了层次结构,因而比层次网络模型显得更加全面和灵活。如果说层次网络模型带有严格的逻辑性质,那么激活扩散模型则更适合于个人,具有更多的弹性,可容纳更多的不确定性和模糊性,它是"人化了的"层次网络模型。

用激活扩散模型描写的汉字信息在长时记忆中的存储也许是这样的(仍以"清"字为例):

柯林斯和劳夫特斯的实验发现,关联信息中的一个若被激活,就会扩散到邻近的或者有语义联系的节点那里去,并导致后者也被激活。若汉字的多种信息是以这种分散而具有弹性的机制储存的,就可以解释为何有些汉字经过提示能更好地认读和默写,而有时学习者又会认错汉字或者写出错别字,这显然是由于被激活的部分与目标字有关的信息传递激活了与目标字无关的信息,最终激活了错误的目标汉字。

要完成整个汉字习得的检验过程,最后一步是将汉字信息从长时记忆中提取出来。但在这里,我们面临了一个被反复证实的独特现象:汉字认读能力与书写能力的不平衡。下一节我们将着力于这个现象的解释。(见图6)

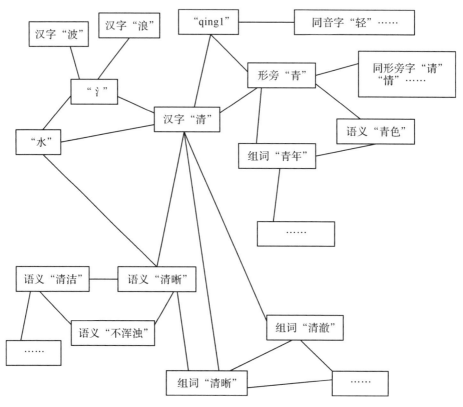

图6　以汉字"清"为核心的激活扩散模型片段

3.2.2　汉字的再认与回忆

汉字的认读可以理解为向学习者呈现目标汉字完整的字形信息,要求其提供该汉字的字音、字义或组词信息的过程。而汉字的书写(一般是指默写)可理解为向学习者提供汉字的字音、字义及组词信息,要求其提供完整的字形信息。由于汉字中存在大量的同音字,在汉字默写任务中,孤立地提供汉字的字音信息是不够的,一般会和字义或者组词信息相结合。过去的很多研究发现,外国学习者认读汉字的能力普遍地优于书写汉字的能力,但影响读和写这两项水平的因素几乎是一致的(习得规律12))。

金茨希(1970)提出的再认–产生假设(Generation-recognition Hypothesis)非常适合于解释这组对立。再认(Recognition)指过去经历过的事物再度呈现时能够识别出来的心理现象,认字显然属于再认作业。回忆(Recall)是指把过去曾经经历而当前并非作用于我们的事物,在头脑中得其映象自行呈现出来的记忆过程。默写汉字应属于回忆作业。从逻辑上推理,能回忆的一定能再认,而能再认的则未必能回忆,认字和写字的关系显然如此。

金茨希认为,在再认测验中,呈现一个项目能够直接激活记忆这个项目的表征。当这种激活发生时,被试就会做出决定,这个项目在以前曾经呈现过。如果记忆的激活没有发生,或者是这种激活非常微弱,那么被试就会做出决定,以前没有呈现过这个项目。再认包含一个做出决定的过程,而且仅仅只包含此种过程。这样我们可以推论出:学习者没法认读某汉字,可能是因为无法足够强地激活其表征,也可能是因为最初就没有建立这个表征。而学习者如果将该字错认为别的汉字,则是因为激活了错误的表征。

我们可以用图7来表示汉字认读的心理机制:

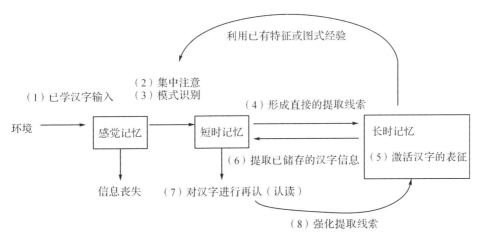

图7　外国人认读汉字时的信息处理流程图

在步骤(7)汉字认读之前的每一步的质量,都会影响最终的认读结果(包括识别速度和准确度)。但是,正如前面所说,我们认为最关键的是步骤(5),即激活已经建立的表征。对此,图尔文和汤姆逊(Tulving & Thomson,1973:352-373)提出过编码特征假设(Encoding Specificity Hypothesis),认为有效的提取依赖于提取时的环境与编码时的环境相似的程度。而图尔文和珀尔斯通(Pearlstone,1966)曾在实验中发现,提取线索的有效性决定于其是否与学习时注意的线索相匹配。在汉字认读过程中,由于认读任务呈现的是完整的汉字视觉信息,即图6中的全部视觉类信息,或者说激活扩散模型中的核心部分,因此这种激活相对比较容易实现。而有经验的教师会通过重复展示字卡、以上下文语境(组词组句等)提示学习者,正是为了努力创造一个与学习时类似的环境。值得注意的是,步骤(7)不仅有成功认读和完全无法认读两种情况,也存在由于激活了错误的汉字表征而将目标字认读为其他汉字的情况。汉字习得规律15)"认读错误随时间推进呈现平—升—降的趋势",说明学习者存储的提取线索积累到一定程度,而字形意识尚未完全建立时,会出现认错字概率上升的现象,而随着字形意识的完全建立,这种趋势便渐趋下降了。此外,每一次成功的认读(再认),都会强化这些线索,最终强化对该汉字的记忆(步骤8),这也再次证明习得规律23)"坚持努力"的重要性。

汉字默写(回忆)的过程更为复杂。金茨希(1970)认为,与再认相比,回忆(Recall)在决定之前还需要一个搜索的步骤。这是因为呈现回忆作业的提取线索,如汉字回忆中,向学习者呈现该字的音、义及组词信息,并不能直接激活记忆的目标表征(字形信息表征),而只是音、义等信息自身的表征(如图6中,除字形"清"及左上角字形信息以外的其他信息的表征)。但这种激活可以扩散到其他有关表征那里去(如图6中的字形信息表征)。如果提取线索与记忆项目有很强的联系,那么,这种激活扩散就将导致记忆表征的激活,这时提取就能够发生。这种从提取线索表征的激活扩散到目标表征的过程称为产生(Generation)过程。当这种搜索过程完结的时候,做出决定的过程就开始了。

汉字回忆作业的特点,决定了它与再认作业的信息提取源是一致的,因此如汉字习得规律12)所体现的,两者的得分呈显著相关。但回忆作业多出的"搜索"这一步,决定了它的难度要高于再认,如图8所示:

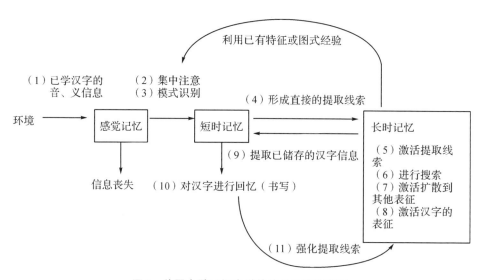

图8 外国人默写汉字时的信息处理流程图

其中步骤(1)到(10)中的每一步都可能对汉字能否成功回忆产生影响,但关键的是从步骤(5)到(8)的心理过程。失败的默写作业,可能是由于该汉字的表征根本没有在记忆中建立,或者是汉字的音、义信息表征未能被激活,也可能是因为音、义等信息表征虽被激活,但未能扩散并激活正确的字形信息。由于激活的步骤比再认更多,因此失败的可能性也相对更大。除了无法默写的情况外,在步骤(10)常出现写错字和别字的情况。其中,写错字的发展规律同认错字一样,呈现平—升—降的趋势(习得规律16)),产生原因当和认错字没有区别。但是,学习者写别字的概率在一年范围内持续上升,在更晚的阶段才会下降(习得规律17)),而且形声字的声旁信息成为后期主要的干扰因素(习得规律18)),说明声旁这个提取线索的确存在于汉字存储的激活扩散模型中,但形成较晚。此外,反复的成功默写当能强化提取线索,巩固该汉字的掌握(步骤11),同样说明"坚持努力"的意义。

3.2.3 汉字的遗忘

汉字习得的结果并不一定是成功的。如前所述,在图7的步骤(7)中,作为失败的结果,学习者可能将目标汉字错认为其他汉字。在图8的步骤(10)中,学习者可能误将其写成错字或者别字。我们把这些"提取错误"的现象看作学习进展的标志(王骏,2015),因为他们至少展现了学习者具备一定的信息提取能力并进行了尝试。从统计数据的角度,更多的失败案例是学习者完全无法认读或者默写目标汉字,也就是说学习者在汉字信息流程图中较早的阶段便已无法继续。

汉字习得规律13)"在汉字学习的较早阶段(大约6—9个月),学习者掌握汉字的总量增加,但在单位时间(或阶段)内能掌握的汉字数量(即增量)减少。后期则增量逐渐持平"和14)"在教学设计要求掌握的新汉字中,学习者无法认读和无法书写的比例先随时间推进逐渐增加,而后逐渐趋平"指向的其实是同一个事实,即学习汉字的数量增加影响对新学汉字的记忆,但后期单位时间可以掌握的汉字数开始保持恒定。

波兹曼、斯塔克和弗雷泽(Postman,Stark & Fraser,1968:672-694)提出了反应集合干扰假设(Response-set Interference Hypothesis),认为遗忘并不是学习的解除或者消退,而是来自新提取线索对于旧提取线索的干扰,即新建立的线索-目标联系会抑制旧的联系,而造成信息提取困难。然而,之后的研究中,学界虽然不否认干扰在遗忘中的作用,但进一步提出,遗忘是由于提取线索不能与记忆中项目编码的性质相匹配(Martin,1972),称为依存线索遗忘假说(Cue-dependent Forgetting Hypothesis)。我们发现,早期新掌握汉字增速的减缓似乎支持前一假说,而后期线索的干扰似乎不再影响汉字的记忆(习得规律13)、14))。但正如彭聃龄、张必隐(2004:217)所说:"由于甚至在一个简单的联结中也包含了相当复杂的编码过程,所以要对遗忘的原因做出完全的解释还是有困难的。"对于汉字在学习过程中的遗忘,还需要更深入的探索。

4. 余论

上面我们用认知心理学的一些基本原理,尽可能地对我们所总结的24条汉字习得规律进行了原因分析。虽然这些心理学和汉字习得方面的规律都是通过实验和数据分析得出的,但限于研究的水平,其结合却未必完美。此外,还有两点值得注意:

第一,近年来,认知科学已普遍开始采用EEG、FMRI等更直接的技术手段观察人类的认知活动。在汉字的认知研究中,也已有Peng等(2003:215-221)开始采用这些方法研究汉字的识别,为各类认知模型提供了更有说服力的证据。然而,目前似乎还没有人用这些手段来观察外国人习得汉字的过程。这应该是今后的一个发展方向。

第二,外国人的汉字习得是一个较为复杂的心理过程,对其中任何一个环节的改良都能提高教学效率,但狭义的教学法手段能够直接作用的只是部分环节(如精细复述)。如我们在3.1.1部分所说的,汉字的信息处理机制还受到动机、情绪、价值等非认知因素的影响。因此,要真正改进汉字的教学,不仅需要对汉字习得的整个心理过程有清楚的认识,也需要教学的实施者具有多样化的、不断更新的教学理念。

参考文献

陈慧,王魁京,2001.外国学生识别形声字的实验研究[J].世界汉语教学(2):75-80.

冯丽萍,2002.非汉字背景留学生汉字形音识别的影响因素[J].汉字文化(3):47-49.

高立群,孟凌,2000.外国留学生汉语阅读中音、形信息对汉字辨认的影响[J].世界汉语教学(4):67-76.

哈丽娜,朱志平,1999.波兰学生暨欧美学生汉字习得的考察、分析和思考[J].北京师范大学学报(社会科学版)(6):88-94.

郝美玲,舒华,2005.声旁语音信息在留学生汉字学习中的作用[J].语言教学与研究(4):46-51.

江新,2001.外国学生形声字表音线索意识的实验研究[J].世界汉语教学(2):68-74.

江新,2006.汉字频率和构词数对非汉字圈学生汉字学习的影响[J].心理学报(4):489-496.

江新,2007."认写分流、多认少写"汉字教学方法的实验研究[J].世界汉语教学（2）：91-97.

江新,柳燕梅,2004.拼音文字背景的外国学生汉字书写错误研究[J].世界汉语教学（1）：60-70.

江新,赵果,2001.初级阶段外国留学生汉字学习策略的调查研究[J].语言教学与研究（4）：10-17.

李俊红,李坤珊,2005.部首对于汉字认知的意义：杜克大学中文起点班学生部首认知策略测查报告[J].世界汉语教学（4）：18-30.

李蕊,2005.留学生形声字形旁意识发展的实验研究[J].语言教学与研究（4）：52-58.

柳燕梅,2009.汉字策略训练的必要性、可教性和有效性的实验研究[J].世界汉语教学（2）：280-288.

柳燕梅,江新,2003.欧美学生汉字学习方法的实验研究：回忆默写法与重复抄写法的比较[J].世界汉语教学（1）：59-67.

彭聃龄,2006.汉语认知研究：从认知科学到认知神经科学[M].北京：北京师范大学出版社.

彭聃龄,张必隐,2004.认知心理学[M].杭州：浙江教育出版社.

王骏,2009.留学生汉字习得的相关因素研究[J].语言教学与研究（1）：9-16.

王骏,2015.外国人汉字习得数据库的建设与汉字习得分析[J].语言教学与研究（3）：21-33.

王骏,胡文婧,2015.外国留学生汉字学习状况研究[J].双语教育研究（1）：45-50.

吴门吉,高定国,肖晓云,等,2006.欧美韩日学生汉字认读与书写习得研究[J].语言教学与研究（6）：64-71.

尤浩杰,2003.笔画数、部件数和拓扑结构类型对非汉字文化圈学习者汉字掌握的影响[J].世界汉语教学（2）：72-81.

ALLPORT D A, ANTONIS B, REYNOLDS P, 1972. On the division of attention: a disproof of the single channel hypothesis[J]. Quarterly journal of experimental psychology（24）：225-235.

ATKINSON R C, SHIFFRIN R M, 1968. Human memory: a proposed system and its control processes[C]// SPENCE K W, SPENCE J T. The psychology of learning and motivation: advances in research and theory 2. New York: Academic Press.

BROADBENT D E, 1958. Perception and communication [M]. New York: Pergamon.

BRUNER J S, GOODMAN C C, 1947. Value and need as organizing factors in perception[J]. Journal of abnormal and social psychology (42): 33-44.

COLLINS A M, LOFTUS E F, 1975. A spreading activation theory of semantic processing[J]. Psychological review (82): 407-428.

COLLINS A M, QUILLIAN M R, 1969. Retrieval time from semantic memory [J]. Journal of verbal learning and verbal behavior (8): 240-248.

CONRAD R, 1964. Acoustic confusions in immediate memory[J]. British journal of psychology (55): 75-84.

CRAIK F I M, LOCKHART R S, 1972. Levels of processing: a framework for memory research [J]. Journal of verbal learning and verbal behavior (11): 671-684.

CRAIK F I M, WATKINS M J, 1973. The role of rehearsal in short-term memory [J]. Journal of verbal learning and verbal behavior (12): 599-607.

DEESE J, KAUFMAN R A, 1957. Serial effects in recall of unorganized and sequentially organized verbal material[J]. Journal of experimental psychology (3): 180-187.

DEMBER W N, WARM J S, 1976. Psychology of perception[M]. New York: Holt, Rinehart & Winston.

DEUTSCH J A, DEUTSCH D, 1963. Attention: some theoretical considerations [J]. Psychological review (70): 80-90.

HUBEL D H, WIESEL T N, 1968. Receptive fields, binocular interaction and functional architecture in the cat's visual cortex [J]. Journal of physiology (160): 106-154.

KINTSCH W, GLASS G, 1974. Effects of propositional structure upon sentence recall[C]//KINTSCH W. The representation of meaning in memory. Hillsdale, NJ: Erlbaum.

KINTSCH W, 1970. Models for free recall and recognition[M]//NORMAN D A. Models for human memory. New York: Academic Press.

MANDLER J M, RITCHEY G H, 1977. Long-term memory for pictures [J]. Journal of experimental psychology: human learning and memory (3): 386-396.

MARTIN E, 1972. Stimulus encoding in learning and transfer[M]//MELTON A. W, MARTIN E. Coding processes in human memory. Washington, DC: Winston.

MARTINDALE C, 1991. Cognitive psychology: a neural-network approach[M]. Pacific Grove, CA: Brooks/Cole.

MCCLELLAND J L, RUMELHART D E, 1981. An interactive activation model of context effects in letter perception: part I: an of basic findings [J]. Psychological review (88): 375-407.

MCCLELLAND J L, RUMELHART D E, HINTON G E, 1981. The appeal of parallel distributed processing[C]// RUMELHART D E, MCCLELLAND J I, the PDP Research Group. Parallel distributed processing 1. Cambridege. MA: MIT Press.

MCGINNIES E, 1949. Emotionality and perceptual defense [J]. Psychological review (56): 244-251.

MILLER G A, 1956. The magical number seven, plus or minus two: some limits on our capacity to process information[J]. Psychological review (63): 81-97.

NEISSER U, 1964. Visual search[J]. Scientific American (201): 94-102.

PENG D L, XU D, JIN Z, et al., 2003. Neural basis of the non-attentional processing of briefly presented words [J]. Human brain mapping (18): 215-221.

POSNER M I, SNYDER C R R, 1975. Attention and cognitive control [C]// SOLSO R. Information processing and cognition: the Loyola symposium. Hillsdale, NJ: Erlbaum.

POSTMAN L, STARK K, FRASER J, 1968. Temporal changes in interference [J]. Journal of verbal learning and verbal behavior (7): 672-694.

REITMAN J S, 1971. Mechanisms of forgetting in short-term memory [J]. Cognitive psychology (2): 185-195.

SCHNEIDER W, SHIFFRIN R M, 1977. Controlled and automatic human information processing: I. detection, search and attention [J]. Psychological review (84): 1-6.

SELFRIDGE O G, 1959. Pandemonium: a paradigm for learning. In symposium on the mechanization of thought processes 1[M]. London: HM Stationary Office.

SHIFFRIN R N, 1973. Information persistence in short-term memory[J]. Journal of experimental psychology (100): 39-49.

SPELKE E S, HIRST W C, NEISSER U, 1976. Skills of divided attention[J]. Cognition (4): 215-230.

TREISMAN A M, 1960. Contextual cues in selective listening [J]. Quarterly journal of experimental psychology (12): 242-248.

TREISMAN A M, SYKES M, GELADE G, 1977. Selective attention and stimulus integration[M]//DONIC S. Attention and performance. New York: Oxford University Press.

TULVING E, THOMSON D M, 1973. Encoding specificity and retrieval processes in episodic memory[J]. Psychological review (80): 352-373.

WISPE L G, DRAMBAREAN N C, 1953. Physiological need, word frequency, and visual duration thresholds[J]. Journal of experimental psychology (46): 25-31.

WITKIN H A, LEWIS H B, et al., 1954. Personality through perception[M]. New York: Harper & Row.

作者通信地址:200030 上海交通大学;wjchs@hotmail.com

不同母语的汉语二语学习者的语用能力考察

熊　文

摘　要：培养二语学习者的语用能力日益受到关注。本文主要讨论汉语二语学习者如何理解和使用汉语情态助动词（"能"类）来实现相关语用功能。研究包括对来自不同汉语水平的三种语言背景的70名在大学的汉语第二语言学习者设计的启发任务的调查结果和分析,结果表明,来自不同第一语言的学习者具有不同的"适当性"和"替代性"语用模式。学习者的表现在其汉语水平初级与中级、初级与高级之间存在显著差异,但中级与高级之间出现"平台期"。这种"平台期"从教学角度提供了如何将语用知识融入语言教学的启发和指导。

关键词：语用能力;情态动词;适当性;替代性

0. Introduction

In Chinese, similar to English, modal auxiliary verbs are used to express modal meanings and the basic grammatical structure is AUX+VP/AP（see examples below）.

［1］（English）I can/will/may come at 8 o'clock.

NP+ AUX（can/will/may）+ VP+PP

［2］（Chinese）Wo 8 dian neng/hui/keyi/keneng lai.

NP+ NP（time）+ AUX（neng/hui/keyi/keneng）+ VP

It has been suggested semantics, pragmatics and social interaction all need to be brought into focus in order to understand the acquisition of modal verbs, elements, or perspectives of syntax（Wells, 1979; Perkins, 1983; Richards, 1990; Parafragou, 1998; Palmer, 2001）.

Lakoff（1972: 243-244）state that choice of modals, root and epistemic, is based partly on what might be called pragmatic grounds: that real-world situated and social and other contextual assumptions must be brought into consideration...

This statement indicates that the modal system itself is pragmatically grounded, which consequently could provide the motivation for exploring its pragmatic dimensions in L2 learners' interlanguage development.

Pragmatics has been seen as the relationship between linguistic form and communicative function. These forms are capable of serving within contexts or settings in which given forms have given functions (Fillmore, 1974: v-1). Putting pragmatic elements into the acquisition study can be undertaken from two perspectives. The first is to look at how specific forms are used to realize communicative functions, which offers insights about pragmalinguistics. The second perspective looks at how specific communicative speech acts are appropriate social behaviors, which offers insights about sociopragmatics. In studies of the acquisition of modal auxiliaries, modal auxiliary verbs are regarded not only as a grammatical category, but also as an indictor of the transfer/medium of cross-cultural values and norms. Moreover, they act as the reagent that indicates the relationship between the learner's grammatical knowledge and pragmalinguistic use.

In this study, I have selected Chinese modal auxiliary Neng Verb Group (NVG), which includes 能 (neng), 可以 (keyi), 会 (hui) and 可能 (keneng) as the major target of the study. I explore how these forms are used to realize communicative functions, and I investigate how learners use different forms to achieve the same functions when the NVG words are not used. Chinese modal auxiliary Neng Verb Group (NVG) is not only a set of frequently used words in Chinese, but also one which is frequently used wrongly by learners of Chinese (Ji, 1986; Xiong, 1996; Peng, 2007). The modal auxiliary verbs are clustered around particular semantic concepts. The modal verbs in the NVG share the meaning cluster of possibility, ability, and permission. These modal verbs are used to indicate the speaker's attitude, comments and judgments and carry, by convention, a certain illocutionary force. Because of these relationships, the NVG provides a useful way of exploring aspects that go beyond the syntax of second language acquisition, especially its pragmatic dimension.

The study is based on the elicitation tasks by using WDCT (Written Discourse Completion Test) method that focuses on the NVG words' pragmatic functions extracted from Xiong's (2008) study. The elicitation tasks were completed by 70 informants from three universities in two metropolitan areas in China, from three different Chinese levels: basic, intermediate and advanced. The informants also represent three L1 backgrounds: Japanese, Korean and English. In Section 2, I summarize the pragmalinguistics studies on modal auxiliary words across languages. I introduce the methodology of the study in Section 3. In Section 4, I analyze the overall patterns of acquiring Chinese NVG words, examining three perspectives: language groups, language levels and gender. In Section 5, I present the conclusions about this cross-sectional study, and I discuss the pedagogical implications and issues for further study.

1. Literature Review

The importance of the pragmatic functions of the auxiliary words has been long acknowledged in children's linguistic development (Major, 1974; Wells, 1979; Richards, 1990; Erbaugh, 1982, 1992).

As Wells (1979: 250) points out that auxiliary verbs serve many important functions in English: they are necessary for the syntactic realization of questions and negative statements; they play a major part in the formulation of moral and hypothetical statements and they provide one of the chief means of expressing tentativeness and politeness.

Finding empirical studies on modal auxiliary verb acquisition in L2 is difficult. Celce-Muria and Larsen-Freeman (1983) maintain that modal verbs are one of the most difficult structures with which an ESL/EFL teacher has to grapple. Some research findings about the learners' pragmatic competence are embedded in the investigation of their interlanguage development, regarding appropriateness or inappropriateness when using the modal auxiliary verbs to realize some speech acts, such as request and refusal. In that way, modal auxiliary verbs have been researched as an indicator of the transfer or surrender of L1 cultural values and norms, rather than as a grammatical category. As a marker of pragmatic integration, the studies reveal inconsistent relationships between linguistic knowledge and pragmatic competence. The inconsistency of relationships holds true for different ages, length of exposure to the L2 and level of L2 proficiency (Kasper, 1979; Basham, Kwachka, 1989; Altman, 1990; Hill, 1997; Salsbury, Bardovi-Harlig, 2000; Lee, 2011).

Kasper (1979) finds that German L2 learners of English did not think carefully about the different meanings in context when they used English modal verbs, and tended to find equivalent translations from German to English. Basham and Kwachka (1989) suggest that Alaskan native students brought social values and pragmatic perspectives into the target language system when using modal auxiliary verbs (will, would, can and could) in English, writing to express 'a degree of both flexibility and precision in making statements' (p. 131), and a sociolinguistic extension has been found when standard English forms are used to express Eskimo pragmatic functions. Altman (1990) investigates both the native speaker (NS) and the non-native speaker's (NNS) language use, and points out that sometimes the inappropriate use of deontic modality by the NNS will be regarded as an offensive expression, leading to a breakdown in communication. Hill (1997) finds that the global trend toward native speaker use of conventionally indirect requests conceals a number of patterns in the use of specific substrategies that do not converge toward the NS norms (by Japanese L2 speakers of English). For example, want strategies (I want to/I would like to), which were hardly ever used by the native speakers of Irish-English, were overused by Japanese learners from the beginning and continued to increase as proficiency improved. The increase in ability strategies (can/could you) seen from low to intermediate did not continue at the advanced level. Permission strategies (may I), though increasing slightly, remained greatly underused. However, willingness strategies (would you), while stable from low to intermediate, increased sharply at the advanced level. This pattern shows an interesting movement away from native speaker norms as proficiency increased (Kasper, Rose, 2002: 143).

In examining the correlation between the linguistic form and its relevant illocutionary functions, Salabury and Bardovi-Harlig (2000) examined the emergence of modality expressions in performing disagreement in ESL beginners. Takahashi (2001: 173) studies the input enhancement of request strategies and concludes, "The Japanese EFL learners lack the L2 pragmalinguistic knowledge that an English request can be mitigated to a greater extent by making it syntactically more complex." The earlier study by Kärkkäinen (1992) suggests that implicit, syntactically integrated, nonroutinized expressions of epistemic modality are more difficult to acquire than explicit, extra-clausal, and routinized expressions by looking at the English L2 Finnish learners. Lee (2011) analyzes politeness as a cultural phenomenon by comparing Chinese English learners and native English speakers when using modals. These studies acknowledged a central issue in the L2 learners' interlanguage development: When and how do they build the connections between forms, meanings and their relevant illocutionary functions?

Guo was the first to study the full range of sentence forms, semantic meanings, and discourse functions of Mandarin Chinese modal auxiliaries in children's speech. He (1994) investigates the different uses of 11 major modal auxiliaries. His strong emphasis on the relationships between social interaction, meaning and grammatical form was based on Halliday's (1975) functional perspective. Guo's (1994) findings of the development pattern of neng (from physical ability, to permission, to epistemic uses) in relation to interpersonal functions are consistent with the view that early modals are 'without exception interpersonal and action-oriented' (Fletcher, 1979: 282). He (1994) also concludes that modals do not originate from the pragmatic performative use, though they soon come to be used mainly for pragmatic purposes. Xiong (1994, 2008) further explores the areas beyond syntax, and extends the studies of Chinese modal auxiliary verbs to semantic and pragmatic dimensions, and first synthesizes and identifies the pragmatic functions of Chinese Neng Verb Group words.

2. Methodology

2.1 The Informants

My study of the investigation of the learners' pragmatic competence in using Chinese modal auxiliary NVG words explains how the Chinese L2 learners from different L1s, at different Chinese proficiency levels, build the relationships between forms, meanings and illocutionary functions.

The project was carried out in three universities and two metropolitan areas in China. The 70 informants, aged 18 to 30, completed the elicitation tasks. They were Japanese, Korean and English speakers. Their academic schedule consisted of 20-25 hours of Chinese lessons per week, for 18-20 weeks per term, as full-time students in China.

In standardizing the informants' language proficiency levels, I use the terms *basic*, *intermediate* and *advanced* to rank them. Three criteria were adopted for determining the Chinese proficiency levels of the learner groups who took the elicitation tasks: the informants' HSK scores in the past six months, together with the grade enrolled and the completed learning period of school terms in China. Besides the informants' standardized Chinese proficiency scores, the grade the learners enrolled in and the duration of their studies in China are not only related to the degree of exposure to the target language and society, but also are significant in terms of the homogeneity of the curriculum of their study of Chinese. Therefore, a combined set of criteria to define the basic, intermediate and advanced levels needed to be adopted to categorize the groups of the informants. The Chinese proficiency levels (basic, intermediate and advanced) defined in my study can be seen in Table 1.

Table 1　Defining the Chinese Proficiency Levels of the Learners

Criteria Level	Enrolled Grade	HSK Band	Learning Duration in China
Basic	Bachelor Grade 1-2	HSK Band 1-5	Started as an absolute beginner and had had no more than four terms in formal language learning
Intermediate	Bachelor Grade 2-4	HSK Band 6-7	Had studied Chinese formally for more than four terms but less than six terms
Advanced	Bachelor Grade 4 and higher	HSK Band 8 or higher	Had studied Chinese formally for more than six terms

Based on the above criteria, the informants were grouped and their Chinese proficiency levels can be seen as shown in Table 2. For each of the language groups, there was a roughly similar distribution of proficiency ratings. The distribution for the Japanese and Korean speakers is almost identical, with five at the basic level, an increase in the number at the intermediate level and a reduction at the advanced level. The English speakers are more evenly distributed, with the same proportion at the basic and intermediate levels, but also a lower proportion at the advanced level. The roughly similar numbers of participants from each language background and the roughly similar pattern of distribution of proficiency levels increases the value of the comparison between the three groups. The numbers of informants are showed in Table 2.

Table 2　Numbers of Informants in the Cross-sectional Study (70)

Level	Participants			Total
	Japanese	Korean	English-speaker	—
Basic	5	5	7	17
Intermediate	14	13	7	34
Advanced	6	8	5	19

Continued

Level	Participants			Total
	Japanese	Korean	English-speaker	—
Total	25	26	19	70
Percentage	36%	37%	27%	—

Codes consisting of three letters and a number were used to document all the relevant information about the participants doing the elicitation tasks (as used in Table 3).

Table 3　Codes of Informants (Sample)

Order Code Time/Univ. enrolled in China	Age	HSK score/Grade	Other foreign language(s)
JFB2 200X,9—200X,7, Shanghai	30	5/2	English

Notes

1) The first letter indicates nationality: J = Japanese learner, K = Korean learner, E = English learner.

2) The second letter stands for gender: M = male, F = female.

3) The third letter represents the proficiency grade or equivalent level: B = basic proficiency level, I = intermediate proficiency level, A = advanced proficiency level.

4) The number stands for the code assigned to informants within the same Chinese proficiency level.

For another instance, EAM2 means: English speaker, Advanced level, Male, Participant number 2 in this level.

2.2　The Format and Coding of the Elicitation Tasks

An appropriate use of the NVG words means the words are used with semantic correctness and grammatical accuracy in the sentence. Successful communication also means appropriate pragmatic judgments. The purpose of the elicitation tasks was to check the learners' perceptions of how to realize the pragmatic functions of the NVG words. The informants were instructed to try to fill the gaps to complete selected communicative tasks with the NVG words 能 (neng), 可以 (keyi), 会 (hui) and 可能 (keneng). They were also provided with a second option if they felt that it would be possible to use other expressions instead of the NVG words. There were 11 items in total, but there were four sub-items in Item 4 so that there was a total of 15 possible response opportunities. The instructions for all items were given both in Chinese and the informants' first languages, Japanese, Korean or English. The informants were instructed to write down all the utterances they would say under the specified circumstances.

[3] Task: 请你介绍一下你朋友的能力或者特长。

Please describe one of your friend's abilities or skills in detail.

The 11 items covered the range of pragmatic functions of the NVG words, which included the following types (see Xiong, 2008):

1) Ability (Item 1)

2) Suggestion (Items 2, 9)

3) Asking permission, request (Items 3, 6)

4) Hypothesis/conditional (Item 4)

5) Promise (Item 5)

6) Forbidding (Items 7, 8)

7) Anger or surprise (Items 10, 11)

Appropriateness is achieved when the relationship between form, meaning and function is consistent. It is used when the rater judges that the informant has achieved the target function required in the task. As can be seen in Table 4, there are three broad categories used in the coding of the elicitation tasks. The first category group, Rows (1) to (4), is all the uses related to the NVG words. The second category group, Rows (5) and (6), is all uses without the NVG words, including using other expressions to achieve the target functions in the tasks. The third category group, Row (7), is uncompleted, with no use of any kind.

Table 4 Categories of Coding of the Elicitation Tasks

Categories		Form	Meaning	Function
With NVG Words: A		—	—	—
(1)	A/& A #	+	+	+
(2)	A/* & A #*	—	+	+
(3)	a	+	+	—
(4)	I & I #	—	—	—
Other Expressions		—	—	—
(5)	R	+	+	+

	Categories	Form	Meaning	Function
(6)	R*	−	+	+
Uncompleted & Non-use		−	−	−
(7)	O	/	/	/
		+	−	−

In Rows (1), (2), (3) and (4) of Table 4, 'A' stands for Appropriateness of the use of the NVG words to express certain pragmatic functions. Two subdivisions are marked as follows: 'A/' stands for the appropriate use of a single option, which means that the learner produces only one of the NVG words in realizing the specified pragmatic function. 'A#' stands for the appropriate use of multiple options, which means that the learner has provided more than one option for the use of the NVG words to express the same function. In Example (4), the learner used both 能 (neng) and 会 (hui) to achieve the task required in Item 1.

[4] Task: 请你介绍一下你朋友的能力或者特长。

Please describe one of your friend's abilities or skills in detail.

Response: A# (JFB3, Japanese, Female, Beginner, No.3)

她能打电脑,还可能会说英语。

3SG AUX type computer, also probably AUX speak English

She can use computer, also probably can/ be able to speak English.

An asterisk * is used to mark ungrammatical uses which is an error in a non-NVG part in both the single option and the multiple option uses. In this case, the NVG part is fine, but there is another associated part that is not correct.

In Example (5) below, the choice of the NVG words is correct for the meaning and pragmatic function as 'asking permission to do something', so it is marked first as 'A'. However, though a NVG '能不能 neng bu neng' is followed by '拍照 (paizhao)' ('pai' mean 'to take'; 'zhao' means 'picture') is correct, there is a missing preposition, '在 (zai),' to introduce the location '博物馆 (bowuguan)' (museum). Therefore, the other parts of the sentences, not the NVG, do not satisfy the requirements of standard criteria of appropriate use. This category is coded as 'A/*' or 'A#*'.

[5] Task: 因为要完成作业,需要在博物馆拍照,你要求管理员同意你拍

照,你怎么说?

Taking photos in the museum is normally not allowed, but you definitely need the picture for a university assignment. How do you ask the attendant for permission to take the picture?

Response:(KMI13, Korean, Male, Intermediate No.13)

先生,能不能拍照这家博物馆?

Sir, AUX NEG AUX take picture this museum? Sir, can I take photos in the museum?

In Row (3) of Table 4, the category marked as 'a' means that the learners used the NVG words, but in a response that did not address the task requirements. Therefore this category will not be further analyzed.

Row (4) of Table 4 refers to the category of inappropriate uses of the NVG words. Examples have been found where the learner mistakenly thought that one NVG word could simply replace another.

This category includes uses of the NVG words that are inappropriate to express the target meaning or function although all other parts of the example are appropriately expressed. Although all four NVG words,能 (neng),可以 (keyi),会 (hui) and 可能 (keneng) can express 'possibility', each is used in different contexts. In Example (6) below, as a conditional expression, in the first clause, 不能 (bu (not) neng) is commonly used to indicate a condition, an impossibility caused by external power; 不会 (bu (not) hui) is more commonly used to indicate a tendency and is usually used in an expression relating to a result. In contrast, 不可以 (bu (not) keyi) and 不能 (bu (not) neng) are both used to express 'denial of permission', but 不可以 (bu (not) keyi) is stronger than 不能 (bu (not) neng), with the former being commonly used to express 'forbidding'. In the contexts below, the relationship between the speakers is teacher and student. It is not necessary to forbid the students to take the exam, so the choice of 不可以 (bu (not) keyi) is regarded as 'inappropriate'. The category has two sub-divisions: single options, marked as 'I'; and multiple options, marked as 'I#'. A single option is where the learner supplies only one response. A multiple option is where the learner supplies more than one response.

[6]Task:以老师的口气向新同学说明学校关于生病和缺课的有关规定,并说明没有事先请假的结果。

Please act as a teacher to explain to the new students the regulations about illness and absence from class, and tell them the possible consequences if they don't give any notice of their absence.

Response: *(EFB5, English, Female, Beginner, No.5)

如果你们不来上课,你们就不可以参加考试。

If 2PL NEG AUX come take class, 2PL then NEG AUX write exam

If you can't come to the class, you are not allowed to take the exam.

Since the NVG words are a group of polysemous words with some overlapping of meaning and function, it is possible for the learners to have multiple options to finish the tasks given. When there is only one possible option, and the learner actually produces this, then it is an appropriate use. If the learner produces more than one possible answer, then some answers may be inappropriate. When there are multiple options and the learner produces only one of them, it is a case of limited appropriate use. If the learner produces more than one option, the response could be correct for all uses of the NVG words or, more likely contain a combination of appropriate and inappropriate uses. In the analysis, when the learner produced more than one expression using the NVG words, and there was only one appropriate choice, the maximum legitimate credit was given to the learner and coded as 'A/'. The relationship between possible answers and actual answers and coding are as shown in Figure 1.

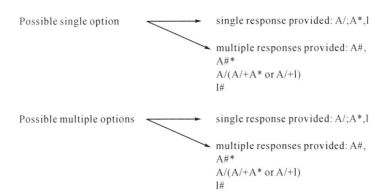

Figure 1 The Relationships Between the Possible Answers and the Actual Answers

In Rows (5) and (6) of Table 4, R stands for Replacement of the NVG words by another expression in order to achieve the target function required in the task. The informants chose a possible expression other than an NVG word to communicate appropriately. In that sense, Replacement acts as a communicative strategy to prevent an interruption to the conversation flow. In Example (7), instead of saying something like 'can you lend me your recorder?' and 'I can return it to you next Sunday', in the context which provides the possibility to use the NVG words, the learner chose to use lexical words, such as '请 qing' (please), '保证 baozheng' (guarantee) to express a more direct request. An asterisk * is used to mark an ungrammatical use in this category.

[7] Task: You need to borrow a tape recorder from your Chinese teacher, who is older than you. As part of your request to borrow the tape recorder, specify when you will return it.

Response: (JMA5, Japanese, Male, Advanced, No.5)

请你借给我一下录音机,我无论如何都想借录音机。我保证下个星期天一定还给你。

Please 2SG give 1SG one CL recorder 1SG no matter how want borrow recorder 1SG guarantee next CL Sunday definitely return gei 2SG

Please lend me the recorder, I definitely want to borrow the recorder, I guarantee to return it to you next Sunday.

The replacement could be a synonym, a phrase or an alternative sentence pattern. It includes some downgrade simplification, such as using '好吗 (haoma)' to ask permission; or some upgrade complexification and some substitutions at the same level. For example, in the sentence '他的外语能力很高(ta de waiyu nengli hen gao)' (His foreign language competence is really high.), '能力 nengli' (competence) is used instead of the NVG words to describe someone's 'ability or skill'.

In Row (7) of Table 4, O marks the 'non-use' category, which includes no answer, responding in languages other than Chinese, or a response that does not address the requirements of the task and also contains no NVG words. In the following example (E.g. 8), the learner did not address the task require ment, and therefore, even though the response itself was grammatically correct, it was marked 'O' as non-use.

[8] Task: 请你介绍一下你朋友的性格。

Please describe one of your friend's personality in detail.

Response: (JMI7, Japanese, Male, Intermediate, No. 7)

他既活泼又开朗。

3SG CONJ active CONJ open-minded

He is not only very active but also open-minded.

On the whole, as shown in Table 4, Rows (1) and (5) represent all examples of where the communication is potentially successful. The learner could be understood in the context. Rows (2), (4) and (6) represent all examples of where the communication is uncertain. Row (7) includes all examples that can be regarded as incomplete responses and would not be understood in the context. Row (3) is when the NVG words have been used in non-relevant ways, so they have been excluded from further discussion.

3. Data Analysis

3.1 Distribution of the Correct and Incorrect Responses

According to the categories defined in Section 3, all the data have been coded and summarized in Table 5.

In Table 5, it can be seen that, on the whole, the learners were reasonably successful in terms of completing the communicative tasks. However, even though all three groups were similar in the degree of appropriate uses of the NVG and the correct uses of other Replacement expressions, and similar in the extent of successful communication, the ways in which they achieved successful communication differ from each other.

The Korean group is distinguished from the other two groups by virtue of their much higher use of Replacement as a strategy. As can be seen in the R category, the Korean speakers applied more replacement with higher rates of both correct and incorrect uses than either the Japanese or the English speakers. In contrast, the English speakers seem to have devoted their attention more to using the NVG words, and demonstrated higher rates of both correct uses and errors, as well as single and multiple option appropriate uses, as can be seen in the A category in Table 5. The Japanese group had the lowest overall error rate. On the one hand, they concentrated on the NVG words. They are the most accurate group. On the other hand, they also applied replacement as a strategy. Their replacement rate overall was double that of the English speakers and with a higher error rate as well. Their NVG use rate was slightly lower than the English group with the same proportion of errors. The pattern is consistent with both the uses of the NVG words and the uses of the replacements. It can be concluded that each L1 group had a dominant pattern at different language proficiency levels, but also paid some attention to the other ways of expression. Both accurate and inaccurate uses of the NVG words, as well as other replacement expressions, characterize the dominant pattern of each group.

Furthermore, the results also show the parallel features for accurate and inaccurate uses. A higher percentage of performance in the Appropriateness category has a consequence of a higher percentage of incorrect uses in this category. Similarly, a higher percentage of performance in the Replacement category has a consequence of a higher percentage of incorrect uses in this category as well. One example is that in the category of Inappropriateness, the English learners had a higher percentage, 4%, compared with the Japanese.

Table 5 Results of Distribution of the Correct and Incorrect Responses

Code			Number of Responses			Rate (Percentage)			
Informants			Japanese	Korean	English	Japanese	Korean	English	Average
Number of informants			25	26	19	%	%	%	%
Total possible responses			350	364	266				
A	Total of *Appropriateness* (Row 1, 2)		196	138	182	56	40	68.4	54.8
Correct NVG use	Total		183	126	151	52.2	34.6	56.7	47.7
	Single option	A/	159	108	126	45.4	29.7	47.3	41.5
	Multi-option	A#	24	18	25	6.85	4.9	9.4	7.2
Incorrect non-NVG part	Total		13	12	31	3.38	3.27	10.6	6.18
	Single option	A/*	11	11	26	3.1	3	9.7	5.4
	Multi-option	A#*	2	1	5	0.28	0.27	1.9	0.78
I & I#: Wrong NVG (Row 4)			3	2	9+2	0.86	0.5	4	1.79
R	Total *Replacement* (Rows 5, 6)		131	208	49	37	57	18.4	37.5
Correct	R (Row 5)		107	170	43	30.5	46.7	16	31

	Code	Number of Responses			Rate （Percentage）			
Incorrect	R* （Row 6）	24	38	6	6.85	10.4	2	6.4
A+R: Function realized		183+107 =290	126+ 170= 296	151+43= 194	83	81	72.7	78.7
O: No use （Row 7）		20	16	26	5.7	4.4	9.8	6.6

Rows 1–7 resemble the relationship with the rows in the brackets in Table 4, indicating categories coded. Row 3 is not included in Table 5 because it is not relevant in the discussion. It may also be because the English group was the one that used the NVG most frequently. For the 'Non-use' category, the Japanese and the Korean groups were quite similar. The English group had a slightly higher rate of non-use than the other two groups.

Table 5 shows that there are different patterns among the Japanese, Korean and English learners when using the NVG words to express pragmatic functions. Although that is the consistent pattern, the relationship is more complicated and does not produce an easy answer. Therefore, it is necessary to explore in depth whether the same factors can contribute in different ways, or whether there are different factors contributing to these patterns. For example, the replacement strategy used by some L2 learners contributes in different ways to the pattern of using the NVG.

3.2 Pattern of Correct Uses: Percentage Analysis

Since all the accurate uses are performances where the communication was potentially successful, which includes the categories of correct examples of Appropriateness and Replacement, it is important to check how the learners achieved the functional targets. The patterns for different L1 groups are shown in Figure 2.

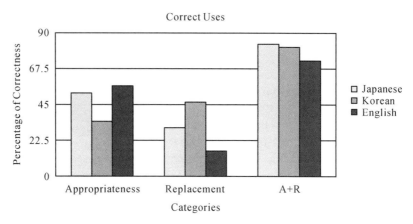

Figure 2 Results of All Correct Uses

Notes:
Series 1: Appropriate use
Series 2: Replacement use
Series 3: Appropriate use + Replacement use (A+R)

The column graph above shows the percentage of correct uses of the different L1 groups in finishing the elicitation tasks. It depicts the two categories of Appropriateness and Replacement, which include all correct uses, together with a third category, the sum of Appropriateness and Replacement, which represents all performances in which the communication was understandable.

In regard to the category of Appropriateness in using the NVG words, the English learners performed the best of the three groups, with approximately 56.7%, being the highest percentage in this category. In contrast, the lowest percentage was for the Korean learners, who produced only 34.6% appropriate uses. However, the Japanese learners were quite close to the English learners, with 52.2%.

In contrast with the above category, the category of Replacement shows totally contrary results. Not using the NVG words, but using other expressions as a strategy is one way in which the learners could achieve the task. The Korean learners had the highest percentage, with about 46.7%. The lowest percentage was scored by the English learners, with only 16% among all uses. Again, the Japanese learners were in the middle, with 30.5%.

The third category encompasses all uses of Appropriateness + Replacement in which the communication was successful in the given context. Interestingly, in terms of finishing the tasks that were required, the three different L1 groups performed similarly and largely successfully. Both the Japanese and Korean learners succeeded in over 80% of the tasks, and the English learners were successful 72.2% of the time. The three groups were quite similar in this category. The results shown in Figure 2 raise further questions. In regard to completing the communication, it seems that adult learners are always trying to fill in the gaps caused by a lack of target language resources and use any available means possible to achieve their communication aims. The patterns for the English, Japanese, and Korean speakers were not identical even though their overall levels were the same. Why did the English learners have a preference for using the NVG words to realize pragmatic functions, whereas the Korean learners did not?

Looking first at the category of Appropriateness, which reflects the use of the NVG words to achieve the pragmatic functions successfully, the different patterns are also found, but have a close relationship with the above replacement strategy use and overall use. This can be seen in Figure 3.

Figure 3 shows that the Japanese and the English groups have the same patterns in using the NVG to achieve the pragmatic function. Both groups have made rapid progress from the basic level to the intermediate level, and reached the highest rate of correctness in appropriate use at the intermediate level, but the rate drops at the advanced level. In contrast, the Korean group's use of the NVG dropped from the basic to intermediate level, but rose again at the advanced level. All these up and down changes of the NVG use correspond directly to the use of the *Replacement* strategy, all three groups, replacement and appropriateness exist in complementary distribution. When replacement increases, the extent of the

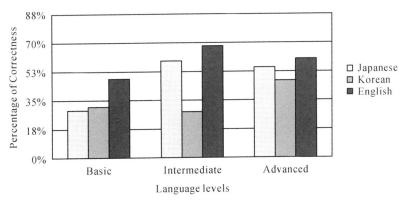

Figure 3 Results of Appropriateness of the NVG in Different Language Levels

NVG decreases. These two strategies appear to present alternatives for the learners. On the whole, each group experiences rising and falling with increased command of the Chinese language level, which shows an unsteady trend of use of the NVG words.

3.3　Results of the Category of Appropriateness

The descriptive statistics were analyzed with a Univariate Test to see whether there are significant differences in terms of L1 background, L2 levels and gender. The results can be seen below:

(1) There is a significant difference in scores between informants with different language backgrounds: $F_{(2, 52)} = 7.28$, $p = 0.002 < 0.05$. The detailed analysis in Pairwise Comparisons shows that a difference between the Korean group and the English group is at the 0.05 level. However, the difference between the Japanese group and the Korean group, and between the Japanese group and the English group, is only at the 0.1 level.

(2) There is significant difference in scores among different level informants: $F_{(2, 52)} = 6.42$, $p = 0.003 < 0.05$. Detailed analysis in Pairwise Comparisons shows that a significant difference exists between the basic level and the intermediate level, and also between the basic level and the advanced level. However, there is no significant difference in scores between the intermediate level and the advanced level, even though progress was made.

(3) There is no significant difference in scores between male and female students: $F_{(1, 52)} = 0.384$, $p = 0.538 > 0.05$.

(4) There is a significant difference in the interaction effect between groups and levels: $F_{(4, 52)} = 3.012$, $p = 0.026 < 0.05$. However, there is no significant interaction effect between groups and gender ($F_{(2, 52)} = 0.645$, $p = 0.529 > 0.05$) or between levels and gender ($F_{(2, 52)} = 0.571$, $p = 0.569 > 0.05$).

3.4　Results of the Category of Replacement

Since Replacement is another category representing successful communication by the learners, analysis of the results has been extended to include this category. The Korean group has a prevailing strategy of using Replacement. Both the Japanese and the English groups also partly applied the strategy in their communication. The test of this category relates to the following question: If the learner does not choose to use the NVG words to achieve the pragmatic functions in the task requirements, to what extent do they use a replacement strategy to communicate?

The above descriptive statistics were analyzed with a Univariate Test using SPSS software, and the results can be seen below:

There is a significant difference in scores among subjects with different language backgrounds: $F(2, 52) = 11.186$, $p = 0.000 < 0.05$. The detailed analysis in Pairwise Comparisons shows that the difference between the Korean group and the English group, and between the Japanese group and the English group is at the 0.05 level. The difference between the Japanese group and the Korean group is only at the level.

There is no significant difference in scores among different level subjects: $F(2,52) = 0.163$, $p = 0.850 > 0.05$.

There is no significant difference in scores between male and female students: $F(1,52) = 0.308$, $p = 0.581 > 0.05$.

There is a significant difference in the interaction effect between groups and levels: $F(4,52) = 4.27$, $p = 0.005 < 0.05$. But there is no significant interaction effect between groups and gender ($F(2, 52) = 0.871$, $p = 0.425 > 0.05$), or between levels and gender ($F(2,52) = 0.492$, $p = 0.614 > 0.05$).

If Replacement as a strategy is used when command of the NVG words is restricted, then it should be more prevalent at lower proficiency levels and equally prevalent for all groups of learners. However, what can be found is the strategy was used across all language proficiency levels. Given the substantial use of the Replacement strategy, does Replacement indicate a lack of command of the NVG words?

Based on the results shown above, it can be seen that there is a similar pattern between the results of Appropriateness and Replacement. The only substantial difference exists in scores among Chinese language levels. It means that in using Chinese modal auxiliary NVG words appropriately, the learners of different levels had different performance success. However, there was no difference among the learners of different levels when applying the replacement strategy to achieve communication. In contrast, L1s made a significant difference on both appropriate uses and replacement uses. The patterns are variable. In Appropriateness, the difference between the Korean group and the English group is more significant than between the Japanese group and the Korean group, or between the Japanese group and the English group. However, in Replacement, the difference between the Korean group and the English group, and between the Japanese group and the English group, is more significant than the difference between the Japanese group and the Korean group. The English group stands out in the aspect of relating to the L1 difference. The difference between the Japanese group and the Korean group is less significant.

In summary, the learners' understanding and use of NVG words to realize certain pragmatic functions has been analyzed in this section. In a given context, the learner gives first priority to finishing communication, and then gives secondary attention to using required words or forms. An appropriate expression indicates the accurate use of form and meaning of the language, as well as achieving the target function. The learners from different L1 backgrounds and different Chinese language levels had different dominant patterns in finishing the tasks. The English group was the one that used the NVG words most frequently. The Korean group applied the strategy of replacement across all Chinese levels, and at a higher rate than the other two groups. On the whole, the Japanese group was the most accurate group when looking at the overall communication.

4. Research Findings and Discussion

In this study, detailed analysis had two major components. One was the percentage test, the accumulation of the accuracy rate of test tasks, which reflected the learners' acquisition patterns for both correct and incorrect responses. The other was the variance test, which used SPSS software to draw out the relationship between the variables, particularly focusing on the learners' L1 background and Chinese proficiency level.

The results of the analysis of the pragmatic competence of the learners illustrated different patterns of each L1 group's usage of Chinese modal auxiliary NVG words. Each L1 group differed from the others, but their overall rates of completion of the communicative tasks were approximately the same. They differed in whether they used the NVG words or Replacement to realize the pragmatic functions at different Chinese language levels. The English group had the highest scores for correct use of the NVG in the basic and the intermediate levels, but the mean score of Replacement doubled at the advanced level. Since English is closer to Chinese than Japanese and Korean are. From the perspective of pragmatic transfer, it would not be very hard for the English speakers to establish some equivalent to express the modal meaning and functions, particular earlier on and their L1 affect the comprehension and production of 'from-function mappings in L2' (Kasper, 1979: 209).

The Japanese had a more balanced relationship between NVG use and Replacement in the beginning than did the Korean group. However, in the intermediate area, the Korean group's use of Replacement increased, and the Japanese group's use of Replacement reduced. The Japanese group began to explore the use of the NVG, but then began to replace it again at the advanced level. They kept the two systems in a useful balance, and this is why the Japanese group got the highest rate of accuracy in completing the tasks. The Korean speakers had the same balance at the basic level as the Japanese, but they maintained the Replacement strategy into the intermediate level. By that time, the Japanese speakers had started to focus on the use of the NVG words. At the advanced level, the Koreans began to explore the pragmatic features of the NVG as the Japanese did at the intermediate level.

The study shows that on the effect of L2 pragmatic competence, language proficiency is a crucial factor, but obviously not the only factor. The Korean group, with the highest use of Replacement among the three groups, raised interesting questions as: were their systems less steady in the use of the NVG words overall? Or do they find less need/willing to change the Replacement strategy than other learners? Kecskes (2014: 1) argued, 'Bilingual pragmatic competence, however, develops differently. The process is affected by individual control, consciousness and willingness to modify existing skills and behavior patterns and acquire particular social skills and ignore others.' It depends on: how will the existing, L1-based pragmatic competence change under the influence of the newly emerging language, and how will the strategies, behavior patterns and sociocultural knowledge blend and/or interact with the existing ones? (2014: 7).

Another finding based on the elicitation tasks data is that the students have done well in the beginning level, and the accuracy of performances in the pragmatics has decreased. Furthermore, there is potential plateauing between the intermediate level and the advanced level. In current teaching practice for Chinese modal auxiliary verbs, the basic syntactical structure and the core meaning are taught in the early stages, the pragmatic functions of the NVG words, which are context-dependent, have never been a primary focus in the agenda of teaching and have not also been unpacked enough. There is a gap between what we design for teaching and what students need to learn in terms of the NVG. Therefore, any instruction dealing with modal auxiliaries needs to have a later lesson planning to help learners retrieving the earlier knowledge to be re-examined in the light of more complicated contexts.

The ways to develop the learners' pragmatic competence in using forms like the NVG words to achieve the pragmatic functions can be conducted through either explicit or implicit teaching in the classroom. Part of this pertains to understanding the process of development in different contexts; part of the issue is to train the learners to understand the linguistic and social contexts with the language. If there is not enough attention or instruction given on these aspects, learners will not be able to judge when to use which word or structure.

Therefore, sufficient and appropriate attention and instruction needs to be built into the teaching program. The more consistent strategy probably is to build up a whole understanding of the relationship between the learner and the situation, the meanings, the structures and the contexts.

There are some issues that are also worth looking at in future studies: my data suggest that the English learners are different from the Japanese learners and the Korean learners, and that the Japanese learners are different from the Korean learners in terms of using the NVG words to realize pragmatic functions. Therefore, L1 does have an impact on L2 pragmatic acquisition. A further study on how the L1's social and cultural behavior pattern influences the L2's pragmatic acquisition would probably prove worthwhile.

The elicitation tasks are designed to stimulate the learners to use their real language to examine their pragmatic competence holistically. The selection criteria of the informants were carefully considered based on the learners' updated HSK scores (Chinese language proficiency level), the period over which they studied Chinese in China and the grade in which they were enrolled. This enabled me to define the informants' Chinese level reasonably objectively. One of the prominent features of the informants was that, though the average ages of the Japanese learners (aged 22), the Korean learners (aged 24.5) and the English learners (aged 23) were relatively similar, the Japanese and Korean learners had less experience of tertiary learning experience compared to the English speakers. 28% of the Japanese informants and 50% of the Korean informants had completed or started their tertiary education before starting to learn Chinese in China. In contrast, 90% of the English informants had completed or had started their tertiary education, indicating that they may have had more experience in not only second language/foreign learning, but also in the other aspects of academic learning. However, as mentioned above, other factors, such as each learner's aptitude, motivation and expectations of learning Chinese have not been taken into account in this study. They are difficult to define, but nonetheless relevant to achievement of new language's pragmatic competence.

Note

HSK is a standardized test at the state level, designed and developed by the HSK Center of Beijing Language and Culture University to measure the Chinese proficiency of foreigners, overseas Chinese, and students from Chinese national minorities. In this article, the 1st version of HSK band was adopted, which included the HSK Elementary (from Bands 3 to 5), Intermediate Levels (from Bands 6 to 8), and HSK Advanced (from Bands 9 to 12).

References

ALTMAN R, 1990. Giving and taking advice without offense[M]//SCARCELLA R, ANDERSEN E, KRASHEN S. Developing communicative competence in a second language. New York: Newbury House.

BASHAM C, KWACHKA P, 1989. Variation in modal use by Alaskan Eskimo student writers[M]//GASS S. Variation in second language acquisition. Bristol: Mutilingual Matters Ltd.

CELCE-MURCIA M, LARSEN-FREEMAN D, 1983. The grammar book: an ESL/ EFL teacher's course[M]. Rowley, MA: Newbury House Publishers.

ERBAUGH M S, 1982. Coming to order: natural selection and the origin of syntax in the mandarin speaking child[D]. Berkeley: University of California, Berkeley.

ERBAUGH M S, 1992. The acquisition of mandarin [M]//SLOBIN D I. The crosslinguistic study of language acquisition [M]. Hillsdale, NJ: Lawrence Erlbaum Associates.

FILLMORE C, 1974. Pragmatics and the description of discourse[M]//FILLMORE C J, LAKOFF G, LAKOFF R. Berkeley studies in syntax and semantics. Berkeley:

University of California Press.

FLETCHER P, 1979. The development of the verb phrase [M]. Cambridge: Cambridge University Press.

GUO J S, 1994. Social interaction, meaning, and grammatical form: children's development and use of modal auxiliaries in mandarin Chinese[M]. Berkeley: University of California Press, Berkeley.

HALLIDAY M A K, 1975. Learning how to mean: exploration in the development of language[M]. London: Edward Arnold Ltd.

HILL T, 1997. The development of pragmatic competence in an EFL context[M]. Tokyo: Temple University Press.

JI Y X, 1986. Contrastive studies of Chinese modal auxiliary verbs and their English counterparts [J]. Language teaching and researching (3): 67-77.

KASPER G, 1979. Communication strategies: modality reduction [J]. Interlanguage studies bulletin(4): 266-283.

KASPER G, ROSE K R, 2002. Pragmatic development in a second language[M]. Melden, MA: Blackwell Publishing.

KÄRKKÄINEN E, 1992. Modality as a strategy in interaction: epistemic modality in the language of native and non-native speakers of English[J].Pragmatics and language learning(3): 197-216.

KECSKES I, 2014. About bilingual pragmatic competence [J]. Modern foreign languages, 37 (1): 1-22.

LAKOFF R, 1972. The pragmatics of modality [J]. Chicago linguistic society papers(8): 229-249.

LEE Y, 2011. Comparison of politeness and acceptability perceptions of request strategies between Chinese learners of English and native English speakers[J]. International journal of language studies, 5 (3): 27-34.

MAJOR D, 1974. The acquisition of modal auxiliaries in the language of children [M]. Paris: Mouton.

PALMER F R, 1989. Modality and the English modals[M]. London: Longman.

PALMER F R, 2001. Mood and modality[M]. Cambridge: Cambridge University Press.

PAPAFRAGOU A, 1998. The acquisition of modality: implications for theories of semantic representation[J]. Mind and language, 13 (3): 370-399.

PAPAFRAGOU A, 2000. Issues in the semantics-pragmatics interface [M]. Amsterdam/New York: Elsevier Science.

PENG L Z, 2007. The study of modals in modern Chinese[M]. Beijing: China Social Study Press.

PERKINS M, 1983. Modal expressions in English[M]. London: Frances Pinter.

RICHARDS B J, 1990. Language development and individual differences: a study of auxiliary verb learning[M]. Cambridge: Cambridge University Press.

SALSBURY T, BARDOVI-HARLIG K, 2000. Oppositional talk and the acquisition of modality in L2 English[C]//SWIERZBIN B, MORRIS F, ANDERSON M, et al. Social and cognitive factors in second language acquisition. Somerville, MA: Cascadilla Press.

TAKAHASHI S, 2001. The role of input enhancement in developing pragmatic competence[M]//ROSE K R, KASPER G. Pragmatics in language teaching. New York: Cambridge University Press.

WELLS C G, 1979. Learning and using the auxiliary verbs in English[M]//LEE V. Language development. New York: Wiley.

XIONG W, 1996. Comparative study on Chinese modal verb 'neng' group and English auxiliary verb 'can' group[R]. The 5th national symposium of teaching Chinese as a second language. Beijing: Beijing Language University Press.

XIONG W, 2008. The pragmatic functions of the Chinese modal auxiliaries: in reference to the *Neng* Verb group[J]. Chinese studies review (3): 30-48.

作者通信地址:Winston Salem State University;xiongw@wssu.edu

四、语言哲学思想传承与研究

语言与文字:20世纪的文字思想

赵　宏

摘　要:20世纪文字思想的发展,大致经历了结构主义、解构主义、整合语言学和字本位学说四个阶段,总体的趋势是逐步脱离西方言文孤立、重言轻文的文字观念,越来越重视文字的自主性和能动性,越来越重视表意文字的独特性,越来越重视语音和文字、口语和书语的互动与整合。理解这一趋势对语言研究的走向有所启发。

关键词:文字;结构主义;解构主义;整合语言学;字本位

0. 引言

文字观念的演进,是20世纪语言思想发展最为精彩的一幕,结构主义、解构主义、整合语言学和字本位学说均对文字问题有独到见解。而纵观全局,20世纪文字观的演进正是中西语言思想交流、融合、冲突和创新的缩影。回顾20世纪的文字思想,不仅能帮我们总结和理解其演进的内在逻辑,更能为今后的语言研究带来新启示。

1. 结构主义语言学的文字观

索绪尔(1857—1913)是现代语言学之父,结构主义传统的创建者,其"语言系统"学说奠定了现代语言学发展的基调。虽然后世新理论层出不穷,对索绪尔的"批判"不绝于耳,但在索绪尔限定的条件内撼动其学说的语言理论,至今没有出现。索绪尔的文字思想主要包括以下几个方面:

1.1　文字不属于语言系统

索绪尔的文字观服务于"语言系统"学说,开宗明义将文字排除在"语言系统"之外(1980:47-48):

> 语言和文字是两种不同的符号系统,后者唯一的存在理由在于表现前者。语言学的对象不是书写的词和口说的词的结合,而是由后者单独构成的。

索绪尔建立的语言系统,是一个抽象的、共时的、内部的符号系统,系统内的符号是音和义的配对,而文字是干扰系统的外部因素,故而排除在外。

索绪尔孤立的文字观念有深厚的历史渊源。西方传统文字观是语言第一性,文字第二性,文字的作用是"将语音视觉地呈现出来"(Harris,2000:xii),这一思想可追溯到亚里士多德(1957:55)提出的"口语是心灵的经验的符号,而文字则是口语的符号"。索绪尔的文字观是时代的产物。19世纪和20世纪之交自然科学大发展,注重分析事物内部结构和关系的研究方法进入人文学科。科学的研究方法要有客体化和同质化的研究对象。排除文字干扰,把语言系统从纷繁芜杂的具象中抽离出来,才能将语言研究纳入科学轨道。

1.2　表意文字是例外

严谨精密的理论体系有赖于起限制作用的前提条件。索绪尔首先确认了世界上只有两类文字系统(表意系统和表音系统)的事实,然后敏锐地捕捉到表意文字的独特之处:

> 对汉人来说,表意字和口说的词都是观念的符号;在他们看来,文字就是第二语言。(1980:51)

索绪尔认识到表意文字不是"符号之符号",注意到汉字的复杂性,随即为其理论提出了重要的限制条件,把使用表意文字的语言排除在考察范围之外:

> 我们的研究将只限于表音(文字)体系,特别是只限于今天使用的以希腊字母为原始型的体系。

1.3　文字的自主性和权威

理想状态下,拼音文字应严格地反映语音,而事实上语音和拼写的不一致却常常出现。索绪尔认为文字相对于语音的稳定性、字母表的借用以及复杂的词源是造成这种不一致的原因。一方面,索绪尔指出语音的变化有自身规律,不受文字控制。另一方面他也承认,在教育发达文盲极少的社会,文字发挥着极其重要的作用,甚至能改变词的读音。索绪尔认为这是不正常的现象,将之称为语音异化(phonetic distortion)。

索绪尔承认文字比语言声望更高,认为文字享有了它本不该拥有的权威。这种权威源于文字比语言更持久、更"看得见摸得着"的事实,文学和学校教育也都有以书面语为核心的传统。索绪尔将之称为"文字的暴政"(the tyranny of the written form),并意图打破暴政。

索绪尔开创的结构主义传统波及整个思想界,他的文字观服务于"语言系统",以文字排斥为核心,但承认文字声望高,存在表音文字脱离语音的现象,表意文字和语言的关系特殊。索绪尔无意纠缠文字问题,在厘清了对理论建设必要的文字"偏见"之后,绕过了棘手的表意文字。

2. 解构主义的文字观

当代法国哲学家德里达(1930—2004)开创了解构主义思潮,批判的矛头直指结构主义语言学及西方哲学的"逻各斯中心主义",其文字思想颇有价值。

2.1　语言系统:形而上学的隐喻

德里达无意解决语言文字问题,他将"语言系统"和意义—语音—文字的关系看作西方宇宙秩序的隐喻,借解构索绪尔的"语言系统",解构逻各斯中心主义和形而上学传统。索绪尔通过语言和言语、内部和外部、共时和历时、所指和能指、组合关系和聚合关系这一系列有层级的二元对立,确立了语言符号系统。结构主义不关心语言系统的本原,但是语言系统和运行不殆的宇宙具备了某种相似性,似乎也由某个"上帝"创造,有本原存在。个体语言符号也体现了形而上学的关系:意义统治语音,语音统治文字。语音和逻各斯(即意义或本原)有本质联系,"它在作为逻各斯的'思想'中与'意义'相关联,创造意义、接受意义、表示意义、'收集'意义";而记录语音的文字,则"被视为中介的中介,并陷入意义的外在性中"。(德里达,1999:13-16)诺利斯(Norris,1991:28)指出,"索绪尔赋予语音特权,德里达发现了其方法论背后运作着一整套形而上学"。语言系统由此成为德里达解构的靶子。

2.2　解构语言系统

索绪尔的语言系统有两个根本原则,即符号任意性原则和差异性原则。索绪尔定义的任意性,指构成某一语言符号的特定能指和特定所指的关系。为避免误解,他用"一张纸的两面"作喻,即能指和所指的关系虽然是任意的、约定的,但两者不可分开。差异性原则既作用于个体符号内部,又作用于系统内的符号之间。"意指由于差异而存在"(Culler,2008:96),如果所指和能指没有差异,意指关系将不存在,语言系统也无法实现表达意义的功能。整个语言系统是一系列能指差别和一系列所指差别的结合,语言符号在系统中的价值完全由符号间的差异确立。为了强调差异性原则的重要性,索绪尔(1983:118)甚至认为"语言中只有差异",没有实体(positive terms)。

德里达的解构既针对个体的语言符号,也针对整体的语言系统,同时消解了任意性和差异性原则。索绪尔的符号系统本是静止的,德里达引入了时间维度,通过能指和所指时间化的运动解构了两者的任意关系。于是索绪尔定义的一一对应的任意关系,幻化为一个能指激活另一个能指,进而又激活再一个能指,如此无限循环,在时间的维度上形成了不稳定的、开放的意指链。至此语言系统静态的差异,变成了意指链运动的踪迹,德里达将之称为"延异"(différance),即"延迟的差异",空间性的差异变为时间性和空间性结合的延异。延异变动不居,不指向任何意义,固定不变的本原也就无从谈起,形而上学的语言大厦轰然倒塌,形而上学的西方思想传统也在本原的迷失中不攻自破。

值得注意的是,德里达对语言系统的解构只是工具不是目的。他(1999:45)对索绪尔"语言系统"的限制条件有充分认识:

> 语言学的科学性事实上取决于语言学领域的许多严格限制,取决于它是由内在必然性支配的系统,取决于它以某种方式封闭着的结构。

而他有意识地打破和拆解了索绪尔理论的限制条件,故此德里达(1999:39)承认:

> 我认为索绪尔的论证是正确的,我没有在索绪尔讨论的层面上质疑他观点的正确性。

2.3 解构语音中心主义

语音中心主义是形而上学在语言文字领域的具体表现,德里达打破了西方语音高于文字的观念,提出文字和语音平起平坐,甚至比语音更根本的观点。

德里达认为文字也是差异的符号系统,和语音本质上没有不同,只是介质不同而已。文字比声音更持久,是更好的介质。如果"语言中只有差异",文字完全可以和概念形成任意关系。这样说来,文字和语音的功能至少可算完全相当,将文字排除在语言系统之外毫无道理。德里达认为延异是语音和文字共同的本原,也是一切差异的本原,即"原文字"(arche-writing)。"原文字"已不再是狭义的文字,之所以称为文字,是因为"它和一般文字有本质上的相通之处"(德里达,1999:57)。原文字先于一切符号系统存在,从这个意义上说,文字无疑比语音更根本。

德里达为了更好地说明文字的根本地位,创造了 différance 一词。动词 différer 同时兼有 differ(差异)和 defer(延迟)的意义,而 différance 和 différence(差异)同音,两者的差异只能通过文字体现,说明文字能比语音更好地表现差异。

2.4 论表意文字

德里达认识到表音文字和逻各斯中心主义关系密切,要解构形而上学,就必须重新评价并肯定表意文字的价值。他敏锐地注意到索绪尔对表意文字理论适用性的限制,指出这是西方中心主义的表现。他认为"只有在认识文字系统的多样性之后,只有在确定它们的历史之后,我们才会承认字母系统的历史"(德里达,1999:109)。他花费了大量篇幅,介绍莱布尼茨受汉字启发提出的"普遍文字"构想,指出汉字"明显地打破了逻各斯中心主义"(德里达,1999:115)。

德里达将表音文字和表意文字都看作任意的差异系统,两者没有本质差别,最终应取消"表意文字"的概念。德里达(1999:44-45)指出:

> 如果我们考虑一下象形字、表意字等概念的广为人知的弱点,考虑一下所谓的象形字、表意字与表音字之间的界限的不确定性,我们不仅可以注意到索绪尔的界定(即区分表音文字和表意文字)不够慎重,而且会意识到普通语言学有必要抛弃从形而上学中继承的一整套概念①,而这些概念以任意性概念为中心。

在德里达看来,任意性是所有符号系统的本质属性,不仅口语符号如此,表音文字如此,表意文字也如此。唯有消灭了语音和文字、表音文字和表意文字这些有层级的二元对立,才能真正解构形而上学。

由此可见,德里达对表意文字的态度是个悖论:一方面,他倚重"表意文字"和表音文字的差异解构语音中心主义,而另一方面,他又须借"任意性"解构索绪尔的"语言系统"。而"任意性"和"表意文字"之间的冲突,使他最终不得不把表意文字也视作任意的符号系统。这事实上解构了解构结构主义的武器。德里达自己也不由得感慨,"文字学,这种思想仍然被禁锢于在场之中"(德里达,1999:140)。

德里达虽然将汉字作为解构语音中心主义的重要证据,但其本人对汉语和

---

① 此处一整套概念指语音和文字的对立,以及表音文字和表意文字的对立。

汉字的了解停留在"有限而真实"(limited and real;德里达,1999:117)的水平上。《论文字学》有关汉语汉字的事实材料全为引述,有些包含明显错误甚至荒谬的观点。如德里达(1999:80)引用莱布尼茨的观点,就明显与事实不符:

> 由于要表达多少概念,就需要多少汉字,故此汉字的数量是无限的。中国人要花一辈子工夫才能学会自己的文字。

又如热尔内以表音文字作为文字发展的历史目的,将汉字视作"在即将到达目的地前搁浅的船"和"尚未完成的字母系统"。德里达在评述该段引文时,一方面敏锐地察觉到热尔内的观点是自己所批判的西方中心主义文字观,另一方面也表示"完全不同意这种分析是很困难的"(德里达,1999:136)。

解构主义文字观的主要贡献,在于借助非表音文字颠覆语音中心主义的尝试,确立了文字和语音平等,甚至超过语音的地位。解构主义未对索绪尔的理论体系造成实质的威胁,对表意文字的理解流于表面,故而未能充分挖掘其蕴含的理论价值。德里达将汉字视作任意性文字,可能出于理论建设的需要,也可能完全出于无知或误解。只是德里达非靠表意文字不能完成解构语音中心主义的任务,故此无法像索绪尔那样,将表意文字洒脱地抛出理论体系。

3. 整合语言学的文字观

英国语言学家罗伊·哈里斯(Roy Harris)将索绪尔开创的语言学传统称为"孤立语言学"(segregational linguistics)和"语言迷思"(language myth;Hass,2011;Hutton,Pable,2011),于20世纪80年代创立了整合语言学(integrational linguistics/integrationism)。整合语言学许多具体观点都具有颠覆性,如语言没有系统性、语言形式是平等的、人人都是语言权威等,其中关于文字和书语的观点占有重要地位。

3.1 重新认识 writing

writing一词,既可指"文字"(书写所用之符号),又可指"书写"(书写的行为),还可指"书语"(书写的产品,与"口语"相对),或可兼指数者,在具体的语境中有不同解读。哈里斯讨论的writing,含义极为宽泛:

> 主要是一些词汇层面的问题,包括口语和书语的关系、口语词和

书语词不同的"语境"概念、符号(notation)和文本(script)的区别[①]、拼音文字和表意文字的性质。哈里斯的讨论还包括签名,因为他将签名视作书写和口语的衔接,还包括印刷术及当下的电脑技术对书写的影响。(Baron,2004:59)

对于哈里斯,文字和书语不仅是我们反思语言的新方式,而且改变了我们对语言和思想的一切认识(Levi,2011)。

西方认为,理想的文字能最大程度地实现和口语的——对应关系,字母文字优越论广受认同。人们认为字母文字比音节文字更优越(遑论表意文字),是文字发展的最高阶段。哈里斯指出,"这些文字观建立在种族优越论的偏见之上,认为字母文字是唯一'理性'的文字,是'最好'的文字系统,而非字母文字即使不被忽视,也会被当作劣等文字",他明确指出"整合语言学反对这种观点"[②]。

3.2　文字/书语的自主性

和西方主流语言学将文字看作记录口语的工具不同,整合语言学认为文字/书语不是口语的再现和派生形式,也不是口语的次生系统;现代社会中,文字/书语对理解语言起核心作用,对理解思维和理性也至关重要(Hutton,Pable,2011)。

文字/书语的自主性来自不同于口语的特点。整合语言学认为,文字/书语的部分特性和口语完全无关。首先,口语只能在时间上延展,文字/书语则在空间延展,口语是听觉感知的,而文字/书语则是视觉(或触觉,如布莱叶盲文)感知的(Baron,2004)。其次,口语有即时性,在录音技术出现以前的漫长时光中这一特点尤其突出,而文字/书语则具有持久稳定的特点,是书写"功能的精髓"。哈里斯激烈地批判西方自亚里士多德以来,把文字/书语看成口语的视觉形式这一观点。(Baron,2004:60)整合语言学认为:文字/书语以整合的模式参与交际活动,和口语有很大区别,不能仅看成口语的记录系统;文字/书语和口语是语言的不同表现形式,两者的地位是平等的。随着文化的演进和发展,文字/书语对语言、思维和文化的影响日渐显著。

文字/书语虽有一定自主性,和"语言"概念有更直接的关系,但是又不完全独立于口语存在,其部分特点和口语密切相关。故此整合语言学不将文字/书

---

① 在整合语言学的理论中,notation指书面的记号,如p、b,script指由上述书面记号构成的,用以对实际语言进行编码的系统。哈里斯指出,字母表只是书面的记号(An alphabet is only a notation)。参见(Harris,2000:134)

② 参见 http://www.royharrisonline.com/index.html。

语定义为完全独立于口语的系统。哈里斯认为:"只有当写下来的东西立马消失时,文字/书语才是口语真正的对等物。"①

3.3 拼音文字的表意性

哈里斯认为,索绪尔将文字分为表意文字和表音文字是站不住脚的,不论哪类文字,都天然地具有成为表意符号的倾向,故此拼音文字也具有表意性。文字的性质和采用的形式关系不大,却和使用者的熟识程度有直接联系。文字的社会使用使得熟识程度不断提高,必然导致其具有表意符号的性质。任何书写符号的符号学地位,都是由其在具体条件下的情景化方式决定的。在拼音文字语言中,使用频率高的拼写倾向具备表意文字的特点,而使用频率低的拼写则相反。拼读不熟悉词句的读者,和拼读熟识词句的读者,所处的整合过程是不同的(Harris,2000:148)。

文字的表意倾向来源于文字的稳定性。哈里斯指出,法语 roi(国王)一词历经了语音的种种变迁,仍然保持中世纪的拼写。这一拼写形式事实上已经成为一个表意符号,无论把它读成什么都不要紧,就和汉字一样(Harris,2000:149)。而拼音文字的历史,也始终在矛盾中挣扎:是根据某一时期的读音修改正字法规则,还是脱离当时的读音任由拼音文字向表意的方向发展?在哈里斯看来,表意倾向的根源不是文字的历时性,而是文字的静止性(immobility)。表意性是文字的内在特性。

整合语言学认为,文字的唯一功能,就是把交际者和交际的视觉过程、口头过程这三者整合在一起。只要这一功能不受影响,书写形式的简化就是自然而然的(Harris,2000:150)。故此,广泛使用的缩写成为拼音文字表意化的突出例证。除此之外,表意化也体现在西方速记系统、汉字的简化、用数字符号代替数词(如 Louis XIV)、字母缩写形式的跨语言借用、姓名的缩写(initials)、首字母缩略语(acronym)的大量使用等。

3.4 拼意文字的表意性

拼音文字具有表意性,表意文字也同时具有表音性。哈里斯主要以汉字为例论证表意文字的表音性,进而证明表意文字和表音文字没有本质差别。

索绪尔承认表意文字容易发展成混合系统,某些符号丧失了原本的意义,最终成为表音的符号。哈里斯(2000:143-145)认为这是索绪尔理论的致命漏洞,是索绪尔符号学的"灾难"。哈里斯通过赵元任对"六书"的描述证明表音汉字数量非常庞大,而纯表意汉字反而数量有限。索绪尔定义的"语言系统"由内

---

① 参见 http://www.royharrisonline.com/index.html。

部结构的对立确定,在纯粹表音或表意的单一系统中,表音符号间或表意符号间的对立显而易见。但是在一个既有表音符号又有表意符号的混合系统中,表音符号和表意符号之间如何形成对立则令人费解。而如果承认表音符号和表意符号能够形成对立,那么在单一系统中,表音符号和表意符号形成的对立也会彻底打破索绪尔理论的格局。哈里斯认为,这一漏洞给索绪尔出了一道"意义深远的难题",会导致"索绪尔语言学的大厦彻底崩溃"。事实上,汉字系统的纯表音符号极其边缘化,我们可以推断哈里斯此处必然将数量巨大的形声字作为表音符号看待,故而误判了汉字系统的性质。

哈里斯(2000:146)论证汉字表音性的另一个重要证据,是"世界所有汉学家"关于汉字的一个共识:汉字直接表示口说的词(spoken words),间接表示概念(ideas)。哈里斯首先援引索绪尔的相关论述证明自己的观点:

> (汉语)每个词(word)都由一个单独的符号表示,这个符号和该词的语音没有关系,而表示整个的词,进而间接地表示这个词表达的概念。

接下来,哈里斯又援引赵元任的观点,作为"汉字直接表示语音,间接表示概念"的证据:

> 从很古的时候起,汉字就和语言有很密切的关系了,从而丧失了象形(pictographs)和表意(ideographs)的功能,成为口头词的约定俗成的视觉表现,或称为"语标"(logographs)。汉字不再是直接表示概念的符号,汉字和概念的距离,和口头词与概念之间的距离,是一样的。

哈里斯看来,表意文字和拼音文字都通过表示口说的词而间接表示概念,两者之间的根本差异就一笔勾销了。

索绪尔"直接表示词,间接表示概念"的观点确实比较令人费解。然而如果我们领会了索绪尔所谓"整个的词",实际上指音义结合的符号整体,那么上述引文中的所指关系就如下图所示(图中第二个"概念",和符号里与语音结合的"概念"具有同一性),即汉字通过表示音义结合的整体,和符号内部的概念发生关系。

我们也可从索绪尔的另一句话来理解他对汉字的看法:"对于中国人来说,表意的字和口说的词,作为表达观念的符号具有同等的地位。"

而赵元任的话,主要讲汉字和口语结合、实现从图画到文字的转变过程,从更具绘画性的 pictograph 和 ideograph 变成更为抽象的 logograph,故而不再如同绘画那样"直接"表示概念。也许担心读者误读,赵元任特地补充说明了汉字、口头词和概念的关系:汉字和口头词,都是表示概念的符号,两者表示概念的"直接"程度是一致的。赵元任此处要说明的,是不能把汉字看作脱离口语的表意符号,任何文字都必须是和口语结合的。他后来也曾明确提出任何文字都既表音也表意的观点:

> 可见中国文字,因为它也是标语言,也是标音,这都是那一方面。其实嘛,两方面都有。外国文字也标义,中国文字也标音。那种通俗的观点所忽略的要点就是:在两种文字的体系里,音义都有关系,音也有关系,义也有关系。

任何文字都必然和口语结合,具有表音性,否则就不能成为文字。但是不同语言文字系统内部,文字、语音、概念三者的具体关系有根本差别。哈里斯通过汉字的表音性否定索绪尔对拼音文字和表意文字所做的区分,难以令人信服。

3.5　技术发展和读写文明

整合语言学认为,书写的意义受到媒介影响,如印刷术、计算机技术、网络技术等(Baron,2004:61)。在西方,普及印刷术对语言观念产生了显著影响。所有书写中,书籍最不受语境限制,故此拥有程度最高的自主性。胡顿和波伯(Hutton & Pable,2011:477-478)认为:

> 哈里斯将书写在方法论、文化和智力上的第一性称为"书语性"(scriptism)。尽管现代语言学声称口语具有第一性,但是文字/书语及其发展具有根本性的重要作用。

哈里斯对读写文明(literate culture)做了大量描述,他指出,读写文明和前读写文明(pre-literate culture)的区别,不是前者在口头交际之外增加了另一个独立模式,而是口头交际和文字整合为更高层次的符号综合体,在这个综合体中,文字越来越占据主导的地位(Harris,2000:212)。与此类似,整合语言学者巴伦(Baron,2004)区分了口语文明(oral culture)和书语文明(written culture)两个概念。

整合语言学文字思想的主要贡献是：确认了文字的自主性，文字/书语不是口语的附属品，而和口语共同构成了语言交际的符号综合体；确认表音文字具有表意性，以及表意文字具有表音性的事实；提出了读写/书语文明的概念，突破了西方语言观念长期停留在前文字文明时代的状况，承认文字这一具有划时代意义的伟大发明，对人类语言交际的能动作用。从这些方面来说，整合语言学实现了对结构主义文字观的超越。整合语言学的主要局限是：（1）主要从语言交际角度，即语言系统的外部论证文字的价值；（2）未能深刻认识表意文字的本质特征，取消表音文字和表意文字的区别。

成也萧何败也萧何。德里达和哈里斯对索绪尔文字思想的反思都受到了汉字的启发，但是他们对汉字没有足够的理解，最终都借助取消汉字和拼音文字的差异，试图通过对西方现有文字观念的局部调整，将本质不同的汉字纳入其中。故此，两位大师虽然将索绪尔的"语言系统"作为批判的靶子，但均未能对索绪尔的"语言系统"提出实质改进。

4. 字本位的语言思想

汉语汉字从未真正进入西方主流语言学界的视野。一方面，西方学者极少关心汉语汉字问题，另一方面，更重要的是，绝大多数西方语言学者对汉语汉字仅有皮毛之见。王宁（2014:78）指出，索绪尔建构理论时绕开表意文字语言，可以理解为他对表意文字语言的"一种歧视"，也可以理解为他"明智地"放弃了不熟悉的语言。德里达和哈里斯看到了汉字巨大的理论价值，试图利用汉字突破结构主义的理论局限。但是这两位思想大师终究没能跳出西方视野的牵绊，不承认汉字和表音文字本质的不同，相比索绪尔表音文字和表意文字的二分法，实则是某种意义上的倒退。

20世纪90年代前后，由徐通锵、潘文国、王洪君等学者倡导的字本位学说出现，标志着中国语言学在接受、融合西方理论资源的基础上，开辟了立足汉语汉字的自主创新道路。字本位学说不是单纯的文字观，而是整合了文字的语言观，在文字问题上有以下基本观点：

4.1 汉字的理据性

表音文字的表意性和表意文字的表音性虽然确凿无疑，而这两种文字的根本区别却不能就此否定。汉字和表音文字根本的不同，在于它是一个以理据性为本质属性的符号系统，汉字无须通过语音的中介而直接和意义相关。纯记音的汉字，只在假借字、音译词和部分连绵词中出现，是极边缘的现象。这些记音的汉字,也有不少受到汉语理据机制的改造而逐步表意化。汉字系统并不像哈里斯所想的那样,是一个纯表意符号和纯表音符号的混合系统,由地位完全相当的个体符号构成。汉字系统是有层级的。奠定汉字体系根基的,是数量有限的象形字和指事字,它们基本上是表意为主的符号。形声字数量庞大,占现代汉字总量90%以上,是次生符号,由原生符号按照一定理据原则生成。形声字的声符并不单纯表音,往往有提示词源的表意作用。理据性对汉字系统的生成和组织,起到了根本作用(赵宏,2013)。汉语社团普遍存在"望文生义"的语言心理,背后的机制就是理据性。

事实上,不加区别地看待所有汉字,把汉字看成字母的对等物,是西方语言学界常见的误解。例如,罗杰斯(Rogers,2005:26)认为:"汉语形位,即汉语最小的书写单位是字;汉语的每一个音节都写作一个字,每个语素都用不同的字表示。"这一"音节=语素=形位=字"的观点也是若干世纪以来西方学术界对汉字的普遍看法,显然是拿汉语汉字比附西方语言文字的后果:西方语言的音节不可能继续分割成更小的、有意义的单位,那么汉语的音节(以及体现音节的一切形式),也理所当然不能进一步分割为更小的、有意义的单位。如果按照罗杰斯"汉语形位是字"的观点,推导出的结论必然是汉语形位多达数万个,相比英语由数十个字母构成的形位体系,掌握汉字将成为"不可能完成的任务"。这就难怪莱布尼茨说中国人花一辈子工夫才能学会自己的文字,20世纪"汉字落后论"和"汉语难学论"风行也就不足为奇了。

索绪尔对表音文字和表意文字所做的区分,依据的就是文字系统的任意性/理据性程度。承认表音文字的表意性,并非否定任意性这一表音文字的根本属性;承认表意文字的表音性,也不能否认汉字系统从根本上来说是理据的。

4.2 三位一体的汉语符号

文字产生于语言之后,起源于图画,和语言来源不同,汉字也不例外。汉语口语这个音义系统,和汉字这个形义系统,通过意义这一桥梁结合在一起,逐步相互影响、相互适应,最终形成你中有我,我中有你的局面,成为音形义三位一体的汉语符号。潘文国(2006:45)认为,"字"是"一形·一音·一义"的"汉语基本组织单位"。王洪君(2008:1)指出,字本位学说所说的字,兼指人们日常用语中"字"的四种含义,即"语音的单位(≈音节)、语汇的单位(≈语素)、文字的单位(方块字)、语音语汇文字三位一体的单位"。

汉语和汉字的关系比西方语言文字复杂得多,无法纳入表音文字"符号之符号"的模式。汉字不仅具有表音文字的稳定性和自主性,还有理据性、单音性、离散性等特征。汉字和汉语结合后,符号内部产生音义关系和形义关系两对形式——意义关系,两者在不同情况下,体现为或并行、或主次、或协调、或冲突的关系。汉字不仅受汉语的影响,反过来也极大地影响汉语。王洪君(2008:2)认为:"从文字产生之后的共时角度看,文字、语音是表达语汇义并列可选的两层,这两个形式层之间有密切复杂的通道,但已不是第一性和第二性的关系。"潘文国(2009)则提出"汉字是汉语之魂"的主张。

音形义三位一体的语言符号,是文字文明时代具有普遍意义的语言符号观念,能够涵盖使用拼音文字和表意文字的语言。这两种语言的根本区别,在于拼音文字语言"形"即文字这一要素发挥的作用非常有限,而表意文字语言的"形"则积极地参与了符号系统的运作。

4.3 语文系统

汉语基本结构单位"一字·一音·一义"的模式,将语音系统和文字系统合二为一,王洪君(2008:2)将这一大系统称为"语文系统"。从共时角度看,汉语语音系统和汉字系统,能够在一定程度上脱离彼此独立运行。例如:文盲和幼儿具备口头交际能力;先天聋哑人能阅读中文,不同方言区甚至语言区的人(如中国人和日本人)可以通过笔谈交流。但是单个系统的独立运作,能够调动的资源有限,交际的效率、复杂程度和语文大系统的协同运作不可同日而语。而从历时角度看,今天的汉语口语系统已经在汉字的影响下运作了数千年,本身就是汉字能动作用的产物。

汉字在语文系统的特殊作用,造成了汉民族自古重视文字和书面语的独特传统。汉文化很早就产生了口语和书面语的文体分化,逐渐形成专门的文章之学,进入巴伦(2004)所说的书语文明时代,而现代白话文运动是书语文明被口语文明再次吸收的结果。口语影响书语,书语也会影响口语,语文系统就是口语和书语互动。字本位理论认为书语是比口语更高层次的语言交际活动,读写文明是比前读写文明更高级的文明发展阶段。文字对人类文明的发展起了革命性的推动作用,对汉语这样使用表意文字的语言,更不能忽略文字的作用。

汉字是世界上唯一的连续六千多年没有间断而日益成熟了的表意文字(王宁,2014:76),字本位理论主要的贡献在于承认了汉字的独特性,以及这种独特性对语言(包括口语和书语)组织和运作的影响。字本位学说的语言符号观,加入了"形"即文字这一要素:一方面向中国古代"言文合流"的语言研究传统回归;另一方面,也将索绪尔音义对立的二元语言符号,扩展为音形义三个要素的语言符号,将索绪尔绕过的表意文字语言纳入普通语言学体系。字本位学说不是对索绪尔理论的反动,而是对索绪尔理论的扩充。目前字本位学说仍处于发展阶段,存在各种各样的问题,面对很多质疑和批评。这条前方透着光的创新之路,也注定是一条艰难曲折的道路。

5. 结论

20世纪不断演进的文字思想经历了结构主义、解构主义、整合语言学和字本位学说四个主要阶段,体现为以下几个主要的发展趋势:

一是逐步重视文字的自主性和能动性。20世纪之初,索绪尔秉承西方文字思想传统,虽然注意到拼音文字的自主性和权威性,以及表意文字的特殊性,仍将文字拒斥在"语言系统"之外。经解构主义思潮对西方"逻各斯中心主义"的批判、整合语言学对(拼音)文字表意性的阐述再到字本位学说全面论证汉字的理据性,文字的自主性和其对口语的能动作用,日益得到承认。

二是逐步重视表意文字的独特性。整个20世纪,语言学者对表意文字的态度各有不同。索绪尔看到了表意文字的独特性,把世界文字分为表音文字和表意文字两大类,而后绕过表意文字创建现代语言学。德里达和哈里斯将表意文字的独特性作为理论建设的材料,但终究没能抵挡将异质文明纳入西方秩序的冲动,其文字观念最终定格在取消表音文字和表意文字的差别,实质上又否定了表意文字的独特性。在汉字的故乡,语言学者们经历了近一个世纪艰难的理论探索,从最初全盘接受西方中心主义的文字观念并竭力付诸实践(如汉字拼音化运动),到20世纪末创立立足汉语汉字特点的字本位学说,经历了借鉴、反思、融合、创新的发展道路。

三是逐步重视语音和文字、口语和书语的互动与整合。西方语言研究,能在脱离文字的情况下开展,索绪尔开创的结构主义语言学就建立在这个基本事实的基础之上。德里达的"文字",不仅指狭义的文字,而更有"本原"的意味,对扫除"语音中心主义"的文字观有解放思想之功。整合语言学提出"读写文明"和"文字文明"的概念,承认文字和书语对文明演进的革命性作用,推动语言学从前文字文明时代向文字文明时代发展,但仍然主要从语言系统外部着眼论证。字本位学说不仅认同外部意义上,口语和书语的互动整合对人类文明演进的贡献,并且从语言符号内部结构的角度,提出了音形义三位一体的符号观念,将索绪尔绕过的表意文字语言纳入现代语言学的理论体系,是对索绪尔理论的扩充。

回顾一个世纪文字思想演进的历程,不仅有助于理解理论发展的脉络,对今后的语言研究亦有重要启发。

参考文献

陈本益,2006.释德里达的"原初书写"概念[J].外国文学(5):68-72.

德里达,1999.论文字学[M].上海:上海译文出版社.

潘文国,2006.字本位理论的哲学思考[J].语言教学与研究(3):36-45.

潘文国,2009.汉字是汉语之魂:语言与文字关系的再思考[J].华东师范大学学报(哲学社会科学版)(2):75-93.

索绪尔,1980.普通语言学教程[M].高名凯,译,北京:商务印书馆.

王洪君,2008.语言的层面与"字本位"的不同层面[J].语言教学与研究(3):1-11.

王宁,2014.论汉字与汉语的辩证关系:兼论现代字本位理论的得失[J].北京师范大学学报(社会科学版)(1):76-88.

亚里士多德,1957.范畴篇·解释篇[M].北京:生活·读书·新知三联书店.

赵宏,2013.英汉词汇理据对比研究[M].上海:上海外语教育出版社.

BARON N S, 2004. Rethinking writing culture[J]. Language science (26): 57-96.

CHAO Y R, 1948. Mandarin primer[M]. Cambridge: Harvard University.

CULLER J, 2008. On deconstruction: theory and criticism after structualism (25th anniversary edition)[M]. London: Routledge.

DERRIDA J, 1997. Of grammatology (corrected edition)[M]. Baltimore: The John Hopkins University Press.

HARRIS R, 2000. Rethinking writing[M]. London: Athlone.

HARRIS R, 2009. Rationality and the literate mind[M]. London: Taylor & Francis.

HASS M, 2011. An interview with Roy Harris[J]. Language science (33): 498-501.

HUTTON, PABLE, 2011. Roy Harris and integrational linguistics[J]. Language science (33): 475-479.

LEVY G, 2011. Rabbinic language from an integrationist perspective[J]. Language science (33): 695-707.

NORRIS C, 1991. Deconstruction: theory and practice[M]. Rev. ed. London: Routledge.

ROGERS H, 2005. Writing systems: a linguistic approach[M]. Oxford: Blackwell Publishing.

SAUSSURE D F, 1983. Course in general linguistics[M]. HARRIS R, trans. London: Duckworth.

作者通信地址:200237 华东理工大学外国语学院;zhaohong@ecust.edu.cn

汉语受施结构的成因分析

丰国欣

摘　要:本文梳理了汉语"一锅饭吃十个人"这类受施结构的研究,分析了现有研究的利弊,从汉语自身理论——音义互动规律角度,分析了汉语"一锅饭吃十个人"的语用含义、语义限制和语法形式,探讨了汉语这类结构成立的原因和条件,认为汉语的音义互动原理是支配"一锅饭吃十个人"这类倒置结构的深层机制,是汉语章句组织实现语义顺畅的必要条件。

关键词:施受结构;受施结构;音义互动;章句组织

0. 引言

《世界汉语教学》2017年连续发表了几篇关于受施结构的研究论文,再次引发学术界对这种结构的关注,本文也是对这种结构的讨论。一般来说,施受结构要比受施结构常见,也更符合西方传统语法观念。我们用下图做简要说明:

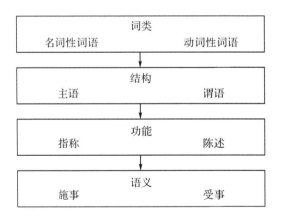

上图展示,在施受结构中"词类——结构——功能——语义"具有一致性,所涉及的句子成分为主语、述语(动词)和宾语。但三者并不在同一个层面上,主语是相对谓语而言的,宾语是相对述语而言的,同主语不产生直接联系,述语

和宾语合起来才跟主语产生联系。我们以"羊吃草"这句为例说明这种层次关系：

[1]羊　　吃　　草。

为了明确本文所讨论的对象，我们限定一下：这里的"述语"只涉及"及物动词"，不涉及"不及物动词"和"形容词"；"宾语"只涉及"真宾语"，不涉及"准宾语"。

事实上，语言里不总是存在施事主语和受事宾语，有时"反"过来了，出现受事主语和施事宾语。朱德熙在论及主宾语和施受关系时指出："主语不一定是施事，宾语也不一定是受事，不能把主语和宾语的区分理解为施事和受事的对立。……主语、谓语是句法概念，施事、受事、与事等是语义概念，这两方面虽然有联系，但不是一回事，不能混同。……我们应该研究的是不同的句法结构里的主宾语和施事受事之间的关系。"（朱德熙，1982：111）

朱德熙先生（1982：111）还举了一个著名的例子：

[2a]十个人吃一锅饭。

[2b]一锅饭吃十个人。

例[2a]是"顺"着讲的，例[2b]是"反"着讲的。凭语感，两句都成立。其实，若去掉"量"概念，"一锅饭"则为"饭"，"十个人"则为"人"。照此简化，例[2a]和例[2b]，则为：

[2a']人吃饭。

*[2b']饭吃人。

显然，[2a']成立，[2b']不成立。就例[2b]来说，为什么不简化成立，而简化后不成立？两者的区别在于，不简化的句子包含"量"概念，而简化后的句子则不包含。进一步思考，为什么包含"量"概念的句子"正""反"都可以讲，而不包含"量"概念的句子只能"正"着讲？"正"着讲的和"反"着讲的有什么区别？

这是一种有趣但很难解释的语言现象，所以引起了许多学者的关注。我们不得不重新探索主宾语和施动受的关系、重新探索施受结构和受施结构在使用中的区别。

1. 研究概况

对诸如"一锅饭吃十个人"这类受施句的研究十分丰富，一般都从结构和语义及其之间的关系的角度进行研究。本文拟从一些较有影响的研究中进行简要归纳，以便总结出对此类结构的认识。

　　一般来说,受施结构之所以可以形成,是因为受着语义的支配,引起了结构的变化。也就是说,结构会因语义表达需要而产生相应的变化,甚至还会出现语义和结构不一致的情况,施受倒置后形成的受施结构就是这样的。

　　有研究者认为,这种受施结构在语义上是典型的供动句,事件意义弱化,突出数量意思(陆俭明,2004,2008,2011;任鹰,1999;鹿荣,2010),其中陆俭明依据句式语法理论(也称构式语法理论)把这种结构看成"一种表示容纳性的数量结构……都可以统一概括为:'容纳量——容纳方式——被容纳量'。很显然,这种特殊的句式中包含动词,但具有非动态性,因此句子所凸显的不是一般表示事件结构的句式里所理解的语义关系"(陆俭明,2004)。

　　在上述公式里,这种结构中的动词呈现出非动态性,联系前后双数量概念,凸显的是方式,张旺熹(1999:60-75)也持这种观点。还有学者进一步分析了这种结构中表示人以外的数量概念,即供用物的语义特征,认为它具有[+自立性;+位移性]的语义特征,结构中的动词则是功用和位移的方式(鹿荣,齐沪扬,2010)。

　　近年来,也有学者认为:从主语名词的物性结构看,"一锅饭吃十个人"更适合被看成是一种功用句,因为句子中的谓语动词充当了主语名词的功用角色。……在我们看来,以前所说的"供用句",更适合被称为"功用句"。"供用句"还是一种基于动词中心的提法,而"功用句"是一种基于名词引领的提法。从物性结构出发,将"一锅饭吃十个人"看成是表达主语名词功用的"功用句",这种处理方案和以前的方案相比,有着较为明显的优点。(周韧,2017)

　　如果单纯从供用角度考察,很难解释为什么可以说"一锅饭吃十个人"成立而"一锅饭煮十个人"不成立,结合功用才可以解释,因为"饭"的功用是"吃"而不是"煮"。

　　周韧(2017)进一步把名词的功用性细分为占用性功用和非占用性功用,认为"一锅饭煮十个人"是一种占用性功用句。所谓占用性功用,指的是动词在对主语名词实施功用时也会对该名词造成损耗、消磨、占有和分配等作用。比如,"吃"对主语名词"饭"就有损耗作用。

　　也有学者(孙天琦,潘海华,2012)从信息结构角度提出,这类句子的宾语实际上是焦点成分,必须通过和句首名词短语形成"集合-子集"的语义,才能成立。但是朱佳蕾(2017)认为,这解释不了施受倒置句(受施句):

　　第一,施受倒置句无论在哪种意义上都得不到"集合-子集"的解读;第二,在非作格动词带数量宾语句中,如果动词前存在焦点算子,宾语就可以是有定的,而施受倒置句无论如何都不能允准有定宾语。

　　所以"一锅饭吃十个人"是成立的,而"*一锅饭吃(了)张明、李丽和王振鹏"就不成立了。

此外,还有很多学者(如:Baker,1988;Hale,Keyser,1993;Lin,Jonah,2001;Huang,James,2015;黄正德,2007;蔡维天,2009)从生成语法的角度考察了这类结构,并针对汉语里这样形义不匹配的结构进行了讨论,进行了很多句法上的推理,例如假设这种施受倒置结构中含有"够/供(ENOUGH/ACCOMONDATE)"的轻动词来选择主语,促使施事在底层结构发生位移,形成移位后的表层结构。也就是说,"一锅饭吃十个人"之所以成立,是轻动词"够/供"作用的结果。但是,事实上,"一锅饭吃十个人"和"一锅饭(够/供)十个人吃"的语义是不同的(参见朱佳蕾,2017)。事实上,生成语法的解释是靠推理进行,语言事实是否如此,有待证明。生成语法对施受倒置句成因的解释,既有一定的合理性,但更有许多不足之处,生成句法说和信息结构焦点移位说一样,主要的不足在于"过度生成"(参见朱佳蕾,2017)。

还有学者从词汇角度研究施受倒置句。赫尔(Her,2004,2009)认为,施受倒置句具有词汇特异性,即词汇形态操作的特点,并在词汇映射理论(Lexical Mapping Theory)的基础上指出,施受倒置句中的数量NP₂表示范围,是词汇操作所添加的语义角色,必须和施事捆绑在一起,用于施事表示动作范围。按照这个原理,"一锅饭吃十个人"中,"十个人"这个原本施事角色,就必须和范围角色捆绑在一起;由于题元准则(Theta Criteria)规定一个论元只能得到一个题元角色,所以要么抑制施事题元,要么抑制范围题元;如果施事题元被抑制,那么范围题元就得到映射,施受倒置句就成立了(详见朱佳蕾,2017)。事实上,词汇角度的研究在本质上跟生成句法用轻动词解释基本一样,仍然是推理性的,还是回避不了"过度生成"的问题。

朱佳蕾认为对施受倒置句的句法结构进行研究需要从两个方面着手——NP成分的句法地位和动词中心语的语义及其论元结构,并用了很长的篇幅进行了细致的描写,证明了:施受倒置句在句法层面中并不存在施事论元,施事只在语义中可见。由于NP₂不充当事件参与者,没有题元角色,因此这类结构和准宾语结构类似,我们认为它们都不占据宾语的句法位置。(朱佳蕾,2017)

但是朱佳蕾(2017)很快又指出了这个结论的逻辑缺漏:施受倒置句中的NP₂和准宾语在语义上有相似的功能,但仍不能有效证明它们占据相同的句法位置。

至于这类倒置句为什么能够获得语义允准,朱佳蕾(2017)认为:表达"量"这一性质的NP₂是动词可以形成施受倒置句的必要条件;而可以进入施受倒置句的动词一般只局限于"吃喝穿"这类语义最泛也最常用的动词,并且它们存在一种等级序列——吃>喝>穿。

朱佳蕾(2017)最终形成的结论是:我们认为施受倒置句和其对应的施受句并无直接的转换关系,而是一种带"准宾语"的受事主语句。

我们认为,应该重视这个结论当中的"准宾语"受事句,更应该重视"施受倒置句和其对应的施受句并无直接的转换关系"。两种句型各有用途,不一定一个是另一个的"倒置句"。这是本文将要探讨的问题。

总而言之,已有的研究基本都是立足于结构和语义之间的关系,具体讲就是,立足于施受倒置句的特殊结构以及动词在其中的语义特征和语义变化。这样研究影响较大的理论有构式语法、信息结构和生成语法。如上文具体分析,这些理论对施受倒置句的解释和分析一方面有较大的贡献,另一方面也存在明显不足之处。共同不足之处是,在分析过程中渐渐偏离了施受倒置结构本身,因而所形成的结论很大程度上是推理性质的,需要证明,但证明几乎是不可能的。鉴于此,我们需要不同的研究,需要就施受倒置句这个语言事实本身得出结论。

2. 受施句的音义互动分析

上述绝大部分研究都是用非汉语本体理论来研究这个问题,这无疑是一种有益的探讨,但有时难免出现一些别扭。我们认为:分析汉语的现象,要从汉语自身找原因;探讨汉语的问题,要依据汉语自身的理论。分析汉语这种施受倒置现象同样如此,应该观察汉语这种表达本身的性质,并且尽可能用汉语本体理论给予合理的解释。基于这个思考,我们认为"一锅饭吃十个人"并不是"十个人吃一锅饭"简单的"倒置"。事实上,"一锅饭吃十个人"本来就是这样说的,这两种表达法语用含义不一样,各自意思也不一样。丁声树、吕叔湘等人也认为这类结构并非"倒置":

"这一锅饭能吃三十个人"的意思是"这一锅饭够三十个人吃"。这句话的否定式是"这一锅饭吃不了三十个人",意思是"这一锅饭不够三十个人吃",是说饭少了。如果说,"三十个人吃不了这一锅饭",那就是说饭太多了。所以"这一锅饭可以吃三十个人"或"这一锅饭吃不了三十个人"这类句子也并不是倒装句,也只是宾语在意义上好像是施事罢了。(丁声树,吕叔湘,李荣,等,1961:36-37)

实际上,"十个人吃一锅饭"和"一锅饭吃十个人"所表达的概念意义是一样的,即"有这么十个人,他们吃了一锅饭";之所以有两种表达法,是因为语用含义不同。这种施受结构和它相应的受施结构各自所表达的语用语义是不同的话题,后者并不是前者的简单倒置。"十个人吃一锅饭"的话题是"十个人",用来说明"十个人"怎么了(他们把一锅饭吃了),而"一锅饭吃十个人"的话题则是"一锅饭",用来说明"一锅饭"怎么了(被十个人吃了)。不同的话题决定了什么成分放在句首(到底是"十个人"在句首,还是"一锅饭"在句首),才引起语义的不同；语义不同进而需要不同的结构表示。这才出现了这种"施受"和"受施"相对应的结构。它们之间可以互换，是因为它们都是建立在同一个概念的基础上，即基于"等量关系"这个概念，在这里十个人所需的饭量和一锅饭相等，动词"吃"在这里便起到了表示等量关系的作用，其他的动词则无此功能。偏离这一点，要么不能转换；要么虽能转换但不属于这类结构，这跟"吃"这个位置的动词的语法属性，如是否是及物动词，关系不大。当然，如果是不及物动词，那肯定不能转换。

所以，我们应该排除几种情况：如果施受结构中用的是不及物动词，则不能转换；如果"十个人吃一锅饭"中，动词使用"煮"，讲成"十个人煮一锅饭"，则不属于这类情况，不能改成"*一锅饭煮十个人"，这说明"煮"不能表达"等量关系"，而"吃"可以；另外还有一些"相似"的结构，虽然可以转换，如"行人走行人道"和"行人道走行人"，但不属于这类情况，应该排除在外。另外的一些"倒"着说的句子，其动词具有不及物性，如"幼儿园里病了一大堆孩子""一条板凳坐十个人"，更不属于这类情况。可见，这类施受结构倒置后形成的受施结构，具有几个明显的特征：宾语是数量短语；宾语都是动词的施事；动词具有及物性；动词和施事之间具有"施动"语义关系。

依次分析，"十个人吃一锅饭"和"一锅饭吃十个人"之所以可以转换，即转换后的"一锅饭吃十个人"中，"吃"的语义能够获得允许，是基于"吃"所表示的"等量关系"这个概念。这是摆脱"施-动-受"观念、分析"吃"在受施结构语义获得允许的基础。"吃"在这类结构中所连接的两个成分都被数量概念限定，即"十个"人和"一锅"饭，这就给"吃"赋予了"等量关系"。如果去掉这里的数量限定语，把"十个人吃一锅饭"简化成"人吃饭"，则不能转换成"*饭吃人"，因为此时的"吃"再也不能表示"等量关系"了，而表示的纯粹是"施-动-受"的概念。

以上分析的是语义成立的原因，是这种结构转换的必要性，这是其一。其二，汉语这种句子的结构能够转换的原因是什么呢？我们认为，这是汉语语用学中"音义互动"机制（潘文国，2002:243）作用的结果。因此，我们仍然有必要从汉语语用的角度考察这两个表达法。

我们知道，西方语用学主要是功能语言学派，各种理论更多地是关注交际双方的态度问题以及由此引起的语用变化，对语言本体尤其是语言结构为适应语用需要而做出的调整讨论不多，对口语与书面语的矛盾以及相应的语言策略更是无人论及。（潘文国，2002:243）

这里我们要注意，对于不同的表达需求和交际双方不同的态度，汉语语用学和西方语用学的两点不同是：一是结构会产生相应的变化，二是口语和书面语会出现"矛盾"。所以，潘文国先生的论断给我们分析施受倒置句，即受施句，带来了启示：施受倒置或许就是语言结构为适应应用需要而做出的调整，这种调整正好与体现不同的话题是一致的。这是这种结构转换的可行性。

汉语的一个客观事实是,以"字"(即音形义的结合体)为基本单位,作用于音韵、语义、结构等汉语的各个层面,造成"汉语语词的弹性作用"(郭绍虞,1938),不仅体现在文言文里,而且还存在于现代汉语里,所以几乎所有汉语单词都有可能形成单双音节的等义词(潘文国,1997:141)。

这就使得同一个概念都可以用单音字和复音辞(双音节居多)表示,并在具体语境中决定是使用单音字还是复音辞,这不仅是语辞、语篇规律,也是整个汉语的组织规律。潘文国(2002:246)称之为"音义互动律"。这个规律最实质的是单音节的作用:音节词的单音节性好像会妨碍表达的伸缩性,但实际上在某些方面反倒提供了更多的伸缩余地。(赵元任,1975:246-247)

潘文国先生就单音节作用的"音义互动律"做了详尽的描写(参见潘文国,2002:246-268)。我们仅就本文所讨论的施受结构倒置成受施结构,利用音义互动律,对这种转换的可行性做一些讨论。

分析之前,有两点我们必须弄明白两个前提。第一个前提是,在汉语里,如果说"辞"以下层面的音义互动,主要体现在音节的数目上的话,那么在"读"以上的章句层面,其音义互动的主要表现是在语句的节奏和停顿(或统称为"节律")上。(潘文国,2002:264)第二个前提是,汉语章句组织有三个特殊现象,别的语言很难见到,一是断句的任意性,二是容纳不了长句,三是语序的灵活性(潘文国,2002:264-265)。

本文所探讨的"十个人吃一锅饭"和"一锅饭吃十个人"这类施受结构倒置成受施结构,本质上属于汉语章句组织问题,和汉语语辞一样,也受音义互动律的制约。我们可以从以下几个方面分析这类结构中包含的音义互动律:

上文我们讨论"一锅饭吃十个人"这种倒置结构的语用原因和语义区别,这里分析其章句组织问题,实际上就是讨论这种"倒置"在形态上的可能性,即语法形式。我们知道,汉语没有印欧语那样的形态变化,即便是虚词,也不是汉语的主要语法形式。赵元任(1975)提出,节奏和停顿是汉语的主要语法手段。赵先生的这一论断是基于汉语性质的:英语是词本位语言,无法把节奏和停顿当作语法手段,其音节结构(元辅结构)的开放性决定了它通过音节延长的方式体现词的语法意义,即形态变化是其主要语法手段;而汉语是字本位语言,其音节结构(声韵结构)封闭,音节工整,无法延长音节,没有英语那样形态变化的物质条件,于是节奏和停顿便成了汉语语句组织的核心作用。汉语的"字"的音形义对应工整,能充分体现人的呼吸造成的抑扬起伏,即节奏。虽然所有语言里都存在节奏,但是并不是所有语言里都平均分配,也不是所有语言里表现方式是相同的。英语词的音节长短不一,加上其开放性性质,不具有工整性特点,只能依靠意群形成节奏,形成了与汉语不同的节律。这样看来,英语的意群和汉语的停顿相似,都是一口气发出的音节,我们可以把两者的区别概括为:英语是"积意群以成句",汉语是"积顿以成句"(参见潘文国,2002:267)。英语的词本位性质,无法使其节律凌驾于形态变化之上,形态变化与句子的"主谓一致"是相通的。同样,汉语少许虚词的作用不能凌驾于节奏、停顿等节律因素之上,汉语组词造句的节律作用,即音义互动规律,是和句子的"语义协同"是相通的;同时节奏和停顿等节律变化作为汉语的主要语法滋生了汉语语序的灵活性。

以上我们通过跟英语的对比,简要阐述了汉语语句组织的音义互动原理。我们以此分析"十个人吃一锅饭"和"一锅饭吃十个人"这两句,发现它们的节奏和停顿是一样的,"倒置"之前和"倒置"之后遵循的是相同节律,都符合汉语的音义互动规律,这就解释了"倒置"之后的句子"一锅饭吃十个人",在汉语语法形式上成立的原因。

3. 结论

本文首先概述了关于"十个人吃一锅饭"的"倒置"句子"一锅饭吃十个人"成立原因和条件的研究,总体看来,已有的研究用外来的理论解释的比较多,这无疑是有意的探讨,但客观地讲,很难避免想象的成分和推理性的结论。这些结论是否可靠,必须经过汉语自身规律检验后才能判断。

因此,我们更应该用汉语自身的理论来探究这个问题。但从文献中看,用汉语自身理论来讨论施受倒置结构成立的原因、可能性的,几乎没有。特别是未见有人讨论施受倒置与否的区别,即未见从汉语语用的角度讨论这个问题。即便有人从汉语语用角度研究这个问题,也只是涉及交际双方的态度以及语用变化,却未见讨论语言结构为适应语用变化而进行的调整。事实上,由于汉语的基本单位是字,所以各个层面的变化都受"字"及其所形成的节律影响:音义互动,相互调整。

基于这个认识,本文阐述了汉语音义互动原理,以此分析了施受倒置的原因和条件,指出了施受倒置与否的区别。所形成的结论是:第一,语用的获得,倒置与否取决于语用含义,交际中的话题若是"十个人",则不倒置,若是"一锅饭",则倒置。第二,语义的获得,"吃"在这两句中表达的都是"等量关系",而不是表示"吃"的动作概念,所以哪怕把"十个人"放在所谓的"宾语"位置、把"一锅饭"放在所谓的"主语"位置时语义也是允许的,一个简单的反证法就是去掉数量概念"十人"和"一锅"后,"*饭吃人"语义是不允许的,因为此时的"吃"传递的是动作概念。第三,形式的获得,本文分析了"倒置"后的"一锅饭吃十个人"并没有改变"倒置"前的"十个人吃一锅饭"的节律,并没有改变其节奏和停顿,两者都遵循音义互动规律。看来,其实,汉语施受结构并没有那么"深奥",更没有那么"玄乎"。

　　总之,正是汉语的音义互动机制支配着"一锅饭吃十个人"这类倒置结构,符合这一规律,倒置则成立,不符合则不成立。汉语章句组织追求的是语义顺畅,这是其深层表达对象,而音义互动则是语义顺畅的表达形式,也是语义实现顺畅的必要条件。深层的语义顺畅还可以说明受施结构就是受施结构,它不一定是施受结构的"倒置"。

参考文献

蔡维天,2009.汉语无定名词组的分布及其在语言类型学上的定位问题[C]//北京大学语言研究中心《语言学论丛》编委会.语言学论丛(第39辑).北京:商务印书馆.

丁加勇,2006.容纳句的数量关系、句法特征及认知解释[J].汉语学报(1):336-356.

丁声树,吕叔湘,李荣,等,1961.现代汉语语法讲话[M].北京:商务印书馆.

冯胜利,2017.汉语句重音、语调相互作用的语法效应[J].语言教学与研究(3):1-17.

郭绍虞,1985.中国语词之弹性作用[C]//郭绍虞.照隅室语言文字论集.上海:上海古籍出版社.

黄正德,2007.汉语动词的题元结构与其句法表现[J].语言科学(4):3-21.

陆俭明,2004."句式语法"理论与汉语研究[J].中国语文(5):412-416,479.

陆俭明,2008.构式语法理论的价值与局限[J].南京师范大学文学院学报(1):142-151.

陆俭明,2011.语言研究需要不断探索和创新:从英汉对比三例谈起[J].解放军外国语学报(4):1-6,127.

鹿荣,2010."一锅饭吃十个人"合法性的认知语义解释:"受事+V+施事"格式供用句的可逆分析[R]//第四届现代汉语虚词研究与对外汉语教学学术研讨会论文集.上海:上海师范大学对外汉语学院.

鹿荣,齐沪扬,2010.供用句的语义特点及可逆动因[J].世界汉语教学(4):459-467.

潘文国,1997.汉英语对比纲要[M].北京:北京语言大学出版社.

潘文国,2002.字本位与汉语研究[M].上海:华东师范大学出版社.

任鹰,1999.主宾可换位供用句的语义条件分析[J].汉语学习(3):1-6.

孙天琦,潘海华,2012.也谈汉语不及物动词带"宾语"现象:兼论信息结构对汉语语序的影响[J].当代语言学(4):331-342,436.

徐莉莉,2016."一锅饭吃十个人"句成因分析[J].中华少年(14):2551-2552.

易红,2013."一锅饭吃十个人"与中动结构[J].湖北民族学院学报(4):148-150,160.

张旺熹,1999.汉语特殊语法的语义研究[M].北京:北京语言大学出版社.

赵元任,1975.汉语词的概念及其结构和节奏[C]//袁毓林.中国现代语言学的开拓和发展:赵元任论文选.北京:清华大学出版社.

周韧,2017.从供用句到功用句:"一锅饭吃十个人"的物性结构解读[J].世界汉语教学(2):181-193.

朱德熙,1982.语法讲义[M].北京:商务印书馆.

朱佳蕾,2017."一锅饭吃十个人"与受事主语句[J].世界汉语教学(3):291-310.

BAKER M,1988. Incorporation:a theory of grammatical function changing[M]. Chicago:University of Chicago Press.

FILLMORE C J,1982. Frame semantics[C]//The Linguistic Society of Korea. Linguistics in the morning calm. Seoul:Hanshin Publishing Co.

GOLDBERG A E,1995. Construction:a construction grammar approach to argument structure[M]. Chicago:Chicago University Press.

HALE K,KEYSER S J,1993. On argument structure and the lexical expression of syntactic relations[C]//HALE K,KEYSER S J. The view from building 20:essays in honor of Sylvain Bromberger. Cambridge,MA:The MIT Press.

HER O,2004. Argument-function linking in resultatives[J]. Concentric:studies in linguistics,30:1-34.

HER O,2009. Apparent subject-object inversion in Chinese[J]. Linguistics,47:1143-1181.

HUANG C,JAMES T,2015. On syntactic analyticity and pragmatic theory[C]// LI A,SIMPSON A,TSAI W-T D. Chinese sytax in a cross-linguistic perspective. Oxford:Oxford University Press.

LANGACKER R W,1987. Foundations of cognitive grammar,vol. 1:theoretical prerequistites[M]. Stanford:Stanford University Press.

LIN T,JONAH H,2001. Light verb syntax and the theory of phrase structure [D]. Irvine:University of California,Irvine.

作者通信地址:435002 湖北师范大学外国语学院;fenggx@hbnu.edu.cn

也论"字"和"语素"之关系

丰国欣

摘　要:本文以汉英对比的方式,立足汉英语语言事实,针对现代汉语中老生常谈的问题——字、语素的关系做一些梳理和辨析,认为语素引入汉语研究,有着内外原因,既有一定积极意义,又在汉语研究中引起了一些困扰。探讨解决这些困扰,能够帮助我们认清印欧语的"语素"和汉语的"字"之间的关系,也能帮助我们发现汉语复合词中存在的既非"语素"又非"词素"的语言单位。这为进一步研究汉语词的内部成分打开了一个新的视角。

关键词:字;语素;词素;词;剖析

1. 研究概况

我们知道,在西方语言学里,词都是由语素组成的。这一点似乎成为公理,因而很多人把它引入汉语,认为汉语的词也是由语素组成的,并进行了大量的研究。

这些研究为了恪守印欧语语素内涵而不得不切分"字"的内涵,根据"字"的部分属性来讨论语素的内涵。有的依据字的"音"属性,得出单音节语素、双音节语素和多音节语素的结论(吕叔湘,1979:15);有的依据字的"义"属性,分别得出实义语素、虚义语素、弱化语素(符淮青,2004:32)、实素和虚素(张寿康,1957)、表义语素、别义语素/化石语素(张斌,2002:157)和单义语素、多义语素的结论(邢福义,1991:160)。

有些学者并不切分"字"的内涵,而是整体地看待"字",但是仍然将"字"看成语素,认为"字"具有不同的成词能力和不同的自由度,并依据这一点,区分自由语素与半自由语素及不自由语素(黏着语素)(赵元任,1979:80)、可替换语素与不可替换语素/剩余语素(张斌,2002:156),把"字"同语素的内涵产生联系,展开研究。

还有的学者将着重点放在"语素"本身,立足于语素的意义与功能,并不把语素和"字"在内涵上产生联系,只是依凭"字"来确定语素。有的学者把语素分为词根词素、词缀词素、词尾语素(叶蜚声,徐通锵,1997:93);也有学者从这个角度把语素分为成词语素与不成词语素(朱德熙,1982:11)、定位语素与不定位语素(朱德熙,1982:10),并以此展开研究。

以上三方面的研究都是共时的。也有历时的研究,例如,分析汉语词中的原生词素、移植词素、移用词素(孙银新,2003a:63,2003b,2004),以及传承语素和后起语素(杨晓黎,2012)。

这些研究共同的预设前提就是,汉语里存在印欧语里的语素,从不同角度对汉语里的这一语言实体加以证明,并分析它的内涵。我们知道,这之所以成为问题,是由现代汉语词汇高度双音化的结果造成的。如果历时地看,把时光倒回到先秦,也许这就不成为问题了,因为那时一般是一字一词的情况。于是,人们不得不思考这样一个问题,现代汉语的词明明是由"字"组成的,可为什么非要分析为语素(或者词素)?语素和字之间是什么关系?

这样的疑问使人们逐步认识到,把语素当作汉语词的内部成分对汉语词的研究并不一定有多大益处,在操作上也带来了一些麻烦。尽管如此,还是有人坚持认为这是一种创新行为,甚至把这种研究看成是汉语研究融入世界语言学研究的重要途径。

纵观文献,探讨印欧语的语素和汉语的字之间关系的研究,所获得的结论可分为四类:第一,认为字就是汉语的语素(周一农,1984;程雨民,2001,2003;苏宝荣,1999);第二,认为字不是汉语的语素(胡附,文炼,1955:41;张寿康,1957);第三,分而论之,认为有时字是语素,有时字并不是语素,语素和字之间没有对应关系(吕叔湘,1979:14;杨锡澎,2003);第四,采取折中的态度,认为字和语素都可以存在于汉语之中,这样有助于汉语研究的深化(周荐,2004:47)。

总之,西方语素概念进入汉语,一方面是人为因素造成的,比如认为这样能够和世界语言学研究对话,另一方面也有客观原因,即汉语自先秦以来复合词大量增加,为语素进入汉语提供了物质条件。前者是外部原因,后者是内部原因。外因是变化的条件,内因是变化的动力,因而语素在现代汉语的研究中是一个不可回避的客观现象,我们必须正视这个现象,而不能采取回避的态度。

2. "字"与"语素"的关系再讨论

印欧语的词是由"最小音义结合体"(即语素)组成,无论是单纯词,还是合成词(复合词和派生词),无论词内所包含的语素是多是少,都是"一次性"地、直接地分析为一个个的语素,所分析出来的语素均处在同一个层面上,单纯词即一词一语素,合成词则由若干个语素组成,如图1、图2所示:

图1　英语单纯词内部成分

图2　英语合成词内部成分

　　这里需要说明的是,这是基于印欧语的音节可黏合性、可延长性所做的分析。汉语词的内部成分之间的层次性是通过语义加语法关系体现的,而英语里的合成词(特别是派生词),虽然在语义上也有层次性,如unskilled在语义上可以理解为"un+(skill+ed)",但是其内部语素并不是通过语义合成的,而是通过音节加长的方式合成的,并没有依赖语法规则,本质上还是线性的,因而它的层次性并不明朗。

　　但是汉语词的情况并不是这样简单。汉语的双音节复合词往往会给人一个错觉,即似乎每一个字就是一个"语素",如"黑板"就是由"黑"+"板"构成,而且也在同一个层面上。这样看来,"字"和"语素"就没什么区别。事实上,这只是一种巧合而已。这一点从三个音节及其以上的汉语复合词中就可以看出。例如,"造纸厂"并不是直接分析为"造"+"纸"+"厂","刻舟求剑"也不是直接分析为"刻"+"舟"+"求"+"剑",而是分别如图3、图4所示:

图3　汉语三音节词内部成分

图4　汉语四音节词内部成分

　　可见,汉语复合词并不能直接分析出"最小音义结合体"(语素),必须经过多次分析,才能把类似印欧语的"语素"的东西分析出来。既然要经过多次分析,那就说明,这些"最小音义结合体"并不是在一个层面上。也就是说,汉语并没有遵守印欧语的规律——语素构成词,或者说,类似于印欧语的"语素"并没有直接构成词。

　　我们再考察一下汉语单纯词。实际上,汉语单纯词也常常蒙蔽人,如"走""唱""马""好""书"等,似乎每一个词都是由一个"最小音义结合体"组成,和"book"(见图1)没有区别,那么这样说来"字"就是"语素",但是汉语里存在着一定量的联绵词(如"玻璃""葡萄")、混一词(如"马大哈""扒灰")和音译词(如"坦克""麦克风""巧克力"),它们都是单纯词,都是由多于一个"字"组成的,如果非要套用印欧语里的"语素"概念,那么它们都是一个"语素"。这从另一个角度说明"字"不等于"语素"了。

实际上,汉语的双音节复合词也有很多反例,并不总是两个组分相加构成,即并不总是"有字有义",还会有"无字有义""有字无义""双字同义"和"因字生义"等情况(丰国欣,2010)。我们略微分析几个词:

"领袖":整体意义并不是其构成成分"领"和"袖"相加而来,那"领"和"袖"还能不能算两个"最小音义结合体"(即"语素")?

"国家":这个复合词中,其实"家"的语义已经脱落,"国家"即"国"的意思,那么"家"还算不算是一个"最小音义结合体"?

"朋友":这个复合词实际上是训诂词,前后两个字相互释义,"朋"即"友","友"即"朋",两者意义一样,它们到底算两个还是一个"最小音义结合体"?

"石头":这个复合词中的"头"没有实义,只是填补音节,那还算不算是一个"最小音义结合体"?

上述几例所代表的情况在汉语里普遍存在,但是在印欧语里基本不存在,至少不是典型情况。因此,假定非要把其中的成分理解为"语素",那么,其含义和印欧语的语素完全不一样。这进一步说明,用语素的概念来分析汉语复合词的内部成分,在理论和实际操作上都存在着困难,很难下结论究竟是不是语素、究竟是由几个语素组成。这些困境说明:"字"不等于"语素"。

综上所述,汉语词,无论是单纯词还是复合词,无论是二字复合词还是多字复合词,其内部成分并不同于印欧语的"语素",也并不在同一层面上,而是呈不同层次分布,这时如果还用语素来分析,就会带来极大的困难和混乱。这跟分析印欧语的word不同,任何word都直接分析成一个或者若干个morpheme,其合成机制是音节延长,并与词干黏连一起,形成一个整体,这是印欧语音节的元辅结构决定的。

而汉语的音节属于声韵结构,语音结构具有封闭性,几乎没有连读现象①,形成语音的封闭性,而语音的封闭性又与字形笔画的封闭性一致。这样,复合词的形成不是靠音节的黏连,而是靠隐含的语法规则来合成概念,即从语法结构中凝固而来,形成复合词。这样的合成机制使汉语复合词内部成分凸显层次性。

此外,汉语中,一字一音节,"字"在音节结构和字形笔画上的封闭性致使"字"具有离散性,这使得本来必须字与字结合、字与字组结合、字组与字组结合所形成的复合词,不一定总是结合在一起使用,例如,在"手术顺利"和"术后反应"中,"手术"和"术"是一样的意思,再如,"张先生是一位模范教师"和"三人行,必有我师"中,"教师"和"师"是一样的意思。假如把构成这样的复合词中的

---

① 根据赵元任(1979)先生的分析,汉语里只有"啊"能够和别的音节产生连读,形成"啦""呀""哇"等变体。

"字"看成是"语素"的话,在印欧语中是不可想象的,因为印欧语在任何情况下不能像汉语一样省去"operation"和"teacher"中的任何一个语素。换一句话说,构成印欧语词的语素是不能省掉的,是强制性的,因为印欧语中的语素不具备字的特质,它不是离散性的,而是黏连性的。当然,这与节略词(如 influenza 可以节略为 flu)不是一回事。

还应该注意到,依次往下推理,汉语"字"的离散性造就了其"即用"机制,即"字"与"字"结合,不仅可以构成合成性单位(复合词),还可以构成自由搭配或临时性搭配,即合成性单位和自由搭配在特殊的语境中相互转换。之所以能这样,是因为:

> 离散性还意味着这个单位(即'字',——笔者注)具有高度的独立性和自由度。……离散性集中体现在它的重组性,具体表现在换序、置换、拆分、插入以及它们的综合。(严辰松,2009)

这些表现导致汉语词与短语之间的界限模糊,使得大量的词具有可分性;印欧语的语素则没有这样的用法。

汉语的离合词就说明了这一点。如"睡觉"可以讲成"睡了一觉";"幽默"可以讲成"幽了一默";"洗澡"可以讲成"洗了一个冷水澡"。这说明,汉语复合词在一定条件下可以转化为短语。我们难以用语素概念来分析其内部成分,这种语言现象在印欧语里不存在。

看来,在印欧语里,只有词才是能够独立自由运用的最小的语言单位,而在汉语里,不仅词是能够独立自由运用的最小的语言单位,字更是能够独立自由运用的最小的语言单位。这样分析,"字"有时是"语素",有时是"词",关键看你怎么使用,这说明汉语词是即时的、相对的。印欧语词的构成成分是"语素",而汉语复合词构成成分是"字":字就是字,语素就是语素,字不等于语素,即"字"的含义和"语素"的含义不同。因而汉语和印欧语构词原理也就不一样,并不是同一个概念在不同语言中使用的术语不同,而是内涵不同。在承认"字"是语文学和文字学概念的同时,还要肯定它是语言学的概念。

可见,语素这个概念引入汉语,的确引起了一些困扰,这些困扰不一定全是"坏事",或许能进一步引发我们的思考:困扰的原因是什么? 如果能够回答这个问题,或许能帮助我们对"最小的音义结合体"产生深入的认识。

3. 语素与词素:汉语词剖析的困难

本文第二节简单地分析了汉语词内部成分呈层次分布,对此,语素概念很难解释汉语词内部成分的性质。在"语素"这个概念引入汉语前,人们用的是"词素"这个概念来指"最小的音义结合体",只是后来为了迎合西方语言学研究的习惯,才用"语素"取代"词素"。其实,从上文分析汉语和印欧语中词的不同黏合机制可以看出,无论"语素",还是"词素"都受制于"层次分布"这个特征,两者其实都是译自 morpheme。我们可以简单地分析一下这两个概念。实际上,早就有语言学家关注这对概念,并指出:语素的划分可以先于词的划分,词素的划分必得后于词的划分,而汉语的词的划分是问题比较多的。(吕叔湘,1979:15)

这个观点里有以下几层意思:一是注意到了"语素"使用频率高于"词素",这似乎给人的感觉好像两者指的是同一个概念,只是名称不同而已;另一层意思是承认无论用"语素"还是用"词素"都会引起很多困扰,正如本文第二节所分析的那样。

还有学者认为"语素"和"词素"都应该存在,它们各司其职,含义各不一样:

词素是从词或词干的直接成分的角度来确定的音义结合体,它不一定是最小的音义结合成分;而词内语素只从是否最小的音义结合成分来确定。(刘叔新,1990:68)

注意这个定义里的几个要点:第一,词的直接切分,产生的结果是词素;第二,词素继续切分可以分析出"最小的音义结合体",即语素;第三,在一定的条件下,"词素"和"语素"是重叠的。

这种区分有一定的积极意义:我们可以这样理解两个字的复合词,如"黑板",其构成成分"黑"和"板"既都是语素,又都是词素,出现重叠情况;这对于解决三字及其以上的复合词也有一定作用,如第二节里的图3中的"造纸厂"可以分析为由两个词素组成,即"造纸"和"厂",其中"厂"也是语素(重叠情况),"造纸"可以继续分析为"造"和"纸"两个语素。再如,图4中的"刻舟求剑"可以分析为两个词素——"刻舟"和"求剑",然后两个词素又可以分别分析为各自的两个语素——"刻""舟"和"求""剑"。总之,这种积极意义就在于正视汉语词内部成分的层次分布,并在一定程度上找到了解决问题的办法。

但是,这种作用是有限的:在分析部分四字词时常常会出现麻烦,在分析五个字及其以上的字所组成的词时更加不灵了。例如:"一衣带水"在第一层分析出来的"一衣带"和"水",是两个词素,同时"水"也是语素;作为词素的"一衣带"进一步分析,可以得到"一"和"衣带",显然"一"为语素是没有问题的,但是此时的"衣带",则既不是"语素",更不是"词素"。那它究竟是什么呢?这还有待进一步认识。再如,对"北回归线"的分析也是如此,在第二个层面的分析中,"线"是语素,可是"回归"是什么呢?我们再分析一个五字词"等边三角形",在第一个层面上分析出来的"等边"和"三角形"当然是两个词素,其中"等边"显然由两个语素组成,但是进一步分析"三角形",得出"三角"和"形",其中"形"是语素,那么"三角"是什么呢? 这个成分显然不具备"语素"和"词素"这两个概念的内涵。

从上文分析来看,难以解决的问题是,语素是最小的音义结合体,而词素不一定是最小的音义结合体,词素是词首次切分出来的单位,词素还可以继续分析出语素(最小的音义结合体)来,但是上例却展示了从词素中分析出来的成分并非最小的音义结合体,即不是语素。同时我们从上文的分析中还可以看出:从词素中还能分析出"非最小的音义结合体",既然"非最小",说明它不是语素;既然它不是词的首次切分,所以它也不是词素。我们需要解决而又难以解决的问题是,如何定义这样的单位,它的本质是什么,而不是给它一个什么名称。

4. 结论

综观全文,我们认为,字和语素是汉语和印欧语各自的构词成分,两者之间有共同的功能,也有不一样的功能,即便是共同的功能,其含义和作用机制也不一样。语素是印欧语的最小元素,它的特征造就了印欧语的特征;字是汉语的最小元素,自然也铸造了汉语的特征。用印欧语中的语素来分析汉语词,或者认为汉语词是由语素构成的,这不仅张冠李戴、牵强附会,而且在理论上混淆各自语言中的基本概念,在实践中也给具体操作带来极大的困难。

印欧语的语素是同一层面的,而且只有一个层面,而字作为构词成分是分层次的。语素的作用仅限于词的内部,即只是作为构词成分,当然也有人认为,自由语素可以直接构成句子,于是得出结论,语素既可以构成词,又可以构成句子;但是,当自由语素构成句子时,它的性质发生了变化,这个自由语素其实就是一个单纯词。而字的作用既发生在词的内部,又发生在词组(短语)之中,还发生在句子之中。语素只涉及音和义的问题,是最小的音义结合体,强调音义关联,而字涉及音形义,强调音义互动。语素具有开放性和黏连性,而字具有封闭性和离散性。这一点在本文第二节有具体阐述。

所以我们认为:语素就是语素,它是 word 的构成组分;字就是字,它既是汉语词的构成组分,也是汉语的基本单位;没必要非要把印欧语的概念硬套在汉语上,更不能认为用了印欧语的概念就能使汉语研究走向世界。汉语词并不是由"语素"组成的,而是由"字"组成的,不仅如此,字作为汉语的基本单位,不仅作用于词这个层面,同样也作用于句子层面,字既可以构成汉语的词,也可以直接构成汉语的句子,这对印欧语中的语素来说是望尘莫及、不可想象的。

如果把"字"纳入汉语构词成分来分析汉语词,或许对认清从"词素"中分析出来的、既非"语素"又非"词素"的语言单位有一定的帮助。

参考文献

程雨民,2001.汉语以语素为基础造句[J].暨南大学华文学院学报(1):35-48.

程雨民,2003.汉语字基语法:语素层造句的理论和实践[M].上海:复旦大学出版社.

丰国欣,2010.再论汉语词:字组、韵律、约定:基于汉英对比分析[J].湖北社会科学(12):141-146.

丰国欣,2011.汉英复合词的对比分析[J].西安外国语大学学报(3):1-6.

符淮青,2004.现代汉语词汇(增订本)[M].北京:北京大学出版社.

胡附,文炼,1955.现代汉语语法探索[M].上海:上海东方书店.

刘叔新,1990.汉语描写词汇学[M].北京:商务印书馆.

吕叔湘,1963.现代汉语单双音节问题初探[J].中国语文(1):10-22.

吕叔湘,1979.汉语语法分析问题[M].北京:商务印书馆.

苏宝荣,1999.汉语语义研究的基本单位应分为语素与词两个层级[J].河北学刊(6):46-51.

孙银新,2003a.现代汉语词素研究[M].北京:中国文史出版社.

孙银新,2003b.现代汉语的原生词素[J].淮北煤炭师范学院学报(6):25-28.

孙银新,2004.现代汉语的移用词素[J].语文研究(1):52-55.

邢福义,1991.现代汉语[M].北京:高等教育出版社.

严辰松,2009."字"的离散性剖析[J].外语研究(2):1-8,112.

杨锡澎,2003.汉语语素论[M].南京:南京大学出版社.

杨晓黎,2012.传承语素:汉语语素分析的新视角[J].安徽大学学报(2):56-61.

叶蜚声,徐通锵,1997.语言学纲要[M].北京:北京大学出版社.

张斌,2002.新编现代汉语[M].上海:复旦大学出版社.

张静,1987.汉语语法问题[M].北京:中国社会科学出版社。

张寿康,1957.略论汉语构词法[J].中国语文(6):1-8.

赵元任,1979.汉语口语语法[M].北京:商务印书馆.

周荐,2004.汉语词汇结构论[M].上海:上海辞书出版社.

周一农,1984.从字法与词法的对应看汉语语素与文字的一致性:答潘绍典同志[J].丽水师范专科学校学报(1):60-66.

朱德熙,1982.语法讲义[M].北京:商务印书馆.

BAUER L,1983. English word-formation[M]. Cambridge: Cambridge University Press.

CHAO Y R, 1976. Rhythm and structure in Chinese word conceptions[C]//CHAO Y R. Aspects of Chinese sociolinguistics. Stanford, California: Stanford University Press.

HALLIDAY M A K, 1994. An introduction to functional grammar [M]. London: Edward Arnold

LIPKA L, 1990. An outline of English lexicology: lexical structure, word semantics and word-formation[M]. Tübingen: Max Niemeyer Verlag.

SAUSSURE E D, 1916. Course in general linguistics [M]. HARRIS R, trans. Beijing: Foreign Language Teaching and Research Press.

作者通信地址:435002 湖北师范大学外国语学院;fenggx@hbnu.edu.cn

汉语意合之我见

魏在江

摘　要：美国著名翻译家、语言学家奈达曾经明确指出，英汉语之间最大的区别就是形合与意合的区别。汉语究竟是怎么个意合法，本文的观点是：(1)不能简单地以句子长短为标准来衡量。(2)流水句、零句的大量使用，实际上，是中国人天人合一、主客相融的辩证法体现，认知语境起到了非常重要的作用。(3)汉语的省略、重叠、话题链以及模糊性、主观性等都是意合的体现。

关键词：翻译腔；意合；形合

0. 引言

汉语"意合法"这个概念，最早是王力先生在《汉语语法纲要》一书中提出的。王力说，复合句里既有两个以上的句子形式，它们之间的联系有时候是以意会的，叫作"意合法"，例如："你死了，我当和尚。"从王力先生的论述中我们可以看到，意合法的最初含义指的是不使用关联词语的复句组合法，当时的意合法是作为形合法的一种补充形式被论及的，并且只限于复句。美国著名翻译家、语言学家奈达曾经明确指出，英汉语之间最大的区别就是形合与意合的区别。多年来，人们为了弄清汉语的本质特征，进行了多方面可贵的探索，取得了丰硕的成果。可是，正如沈家煊先生指出的那样，汉语究竟是怎么个意合法，我们自己并没有弄清楚，说不出什么道道来。王菊泉(2007)也认为，事实是，直到如今，对于究竟什么是"形合"，什么是"意合"，还没有一个明确的、为大家公认的定义，在这一问题上还存在不少模糊认识。"只听楼梯响，不见人下来。"我们认为，什么是意合是关系到汉语研究的全局性的根本性问题。因此，本文不揣冒昧，以此就教于各位方家，请批评指正。

1. 有关形合与意合的论述

所谓形合，指的是词语或分句之间用语言手段（如关联词）连接起来，表达语法意义和逻辑关系通过词语或分句的含义表达,汉语造句主要采用意合法 (连淑能,2010:73)。严复也说,西文句中多名物字,多随举随释,如中文之旁 支,后乃遥接前文,足意成句。(连淑能,2010:73-74)。西方语用较注重形式结 构,因而语法学高度发达;汉语较注重功能意义,因而与语用和文化的关系更为 密切。我们先看看下列定义:

Hypotactics: dependent relation or construction, as of clause. Syntactic subordination:dependent or subordinate construction or relationship of clauses with connectives. For example, 'I shall despair if you don't come.' (*The Random House College Dictionary*) (*The American Heritage Dictionary*)

Hypotaxis is the binding of elements of unequal status. The dominant element is free, but the dependent element is not.(Halliday, 1994:221)

Parataxis: a. the coordinate ranging of clauses, phrases, or words one after another without coordinating connectives(as in'he laughed; she cried') b. the placing of a subordinate clause beside a main clause without a subordinating connective(as in'I believe it is true'; 'there is a man wants to see you') (*Webster's Third New International Dictionary*)

Parataxis is the linking of elements of equal status. Both the initiating and the continuing element are free, in the sense that each could stand as a functioning whole. (Halliday,1994:221)

我们再看看汉语语言学家的论述:

意合指从属的语言单位不用从属连接词语而用话语意义的配合与主要语 言单位相结合。例如:"他病了,没来"中的"他病了"本是一个原因从句,但这里 不用表原因的从属连词"因为",而是由前后分句的意合而产生偏正关系(《语言 学百科词典》)。王力先生说:"西洋语的结构好像连环,虽则环与环都联络起 来,毕竟有联络的痕迹;中国语的结构好像无缝天衣,只是一块一块的硬凑,凑 起来还不让它有痕迹。西洋语法是硬的,没有弹性的;中国语法是软的,富于弹 性的。唯其是硬的,所以西洋语法有许多呆板的要求……唯其是软的,所以中 国语法只以达意为主。""复合句里既有两个以上的句子形式,它们之间的联系 有时候是以意合的。"沈家煊认为,汉语不同于印欧语的那种腔调样式,它是"中 国人的血液里的东西",为大众所喜闻乐见,也充满了"语言的活力",为小说家 创造各自的语言风格提供弹性和空间。(沈家煊,2017:9)连淑能认为英语是重形合的语言，"造句注重形式接应，要求结构完整，句子以形寓意，以法摄神，因而严密规范，采用的是焦点句法"，"造句注重意念连贯，不求结构齐整，句子以意役形，以神统法，因而流泻铺排，采用的是散点句法"。(连淑能，2010:46)蒋坚松认为形合的特点是句中的连接手段和形式十分丰富，其中连接手段包括介词、连词、关系代词、关系副词、连接代词、连接副词等。仅以介词而论，据美国语言学家寇姆的统计，英语中的介词(包括短语介词)多达286个。德国著名语言学家洪堡特也说："在汉语里，明示的语法要比隐含的语法所占的比重小得多。""尽量减少附属装置。"张黎(2017:3-4)认为汉语是意合语法。意合和形合具有语言类型学的价值，是划分语言类型的初始概念。汉语意合语法给汉语语法研究带来了新的视角，也给汉语语法研究带来了新的气象，意合语法的理论主张和具体探索是值得继续发展下去的。赵元任先生把汉语句子分为"零句"和"整句"两类。所谓"零句"就是没有主语的句子，因为句子可以没有主语，但不能没有谓语。他还说"零句"是汉语口语的常态。流水句、零句与整句的辩证观是：零句是根本，整句在书面语中可能更根本，占据主要地位。这一点也充分体现出口语与书面语的根本区别。书面语更随意，零句为根本，但书面语就一定了。当然这种整句并不同于西方语法中的形合。这里有一个问题：整句是不是汉语的一个特点？

汉语句子结构中什么才算是原型构式，什么表达才算是典型的意合表达，是不是流水句就一定是汉语意合的典型表达呢？不是流水句的汉语表达就一定不是汉语的意合表达吗？这些问题值得进一步思考和探索。李临定认为，这种句子既可以理解为具有因果关系的"兼语"句(我喜欢他，因为他诚实能干)，又可以理解为相当于一个名词性成分，而这种句子是一种双宾语句。他认为这是一种复句的紧缩形式。长句能否进入现代汉语并成为句子使用的一种常态呢？我们认为这是可能的，也是可以的。

[1]*LR* (*from left to right*)……开放式

This is the cat.

This is the cat that killed the rat.

This is the cat that killed the rat that ate the malt.

This is the cat that killed the rat that ate the malt that lay in the house.

This is the cat that killed the rat that ate the malt that lay in the house that Jack built.

英语句子是右向开放的，而汉语则主要是左向开放。

[2](基本句)……有条有理

一度……干得有条有理

二度……一切干得有条有理

三度……他把一切干得有条有理

四度……没想到他把一切干得有条有理

五度……她没想到他把一切干得有条有理

六度……她说她没想到他把一切干得有条有理

[3]梅花

一朵梅花

鬓边斜插一朵梅花

红颜小姐鬓边斜插一朵梅花

但是,汉语句子也可以右向开放,见下例:

[4]梅花

梅花一朵

梅花一朵斜插鬓边

梅花一朵斜插鬓边小姐红颜

上面的例子说明,汉语的句子结构通过左右两个方向的检验,比英语句子更为灵活。王力指出:许多意合法的句子在现代文章里都变成形合法了。汉语的结构可以不靠关联词语,但并不是完全排斥关联词语的使用,而这些关联词语很多已经被接受,成为汉语的重要组成部分。大家说起来、用起来、听起来、理解起来并没有觉得有什么怪异的地方。将来某一天,说不定整句的使用超过流水句、零句的使用,也不是不可能的。

[5]Early come, early served.

[6]More haste, less speed.

如果说上面的例子是意合语法的话,那么下面人们所举的英语例子也属于意合语法:

[7]Leather shoes; leather suitcase; gym shoes; tennis shoes

因此,我们必须树立形合意合的辩证观。纯粹用意合的语言和纯粹用形合的语言都是没有的。刘宓庆、潘文国教授对此有过论述。尽管英语重形合,汉语重意合,但这也不是绝对的。潘文国教授指出,形合、意合都是相对的,而不是绝对的,英语中也有用意合的地方。(潘文国,1997:339)他又说,纯粹用意合或纯粹用形合的语言都是少见的,各种语言都使用意合手段。各种语言也都使用形合手段,只是使用的范围、程度各不相同。(潘文国,1997:352)短句、长句都可以表现意合。但是我们认为不能以句子长短为标准来衡量。尽管我们说欧化汉语造成了汉语句子的长度增长、形合词汇的大量使用,但是长度绝不是标准,更不是唯一的标准。用长句还是用短句,这与作家本人的写作风格有关,也与交际意图有关。我们认为,只要能够达到交际目的,用长句还是用短句都是可以的,长句也可以用意合的方式和手段来呈现。文体的需要、交际的需要,必然导致不同的表达手段、表达手法。比如，《繁花》的作者金宇澄和《白鹿原》的作者陈忠实的写作风格就完全不同，他们的语言可以说都是典型的现代汉语的表达，并不是翻译腔和欧化汉语。王力说，语法只是习惯。假使将来中国一般民众都接受了这种新的语法，自然不必再认为错误了。在今天的全球化时代，语言接触是必然的事情，不要因为汉语的句法受到西方语法的影响，就否定语言接触。

2. 汉语各个层面的意合

1977年5月5日，吕叔湘在北京语言学院（现北京语言大学）演讲《通过对比研究语法》时提出："要认识汉语的特点，就要跟非汉语比较，要认识现代汉语的特点，就要跟古代汉语比较，要认识普通话的特点，就要跟方言比较。"这一倡导和示范，对于我国的语法研究具有重要的指导作用，已经并将继续产生深远的影响。他在另一篇文章中指出：意合语法是以语义范畴的确立以及各层级语义范畴间的相互选择制约、相互组合搭配的规则系统为研究对象的。语义范畴的问题是意合语法的核心问题，因此我们也把意合语法称为范畴语法。张黎、鲁川都采用意合语法的说法。本文赞同他们的观点，汉语的意合可以体现在汉语的各个层面，兹举例如下：

2.1 语音层

著名的语言学家赵元任先生曾编写过一篇看得懂读不清的短文，以说明汉字同音异义的特征。兹录如下：

[8]"石室诗士施氏，嗜狮，誓食十狮。氏时时适市视狮。十时，适十狮适市。氏视十狮，恃矢势，使十狮逝死。氏拾是十狮尸，适石室，石室湿，氏使侍拭石室，石室拭，氏始试食是十狮尸。食时，始识是狮尸，实十石狮尸，试释是事。"

2.2 词汇层

[9]郑板桥的一首《春词》共用了366个字（不含标点符号），其中用了68个"春"字，真可谓是天下之最了。他把"春"字发挥得淋漓尽致，一个"春"字把春天的景、春天的人、春天的事、人的憧憬、人的思念、人的喜盼、人的爱恨、人的心绪、人的行为等表现得活灵活现。

[10]"春风、春暖、春日、春长、春山苍苍，春水漾漾。春荫荫，春浓浓，满园春花开放。门庭春柳碧翠，阶前春草芬芳。春鱼游遍春水，春鸟啼遍春芳。春色好，春光旺，几枝春杏点春光。春风吹落枝头露，春雨湿透春海棠。又见几个农人开口笑：'春短春长，趁此春日迟迟，开上几亩春荒，种上几亩春苗，真乃大

家春忙。'春日去观春景,忙煞几位春娘,头插几枝春花,身穿一套春裳;兜里兜的春菜,篮里挎的春桑,游春闲散春闷,怀春懒回春房。郊外观不尽阳春烟景,又见一个春女,上下巧样的春装,满面淡淡春色,混身处处春香;春身斜倚春闺,春眼盼着春郎。盼春不见春归,思春反被春伤。春心结成春疾,春疾还得春方。满怀春恨绵绵,拭泪春眼双双。总不如撇下这回春心,今春过了来春至,再把春心腹内藏。家里装上一壶春酒,唱上几句春曲,顺口春声春腔。满目羡慕功名,忘却了窗下念文章。不料二月仲春鹿鸣,全不忘平地春雷声响亮。"

这样的重复方式如果发生在英语里恐怕是无法想象的。汉语没有形态变化,故词语的组合方式明显的是意合的方式。

2.3　短语层

[11]正反、大小、横竖、上下、好歹

上面由反义词汇构成的词组的例子,这样的组合在英语等西方语言中不可能有,这是汉语缺乏形态可以自由组合,没有形态的羁绊的表现。再如:

[12]好读书,读好书,读书好,书读好,书好读

[13]有情绪、有意见、有看法

这样的例子表达的都是负面的消极的情绪。形式上并没有消极的表达法,而意义上却是消极的。

2.4　句法层

[14]中国队大败日本队。

[15]中国队大胜日本队。

同样的反义词在句子中表达的却是同样的意思。

2.5　语篇层

吕叔湘(1979)认为,汉语口语里特多流水句,一个小句接一个小句,很多地方可断可连。如《繁花》的开场:

[16]"这天下午,沪生经过静安寺菜场,听见有人招呼,沪生一看,是陶陶,前女朋友梅瑞的邻居。沪生说,陶陶卖大闸蟹了。陶陶说,长远不见,进来吃杯茶。沪生说,我有事体。陶陶说,进来嘛,进来看风景。沪生勉强走进摊位。陶陶的老婆芳妹,低鬟一笑说,沪生坐,我出去一趟。两个人坐进躺椅,看芳妹的背影,婷婷离开。沪生说,身材越来越好了。陶陶不响。"

《繁花》是金宇澄2012年发表在《收获》杂志的一部长篇小说,以上海话写作,讲述的是上海的市井生活。使用大量短句,"的""地""吗""呢"几无踪影,表示转折、递进、让步等语态的虚词无可寻觅,标点符号也精简到了几乎只用句号

和逗号。

[17]杀猪的和卖茶的打赌。杀猪的说:"用铁锤锤蛋,锤不破。"卖茶的说:"锤得破!"杀猪的说:"锤不破!"卖茶的不服气,便拿来一个鸡蛋,用锤子使劲打了下去,鸡蛋破了,他说:"这不是破了吗?"杀猪的说:"蛋是破了,可我说的是锤不破啊!"说着他指指铁锤。

同一个短语"锤不破",其"锤"字被解读成不同的含义:杀猪的是将其作为名词,即"锤子";而卖茶的则认定为动词"锤打"。

意合现象不仅仅是语法现象,而且也存在于语言的各级单位间,这包括词汇的意合、句法(短语、词组和句式)的意合、篇章的意合、修辞的意合以及诗学意合等。我们姑且把这些领域称为意合词汇学、意合语法学(意合短语学、意合句法学)、意合篇章学、意合修辞学、意合诗学(张黎,2017:318)。

3. 本文的几点看法

王菊泉(2007)认为,一提起中西语言的差异,也就是形合与意合的差异,有的学者既不问形合、意合中的"形"和"意"究竟所指为何,又如何"合"法,也不管形合与意合发生在哪个语言层面,只是满足于笼统地谈论英语如何,汉语如何,然后举几个自认为能说明问题的例子就算完事。无论从语言对比的角度看,还是从语言研究本身看,形合与意合都是一对极有用的概念,值得深入探讨。我们大可不必因为西方语言学没有形合与意合这样的概念而放弃对形合、意合问题的深入研究。我们认为,意合语法具有以下特点。

3.1 省略隐含

刘宓庆(2006:244)认为,在任何语言中,形合手段与意合手段都是并行的、相辅相佐的,汉英都不例外,只是在汉语中,意合手段比形合手段更多,在英语中,形合手段比意合手段更重要、更规范罢了。重意合是使汉语在形式上流散、疏放的重要原因。史有为的柔性语法也是这个意思:

[18]让他动员全体职工教育自己的子女遵守交通规则。

[19]我喜欢他老实。

[20]我爱他身强力壮爱劳动。

[21]他早就烦她太爱管厂里的事情。

[22]多谢姐姐提醒了我。

[23]他欺负我人生地不熟。

其实,以上的例子并不是例外。刘宓庆(2009:242)的例子说明汉语句子的微观结构基本上依靠的是语义"支点"和板块的顺线性简单对接,由于没有形式作主轴,因此突出了意念的句法意义。这种没有形式主轴的情况在段落里尤为明显。高名凯(1957:366)也说:汉人平常说话不喜欢用太多没有基本意义的虚词,它只是把事情或意思排列起来,让人去了解这两个事情或两个意思之间的关系如何。刘宓庆(2006:21,25)认为,汉语是一种重意念、重以意役形的语言,是一种寓"理"(语法)于"意"的语言,它的语法呈隐性,他总结出汉语三个最突出的特点:富于感性、重在意念和语法隐含。他将汉语与英语的这些差异归结到汉英思维方式的差异上,认为汉语重直觉思维、重悟性、重整体性综合分析,因而形成一种强调意念流而比较忽视逻辑的形式论证的思维定式;反映在语言上则是重意合(意序),而较少注重形式规范,使汉语的模糊性更为突出。语法呈显性,功能的补偿作用较强。(刘宓庆,2006:486)汉语中的省略也是汉语意合的体现。汉语是一种语用型的语言,离开用法就没有多少语法可讲。赵元任(1996:81)在其《中国话的文法》著作中有这样的造句:

[24]"我是日本女人",意即我用了一个日本女人做仆人。

[25]她是一个美国丈夫。

[26]你(的鞋)也破了。

[27]你(的小松树)要死了找我。

他认为,汉语主语跟谓语的关系非常笼统,简直没法子说是哪个字省略了,如"人家是丰年"。如果说成"人家是丰年的人家"或"人家的年是丰年",听起来都不自然。再如,李白的名句"云想衣裳花想容",通常的解释是:云使人想起他的衣裳,花使人想起他的容貌。但其中的"想"字在别处从来没有"使人想"的意思。赵元任的例子经常被人们引用来证明汉语是意合语言。有人称汉语语法为"意合语法"。有人如法炮制了下列例子:

[28]你没气了。(说话人看着同伴的自行车后轮胎。意思:你的自行车轮胎没气了。)

[29]谁的肠子?(菜场一名清洁工提着一串猪肠问。意思:谁的猪肠子?)

[30]肝是你的吗?(菜场一名营业员指着柜台上的一块猪肝问另一名营业员。意思:这猪肝是你的吗?)

[31]他马上就要完了。(意思:他马上就干完。)

[32]包子往里走。(意思:买包子往里走)

上面这些句子在实际使用中并不会发生误解,其意思说话人和听话人都十分清楚。传统的解释也使用语境的概念,但一般都归为语境的制约或语境的帮助。汉语多采用并置的方式和松散的话题说明句,"and""or""if__,then"关联词等意思都靠语境和语调来判断,而不是像西方语言那样要靠关联词语。汉语中许多有表达力和生命力、大众喜闻乐见的熟语,在英汉语中都有省略现象,但是汉语的省略有时非常荒唐,一点不讲逻辑,不结合语境根本就无法理解。潘文国(1997:347)认为,只要能达意,省略的时候不但不考虑语法,甚至也不考虑逻辑,因此我们说,这是意合的极致。在意合的长链上也许会出现空的环节,但"意脉"仍可把它接续起来。

3.2 主观模糊

苏轼说:出新意于法度之中,寄妙理于豪放之外。主观性是汉语意合的原因之一。形式不能脱离语义。语法离不开用法、语境语法。语言共性何处觅?不在句法在语用。吕叔湘先生认为,比起西方语言来,汉语的语法分析引起意见分歧的地方特别多,为什么?根本原因是汉语缺少严格意义的形态变化。语言大同而大不同,大同在语言运用的一般原理,大不同在语言的结构。汉语是一种特别重视用法的语言,讲汉语的语法离不开用法,或者说离开了用法就没有多少语法可讲。(沈家煊,2017)

[33]冬天来了,能穿多少穿多少。

夏天来了,能穿多少穿多少。

上面两句话的"多少"的意义明显不同,第一句的"多少"指在冬天尽可能多穿一点,而第二句的"多少"指的是夏天尽可能少穿,或者说不宜穿得太多。两句话中的"多少"的意义非常模糊。再如:

[34]中国乒乓球队,谁也赢不了。

中国男子足球队,谁也赢不了。

上面两句中的后半句是一样的,可是意义的指向完全不同,第一句的意义是:谁也赢不了中国乒乓球队。而第二句的意思是:中国男子足球队赢不了谁。

吕叔湘(2006:58-59)说,说老实话,我们说汉语的人还真不羡慕那种牵丝攀藤的语法,我们觉得到处扎上小辫儿怪麻烦的,我们觉得光头最舒服。他(2006:59)又说,我们在许多问题上还只是知其然而不知其所以然,有许多语法规则还没有归纳出来,并且可能还不太容易归纳出来。这就似乎又不如那种以形态为主的语法,把所有麻烦都摆在面子上,尽管门禁森严,可是进门以后行动倒比较自由了。连淑能从文化语言学的角度论述了为什么汉语是意合语言。他认为,中国人的思维方式注重直觉领悟,语言表达与分析重意不重形,表现在汉语里即显示"偏重心理,略于形式"、结构独特、灵活多变,颇多隐含,着重意念,语句不拘于形式结构,语法呈隐性,注重心理意会,主要采用意合法。即使句子结构显得不完整,甚至不合逻辑,也不搞形式主义。(连淑能,2010:83)汉语"以意统形""以神摄形""以形写神",这种重领悟、重意会的美学观念,体现了中国哲学重悟性而不重形式论证,也可在中国文化的其他领域里找到例证。

3.3 骈偶比对

沈家煊(2017)认为,以线性关系为主的"主谓结构"来套汉语,好比一个小框框套不了一张大画像,特别是套不了汉语大量的流水句、四字格、排比对偶、比喻典故、互文回文,汉语里的对应关系大大超出西方人意识到的范围。英语是以续为本,续中有对,汉语是以对为本,对而有续。潘文国教授(1997:352)认为,汉语的骈偶是一种形合手段,帮助意义凝聚的。骈偶的最大特点或者说最大优越性是可以互文见义。对于汉语这样一种语义型语言来说,对语义的把握是极其重要的,汉语既无形态,又少形式,无法像西方语言那样通过形态、形式反映的语词间关系来确定意义,而只能采取别的手段,这就是向内通过字形字音来表现字义,向外,通过相对位置来映衬字义。他认为,我国古代延续了一千多年的对对子的教学方法实在凝聚了汉语教学与研究的很多科学道理。笔者最近查阅《声律启蒙》和《笠翁对韵》两本书,深以为然。

[35]一东　云对雨,雪对风,晚照对晴空。来鸿对去燕,宿鸟对鸣虫。三尺剑,六钧弓,岭北对江东。人间清暑殿,天上广寒宫。两岸晓烟杨柳绿,一园春雨杏花红。两鬓风霜,途次早行之客;一蓑烟雨,溪边晚钓之翁。(《声律启蒙》)

[36]一东　天对地,雨对风。大陆对长空。山花对海树,赤日对苍穹。雷隐隐,雾蒙蒙。日下对天中。风高秋风白,雨霁晚霞红。牛女二星河左右,参商两曜斗西东。十月塞边,飒飒寒霜惊戍边;山冬江上,慢慢朔雪冷渔翁。(《笠翁对韵》)

上面的例子就是张黎(2017:305)所说的"一音一义"的体现,也是汉语区别于西方形态语言的标志之一。中国传统语言学以音韵、文字、训诂为主,汉字所反映的汉语"一音一义"的特性是汉语固有的特点。汉语中诗词和对联是中国古代重要的文学形式,两千多年来一直薪火相传,至今仍具有强大的生命力。在古代,自私塾的幼童起,就开始这种文学修养的训练,对声调、音律、格律等都有严格的要求。通过诵读,一则能使孩子获得音韵、词汇、修辞的训练,二则能让孩子领受历史、文化、典故的熏陶,给孩子幼小的心中种下一粒美丽汉语的种子。陈寅恪和张志公都肯定对对子的作用,是很有见地的。实际上,汉语的骈偶比对的特点源于汉语字本位的特点。究竟是词组本位还是字本位?学界有许多不同的看法。汉语字本身的特点是不能忽视的,也是汉语有别于其他语言的一个关键的特点。首先,汉字作为中华民族的文化载体,具有抽象性和形象性、哲理性和艺术性相统一的特征;其次在字与字组成词及词与词组成句的过程中,借助断句标点、读音或概念变通等独特手段而充满了魔幻般的色彩与效应。

大家知道,古时印制的书籍,见不到标点符号,古文都是一文到底的,中间不做点断。当然,这只是形式,而在实际诵读过程中,人们还是要根据文句义理做出相应的停顿,或者同时在书上依据停顿加以圈点。这就是后世所说的断句。如果"句读"不明,就无法理解文义;常常是,一处断句弄错了,意思就走了样,甚至完全相反。这里有许多由断句、读音及概念引发出的奇趣汉语故事。如广泛流传民间的"下雨天留客天留我不留",就是由于断句不同,产生了多种歧义:

[37]一是:"下雨,天留客;天留,我不留。"

二是:"下雨天,留客? 天留,我不留。"

三是:"下雨天,留客天,留我不留?"

四是:"下雨天,留客天,留? 我不留!"

五是:"下雨天,留客天,留我不? 留。"

下面是一则广为流传的断句故事:

[38]清明时节雨纷纷,路上行人欲断魂。借问酒家何处有,牧童遥指杏花村。

清明时节雨,纷纷路上行,人欲断魂。借问酒家何处? 有牧童,遥指杏花村。

以上例子充分表明了汉语的博大精深,也说明了"字"本位在汉语研究中的重要性。

3.4　整体识解

整体综合法是意合的特点。沈家煊认为,汉语的语法不是印欧语的那种"小语法",而是集语音、语义、语用于一体的"大语法",如果分开单独研究,就破坏了"大语法"的完整性。汉语"大语法"要求我们对西方主流语法理论进行必要的反思。季羡林先生说,三十年河东,三十年河西,世事难料。季羡林先生著《三十年河东,三十年河西》,此书的核心观点是西方文化是"分析"的,东方(中国)文化是"综合"的;而西方的"分析"差不多已经到了穷途末路,接下来要靠东方文化的"综合"来济西方文化的"分析"之穷。按季先生说法,这后三十年的风采,是要归"综合"来领风骚了。先生说:"所谓综合思维,其特点可以归结于两句话:整体概念与普遍联系。用一句通俗的话来说,就是又见树木,又见森林。"而"所谓分析思维,就是抓住物质,一个劲分析下去,一直分析到基本粒子",季先生说,"这种思维模式,用一句通俗的话说,就是只见树木,不见森林"。王菊泉(2007)认为,我们倾向于把形合与意合看成是语言的表达法,是整体的系统性概念,而不仅仅是个线性的句法概念。流水句、零句的大量使用,实际上,是中国人东方辩证法的体现,认知语境起到了非常重要的作用。从整体到局部,着眼于整体思维。对于隐含与模糊的特征这一点,吕叔湘(2006:71)认为,语言的表达意义,一部分是显示,一部分是暗示,有点儿像打仗,占据一点,控制一片。

我们要坚持中国人的辩证观、综合看待意合语法的特点。很多情况下,如果没有语境,是无法使用也无法理解零句的。连淑能(2010:83)认为,汉语用这种注重意念的方法,抛弃可有可无的形式束缚,简洁地表达言者想要表达的意思,听者或读者常常要依靠语境和语感从整体上去领会,这是读者责任型的语言。汉语表达方式注重整体意念,注重语流的整体感。行文注意有头有尾,交待来龙去脉,注重起承转合,保持结构完整。表达方式注重整体性,有助于整体领悟。(连淑能,2010:277)例[39]至[42]摘自罗耀华(2010):

[39]我也不动,研究他们如何摆布我;知道他们一顿不肯放松。果然!我大哥引了一个老头子,慢慢走来;他满眼凶光,怕我看出,只是低头向着地,从眼镜横边暗暗看着我。(鲁迅《狂人日记》)

[40]他满意地哈着手,对木丹说:这门神会保佑你的,开了春,就开花结果卖大价钱。果然。(鲁敏《颠倒的时光》)

[41]自己的道德修养,不用说,一定比自己所能看到的还要高着许多,一定。(老舍《且说屋里》)

[42]"珠子先留在你那里,等我事情办完了,我一定会亲自拿回去的,而且——"枫转过了身来,"那时,就是你命丧黄泉之时!"施展过人的轻功,枫消失在秋风中。"亲自吗?……"彭咀嚼着枫的话,露出了这些天以来第一个灿烂的笑容。(akari21.tripod.com/eng1/kaede6b.htm)

东西方事物巨大差异从何而来?语言的巨大差异从何而来?天人合一、主客相融的哲学基础、全息思想。思维方式是长久地、稳定地普遍起作用的思维习惯、思维方法、对待事物的审视趋向和公认的观点,它贯穿于该民族的政治、经济、外交、生产以及一切日常生活的实践活动之中。人是一个小宇宙《周易·系辞上》曰:书不尽言,言不尽意;得意忘言;意与言会,言随意遣。佛教禅宗讲究"顿悟",主张"不立文字、直指人心"。东方人重悟性、重整体、重综合。汉语文简义丰,充满了随意性、不确定性、模糊性、暗示性等,引人遐想,趣味无穷。当今流行的构式语法、概念整合理论,其实都是综合法的体现。汉语有着根深蒂固的对待思维,有着对待的范畴观和语言观(沈家煊,2017),世界的一切呈"对待"关系而不是"对立"关系。这也是辩证思维的体现,反映在语言上,必须采用整体观照的方法来理解语言,汉语意合的特点正是辩证思维的反映。著名作家王安忆《美丽的汉语》说:汉语,就是这样有弹性,有塑造力,多面,既华美又素朴,既严正又活泼,有可能创作各色各样的小说。它的能量是极大的。刘宓庆(2006:1)呼吁要了解汉语,理解汉语,他认为,汉语是一种重意念、重以意役形的语言,汉语是一种寓"理"(语法)于"意"的语言:它的语法呈隐性。富于感性、重在意念和语法隐含这三个特征是互为因果的。刘宓庆(2006:53)认为,西方学术思想和成果是我们不可或缺的外位参照。他提出本位观照、外位参照的原则,扬弃"择英语之有而有之,弃英语之无而无之"的唯外论观点(2006:36)。我们认为,在对汉语意合做出深入全面的描写基础上,要尽可能全面地、科学地认清汉语与外语之间的相似性和非相似性,坚持辩证观是非常重要的,决不可偏执一点而看不到全局。如果有人非要在形式层面找出汉语意合的表达手段不可,我们认为这恐怕是徒劳的,汉语本身就没有那么多的形式,其组合在形式层面的很难用形式来分析,试图从语言内部去寻找汉语的"形"是走不通的。语言共性在哪里? 没有个性哪来共性? 汉语的语法分析,必须采用综合法,结构、韵律、语义等因素可以分析但不能分离,这是汉语区别于西方形态语言的一大特点。

4. 结束语

赵元任认为,所谓语言学理论,实际上就是语言的比较,就是将世界各民族语言进行综合比较研究得出的科学结论。吕叔湘先生认为,要摆事实、讲道理。事实摆得不够,道理也就难于说清。薛凤生(2004)认为,要"摆脱印欧语的眼光",自然就得"采用汉语的眼光"。刘宓庆(2009:1)呼吁要了解汉语,理解汉语,立足本位是根本。沈家煊认为,从《马氏文通》开始,一个多世纪以来中国学人有两个"不曾停息"的努力:我们从西方借鉴先进的理论和方法的努力一直没有停息过,我们想摆脱印欧语的研究框架、寻找汉语自身特点的努力也一直没有停息过。本文的观点是:(1)流水句、零句是意合的体现,但不能简单地以句子长短为标准来衡量是不是意合的体现。(2)汉语的省略、重叠、话题链以及模糊性、主观性等都是意合的体现。意合的实现,实际上是中国人天人合一、主客相融辩证法的体现。(3)意合语法是在具体的语境中体现出来的,不能离开语言的用法来谈意合。笔者认为,如果能够把汉语意合的特点认识清楚,就一定能够更加深入地认识汉语的个性,这是汉语与西方语言之间带有根本性、全局性的差异问题。吸收外来,不忘本来,面向未来,做立足于汉语实际的语言研究。本文对形合与意合的关系问题做了一番梳理和思考,未免有点"雷声大,雨点小",旨在抛砖引玉,恳请方家批评指正。

参考文献

程杰,2017.汉语意合现象和零形素句法[M].北京:中国社会科学出版社.
高名凯,1957.汉语语法论[M].北京:商务印书馆.

郭富强,2007.意合形合的汉英对比研究[M].青岛:中国海洋大学出版社.

郭富强,2008.形合与意合研究[M].青岛:中国海洋大学出版社.

贺阳,2008.现代汉语欧化语法现象研究[M].北京:商务印书馆.

金立鑫,1995a."汉语意合语法"批判[J].北方论丛(5):50-53.

金立鑫,1995b.对张黎的"意合语法"批判之二[J].汉语学习(6):58-60.

连淑能,2010.英汉对比研究[M].北京:高等教育出版社.

刘宓庆,2006.新编汉英对比与翻译[M].北京:中国对外翻译出版公司.

罗耀华,2010.现代汉语副词性非主谓句研究[M].武汉:华中师范大学出版社.

吕叔湘,1979.通过对比研究语法[J].语言教学与研究(3):4-18.

吕叔湘,2006.语文常谈[M].北京:生活·读书·新知三联书店.

潘文国,1997.汉英语对比纲要[M].北京:北京语言大学出版社.

申连云,2003.形合与意合的语用意义及翻译策略[J].外国语(2):67-73.

沈家煊,2012."零句"和"流水句":为赵元任先生诞辰120周年而作[J].中国语文(5):403-415.

沈家煊,2014.汉语的逻辑这个样,汉语是这样的:为赵元任先生诞辰120周年而作之二[J].语言教学与研究(2):1-10.

沈家煊,2016.在"互动语言学与汉语研究"学术研讨会上的报告[EB/OL].(2017-11-13)[2020-10-09].http://cll.newdu.com/a/201711/13/72039.html

沈家煊,2017a.《繁花》语言札记[M].北京:二十一世纪出版社.

沈家煊,2017b.超越"主谓结构"[R].南京:南京师范大学学术报告.

王菊泉,2007.关于形合与意合问题的几点思考[J].外语教学与研究(6):409-416.

王文斌,赵朝永,2017.论汉语流水句的句类属性[J].世界汉语教学(2):171-180.

薛凤生,2004.汉语句式特色之成因:赵元任先生给古文句法研究之启示[J].语言科学(6):67-73.

张黎,1997.什么是意合语法:关于意合语法的讨论之一[J].汉语学习(1):58-61.

张黎,1997.关于语义范畴:意合语法讨论之二[J].汉语学习(4):8-13.

张黎,2017.汉语意合语法学导论:汉语型语法范式的理论建构[M].北京:北京语言大学出版社.

赵元任,1996.中国话的文法[M].丁邦新,译.石家庄:河北教育出版社.

GOLDBERG A, 1995. Construction: a construction grammar approach to argument structure[M]. Chicago: Chicago University Press.

GOLDBERG A, 2006. Constructions at work: the nature of generalization in language [M]. Chicago：Chicago University Press.

LAKOFF G，JOHNSON M. 1980. Metaphors we live by[M]. Chicago：Chicago University Press.

LAKOFF G，JOHNSON M，1999. Philosophy in the flesh：the embodied mind and its challenge to western thought[M]. New York：Basic Books.

KUNO S，1987. Functional syntax：anaphora，discourse and empathy [M]. Chicago：University of Chicago Press. 1987.

LANGACKER R W，2008. Cognitive grammar：an introduction [M]. Oxford：Oxford University Press.

LANGACKER R W，2013. An essential of cognitive grammar [M]. Oxford：Oxford University Press.

PANTHER，THORNBURG，2017. Motivation and inference：a cognitive linguistic approach[M]. Shanghai：Shanghai Foreign Language Education Press.

EVANS V，GREEN M，2015. Cognitive linguistics：an introduction [M]. Beijing：World Book Publishing Corporation.

作者通信地址：510420 广东外语外贸大学；weizaijiang@163.com

隐喻的主观性与主观化

魏在江

摘　要：语言的主观性是指语言的这样一种特性,即在话语中多多少少总是包含有说话人"自我"的表现成分。近些年来语言学家开始对语言的"主观性"和"主观化"给予充分的关注。具有体验性的隐喻是人类认识世界的一种基本认知方法。隐喻的主观性与主观化可以从隐喻表达说话人的情感、隐喻表达说话人的视角、隐喻表达说话人的认识等几个方面进行研究。研究隐喻的主观性与主观化可加深对隐喻本质的认识。

关键词：隐喻；主观性；主观化

0. 引言

语言的"主观性"或曰"主体性"是哲学研究尤其是认识论转向以来各领域的哲学研究都极为重视的重大课题,而哲学的"语言学"转向在一定意义上可说是探讨哲学中主体性的结果。欧美语言学者如本维恩斯坦因(Benvenstein)、拉考夫(Lakoff)、利昂(Lyons)、兰格克(Langacker)、特劳戈特(Traugott)等对语言中的主观性的关注由来已久,到20世纪90年代初形成了一个高潮,标志是1992年在剑桥大学召开的专题研讨会及1995年出版的这次会议的论文集《主观性与主观化——语言学视角》。近年来,语言学家开始对语言的"主观性"和"主观化"给予充分的关注,这跟近年来语言学"人文主义"的复苏有关,特别是跟功能语言学、语用学、认知语言学的兴起有关,使长期以来占主导地位的结构语言学和形式语言学所主张的"科学主义"受到挑战。这些新起的学派都强调,语言不仅仅客观地表达命题式的思想,还要表达言语的主体即说话人的观点、感情和态度(沈家煊,2001:269)。

沈家煊先生于2001年率先向国内介绍了语言的主观性与主观化。语言的主观性是指语言的这样一种特性,即在话语中多多少少总是包含说话人"自我"的表现成分,也就是说,说话人在说出一段话的同时表明自己对这段话的立场、态度和感情,从而在话语中留下自我的印记。自然语言中充斥着主观性,这是一个不争的事实,可在形式语言学主导语言学界的情况下,语言的主观性研究被忽视了。近年来,"隐喻热"一直在持续,国内外有关隐喻的研究成果颇为丰富,可我们还没有见到专门研究隐喻的主观性与主观化的文章。隐喻的主观性其实是非常明显的,因此,本文将以认知语言学的理论为基础,对隐喻的主观性与主观化进行初步研究。

1. 语言的主观性

在结构语言学和形式语言学占主导地位的情形下,语言学家对语言的"主观性"长期不予重视。这主要是因为他们认为语言的功能就是"客观地"表达命题,不愿意承认话语中还有表现自我的主观成分。对语言"主观性"的研究因而至多限于文学研究的范围,而没有进入语言学的领域。利昂(1977:739)指出:"主观性的标记是这样一种设置,说话人在说一段话的同时,也表明了他对所说的话的评论和态度。"自然语言用其结构及一般运作模式,提供给言语行为者表达自身及他自己的态度、信念的一种方式。主观性表明了笛卡儿称之为"思想实体"的性质,与"自我"或"自身"等同,这也符合笛卡儿"我思故我在"的著名论断。后笛卡儿主义强调思考者自身有着某种信仰、态度和感情。在语言结构层面上,语言中普遍都有一些词类和语法结构中编入了'自我'这一标志着语言主观性特征的语义成分,例如语言中普遍存在的空间指示语'这''那',人称代词'我'和'你'(曾立英,2005:19)。

洪堡特认为:"每一语言里都包含着一种独特的世界观"(洪堡特,1988:45)。潘文国教授对洪堡特的"语言世界观"的观点进行了深入的阐发,他认为:语言世界观给语言以本体论地位,是开展语言研究的强大动力,语言世界观是认识共性和个性的基础;语言世界观决定了语言对比必须联系文化和心理背景,以语言的"内蕴形式"为重点;语言世界观是正确认识语言影响、语言渗透、语际转换和语际翻译等问题的基础。认知语言学的哲学基础是体验哲学,认知是"大脑对客观世界及其关系进行处理从而能动地认识世界的过程,是通过心智活动将对客观世界的经验进行组织,将其概念化、结构化的过程"(赵艳芳,2001:2)。也就是说,人类的范畴、概念、推理和心智是基于身体经验形成的,语言是人们通过感觉器官在对世界体验的基础上经过认知加工逐步形成的,是主客观互动的结果。因此,语言的主观性研究理应受到语言学家的重视。下面我们通过例子来说明语言的主观性:

[1](Two colleagues meet in a hallway)

A: a. Guess what! I heard he got it! Isn't that great?

b. Eric got a job. (Ilana Mushin, 2001:3)

上述语篇中话语 a 和 b 都传递了同样的信息,即他们断言一个名叫 Eric 的人找到了工作。然而,a 明显不同于 b,提供了许多线索有关说话人对这个信息以及说话时的情景的主观性态度,这样的线索在 b 中是没有的。依拉娜·玛申 (Ilana Mushin,2001:3-5)详细分析了这些线索:(1)感叹句 a 传递了说话人的感情状态(激动),也表明听话人也应该被这样的消息所激动,这在 b 中却没有这样明显的暗示。这样的感叹句也表明了后面的信息是新信息,就业这个新信息是值得谈论的。它表达了说话人的观点,听话人会对后面的信息感兴趣,听话人希望知道 Eric 工作的有关信息。(2)在 a 中,说话人明确地说明了她想知道 Eric 得到了一份工作,因为有人告诉了他。这样的语言形式暗示了消息的来源不是来自 Eric 本人,听话人能够推出这个消息是可靠的,而 b 就没有这样的特征。(3)在 a 中,代词的使用表明说话人预设了听话人已经知道 Eric 的有关情况(如一直在找工作),这样的知识会在同事的心理被激活来诠释代词的用法;与此同时,同事也能从断言中对这个代词的所指进行解码,说话人前指形式而无先行词假定了说话人和听话人之间共有知识的意义。(4)反问句的使用邀请听话人共享这份快乐(如他一定放松多了等)。(5)a 的整个语域是作为一个激动和快乐的表达法表明说话人把听话人当成在此适合表现出激动的人(一个同事而不是一个在校的学生),在 b 中则没有说话人听话人之间的这种关系。

话语的主观性现象和语言结构中的"自我"内涵,表明语言具有非命题性特征的一面,这种特征在话语中无处不在。(吴一安,2003:403)正是人类的这种认知能力,把语言和外部世界联系起来,成为语言和外部世界连接的纽带。从语言学范畴内的语义学角度看,语言的主观性特征,与语言意义具有非描述性的一面直接相关。语言非描述性意义的重要组成部分是表达性意义,即说话人借以表达自己信念、态度和情感一类的意义,这类意义之所以能够通过语言来表达,离不开不同语言体现为其提供了相应机制这一事实(吴一安,2003:408)。每个人都有自己的主观认知,因此,语言的主观性研究应该是语言学研究的重要组成部分。

2. 隐喻的主观性与主观化分析

具有体验性的隐喻是人类认识世界的一种基本认知方法。《礼记·乐记》中说:"乐者为同,礼者为异。同则相亲,异则相敬。乐胜则流,礼胜则离。乐者敦和,礼者别宜。乐则同,礼辨异。"钱锺书在《管锥编》中提出了"比喻多边"的思想。他说,比喻"复具多边。盖事物一而已,非止一性一能,遂不限于一功一效,去譬者用心有别,着眼因殊,指同而旨则异……立喻者各取所需,每举一不及余"。钱先生在此书中谈到了比喻多边的极端情况——"比喻之两柄":"同此事物,援为比喻,或以褒,或以贬,或以喜,或以恶,词气迥异。下面我们将对隐喻的主观性与主观化进行论述。

2.1 隐喻的主观性

约翰·I.萨伊德(John. I. Saeed)认为,隐喻有如下特点:(1)规约性(conventionality),即有些隐喻已经石化了,或者已经变成了死喻,如"My spirits rose.";(2)系统性(systematicity),即目标域和源域紧密相连,隐喻可扩张,隐喻都有自己的内部逻辑;(3)非对称性(asymmetry),即为了在两个概念之间建立起相似点,隐喻不可能在两个概念之间建立对称性的比较;(4)抽象性(abstraction),即典型的隐喻总是使用具体的源域来描述一个抽象的目标域。(John. I. Saeed,1997:305-307)

其实,这里应该加上第五点,那就是主观性。假如语言离开了主观性是不可想象的,那么没有主观性的语言学一定是一个矛盾(悖论)。语言带有的主观性印记是如此之深刻,以至于人们可以发问,语言如果不是这样构造的话究竟还能不能名副其实地叫作语言(Benveniste,1971:225)。自然语言中充斥着主观性现象,说话人总是通过他们使用的句子结构、词语、语音、语调以至身体语言体现"自我"。应该说,语言不仅仅用来表述命题,伴随着命题的表述,说话人总是通过语言实现自我表达,因此,语言也是说话人自我表达的载体。这些语法类别有一个共同特征,即无论是用于指表时空关系还是人际关系,他们都是以说话人"自我"为基点,这类语言结构中普遍存在的现象,不援用"主观性"的概念,是无法解释清楚的(Lyons,1995:341)。因此,我们认为主观性也是隐喻的重要特点之一,下面我们将从三个方面分别论述隐喻的主观性。

2.1.1 隐喻表达说话人的情感

隐喻的主观性首先体现在说话人的"情感"上,这就是所谓的"移情"现象。"情感"一词应该做宽泛的理解,包括感情、情绪、意向、态度等。许多语言学家都提到语言的功能可分为三种,前两种是指称功能和表述功能,第三种就是表情功能。语言中的韵律变化、语气词、词缀、代词、副词、时体标记、情态动词、词序、重复等手段都可以用来表达情感,涉及语音、构词、语法、篇章结构等各个方面。(沈家煊,2001:270)爱德华·芬尼根(Edward Finegan,1995:5)认为语言有心(Language has a heart),语言使用者可以而且通常表达他们对所说命题的情感。

在主观性的研究领域主要有三种传统的观点:(1)指示语和它的语言表达法;(2)实证,信息来源的表示器和信息的可靠性,一种情态;(3)主观性表达心理内容和个人的视角。主观性主要起源于语篇中,它由在句子层面的语法形式来表达:动词和它们的补语、状语、时态、情态、体视角、回指等。主观性是任何完整语篇生成和理解的必要成分(Ilana Musin,2001)。在实际的语言使用中,不论是什么样的语类、交际者、语言和语境,话语总是反映说话人对信息和言语情景的一种主观关系。听话人使用语言线索,与他们自己的背景知识联系起来,来解释说话人的主观态度,作为他们整个言语交际过程的一部分。

[2]Some see leadership as high drama, and the sound of trumpets calling. And sometimes it is that. But I see history as a book with many pages, and each day we fill a page with acts of hopefulness and meaning. The new breeze blows, a page turns, the story unfolds, and so today a chapter begins: a small and stately story of unity, diversity and generosity, shared and written together. (George H. W. Bush, Inaugural Address)

这里,布什把历史比作了一本厚厚的书:"每一天我们都用我们充满希望和意义的行为去写满每一页,新的微风又翻开了新的一页,今天新的一章开始了。"这样的演说词,具有强烈的感召力和亲和力,将说话人的主观感情渗透于字里行间。在所有的语篇语式和语类中,我们可以发现语篇代表了一种特殊的声音,传递了一种主观性的意义,一个关于命题信息的视角。主观性是由语法形式和词汇的选择来传递的。

[3]曾经有一次,狗子一本正经地问老徐一个问题:"徐老,以您过来人的经历,能否说一下同居、领证和结婚三者的区别?"

老徐斜了狗子一眼,说:"没领证,只好同居;领证了,只好结婚。"

狗子笑了,露出了有点龅的门牙。狗子说:"当然。你说的也有点意思。不过,听听我的研究成果吧。怎么说呢,打个比方吧,就像开车一样。同居就像无照驾驶,怕警察发现,特别惊险刺激。领证就像拿到了驾驶执照,开起车来不怕警察,一切都变得理所应当。结婚就像成了一辆公交车的司机,天天开一辆车,天天走同样的路线,时间长了,索然无味。

明白了吗?公交徐司机?"

——铸剑《合法婚姻》(载《十月》,2004年第6期)

任何人对经验的感知和理解都是以个人的兴趣、头脑中的图式知识和由此产生的对世界事物的预期为基础的。(辛斌,2005:16)主观性指的是自然语言,在它们的结构和它们的运作的正常方式中,提供了说话人的言语行为的表达法和他自己的态度和信念等。这里,作者把"同居""领证"以及"结婚"这三者之间的区别说得非常形象,也非常贴切,充分表达了作者自己的主观情感。

2.1.2 隐喻表达说话人的视角

视角就是说话人对客观情状的观察角度,或是对客观情状加以叙说的出发点,这种视角主观性经常以隐晦的方式在语句中体现出来。(沈家煊,2001:269)视角范畴,感知的主要表达方式有直接的和间接的两种。感知包括感知者特殊的视角,感知报道是主观的,是因为一个情景是从感知者的角度来感知的,这种范畴的句子传递或表明了一种特殊的视角。视角被要么以报道者要么以参与者为中心的表达法来传递。感知的语言表现可以是直接的、间接的或推理性的。

[4]a. John pulled the toy toward him.

b. John pulled the toy toward himself.

反身代词的选择表明了意义的不同。a表明了推玩具的视角,b则没有这样的视角。这种情况就被称为"视角",报道者采取了一种特殊参与者的视角。说话人对客观事件和状态的观察角度或是加以叙说的出发点叫作"视角"。对同一事物由于视角的变化就会形成不同的心理意象。莱考夫曾发动全班同学收集所有关于love的隐喻说法,有100多条,他进行了归纳、整理、分析,逐步形成了自己的隐喻认知理论(王寅,李弘,2003:8)。周一农先生也举了这样一个例子:

[5]台湾诗人秦松写过一首诗,叫《九十六种月亮》,全诗96行,就是96个比喻句,而且都是以月亮为本体的,每一个喻体都揭示了月亮的一个特征。那么,这96人喻体也就是月亮的96条喻边,也就是96种喻旨关系。根据该诗的做法,我们还可以一直地为之喻下去,不过,无论多少个比喻,多少条喻边,它们之间都是一种平等并列的关系。(周一农,2005:185)

这个例子也充分表明了说话人的不同视角。我们知道,许多的文学家和语言学家都对"人生是什么"发表了很多有意思的看法,他们都造出了很多新鲜的隐喻,他们因自己观察人生的角度不一样,因而形成了丰富多彩的语言。这些都表明了认识世界的不同的视角,不同的认知情感,自然也都包含了对人生的不同的主观感悟。兰格克(1987)认为:人们心眼中看到的世界不是"预定给出的",而是由人的认知器官建构的,但这种建构不是任意的,它受到现实的制约;认知主体把概念网络变成实例,就是给外部世界以本体,而从这个本体看到的世界结构却是由现实决定的。一方面,人们的认识基于客观世界,所以人们对客观世界的感知有相同的一面;另一方面,人们在认识客观世界的同时,又渗透着主观因素,这就给认识的差异提供了可能,因而不同的人对同一事物的认识就会有一定的差异。

2.1.3　隐喻表达说话人的认识

语言的主观性还表现在说话人对客观事物的"认识"上。这种认识主要跟语言中的情态范畴有关,所以叫作"认识情态"。张沛认为隐喻具有一种亲和功能。隐喻的作者通过隐喻向读者发出一种隐含的邀请;隐喻读者付出额外的努力以接受这一邀请;这一发送——接受过程最终形成对某种群体形成的认可。(张沛,2004:84)

[6]a. It's obvious to me that at sea level water boils at 100 degrees centigrade.

b. Obviously, at sea level water boils at 100 degrees centigrade.

a表达两个命题,某事对言者来说,显而易见的是,在海平面水在100度沸腾。b没有指向一个言者,但表达了关于水沸腾的温度的同一命题,情态副词obviously表达了言者对这一命题认识状态的判断。这里,副词obviously传达了言者对某一表达出来的命题认识状态的主观性观点。

[7]He promised to defend the constitution.

[8]Tomorrow promises to be a fine day./It promised to be a fine day./The debate promises to be exciting.

例[7]显得比较客观,He是动词promise的主语,谓语promise是一般性的用法,不具有隐喻意义,它处在主语的影响范围内,整个句子预设了主语所指实施表达的行为;例[8]则具有主观性,主语都是非人称主语,动词promise在此属于隐喻性用法,说话人预言了事件的发生,可整个句子不在主语的影响范围内,而是在说话者的心理状态中,表明了说话人的独特认识。从这里我们可以看出,隐喻的主观性可以在语言的各个层面体现出来,隐喻可以表达人的多种认识、多种情感、多种视角,这三个方面往往是交织在一起的。

2.2　隐喻的主观化

特劳戈特(1995:31)认为主观化同语法化一样是一个渐变的过程,起初形式和结构主要表达具体的、词汇的和客观的意义,逐渐过渡到重复使用在句法环境中,到最后服务于更加抽象的、语用的、人际的和以言者为中心的功能。主观化强调局部的上下文在引发这种变化中所起的作用,强调说话人的语用推理过程。语用推理的反复运用和最终的凝固化,结果就形成主观性表达成分。(曾立英,2005:20)特劳戈特(1995:31)认为主观化是一个语用–语义过程,意义是根据说话人对命题的主观态度/状态/信念,换句话说,就是说话人在谈论什么。隐喻性有程度之分,但隐喻性程度的判断是主观的,隐喻性的变化参数主要有以下几个方面:

相似性大	相似性小
常规化	非常规化
标记性	无标记性
无矛盾性	矛盾性
明确性	不明确性(束定芳,2001:73)

根据这些学者的论述,我们认为隐喻的主观化的过程大致如下:

范畴特征逐渐减少:多范畴特征>较少范畴特征>完全丧失范畴特征

抽象性逐渐增加:具体义>较少抽象义>更多抽象义

主观性逐渐增加:客观性>较少主观性>更多主观性

这里需要强调的是"范畴特征逐渐减少",它是词汇语法化过程中常见的形态句法表现。一个典型的实义词通常具备特定句法范畴的很多特征,比如在形态丰富的语言里,一个典型的动词可以带时、体、态、情态以及一致关系标记,可以接受各种修饰成分,而当这个动词完全语法化为一个形态标记时,上述动词范畴特征则完全消失。这个形态句法演变过程在语法化文献中常被称为"非范畴化"(曾立英,2005:21)。兰格克认为语法化要涉及主观化,语法化和主观化主要来自语用推理。特劳戈特认为很可能所有的语法化都涉及主观化,主观化可以说是无处不在。她认为语法化中的主观化表现在互相联系的多个方面:意义的识解(construal)既有客观因素的制约,也有主观性因素。说话人在言语交际过程中,总是想不断地借助一些表达实在意义或用作客观情形的主观"识解",从而把说话的目的和动机也传递给对方,听话人也会根据客观情景对说话人的意义进行主观性的识解。这就不难理解为什么说语言的各个层面都多多少少带有一定程度的主观性了。对事物的主观感知,都必然转移到语言的构造和使用上来,一切客观的感知都不可避免地混有主观成分。

[9]1623 Middleton, Spanish Gipsie I, i.16

The fruit muste be delicious, the tree being so beautiful.

[10]1762 Goldsmith, Cit. World lxxi:

This must have been a sad shock to the poor disconsolate parent. (Traugott, 1989:42)

这两个例子说明了情态动词的主观化过程。例[9]中muste比较客观,主观性较弱,例[10]must的主观性则很强。古英语中的情态形式较之当代英语来说要少,情态最初的意义主要是指一些外部证据,独立于说话人的可能世界,主观性较弱,后来到了17和18世纪,情态意义主要是指说话人的主观态度了,逐步演变到情态意义的主观性很重的这样的过程,这样的情态意义已经具有了隐喻意义。主观化是一个意义过程,主要是根据说话人对一个命题的主观信念、态度的语用——语义过程,换句话说,就是说话人在谈论什么。言者对自身的意识,刻印在他对自身与世界及其事件、客体间关系的语言表达中。基于这一理解,主观化是指"言者对所说内容的态度的语法化的表达"。主观性的研究有助于主观化的研究,有助于回答语言的历时变化的原因,也有助于语法化的研究。反过来说,主观化的研究,也有助于主观性的研究,可以了解主观性的发展脉络。

后来,语言学家提出了研究主观性的一种新方法——合成法(composite method),主观性的主要范畴是交际(communication)、心理内容(content of mind)、实证/评估(evidentiality/evaluation)、感知(perception)和视角(perspective)

等,涉及语言的各个层面。这样的方法必将加深对隐喻主观性和主观化的认识。

3. 结束语

具有体验性的隐喻是人类认识世界的一种基本认知方法,它必然具有说话人的主观性。然而,语言的这一重要特征,长期以来在语言学界没有得到应有的重视,致使我们对语言的认识仍然不够全面(Lyons,1995)。本文就隐喻的主观性与主观化做了粗略的论述,从隐喻表达说话人的情感、隐喻表达说话人的视角、隐喻表达说话人的认识等几个方面等隐喻的主观性进行了初步论述。隐喻的主观性可以在语音、词汇、语法、语篇的各个层面得到体现。隐喻的主观性还可从隐喻的特征联想度、隐喻的原型范畴、隐喻的认知多面性等隐喻现象的主观性表现方面进行研究。主观性是隐喻的基本特性,研究隐喻的主观性与主观化,可加深对隐喻本质的认识。对隐喻的"主观性"和"主观化"这一问题应给予充分的关注。本文的论述是粗略的,还有待进一步的深化。

参考文献

洪堡特,1988.论人类语言结构的差异及其对人类精神发展的影响[M].北京:商务印书馆.

潘文国,1997.汉英语对比纲要[M].北京:北京语言文化大学出版社.

钱锺书,1979.管锥编(第一册)[M].北京:中华书局.

沈家煊,2001.语言的主观性与主观化[J].外语教学与研究(4):268-275.

沈家煊,2002.如何处置处置式:"把"字句的主观性[J].中国语文(5):387-399.

沈家煊,2005.现代汉语的语用、功能、认知研究[M].北京:商务印书馆.

束定芳,2001.中国语用学研究论文精选[C].上海:上海外语教育出版社.

王寅,李弘,2003.中西隐喻对比及隐喻工作机制分析[J].解放军外国语学院学报(2):6-10.

王运熙,周锋,1998.文心雕龙译注[M].上海:上海古籍出版社.

吴一安,2003.汉英空间指示语与语言的主观性[J].外语教学与研究(6):403-409.

王菊泉,2005.英汉语言文化对比研究(1995—2003)[M].上海:上海外语教育出版社.

辛斌,2005.批评语言学:理论与实践[M].上海:上海外语教育出版社.

曾立英,2005."我看""你看"的主观化[J].汉语学习(2):15-22.

张沛,2004.隐喻的生命[M].北京:北京大学出版社.

赵艳芳,2001.认知语言学概论[M].上海:上海外语教育出版社.

周一农,2005.词汇的文化蕴涵[M].上海:上海三联书店.

铸剑,2004.合法婚姻[M].沈阳:万卷出版公司.

BENVENISTE E, 1971. Problems in general linguisitcs[M]. Miami: University of Miami Press.

FINEGAN E, 1995. Subjectivity and subjectification: an introduction[C]//STEIN D, WRIGHT S. Subjectivity and subjectification: linguistic perspectives. Cambridge: Cambridge University Press.

FONAGY I, 2002. Languages within languages: an evolutionay approach[M]. Amsterdam/Philadelphia: John Benjiamins Publishing Company.

MUSHIN I, 2001. Evidentiality and epistemological stance: narrative retelling [M]. Amsterdam/Philadelphia: John Benjiamins Publishing Company.

LAKOFF G, OHNSON M, 1980. Metaphors we live by [M]. Chicago: The University of Chicago Press.

LANGACKER R W, 1987. Foundations of cognitive grammar [M]. Standford: Standford University Press.

LANGACKER R W, 2002. Deixis and subjectivity[C]// BRISARD F. Grounding: thee epistemic footing of deixis and reference. Berlin and New York: Mouton De Gruyter.

LYONS J, 1977. Semantics[M].Cambridge: Cambridge University Press.

LYONS J, 1995. Linguistic semantics [M]. Cambridge: Cambridge University Press.

SAEED J I, 1997. Semantics[M]. London: Blackwell Publishers.

SMITH C S, 2003. Modes of discourse: the local structure [M]. Cambridge: Cambridge University Press.

TRAUGOTT E, 1989. On the rise of epistemic meanings in English: an example of subjectification in semantic change[J]. Language:31-55.

TRAUGOTT E, 1992.Grammaticalization[M]. Cambridge: Cambridge University Press.

TRAUGOTT E, 1995. Subjectification in grammaticalization[C]//STEIN D, WRIGHT S. Subjectivity and subjectification: linguistic perspectives. Cambridge: Cambridge University Press.

作者通信地址:510420 广东外语外贸大学英文学院;weizaijiang@163.com

主语-限定倒装与谓宾倒装

刘晓林

摘　要:本文区分了主语-限定倒装和谓宾倒装,认为英语中的主语-限定倒装从主语-谓语倒装发展而来,汉语的谓宾倒装经历了宾语的话题化-句法化-倒装化链而来。主语-限定倒装是在SVO语序充分发展、主语必用性强、语法范畴聚集在主谓之间的条件下形成的,谓宾倒装主要是在语法范畴集中在谓宾之间的条件下形成的。具体说,英语系统发展了词汇型I节点如情态、助动词HAVE、DO和系词BE,汉语系统发展了体标记、补语系统和动量词系统,两种不同的发展道路是导致两类不同的倒装的主要原因之一。探讨两类倒装及其历时形成,对于我们认识语法范畴对语序的影响具有较大的意义。

关键词:主语-限定倒装;谓宾倒装;词汇型I节点;话题化-句法化-倒装化链

0. 关于倒装

关于倒装,库尔克等(Quirk,Greenbaum,Leech,1985:1379)的定义较为宽泛:一个成分的提前往往称为倒装。倒装分为两种形式:主语与谓词的倒装和主语与算子(operator)的倒装。对这两类倒装,该书举出了如下的例子(1380):

[1]a. Especially remarkable was her oval face.

b. Faint grew the sound of the bell.

[2]a. She was angry and so was I.

b. She wasn't angry and neither was I.

[1]a、[1]b属于主谓倒装,[2]a、[2]b属于主语-算子倒装。主谓倒装的基本结构是"附加语/补语+谓语+主语",算子倒装的基本结构是"neither/so+谓语+主语"。例[1]类所示主谓倒装,在一些文献中(Stein,1995)也被称为风格型倒装(stylistic inversion),其存在是需要一定条件的,即必须以附加语或形容词起头,这种情况在英语中古已有之,延续至今,详见第1节的阐述。例[2]类所示倒装是中古英语中才开始出现的,打头的成分只剩下so、neither、nor等为数不多

的几个,除了 be 能够引发这样的倒装外,do、have 和情态动词均能引发类似倒装。如:

　　[3]a. He cannot come here, nor *can* I.

　　　 b. Tom has done the homework, so *has* Mary.

　　　 c. They didn't know the answer, neither *did* we.

其实,这两类倒装可归入一类——主语–限定动词倒装。根据生成语言学,如下图中的 INFL(I)节点承载所有的语法信息:

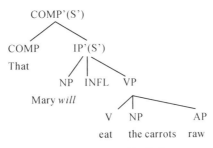

图 1　英语句法的 I 节点

在主谓倒装的[1]a 中和主语–算子倒装的[2]a 中,承载语法信息的 I 节点都是 was,[1]b 虽然没有明显的 I 节点,但生成语言学认为谓语 grew 表示过去,I 节点是隐含的。故把这两类倒装归为同一类型似乎并无不可。把这两类倒装归入同一类型,既有共时层面结构上的共同点,也有历时发展导致结构趋同的原因(见第 1 节详论)。主语–限定倒装还应包括疑问句,含一般疑问句和特殊疑问句,因为现代英语的疑问句不同于古英语的疑问句,后者在 *wh*-疑问词之后没有 be、have 之类的功能性成分,功能性成分的嵌入也是历史发展的结果,更准确地说,是 I 节点发展的结果(详见第 1 节)。如此一来,本文所论的主语–限定倒装包括主谓(风格倒装)、主语–算子倒装和疑问句。

关于谓宾倒装,是为了论述的方便临时使用的术语。观察下面的例子:

　　[4]a. 我吃了饭。

　　　 b. 饭吃了。

从[4]a 到[4]b 的变化中,主语"我"省略,宾语"饭"提前,类似这样的句法过程称为谓宾倒装。谓宾倒装的强化也是汉语词法、句法、双音化等的发展结果,第 2 节将详论之。

本文需要解决的问题如下:主语–限定倒装和谓宾倒装是如何发展而来的?它们分别体现了什么样的语言类型特点? 研究它们的语言学意义何在?

1. 英语的主语–限定倒装的历时发展

英语的倒装化有比较悠久的历史。不过,古英语的 I 节点尚未发育成熟,所谓的倒装一般在主语和谓语之间进行,不妨称之为主谓倒装。也就是说,英语的倒装化句法操作经历了从主谓倒装向主语–限定倒装的发展历程。

古英语中,当主语为人称代词时,主谓不倒装,当主语为名词性成分时,主谓一般需要倒装,这类倒装,学界(Denison,1993)一般记为 XV 型或 XpV 型,X 可为介词短语、副词、名词性成分等。如(Fischer, Kemenade, Koopman, et al., 2000:49–50):

[5]a. On ðam dæge worthe God leoht, and merigen, and æfen

　　On that day made　God light　and morning and evening

　　'On that day God made light, morning and evening.' (ÆCHom I, 6,100.5)

　b. Das ðreo ðing forgifð　　God his gecorenum

　　These three things gives God his chosen.

　　'These three things God gives to his chosen.'(ÆCHom I, 18, 250, 12)

古英语存在所谓的 V_2 语序,这样的语序往往以附加语或形容词打头,谓语动词紧邻其后。这类语序比较类似现代英语的倒转语序。如:

[6]a. *for hwam noldest*　　þu　ð e　*sylfe me gecyðan*　　　*þæt*...

　　For what not wanted　you you self me make-known that.

　　'Wherefore would you not wanted to make known to me that...'

　　(LS7 (Eupher) 305)

　b. *ne　sceal he naht*　　*unaliefedes don*

　　not shall he nothing unlawful do

　　'He shall not do anything unlawful.'

　　(CP 10.61.14)

　c. *þa wæs þæt folc þæs micelan welan ungemetlice*

　　then was the people the great prosperity(G) excessively

　　brucende...

　　partaking

　　'then the people were partaking excessively of the great prosperity'

　　(Or 1.23. 3)

V_2 语序在中古汉语中逐渐削弱,特别随着形式主语的发展,V_2 语序在现代英语中最终消失。

古英语构成疑问句时,主谓直接倒装,如(Fischer,Kemenade,Koopman,et al.,

2000:53-54):

[7]a. Truswast ðu nu þe selfum and þinum geferum   bet þomme?(一般疑问句)

Trust you now you self   and your companions better than

Ðam apostles

The apostles

'Do you trust yourself now and your companions better than the apostles...?'

(Solil 2.61.24)

b. To hwæm locig ic button to ðæm eaðmodum...?   （特殊疑问句）

to whom look except   to the   humble

'To whom do I look except to the humble...?'   （Solil 2.61.34）

动词直接放在主语前面的句法形式,被罗伯斯(Roberts,2007)称为 V-to-C 移位,即动词移动到句首的 C 位置。这种移位方式在与英语相近的现代德语和现代法语中还有保留(Fischer,Kemenade,Koopman,et al.,2000:53-54),但在英语中消失了,主要是因为现代英语发展了 I 节点而现代德语和现代法语没有发展。

随着中古英语 I 节点的发展,主谓倒装逐渐向主语-算子倒装过渡。那么,探讨英语倒装发展成因的关键就是 I 节点是如何形成的。

古英语有发达的格标,使用较广泛的有六种:主格、宾语、与格、属格、工具格和呼格(Allen,1995)。不过,后两种格标即便在古英语时也在退化,剩下比较活跃的是主格、宾格、与格和属格,它们标注在名词之上,使名词的身份虽然相对清楚,但语序较之现代英语比较"杂乱"。随着中古英语格标的逐渐退化,主格和宾语一般只在代词上有体现,与格变成介词 to,部分属格式被分析式 of 式替代。语序变得相对固定。中古英语中,还存在着主句主要用 SVO 语序、从句主要用 SOV 语序之差别,但进入现代英语之后,主句和从句统一变成 SVO 语序,语序成为标注语法信息的重要手段,即在谓语前的名词为主语,在谓语后的名词为宾语。在这个发展过程中,I 节点亦逐渐成熟。

古英语由于没有 I 节点,相应的语法信息在动词上直接标注,如语法信息之一的主谓一致关系就是在动词上直接标注。以 sing 为例:

[8]第一人称:singe

第二人称:singest

第三人称:singeth（南方方言)/singes(北方方言)

第一、二、三人称复数:singen/singeth/singes

也就是说,当主语为第一人称时,用 singe,当主语为第二人称时,用 singest,当主语为第三人称时,用 singeth 或 singes,当主语为第一、二、三人称复数时,用 singen/singeth/singes。然而,在中古英语中表示一致关系的后缀消失,为了保留一致关系和其他语法信息,英语中发展出了承载 I 节点的语法范畴,包括情态动词、do、完成体标记 have(Robert,1993),系动词 be 的动性也逐渐弱化,即实义变弱而语法义增强(Toyota,2008)。这些语法标记(或范畴)之上可承载诸如时、体、态和一致等语法关系,不妨将之统一称为词汇型 I 节点。

现代英语不定式的发展也与 I 节点的发展关系密切。古英语的不定式都带后缀-en。如:

[9]*Ne here hath noon to stond**en** at defense*

　　Neg heart has none to stand   at defense.

　　'None has the heart to stand in defense.'

　　(C1440. Hoccleve the Letter of Cupid,295)

有学者(如:Plag,1999;Los,2005)认为类似[9]这样包含不定式的句子以 to 为边界,内含两个 I 节点,即前面部分 *Ne here hath noon*(neg heart has none)含一个 I 节点,后面部分 *to stonden at defense*(to stand at defense 含另一个 I 节点。分别用主动词 hath(has)和不定式 *stonden*(stand)承载,其中的-en 是第二个 I 节点的标记。然而,随着该标记的消失,英语的句子只允准一个 I 节点。罗伯斯(1993:260)还以现代英语中依然残留的 for to VP 为例证明之:

[10]There is nothing to do but for him to marry Amandan.

该例中的 for 处于 C 节点,其后的 to marry Amandan 内含一个 I 节点,只是由于不定式后缀-en 的消失和不定式标记 to 的兴起,该 I 节点不再有明显的标记。

从古英语的主谓倒装到现代英语的主语–限定倒装,不是一种简单的继承关系,而是在继承之中有发展。继承的是倒装语序蕴含的主观性意义,与常规语序相比,倒装语序总是表达了较强的主观性意义(Stein,1995);发展的是,I 节点出现之后,与主语互动形成倒装语序的不再是实义动词,而是表语法信息的 I 节点词汇形式。英语的主要功能成分如情态、do、系动词 be、和完成标记 have 均可引发倒装。以疑问句为例:

[11]a. *Have* you been here before?

　　b. *Was* you the man popular in the area?

　　c. *Do* you know the man over there?

　　d. *Can* you tell me the news?

这种情况在与英语临近的德语、法语中是不存在的(Roberts,2007),主要原因是这些语言没有系统发展 I 节点,疑问句的形成直接是把动词置于主语之前。下面举一个法语例子(Roberts,1993:81):

[12]Vialt   donc   Yvains ocirre monseigneur Gauvain

　　Wants then   Y.   to kill my lord   G.?

罗伯斯(1993,2007)认为德语、法语等语言中 V 直接移位到 C 可被称为 V-to-C 移位,古英语疑问句就是通过 V-to-C 移位形成,但现代英语由于发展了系列承载语法信息的词汇型 I 节点,因而 V 不再需要移位,I 直接与主语互动即成。

2. 汉语谓宾倒装的发展历史

汉语的谓宾倒装,开始阶段是宾语话题化。如:

[13]a. 我看完了那本书。

　　 b. 那本书看完了。

在这里,话题化和倒装化似乎混在一起难以区分。实际上,话题化是一种语用操作,具有很强的临时性和非强制性,而倒装,特别是除风格类倒装之外的其他倒装,属于句法操作,不具临时性而有较大的强制性。从[13]a 到[13]b 的变化,到底是话题化还是倒装化,就看该操作强制性的大小,如果类似"这本书"的宾语一定要置放在谓语的前面,那么该变化就属于倒装化,如果是临时性的变化,就属于话题化。如果是话题化,[13]b 蕴含着较强的对比意义"那本书看完了,这本书没看完",对语境具有较强的依赖性;如果是倒装化,这种蕴含义弱化,对语境的依赖性也随之变弱。话题化的句法化就是倒装化。所谓句法化就是话题化的成分固化为一个句法成分。汉语的话题成分有逐渐固化为句法成分的趋势(徐烈炯,刘丹青,1998)。那么,[13]b 中放在"看完"之前的"这本书"是否已经句法化了呢? 要讲清这个问题,背后牵涉到复杂的有关汉语的基本语言单位、词法和句法的历时变化。

古汉语的基本语言单位以单音节为主,单音节语言单位的语义容量较大,从单音节到双音节语言单位是一个逐步渐进的过程。以《左传·僖公四年》和《史记·晋世家》中的一些动词为例(赵克勤,2005:71):

[14]a. 君<u>梦</u>齐姜。(《左传·僖公四年》)

　　 b. 君<u>梦见</u>齐姜。(《史记·晋世家》)

[15]a. 归<u>胙</u>于共。(《左传·僖公四年》)

　　 b. 上其<u>荐胙</u>于共。(《史记·晋世家》)

[16]a. 共<u>田</u>。(《左传·僖公四年》)

　　 b. 献共时<u>出猎</u>。(《史记·晋世家》)

这种基本语言单位的双音化趋势在中古汉语得到长足的发展,石毓智(2011:30)认为5—12世纪是双音词发展的关键期,他从12世纪的文献《朱子语类》中选择了现代汉语还活跃着的124个双音节动词,查看它们引入汉语的时期。表1是他的考察结果:

表1 双音节动词从5—12世纪出现的比例

时期	复合词	百分比
5世纪以前	7	6%
5—8世纪	42	34%
8—12世纪	75	60%

在中古汉语的基础上,现代汉语双音词有了更长足的发展。表2是吕叔湘(1961:423)对《普通话3000常用字表》的考察:

表2 现代汉语双音词出现的比例

词性	总和	双音词	百分比
名词	1621	1379	85%
形容词	451	311	69%
动词	941	573	61%

双音节语言单位的发展,产生了系列的句法语序效应,其中一个最明显的变化是,原来的单音节动词一般以及物用法为主,而相应的双音节动词虽然保留了一定程度的及物性,但不及物用法占主体。以单音动词"奋"及其相应的双音动词为例(《古今汉语词典》2007年版,商务印书馆):

[17]a. 鸣鸠奋其羽。(《淮南子·时则》)

   b. 自奋绝脰而死。(《史记·田单列传》)

   c. 王奋厥武,如雷如怒。(《诗经·大雅·常武》)

"奋"只在义项"震动"上有不及物用法。如:

[18]雷出地奋。(《易经·豫》)

相应地用"奋"作为构词语素的双音动词以不及物用法为主。如:

[19]a. 静言思之,不能奋飞。(《诗经·邶风·柏舟》)

   b. 春气奋发,万物遵只。(《楚辞·大用》)

   c. 夫弹劾积威之后,虽佣人亦可奋扬。(《魏书·崔鸿传》)

   d. 军人奋勇,呼声动天地,无不以一当百。(《梁书·韦叡传》)

   e. 徐出以杖扣之,驴应声奋起。(《后汉书·蓟子训传》)

   f. 天下闻其风,慕其义者,人人感慨奋激。(宋·曾巩《徐孺子祠堂记》)

   g. 起奋迅兮奔走。(《楚辞·九思·遭厄》)

双音动词以不及物用法为主的句法特点,导致了大量宾语放在动词前面,形成宾语话题化的语法基础之一。

中古汉语发育成熟的体标记和补语(含动补补语、趋向补语和程度补语)以及不断强化的动量词均和上面阐述的双音动词一样,使句子的宾语话题化。如:

[20]a. 我讲了课。(体标记"了")

b. 课讲了。

[21]a. 我看完书了。(补语"完")

b. 书看完了。

[22]a. 中国队要打三场球赛。(动量词"场")

b. 球赛要打三场。

补语、体标记和动量词是汉语中跟在动词后面语法化程度较高的三个语法范畴,它们能使宾语话题化,因而可视为宾语话题化的语法基础之二。

从中古汉语中发展出来的各种特殊句式,如"把"字句、"被"字句和施事话题句、受事话题句等,也能达到同样使宾语话题化的目的。如:

[23]a. 小王办妥了那件事。(SVO常规语序)

b. 小王把那件事办妥了。("把"字句)

c. 那件事被小王办妥了。("被字句")

d. 小王那件事办妥了。(施事话题句)

e. 那件事小王办妥了。(受事话题句)

f. 那件事办妥了。(新话题句[①])

由于这些句式使用的广泛性,大量宾语前置于动词成为常态,因此可视为宾语话题化的语法基础之三。

有了这三种语法基础,宾语的话题化频率高,高频率必然导致句法化,即成为一种常见的基本的句型之一,这时把宾语话题化视为宾语与动词之间的倒装,也是顺理成章的事情。

谓宾倒装比单纯的宾语话题化更具句法特性,更有强制性而非临时性。也就是说,例[21]—[22]中b句的形成不再依赖a句那样的常规语序,[23]b—[23]f也不以[23]a为前提条件。逐渐地,宾语置放在动词前面成为一种常规语序。事实上,在上古汉语的甲骨文中,类似句式就已经存在,如(张延俊,2010:80):

---

① 所谓新话题句,是石毓智、李讷(2001)采用的术语,意即该种句式在古汉语中是不存在的,或者不发达的。它的形成是因为动词后使用补语(如本句中的"妥")之后,宾语话题化并取代主语(如本句中的"小王"),这类句式形成的前提是动补结构的发展。在我们看来,除了动补结构,本文讨论的双音化、动趋补语、动量词的发展也是新话题句形成的基础。

[24]a. 骨刍率以。(意为"骨刍应该全部被使用吗")(《合集》①97)

    b. 商执?(意为"商会被抓捕吗?")(《合集》5839)

    c. 鼎折足。(意为"鼎被折断了足"。)(《周易·鼎》)

    d. 他山之石,可以攻玉。(意为"他山上的石头可以被用来加工玉器")(《诗经·小雅·鹤鸣》)

    e. 天难堪,命无常。(意为"上天难被相信。")(《尚书·商书·咸有于德》)

    f. 朝闻道,夕死可矣。("可"表示被认可)(《论语·里仁》)

张延俊(2010)称这类句式无标记被动式,因为它们都表示被动义。不过,这些无标记被动式与本文讨论的谓宾倒装句具有两种截然不同的性质。无标记被动式是原生的,古已有之,谓宾倒装句是通过宾语的话题化,以及"宾+谓"语序的句法化这两个阶段而成。两种句式可能的联系是,无标记被动式对宾语的话题化可能存在结构上的类化影响,也就是说,在使用汉语的人的语言心理上,本来就存在形似"宾+谓"这样的语序,对于宾语话题化和谓宾倒装句的形成起到一种促进作用。

3. 为什么会形成英语主语-限定倒装和汉语谓宾倒装两种不同的倒装

上面两节对英语主语-限定倒装和汉语谓宾倒装的发展历史进行了简略的追溯,本节需要解决的问题:是什么原因导致了这两类不同的倒装? 我们认为,以下三个问题是不同倒装化能否形成的语言基础:

第一,SVO语序是否充分发展?

第二,主语是否一直是必用成分?

第三,语法范畴的聚集地是否一致?

下面分小节讨论。

3.1　SVO语序是否充分发展

如第1节所论,英语曾出现两种主流语序:在主句中为SVO,在从句中为SOV。事实上,古英语的语序远不止这两种。斯托克韦尔(Stockwell,1977,转引自 Denison, 1993:43)认为仅英语主句的语序就经历了如下一些变化过程:

SO(V)v $\longrightarrow$ vSO(V)

vSO(V) $\longrightarrow$ xvSO(V)

TvX(V) $\longrightarrow$ SvX(V)

---

① 《合集》指《甲骨文合集》(郭沫若主编)的省称,其后的数字表示甲骨文的竹片计数。

SvX（V）⟶ Sv（V）X

（其中的 v=model、have、be/become、finite V/S=subject、O=object、（V）=notional non-finite verb、X=then/there 等、T=topicalization，括号表示可选性，箭头表示两边的联系方式）

在第一式中，v 通过评论性焦点化（comment focusing）前置，第二式中 X 成分话题化，第三式中的 T 也是主语 S，第四式的 X 和（V）可互换位置。可见，考虑到话题化和情态成分在发展过程中曾出现的各种位置，古英语和中古英语的语序是比较复杂的，如果把从句的相关语序再考虑进去，情况尤为复杂。

古英语双宾句中的直接宾语（DO）和间接宾语（IO）与主语、动词之间的相互语序，也比现代英语复杂（Koopman & Wurff，2000）。

那么，是什么原因导致了 SVO 语序成为现代英语唯一的语序呢？

首先，格脱落造就了从古英语的格表示语法关系变成现代英语的语序表示语法关系，这点已在第 1 节有所提及。格的脱落必然导致名词的语法身份不明，造成语言处理上的困难。其次，情态动词、助动词 have 和 do 在形成过程中也对 SVO 语序的发展产生了重大影响。从认知语言学的角度讲，SVO 语序是人类语言最优化的语序，在语言处理中负担最轻，因为无标记的 S 是旧信息，或者动作的出发者，通过 V 所示动作，作用于受事 O，符合人类一般的认知规律。

汉语虽然认为也属于 SVO 型语言，但并非不纯粹，存在诸多的变体，这些变体称为语序类型特征（Croft，2001：281-310）。如：

[25]a. 小王喝完了那杯茶。（SVO）

    b. 小王那杯茶喝完了。（SOV）

    c. 那杯茶小王喝完了。（OSV）

    d. 那杯茶喝完了。（OV）

为什么现代汉语的语序没有统一为 SVO 呢？上面例[25]显示，由于汉语的话题化机制发达（刘晓林，王扬，2012），加之汉语的主语在很多情况下也是话题（Chao，1968），它与谓语之间只有语义选择关系，而无语法选择关系（如一致关系），也就是说，汉语句首的名词成分到底是话题还是主语，这是可以争论的。如是话题，它并不与谓语构成一个线性序列，之间可以有停顿，称为提顿词（徐烈炯，刘丹青，1998）。在 S 本身的身份和地位都很模糊的情况下，是不可能充分发育 SVO 语序的。这种情况从古至今皆然（刘晓林，王扬，2012）。

3.2　主语是否一直为必用成分

古英语的主语不是必用成分，缺少主语或主语身份模糊的情况都存在。如：

[26]a. *Her sægþ, men þa leofestan, be* *þisse halgan tide*

here says men the dearest concerning this holy time's

arwyrþnesse, hu...

homour how...

'It says here about the honor of this holy time, dearest men, how...'

(BlHom, 65.27)

b. *him* *ofhreow* *þæs* *manners*

to-him(DAT) there-was-pity because-of-the man(GEN)

'Because of the man, there was pity on him.'

[26]a是典型的没有主语的用例,[26]b的句首成分 *him* 后跟与格(DAT(ive)),虽然学界有与格主语的提法(Denison,1993),但从现代英语的角度看,与格一般理解为to,也就是说带与格的名词是一个介词短语,不视为主语也未尝不可。但在中古英语中,这些用例均逐渐消失,特别是形式主语的发展和情态动词、助动词have和do的发展,也就是词汇型I节点的发展,主语的地位日渐巩固,成为必用成分。主语成为必用成分之后,倒装化只能在主语和限定成分之间进行。

如上小节所述,汉语的主语本身地位和身份存在争议,尽管学界(司富珍,2010)有所谓双主语的观点,但仍不能说明主语就是必用成分。司富珍(2010:51-52)所举的双主语例子如:

[27]a. 这种饭我特别喜欢吃。

b. 我这种饭特别喜欢吃。

[28]a. 马路上我放过风筝。

b. 我马路上放过风筝。

[29]a. 把那家伙我狠狠教训了一顿。

b. 我把那家伙狠狠教训了一顿。

[27]a—[27]b实质为传统语法所言的受事主语句和施事主语句,[28]a—[28]b把介词短语"马路上"也视为主语之一,司的根据是英语中有类似用介词短语作主语的例子,如她把over the river there was a bridge built中的over the river也视为主语之一,[29]a—[29]b把"把+名词"结构视为主语之一。我们欣赏司的大胆探索精神,但上面所列举的这些主语是否真是主语,还有待学界的认可。如果司的观点真是正确的,那么由此推论,任何置于动词之前的成分,不论名词,还是表示时空意义的介词短语等都是主语,我们可以造出远不止双重主语句的多重主语句。如:

[30]我昨天在马路上把那妹妹反反复复打量了好几遍。

[30]中可有"我""昨天""在马路上""把那妹妹"四个主语,这样定义主语的

确太宽泛,也失去了区别性意义。事实上,从上古汉语始,汉语的主语就不是必用成分,在五类已经词汇化的双音动词中,只有主谓类比例最小,主要是因为主语常常省略,主语和谓语之间常用"者"隔开(董秀芳,2002)。主语必用性不强的特点一直保留到现代汉语中。在这样的情况下,句子的倒装很难在主语和谓语(或限定词)之间进行。与之相反,宾语则一直是汉语句子必用性更前的成分,动宾式双音词的比例较大就足以证明此点。宾语成为与动词互动构成倒装句式的首选。

3.3　语法范畴的聚集地是否一致

在英语的历时发展中,语法范畴虽然不是首先发轫于主谓之间,但最终的聚集点却是在主谓之间。这些语法范畴包括表完成的have、情态动词、助动词do和本来就已存在但动性逐渐弱化的系动词be,它们为什么全部聚集在主谓之间,构成词汇型I节点?学界(如:Lightfoot, 1999, 2006, 2010;Robert, Roussou, 2003)对之进行了深入的思考。结合学界已有的成果和我们自己的研究,我们认为,这些词汇型I节点聚集在主谓之间,是出于以下一些原因:

第一,随着英语主成为必不可少的句法成分,发展了表示主语(含句子主语和言者主语)主观性的情态范畴。具体表现在,在主观性增强和主观化手段的充分发展的背景下,情态动词从原先的实义动词先演变为前情态动词(pre-models),然后再发展为真情态动词。由于情态动词的前身的语义多与主语相关,即多表示主语的意愿、许可、可能等语义(Bybee, Perkins, Pagliuca, 1994),语义上的相关必然导致句法上的相关,因而主语之后成为情态动词句法位置的首选。

第二,也是在主观性增强和主观化手段的充分发展的背景下,由空间域内表示拥有具体物的have逐渐演变为时间域内表示对事件的拥有,进而成为完成体标记(Heine, 1997;Heine, Kuteva, 2002),由于不论表示空间内具体物的拥有还是时间上对事件的拥有,表示的都是主语的拥有,存在语义上的相关性,因而导致位置相关。主语之后成为have的首选句法位。

第三,作为助动词的do最初是表示使役义的实义动词do,是在英语主语的生命度不断加强的过程中虚化而来的(Denison, 1993),开始只用在强生命度的主语之后,后来扩展到弱生命度主语之后,最后甚至用在形式主语之后,与have和情态动词一样,do与主语在历史上的语义联系导致主语之后成为其首选之位。

第四,be从古英语开始就用在主语之后(Toyota, 2008),只不过动性逐渐弱化为系动词。

上面简略的归纳显示,英语主要的语法范畴,也是主要的词汇型I节点,聚集地都在主谓之间,从而构成主语-限定倒装的一个重要条件。

反观汉语,虽然也有相当于英语情态动词的能愿动词,但其形成的句法环境不同,主要在无标记被动式中形成,与其说是表情态,还不如说是表被动。如:

[31]a. 三军可夺帅也,匹夫不<u>可</u>夺志也。(《论语·子罕》)

b. 乃如左丘无目,孙子断足,终不<u>可</u>用,退而论书策……(《史记·报任安书》)

c. 夫大国,<u>难</u>测也,惧有伏焉。(《左传·庄公十年》)

d. 上好礼,则民<u>易</u>使也。(《论语·宪问》)

这几例中的能愿动词"可""难"和"易"均可理解为被动义:"可被""难被""易被"。由此可认为,汉语的能愿动词更多与谓语相关而不是与主语相关。另外,现代汉语能愿动词和主语之间并不一定紧邻在一起。如:

[32]a. 你难道不<u>能</u>扶扶我这个老头子吗?

b. 你看样子不<u>会</u>成为我的意中人。

[32]a中,在主语"你"和能愿动词"能"之间插入了表反诘的副词"难道"和否定词"不",[32]b中,在主语"你"和能愿动词"会"之间插进了评注性插入语"看样子"和否定词"不"。

由于主语和能愿动词位置并不一定相邻,因而不太可能互动成为倒装句式。

事实上,汉语更多的语法范畴聚集在谓语之后宾语之前,如第2节提到的体标记、补语系统和动量词系统,限于篇幅,不拟深入阐释它们的形成过程。很显然,在语义上它们与谓语相关,分别从不同维度限制实义动词谓语。它们与谓语往往构成双音节序列,促动宾语前移,先是话题化,然后通过句法化成为倒装句式。

可见,英语着重发展了主谓之间的语法范畴,汉语着重发展了谓宾之间的语法范畴,这是形成主语-限定倒装和谓宾倒装的另一个重要的语法基础。

4. 结语

区分主语-限定倒装和谓宾倒装,我们认为具有较大的语言学意义。首先,谓宾倒装这个提法尚未见于文献,但通过本文的论述,它的确存在于汉语中,是通过宾语话题化然后句法化而来。第二,英语传统语言学所言的主谓倒装实质上是主语和词汇型I节点之间的倒装,这样定性有利于和历史上古英语疑问句由动词直接前置于主语那样的句法操作区分开来。动词直接前置于主语实际上是V-to-C移位,而主语-限定倒装的限定词绝不是C,只能是I。希望我们的研究对于廓清语言学上对倒装概念的误解、对于话题化-句法化-倒装化之间的关联的理解有一定的借鉴意义,也对我们理解语法范畴是如何影响语序的这个问题,有一个直观的认识。

参考文献

董秀芳,2002.词汇化:汉语双音词的衍生与发展[M].成都:四川民族出版社.

刘晓林,王扬,2012.略论现代汉语为什么发展为话题突出型语言[J].语言研究(1):21-26.

吕叔湘,1961.现代汉语单双音节问题初探[J].中国语文(1):10.

石毓智,2011.语法化理论:基于汉语的发展历史[M].上海:上海外语教育出版社.

司富珍,2010.多重特征核查及其句法影响[M].北京:北京语言大学出版社.

徐烈炯,刘丹青,1998.话题的结构与功能[M].上海:上海人民出版社.

张延俊,2010.汉语被动式历时发展[M].北京:中国社会科学院出版社.

赵克勤,2005.古代汉语词汇学[M].北京:商务印书馆.

ALLEN C L, 1995. Case marking and reanalysis[M]. Oxford: Oxford University Press.

BYBEE J, PERKINS R D, PAGLIUCA W, 1994. The evolution of grammar: tense, aspect, and modality in the languages of the world[M]. Chicago: The University of Chicago Press.

CHAO Y R, 1968. A grammar of spoken Chinese[M]. Berkeley: University of California Press.

CROFT W, 2001. Radical construction grammar: syntactic theory in typological perspective[M]. Beijing: World Publishing Corporation.

DENISON D, 1993. English historical syntax: verbal constructions[M]. London: Longman Group UK Limited.

FISCHER O, KEMENADE A, KOOPMAN W, et al., 2000. The syntax of early English[M]. Cambridge: Cambridge University Press.

HEINE B, 1997. Possession: cognitive sources, forces, and grammaticalization[M]. Cambridge: Cambridge University Press.

HEINE B, KUTEVA T, 2002. World lexicon of grammaticalization[M]. Beijing: World Publishing Corporation.

KOOPMAN W, WURFF W V D, 2000. Two word order patters in the history of English: stability, variation, and change[C]//SORNICOLA R, POPPE E, SHISHA-

HALEVY A. Stability, variation and change of word-order patterns over time. Amsterdam/Philadelphia: John Benjamins Company.

LIGHTFOOT D W, 1999. The development of language: acquisition, change, and evolution[M]. Malden, MA: Blackwell.

LIGHTFOOT D W, 2006. How new languages emerge[M]. Cambridge: Cambridge University Press.

LIGHTFOOT D W, 2010. Principles of diachronic syntax[M]. Beijing: World Publishing Corporation.

LOS B, 2005. The rise of to-infinitive[M]. Oxford: Oxford University Press.

PLAG I, 1999. Morphological productivity: structural constraints in English derivation [M]. Berlin & New York: Mouton de Gruyter.

QUIRK R, GREENBAUM S, LEECH G, 1985. A comprehensive grammar of the English language[M]. London and New York: Longman.

ROBERTS I, 1993. Verbs and diachronic syntax[M]. London: Kluwer Academic Publishers.

ROBERTS I, 2007. Diachronic syntax[M]. Oxford: Oxford University Press.

ROBERT I, ROUSSOU A, 2003. Syntactic change: a minimalist approach to grammaticalization[M]. Cambridge: Cambridge University Press.

STEIN D, 1995. Subjective meanings and the history of inversions in English[C]// STEIN D, WRIGHT S. Subjectivity and subjectivization: linguistic perspective. Cambridge: Cambridge University Press.

STOCKWELL R P, 1977. Motivation for exbraciation in old English[C]//LI N. Mechanisms of syntactic change. London: University of Texas Press.

TOYOTA J, 2008. Diachronic change in the English passive[M]. London: Palgrave Macmillan.

作者通信地址:404100 重庆三峡学院;2234814234@qq.com

古代汉英语言中的意合形合研究

郭富强

摘　要：意合形合现象的研究不能仅仅停留在现代汉英语言形式的对比分析上，必须进一步拓宽。研究表明：古汉语的注疏、句读和语法研究就是对汉语意合现象的探讨；古英语是在具有典型形态特征的古希腊语、拉丁语等影响下形成的，形合现象自然成为古英语研究的重心，因而古英语的词语、句法等研究都是围绕形合特征展开。意合和形合在汉英语言中有着渊源历史，其突出地位不可替代。探讨古代汉英语言中的意合形合有助于这一课题的深入，对汉英语言本体研究、语言教学和对外汉语教学研究有着重要意义。

关键词：意合；形合；古汉语；古英语；句读；句法

0. 引言

意合和形合是语言学中一对重要的概念，也是对汉英语言特征的高度概括，一直以来国内外著名语言学家对这一问题给予了充分的关注，黎锦熙（1992：4）、王力（1954：133）、丁声树等（1961：115）、连淑能（1993：57）、潘文国（1997：336-340）、刘宓庆（1992：18-19，116-118，251-256）、王菊泉（2007：409-416）、周志培（2003：171-193）、宋志平（2003：92-98）、洪堡特（1999：312-318）、奈达（Eugene A. Nida，1982：16）、韩礼德（M. A. K. Halliday，1994：218）等都进行过相关探讨或研究。他们的工作充分证明了这一研究的重要性和必要性，但我们也发现以往的研究存在不足。学者们对意合形合表现形式及其差异等问题（尤其是现代汉英语言方面）进行了深入的对比研究，而对古代英汉语中意合形合的现象很少涉及或探讨不多，使得这一研究缺乏系统性和全面性。本文将从历史的角度，分析古代语言学家或著作对意合形合的对比研究，以揭示其历史渊源，进一步阐述汉英语言的本质特征，对汉英语言的学习、研究和教学带来一定的启示，因为"汉英语言对比的第一个理论意义体现在它是促进汉语研究的新途径，当然也是促进英语研究的新途径"（潘文国，2010：4），"汉英语言对比的第二个理论意义体现在它是发展中国语言学、丰富普通语言学的重要手段"

(2010:5),并且"对比是翻译研究的基础"(2019:2)。

1. 古代的汉语意合研究

汉英语言中意合形合现象在中西方古代语言哲学研究中受到了极大的重视。我国古代就开始了汉语意合特征的思考。儒家的语言观在伦理学上重正名,语言上慎言、质实无华,辞达而已,表达了汉语以意义表达为重的特点。墨家语言观在功利主义和语言学意义上重予名,因实制名,强调"重言,言必有利,言必立仪",突出汉语的意合特征。道家的语言观是重无名,无名名道,表现出善言、以言达道、文辞美富的语言特点。儒家言传而身教,重建礼教;墨家强聒而不舍,上说下教。这些讨论侧重语言的社会意义,因而如何准确表达言者之意、之想就是当时汉语研究中的重要内容,这本质上就是对汉语意合特点的思考。尽管我国先秦时的语言研究不如西方古代形态研究得明显,但对意义的关注很明确,事实上是朝着意合研究的方向去发展的。

我国真正的语言研究早在公元前2世纪就开始了,如《尔雅》《方言》和《说文解字》就是当时训诂学和文字学领域的著作。之后,不断有语言研究成果,如魏晋南北朝时期研究音韵学方面的《声类》《切韵》,宋代的《广韵》。古代的语言研究主要帮助解释和读懂不同时代的文献。秦汉时期的《公羊传》和《穀梁传》是用于解说"春秋书法",汉、魏、晋、唐传注书是帮助读懂原著,唐宋诗论以及元明时代的《对类》是为了写诗作文。汉语以意义表达为己任,语言研究自然而然落在语义上,读懂、读通前人的作品便是学者考究的重心了,因为古代汉语的组织基本遵循意念、事理逻辑和心理特点的意合原则。事实上,古汉语中的注疏,以及句法、句读等方面的探讨就是对汉语意合特征的研究。下面将分别探讨。

1.1 注疏中的意合研究

先秦时期的句法研究就涉及了汉语的意合特点。秦汉时期的《公羊传》《穀梁传》与《左传》都是解说鲁国史书《春秋》的著作。具体说来,《左传》是"解事之传",《公羊传》《穀梁传》为"解义之传",解释其中所蕴含的"义理"。《公羊传》《穀梁传》对"经"文词序的精细分析是建立在汉语意合基础之上,符合汉语意合特征的语言研究。下面将举例说明:

[1]"春,『 』西狩获麟。"……孰狩之?【据无主名。】薪采者也。【庶人薪采者。】(《公羊传·哀公十四年》)

[2]"九月,『 』入杞。"我入之也。【不称主名,内之卑者。】(《穀梁传·桓公二年》)

上面[1]和[2](转自孙良明,2002:18)中的解释说明古汉语句法中主语常常可以省略,但不影响整体意义的表达。这正是汉语意合特征的重要表现:只要不影响意义的表达,汉语句子的主语可用可不用。这样的用法在现代汉语中仍然常见。唐代贾公彦的《周礼义疏》《仪礼义疏》是继承和发展《公羊传》《穀梁传》关于"春秋书法"的解说,但还是注重了古汉语以意义和逻辑轻重的本质特点。如:

[1]司刺掌三刺、三宥之法,以赞司寇听狱讼。壹刺曰讯群臣,再刺曰讯群吏,三刺曰讯万民。【此三刺之事所施,谓断狱弊讼之时,先群臣、次群吏、后万民,先尊后卑之义。】(《周礼·秋官·司刺》)

[2](大司乐)乃分乐而序之,以祭,以享,以祀。【经所先云祭地、后云祀天者,欲见不明尊卑,事起无常,故倒文以见义也。】(《周礼·春官·大司乐》)

这里[1]和[2]的注解十分明确地说明:汉语并列成分遵循"以语意轻重为序"的原则,尤其中[2]的"不明尊卑""倒文以见义"更是如此(参见孙良明,2002:223)。本质上,这就是汉语句子的组织原则。

内容最丰富、体系最完整的文学理论批评专著《文心雕龙》对古汉语中意合特征的分析很是全面。其中"章句"写道:"若辞失其朋,则羁旅而无友;事乖其次,则飘寓而不安。是以搜句忌于颠倒,载章贵于顺序。"(刘勰,1992:410)《文心雕龙》强调了辞句的搭配与连接、事理叙述的层次性、辞句的顺序等至关重要的语言组织问题,正突出了汉语以顺序和逻辑为重的语言特点。《文心雕龙》对古汉语辞句的研究和分析完全基于汉语的本质特征,遵循汉语的意合组织原则。

1.2 语法研究与意合特征

早在公元4世纪僧人鸠摩罗什就把 vyākarana(梵文)一词译成"语法",他所译的《大智度(经)论》卷四十四中记载:

问曰:"何等是菩提句义?"
答曰:天竺语法,众字和合成语,众语和合成句。如"菩"为一字,"提"为一字,是二不合则无语。若和合名为"菩提",秦言无上智慧。

这一记载说明了天竺语法的特点:"字"指音节,"语"指词语,由音节组合成词,词组合成句,如"菩提"(梵文 bodhi)中的"菩"(bo)和"提"(dhi)不合在一起,就不是词语。天竺语法讨论了汉语的语序:单音节合成为词,词组成句,与刘勰的"章句"说不谋而合,更是汉语意合组织的例证。

汉文佛典《中国撰述》是汉僧解经的著作。汉僧知晓梵文,并与汉语进行了对比,发现梵文是形态变化丰富的语言,与汉语不同。另一个方面,他们在解经

时关注和尊重汉语意合特点,如:

> 若人闻法宝,则为诸佛护;
> 浙次具诸地,得以成佛道。
> 若人堪任闻,虽在于大海,
> 及劫尽火中,必得闻此经。(《大正藏》九,544a)

这是《华严经·十地品》一偈颂,《大正藏》(35,294c)做了这样的注释:"'及劫尽火中'者,此言顺西国语,若顺此应言'劫火尽中'。此言不足,若具应云'劫火尽时在光音中',以颂迳巧略故也。"解经中的"顺西国语"指符合梵文语法,"顺此"中的"此"则为汉语。汉语可说"劫尽火中",但根据梵语的特点应为:劫火尽时在光音中。《大正藏》的注释既把汉语与梵语做了对比,表明它们有区别,又说明了汉语重意义、梵语重形式的特点,对语言形式和意义的表达做了全面的解释。

1.3 句读与意合研究

"句读"一词最早出现在汉代何休(129—182)的《春秋公羊经传解诂·序》,指经文的诵咏方法。句读以一种无形而神奇的方式决定古汉语句子意义的表达、停顿、调节和划分,而不需使用任何的形式标记,具有典型的意合特征。

黄侃在《文心雕龙札记》中说:"文以载言,故文中句读,亦有时据词气之便而为节奏,不尽关于文义……诗之分句,但取声气可稽,不问意完与否,如《关雎》首章四句,以文法格之,但两句耳,'关关雎鸠','窈窕淑女'但当为读,盖必合下句而意始完也。今则传家并称为句,故知诗之句徒以声气分析之也。学者目治之时,宜知文法之句读;口治之时,宜知音之句读。"(黄侃,1996:166–167)他提出"音句"和"义句"概念,并进行了区分:前者指节奏上(声气)之句读,后者指文法之句读。二者各有不同的作用:阅读时"宜知文法之句读",朗诵时"宜知音之句读"。"音句"和"义句"就是对古汉语意义表达手段的研究,从另一角度阐述汉语的意合性。

句读反映了汉语组词造句的基本特点:不必使用类似西方语言的形态变化和连接手段,而是在语义的支配下组词造句。借助句读,古人的表达可以"有话则长,无话则短,随意而安"(申小龙,1988:12),突出古汉语的"文以意为主","文附于质"的特征,完全超越了英语"形"的约束,而进入了"以神统形"的境界。句读是解读古代意合汉语的重要方式之一。

2. 古英语中的形合特征

在古代西方,亚里士多德开启了西方形态语言本体研究的先河,他总结了主谓结构为句子核心的语法规则,定义了西方语言中的重要词类——名词和动词,划分了实体、数量、性质、关系处所、时间、姿态、动作、承受等词类。从亚里士多德开始,西方语言的研究就着眼于形态,展开了语言的形合探索,一直到今天,形合在西方语言研究中没有间断。

古希腊语、拉丁语等印欧语言的形态性和形式结构是它们的本体体现,因而,词语的屈折变化、形态变化、主谓结构和句法分析就是其研究的重要内容。尽管西方有些语言的形态逐渐简化,不少语言学家开始注重观察语言实际面貌,并且发表不同的见解,如19世纪末的斯威特(Henry Sweet)阐明了语序在现代英语中的作用,但他们仍旧不否认语言中具有典型形合特征的语言现象如主谓二分、形态明确等。

在古希腊语、拉丁语等典型形合语言的影响下,尽管古英语朝着自己的方向变化和发展,但其形合特征没有改变,彰显出在英语中不可替代的本质和作用。

2.1 词语的形合特征

与现代英语词语截然不同,古英语的名词、形容词、动词和代词都有丰富的形态变化,是强制性的,具有显著的形合特征。下面将以名词和形容词为例进行说明。

古英语的名词有丰富的形态,包括(1)三性:阳性(masculine)、阴性(feminine)、中性(neuter);(2)五格:主格(nominative case)、宾格(accusative case)、生格(genitive case)和与格(dative case)、工具格(instrumental case);(3)词尾有强变(strong declension)、弱变(weak declension)和次变(minor declension);(4)单数(singular)和复数(plural)的变化。如古英语阳性名词hund(dog)的强变格情况:

	单数	复数
主格	hund	hundas
生格	hundes	hunda
与格	hunde	hundum
宾格	hund	hundas
工具格	hunde	(缺)

(参见李赋宁,1991:42)

名词用不同的词尾表示不同的格,明示该词在句子中的具体功能。到了中古英语时期,名词单复数生格的词尾变为-es,名词复数的主格和宾格的词尾变为-as,之后用-es或-s取代了,现在还保留了这一形态特征。

与其他印欧语一样,古英语的形容词和被它所修饰的名词在性、数和格都必须一致。如 the good earl's land 这一短语的古英语是 gōdes eorles land,短语中名词 eorles 为阳性、单数、生格,形容词修饰语 gōdes 必须是阳性、单数和生格,名词和形容词都同时表明具体的语法功能。下面是古英语形容词 til(good)的强变格:

| | 单数 | | 复数 | | |
阳性.	中性.	阴性.	阳性.	中性.	阴性
主格	til	til	tilu	tile	tilu	tile, -a
宾格	til*ne*	til	tile	tile	tilu	tile, -a
生格	tiles	tiles	til*re*	til*ra*	til*ra*	til*ra*
与格	til*um*	til*um*	tilre	tilum	tilum	tilum
工具格	tile	tile				

(参见 B. Mitchell, F. C. Robinson, 2005:31)

当形容词前有定冠词时,该形容词则采取弱变格形式,因为古英语的定冠词能很清楚表示性、数和格的语法特征。

2.2 句子的语序与形合特征

古英语句型相对简单,主要有四种:AVS型、OVS型、SV型和SOV型(参见李赋宁,1991:92;陈才宇,2000:158-160)。句子的语序较为灵活,倒装和半倒装句子很常见,因为句子中许多成分有明确的形合特征。请看下面例句:

[1]Léohte and beorhte sčinap hie.(Clearly and brightly they shine.)(李赋宁,1991:92)

[2]Wæs he Osrices sunu.(He was Orsicp's son.)(陈才宇,2000:159-160)

[3]ic mid ealre heortan þe gewilnode.(I have wished for Thee with all my heart.)(B. Mitchell, F. C. Robinson, 2005:109)

[4]Hie ænigne feld secan wolden.(They wished to seek any open country.)(陈才宇,2000:159)

上面例句中,[1]是 AVS 型,前面是状语,中间是谓语动词,最后是主语,这几个词都有词尾变化,一目了然。这种古英语的重要句型之一,出现频率为35%(李赋宁,1991:92)。[2]是一种倒装句型,即"宾语+谓语动词+主语"的结构,即 OVS。[3]是 SV 句型,为正常语序的句子,古英语比较普遍。[4]是 SOV 句型,宾语位于主语与谓语动词之间,但很清楚,因为宾语采用了相应的变格,古英语经常在从句中使用这一语序,现代英语则没有这种表达。

2.3 著作中的形合研究

许多古英语的著作探讨和分析了语言中的形合现象,说明形合及其研究的重要意义。

在古英语的发展变化中,对英语语法影响最大的应该是公元1世纪特拉克思(Dionysius Thrax)的《读写技巧》(*Techne grammatike*)和公元6世纪普利西安(Priscian)的《语法惯例》(*Institutiones Grammaticae*)。《读写技巧》讨论了语音、词类(八种)及其性数格、时态、语态等,主要是对词及其形态的研究,对句法论述不多。《语法惯例》也把词分为八类,连词也在其中,并认为连词是把句法上不同的词类连接起来,表示它们之间的关系。摩迪斯泰学派则把句法关系归纳为两种:从属关系和终结关系。这些都是对句子的形合分析。

随着英语的地位在英国的奠定,英语语法研究发展更快:1568年托马斯·史密斯(Thomas Smith)用拉丁文写成第一部英语语法;1640年本·琼森(Ben Jonson)出版了《英语语法》(*The English Grammar*),这是为英国人写的重要的英语语法书,标志英语有了自己的语法书。这些语法研究的著作基本上以拉丁语为蓝本,甚至是把拉丁语法直接移入英语,如词类的划分、名词格和动词变形等,同样强调了英语的形态特征。

3. 古代意合形合语言特征研究的启示

从古汉语的注疏、古汉语句法和古汉语语法研究中,我们找到了汉语意合研究的传统,而古汉语句读与汉语的意合特征更是息息相关。古代西方语言的研究就以形态为基础,英语也不例外。拉丁语和希腊语的研究中已经包括了现代意义的形合特征的研究。由于受到印欧语言的影响,无论是词汇,还是句型结构,古英语的形态特征比现代英语丰富得多,形合自古以来就是英语的主要特征,成为关注的焦点。从古代语言研究角度探讨古汉英语言中的意合形合现象,有着重要的历史和现实意义,给语言研究带来一些启示。

古代汉语和英语中意合形合问题的探讨是汉英语言研究的基础。"史""识""才""学"是任何研究的重要组成部分,而"史"为重中之重,只有梳理和总结了过去的研究成就及其重点,才能有所突破。在意合形合问题上,过去很少从历史的角度来探讨,更没有从古代汉语和古代英语层面进行挖掘,使得这一研究不够全面,也难以有新的建树,本文的研究角度可以说弥补了不足。

古代汉语和英语中意合形合问题的探讨是语言辩证研究所要求的。唯物辩证法认为,事物发展的根本原因在于事物内部的矛盾性,矛盾着的对立面统一又斗争,由此推动事物的运动和变化。辩证的研究要求我们关照意合形合在现代汉英语中各自不同的表达方式,更不能忘记它们在古代语言中的表现形式。"形式领域并非语言研究者要探索的唯一领域。语言研究者至少不应该忘记语言中还存在着某种更深层、更接近原始开端的东西,即使他无法认识这种东西,也必须对此有所察觉。"(Nida,1982:195)顺着这样的思路,研究意合形合的视野拓宽了,从"更接近原始开端"的形式着手,整个研究将更科学、客观和辩证。

4. 结语

文章从古汉语的注疏和句法等方面追寻意合研究的传统,从古英语的词语和句法等组织方式考察了古英语与形合特征的关系。意合和形合似乎只是汉英语中的语言现象,而实际上反映出汉英民族不同的思维方式、不同的语言世界观。对古代语言中意合形合探讨能更好地寻找意合形合的内在原因及其背后的社会、文化、历史等因素,使得我们能"更深刻地理解人类语言和人类的思维的最内在的本质"(Jespersen,1951:346-347),为汉语真正拥有"自己的语言哲学和语法哲学"(潘文国,1997:21)奠定基础。

参考文献

陈才宇,2000.古英语评述[J].浙江大学学报(人文社科版)(2):156-160.

丁声树,吕叔湘,李荣,1961.现代汉语语法讲话[M].北京:商务印书馆。

洪堡特,1999.论人类语言结构的差异及其对人类精神发展的影响[M].姚小平,译.北京:商务印书馆.

黄侃,1996.文心雕龙札记[M].上海:华东师范大学出版社.

黎锦熙,1992.新著国语文法[M].北京:商务印书馆.

李赋宁,1991.英语史[M].北京:商务印书馆.

连淑能,1993.英汉对比研究[M].北京:高等教育出版社.

刘勰,1992.文心雕龙[M].贵阳:贵州人民出版社.

刘宓庆,1992.汉英对比与翻译(修订本)[M].南昌:江西教育出版公司.

潘文国,1997.汉英语对比纲要[M].北京:北京语言大学出版社。

潘文国,2010.汉英语言对比概论[M].北京:商务印书馆.

潘文国,2019.英汉语对比研究的基本方法与创新[J].外语教学(1):1-6.

申小龙,1988.中国句型文化[M].长春:东北师范大学出版社.

宋志平,2003.英汉语形合与意合对比研究综观[J].东北师大学报(哲学社会科学版)(2):92-98.

孙良明,2002.中国古代语法学探究[M].北京:商务印书馆.

王力,1954.中国语法理论[M].北京:中华书局.

王菊泉,2007.关于形合与意合问题的几点思考[J].外语教学与研究(外国语文双月刊)(6):409-416.

周志培,2003.汉英对比与翻译中的转换[M].上海:华东理工大学出版社.

HALLIDAY M A K,1994. An introduction to functional grammar[M]. London: Edward Arnold.

JESPERSEN O,1951. The philosophy of grammar [M]. London: George Allen & Unwin Ltd.

MITCHELL B, ROBINSON F C,2005. A guide to old English[M]. Beijing: Peking University Press.

NIDA E A,1982. Translating meaning[M]. San Dimas, CA: English Language Institute.

作者通信地址:215009 苏州科技大学;2234814234@qq.com

论含蓄：从职场升迁交流方式的文化差异说起

李臻怡

摘　要: 本文针对一个常见的误导,即,含蓄不是获取职场升迁的交流方式,从跨文化交流的视角,提出其错误的缘由及改进建议。中式的含蓄,在谋取升迁上,不仅具有丰富的史例,而且颇受近期研究重视,同时符合霍尔所说的"语境多、寡"的交流风格差异理论。因此,本文推崇一个多元包容的人事管理模式,反对凡事加"非"字,凡是"非"字即反对的简单粗暴文化中心论。

关键词: 含蓄;职场升迁;跨文化研究;语境多/寡的交流风格

我写这论文的缘起一个近、一个中、一个远。远的是多年前,我移民加拿大还不久,在一所大学里教跨文化交流。有一门课谈及人力资源管理,正在备课过程中,一个同事自信满满地推荐一本书(Zimmerman, Luecke, 2010)给我,主题是 assertive communication,声称这是人力资源管理者、跨文化交流培训者的宝典。作者也把 assertive communication 当真理推崇。仿佛只有 assertive 才能让你的同事、上级尊重你、明白你、赏识你,才能获得升迁机会。同样的言论还有很多,比如少数族裔因为不会 assertive communication 仕途受阻,女性因为不会 assertive communication 不能得到领导职位,某些族裔因此遭受歧视(Madon et al., 2001)或者交流困难(Nisbett, 2006)和困惑(Ayres et al., 1998),等等。assertive 在这样的语境里的中文翻译我会在这篇论文里讨论,暂时翻作"自信心满满的、直言自己配得升迁,以至于让你的领导尊重你、明白你、赏识你"。而这些作者主张一切不会 assertive communication 的,都是 non-assertive,都是职场升迁的失败者。失败与否,暂且不论,non-assertive 却是很难翻译的,比较接近中国文化的,恐怕是"含蓄",但其实含蓄不包括 non-assertive 的所有品种,含蓄在某些文化、某些场合也是足够 assertive 了,这些本文都会论述到,为了行文便利,暂时认为"含蓄"等于 non-assertiveness 吧。

我看了这些文献后,颇不以为然,因为书里很多观点和建议,不仅不适用于所有文化,而且也不一定会让不同文化背景的学员认同。比如,在我所熟悉的中国文化里,有过一个叫毛遂的,自己推荐自己,获得了雇主的赏识,算是

assertive 的例子吧。但是，毛遂如此自荐也就获得了一次提拔，从一般门客寂寂无闻到加入平原君二十个文武全才的谈判班子里，出使楚国，用言语和武力，几乎是胁迫式地逼楚王援助赵国，解邯郸之围。平原君赏识毛遂，列为上等门客。故事到此结束，毛遂之后好像也没有再获升迁或重用。中国文化里，把这个奇特的事件记录下来，成为成语，其实也是诡谲得很。因为后来的两千年里，多有提及毛遂自荐的典故的，却少有像毛遂一样因为自荐而获升迁的。至少，毛遂及其后人，除了成语典故外，没有留下一本书、一门课，叫作 assertive communication。毛遂的时代，百家争鸣，各种做法、想法和价值观念风行于世，却没有毛式自荐这么一个门派，仅留存毛遂自荐这么一个典故，如此少有重复成功的行为，让我大大怀疑"自信心满满的、直言自己配得升迁，以至于让你的领导尊重你、明白你、赏识你"是否真正适用在中国文化里，是否真正被中国文化所推崇，是否真正是每个中国人要效法的榜样、获升迁的途径。如果连中国文化这么一个覆盖上亿人、横跨几千年的文化都没有考虑进去的话，如何让我信服 assertive communication 这本书的作者是考察了世界上大大小小各种文化之后证明 assertive communication 是真理、是决胜之道呢？

　　称为中的缘起，是因为这个缘不远不近，从做学问开始到现在，一直是教学和研究时的心思，就是对一刀切、二元论的警惕。每次看见学术上"非此即彼""非黑即白"的讨论，都会多加留意，怕被误导。因为我们生活的现实世界，其实很少有如此绝对对立、如此二元、同时排除中间状态或者其他维度的情况。所以看见 assertive communication 的倡导者把其他一切"非我族类"的统统归为 non-assertiveness，就自然地画上问号，暂存疑惑，而不囫囵吞枣、全盘接收。

　　近的缘起是我带的博士生 Deb，她当时任一家大型银行在加拿大西部的人事部总裁。她的博士论文就是研究为什么加拿大很多大型机构里的高级行政人员以及董事会里，很少有华裔。在指导过程中，我鼓励她多读儒家的哲学。她发现儒家主张为人不宜太张扬，而这却让加拿大很多机构忽略了他们手下能干的华裔人才。而且她还发现华裔员工喜欢消极地等上司发现他们、提拔他们，而不是他们自己争取升迁的机会。而且这些员工大部分都在加拿大或美国受过高等学历的教育，对 assertive communication 也是熟悉的，甚至是学过的。但是他们的传统文化主导了他们在职场的表现。

　　所以，毛遂与其说是中国文化的常态，不如说是特例，而 assertive communication 也不是放诸四海而皆准的，而且即便学过 assertive communication 都不一定会这么做。那么除了 assertive communication，还有什么表达自己期待升迁别的方式呢？而这些方式如何才可以被主张，或者被只懂 assertive communication 的领导明白、认可、欣赏呢？本文把这个看作一个跨文化交流的问题，进行以下探讨。

在中国文化里比毛遂自荐还要有名的平凡人士获得升迁的故事非"三顾茅庐"莫属。诸葛亮虽盛名在外,却无一官半职。他没有选择自荐,相反,他非常含蓄地等待伯乐的出现、等待赏识他的上司的到访,甚至摆起架子,要刘备三次到访以示诚心,才告别草庐、离开隆中,成为一代名相,辅佐刘备父子二代立蜀以鼎立于吴魏。相似的故事还有姜子牙的"愿者上钩"。姜子牙八十未仕,却默默地等候周文王的来临和提拔,并且辅佐周武王灭商建周。唐宋诗词中很有特色的一个品种是男性诗人用女性口吻写的宫怨诗词,含蓄委婉地表达自己想获得赏识的愿望。

以上几例,诸葛亮和姜子牙的故事在中国几乎家喻户晓、深入人心;唐宋的宫怨诗词在文人中间虽谈不上天天背诵,却也不陌生,而且读到的时候,都会明白这不是受冷落的宫女所写,而是期待伯乐、怀才不遇的才子所言。如此说来,毛遂自荐是罕见的孤例,含蓄表达升迁愿望的却是常事。这和 Deb 在她博士论文里的发现不谋而合。华裔员工,工作出色、才能出众,却默默、含蓄地等上司像伯乐一样地发现他们、赏识他们、提拔他们。

更进一步,如果说受提拔、升个官直到一人之下万人之上的宰相需要含蓄,那么称孤道寡去当皇帝是选择毛遂自荐呢还是含蓄委婉呢? 纵观中国历史,要臣子黄袍加身的常见、要三番五次推辞禅让的常见,大喝一声"王侯将相、宁有种乎"的、自立自封的虽不时出现,却少有真的当上皇帝、坐稳王位的。

从周、三国到今天,从渭水、隆中到温哥华,从人臣到人主,含蓄被如此跨时空地推崇、遵奉,说"含蓄"比 assertive communication 还要流行、持久于谋求升迁之道,恐怕也不为过。那么如何从跨文化交流的理论和方法上看待、解释华人重含蓄、西人重 assertive 的现象呢? 如何帮助西方机构明白这个文化差异后公平地对待含蓄和 assertive 两种不同的员工呢? 更进一步,全面地看待 non-assertive 其实是包括各种各样"非 assertive"的交流风格的,而把它们一起打包称为 non-assertive 其实是简单粗暴的文化中心论,如何让提出 non-assertive 的人们明白自己的孤陋呢?

从前面回顾的现在比较流行的 assertive communication 的文献中,我们看见该理论创立的目的是帮助不善于 assertive 的员工在主张 assertive 的组织里适应、生存并且得到发展。应该说有如此善意的初衷已经不容易了。但是令人失望的是,绕了一圈之后,该理论还是劝不善于 assertive 的员工努力 assertive。而且这个理论主张世界上文化的花式品种就两个,除了 assertive,就是 non-assertive,而弱势人群之所以比较少得到上司的关注和提拔是因为他们不够assertive,或者说 lack of assertiveness。

然而,说另一个文化有缺陷,缺少点什么,其实都是一种居高临下、自我优越的表现,同时也反映出观察者的盲点。自信,每个文化里都有,只是表达方式不同。赏识和提拔每个文化里都有,只是做法不同。总的来说,不存在缺什么、少什么,而是存在着观察者没有看见什么。比如,跨文化交流里很常见的一个似是而非的经典例子:中国人从不说"不"。这个说法在很多跨文化书籍中出现,仿佛成为真理。试问,如果中国人从不说"不",那么,第一,中文里要这"不"字何用?第二,中国人如何表达拒绝或否定?其实,略微了解中国文化的都知道,中国人不仅会说"不",而且也会拒绝别人。只是说法和做法不同于写"中国人从不说'不'"这句话的人而已。对这样存在盲点乃至趾高气扬的观察者,更令他们困惑的不仅是中国人表示拒绝时委婉的表述方式,比如说"我们考虑一下",而且中国人会说"不"来表示接受别人的夸奖或礼物。三番五次的否定或拒绝是一种让人感到谦虚的美德。谦让不仅是先考虑长幼次序的孔融做出让梨决定和行为的动因,而且也是中国历来少有毛遂自荐这种现象的原因。很明显,谦让和含蓄都留给对方很多空间,而不至于没有周旋余地乃至丢面子或双方搞僵关系。同时,谦让也不直露地表达了对长幼次序的认可,含蓄又免得有些咄咄逼人的话语一出口难以收回的尴尬。

所有这些,让我们不禁想起霍尔(Hall)博士的高低语境一说。尽管这个翻译方法很成问题,但是霍尔博士(1976)所提出的观点在两方面契合这里的讨论。

说这两个方面之前,先解释一下霍尔博士的高低语境理论。他认为我们发送任何信息时,都包含两种成分:言语和语境。有的文化倾向言语成分多于语境,采取低语境交流方式。有的文化采取语境多于言语,则是高语境。所以,高低语境其实是语境含量的多寡,而不是语境的高低。更准确地说,英语的high在中文视情况可以翻成"高",也可以翻成"多",比如含糖量多的饮料,就是high in sugar。所以翻译成中文,不如把高语境翻成"语境多",相应地,低语境应该翻成"语境少"。这样不说"高低",而论"多寡",一方面切合本论文的用词,另一方面也避免了翻译外文术语时的生吞活剥,没有理解其意义、没有寻找目标语文化的对应概念就匆匆忙忙硬翻。需要进一步解释的是,如果发送信号和接收信号的双方都习惯于"含蓄""委婉""语境多"的表达方式,双方就不觉得对方少讲了什么,对方有多么"含蓄",对方语境用得"多"了。比如,司马昭要废魏立晋,对于发送这个信息,他没有考虑多用点语境还是多用点言语,因为当时的"路人"和司马昭的交流方式一样,所以没有用多用少的区别,他要称帝这信息,路人皆知。严格地说,这里的"路人"就是和司马昭在同一个文化里的"内人"。打个粗浅的比喻,文化就是个"会员制"的"俱乐部",入了会、有了会籍,就是"内人"了,交际起来,双方都采取一样的语境比例,不存在文化差异。所以,"语境多""语境少"只有在交际双方的习惯不同的时候,才看得出来,才有可能造成误会。所以,司马昭之心,"内人"皆知,"外人"不一定知。值得注意的是,多和少都是相对的,一样多、一样少的时候,其实是不存在多少这样的区别的。但凡说到"语境多",就必然有"语境少"的交际者参与其中,并且,此"语境少"的交际者以自己的做法、想法和价值观来衡量对方,认为对方"言语少"了、"语境多"了。多和少又是难以准确衡量的,在直白的人看来,含蓄的人就是含蓄,不管有多含蓄。但是在比较不含蓄的人看来,很含蓄的人才是真含蓄。所以,直白或含蓄,语境多或语境少,都是一个不断连续变迁的轴上的两端。霍尔博士说的高低语境经常被误读误解,而且同样的误读误解也发生在对含蓄和assertive的研究上,所以有必要在这里回归原著来审查他的原意。

首先一种误解是语境的高低就决定了文化的优劣。略懂跨文化交流的学者自然不会这么理解,但一般的人士,一旦知道有差异,总会问到底哪种好。比较常见的回应是各有千秋。其实,这样的回应一方面苍白无力,并没有真正地回答问题,另一方面显得特别"外交辞令"和"政治正确",看似一碗水端平,其实两面都不讨好。

其次,上述的误解是基于不理解什么是跨文化交流研究的重点。跨文化交流不是以比较文化异同为终极目标的。跨文化交流永远注重不同文化共存、共事时互相理解的困境和解决方案。语境多寡的交流方式在其本身文化里没有问题,因为该文化里的成员明白、擅长、赏识他们共同认为最好的语境与言语搭配的比例。语境多寡的交流方式在对比不同文化时也没有问题,因为多寡的不同搭配,只要不导致歧视,就扩大了我们对文化差异的理解和视野。问题是,当语境多寡不同倾向的人在一起如何达成彼此理解、彼此赏识?这连很多跨文化专著都没有提及,仿佛了解差异即为目标。其实这只是起点,远没有找到解决问题的良方。

再者,语境多寡的选择也是基于场合、事情、缘由和当事人的不同而不同的。也就是说,尽管有的文化主张含蓄委婉,即语境多的交流方式,他们中间的成员也会在某件事情上决定不再含蓄委婉,不再用大量的语境、少量的言语来表达,而是改用大量的言语和少量的语境来表达,中文里"打开天窗说亮话""今天我把这话挑白了说吧"一类的表达,这么主张含蓄的文化也会留给直白表达的"生存空间"。相对地,语境寡的交流方式人群也会在某些场合采取语境多的表达方式,尤其涉及隐私、禁忌话题的时候,大家会"点到即止"甚至"顾左右而言他",过分的"直白"、语境寡、assertive则会让大家尴尬。更进一步,有些职业为了交流的效率,不管从事职业的人员自己的族裔文化,统一用一种交流方式。比如航空管理,机场和飞行员统一用语境寡的方式,不管这机场所在的国家、这飞行员所来自的文化。

最后,含蓄是相对的。在不怎么含蓄的人看来,此人非常含蓄;在非常含蓄的人看来,此人已经接近直白。同理,assertive也是相对的。所以,拿一把自己都没有统一标准的尺来量别人,如何能行?

我们要建立一个超越某一文化的观察点来对比不同的文化,不可以用某一文化的视角或标准来衡量别的文化。说别人得不到赏识和升迁是因为不够assertive 就预示了自己认为 assertive 才是正路、真理。这就是没有超越某一文化的例子,而这里的某一文化,常常是自己的文化或是所谓“主流”的、“强势”的文化。

霍尔博士苦心经营的理论就是想摆脱某一文化独裁的局面,让每种文化都平等地被审视。他喟叹超越所有文化的不现实,因为我们说到底就是文化的产物,无法在文化以外研究文化。但是,他呼吁我们超越某一文化、单一文化、自己的文化来研究跨文化交流、来寻找跨文化交流的解决方案。这一点上,设定语境多寡理论就是个好榜样,语境多寡并非暗指文化的优劣,而现在很多跨文化研究的理论却直言文化有强弱,就有失偏颇了。同理,assertive 理论以及说某文化缺乏 assertive 的说法,不管是暗示还是明言,就是以 assertive 为标准,说人家不够 assertive,就是没有超越某一文化的典型。

我们要承认每个文化都有其钟爱的做法、想法和价值观,并且这些钟爱都是因有十足的理由、大家的支持,才归结成文化,流传下来。一个信息,用多少语境、用多少言语来表达,仿佛烹饪,基本做法,在各个文化里大同小异,但就是那些放盐、油和调料的多少以及火候考虑的区别,可以导致互相看不起、互相指责,认为别人烧出来的菜不是菜、味道不对,或者说别的厨师“缺少”点什么。所以,一个平等对待文化的人要问的问题不是“为什么你不放 5 克盐”,用来预设“5 克盐”是标准的量,而是要问“为什么你选择不放盐/放 3 克盐/10 克盐”,来理解每个选择、每种文化背后的理由。

言语及语境注入的多寡,单单从发送信息的人的角度来观察其实很难全面理解做出这个选择的原因。交流是双方的事情,所以要结合发送和接收信息的双方的角度,才能够全面理解。信息发送的过程中,发送者一直在揣测、观察乃至咨询接收者对信息获取和理解的程度,以利于调整发送策略。如果接收者一知半解或者已经理解却嫌发送者啰唆,发送者就会调节言语及语境注入的多寡。如果接收者完全理解,发送者就按照前面获得成功的言语语境配比来继续组装并发送信息。每个文化对言语语境配比都有自己的倾向,而这些倾向都是千百年来千锤百炼、屡试不爽后渐渐确立下来的。文化,就是一个选择的集合,供一群人使用,提高他们交流的效率。因为每个选择都有可能不同,每个选择的集合就更有可能不同,所以跨文化的交流非但不是一个效率高的信息互换,还是一个费时费力事倍功半的吃力活,能够互相明白已是万幸,造成误会属于意料之中的事(Li,2012)。

选择含蓄或直白,在单个文化中各有其理由。含蓄的发送者,指望接收者多从语境里去提取信息,可以说发送者希望接收者负起信息交流较多的责任,或者说在接收含蓄、语境多信息的时候,接收者扮演的是个主动去语境里寻找信息、主动理解信息的角色。直白的发送者,与此相反,主动担当信息交流的责任,力图用言语清清楚楚、明明白白地把要表达的信息发送过去,并不希望接收者再去花额外的时间和精力去语境里寻找信息。所以,含蓄是接收者负责制的交流,直白是发送者负责制的交流。

回到职场升迁这个话题。毛遂和其他直白型的人,主动负责发送以言语为主的信息;姜子牙、诸葛亮、写宫怨诗的诗人,都是指望接收者主动解析语境里蕴含的信息:一个没有鱼钩的钓竿、一个胸怀天下的隐士、一批怀才不遇的文人,等待赏识他们的领导的提拔。发生在加拿大大型银行的事,其实也是一样,有能力的华裔经理,含蓄地等待着银行高层领导对他们的关注、为他们量身定做升迁的路,以利于他们在更合适的岗位上发挥作用。而该银行是为毛遂一样的直白的人设计的,他们有一系列员工自我表达升迁意愿的渠道、一系列员工自修获得辅导以利于升迁的课程,他们希望员工主动、负责、直白、自信心满满(assertive)地把升迁意愿表达出来。

解决这种交流上的错位需要几个步骤。

第一,需要平等地尊重每个文化(Fernandez,2004)。文化没有优劣、强弱、中心或边缘。文化比较更不可以把某一种文化当作标准,来衡量其他文化。不可以因为自己有某些特点,别人没有,就说别人“缺失”“残废”,需要向自己的文化学习、效法、靠拢。直白也好,含蓄也好,都是“合法”的选择,没有孰优孰劣。

第二,在尊重文化的前提下,努力去探究造成差异的原因(Fitzsimmons,2013)。文化是选择的集合,每种选择必定有其理由。直白地表达升迁意愿,有可能因为自身条件不够、机构人事安排等原因,遭到耽误或拒绝。这也是含蓄等待这一选择存在的原因,含蓄的人一方面可以避免遭到耽误或拒绝的尴尬,另一方面也不会给领导压力和难堪。

第三,在明白原因的基础上,设立多种渠道和方法,以利于直白或含蓄的人士都有机会表达升迁的意愿、获得提拔的机会(Kandola,2009)。对直白人士,很多大型机构已经有完善的系统。对含蓄人士,需要做的工作很多。比如,让他们明白直白是本机构青睐的做法,如果他们愿意选择直白的话,最好不过,可以安排他们学习 assertive,如果他们不习惯直白,还是喜欢含蓄,那么就安排懂得理解、接收含蓄表达的领导来物色、辅导、提拔,如果没有这样的领导,可以安排一些适合含蓄表达的渠道,比如让他们在自己的名片上贴一个特殊标记,投递到领导指定的一个信箱里,领导就知道他们有升迁的意愿了。贴标记、投信箱都不是言语,而是语境,适合语境多的含蓄人士使用。当然,这些只是思路和例子,合适的解决方案要根据每个机构的特点来设计。

第四,最后,不管是姜子牙、毛遂还是诸葛亮,不管他们选择含蓄还是直白,他们的领导都正好路过,看见他们,和他们有交谈。所以,领导屈尊下访、与潜在的人才交流还是发现人才、赏识人才、提拔人才最关键的(Minami,1980)。

总而言之,虽然含蓄只是 non-assertive 的一种,丰富的史例已经让我们看见把 non-assertive 打包乃至鄙视之的文化中心论之严重偏颇及其带来的危害。本文仅以此话题揭开类似的西方殖民中心主义对学术以及人事管理上的侵害,虽然枪炮声似乎消逝久远,但是跨文化研究不断地发现受西方中心论影响的思潮远未消失。所以本文提醒同人,崇洋媚外来不得,唯有不卑不亢地学习他人学说,自信自尊深入认识自己的文化,才是为学之道。

参考文献

AYRES J, et al., 1998. Communication apprehension and employment interviews [J]. Communication education, 47(1): 1–17.

CABEZAS A, 1980. Disadvantaged employment status of Asian and Pacific Americans[C]//U.S. Commission on Civil Rights. Civil rights issues of Asian and Pacific-Americans: myths and realities. Washington, DC: U.S. Government Printing Office.

FERNANDEZ J A, 2004. The gentleman's code of Confucius: leadership by values[J]. Organizational dynamics, 33(1): 21.

FITZSIMMONS S R, 2013. Multicultural employees: a framework for understanding how they contribute to organizations[J]. Academy of management review, 38 (4): 525–549.

HALL E T, 1976. Beyond culture[M]. New York: Anchor Press.

KANDOLA B, 2009. The value of difference[M]. Oxford: Pearn Kandola Publishing.

LAZARUS A A, 1973. On assertive behavior: a brief note[J]. Behavior therapy, 4(5): 697–699.

LI Z, 2012. Fear in intercultural competence development: the blind spot diagnosed in a health care setting[C]// OLSTEAD R, BISCHOPING K. Fearful symmetries. Oxford: The Inter-Disciplinary Press.

LINEHAN D R, 2014. Intercultural leadership: variations in Chinese Canadian perspectives of career mobility into senior leadership roles[D]. Victoria, BC: Royal Roads University.

MADON S, et al., 2001. Ethnic and national stereotypes: the Princeton trilogy revisited and revised[J]. Personality and social psychology bulletin，27(8)：996-1010.

MINAMI D，1980. Discrimination against Asian and Pacific American in federal and civil rights enforcement[C]// U.S. Commission on Civil Rights. Civil rights issues of Asian and Pacific-Americans：myths and realities. Washington，DC：U.S. Government Printing Office.

NISBETT R E，2006. The geography of thought：how Asians and Westerners think differently and why[M]. New York：Free Press.

ZIMMERMAN C，LUECKE R，2010. Asserting yourself at work[M]. New York：American Management Association.

作者通信地址：V9B 5Y2 Royal Roads University；zhenyi.li@royalroads.ca

"知""道""知道"与"不知道"

——从语义到哲理的探析

杨晓波

摘　要："知"与"道"乃中国哲学之关键词。"知"字从"口"、从"矢",蕴含了中国古人对语言与思维之关系的理解。"知"又通"智","智"为"道","道"兼及道路、行走(引申为实践)、言说、办事之门道与天地之大道等义项。"知"与"道"的诸多义项之间具有一种张力,构成了中西哲学皆关注的"语言–思维–实践–世界"这一经典论题。通过对"知""道""知道"与"不知道"的分析,能显豁中国哲学在处理此论题上的特色,即以"行"(实践与体验)贯通"言""器"与"道"三者,进而又能揭示中国哲学的特质,即"由词通道""道不离器"。

关键词:知;道;知道;不知道

0. 引言

"知道"一词我们天天在说,我们常说自己"知道了",但怎样才算"知道"呢?"道"字的基本含义有三个:言说之"道"、人行之"道"(作动词意为行走,引申为实践),以及法则或规律之"道"(小至办事之门道,大至天地之大道)。那么,当我们说"知道"的时候,究竟意味着我们知晓怎样言说了呢? 还是知晓如何施行了呢? 抑或是知晓办事之门道或天地之大道了呢? 实际上,当我们说"知道"或"不知道"的时候,并不会考虑它们的深层内涵,熟悉的日常用法往往遮蔽了词汇初创时所凝结的世界观。然而,若追溯词源,我们会发现,在"知""道""知道"与"不知道"这些词汇中凝结着人们对"语言–思维–实践–世界"这一经典哲学论题的思考。而中国哲学在对此论题的思考中,恰恰显示了其不同于西方哲学的特质。

1. "知"的分析

"知"字在《说文解字》中的小篆为"𣉻",从"口"、从"矢"。"矢"是箭的意思,因此段玉裁注为:"识敏,故出于口者疾如矢也。"(许慎,2009:227)朱骏声释为:"识也,憭于心,故疾于口。"(李圃,2002:487)"知"字甲骨文为"𫝀",从"口"、从"矢"、从"于","于"同"亏",表声气。金文的"知"字加了"曰"旁,写为"𫝀",更是突出了言说之义。显然,不论哪个时期,"知"字一直与象征言说的符号有着紧密联系——心里知道的,就一定能从口中说出来;或者说,只有口中说得出来的,才算心里真的知道。这也许是我们日常生活中对所谓的知识的最直接体会;并且,不仅要说出来,还要说得准确,就像一箭射中了靶子一样,正所谓"一语中的"。

人可以凭感觉经验而有所"知"。例如:"使五尺之愚童子视之,亦知其黑牛而以布裹其角也。"(《韩非子·解老》)"心忧恐,则口衔刍豢而不知其味,耳听钟鼓而不知其声,目视黼黻而不知其状,轻暖平簟而体不知其安。"(《荀子·正名》)人也可以凭后天学习的推理知识而有所"知"。例如:"回也,闻一以知十;赐也,闻一以知二。"(《论语·公冶长》)"人非生而知之者。"(韩愈《师说》)"知"字除了作动词,还能作名词,意为知识,即人的认识能力与智慧。在这个意义上,它与"智"字同义,两个字在古代为通假字。不过必须指出的是,"知识"是一个现代汉语词汇,来源于日语中的和制汉语"知識"或"智識"(刘正埮,1984:405-406)。古汉语中的"知识"一词意为所知所识,也就是旧相识的意思。例如:"人有大臭者,其亲戚兄弟妻妾知识无能与居者,自苦而居海上。"(《吕氏春秋·遇合》)"海内知识,零落殆尽。"(孔融《论盛孝章书》)

此外,我们现在所谓的"知识"与古汉语的"知"与"智"也不尽相同。西方传统认识论中所谓的"知识"(knowledge)一般要求成体系,并能用语言表述。柏拉图在《泰阿泰德篇》中借苏格拉底之口对知识下过一个定义:知识乃得到论证的真的信念(Knowledge is justified true belief)。这种以能否诉诸语言来判定知识之合法性的知识观,在西方一直占据着主导地位,直到20世纪中叶,赖尔(Gilbert Ryle)提出的"能力之知(knowledge-how 或 knowing how)"与波兰尼(Michael Polanyi)提出的"默会认识论(tacit knowledge 或 tacit knowing)"对之构成了真正的挑战。"能力之知"与"默会认识"都属于实践智慧,不能用语言表述。中国哲学向来重视这类知识,因此,尽管"知"字从其起源上来看与言说密不可分,但在后续的应用中则逐渐与言说脱离了关系,人们反而认为越是高级的知识(即越近乎"智"或"道"),则越是不可道的。

2. "道"的分析

"道",可谓中国文化中最为重要的概念。口中所言是"道",脚下所行也是"道";做人有做人的"道",做事有做事的"道",各行各业皆有其"道"。"道"字在金文中为"豀",从"行(街道)"、从"首",表示人在路上行走。金文也可以写作"豀"或"豀",在这两个写法中多了"止(脚)"这个符号,更是突出了行走之意。"道"字在《说文解字》中的小篆为"豀",许慎释为:"所行道也,从辵、从首。"(许慎,2009:75)"辵"表行走之意,"首"表音,同时也代指行走之人。

可见,"道"作动词的本义为行走,作名词的本义为供人、马、车辆等行走的道路。动词"道"又引申出"导"这个义项,即从人沿着道路行走引申出指导、引导与遵循之意。"导(導)"字《说文解字》释为:"引也,从寸,道声。"段玉裁注为:"经传多假道为导,义本通也。"声符"道"实际上也兼意符,再加上意符"寸",强调了"引之必以法度"(段玉裁注)(许慎,2009:121-122)。名词"道"所引申出的义项则更为丰富。人行于道便能到达某个地方,因此道路便引申为具体的方法或途径。例如:"得天下有道:得其民,斯得天下矣;得其民有道:得其心,斯得民矣;得其心有道:所欲与之聚之,所恶勿施,尔也。"(《孟子·离娄上》)我们现在常说的办事的门道或路子,都是这个意思。路是人走出来的,路来来回回地走,道路(road)就有了惯例(routine)的意思,于是又引申为普遍的道理与法则。例如:"是以立天之道,曰阴曰阳;立地之道,曰柔曰刚;立人之道,曰仁曰义。"(《周易·说卦》)道理与法则确立后就要求人来遵循,这就带上价值判断的色彩,于是"道"又进一步引申为道德与正义。例如:"得道多助,失道寡助。"(《孟子·公孙丑下》)再接着,"道"的内涵进一步扩展和丰富,从具体的门道或路子引申至普遍的规律,最终涵盖了宇宙和人世的一切法则,并成为宇宙万物之本源。例如:"有物混成,先天地生。寂兮寥兮! 独立而不改,周行而不殆,可以为天地母。吾不知其名,强字之曰道,强为之名曰大。"(《老子·第二十五章》)由此,"道"成为中国哲学中最核心的概念,张立文等将其内涵概括为以下五点:

> 第一,道是天地万物的本体或本原,指感官不可达到的、超经验的东西,是自然现象、社会现象背后的所以然者。
>
> 第二,道是整体世界的本质,是指事物的根本性质,是构成事物基本要素的内在联系。
>
> 第三,道是事物的规律,指事物所固有的本质的、必然的、稳定的联系。
>
> 第四,道是运动变化的过程,指气化等的进程。
>
> 第五,道是政治原则、伦理道德规范,是治国处世的道理(张立文,1989:3-4)。

从"道"的上述五点内涵,我们还可顺理成章地推出第六点,即"道"具有不可言说性——正所谓"道恒无名"(《老子·第三十二章》),"道不当名"(《庄子·知北游》)。因为"道"既然先于万物,是世界的本原,那么也该先于一切的名,因此"道"是"无名"亦"不当名"的,称之为"道"乃勉强为之。关于道的内涵,还有一点需要补充,"道"往往是和"器"与"学"对举的:"形而上者谓之道,形而下者谓之器。"(《周易·系辞上传》)"为学者日益,为道者日损。损之又损,以至于无为而无以为。"(《老子·第四十八章》)"器"和"学"都是具体的知识,而"道"则是抽象的、超乎世界之外的,同时也是超乎语言之外的。

此外,"道"作动词还有言说之意,但一般认为此义项出现得较晚。沈善增认为:"'道'在先秦时并没有'言说'的义项。"(沈善增,2004:49)潘文国也持类似观点,他只找出《诗经》中的一个例外:"墙有茨,不可扫也。中冓之言,不可道也。所可道也,言之丑也。"(《鄘风·墙有茨》)(潘文国,2012:166-167)此处的两个"道"一般解释为言说,但笔者认为实际上意为公之于众,而公之于众未必通过言说的方式,因此该动词很可能是从名词"道路"引申而来的,因为道路让人联想到行走于光天化日之下。除此之外,其实《论语》中也有两个"道"通常被解释为言说:"子曰:'君子道者三,我无能焉:仁者不忧,知者不惑,勇者不惧。'子贡曰:'夫子自道也。'"(《论语·宪问》)"孔子曰:'益者三乐,损者三乐。乐节礼乐,乐道人之善,乐多贤友,益矣。乐骄乐,乐佚游,乐宴乐,损矣。'"(《论语·季氏》)不过,亦有注者将以上两个"道"解释为"导"(高尚榘,2011:777、873)。这样似乎也确实解释得通,因为"自道"可理解为自我开导,而"道人之善"可理解为引导人们向善。综上所述,笔者认为"道"在先秦很可能没有"言说"的义项,即使有,也不是常用的义项。那么,"道"作动词的言说义项究竟是从何引申而来的呢?这一问题至今并无明确的说法。据笔者推测,此义项很可能是从"道"的名词本义引申而来的,原因如下:首先,人们将陆地上的道路扩展到了河流中的道路,用它来指河道;接着,又扩展到了身体中呼吸或排泄的孔窍或通路,如呼吸道、肠道,甚至还有看不见、摸不着的穴道。这样一来,"道"便与人体与外界感应的通路联系在了一起,渐渐地,"道"便有了言说之义。

3. "知道"与"不知道"的分析

我们今天所使用的"知道"一词的意思,在最早的时候往往只用一个"知"字来表示。据庄会彬考证,"知道"一词最早出现在东周时期,为动宾结构,如:"玉不琢,不成器;人不学,不知道。"(《礼记·学记》)(庄会彬,2013)此时的"知道"意为通晓天地之大道。又如:"闻一言以贯万物,谓之知道。"(《管子·戒》)"知道者,上知天之道,下知地之理,内得其民之新,外知敌之情。"(《孙膑兵法·八阵》)此外,按"道"字的道路本义,"知道"也指认识某条道路,如:"娥语曰:'伯文,我一日误为所召,今得遣归,既不知道,不能独行,为我得一伴否?'"(干宝《搜神

记·卷十五》)

而"知道"一词与今天相同的意思,据庄会彬考证出现于六朝时期,但当时用得并不普遍,到了唐朝才流行起来(庄会彬,2013)。沈怀兴也认为该用法出现得较晚,"现在能找到的较早用例只是唐代的,如王建《送顾非熊秀才归丹阳》诗:'知道君家当瀑布,菖蒲潭在草堂前。'杜牧《过华清宫》诗:'一骑红尘妃子笑,无人知道荔枝来。'"(沈怀兴,2005)。那么,这里的"道"又做何解释呢?王艾录认为它与"得""到"相通。(王艾录,1995:205)也就是说,"知道"为主谓结构,意为"知"已"得到"或"达到"。庄会彬亦认为这里的"道"与"到"相通,但他指出"'到'最迟在宋朝之前就已经虚化了,由其动词'到达'义转而表'时态'",故在此充当的乃"知"的补语,就像"听到""看到"或"想到"等词一样,构成了动补结构。(庄会彬,2013)

主谓结构的"知道/到"的否定为"知不道/到",意为"知"未能"得到"或"达到";动补结构的"知道/到"的否定按"听不到"与"看不到"等表达,亦为"知不道/到"。而"不知道"最初是对"知道"之本义(即知晓办事之门道或形而上之大道)的否定。那么,"不知道"后来又是如何取代"知不道/到"的呢?庄会彬认为一方面是由于"知"与"知到"的表意功能相同,从而使得"到"的补语意义被弱化,于是人们习惯于对"知"进行否定,这便给"不知道"提供了发展空间,而另一方面则是由于"知道"一词逐渐被标准化,于是"到"的补语意义便进一步淹没了。(庄会彬,2013)那么,"知道"是如何取代"知到"的,又为何逐渐被标准化了呢?庄会彬并未给出进一步的解释,只是粗略地说是"由于历史的惯性",也就是指自东周出现"知道"一词后,"此后几百年里,'知道'一直被看作一种修为"。(庄会彬,2013)被看作修为的"知道"实际上为动宾结构,意为知晓办事之门道或形而上之大道。

那么,这个"历史的惯性"究竟是如何形成的呢?这才是问题的关键所在。然而,不论传统还是当今的词源研究,对该问题的解答都是阙如的。因此下文的解释仅为笔者的推断,聊备一说。笔者认为,该现象可以从口语和书写两方面来解释。由于汉语词汇越早的时候单音节化越明显,而"知"字在功能上与"知道"或"知到"相同,因此限制了后两者的发展。之后,汉语词汇逐渐双音节化,"知道"与"知到"便用得频繁起来了。其实两者在口语中并无法分辨,添一个音节只是为满足节律的需要,因为不论我们说"知道"还是"知到",都不会去分辨其作为动宾、主谓或是动补结构所体现的含义。然而在书写中,由于汉语具有目治的特点,便有了在"道"与"到"之间选择的问题。而"知道"之所以能获得"历史的惯性"而胜出,笔者认为是由于"知"与"道"的天然联系所致。"知道"比"知到"具有更丰富的语义内涵:一方面,"道"可理解为言说,因此"知道"体现了"知"(从"口"、从"矢")的原初语义内涵;另一方面,"知道"又可理解为知晓办事之门道或形而上之大道。可以说,"知道"一词体现了"知"与"道"(即知、行、言与形而上之道)之间的一种张力,这也正是中西哲学皆关注的"语言–思维–实践–世界"这一重要论题。当然,中西哲学处理这一论题的方式是不同的,这也是下文将要讨论的。总而言之,笔者认为或许正是由于"知"与"道"之间的这种张力,才促使"知道"获得了"历史的惯性",从而最终取代了"知到"。然而,"知道"一词越是被日常语言接受,"知"与"道"的张力便体现得越为隐蔽。因此,在下文中笔者将试图揭示其张力背后独特的哲学意蕴。

4. "知"与"道"的哲学意蕴

若将"知"与"知道"的内涵仅仅理解为一种苏格拉底式的知识观,即以能否诉诸语言来判定知识的合法性,那么将错失中国哲学最独特的意蕴。"出于口者疾如矢"乃中国古人对"知"的原初体验与理解。而当"知"上升为"智",那么恰恰相反,不可道才是其本质属性。"道"被公认为中国哲学特有的概念,西方哲学中无其对应者,而实际上,"知"亦如此。从形而下层面讲,"知"包含事实性知识(knowledge-that)与实践性知识(knowledge-how),也常被称为"器""技"或"学"。从形而上层面讲,"知"通"智",也就是形而上之"道"。因此,"知"不可简单理解为西方哲学所谓的知识,"道"亦不可简单理解为西方哲学热衷于探讨的语言(通常表现为命题)或终极真理。知识、语言与终极真理三者的关系乃西方哲学历久弥新的论题,对其的思考发端于古希腊,最终在20世纪初促成了哲学的"语言转向"。尽管此论题在中国哲学对"知"与"道"的思考中亦有涉及,但其呈现的方式与得出的结论均不同于西方。

在中国哲学中,"知"与"道"是相通的,形而上与形而下乃一体之两面。"知"既包含形而下之"器/技",又包含形而上之"道/智";"道"既可以指"器/技"层面的办事门道,又可以指"道/智"层面的天地大道。在中国哲学看来,不但形而上之"道/智"是不可道的,形而下之"器/技"亦不可道。《庄子·养生主》中"轮扁斫轮"的寓言讲的便是这个道理,波兰尼的"默会认识论"也证实了这点。"默会认识论"被誉为西方认识论上的"哥白尼革命",它对西方传统的"言述(articulate)认识论"提出了挑战。"言述认识论"的源头可追溯至苏格拉底对知识的定义(即认为知识乃得到论证的真的信念),其实质乃一种主客二分的认知模式,笛卡儿将之推向了高峰。这种认识论具有以下两个特点:

第一个特点是"知"与"智"的分离。这在维特根斯坦的前期代表作《逻辑哲学论》中表现得尤为明显,他在该书序言中写道:"这本书旨在划出思维的界限,或者更准确地说,——不是划出思维的界限,而是划出思想的表达的界限:因为为了划出思维的界限,我们必须能够思维这个界限的两边(因此,我们必须能够思维不能够思维的东西）。"（维特根斯坦，2013：3）维特根斯坦依据"图像论"泾渭分明地划分了两个世界——可道的经验世界与不可道的超验世界。前者是形而下之"器/知"的世界，维特根斯坦认为我们可以并应当将其说清楚；而后者则是形而上之"道/智"的世界，他认为这是不可道的世界，应对之保持沉默。然而，中国哲学并不做如此区分，它只承认一个我们生活于其中的世界（即庄子所谓的"人间世"），在此世界中可区分出形而下与形而上两个层面（杨晓波，2017）。

　　第二个特点是目的与手段的分离。杜威认为逃避危险并寻求安全乃人类的本能，该本能促使人类在危险的世界中寻求一种恒常的、安全的东西，他将人类的这一行为称作"确定性的寻求"，并认为这一寻求导致了"知"与"行"（具体而言是理论与实践、知识与行动）的对立，并高扬前者而贬低后者。原因是："实践活动有一个内在而不能排除的显著特征，那就是与它俱在的不确定性。……所以人们就向往有这样一个境界，在这个境界里有一种不表现出来而且没有外在后果的活动。人们之所以喜爱认知甚于喜爱动作，'安全第一'起了巨大作用。……完全确定性的寻求只能在纯认知活动中才得实现。这就是我们最悠久的哲学传统的意见。"（约翰·杜威，2005：3-5）"知"与"行"的对立造成了目的与手段的分离。"知"作为目的，是恒常的、安全的、确定的，而"行"作为达到目的的方法，则充满不确定的因素。杜威说道："人们曾经把手段当作是卑下的，而把有用的东西当作是下贱的。人们是把手段当作是一些不好的关系而保留下来的而不是内在地欢迎它们的。'理想'一词的真意，当在手段和目的的分离中得之。"（约翰·杜威，2005：215）中国哲学所悬设的"道"无疑也带有恒常性、安全性与确定性，然而在中国哲学中，"道"既是目的又是手段，它是目的与手段的统一，正如潘文国所言："在西方，它的'工具'是相对于知识而言的，'工具'不是'知识'，只是达到'知识'的手段。但在中国的哲学里面，'道'既是方法又是本体，本体当然不是知识，但是作为追求的目标而言，可以看作是某种知识。所以西方的两个概念，在中国又成为一个概念。"（潘文国，2012：162）

　　"知"与"智"、目的与手段的分离体现为一种以"道知"为导向的哲学，西方哲学大致属于这类。这里的"道知"为动宾结构，意为对知识的言说（stating the knowledge），进而言之，也就是以能否诉诸语言来判定知识的合法性，将知识视为"得到论证的真的信念"。而中国哲学的特点乃"知"与"智"、目的与手段的统一，这是一种以"知'道'"为导向的哲学。这里的"知'道'"亦为动宾结构，即知晓天地之大道（knowing the *Dao*）。"知"与"道"的关系之所以不能对应西方哲学中的知识、语言与终极真理的关系，正是因为前者表现出一种统一性与连续性，而后者则表现出一种分裂性与离散性。之所以如此，关键在于"道"所具有的"行"（可引申为实践）之义项，正是它沟通起了"言""器""道"三者，并赋予了中国哲学以不同于西方哲学的"生生"精神。

5. 结语

　　"知"与"道"在汉语中具有丰富的语义内涵,且其中又蕴含着中国哲学特有的哲学意蕴。这种意蕴体现为"知道"一词所呈现的"言""行""器""道"之间的一种张力。该张力一方面源自形而下之"器/知"向形而上之"道/智"的上升,另一方面源自"道"不可道,却仍需以言语之道来开显的悖论。前者造成了"知"的困境,而后者则造成了"道"的困境。突破这两重困境的路径,不外乎是对"知"进行重审,或对"道"(言说)进行突破。在西方哲学中,这两条路径基本上是分离的,这在维特根斯坦的《逻辑哲学论》中表现得尤为明显;而在中国哲学中,这两条路径是合一的。中国哲学突破此困境,或者说消解"知"与"道"之张力的方法,便是以"行"(实践与体验)贯通"言""器""道"三者。"由词通道""道不离器"乃中国哲学之特质,故"知"中有"道",由"知"而"道",方为"大知",方为真正的"知道"。

参考文献

高尚榘,2011.论语歧解辑录[M].北京:中华书局.

李圃,2002.古文字诂林(第五册)[M].上海:上海教育出版社.

刘正埮,1984.汉语外来词词典[M].上海:上海辞书出版社.

潘文国,2012."道可道,非常道"新解:关于治学方法的思考[C]//上海图书馆.上图讲座3:思想的享受.上海:上海科学技术文献出版社.

沈怀兴,2005."知不道"和"不知道"[J].语言研究(3):30-31.

沈善增,2004.还吾老子[M].上海:上海人民出版社.

王艾录,1995.汉语理据词典[Z].北京:北京语言大学出版社.

维特根斯坦,2013.逻辑哲学论[M].韩林合,译.北京:商务印书馆.

许慎,2009.说文解字注[M].段玉裁,注.上海:上海古籍出版社.

杨晓波,2017.语言、世界与超越:《逻辑哲学论》与道家语言哲学对比[J].浙江理工大学学报(社会科学版)(2):139-144.

约翰·杜威,2005.确定性的寻求:关于知行关系的研究[M].傅统先,译.上海:上海人民出版社.

张立文,1989.中国哲学范畴精粹丛书:道[M].北京:中国人民大学出版社.

庄会彬,2013.北方方言中"知不道"考源[J].语文知识(1):26-28.

作者通信地址:312000 浙江越秀外国语学院;37574510@qq.com

五、翻译学思想传承与研究

古今融会话翻译　东西贯通做文章

——以《中籍英译通论》为中心的考察

冯智强　王宇弘

摘　要：潘文国新著《中籍英译通论》的出版具有里程碑式的意义,是翻译研究特别是典籍外译的新起点。研究发现,该书系统回答了译什么、为何译、为谁译、谁来译、怎么译等翻译研究的元问题,建构了中国特色的翻译理论,确立了"三位一体"的新途径,提出了"三原一正"的新思路,重新梳理和定位了翻译理论与实践的关系,并通过重释"信达雅"、倡导"义体气"等创立了文章翻译学。同时,通过翻译能力的完善、翻译批评的介入、翻译教学的实施与翻译实践的落实,贯通了翻译理论与翻译技巧。这一切在翻译本体论、认识论、方法论以及价值论上都具有不可替代的重要意义。

关键词:《中籍英译通论》;文章翻译学;意义与价值

0. 引言

近年来中国文化"走出去"得到了前所未有的重视,典籍外译无疑是其中的重头戏。经过各方多年共同的努力,典籍外译取得了一定的成绩,但同时也存在着不少的问题,如翻译质量欠佳、传播效率低下、接受效果不尽如人意等。如何提高翻译质量、优化传播过程、促进接受效果,是一直困扰我们的难题。《中籍英译通论》(以下简称《通论》),是潘文国教授实践多年、笔耕数载完成的扛鼎之作,其问世无论对于典籍英译还是翻译研究,无论对于翻译实践还是翻译教学,无疑都是一件令人欢欣鼓舞的大事,同时对于跨文化传播与交流,特别是推动具有中国特色的学术发展更是具有里程碑式的意义。

作为通论,本书可谓名副其实,打通了诸多领域,其中包括中西之通、古今之通、文史哲之通、语言与文化之通、教学与研究之通,特别是理论与实践之通。在数轮教学的基础上,作者结合数十年来对翻译理论与中国文化对外传播的思考和中外互译的实践,最后扩展成为一个相对完整的翻译理论与实践的教学体系。全书"理论篇"和"应用篇"纵横呼应,既可以避免单一专题和视域所导致的

"盲人摸象",又可以解决理论过于空泛而引起的与实践严重脱节,进而将翻译理论束之高阁的问题。

更为难得的是《通论》对翻译和研究全过程的展现。以往的翻译类著述,无论翻译专著还是翻译教材,大都是编撰者针对某个专题呈现给我们的静态的研究结论或教学结果,读者只是被动的知识接受者和旁观者,而《通论》则力求动态地还原给我们翻译和研究的全过程,使我们成为主动的参与者、创造者、评判者和传播者,"更关心的是中国典籍译成英文的过程","希望高层次的中籍英译或汉学英语课程培养的学生不应该是只能读译本的学习者,而是要能创造译本、评判译本、正确传播中国文化的专家"。(潘文国,2021:1)这无疑会有助于打破以往被动的局面,弥补诸多缺憾。

1. 翻译研究元问题的系统回答

译什么、为何译、为谁译、谁来译、怎么译,这些问题关涉翻译的对象、目标、读者、译者和路径及效果等诸多方面,最具理论价值和现实意义,是翻译研究的"元问题"。本书作者多年来一直在思考和探索这些翻译研究的最基本问题,而这部《通论》则对这些重要问题一一作答。

1.1 追问中籍英译的翻译本体,运用目录学方法梳理中国文化的体系

中国文化对外译介首先要回答和解决什么是"中国文化"的问题,特别是如何聚焦"经典"、哪些"典籍"可以代表中国文化的问题。鉴于"译什么"始终悬而未决,作者首先不断追问"中国文化是什么"这个最根本的问题。从传统目录学入手,正本清源,通过重新梳理中国文化的体系,最终提出了"经史子集"四部体系构成了中国文化的架构,"一部中国文化史就是一部治学史"。(潘文国,2021:26)"国家治理"精神贯穿四部架构,是今天最值得传承和传播的中国文化精华,在建设"人类命运共同体"、建设新的国际治理体系时更能体现其独特的价值。同时,本书在深入研究《四库全书总目》的基础上所提出的"国学书目"和"国学最低阅读书目",作为研究和翻译的重要参考,填补了当下翻译研究领域的空白,这在以往的论著中是罕见的。

1.2 区分不同读者类型,准确定位、有的放矢

作者认为"为谁译"或"给谁看"方面也存在着不小的问题:其一是以往的翻译不区分国内外读者;其二则是没有认真区分国外读者的不同层次和不同需求。作者指出国内出版的多数典籍英译作品,其潜在读者其实是国内的外语学

习者,最突出的表现就是在原文和英文之外往往附上白话文翻译和用中文注释。更有甚者在引进国外译者的版本时竟然删去原书的前言和注释,尤其是索引。《通论》对于国外读者的三类划分,即一般读者、学者型读者和专家型读者,则有助于避免从选题、译法到出版、发行"一刀切"所导致的盲目混乱、事倍功半,从而做到从翻译到传播等各个环节更有针对性。

1.3　倡导"中外合作翻译",参与引领对外话语建构

"谁来译"的问题在国际译学界一直充满争议,典籍英译领域尤甚。早在2004年作者便呼吁中国学者要理直气壮地从事典籍外译,在本书中则进一步深入思考,认为最理想的翻译是中外合作。归根到底,"谁来译"其实不是简单的译者选择问题,而是关涉到翻译自主权和话语权等一系列重要问题,因为翻译的过程实则是对外话语构建的过程,这就对翻译主体的素养、责任和自信等提出了更高的要求。作者重申汉语为本族语的学者完成的理由,认为选择"译入"还是"译出",起决定作用的其实不是语言的纯正或者修辞的高超,而是必须服从于更广泛的社会变革和文明再造的需要,因此中国人有必要也完全有能力自己说明自己。(潘文国,2021:59)中国曾经有过的外译辉煌也充分证明了这一点,而中国形象更不能一味地依靠"他塑"。随着文化自觉的到来,中国形象的"自塑"迫在眉睫,文化自信和语言自信缺一不可。

1.4　加强"理论指导",落实"实践指导",以"三合"化"双难"

"怎么译"是翻译的根本问题,也是《通论》的核心。作者从两个方面论述了这个问题。一个是理论指导,关涉翻译学理论建设;一个是实践指导,做到学以致用,以解决翻译过程中的具体问题。(潘文国,2021:63)在这两个方面上,作者都独具慧眼。"怎么译"既指宏观策略,也指行文谋篇微观方法。"怎么译"的前提:一是正确地理解,二是承认"中国英语"为英语的一个变体。(潘文国,2021:64)文章解读和做文章的功夫是一体两面。因此,作者将"义、体、气"的文章学修养运用到翻译中来,借助训诂学等知识,理解文章的创作精神和运化方式,化解理解之难。而从英语世界化和后殖民理论视角看待"中国英语"变体,以保持中国文化形象为前提,可以化解第二个翻译之难。"译文三合义体气"的学理在于"义体气"的逻辑前提是中译外的特殊性,也是中外语言的差别性。文章学概念基于"和而不同"的道德哲学和有机论的生命哲学,将文品和人品合二而一。由此,理论指导与实践指导缺一不可,理解和表达相辅相成,而语言观和翻译观直接影响语言的运用和翻译的策略。

2. 中国特色翻译理论的建构

百年来的中国学术经历了与传统文化的决裂以及西化的洗礼,大范围的"失语"已是不争的事实。翻译研究领域也不例外,来自西方的翻译理论层出不穷。虽然这为我们解读纷繁复杂的翻译现象提供了不少全新的视角,但对于相距遥远的英汉两种语言文化之间复杂的翻译转换过程,仍显解释力不足,甚至无可奈何。特别是随着大批西方翻译理论不断涌入,许多宝贵的本土翻译思想和资源都被"大刀阔斧"地纳入了西方的译学传统,进而成为西方译论的中国附庸,"舍尔灵龟,观我朵颐",令人扼腕叹息。建构具有中国特色的翻译理论,创立翻译研究的中国学派,为国际翻译学的发展做出中国贡献,是越来越多有识之士的奋斗目标,这也是文化自觉后的学术自觉。作为具有强烈使命感的学者,作者多年来一直致力于打造中国特色的翻译理论。

2.1 中国特色翻译理论建设原则的确立:"三位一体"新途径的探索

作者旗帜鲜明地提出了构建中国特色理论的三原则——针对性原则、本土性原则和会通性原则,也就是针对中国当前现实的需要,优先解决当代中国面临的问题;充分利用本土的文化和学术资源,与中国传统相关理论和实践接轨;吸收西方译学理论和思想中的合理内核。打通古今,融会中外,吸收传统资源,消化外来资源,才能让传统走向现代,使国外理论成为本土理论的组成部分。作者用不小的篇幅,首先对西方翻译思想发展史进行了全面梳理,并对中国译学思想的发展史进行了系统梳理,最终钩沉出三大特色,进而在中西比较和会通基础上提出了中国特色的翻译理论——文章翻译学。

2.2 中国特色翻译理论建设方法的突破:"三原一正"新思路的提出

针对很久以来对外翻译中的"见树不见林""文学情节"以及"西化之终归文化"等系列问题,作者提出了"三原一正"的新思路。首先是重返原生态的中国文化架构,"回到原构"。作者强调,"回到原构"就是从"经史子集"四部出发,去研读、翻译和传播中国文化,从根本上解决"西化的中国文化"的问题。其次是梳理中国学术和思想的源头,"理清源流"。作者追根溯源,确定"六经"特别是其中的《周易》为中国的学术之源和思想之源。最后是打破概论式的介绍,"精读原典"。(潘文国,2021:69)作者强烈反对以解说代替阅读原著和"概论"式的介绍,而必须要读原典,选择最佳版本。"一正"则是指"正校译名",即要特别注重对"译名"亦即专门术语的翻译处理。(潘文国,2021:70)术语翻译至关重要,而"西化的中国文化"的形成,就是通过学科架构特别是术语"格义"导致的。因此作者强烈呼吁,做翻译必须从"正名"开始。"正名"之后,要经过"会通"和"超胜"两个阶段。通过"会通"即"融通"进入"超胜"阶段,以超越引进的文化。只有这样,才能真正实现中籍英译的新突破。

2.3 翻译理论与实践关系的定位:"学科研究四层次"的创造性运用

早在 21 世纪初,作者就曾针对理论与实践关系问题创造性地提出"学科研究四层次"说,即"每门学科都可以分成四个层面:学科哲学——学科理论——应用理论——应用实践",而对于翻译而言,就是翻译哲学——翻译理论——翻译技巧——翻译实践。前两个层面总称为理论层面,后两个层面总称为应用层面。在理论层面,本书提出的文章翻译学,通过对以上翻译学科四个层面的清晰梳理与划分,可以使我们认清理论与实践所处的位置及其功能,特别是二者之间的关系一目了然。这不但有利于推进翻译理论的深化,也有助于翻译教学与实践的操作与落实,打破了以往不是各自为战,就是混沌不清的被动局面。

2.4 文章翻译学的创立:从"信达雅"的重释到"译文三合义体气"的实现

文章翻译学是作者一生学术研究的集大成著作。通过重释"信达雅",再现"义体气",践行"三位一体",作者提出了"翻译就是做文章"和"做文章就要有文采"的宣言,突破了翻译与创作的边界,打破了文学翻译与非文学翻译的藩篱,搭建起了理论与实践之间的桥梁,还原了翻译的本来面目。

从重释传统译论话语的出发,通过对中外翻译和翻译研究史的梳理,作者将中国翻译最鲜明、最值得注意的特色归结为三条:立高标、正译名、重文采。(潘文国,2021:314-321)这其实可以称作"做文章"的道德标准、内容标准和语言标准。同时,作者通过对中国四个时期翻译研究的纵向和横向考察,得出了"中国传统翻译学就是文章翻译学"的结论,进而萃取出文章翻译学的优势和特色:(1)人品与文品,为人先于为学;(2)文学与非文学,言之必须有文;(3)中文与外文,追求文的提升。(潘文国,2021:343-345)继而明确划分了文章翻译学基本架构的四个层级。这是作者多年理论探索和不断实践的宝贵结晶,层次分明,逻辑清晰,可操作性强,对当下的典籍英译和翻译研究正在发挥着越来越重要的作用。

3. 翻译理论与翻译技巧的贯通

一直以来,翻译理论和实践"两张皮"的问题愈演愈烈。自说自话,相互轻视甚至诋毁已是不争的事实。除了生吞活剥、盲目引入西方翻译理论外,本土资源的缺席与否定是其中最重要的原因。《通论》作者身体力行,"为译而创","创译合一",自创自译,用实际行动使翻译理论与翻译实践贯通起来,从"应然"走向"实然"。

3.1 翻译能力的完善:联结语内翻译与语际翻译

作者将具体指导翻译实践的应用翻译理论称为翻译技巧。《通论》讨论了三个领域的具体翻译技巧:语内翻译、英语中译以及古文英译。而这三个方面的设计又紧紧围绕培养中籍英译者的三种能力:中文能力、英文能力和语言转换即翻译能力。把语内翻译即古文今译能力作为中籍英译能力的组成部分编入中籍英译的教材,是本书的一大创举。以往一般想当然地认为作为中国人,汉语水平和母语表达都不成问题。然而不争的事实是由于种种原因,中国人的母语水平一直急剧下降,甚至问题严重到集体无意识的状态。作者强调,能否完整、准确、优美地将古文译成可读可赏的白话文,能否把漂亮的英文译成不但准确而且同样漂亮的中文,这是对翻译提出的最低标准。《通论》在翻译的环节中加入语内翻译,绝不是画蛇添足,而是恰逢其时,甚至是亡羊补牢,功莫大焉。

3.2 翻译批评的介入:贯通翻译批评与翻译教学

翻译批评是对前人翻译的检验与评价。作者一针见血地指出中籍英译的特殊之处:译者往往又兼翻译批评者,很少有中籍英译者从零开始翻译,在动手之前,他一定会想方设法参考前人译作。中译英两百多年的历史中,许多中外学者参与了这项工作,虽然其成果良莠不齐,但这却是一份丰富的历史遗产,对我们批判接受的能力提出了挑战。理想的效果是既没有"遗珠之叹",又不至"鱼目混珠",这就要求我们具有翻译批评的能力。(潘文国,2021:458)作者从哲理翻译、诗歌翻译、文化翻译三个方面切入,从细节着手,探讨了专门术语、语言因素、文化承载词的翻译,评价了前人的得失,并提供了翻译批评的实例。从自身的翻译实践和翻译教学出发,充分展开了深入的翻译批评,这无论对于翻译实践工作者还是理论研究者,都颇具启示意义。

3.3 翻译教学的实施:打破翻译专著与教材的界限

本书的"翻译教学"不同于其他教材,以实践为重,不讲教学理论。这既打破了传统翻译教材的刻板与教条,又通过参与实践全过程而做到身临其境,从而实现了既有教材的系统性与规范性,又有实践活动的灵活性,同时还有专著的严谨性和学术性,可谓一石多鸟。作者一贯坚持,教学的根本目的是学生学,要让学生能亲身参与,得到手把手的指导。因此《通论》一反常例,采取课堂直录的办法,记录了翻译教学具体过程的四个步骤。这种教学法可操作性强,效果尤为明显,因此也非常值得大力提倡与广泛推广。

3.4　翻译实践的登场:融会翻译理论与实践

翻译实践属于"四层次"论的第四层。不同于一般教材的练习、提示、答案"三步曲",作者尝试不但告诉学习者"怎么译",还让他们知道"为什么这么译"以及"为什么不能那么译"。(潘文国,2021:568)具体来说,就是打破一般翻译教材只评点他人作品的惯例,以作者自己的翻译作品作为样例,从实践出发,从一手文献出发,"以身试法",既以己之矛,攻己之盾,以自己的实践来检验自己的理论,又坦露具体认识和处理翻译问题的心路历程,树立靶的,供读者批评和借鉴。

4.　意义、问题与思考

4.1　本体论上的坚持

"翻译元问题"要在本体论层面有所突破,这既是对翻译主体自身责任、权力和能力感知的自觉状态,也是译者代表的文化主体具有翻译主见的自治状态,即在选材、策略、路径、方法和传播方式上有自己较为成熟和完善的观念系统和执行能力。本书作者始终坚持中国本位,解决中国问题,一贯主张回归中国学术的宗旨,正确把握经典外译中"道"与"器"的关系,这是强调修辞的人文主义的中国译学立论的前提,与对等论、语法中心论、技术主义和原文中心主义思路截然不同。作者强烈呼吁创建翻译研究的中国学派,建立平等对话的机制,构建中国的话语体系。一味沿用西方现成的概念,难以构建中国自己的学术话语体系,更不能奢望理论系统的形成。因此,努力发掘本土资源,积极吸纳西方学术方法,发扬中国特色优势,建立起一套融通中外的话语体系,不但是必要的而且是完全可能的。

4.2　认识论上的突破

"翻译就是做文章","做文章就要有文采",这与《文心雕龙》一脉相承,更是孔子"言之无文,行而不远"的直接践行。文章翻译学强调人文一体、"道""器"

合一。文章学的"道"和"器"将人文精神和主体及主体间性意识提高到了文体论层面,将国学传统调动起来,重拾文章学"义体气"的形下践行传统,将"信达雅"的形上境界在译者/作者的人品、义理和文品三个层面加以彰显,最终实现创译一体,提升文化自信。同时从学理和实践两方面回答"译出"的必要性和可行性,树立语言自信和话语自信,宣示了译学话语权和翻译主权,进而做到文质协调,逐渐形成中国特色的学术话语体系和对外交流话语体系。

4.3 方法论上的创新

文献考证之学是治学的前提与基础,也是外语界急需加强的"硬功夫",甚至一些翻译大家都时有忽视。作者所运用的文献学(目录学、版本学、校勘学)方法可以弥补外语学人的先天缺陷和西学带来的严重不足。而文章翻译学的创建,既是认识论上的飞跃,更是方法论上的革命,也是对中国治学传统的继承与发扬。文章翻译学的书写策略坚持中国本位,依据对翻译实践元问题的思考,有其理论思考证明、应用研究证明和实践体察证明。中国经典对译者提出了特殊要求,只有深谙典籍的中国译者才有实力打破"逆向"翻译的魔咒。当然,达成以中方为主体的中外合作,更利于实现对外翻译的宗旨。文章翻译学的总体设计和思路改写了翻译的定义,即翻译就是做文章,就是创译一体,就是编创研一体的传播活动。由此出发,中华经典会得到更有效的广泛传播。这不但搭建了理论与实践之间的桥梁,也突破了文学翻译与非文学翻译的藩篱,更打破了翻译与创作的边界。

4.4 价值论上的贡献

建立中国特色的翻译学,抑或翻译学的中国学派,不但可以尝试解决中西互译的现实问题,有助于走出汉英互译的困境,还可以为国际译学做出贡献。相当一段历史时期以来,众多的中国传统译论话语诸如"信达雅""文"与"质"被误解、歪曲和异化。一味沿用西方现成的概念,难以构建中国自己的学术话语体系,更不能奢望理论系统的形成。因此,努力发掘本土资源,积极吸纳西方学术方法,发扬中国特色优势,才能建立起一套融通中外的话语体系。

4.5 问题与思考

首先是文化多元性带来的机遇。中国文化博大精深、多元共存,中国文化对外传播任重道远,如何通过典籍外译实现中国文化的传播是一个非常重大的课题,不可能一蹴而就。对文化的理解,对典籍的选择与把握皆非一朝一夕所能完成。因此,不断加强对传统文化的学习,批判性地传承与传播其中的精品与精华,是摆在作者和读者面前共同的课题与任务。

其次是翻译复杂性引发的挑战。由于中籍英译的特殊性以及翻译活动自身的复杂性,对翻译的认识还有待于进一步深入。中西互译的独特性、开放性和跨文化特性,使得其间的文学、文化交流愈加复杂。译入与译出的差异,语际翻译与语内翻译的交错,文学与非文学的区分,特别是中国文化的特殊性——"一部中国文化史就是一部治学史"——使得中籍英译既极具魅力又充满挑战,如何以恰当的策略应对和处理,如何以高度的责任感再现"国家治理精神",不但是本书作者的目标,更是广大翻译理论与实践者共同的追求。

最后是教、学、研的分离造成的问题。长期以来教学与研究、理论与实践的分离造成的彼此阻断甚至相互轻视的局面不可能在短期内迅速改观。尤其是作为刚刚破土而出的幼苗,文章翻译学虽有坚实的文论基础和深厚的传统文化底蕴,但由于长期以来"西化"的影响和传统教育的缺失,对其认识和理解还需要一个较为漫长的过程,对其运用和完善无疑还要经过一个相当长时期的"阵痛",因此,包括作者本人在内的广大学人必须携起手来,既要坚持不断、深入完善,又要敢于大胆尝试、勇于实践,还要不断反思和总结,将文章翻译学推向新的阶段。

5. 结语

作为有着多学科教育背景、深厚学养和严谨治学精神的作者,多年来一直秉承着对中国传统优秀文化的坚守和对西方外来文化的扬弃,从字本位到文章学,从重释"信达雅"到质疑"直译""意译",作者不断挑战权威、挑战常识、挑战自我,不断打破学科间的壁垒,不断跨越不同语言文化之间的藩篱,从而让传统走入现代,让中籍走向世界,《通论》便是这种精神最直接的体现。该书正本清源,通过梳理中国文化的体系,揭示出了中国文化的本质与内核。同时独辟蹊径,通过追溯中国文化的原点,提出了中籍英译的新思路;运用新方法推陈出新,通过钩沉中西翻译的历史,构建出翻译研究的新格局;并通过重释与创立译论话语,努力建构翻译学的中国学派。最为可贵的是,作者始终坚持中国本位,立足中国实际,发挥汉语优势,完善译者素养,倡导大翻译观和大语言观,最终解决中国问题,这使得《通论》能够发现问题,破解难题,实现了翻译理论与实践的融会,翻译教学与研究的贯通,从深度、广度、厚度到高度都成为翻译研究新的起点,从而实现了从本体论、认识论到方法论、价值论的一场重大革命。

参考文献

潘文国,2004.语言哲学与哲学语言学[J].华东师范大学学报(哲学社会科学版)

　（3）:96-102.

潘文国,2019.文章翻译学的名与实[J].上海翻译(1):1-5,24,94.

潘文国,2021.中籍英译通论(上、下)［M］.上海:华东师范大学出版社.

作者通信地址:300204　天津外国语大学;fengzq6666@126.com

　　　　　　　110034　沈阳师范大学;heatherwyh@163.com

评潘文国先生的《中籍英译通论》

林元彪

摘　要：进入新时代，我国翻译事业的主要任务逐渐从"翻译世界"转向"翻译中国"。潘文国教授的新作《中籍英译通论》以瞄准时代的精准角度，聚焦中译英理论和实践问题，是中国文化外译领域的一部力作。《中籍英译通论》具有多方面的开创性：一是阐明中国传统文化的框架体系，使得能够提纲挈领地讨论外译事业；二是以史立论构建了中籍外译的理论体系；三是建立反映中华文化灵魂的译典标准；四是专打靶心的翻译教学方法。

关键词：《中籍英译通论》；典籍英译；文章翻译学；翻译教学

0. 引言

进入新时代，我国翻译事业的主要任务逐渐从"翻译世界"转向"翻译中国"。与之相应的，翻译研究的重点之一就是为中译外实践的难点和疑点提供行之有效的解决方案。潘文国教授的著作《中籍英译通论》（以下简称《通论》）是一部瞄准时代、聚焦中译英理论和实践问题的最新研究成果，也是作者多年来在中西文化交流、中英互译理论与实践研究的心血结晶。

1. 内容架构及主要特点

全书分为上下两篇。上篇为"理论篇"，下篇为"应用篇"。上篇"理论篇"分六章。第一章"中国文化体系与核心"，系统介绍典籍翻译的基础——中华传统文化的体系及其本质与内核，以此作为理解与继承、传播中华文化的起点。本章还从全局着眼，推荐了一个全面理解中华文化的书目，并包括一个面向外译人才培养的"最低限度中国文化荐读书目"。第二章"中籍英译的新思路"，总结迄今为止翻译中华文化的经验与问题，提出中华文化译介的新思路。

第三至六章梳理中西方翻译理论史并论证中籍英译所需的特殊理论。第三章"西方翻译理论简史"，分为"古典期、文学期、哲学期、语言学期、文化转向之后"五个时期,呈现西方译论的发展脉络。第四章"中国翻译与中国翻译理论简史(上)",主要介绍20世纪以前从佛经翻译到严复的翻译和翻译理论。第五章"中国翻译与中国翻译理论简史(下)",介绍20世纪迄今的中国翻译和中国翻译理论。第六章"中国典籍翻译理论",探讨中籍英译是否需要以及需要什么样的特殊理论。

下篇"应用篇"共八章,从更实用的方面研讨中籍英译。第一至三章为应用层面的理论,第四至八章为翻译实践。第一章"翻译技巧",根据培养中籍英译能力实际需要,讨论语内翻译、英语美文中译和中籍英译的具体技巧。第二章"翻译批评",讨论研读前人译作的方法,以哲理翻译、诗歌翻译、文化翻译三种翻译所反映的不同问题及处理方法作为实例,示范如何多角度、多层次、多方位开展翻译批评。第三章"翻译教学",以一篇古籍的翻译为例,具体指导学生进行翻译的现实记录,体现了从原文阅读、实际翻译、译后讲评、参考译文的全过程。

第四章"古文今译",选取六篇古文,讨论古文今译中的理解和语言处理技巧,打下中籍英译的基础——古文的理解和处理。第五章"散文美译",选取作者所译的四篇英文美文,通过汉译考察学习者的英文阅读和理解能力,同时又锻炼学习者中、英文追求"文采"的能力。第六章和第七章按四部分类法精选"经"部和"子"部的哲理名言,通过将作者自己的译文与多种西方名译加以比较、评述,示范哲理翻译。其中,第六章"哲言精译(上):经",包括"五经"和"四书",第七章"哲言精译(下):子",则包括儒家、道家、法家、墨家、兵家、杂家的十部著作,还附了属于"史"部的《国语》和"集"部的《楚辞》。第八章"诗歌翻译",收集了先生已发表和未发表的诗歌翻译若干首,以中诗英译为主。

是书概括起来有三大特点。一是深刻、透彻。全书分"理论篇"和"应用篇",凡于理论上的为什么必定追本溯源、论证翔实,而于实践上的怎么办则有比译、试译、批评等,深入浅出,务求实际的可操作性,是"探讨翻译,尤其侧重中译英的内容最全、分量最重的一部专著"(黄友义,2021:1)。二是系统、全面。作者以近900页的鸿篇巨制对中英互译所涉的文化学、翻译学之概念、理论,进而至于实践方法,进行了百科全书式的梳理。"史中有论(理论)、论中置评(评价)、评中见法(理路、思维路径)、法中有道(规律、韬略)。"(刘宓庆,2021:3)三是厚重、前沿。正如黄友义先生(2021:1)在该书序言中所说,书中"充满真知灼见,完全建立在作者数十年来的翻译实践和教学经验之上"。是书源于作者在所涉内容上几十载的深厚积累,多数话题此前均有多篇影响因子极高的专文论述,而本次成书当中,先生对这些内容一一予以补充、丰富,不仅突破论文的框架制约,更又带入先生近年对百年大变局背景下中国文化发展的全新思考,因而具有"瞄准时代的精准角度"(黄友义,2021:1)。

《通论》具有多方面的开创性：一是阐明中国传统文化的框架，使得能够提纲挈领地讨论外译事业；二是以史立论构建了中籍外译的理论体系；三是建立反映中华文化灵魂的译典标准；四是专打靶心的翻译教学方法。

2. 提出中国文化传承的文本体系

《通论》以"四部框架论"确立中国传统文化的核心特点。《通论》开篇指出中国传统文化有着严密的体系，并将中国文化的体系概括为"以'六经'为源，以'四部'为流，以《四库》为结，以'治道'为本"，同时又进一步明确经史子集"四部"是中国文化的整体（为表述方便，以下称"四部框架论"）。而顺理成章的结论就是，我们今天翻译、传播中国传统文化，必须要从"三原（源）一正"入手："回到原构""厘清源流""精读原典""校正译名"。

"四部框架论"对中国文化的传播和传承有着全局的、系统的指导意义。首先，作者用"四部"这一体系，有力而又巧妙地回答了"译什么"的问题。退一步说，没有这个框架，我们讨论"传统文化"必然依旧陷入谁也不能定先后的乱哄哄的一片争吵。中国文化既然是一座完整、井然的大厦，那么对于外译和传播而言，一砖一瓦地递出去肯定不能让世界认识全貌。因此，中国文化的对外翻译和传播必须是一项系统工作，没有系统就免不了事倍功半。

而这个回答的巧妙之处在于，作者把中华文化史的共识兼常识，创造性地运用到了当前最热闹的研究领域，从而创造了一个中国传统文化外译的战略性的新思路。它既是未来的指引，也可以用作反思当下的参照。当下的外译工作之所以乱，很大的因素在于大家都凭着兴趣，没有先后、没有方向地翻腾"集部"。

同时，"四部框架论"也为我国当前的文化传承提供了一个具有相当可操作性的教育传承方案。当今学生对传统文化的热情很高，但一直苦于缺少一个可以实际做起来的学习方案——学生任何时候都期待老师"划范围"，因为这是切实需要的。《通论》所提出的"最低限度中国文化荐读书目"，以笔者在翻译专业的教学经验看，通过本、硕阶段的教学，是务实可行的。这只是量上说。"四部框架论"最主要的贡献却在于，指明了个人研习的"进路"，或者说"归路"——"经"。这就保障了个体对"四部"的自由学习具备了民族文化整体意义上的"传承"。这个道理对中华民族内部的传承如此，对国际传播、文明互鉴也是如此。

仅从这两点看，《通论》的创新价值就已不可估量。若不能解决中国传统文化内部传承的方法，则中国典籍外译事业终是水中月、镜中花。这其实历来是一个颇让典籍外译者心虚的大难题：中国人自己不读、不能读的书，凭什么要译出去呢？《通论》提出的两位一体方案让我们看到了信心和希望。

3. 展示翻译理论史的致思功能

《通论》以史立论,论证中籍外译的理论需求独特性。中籍外译既然要成为一门学科开展系统的工作,则必然需要(自己的)理论——对于这里"自己的"三个字,学界颇有一些不同看法。《通论》则采用了一种极具智慧的写作方法:通过梳理中西方翻译理论的历史,来帮助我们认清中籍外译的现实理论需要。其结果是一举两得:本来从事翻译者就应该懂得本学科的理论史——这是一切教材都应当具备的"知识传播"功能;然而作者的梳理方法却又是"史中有论(理论)、论中置评(评价)",于是乎,对中、西翻译理论的历史演绎竟然为一套原创的中国特色翻译理论(文章翻译学)揭开了面纱。

刘宓庆先生说,《通论》的特点之一是"评中见法(理路、思维路径)"(刘宓庆,2021:1)。作者对中、西方翻译理论的评述,体现一条垂范后学的翻译理论研究的思维路径:特别重视理论的发生土壤和社会条件。比如,在对比中西翻译理论史当中,作者敏锐观察到了欧洲一直是"双语社会",而中国却是典型的"单语社会","原文"在中国翻译史上基本是缺位的。这种情况决定了中、西两种截然不同的翻译传统。又比如,纽马克的翻译思想为什么最终发展到"互关法"?作者的梳理事实上结合了纽马克所处的社会历史条件的变化。这两个例子为我们治理论研究树立了很好的思辨示范。

然而,《通论》对翻译理论史的梳理绝不是要为现有的西方翻译理论"做嫁衣"。实际上,先生倡导的文章翻译学不乏对西方最新理论成果的吸纳。比如,作者明确表达了对后殖民理论的重视——事实上,先生多年前对于"中译外"的有关论证,已经有反对语言帝国主义的身影。不同之处是《通论》走了一条完全不同的路子。西方这些带有"后"字的理论往往强调"抗争"(林元彪,2019:20),而文章翻译学却"立高标",瞄准"经"的更高追求去了。反抗只是一时一事,并不能提升所涉文化之自身。文化的长久地位最终需要往更高的方向走,才能展示优势,进而占据优势。于是这个"立高标"本质上又回到了"四部框架论"。

4. 建立反映文化灵魂的对外翻译标准

《通论》建立了反映中华文化灵魂的译典标准。《通论》在对比中西翻译传统的基础上,提出中国译论有三个特色:立高标、正译名、重文采。在"四部框架论"下,这三者又可以视作中籍外译的标准体系——也就是"怎么译"。

立高标源自儒家的传统教育和家国天下的世界观,即翻译的进路也要趋向于"经",要勇于追求"治道"的最高目标。这本是我国传统文化在宏观上的人格要求,并不专为译事言。但在四部框架之下,对于今天基本上呈"碎片化"的外译状况而言,立高标又有了具体的实践内涵。套用《通论》的一句话就是:必须从对集部的热爱,发展为对经、史、子各部分的研译。

正译名和重文采则更为直接。"正名"本就是中国"治道"的核心命题之一,其本质是对"哲"的追求——作者不止一次称赞安乐哲等的"philosophical translation"也正是这个缘故。"哲"与具体翻译实践又有一层联系,哲的前提要求是"明",这就要求译者做"研究性翻译"。所以《通论》举哲言英译第一条标准就是要"明白"。回到作者对"子部"的论述,正译名不就是为了形成"自成一家"的概念体系吗?重文采也是同样的道理。"圣贤书辞,总称文章,非采而何?"经史子集,都要重视文采。译语要体现中国文化对文采的追求,事实上也是要向"经"看齐。

罗选民教授(2021:1)说:"本书的下篇'应用篇'最是吸引我。"而下篇丰富的实践演示(还包括上篇"四部"框架下的译名讨论),重点也就是对以上三要点的多维度评析、批评和示范。古文今译、美文美译、哲理翻译、文化翻译、诗歌翻译,各执一端,示范"正""哲""美"三个方面的基本要求和方法。不过下篇的实践示范和分析自始至终贯穿的一套方法——翻译教学的方法,很值得单独提出来一谈。

5. 示范典籍翻译的教学方法

示范了一套"专打靶心"的翻译教学方法。黄友义先生在《通论》的序言中说:"我还读出另一个至关重要的问题:谁来教,教什么。"让我想到作者评述纽马克时说的话:"编教材这一条很重要,这可能是语言学派的特色。"(潘文国,2021:159)——作者本人亦正是蜚声中外的语言学家!不过,以往的语言学派翻译理论家们并不曾示范怎么教,《通论》却用了一整章的篇幅做了一个完整的教学示范。

在这里,作者以其实际教学经验示范了一套"专打靶心"的翻译教学方法。其要义在于,学生练习之前教师首先应当讲读原文。这一步的目的是扫清阅读障碍,统一理解基础。如此,才能把教学的重点聚焦到"翻译"的核心任务上。练习中、课堂上,师生应当在统一理解的基础上讨论"译法"。否则,理解不同而谈翻译根本讲不到一起去——以我所见所知,不少翻译教程和翻译课,感觉像是英文精读课。多数时间精力没有集中在"译"的关键问题上。此外,作者教学步骤的设计可谓循循善诱:先"诱"之以"鱼",再示之以"渔",最后让学生验之于"渔"。

而第六、七两章哲言英译的译文分析方法也容易给人启迪。作者通过翻译评注的方法,自己翻译,自己解释,自己评论,并与他人他译做比较,从而告诉读者怎么译,以及为什么这么译——更重要的是:给我们"怎样译"的方法启示。试举一例。哲言英译有《管子》的一句话:"听不审不聪,不审不聪则缪;视不察不明,不察不明则过;虑不得不知,不得不知则昏。"作者选汉学名家理雅各氏的译文作为对照,其译把"If..."和"the prince will..."的句式分别重复了6次和5次,共计72词。《通论》的译文却只用了3个句子,每句恰好10词,共30词,精练了一半以上文字。方法何在?作者用了3个"mis-",发挥了英语构词法上的优势——不禁令人感叹,先生真是语言学家!

事实上,《通论》还示范了"dis-""over-"等相通的方法。作为教材,我们认为这些实践方法可以通过设置练习以方便读者进一步掌握、运用。从全书的布局来看,《通论》似乎更重视理念和方法的浑然一体,没有单独设置习题或思考题,也许100万字的篇幅实在已至极限。它的的确确是部"一书在手,翻译我有"的通论!

参考文献

黄友义,2021.从事翻译的指导,学习翻译的教材[M]//潘文国.中籍英译通论.上海:华东师范大学出版社.

刘宓庆,2021.同声相应,同气相求[M]//潘文国.中籍英译通论.上海:华东师范大学出版社.

罗选民,2021.代序二:学术大厦是怎样建成的?[M]//潘文国.中籍英译通论.上海:华东师范大学出版社.

林元彪,2019.文章学翻译学与语言科技时代翻译的人文任务[J].上海翻译(1):18-24,94.

作者通信地址:200444上海大学外国语学院;nyb@shu.edu.cn

道器并重的"中国路子"

——论潘文国"文章学翻译学"的理论与实践①

林元彪

摘　要：中国崛起、中华文化的复兴以及海外传播迫切需要一套能够解决中国翻译实践需求及研究需要的中国特色翻译理论。潘文国认为面对中国语言文化的厚重传统，这一特色翻译理论必须以中国最悠久的诗学理论——"文章之学"为基础，因而名之曰"文章学翻译学"。潘氏的文章学翻译学理论深度结合历代文章学研究传统，执"信达雅"之说为"道"，以"义、体、气"之"三合"为翻译过程的操作手法和翻译批评的指导标准。而潘氏本人的译作亦无不因之体现着"义明体正、允昭允文"的文章学规范。继续坚持潘氏这一"道器并重"的文章学翻译学理论必将为中国译学研究和实践带来焕然一新的局面。

关键词：中国路子；潘文国；文章学翻译学；译文三合义体气

0. 引言

在最近发表的一篇翻译研究论文上，华东师范大学终身教授潘文国先生对自己的研究领域做了如下排序：理论语言学、对比语言学、汉语语言学、翻译理论与实践。其实，这位学问真正是涉及了古今中外的语言学家2013年还获得了中国翻译协会颁发的"中国资深翻译家"荣誉称号，因为潘文国先生对中国的翻译事业、翻译学科、翻译人才培养和翻译理论研究做出的巨大贡献绝不亚于其全面开花的各项语言学研究。目前，国内对潘文国的翻译研究已经颇有规模，尤其是他的英汉翻译名作《赫兹列散文精选》引起了相当强烈的研究兴趣②。

本文继续研究潘文国的翻译理论与实践有三层意义。第一，弘扬潘氏立足本土、构建中国特色翻译理论的学术创新意识和志趣。是否需要"中国特色翻

---

① 本研究得到上海市社科项目资助，项目名称为"中国翻译史上的'独语'译者现象与文章学翻译学思想研究"，编号为2014EYY005。
② 中国知网目前已经收录了10篇研究《赫兹列散文选》汉译策略的专论。

译理论"? 2014年7月29日成立的中国翻译研究院就是最有力的肯定答案。如果西方的翻译理论能够解决中国的翻译问题,那么还有必要设立这样一个机构吗? 而明确的"中国问题意识"正是潘氏翻译理论研究的灵魂。第二,补充介绍潘文国最新、最成熟的翻译理论研究成果。正如多年前首位潘文国翻译研究学者所论,潘文国对翻译研究的兴趣实乃"后来居上"(冯志强,2004),而从理论研究的系统性和创新性来看,潘氏在中国特色翻译理论建设方面更全面、更深刻的思考则又以近数年为最。这是现有研究未能及时跟上的。第三,揭示潘文国翻译理论与实践的"文章学"内核。潘氏的翻译理论与实践——甚至包括相当一部分的重要"语言学"研究,植根于雄霸中国古代语言研究数千年的文章之学,而这一传统现在几乎已经断裂。当然,现有的部分研究也表达了"文言"在潘氏翻译当中的运用,但这些认识仍然比较朦胧,至少不能说是"充分"的研究。而潘氏的翻译理论更多针对典籍英译,更是这些研究没有注意到的重要事实。

为此,本文从梳理潘文国先生对传统文章之学的发掘入手,进而着重介绍并分析其提出的"文章学翻译学"之理论源头、概貌和关键内核,最后通过例析潘氏经典译著《二千年的哲言》的文章学翻译方法,证明这一理论在翻译研究和翻译实践上的价值,以期唤起学界对传统文章之学以及潘氏彰显中国特色翻译理论风采的"文章学翻译学"的进一步研究。

1. 中国路子:潘文国对"文章之学"的发掘

"为中国语言建设服务"是潘氏语言研究的"终极目标"。(潘文国,2007a,2007b)这种"中国问题意识"也是从马建忠到赵元任、从王力到吕叔湘等中国近当代伟大语言学家一脉相承的优秀学术传统。而潘氏的更突出贡献在于,始终注意探索发展中国自身语言研究的"中国路子",他对传统"文章之学"的发掘,正是其中重要的一种。

潘文国有着深厚的古汉语研究学术背景,他对文章学传统的发掘与对古诗文传统的深刻认识有着"路子"(approach)上的必然关系。潘文国最早的文章学研究成果[①]是1999年出版的古文选注本《文三百篇》。该书前言部分系统论述了一套新的文章评点标准,提出五种"美文"——"情美""境美""意美""韵美""语美",并对每一种进行了文章学的理论溯源。(潘文国,邓乔彬,龚斌,1999:3-5)"五美说"融会了古代文章学"阳刚""阴柔""经脉""意境""趣味"等经典术语,既体现了传统文章学特有的、融语言学文学为一体的方法,又贴近现代文艺学文学研究的理论视角,是对传统文章学的创造性继承。作为《文三百篇》的选文

---

① 这里"最早"指的是"成体系的创见",不包括潘氏早至1983年的前期研究成果。

标准，"五美"实质上就是文章评点的理论框架，是正统的古典文学研究的"中国路子"。

几乎同时，潘氏又将这种融语言学与文学于一体的文章学方法拓展到翻译领域。就在《文三百篇》出版的同年，潘文国的英汉翻译名作《赫兹列散文精选》付梓。这部译著是利用"中国路子"解决"中国翻译问题"的成功尝试。在文本分析方面，潘文国运用"五美"标准对赫兹列原作进行了"相似性想象"，并归纳出"阳刚为主、兼具阴柔"风格特征和"平实"的语言特点。而在翻译策略方面，最为学界称道的则是他对"论语体""骈体""赋体"等"古文笔法"的综合运用，解决了现代汉语在"美化的文学"方面表达力有限的困难。事实上，潘氏所做的风格的相似性想象以及文体的综合运用，都是传统文章学的经典理论话题。而且，文章学对汉英典籍翻译更具有从宏观到微观的理论和实践价值，本文将在第三部分结合潘氏的翻译实例专门论述这些问题。

在对比语言学方面，潘氏的对比语言学理论体系事实上是在文章学的基础上实现完备的。以《汉英语对比纲要》为代表的、深有"语言哲学"色彩的早期论述，虽然可以目之为中国汉英语对比宏观研究的最高峰，但较之2007年发表的《英汉语篇对比与中国的文章之学》以及2012年发表的《寻找自己家里的"竹夫人"——论中西语言学接轨的另一条路径兼谈文章学》两篇长文则不难看出，潘氏最终把宏观对比研究的理论话语系统引回了"中国传统"。这两篇文章"致力于寻找、发掘自身的学术资源和传统"（潘文国，2012b），系统地阐发了依托传统的文章学话语系统开展对比研究的路子、方向、方法和体系，是潘氏对比语言学更彻底、更理论化的"中国路子"。笔者郑重地建议从事对比语言学的学者切不可忽视这两篇文章对《汉英语对比纲要》思路的进一步"中国理论化"。

在语文教学方面，潘文国发掘传统文章学"以读为基础、以写为训练核心"的语文教育方法，创造性地阐发了"读文写白"的语文教学理论。虽然学界对于外语学者应当提高中文水平、消除"两张皮"取得了一些共识，但对于如何提高中文水平这一关键问题，鲜有学者提出明确的主张。潘文国为翻译专业量身定制的《中文读写教程》走出了一条语文教育的"中国路子"，于2010年前后分四册出版。

教中文也要讲"中国路子"乍听起来有些别扭，但是当代语文教学最大的观念和理论缺陷。"一百年以来，我们一直把汉语当作外语来教，这是造成语文教育效果不佳的重要原因。"（潘文国，2007c）试看中心思想总结、段落大意概括、结构划分、修辞手法分析等，哪一样不是"舶来品"？潘文国的《中文读写教程》却是地地道道的文章学办法：读——写。"中国传统语文教育主要做两件事：识字、做文章。"（潘文国，2007c）他为翻译专业学生编写的这套教程采用了"文选阅读""中文知识""语言实践"三结合的体系。"文选阅读"和"语言实践"之间的关系,用翻译学术语来说是"平行文本",用文章学的术语来说叫"文式"——照样子学,这是古人学习"制艺文"的经典办法,而"中文知识"则是衔接两者的必要桥梁。这种编写体例和语文教学理念是以往中文教材编写没有过的创新,闪烁着文章学的语文教学思想和翻译人才培养的先进理念。

综上,潘文国对文章之学的创造性发掘始于古典文学研究,跨界运用到翻译研究与实践、对比语言学、现代语文教学诸多方面,为一系列"中国语言问题"提供了"中国方法"。潘氏对文章学的创造性发掘并非只为实践方面"术"的问题提供中国的办法,他的努力还推动了上述三大领域"学"的理论发展,其中又以翻译学受益最多。

2. 道器并重:潘文国的文章学翻译学理论

潘氏的翻译理论,准确地说是他运用文章学对严复翻译思想理论化、体系化的成果。潘氏将他提出的理论体系名曰"文章学翻译学"(潘文国,2011,2012a,2012b,2014),表达的正是他对严复乃至中国古代译学的文章学传统的继承。

而潘氏对严复的发展和超越则主要体现在:对本来就"难"、不好捉摸的"信达雅"进行了理论提升,使之回归到文章学"德学才"的根本要求上,成为指导全局的翻译之"道";同时深度结合历代文章学理论研究的优秀成果和自己的翻译实践和研究心得,提出了更具有操作性和实用性的"译文三合:义体气"指导翻译过程和翻译批评,从而完成了"道器并重"的"文章学翻译学"理论体系构建。

"文章学翻译学"在形而上层面的构建主要有两点:一是翻译的定义;二是翻译的根本要求。文章学翻译学对翻译的定义是"翻译就是做文章,因而要用做文章的方法来对待翻译"(潘文国,2011)。这也是文章学翻译学的基本精神。严复同样表达过这个意思:"三者乃文章正轨,亦即为译事楷模。"认真地、实事求是地检查中国翻译史和中国文学史,则可以发现,这并不是"新论",而是自翻译在中国发生以来就一直存在的传统,是传统翻译理论研究的"模因"①。

较之"翻译即写作""翻译即改写"等较为接近的说法,潘氏的定义更突出了"写"的"中国路子":"做文章"是中国的概念,不同于西方的"文学创作",也不同于一般的"写作"。差别在哪里?"做文章"总的要求是"为人先于为文",同如孟子说的"养气"。潘氏强调用做文章的办法对待翻译,正如严复的"信达雅"一

---

① 中国翻译史上不少伟大的翻译家都是不懂外语的,从道安到徐光启到林纾,如果翻译不是"做文章",这些"翻译家"就根本无法做翻译!中国传统译论中的"失本–存质""文–质""名义"等讨论,都是在研究"翻译的写作任务"。(林元彪,2012:18)

样,本质是对译者素养的高度重视,这是文章学翻译学对翻译的根本要求。

中国译论建立在传统文章学基础上,强调为人先于为文,走的是一条人文主义的道路。"信达雅",其实就是"德学才"("德"是清代乾嘉学者章学诚认为刘知几的"才学识"有所不足而加上去的),说的是"译事",其实是对"译人"的要求。"信"强调了对翻译事业高度的责任感,说明翻译不是人人可做的。"达"强调达意即传译之不易,隐含了对两种语言文化知识的高要求,说明翻译不是人人能做的(严复另有一篇文章《论译才之难》可说为此条做了注脚)。"雅"强调文字当求尔雅,这是对翻译的高要求,更不是人人能做好的。(潘文国,2014)

潘氏的论述还澄清了学界的另一个误解——"信达雅"也不是翻译在具体操作层面的原则或标准。事实上,中国古人谈任何"人文学科"都不会直接从技术层面入手,这可以说是一个基本观察。更何况"信达雅"本就是严复自己感到难以做到的事情,如果要拿来作为标准或原则来执行,岂不是故意与自己为难?所以潘文国把"信达雅"归为文章学对"德学才"的根本要求,并认为"信达雅"是翻译追求的理想境界,是译者对"道"的追求。这才是正解。

翻译学是"一门既是'学'又是'术'的综合学科"(潘文国,2009),成熟的翻译理论必须要同时解决"形而上"和"形而下"两方面的问题。"信达雅"是形而上的、全局性的东西,指导实践则需要根据具体对象和目标,提出更具有操作性和实用性的办法。这样,译者才有具体可持的方法、翻译批评者才有长短可量的标尺。但"具体对象和目标"又可以说是无穷尽的,如何才能统一于某个明确的体系?中国的文章学正是这样一门包罗万象的"语言研究"学问。潘文国从传统文章学研究的优秀成果当中提取了"义""体""气"三个最主要的方面作为统一具体问题的纲领:

> "译文三合义体气"是对"译事三难信达雅"的继承和发展,同样从文章学的角度,对翻译过程和译文质量的检验提出了更具体、可操作的要求。"义"指的是译文和原文在意义上的契合,"体"指的是译文和原文在文体和形式上的契合,"气"指的是译文和译文在气势和文章内脉上的契合。"信达雅"是译者条件,"义体气"既是翻译原则,又是翻译标准。(潘文国,2014)

其中,"义合"是最低要求,"体合"居中,"气合"则是最高要求。"义合"包括三个方面:字辞义、组织义和系统义。其主要依据,依潘氏之说是刘勰《文心雕龙》的文章学理论,笔者追加一点:这也是中国古代以"经学"为代表的阐释学体系①。"体合"提供了掌握古代文体四大语言要素"韵、对、言、声"的标记特点,是典籍英译的形式辨析依据。"气合"比较多的属于"翻译的艺术论"。"气"是中国文章学的灵魂概念,一直是个难以说清的文章学核心术语,潘氏引刘大櫆简明扼要地指出"气就是音节的调配与句子长短的安排"。潘氏同时还提供了几个与"气"相关、适用于"翻译艺术论"的文章学概念:"神"——模拟他人口气;"阴阳"——作品和作家风格;"脉"——贯穿全文的线索或作者的思路;"味"——言尽意不止。所以,三者之间还有一层关系:义、体是语言层面的,气是艺术层面的。

上述可以看到,潘氏对"文章学翻译学"在翻译之"术"上的突破在于把文章学"合语言研究与文学研究为一体"的自有特点和深厚历史积累,系统地跨界运用到翻译当中。

潘文国提出"译文三合义体气",有着相当漫长的探索过程,其中除了有上述对文章学优秀成果的跨界发挥,更有他自己实践心得作为基础。与绝大多数翻译研究学者不同,按照雅各布森提出的三种翻译类型来看,潘氏的"翻译研究"同时涉及了"语内翻译"(intralingual translation)和"语际翻译"(interlingual translation/translation proper),又以古文今译、古诗今译等"语内翻译"为先、典籍英译等汉英"语际翻译"为重②。

潘氏的"语内翻译"实践和研究始于20世纪80年代中期,最有代表性的成果是1986年分六期发表的"古文今译六论":一曰:"识字要真 选义要切。"二曰:"酒须醇正 瓶要更新。"三曰:"意仍其旧 序做调整。"四曰:"移情写真 更贵传神。"五曰:"减其宜减 增其必增。"六曰:"或述大意 或径搬用。"从文章学的角度看,"古文今译六论"实质上讨论了两个核心问题:义、气。义的方面包括了一(字辞义)、三(组织义)、五(系统义);气的方面则有二(阴阳)、四(神)。六可以视作解决"不可译"现象的办法,属于"组织义"。

"古文今译六论"解决的是在白话里"重构"古文的问题,其实这也是典籍英译的主要任务。在某种程度上说,"古文今译六论"是从事汉英典籍翻译的基本功。潘文国也明确表示"语内翻译与语际翻译在许多地方是相通的"(潘文国,2014)。从理解的角度看,读不懂古汉语自然压根译不了典籍;而从表达的角度

① 戴震的《孟子字义疏证》便是这一阐释学传统的代表作。当然,"经学"也是传统文章学的重要一支,"八股文"的做法本身就与"经学"为一体。"圣贤书辞,非采而何",刘勰更认为"经"是"文章"的重要源头。我们特别提出这一点是因为近当代以来"经学"被划入了"哲学"的范围,不明确提出来容易让人产生文章学翻译学没有"哲学"基础的误解。
② 潘氏"翻译"(语内翻译和语际翻译)研究的起点是中国典籍,所以他谨慎地认为:"译文三合义体气"可以说是文章学翻译学为翻译特别是中译外和典籍英译特别量身定制的"器"。至于它能否适用于别的翻译,还有待于实践的检验。(潘文国,2011)

看,正如林语堂所说:"英语言文一致,而骨子里是白话。"只不过,现代汉语还能容忍一些"文言",把中国典籍译成英语则需要进一步的"白话"方法。

1998年潘文国主译了曾获"上海市优秀图书特等奖"的《二千年前的哲言》一书。针对这部极有分量的先秦古籍名言汇编,潘氏明确说明:"本书的英译,在传统译论'信''达''雅'的基础上,采用了'明白''通畅''简洁'三个标准。"(潘文国等,1998:7)"明白"指的是在透彻了解原文的基础上,把原文的意思完整无误地用英语表达出来,以己之昭昭启人之昭昭。"通畅"指尊重汉英两种语言各自的特点,务求将艰涩的古汉语用流畅的现代英语确切地表达出来,不斤斤于语言结构表层的相似。"简洁"则是特别针对本书"语录体"特点提出的,力求使译文给读者相同的感觉。

细致对照,《二千年前的哲言》这三条英译标准已能窥见"三合"的影子:"明白"和"通畅"显然是"义";而旨在"给读者相同语录体感觉"的"简洁",明显同时涉及了"气"(神)和"体"(节奏)。再把《二千年前的哲言》的英译标准与"古文今译六论"对照起来,我们完全可以说,以"译文三合义体气"作为文章学翻译学在"形而下"层面之"器",也是潘文国30多年来从事具体翻译实践和翻译理论研究成果的"文章学化",内核是传统的文章之学。

3. 文章正轨:潘文国的翻译实践

文章学翻译学认为"译文三合义体气"是翻译的操作手法,也是翻译批评的评价标准。我们从潘文国的经典译著《二千年前的哲言》中略举数例,并对照其他译本,在探讨操作方法的同时,也做一些翻译批评的尝试。

最能体现文章学翻译学对译者基本功力要求的是语言层面的"义合"和"体合",又以"义合"为重。"古文今译六论"第一条也正是"识字要真 选义要切"。文章学翻译学要求译"义"而不是"意"。"意字字形从心,说明这个意义是主观的理解;而义更强调客观的意义。"(潘文国,2014)如何寻得客观的意义?"义合"给出了三个方法:一是就字识字,二是联系上下文识字,三是联系其他作品,寻找最合适的解释,亦即"经学"的语义阐释办法。试举一个能说明较多问题的例子。

[16.19]14.42子路问君子。子曰:"修己以敬。"曰:"如斯而已乎?"曰:"修己以安人。"曰:"如斯而已乎?"曰:"修己以安百姓。修己以安百姓,尧舜其犹病诸?"

孔子与子路这段对话说的是《礼记》"修齐治平"的思想,更重在"修"。"大意"并不难懂,但"义"就不那么轻易能看出,文字里的陷阱随处可见。首先,"君子"指的是什么人?介词"以"表达的是方式还是目的?怎么"安"?何以"百姓"

就不是"人"了？为什么是并列的？看看潘氏的译文如何回答这些问题。

[16.19] Zilu asked what a superior man should do. //"He must cultivate himself *so as to* attain great reverence," said Confucius, his teacher.//"Is that all?"//"He must *then* cultivate himself *so as to* bring happiness and comfort to his subjects."//"Is that all *then*?"//"*Finally* he must cultivate himself *so as to* bring happiness and comfort to the whole people. *Even* the ancient sages Yao and Shun will find it difficult to accomplish *such* a task."[1](潘文国等,1998:176)

对于这段译文笔者最称赞的是未用一注就把所有的"义"讲得明明白白。"his subjects"说明"a superior man"实际上是"有位大小君主"——要知道"修齐治平"在《礼记》里完整的逻辑是从"古之欲明明德于天下者,先治其国"开始的。"so as to"说明"以"表达的是目的——"在貌为恭,在心为敬","敬"是"心正",无法用作方式;"bring happiness and comfort"说明"安"的具体方式——"安"在《论语》中凡17见,义项较多,最接近的是孔子回答冉有"既庶矣,又何加焉"时说的"富之"(13.9)。"the whole people"和"subjects"相对,"百姓"即"天下",而"人"即"臣僚"[2]。

不难看出,说潘氏的译文是"综合"运用了"义合"的手段绝不是客套话。做这样的翻译,一要有"译德",肯下功夫去思考,二要有深厚的"学养",能看得明、看得切。我们不妨拿另一本被牛津大学出版社称为"迄今最完美的"《论语》英译本做个对照。

14.42 When Zi-lu asked about the gentleman[1] , the Master said, "He cultivates himself in reverence."[2]// Zi-lu said, "Is that all?"// The Master said: "He cultivates himself in bringing peace to Men."[3]// Zi-lu said, "Is that all?"// The Master said: "He cultivates himself in bringing peace to the hundred family names.[4] To cultivate oneself in bringing peace to the hundred family names—even Yao and Shun found it difficult."// (Huang's notes: [1] Here refers to the sovereign. [2] The first step of the gentleman's cultivation is to cultivate himself in acquiring the rituals and revering himself. [3] The second step is to cultivate himself in bringing peace to the nobility. "Men" here refers to his clan, hence nobility. [4] The third step is to cultivate himself in bringing peace and good order to all the people in the empire.) (Chichuang Huang, 1997:151)

---

① 中英文的着重号和标记均是笔者所加;方括号内的序号是原文在《二千年前的哲言》英译本里的序号;"//"表示换行。下同。

② "人"准确地说是"各级政府工作人员"。《论语》里还有一处与此互文:子路使子羔为费宰。子曰:"贼夫人之子。"子路曰:"有民人焉,有社稷焉,何必读书,然后为学?"子曰:"是故恶夫佞者。"(11.25)

我们首先注意到,黄继忠做的不是"懒汉翻译",他译得很认真,态度上绝对没有问题[①],但译文却有不少毛病。译文给人的第一感觉是读起来累:行文拖沓,译文68词,注释66词,加起来134词——潘氏的全部译文只有71词。

当然,最主要的问题还是"义"。第一,"in reverence"黄注"习礼得敬"(cultivate himself in acquiring the rituals and revering himself)说明他没有理解"敬"的方法不是"习礼",而是"正心"。这一处错得厉害,后面两个"in"与宾语搭配均不当。第二,"修己以安人"译作"He cultivates himself in bringing peace to Men.",于"义"而言完全不通——难道君子统领的这些贵族们"整天内心不平和"或者"整天征战不休"以至于君子不得不每时每刻给他们送去"peace"?"安"译作"bring peace to"是译者自作主张的"意"而非文本之"义"。第三,"人"译作"Men"、注释作"家族、贵族"解均不切,与"义"几无相合——"例不十不为训",《论语》里"人"字凡220见,都没有这层意思。此外,英文中与"Men"相对的多是"Women",就着黄的翻译,改成"his Men"也会妥帖一些。最后,"百姓"译作"the hundred family names"简直是个笑话,如此"直译"[②],已经无须讨论了。

"圣贤书辞,总称文章,非采何何?"14.42这段文字还颇有文学色彩。子路是《论语》所载孔子门下个性最鲜明的一位弟子,《论语》里给孔子"脸色看"的只有子路[③]。这段选文刻画子路不善体悟、急躁但率真的性格相当成功。孔子回答:"修己以敬",子路却追问:"如斯而已乎?"翻译成现代汉语大约是:"像这样就可以了啊?"说明他不仅没有理解"敬"的重要性,还直接表露出失望、看轻的态度。而他第二次表达失望和看轻之后,孔子把"尧舜"请了出来,显然孔子也有点不高兴了——孔子与弟子谈话提及"尧舜"《论语》里一共只有两次。

从这个角度再看潘氏的译文,可圈可点的就不止是"义"之昭昭了,"体"和

① 但他的方法却大有问题。史嘉柏(David Schaberg)说:"黄译的缺点从开篇的"导语"部分即可看到,知识性错误和史实化约之陋病随处可见……术语的解释竟然引用《辞海》这类当代辞书的定义……"("'Sell it! Sell it!': Recent Translations of *Lunyu*", Chinese Literature: Essays, Articles, Reviews, Vol. 23(Dec. 2001), p.115-139)原文为英文,笔者自译。用现代辞书来解释古书,这是不能原谅的方法错误。

② 黄的译本以"直译"自称,但尽管有牛津大学出版社的吹捧,译本在海外汉学界评价却不高。程艾兰(Anne Cheng)指出:回头再说文本阐释的问题,则黄继忠所谓的"直译"所指为何颇令人费解……不难发现,单看这部译著,封底言之凿凿的"博学"实在难以使人信服。载(Bulletin of the School of Oriental and African Studies, University of London, Vol. 62, No. 2(1999), pp.387-388)原文为英文,笔者自译。

③ 一次是"子见南子,子路不悦"(6.28)。一次是"在陈绝粮。从者病,莫能兴。子路愠见曰"(15.2)。一次是"公山弗扰以费畔。召,子欲往。子路不说"(17.5)。笔者窃认为《论语》当中,孔子与子路的师生感情最"真"。孔子也同样以真性情对子路,"子路使子羔为费宰"(11.25)可为一例。

"气"也十分相合。短短71词的文字用了5个、8次表达"脉"的衔接虚词:so as to 3次,then 2次,finally、even、such各1次。这是"体"的一方面,属于形式上的,但直接影响到了"气"的艺术效果。我们明显能感到潘氏的译文读起来流畅许多,then、finally、such表达了两人的对话持续渐进而且围绕主题(such是个"回指词",用得极好)的灵气。而黄的译文只用1次even作为衔接,从"体"的效果看,是两个人没能有效地"对话",当然更无艺术效果可言:甚至让人感觉对话双方有点呆——至少孔子有点呆,人家问他一句他答就一句,丝毫没有精气神。

"从事中文典籍外译,应该有勇气把传递原文的神气,并在外文中以适当的方式表现出来,作为自己的崇高追求。"(潘文国,2014)《二千年前的哲言》英译本里成功传递原文神气的例子颇多,我们再举几个短小精悍的例子,但限于篇幅就不做详细分析了。

[1.2]苟日新,日日新,又日新。If you can renovate yourself for one day, do it every day. Then every day you will find yourself in a newer state.(按:试感受译语循循善诱、语重心长的味道。)

[1.16]亦余心之所善兮,虽九死其犹未悔! For what my heart thinks is fine, // I won't regret to die times nine.(按:注意用韵、节奏以及缩写"won't"带来的速度感和坚定感)

[3.18]所求于己者多,故德行立。He whose virtue is established makes more demands on himself.(按:译文转换技术精彩,完全换了一个判断的角度,符合英语好从已知到未知的特点;试感受一位"智者"正授人以经验)

[4.19]盈科而后进。Water fills up every hole before it flows on.(按:冷峻的西方哲学味道)

[21.23]物壮则老。To reach prime is to reach oldness.(按:试与"To see is to believe"比较,感受格言的味道)

4. 结语

研究潘文国先生的文章学翻译学,笔者有个深切的感受。中国语言研究的宝贵传统就像一只装满甘泉的葫芦,在任何一个地方凿个孔都能得到一些滋润,但越往底层钻,得到的滋润肯定越长久。文章学就是这个葫芦庞大的底面,我们应该努力在这个部位钻。而潘氏的研究成果更让我们看到,跨界运用又可以为这只大葫芦注入新的生命力。中国的翻译研究问题,中国的翻译研究者应该有自己的办法。我们感谢潘文国先生的伟大探索,我们也应该继续"日新之、月异之"(If you can renovate yourself for one day, do it every day. Then every day you will find yourself in a newer state.)(潘文国等,1998:7)。

参考文献

冯志强,2004.中西合璧后来居上:潘文国教授翻译理论与实践研究[J].吉林大学师范学报(人文社会科学版)(5):63-66.

林元彪,2012.文章学视野下的林纾翻译研究[D].上海:华东师范大学.

潘文国,1986.古文今译六论(1—6)[J].中文自学指导:4-10.

潘文国,等,1998.二千年前的哲言[M].上海:上海古籍出版社.

潘文国,邓乔彬,龚斌,1999.文三百篇[M].上海:华东师范大学出版社.

潘文国,2010.译者前言[M]//赫兹列.赫兹列散文精选.上海:上海外语教育出版社.

潘文国,2004.严复及其翻译理论[C]//杨自俭.英汉语比较与翻译.上海:上海外语教育出版社.

潘文国,2007a.关于外国语言学研究的几点思考[J].外语与外语教学(4):1-3,7.

潘文国,2007b.英汉语篇对比与中国的文章之学[J].外语教学(5):1-5.

潘文国,2007c.100年来,我们用教外语的方式教母语[N].南方周末,2007-05-24(1215).

潘文国,2009.译学研究的哲学思考[J].中国外语(5):98-105.

潘文国,2011.文章学翻译学刍议[C]//汪榕培,郭尚新.典籍英译研究(第五辑).北京:外语教育与研究出版社.

潘文国,2012a.中国译论与中国话语[J].外语教学与研究(1):1-7.

潘文国,2012b.寻找自己家里的"竹夫人":论中西语言学接轨的另一条路径兼谈文章学[J].杭州师范大学学报(社会科学版)(3):93-99.

潘文国,2014.译文三合:义体气:文章学视角下的翻译研究[J].吉林师范大学学报(人文社会科学版)(4):93-101.

CHENG A, 1999, Book review [C]//SHIHADEH A. Bulletin of the school of oriental and African studies. London: University of London.

HUANG C H, 1997. The analects of Confucius, a literal translation with an introduction and notes [M]. New York and Oxford: Oxford University Press.

JAKOBSON R, 2000. On linguistic aspect of translation studies [M]//VENUTI L. The translation studies reader. London and New York: Routledge.

SCHABERG D, 2001. "Sell it! Sell it!" Recent translations of Lunyu[J]. Chinese literature: essays, articles, reviews, 23:115-139.

作者通信地址:200444 上海大学外国语学院;nyb@shu.edu.cn

宇宙文章中西合璧 英文著译浑然天成

——林语堂"创译一体"的文章学解读

冯智强　庞秀成

摘　要:作为中国文化"走出去"的重要代表,林语堂将翻译和创作合二而一,达到了前所未有的效果。他创译一体的书写理念主要源自中国传统的文章学,辅之以现代语言学和美学原理,是严复"信达雅"文章翻译学思想的延续和发展。其双语书写实现了"义体气"三合,其"德才识"的学养成就了"宇宙文章"。研究林语堂的"创译一体"模式是时代的呼唤,印证了"文章学翻译学"的正当性与合法性,为双语创作、比较文学、汉语研究、翻译实践和翻译研究拓展了广阔的视野。

关键词:文章学;创译一体;文章翻译学;三合

0. 引言

近年来,学科划分过细等原因导致了"专家"频出而"通才"罕见的现象。"西学东渐"以来曾经有过的那种名家辈出的景象已然成为神话,翻译领域也概莫能外。时至今日,翻译研究更是成了西方译论的跑马场,你方唱罢我登场,各领风骚三五年。语言学派翻译学的条分缕析,文化学派翻译学的迂阔缥缈,不是人为割裂,便是不着边际,使得翻译本体研究严重碎片化和虚无化。由于过分张扬技术理性,加之翻译的市场化浪涛汹涌,翻译领域严重依赖技术与实效,主体心性迷失,个性气质锐减。译文或信马由缰、毫无章法,或佶屈聱牙、味同嚼蜡。中国传统翻译思想灿若星辰,译者对此却少有问津;西方翻译理论被治理论者奉为圭臬,实践者却敬而远之。本土译论湮没无闻,西方译论水土不服。翻译理论频出,翻译大家难觅,这一切使得中国文化"走出去"举步维艰。

纵观"中学西渐"百年历史,倒也不乏成功的案例。林语堂"两脚踏中西文化,一心评宇宙文章",创造了中学西传史上的一个奇迹,北京大学乐黛云先生曾感慨一百年来没有出现过第二个林语堂,著名作家张晓风也盛赞林氏为"学贯中西,百年一人"(张晓风,2009:2)。林氏传统意义上的翻译寥寥,更多的是创译一体的作品,其特殊之处在于翻译与创作几乎同步,你中有我、我中有你。学界多冠之以"变译""编译""译写""译述""译创"以及"创译"等,但都未能揭示出林语堂跨文化书写的特殊机理,更难以解释这种文化现象背后蕴含的因缘。那么,林语堂这位文章大家是如何突破翻译和创作的边界将两者融会贯通,并赢得中西读者的广泛赞誉而持久不衰的呢?本文将林语堂创译一体的现象放在文章学的视域下加以研讨,揭示其背后的深层原因,从而为中国文化"走出去"提供重要参考。

1. 创译一体的林语堂模式

林语堂的创作与翻译界限模糊,相互交织杂糅,译中有创,创中有译,形成了创译一体的特殊风格。这种书写特色开创了中国文化对外传播的"林语堂模式"。林氏几乎所有的著译作品,从《吾国与吾民》到《生活的艺术》无一不是这种创译杂糅的形式,《京华烟云》《风声鹤唳》《苏东坡传》等小说和传记也都满布翻译的"痕迹"。文中引文翻译随处可见,诠释话语不计其数,体现出创与译的交融和合。林语堂的好友乔志高就曾指出,《吾国与吾民》翻译与创作高度融合,是逼近"翻译最高目的的经典之作……是提炼中华民族几千年来累积的经验,用作者自己独特的见解和明白晓畅的英文,为西洋读者做深入浅出的'诠释'(interpretation)"(乔志高,2000:80-81)。

林语堂著译作品创作与翻译水乳交融,表现在相同的主题选择、一致的行文风格以及共同的书写目的等诸多方面。

1.1 题材多元归一:从闲适哲学到文章报国

林语堂著译作品文资深厚、题材广泛。经史子集,人生百态,无不可以成章;"宇宙之大,苍蝇之微",无不可以入文。生活哲学始终是林语堂著译的共同主题。《生活的艺术》《中国人的生活》等一系列创作最大程度彰显了林语堂的闲适生活主题,告诉人们如何观山、游水、赏月、品茗、饮酒、谈天,怎样品味独处的乐趣。这与《浮生六记》《古文小品》《幽梦影》《西湖七月半》等译作相映成趣,反映了林语堂倾心闲适文化的取向。闲适幽默背后的社会批判也是林语堂著译作品中的一贯主题。从《语丝》时期开始,林语堂就把对现实的批判与对传统文化的反思紧密结合起来,先后写下了一系列针砭时弊、抨击军阀政府的专制统治,以及支持民众与青年学生爱国运动的文章。海外的三十年,林语堂也始终心系故国,"文章报国"和"文化抗战"成为林氏创作和翻译的共同主体和一贯立场。孔子的"诗可以兴,可以观,可以群,可以怨"的认识和曹丕"文章经国之大业"的赞誉,是他笔耕不辍的恒久动力。

1.2 体裁多样如一:小品文笔调贯穿始终

冠之以散文之名的《林语堂文集》,几乎囊括了所有体裁,如论、传、序、跋、书、记、笺、赞、评、解、述、祭文等,可谓文章体式之大观。又受欧风美雨的熏陶,创新独造,美不胜收。以通行文类概括,其著译作品,从散文、诗歌、戏剧到小说、传记,无所不包。其中最大特色是一如既往的小品文笔调的使用。他认为文本像书法一样,并无一定的体裁。公安派的文论"独抒性灵,不拘格套",刘勰文论"各师成心,其异如面",以及石涛的画论"至人无法,非无法也,无法而法,乃为至法""文无定法,随物赋形"等言说,造就了林语堂独具特色的"语录体"。

1.3 主旨博而能一:以传播中国文化为终极目标

李渔曾说,"古人作文一篇,定有一篇文章之主脑"(李渔,2014:47),而林语堂的所有作品也有这样一个主脑:无论是创作还是翻译,无一不是以译介传播中国文化为最终目标。《吾国与吾民》如实说明了中国人的国民性格,《生活的艺术》生动展现了中国人闲适的生活方式,《孔子的智慧》《老子的智慧》《中国的智慧》等智慧系列,更是了然解释了中国人独特的生存智慧与人生哲学。同时,如此种种又以小说传记等形式,通过主人公或传主之口直接述说体现出来,取得了空前绝后的传播效果,受到了英语世界的广泛认同甚至崇拜。

2. 林语堂创译一体的文章学意识

严复在《天演论》"译例言"中提出的"信达雅"得到了译界的普遍认可,被奉为翻译的金科玉律。而同时,质疑之声特别是对其中"雅"的批判也一直不绝于耳。更有好事者考察了严复本人的译本,结果发现了大量的不"信"等"反例",因而大呼受骗上当。那么,问题究竟出在哪里呢? 据潘文国的研究,"信达雅"首先不是翻译的标准,而是文章的标准,是文章学的要求,"严复是把翻译学纳入文章学的",因为严复说得很清楚:"三者乃文章正轨,亦即为译事楷模。"因此所谓"文章学翻译学",就是用写文章的态度来对待翻译(潘文国,2012:1-7)。通常,以写作意图为主导的译者通过翻译使得译本成为"书写的文本"(张曼,2018:8)。由此,严复的"信达雅"从传统文章学的角度,对译者、翻译过程、两种语言等提出了非常高的要求,包含着丰富的内涵。从文章学的角度出发,可以重新认识翻译本质,确立翻译标准,提高翻译地位,为翻译研究指明方向。

文章翻译学用写文章的态度对待翻译可以还翻译学以人学。林语堂在谈论作文之道时,就很少谈如何组字成词、组词成句、组句成章等具体方面,而是大谈性灵修养,谈到翻译单位,也强调以句为单位,很少强调语言学的重要(虽然他留学美国和德国时主攻的是语言学），却将翻译定位为艺术，即便谈论语言，也多强调从意义和功能出发。这些都表现了文章学体验式的认知方式。林语堂对所谓的作文法、翻译法都持怀疑的态度。他主张文无定法，反对那些人为约定和有限的认识，认为面对千变万化的文法，一切皆为束缚。但法又是客观存在的，文章生成有其自然机理之"法"。

2.1　宇宙意识

所谓宇宙意识是跨越民族文化的意识，是道家天地万物的融通意识。"两脚踏中西文化，一心评宇宙文章"的林语堂突破了文字的界限，其书写方式几经转变：由圣约翰时期的英语写作，到《语丝》《论语》时期的双语写作，再到海外三十年的英语创译，晚年又回归至汉语母语写作。林语堂自由徜徉于英汉两种语言之间，创造了中外传播译介史上的奇迹。林语堂还突破了时空的界限：其著译作品，穿越了古今中外，但最终都指向了当下。林语堂的"宇宙文章"，无论是翻译还是创作，既有像《浮生六记》这样缠绵悱恻的文学精品，又有《京华烟云》这样荡气回肠的不朽佳作，既包括《苏东坡传》这样的人物传记，又包括《中国新闻舆论史》这样的学术专著。这些作品都妙语连篇，文采飞扬，从而彻底打破了文学与非文学的界限。

2.2　全息意识

所谓全息，就是由具体透视整体。所谓具体就是意义和功能优先于各种表现形式。意义是"一"，形式是"多"。语篇的整体意义控制着文内的一切变化多端的形式。林语堂很早就突破了语法的限制，其《开明英文文法》超越了语法结构的简单分析与纠缠，进入表达法层面，即作文之法的阶段。他的所谓文法就是文章之法，而不是《马氏文通》之葛郎玛。这部文法融语法、逻辑与修辞为一体，学文法就是学作文，从人的内心出发，由内向外，由意义到形式，由语言到艺术。

2.3　有机意识

自然有机论是将整个自然看成是活的有机物并以此为模式解释整个自然的哲学，局部必须通过整体来理解。林语堂将语言赋予生命的含义，认为不仅整个语言是有生命的，而且每个字都是有生命的，"凡字必有神"。林语堂的"字神说"不是将汉字神秘化，而是继承了中国古代对汉字的尊重。林语堂把字放在句中活化，将句作为字的整体，而句又是章的整体。因此他反对"字译"而主张"句译"，"句译家对于字义是当活的看"（林语堂，1984：422）。在翻译中，他将"忠实"放在中国美学的传统中加以点化解读。其一曰："忠实非字字对译之谓",化解了拘泥于信的粗浅认识。其二曰:"译者不但须求达意,并且须以传神为目的"(林语堂,1984:425),从而由忠实提升到达意再到传神的艺术境界。

2.4 本体意识

林语堂偏爱道家,理解"反者,道之动"这个根本法则,也深刻理解儒家"过犹不及"的中庸之道。他尊重"自然任物"和"物极必反"的自然法则,理解道家"万物皆流"的本体论哲学,超越当下,将主要精力投入艺术创造、中国文化和中国国民性的定位和评估之中。林语堂十分清楚"源"与"流"的关系,因此在创作过程中每每从历史纵深观察时变,将自己的翻译也放在"流"的过程中加以变化,以适应时代和情境的需要。

2.5 个性意识

林语堂的《论翻译》开篇断言"翻译是一种艺术",艺术的特质就是个性化,因此"凡艺术的成功,必赖个人相当之艺才"(林语堂,1984:417)。艺术生于自由,死于约束。艺术的价值是创造性,即审美趣味的个体性。他将性灵视为文章的灵魂,认为"文章者,个人之性灵之表现"(林语堂,2004a:59),而"性灵就是自我","性灵与笔调,不得分开"(林语堂,2004a:203–204)。林语堂的闲适笔调着重笔调之亲切自在(林语堂,2004a:149),笔调就是文字、思想和个性的融通。这种个性化的笔调深得文章学要领,因此他的每部作品都令人感受到富有个性意识和生命意蕴。

2.6 审美意识

受中西方美学的双重影响,林语堂视创作和翻译皆为艺术,既秉承了克罗齐的"翻译即创作"(not reproduction but production)之义,又继承道家"以艺进道"的美学思想。林语堂认为美的问题是翻译中更重要的问题:"翻译于用之外,还有美一方面须兼顾的。"在他看来,实现翻译之美"就是应以原文之风格与其内容并重",特别是"不但须注意其说的什么并且须注意怎么说法",且"一作家有一作家之风度文体,此风度文体乃其文之所以为贵",所以"凡译艺术文的人,必先把其所译作者之风度格调预先认明,于译时复极力摹仿,才是尽译艺术文之义务"。(林语堂,1984:216)

3. 林语堂创译一体的文章学理念

3.1 林语堂文章学的翻译理念

文章学视角下的"信"包含着天道伦理的内涵,"达"指志气通畅,而"雅"则有文质彬彬、体式辞采和谐的深意。林语堂的文章观是道家哲学和性灵派文学以及克罗齐直觉主义和表现主义等多种要素综合的结果。对所谓的作文法和翻译法林语堂都持怀疑的态度。面对千变万化的文法,他主张文无定法,反对那些人为的约定和有限的认识,要调动直觉去体验。但法又是客观存在的,无法之法是为"大法",亦即为文章生成的自然之"法"。"信达雅"表达了天道之文、天地之心,因而成为立言、为文的正轨。

3.1.1 信:"诚"与责任和忠实

严复的"信"是承接"修辞立其诚"而来,而作为林语堂翻译标准之一的"忠实"说的则是"对原文或原著的责任"。如果说严复的"信达雅"是文章学的原则,那么林语堂实际上把这个原则降低为翻译标准了。本来林语堂的"责任"是很高的原则:对原文的责任,对读者的责任,对艺术的责任。(林语堂,1984:418)。现在这个抽象的责任却与翻译的标准对应了。责任视伦理意义为基础原则,从这个意义上讲,林语堂的三个责任才相当于严复的"信",也就是"诚"。林语堂一生以"文章报国"为己任,创译不断,其诚心可鉴,一为中国读者,一为世界读者。"我相信我的头脑是西洋的产品,而我的心却是中国的。"(林语堂,1994a:21)"凡健全的国民不可不谈政治,凡健全的国民都有谈政治的天职。"(林语堂,1994b:31)无论其在国内还是在国外,他对国家和民族都始终怀着割舍不断的强烈的责任心和使命感。落实到具体的创作和翻译上,林语堂认为真正译家必须肩负以上三种责任。他在文学语言改革、创作和翻译方面的态度实际上就是"诚"这个理念的发挥。林语堂非常欣赏道家哲学的"玩世、愚钝、潜隐",其诚心恰在于此,即用自然的心态和笔法诚信地给读者以本真的中国与世界。愚钝是更大的智慧,就是在翻译中以诚相告。林语堂认为"翻译也需要一种愚,最好的翻译就是愚译。这种翻译无须费周折去做精彩的解释","只有愚钝的人才有忠实"。(Lin,1942:582)智慧的滥用将简单复杂化,就不是大智慧,只能算小聪明。

林语堂在语言及翻译观上坦然接受汉语的白话与文言这两个来源,让其作为我们语言生命的一个部分。林语堂将"诚"化解在他的语言实践的生活哲学之中。他批评国人的"悖情矫饰,虚伪铺张的风气"(林语堂,2004a:539),认为丢弃了"诚",是"思想硬化,文学枯竭,性灵摧残之原因"。那什么是"诚"呢?按照他的理解,"诚便是真",我们要做的就是"去伪存真",因为"做文做人,都是一样"。(林语堂,2004a:538)林语堂在翻译中的"诚"不是体现在技术层面,而是体现在文本情境和文化情境方面。说到底还是文章学"气"的问题。为了翻译,林语堂进入研究状态,对老子和庄子进行了有趣的对比,又把他们分别与美国的浪漫派惠特曼和超验派梭罗以及欧洲的卢梭和伏尔泰进行对比(Lin,1942:23)。这种翻译是哲学翻译,是研究状态的翻译,不是语言转换状态的翻译(如语言学者的翻译)。由此可以看出林语堂从哲学上探讨了"诚",同时又在翻译中践行了"诚",从而实现了人品、文品、译品的高度统一。

3.1.2　达:"达意"与通顺

严复的"达"实指"达意""达旨""达诂"或"充分表达"。这就要求译者对两种语言文化十分熟悉以至精通,正如林语堂所言:第一是译者对于原文文字上及从内容上透彻的了解,第二是译者有相当的国文程度,能写清顺畅达的中文,第三是译事上的训练,译者对于翻译标准及手术的问题有正当的见解(林语堂,1984:417)。林语堂对"达"做了浅近的解释,即"通顺就是'达'"(林语堂,1984:418),他深信"辞达而已矣",认为那就是"叫你把心头话用最适当最达意的方法表出"。(林语堂,2004a:281)所谓大道至简,大智若愚。找到一个确切的字,统领全局,避免或"矫揉造作"或"啰里啰唆"之弊。这是"少而多、多而少"的道家哲学。林语堂深刻认识到,造作啰唆的文风和译风主要来自文言与白话的割裂。这种割裂毁掉了汉语的健全品格,翻译时也无法抵挡欧化的冲击。为多角度、多体裁、全方位地传达中国文化和中国智慧的精要,他采取编、译、创等多种方式,并将正文本与副文本有机结合。

3.1.3　雅:"尔雅"与"美"

严复先生提出的"雅"实指"尔雅",这是对行文文采提出的高要求。林语堂对"美"的追求矢志不移,在中国翻译史上第一个直接提出了"美"的标准。"凡文字有声音之美,有意义之美,有传神之美,有文气文体形式之美。"(林语堂,1984:426)林语堂的"五美"包括文义、文神、文气、文体和文声。同时,他也认识到达到"美"的限度,认为"绝不能把文义文神文气文体和声音之美完全同时译出"(林语堂,1984:426)。原因是各国文字"字神"的不同,因此成为心向往之的高要求。他指出,每种健全的语言都有"雅健"的特征。(林语堂,2004a:429)其中"雅"就是文雅,"健"就是劲健。这个特征实际是两种力量或源泉供养的结果,类似阴阳两极,没有主次之分,却有交合、化育的职能。各国国民对于他们各自的语言大都有雅俗的判断,而林语堂的判断结合了中国的文化传统,构成了他独特的语言哲学思想,即刚柔相济,雅健相间。他将"中庸之道"带入语言艺术。在文体修辞方面,林语堂主张"平淡不流于鄙俗,典雅不涉于古僻",反对语法的欧化倾向,如长句、被动句等,而提倡简洁文风,认为"国语就是简洁"。

（林语堂，2004a：444-445）对于外文的翻译和写作，也提倡清顺自然。林语堂用"雅健"来描述语言的张力和弹性，用哲学家的见识和美学家的措辞形容这对矛盾，非常独到。他认为英语是雅健的，"可以语大语小，应付自如"。影响英语有两个主要源头："一属矫健，一属文雅，合并起来，遂有今日雅健动人的文字。"（林语堂，2004a：429）盎格鲁-撒克逊的日耳曼源头是劲健的，而拉丁系的法语传统是文雅的，于是形成了英语雅健的健全文风。这符合正反合的辩证逻辑，他的"随意散文"、《小评论》(Little Critic)都践行了这种两极合一的雅健文体，这正是他中庸和合思想在翻译和创作中的体现。林语堂用幽默的方式表达批评，用闲适文风追求自由。他看惯了翻译体对汉语的戕害，"句子冗长，弯弯绕，用词含糊，重复累赘，实在不堪入目"（钱锁桥，2012：32）。其语录体是"既'现代'又'中国'的风格"，"是要打破文言和白话的对立，和英文'随意问题'相提并论，从而指向中国现代性的中道"。（钱锁桥，2012：33）林语堂从世界语言史的角度证明了严复之"雅"和他的"美"的正当性。

3.2　译者的条件："德、才、识"

做文与做人常不能两全其美，如果选择作文人，"就要带一点丈夫气，说自己胸中的话，不要媚于世"（林语堂，2004b：444），"译学无一定之成规"的另一个理由就是文如其人，学养不同，各异其面。因此，林语堂寻觅同调的作者，搜求同调的原文。作者呼唤合谋的译者，既是文理，又是情理，终究是秉性才智，人格气质。现代文法，以科学标榜，教授作文之初，翻译技巧方面，便削平人格，文无个性，就成必然了。林语堂的文章修养正是在"德、才、识"方向上的齐头并进，最后成就了高山仰止之文品译风。

3.2.1　林语堂之"德"

所谓文德就是作者应具备的道德修养和行为操守。林语堂多次谈论过古代文章学的这一论题，"文德乃指文人必有的个性，故其第一义是诚，必不愧有我，不愧人之见我之真面目，此种文章始有性灵有骨气。欲诚则必使我瑕瑜尽见，故未有文德，必先有文疵"（林语堂，2004a：203）。"其人不足论，则其文不足观。这就是所谓载道文章最大的危险。"（林语堂，2004b：442）曾巩在其《寄欧阳舍人书》说"必先道德，而后文学"，而林语堂的认识则是，"一人若不先在品格上，修养上下功夫，就会在文章上暴露其卑劣的品性，现代文人最好骂政客无廉耻，自己就得有廉耻"（林语堂，2004b：442）。有文德，即便写日常小事，也有真诚。即便书写"闲情"，也不会是无聊的逸兴，其中可以以小见大，隐藏很深的内涵。林语堂的闲适小品无不蕴含着这种中国人的人生智慧和民族精神。

3.2.2　林语堂之"才"

才就是文才，就是较高的知识素质，即博古通今、博闻强识和博学多识。既有普通知识,又有专门知识;既有生活知识,又有审美知识;既有实践知识,又有理论知识。综观林语堂的文章,知识面之广博、道理之深刻、语言之平易、经验之丰富都是独树一帜的。他以语言文学为基础,向外拓展,最终跨越多个领域,虽不一定专业,却总是有独到的见解。他对历史、哲学、教育、政治等的点评,就与其知识广度有密切的关系。

林语堂的书写之所以游刃有余,是因为他的才艺双绝,其语言功夫与艺术的功夫合二为一,高度融合。我们若将其分开来看,出发点就错了。他认为"凡艺术的成功,必赖个人相当之艺才及其对该艺术相当之训练"(林语堂,1984:417)。好译者应该是好作者,而好作者皆为通才。好作者可以驾驭几种文体,题材也有偏好。伟大的译家在翻译选材上有自己的自由。林语堂喜欢闲适、率真、超脱、幽默、怪诞、情趣,但选材有偶然(如苏东坡),也有必然,这必然就是他的修养。不是修养好了去选材,而是选材之中的陶冶,人格与文本相互涤荡,自成一家。

3.2.3　林语堂之"识"

识就是见识,也就是眼光和判断力。做文章和做翻译都是创造性的知识活动和审美活动,创译者可以以小见大、由表及里、由浅入深、或体验式、或调侃式、或批判式、或铺叙式,给人增长智慧,开阔视野,发人深思。林语堂对现实问题的点化、分析和批判,具有持久的知识价值和教育意义。他的关注点是中国文化基底的现实,通过幽默、闲适、艺术的方式,透视中国人的精神世界、生活价值,具有历史的恒久性。林语堂认为"翻译即创作",就是将译者的"识"发挥出来进行创造性活动。

总之,林语堂的德、才、识三者皆高,成就了他的宇宙文章。他的作风、学风、文风和谐一体,其创译一体的译风正是三者合力的结果。

3.3　翻译的原则与标准:"义、体、气"

"义、体、气"是文章学的重要术语,而"义合、体合、气合"则是文章翻译学的可操作性标准。有机论文章学将文章比拟为人,"义"者肉体血液之谓,"体"者筋骨相貌之谓,"气"者精神品格之谓。义是运思之义理,体是文章的外显,气是文章的动力。文意则是文章的主脑和主旨,贯穿全篇。文章学主张"以立意为宗,不以能文为本"(萧统《文选序》)。文意统领"义、体、气",实现三合达旨。潘文国先生提出了"译文三合义、体、气",以其作为文章翻译学的实践标准,是"器"的层面,而将严复的"信达雅"放在"道"的层面,视为翻译原则。(潘文国,2017:444,469)道器结合构成了文章翻译学的内外两面。以下我们探讨"义合、体合、气合"在林语堂翻译中的体现。

3.3.1　义合

义就是"文义",是言辞之义。所谓"义合"就是字、辞、句、篇必须符合题旨与立意。义合有两个维度:译文自身的字、辞、句、篇要与文意相合,而译文与原文的文意也要相合。义合用在翻译情境,以使原文主旨与译文主旨相合。字、辞、句、篇各有其义,整体协调才能达旨。原文意图与译者意图需要一个妥协和达成。原文之"义"包括物、事、情、理四个方面,与原文作者之"义"一致。同理,译文之"义"同样包括物、事、情、理四个方面之义,须与原文作者之"意"(意图)和译者之"意"相合。仅仅达到字、辞、句、篇相合还没有完成翻译的任务。相合过程必由文意观照,才符合文章学整体有机的生命理念。文意就是林语堂说的总意象(total concept)。

这种整体有机的生命意识体现在林语堂的"字神"观念上,为"总意象"即文意服务。林语堂认为,归根到底,翻译上的问题仍不外乎译者的心理及所译的文字的两样关系,所以翻译的问题,就是语言文字及其心理的问题。语言的客观文体必须有赖于主观方面,即心理事实。林语堂认为凡字必有神("神"字之义即"传神达意"):"字神就是一字之逻辑意义以外所夹带的情感之色彩,即一字之暗示力。"(林语堂,1984:425)这里的机理就是文意先于字句的意义,心理的意图先于语言单位的各自意义。"字神"超越字义之外,只有句意才能与文意直接对接,而字义在句子"总意义"的控制之下。"字神"不等于字义,它是主客的统一,类似于"意境"的主客一体。"字神"将语言与人融为一体,而语言不同于一般的工具,不可与人分离。林语堂强调"译者自应对于原文字义有深切入神的体会,字义了解的确是句译了解的根基,但是所谓字义,不能看作死的、固定的、分立的,须当作活的、有连贯的、不可强为分裂的东西"(林语堂,1984:424),而"字神"的生命论意义正在于此。

既然语言是有生命的,那么翻译怎样应对呢? 林语堂认为"必以句为本"。他明确反对"字译"(即"字字对译"),主张"句译"(即"以句为本位"),语言本身就负载着人类的情感,因而"凡字必有神"。他的"字神"观念这一术语并不意味着他赞成语言学中离散的分析主义态度,林语堂意在"译者所应忠实的,不是原文的零字,乃零字所组者的语意"(林语堂,1984:425)。"句译家对于字义是当活的看,是认一句为结构有组织的东西,是有集中的句义为全句的命脉;一句中的字义是互相联贯上得来互相结合而成一新的'总意义'(Gesamtvorstellung),此总意义由活看字义和字的联贯上得来。"(林语堂,1984:422)洪堡特曾说过:"每一个陈述,哪怕是不那么完整的陈述,从讲话者的角度看都构成一个完整的思想,因此可以说,讲话者的出发点始终是句子。"(洪堡特,2004:170)在翻译史研究中,我们可以把林语堂关于"字译"和"句译"的观点同洪堡特词的统一性和句的统一性互动关系的观点结合起来。

3.3.2　体合

"体"作为生命体,包括形体、载体、体貌、体格之义。文章学中的"体"就是文意借以承载的所有可感的形式方面。因此,"体"的含义比"体裁"广,超过源自西方的诗歌、散文、戏剧、小说的划分,也超过叙事、描写、抒情和议论的文体划分。文章学的"体"包括文体、文序、文风、文辞和文法,是"实"的方面,而文法也超越了今天所说的语法。

"体合"是"体"的方方面面协调贯通以达意。意以"义"为依托,通过"体"表现出来,义与体是自然顺应。体裁不同,各有侧重。如抒情散文里有情(第一位)、物、理、事,以及志。如果翻译直接遵从文体或体裁类型,就不是文章学的做法,而直接去分析词汇、语法等也是本末倒置。首先的活动一定是合"义"与合"气",然后经过"义气合一"的人格运化,体味物我的交互关系。这是一个酝酿的过程,不是机械的拆分组合过程;是化学的,不是物理的;是全局的,不是局部的。如此,作者的精神、意图、思想、情感借助文辞和文义活化开来。一旦落笔,则以自然的文脉流出,行云流水,洋洋洒洒,当止则止,当行则行,连断自如,顺理成章,意在笔先,笔随意后。

林语堂对此有着深刻的认识:"文章之美,不在质,而在体。体之问题即艺术之中心问题。"(林语堂,1984:431)艺术的形式方面是可感的方面,也是艺术的价值所在。他用中国文章学话语和概念理解中英诗,认为"英语诗主要,一为练词精到,二为意境传神,与中文诗无别"(林语堂,2004a:301)。他主张"意境第一",为了译出"梧桐更兼细雨"那种"怎生得黑"的意境,林语堂用了双声的方法,将"寻寻觅觅,冷冷清清,凄凄惨惨戚戚。"译成了"so dim, so dark, so dense, so dull, so damp, so dank, so dead",译出了黄昏细雨无可奈何孤单的境地,可以说是以诗译诗,字字传神。

3.3.3　气合

"气"有生理之气、内在的精气、元气,还有心理的志气、意气、精神。作品之"气"则包括文气、辞气(即风格)、文脉节奏轻重缓急的声气等。"气合"就是文章在声气、辞气、意气等方面与作者的题旨、立意相合,同时前后贯通,达到行文在字句、音节的调配,实现"气韵"与"神韵"和谐的艺术效果。"气合"以其情感和个体特征贯通以达意,使"义"与"体"富有生命活力和动感。"气"通过"文声""文意""文辞""文序"中表现出来,是"虚"的方面。翻译中讲究"气合",以使译文具有气韵生动的效果。

林语堂秉持"活"的语言观。这一观点是文章学"气合"观念的现代解说,也与洪堡特的语言精神说相似。"气"相当于林语堂的"内在体裁"。林语堂将文字的体裁分外的与内的(outer form and inner form)。其中,"外的体裁"包括"句之长短繁简及诗之体格等",而"内的体裁"则是"作者之风度文体,与作者个性

直接有关系的”,如理想、写实、幻想、奇想、乐观、悲观、幽默等。(林语堂,1984:
431-432)“外的体裁”和“内的体裁”是林语堂对洪堡特的“外的语言形式”
(lautform,指语音形式)和“内的语言形式”的创造性发挥,而语言的活力则体现
在“内在体裁”上,近乎洪堡特的“纯粹的和智力方面”(洪堡特,2004:24),即人
类精神力量。因此,翻译“三合”之中“气合”最难达到。

4. 结语

　　林语堂创译一体的核心思想主要来自中国文章学的传统。第一,在概念术
语方面,他或启用中国传统文章学概念(如文义、文神、文气、文体等),或化用现
代语言学的概念(如内的体裁与文气之关联,心理、“总意义”与“文意”)。第二,
活用文章学的理念,如将“文意为宗”描述为“句译”,而从心理出发则是“意在笔
先”即从文章立意出发这样的文章学思想。第三,从林语堂的语言学和哲学思
想来看,他认定翻译是艺术,这与中国古代文章学将其根基设定在修辞学的传
统有关,与克罗齐的影响也不无关系。由于强调个性和创造性,因而与他受到
的性灵派的影响有关。第四,林语堂的“字神”观念、“句译”思想,主张“译学无
一定之成规”都与中国道家思想有关。本文总结林语堂翻译思想和实践经验,
一是为了证明严复翻译思想“信达雅”文章学理念的立论,二是为了证明“文章
学翻译学”在翻译实践(特别是中译外实践)中的可行性和有效性,三是为了论
证“文章翻译学”理论建设的可行性,四是“文章翻译学”为比较文学、翻译学提
出了新的课题、开阔了视野、指明了研究方向。翻译学中的很多论题需要重新
思考和界定,如翻译中的译者素养、翻译批评、翻译原则、翻译标准、翻译效果、
对外文化传播等理论方面。在这个理论框架下要重新思考如何对待中国传统
译学与西方为主的外来翻译理论的关系。最后也是为了当代及未来双语作家
的创作。未来会有越来越多的双语作家,他们的生存状态值得研究,本文的研
究课题将会对跨语际书写的作家在文化冲突和文化关系问题上有所启发。文
章学视域下的创译一体是否可以称为具有中国特色的翻译理论,从而与世界翻
译论说比肩而立,还值得进一步深思、研究和论证。

参考文献

洪堡特,2004.论人类语言结构的差异及其对人类精神发展的影响[M].北京:商
　　务印书馆.
李渔,2014.闲情偶记[M].北京:中华书局.
林语堂,1982.开明英文文法[M].北京:外语教学与研究出版.

林语堂,1984.论翻译[C]//罗新璋.翻译论集.北京:商务印书馆,417-432.

林语堂,1994a.林语堂名著全集(第10卷)[M].长春:东北师范大学出版社.

林语堂,1994b.林语堂名著全集(第13卷)[M].长春:东北师范大学出版社.

林语堂,1994c.林语堂名著全集(第16卷)[M].长春:东北师范大学出版社.

林语堂,2004a.林语堂散文经典全编(一)[M].北京:九州出版社.

林语堂,2004b.林语堂散文经典全编(二)[M].北京:九州出版社.

潘文国,2012.中国译论与中国话语[J].外语教学理论与实践(1):1-7.

潘文国,2017.潘文国学术研究文集[M].上海:上海外语教育出版社.

乔志高,2000.一言难尽:我的双语生涯[M].台北:联合文学出版社有限公司.

钱锁桥,2012.林语堂双语文集[M].北京:九州出版社.

张曼,2018.老舍翻译文学研究:"阅读的文本"和"书写的文本"[J].上海翻译(1):78-83.

张晓风,2009.学贯中西,百年一人[M]//林语堂.老子的智慧.台北:正中书局.

LIN Y T, 1935. My country and my people[M]. New York:The John Day Company.

LIN Y T, 1937. The importance of living[M]. New York:The John Day Company.

LIN Y T, 1938. The wisdom of Confucius[M]. New York:Random House.

LIN Y T, 1939. Moment in Peking[M]. New York:The John Day Company.

LIN Y T, 1942. The wisdom of China and India[M]. New York:Random House.

LIN Y T, 1960. The importance of understanding[M]. Ohio:World Publishing Company.

作者通信地址:300204 天津外国语大学中央文献翻译研究基地;fengzq6666@126.com

《华夏集》创意英译的经典化渠道
与美学价值研究

——以译诗《长干行》为例①

蒙兴灿

摘 要:本文以美国意象主义诗人庞德译诗集《华夏集》中李白的《长干行》译诗为例,聚焦20世纪初及中后期美国现代诗歌运动中的文化移入现象,在深入分析中国古典诗歌的文化元素移入美国诗坛的社会文化背景基础上,探讨了《华夏集》创意英译的经典化渠道与过程,探究了《华夏集》中《长干行》诗篇创意英译的美学价值。

关键词:《华夏集》;创意英译;经典化渠道;美学价值

在20世纪美国现代诗歌运动中,20世纪10年代的意象主义(Imagism)和世纪50年代末至60年代初的旧金山文艺复兴(San Francisco Renaissance)最为开放,最具包容性。正是在这两次运动中,中国古典诗歌的文化元素,通过创意翻译,被移入美国现代诗歌,成为美国现代诗坛经典系列的重要组成部分。它们主要是艾兹拉·庞德(Ezra Pound)翻译的《华夏集》(*Cathay*,1915)、亚瑟·韦理(Arthur Waley)翻译的《中国诗一百七十首》(*170 Chinese Poems*,1918)、肯尼斯·雷克思罗斯(Kenneth Rexroth)翻译的杜甫诗歌《中国诗百首》(*100 Poems from the Chinese*,1956)以及加利·史奈德(Cary Snyder)翻译的《寒山诗》(*Cold Mountain Poems*,1956)等。这些重要的译诗成为美国诗人吸取灵感和丰富经验的材料,中国诗学由此成为他们的诗观或作诗理念的重要组成部分。

在这些最为重要的译诗中,庞德翻译的《华夏集》最为典型。可以武断地说,意象主义者对中国古典诗歌之所以产生兴趣,主要是因为庞德在1915年出版了著名的汉诗英译集《华夏集》。它自1915年出版至20世纪90年代,备受美国诗界瞩目与推崇。汉学家与文学评论家对其文义之错误与艺术之造诣争论

---

① 该论文为国家社科基金项目"五四前后诗歌翻译文献集成与研究"(立项批准号:18BWW020)阶段成果之一。

不休，很多诗集编辑、美国诗人及翻译家则奉之为英文诗之经典（钟玲，1990：567-590），不少美国诗人以此作为创作灵感之源泉。受《华夏集》的影响，有些意象主义诗人试图再现《华夏集》生动的色彩意象与佛教思想（Katz，1981：124-140），英国诗人约翰·哥尔德·弗莱契（John Gould Fletcher）曾坦言，就是因为读了《华夏集》，他才加入了意象主义（Dunn，1986：381-394）。直到今天，专门研究庞德的期刊《帕德玛》（Paidema）仍不时刊出研讨《华夏集》的论文。《华夏集》的创意英译文字被视为创作作品，进而成为一个经典的范例。

1.《华夏集》创意英译经典化的社会文化背景墙

我们把庞德、韦理、雷克思罗斯、史奈德等翻译的中国古典诗歌称为创意英译，是因为它们有别于美国汉学界以学术研究为目的而翻译的中国古典诗歌。前者属于译创（trans-creation），即译者在翻译的基础上进行再创作（黄德先，2013：29-33），以表达美感经验为主，将他们对中国古典诗的主观感受以优美流畅的英文呈现出来为其目的，译诗是否忠实于原诗并不在其主要考虑范围之内。而后者的译者绝大多数是在欧美各大学东亚系任教的教授，他们或是在研究某位中国诗人时，在论著中附上原诗的英译文，如刘若愚（James J.Y. Liu）研究李商隐的专著，就英译了许多李商隐的诗，或是翻译中国重要诗词作品集子，如大卫·霍克斯（David Hawkes）英译《楚辞》与洪业（William，Hung）英译的杜甫诗。这些学者的译诗属于语义翻译（semantic translation），当然以忠实于原诗为其翻译原则。

根据赵毅衡先生统计，中国古典诗歌的英译本在1915年至1923年这一时期大量出现，仅在1922年，竞相英译中国古典诗歌的美国译者就达十几位（赵毅衡，1985：309），那一年《诗刊》（Poetry）杂志发表了威特·宾纳（Witter Bynner）所译的王维诗歌及论王维的文章，同年《日晷》（Dial）杂志发表了《沧浪诗话》英译文两章，还发表了罗素论道家思想的文章（赵毅衡，1983：19-26）。在20世纪50年代后，明显在诗中吸收了中国古典诗论的美国诗人虽不占美国诗人之多数，但也为数不少，其中就包括华莱士·斯蒂文斯（Wallace Stevens）、康拉德·艾肯（Conrad Aiken）、雷克思罗斯、史奈德、罗伯特·勃莱（Robert Bly）、史坦利·孔尼兹（Stanley Kunitz）、詹姆斯·赖特（James Wright）、嘉露莲·凯莎（Carolyn Kizer）卢·威尔屈（Lou Welch）、菲力浦·华伦（Philip Whalen）以及马克·史特兰德（Mark Strand）等众多美国重要诗人。那么，20世纪的美国诗坛何以出现如此这般的文化移入（acculturation）现象？是什么因素造成20世纪10年代的意象主义和20世纪50年代末至60年代初的旧金山文艺复兴那种开放的、积极地吸收外来文化的态度呢？我们认为，除了美国文学本身就有主动吸收外国文学的传统外,更重要的是这两个运动其实都发生在西方文明进行反思求变的时期,需要向边缘文化中具有悠久历史的文明吸收养分,而西方文明也借此重新界定其心目中的边缘文化。

20世纪10年代的美国已成为世界上最富强的国家,第一次世界大战使美国首次向世界证实了其强大的国力,突破了其地理上的孤立与封闭,参与了对欧洲实际上的全面交流,造就了美国知识分子开阔的视野,令他们对世界各国文化产生了好奇吸取的心态。当时伦敦和巴黎是欧洲两大文化中心,当地的文艺活动新潮而前卫,视野广阔。1909年至1917年美国和英国诗人在伦敦相聚开展意象主义,先后参与运动的诗人包括庞德(美国)、休姆(E. Hulme,英国)、弗令特(F.S. Flint,英国)、威廉·卡洛斯·威廉斯(William Carlos Williams,美国)、希尔达·杜利特尔(Hilda Doolittle,美国)、理查德·阿尔丁顿(Richard Aldington,英国)、艾米·洛威尔(Amy Lowell,美国)等。(傅孝先,1975:8-31)在此运动期间,诗人们曾在聚会中讨论东方诗学,他们的诗观可以说部分呼应了中国诗学。美国诗人庞德1915年出版的汉诗英译集《华夏集》,就引起了意象主义诗人们对中国古典诗歌的浓厚兴趣。此外,就整个欧洲思想界而言,第一次世界大战的惨痛经验,动摇了欧美人的宗教信仰,他们开始怀疑西方文化的优越性,对中国文化也就开始另眼相看了。(Venne, 1979:157-165)当然,除对中国文化感兴趣外,美国现代诗也对印度文化也产生了很大的兴趣,艾略特(T. S. Eliot)的《荒原》(*The Waste Land*)就采用了古印度文化的宗教思想[①]。可见在20世纪10年代美国文坛正处于吸收边缘文化时期。

自20世纪50年代后期的"垮掉的一代"(The Beat Generation)至20世纪60年代后期的嬉皮(Hippies)时期,是美国现代诗歌第二拨大量吸收欧美以外边缘文化时期。在此时期,美国诗坛吸收东方文化变成了一种普遍的文化现象。美国在"二战"后,跃升为世界霸主,美国资本主义进入跨国企业阶段,势力强大,社会富裕而保守,但经济上的成功,越发衬托出社会上的各种问题。"二战"成长起来的美国青年不满于国家及一般人对物质的贪欲和浪费,不甘心过受广告左右的生活,不愿活得无根无目的,也不安于在大机构讨生活。他们认为西方文明已经破产。(David,1987:694)而美国诗人一向高举惠特曼(W. Whitman)的民主精神及超验思想,尤其是"垮掉的一代",面对着这样的现实更会失落。(Davidson,1989:248)于是,他们"在寻求智慧时,很容易转向西方以外的泉源"(David,1987:694),并试图以其作为中心思想。因此,处于边缘的东方思想遂成为他们的精神寄托之一。他们借此抗衡美国社会中起主导的中产阶级之思

---

① 例如《荒原》第五节"雷说过的话"(What the Thunder Said),便采用了《奥义书》书中所言雷声的意义来贯穿全节。

想和信仰,即信仰基督教,主张工作之上之伦理以及安于稳定富足之物质生活。这样的社会文化氛围,使得在20世纪50年代及60年代,传自日本的禅宗(Zen)成为美国最盛行的东方思想,美国各地的文学艺术杂志上出现多篇有关禅宗的论文、禅诗、禅画和故事。东方文化经典《道德经》和《易经》在当时的美国青年中也相当流行。中国古代诗隐寒山子,得益于诗人史奈德的翻译和小说家杰克·凯鲁亚克(Jack Kerouac)的小说创作,成为美国年轻一代崇拜的偶像与传奇人物(钟玲,1966)。到了20世纪60年代,年轻的美国总统肯尼迪上台,呼吁人民要做"新边疆"(New Frontier)的拓荒者,勇敢探索"未知的机会与风险"(unknown opportunities and perils)。作为回应,美国诗歌更加大胆地进行新试验而变得更为开放,更勇于改变,更勇于包容一些"随意的因素"(random factors)。在这种文化氛围中,原本对东方文化有兴趣的诗人如庞德、雷克思罗斯、史奈德、艾伦·金斯伯格(Allen Ginsberg)等遂大量汲取东方诗学论述,将其融入自己的诗歌。庞德在他的《诗篇》(The Cantos)中,就以诗为工具,把古典中国的文字、历史及其思想都纳入他自己的思想体系。雷克思罗斯采用他心目中中国古典诗歌那种直接、诚挚的语调,呈现现实生活中的诗隐情怀,鼓吹道家的无为思想,把中国古典诗歌的语法和形式纳入自己的诗。史奈德在自己的诗中注入了禅宗和道家思想,并利用中国古典诗歌的格律与语法来重新锤炼英诗语句。金斯伯格则在诗中吸纳了古印度文化的思想。

总之,在20世纪初及中后期的美国,年轻一代的美国人开始对西方文化和宗教传统产生怀疑厌倦,对他们所处的政治、经济和社会状况多有不满,而东方某些文化特质又恰好能满足他们内心之需求或弥补其缺憾,能填补他们在思想和信仰上的空虚,所以他们才会大量吸收东方文化。对美国诗人而言,他们对自身所处文化的变迁和匮乏往往更加敏感,在感觉西方的思想、宗教信仰和生活方式已不足以让他们安身立命之时,他们自然可能向古老的东方文化寻求文化自我救赎。事实上,美国现代诗歌因吸收了多种文化而呈现出活泼的气象,呈现出新的语言组合,正如米哈伊尔·巴赫金(Mihail Bakhtin)所说:"当多种文化、多种语言彼此增加了活力时,语言会变得不同,连本质也会起变化的。"(Todrov,1984:132)

2.《华夏集》创意英译经典化的渠道

《华夏集》创意英译的经典化(canonization),并非仅仅靠几位喜好中国古典诗歌,且从事中国古典诗歌翻译的美国诗人赞美就成事了,而是经历了由掌权的学院派教授或诗人集团以出版社的决策来进行筛选,最后进入了相当重要的美国诗歌创作选集。这是《华夏集》创意英译经典化的第一个重要渠道。

1954年纽约市华盛顿广场出版社(Washington Square Press)出版了一本广为流传的现代英美诗选集,即由奥斯卡·威廉斯(Oscar Williams)主编的《袖珍本现代诗》(*A Pocket Book of Modern Verses*),收录的都是20世纪50年代公认的20世纪重要英美诗人的作品。换言之,这本《袖珍本现代诗》本身就是经典化的渠道。庞德收录在《华夏集》中创意英译李白的《长干行》(*The River-Merchant's Wife: A Letter*)便赫然出现这本选集里。全书收录的都是英文创作的诗歌,只有《长干行》这一首是译诗,可见这首创意英译诗歌已被视为创作作品而非翻译作品而进入经典序列。1962年,奥斯卡·威廉斯出版的另一本诗集《主要的美国诗人》(*Major American Poets*)也收录了庞德创意英译李白的《长干行》。近半个多世纪以来,在全球具有经典地位的《诺顿美国文学集》(*Norton Anthology of American Literature*)的各种版本,也都在庞德入选的诗中包括了《长干行》这首译诗。我们说,这本选集在全球"具有经典地位",不仅指全球各大图书馆都收藏此书,而且指此选集是全球各大学常备的美国文学教材。它应该是最重要的、最有价值的大部头美国文学集。庞德自己很多创作作品都没有入选,但他的这首中国古典译诗反倒获得众多著名文学选集编者的青睐。因此,我们可以说庞德创意英译李白的《长干行》在美国文学史上堪称经典之作。

对美国汉学界而言,他们对庞德《华夏集》创意英译的反应实际上呈现两极分化。哈佛大学汉学家亚奇力斯·方(Achiles Fang)1957年在其论文《佛纳罗沙与庞德》(*Fenollosa and Pound*)中,就一一指出《华夏集》译文偏离中文原意之处。在1966年9月出版的期刊《文学:东方与西方》(*Literature:East and West*)中,彭迪·李(Pen-ti Li)、丹诺·穆雷(Donald Murray)和理查德·本顿(Richard Benton)分别撰写了三篇论文讨论《华夏集》,指责庞德的翻译不忠不信。但是,就在同一时期,安吉拉·容·巴兰笛(Angela Jung Palandri)却撰文赞美《华夏集》为英文诗之佳作。她说:"如果不是他(庞德)为《华夏集》中的译文注入了生气,这些中国古代的经典对西方而言仍将是遥不可及的……"(Palandri, 1966:278-291)1966年以后,学者们研究《华夏集》,大多是把它当作英文佳作来分析欣赏的。叶维廉(Yip Wai-lim)1969年出版的专著《艾兹拉·庞德的<华夏集>》即是如此。叶维廉的研究在当时是开风气之先的,他从厄尼斯特·佛纳罗沙(Ernest Fenollosa)的英译稿入手,指出佛纳罗沙逐字翻译中国古典诗的文本,有时错译,有时译得含意不清,但庞德总能歪打正着,呈现中文原诗的气氛和感染力。比如,庞德译《华夏集》中李白《古风》第十四首(*The Lament of the Frontier Guard*)即能呈现原诗中那种"场景无尽的荒凉与孤寂的一面"(the endless bleak and lonely aspect of the site)。同时,叶维廉还探讨《华夏集》的"内在思维形式"(the internal thought-form),以呼应庞德巨作《诗篇》的思维方式。(Yip,1969:259)此外,著名学者休·肯纳(Hu Kenner)对《华夏集》的艺术成就也是推崇备至,把它当作优美的英文诗篇(Yip,1978:211–241)。

总的说来,虽然美国汉学界对《华夏集》创意英译的评论呈现两极分化现象,但大多是最初出现的几篇文章批评译文不忠实于原作,到后来,汉学家们反而都是把这些创意英译的优点加以分析,并把他们当作优美的英文诗来欣赏。大致说来,美国汉学界对《华夏集》的创意英译持肯定态度,并协助其成为创作的经典,是《华夏集》创意英译经典化的第二个重要渠道。

《华夏集》创意英译经典化的第三个重要渠道,就是这些创意英译诗得到美国诗人群体的认可。诗人是一个很特别的读者群体,从某种意义上说,他们犹如学院派学者,都是属于权威性质的读者。学者大抵是在其累积的学识系统基础上,用比较科学的分析方法来判定文学作品之分类及其地位。而诗人则以其诗艺及写作经验为基础,根据其阅读的直观感受及该作品对其自身写作有无吸收价值来决定文学作品的地位。诗人对文学风格的感受特别敏锐,他们的论点常常相当准确,能得到许多普通读者的认同。正因为如此,他们的评论往往能把翻译文学提升为创作文学,并使之经典化。

艾略特在1928年为庞德翻译的《华夏集》诗集写序时,就把庞德称为"中国诗歌的发明者"(the inventor of Chinese poetry),并说"通过他的翻译我们终于能真正地了解原文了"(through his translation we really at last get the original)。当然,艾略特不会真正了解中文原文是怎样的,因为庞德的英译文偏离原文之处实在太多。但是艾略特在此的实际意思不过是赞美庞德的英译文已经具有中文原文的文字魅力与感染力,认为庞德的英译文本身就是动人的诗篇。

在1977年美国诗人学会(the Academy of American Poets)举办的"中国诗歌与美国想象力"会议上(Chinese Poetry and American Imagination Conference)①,与会的七位美国诗人诸如雷克思罗斯、史奈德、莫文(W.S. Merwin)、詹姆斯·赖特、罗伯特·勃莱、史坦利·孔尼兹等,在美国诗坛都占有一席之地。他们一致认为中国诗学论述对美国诗歌影响很大,都盛赞庞德等人对中国古典诗歌的创意英译。其实,雷克思罗斯早在1950年就认为庞德等人所译的中国古典诗歌译文,大都是他们一生的杰作,即他们的译作比他们的创作还要好。他还认为庞德所译的《华夏集》是英文经典之作,同时也是庞德的最佳作品。诗人莫文也认为创意英译对英语本身的贡献很大:"两位非常不同的诗人,庞德与韦理,他们所做的工作开了个头,接着雷克思罗斯跟当时一些最好的翻译家,他们所做的工作,都对这个语言即我们的语言,产生了前所未见的影响,并展示了前所未见的可能性。"莫文甚至还认为那些创意英译的中国古典诗歌之影响力可以与最重要的《圣经》英译本比肩,已经成为美国诗歌传统必不可缺的一部分了。概而

---

① 此次会议的发言记录全部刊在《铁树》(*Ironwood*)第17期。

言之,这次会议等于以公开的、正式的形式,由美国重要诗人加持,奠定了《华夏集》等中国古典诗歌的创意英译具有英语诗歌的经典地位。

总之,《华夏集》等中国古典诗歌的创意英译在 20 世纪的美国诗坛建立了经典的地位。它们的经典化最主要得益于上述三种力量的推动,即一些英文文字驾驭能力强的美国诗人或译者把中国古典诗歌创意英译成优美感人的英文诗篇,一些重要的美国文学选集选入这些创意英译诗作并视之为具有经典地位的英文创作,一些知名的美国汉学家和文学评论家倡言这些创意英译作品成就及影响力而奠定了其文学地位。因此,虽然《华夏集》等中国古典诗歌的创意英译为数不多,但在美国诗坛 20 世纪中后期的经典系列中却占据了一席之地。

3.《华夏集》创意英译经典化的美学价值

《华夏集》创意英译之所以能成为美国文学之经典,固然有其社会文化的缘由和经典化的渠道,但任何文学作品成为经典必有其先决条件,即译诗本身就具有相当的美学价值。诚如潘文国先生所言,"诗歌翻译作为一种'再创作',体现的是译者的语言功底和美学能力"(潘文国,2022:67)。我们以庞德英译的《华夏集》中李白《长干行》为例,从译诗语调之生动、语言之优美与创新两个方面探讨庞德这首创意英译诗歌的美学价值,并以宾纳所译的《长干行》以及一些美国经典诗歌作为互涉文本进行对照和衬托。

《长干行》已成为英美文学之经典,它在语言上令人耳目一新,所采用的语调也十分传神。我们拟以另一首宾纳英译的《长干行》来做比较,探讨他们两人对于语调处理有何不同。《长干行》是豪情万丈的大诗人李白模仿十几岁的少妇的口气而作的诗,诗行很传神地使用了天真而哀怨的语调:"十四为君妇,羞颜尚未开。低头向暗壁,千唤不一回……八月蝴蝶黄,双飞西园草,感此伤妾心,坐愁红颜老。"下面我们把庞德与宾纳对这八句诗的英译做一比较:

> At fourteen I married My Lord you.
> I never laughed, being bashful.
> Lowering my head, I looked at the wall
> Called to, a thousand times, I never looked back.
> ......
> The paired butterflies are already yellow with August
> Over the grass in the west garden;
> They hurt me. I grow older...
> (Pound, 1915: 11-12)

At fourteen I became your wife,

So bashful that I dared not smile,

And I lowered my head toward a dark corner

And would not turn to your thousand calls;

......

And now, in the Eight-month, yellowing butterflies

Hover, two by two, in our west-garden grasses.

And, because of all this, my heart is breaking

And I fear for my bright cheeks, lest they fade...

（Bynner, 1929: 61-62）

就引文前面四行中文而论,在宾纳的译文里,四行都是属于同一个句子,用"and"来连接子句与动词短语,与庞德的译文相比,宾纳使用的是书面文字,而非模糊的口语文字。庞德的四行译文,一行一句,使用的句子长短不一,近乎口语,且多用短的分词短语,如"being bashful""lowering my head""called to""a thousand times"。庞德把这些短语或前或后地使用,不但有口语的顿挫和简明,而且表现了少妇起伏不定的情绪。此外,一句"I married My Lord you.",令少女娇媚依依的姿态呼之欲出。相形之下,宾纳的"because of all this, my heart is breaking/I fear for my bright cheeks, lest they fade...",行文正式,用词典雅,完全不像一个十四岁少女的口吻,倒适合传达李清照词的矜持与雅致。庞德的译文"They hurt me. I grow older",虽把原诗的"感此伤妾心,坐愁红颜老"做了简化处理,但十足像个天真无邪、幼稚未脱的少女之语调与口气,十四岁就谈到了"红颜老",更令人忍俊不禁。庞德的译文着力处理语调,模仿少女口气,实在是功力深厚却不留痕迹。

庞德创意英译《长干行》的这种表现方式如果用英语诗歌传统来归类的话,有点类似"戏剧性的独白"(dramatic monologue)。以罗伯特·勃朗宁(Robert Browning)的名诗而论,如《我过世的公爵夫人》(*My Lost Duchess*)与《教主下令在圣柏拉西德教堂修他的坟墓》(*The Bishop Orders His Tomb at Saint Praxed Church*),其诗意的确高明,用不太长的诗篇表现了叙述者复杂的个性与人际关系,但多少显得做作,见斧凿痕迹,比不上庞德所译的《长干行》,读来几近天籁。在19世纪,马修·阿诺德的名诗《多佛海滩》(*The Dover Beach*)就开了现代主义诗歌之先河,此诗仿佛是诗人对爱人的倾诉:

啊,爱人！让我们真诚地

对待彼此!

Ah, Love, let us be true
To one another!

其实,全诗基本上是诗人自说自话,表达了他对世纪末文明的忧心。诗中加一爱人的角色,有矫情之嫌,因为诗句的语调过于以自我为中心,过于高调,完全不像对爱人所说的话。相较而言,庞德的译诗《长干行》就要清新自然得多,正因为《长干行》如此清新自然,如此"陌生化"(defamiliarize)了传统的"戏剧性的独白"文体,因而获得了经典的地位。

《长干行》的创意英译不仅语调超然自得、清新自然,而且用词考究、卓越不凡。我们以《长干行》中的"两小无嫌猜"的创意英译为例,比较庞德与宾纳的译文。宾纳译为"Both of us young and happy-hearted",而庞德的译文是"Two small people, without dislike and suspicion"。宾纳的语言是描述性的,顺畅却平淡无奇。而庞德的译文中"Two small people",遣词可谓出奇制胜的可爱,"without dislike and suspicion"则用词准确,全不含糊。

总的说来,我们认为庞德《长干行》的创意英译,从语言表面上看,似乎句子结构简单,用词浅显,但仔细品读便会发现,他的用词准确考究,完全不像译诗,倒像是创作,其直接地、亲切地与读者沟通的语调,自由诗体及其短行的分行法,用词浅白自然而考究,文法简洁而单纯,呼应着20世纪美国现代诗歌中一种清新自然的诗语,且能达到这种诗语的最高境界。这种独特诗语使用得炉火纯青,是针对艾略特、华莱士·斯蒂文斯等现代主义诗人艰深复杂、寓意厚重之诗语而进行的一种颠覆与反动,成为美国现代诗歌经典中一股别样的涓涓清流。

4. 结语

在20世纪的美国诗坛,特别是在20世纪10年代的意象主义和20世纪50年代末至60年代初的旧金山文艺复兴运动中,以庞德为代表的一批重要美国诗人,深感西方商业文明的腐败,推崇东方文化的某些思想。他们采用创意翻译的方法,大量翻译中国古典诗歌,借此进行文化移入,造就了以《华夏集》为代表的一批创意英译诗歌经典,它们清新自然的诗语及隐含其中的美学价值满足了美国诗坛对古代中国文化的浪漫想象。

参考文献

傅孝先,1975.意象派:现代的先河[J].中外文学,3(10):8-31.

黄德先,2013.译创 一种普遍的实践[J].上海翻译(1):29-33.

潘文国,2022.典籍翻译:从理论到实践[J].上海翻译(3):62-67.

钟玲,1966.寒山诗的流传[N].明报月刊,7-7.

钟玲,1990.庞德《古中国》的五种读法[C]//朱炎.美国文学 比较文学 莎士比亚:朱立民教授七十寿庆论文集.台北:书林.

赵毅衡,1983.关于中国古典诗歌对美国新诗运动影响的几点刍议[J].文艺理论研究(4):19-26.

赵毅衡,1985.远游的诗神[M].成都:四川人民出版社.

BYNNER W, 1929. The jade mountain: a Chinese anthology, being three hundred poems of the T'ang dynasty, 618-906[M]. New York: Alfred A. Knopf.

DAVID P, 1987. A history modern poetry: modernism and after[M]. Cambridge: The Belknap Press of Havard University Press.

DAVIDSON M, 1989. The San Francisco renaissance: poetic and community at mid century[M]. Cambridge: Cambridge University Press.

DUNN J, 1986. Translation and poetics: reciprocal technologies in the history of Chinese-to-English transfer[J]. Tamkang review, 16 (4): 381-394.

GRAY R, 1990. American poetry of the 20th century [M]. London: Longman Publishing Group.

KATZ M, 1981. Amy Lowell and the orient[J]. Comparative literature studies, 18 (2): 124-140.

PALANDRI A, 1966. 'The stone is alive in my hand': Ezra Pound's Chinese translations[J]. Literature east and west, 10: 278-291.

POUND E, 1915. Cathay[M]. London: Chiswick Press.

TODROV T, 1984. Mikhail Bakhtin: the dialogical principle[M]. Wlad Godzich, trans. Minneapolis: University of Minnesota Press.

VENNE P, 1979. Western opinions and attitudes: concerning China: a historical survey [J]. Tamkang review, 10 (1-2):157-165.

YIP W-L, 1969. Ezra Pound's Cathay [M]. Princeton, New Jersey: Princeton University Press.

YIP W-L, 1978. Aesthetic consciousness of landscape in China and Anglo-American poetry[J]. Comparative literature studies, 15: 211-241.

作者通信地址:310023 浙江外国语学院英文学院;xincanmeng87@163.com

场域、差异：晚清以来英美小说翻译规范的变迁

徐　剑

摘　要：中国的近现代文学翻译滥觞于小说，不仅时间早而且数量、类型也最多。晚清以来的英美小说翻译可以分为晚清、民国、新中国成立初期和新时期四个场域，本文对四个场域的小说翻译规范进行了研究。总览过去一百多年的英美小说翻译规范，经历了多次更迭，概括起来，用夏变夷、西学为用、正本清源、百家争鸣是四个场域翻译规范的变化特征。在翻译规范的更迭中，英美小说实现了以差异化的形式在中国历史场域的传播。

关键词：英美小说；场域；差异；翻译规范

0. 引言

中国近代的文学翻译滥觞于小说，小说翻译不仅时间早，而且数量、类型也最多。(郭延礼，2001：104)晚清至今，我国的文学翻译实践经历了两次翻译高潮，两次高潮在时间上相继，形成了晚清、民国、新中国成立初期和新时期四个翻译历史实践场域，并呈现鲜明的时代特色和翻译规范诉求。

1. 用夏变夷

小说在中国历史悠久，晚清是中国小说史上最繁荣的时代之一。1897 年，严复、夏曾佑在《国闻报》上发表"本馆附印说部缘起"的长文，强调小说的社会功能，倡导大规模地翻译外国小说，小说翻译成为当时文学与社会的需要。

中国传统小说从语言上看分为文言和白话两种，从体制上看有笔记体、传奇体和话本体，上述两种语体三种文体是传统小说创作的基本规范。"五四"前的译者，多采取中国小说的传统规范移译外国小说，比如鲁迅先生早期的翻译，就与他后来被指责的"硬译"很不相同，鲁迅早年翻译《月界旅行》等小说均采用章回小说的体制，形式上增添了中国章回小说独特的回目，在章回结尾，还常常补上解文诗句和收场套话，如第二回：

"社长还没说完,那众人欢喜情形,早已不可名状,呼的、叫的、笑的、吼的,嚣嚣嗥嗥,如十万军声,如夜半怒涛,就是堂中陈列的大炮,一齐发射,也不至此。正是:莫问广寒在何许,据坛雄辩已惊神! 欲知以后情形,且待下回分解。"(鲁迅,1995:536)

当时的小说翻译因为沿用中国传统小说的体制,给译文增加了原文没有的内容。但是,将原文原样装入中国旧小说的体制又几乎是不可能实现的事,因此删减改易在所难免。鲁迅先生(1981:252)在《月界旅行·辨言》中说:"凡二十八章,例若杂记。今截长补短,得十四回。初拟译以俗语,稍逸读者之思索,然纯用俗语,复嫌冗繁,因参用文言,以省篇页。其措辞无味,不适于我国人者,删易少许。体杂言庞之讥,知难幸免。"李寄(2008:85)认为鲁迅的这种译法受了梁启超的影响,是当时的翻译惯例。我佛山人(1997)译《电术奇谈》,在附记中亦有类似表达。这个时期以夏变夷最为成功的小说翻译家要数林纾,译作也最受欢迎。

规范本质上是社群的主流行为,虽然具有稳定性,但也会受到挑战,当挑战主流翻译规范的力量积累到一定程度,就会形成规范变化,曾经的主流翻译规范会被边缘化甚至消失,新的规范则占据主导地位。总体上看晚清的翻译规范是在"五四"前后发生根本变化的,但不同文类的翻译规范则变化有早有晚,在晚清翻译规范发生根本变化前,已有一些对既成规范的"破坏者"。与林纾同时代的著名译者周桂笙既是小说革新的推动者又是革新的践行者,他通过外国小说的翻译为中国小说革新提供了借鉴的榜样。1903年,他在《毒蛇圈》的译者序言中谈到中外小说体制上的不同,说明他"照译"小说原作体制的原因:"我国小说体裁,往往先将书中主人翁之姓氏、来历,叙述一番,然后详其事迹于后,或亦有用楔子、引子、词章、言论之属,以为之冠者,盖非如是则无下手处矣。陈陈相因,几乎千篇一律,当为读者所共知。此篇为法国小说巨子鲍福所著,其起笔处即就父母(女)问答之词,凭空落墨。恍如奇峰突元,从天外飞来,又如燃放花炮,火星乱起。然细察之,皆有条理。自非能手,不敢出此。显然,此亦欧西小说家之常态耳,爱照译之,以介绍于吾国小说界中,幸弗以不健全讥之。"(范伯群、朱栋霖,1993:177)周桂笙指出中西小说写法的不同,对于国人来说,初读西方小说的安排,或许会觉得"突兀"混乱,细读则会发现其中的妙处与高明。他指出这是"欧西小说家之常态",即西方小说的创作规范。周桂笙为了文学译介,翻译时不再以中国传统小说的体制为模板加以修改变化。

周桂笙的翻译实践,在晚清民初都还处于挑战传统规范的阶段,要扭转主流翻译规范绝非易事。一方面,成功的翻译容易被不断地复制,另一方面成功的翻译又会以读者期待的方式进一步巩固主流翻译行为。钱锺书(2009)在评价林纾的翻译时就曾说周桂笙的翻译沉闷乏味,接触了林译,才知道西洋小说会那么迷人。与林译相比,宁可读原文,也不愿读后出同一作品的'忠实'译本,而且林纾译本里的不忠实或'讹'并不完全由于他的助手们外语水平低。我们认为林译在当时符合大多数读者对小说的期待规范,是其译作受读者欢迎的重要原因。

晚清的翻译规范,主要还是体现了公众对译者翻译行为的期待,这种期待一方面延续了大众既往的阅读习惯,另一方面也通过肯定那些符合大众阅读习惯的译本,进一步强化了翻译规范自身的约束力量。晚清时期各种文类的翻译基本上都依循中国传统文学创作的样式,跳出小说翻译的范围看,以夏变夷的译法具有普遍性。

2. 西学为用

规范是特定社群约定俗成的行为规则,是该社群在价值观上的共识,也是该社群区别其他社群并维护该社群共同利益的工具。在特定的社会系统中,总有某个社群的价值观和行为共识代表了该时期的主流价值,占据社会架构的核心位置,并通过规范来维持社会的秩序,调节各社群间的关系。同一系统的其他规范,代表的是非主流价值观和社群,处于非核心甚至边缘地位。它们一方面受到主流价值观的压制,通过部分地改变自身以调适与主流规范的关系,在社会结构的非核心位置寻找到存在空间,实现一种稳定的状态。另一方面,处于边缘地位的某些规范又极具活力,它们不断挑战、侵蚀、改变主流规范来获得更大的存在空间,甚至瓦解现存的主流规范,打破现存的格局取而代之,实现在规范系统中由边缘向中心的移动。一种格局有其相对稳定的时期,但稳定之中也孕育着变化,处于核心地位的是目前的主流规范,处于边缘地位的既有被取而代之的前主流规范,也有新诞生的"进步""先锋"规范,它们中的某个规范将在主次更迭中成为新的主流规范,在社会文化系统中占据核心地位。

民国时的中国社会恰好处在规范激烈冲突的时期,源自传统与现代、东方与西方的各种规范竞争社会体系的主导地位。文学和翻译的子系统也是如此。从规范论的视角看,晚清至民国同样存在三类不同规范,但它们在系统中的位置关系发生了变化。晚清国门未开之时,文学典范是我们今天所说的古典文学。作为绝对强势的规范,其核心地位直至西方炮舰将国门打开之后才逐渐失去。"五四"前后是新旧规范的位置发生彻底变化的时期,中国文学的经典规范发生了新旧更迭,产生三个方面彻变,一是语言形态,二是文体体制,三是文学文类。

中国文学规范系统的演变与重构,离不开翻译活动的参与。新规范的建构是个渐进的过程,翻译在其中不仅起到了触媒作用,还发挥了样板示范作用。

作为中国文学规范的组成要素,外国文学翻译规范经历了由依循中国文学规范到中国文学规范与外国文学规范交织杂合,再到创制出现代翻译文学规范的过程。

规范的更迭演变是新旧规范相互竞争的过程,这种竞争表现为这一时期的译本既受新规范的影响,又有旧规范的痕迹,这是事物演变过程中的典型特征。以转型时期《维克斐牧师传》的译本为例,我们注意到,20世纪30年代伍光建所译的《维克斐牧师传》(1931年出版),在语言上逐步摆脱文言的束缚,且非常"应时"地译出了一些欧化的句子,虽然还残存着一些文言,但总体上已经非常接近后一时期的语言特征。然而这个转变过程对伍光建先生而言似乎并非易事,我们以伍光建译本的章节标题为例加以说明:

第一回 叙维克斐牧师家庭 这一家人面貌思想大略相同(老牧师闲享家庭乐)

第二回 家庭不幸 君子不为贫贱所移(好辩论两亲家失和)

第三回 移居 幸福原是自召(白且尔客店遇牧师)

第四回 贫贱亦可以快乐 快乐视心境不视环境(老牧师苦口戒浮华)

第五回 介绍一位新认得的阔人 我们以为极有希望的事往往是致命伤的事(唐希尔初识奥小姐)……(歌士米,1931)

原著的章节命名比较接近汉语小说形式,伍光建先生认为离理想的汉语小说标题仍有距离,于是在原标题后又自拟了一个标题。自拟的标题因循旧俗,沿袭了章回体小说的传统。这种译法是规范更迭时期典型的翻译杂合现象。旧规范的退出是逐步的,新规范的确立也是个渐进过程,由弱小到分庭抗礼直至占据主导地位。《维克斐牧师传》于1958年曾经重新修订再版,新修的译本在译文标题上发生了根本的变化,不再使用"回"目,而代之以"章",删去了伍光建先生依据章回体小说传统自拟的标题,修改了部分标题的译文。

翻译行为受到多种力量的牵引,从规范论上看,每一个译者都要对翻译的元初规范做出抉择,要么让自己的译文更贴近原文,要么让译文更贴近译文的规范。(Toury,2001:56)前者代表了翻译的充分性标准,后者形成了翻译的可接受标准。译者对这两种标准的选择可以有理论自知,也可以没有。但无论哪种选择都是一种翻译价值判断。在语言特征上伍光建的译本较前一时期的林纾是欧化的,但与同时代的鲁迅相比只能算是温和欧化。由于伍光建的译本经历了漫长的翻译过程,从小说体制的选择上看,译者经历了纠结的过程,充分体现了译者从中国传统小说体制切换到西方小说规范的艰难。

3. 正本清源

新中国成立初期翻译领域还存在很多乱象,政府加强了翻译工作的组织领导,强调文学翻译为革命服务、为创作服务,端正译风,提升翻译质量。1950 年《人民日报》发表题为《用严肃的态度对待翻译工作》的文章,1951 年发表了毛泽东主席亲自修改审定的社论"正确地使用祖国语言,为语言的纯洁和健康而斗争",1954 年茅盾、郭沫若等人又在全国文学翻译工作会议上发表系列讲话,这些文章奠定了新中国成立后翻译规范的基础。其中既包含职业道德规范,也包含操作规范,并指明了为什么译、译什么、怎么译、译者具备怎样的条件才能译,对这个时期的翻译起了很大的作用。

文学翻译规范开始再造,翻译界对翻译态度、译者责任感、译者修养和翻译技术的关系问题进行了大讨论。这些讨论旨在构建翻译的"责任规范",为新中国的翻译规范明确了内涵,与前一时期自发调节翻译行为的情况有很大不同。在翻译"质量规范"的重建上,一方面对文学翻译标准中的政治化进行纠偏,另一方面强化了翻译语言的规范性。茅盾(2009:564-581)做了题为《为发展文学翻译事业和提高翻译质量而奋斗》的报告,成为当时文学翻译语言规范的指导思想,他提出文学翻译不是单纯技术性的语言外形的变易,每种语文都有自己的语法和语汇使用习惯,不能把原作逐字逐句,按照原来的结构顺序机械地翻译过来,这样的译文不是纯粹的本国文字,这种译文不仅在一般翻译中不该存在,在文学翻译中更不能容许。好的译文应摆脱原文语法和语汇特殊性的拘束,使译文既是纯粹的祖国语言,又忠实地传达原作的内容和风格。茅盾总体上表达了归化翻译的主基调,反对机械硬译的办法,赞同有限度地吸收外语的句法特点和有限度的汉语欧化。茅盾认为适当地照顾原文形式上的特殊性,同时尽可能保持译文是纯粹的中国语言,这两者的结合是完全可能和必要的。此外,译本选择上鲜明的阶级性也是新中国成立初期翻译规范的特点。规范是价值观的体现,也反映意识形态的变化。文学翻译在服务社会主义建设事业的同时,也发挥了政治教化的功能。在译本的选择上,苏联文学作品以及其他国家和地区的进步文学作品,都是翻译出版的选择对象。翻译规范的阶级性变得更加鲜明。

在翻译规范得以整肃和重塑的情况下,英美小说的翻译质量有了保障,组织性加强,乱译也得到纠正,修正了语言过度欧化的现象,汉语纯洁性也得到了保障。我们以《傲慢与偏见》两个时期的译本来说明这种变化,篇幅所限,仅取小说第三章的一段译文为例:

[1]王科一1955:尽管班纳特太太有了五个女儿帮腔,向她丈夫问起彬格莱先生这样那样,可是丈夫的回答总不能叫她满意。母女们想尽办法对付他——赤裸裸的问句,巧妙的设想,离题很远的猜测,什么办法都用到了;可是他并没有上她们的圈套。最后她们迫不得已,只得听取邻居卢卡斯太太的间接消息。她的报道全是好话。据说威廉爵士很喜欢他。他非常年轻,长得特别漂亮,为人又极其谦和,最重要的一点是,他打算请一大群客人来参加下次的舞会。这真是再好也没有的事;喜欢跳舞是谈情说爱的一个步骤;大家都热烈地希望去获得彬格莱先生的那颗心。(奥斯汀,1955)

[2]董仲篪1935:无论如何,背纳特太太帮助她五个女儿讨论此事,使她丈夫满意背格累先生说的。他们以各种方法进攻他——用明显问题,冷静态度;但他闪避一切技巧,他们最后不得不接受二把手邻人路斯太太的消息。她的报告很有益。威廉先生喜欢他。他是很年轻,奇美极相配人,并且冠美一切,他意想第二次会聚同住很大团体。没什么再很可喜!爱好跳舞是发生恋爱一定的阶段;背格累先生的心蕴蓄住活跃的希望。(奥斯汀,1935a)

王科一是那个时代最高水平的翻译家之一,他的译本在语言上适度回归了汉语语言规范,尊重原文的表达习惯,但不为原文的句法结构约束,在忠实原文和通达顺畅上取得了较好的平衡。译文与原文的对应性较好,既根据汉语语法的需要及时调整语言结构,同时也不对原文做随意的剪裁编排。董仲篪的译文从翻译方法看是以原文为导向的,语言结构比王科一的译文更贴近原文,总体上句子结构的欧化胜过词汇层面的欧化。如果从翻译规范来分析两个译本,我们认为在元初规范上,董仲篪更侧重翻译的充分性,王科一侧重可接受性。董仲篪的译本在词汇风格上值得一提,有那个时代很多翻译的共同特点,保留了不少文言词汇的特征,形成一种比较独特的杂合的翻译语言风格,即用欧式的句子结构组织了一部分文言或浅近文言词汇,这算得上是当时欧化翻译的一个特点,在当时的翻译大家伍光建、梁实秋等人的翻译中都很常见,是影响较大的翻译规范之一。今天的读者或许更能够接受王科一先生的译本,原因是今天的翻译规范更接近王科一的译文。另外在人名、地名的翻译上,王科一先生的翻译更加炼字,音形义的结合更"雅",这与20世纪50年代对翻译标准的讨论不无关系。

民国时期很难说哪一种规范处于绝对的主导地位。极度欧化的翻译规范,如鲁迅所倡导的译法,并不是主流,这可以从鲁迅先生与梁实秋等人的翻译辩论,及其译作的接受度上加以推断。究其原因,或许是过度异化的翻译超出了汉语的张力和语言变形的最高限度,因此也超出了读者的接受度。比鲁迅先生的译文稍温和的欧化翻译,如梁实秋、伍光建的译文,代表了较大的译者群体的翻译取向,可以算是影响较大的翻译规范,他们的译作大多口碑较佳,可以流传。但不能简单地将他们的翻译视为这个时代的绝对主流,这个时代虽然已经鲜见林纾那样的文言译书,但归化翻译却一直未断,而且有了新的发展。此外,异化翻译规范也有所演变。概括起来,归化翻译有一变一未变。一变是指语言由文言变成了现代白话文,一未变是指以夏变夷的翻译策略依旧保留,对原文进行编译剪裁的现象依旧存在。如果说极端异化的翻译是一种相对边缘的翻译规范,影响力有限的话,那么白话文的归化翻译和温和的异化翻译是这个时期并存的两大翻译规范。

同样是上例,我们再看杨缤翻译的《骄傲与偏见》,与董仲篪的译本同是1935年译出,但杨缤采用的是白话的归化翻译,董仲篪的译本是温和的异化:

> [3]杨缤1935:彭乃特太太伙着他几位姑娘的帮助,盘问彭乃特先生一些关于宾格雷先生的事,可是总不能从她的丈夫口里得到一点很满意的描述。她们向他进攻,直接的问题,聪明的揣测,和不相干的猜度,各式各样的法子都使尽了;但是,他总会躲过她们的这些巧门径,后来她们没法,只好向她们邻人卢克斯太太去间接请教。她的报告实在满意。威廉爵士欢喜他,他很年轻,非常俏皮,极其和蔼可亲,并且最可喜的是,他打算带多人来赴下次的跳舞会。喜欢跳舞的人,一定容易坠入情网。宾格雷先生的那颗心,准可属于此间的了。(奥斯汀,1935b)

杨缤的译本更符合译入语的语言规范,他的归化译法不仅是在句法结构上,在文化层面也有归化的特点,比如人名的翻译,杨缤尽可能地给外国人起了汉姓,"彭乃特"姓"彭","卢克思"姓"卢"。当时采用类似翻译策略的有一个译者群体,在那个时代译出了不少文学经典,比如傅东华所译的《飘》等,都是脍炙人口的佳作。

我们想强调的是,翻译规范是翻译社群的翻译行为共识,民国时期由于没有形成占绝对优势的翻译社群,因此就形成了多种规范并存的状态,翻译行为的多样性、翻译价值观的多样性才是翻译多样性的根源。新中国成立初期的翻译规范是比较单纯的,这与翻译社群统一到共同的翻译价值取向上有关。我们也不应当将新中国成立初期的翻译规范,视为前一时期某个翻译规范的延续,或几种规范的折中。新中国成立初期的翻译规范更应视作是一种规范重建,新中国成立后一系列有组织的翻译活动以及译者的翻译实践都是新规范的塑造过程。

4. 百家争鸣

新时期的翻译实践,大致以改革开放开始为起点。从翻译行为上看,这一时期的翻译规范有一些显著的变化。

首先,在初始规范上,涉及译本选择的翻译政策更加宽松,译者、出版社对译本的选择相对自由,文学、教育以及市场的力量是更直接的译本选择因素。译本的题材和选择范围都较以往扩大,更好地体现了"百花齐放、百家争鸣"的精神,英美文学翻译的地位大幅提高,成为文学翻译的绝对主流,这种情况与民国和新中国成立初期不同。前两个时期,苏联文学的翻译始终占据着至关重要的地位,但新时期的翻译格局发生了变化,中国翻译史迎来了又一次翻译高潮。

其次,市场因素导致了大量的复译行为。文学复译的合理性存在于场域变迁对复译本的需要,但是,改革开放后的翻译实践场域出现了大量的复译本,这些复译行为只有少部分是由内源性因素引发的,大部分翻译行为都受控于市场因素,甚至是纯粹的利益驱动。从加入版权公约国之前的普遍复译,到成为版权公约国成员后的经典作品复译,都很好地说明了市场因素对翻译行为翻译规范起着重要的影响和引导作用。以《双城记》为例,我们发现改革开放后的《双城记》复译似乎陷入了毫无组织的局面,仅2000年之前就有十几种,现撷取二例,隐去译者,仅供研究:

[4]译本一:那是最好的年月,那是最坏的年月,那是智慧的时代,那是愚蠢的时代,那是信仰的新纪元,那是怀疑的新纪元,那是光明的季节,那是黑暗的季节,那是希望的春天,那是绝望的冬天,我们将拥有一切,我们将一无所有,我们直接上天堂,我们直接下地狱——简言之,那个时代跟现代十分相似,甚至当年有些大发议论的权威人士都坚持认为,无论说那一时代好也罢,坏也罢,只有用最高比较级,才能接受。

[5]译本二:那是最好的时代,那是最坏的时代;那是智慧的年月,那是愚蠢的年月;那是信仰的时期,那是怀疑的时期;那是光明的季节,那是黑暗的季节;那是希望的春天,那是绝望的冬天;我们拥有一切,我们一无所有;我们都直奔天堂,我们都直下地狱——总而言之,那个时代和当今时代如此相似,以至当年有些显赫一时的权威人士坚持认为,无论对它说好说坏,一概只能使用最高级的比较词语。

翻译的历史实践场域不同,译本才可能产生较大的变化与差异,才能凸显译者的翻译风格。不同的历史实践场域就如同不同的舞台场景,历史实践场域的变化就仿佛舞台场景发生变化。场景变化时旧角色需要与旧场景一同退场,新场景也必然呼唤新的舞台形象出现。场域决定了翻译行为是否有发生的必要,什么样的译本是这个场域需要的译本,译本就以何种形象出现。从内部逻辑上看,同一时期、同一历史实践场域,并不需要大量的翻译作品以几乎没有差异的形象同时登场。然而这种现象却非常普遍,并不限于《双城记》。我们认为,这种现象并不符合文学复译的存在逻辑。(袁辉,徐剑,2014)在国内的学术界,有很多学者反对复译,他们提出文学复译完全可以有定本的观点,这种反对不无道理。罗宾森(Robinson,2001)曾指出,翻译受市场这个看不见的手的控制,资本趋利的特点极可能导致非理性翻译行为的发生。从翻译的组织性上看,这个时期翻译活动的自由度提升而宏观的组织计划性降低。

最后,编译改译的形式与对象发生了很大的变化。编译、节译、改译甚至改写的翻译行为流行于晚清时期。纵览现当代翻译史,总的趋势是编译、改译等翻译行为愈来愈少。在编译改译的案例中,林纾的翻译算得上最成功的一个。林纾一生译书一百七十余种,主要是小说,林译小说对原作的裁剪增删时有发生,算得上是翻译行为的常态。林纾的翻译在当时是引领翻译风气的,其译作受欢迎的程度可谓风靡一时。钱锺书先生在《林纾的翻译》一文中提到一个译例,说林纾译狄更斯《滑稽外史》,时装店的女领班那格女士听见顾客说她是"老姬",异常愤怒,回到缝纫室里,披头散发,大吵大闹,把满腔怒火和嫉妒都发泄在年轻貌美的加德身上,林译如下:

> 那格……始笑而终哭,哭声似带讴歌。曰:"嗟乎! 吾来十五年,楼中咸谓我如名花之鲜妍"——歌时,顿其左足,曰:"嗟夫天!"又顿其右足,曰:"嗟夫天! 十五年中未有被人轻贱。竟有骚狐奔我前,辱我令我肝肠颤!"(钱锺书,2009)

林纾的这段译文,对当时甚至今天的读者来说都颇为精彩。林纾借助删减和增补,在译文中融进了中国文化,原文中并无"哭声似带讴歌"这种中国传统戏曲中的桥段。林纾的编译、改译行为并不是他和助手的语言能力不足而被动造成的,而是译者刻意而为。译文对一些文化形象做了归化性置换,比如骂年轻貌美的加德为"骚狐",生气时的感受是"肝肠颤",都很符合国人的表达习惯。也可见在当时,编译改译类的翻译行为具有较高的接受度。这里有两方面的原因,第一是林纾的时代国门初开,国人对国外的了解,被动大于主动,普通人对外排斥的心态依然严重,林纾的编译改译幅度大,文化与语言表达替换多,满足了归化的需要,更利于国人渐进地了解西方文化,是外国文学中国化的一条捷径。钱锺书(2009)认为这种方法仿佛做媒似的,能够"使国与国之间缔结了'文学姻缘'"。第二,当时人们对译本超越原作似乎持宽容甚至赏识的态度,因此对译者超越原作时采用的改写行为,无论是普通读者还是出版商、批评家似乎都很宽容。但是,改译、编译在当代并非不存在,而是呈现了新的形式。一是改译多表现为由各种原因引发的删节。二是编译、改译、改写的目标读者群主要是青少年,作为外国文学素养的初级读物出现,这些作品的读者主要不是成年人,与林纾的时代已大为不同。随着全社会外语水平的提高,编译、改译在文学翻译中的接受度也越来越低。

5. 结语

总览过去一百余年的英美小说翻译,场域特征尤为突出,每个译本多多少少地都带有它那个时代的印记。在更迭的翻译规范中,英美小说实现了以差异化的形式在中国历史实践场域的传播。某些翻译规范在变化中消失,新的翻译规范则在变化中产生,有些翻译规范逐渐被边缘化,另一些规范则演化为主流,在经历了百年巨变之后,今天的英美小说翻译规范处在相对稳定的时期。

参考文献

范伯群,朱栋霖,1993. 1898—1949中外文学比较史[M].南京:江苏教育出版社.

歌士米,1931.维克斐牧师传[M].伍光建,译,北京:商务印书馆.

郭延礼,2001.中国近代文学发展史[M].北京:高等教育出版社.

简·奥斯汀,1935a.骄傲与偏见[M].董仲篪,译,北京:大学出版社.

简·奥斯汀,1935b.傲慢与偏见[M].杨缤,译.北京:商务印书馆.

简·奥斯汀,1955.傲慢与偏见[M].王科一,译.北京:文艺联合出版社.

李寄,2008.鲁迅传统汉语翻译文体论[M].上海:上海译文出版社.

鲁迅,1981.月界旅行·辩言[M]//鲁迅全集(第10卷).北京:人民文学出版社.

鲁迅,1995.月界旅行[M]//鲁迅全集(第4卷).乌鲁木齐:新疆人民出版社.

茅盾,2009.为发展文学翻译事业和提高翻译质量而奋斗[C]//罗新璋,陈应年.翻译论集.北京:商务印书馆.

钱锺书,2009.林纾的翻译[C]//罗新璋,陈应年.翻译论集.北京:商务印书馆.

我佛山人,1997.电术奇谈[C]//陈平原,夏晓虹.二十世纪中国小说理论资料(第一卷)1897—1916.北京:北京大学出版社.

袁辉,徐剑,2014.出场、差异、合理性:论文学复译的三个循环[J].外国语文(4):

99-102.

ROBINSON D，2001. Who translates? Translator subjectivities beyond reason
　　［M］. New York：State University of New York Press.

TOURY G，2001. Descriptive translation studies and beyond［M］. Shanghai：
　　Shanghai Foreign Language Education Press.

作者通信地址:221116 中国矿业大学南湖校区外文学院;jansenxu@hotmail.com

论中国特色法治术语的汉英译名
统一问题与创新原则

刘法公

摘　要:目前,中国特色法治术语汉英译名缺乏统一,随意变动,严重损害中国法治理念信息的对外传播质量。本文依据法律术语翻译的"一致性"要求,运用实例分析了中国法治术语译名不统一问题的严重性和危害性,认为实现法律原文和译文的功能对等,前提是遵守法律翻译"一致性"原则,而现有的译名统一原则尚不足以解决目前的问题。为此,通过反复研究后,本文提出了中国法治术语汉英译名统一的两条新原则。该原则简便有效,能帮助我们从法治术语的多元化译名中确定统一译名。

关键词:汉英翻译;法治术语;中国特色;译名统一;问题与创新原则

0. 引言

党的十八大以来,习近平同志关于依法治国的系列论述中,有许多法治概念和词语意义特殊,特色鲜明,形成了一批重要的中国特色法治术语。把中国法治新理念、新思想、新战略准确而迅速地传播给国外媒体和公众,法治术语的翻译和译名统一是关键,也是中国法治对外传播翻译的第一步。著名翻译理论专家潘文国教授就译名问题强调指出:"不同语言文化体系之间的交流,概念是基础,因此译名问题是重中之重。"(潘文国,2020)中国特色法治术语汉英译名统一工作是党中央加强国际传播能力和对外话语体系建设的重要组成部分,也是中国司法界和翻译工作者的重要责任,意义十分深远。

中国法律对外传播离不开中国特色法治术语,更离不开统一的对应翻译,正如王银泉教授所说,"加强我国的对外话语体系建设,首先必须做好政治话语翻译,因为我们必须掌握和主导中国政治话语对外表达的国际话语权"(王银泉,2017)。中国特色法治术语是政治话语的重要部分,其翻译工作一直受到国家高层部门的高度重视。中共中央编译局为加强中央文献对外翻译工作,改变国家特色词汉外译名不统一的情况,自2015年4月起通过属下的中央文献重要术语译文审定委员会编辑了《中央文献重要术语译文发布》,并认为"这些术语是我们党理论创新的重要成果","亟须通过规范的翻译提升其对外传播的质量和效力"。在其发布的共18期"汉英重要术语"中,有很多属于中国特色法治术语,如:反腐高压态势的译名为tough stance on corruption;全面依法治国的译名为advance the law-based governance of China。但是同样的法治术语在中国的权威媒体上却有不同的英语译名,如:反腐高压态势的译名为tough stance against corruption(Xinhua,Ecna.cn中新网,2018-01-14);全面依法治国的译名为comprehensive advancement of the rule of law(Xinhuanet,2016-11-03)。中国特色法治术语汉英译名如此缺乏统一,随意变动,并非个别现象。这不但有悖译名统一原则,而且严重损害中国法治理念信息的对外传播质量。

翻译研究中的中国特色是中国学者在研究翻译时应特别关注,而别的国家、别的民族的研究者经常忽视或不甚重视的东西。我们不能指望外国学者给我们提供中国特色法治术语的英语译名,因为中国特色法治术语用词固定,内涵特指,外国学者无法完成这个任务。汉英翻译中,要保持汉语特色法治术语英语译名的固定统一,传递其固有概念,避免多样的译名替换带来的概念偏差风险,我们必须遵守法律术语翻译的"一致性"原则,即,法律文献翻译中使用的术语译名要前后一致,概念上始终如一。"一致性"原则既是高质量法律翻译必须达到的目标,也是起草法律的"黄金法则",即,除非你要更改你的意思,否则不要更改你的用语。国内外关于法律术语严肃性和翻译"一致性"原则已有不少重要论述。法律翻译专家陈忠诚谈到法律术语使用时说:"为求精确无误,同一概念必须使用同一词语,而不能翻花样。"(陈忠诚,1998)。邱贵溪教授提出了法律文件翻译的五个原则:(1)使用庄重词语;(2)准确性;(3)精练性;(4)术语一致性;(5)使用专业术语。(邱贵溪,2000)其中的"术语一致性"与"准确性"互为依托,相辅相成。这一点亨利·威霍芬(Henry Weihofen)的观点值得铭记:准确性经常要求我们表达同一概念时重复使用同一术语(Exactness often demands repeating the same term to express the same idea)(Weihofen,1979)。关于法律翻译的"一致性"原则,克罗地亚法学教授苏珊·莎尔切维奇(Susan Sarcevic)强调得更具体:"首先,翻译人员须遵守语言的'一致性'原则。……不鼓励在法律文本中使用同义术语,因为这会使人认为译者所指的是另一个不同的概念。为了使法律生效,语言的'一致性'原则不仅适用于译者手头上的文本,而且适用于一切有关文件。"(Sarcevic,1997)同一原文词所表达的概念,在译文中必须用统一的词表达,这个法律翻译中的"一致性"原则已被业界恪守多年。笔者认为:"法律翻译中,实现'一致性'要求,就是遵循'译名统一'或'同一律'原则。……因为译名不统一,用词前后混乱,将直接影响读者对法律概念的理解和对法律条文的解释,法律翻译的一致性和庄严性就无法保持。"(刘法公,

2012)

鉴于法律术语表达只有做到"一致性",才能保障准确性,中国特色法治术语英语译名若不保持"一致性",内涵"准确性"就无从谈起。译名不统一必然导致中国法治术语的内涵混乱,严重危害相关法律概念的准确性。这个问题非同小可,直接关系到中国法治思想对外传播的准确性和中国法治理念国际化的严肃性,我们必须认真研究解决。

1. 中国法治术语译名不统一问题现状

多年来,国家有关部门在法规文件汉英翻译工作中,组织专家学者对许多中国特色法治术语翻译进行了深入细致的研究,已形成比较严格的规范,固定了许多重要术语的英语译名,但仍有不少重要术语的汉英译名版本繁多,尤其是全面依法治国新理念术语的英语译名经常五花八门,缺乏统一。

1.1 科学立法、严格执法、公正司法、全民守法

"科学立法、严格执法、公正司法、全民守法",这十六字方针是习近平总书记全面推进依法治国重大战略思想之一,也是法治中国建设的衡量标准。这十六字方针的汉语固定统一,用词不容改动,但中国政府权威文件上可见的英语译名却多种多样,不符合法律词语的一致性原则,请看:

译名 1:legislation is sound, law enforcement is strict, the administration of justice is impartial, and the law is observed by everyone

(《中共十九大报告》英文版,2017-10-18)

译名 2:take a well-conceived approach to law-making, and ensure that law is strictly enforced, justice is administered impartially, and the law is observed by all

(中央文献重要术语译文发布,2015年第2期)

译名 3:sound lawmaking, strict law enforcement, impartial administration of justice, and common observance of the law

(《中国人权法治化保障的新进展》白皮书,2017)

译名 4:that legislation is introduced through well-conceived procedures, that law is enforced strictly, that justice is administered impartially, and that the law is observed by all

(习近平《在党的十八届四中全会第二次全体会议上的讲话》英文版,2014-10-23)

译名 5:legislature based on rational analysis, strict law enforcement, judicial justice, and observance of the law by all citizens

（国务院新闻办公室《中国司法领域人权保障的新进展》白皮书,2016-09-12）

以上5种译名用词与句式都差异较大,法律术语译名不统一,则谈不上准确性,无法保持中国依法治国十六字方针的严肃性和庄严性。这不但容易给英语读者造成误解,更有碍于中国法治思想国际传播的顺利进行。

1.2 依法治国

"依法治国",作为内涵丰富且固定的特色术语,意指依照宪法和法律来治理国家,是中国共产党领导人民治国理政的基本方略,是发展社会主义市场经济的客观需要,也是社会文明进步的显著标志。"依法治国"是习近平总书记全面推进依法治国新理念、新思想、新战略所涉及的最核心的法治术语。然而,如此重要的法治术语却亟待确定"统一的""一致的"英语译名。当前,中国官方文件和权威媒体上可见的"依法治国"译名就有18种之多,让国外媒体和英语公众如何确认哪一个是中国的治国方略? 请看:

〔1〕to govern the country by law（*China Law*）

〔2〕rule by law（Xinhua, 2015-03-27）

〔3〕manage state affairs according to law（*China Daily*）

〔4〕rule of law（Chinadaily.com.cn）

〔5〕run state affairs according to law（baidu）

〔6〕rule the country by law（*China Daily*）

〔7〕administer a country according to law（Constitution of the P. R. China, 2004）

〔8〕administer the state according to law（*Govt. White Papers. China.org.cn*）

〔9〕run the government in accordance with the law（《2012年政府工作报告》英文版）

〔10〕ruling country based on law（xinhuanet, 2016-12-10）

〔11〕govern the country according to law（Constitution of the P. R. China, 1999）

〔12〕govern the state by law（baidu）

〔13〕govern the country under rule of law（中国宪治网,*www. calaw. cn*）

〔14〕run the country in accordance with the law（baidu）

〔15〕run the country according to law（《人民日报(海外版)》,2003-11-24）

〔16〕advancing the rule of law（Xinhua,2015-03-13）

〔17〕advance the law-based governance of China（中央文献重要术语译文发布,2015年第1期）

〔18〕advance the law-based governance（《习近平在中国共产党第十九次全

国代表大会上的报告》英文版,2017-10-18)

"依法治国"作为法治特色术语在中国各级政府文件和媒体上使用频率很高,用词固定,内涵统一。进行国际传播时,我们只有用"依法治国"固定统一的英语译名,才能准确而严肃地传递党和国家依法治国的理念信息。若这个法律术语译名不统一,信息无法一致而准确,则内涵歧义与争端必然频起,法律的权威性将受到挑战。

1.3 三严三实

"三严三实",是习近平同志 2014 年 3 月最早提出的,要求领导干部"严以修身、严以用权、严以律己,谋事要实、创业要实、做人要实",简称为"三严三实"。作为中国特色法治术语,该词的形与义都很固定,但其英语译名却呈多版本状态,提供的定义也多有不同。以下译名版本都有权威出处,但应该有统一译名,请看:

[1]The Three Stricts and Three Earnests(《习近平在中国共产党第十九次全国代表大会上的报告》英文版,2017-10-18)

(Definition given in the document: *to be strict with oneself in practicing self-cultivation, using power, and exercising self-discipline; and to be earnest in one's thinking, work and behavior*)

[2]the Three Stricts and Three Honests(《2016 年政府工作报告》英文版,2016-03-18)

[3]three strictness and three solidness(xinhuanet,2015-04-19)

(Definition given in the news: *"Three strictness" refers to being strict in cultivating one's morals, using power and disciplining oneself, while "three solidness" means solid planning, working and behaving.*)

[4]three Stricts and three Steadies (chinadaily.com.cn, 2015-09-01)

以上四个译名均出自国家最高权威部门或国家最高权威媒体,英语用词各有风采,随文件提供的两个定义句式与用词皆存差异。作为专名的"三严三实",其英语译名如此杂乱,不但严重影响了法治的严肃性,而且也大大损害了中国依法治国新理念和新思想国际传播的准确性。

依法治国新理念、新思想的特色术语形与义固定统一,其对应的英语译名也应该固定统一,因为这些术语意义特殊,中国特色鲜明,必须有统一的译名才能将其中的内涵准确而固定地传播给国外媒体和公众,避免造成歪曲法律内涵以及危害国家法律权威等后果。这样要求是因为法律翻译内涵与词语对应一致的基本,与普通词语翻译中的多样化表述不是一回事。

2. 中国法治术语译名统一的思路

为规范中国行政法规的翻译和审定工作,国务院2003年2月颁发的《国务院办公厅关于做好行政法规英文正式译本翻译审定工作的通知》(国办发〔2003〕10号)就指出:"准确、及时地将行政法规翻译成英文,对于宣传我国社会主义法制建设取得的成就,方便国内外各方面更加全面、系统、准确地了解我国的法律制度,履行我国加入世界贸易组织所作的有关承诺,具有重要意义。"该文件把法规翻译提高到国家法制建设的高度,对我们提高对法治术语汉英译名统一新问题的认识非常重要。

目前中国特色法治术语的英语译名不统一问题之所以严重,关键是没有法治术语译名统一的原则,令翻译工作者确立法治术语统一译名时无章可循。我们应该把研究构建中国特色法治术语汉英译名统一原则,视为法律翻译理论创新的重要组成部分,对翻译理论建设具有重要意义。对比国内外已有的译名统一理论,分析新问题的症结,我们可以运用法律翻译的"一致性"原则,创新设计中国法治术语汉英译名统一的规范化原则。这个原则要帮助我们解决当汉语法治术语对应的多个英语译名都有权威出处时,无法确定哪个版本是统一译名的问题。

为了构建"中国法治术语汉英译名统一的原则",解决这类术语英语译名杂乱无章的状态,笔者几年前曾撰文提出过的"论实现法律法规术语汉英译名统一的四种方法",即,"1.依照英语国家法律术语确定统一译名;2.依照权威法律翻译工具书确定统一译名;3.依照法律术语源头译名确定统一译名;4.依照国内权威英文媒体确定中国特有的法规新词译名"(刘法公,2013),仍有重要的借鉴价值,但这四个方法尚不足以解决中国法治术语英语译名统一的新问题,即,国内权威媒体上同一法治新术语的英语译名经常前后不一致,不能作为译名统一的规范标准。

由于中国法治术语寓意特殊,内涵专一,使用固定,政治严肃,功能特别,我们绝对不能指望外国媒体或译者为我们提供恰当英语译名,更不能放任中国社会各界对其自由发挥"创译"一番。国家最高权威部门和最高权威媒体应该是中国法治术语统一译名的创造者、遵从者。党和国家的各级政府文本对外传播过程中,涉及国家法治术语翻译时,一定要由专家论证内涵后确定固定英语译名。其他人则要遵从中国法治术语固定译名的权威出处,坚持提取使用,不能再任性"创译"乱写。

最权威的统一译名确立后,国家最高权威部门和最高权威媒体不但应该负责对外发布,供国内外其他机构和媒体使用,而且要像对待知识产权一样守护已发布的法治术语统一译名,保障其不被误用、改写、曲解、变异。我们认为,国家最高权威部门和最高权威媒体还应该是中国法治术语汉英统一译名的传播者和守护者,但目前,它们的这些角色职责并未充分履行。我们从有些法治术语的译名众多且混用情况看,有的最高权威部门和最高权威媒体在同一份文稿中同一个术语的译名经常不一样,上一段用这个译名而下一段又用那个译名。若自己内部都不遵从统一译名或者说自己内部都不受译名统一原则的约束,让社会各界遵从使用中国法治术语权威统一译名则是奢望。

3. 中国法治术语汉英译名统一原则

中国法治术语汉英译名混乱问题久而未决,说明问题相当棘手。要探讨解决中国法治术语应该以哪个版本作为统一译名,我们需要首先澄清以下两个概念:

(1)国家最高权威部门:中共中央委员会;国务院;全国人民代表大会;中国人民政治协商会议全国委员会;中共中央军事委员会;中共中央编译局

(2)国家最高权威媒体:新华社(Xinhua News Agency);中央电视台(CCTV);《中国日报》(China Daily);《人民日报(海外版)》

国家最高权威部门发布的文件(英文稿)和国家最高权威媒体刊发的英语文章或新闻中使用的法治术语英语译名应该作为固定统一译名。这一点已经成为共识,但是,我们必须看到,中国法治术语译名统一的过程经常是"动态"的,某些译名从出现到固定统一,往往要经历长久的变动和修正才能最终确定下来。因此,我们经过反复研究探索,提出中国法治术语汉英译名统一原则如下:

(1)以国家最高权威部门或国家最高权威媒体发布或率先使用的译名为统一译名;

(2)当国家多个最高权威部门或国家最高权威媒体发布或使用的英语译名有多个版本时,以时间上最新发布和使用的版本为统一译名。

例如,"三严三实"的英语译名版本多样(见1.3),我们运用上述译名统一原则的第二条就可确定"The Three Stricts and Three Earnests"为统一译名。

1.3中"三严三实"的四个译名均出自国家最高权威部门或国家最高权威媒体,但"The Three Stricts and Three Earnests"的发布时间最新(2017-10-18),其他三个译名都比它早很多,所以我们就此确定它为固定统一译名。该原则的有效性还可以从确定以下中国法治术语的统一译名的实例得到验证:

[1]"科学立法、严格执法、公正司法、全民守法"

统一译名:legislation is sound, law enforcement is strict, the administration of justice is impartial, and the law is observed by everyone

(《习近平在中国共产党第十九次全国代表大会上的报告》英文版,2017-10-18)

该译名是国家最高权威部门最新使用的统一译名,其他译名都应服从这个版本。

[2]"依法治国"

统一译名:advance the law-based governance

(《习近平在中国共产党第十九次全国代表大会上的报告》英文版,2017-10-18)

该译名在《中共十九大报告》英文版中出现19次,非常符合"一致性"原则。

[3]"无禁区、全覆盖、零容忍"

统一译名:no-go zones, no ground is left unturned, and no tolerance is shown for corruption

(《习近平在中国共产党第十九次全国代表大会上的报告》英文版,2017-10-18)

而不是 no restricts zones, full coverage and zero tolerance(中国共产党十八届六中全会,2016-10-24),本译名比统一译名早了近一年。

[4]"法治国家、法治政府、法治社会"

统一译名:rule of law for the country, the government, and society

(《习近平在中国共产党第十九次全国代表大会上的报告》英文版,2017-10-18)

[5]"依法执政,依法行政"

统一译名:law-based exercise of state power, and law-based government administration

(《习近平在中国共产党第十九次全国代表大会上的报告》英文版,2017-10-18)

[6]"依法治国和依规治党"相结合

统一译名:combine the law-based governance of the country and rule-based governance over the Party

(《习近平在中国共产党第十九次全国代表大会上的报告》英文版,2017-10-18)

[7]"法治与德治"相结合

统一译名:a combination of rule of law and rule of virtue

(《习近平在中国共产党第十九次全国代表大会上的报告》英文版,2017-10-18)

[8]"反腐高压态势"

统一译名:tough stance against corruption

(《2017年政府工作报告》英文版,2017-03-17)

而不是 tough stance on corruption(*China Daily*,2013-06-08;中央编译局,《中央文献重要术语译文发布》,2015-04-27)。虽然"反腐高压态势"的上述译名都出自最高权威部门或媒体,但时间上最新的 tough stance against corruption 应该作为统一译名。

中国法治术语汉英译名统一原则虽然只有两条,却能有效厘清长期以来法治术语译名版本繁多而无法确定如何统一的棘手问题。简单实用的法治术语译名统一原则是我们潜心研究的结果。

4. 结论

习近平同志关于依法治国的系列论述中涉及的许多法治概念和词语意义特殊,隶属于中国特色法治术语。要实现这些依法治国系列论述的对外传播,特色法治术语翻译与译名统一必须按照法律翻译规范来完成,即,"法律翻译不再被认为仅仅是语言转换的过程,而是法律机制中进行的交际活动,旨在实现法律功能的对等"(张法连,2016:100)。实现法律原文和译文的功能对等,前提是遵守译名统一律原则。

目前中国法治术语英语译名乱象较多,也存在不统一的问题。法治术语译名不统一的问题严重,一方面是由于各级部门重视不够,另一方面是"由于法律翻译相对属于一个较新的学科方向,缺乏相应的历史积淀和实践经验,只能不断探索,不断总结,边摸索边发展"(张法连,2018:33)。中国法治术语的固定翻译和译名统一,是国家最高权威部门和权威媒体以及翻译界需要特别重视且不断探索的重要领域,因为它关系到党和国家治国理政思想的对外传播,关系到中国参与国际交流和增强国际舞台话语权的成败,更关系到中国政府在消除国际误解与传播国际正能量方面的能力的发挥。创译出中国法治术语译名之后,坚持使用统一英语译名,就需要遵循译名统一的原则,否则便无章可循。

我们结合法律翻译"一致性"原则,通过反复研究后提出了中国法治术语汉英译名统一原则:

(1)以国家最高权威部门或国家最高权威媒体发布或率先使用的译名为统一译名;

(2)当国家多个最高权威部门或国家最高权威媒体发布或使用的英语译名有多个版本时,以时间上最新发布和使用的版本为统一译名。

运用以上原则确定中国法治术语统一译名的实践表明,该原则简便有效,能帮助我们从法治术语的多元化译名中确定统一译名,规范中国法治术语传递的国家政治、社会、经济、文化等特别信息,提高国家治国理政新思想、新理念对外传播的正确性和严肃性。

参考文献

陈忠诚,1998.法窗译话[M].2 版.北京:中国对外翻译出版公司.

董晓波,2011.法律文本翻译[M].北京:对外经济贸易大学出版社.

刘法公,2012.汉英/英汉译名统一与翻译规范研究[M].北京:国防工业出版社.

刘法公,2013.论实现法律法规术语汉英译名统一的四种方法[J].中国翻译(6): 82-86.

潘文国,2020.翻译研究的中国特色与中国特色的翻译研究[J].国际汉学(S1): 5-37.

邱贵溪,2000.论法律文件翻译的若干原则[J].中国科技翻译(5):14-17.

王银泉,2017.做好政治话语翻译,提升国际话语权[N].学习时报,2017- 11-27(4).

张法连,2016.英美法律术语汉英翻译策略探究[J].中国翻译(2):100-104.

张法连,2018."一带一路"背景下法律翻译教学与人才培养问题探究[J].中国翻 译(2):31-35.

SARCEVIC S, 1997. New approach to legal translation[M]. The Hague: Kluwer Law International.

WEIHOFEN H, 1979. Legal writing style[M]. Minnesota: West Pub. Co. (St. Paul).

作者通信地址:310018 浙江工商大学外国语学院;fgliu88@126.com

译写皆成文章气度,推敲尽在韵对言声

——林语堂翻译修辞的"文章翻译学"阐释

王宇弘

摘　要:林语堂是20世纪的文坛巨匠,其英文写作与翻译作品享誉世界,独特的译写结合的创作理念源自中国古代文章学传统。从文章翻译学的视角进行解读,林语堂的典籍翻译作品与原文的修辞风格高度契合,具体体现为对中国文化典籍的核心修辞特点"韵、对、言、声"进行综合考量,并用地道的英语修辞手段进行整体重构,从而使译作形神兼备,气韵生动。林语堂的成功范例有力印证了文章翻译学对于典籍翻译实践的主张,即"译文三合义体气",其中"义合"是基础,"体合"是关键,"气合"则是译者的至高追求。

关键词:林语堂;翻译修辞;文章翻译学;"体合";"韵、对、言、声"

0. 引言

林语堂的英文写作与翻译作品自成一家,在20世纪为中国文化在英语世界的传播做出了巨大贡献,在世界文坛产生了重要影响。其作品的独特之处在于写作与翻译水乳交融,写中有译,译中有写,将中国文化巧妙地融入英文作品。林语堂之所以能够在英文写作与翻译之间无缝切换、挥洒自如,得益于其"两脚踏中西文化,一心评宇宙文章"的文章学理念,即双语写作和翻译在本质上并没有什么不同,都是在做"宇宙文章"(冯智强,庞秀成,2019:11-17)。林氏在典籍翻译方面也颇有成就,所译的一系列古典散文和诗词均为学界所称道,体现出鲜明的中国文化印记和独特的翻译修辞风格,有待更加深入的研究和解读。

潘文国教授所倡导的文章翻译学是植根于传统文章之学的中国特色翻译理论,重新界定了典籍翻译的"道"与"器",前者是指导原则,后者是操作标准(王宇弘,潘文国,2018:93-101)。指导原则方面,文章翻译学继承和发展了严复的翻译理论,即"译事三难信达雅";操作标准方面,在吸收中国传统文章学精髓的基础上提出了"译文三合义体气",认为译文应做到"义合"(意义相合)、"体合"(形式相合)、"气合"(神气相合)。(潘文国,2014:93-101)"三合"之中,"义合"是基础,"体合"是关键,"气合"则是译者的至高追求。对典籍翻译而言,"体合"尤为关键,因为如果忽略了典籍的形式要素和修辞特点,便会模糊了典籍的本来面目,因而难以再现典籍的神韵。从文章翻译学的视角出发便会发现,林语堂对典籍作品的形式要素和修辞特点非常敏感,总是能够在确保译文可读性的基础上尽可能地做到"体合",从而使译文形神兼备,气韵生动。

1. 典籍翻译的修辞问题

典籍翻译的修辞问题并不是一个新话题,佛经翻译的"文质之争"在本质上就是关于译文内容与译文修辞关系的争论。"文"与"质"最早是由孔子提出的做人标准,所谓"质胜文则野,文胜质则史。文质彬彬,然后君子"(《论语·雍也》)。事实上,"文质之争"是始于南北朝时期的文章学范畴的争论,并非专门针对翻译。因为从传统文章学的视角出发,一切文字创作都需讲求文采,才能取得良好的传播效果,正如孔子所说的"言之无文,行而不远"。翻译作为文字创作的一种,当然不能自外于文章学传统。因此,从传统文章学来看,翻译的修辞问题只是"文质之争"的一个组成部分,是"文质之争"在翻译领域的延伸。当前中华文化对外传播正面临新的历史机遇,这极大地促进了典籍翻译事业的发展,也促使我们在新的语境下对"文质之争"进行新的思考,继续探索典籍翻译的主导原则与实现途径。

在讨论具体翻译修辞问题之前,有必要先从文章学的视角厘清典籍原文的修辞要素。需要说明的是,这里所讨论的修辞是广义的修辞,即语言的形式要素,而不仅是狭义的修辞格。

1.1 典籍作品的修辞要素:"韵、对、言、声"

中国古代的文体学十分发达,文章分类繁复。文章翻译学以简驭繁,将中国古代文章分类的语言要素归纳为四大类,即"韵、对、言、声"。这四大要素能够充分体现文章的文体特点,解释力非常强,现分别做简要说明。

韵指典籍文本在押韵方面的特点。汉字的单音节特性使汉语较容易形成押韵的形式。可以说,韵是中国古典文学的灵魂,对古典诗词而言更是如此。从唐代的《切韵》到元初修订的"平水韵",莫不对诗韵有着明确而统一的要求。中国人对韵非常敏感,对韵的欣赏深入骨髓,不仅诗词曲赋要押韵,即使是古典散文也经常部分押韵。

对指典籍文本在对仗方面的特点。对仗的基本要求是上下两句字数相等、虚实相应、语义和平仄相对。对仗也是汉语修辞的一大特色,既具有对称和平衡之美,又可以互文见义。对仗在各种古代文体中均有不同程度的体现,最具代表性的是诗词、骈文和对联。

言指典籍文本在句内字数方面的特点。按字的数目划分,可分为"三言""四言""五言""七言"等,如《三字经》为三言,《千字文》为四言,格律诗有五言、七言;按每句字数是否相等,又可分为"齐言"和"杂言",如诗一般为齐言,词曲为杂言。中国文化典籍浩如烟海,然而我们总是能够从中找到对整齐字数的偏爱与执着,如《道德经》中就存在着大量节奏分明的齐言和杂言语段。

声指典籍文本在声调方面的特点,集中体现在古典诗词之中的平仄对立。古代有四声八调,即平上去入四声,各分阴阳。四声可大致分为平仄两类,平是平声,仄是上去入三声的总称。古典诗词格律对平仄的运用有着明确的要求,不懂平仄便无法全面理解和欣赏古典诗词在声调方面的抑扬和谐之美。

可以说,"韵、对、言、声"是中国文化典籍在修辞方面的核心特点和本质特点,这四个特点的不同配置和综合运用可以体现出典籍的文体风格和作者的个人修辞风格,这四个特点在翻译中的重构对于中国文化典籍的翻译至关重要。

1.2 文章翻译学的修辞主张:"体合"

文章翻译学认为,"义合"(译文与原文意义相合)只是成功翻译的第一步,第二步就要力求"体合",即译文与原文形式相合。因为从翻译的角度看,只有内容的翻译,没有形式的转写,就不是完整的翻译。潘文国教授指出,典籍翻译"最起码的要求是,诗要译成诗,词要译成词,辞赋、骈文的特色都要在译文中有所体现"(潘文国,2014:93-101)。中国古代文章的文体几乎都可以通过"韵、对、言、声"四要素的不同配置来加以界定,表1是"义、体、气"体系中典籍常见文体在"韵、对、言、声"方面的标记:

表1 "韵、对、言、声"在不同文体中的标记

语义体系	修辞体系					音义互动
义		体(核心修辞特点)				气
		韵 (是否押韵)	对 (是否对仗)	言 (字数要求)	声 (平仄要求)	
字词义 组织义 语法义	诗	√	√	√(齐言为主)	√	作品独有的语言风格和美学特点,由"韵、对、言、声"与语义的互动所决定。
	词	√	/	√(杂言为主)	√	
	赋	√	/	/	√	
	对联	/	√	√	√	
	骈文	/	√	√	√	
	散文	/	/	/	/	

注:上表中的"√"代表有标记,"/"代表无标记。

如上表所示,每一种典籍文体都具有鲜明的修辞特点,例如:古典诗歌在"韵、对、言、声"方面都有严格的要求,节奏较为整齐划一,古朴庄重;而词的形式要求则更为宽泛灵活,节奏长短不一,起伏灵动。不同文体的修辞形式与思想内容浑然一体,换言之,形式为内容的传达提供了理想的载体。因此,典籍外译的修辞问题是不容忽视的。潘文国教授认为,以往中国典籍外译中的一个突出问题是忽略典籍的文体特点,往往是诗、词不分,骈、散无别,整个中国文学只剩下诗、文两大类,甚至连诗、文之间的界限有人也要打破。(潘文国,2014:93–101)如果翻译过程中只注重意义的传达,不尊重典籍的修辞特色,那么势必影响到译文质量与传播效果,正所谓"言之无文,行而不远。"

典籍外译是否需要做到"体合",可以说是新时代的"文质之辩",文章翻译学对此所给出的答案是肯定的。中华文化对外传播已进入新的历史时期,也对典籍外译提出了更高的要求,在此背景下无视承载中国传统文化精华的文章之学,是极不应该的。《论语》中提出"质胜文则野,文胜质则史,文质彬彬,然后君子",最初是指人的行为中"质朴"与"文饰"之间的矛盾与平衡:质朴胜过了文饰就会粗野,文饰胜过了质朴就会虚浮,质朴和文饰比例恰当,然后才可以成为君子。如果以此来类比典籍翻译,"文"与"质"的矛盾便体现为翻译过程中文章之义与文章之体的矛盾与平衡:只注重语义而无视形式,译文便缺少神韵;为移植形式而歪曲语义,译文便失于造作;语义与形式并重,兼顾"义合"与"体合",才能够达到"文"与"质"的平衡。

2. 林语堂典籍翻译的修辞特色

林语堂在20世纪的中国文坛乃至世界文坛都极具影响力,他用纯熟优美的英文向西方世界展现了中国文化的深邃思想和独特魅力。他兼具作家、翻译家、语言学家等多重身份,仅就其典籍翻译作品而言也是成就斐然。从翻译修辞的视角进行审视,林语堂具有非常敏锐的文体意识,其译文体现出对"体合"中的四要素"韵、对、言、声"的高度重视。

2.1 "韵"的翻译重构

中英文学都很注重韵律,古典诗歌的用韵则更为讲究。中国古典诗词通常一韵到底,英语诗歌用韵则较为灵活,如民谣体(ballad)、英雄双行体(heroic couplets)和十四行诗(sonnet)对节奏和押韵均有不同的要求。林语堂的典籍翻译作品非常重视对韵的处理,总体上做到了以诗译诗,但对诗行的节奏和押韵不做严格要求,用韵形式多样,不一而足。

例[1]

How rare the moon, so round and <u>clear</u>!

With cup in hand, I ask of the blue <u>sky</u>,

"I do not know in the celestial <u>sphere</u>

What name this festive night goes <u>by</u>?"

I want to fly home, riding the <u>air</u>,

But fear the ethereal cold up <u>there</u>.

The jade and crystal mansions are so <u>high</u>!

Dancing to my shadow,

I feel no longer the mortal <u>tie</u>.

例[1]是苏轼《水调歌头·明月几时有》上阕的译文,画线部分为押韵词(下同),可以看到用韵模式为"ABAB,CC,B/B",押的是全韵。

例[2]

Fly, fly, ye faded and broken dreams

Of fragrance, for the spring is <u>gone</u>!

Behold the gossamer entwine the screens,

And wandering catkins kiss the <u>stone</u>.

Here comes the maiden from out her chamber door,

Whose secret no one shall <u>share</u>.

She gathers the trodden blossoms lingeringly,

And says to them her votive <u>prayer</u>.

例[2]为《红楼梦》葬花词译文(为节省篇幅只节选前两节),押偶行韵,以全韵为主。其中第一节的"gone"和"stone"虽然从拼写上看似押全韵,但元音不同,属于"眼韵"(eye rhyme)。

例[3]

寻寻觅觅,冷冷清清,凄凄惨惨戚戚。

So <u>dim</u>, so <u>dark</u>,

So <u>dense</u>, so <u>dull</u>,

So <u>damp</u>, so <u>dank</u>,

So <u>dead</u>!

例[3]为李清照《声声慢》开篇的名句,原文在押尾韵的基础上连用了七组重言(又称叠字),将凄凉的氛围渲染到极致。原文尾韵加重言的修辞特色为翻译带来了极大的困难,而林语堂的译文堪称绝妙,连用七个押头韵的形容词,用音韵之美传神地再现了原文惨淡凄清的意境。

如以上译例所示,林语堂所译诗词作品根据原文特点采用不同韵式,押韵词以全韵为主,但并不排斥偶尔使用其他类型的韵(如眼韵、头韵、辅音韵等)。总体看来,林语堂在诗歌翻译方面重视韵律而又不为韵律所束缚,在"韵"的维度做到了"体合",使韵律服务于整体表达效果。

2.2 "对"的翻译重构

对偶不仅是汉语重要的修辞特色,而且深刻地影响着中国人的思维方式,反映着中国文化中太极两仪、阴阳平衡的宇宙观。中国文化中重要的概念几乎都是成对出现,如老子《道德经》中的"故有无相生,难易相成,长短相形,高下相倾,音声相和,前后相随"。汉语自古以来就有重对偶的修辞传统,典籍作品中大量的对偶在翻译中理应受到充分的重视。以下两例为林语堂英译的对偶句(《浮生六记》):

例[4]
"清斯濯缨,浊斯濯足。"
"When the water is clear, I will wash the tassels of my hat,
and when the water is muddy, I will wash my feet."

例[5]
"兽云吞落日,弓月弹流星。"
"Beast-clouds swallow the sinking sun,
And the bow-moon shoots the falling stars."

可以看到,林语堂对两组对偶句均以相同的句式译出,再现了原文的对偶之美,同时也通过翻译展现了汉语喜欢对偶的修辞特色。事实上,英语中也时常会出现与汉语对偶相近的句式,即所谓平衡句(balanced sentence),由两个句式相同或相近、语义相反的小句构成,如《双城记》的开篇便是一组平衡句:"It was the best of times; it was the worst of times. It was the age of wisdom; it was the age of foolishness. It was the epoch of belief; it was the epoch of incredulity. It was the season of light; it was the season of darkness. It was the spring of hope; it was the winter of despair..."林语堂深谙中英文化,在自己的英文写作中也经常运用平衡句,如在将老子与庄子进行对比时这样写道:"While Laotse was all intuition, Chuangtse was all intellect. Laotse smiled; Chuangtse laughed. Laotse taught; Chuangtse scoffed. Latotse spoke to the heart; Chuangtse spoke to the mind..."林语堂译写结合,以写文章的方式进行翻译,用纯熟自然的英语平衡句将对偶句译出,在"对"的维度上也实现了体合。

2.3 "言"和"声"的翻译重构

如前所述,"言"是汉语修辞在字数方面的要求,是体现汉语节奏特点的要素。"言"的得当运用,会使文章具有节奏感和音乐性。中国古代文章中,不仅诗词和骈文对"言"有明确的要求,甚至于对"言"没有标记的散文也往往体现出对"言"的偏好,各类散文中以整齐字数表达的部分随处可见,这也是各类古代文章都具有文采的重要原因之一。历数中国古代经典散文,从《老子》《论语》《庄子》,再到唐宋八大家散文作品,令人印象深刻的名句大多具有"言"的标记。由于"言"这一修辞要素广泛存在于各类古代文章之中,并且发挥着关键的修辞作用,"言"的翻译重构是文章翻译学"体合"要求中的重要环节。林语堂的典籍翻译作品对原文"言"的特点予以了充分回应,多能通过恰当的英文表达重构出"言"所蕴含的节奏美,如以下译例(《西湖七月半》):

例[6]
如睡有睡之乐,坐有坐之乐,行有行之乐,立有立之乐……
There are the joys of sleeping, of sitting, of walking, and of standing up...

例[6]为李渔描述的日常生活中的乐趣(《随时即景就事行乐之法》)。如画线部分所示,原文并列了四组结构相同的五言句,强调睡、坐、行、立各有其乐,读来整齐明快、节奏感强。林语堂的译文利用英语中的介词结构,将其译为"the joys of"加上四组动名词的形式,同样体现了清晰明快的节奏,与原文有异曲同工之妙。

例[7]
既而/喘渐微,泪渐干,一灵缥缈,竟尔长逝。
After a while, her breath became weaker, her tears gradually dried up /and her spirit departed from this life forever.

例[7]为清代文人沈复描写爱妻芸娘离世时令人心碎的场景(《浮生六

记》)。原文的节奏由二言而三言再四言,字数渐增,语气渐强,用以体现作者悲怆的心情。再来看林语堂先生的译文,每一个小句或停顿的部分由二音步、三音步再到四音步和五音步,随着小句的渐长,语气也不断得到加强,突出了作者的痛苦和不舍,取得了非常好的修辞效果。

"声"是汉语中相对发展较晚的修辞要素,平仄对立是汉语作为声调语言特有的修辞现象。由于语言的差异,英语语音体系中并没有相当于汉语中"声"的修辞特点。英语诗歌的节奏是通过重读音节来体现的,根据发音的抑扬变化又可分为抑扬格与扬抑格。虽然汉语中平仄的区分在英语中略可用音调的抑扬来比拟,但区别依然较大,因为英语中并没有类似汉语对联和律诗中上下句平仄对立的用法。因此,在古典诗歌英译中不必强求"声"的机械重构,只需体现出英语诗歌的自然节奏。林语堂译诗以抑扬格为主,符合英语诗歌对节奏的要求。

2.4 "体合"的密钥:"韵、对、言、声"的个性化配置与综合把握

需要说明的是,以上虽然对"韵、对、言、声"的翻译重构进行了分别讨论,但实际上这四个修辞维度是相互交织、密不可分的,在翻译过程中也需要进行综合把握与考量。

例[8]
道可道,非常道;
名可名,非常名。
无名,天地之始;
有名,万物之母。

The Tao that can be told of
Is not the Absolute Tao;
The Names that can be given
Are not Absolute Names.
The Nameless is the origin of Heaven and Earth;
The Named is the Mother of All Things.

例[8]是《道德经》篇首的名句,形式简洁,内涵深刻,通过各种语言载体在世界范围内广泛传播。从"体"的角度进行审视,这四句体现了鲜明的修辞特色,在"对"和"言"两方面都有标记:一、二句和三、四句分别对偶;字数上运用了

二言、三言和四言。林语堂的译文也充分考虑了上述修辞特点:分别用相同的句式将两组对偶句译出,还原了原文中的"对";与此同时对音步也进行了精准的控制——前两句("道可道,非常道;名可名,非常名")为三言,译为三音步,并将后两句("无名,天地之始;有名,万物之母")分别译为两个四音步的句子,再现了"言"的特点(画线词包含每一音步的重读音节)。由此可见,林语堂的译文在翻译修辞重构方面是非常成功的。

《道德经》原文寥寥五千言,但形式整齐、言简意丰,虽为散文却具有令人惊叹的诗性美,主要是由于综合运用了"韵、对、言、声"等修辞手段。而《道德经》之所以成为世界范围内传播最广、影响最大的中文典籍,不仅源于其承载着深邃的中国哲学智慧,也由于其简洁优美的修辞特点。一方面,修辞水平直接影响着原文的传播效果;另一方面,翻译修辞水平也直接影响着译文的海外传播效果。每一部典籍都具有自身的修辞特性,如果无视这些特性,译出的作品便会面目模糊,文采全失,传播效果大打折扣。因此,译者首先要认清原文的"体",即"韵、对、言、声"的个性化配置与综合运用,然后在翻译过程中进行恰如其分的转换与重构,在"义合"的基础上力求做到"体合",才能充分反映典籍原作的风采神韵,取得良好的传播效果。

3. 关于翻译修辞的新探讨

3.1 "体合"是译文修辞的基本要求

文章翻译学认为,汉语的修辞体系是对"韵、对、言、声"进行综合配置的精密系统,"体"在修辞层面上决定了每一部典籍作品的气度神韵,在翻译中应予以恰如其分的把握,才能译其诗如其诗,译其文如其文,否则便失去了典籍的应有之"体",再现典籍的神韵便无从谈起,进而影响典籍外译的传播效果。

上述观点也可以从外籍汉译的视角加以印证,例如佛经的翻译。梵文佛经多为偈颂,原文较为整齐押韵。是否应再现佛经之"体",在漫长的佛经汉译史中一直争议不断,也就是著名的"文质之争"。质派更重视佛经义理,如支谶主张"弃文从质",以传达经意为主,忽视原文的修辞特点,因此"质派"所译经文往往晦涩难懂且失于文采,传播效果并不理想(马祖毅,1999:100),正如严复所言,"顾信矣不达,虽译犹不译也"。文派则更重视译文的文丽简略,如支谦用更为地道的汉语修辞方式重构了经文赞颂的韵律节奏,其所开创的译风对佛教的普及化起了相当大的作用(马祖毅,1999:104-105),足见"体合"的重要性。

3.2 "体合"是"气合"的重要基础

所谓"体合",并不是指在翻译中亦步亦趋,将源语的修辞特点生硬地移植到目的语中,而是以符合目的语表达习惯的方式重构原文的修辞特点。而"气合"也不是虚无缥缈的,是可以在"体合"的基础上通过音义互动来加以实现的。来看以下例子(《西湖七月半》):

例[9]

睡有睡之时,睡有睡之地……

There is a proper time and proper place for sleep...

原文上下两句除最后一字("时"和"地")之外完全相同,重复了相同的用字和结构,节奏感很强。林语堂在翻译时并没有重复这一结构,而是将上下两句合译为一句,但由于在译文中对/p/的发音进行了多达 6 次的重复(如例中加点处所示),在尊重英语表达方式的同时,起到了同原文修辞同样的效果,即在"体合"的基础上做到了"气合"。

人类语言的基本载体是语音,语音的长短、高低、韵律、节奏等要素对语义的表达有着举足轻重的影响。因此,文章翻译学认为"气"是语音特点与语义内容的有机结合,翻译过程中如果不尊重目的语的韵律特点,便很难取得理想的翻译效果。如《金刚经》中的例子:"一切有为法,如梦幻泡影,如露亦如电,应作如是观。"这四句译文初看之下形式整齐,表达规范,但读起来却会感觉很别扭,因为这几句虽然都是五言,但节奏却不相同:"一切/有为法,如/梦幻/泡影,如露/亦如电,应作/如是观。"不难看出,由于第二句("如梦幻泡影")与整体节奏不谐调,使译文与汉语表达习惯貌似相合,实则脱节。总体看来,佛经翻译的效果其实并不令人满意。"我们至今看佛经还是感到奇崛生硬,与汉魏以来的正常汉语有隔的感觉,就是因为它无法融入中国文章的'气'里。"(潘文国,2019:1-5)

3.3 汉语韵律是典籍神气的关键所在

文章翻译学认为,汉语韵律是典籍神气的关键所在。老子《道德经》中的"故有无相生,难易相成,长短相形,高下相倾,音声相和,前后相随"不仅反映了太极两仪、阴阳平衡的宇宙观,也同样道出了人类语言的真谛:语音的长短高下、节奏的不同配置都会影响语言的整体风格。甚至在一篇作品内容不变的情况下,如果改变其韵律节奏,便会呈现不同的艺术风格。脍炙人口的王之涣《凉州词》原文如下:

> 黄河远上白云间,一片孤城万仞山。
> 羌笛何须怨杨柳,春风不度玉门关。

这首诗为七言绝句,全诗节奏统一,充满了苍凉悲壮的边塞气息,令人荡气回肠。曾有人对诗稍做改动,删去了第一句末尾的"间"字,并重新断句如下:

> 黄河远上,白云一片,孤城万仞山。
> 羌笛何须怨,杨柳春风,不度玉门关。

如此一来,这首诗由原来的七言变为四言和五言交错使用,虽然内容没有任何改变,但节奏上的变化为这首诗平添了灵动之气,立刻有了婉转、悠扬之感。

事实上,古典诗词的风格与其节奏有着莫大的关系。在汉语漫长的发展历程中,诗律也在不断演进。四言的《诗经》格律对称,简洁淳朴;五言的乐府节奏明晰,清新自然;七言的唐诗节拍较长,严谨稳健;宋词语句长短不一,风格多变;而以屈原为代表的楚辞作品则以其抒情顿叹律为中国古典文学做出了独特的贡献(冯胜利,2014:24-36)。不仅是诗词,中国古典散文也会综合运用"韵、对、言、声"等修辞要素,长短并用、骈散交错,呈现出不同的语言风格。以上所讨论的汉语韵律通过与语义的互动,形成了每一部典籍独特的神气。赵元任(2004:169-178)曾深入分析汉语的韵律节奏与语义表达的关系;沈家煊(2017)认为,韵律本身就是汉语的一种重要的语法形态手段,是汉语大语法的子集。近年来汉语韵律语法研究取得了诸多进展,未来的文章翻译学研究可以吸收借鉴相关研究的新成果,探索典籍翻译修辞的新途径,努力在译文中再现中国文化典籍的神气。

3.4 翻译修辞是文化交流的重要一环

翻译是文化交流最主要的途径之一,而翻译修辞是其中的重要一环。如果说语法管的是"对不对"的问题,那么修辞管的是"好不好"的问题(潘文国,2014:93-101)。典籍翻译史中大量的复译现象都与翻译修辞有关。辜鸿铭决定重新翻译《论语》很大程度上是因为不满理雅各译本的修辞,如他在其英译《论语》序中所指出的:"只要反复耐心地翻阅理雅各博士的译文,都将禁不住感到它多么令人不满意。因为理雅各博士开始从事这项工作的时候,他的文学训练还很不足,完全缺乏评判能力和文学感知力。他自始至终都表明他只不过是个大汉学家。"而辜鸿铭自己翻译《论语》的方式是:"我们努力按照一个受过教育的英国人表达同样思想的方式,来翻译孔子和他弟子的谈话。"这里所说的

"一个受过教育的英国人表达同样思想的方式",就是文章翻译学所谓"体合"。辜鸿铭的《论语》译本一经问世,便在西方英语世界广受欢迎,这与其恰当的翻译修辞是分不开的。

需要指出的是,看待翻译修辞问题要采取历史发展眼光。早期的典籍英译总体上更重视思想内容的传达,在翻译修辞方面存在明显不足。随着中西文化交流日益深入,中国已进入实现中华民族伟大复兴的全新历史时期,必然对新时期的典籍翻译活动提出更高的要求。习近平总书记提出:"要推进国际传播能力建设,讲好中国故事、传播好中国声音。"典籍翻译领域也应更多地关注翻译修辞问题,这样才能以更好的方式将中国传统文化呈现给世界,为此我们要付出异常艰辛的努力。

林语堂译写结合的创作模式为翻译修辞提供了成功的范例,从文章翻译学的视角来看,翻译也是做文章。林语堂、严复、辜鸿铭等大家的成功绝非偶然,因为他们的共同点是学养深厚,深谙中、英文章之法,并将其应用于翻译。虽然翻译和写作一样是一种高度个性化的创作活动,但依然有许多共性和规律可循。翻译横跨两种语言和文化,未来的文章翻译学将加强英汉语韵律文体学的对比研究,努力做到知己知彼,探寻"义合、体合、气合"的实现途径。

4. 结语

文章翻译学认为,翻译就是做文章。但翻译又是一种特殊的写作形式,同时受到两种语言和文化系统的制约,在此过程中难免有所损失,因此并不存在完美的翻译。即便是成功如林语堂,也曾经慨叹翻译之难:"凡文字有声音之美,有意义之美,有传神之美,有文气文体形式之美,译者或者顺其意而忘其神,或者得其神而忘其体,绝不能把文义、文神、文气、文体及声音之美完全同时译出。"但是毋庸置疑,林语堂已经以其独特的"林氏英语"为译介中国文化开辟出了一条令人惊叹的成功之路,对后人的典籍翻译实践多有启示。

从翻译修辞的角度看,林语堂进行了许多有益的尝试:对"韵、对、言、声"等汉语修辞要素进行综合考量,并且在翻译过程中对这些要素不是机械地复制和照搬,而是择其要点、展其神韵,用地道的英语修辞手段进行适当转换,使之服务于文章整体修辞效果,通过"体合"来实现"气合"。

参考文献

冯胜利,2014.《离骚》的韵律贡献:顿叹律与抒情调[J].社会科学论坛(2):24-36.

冯智强,庞秀成,2019.宇宙文章中西合璧,英文著译浑然天成:林语堂"创译一体"的文章学解读[J].上海翻译(1):11-17.

林语堂,2002.西湖七月半[C].天津:百花文艺出版社.

马祖毅,1999.中国翻译史(上卷)[M].武汉:湖北教育出版社.

潘文国,2014.译文三合:义、体、气:文章学视角下的翻译研究[J].吉林师范大学学报(6):93-101.

潘文国,2019.文章翻译学的名与实[J].上海翻译(1):1-5.

沈家煊,2017.汉语大语法包含韵律[J].世界汉语教学(1):3-19.

王宇弘,潘文国,2018.典籍翻译的道与器[J].中国外语(5):93-101.

赵元任,2004.中国话的文法[M]//赵元任.赵元任全集(第3卷).北京:商务印书馆.

LIN Y T, 2009a. Six chapters of a floating life [M]. Beijing: Foreign Language Teaching and Research Press.

LIN Y T, 2009b. The wisdom of Confucius [M]. Beijing: Foreign Language Teaching and Research Press.

LIN Y T, 2009c. The wisdom of Laotse [M]. Beijing: Foreign Language Teaching and Research Press.

作者通信地址:110034 沈阳师范大学外国语学院;heatherwyh@163.com

翻译汉语篇章组织中的欧化现象

朱一凡

摘　要：本文通过对比英语、汉语的篇章组织特点，分析了翻译汉语在行文逻辑上，篇章组织上与原创汉语的区别，主要体现在篇章逻辑的欧化、话题的缺失、演绎式的篇章组织和音律缺失四个方面。此研究旨在揭示翻译汉语篇章组织的特点，以期对欧化汉语研究、翻译研究有所启示。

关键词：翻译汉语；篇章组织；欧化

0. 引言

对翻译文本的阅读，如今已经占了现代人日常阅读相当大的一部分，因而笔者认为翻译汉语已然成为现代汉语的重要组成部分，有必要对其展开深入的研究。翻译汉语尽管以汉文字为载体，但其语言的使用有明显的区别于原创汉语的特征，尤其在篇章层面，要明确描述这些区别特征并非易事，笔者把这种篇章组织的欧化称为隐形的欧化，因其极具隐蔽性，不易被察觉，需运用篇章分析的方法方可使其显形。

"篇章"是一个相对完整的言语交际的产品，中国的外语学界所讨论的篇章理论主要是以韩礼德和哈桑（1976）为代表的西方的理论，主张分成表层的cohesion（衔接）和深层的coherence（连贯）两个相互关联的层面，韩礼德和哈桑的篇章理论揭示了一个完整交际话语所具有的表层和深层特征，既可以应用于英语篇章的分析，也可以应用于汉语语篇的分析。然而需要注意的是，同样用于产生连贯的话语，英汉两种语言的衔接方式却有较大的差异：英语更多依靠形式手段来实现词语和句子的连接，而汉语则更多借助词语和句子所含意义的逻辑联系来实现连接；英语的衔接手段主要是照应（reference）、替代（substitution）、省略（ellipsis）、连接（conjunction）和词法手段（lexical cohesion），汉语虽也同样会运用到这些衔接手段，但汉语中频繁运用的重复衔接在英语中却不多见（潘文国，1997：334-350）。在一个完整的篇章中，句与句之间不是孤立存在的，其间必定遵循内在的逻辑联系方能构成一个连贯的篇章。英语和汉语一个偏形合、一个重意合,因而在篇章逻辑上也呈现较大的差异。在英译汉的过程中,英语的篇章逻辑关系会在翻译的过程中透射到翻译汉语中,令翻译汉语产生不用于原创汉语的句子和篇章样式。本文中,我们将从英语、汉语的篇章样式的差别入手,讨论翻译汉语在篇章上的欧化现象。

1. 英语的篇章样式

对于篇章的研究最早可追溯到布拉格学派的语言学家提出的主位(theme)和述位(rheme)两个概念,用于取代传统语法所讲的主语和谓语。主位和述位是从句子的交际功能的角度对句子的意义划分,分析句子的结构如何表达句子所要传递的信息。马泰休斯(Mathesius,1928:171)将主位定义为一句话的出发点,是已知的信息或根据上下文显然可知的信息,是说话者的起点;他将述位定义为说话者从起点出发到底说了什么,是对主位的叙述、描写和说明,是叙述的核心内容。韩礼德进一步在主位和述位的概念中引入了信息的概念,并分类分析了各种类型的主位、述位结构,并将主位划为三种类型,分别是简单主位、多重主位和小句主位(Halliday,1985:41)。

主位既然是说话者的起点,因而包含的是说话者和听话者已知的信息,和述位则是说话者要说的新信息。在一个连贯的篇章里会包含多个主位和述位,其排列要遵循一定的规律方能使一个篇章语义连贯、句法衔接。分析一个篇章中主位、述位排列的方式,可以帮助我们了解组织语句的手段,从而更好地探索句子组合与句子内容之间的关系。对主位、述位逻辑衔接关系的研究称作主位推进(thematic progression),这方面的研究最早见于捷克语言学家丹尼斯(Danes)发表于1974的文章"Functional Sentence Perspective and the Organization of Text",其就英语中主位推进的方法提出了三种模式,来解释英语语篇的行文逻辑,这三种模式分别是:持续型主位推进模式、直线型主位推进模式和衍生型主位推进模式。荷兰语言学家戴克(Dijk,1977)进一步提出了链式结构<<a, b>, <b, c>, <c, d>…>和平行结构<<a, b>, <a, c>, <a, d>…>,徐盛桓(1982)在分析英语篇章中句与句之间的彼此联系、照应、衔接和过渡时,提出了篇章组合的四种模式:平行性的发展、延续性的发展、集中性的发展和交叉性的发展。研究者们提出的语篇推进的模型是带有原型性质的,大多数的篇章都不可能只按照一种模式推进,常见的情况是多种基本推进模式的融合,最终衍生出一个内部逻辑相连的篇章。

从印欧语中得出的主位推进模式,在汉语中是否适用呢?这个问题不能简单用"是"或者"否"来作答。英语和汉语的篇章撇开语言的差异是有共通之处的,衔接的手段和连贯的方式也是有相同之处的,因而也有学者用主位推进模式来分析汉语的篇章。需要警惕的是一种认为汉语的篇章与英语的篇章完全相同的观点,事实上,汉语篇章有自己一些独特的特点,是印欧语所没有的,也是从印欧语中得出的主位推进模式分析不了的篇章特点,我们将在接下来的一节作以讨论。

2. 汉语的篇章样式

汉语的篇章信息组织与英语既有同,也有异,本节的讨论主要将重心放在汉语篇章组织与英语的不同之处上。

首先,汉语的篇章是最贴近思维逻辑。汉语相比英语而言,形态标记少,因而更趋向为语义型的语言。汉语的语序非常接近人的思维逻辑,根据思维逻辑来安排信息排放的先后顺序,这种逻辑性具体表现在如下几个方面:(1)时间顺序,汉语在遣词造句中自然蕴含了时间先后的概念,先发生的先说,后发生的后说,逐一道出,形成"链状句"或"流水句";(2)原因/结果、条件/结果顺序,汉语的谋篇布局遵循事物发展的顺序,有因后有果,有条件后有结果,有假设再有可能(潘文国,1997:271);(3)空间顺序,汉语篇章组织信息按一定的空间顺序排列,比如从大到小,从整体到局部,如"上海市上海交通大学外国语学院英语系"是不能倒过来说的;(4)心理顺序,汉语的谋篇叙事多是以"人"为出发点的,符合自然的心理顺序,其间叙述的视点和角度只要符合心理逻辑,可随意变换,而英语的一句话中间要转换视点却是不可能的。

其次,汉语的篇章围绕话题展开。赵元任(1968)、潘文国(1997)等都认为汉语的句子是话题—说明型的。而话题的概念本身就具有跨越句子的篇章性,是语用范畴的(曹逢甫,1979;胡裕树,1982)。汉语的篇章是一个话题链,是由一个或数个具有共同话题的子句所组成的话段(曹逢甫,1990),话题链的结构方式可以简单表示为:话题句+说明句1+说明句2+……+说明句n(王静,2000)。话题是一个篇章组织的向心力,小句会通过各种回指手段指向这一个话题(陈平,1987;屈承熹,1998)。一个汉语的篇章中句子与句子之间的关系可以较为松散,但只要指向有共同的话题,就可以实现意义上的连贯。

再次,汉语篇章具有归纳式的特点。英、汉两个民族在各自不同的文化传统中衍生出了不同的思维逻辑模式,汉语的思维逻辑模式是"归纳式"的,因而映射到汉语的篇章结构上,往往是先分述后总结,先具体后一般,这就使汉语的篇章形成了先演绎后归纳的模式,篇章的信息重心往往后置。而英语的逻辑思维模式是"演绎式"的,刚好与汉语相反,常是先亮出观点,再加以陈述,一段话的主题句一般都在段首,因而英语的句子是先总结后分述,先归纳后演绎的模式,篇章的信息重心往往前置。(马萧,刘红,2002:564-565)

最后,汉语语言组织符合音律特点。汉语是有声调的语言,配合音节和节奏,共同形成了汉语特有的节律。尽管汉语不是世界上唯一有声调的语言,但声调的平仄对仗却是汉语独有的,"汉语的声调对词和短语的语序也有重要的作用,有的时候甚至压了逻辑及语义的顺序"(潘文国,1997:278)。比如有些词的顺序从逻辑上无法解释,但从节律的角度却一"听"了然,如"迟早""死活""雌雄"等。申小龙(1990)认为汉语句子的脉络也与音韵节律浑然一体,单、双音节的排列变化造就了汉语的节律。由此可见,汉语的音节和节奏对汉语起着举足轻重的作用,不仅影响到词语的结构,还影响到句子乃至篇章的组织。

3. 翻译汉语篇章组织的欧化现象

在前面两节中,我们对比了英汉两种语言在篇章组织上的差异,目的是要表明英、汉两种语言不仅在词汇和句子层面存在差异,在信息组织方式上的差异也非常明显,如果在翻译中不进行刻意调整,会在语篇层面上也呈现明显的欧化现象,即文字是汉语的,信息组织、篇章逻辑却是英语的。这种篇章的欧化相当隐蔽,读者尽管能感到有所不同,却常常难以捕捉到具体的语言特征,相比词汇、句法层面显性的欧化而言,篇章逻辑的欧化是隐形的欧化。下面我们就举例说明篇章欧化的现象。

3.1 翻译汉语篇章逻辑的欧化

尽管我们都知道英汉翻译中语句信息需重写排列方能更好地满足目标语读者的语言习惯,这也是重要的翻译技巧,但由于翻译工作多有时间限制,同时受省力原则的影响,大量的译文都会延用原文的篇章,因而会出现语言是汉语、篇章逻辑是英文的欧化汉语现象。下面我们举几个例子来说明这种现象。

例[1]

"This is a referendum on modern-day corporate Japan," (T1) fumes Michael Woodford, a Brit cast down from the heights of Olympus, a Japanese camera maker (R1). Mr Woodford (T2) was ousted as the company's president on October 14th, after barely six months in the job (R2). Tsuyoshi Kikukawa, the 71-year-old chairman (T3), blasted him for failing to hew to Japanese cultural practices (R3). The board (T4) voted unanimously at a ten-minute meeting where Mr Woodford was not allowed to speak (R4). Take a bus to the airport (T5), he was told (R5). (*The Economist*, 2011.10.22)

  "这是一个现代日本企业的公投，"迈克尔·伍德福德生气地说，他来自英国，被从奥林巴斯，日本相机制造商的高层拉下马。伍德福德，在作为该公司的总裁后仅6个月的10月14日被强行解职。菊川刚，71岁的主席，抨击他未能顺应日本的文化习俗。在10分钟的会议上，董事会一致投票做出决定，在此期间，伍德福德被禁止发言。最后，他被告知，乘巴士去机场。（中文版原译）

  上述例子选自《经济学人》杂志和其对应的中文版杂志的汉语译文。笔者按照英文信息结构推进的方式对原文进行了标注（Danes，1974；徐盛桓，1982），T表示主位，R表示述位，数字标识了出现的先后顺序。英文原文第一句中的R1所提供的新信息是Michael Woodford被Olympus公司从高层中赶了出去，其中涉及的核心信息是三部分：Michael Woodford，Olympus公司，被赶走。再看后面几句中的主位——Mr Woodford（T2）、Tsuyoshi Kikukawa/chairman of Olympus（T3）、The board（of Olympus）（T4）、Take a bus to the airport（T5），都是围绕第一句R1中的三个核心信息展开的，因此是衍生型的主位推进模式。具体用图表示如下（见图1）：

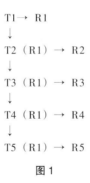

图1

  译文也完全按照原文的篇章组织方式，尽管基本的意义是明确的，但汉语读者马上能感到其语言组织的逻辑是有别于汉语的，按照汉语的篇章逻辑重新组织这段话多会根据时间的先后对这个事件加以描述，具体如下：

  迈克尔·伍德福德来自英国，是日本相机制造商奥林巴斯公司的总裁。然而在他作为公司总裁仅6个月的10月14日，他被公司高层拉下马。公司71岁的主席菊川刚，抨击其未能顺应日本的文化习俗。而在10分钟的会议上，董事会一致投票做出决定将其解职，在此期间,他被禁止发言。最后,他被告知,乘巴士去机场。"这就是一个现代日本企业的公投。"伍德福德愤怒地说道。

汉语篇章的组织多是按时间的先后安排事件,先发生的先说,后发生的后说,沿用了英文原文篇章逻辑的翻译汉语的信息组织就往往不是如此了,因而与原创汉语的信息组织方式就发生了差异,读来有欧化的意味。

此外,原文中的第一句"This is a referendum on modern-day corporate Japan"是对整个后面被驱逐过程的概述,因而原文的信息组织是演绎式的,先亮出观点再详述,译文因而也呈现出演绎式的特点,这一点在3.3中还会进一步举例说明。再看下面的例子:

例[2]

From Seattle to Sydney (T1), protesters have taken to the streets (R1). Whether they (T2) are inspired by the Occupy Wall Street movement in New York or by the indignados in Madrid (R2), they (T3) burn with dissatisfaction about the state of the economy (R3), about the unfair way that the poor are paying for the sins of rich bankers (R4), and in some cases about capitalism itself (R5). (*The Economist*, 2011.10.22)

从西雅图到悉尼,抗议者占据了所有的街道。不论他们是受到发生在纽约的"占领华尔街"运动的鼓舞,还是响应马德里的"愤青运动",人们宣泄着心中对经济状况的不满,对穷人需要对富有的银行家的罪行买单的不满,甚至是对资本主义其本身的不满。(中文版原译)

如果将原文用主位推进的模式加以分析会发现这段话融合了衍生型和持续型两种主位推进模式,具体用图表示如下(见图2):

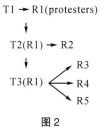

图2

其中文译文完全延续了英文原文的推进方式,未做任何调整,因而尽管这段话的文字载体是汉语,其篇章逻辑却完全是英文的,这也就是我们所说的隐

性的欧化。如果要把这段话的语篇逻辑按照中文的方式来写,应该是下面这样的信息组织方式才更为合适:

抗议者或许受到纽约"占领华尔街"运动的鼓舞,又或是在响应马德里的"愤青运动",

原因

占据了从西雅图到悉尼所有的街道。他们宣泄着心中对经济状况的不满,

结果

对穷人需要对富有的银行家的罪行买单的不满,甚至是对资本主义其本身的不满。

因为汉语的篇章组织是最贴近思维逻辑的,原因需要先行交代,才能顺理成章地引出后面的结果。再看下面的例子:

例[3]

It is perhaps easy to sit back and gaze upon those ivy halls that have been an essential part of university life for in some cases, hundreds of years, and think that those changes taking place today are no different from previous ones.

当我们闲坐一旁,悠悠凝视这些教学楼时,那些爬满常青藤的教学楼一直以来都是大学生活必不可少的一部分,其中某些已经幽然挺立了数百年之久,也许很容易觉得现如今的变迁与以往相比,并没有多大的不同。[①]

上述例子英文原句的主干是"It is perhaps easy to sit back and gaze upon those ivy halls ... and think","ivy halls"后面跟了一个长长的定语从句,这是典型的树式结构的英文句子,在英文中很常见,但在汉语中按照这样的语序排列就会有连贯性上的问题,因为这样违背了正常的心理顺序。按照心理顺序,应该是先介绍教学楼及其历史,再讲到闲坐一旁凝视着教学楼有所思所想,因而应该是下面这样的排列顺序:

---

① 例3—7都是笔者所带英语笔译专业学生习作中的译文。

那些爬满常青藤的教学楼一直以来都是大学生活必不可少的一部分,其中某些已经幽然挺立了数百年之久,当我们闲坐一旁,悠悠凝视这些教学楼时,也许很容易觉得现如今的变迁与以往相比,并没有多大的不同。

汉语的语序排列很讲究符合时间、逻辑、空间和心理顺序,这是汉语的特质,翻译汉语囿于时间和译者水平的限制却常常有悖于汉语基本的逻辑,因而呈现出一种有别于原创汉语的语序来。

3.2 翻译汉语篇章中话题的缺失

在前面我们讨论了汉语的篇章组织就像一个话题链,可以用一个共同的话题统领一段话:话题句+说明句1+说明句2+……+说明句n。看似松散的汉语句子只要有共同的话题,就可以实现意义上的连贯。翻译汉语在篇章衔接上多延续原文的衔接方式,因而翻译汉语中也会留存一些来自英文的衔接方法,但不见了汉语的话题链,因而在篇章衔接上也会呈现出与原创汉语不同的样式,下面用几个例子做说明。

例[4]

Senators, being representatives of their state (T1), naturally have a larger constituency to please compared to representatives (R1). Where representatives(T2=R1) can focus their attention on smaller issues related directly to their constituencies (R2), states(T3) are conglomerations of these smaller interests (R3=R2) and, consequently, must be considered with a broader eye (R4).

作为州代表,参议员自然要比众议员取悦更多的选民。尽管众议员会关注一些与选区直接相关的小议题,但各州是不同小利益集团的集结,因此必须从更大处着眼。

上述例子的英文原文是一个典型的混合推进模式的英语篇章,既包括延续型的模式(T1—T2),也包括述位统一型的模式(R2—R3),原文读起来语义连贯,意义通畅。译文完全按照原文的篇章顺序行文,读来却不免觉得连贯度上有缺陷,究其原因,是因为汉语的篇章需要有一个共同的话题来统领,而上述例子中第一句的话题是"作为州代表",第二句中又冒出了两个新话题"众议员"和"各州",其中缺少有效的回指手段,因而汉语读者会因其频繁的话题转换、缺少

应用的衔接手段而感到缺乏连贯,这句话如果用"参议员是州代表"作为话题,来组织话题链,意思就会顺畅得多,如:

<u>**参议员**是州代表</u>,0自然要比众议员取悦更多的选民。0与众议
　　话题句　　　　　　　　　　说明句1　　　　　　　　说明句2
<u>员关注一些与选区直接相关的小议题相比</u>,**参议员**必须从更大处
　　　　　　　　　　　　　　　　　　　　　　　说明句3
<u>着眼</u>,因为各州是不同小利益集团的集结。

其中说明句1和2运用的是零回指,说明句3则运用的是名词回指手段。我们下面再看一个例子:

例〔5〕

What results from this phase (T1) is a policy response to a new issue shaped by the president and Senate (R1). This response (T2=R1) will often be carried out through a new bureaucratic agency that is put in place to implement and direct policy (R2). The policy and the new bureaucracy itself (T3=R2) will be able to begin to "put down roots" of sorts in their new area of operation (R3).

本阶段的成果是来自总统和参议院的政策回应。这种政策回应通常由一个新成立的政府机构去执行和指引政策。假以时日,新政策和新机构逐渐在新领域落地生根。

上述例子中,原英文篇章属于延续型推进模式,原文信息结构清晰,句与句之间通过词汇手段(a policy response—this response, a new bureaucratic agency, policy—the policy and the new bureaucracy itself)前后呼应,衔接自然。其对应的译文推进模式也延续了原文的,主要依靠词汇手段实现篇章的衔接(政策回应—这种政策回应,新成立的政府机构、政策—新政策和新机构),尽管意义连贯,仍能感觉到与原创汉语以话题统领意义的组织方式上的不同,这句话如用汉语的话题方式来组织,可能是下面这样的:

<u>**本阶段的成果**</u> <u>0就是总统和参议院针对新问题制订了政策</u>,
　　话题句　　　　　　　　　　说明句1

0并通常成立一个新的政府机构去执行和指引政策。
　　　　　说明句2
0假以时日,新政策和新机构逐渐在新领域落地生根。
　　　　　说明句3

由上面两个例子可知,翻译汉语由于常会延用原文的篇章组织方式,因而在篇章上常常没有一个具有统领意义的话题,这种情况有时会带来篇章上的连贯问题,比如上面第一个例子就因为话题的频繁转换而显得杂乱,有时并不会产生不连贯的篇章,比如上面第二个例子,只是让读者感到一种比较新鲜的篇章样式。

3.3　翻译汉语演绎式的篇章组织形式

汉语的篇章组织模式多是"归纳式"的,往往是先分述后总结,先具体后一般,篇章的信息重心往往后置。而英语的篇章组织模式是"演绎式"的,多是先出现主题句,再分述,篇章的信息重点多在开头。因而翻译汉语延续原文的组织方式也会出现演绎式的篇章结构,比如下面的例子:

例[6]

But in recent weeks China has become a net exporter of anxiety. Inflation is falling, but it has remained higher for longer than the authorities expected. The property market is also slowing. Sales have fallen sharply, as developers wait in vain for demand to pick up rather than flogging their properties at a discount. (*The Economist*, 2011.10.22)

近几周中国已成为"焦虑"净出口国。通货膨胀率正在下降,但(通货膨胀率)仍比政府预期的更高、持续时间更长。房地产市场也在缩紧,当房地产商们仍旧徒劳地等待购房需求上升,而不将手中的房产打折贱卖时,房屋成交量却已经急剧下跌了。

原文中的第一句是总领后几句的主题句,陈述了中国的经济形势,后面则是具体的方面,包括通货膨胀,房地产市场的缩紧。译文也是完全按照原文演绎式的方式组织信息的,如果用汉语的归纳式的方式来说这段话,更可能是以如下方式呈现的:

近几周来,通货膨胀率正在下降,但仍比政府预期的更高、持续时间更长。房地产市场也在缩紧,当房地产商们仍旧徒劳地等待购房需求上升,而不将手中的房产打折贱卖时,房屋成交量却已经急剧下跌了。这些使得中国成为一个"焦虑"净出口国。

我们下面再举一个例子来说明这个问题:

例[7]

The goal of *The Gamification of Higher Education* is not to trivialize the learning process by making it more gamelike in the sense of a marketer who introduces game mechanics in order to sell a product.

我写作《高等教育的游戏策略》这本书的目的不是要贬低学习过程使之更游戏化,在这点上不同于游戏营销人员为了推销产品引入游戏模式。

这个例子原文的信息重点显然在开头"the goal of ... is not to",译文也按照原文的结构未做调整,因而出现了演绎式的句子,这句话按照汉语的习惯更可能写成:

不同于游戏营销人员为了推销产品引入游戏模式,我写作《高等教育的游戏策略》这本书不是为了要贬低学习过程使之更游戏化。

翻译汉语中演绎式的信息组织并不会令读者感觉到篇章连贯上有问题,更多的是令读者感到语言的组织上有别于原创的汉语。

3.4 翻译汉语语言音律的缺失

汉语的韵律节奏是汉语的特质之一,以汉语为母语的人在判断一句话是否得当时常是用嘴巴读出来,读得顺即可。这个"顺"与否其实就是在讲音韵节奏上是否符合汉语的习惯。汉语在音律上有不少专属的特点,比如四字格、叠词,都会带来汉语特有的节奏,而四字格和叠词在翻译汉语中的使用是明显低于原创汉语的,这也是为什么翻译汉语往往会少了一些汉语独有的音律特点,我们在这里举例说明:

例[8]

Sollozzo reached a hand over the back of the seat and Michael shook it. It was firm, warm and dry.

> 索洛佐把手越过椅背伸了过来,迈克尔同他握了手。手是硬的,
> 温的,干的。

汉语为母语的读者在读到这两句译文的后一句时,恐怕都会有不够"顺"的感觉,因为"硬的,温的,干的"三个形容词读起来节奏不够好,这里如果用三个ABB式的叠词替代,读起来就会顺得多:

> 索洛佐把手越过椅背伸了过来,迈克尔同他握了手。那只手是硬
> 邦邦的,温乎乎的,干巴巴的。

这也是为什么高水平的译者能够译出更出彩的译文,他们往往对汉语的拿捏更为到位。我们下面再看林语堂所著 *My Country and My People* 中一段话的两个中译文:

例[9]

Down the southeast coast, south of the Yangtze, one meets a different type, inured to ease and culture and sophistication, mentally developed but physically retrograde, loving their poetry and their comforts, sleek undergrown men and slim neurasthenic women, fed on birds' nest soup and lotus seeds, shrewd in business, gifted in belles-lettres, and cowardly in war, ready to roll on the ground and cry for mama before the lifted fist descends, off-springs of the cultured Chinese families who crossed the Yangtze with their books and paintings during the end of the Chin Dynasty, when China was overrun by barbaric invaders.

> 在东南边疆,长江以南,人们会看到另一种人。他们习惯于安逸,
> 勤于修养,老于世故,头脑发达,身体退化,喜爱诗歌、喜欢舒适。他们
> 是圆滑但发育不全的男人,苗条但神经衰弱的女人。他们喝燕窝汤,
> 吃莲子。他们是精明的商人,出色的文学家,战场上的胆小鬼,随时准
> 备在伸出的拳头落在自己头上之前就翻滚在地,哭爹喊娘。他们是在
> 晋代末年带着自己的书籍和绘画渡江南下的有教养的中国大家族的
> 后代。那时,中国北方被野蛮部落所侵犯。(《中国人》,浙江人民出版

社 1983 年版）

　　循扬子江而至东南海岸，情景便迥然不同，其人们生活之典型大
异。他们习于安逸，文质彬彬，巧作诈伪，智力发达而体格衰退，爱好
优雅韵事，静而少动。男子则润泽而矮小，妇女则苗条而纤弱。燕窝
莲子，玉碗金杯，烹调极滋味之美，饮食享丰沃之乐。懋迁有无，则精
明伶俐；执戟荷戈，则退缩不前；诗文优美，具天赋之长才；临敌不斗，
呼妈妈而踣仆。当清廷末季，中国方屏息于鞑靼民族盘踞之下，携其
诗文美艺渡江而入仕者，故多江南望族之子孙。（《吾国与吾民》，岳麓
书社 2000 年版）

　　上面两段翻译在意思上都是准确的，但如果从语言的韵律节奏上来看，下
面一则翻译大量使用四字格，读起来朗朗上口，更为贴合汉语使用者的习惯。

4. 结语

　　我们在阅读翻译文本时，常能清楚地感到是有别于汉语原创文本的，但又
常常是只注意到翻译汉语在遣词造句上与原创汉语的差别，却忽视了更根本
的、潜藏在文字之中的篇章组织上的欧化，存在篇章组织层面的欧化虽然是隐
形的，却直接关乎语言表述的逻辑，因而相比词、表达层面而言，对现代汉语的
影响是更为根本性的，因而有必要进行深入探究。在本文中，笔者通过对比英
语、汉语的篇章组织特点，分析了翻译汉语在行文逻辑上、篇章组织上与原创汉
语的区别，主要体现在篇章逻辑的欧化、话题的缺失、演绎式的篇章组织和音律
缺失四个方面。希望通过本文的研究，汉语使用者可以更清楚地认识到翻译汉
语的篇章逻辑是不同于原创汉语的，以期对欧化汉语研究和翻译研究有所
启发。

参考文献

曹逢甫,1979.主题在汉语中的功能研究[M].谢天蔚,译.北京:语文出版社.
陈平,1987.汉语零形回指的话语分析[J].中国语文(5):363-378.
胡裕树,1982.试论汉语句首的名词性成分[J].语言教学与研究(4):13-20.
姜望琪,2005.汉语的"句子"与英语的 sentence[J].解放军外国语学院学报(1):
　　10-15.
马萧,刘红,2002.英汉语篇差异与翻译[C]//杨自俭.英汉语比较与翻译.上海:
　　上海外语教育出版社.

潘文国,1997.汉英语对比纲要[M].北京:北京语言文化大学出版社.

屈承熹,1998.汉语篇章语法[M].潘文国,等,译.北京:北京语言大学出版社.

申小龙,1990.中国文化语言学[M].长春:吉林教育出版社.

王静,2000.论语篇性质与话题的关系[J].世界汉语教学(4):42-47.

徐盛桓,1982.主位与述位[J].外语教学与研究(1):1-9.

CHAO Y R, 1968. A grammar of spoken Chinese[M]. Beijing: The Commercial Press.

DANES F, 1974. Papers on functional sentence perspective[C]. Berlin: De Gruyter Mouton.

DIJK T A V, 1977. Text and context[M]. London: Longman.

HALLIDAY M A K, 1985. An introduction to functional grammar[M]. London: Edward Arnold Ltd.

HALLIDAY M A K, HASAN R, 1976. Cohesion in English[M]. London: Longman.

MATHESIUS V, 1928. On linguistic characterology with illustrations from modern English[C]//VACHEK J. A Prague school reader in linguistics. Bloomington: Indiana University Press.

作者通信地址:200240 上海交通大学;aliciazhu@sjtu.edu.cn

后 记

　　本文集是献给潘文国先生八秩华诞的专集,定名为《学苑散步文集(第一辑)》是源于潘文国先生门下弟子所建的微信群名"学苑散步"。

　　出版文集的想法始于 2017 年 11 月 18—19 日于上海海事大学举办的"第二届英汉对比与翻译中青年博士论坛"的会下讨论,当时导师潘文国先生和师母张爱莉女士以及潘门弟子参加论坛者达 22 人。18 日晚于上海海事大学外国语学院的会议室召开了《学苑散步文集(第一辑)》编辑工作第一次会议。与会者达成了一个基本共识:潘门弟子围绕潘文国先生的学术思想、学术理论观点及研究方法论,撰写最能代表个人学术实力的研究论文,编入《学苑散步文集(第一辑)》,为中国的学术发展做出"学苑散步"学派的独特贡献。会上还初步确定了文集稿件收集和编辑的分工名单,分别是:尚新——对比语言学研究,魏在江——语言学与语言哲学研究,刘法公——翻译思想与方法论研究,丰国欣——外语教学理论与应用研究,苏章海——潘文国学术思想研究,并由以上人员组成"《学苑散步文集(第一辑)》编辑工作组"。另外,由尚新负责向学界专家邀约一些与潘文国先生学术思想相关的稿件,以形成学界和门内相互呼应的文集架构。

　　该次会议之后,由尚新负责拟订了《关于编辑出版〈学苑散步文集(第一辑)〉的倡议》《潘文国先生八秩庆贺论文集征询函》《〈学苑散步文集(第一辑)〉论文格式体例》以及学界专家邀约撰稿名单等文件,并陆续在潘门微信群推送,启动文稿征集工作,同时也通过电子邮件的方式向部分学界专家发出邀约稿件的征询函,得到了学界专家的积极回应。

　　2018 年 11 月 9—11 日,"中国英汉语比较研究会第十三次全国学术研讨会"在广东外语外贸大学举办,潘门弟子再次召开文集编纂讨论会,魏在江师兄为本次讨论会提供了全力支持,潘门弟子出席者达 23 人。会上梳理了文集稿件的收稿情况,同时再次强调了该文集的出版在国内语言学界的重要意义;另外,还进一步明确了收稿和编辑工作的时间节点,强调了文集稿件的数量和质量等相关要求。本次会议进一步明确了文集编辑工作的各个重要事项,为推动文集的编辑出版工作奠定了十分重要的基础。

　　文集推动工作的第三次会议原本计划于 2020 年 10 月"中国英汉语比较研究会第十四次全国学术研讨会"(湖南大学举办)举办时召开,后该研讨会延期至2021年10月举办,但此次会议基本上是线上完成的,只有不到20位常务理事会成员赶到长沙线下参会。好在通过微信群、电子邮件和工作组,可与本门弟子和学界专家们互通信息,文集的稿件收集和编辑工作得以持续推进。

至2022年5月初,文集收稿工作基本接近尾声,共收集学界专家稿件32篇,本门弟子稿件29篇。为了进一步推动做好文集的编辑出版工作,2022年5月23日,文集编辑工作组成员召开了腾讯线上会议。会上围绕3个重要问题进行了讨论:一是出版社的联系和签约,二是出版经费的筹集,三是文集文稿质量的把控。会议决定由尚新和刘法公分别联系相关出版社,根据与出版社的商谈情况,综合研判后确定文集的出版社单位,再根据与出版社商谈情况安排筹资事宜。会上也再次强调了各方向的文稿收集和编辑的负责人进一步把好稿件编辑的质量关。经多方联络,综合各种因素,最后编辑工作组决定将文集书稿交由浙江工商大学出版社编辑出版。编辑工作组集体决定由尚新代表文集编辑工作组与浙江工商大学出版社签订出版合同,并向本门弟子发出倡议书,募集出版经费,并确定由王蕾负责接收赠款记账等事项。

至2022年8月30日,本文集共收到学界专家文稿32篇、本门弟子文稿34篇,合计66篇。文集的编辑过程中,得到诸位前辈的关心、指导和支持,包括王菊泉、左飚、罗选民、何刚强、鲁国尧、林在勇、杨枫等诸位先生。文集的前期编辑工作主要由刘法公、魏在江、丰国欣、苏章海、尚新及其指导的博士研究生张彩迪,访问学者李梓,硕士研究生陈鑫梅、郭奕婷、胡颖、李洋、刘思怡、朱明慧、孙宁、吴金铭、赵明纯、张诺、周昊,以及本科生卢慧佳等完成,他们为文集较为顺利地进入出版环节付出了辛勤的汗水。2022年10月30日,文集的上、下卷编辑工作进入尾声,由尚新代表编辑工作组撰写前言和后记部分。上述工作完成后,2023年2月24日,编辑后的文集书稿交由浙江工商大学出版社张莉娅女士安排编辑出版工作。

文集的征稿过程,得到了学界专家和潘门弟子的积极响应和热情支持,这些专家学者的名单可以从文集的上、下卷目录中看到,现以表格形式详列于此,借此勾勒出文集的整体架构,并表示对各位专家学者的敬意。

上卷撰稿人		下卷撰稿人	
序言	罗选民	前言	编者
前言	编者		
一、学思篇	鲁国尧	一、语言本位思想传承与研究	尚新
二、贺记篇	王寅		苏章海
	戴汝潜		程珊
	赵文静	二、语言对比思想传承与研究	尚新、李芳
三、感悟篇	沈家煊		冯智强、崔静敏
	何刚强		李臻怡
	申小龙		刘晓林
	黄国文		张德让
	左飚		王蕾
	牛保义		
	鲁国尧	三、语言教育思想传承与研究	王洋
	王菊泉		丰国欣
	黄忠廉、傅艾		丰国欣
	陈琳、王涵		丰国欣
	孙艳、张旭		王骏
四、语言探微篇	史有为		王骏
	李葆嘉、孙道功、孙晓霞		熊文
	孟华	四、语言哲学思想传承与研究	赵宏
	王文斌、杨静		丰国欣
	陆丙甫		丰国欣
	李娟		魏在江
	周庆生		魏在江
	文秋芳		刘晓林
	吴勇毅、张丽萍		郭富强
	杨晓军、杨文博		李臻怡

续表

上卷撰稿人		下卷撰稿人	
	张西平	四、语言哲学思想传承与研究	杨晓波
五、译论探索篇	胡明亮	五、翻译学思想传承与研究	冯智强、王宇弘
	周领顺		林元彪
	陈大亮		林元彪
	卢卫中、许家绍		冯智强、庞秀成
	何绍斌		蒙兴灿
	谭慧敏、底欣然		徐剑
			刘法公
			王宇弘
			朱一凡
		后记	尚新

同时,在筹集出版经费的过程中,本门弟子满载着作为潘门弟子的自豪感,对文集满怀期待,踊跃赠款,快速而顺利地解决了文集出版所需经费。现列出名单(按姓氏拼音排序)如下:

陈家旭、陈万会、陈运香、程珊、丰国欣、封宗颖、冯智强、龚海燕、谷吉梅、管春林、郭富强、黄瑞红、金春岚、荆素蓉、李遐、李臻怡、郦青、廖雷朝、林元彪、刘法公、刘晓林、蒙兴灿、潘震、尚新、苏章海、孙昆、陶健敏、汪东萍、王飞华、王骏、王蕾、王琳、王伟、王洋、王英姿、王永涛、王宇弘、魏在江、熊文、徐剑、闫飞、杨静、杨晓波、杨元刚、曾文雄、张德让、张凌、张晓路、赵宏、郑冰寒、朱晓军、朱一凡。

特别感谢罗选民先生慷慨拨冗为这部文集作序。2022年8月19—21日,在上海大学举办的"第三届全国英汉对比与翻译高端论坛"期间,尚新代表文集编辑工作组向罗先生汇报了邀约文集序言的想法,罗会长慷慨而愉快地答应了。罗先生是中国英汉语比较研究会会长,该国家一级学会下辖30多个二级学会,分支机构遍布全国各地,涵盖语言、文化、翻译、教育、传播等非常广泛的领域;在罗先生的领导下,中国英汉语比较研究会海纳百川,追求卓越,繁荣发展,成为越来越广受瞩目的全国性乃至国际性高端学术舞台。罗先生同时还是全国翻译硕士研究生教育专业委员会委员、广西大学外国语学院院长、*Asia-Pacific Cross-cultural Translation Studies* 国际期刊的主编及多家刊物的编委、顾问等,加之自己也笔耕不辍,学术成果产出不断,其工作繁忙程度可想而知。还要特别感谢王菊泉、左飚二位先生,他们在文集的征集、编辑和出版的全过程中,一直给予了关注、关心和指导建言,特别是王菊泉先生,3年里身体做了2次手术,还时常关心文集编辑的进展情况,令我异常感动。

想要感谢的人还有很多,难免挂一漏万。在此,文集编辑工作组代表"学苑散步"群体向各位专家学者、本门师兄弟姐妹们致以崇高的敬意和衷心的感谢!

在文集编辑出版过程中,得到了浙江工商大学出版社的积极回应和支持,特别是责任编辑张莉娅女士围绕出版合同签署、编辑出版计划和安排等,做了大量细致认真的工作,使得本文集得以顺利出版,为潘文国先生的八秩华诞献上隆重的贺礼,同时也向中国学术界贡献了"学苑散步"学派的精彩华章。

万事皆有本源,又皆起于缘,作为一项盛事的文集编辑出版又何尝不是? 2023年2月的一个早上,我去看望老师和师母,闲聊间,先生突然感慨道:"你们中不少人也快60岁了,要退休了。"可不是吗,屈指一算,我们这一届博士生(魏在江、陈家旭、尚新)竟然毕业20年了! 离退休年龄快进入倒计时了。但一切的一切又恍如昨天,总感觉拜在先生门下,仿佛还是不久前的事。仍然清晰地记得,每隔一周到老师家去汇报学业进展,接受教诲,老师侃侃而谈,师母打毛衣煮茶。老师谈学术包容,谈大气谦和,谈"学术乃天下之公器,要学会 live and let live"。仍然清晰地感受着,弟子们请教为人处世之道,老师每每以博大的人文情怀心系众生,以爱国奉献的精神为治学志向,以"各美其美,美人之美,美美与共,天下大同"为终极理想,师母则教以世事洞察,平淡处事,学会生活,培养爱好,并亲自教我们如何练声唱歌;仍然清晰地铭记着,老师治学之道的教诲,那就是"究天人之际,通古今之变,立一家之言"。老师是这么说的,也是如是做的,他对中华优秀传统的传扬,有机融合了国际前沿研究,成就了先生在国内及国际上的"一家之言",树立了其所涉研究领域的"中国气派",体现在语言学、文化学、翻译学、教育学研究的方方面面。"学苑散步"学派的学人们,真可谓三生有幸,投身潘先生门下,在老师和师母持续不断的谆谆教诲下成长、毕业、发展,又持续不断地在老师和师母的谆谆教诲下明事理、正三观、立事业,为国家和社会做贡献。这是"学苑散步"学派的学人们的福分,也是要将这些精神和情怀传承下去并发扬光大的历史责任,正可谓"薪火相传",时不我待矣。

言记至此,虽万言而不能尽意,在此抄录诗一首,向恩师潘文国先生致以生日的祝贺和崇高的敬意:

> 八秩秋来八秩春,而今迈步正当晨。
> 程门雪映南湖浪,绛帐纱笼潜水滨。
> 得坐光风明月享,犹聆硕响武师闻。
> 芳园桃李恭椿寿,同感薪传哺育恩。

尚 新
2023年3月